Treasures for Scholars Worldwide

本项目得到以下资助和支持

1. 2019年度河北大学哲学社会科学重大培育项目"明清民国时期京津冀地区山西商人史料搜集整理与研究"（编号2019HPY024）经费资助

2. 河北大学燕赵文化高等研究院学科建设经费资助

3. 教育部省属高校人文社科重点研究基地河北大学宋史研究中心建设经费资助

4. 河北大学"双一流"学科建设经费资助

5. 河北大学中国史学科建设经费支持

主编介绍

刘秋根，男，1963年生，祖籍湖南新邵，现为河北大学宋史研究中心教授，河北大学中国社会经济史研究所所长，博士研究生导师。主要从事中国商业史、金融史研究。目前已发表专著四部、相关论文近百篇。

常忠义，男，1951年生，祖籍山西榆次，退休工程师。现受聘为河北大学中国社会经济史研究所兼职研究员、张家口察哈尔文化研究会理事。主要从事地方社会经济史、城市史、晋商史研究。

张家口社会经济史
研究论文集

（上）

主　编　刘秋根　常忠义
副主编　唐　晔　王新磊

广西师范大学出版社
·桂林·

张家口社会经济史研究论文集
ZHANGJIAKOU SHEHUI JINGJI SHI YANJIU LUNWEN JI

图书在版编目（CIP）数据

张家口社会经济史研究论文集：全2册 / 刘秋根，常忠义主编；唐晔，王新磊副主编. -- 桂林：广西师范大学出版社，2023.11
　　ISBN 978-7-5598-5544-2

Ⅰ. ①张… Ⅱ. ①刘… ②常… ③唐… ④王… Ⅲ. ①区域经济－经济史－张家口－文集 Ⅳ. ①F129-53

中国版本图书馆 CIP 数据核字（2022）第 198574 号

广西师范大学出版社出版发行

(广西桂林市五里店路 9 号　邮政编码：541004)
　网址：http://www.bbtpress.com

出版人：黄轩庄
全国新华书店经销
广西广大印务有限责任公司印刷
（桂林市临桂区秧塘工业园西城大道北侧广西师范大学出版社集团有限公司创意产业园内　邮政编码：541199）
开本：787 mm × 1 092 mm　1/16
印张：69.75　　字数：1 116 千
2023 年 11 月第 1 版　　2023 年 11 月第 1 次印刷
定价：268.00 元（全 2 册）

如发现印装质量问题，影响阅读，请与出版社发行部门联系调换。

明清民国张家口华北商贸中心地位的形成及演变

——张家口社会经济史研究的回顾与辨析(代前言)

常忠义　刘秋根

自明代中后期,张家口由单纯的军事城镇转变成为商贸名城。清代康熙雍正以后,因为汉蒙贸易的合法化及对俄贸易的开通,其北方商贸中心及金融中心的地位越来越显著。学界对张家口城市、商贸的学术研究是从20世纪80年代开始盛行的,至今将近40年,对张家口的研究及其相关联的旅蒙贸易研究、中俄贸易研究、万里茶路研究、相关城市史区域史研究,以及张家口与周边地域政治史、军事史、社会史等的研究均取得了不少的成果。但总的来说,因为张家口身处边地、传世文献稀见、材料匮乏之故,目前张家口社会经济史乃至其他一些领域的研究还是相当薄弱的。一些论著,甚至还有论题重复、内容雷同的情况,如所谓张家口城市功能的演变,晋商在张家口的活动,张家口的行业如皮毛加工、土碱加工贩卖业、金融业,张家口与万里茶路等,均难免如此。近年来,随着晋商民间文书的不断面世,及海关资料、中国第一历史档案馆与第二历史档案馆馆藏档案、蒙古国档案馆所藏库伦衙门档案等的不断应用,材料状况有所改善,但整体上没有本质变化。由此看来,对张家口的真正的学术研究还有必要全面推进。此次,我们编辑《张家口社会经济史研究论文集》,其意盖在此。

从另外一个角度看,张家口社会经济史研究的发展,目前出现了两个外在的机遇与动力,一是2022年冬奥会的召开,二是"万里茶道"申遗的正式展开。两件大事中,张家口均是其中重要的节点,如果在这个清单中再要加上一项的话,那便是——2019年恰好又是张家口市城区之原点——"张家口堡"筑建590年。如何在这样的背景下挖掘张家口的历史文化资源,如何讲好它的历史故事,这不但是学术界的事,更是整个张家口乃至整个河北、燕赵大地的事,就此而言,本论文集的选辑出版,无疑能为之提供和建构一些基础性的城市资料和历史事实。

河北大学宋史研究中心中国社会经济史研究所关注张家口社会经济史问题的时间较晚,2014年河北大学成功申报国家社科重大课题——《山西民间契约文书的搜集整理与研究》,其中"山西民间契约文书"基本上都是由著名钱币史专家、收藏家刘建民先生所藏晋商经营生活过程中所形成的各种类型文献,课题组成员在研读文献的过程中感觉到张家口对于晋商的重要性,同时也逐渐认识到张家口在晋商、在明清经济史演变中的重要地位,故投入了大量的精力开展相关研究。目前,主要做了以下几项相关的工作:第一,运用新发现的材料,主要是与晋商相关的民间契约文书资料,对张家口城市史、社会经济史及与之相关的晋商旅蒙商、茶叶之路等问题做了系列研究。第二,对相关资料做了相应的整理,如在整理宝兴煤矿档案资料之后,与张家口本地专家、收藏家组成团队对张家口社会经济史民间文献资料进行整理。这些资料包括商人账本、信稿,各种买卖契约、土地移转契约、中外文档案、珍稀报刊等。第三,对以蔚县为代表的文化遗迹进行了一次逐村调查考察,包括庙宇、戏台、堡寨、街巷等,搜集了大量历史文献资料。第四,就是本论文集的编辑,收集了学术界数十年来有关张家口社会经济史研究中的重要论文,由此也算是做了一个完整的学术性回顾及阶段性总结。而附录的由张家口博物馆宋志刚先生搜集、录入、考证的与张家口社会经济史演变相关的碑刻资料,则为本论文集的价值提供了额外的加持。①

本论文集文章的择选以史料翔实、观点新颖鲜明、逻辑清晰为标准,并且注意各篇论文内容上的不重复。当然,因为编者对张家口社会经济史的研究还很有限,不敢保证所选便能完美地代表学术界近一百年来尤其是近四十年来的水平。但如果全面阅读本论文集,对张家口明清至民国社会经济史演变的大致线索、主要内容应该会有一个基本的了解,故而对张家口社会经济史后续的研究应该是颇有意义的。本集所选论文,有发表在学术刊物上的论文,有各高校或研究机构的硕士、博士论文,有学术会议论文,也有张家口地方社会科学界对当地历史文化的研究成果。② 对博士论文、硕士论文的选编,因为篇幅所限,稍有节选。本集对所收论文除明显标点、文字、文献错讹处有所调整外,观点、内容均未作改动。

张家口城市的历史,当起于明代宣德四年(1429)筑建"张家口堡",明万历四十一年(1613)再建"来远堡",两座城堡建立时间相距184年之遥,南北相望五里之多,逐渐构成了明清时期当地清水河西岸

---

①选入本论文集时,由本论文集主编之一常忠义先生作了筛选、增补。对宋志刚先生的工作,我们作为主编,要表示衷心的感谢。

②张家口地方社科界对本地历史文化的探讨,源于张家口市政协文史委1983年编辑的《张家口文史资料》,1985年9月印发《张家口文史资料》(第1—3辑合订本),其后逐年编发,间有合订本或纪念专刊。2003年改称《张家口文史》(第1辑),总第38辑。1983至2019年总共刊发54辑,全部内容可见张家口市政协网。

尤为珍贵的是在20世纪90年代前后,经历者回忆性、口述史等文章,成为重要的参考资料。例如:孙荫樊《谈谈张家口的旅蒙商》,作者为民国后期皮毛商"德玉恒"掌柜,曾任张家口第一届工商联(1950)主席;梁毓如《回忆张家口鞍鞯行业的历史》,作者在20世纪30年代开办"永玉厚"鞍鞯铺直至公私合营;《张家口文史资料》(第1—3辑合订本),1985年;等等。

2000年之后,本地社团研究刊物主要有《张家口历史文化研究》《察哈尔文化研究论文集》,前者创刊于2004年,由"张家口泥河湾历史文化研究会"编辑,后改名为"张家口历史文化研究会"编辑并刊发,至今已陆续刊发18辑;后者由"张家口察哈尔文化研究会"编辑刊发,自2014年至2019年,每年一辑。

的张家口老城区(桥西区)。直至清光绪三十四年(1908)"张家口怡安产业股份有限公司"注册成立,成片开发清水河东商业地产,翌年"京张铁路"开通并设置终点站,形成了以清水河为界(或以"通桥"记)的河东新城区(桥东区),最终形成了20世纪中叶张家口清水河两岸的城区规模。

对张家口的研究,显然不只是单纯的城市史研究,其他方面如张家口城市功能演变及其近代化、张家口的自开商埠、张家口各行各业尤其是皮毛业及各种手工业、金融业、服务业,还有各种经济制度、商人组织等,更重要的还有与之相关的商贸、商道、商人、商税税关研究,如明代以来的蒙汉互市、清代以降的草原贸易、旅蒙商人研究、中俄贸易研究、张库商道、京张铁路、张家口与内地商贸关系尤其是与京津冀区域的经济联系研究、张家口关的研究,甚至于与整个察哈尔区域、绥远区域、晋北区域乃至整个晋冀蒙市场关系的研究等,都是值得我们重视的。如果说这还只是与社会经济史相关的一些领域的话,将与之相关的政治、军事、文化等各方面的研究均有机地、学理性地联系并统括进来,我们是否可以说,构建一门张家口学呢?我们已经看到了一些曙光,为此,我们拭目以待。

本论文集大体分为三卷:第一卷是社会经济史卷,第二卷是城市史卷,第三卷是相关城镇、地域卷,外加一档案碑刻资料附录。整体而言,研究的程度不一,所收内容也不太一样,第一卷篇幅最大,第二、三卷则要小一点。需要指出的是,三卷内容均为社会经济史领域,对政治史、军事史、民族史、边疆史地、文化史等方面均未涉及。以下分若干方面对这些论文内容、观点稍加概述,或可作为本论文集的一个简要的导读。

一、明后期汉蒙民族贸易互市与张家口马市

明隆庆五年(1571),中原王朝与北方草原蒙古族双方由战事不断走向和解,明廷视为"封贡"之策,后世称为"隆庆议和"。

张家口作为宣化、大同、山西三镇"开市"的一个重要市场，承担了"马市"功能，而所谓"马市"，并非"茶马互市"，这是需要澄清的一个历史事实。明后期张家口的马市究竟是个什么形态，值得考证一下，应该说明代马市是一个相对封闭的场所，"明制，凡诸部互市，筑墙规市场，谓之市圈"①。隆庆五年之后的张家口马市场地是个怎样的样子，颇引各界注目与猜想。万历癸卯年(三十一年，1603)《宣大山西三镇图》②，其中一图描绘出清晰的"马市"围墙场地，并以一墙分隔为东、西两个市场，且在边墙相邻开有两个门洞。此图揭示了"西境门"刻石③之身世，即以此图与刻石相互为佐，实证万历癸卯年(1603)之前的张家口马市在边墙开有两个"境门"，应为西境门与东境门。至于张家口马市何以分为两个场地，暂无可考史料，或许为交易物资输入输出予以分隔之用。

明万历四十一年(1613)，汪道亨书《张家口新筑来远堡记》，④较万历癸卯(1603)三镇图中标有马市已晚10年，距隆庆五年(1571)互市已逾40余载，若将"来远堡"旧址与此件马市图相对比，可以看到原址基本吻合，由此或可判定"新筑来远堡"是对旧有马市的更新或扩容。依据图示，张家口马市以南置有"抚夷厅"，而非"茶马司"。清康熙年间王鹭依据明人所作《马市图》作序，⑤对市圈内况做了精彩描述。张家口"市圈"

---

① 《清史稿》卷二二三《杨吉砮列传》，北京：中华书局，1976年，第9136页。
② (明)钦差总督宣大山西等处军务、太子少保兵部尚书杨时宁，《宣大山西三镇图说》，万历癸卯仲冬。张家口市图书馆藏，翻印版。
③ 本论文集附录《张家口明清民国碑文精选辑录》，明万历四十一年(1613)《西境门》门额刻石。编者注："西境门"门额刻石为2007年出土文物，其时间以肇建"来远堡"为判有误。
④ 本论文集附录《张家口明清民国碑文精选辑录》，明万历四十一年(1613)《张家口新筑来远堡记》。
⑤ 王鹭，本论文集附录《张家口明清民国碑文精选辑录》，约清康熙三十年(1691)前后，《马市图序》。

旧址成为明后期长城沿线汉蒙互市唯一遗址,十分珍贵。

明后期中原王朝与草原民族贸易互市,将长城边墙之"堵"变开境门为"疏"。此后,张家口城区之内形成了汉蒙互市"来远堡"与防卫性屯军"张家口堡"相依并存的局面。

学术界对明代马市关注甚早,20世纪30年代侯仁之《明代宣大山西三镇马市考》①为研究三镇马市奠基之作,认为马市是明朝的一种政治策略。此后相关研究持续不断。夏维中以巡按直隶御史巡视大同、宣府两镇马市后所做报告为证指出:互市之初,购马不及二千匹,但有时每年岁市马达三万五六千多匹,不下四万匹。文章指出:宣府始终只设张家口堡一处大市,且未增开任何小市。② 王苗苗对长城沿线汉蒙长时期的其他互市,利用明代史料做有详尽分析。③ 祁美琴等就长城沿线贸易中"蒙汉市场是明后期民族贸易的主体"的中心论点指出:蒙汉市场的贸易形式是以官市为主,交易的物资以马匹和绢帛为主,地位最重要的是宣化、大同、山西三镇的官市,主要是张家口、新平堡;"茶马互市"的茶市分布在西北地区,主要有西宁等六个市场,蒙古俺答汗时,曾要求开设茶市,但明朝廷未同意。文章还指出"茶马互市"之市口普遍设有"茶马司"官府机构。④ 对于明后期长城沿线的汉蒙民族贸易研究可见多篇,⑤敏政《1925—2015年明代茶马制度研究述评》一文⑥对此做了较为完整的制度层面的述评。

---

① 侯仁之:《明代宣大山西三镇马市考》,载《燕京学报》1938年第23期。
② 夏维中:《从黄应坤奏疏看万历初年的宣府马市》,载《中国张家口·冬奥会与一带一路国际学术研讨会论文集》,2016年8月。
③ 王苗苗:《明代蒙汉互市贸易的建立及发展演变——以市口变化为中心》,载达力扎布主编:《中国边疆民族研究》(第四辑),北京:中央民族大学出版社,2011年。该文列有民市、月市、小市、私市、木市等。
④ 祁美琴、李立璞:《明后期清前期长城沿线民族贸易市场的生长及其变化》,载《西域研究》2008年第3期。
⑤ 如余同元:《明后期长城沿线的民族贸易市场》,载《历史研究》1995年第5期;姚继荣:《明代宣大马市与民族关系》,载《河北学刊》1997年第6期;马冠朝:《明代官营茶马贸易体制的理论探析》,载《农业考古》2007年第5期;张萍:《官方贸易主导下清代西北地方市场体系的形成》,载《清史研究》2016年第4期;武沐等:《明朝茶马贸易的几个问题》,载《中国边疆史地研究》2019年第2期;刘菽、杨永康:《朝贡视阈下的明蒙互市述论》,载《中国经济史研究》2020年第3期;等等。
⑥ 敏政:《1925—2015年明代茶马之地研究述评》,载《农业考古》2018年第2期。

二、清代旅蒙商贸与中俄恰克图外贸

清以降,顺治初年"本朝于边墙下开二门,东曰小境门,西曰大境门"①。清廷凭借后金时代与漠南草原蒙古族建立的关系,摒弃明制"抚夷"互市,象征性地"境门"大开,以示长城内外民族融合、疆土稳固。对于草原民族物资需求,清廷将张家口作为长城边墙内外连通的最佳地点,带动了将近三百年的草原贸易,并直接推动了中俄恰克图陆路口岸贸易与张家口的对接。

大、小境门均为清代所开。"大境门"之高大意义在于民族间的"境门"大开,完全突破了明代原来为汉蒙互市设置的矮小洞口,成为汉蒙民族间关系交流的"大门"。"小境门"仍将长城视为"界墙",墙内连通"来远堡",服务于商贸业。由于张家口处于军事要关,距京城最近且接壤草原,虽然商贸业渐渐繁盛,但该地此段长城边墙始终被视为中央政府处理相关政治管辖、军事防范、外交开埠的一段重要"界墙",以便长城内外地理经济、国内民族关系以及国际政治与国际贸易等方面的协调解决,其意义已经远比明代更为重要。

(一) 旅蒙商贸、中俄外贸的基础条件

张家口是清代前期我国北方最重要的商业城市和金融中心之一,也是清代中俄陆路贸易的重要口岸,而之所以如此,则既是清代北疆贸易发展之必然,也是清政府特殊政策作用的结果。② 清代张家口迅速以北方商贸业重地融入国家发展的历程中,"归结其原因,首先是民族国家的统一,这为民族贸易扫除了政治壁垒"③。其后当漠南漠北草原逐渐安定下来,广袤草原形成了巨大的物资需求市场,张家口得天独厚的地理条件与"市圈"等硬件环境,成为清代北疆市场供需条件的最佳匹配与协调之

---

①施彦士重修《万全县志·建置志·四乡屯堡》,清道光甲午年(1834)刊本。清廷对明代所遗留边墙"境门"重新做出规划。以《万全县志·建置》所列,《城池篇》列万全县城、张家口堡、膳房堡、新河口堡、新开口堡、洗马林堡等,而来远堡归于《四乡屯堡》所属之地。

②许檀:《清代前期北方商城张家口的崛起》,载《北方论丛》1998年第5期。

③祁美琴、李立璞:《明后期清前期长城沿线民族贸易市场的生长及其变化》,载《西域研究》2008年第3期。

地,显在的巨大商机引得商家前赴后继地涌入,成为一个既居于长城关口之内便于管理,又可便捷进入草原;既利京畿地域经济发展,又可四方连通的旅蒙商贸、中俄外贸的物资集散重地。故乾隆《万全县志》描述:"我朝玉帛万国,西北诸番,往来市易者,皆由来远堡入,南金北氄,络绎交驰,盖其盛也。"

(二) 主导恰克图茶叶贸易

张家口为长城重要隘口,是茶商们完成产地采购、不同路线运输,行将走出长城、走向蒙古草原之前的集散重地。在多位学者的研究中,可以看到张家口的茶商茶市与草原贸易的主要路线,并就其在清代与民国早期中国北方茶叶贸易中的重要历史地位做出了判断,特别勾画了其主导中俄恰克图茶叶贸易的历史概貌。

1982年蔡鸿生《"商队茶"考释》,作为改革开放后史学界有关清代茶叶贸易的最早研究,对于经营恰克图茶叶贸易商人群体,该文引用《朔方备乘》等史料,做了准确论述,指出了张家口作为西帮茶商屯栈之地的地位。[①] 1988年郭蕴深以几组历史数据对于18世纪后半叶中国商人由茶区经张家口向恰克图运输茶叶的历史做了新的研究。[②] 1993年黄鉴晖研究指出:山西茶商有两个大本营,一是张家口,一是归化城。设在张家口的字号,多去库伦、恰克图以及俄罗斯等国贸易。设在归化城的字号,多去乌里雅苏台、科布多、塔尔巴哈台以及中俄边境贸易。[③] 1998年许檀引用大量史料指出:张家口作为中俄贸易的重要口岸始自康熙年间,至少从乾隆中叶开始张家口即成为中俄恰克图贸易最重要的转运枢纽。[④] 2007年许檀对于清后期张家口的晋商活动再次做了梳理,强调:乾隆年间清政府停止俄国官方商队入京贸易,将中俄贸易统归于恰克图一地,张家口至库伦商道成为恰克图贸易的主要商道。[⑤] 2014年刘秉贤对清代一系列中

---

① 蔡鸿生:《"商队茶"考释》,载《历史研究》1982第6期。
② 郭蕴深:《中俄张家口贸易》,载《张家口文史资料》(第13辑),1988年。
③ 黄鉴晖:《山西茶商与中俄恰克图贸易》,载《中国经济史研究》1993年第1期。
④ 许檀:《清代前期北方商城张家口的崛起》,载《北方论丛》1998年第5期。
⑤ 许檀:《清代后期晋商在张家口的经营活动》,载《山西大学学报(哲学社会科学版)》2007年第3期。

俄商约之下的晋商恰克图茶叶贸易予以综合考察,①显示多件条约将张家口置于处理中俄恰克图经贸关系及涉及地缘政治关系的国家谈判筹码之中。2016年陈慈玉从两湖茶与中俄茶叶贸易的角度探索近代中国茶叶全球化过程中张家口茶市所具有的举足轻重的作用,并对张家口的重要性做出了定位。②

对于清代至民国期间中俄恰克图的茶叶贸易以张家口茶商为主体,清末民初的有关书刊记述颇详,一些相关专著与论文也论述颇多,此处不再赘述。

(三) 东口北商与西口"西商假道"

2003年陶德臣提出了"长期以来,东西两口在茶叶贸易上的地位和作用没有引起学者足够的重视,至今尚无足够分量的专文来加以探讨"③之问。2014年常忠义查阅中国第一历史档案馆档案,就经营恰克图茶叶贸易与经营漠西蒙古直至新疆方向的茶叶贸易,所涉及东西两口晋商(茶商)各自的经营势力范围,试以挖掘档案释惑。有几件档案④引起思考:同治六年(1867)后归化城茶商何以呈请朝廷"假道"恰克图?中俄恰克图边界贸易为何不是各路中国商民共享?答案隐约指出:东西两口晋商经营茶叶贸易长时期形成了互不侵扰的商业利益,同一商帮而出于不同集散地,便有着不同市场的主导地位。

对于张家口与归化城茶商经营地域的问题,仍然是1982年蔡鸿生首先提出了"西商""北商"之别,二者各有活动领域,原是互不相干的。然而这种平分秋色的状态,到19世纪60年代中期因为库车、伊犁一带爆发农民起义,经行西路的"商队茶"受阻,不得不谋求改道运销。同治六年(1867),西商程化鹏等人呈请绥远城将军准予"由恰克图假道行商"。陈慈玉指出:次年,经总理衙门、户部和理藩院派人调查,证实"西商贩茶至

---

① 刘秉贤:《中俄系列条约框架下的晋商恰克图茶叶贸易》,载《山西档案》2014年第5期。
② 陈慈玉:《张家口与近代中国茶叶的全球化》,载《中国张家口·冬奥会与一带一路国际学术研讨会论文集》,2016年8月。
③ 陶德臣:《代北古方东西两口的茶叶贸易》,载《茶叶通报》2003年第2期。
④ 《总理衙门办事大臣奕䜣奏为遵议归化城商民请由俄边假道贩运茶斤行走路径事》,同治七年正月二十日,中国第一历史档案馆,档案号:03-4981-007。

恰克图地方,与北商生计毫无妨碍"。因此,总理衙门正式议奏"姑准西路之茶,改由北路出恰克图一带销售,仍俟西疆收复,改照旧章"①。

直至2019年康健利用清同治朝档案等史料,较为全面地揭示了同治六年(1867)朝廷同意西商"假道"恰克图茶叶贸易的过程,解读了"假道"引起西商与北商相互利益关系的演变。文章根据总理衙门档案记载,指出:"张家口商人谓之北商,归化城商人谓之西商,西商领票在归化城,北商领票在张家口。"② 此处"西"与"北"的地理参照点是库伦。西商"假道恰克图"之说,实为"借"他人之道、"借"北商之道,即借张家口茶商主导的库伦至恰克图中俄茶叶外贸之道。

近些年来已有两篇文章③,相继阐述了以库伦为界的"西商""北商"之分。作为以东、西两口为集散地的茶商茶市,是由山西商帮长期主导甚至垄断草原贸易与恰克图外贸,由此形成了各自的经营势力范围而形成的。

(四)张家口至库伦商路

黄鉴晖文章指出:有清以来,恰克图市场是由晋商经营的,而且是晋商在张家口商号派出机构。由此引伸出一个问题,那就是晋商由张家口向恰克图贩运货物的运输问题,即张家口至库伦间的运输问题,包括运输路线和运输方式等。

张家口至库伦之间的运输路线,大致有几种说法。蔡鸿生依据咸丰十年(1860)九月,察哈尔都统庆昀奏:由口赴恰道路,除军台之外,商贾之路有东、西、中三路。庄国土引官方史料指出:中路自大境门外西沟之僧济图坝,经大红沟等地,渡克鲁伦河到达库伦,方达恰克图。输俄茶叶

---

① 陈慈玉:《张家口与近代中国茶叶的全球化》,载《中国张家口·冬奥会与一带一路国际学术研讨会论文集》,2016年8月。
② 康健:《晚清西商假道恰克图贸易研究》,载《中国经济史研究》2019年第4期。
③ 刁莉、王敏芬:《北路贸易中的旅蒙商与旅俄商》,载《中国社会经济史研究》2018年第4期;赖惠敏:《清代北商茶叶贸易》,载《内蒙古师范大学学报(哲学社会科学版)》2016年第1期。

应是走中路,不但因为其路程最短,而且因为其是张家口至库伦的传统商路。①刘德勇据《奉使库伦日记》,指出张、库之间五条传统线路,分别为官路、公主路、买卖道等;并依据《蒙古志》等,说明张家口通库伦之路除去台站大道之外另有五条②,而运输方式便是驼运或牛车,这两种运输方式行走在草原戈壁,主要凭借各自商队带领人的记忆辨别与习惯走向。近年,曾旭对山西茶商在腹地市场、边地集散与库伦恰克图的远程商品运输问题方面,从新的视角做出了剖析研究。③

对于运输方式,李国欣指出:茶叶陆续由陆路用骆驼和牛车运抵长城上的要塞张家口(或口外),再从那里经过草原或沙漠、大戈壁越过1282俄里④到达恰克图。作者根据自藏"同治东口旅蒙商信稿",首次呈现了清代张家口至库伦驼队运输所限天数,即旅蒙商与蒙古脚户约定运输时间为30天左右,超过限期或者货物损伤,脚户需做赔付。⑤

(五)清代张家口税关

祁美琴《关于清代榷关额税的考察》指出:明清以后,随着工商业的迅速发展,关税在国家财政中的比率与日俱增。⑥ 陈静对清代张家口关做出了详细的梳理,考定张家口税关的设立时间为顺治初年,并就张家口关的设立增加了政府的财政收入,规范了商人的商业活动,促进了汉蒙贸

---

① 庄国土:《从闽北到莫斯科的陆上茶叶之路——19世纪中叶前中俄茶叶贸易研究》,载《厦门大学学报(哲学社会科学版)》2001年第2期。贾桢等:《筹办夷务始末(咸丰朝)》卷六十六,故宫博物院影印本,1930年,第8页。
② 刘德勇:《清至民国张库交通与张家口城市商贸发展》,中国社会科学院研究生院专门史硕士学位论文,2011年。
③ 曾旭:《清代山西商人的茶叶长程贸易研究》,中山大学历史学博士学位论文,2018年。
④ 1俄里≈1.0668公里。1282俄里≈1367.6376公里。
⑤ 李国欣:《张库商道考略》,载《中国张家口·冬奥会与一带一路国际学术研讨会论文集》,2016年8月。按:清代至民国期间,张家口拥有庞大的骆驼运输商队,匡熙民以"骆驼商队之伟观"予以形容,他记载了1919年间以张家口为中心的骆驼商队:南至丰台,北至喇嘛庙、库伦、归化城,远或至科布多、乌里雅苏台、恰克图一带,仅以蒙古草原方面集于张家口者,一日约达二万头之多,自张家口动身,三十日即达库伦。我们依据张库间驼运速度计,库伦至恰克图距离近千里,需行走十日。参见匡熙民《察哈尔游记·张家口游记》,《新游记汇刊续编》卷之三十三,中华书局,1930年。
⑥ 祁美琴:《关于清代榷关额税》,载《清史研究》2004年第2期。

易、中俄贸易等方面展开了论述。①

清代榷关税银分为正额银、盈余银二种,分别缴交户部与内务府。丰若非对于张家口等地所征关税予以考察,以三地比较张家口税关缴交二种税银最多。② 魏慧芳以《宫中档光绪朝奏折》为例,指出张家口税收额定自道光至清末一直没有改变,而"税收开支在光绪朝亦有很大变化"。③

三、清末民初大变局下的张家口

进入20世纪,"庚子事变"与《辛丑条约》成为近代中华民族遭受外辱的切肤痛点。清廷推行"新政",相继设立外务部、商部,以便与列强各国交涉,以助振兴实业、发展商贸。接着辛亥革命令清王朝崩塌,华夏政体所遇二千多年来之最大变局。处于大变局之下的张家口,迎来了几件大的历史事件,绘就了精彩与痛苦同在的画面。

(一)京张铁路、张库公路

京张铁路是由中国工程师詹天佑设计、中国施工队伍完成的近代中国第一条重要的铁路干线,其作为中国铁路的里程碑已载入史册。段海龙指出,在当时国家处于积贫积弱的状态下,京张铁路作为国家层面的项目规划,早在1899年之前,俄国就曾提出修筑由恰克图经库伦、张家口到北京的铁路,只是当时清政府未许。由于在张家口经营中俄恰克图陆路商贸的历史由来已久,且张家口还是北京的西大门,其商贸、军事意义不言而喻,有鉴于此,京张铁路的修建权曾被英俄两国争执不休。④

京张铁路建设经费预算白银500万两,经段海龙考证为晚清政府每年财政收入的十分之一。清政府决定以国家资本投入,不惜借外债拒绝

---

①陈静:《清代张家口关的研究》(节选),内蒙古大学历史学硕士学位论文,2011年。
②丰若非:《清代北部边疆榷关税收分配考察——以杀虎口、张家口和归化城为中心》,载《中国社会经济史研究》2013年第3期。丰若非:《清代榷关与北路贸易——以杀虎口、张家口和归化城为中心》,北京:中国社会科学出版社,2014年。
③魏慧芳:《对光绪年间张家口关税的探讨——以"宫中档光绪朝奏折"为中心》,载《河北北方学院学报(社会科学版)》2017年第1期。
④段海龙:《晚清京张铁路的修建经费问题》,载《历史档案》2013年第3期;《工业遗产视野下的京张铁路》,载《工程研究——跨学科视野中的工程》,2017年第3期。

商办,有此决策后才得以获得国人自行设计的权利。袁世凯等人向清政府提出,利用关内外铁路的营业收入来修筑京张铁路。常忠义根据清档中袁世凯一日内所呈两件长折①发现:对由詹天佑最后核算的、向朝廷呈奏的九大项建设费用不包括机车采购等费,以区别5729.360两的铁路基本建设费用。

张库公路。民国六年(1917)张家口商家组建客货汽运公司,为张、库间营运服务,而景学钤一部《大成张库汽车公司痛史》,诉说了该公司创办经营之"痛"。毕奥南评价:"在蒙古地区建设铁路议论未果之际,随着汽车工业的发展,在法国巴黎汽车拉力赛刺激下,1917年张家口出现了民营客运汽车公司。张家口至库伦间开通汽车营运在两地交通历史上具划时代意义……是我国公路汽车营业及民营汽车运输业之始。"②

汽车客货长途运输,李国欣以个人收藏历史文献呈现了日程五日为限、票价、客商行李限重、路线图等项内容,以及沿线20余处路况的地形地貌,总里程为652英里(约1049公里)。③ 常忠义就张库"公路"路况极差,在遇草原戈壁雨雪气候酷冷之时,给出1926年11月至12月各车行汽车运行实际天数:10天左右为多数,最长营运时间为32天,与骆驼行走用时等同。④

20世纪初,以"京张铁路"与"张库公路"对比此前二百多年以牛车、骆驼为运输工具的集散重地,张家口融入了中国交通现代化之先。故此,2017年张家口察哈尔文化研究会召开了"张库公路肇建100周年学术研讨会",以示纪念。

---

①《督办关内外铁路大臣袁世凯奏报估计勘造京张铁路工程经费书目表》《呈估计京张铁路工程材料地亩土石方价等项经费银两数目清单》,光绪三十一年九月十一日,中国第一历史档案馆,档案号:03-7143-16、17,查档时间:2014年10月。
②毕奥南、刘德勇:《大成公司与张家口至库伦之现代交通变迁》,载《中国边疆史地研究》2014年第3期。
③李国欣:《张库商道考略》,载《中国张家口·冬奥会与一带一路国际学术研讨会论文集》,2016年8月。
④常忠义:《近代张家口至库伦汽车客货运输简考》,《察哈尔文化研究论文集》,2017年。按:由于潜在的商业利益,美商华和洋行无照抢先运营,侵犯中国路权,曾酿成外交纠纷。

(二)怡安产业公司开发商业地产建设新区

京张铁路1905年始建,为张家口带来了新的商机。光绪末年,梁炎卿等人创办"张家口怡安产业股份有限公司",与国家资本建设的京张铁路相契合,开发河东商用地产为商贸业的发展需求服务。常忠义、刘秋根以海峡两岸所藏"张家口怡安公司档案"为主体史料展开研究,从城市经济的角度对其不同的租赁模式、企业股份构成等方面进行分析,肯定了怡安公司的产业开发对近代张家口城市发展的贡献。怡安公司近代"商用地产"开发,可成为中国近代城市房地产业研究的一个鲜见事例。① 文华等人从城市规划设计、建筑学的视角,对河东新城区的布置规划,用现代技术将街区平面位置图做出了复原。②

张家口市桥东区以怡安街为主要商街组成的"怡安商圈",其繁华一直延续至20世纪80年代,已经成为张家口市人民难以忘怀的一段历史。

(三)张家口城区自开商埠

清末民初,"自开商埠"是国家主动开放城市口岸的举措,属于国家间外交关系之下的政府行为,并非国内民族地域间相互商贸关系。张家口③开埠,最早是俄国提出。1983年樊明芳撰文揭示了清后期俄国并未在张家口(口外)取得免税贸易、设立领事的权利。④ 1988年郭蕴深以中俄系列条约中涉及张家口(口外)的条款做出清晰辨析,证明俄商仅获得开设茶栈的权利。⑤

张家口城区开埠,最早是由清末察哈尔都统诚勋呈奏朝廷提出来的,但此呈奏却被驳回。1914年1月8日,民国政府颁布张家口等七地自辟商埠的"大总统令",但张家口开埠仍未果。直至1918年察哈尔都统田中

---

① 常忠义、刘秋根:《20世纪上半叶张家口城市商用地产开发与商铺出租——基于怡安公司档案》,载《城市史研究》第42辑,2020年。
② 文华、于海漪、范家昱:《怡安公司与张家口近代城市建设》,载《华中建筑》2017年第3期。
③ 清末民初张家口自行开埠区域为张家口长城边墙之内,即"口内"城区。而清后期中俄系列条约所论张家口,即长城边墙之外的"口外"地界。
④ 樊明芳:《俄国并未取得在张家口免税贸易、设立领事的权利》,载《历史教学》1983年第5期;郭蕴深:《张家口开埠之争》,载《张家口文史资料》(第13辑),1988年。
⑤ 郭蕴深:《张家口开埠之争》,载《张家口文史资料》(第13辑),1988年。

玉重启开埠,完成所有准备程序并报备政府。常忠义、李国欣以民国外交档案等文献为依据,考述了民初二次自开商埠过程,特别就清末民初张家口开埠事宜引起俄日帝国的外交干涉事宜,予以详尽解读。① 1920年4月美国领事馆最先进驻张家口城区,此后,苏联、日本相继开设了领事机构。②

洋行进驻是一个城市开放的醒目标示。近代洋行进驻张家口城区经历了开埠前后的两个阶段,其一为清末民初洋行"若赴内地开设行栈,以及华洋商互相假冒、影射牌号,均为约章所应禁者……近年该地之通商发达效着,闻天津之洋商冒中国商人之名开分行于该地"。③ 其二则为1918年田中玉为开埠严格划归的具体街区内的四十余家洋行,而武城街、怡安街、张家口堡内等不在范围之内。④

(四)近代张家口商会与同业公会

1903年清政府商部《奏为劝办商会酌拟简明章程》一折,⑤展开了近代中国商会的历史,其目的在于将商界组织起来振兴实业、繁荣商贸,增强与洋行洋商的竞争力、抗衡力。常忠义、刘秋根就张家口商会沿革作了详细的考证与梳理⑥,指出是由察哈尔都统诚勋积极呈奏朝廷成立了"张家口商务总会",确切成立时间为宣统元年(1909)。由于张家口为"商业繁茂"之地,故此与北京、天津等地成为京畿地域内高级别的商务总会。张家口商务总会从1909年至1950年张家口工商联成立,走过了40年的

---

① 常忠义、李国欣:《近代张家口二次自开商埠考述与辨析——以中华民国外交档案为主要资料》,中国社科院《近代史研究》编辑部、河北大学历史学院举办"中国近代史论坛"(第七期)会议论文,2018年。
② 房建昌:《民国年间驻张垣外国使领机构及外侨团体》,载《张家口文史资料》(第36辑),2001年。
③ 见上引常忠义、李国欣:《近代张家口二次自开商埠考述与辨析——以中华民国外交档案为主要资料》,见中国社科院《近代史研究》编辑部、河北大学历史学院举办"中国近代史论坛"(第七期)会议论文,2018年。
④ 阎宝森:《现在之张家口》,民国十四年(1925)11月出版,(张家口)西北实业印书局。
⑤ 《商部奏为劝办商会以利商战角胜洋商折》,天津档案馆等编《天津商会档案汇编(1903—1911)上》,天津:天津人民出版社,1993年,第20页。与《奏为劝办商会酌拟简明章程》为同一折。
⑥ 常忠义、刘秋根:《张家口商会始立及其沿革》,载《石家庄学院学报》2017年第5期。

历程,成为近代张家口商事的一段鲜活历史记忆。此外,1935年王道修主持编纂的《张家口商会年鉴》,已成为中国近代商会历史档案中唯一的地方商会年鉴。

常忠义对张家口自清嘉庆十年(1805)至1950年间由会社、会馆逐渐转变为同业公会的过程所做梳理,可以从中看到市面商贸业、手工业类别的变化过程,呈现了不同时期的市场经济结构。①

(五)商业金融、皮毛业

19世纪以后张家口的商贸业兴盛,每天有数万人口南来北往,以至当时的外国人评论:"像张家口这种极为活跃的商业往来,甚至在中国本部也是罕见的。"②而一个地方商贸业长时期的繁盛,必然有着商业金融的支撑,繁盛的银钱业曾使张家口成为中国北方的金融中心之一。

清代账局是专做存贷款业务的金融组织之一,据清宣统二年(1910)度支部注册统计可见,52家账局中,35家总号设在北京,13家总号设于张家口。6家较早开业的账局,张家口占有3家,第一家账局"祥发永"于乾隆元年(1736)开办于张家口。③仅以账局而言,尽显清代张家口的金融地位。刘秋根、杨帆《清代前期账局、放账铺研究》,④陈添翼、刘秋根《嘉道时期北京账局的工商业借贷研究》,⑤两篇文章虽然所举账局与张家口无关,但借此可以了解清代的账局业务。

牛敬忠对察哈尔都统田中玉兴办的察哈尔兴业银行进行了考证,揭示了清末民初以来察哈尔地区的货币混乱状态。⑥左宝的两篇文章以地

---

①常忠义:《张家口近代同业公会及沿革》,载《保定学院学报》2017年第3期。
②陶德臣:《古代北方东西两口的茶叶贸易》,载《茶叶通报》2003年第2期。
③"表1-1-1 清末尚存的几家开业较早的账局",《山西票号史料(增订本)》(上部),中国人民银行山西省分行与山西财经学院编写组、黄鉴晖编,太原:山西经济出版社,2002年,第10页。
④刘秋根、杨帆:《清代前期账局、放账铺研究——以五种账局、放铺清单的解读为中心》,载《安徽史学》2015年第1期。
⑤陈添翼、刘秋根:《嘉道时期北京账局的工商业借贷研究》,载《河北师范大学学报(哲学社会科学版)》2020年第6期。
⑥牛敬忠:《察哈尔兴业银行始末——兼论晚清至民国时期察哈尔地区的金融》,载《内蒙古社会科学》2016年第4期。民国北京政府"察哈尔都统署"驻张家口城区,至1928年南京国民政府设置"察哈尔省"为止。

方文史研究者的视野,史料与回忆相结合,介绍了晋商在张家口历史文化中的地位。① 赵连成的两篇文章以多年搜集的张家口相关地域金融史料,探讨了张家口近代金融业阶段性演变的基本面貌。② 廉亚男以档案史料为主,对民国后期察哈尔省银行的建制、业务等方面做了较为详尽的研究。③

皮毛业是近代中国手工业类别中的一个大类,于国计民生尤为重要。对于张家口近代皮毛业相关历史的研究,《张家口文史资料》(第13辑)④较早刊发了皮毛业的一些回忆文章;闫志弘与宋艳婕均以张家口皮毛业为题撰写了硕士学位论文;⑤史玉发关于近代察哈尔地区手工业的论文,对近代张家口皮毛加工业进行了分类,并就蔚县、宣化等地的皮毛手工业予以论述。⑥ 陈美健《清末至民中的河北皮毛集散市场》⑦,则以较为宽阔的区域视野对河北省内张家口、顺德(邢台)等六个皮毛集散市场做出了对比考察。

四、张家口城市功能变革、相关地域研究

在张家口城市史的研究中,城市功能演变与近现代化的进程相关议题得到了学界的非常关注。有三篇硕士论文相继展开了对清代张家口城市功能、城市发展规律以及商业与城市近代化关系的研究探讨,议题涉及

---

①左宝:《山西票号与张家口》《山西银号钱庄在张家口》,载《文史月刊》2004年第3期、2005年第10期。左宝先生作为较早的张家口地方文史、党史研究者,著有《漫话张家口》文集,今已仙逝,择选二篇以示纪念。
②赵连飞:《抗日战争前后的张家口金融业》《张家口二次解放前夕的察哈尔银行》,载《河北金融》2016年第7期、第11期。赵连飞任职于中国人民银行张家口支行,编著有四卷本《察哈尔金融记》(中南大学出版社,2019年)。
③廉亚男:《察哈尔省银行研究(1947—1949)》,河北大学历史学硕士学位论文,2018年。
④《张家口文史资料》(第13辑),1988年。该辑为"工商史专辑"。
⑤闫志弘:《近代张家口皮毛贸易述论》,东北师范大学历史学硕士学位论文,2011。宋艳婕:《近代张家口皮毛业研究(1860—1952)》,河北大学历史学硕士学位论文,2013年。
⑥史玉发:《近代察哈尔地区手工业、工业发展状况初探(1840—1952)》,内蒙古大学历史学硕士学位论文,2010年。
⑦陈美健:《清末民中的河北皮毛集散市场》,载《中国社会经济史研究》1996年第3期。

商贸业、军事地位、历史沿革等。①孙召华在其《明代张家口堡考论》的基础上,就学界着重于清代张家口的经济功能研究,另辟他径,提出并探讨了张家口所具有的作为军事重镇、政治重镇、驿路枢纽(交通)的城市综合功能。②何一民以远在云南的腾冲与张家口做了比较性探讨,其共同点都是因边防军事需要而立城,城建之后不断叠加新的功能,又因商而兴旺,发展成为多功能的商城③。

近代张家口有着许多外国人旅居的身影,特木勒对于这个群体给予关注,指出:拉尔森(Frans August Larson,1870—1957)应该是其中最具传奇色彩的人物之一。这位瑞典人在张家口结婚成家,长时期生活在张家口、漠南草原,做过传教士、北京政府蒙古顾问、洋行代理,以及开办洋行等,扮演着复杂多重的社会角色。④

相关地域研究。张家口自清代以来的社会经济史、城市史研究,可以视为近代中国北方区域史研究的一个缩影,而与其一脉相承的归化城、多伦诺尔、杀虎口、雁门关等地,还有远至漠北草原的库伦与恰克图,无论是从时间维度与空间维度、商贸业范围与人文环境等方面,实际上是中国北方一个历史阶段内社会经济史的整体呈现,也是一幕商贸业发展、成长、衰败紧密关联的历史镜像。

许檀自2000年开始陆续依据碑刻等资料对归化城、多伦、雁门关等地的商贸业开展了研究,⑤为学界及广大史学爱好者提供了一个可以参考比较的地域性研究。燕红忠以清嘉庆年间杀虎口税务监督恒桂的一封

---

①王爱平:《清代张家口城市功能发展研究》,内蒙古大学历史学硕士学位论文,2002年。梅兰:《近代张家口城市发展研究(1860—1937)》,河北大学历史学硕士学位论文,2013年。付丽娜:《察哈尔地区的商业与城市近代化(1840—1935)》,内蒙古大学历史系硕士学位论文,2008年。
②孙召华:《明代张家口堡考论》,载《明清论丛》(第8辑),2005年;《清代张家口城市功能考论》,载《明清论丛》2014年第2期。
③何一民、付娟:《从军城到商城:清代边境军事城市功能的转变——以腾冲、张家口为例》,载《史学集刊》2014年第6期。
④特木勒:《拉尔森在张家口:他在族群和文化边界的生涯》,载《中国张家口·冬奥会与一带一路国际学术研讨会论文集》,2016年8月。
⑤许檀:《清代山西归化城的商业》,载《中国经济史研究》2010年第1期;《清代多伦诺尔的商业》,载《天津师范大学学报(社会科学版)》2007年第6期;《清代的雁门关与塞北商城》,载《华中师范大学学报(人文社会科学版)》2007年第3期。

奏折为主体资料,将与张家口有着相同榷关体系的税收进行了研究。① 祁美琴就漠北蒙古草原"买卖城"的形成演变历史与商业特征等方面做了较为详尽的阐述,论述了张家口、归化城等地商人与"买卖城"的相互关系。② 柳岳武在2020年发表的一篇研究文章中,利用了新挖掘到的档案史料,就晚清库伦地区的商民、商贸做出了细微的分析,对内地商民在库伦的各类商贸业活动,从政治、军事、蒙民生计等方面给予了客观确切的历史评价。③

蔚县研究。现在的张家口市行政所辖区、县之内,蔚县的历史文化最为厚重。早在明清时期,蔚县的商贸业就已经比较发达了。《蔚县碑铭辑录》所辑之碑刻,其历史年代跨度自唐宋辽金至明清民国,涵盖内容丰富,有着重要的学术价值。④ 河北大学宋史研究中心近年来硕博研究生在《蔚县碑铭辑录》的基础上,多次深入到蔚县境内做田野调查,进村找庙,又有新的发现。刘秋根、杨伟东对暖泉镇中小堡村的关帝庙不同时期碑文中的商号进行了整理分类,分析商贸业、手工业结构,借以整体认识清中后期该地的工商业状况。⑤ 王新磊、赵公智则以蔚县八大镇之一的暖泉镇为例,对其清代整体镇村城堡规制与历史上形成的集市规模做出探讨,同时依据相关碑文梳理了清代中期之后的工商业布局。⑥ 蔚县有着悠久的人文历史,戏剧是民众社会生活的必需品,刘秋根、赵公智收集了202条有关蔚县戏楼、戏台的墨记并做出考察,呈现出中国北方地域内"戏路即商路"的历史镜像,以戏楼墨记为史料的研究文章较为少见,值得品味。

---

①燕红忠、丰若非:《清代民族贸易的个案研究——对杀虎口监督一封奏折的几点分析》,载《中国经济史研究》2006年第1期。
②祁美琴、王丹林:《清代蒙古地区的"买卖城"及其商业特点研究》,载《民族研究》2008年第2期。
③柳岳武:《商民、商贸与边疆:晚清库伦地区的内地商民研究》,载《近代史研究》2020年第4期。
④邓庆平编录,赵世瑜审订,李新威主持访拓:《蔚县碑铭辑录》,桂林:广西师范大学出版社,2009年。
⑤刘秋根、杨伟东:《清代中后期暖泉镇商业概况及其变迁——暖泉镇中小堡村关帝庙碑文研究》,载《保定学院学报》2017年第1期。
⑥王新磊、赵公智:《清代商镇暖泉初探》,载《唐山师范学院学报》2017年第6期。

五、思辨及余论

(一)《蒙古及蒙古人》利用商榷

希都古日据《蒙古及蒙古人》[①]一书,就19世纪末波兹德涅耶夫笔下的张家口做了汇总介绍,从城市名称、地理位置、城市布局、主要商业街区、商业贸易种类、税收以及俄国人所建东正教堂与邮务所等方面,为我们解读了19世纪末的张家口。另外,他还指出了《蒙古及蒙古人》对清代民族关系史、清代蒙古史以及区域经济史乃至中俄关系史的研究都具有极高的史料价值。

早在20世纪之初,《蒙古及蒙古人》已经受到当时中国与日本学界的关注,并曾翻译出版。[②] 到20世纪80年代,《蒙古及蒙古人》二卷本相继翻译出版后,迅速成为90年代及以后清末旅蒙商贸与中俄恰克图贸易、中国北方区域经济与民族史等学科领域研究所必备的重要史料参考书,迄今已有20多年。

《蒙古及蒙古人》作为游记体裁的著作,对于风土人情虽然竭尽描述,但终究不是一部严谨的学术著作,对于书中的一些数字,利用时仍须加以考证。例如第一卷708页言:"现在的张家口每年关税收入将近四万两,其中一千五百两到二千两是最近三四年才开始增加的。"此税收数字没有说明是正额银还是盈余银。依据史料四万两当是盈余银:初次确定盈余银税额是在乾隆十四年(1749),令"监督与年满时,比较上届短少银数,即报督抚确查,该督抚出结会奏,所有比较上届短少银数,即于各该督抚监督名下追赔"[③]。

张家口税关缴交盈余银额定四万两有余已为定数有据可查,并有动支出处,陈静文章中已有举例。常忠义利用嘉庆二年(1797)一则档案为

[①]希都古日:《(俄)阿·马·波兹德涅耶夫著〈蒙古及蒙古人〉(第一卷)一书所记述的张家口》,载《中国张家口·冬奥会与一带一路国际学术研讨会论文集》,2016年8月。
[②]日文版1908年由日本东亚同文会出版,中文版1913年由北洋法政学会翻译出版。
[③]祁美琴:《关于清代榷关税额的考察》,载《清史研究》2004年第2期。

例对此做了考证、释读,①认为"将近四万两"或者三万两的数目已是动支后交于内务府的盈余银数目。嘉庆二年(1797)盈余银征收40572.116两、正额银2009.11两。盈余银动支共计3项8964.316两,实存盈余银31607.8两,由于广敏要比前任福参泰"多得盈余银十两九钱九分",得到皇帝奖赏1607两,上交内务府整数3万两。清代中后期所立税则奖罚分明,如乾隆五十三年(1788)和宁任张家口税关监督,由于时运不济没有完成盈余银征缴,不得已变卖家产后仍欠下1.2万两,最后被革职处理。

由此件档案所示,嘉庆二年(1797)至波兹德涅耶夫记述的1893年,近100年后才"将近四万两,其中一千五百两到二千两是最近三四年才开始增长的"之说,当是作者缺少详尽的调查而言。故而,此书作为游记必定有其局限性,如要引用,还是要重加考证。本论文集中共有40余篇文章利用了《蒙古及蒙古人》一、二卷作为史料,第一卷利用频率更高。总而言之,《蒙古及蒙古人》在学术研究中颇有过度利用之嫌,甚至同样内容各篇文章反复利用,而未利用其他更为原始、扎实的材料加以考证。这值得我们在今后张家口问题的研究中注意。

(二) 东口茶商地位与晋商进取停滞

1982年蔡鸿生简要提出"西商"与"北商"各有活动领域之概念,1993年黄鉴晖提出了"内、外茶商"的概念。学界研究已近四十年,如何就以上提法与"西商假道"结合起来,对200多年来晋帮茶商经营势力范围的历史成因、演变过程,以及集散地的茶商如何运作整体茶市等问题,需要做更为细致准确的梳理研究,方可回应陶德臣"东西两口茶商各自的历史地位与作用"之议题,从而完善对清代以来北疆茶叶贸易的研究。近些年来不断发现的账册、信稿等民间文献,已经显现张家口的茶商如何经营南来北走的茶市,大小买家卖家与茶栈驼运之间的茶叶交易、茶路走向以及相关货币金融、市场等情况,期待做出辨析研究。

进入20世纪后,张家口的晋商进取心不再,对于久据该地200多年

---

① 《嘉庆二年十一月初八张家口税关监督广敏奏报》,中国第一历史档案馆,档案号:05-0469-001-005。

的山西商人而言,依然抱守着熟悉的传统旧业,或是退回故乡,再无清代早中期的创业勇气。以清末张家口河东区开发为例,资本金无论是先期购地的 5.7 万两,还是发行股票集资的 18.64 万两,对于晋商整体而言都不算天文数字,但没有一家去尝试新兴的产业开发,甚至在"怡安公司"的股东中也看不到晋人入股。另有,民初"张库公路"上汽车运输的先行者中也无晋人之身影。可以看到,走过了 200 多年的经商历程,晋人商家产生了惰性与惯性,缺少将商业资本转为生产资本的意愿,缺少新的投资方向动力与盈利行业预判,因而也错失了利用自有资本以持久发展的新商机。

(三)皮毛业贩卖

长时期的、集散体量巨大的皮毛初级原料,从恰克图、漠南漠北草原深处,以及西北各地集中于张家口,促使该地形成了毛皮、羰毛贩卖的大市场。毛皮与各类羰毛的存储与交易、粗加工与精细加工、半成品或制成品交易、国内销售与洋行采购等环节,组成了一套行之有效的市场营销环境。而操持于市场运作的则是皮毛贩卖业,即皮毛堆栈、牙行等业,这是张家口近代皮毛业行当中一个独立的行当。从经济学角度看,年复一年大批量的皮毛初级原料进入张家口后,不同时期制定的皮毛税则与商家税赋状况,皮毛半成品或制成品的产出利润,洋行采购初级品种的成本与利润,皮毛业各行当之间的金融交易方式,中高档皮毛制品的种类与市场价格,等等,期待有着更为深度的研究,方可为近代手工业史、产业经济史的研究补充一个较为全面的鲜活事例。

(四)"口北三厅"、商路"大道"说

论文集中有多篇文章引用了《口北三厅志》,其中就"张家口厅"与宣府万全县所辖治的张家口城区的地界范围及辖治权等问题,有些研究似乎存在模糊之处。首先"口北"定位,具体参照物是该地明代长城、清初所开大境门,其外(北面)广大地域称之"口外",故此口北三厅也就是口外三厅。另外,就张家口厅"治张家口"一语,实指当时该厅衙门驻地设在张家口城区,而对于张家口城区内的辖治要结合《万全县志》去解读才

更为准确。

张家口至库伦的商道,近些年新生"大道"之说,成为时髦用语。库伦为历史旧称,如果将历史语境下的称谓,与当代语境下的形容用词合并,难以成为严谨的学术命题。况且,二三百年草原戈壁中骆驼与牛车所行之路并不存在有形的"大道",历史研究切要尊重历史原貌。另外,库伦早已改称乌兰巴托,现为蒙古国首都,表述宜采用中蒙俄之国家称谓。当下以张家口的城市级别与他国首都做"大道"联系,或作渲染造势,易生"敏感"疑问,以致歧义误解。① 至于"大道"之说,仅作为地方旅游宣传的口号类用语,或许无可厚非。

结语

回溯历史,回顾学术界对张家口历史研究的成果,将分门别类的学术性研究成果分享给学术界及广大公众,一方面固然是促进学术研究的发展,另一方面也有让学术成果走出象牙塔、走下讲台、增强应用性、服务社会的期待。当今中国文化和旅游产业的健康发展,迫切需要管理者与社会大众提高历史认知,提高鉴别与欣赏能力。而公众史学的普及与大众参与,仍需专业史学工作者做引领工作。对历史的解释应用,以及媒体宣传、文化产品等,要始终坚持正确的政治方向与文化导向,更要有相当雄厚的学术底蕴,以避免庸俗化、娱乐化、浅薄化的倾向,方可提高公众的历史鉴赏水平。②

讲好张家口的故事,就是讲好中国的故事。40年来的张家口历史学术研究,为我们呈现了视野宽阔的历史场面,介绍了多样的历史事件与历史人物,其内容之丰富,文章论点论据班班可考,意在为张家口历史文化宣讲提供一册合格的教材,其意义将是久远的。但是我们看到,对于张家

---

①茅海建:《张库大道与西伯利亚大铁路》,载《东方早报》第A04版,2016年8月28日。"西伯利亚大铁路"为有形的建筑构体,历史有其称谓,而"张库大道"非有形建筑构体,历史也无有此称谓,将二者并谈,似有不妥。
②葛剑雄:《反常的历史热,正变成误导民智的权钱工具》,《文化纵横》2020年10月15日;谭星:《提升公共史学的专业性和公共性》,《中国社会科学报》2020年11月25日。这里综合二篇文章要点。

口 600 年历史的学术性研究,仍有着许多新的课题值得关注与研究;对于已有的课题,也还需要更为深入、实证的探讨。故此,期待更多的国内外学者参与进来,共同书写张家口的历史。

作为编者,感谢四十年来国内外历史学界的学者们,尤其是为本书提供作品的作者。感谢他们为张家口历史学术性研究所做出的贡献,无论是精练短文或是长篇大作,将铭记于人们的心中,镌刻在这片热土上。

谨以此文代序,与文章作者、公众读者共议同勉。

二〇二一年元月

目 录

上 册

第一卷 社会经济史

（一）商贸、商道、商人、税关

中俄张家口贸易 …………………………………… 5
清代前期北方商城张家口的崛起 ………………… 10
关于清代榷关额税的考察 ………………………… 21
清代后期晋商在张家口的经营活动 ……………… 39
明后期清前期长城沿线民族贸易市场的生长及其变化 …… 52
清代张家口关的研究 ……………………………… 68
清代中俄恰克图至天津茶路的形成与影响 ……… 91
清代北部边疆榷关税收分配考察——以杀虎口、张家口和
　　归化城为中心 ……………………………… 104
张库商道历史分期之管见 ………………………… 121
天复亨——张家口老商号考据 …………………… 128

从黄应坤奏疏看万历初年的宣府马市 …………………………… 139
对清光绪年间张家口关税的探讨——以《宫中档光绪朝奏折》
　　为中心 ……………………………………………………… 147
张家口近代同业公会组建及沿革 …………………………… 156
张家口商会始立及其沿革 …………………………………… 171
光绪年间张家口"晋义社"考释及其资料整理 ……………… 187
清代"京羊路"交通运输条件分析 …………………………… 204
北路贸易中的旅蒙商与旅俄商（1727—1911） ……………… 214
晚清常关与铁路运营、管理的互动：以张家口和崇文门税关为
　　重心 ………………………………………………………… 233
晚清西商假道恰克图贸易研究 ……………………………… 246
张库商道考略 ………………………………………………… 273
陆路港口：清代张家口"港口"功能与草原腹地市场的构建 …… 287
清代民国时期张家口与库伦、恰克图的商业联系 …………… 308

（二）茶叶、茶路

"商队茶"考释 ………………………………………………… 321
山西茶商与中俄恰克图贸易 ………………………………… 344
清中后期蒙古地区的对俄茶叶贸易 ………………………… 370
清代中国茶叶外销口岸及运输路线的变迁 ………………… 382
从闽北到莫斯科的陆上茶叶之路——19世纪中叶前中俄茶叶
　　贸易研究 …………………………………………………… 394
古代北方东西两口的茶叶贸易 ……………………………… 406
清代晋商茶叶贸易定量分析——以嘉庆朝为例 …………… 413
清代民国时期的张家口茶叶集散市场 ……………………… 440
中俄青（米）砖茶贸易论析 …………………………………… 448

（三）皮毛业、手工业

清末民中的河北皮毛集散市场 ……………………………… 473

近代察哈尔地区毛皮加工业发展概况 ·············· 484
近代张家口皮毛贸易述论 ······················ 500

(四)金融

清代前期账局、放账铺研究——以五种账局、放账铺清单的
  解读为中心 ··························· 535
察哈尔兴业银行始末——兼论晚清至民国时期察哈尔地区的
  金融 ······························· 553
抗日战争前后的张家口金融业 ··················· 563
张家口二次解放前夕的察哈尔省银行 ··············· 573

下　册

第二卷　城市史

(一)功能演变及现代化

从军事城堡到商业都市——张家口 ················ 585
政策、区位与张家口的兴衰变迁(1429—1929) ·········· 597
二十世纪上半叶张家口城市商用地产开发与商铺出租——基于
  怡安公司档案 ························· 607

(二)开埠

中俄张家口开埠之争 ························ 621
民国年间驻张垣外国使领机构及外侨团体 ············· 627
张家口开埠与城市近代化的起步——1902—1952年历史的
  回顾 ······························· 635
美国驻张家口领事馆的档案及其价值——以1922年一件领事
  报告为例 ···························· 648

近代张家口二次自开商埠考述——以中华民国外交档案为主要
　　资料 ………………………………………………………… 658

(三)京张铁路、张库公路
清至民国张库交通与张家口城市商贸发展 …………………… 681
晚清京张铁路的修建经费问题 ………………………………… 720
大成公司与张家口至库伦之现代交通变迁 …………………… 728
工程社会学视角下的京张铁路建设 …………………………… 741

(四)其他
清代察哈尔都统职任考略 ……………………………………… 753
北洋时期察哈尔都统考略 ……………………………………… 764

第三卷　相关城镇、地域

(一)蔚县
清代中后期暖泉镇商业概况及其变迁——暖泉镇中小堡村
　　关帝庙碑文研究 …………………………………………… 781
清代蔚县工商业初探——以蔚县古城财神庙碑刻为基础 …… 792
清代商镇暖泉初探 ……………………………………………… 803
清中期至民国蔚县地方演剧活动管窥——以202条戏楼墨记
　　为中心的考察 ……………………………………………… 813

(二)相关地域
清代民族贸易的个案研究——对杀虎口监督一封奏折的几点
　　分析 ………………………………………………………… 833
清代的雁门关与塞北商城——以雁门关碑刻为中心的考察 … 847
清代多伦诺尔的商业 …………………………………………… 866
清代山西归化城的商业 ………………………………………… 878
商民、商贸与边疆:晚清库伦地区的内地商民研究 …………… 897

清代蒙古地区的"买卖城"及其商业特点研究 …………… 923

附 录

（一）档案材料

同治元年总理衙门陆路通商清档（上） …………… 947

同治五年总理衙门中俄陆路通商交涉清档 …………… 969

（二）张家口明代、清代、民国碑文精选辑录

宋志刚抄录

明洪武十年（1377）《赐儿山云泉寺碑记》 …………… 985

明正德十三年（1518）《武家庄良地□建石佛寺》 …………… 987

明嘉靖五年（1526）《重修云泉寺记》 …………… 989

明万历二十五年（1597）胡守让《张家口通桥记》 …………… 993

明万历四十一年（1613）《西境门》门额 …………… 995

明万历四十二年（1614）汪道亨《张家口新筑来远堡记》 …… 996

清顺治元年（1644）《大境门》门额 …………… 999

清顺治十四年（1657）《□通玄静》 …………… 1000

清早期（约康熙三十年［1691］前后）王鹭《马市图·序》

…………… 1002

清康熙三十四年（1695）《重修帝君庙碑记》 …………… 1004

清乾隆四十九年（1784）《重修增福灵侯神祠碑记》 ……… 1005

清乾隆四十九年（1784）《重修增福灵侯神祠募捐碑》 …… 1007

清乾隆五十八年（1793）《新建三圣殿碑记》 …………… 1009

清嘉庆九年（1804）《财神庙香火碑记》 …………… 1014

清嘉庆十年（1805）《重修市台关帝大宇碑记》 …………… 1016

清道光三年（1823）《增建灶殿碑记》 …………… 1021

清道光六年（1826）《重修清真寺碑记》 …………… 1026

清道光三十年（1850）《关税谕饬碑》 …………… 1028

清咸丰三年(1853)《重修关帝庙碑记》……………… 1030
清咸丰三年(1853)《重修关帝庙募捐碑记》…………… 1033
清咸丰五年(1855)《市台庙香火地碑记》……………… 1037
清同治元年(1862)《裁牛羊局德政碑》………………… 1039
清光绪三年(1877)《太谷会馆重修通桥门关帝庙碑记》… 1041
清光绪四年(1878)《修复下堡北口记碑》……………… 1043
清光绪五年(1879)《抡才书院重约碑记》……………… 1045
清光绪五年(1879)《新建抡才书院碑记》……………… 1048
清光绪五年(1879)《重修万寿寺碑记》………………… 1051
光绪三十年(1904)《钦命察哈尔都统》………………… 1053
清光绪三十一年(1905)《万全县正堂晓谕张家口晋义社碑》
 ……………………………………………………… 1055
清光绪三十二年(1906)《张家口创建晋义社碑记》…… 1057
清光绪三十二年(1906)《(晋义社)募化官绅姓名碑记》… 1060
中华民国二十二年(1933)《重建水利碑记》…………… 1062
中华民国二十四年(1935)《花园街新建忠惠护国利应侠狐
　神庙碑记》………………………………………… 1064

李国欣抄录
清光绪十六年(1890)《嗨喇庙布施字号碑记》………… 1066

常忠义抄录
乾隆四十九年(1784)《万全县永丰堡水母宫碑文》…… 1068
清光绪二十四年(1898)《张家口布施碑》……………… 1070
清光绪朝后期《张家口布施碑》………………………… 1072
清宣统元年(1909)《宣统元年流芳百世碑》…………… 1076

第一卷　社会经济史

(一)商贸、商道、商人、税关

中俄张家口贸易

郭蕴深[1]

张家口市是一座具有五百多年历史的古城了。据《大清一统志》记载:"张家口堡,明宣德四年(1429)筑,周四里有奇,门二,嘉靖中改筑,周三里有奇,城外有池,明季为互市之所。"[2]可见,张家口的商业活动是与城市的诞生同时出现的。几百年来,张家口是我国北方著名的商埠。1727年中俄《恰克图条约》签订,恰克图开为互市场所。从1755年到1851年,《中俄伊犁塔尔巴哈台通商章程》(下文简称为《伊塔通商章程》)签订的百余年间,恰克图是中俄贸易的唯一孔道。张家口在中俄贸易,特别是转口贸易中起了很大作用,对两国经济的发展都产生过重要影响,是城市史和中俄关系史研究中的一个重要课题。

一、《伊塔通商章程》签订前张家口在中俄贸易中的作用

1689年9月8日,中俄签订了历史上第一个平等的《尼布楚条约》。条约签订后,俄国按照有关条款规定派往中国的商队数量增加,规模也扩

---

[1]郭蕴深(1942—),男,黑龙江哈尔滨人,黑龙江社会科学院研究员,从事中俄关系史研究。
[2]《大清一统志》卷二十五,第1页。

大了。截至1755年的60多年间,共有20余支俄国商队到达北京,其中除前几次是经尼布楚、齐齐哈尔、山海关到北京外,大部分取道库伦、张家口到北京。由于黑龙江道路弯远难行,十八世纪初废止不用,途经张家口成了唯一的商路。鉴于俄国商队来京次数频繁,规模大,北京市场毛皮积压,并且时有纠纷发生,1733年监督俄国馆御使庆奏:"俄尼斯互市止,宜在于边境,其住居京师者,请禁贸易。"①清政府采纳了建议,1755年北京贸易停止了,边境贸易成了中俄贸易的唯一形式。三十年来发展缓慢的恰克图市场迅速改观,贸易额直线上升。以茶叶为例,1762—1785年间每年从恰克图输出的茶叶近3万普特(1普特为16.38公斤),仅1781—1785年的五年间就增长了五倍。② 十八世纪的最后三年增长的速度更猛,1798年为46997普特,1799年为52343普特,1800年为69580普特。③这些茶叶全部是中国商人由茶区经张家口运往恰克图的。何秋涛在《俄罗斯互市本末》中明确记载:"其内地商民至恰克图贸易者强半皆山西人,由张家口贩运烟茶缎布杂货前往易换各色皮张毡片等物。"④

张家口地区的旅蒙商对中俄贸易的发展起了促进作用。清初发展起来的旅蒙商,康熙初年不过30家,康熙末年,即1720年左右已达80多家,道光年间为280多家,光绪年间更猛增为400余家。⑤ 他们之中实力雄厚者兼营与俄国的贸易。这些旅蒙商的总部设在张家口的大境门,分号设在库伦、恰克图等地。以清朝最著名的旅蒙商大盛魁为例,兴旺时期不仅在恰克图、贝加尔湖一带设有分号,而且在莫斯科也有他们的经纪人。

张家口对俄贸易的商号主要是茶商,乾隆末年(即十八世纪末),大境门一带有专营对俄茶叶贸易的商号达50多家。有的商人在茶区占有茶山,据说仅福建武夷山就有张家口商人的茶山30多座。⑥ 商人们将福

---

① (清)何秋涛:《朔方备乘》卷三十七。
② [俄]西林:《十八世纪的恰克图》(俄文版),伊尔库茨克:阿穆尔出版社,1947年,第109页。
③ [俄]西林:《十八世纪的恰克图》(俄文版),第68页。
④ (清)何秋涛:《朔方备乘》卷三十七。
⑤ "善邻协会":《内陆亚西亚》第一辑。
⑥ 李志强:《昔日张垣茶商》,载《张家口文史资料》,第1—3辑合订本,第178页。

建、湖南、湖北茶集中到汉口,经樊城和赊旗镇(河南)至山西,再经过潞安沁州和太原府,运往张家口。① 茶叶运到张家口后专门有一批匠人进行加工、制造、包装,然后改换骆驼或牛、马车运往恰克图。夏季水草丰盛,用马、牛车运送,冬季草衰,骆驼更为适宜。为此,张家口附近出现了一批养牛、养骆驼的大户。乾隆年间,张家口有养牛车户57家,多集中在张家口大境门外的南天门、外东窑、元宝山、西甸子、乌拉哈达各村。最大的养牛车户是南天门殷氏,他家曾养牛千头,车七百余。② 与此同时,张家口的驼店也有数十家。有的大店一家就有骆驼四五百峰。

驼队运输茶叶的场景是十分壮观的。通常每商队有骆驼200—300峰,每峰驮4箱茶叶,每箱约16普特(约600磅)。③ 驼队横越八百里茫茫戈壁滩,常常是"绵绵斯道,几不逢人,自米盐薪水,无不咸备。百里逢井,数日不见人为常事"。络绎于途的商队使罕为人至的沙漠充满了生机。这种平等的交易不仅使俄国获得可观的利润,中国商人也得到极大好处,带动了张家口地区经济的发展。正因如此,到十九世纪中叶中俄《陆路通商章程》签订之前,张家口一地的山西茶商已达百余家。

二、《伊塔通商章程》签订后中俄张家口的贸易

鸦片战争后,俄国商人随着西方资本主义势力的侵入而伸入到中国内地。1858年6月,俄国通过《天津条约》取得了一百年来梦寐以求的海路贸易的权利。由于俄国商船可以径直由吴淞口入长江到汉口,水路运费低廉,从而改变了传统的经山西到张家口的陆路,而由汉口装船经海运到天津,由天津用帆船溯白河而至通州,再由陆路运到张家口;或者由天津用骡马直接运到张家口。1860—1880年间,这条商路达到鼎盛时期。俄商用这条路大量向恰克图运茶,华商也有少量的茶叶由此能运恰克图。但华商更多的还是通过传统的陆路。一个西方商人写道:"在通过晋北的

---

① 冯·里奇瑟芬:《拜伦·里奇瑟芬通讯录》,第13页。转引自姚贤镐编:《中国近代对外贸易史料(1840—1895)》(第二册),北京:中华书局,1962年,第1292页。
② 李志强:《昔日张垣茶商》。载《张家口文史资料》,第1—3辑合订本,第178页。
③ [美]威廉·乌克斯(William H.Ukers)著,上海茶叶研究社译:《茶叶全书》(下),上海:开明书店,1949年,第54页。

大道上,我几乎每天都遇见伴随经张家口赶恰克图的长列砖茶驼运队的华商,用俄人话向我招呼"。① 张家口对俄国的茶叶贸易,一是俄商直接由汉口等产区采购、制造、贩运的茶叶,经张家口转口到恰克图;一是华商贩运到张家口的。有些华俄中小商人,无力直接到茶区,只好由恰克图赶到张家口采购茶叶。

俄国人不仅越过了张家口,直接到内地贩运茶叶,而且在张家口开设商号,据《摩利斯的1869年香港行名簿》记载:张家口至少有两家俄国商号,这些商号和上海的任何一家商号一样,都有正式的中国行名。② 雷麦在《外人在华投资》一书中也写道:"天津及张家口二地经营茶叶贸易与茶叶运输的俄商代表为斯太齐夫(Startzev)及巴太尼夫(Bataniev)两公司。这些商人和其他商人积了资财以后,就投资于购买土地及建造货栈住宅。"③

这些俄国商号在张家口收购的中国商品,从陆路运往俄国,只交纳出口税的一半。也就是说,俄国商人在天津或通州购买中国商品从陆路运往俄国,交纳的出口税率相当于1858年普通税则中所规定的出口税,但是俄国商人在张家口收购同样的商品运往俄国交纳的出口税却只相当于上述普遍税则所规定的出口税的一半。这种利税率对俄商是极其有利的,对于以向恰克图贩运商品为生计的张家口商人是一个打击,使其处境日蹙。为此,恭亲王奕䜣上书皇帝指出:"从前张家口赴恰克图华商颇获利益,自与俄国设立《陆路通商章程》以来,俄人自行由津贩运土货赴恰克图贸易,华商利为所夺,大半歇业。"④

俄国商品的进口方面,根据1862年中俄《陆路通商章程》第四款可以酌留十分之二。这些商人们经过张家口时,只要通知一下当地的中国稽查员并得到他们的许可,就可以从那些准备运来天津的商品中拿出五分

---

① 冯·里奇瑟芬:《拜伦·里奇瑟芬通信录》,第13页。
② 姚贤镐编:《中国近代对外贸易史资料(1840—1895)》(第三册),北京:中华书局,1962年,第1306页。
③ [美]雷麦(C.F.Remer)著,蒋学楷、赵康节译:《外人在华投资》,北京:商务印书馆,1959年,第424页。
④ 《筹办夷务始末·同治朝》卷五十七,第2页。

之一去张家口出卖。① 1869 年的中俄《改定通商章程》取消了十分之二的限制,改为酌留若干。只要有利,可以任意留多少。例如,我国重要的进口商品毛呢,在张家口出售的就多于天津。再如,俄国进口的绒羽绫,在中国叫"口哈拉"和"洋哈拉"。"口哈拉"就是从陆路(西伯利亚)经长城隘口张家口时而得名的。

除毛呢而外,还有少量棉布。早期的主要进口商品毛皮此时已基本停止了。进口商品的数量极其有限,十九世纪七八十年代几乎没有进口。

中俄两国商人在张家口的直接贸易额是比较小的。比如,1878 年俄国商人在张家口卖出价值 10446 卢布的商品,购买了 9152 卢布的 660 箱普通砖茶。这一年俄国人在张家口总的交易额为 19616 卢布。② 不难看出,张家口本地贸易很少,难怪英国人里奇瑟芬称张家口为"西伯利亚大部分地区和俄国对华贸易的锁钥"。③ 它的中介,即作为中俄贸易的转运站的作用是重要的。1878 年中国商人在张家口销售了从恰克图输入的俄国商品呢绒、棉绒(波里斯绒)、皮革等,总值达 1500000 卢布,1879 年为 1463363 卢布。④ 数字不算小的。但数量和价值最大的还是张家口向俄国转口的茶叶贸易。十九世纪八十年代以后,中国被迫开放了更多的通商口岸。随着海路贸易的发展,俄国人对廉价的海路贸易兴趣大增。九十年代以后,海路贸易的总值就逐渐超过了恰克图、张家口的陆路贸易。二十世纪初,西伯利亚大铁路通车,恰克图失去了原有的作用,张家口在中俄贸易中的作用也渐渐丧失了。然而,这条俄国独占的被西方人羡慕不已的陆路上的商业重镇昔日的繁荣,却永远载入了史册。

(原载《张家口文史资料》第 13 辑)

---

① 姚贤镐编:《中国近代对外贸易史资料(1840—1895)》(第三册),第 1306 页。
② [俄]斯卡尔科夫斯基:《俄国在太平洋的贸易》(俄文版),圣彼得堡,1883 年,第 313 页。
③ 冯·里奇瑟芬:《拜伦·里奇瑟芬通信录》,第 13 页。
④ [俄]斯卡尔科夫斯基:《俄国在太平洋的贸易》(俄文版),第 313 页。

清代前期北方商城张家口的崛起

许檀[①]

张家口,地处直隶北部长城线上,明代属万全都司,清初属宣化府万全县,雍正二年(1724)清政府在此置张家口直隶厅。张家口是清代前期我国北方最重要的商业城市和金融中心之一,也是清代中俄陆路贸易的重要口岸。它虽兴起较晚,却很快成为与广州遥遥相对,南北两大主要外贸口岸之一。

关于清代张家口的商业,已有不少论著涉及,但较少见有专文考察。本文拟对清代前期张家口作为北方商业城市的兴起,特别是它作为中俄、汉蒙贸易陆路枢纽的地位,做一初步探讨。

一

张家口,明代属宣府西路万全都司所辖的万全右卫,原是长城沿线的一个军事重镇,隆庆年间被定为与蒙古互市之地,为其商业发展之始。明代的记载称:"张家口堡,设在绝徼,极目荒凉,诸物不产。自隆庆五年(1571)北房款贡以来,始立市场,每年互市,缎布买自江南,皮张易之湖广。彼时督抚以各部夷人众多,互市钱粮有限,乃为广召四方商贩使之自

[①] 许檀(1953—),女,南开大学历史系教授,主要研究方向明清经济史。

相贸易,是为民市之始。"①到万历年间,张家口互市贸易已是"百货坌集,车庐马驼,羊旃毳布缯瓦缶之属,踏跳丸意钱蒲之技毕具"了。② 前来张家口贸易的商人以晋商为多。县志记载称,"八家商人者,皆山右人。明末时以贸易来张家口,曰王登库、靳良玉、范永斗、王大宇、梁嘉宾、田生阑、翟堂、黄云发,自本朝龙兴,辽左遣人来口市易,皆此八家主之。定鼎后承召入都,燕便殿蒙赐上方服馔"③。清初这"八家商人"均以为政府服务成为皇商。其中,范氏家族更以承办军需获巨利,富及数代,显赫一时。④

清代,政府在张家口、独石口、多伦诺尔设立三个理事厅,合称为"口北三厅",专门办理"与蒙古民人交涉之事"。⑤ 张家口仍为对蒙贸易的重要口岸之一。雍正五年(1727),清政府指定喜峰口、古北口、独石口、张家口、归化城、杀虎口和西宁等地为出入蒙地经商的贸易孔道,凡赴内外蒙古和漠西厄鲁特蒙古地区进行贸易的商贾,需经张家口的察哈尔都统、多伦诺尔同知衙门、归化城将军和西宁办事大臣等批准,并颁发"部票"(又称"龙票"),在指定的盟、旗境内经商贸易。"部票"系用满、蒙、汉三种文字书写,注明人数、姓名、品种、数量、返程日期;他们到达蒙地后,须在当地盟、旗官吏监督管理下进行贸易,凡无票者不得进入蒙地贸易。⑥

张家口作为中俄贸易的重要口岸始自康熙年间。康熙二十八年(1689)中俄《尼布楚条约》、雍正五年中俄《恰克图条约》商定俄国官方商队每三年可来京免税贸易,人数限为200人;《恰克图条约》还约定在两国交界之恰克图、尼布楚等地搭建房屋,进行民间贸易。⑦ 俄国前来北京贸易的商队往往十分庞大,超出规定的标准。如康熙四十二年(1703)俄皇派遣莫斯科商会商人伊万萨瓦耶甫率领的商队,人员组成为:总管1人,

---

① (明)梅国祯:《请罢榷税疏》,《明经世文编》卷四百五十二。
② 乾隆《万全县志》卷八《艺文志》。
③ 乾隆《万全县志》卷十《志余》。
④ 乾隆《万全县志》卷十《志余》。
⑤ 乾隆《口北三厅志》卷首《黄可润序》。
⑥ 张正明:《晋商兴衰史》,太原:山西古籍出版社,1995年,第72—73页。
⑦ 王铁崖编:《中外旧约章汇编》(第一册),北京:生活·读书·新知三联书店,1957年,第7—9页。

随员书记及职员等共53人,护送人役200人,商队工役565人,总计达818人。① 雍正五年,来京的俄国商队由205人组成,共带有马1650匹,牛562头,货车475辆,给养车162辆,所带货物价值28万多卢布。②

俄国商队入京贸易的道路主要有二:一是自尼布楚至齐齐哈尔城,经东部蒙古入古北口或山海关至北京;二是自伊尔库茨克城循色楞格河,经库伦,横穿戈壁,入张家口抵北京。③ 前者需要150天,而后者只需70天。④ 起初,俄国商队赴京贸易被指定由尼布楚商路,后因俄商的一再要求,康熙四十七年(1708)清廷批准以色楞格—库伦—张家口的商道为俄国商队往返之官道。⑤ 从此,张家口成为中俄贸易的重要枢纽之一。

乾隆二十年(1755),清政府停止俄国官方商队入京贸易之例,将中俄贸易统归于恰克图一地。刘选民《中俄早期贸易考》言:"中俄陆路贸易,向不抽税,惟于各该国境内关口则征卡税。……中国于张家口设关,内地商人往来恰克图、库伦贸易者征税于此。"⑥据方观承乾隆二十四年(1759)的奏折称,查赴恰克图、库伦贸易商民,多在张家口设有铺房。其中资本较厚者六十余家,依附于票商的散商约有八十余家。⑦ 稍后的记载则称,"张家口买卖城可以说是中国对俄贸易的集中点,几乎全部俄国呢绒和各种绒布以及俄国出口的全部毛皮制品都是先运到张家口买卖城的货栈,然后批发给下堡,最后再运到中国本土"⑧。可见从乾隆中叶开始张家口即成为中俄恰克图贸易最重要的转运枢纽。

---

①姚贤镐编:《中国近代对外贸易史资料(1840—1895)》(第一册),北京:中华书局,1962年,第118页。
②吴建雍:《北京通史》第七卷,北京:北京燕山出版社,2012年,第350页。
③姚贤镐编:《中国近代对外贸易史资料(1840—1895)》(第一册),第116页。
④[法]葛斯顿·加恩著,江载华译:《早期中俄关系史(1689—1730)》,北京:商务印书馆,1961年,第52页。
⑤姚贤镐编:《中国近代对外贸易史资料(1840—1895)》(第一册),第105页。
⑥姚贤镐编:《中国近代对外贸易史资料(1840—1895)》(第一册),第108页。
⑦参见葛贤惠:《商路漫漫五百年》,武汉:华中理工大学出版社,1996年,第70页。
⑧[俄]阿·马·波兹德涅耶夫,刘汉明等译:《蒙古及蒙古人》(第一卷),呼和浩特:内蒙古人民出版社,1989年,第701、711页。

二

乾隆末年秦武域《闻见瓣香录》记载："张家口为上谷要地,即古长城为关,关上旧有市台,为南北交易之所,凡内地之牛马驼羊多取给于此。贾多山右人,率出口以茶布兑换而归。又有直往恰克图地方交易者,所货物多紫貂、猞猁、银针、海貂、海骝、银鼠、灰鼠诸皮以及哈喇明镜、阿敦绸等物。"[1]又据何秋涛《朔方备乘》记载："其内地商民至恰克图贸易者,强半皆山西人,由张家口贩运烟、茶、缎、布、杂货前往,易换各色皮张、毡片等物。"[2]经由张家口输出的商品主要有茶叶、丝绸、棉布等,而以茶为最大宗;输入商品则以毛皮、呢绒、牲畜等为大宗。下面,我们分别简述之。

1. 丝绸。中国所产丝绸是中俄贸易最重要的商品之一,也是内地输往蒙区的主要商品。丝绸主要产自江南,由海道或运河达于津、京,再经张家口输往关外。据载,1728年中国输俄之丝绸价值达四万六千余两;[3]17世纪五六十年代,俄国每年进口中国丝织品价值平均高达21万卢布以上。[4]

2. 棉布。此项输出亦为大宗,棉布不仅在俄国市场销售极畅,且转贩欧洲诸国。俄人称之曰Ki-taika(中国之意),英人呼之曰Nankeen(南京之音译),1728年中国输出之棉布约值银四万四千余两。[5]乾隆中期(1775—1781年)俄国平均每年从中国进口"南京布"和其他棉布价值高达106万卢布以上。[6]

3. 茶叶。据何秋涛《朔方备乘》记载："恰克图互市中国茶叶,《华事夷言》曰:俄罗斯不准船到粤,只准陆路带茶六万六千箱,计五百万棒,因陆路所历风霜,故其茶叶更佳,非如海船经过南洋暑湿,致茶味亦减。《澳门月报》曰:欧罗巴销用茶叶,以荷兰、俄罗斯两国为最。俄罗斯在北边蒙

---

[1] (清)秦武域:《闻见瓣香录》甲卷《张家口》。
[2] 姚贤镐编:《中国近代对外贸易史资料(1840—1895)》(第一册),第100页。
[3] 姚贤镐编:《中国近代对外贸易史资料(1840—1895)》(第一册),第107页。
[4] [日]吉田金一:《论俄国与清朝的贸易》,转见李伯重《明清江南与外地经济联系的加强及其对江南经济发展的影响》,载《中国经济史研究》1986年第2期。
[5] 姚贤镐编:《中国近代对外贸易史资料(1840—1895)》(第一册),第119页。
[6] [日]吉田金一:《论俄国与清朝的贸易》,转见李伯重《明清江南与外地经济联系的加强及其对江南经济发展的影响》,载《中国经济史研究》1986年第2期。

古地买茶,道光十年买五十六万三千四百四十棒,道光十二年买六百四十六万一千棒,皆系黑茶,由喀(恰)克图旱路运至担色,再由水旱二路分运娜阿额罗。"①此外,经张家口输送蒙区的茶叶也为数不少。

输往俄国、蒙古的茶叶主要产自福建武夷山区,其运输路线大致是:由福建崇安县过分水关入江西铅山县河口镇,在此装船顺信江下鄱阳湖,穿湖而过出九江口入长江,溯江抵武昌,转汉水至樊城(襄樊)起岸,经河南入山西,经泽州(晋城)往潞安(长治)抵平遥、祁县、太谷、大同,达于张家口,再由张家口转运蒙地和俄国。② 这一茶叶转运过程,由产地至销地路途达万里之遥,均由山西商人经营。衷干《茶市杂咏》记载西商至河口采购茶叶的状况言:"清初茶叶均系西客经营,由江西转河南运销关外。西客者山西商人也。每家资本约二三十万至百万。货物往还络绎不绝。首春客至,由行东赴河口欢迎,到地将款及所购茶单点交行东,恣所为不问。茶事毕,始结算别去。"③江西河口镇作为武夷茶南销广州,北运张家口的集散地,成为各路商人麇集之地,资金往来款项甚巨,故吸引各家票号去那里设庄。

由俄、蒙输入之商品则以下列各项为大宗:

1.毛皮。由俄国输入商品以毛皮为最,且种类繁多。较贵重者如海獭皮、獭皮、狐皮、狼皮、熊皮、不加勒斯多羔皮、阿斯脱刺罕羊皮、黑貂皮、白鼬皮、灰松鼠皮等。

2.纺织品。数量仅次于皮毛,居第二位。其种类分为羊毛绒织物、天鹅绒、亚麻布等;其粗糙者大抵产自于俄国,精细者则系自英国、普鲁士诸处输入。④ 表一、表二是十九世纪三四十年代由俄国输入的皮毛、纺织品的数量统计,请参见。这些皮毛和纺织品多由恰克图运至张家口,再由张家口转销关内各地。

---

①姚贤镐编:《中国近代对外贸易史资料(1840—1895)》(第一册),第109页。
②张正明:《晋商兴衰史》,太原:山西古籍出版社,1995年,第274页。
③彭泽益:《中国近代手工业史资料:1840—1949》(第1卷),北京:生活·读书·新知三联书店,1957年,第254—255页。
④姚贤镐编:《中国近代对外贸易史资料(1840—1895)》(第一册),第119页。

表1 1843年恰克图已交换及尚存货物数量一览

品种	已交换数量	留存数量
皮货：		
灰鼠皮	673364 张	1140696 张
獭皮	13461 张	17406 张
灰羔皮	5549 张	44921 张
黑羔皮	8463 张	48955 张
乌克兰白羔皮	155172 张	646738 张
乌克兰杂羔皮	8580 张	18344 张
乌克兰黑羔皮	2581 张	28311 张
黑猫皮	245006 张	105847 张
俄国野猫皮（猞猁）	2181 张	17220 张
美国野猫皮（猞猁）	4750 张	8100 张
麝鼠皮	72415 张	18920 张
羊皮	52665 张	176095 张
纺织品：		
梅节利茨基呢	14565 匹	40883 匹
马斯洛夫呢	2013 匹	5143 匹
卡罗沃伊呢	4761 匹	6740 匹
俄国羽纱	578 俄尺	177 俄尺
荷兰羽纱	25600 俄尺	45784 俄尺
切苏伊卡亚麻布	480733 俄尺	498736 俄尺
迪金亚麻布	85655 俄尺	45550 俄尺
康罗瓦亚麻布	624 俄尺	16437 俄尺
10俄寸宽天鹅绒	1074639 俄尺	1818129 俄尺
16俄寸宽天鹅绒	92499 俄尺	126630 俄尺

资料来源：姚贤镐编《中国近代对外贸易史资料(1840—1895)》（第一册），第113页。

表2　1833—1841年俄国输往恰克图的毛呢数量统计

每匹=19码半

年份	俄国毛呢	波兰毛呢
1833	447176 俄尺 = 18305 匹	325040 俄尺 = 13305 匹
1834	555876 俄尺 = 22755 匹	247256 俄尺 = 10122 匹
1835	719221 俄尺 = 29442 匹	206301 俄尺 = 8445 匹
1836	923936 俄尺 = 37822 匹	181519 俄尺 = 7430 匹
1837	789853 俄尺 = 32333 匹	26625 俄尺 = 1089 匹
1838	965193 俄尺 = 39510 匹	738 俄尺 = 30.5 匹
1839	1218574 俄尺 = 49880 匹	
1840	1241133 俄尺 = 50806 匹	
1841	1550477 俄尺 = 63470 匹	

资料来源：姚贤镐编《中国近代对外贸易史资料(1840—1895)》(第一册)，第111页。

3.牲畜。牲畜是蒙古输入内地的大宗商品，主要由旅蒙晋商在牧区市场收购后贩运内地，如蒙古的羊每年运至内地数百万头；又如，乾隆时察哈尔岁销江南马一千余匹，乌兰察布盟销往内地的驼马牛等有十余万头，羊皮四十余万张。①

4.土碱。土碱也是从蒙区输入的较大宗商品。其产地主要在塞外察哈尔的正蓝、镶白等旗境内，康熙年间曾"招商煎熬纳课"，后因"有碍蒙古游牧，定议停止"。乾隆二十一年(1756)，直隶总督方观承奏请："张家口外活多多诺尔等处所产碱土，……乃蒙古自然之利，有扫土煎熬者，有于冬月冰冻之时自然结成碱块者，内地染局、面铺用之，比他处所产为佳，是以远近流通商人因欲请票纳课，以专其利。"方观承建议应准许蒙古牧民自采，运至张家口贸易；由商人在张家口设铺收买，照章纳税。经户部覆议获准定制，蒙古各旗"凡有刨取碱块货卖者，惟准进张家口一处，其余各关口概不准进"；为便于稽察，"酌议在于张家口、宣化府两处准本地或外来殷实商民赴监督衙门具呈，给与印照开设碱店，如遇蒙古碱块进口，该铺户按照行市公平交易，并令边口地方官随时查察"；"其收买碱块若

---

①张正明：《晋商兴衰史》，第274页。

干,令店铺赴口报明纳税,给与印票,过口时该口丁役按数稽查,倘有以多报少即照漏税例究治";至于碱块应纳税额,"查张家口部颁则例,每碱一驮征收银四分,每驮约二百余斤",故以"每碱百斤作为一担,征收库平纹银二分"。①

光绪十八年(1892)赴蒙古考察的俄国学者波兹德涅耶夫记载了当时张家口开设的十家碱店,计有:(1)德懋碱店,(2)合成碱店,(3)德恒碱店,(4)元隆碱店,(5)全成碱店,(6)德元碱店,(7)天合碱店,(8)元盛碱店,(9)泰成碱店,(10)裕源碱店。并言"这些商店从察哈尔正蓝旗和镶白旗的牧地收购土碱,进行加工,其数量是相当大的。例如,在1892年这十家盐行收购入库的土碱达三万八千车至三万九千车,每车近六百四十斤,总计约合我国九十二万普特"。② 这虽是光绪年间的记载,但与清代中叶的实际状况当不至相差太多。民国《万全县志》也有记载称,张家口碱商"自清初迄民国十五年二百余年间概系十家,从无增减。在民国五年至十五年十年间颇获厚利。其原料为碱坯,出产于察哈尔省白、蓝两旗,每年以牛车运入本口之数,多则三万车,至少不下一万车"。③

晋商由内地运到蒙区的商品除茶叶、布匹、绸缎之外,还有药材、蔗糖、烟叶、小麦、陶器、铁锅、农具等。其产地分布甚广,如蔗糖产于闽广,烟叶、陶器产于河南、江西,小麦、铁器等多产于河北、山西。从蒙区输入的商品还有皮毛、蘑菇、药材等。④ 从俄国输入者还有金属以及杂货,如玻璃用具、镜、刀、剪刀、锁等,也很受中国市场之欢迎。⑤

三

北疆贸易陆路长途贩运,耗时耗资甚巨的这一特点,决定了它对资金需求量甚大,而且周转期长。故张家口不仅是清代中国最北部的商城,也是最北部的金融中心。清中叶前后产生的新的金融机构账局、票号等均

---

① 乾隆《口北三厅志》卷五《物产》。
② 《张家口概况》,见《万全县志》第10册,第21页。
③ 《张家口概况》,见《万全县志》第10册,第21页。
④ 张正明:《晋商兴衰史》,第273—274页。
⑤ 姚贤镐编:《中国近代对外贸易史资料(1840—1895)》(第一册),第109—110页。

以之作为重要据点。

账局,是雍乾年间在北京、张家口等北方商业城市产生的一种以对工商业者开展存贷款业务为主的金融组织。其经营者基本都是山西商人。目前所知最早的一家账局即是乾隆元年(1736)山西商人王庭荣出资四万两在张家口开设的"祥发永"。有学者认为账局的出现可能与山西商人经营的中俄贸易密切相关。[1] 1853年,御使王荫茂对北京账局的经营活动有如下记述:"闻账局自来借贷,多以一年为期。五六月间,各路货物到京,借者尤多。每逢到期,将本利全数措齐,送到局中,谓之本利见面。账局看后,将利收起,令借者更换一券,仍将本银持归,每年如此。"[2]表三是清代中叶在张家口开设的几家账局的状况,请参见。

表3 清代中叶张家口开设的账局示例

账局名称	祥发永	大升玉	大泉玉
开业年代	乾隆元年	嘉庆十九年	道光二十年
总号所在地 设分号城镇	张家口 京师、上海	张家口 京师、上海	张家口 京师
资本(两)	40000	50000	30000
股东姓名 股东籍贯	王庭荣 山西汾阳	常立训 山西榆次	常立训 山西榆次
总经理姓名 总经理籍贯	宋文蕙 山西汾阳	张桢喜 山西汾阳	王桂淮 山西汾阳

资料来源:据《山西票号史料》第10页表改制。

票号,是清代中叶出现的一种专营汇兑业务的新的金融机构。它是随着埠际贸易的发展而发展起来的。票号采取的是联号制经营,总号、分号之间联系密切,同时与各地商号也有广泛的联系,票号的经营者也都是山西商人,分为平遥、太谷、祁县三帮。道光二十年(1840),票号已发展到日升昌、蔚泰厚、蔚丰厚、蔚盛长、新泰厚、天成亨、合盛元、日新中等八

---

[1]黄鉴晖:《论我国银行业的起源及其发展的阶段性》,载《山西财经学院学报》1982年第4期;张国辉:《清代前期的钱庄和票号》,载《中国经济史研究》1987年第4期。
[2]中国人民银行山西省分行、山西财经学院、《山西票号史料》编写组编:《山西票号史料》,太原:山西经济出版社,1990年,第9页。

家,在北京、天津、苏州、南京、扬州、清江浦、芜湖、屯溪、河口、汉口、长沙、成都、重庆、广州、张家口等23个城市共设有35家分号。① 张家口是其中最北的城市,其票号业务往来十分活跃。如道光三十年(1850)与张家口日升昌分号通汇的城市至少有13个,计有京师、苏州、河口、天津、汉口、平遥、祁县、太谷、太原、扬州、成都、清江浦、三原等;其往来商号计有:大顺雷、兴盛德、永顺祥、裕兴昌、源泰昌、庆源德、永顺利、万和明、德兴恒、源盛兴、恒义长、永兴玉、合盛永、三和同、德生世、昌泰和、生旺德、恒义承、万盛隆等19家,汇兑往来金额共计163364两。其中苏州、京师、河口、汉口四个城镇的汇兑金额即达86600两,占总额的50%以上,② 这几个城镇正是张家口运销蒙古和恰克图的茶叶、丝绸、棉布等货物的主要来源和中转地。表四是道光三十年日升昌张家口分号与各城镇汇兑往来状况,请参见。

表4 道光三十年张家口票号业务往来状况一览

张家口收汇	汇款城镇	张家口交汇
26300两	河口镇	
27000两	苏州	1000两
28300两	京师	4000两
9300两	平遥	17765两
18240两	祁县	
4700两	太原	
3400两	天津	606两
5000两	汉口	4000两
2003两	太谷	
	成都	3000两
	清江浦	1000两
	三原	8500两
	扬州	250两
123243两	合计	40121两

资料来源:黄鉴晖《山西票号史》第119页。

① 张国辉:《清代前期的钱庄和票号》。
② 《山西票号史料》,第9、31—32页。

综上所述,清代前期张家口的崛起是以中俄贸易、汉蒙贸易的发展为契机的,它既是清代北疆贸易发展之必然,也是清政府特殊政策作用的结果,这一贸易的繁荣一直持续到清末,它促进了张家口商业城市的崛起,并从而奠定了近代张家口城市发展的基础。

(原载《北方论丛》1998 年第 5 期)

关于清代榷关额税的考察

祁美琴①

封建时代的前期,由于受商业发展速度与规模的限制,关税在国家财政中的地位并没有显现出来。明清以后,随着工商业的迅速发展,关税在国家财政中的比率与日俱增,从而直接导致了榷关制度的建立与不断发展。清朝统治者对关税带来的经济效益从不掩饰,所谓:"通商为市,国家经费所出,应任其交易,漏税者罪之。"②有清一代,关税成为清政府仅次于田赋、盐课的第三大财源。但是目前学术界对于"榷关"的研究与其在经济史上的地位极不相称③,而且主要的成果集中在四海关的研究上④,

---

① 祁美琴(1964—),女,中国人民大学清史研究所副教授。
② 《清朝文献通考》卷二十六《征榷一》,考5075。
③ 目前尚没有专著出版,主要的研究论文集中在20世纪80年代,如何本方《清代户部诸关初探》(《南开学报》1984年第3期)、《乾隆年间榷关的免税措施》(《历史档案》1987年第4期)、《清代的榷关与内务府》(《故宫博物院院刊》1985年第2期)、《清代商税制度刍议》(《社会科学研究》1987年第1期),吴建雍《清前期榷关及其管理制度》(《中国史研究》1984年第1期),鲁子健《清代关榷与四川地区商贸兴衰考察》(《清史研究通讯》1989年第2期),许檀、经君健《清代前期商税问题新探》(《中国经济史研究》1990年第2期),[日]香坂昌纪著、赵中男译《论清朝嘉庆年间的国家财政与关税收入》(《社会科学辑刊》1993年第3期)。
④ 如专著有黄国盛《鸦片战争前的东南四省海关》(福建人民出版社,2000年),李金明《清代粤海关的设置与关税征收》(《中国社会经济史研究》1995年第4期),杨仁飞《论清政府对澳门的海关管理》(《广东社会科学》1993年第2期),黄国盛、李森林《清代闽海关沿革》(《文史知识》1995年第4期)。其中对粤海关研究最精的是台湾陈国栋的系列文章。

全面系统的研究尚有待来者。

本文是作者对清代榷关研究的系列文章之一。无疑,清代榷关制度的核心内容是税收,而税收的核心内容就是"额税"的确定,因为它直接关系到税收的财政地位与财政意义。本文考察的清代榷关的"额税"专指作为其正项收入的正额、盈余两部分。"额税"的确定始于明朝的钞关,清初统治者在对明代钞关制度的继承中,不断调整有关政策,并随着对各关情况的熟悉,对一些重要的榷关的"额税"重新核定;而且从下面的论述中还可以得知,这种重新核定的过程贯穿顺、康、雍、乾四朝,而对清代新增设的榷关来说,"额税"的确定有些甚至是在清后期完成的。

一、正额部分

榷关税正额的收入,是清代关税收入中最有保障的部分。其数额在清前期经历了一个变化的过程。清入关之初的顺治元年(1644),因为"免各直省关津抽税一年",所以顺治元年清朝政府应该没有来自明朝遗留榷关的收入。自顺治"二年(1645)正月初一日以后,方照故明额起税,凡故明末年一切加增税额尽行蠲免,其直省州县零星抽取落地税银名色概行严禁。"①这里有两个问题需要说明:第一,这里所谓"故明额"即指"照万历年间原额及天启、崇祯递增额数一半征收"②,而这个数额实际就是《江南通志》中所说的"顺治二年照崇祯三年(1630)折色征收"③;第二,其时钞关中差官收税的只有杭州南北二关,"其余自顺治四年(1647)正月初一日以后,俱照此例一体抽征"④。因此,实际上顺治四年以前的税收,是无法估算的,只有从四年开始,才基本上按照"故明额"征收。但是这个"故明额"到底是多少,史料中并没有直接记载,我们只能根据明末的情况进行推算。据史料记载,明万历二十九年(1601)钞关税额为26.6万两,崇祯初年以榷关每两增一钱,共增5万两,崇祯三年又"复增二

---

① 《清朝文献通考》卷二十六《征榷一》,考5075。
② 《浙江巡按秦世祯为会稽平水应否设关抽分事揭帖》,顺治四年十一月,《顺治年间榷税档案选(上)》,载《历史档案》1982年第4期。
③ 《江南通志》卷七十九《食货志·关税》,第1348页。
④ 《浙江巡按秦世祯为会稽平水应否设关抽分事揭帖》。

钱",应该为10万两,如此则崇祯三年钞关的总税额大约为41万两左右。① 但是据林葳《明代钞关税收的变化与商品流通》一文统计,崇祯三年的钞关税收(包括崇文门)约为60万两,而明末的崇祯十三年(1640)则为约80万两。② 所以41万两只是对规定额数的估算,实际征收的数目可能远不止这些,至少是"远超过了正额"③。因为后者的数据来源是《崇祯长编》,是根据当时人的奏折推算的,可以肯定是当时的实征数额。

由于顺治初年是按照崇祯三年的定额来征收,因此仍然可以认为从顺治四年开始,清朝户部榷关的税额大约为41万两左右,实际征收数额可能不足额。如九江、湖口,"前官谢事报命,尚短额二万有奇,即此苦景可见";又如福建陆关税从顺治三年(1646)冬开征,到九年夏,共征银38599两有奇,未完银22687两有奇,福建清吏司称:"征不及额,委因时势艰阻,实无侵隐情弊。"④又如赣关开征于顺治八年(1651),但"因地方荒残之余,货物稀少,往来者不过零星小贩,以致岁多缺额"。连税收最丰的顺治十三年(1656),税银也只有30800两。⑤ 说明即使顺治四年虽有照额征收的命令下达,但实际征收的情况并不乐观。

不过我们这里只是估算正税的额税,而不是考察实际征收的数额,因此"41万两"之额数应该与实际的额数不会相差太远。但是这41万两税银是如何划分的,也就是说当时各关的税额是多少?在清初的有关记载中,我们没有看到清政府就这些钞关的税收额数做出规定,但是却经常会看到"足额""溢额"之类的记述,因此这里的"额"显然是"照崇祯三年折色征收"的"额",换句话说,清初的钞关税额的"额"就是明朝崇祯三年的"定额"。因此在这里,弄清楚这些钞关在明代的定额,也就基本确定了它们在清初的定额。

①《明史》卷八十一《食货五》,第1979页。
②林葳:《明代钞关税收的变化与商品流通》,载《中国社会科学院研究生院学报》1990年第3期。
③魏林:《明钞关的设置与管理制度》,载《郑州大学学报(哲学社会科学版)》1986年第1期。
④《户部尚书车克等题为清查福建关税银两事本》,顺治十三年九月初八日,《顺治年间榷税档案选(下)》,载《历史档案》1983年第1期。
⑤《南赣巡抚苏弘祖为报赣关桥税征不足额原因事揭帖》,顺治十七年二月,《顺治年间榷税档案选(下)》,载《历史档案》1983年第1期。

根据《明会典》的记载,明代七钞关的税额分别为:河西务(天津关)钞 119 万余贯,银 32900 余两;临清关钞 1260 万余贯,钱 2520 万余文,银 83800 余两;浒墅关钞 586 万余贯,钱 1173 万余文,银 39900 余两;九江关钞 293 万余贯,钱 689 万余文,银 15000 余两;杭州关钞 190 万余贯,钱 281 万余文,银 36800 余两;淮安关钞 300 万余贯,钱 600 万余文,银 22700 余两;扬州关钞 169 万余贯,钱 338 万余文,银 12900 余两。① 这里涉及钞、钱、银之间的换算问题。

明代的钞法虽然规定一贯值 1000 文,但是实际上钞值在明代的变化是比较大的,如洪武二十三年(1390)钞一贯只能折钱 250 文,而到正统初年,则是"银一两当钞千余贯"②,钞与钱的价值相当。笔者看到的《明会典》中关于三者折算的最后规定是弘治六年(1493),即"令各关照彼中则例,每钞一贯,折银三厘,每钱七文,折银一分"③。如果以此推算,各钞关的税收折成银两分别为:河西务 36470 两、临清关 125200 两、浒墅关 74237 两、九江关 33632 两、杭州关 46514 两、淮安关 40271 两、扬州关 22798 两,合计钞关税收总额为 379122 两,与上述推算的 41 万两的数额接近。

但是这个数字与清代史书中关于早期钞关的定额仍然有异。如修于康熙二十九年(1690)的《大清会典》中关于各关的正额就有新、旧两个数额:如浒墅关原额银是 113946 余两,新额银是 168709 余两;淮安关原额银为 50047 两,新额银为 150728 两;扬州关原额银 28672 两,新额银为 44884 两;芜湖关原额银 87337 两,新额银 138496 两;凤阳关原额银 20007 两,新额银 79839 两。这里的新额银除淮安关的数额有所不同外,其余均与光绪朝《大清会典》所载数据吻合,说明光绪《大清会典》中大部分榷关正额确定的时间是在康熙二十五年(1686)。但是原额银与崇祯三年我们推算的数据则相差太远,说明在清初定额与康熙二十五年的新定额之间曾经有过核定正项税银定额之事。今据《淮安府志》记载,淮安

---

① 《明会典》卷三十五《课程四·钞关》,第 245 页。
② 《明英宗实录》卷十五。
③ 《明会典》卷三十五《课程四·商税》,第 246 页;又江苏(59)(此处为《中国地方志集成·江苏卷》第 59 辑的简写,下同)民国《续修盐城县志》卷五《赋税》:"清初每钞一贯折银三厘一毫七丝三忽"(第 420 页)。此处采用明制。

关额税明末为 77875 两有奇,顺治三年裁定淮安关原额银 50047 两有奇,"八年督课石特库征解溢额银八千二百五十二两有奇,九年部札各关俱以顺治八年溢解为额,淮关每岁解银五万八千三百两,康熙二十五年因办铜不敷,加银一万七百六十九两,凑买铜斤,岁额遂为六万九千六十九两"①。由此可知,所谓"原额"是顺治三年的定额,在"原额"与"新额"之间,又分别于顺治九年(1652)、康熙二十五年进行过重新定额②。不过这只是淮关的情况,实际上有关的信息表明,在顺治十三年有过一次几乎涉及所有税关的核定税额的事件。不仅如此,在康熙"四十五年时,停各关给发铜价银,将其合于正额;而办铜运输费用则以铜斤水脚一项单独造入稽考簿,解交户部。此后,正额和铜斤脚银便固定下来"③。但是,雍正二年户部议覆御史庆元所奏管理淮安关税务道员傅泽泓所欠银两应令分赔一疏时,雍正皇帝指出:"近今已将各关加增银两俱行裁去,这亏空银两若系亏缺原额,即着落追赔,若系亏缺后增银两,应行豁免。"④这里的"亏缺原额"可能指的是康熙四十五年(1706)间追加淮关等关的关税定额。

钞关之外,清代始有的榷关,其正额税银的确定也是逐渐完成的。根据《清朝文献通考》、《清朝续文献通考》、光绪《大清会典》、《会典事例》的记载,先后规定正额税银的户关有:顺治十八年(1661)规定张家口、杀虎口、两翼税额分别为 10000 两、13000 两、每翼 6000 两。⑤ 康熙五年定居庸关税额银 3000 两⑥。康熙二十一年(1682)改九江关为湖口关,以一年所得为定额;定潼关税收为 7000 两。⑦ 康熙三十四年(1695)定山海关额税银 25000 两。⑧ 雍正七年(1729)以前,广西梧州 11800 两,浔州 2600

---

① 光绪《淮安府志》卷八《漕运》,第 108 页。
② 可能各关的情况不一,如扬关、由闸分别在康熙十四年、二十年有过加增银 5000 两、1000 两之举,从雍正元年开始,无额征之数,凡关税尽收尽解,见江苏(41)嘉庆《重修扬州府志》(一)卷二十《赋役·关税》,第 361 页。
③ 吴建雍:《清前期榷关及其管理制度》,载《中国史研究》1984 年第 1 期。
④ 中国第一历史档案馆编:《雍正朝起居注册》(第一册),北京:中华书局,1993 年,第 224 页。
⑤《清朝文献通考》卷二十六《征榷一》,考 5076。
⑥《清朝文献通考》卷二十六《征榷一》,考 5077。
⑦《清朝文献通考》卷二十六《征榷一》,考 5077。
⑧《清朝文献通考》卷二十六《征榷一》,考 5079。

两,①雍正八年(1730)核定二关的正额银为20849两,乾隆三十六年(1771),又覆准:梧厂裁减公费,归入正税银1473两有奇,浔厂归入正税银915两有奇②。雍正十二年(1734)题准四川夔关定额73740两。③ 乾隆十四年(1749)定古北口征收斗税银2000两作为正额④,乾隆二十八年(1763)覆准多伦诺尔杂税定额为16858两。⑤ 乾隆三十年(1765)定吉林等处征收税额⑥。乾隆三十五年(1770)覆准归化城征收杂税银两并牲畜税钱以银15000两、钱9000串作为正额⑦。乾隆四十五年(1780),定山海关黄豆豆饼税银,以28133两有奇,作为定额。⑧ 嘉庆六年(1801)定打箭炉定额为20000两。⑨

在这些定额中,乾隆以前核定的税额,与光绪《大清会典》所载数额不一致的户部榷关有张家口(20000两)、山海关(增加为32200两)、杀虎口(16919两),梧州、浔州二厂,而乾隆以后钦定的税额则没有变化。⑩ 这就说明不仅钞关有原额、新额之分,即使是清朝设立的榷关,其正额税银也有变化。如西新关的原额为28300两、江海关为23016两等,说明无论继明而来的钞关,还是清朝始设的榷关,都曾经在康雍年间有过统一厘定税额的事件。但是也有可能是根据各关的情况变化随时核定的。以粤海关为例:粤海关设于康熙二十四年(1685),起初定额为91744两有奇,康熙二十七年(1688)题减8382两余,康熙三十八年(1699)又题减43332两,之后才有"今定额银四万两"⑪。说明康熙年间税额是变化的。

---

①《清朝文献通考》卷二十六《征榷一》,考5081。
②《清会典事例》卷二百三十七《户部八六·关税》,第790、798页。
③《清会典事例》卷二百三十七《户部八六·关税》,第790页。
④《清朝文献通考》卷二十七《征榷二》,考5092。
⑤《清会典事例》卷二百三十七《户部八六·关税》,第796页。
⑥《清朝文献通考》卷二十七《征榷二》,考5094—5095。
⑦《清会典事例》卷二百三十七《户部八六·关税》,第797页。
⑧《清会典事例》卷二百三十七《户部八六·关税》,第799页。
⑨《清朝续文献通考》卷二十九《征榷一》,考7809;《清史稿》卷一百二十五《食货六》,第3684页。
⑩不过,晚清以后由于海关对常关的冲击,有些榷关的定额也有变化。如光绪八年定芜湖关税额136000余两(《清史稿》卷一百二十五《食货六》,第3685页),就比表1中的数额有所减少。
⑪梁廷枏等纂:《近代中国史料丛刊续编》第十九辑,《粤海关志》卷十四,台北:文海出版社,1975年,第971页。

间接的证据是雍正六年（1728）曾经饬定各关征税则例，乾隆元年（1736）"又定各省税课则例"，在颁布则例的同时，可能对全国的榷关的征收额数进行过核定，但是由于没有直接的材料证明，这一点只能是推测。但是也有可能这种厘定是逐渐完成的，即除大部分榷关有一次统一的厘定时间外，个别榷关是根据其特殊情况，随时随地而完成的。如乾隆六年（1741）二月初十日户部奏言，江南道监察御史金溶奏请免去各关盈余时称："查各省关税俱有应收正额银两，而额收之项亦多陆续加增，即如崇文门应收税银较之从前原数加增数万两，四川夔关应收税银较从前亦加增数万两。其余关税大概皆然。"①说明此前税额的变化是不断进行的。

如果上面的推测不谬的话，至少我们可以根据光绪《大清会典》估算乾隆以后的有清一代的正额税银的数目。需要说明的是，咸丰以后榷关虽有增减，但只是个别榷关而已，基本不影响整体的评估。今据光绪《大清会典》所列榷关及其正额列表计算如下：

表1 户部各关正额税银一览表②

关名	正税银	关名	正税银	关名	正税银	关名	正税银
崇文门	94483	九江关	153889	浒墅关	168709	夔关	73740
左翼	10000	赣关	41124	淮安关	186255	粤海关	56531
右翼	10000	闽海关	66549	扬州关	44884	北海关	20000
坐粮厅	6339	浙海关	32158	西新关	33684	太平关	46829
天津关	40464	北新关	107669	凤阳关	79839	梧州厂	54621
山海关	32200	武昌关	33000	芜湖关	138496	浔州厂	38606
张家口	20000	杀虎口	16919	归化城	15000③	临清关	29684
东海关	50000	江海关	21480	打箭炉	20000		
合计	2006638						

①《粤海关志》卷十四，第987—988页。
②据光绪朝《大清会典》卷二十至二十三的有关数据编制。
③外加钱9000串。

由上表可知,有清一代,至少在乾隆二年(1737)以后,每年的正额税银为200余万两。这是最基本的关税收入。而有据可查的是,康熙二十五年各关额税为1219782两、雍正三年(1725)各关额税为1356647两。①由于这些数额是法定额税,在特定的历史阶段是没有变化的,所以仅仅从正额税银来看,是难以确知历年的实际关税的收入的。而在正额收入之外的是数额巨大的盈余银两。这是清朝政府在乾隆以后历次厘定关税税额,都是就盈余银两而言的真正原因。

在关税征收正额的同时,在一些榷关还征收铜觔水脚银。这项税银开始于康熙二十五年,康熙四十五年作为正额税银被固定下来。据光绪《大清会典》记载,有铜觔水脚银的榷关分别为崇文门7692两有奇,遇润加增银8536两有奇;天津关为7692两有奇;临清关7692两有奇;江海关2500两;浒墅关22442两有奇;淮安关15384两有奇;扬州关7692两有奇;西新关7692两有奇;凤阳关10320两有奇;芜湖关18423两有奇;九江关18392两有奇;赣关5346两有奇;闽海关7000两;浙海关3750两有奇;北新关15384两有奇;太平关5846两有奇。粤海关的铜觔水脚银包括在正税银内②以上合计163247两有奇;如果加上粤海关的数额,总额应该在170000两左右。

二、盈余部分

所谓"盈余银",是指各关根据税则征课税银超过正额的部分。"各关征税,国初定有正额,后货盛商多,遂有盈余"③;"查赢余一项,必须商货甚旺,于征足正税外尚有来货可征,始为赢余"④。可见,盈余的出现不是税种、税则、税率的变化而引起的,而是由于过关货物的增多而带来的,即不是主观因素作用的结果,而是由客观因素决定的。尽管如此,清政府对于盈余银的认识还是经历了一个从肯定到否定又到肯定的变化过程。

---

① 康熙朝《大清会典》卷三十四和雍正朝《大清会典》卷五十二。
② 光绪朝《大清会典》卷二十三《户部》,第193—194页。
③ (清)姚元之:《竹叶亭杂记》卷二,第46页。
④ 《清朝续文献通考》卷三十一《征榷三》,考7835。

清初，因"钱粮不敷，故定例将收税溢额者加级记录，以示鼓励"，但是行之未久，各差官为求溢额、加级记录而加重商人负担，"骚扰地方，困苦商民"，所以康熙四年罢抽税溢额议叙之例。谕旨："各省设立关税，向例将抽税溢额者加级记录，遂致各差冀邀恩典，困苦商民。嗣后税课俱照定额征收，缺额者处分、溢额者加级记录之例永行停止。"①但是三藩之乱开始后，清政府为缓解国库的压力，又鼓励各关多征税银。于是康熙十四年（1675）户部以"今当兵饷浩繁需用钱粮之际"为由，请将关税缺额者议处，溢额者议叙，规定"一年额税全完者记录一次，溢银一千两者加一级，溢银二千两者加二级，溢银三千两者加三级，溢银四千两者加四级，溢银五千两以上者以应升之缺先用，关差官员一概不准捐纳"②。这样，在正额之外，溢额盈余银两开始出现。但是由于这一次鼓励多征税银的背景是与军需巨额增加相联系的，因此战事结束后，先于康熙二十五年停止抽税溢额议叙之例③，康熙二十六年（1687）因浒墅关监督在征收正额外溢银21296两，而遭议处④。接着又于康熙三十八年，重新"停罢各关正额外加增盈余银两。奉谕旨：向因军需繁费，关差官员欲于正额外以所得盈余交纳充用。今思各官孰肯自捐私橐，必仍行苛取，商瘠民困，职此之由，著将加增银两一概停罢"⑤。说明康熙十四年鼓励溢额的办法确实是出于战时需要，而其总的政策是以不加重商人负担为宗旨的。但从北新关"从前巡抚等奏报北新关每年赢余银三万二三千两不等，康熙六十年（1721）十二月内尚书孙渣齐等议定北新关每年额定解赢余银四万两，今（雍正二年，引者注）奉恩诏议准各关赢余银两尽行裁去，每年将应征额税银两照数充解外，如有赢余，另行据实奏报"⑥，以及雍正元年"裁淮安、北新、凤阳、天津、临清、江海、浙海、荆州各关加增盈余银"⑦的情况来看，康熙后期不仅各关的盈余银两事仍然存在，而且还有具体的数额的规定。

---

①《清朝文献通考》卷二十六《征榷一》，考5076。
②乾隆《江南通志》卷七十九《食货志·关税》，华文书局影印本，第1350页。
③《清朝文献通考》卷二十六《征榷一》，考5078。
④《清朝文献通考》卷二十六《征榷一》，考5078。
⑤《清朝文献通考》卷二十六《征榷一》，考5079。
⑥乾隆《浙江通志》卷八十六《榷税》，第1468页。
⑦《清朝通典》卷八《食货八》，典2063。

这说明,康熙后期,关税的征收数额的加增",虽不免有官员索取加重的因素,但是更重要的是,它还反映出这样的事实,即随着清初经济的恢复和发展,各地的转运贸易逐渐兴盛起来,过关的货物比顺治年间甚至是康熙前期已有大量增加。在这种情况下,如果政府坚持要求"税额"仍然停留在康熙前期的额度,是不符合各关的实际发展情况的。

所以从雍正二年开始,统治者在有关的问题上不再坚持。如雍正二年,"以湖口关税盈余,谕江西巡抚严饬胥吏毋致加税累民。江西巡抚裴度折奏湖口关税盈余应悉解部。奉谕旨,今岁盈余是尔等清厘所致,但数觉过多。倘额外剥削商民,则断然不可。关税多少,系于年岁之丰歉,难可预定,或遇不及之年,不可勉强必求足数,不然是又增加税额矣。当严饬胥吏毋致苦累商民"①。

可见,雍正皇帝强调的不是不能有盈余,而是不能"加税累民";统治者反对的溢额征收,主要是反对落入地方官腰包的溢额征收,而一当地方官提出盈余"解部"的建议后,雍正皇帝便放松了语气,以"今岁盈余是尔等清厘所致"为由,没有明令"禁止",而只是提出了"毋致苦累商民"的要求。另外,上文提供的另一个重要信息盈余数额"过多",恐怕是令雍正皇帝动摇一贯政策的一个决定性因素。如淮安关顺治三年的额税银为50047余两,溢额银8252余两,溢额相对正额,数量较少②;但是到雍正年间,粤海关定额4万有零,而实际征收总数达15万零,盈余大大超过了正额税银。③盈余数额巨大不能不引起统治者的格外关注。而盈余银正式成为国家的正项税收的一部分则是在雍正八年。

雍正八年三月初一日江西巡抚谢旻提出:"除将正税照额解足外,多者为盈余,又将耗羡支用一切公费外,多者亦入盈余项下,总汇解部。"自此,盈余银两尽收尽解,成为关税的正项收入的一部分。到雍正十三年(1735),各关关税正额银为1465134两,盈余银为1539129两,盈余超过了正额,④说明将盈余银两作为关税的正项收入是必要的和可行的。

---

① 《清朝文献通考》卷二十六《征榷一》,考5080。
② 乾隆《江南通志》卷七十九《食货志·关税》,第1357页。
③ 雍正六年杨文乾奏折后"附不全折一件",《文献丛编》第十一辑《清雍正朝关税史料》。
④ 郭蕴静:《清代商业史》,沈阳:辽宁人民出版社,1994年,第61页。

乾隆以后,由于盈余银数额巨大,无论户部还是各关对此都予以重视,但是有关的章程并不健全。如乾隆六年又饬各关盈余增减据实造报考核具题:"嗣后各关盈余银两如与上年数目相仿者,户部即行考核具题。如本年所报盈余与上年数目大相悬殊,令各该督抚就地方实在情形详细确查,如无侵隐等弊,据实声明覆奏。倘该督抚查奏不实,扶同徇隐,别经发觉,将该抚等一并交部议处,著为定例。"①

这里对各关的盈余银两的数额做了大概的规定,只要与上年不是大相悬殊,就不予追究。如果相差悬殊,只要不是榷关者本人私吞,说明短缺缘由,也不会有太大的问题。但是盈余银两毕竟是一笔较大的收入,没有定额往往难以确保其收入,"计自乾隆元年以来,各关报解盈余较之雍正十三年以前,每年已减少四五十万两不等"②,即所谓"时则盈余岁减一岁,又将渐开亏损正额之端"。所以确定盈余税额也就势在必然。

初次确定盈余银税额是在乾隆十四年。开始时规定盈余银两的数额是,令"监督与年满时,比较上届短少银数,即报督抚确查,该督抚出结会奏,所有比较上届短少银数,即于各该督抚监督名下追赔"。并有具体的处罚措施:"比较上届短少不及一分者免议外,其一分以上者,罚俸一年,二分以上者,罚俸二年,三分以上者,降一级留任,四分以上者,降一级调用,五分以上者,降二级调用。"③但是行之未久,又改为"关税赢余"以雍正十三年征收数目为定额。上谕指出,盈余虽在正额之外,但并非"额外之别征盈余。缘照额征收,尽收尽解,其溢于成额者,即谓之盈余,是名虽盈余,实课帑也,亦即正供也。当康熙年间关差各有专员,恣意侵蚀,不但无盈余,并不敷正额,然至任满之时,未尝不量其所入派工派差,无得饱其私橐者。而当时风气俱视缺额为分所当然,是以有雍正年间一番清理,凡官侵吏蚀仆使中饱,举烛照而数计焉。于是各关以盈余报者相属,而缺额者从未之闻矣。可见岁额本敷,盈余本有,向之有缺无盈。其弊自在漏卮耳。自朕御极,而中外人心举知政尚宽大。希图欺隐,时则盈余岁减一岁,又将渐开亏损正额之端。用是曾降谕旨,所有较前减少之员,交部严

---

① 《清朝文献通考》卷二十七《征榷二》,考5088。
② 《粤海关志》卷十四,第992页。
③ 《清会典事例》卷二百三十七《户部八六·关税》,第794页。

行察议,令其少知法纪。而朕意有空查核过严,则各关自顾考成……夫盈余无额,而不妨权为之额,朕意当以雍正十三年征收盈余数目为定。其时正诸弊肃清之时,而亦丰约适中之会也。自雍正十三年而上下二三十年之中,岁时之殷歉相若也,贾舶之往来相若也,民风之奢俭相若也,则司榷之征收,又何至大相悬殊哉。嗣后正额有缺者,仍照定例处分,其各关盈余成数视雍正十三年短少者,该部按所定分数议处,永著为例"①。

此后乾隆十八年(1753)、十九年、二十二年三次申饬各关短少盈余事。乾隆四十一年(1776)再次申饬各关盈余银两以雍正十三年之数为准,但是到乾隆四十二年,又因诸关反映雍正十三年税额较多之故,著"嗣后此例不必行",即不与雍正十三年比较,而"与再上两年复行比较。如能较前无缺,即可核准"②。即:

> 盖税课赢缩率由于年岁丰歉,固难免参差不齐,而通计三年即可得其大概,若多寡不甚悬殊,原可无庸过于拘泥,此法最为平允。嗣后各关征收赢余数目较上届短少者,著与再上两年复行比较,如能较前无缺,即可核准。若比上三两年均有短少,再责令管关之员赔补,彼亦无辞。夫朕以雍正十三年为准者,本属美意,今既有此求全之毁,嗣后此例不必行。所有扬关本年比较赢余交该部照此例另行核拟具奏,并将此通谕知之。③

在各关实行上述办法缴纳盈余银两数额的同时,又开始在个别榷关采取试行定额的办法。如乾隆十五年(1750),"广西省梧州、浔州二厂征收税银,委员试收一年,除正额外,得赢余银一万七千三百三十四两有奇,嗣后即以试收之数为衡"④。这是盈余银两以指定数目为额的开始。乾隆三十五年在厘定归化城的正项税额的同时,规定"其余银一千五百四十

---

① 《清朝文献通考》卷二十七《征榷二》,考 5091。
② 《清会典事例》卷二百三十七《户部八六·关税》,第 798—799 页。
③ 《清朝通志》卷九十《食货略十》,志 7280—7281。
④ 《清会典事例》卷二百三十七《户部八六·关税》,第 795 页。

八两有奇、钱一百三十七串有奇,作为赢余"①。乾隆四十五年,又对粤海关开出特例,可以"该年之船只货物核实考查,毋庸照各关例将上三届比较"②。

总的来看,此间关税盈余较前短少已是常事,乾隆五十七年(1792)因丰稔之年关税反而短少,乾隆皇帝对此十分生气,上谕称:"各省年岁丰登,粮价平减,商贩自然络绎,关税正当增赢,断无因稔收转致税额短绌之理。前次淮扬等关短少赢余,即以豫东等省因旱薄收豆麦南下者少为词,今荆关赢余短少,又藉词于粮价平减,船只短少,则岁歉固绌,岁丰亦缺,必如何而后可?岂司榷务者因关税短少而转望歉收,有是理乎?"③

在这种情况下,要想使盈余收入保持一定的数额,唯一可行而又有效的办法就是如同正额税银一样,给出定额数目。嘉庆四年(1799)盈余定额办法终于出台,上谕:

> 向来各关征税,于正额之外,将赢余一项,比较上三届征收最多年分,如有不敷,即著经征之员赔补,以致司榷各员,藉端苛敛,而赔缴之项仍未能如数完交,徒属有名无实。因思各关情形不同,所有盈余数目,自应酌中定制,以归核实而示体恤。已于户部所奏各关赢余银数清单内,经朕查照往年加多之数,分别核减。自此次定额之后,倘各关每年赢余,于新定之数再有短少,即行著落赔补。如于定数或有多余,亦即尽收尽解。其三年比较之例,著永行停止。④

同时钦定赢余数目:坐粮厅 6000 两,天津关 20000 两,临清 11000 两,江海关 42000 两,浒墅关 235000 两,淮安关 111000 两,海关庙湾口 2200 两,扬州关(兼由闸)68000 两,西新关 29000 两,凤阳关 15000 两,芜湖关 73000 两,九江关 347800 两,赣关 38000 两,闽海关 113000 两,浙海关 39000 两,北新关 65000 两,武昌关 12000 两,夔关 110000 两,粤海关

---

① 《清会典事例》卷二百三十七《户部八六·关税》,第 797 页。
② 《清会典事例》卷二百三十七《户部八六·关税》,第 799 页。
③ 《清会典事例》卷二百三十七《户部八六·关税》,第 800—801 页。
④ 《清会典事例》卷二百三十七《户部八六·关税》,第 801 页。

855500两,太平关75500两,梧州厂7500两,浔州厂5200两,归化城1600两,打箭炉尽收尽解,山海关49487两,杀虎口15414两,张家口40561两。① 据此核算当时盈余总额为2387762两。

各关盈余实行定额后,剩余部分虽然也要求"据实报出",但并不一定就要充作公用。这种做法显然有利于提高榷关管关人员的积极性。嘉庆九年再次核定部分榷关的盈余定额本身,说明这种办法是积极有效的。

嘉庆九年"酌减"浙海关盈余额数为44000两、扬州关"酌减"盈余额数为71000两、凤阳关"酌减"盈余额数为17000两、西新关"酌减"盈余额数为33000两、九江关"酌减"盈余额数为367000两、浒墅关"酌减"盈余额数为250000两、淮安关"酌减"盈余额数为131000两,其余各关仍照嘉庆四年(1799)盈余定额征收。② 从这些数据可以看出,虽然距离嘉庆四年只有5年的时间,但是各关盈余银两又有较大的增长,总额从2387762两增加到2455962两。但统治者讳言加增,因而《会典》用"酌减"来记述。

以往我们在谈到常关的衰落的时候,一般以鸦片战争为界。但是实际上榷关盈余税收的减少早在嘉道年间就显露出来了。如嘉庆二十年(1815)谕军机大臣等:

> 各省关税正额盈余皆系久经酌定数目,相沿征解……惟淮关、浒墅两关十余年以来,历报短缺为数甚多,竟有积重难返之势。岁丰岁歉皆不足额,殊不可解。该两关监督已非一任,或因缺额降革,或因赔项不能完缴,呈报家产尽绝,欠项累累。年复一年,殊属不成事体。③

到道光十一年(1831),因各关监督征收税课累年亏缺银两严重,被迫将浒墅关、淮安关盈余银分别酌减20000两、21000两,较之嘉庆四年的定额反而各减少了5000两、10000两,使浒墅关盈余定额为230000两,淮安关盈余定额为110000两,即所谓"自此次裁减之后,不特将嘉庆九年加

---

① 《清会典事例》卷二百三十八《户部八七·关税》,第801—802页。
② 《清会典事例》卷二百三十七八《户部八七·关税》,第802—803页。
③ 《皇朝政典类纂》卷八十三《征榷一·关税》,第13页。

增之数全行减去,并较嘉庆四年原定之数格外减少"①。使盈余税额从嘉庆九年的 2455962 两又下降到 2372762 两。

尽管如此,各省关税仍然"每多征不足额",经户部会同内务府等议准:"历年缺额之淮安、浒墅、扬州、临清等关,及间有缺额之九江、南新、凤阳、芜湖、西新等关,各按钦定赢余银数,以六成作为额内赢余,遇有短少,著落赔缴,仍按额内赢余短收分数,照例议处。以四成作为额外赢余,遇有短少,著落赔缴,宽免处分。各关征收赢余溢额,即按多收分数,分别给予议叙,以昭平允。"②这是清朝后期被迫对盈余数额进行调整的一次重大举措,说明此后的盈余额度只相当于嘉庆年间定额的六成。尽管如此,缺额的局面仍然难以改变。

近代通商以后,闽海等通商口岸各关因常税为洋税侵占,均经奏减盈余税额(惟江海关例外)。③咸丰三年(1853)起,又因江南地区发生太平天国运动,浒墅、淮安、九江、芜湖、凤阳等关,允许"尽收尽解";继而,崇文门、临清关亦援案奏请,先奉允准在案。④权关税收一度失控。但随即因管理户部事务的祁寯藻的奏请,才使局面有所稳定:

> 臣部办理关税,原以额定税数为考核,今不论额定税数,而第曰尽收尽解,则十成内收至九成者谓之尽征尽解,即十成内仅收至一二成者,亦谓之尽征尽解。是征收关税可以任意亏短,而臣部亦无凭考核,其名虽若无弊,而其实最易滋弊矣……臣等再四思维,除龙江、扬州未经奏报开征,芜湖、九江江面尚未肃清,暂准其尽征尽解外,其余浒墅、淮安、凤阳等关,不得概以尽收尽解为词,任意亏短。至崇文门、临清关,道路通畅,商贾辐辏,尤宜设法整顿,力复旧额。

密奏得到清政府的认同,随即发出上谕:"著照部议,嗣后各关均宜设

---

① 《皇朝政典类纂》卷八十三《征榷一·关税》,第 14 页。
② 《清会典事例》卷二百三十八《户部八七·关税》,第 805 页。
③ 《光绪朝朱批奏折》第七十三辑,第 186 页。
④ 《祁寯藻等奏请饬关仍遵额定税数征收折》,《清代档案史料丛编》第一辑,第 14—15 页。

法整顿,仍遵额定税数,照常征收,不准以尽征尽解违例奏请,致滋流弊。"①

但是实际上,从此以后,各关额定盈余银两再也难以足额征收。各关相继请求减免盈余银两,如广西梧、浔两厂分别于光绪十四年(1888)奏准,又于十五、十八两年"按届奏请",均蒙允准,按照三年期限,梧厂照四成完解,浔厂照一成完解。到光绪二十年(1894),三年已满,巡抚张联桂再次奏请仍照前奏盈余成数完解。奏称:"原期税收渐旺,盈余规复旧额。无如商稀税淡,征收愈不如前。缘该两厂榷入商货,本省以谷米木排为大宗,邻省以湘广云贵为来源,军兴以后,海道通行,厘卡林立,商趋捷径,避重就轻,而物产日微,亦非曩时可比。其出自本省者,近年谷米收成不丰,贩运难畅,木排旧植者,砍伐渐稀,新植者滋生未茂,加以广东木植低减,因而滞销。税收顿绌。其来自邻省者,湘广交易咸趋汉口,以就海道,云贵之货流入川湘,赴粤寥寥。兼之三联单盛行,经过关厂照章验放,不再输税,遂致百货征收,大为减色。此该两厂之实在情形也。"上谕著照所请。②

总而言之,盈余银两从雍正八年开始征收,到乾隆十四年的比较额度征收,直到嘉庆四年的定额征收之前,其数额相差虽然不大,但无疑还是变化的;只有在嘉庆四年钦定税额之后,盈余银两的数额才是清楚的,而且是恒定的。至于短少缺额等,虽时有发生,但总体上没有影响关税的财政地位。只是在晚清以后(近代以后)由于时局的变化,各个榷关面临战争、海关的冲击,才从整体上呈现出衰落的趋势。③ 下表是光绪《大清会典》提供的当时的盈余定额:

---

①《祁寯藻等奏请饬关仍遵额定税数征收折》,《清代档案史料丛编》第一辑,第16页。
②《光绪朝朱批奏折》第七十三辑,第230—231页。
③但也有个别榷关情况比较特殊。如江海关的情况:咸丰八年江苏巡抚何桂清等奏请将关税暂增额外盈余银两尽收尽解一折,前提就是江海关每年于正项盈余外约可加增额外盈余银120000两,拨充军饷,不作永远定额。上谕:此项额外盈余银两,著准其尽收尽解,以昭核实。(《皇朝政典类纂》卷八十五《征榷三·关税》,第57页)这一额外盈余银两比此前的正项与盈余两项税银的总和还要超出近一倍,梧州、浔州二厂额外盈余银两60000两,说明晚清以后,上海等地榷关贸易地位直线上升的状况。

表2　各关盈余银两一览表①

关名	盈余银	关名	盈余银	关名	盈余银	关名	盈余银
崇文门	212789	九江关	367000	浒墅关	230000	夔关	110000
左翼	18000	赣关	38000	淮安关	110000	粤海关	10000
右翼	7321	闽海关	113000	扬州关	71000	北海关	2000
坐粮厅	6000	浙海关	44000	西新关	33000	太平关	75500
天津关	20000	北新关	65000	凤阳关	17000	梧州厂	7500
山海关	49487②	武昌关	12000	芜湖关	73000	浔州厂	5200
张家口	40561	杀虎口	15414	归化城	1600	临清关	11000
东海关	20000	江海关	42000	打箭炉	1341	庙湾口	2200
合计	1830913两，外加额外盈余江海关120000两，梧州、浔州60000两，山海关80000两，共2090913两						

此表反映出光绪年间盈余银两的数额为210万两左右，与嘉庆九年相比相差36万余两。不过，无论前者还是后者，都较正额税银要多，却是事实。这里还没有把"尽收尽解"的榷关的收入算进去。③ 另外，此处的"盈余银两"的总额也只是从定额来计算的，实际征收的数额在乾嘉年间应该比应征数额要多，而后期则不足额的时候比较多。通过以上各项税目的考察，我们可以看出，清代关税有据可查的收入即"额税"虽然前后

---

①据光绪朝《大清会典》卷二十至二十三的有关数据编制。
②新增银80000两，光绪朝《大清会典》卷二十三《户部》，第194页。
③尽收尽解之关以清前期为多，主要是对于一些边地小关，以稽查为重，至于税额则多为"尽收尽解"。如四川打箭炉于康熙四十年"定炉"以后，设立榷关收税。当时康熙对即将赴关任职的监督喇嘛达木巴尔济、郎中舒图、员外郎铁图等谕曰："不可专以税额为事……此项钱粮不多，勿以此注念，须图好名，稍有优处，人即称颂。至彼处，当熟谙地方情形，有应奏之事，即行具奏。"（《清圣祖实录》卷二〇七，第2779—2780页）当时只规定打箭炉税收以三十分中取一分征收，所谓"打箭炉税课，历系监督衙门自行报销，原无定额"。雍正七年，四川巡抚应监督明德之请，奏称是否可以改"尽收尽解"为"永为定额之处"，但是没有得到允准。（《四川财政史料》[下册]，第467—470页）直到嘉庆六年，才规定打箭炉每年征收税银以20000两作为定额，如有盈余，尽收尽解。（光绪《清会典事例》卷二百三十六《户部八七·关税》，第802页）光绪十三年又根据情况，规定打箭炉盈余银1431两有奇作为盈余定额。（光绪朝《大清会典》卷二十一《户部》，第183页）。

期有所变化,但是总的看来处于一种比较平稳发展的态势,但是由于额外之税的不断增多,实际的税收情况显然是复杂多变的。就乾隆一朝,已如昭梿所言:"直省关税,以乾隆十八年奏销册稽之,共四百三十三万……其后,司事者觊久留其任,每岁以增盈余,至乾隆六十年加至八百四十六万有奇。其数业经倍蓰。"[1]更何况有清一代!

（原载《清史研究》2004 年第 2 期）

---

[1]（清）昭梿:《啸亭杂录》,北京:中华书局,1980 年,第 107 页。

清代后期晋商在张家口的经营活动

许檀

关于清代后期张家口的商业状况,尚未见有专文论述。本文主要利用雁门关碑刻、俄国学者的考察记录,以及税关档案等资料,对清代后期晋商在张家口的经营活动进行考察。

雁门关位于山西代州城西北 40 里,是清代山西商人赴蒙、俄贸易的必经之路。光绪三十四年(1908)夏暴雨冲毁道路,交通阻塞,代州士绅为重修道路,向经商于各地的同乡和往来于雁门关的商人发动了较大规模的募捐,并将募捐所得一一镌诸贞珉。在张家口经商的山西商人也参与了此次集资,从而为我们了解清末张家口的商业提供了一份特殊的资料。①

一

张家口是清代塞北地区最重要的商业城市,是汉蒙贸易、中俄贸易的重要转运枢纽。该城地处直隶北部长城沿线,明代属万全都司,清雍正年

---

① 这批碑刻资料是笔者的博士生乔南在山西调查时抄录的,共 6 通,年代为宣统元年和二年,总计有十余个城镇参与了集资。详请参见许檀、乔南:《清代的雁门关与塞北商城——以雁门关碑刻为中心的考察》,载《华中师范大学学报(人文社会科学版)》2007 年第 3 期。

间置张家口直隶厅。隆庆年间张家口被定为与蒙古互市之地,清代该城与蒙古各部的贸易得到进一步发展。康熙中叶张家口开始成为中俄贸易的重要口岸,乾隆年间清政府停止俄国官方商队入京贸易,将中俄贸易统归于恰克图一地,张家口—库伦商道遂成为恰克图贸易的主要商道。①

张家口面积约20平方里,从长城边墙的大境门进入,由北而南分为上堡、下堡两部分。光绪中叶俄国学者波兹德涅耶夫对该城的商业状况有较详细的考察记录,我们据以简述如下:上堡的买卖城又称市圈,城周2里许,是张家口最主要的商业区,也可说是"中国对俄贸易的集中点"。在恰克图从事贸易和在蒙古草原北部销售茶叶的晋商都在此设有商行和货栈;他们从俄国输入的呢绒、绒布和毛皮制品也都是先运到买卖城的货栈,然后转运内地。买卖城内较大的商行有祥发永、匡全泰、恒隆广、大盛裕、裕庆成、兴隆永、万庆泰、公和全、大金裕、屠正、裕源永等。② 下堡是张家口的另一商业区,批发商的住宅和商行大多集中在纵贯南北的武城街。这些住宅都带有巨大的仓库,以贮存货物。下堡较大的字号有大新德、大亨玉、大德公、天太德、复兴隆、永兴隆等,他们不但经营零售商业,也与附近的蒙古各旗进行贸易。蒙古人每年正月和十月两次到张家口来,每次可赊取三五十两至一百两的货物。到收账时,各商号派伙计到草原上去,一般是三月出去,八月回来。作为账款带回张家口的主要是绵羊,也有牛马骆驼。绵羊被赶往北京和太原府出售,马匹卖往河南、山东,骆驼则卖给从通州运茶叶到张家口的商人。③ 下堡还聚集有很多钱庄、票号,都是山西商人开设的。④ 在上堡和下堡之间,是满洲八旗的驻防营地和校场,山西商人经营的盐栈和碱行也都聚集在此。⑤ 此外,大境门外的元宝山是张家口的又一商业区。

这里鳞次栉比地排列着长达1俄里的店铺,供应张家口日用所需的肉类、面粉、燃料等多集中在此,这些店铺多是晋商和北京商人开设的。

---

① 许檀:《清代前期北方商城张家口的崛起》,载《北方论丛》1998年第5期,第94—98页。
② [俄] 阿·马·波兹德涅耶夫著,刘汉明等译:《蒙古及蒙古人》(第一卷),呼和浩特:内蒙古人民出版社,1989年,第704—705页。
③ [俄] 阿·马·波兹德涅耶夫:《蒙古及蒙古人》(第一卷),第713—715页。
④ [俄] 阿·马·波兹德涅耶夫:《蒙古及蒙古人》(第一卷),第717页。
⑤ [俄] 阿·马·波兹德涅耶夫:《蒙古及蒙古人》(第一卷),第710—712页。

俄国商人的住宅和茶叶堆栈也集中在这里。在元宝山和大境门之间的"坝岗子"是张家口的牲畜贸易市场。秋冬两季,每天都有口外的蒙古人,特别是察哈尔和苏尼特人把几百几千头牛羊赶到这里出售。五六月份则是马匹贸易的旺季,每年销量有15000至30000匹,买主大多来自湖南、湖北,也有更南边的省份。①

据《大清会典》记载,清政府在张家口设有税关。清初关税定额为10000两,雍正元年(1723)增为20000两。随着中俄贸易的发展,该关税收不断增长,嘉庆四年(1799)定盈余银40561两,正额、盈余合计为60561两。

张家口税关位于买卖城的南门外,"凡在张家口买卖城出入的货物都由税关里的官吏检查课税,货主的税款也在这里结清"。据波兹德涅耶夫记载,"税吏们办事相当迅速,例如1892年12月9日上午我观察了一个征收牲口税的税吏,发现他在五分钟的时间里点收并登记了21个商贩的税款。事情之所以办得如此迅速,是因为每个商贩都预先知道自己应缴纳多少税银,因此他们能够把钱准备好,使官吏们不至受到耽搁。同时官吏们也使纳税者养成了自己先把税款计算好的习惯","为了便利那些不熟悉税率的人,税务司还特地挂出告示牌,开明各种货物应付的税款"。②其告示内容如下:

牲畜按头征税:骆驼每头征银6钱,马每匹征钱800文,牛、骡俱500文,驴250文,绵羊60文,猪75文,小猪37文半。

内地贩运出关的商品一般以驮征税(每驮200斤):细杂货,包括各种丝绸及其制成品,每驮征税银2两4钱;粗杂货,包括各种小商品,如针线、梳子、烟袋、镜子、帽子等,每驮税银1两2钱。也有按数量计征者,如大布每包(36匹)征银1钱6分,曲绸每匹2分2厘,白糖、冰糖每百斤1钱3分3厘,金沙每两2钱2分,银器每两2钱2分,铜器皿每斤税钱33文。茶叶按引征税,白毫茶每引(300箱)课银60两,另外还要向都统衙门交银15两3钱1分;砖茶每引(150箱)课银60两,另向都统衙门交银

---

① [俄]阿·马·波兹德涅耶夫:《蒙古及蒙古人》(第一卷),第695、700页。
② [俄]阿·马·波兹德涅耶夫:《蒙古及蒙古人》(第一卷),第705页。

15两1钱;蒙古人饮用的散装绿茶每箱(10斤)税银1厘。

从欧洲输入的商品:俄国呢每匹征银4分4厘,棉绒布每匹5分6厘,达连布每匹7分6厘,花条亚麻布每匹2分2厘,粗洋布每匹1钱6分,羽绫每匹1钱2分,洋标布每匹1钱1分2厘;俄国皮革每张税银1分1厘,山羊皮每张2分3厘。

蒙古土特产:土碱每车(600斤)税银1钱8分;粗盐每库里(120斤)税钱120文;狐皮每张税银1分1厘;貂皮3分3厘;海狸皮大者3钱3分,小者折半征收;狼皮、猞猁皮,每张5分5厘;猫皮、山羊皮,每张2厘3毫;马皮、牛皮、骆驼皮,每张6分;驼毛每斤2厘,马尾、马鬃每斤3分。①

二

清代在张家口从事贸易者以晋商为主。其输出商品主要有茶叶、烟草、绸布、杂货等,而以茶为最大宗;输入商品则有毛皮、牲畜、药材,等等。乾隆末年秦武域《闻见瓣香录》记载,张家口"为南北交易之所,凡内地之牛马驼羊多取给于此。贾多山右人,率出口以茶布兑换而归。又有直往恰克图地方交易者,货物多紫貂、猞猁、银针、海貂、海骝、银鼠、灰鼠诸皮以及哈喇明镜、阿敦绸等物"②。咸丰年间何秋涛《朔方备乘》记言,"其内地商民至恰克图贸易者,强半皆山西人,由张家口贩运烟、茶、缎、布、杂货前往,易换各色皮张、毡片等物"③。清末,"张库通商日繁一日,每年进出口约合口平银一万二千万两。出口货物率为东生烟、砖茶、鞍韂皮靴、河南绸、铜铁杂货之类,入口货物则系外八旗大中小自生口蘑、皮张、驼牛羊毛、鹿茸、黄芪之类"④。

宣统年间张家口晋商为重修雁门关商道的捐款为我们了解他们在张家口的经营活动提供了更为具体的资料。在雁门关各碑中,来自张家口

---

① [俄]阿·马·波兹德涅耶夫:《蒙古及蒙古人》(第一卷),第705—707页。
② (清)秦武域:《闻见瓣香录》甲卷《张家口》,《丛书集成续编》本,上海:上海书店,1994年。
③ (清)何秋涛:《朔方备乘》卷三十七《恰克图互市》,台北:文海出版社,1964年。
④ (民国)《万全县志》第十册《张家口概况》,《中国地方志民俗资料汇编》,北京:书目文献出版社,1990年。

的捐款共有三部分:其一,《修雁门关道路碑记》中所镌张家口商人的捐款①,计有88家商行商号,共捐钱1315千,银40两;以每银一两折钱1500文计算②,合计为1375千。这部分参与集资者以实力较强的商行商号为多。其中捐资最多者为南门外保长行,捐钱330千;其次为市圈内保正行,捐钱150千;再次为碱行捐钱70千;布行、杂货行、铁行各20千;当行15千。此外大德玉、长裕川、三晋川等十余家著名茶叶字号分别捐钱30千、20千和10千。其二,《张家口布施碑》碑阳所镌来自张家口的捐款③,计有113家商号,共捐钱130余千。这部分集资者以小商号为多,其中捐资最多者为20千,大部分商号只捐钱1000文。其三,《张家口布施碑》碑阴所镌来自张家口的捐款,计有381家商号,共捐钱6200余千。其中属于行业捐款的有保正行(2家)、泾面行、干面行、缸房行、细皮行、青盐行、红烟行等,另有12家当铺分别捐钱10千。此外,较著名的商号有大德常、祥发永、大泉玉、日升昌、蔚丰厚、天成亨、日新中等,其中捐资最高者为两家大德常,共捐钱75千;其次为祥发永、大泉玉,分别为35千和30千。这三部分合计,张家口商人共捐钱7752千。表1是以上三部分捐款的汇总统计,请参见:

表1 雁门关碑铭中张家口商人捐款及主要行业

行业	商行商号数	捐款额
烟业	5	361千
茶业	15	220千
皮毛业	7	252千
金融业	20	229千
碱业	7	118千
面业	2行	33千
杂货行	阖行	20千
布行	阖行	20千

①此外,该碑还镌有来自毕镇、河口镇、岱岳镇、山阴城、广武镇等地的捐款。
②此系张家口税关光绪中后期的银钱折算率。详见中国第一历史档案馆:《光绪朝朱批奏折》,北京:中华书局,1995年,第72辑,第672、825页;第73辑,第89页;等等。
③此外,该碑碑阳还有万全县和西包头的捐款。

续表

行业	商行商号数	捐款额
铁行	阖行	20 千
缸房行	阖行	18 千
青盐行	阖行	10 千
黑磁行	阖行	3 千
其他	520	6448 千
总计	582	7752 千

表1可见,张家口共有580余家商行商号参与了集资,其中有相当一部分属于阖行共捐,而每一行业所属商号多者可达十数家或数十家,少亦会有三五家或七八家,故实际上参与此次集资的商号至少可达六七百家。除表中所列各行之外,可区分行业的还有木店、驻店、纸铺、花铺、米铺、肉铺等。其中捐款最多的烟、茶、皮毛、金融等行正是张家口最重要的行业,下面分别略加考察。

烟草是晋商从张家口向蒙区贩运的大宗商品。《察哈尔省通志》记载,西烟业"旧属保长行,……由山西曲沃制造生烟运口,转售旅蒙商家,供给蒙人需用"。① 上述捐款最多的保长行应是经营烟业的。此外,红烟行捐钱6千;长盛源、祥云集、永和成3家则为曲沃烟号,它们在行业之外分别捐钱10千、8千、7千,也显示出相当的实力。

曲沃县是山西最著名的烟草产区。该县的烟草种植始于明季,乾隆时加工炮制旱烟的烟坊已遍及城乡。清末,曲沃全县种烟面积8万亩,年产烟叶900万斤,最高曾达1400万斤。城乡大小烟坊百余家,年产烟丝4000至5000吨。曲沃所产旱烟分为生烟、皮烟、香料烟三大类,销往蒙俄地区的主要是生烟。曲沃较著名的烟坊有永兴和、永和成、祥云集、长盛源、东谦亨、北谦亨等。北谦亨的"北生烟"销太原、大同、榆次、张家口和蒙古地区,东谦亨的"东生烟"远销库伦、恰克图和俄国,长盛源的"原生烟""晋生定"销祁县、张家口和蒙古,祥云集的"祥生烟""祥生定"销

---

① 宋哲元等编:《察哈尔省通志》卷二十三《商业》,察哈尔省通志馆印本。

祁阳、汾阳、忻州、张家口、蒙古,永和成的皮烟、杂拌烟销运城、新绛和包头。①

茶叶,是张家口输往库伦和恰克图的最大宗商品,也是晋商经营的主要商品。据档案记载,张家口税收"向以南茶并恰克图皮毛等货为出入两大宗,至货之盈绌又以茶为定衡。原口外交易向系以货换货,而南茶一项恰克图实倚为生计,欲换皮毛等货非茶不能开兑。是以本口茶商每年皆于春季赴南省置办,及冬季办回到口纳税后,即运赴口外换货,换回之时进口纳税"②。据说,清代中叶在张家口聚集的山西茶商有百余家之多。③

不过,从咸同年间开始张家口的茶叶贸易发生了较大变化。

其一,清代前期晋商采买的茶叶主要产自武夷山区,茶叶由产地陆运至江西河口镇,由信江水运入鄱阳湖,转长江至汉口,然后溯汉水北上。衷干《茶市杂咏》记载了晋商到河口镇采购茶叶的情况:"清初茶叶均系西客经营,由江西转河南运销关外。西客者山西商人也,每家资本约二三十万至百万,货物往还络绎不绝。"④19世纪50年代由于太平天国起义的影响,晋商改赴两湖地区采买茶叶,茶叶由产地运至汉口集中,然后溯汉水北上至襄樊,转唐河抵赊旗,从赊旗改陆运往山西、张家口、库伦到恰克图。

其二,晋商在张家口茶叶贸易中的垄断地位逐渐被俄国商人所取代。鸦片战争后,俄国商人通过一系列不平等条约陆续获取了各种特权,开始直接深入中国内地购买茶叶,并开通了一条由汉口往上海、天津、张家口到恰克图的更为便捷的茶叶转运线路。凭借着从不平等条约中得到的减免税优惠,其运输成本大大低于山西商人。据不完全统计,同治三年(1864)二月至十月的九个月内,至少有25位俄商从张家口向恰克图转运

---

① 段士朴:《曲沃烟史简述》(第二卷),《山西文史资料全编》,山西文史资料编辑部,1998年,第1129—1133页。
② 米镇波:《清代西北边境地区中俄贸易:从道光朝到宣统朝》,天津:天津社会科学院出版社,2005年,第75—76页。
③ 渠绍淼、庞义才编:《山西外贸志》,太原:山西省地方志编纂委员会办公室,1984年,第41、77页。
④ 彭泽益编:《中国近代手工业史资料:1840—1949》(第一卷),北京:生活·读书·新知三联书店,1957年,第304页。

茶叶6190余箱,计43万余斤,共免收税银5780余两(见表2)。到光绪中叶,由俄商直接转运的茶叶更高达20余万箱。①

表2 同治三年俄国商人从张家口运往怡克图的茶叶及其所免税银统计②

编号	白毫茶 数量(箱)	重量(斤)	免税(两)	编号	砖茶 数量(箱)	重量(斤)	免税(两)
1	200	13500	337.5	1	230	14260	85.56
2	80	6400	160.0	2	31	1922	11.532
3	200	15400	385.0	3	685	50860	305.16
4	200	13500	337.5	4	10	610	3.66
5	200	13500	337.5	5	510	38600	231.6
6	200	15400	385.0	6	898	62778	376.668
7	149	11473	286.862	7	9	540	3.24
8	200	13500	337.5	8	391	24630	147.786
9	50	3250	81.25	9	868	52948	317.688
10	261	17160	429.0	10	252	16230	97.38
11	70	5600	140.0				
12	200	15900	390.5				
13	100	7930	198.25				
14	100	7930	197.25				
15	101	7979	199.475				
合计	2311	168392	4203.75		3884	263378	1580.274
总计	6195箱,431770斤,5784.024两						

由于俄商经由张家口转运茶叶享有免税特权,致使张家口关税连年缺额。同治元年(1862)张家口监督景福奏称:"俄商南茶北货自行互相贩运……均系本口向年应税之货,现均于津关完纳子口税银";"所有奴才亏短盈余银两,即系天津关所收子口税银。"③到光绪中叶,张家口关税

---

① [俄]阿·马·波兹德涅耶夫:《蒙古及蒙古人》(第一卷),第721页。
② 米镇波:《清代西北边境地区中俄贸易:从道光朝到宣统朝》,第70—75页。
③ 段士朴:《曲沃烟史简述》,第77—78页。

缺额更为严重,每年短征盈余银达 20000 两左右(详见表 3);光绪二十六年(1900)份张家口关实征税银仅 300078 两,缺额高达 300482 两。该关监督松宽奏报缺额原因称:"张家口税务向以南茶并恰克图皮毛等货为出入大宗,次则进口牲口,均系内地商贾往来贩运,是以从前税课丰旺。及至俄国通商后,所有大宗茶货俱由俄国(商人)自行贩运,照章免税。内地商贾渐多歇业,因之每岁征额均属短绌。"①

表 3　光绪中后期张家口关税缺额示例②

年份	实征税银	盈余缺额
十二年份	38490 两	22070 两
十六年份	40349 两	20211 两
十七年份	40665 两	19895 两
十八年份	40998 两	19573 两
二十五年份	42365 两	18195 两
二十六年份	30078 两	30482 两

清末,张家口出口货物仍以"茶为第一","历年运销库伦者多则 40 余万箱,少亦有 30 万箱,获利甚巨"。不过其经营者却发生了很大变化,由"俄人开栈自办自运者约占十分之七",而晋商仅占十分之三。③ 晋商在茶叶贸易中的垄断地位已经完全被俄国商人所取代。在雁门关碑文中,我们看到大德常、大德玉、长裕川、三晋川、天聚和、复泰谦、巨祯和、兴隆茂、德巨生、天顺长、大涌玉、三玉川等十几家著名茶叶字号参与集资,但茶商的捐款总额却不及烟业,反映的正是这一变化。

皮毛是张家口从俄国和蒙区输入的大宗商品。光绪年间的记载称,"俄国出口的全部毛皮制品都是先运到张家口买卖城的货栈,然后批发给下堡,最后再运到中国本土"④。在张家口税关刊布的税则中,各种皮毛

---

① 中国第一历史档案馆:《光绪朝朱批奏折》,北京:中华书局,1995 年,第 201 页。
② 中国第一历史档案馆:《光绪朝朱批奏折》。
③ 中国第一历史档案馆:《光绪朝朱批奏折》。
④ [俄]阿·马·波兹德涅耶夫:《蒙古及蒙古人》(第一卷),第 704 页。

也是从蒙区输入的主要商品。张家口的皮毛业分为细皮、粗皮、生皮、皮革、皮靴等行。生皮行,经销各种粗细生皮,转卖于洋商及本市制皮各商号;细皮行专制狐皮、灰鼠、羔皮以及獭皮、貂皮等高档皮货;粗皮行专制老羊皮,以及山羊皮褥。①《察哈尔省通志》记载,"朝阳村保正行"是经营生皮业的。在雁门关碑铭中共有3家保正行参与捐资,其中市圈内保正行捐钱150千,数额最高;另有2家保正行各捐钱25千,不知其中是否包括"朝阳村保正行"。看来张家口的保正行是按街区划分的。既然"朝阳村保正行"经营生皮业,其他的保正行很可能也经营皮货。此外,还有细皮行、皮店、毡坊的捐款,其中大兴皮店一家就捐钱30千。

  土碱是张家口从蒙区输入的重要商品。前已述及,碱行捐钱70千,高于杂货、布、铁等行。土碱主要产于察哈尔的正蓝、镶白等旗境内。乾隆《口北三厅志》记载,土碱"乃蒙古自然之利,有扫土煎熬者,有于冬月冰冻之时自然结成碱块者,内地染局、面铺用之,比他处所产为佳,是以远近流通"。乾隆二十一年(1756)经直隶总督方观承奏准,允许蒙古牧民自采,运至张家口贸易;由商人在张家口设铺收买,照章纳税定制,蒙古各旗"凡有刨取碱块货卖者,唯准进张家口一处,其余各关口概不准进";其收税以"每碱百斤作为一担,征收库平纹银二分"②。波兹德涅耶夫记载,光绪中叶张家口开设有德懋、合成、德恒、元隆、全成、德元、天合、元盛、泰成、裕源等10家碱店,它们每年从察哈尔"收购入库的土碱达三万八千车至三万九千车,每车近六百四十斤"③,总计高达二千四五百万斤。在雁门关的集资中,我们见到其中的德懋、德恒、合成、天合、泰成、裕源6家碱店,在碱行之外又分别捐钱8千,合计为48千。又据《万全县志》的记载则言,张家口碱商"自清初迄民国十五年,二百余年间概系十家,从无增减。在民国五年至十五年十年间颇获厚利。其原料为碱坯,出产于察哈尔省白、蓝两旗,每年以牛车运入本口之数,多则三万车,至少不下一万车"。④

---

① 宋哲元等编:《察哈尔省通志》卷二十三《商业》,察哈尔省通志馆印本。
② (清)黄可润:《口北三厅志》卷五《物产》,清乾隆二十三年刻本。
③ [俄]阿·马·波兹德涅耶夫:《蒙古及蒙古人》(第一卷),第711页。
④ 《(民国)万全县志》,《中国地方志民俗资料汇编》本。

三

北疆贸易陆路长途贩运,耗时耗资甚巨的这一特点,决定了它对资金需求量甚大,而且周转期长。故张家口不仅是塞北地区的商业中心,也是清代中国最北部的金融中心。张家口的金融机构主要集中在下堡,也都是山西商人经营的。在雁门关碑铭中我们看到,除当行合捐15千外,另有12家当铺分别单独捐钱10千;著名的账局祥发永捐钱35千、大泉玉30千;日升昌、蔚丰厚、天成亨、大盛川等票号也参与了集资。据波兹德涅耶夫的记载,晋商张家口开设的钱庄"资本一般在五千两到二万两之间",而票号的资本则大得多,"达几十万两"之巨,张家口的"银钱业务主要是票户(号)进行的"。① 不过,在雁门关的集资中,各家票号捐款数额都十分有限,日升昌仅捐钱5千,其余3家各只有3千,还不如一般的当铺。

账局,是雍乾之际在北京、张家口等北方商业城市产生的以对工商业者开展存放款业务为主的金融机构,其经营者多是晋商。目前所知最早的一家账局是乾隆元年(1736)山西商人王庭荣出资4万两在张家口开设的"祥发永"。② 1853年御使王茂荫对账局的经营活动有如下记述:"闻账局自来借贷多以一年为期,五六月间各路货物到京,借者尤多。每逢到期,将本利全数措齐,送到局中,谓之本利见面。账局看后,将利收起,令借者更换一券,仍将本银持归。每年如此。"③账局的借款对象主要是从事中俄、汉蒙贸易者,一个往返即需一年时间,故账局借贷多以一年为期。据宣统二年(1910)的注册登记,此时张家口至少有13家账局。④ 其中,大升玉已开设90余年,大泉玉也开设了70年,而开业最早的祥发永更是有170余年历史的老字号了。表4所列是张家口这3家账局老字号的基

---

① [俄]阿·马·波兹德涅耶夫:《蒙古及蒙古人》(第一卷),第717—718页。
② [俄]阿·马·波兹德涅耶夫:《蒙古及蒙古人》(第一卷),第705页。据载,祥发永是从事恰克图茶叶贸易的商号,在上堡设有货栈,可能属二者兼营。
③ 中国人民银行山西省分行等编:《山西票号史料》,太原:山西经济出版社,2002年,第9页。
④ 中国人民银行山西省分行等编:《山西票号史料》,第10页。

本状况,请参见。

表4　张家口3家开设较早的账局示例①

账局名称	祥发永	大升玉	大泉玉
开业年代	乾隆元年	嘉庆十九年	道光二十年
总号所在地 设分号城镇	张家口 京师、上海	张家口 京师、上海	张家口 京师
资本(两)	40000	50000	30000
股东姓名 股东籍贯	王庭荣 山西汾阳	常立训 山西榆次	常立训 山西榆次
总经理姓名 总经理籍贯	宋文蕙 山西汾阳	张祯禧 山西汾阳	王桂淮 山西汾阳

票号,是道光初年出现的一种专营汇兑业务的金融机构,其经营者也都是山西商人,分为平遥、太谷、祁县三帮。到道光末年,票号已发展到日升昌、蔚泰厚、蔚丰厚、蔚盛长、新泰厚、天成亨、合盛元、日新中等8家,②在北京、天津、苏州、南京、扬州、清江浦、芜湖、屯溪、河口、汉口、长沙、成都、重庆、广州、张家口等23个城市设有分号,张家口是其中最北的城市。道光三十年(1850)与张家口通汇的城市至少有13个,计有京师、苏州、河口、平遥、祁县、太谷、太原、天津、汉口、扬州、成都、清江浦、三原等;其往来商号有:大顺雷、兴盛德、永顺祥、裕兴昌、源泰昌、庆源德、永顺利、万和明、德兴恒、源盛兴、恒义长、永兴玉、合盛永、三和同、德生世、昌泰和、生旺德、恒义承、万盛隆等19家,汇兑往来金额共计164364两。③

张家口票号的汇兑业务与茶叶贸易密切相关。道光年间张家口日升昌分号曾多次向江西河口镇出票,如道光三十年(1850)正月初十日的信件中记有:"定会过三月初一至十五日河口交河宝银三千两","又定会过四月十五日河口交河宝银八千两"。正月十九日信件记有:"现收会去河口交合盛永河宝足银二千两,与伊立去会票一张,注定河口四月初十至十

---

① 中国人民银行山西省分行等编:《山西票号史料》,第10页。
② 中国人民银行山西省分行等编:《山西票号史料》,第638—642、652页。
③ 黄鉴晖:《山西票号史》,太原:山西经济出版社,1992年,第118—119页。

五日见票无利付伊""又定会去河口交德生世河宝足银三千两,与伊写去不列次凭信一封,注定河口四月初十至十五日见信无利付伊"。① 三月、四月正是春茶上市之际,在河口提款的合盛永、德生世等当是在河口采办茶叶的商号。咸丰年间晋商转向湖广采办茶叶,日升昌票号的汇款也转向汉口。如咸丰十年(1860)十二月"交会汉明正月二十日至月底收合盛长足宝银二千两,二月的收足宝银二千两","又交会汉明正月初五日至二十日永逢沆足宝银一万两"。所汇银两是由于"汉号不存甚银两",因而提前预备翌年春季"口地与咱处办红茶"的资金需求。咸丰十一年(1861)正月"定会汉三月初五至初十日交义亨和宝足银五千两","又定会汉三月初一至初五日交三和公足宝银六千两","又定会汉三月初十至十五日交合盛德足宝银三千两",均系为"汉湘办买红茶"的汇款。②

清末,由于"大宗茶货俱由俄国(商人)自行贩运",山西茶商"渐多歇业",票号业务自然也会受到影响。这或许就是在雁门关集资中各家票号捐款数额甚少的原因吧。

综上,张家口是清代塞北地区最重要的商业城市,是汉蒙贸易、中俄贸易的重要转运枢纽。在张家口从事贸易者以晋商为多,其输出商品以茶叶、烟草、杂货为大宗,输入商品则以毛皮、土碱等为主。

鸦片战争后,俄国商人开始直接从中国内地转运茶叶,凭借不平等条约中获取的各种特权,其运输成本大大低于晋商。俄商的介入使张家口的商业在清末发生了较大变化:

其一,张家口关税收入大量流失。张家口的进出口贸易总量虽有增长,但由于俄国商人转运商品享有免税权,致使张家口税关的税收大量缺额。

其二,晋商在茶叶贸易中的垄断地位逐渐被俄国商人所取代,与茶叶贸易密切相关的金融业也出现萎缩。

(原载《山西大学学报(哲学社会科学版)》2007年第3期)

---

① 中国人民银行山西省分行等编:《山西票号史料》,第31—32页。
② 中国人民银行山西省分行等编:《山西票号史料》,第32—33页。

明后期清前期长城沿线民族贸易市场的生长及其变化

祁美琴[①] 李立璞

清代以前,长城一直是中原王朝用来防御北方游牧民族南下掠夺的军事设施,长城沿线虽战火不断,但两边之间的贸易交往却时常以各种方式进行。有政权之间的朝贡、和亲、互市,也有民间的走私贸易。这些贸易形式往往与战争相交替,时断时续。入清以后,随着统一的多民族国家的建立,长城作为"边墙"的地位更为削弱,但是它作为南北经济、贸易交流的地位不但没有改变,反而有了更加长足的发展。目前,学术界关于长

[①] 祁美琴,1964年生,女,中国人民大学清史研究所教授。

城沿线贸易的研究多集中在明代,对清代的研究明显不足。① 本文立足于明清之间的变化研究,意在揭示在割据与统一的两种政治格局下,作为民族间交往媒介的长城贸易边口的存在条件和贸易特征发生了哪些变化,这些变化对长城两边的区域社会又产生了哪些影响。

一、明后期清前期长城沿线贸易市场的生长和变化

明朝早在洪武年间,就在西北地区设立了茶市。永乐初年,又在辽东设立马市。但长城沿线民族间贸易的大规模兴起和发展是在隆庆和议之后。尤其是在万历年间的互市贸易,不论市场数量还是贸易额,都是明代最繁荣的时期,最能体现明代后期长城沿线互市贸易的特点。清军入关后,清朝统治者为恢复统治秩序,非常重视民族间的贸易,尤其是与塞外蒙古诸部的贸易。因此,从顺治年间起,政府就开始恢复并大力发展长城沿线的贸易点,经过顺、康、雍三代,到乾隆前期,长城沿线的贸易点无论其存在的条件和规模与明代相比均发生了大的变化。

(一)明代后期长城沿线的民族贸易市场

明万历年间长城沿线的互市点从贸易对象来看,大体可以分为三种类型:一类为中原汉族同女真及兀良哈的互市;一类为蒙汉互市(兀良哈除外);一类为汉族与西北地区的藏族等民族间的茶马互市。

---

① 20世纪90年代以来的研究成果,主要集中在两个方面,一是明代长城沿线民族贸易市场的研究,如余同元:《明后期长城沿线的民族贸易市场》(《历史研究》1995年第5期)、《明代马市市场考》(《民族研究》1998年第1期),曹永年:《〈明后期长城沿线的民族贸易市场〉考误》(《历史研究》1996年第3期),吕美泉:《明朝马市研究》(《求是学刊》1999年第5期),栾凡:《试论贸易对明代女真经济的影响》(《延边大学学报(哲学社会科学版)》1996年第2期);二是有关清代蒙汉贸易与旅蒙商的研究,如卢明辉、刘衍坤:《旅蒙商——17世纪至20世纪中原与蒙古地区的贸易关系》(中国商业出版社,1995年),吴秀琼:《清代前期汉人在蒙古的经济活动》(台湾"国立"政治大学1993年硕士论文,论文第三章《汉族在蒙古的工商业活动》第一节"蒙汉的互市活动"对清前期的"边口互市"进行了较为深入的探讨),陈东升:《清代旅蒙商初探》(《内蒙古社会科学(文史哲版)》1990年第3期)。此外,比较重要的相关成果有杜常顺《明清时期黄河上游地区的民族贸易市场》(《民族研究》1998年第3期)。以上这些研究成果从不同侧面探讨了明清时期中原农业民族与北方游牧民族之间的经济贸易往来情况,对本文的写作有很大的参考价值和借鉴意义。

汉族同女真和兀良哈三卫的互市市场，主要分布在蓟镇和辽东，以辽东为主。主要的市场有蓟镇的喜峰口，辽东的广宁马市、开原新安关、开原广顺关、开原镇北关、抚顺关、清河、漫阳、宽甸市场以及义州大康堡、宁远中后所高台堡、宁远兴水舰堡、锦州大福堡、广宁镇夷堡、辽阳长安堡等，共15个市场。这些市场中，前6个设立于明代前期，由于设立时间早，所以与其他市场相比，这几个市场发展更为成熟，地位也更为重要。其余9个均设立于万历年间，规模较小。与长城沿线其他地方的互市市场相比，这一带市场有两个明显的特点：一是发展成熟，基本上以民间贸易为主。虽然广宁以及开原三市最初为官市，但到万历年间，已转向民市。这主要表现在：第一，贸易频繁。成化年间曾规定，开原马市每月两次，广宁马市每月两次，到后来发展到每隔三五天贸易一次。第二，商品大众化。这些市场上交易的商品多属于大众必需的生活及生产用品，奢侈品很少。第三，结束最早。这一带市场在明前、中期的贸易中居主体地位，但随着满洲势力的发展壮大，从万历四十六年（1618）开原马市陷落开始，到崇祯元年（1628），辽东地区的长城沿线贸易市场完全关闭。

蒙汉市场（兀良哈三卫除外）：主要分布在宣府、大同、山西、延绥、宁夏、甘肃六镇。主要有宣府的张家口、独石口，①大同的新平堡、守口堡、得胜堡、助马堡、宁房堡、杀胡堡、云石堡、迎恩堡、灭胡堡，②山西的水泉营、柏杨岭堡、河曲营城堡，③延绥红山墩、神木，④宁夏清水营、中卫、平虏卫、赤木口，⑤甘肃洪水堡、铧尖墩、高沟寨、⑥肃州，此外，蒙古地区的归化城也逐渐成为长城沿线重要的贸易之所。这一带有记载的市场共25处。相对其他市场，这一类市场设立时间较晚，均为隆庆五年（1571）至万历年间开设，贸易对象为蒙古右翼的土默特部、哈喇慎部、永邵卜以及河套

---

①中国第一历史档案馆、辽宁省档案馆编：《中国明朝档案总汇》，"崇祯七年七月初一"，桂林：广西师范大学出版社，2001年。
②（明）杨时宁：《宣大山西三镇图说》，《明代蒙古汉籍史料汇编》第二辑，呼和浩特：内蒙古大学出版社，2006年。
③（明）杨时宁：《宣大山西三镇图说》。
④《明神宗实录》，万历三十五年四月庚寅。
⑤《国榷》第七十五卷："（万历十七年）十一月，俺答之孙，顺义王扯力克及其妻克黄台吉以数万骑出贺兰山后，求宁夏开设马市，如俺答时赤木口马市之例，应允之。"
⑥《明神宗实录》，万历六年二月癸未。

地区的吉囊部。蒙汉市场是明后期民族贸易的主体。与辽东互市有所不同,蒙汉市场的贸易形式以官市为主,民市(或小市)仅是官市的补充。所谓官市,即政府作为贸易的主体参与互市,与蒙古各部落首领进行贸易,官出"市本"。官市结束之后,才允许小市。一般官市一年一次,交易的物资以马匹和绢帛为主。在这些蒙汉市场中,地位最重要的是宣、大、山西三镇的官市,主要是张家口、新平堡、守口堡、得胜堡、水泉营。这5个市场的贸易规模是其他市场无法相比的。

茶马互市:茶市分布在西北地区,主要有西宁、河州、洮州、岷州、甘州、庄浪6个市场。这6个市场除庄浪和岷州设立于万历年间外,其余4个均设于明前中期。茶市是专门同西番各族进行贸易的市场,蒙古俺答汗时,曾要求开设茶市,但明未同意。茶市同样属于官市,与蒙汉官市不同的是以茶易马,另外也以绢布易马。交易时间也受到很大的限制,一般三年交易一次。

以上统计,明万历年间长城沿线各类民族贸易市场共有46处之多。[①]

(二) 清代前期长城沿线的民族贸易市场

清代前期长城沿线的民族贸易市场大致可分为两类,一类是从明代直接继承下来的。经过明末清初战争的破坏,长城沿线的许多边口被废弃。顺治四年(1647),清政府曾对长城沿线的墩台做过一次调查,"察得张家口关门迤西,黄河迤东,共一千四十五里。其间险峻处约六七里一台,平坦处约四里一台,共应留台二百四十四座……其余一千三十二座应不用。……张家口迤东,山海关迤西,共二千四百四里,其间险峻处约六七里一台,平坦处约四里一台,共应留台四百一十七座……其余台二千四

[①] 关于明代长城沿线的边口互市场所,研究者有不同的观点。余同元在《明后期长城沿线的民族贸易市场》一文提出:长城沿线各类市场63个,加上抚赏地市场10余处,"通计明代长城沿线民族贸易市场不下70个"。但是曹永年《〈明后期长城沿线的民族贸易市场〉考误》一文对余文所列市场进行了"考误",认为其中"对蒙古诸部的市场50处,其中竟有21处是可以断定根本不存在的,还有个别地点暂且存疑"。后来,余同元在《明代马市市场考》中再次对明代马市的数量进行了考证,认为"具备市规市法和市易功能的明代马市市场近70个,其中可详考的50余个"。

百五十座应不用"。① 可见明代众多的墩台,到清代前仅有六分之一被保存下来。而明代后期具有贸易功能的墩堡遗留下来的也为数不多。其中长城东部原辽东的互市市场早在崇祯初年就已经全部关闭,只剩下蓟镇的喜峰口,中部宣府、大同、山西同蒙古的市场只剩下张家口、杀虎口以及蒙古地区的归化城,西部同蒙古的市场剩下的有神木、红山②、赤木口、洪水堡。③ 此外,清代前期因战争对马匹的需要,同西番的茶马贸易市场也被继承下来。另外,肃州及宁夏府城④贸易也得到发展。另一类是清前期新设立的市场。这类市场占了大多数,在东部地区,辽东市场已不复存在,于是,清政府便在辽东柳条边各边门附近,从法库门到明水塘门等十边地方以及威远堡等六边地方⑤都设立了蒙汉贸易市场,以满足这一带蒙古牧民对贸易的需求。此外,在长城线上主要有山海关、董家口⑥、古北口、居庸关、河保营,长城以北有乌兰哈达、三座塔、塔子沟、八沟、热河、丰镇、多伦诺尔、萨拉齐、托克托等地,在西部地区新设的市场主要有皇甫川⑦、宁条梁、定边、花马池、横城⑧、柔远市口⑨、石嘴山、宿嵬、黄峡、水磨

①《清世祖实录》,顺治四年十二月庚寅。
②《秦边纪略》第一卷《延绥卫》:"榆林开红山、神木、皇甫川三市。"见《四库全书存目丛书》史部,第 228 册,地理类。
③《秦边纪略》第二卷《凉州卫》:"当大草滩之口,顺治八年开市于此。"见《四库全书存目丛书》史部,第 228 册,地理类。
④《宁夏府志》第二卷:"宁夏府城人烟辐辏,商贾云集,四衢分列,门阛南北蕃夷诸货并有,人称西边一都会矣。"
⑤《清高宗实录》,乾隆十六年八月戊午:"军机大臣等议覆山海关监高诚奏称:前经奉天将军阿兰泰奏准,自法库门起至明水塘十边地方,照威远堡等六边之例,一应商贩出入,俱由该地方给发印票……产杂粮、烟叶、羊皮、瓜子等货,蒙古客商贸易,随到随行,进口车辆盈千累万"。
⑥《清世祖实录》,顺治四年十二月庚寅:"河保营,既为鄂尔多斯部落交易盐茶之地,与董家口,俱准开。"
⑦《秦边纪略》第一卷《延绥卫》:"榆林开红山、神木、皇甫川三市"。见《四库全书存目丛书》史部,第 228 册,地理类。
⑧《钦定大清一统志》卷二〇四《宁夏府》记载:横城堡"在灵州东北七十里,城周二里……北至边墙暗门一里,出暗门三十里有汉夷市场"。康熙二十九年准许喀尔喀蒙古在此贸易。
⑨《平罗纪略》卷二《市集》。

川①、高古城②、多巴③、北川口、镇海堡④、丹噶尔、那拉萨拉以及河州土门关⑤等。在这些市场中有一些是同一个市场由于贸易地点的变更,导致前后期市场名称改变。例如,柔远市口,为康熙年间所设,到雍正年间迁往石嘴山。由此看来,清代前期长城沿线的民族贸易市场有名的数量当不少于50余处。此外还有许多史料未记载的,如《清高宗实录》中曾记载,在宁夏沿边有多达60余处的蒙汉市场,⑥但却没有详细的记载。如此算来,清代前期长城沿线的民族贸易市场数量当不少于百余处。⑦

(三)明代后期与清代前期长城沿线民族贸易市场之比较

与明万历年间相比,清前期长城沿线的民族贸易市场已有了很大的发展变化,主要表现在:

第一,数量和分布上的变化。清代长城沿线的民族贸易市场较之明代有所增加。据统计,明万历年间长城沿线民族贸易市场有46处,而到清代前期则增加到百余处,有记载可查的也不少于50余处。并且明代的民族贸易市场时开时废,极大地限制了各市场的贸易功能。清代的各个民族贸易市场除个别关口外,基本上存在于有清一代。同时,清代民族贸

---

①《秦边纪略》卷三《凉州北边堡》。见《四库全书存目丛书》史部,第228册,地理类。
②《秦边纪略》卷二《凉州南边堡》:"今堡且日与贸易,几成互市矣";"每平明则大黄山大草滩之夷策马而至,或市各皮,或市酥油,易钱易烟易布易酒,纷纷交易焉。"见《四库全书存目丛书》史部,第228册,地理类。
③《秦边纪略》卷四《西宁边堡》。见《四库全书存目丛书》史部,第228册,地理类。
④《钦定大清会典事例》(嘉庆朝)卷五〇六《兵部》。
⑤《清世宗实录》,雍正三年四月丙申。
⑥《清高宗实录》,乾隆十四年十二月戊寅:"谕军机大臣等,据马灵阿奏称,宁夏沿边一带,向令蒙古进口交易。迨乾隆九年,经原任督臣庆复查办,因道员与驻扎之员外郎各持己见,至今一案尚未结,以致久行之例,遂行禁革,多有未便,请查照旧例遵行等语。宁夏沿边口隘六十处所,向曾发给印牌,交该台吉等收执,遇有进口,执持查验,立法原属严明,行之数十年,并无疏忽。今乃以查办之故,致使久远遵行之例,一旦禁革,有妨蒙古生计,殊非国家柔远之道。在边疆固宜防范,亦惟令该地方员弁,于进口出口之时,详加盘验,弊端自可永除,可传谕尹继善、鄂昌等查照旧例,妥协办理。"
⑦关于清代边口的数量,研究者也有不同的说法。韩光辉等人认为清代"与蒙古各部进行贸易的主要边口有张家口、古北口、杀虎口、八沟、塔子沟、三座塔、乌兰哈达、归化城、定边、花马池等地"共有10处。台湾的吴秀琼认为:清廷先后开放为蒙汉互市的地点,除了山海关、喜峰口、古北口、独石口、张家口、杀虎口等6个关口以外,还有热河、八沟、三座塔、齐齐哈尔、多伦诺尔、归化城等,以及山西、陕西、宁夏沿边开放的互市边口或地点,数目至少有七八十个之多。

易市场中直接从明代继承而来的并不占主体,清代绝大多数民族贸易市场是新开辟的,即使是从明代继承下来的,其贸易的市场和规模也发生了很大的变化。以宣府的张家口市为例,该市设立于隆庆五年(1571),当时市场非常简陋,万历四十一年(1613),巡抚汪道亨始据其险要,就城建堡,曰来远堡。至清康熙帝征服蒙古,夸耀天下一家,更立大境门,作为蒙古与本部之贸易市场,其市滋盛。① 乾隆《万全县志》记载:"我朝玉帛万国,西北诸番,往来市易者,皆由来远堡入,南金北毳,络绎交驰,盖其盛也。"另外,明代后期长城沿线的民族市场大多分布在中、东部地区,西部地区的民族贸易市场不仅数量少,而且地位也远不如中部地区。到清代前期,西部地区互市贸易点明显增多,并且出现了一批商业中心。如,丹噶尔市场,从雍正三年(1725)开始设立到清末民初,一直都是甘、青、新、藏地区民间贸易的中介和中心市场,还是西北地区民族商业的枢纽之一,有"海藏咽喉"之称。此外,西宁、石嘴山市场都是西部地区重要的民族贸易重镇。

　　清代民族贸易市场的增加和扩展,与清代社会的稳定、畜牧经济的发展和蒙古人民对内地生产、生活用品的迫切需要以及汉族商人对蒙古的开发分不开,但是其根本的变化原因在于统一的多民族国家的形成。

　　第二,建制和功能上的变化。明代所开设的民族贸易场所多分布在长城沿线重要的关口或军事营堡附近,带有很强的军事防御色彩。明代在设置马市时,一方面要照顾蒙古部落的利益,尽量把市场设在离蒙古部落驻牧地较近或水草丰美的地方;另一方面还要考虑自身的利益,使市场不脱离自己的防御体系,以保证自身的安全。如大同新平堡市场的设置,据《三云筹俎考》卷三记载:"本堡,该路参将驻扎之地,设在山后,出山口若莺嘴然。东为宣镇西阳河藩篱,南为瓦窑、天城屏翰。……若虏从此入犯,投南则大同镇兵马并力拒堵,投东则宣镇兵马可以拒堵。"马市本为沟通蒙汉经济交流而设,但明朝的马市都是一个个相对封闭的场所,"明制,

---

① 匡熙民:《张家口游记》,手抄本,民国八年。

凡诸部互市,筑墙规市场,谓之市圈"。① "市圈"的形制,"虏每一入市,少者四五十,多者百余骑,并皆就瓮城,闸闭"。② 在"市圈"内设有高楼,供驻扎市场的官军瞭望。每当开市之日,"虏人擐甲市口之外,官兵擐甲市口之内,两相戒防"。③ 可见,明政府对于交易的戒备超过了对交易本身的重视。从建筑的形制和周围的军事防御设施诸方面,都反映了明朝官方的这种心态。

清代前期,随着政权统一,长城一带的边口不再设重兵防守。政府在选择互市地点时更多的是根据蒙古各部的实际需要,在便于贸易之处择地设市。例如,雍正三年(1725),奋威将军岳钟琪向朝廷提出建议,由于"亲王察罕丹津公拉扎卜等台吉部落居住黄河之东,切近河州,去松潘亦不甚远,向来原在河州松潘两处贸易,今若令于纳喇萨喇二处,恐不足供黄河东西两翼蒙古易卖,莫若仍令在河州松潘贸易,终觉稳便。河州定于土门关附近之双城堡,松潘定于黄胜关之西河口,此二处俱有城堡房屋,地方宽阔,水草俱好,利于互市,可为永久。再查郡王额尔德尼额尔克托克托鼐、郡王色布腾扎勒等诸台吉部落驻牧黄河西边,相近西宁,请将贸易之地移在西宁口外丹噶尔寺,至蒙古贸易全藉牲畜,每在六月以后,请每年不定限期仍听不时贸易,则蒙古商贩均获利益矣"。这一建议得到了朝廷的批准。④ 另外,清前期民族贸易市场的功能已经多元化,除商业性明显增强外,有的还是重要的交通枢纽。例如,张家口、古北口、独石口、喜峰口、杀虎口及山海关,这五口一关,既是清代中原通向蒙古的重要的交通驿道,又是重要的税收关口。并且,随着商业的不断繁荣,有些互市点逐渐发展成为当地的政治、经济中心。张家口就是在边口互市的基础上发展起来的。还有一些民族贸易市场是随着宗教的发展而发展起来的,如多伦诺尔就属于这种情况。据《蒙古志》记载,多伦诺尔"昔时不过一小镇耳。自康熙年间,圣祖仁皇帝敕造喇嘛大寺二所于此,而蒙古人往

---

① 按:"虏入圈,听抚则张帜,按甲毋动;不则鸣炮,皆鼓行而前,急击之勿失。"叶赫始祖杨吉砮兄弟就是被明辽东总兵李成梁等围在市圈内杀害的。《清史稿校注》第二百三十卷《杨吉砮传》,第7887页。
② 《万历武功录》第八卷《俺答列传下》。
③ 《明经世文编》卷四百五十二《再议罢榷税疏》。
④ 《皇朝政典类纂》卷一百一十六。

来频繁,乃商务渐盛,居民亦众。今则人家鳞比,衡宇相望,居然汉漠之间一都会矣"。① 由此可以看出,清代前期的民族贸易市场在设置上已经摆脱了明朝马市那种封闭的格局,成为交通便利的贸易之所。

第三,从贸易形式看,明朝后期长城沿线的民族贸易有茶市和马市之别。茶市主要是指政府主持的与"西蕃"(甘、青、藏、川、康等地藏族、撒拉族等)地区进行的以茶叶换取马匹的贸易;马市主要指与"北虏"(塞北、东北的蒙古、女真族)进行的"以货市于边",即以货币和农产品、手工业品向蒙古、女真换取马匹的贸易,马市又分官市和民市。

清朝初年,明末互市形式在一定地区范围内仍然存在,但随着清朝统治的巩固,康熙三十五年(1696),明令取消马市,从此长城沿线以集市贸易为主要形式的民间贸易占据了重要的地位。边口互市不再是马市或茶马互市,而是真正意义上的市场,政府不再是商家,而是真正的管理者。开市时间一月数次。商品也不再是用于战争储备的马匹,而是边口内外人民生产生活和获取经济利益的各类货物。虽然也有进出口商品的限制,如对深入蒙地贸易的商人及其商品种类、入蒙路线、返程日期等,通过照票的办法予以限制。但是这种限制不仅在长城沿线,在海关也有,是统治者官方贸易垄断的体现,也是对蒙古民族的防备心理所致。与明代不得已的情况下开市、将关市作为抑制蒙古的手段截然不同,清代对贸易商品的限制,是在保障蒙古人民的基本交换需求的前提下进行的。与此同时,随着全国统一市场的形成,长城边商依托边口贸易,开始走进草原深处,形成了清代独具特色的旅蒙商,在蒙古的重要城镇形成了独特的"买卖城",为蒙古地区经济的繁荣和牧民生活的改善创造了条件。当然,清代前期也存在一部分官市。如与厄鲁特、藏、撒拉等族的交易即属此类,随着对边疆统治的巩固以及国内贸易的发展,官市逐渐被民间贸易取代。

第四,从贸易对象来看,与明后期相比,清前期最大的一个变化,体现在对蒙古的贸易上。明后期,并非所有的蒙古部落都有与明朝贸易的权利,只有那些与明朝建立朝贡关系的蒙古部落才有资格与明贸易。当时主要有山西以北的俺答所属的土默特部、吉能所属的河套鄂尔多斯部、宣

---

① 《蒙古志》卷二《都会》。

府以北老拔都的哈喇慎部和永邵卜以及朵颜三卫准许与明贸易,其他蒙古部落则没有贸易权力。这体现出明政府想以此来达到分化蒙古各部的目的。但到了清前期,随着蒙古各部的归附,清政府在整个长城沿线开设贸易点,允许所有的蒙古部落参与贸易。因为蒙古各部已经成为大清帝国的子民,是满蒙联合政权的重要组成部分。

二、明后期清前期贸易量的考察

由于"北虏散处漠北,人不耕织,地无他产。房中锅釜针线之日用,须藉中国制造"。"中国纱段,计所以得之者唯抢掠与贡市二端,抢虽获有人畜,而纱段绝少,且亦自有损失,不如贡市便。"①所以,同明朝通贡互市仍是蒙古游牧民族所强烈要求的。一请不得则再请,再请不得则三请,直至兵戎相见。长城沿线实现和平互市后,通过蒙汉市场上的商品种类及贸易量的考察,可以反映出贸易对长城内外蒙汉社会的影响。

(一) 关于商品种类的考察

明后期长城沿线民族市场上交易的商品大致分为两类:一类是以奢侈品为主,这类商品大多集中在各个官市。官市交易的对象是明政府和各民族的贵族首领,商品主要是以绢缎、马匹为主。遇到荒年时,也以粮食易马。一类是以生活或生产必需品为主。这类商品主要集中在民市和小市。这类市场上交易的对象主要是各民族的下层民众以及中原的商人。交易的商品主要有牧区的驴、骡、牛、羊、皮张及马尾等牲畜及畜产品以及中原地区的粮食、布匹、铁锅、针线等生产及生活用品。与官市上交易的商品相比,民市的商品种类多,数量也非常大,但交易额有限,其时占主导地位的仍然是官市。

清朝前期,由于互市贸易的发展已经突破了明朝官市的模式,民族民间贸易占据了主流,所以,市场上交易的商品也发生了很大变化。主要表现在两个方面:

第一,商品种类的增加。清代的民族贸易是明代后期无法相比的,以

---

①《五边典则》卷七,见《四库禁毁书丛刊》史部,第26册。

官市为例,明后期官市上的商品只有马匹、绢缎以及茶叶等少数商品,而清代前期官市上的商品种类已突破了这一限制。以肃州市场为例,准噶尔蒙古输出的物资主要有马、牛、羊、骆驼等牲畜和各种毛皮,此外还有葡萄、硇砂、羚羊角等;中原输出的物资主要有各色绸缎、各种陶瓷、布匹、茶叶、烟、糖等生活用品及大黄、姜等药材。据统计,仅从中原输出的物资就多达六七十种,如果加上蒙古输出的物资,约有百余种。清朝前期的官市贸易除了商品种类较明后期明显增多外,还有一个重要变化,就是在准噶尔蒙古输出的物资中,马匹已不再是交易的重点。羊只以及各种毛皮占的比重最大,占整个贸易量的大半。这与清朝战争减少,对马匹的需求减少有密切关系。但与明后期官市贸易相同的是,在准噶尔输入的商品中,奢侈品仍占了主要部分。中原输往准噶尔的商品中,绸缎、布匹及其制成品占最大比重。例如,乾隆九年(1744)的肃州贸易中,绸缎、布匹及其制成品共用银 31437 两,占全部贸易额的 76.2%,这主要是为了满足准噶尔贵族的需求;在民市中,清代前期民族贸易市场上商品的种类则更加繁多。明后期的民市中最发达的当属辽东市场,辽东市场上的物资多达 40 余种,而清代前期各民族贸易市场上的商品远多于此。以西部的丹噶尔市场为例,据《丹噶尔厅志》记载,在清代丹噶尔贸易中参加交换的产品多达 200 余种,其中有 90 余种为中原物资,有茶、布、锅、铜器、酒、纸张、药材、木炭、木材、大米、小黄米、麻、青稞、靴子、哈达、马鞍等。运往内地的商品也有 40 余种,大多为畜产及狩猎物。[①]

第二,生活消费品的增加。清代前期的民族贸易市场上,除了布帛、粮食、衣服等生活必需品外,烟、酒、糖、茶等生活消费品的数量普遍增加,例如西宁高古城市场,"每平明,则大黄山、大草滩之夷策马而至,或市各皮,或市酥油,易钱,易烟,易酒,纷纷交易焉"[②]。其他市场上烟酒的销售也很平常。而这在明后期是很少见的。这说明清代前期各少数民族的生活水平较之明后期有了显著改善。

同明代一样,清政府也将军器、硝磺、铜铁、米麦等列为禁售之列。但

[①] 刘景华:《清代青海的商业》,载《青海社会科学》1995 年第 3 期。
[②] 《秦边纪略》卷四《西宁边堡》,见《四库全书存目丛书》史部,第 228 册,地理类。

随着汉人移民到关外垦荒种地,铁锅、铁锹、铁犁等生活生产用具成为必需,因此,清政府逐渐放宽了对铁器的禁令。雍正十三年(1735)时,规定:"宁夏镇属之平罗、横城、花马池三处市口,凡蒙古人等每月入口货买铁器者,令该札萨克预报夷情衙门,给以印票,填明件数、斤两,每逢开市之期,监视营员验明印票,方许置买,其民人货买铁器不得私入集场,亦令营员验票付官交易,仍将原票汇缴夷情衙门。"①乾隆元年(1736),山西巡抚石麟奏请:"自开杀虎口,迄今数十年,商贾农工趋负贸易,内地民人难以数计……内地民人迁居在外,炊爨必用铁锅,耕种必用铁器,建盖房屋以及一切日用什物有非铁不可,仰恳圣恩将晋省沿边杀虎口一带关隘,嗣后除鸟枪腰刀等项及铁条铁块、废铁可造军器者仍严禁外,其余民间一切需铁之日用什物听民携带出口。"②大量铁制农具的出口,促进了漠南蒙古地区农业的发展。

(二)关于商品交易量和贸易额的考察

关于明后期长城沿线民族贸易的具体记载的史料很少,所以我们无法详细地了解具体情况,但通过一些数字仍有助于我们了解当时贸易的情况。明后期,宣府、大同和山西三镇的马市贸易在整个长城沿线民族贸易中地位最重要,也最具有典型性。同时,在蒙汉互市贸易中,马匹和布帛是双方交易的主要商品。因此,要了解明后期民族市场的贸易量的情况,就必须了解这两种商品的交易情况。

关于马匹交易量。据统计,隆庆五年(1571),马市初开,宣、大、山西三镇共交易马7030匹,到万历元年(1573)增加到19303匹,万历二年(1574)又增至27170匹。万历三年(1575),为了抑制不断增长的马匹交易,明政府采取了限制贸易的措施,规定宣镇易马数为18000匹、大同为10000匹、山西为6000匹,总数达到34000匹。短短五年的时间,三镇官市上马匹交易量从7000多匹增长到34000多匹,增长了将近五倍。但仍不能阻止马匹交易数的增加。到万历十九年(1591)时,仅宣镇一镇市马数就达到36000匹。马匹贸易的大增,必然会增加政府对马市的投入。

---

① 《清朝文献通考》卷二十六《征榷一》,第5161页。
② 《清朝文献通考》卷二十六《征榷一》,第5162页。

据统计三镇马价银的支出情况为：隆庆五年，三镇共支出马价银56475两；万历三年为230000两；万历十九年则为325000两。此后，万历年间的马市贸易额基本上保持在这一水平。从隆庆五年的56475两到万历十九年的325000两，马价银增长了将近五倍多。马价银的增加同样说明马匹交易量的增加。

马市贸易中进入草原市场的最主要的商品是布匹，包括绢、缎、绸、布等各类棉麻织品及丝织品。而销售量最大的是棉布，棉布中占首位的是梭布。有人曾做过统计，万历十年（1582）前后，张家口以西的七镇梭布销售量每年约在百万匹左右。万历十年以前，蒙古土默特、鄂尔多斯、喀喇沁三部，总人口仅30万，每人所获仅梭布一项就近三匹。①

在明后期的互市贸易中，明政府往往拿出一部分财物作为抚赏，它可以看作是互市贸易的一种补充形式。随着贸易的发展，抚赏银也随之不断增加。隆庆五年，宣、大、山西三镇的抚赏银为3842两，到万历十九年猛增到88000两，增长了近23倍。到天启、崇祯年间，明政府每年给察哈尔部的抚赏就达到百万两白银。②

清前期的情况比较复杂。西部主要是与准噶尔在肃州的官市贸易。在肃州的贸易中，以牲畜的交易量最大，而在马、牛、羊、骆驼等牲畜中又以羊只数量最大。如乾隆八年（1743），有26000余只，九年（1744）达13700余只，十三年（1748）达50000余只，十七年（1752）更达65000余只。另外，在准噶尔的交易中，皮张也占有重要地位，几乎占每年交易额的一半，其中尤以狐皮和羊皮居多。例如，乾隆八年，各种皮张共计203000余张，其中，狐皮93000余张，约占46%；羊皮40000余张，约占20%；银鼠皮60000余张，约占30%，其余是各种杂皮。乾隆九年，各种皮张共计30000余张，其中狐皮17000余张，约占57%；羊皮10000余张，约占30%。从其双方的交易额来看，从乾隆三年（1738）的10000两左右，猛增到乾隆六年（1741）的100000两左右，到乾隆十五年（1750）再猛增到

---

① 李澍云：《从马市中几类商品看明中后期江南与塞北的经济联系及其作用》，载《内蒙古师大学报（哲学社会科学版）》1984年第4期。
② 《崇祯长编》，崇祯二年三月辛亥。

180000万两①。明后期,官市贸易中贸易量最大的张家口市场,万历十九年(1591)以后的贸易额规定为185000两。其中,大同市场100000两、山西40000两。由此可见,清代前期的肃州市场的贸易量与明后期的宣、大、山西市场不相上下。

关于长城东部地区民族贸易市场的贸易情况,可以通过税收反映出来。清代前期在长城沿线的各个民族贸易市场上都征收商税,其中税收最多的当属东部的几个关口。关于税率,不同时期和不同货物有所不同,大约在3%到6%之间,我们取其平均数4.5%,来估计各关口的商品流通情况。

山海关:山海关是通向东北和朝鲜的重要驿站,商贾云集,清康熙三十三年(1694)在此设关,对过往的海陆商品征税。关于税额,康熙三十四年(1695),定为每年25000两。按4.5%的税率计算,商品流通额大致在56万两左右。到康熙五十四年(1715)时,增加3000两,商品流通额大致为62万余两;五十九年(1720)时,税额达到32200两,商品流通额大致为70余万两;至雍正十年(1732)时,每年正额及盈余多至三万五六千两,少亦不下30000两,另有23000两火耗银。如果折合成商品流通额至少为89万余两。②

张家口:张家口作为"南北交易之所,凡内地之牛马驼羊多取给于此。贾多山右人,率出口以茶布兑换而归"③。清政府在此对过往的南北商品征税。顺治十八年(1661),税额定为每年10000两,折合商品流通额20余万两白银。康熙二十九年(1690)之前为15000两,商品流通额约30余万两,后来税额又有所增加,定为20000两,再加上盈余40561两,每年税收多达60000余两。④ 商品流通额约100余万两。

杀虎口:其地在云中之西,扼三关而控中原,自古称为"险塞"。它是蒙古诸部落通贡往来必经之路,同时又是满汉互市之所。随着货物流量

---

① 张羽新:《肃州贸易考略》,《新疆大学学报(哲学社会科学版)》1986年第4期、1987年第1期。
② 祁美琴:《清代榷关制度研究》,呼和浩特:内蒙古大学出版社,2004年,第27页。
③ (清)秦武域:《闻见瓣香录》甲卷《张家口》。
④ 祁美琴:《清代榷关制度研究》,第29页。

的逐渐增加,形成了"道通北藩,为牛羊、马驼、皮革、木植之所出,商贾称络绎焉"①。作为"内地边城总汇,自南出口自北进口,一切货物俱有应征税课"②。顺治十八年时规定杀虎口的税额为13000两③,商品流通额约30万两;康熙前期略有减少,康熙二十九年前征9000两。后来逐渐增加到16919两,盈余银15414两,再加上随征经费银3358两,再加上其他一些杂税,一共应征银43338两。④ 商品流通额约合白银96万余两。清前期基本上都能收足。

以上三个关口的贸易量只是粗略估算,因为清政府并非对所有过往物资都征税,所以,三个关口的实际贸易额应不低于此。由此可见,清代以山海关、张家口以及杀虎口为代表的东部各关口贸易之兴盛,是明代后期无法相比的。

综上所述,清代前期长城沿线民族贸易的市场规模、贸易对象、商品种类、贸易量、商品流通量等各方面都已经远远超过了前代。这说明清代前期随着国家的统一和社会的安定,长城沿线的民族贸易已经摆脱了明后期边口贸易的局限和各种弊端。不但民间贸易大为兴盛,而且贸易形式和规模都呈现出前所未有的盛况,既保留了边口贸易的形式,又在此基础上出现了一大批商业城镇。大的商业中心与小的边口互市互为补充、相互辉映,既满足了长城沿线各民族对贸易的需求,又进一步促进和巩固了多民族国家的统一与发展。

三、关于清代长城沿线民族贸易发展原因的思考

贸易是人们为了满足自身需要而进行的一种互通有无的交换活动,在游牧与定居这两种截然不同的生产、生活方式之间,这种交换活动是必须存在的,这是几千年来北方游牧民族政权与中原王朝之间交往关系的历史总结。但是生产方式的不同,导致了文化、观念、习俗的差异,成为双

---

① (清)王霨纂,刘士铭修:《朔平府志》卷七《税课》,清雍正十一年刊本。
② 《宫中档乾隆朝奏折》卷二十九,第704—705页。
③ 《清朝文献通考》卷二十六《征榷一》,第5076页。
④ 祁美琴:《清代榷关制度研究》,第31页。

方交往的障碍。横亘在南北之间的万里长城,使得以农业为基础的中原王朝与以牧业为基础的游牧政权之间的交流与沟通产生困难。于是,千百年来战争总是不断。直到明朝后期,腐朽的明朝廷再也无力应付不断南下掠夺的蒙古骑兵,被迫允许蒙古在长城边口互市,但当时两个政权对峙的状态并没有改变,有限的贸易仍不能满足需求,于是和平贸易之余,各边仍不时发生战争。

到了清代,长城内外得以统一,政权对峙的状态不复存在,这为长城沿线民族贸易的发展创造了有利条件。关于这一点,毋庸多议。值得一提的是,满族作为统治者在其中所发挥的作用却不容忽视。在清前期的长城沿线民族贸易的巨大发展变化,归结其原因,首先是民族国家的统一,这为民族贸易扫除了政治壁垒。其次是满族这个具有特殊经济文化背景的民族,兼容了游牧与农耕民族的特点,既不是单纯的农耕民族,也不是纯粹的游牧民族,而是一个两者兼而有之的农牧民族,这使它在继承中原汉族王朝传统的统治观念、统治方略的同时,又能够消除两个民族在文化意识上存在的隔阂,为民族贸易的发展创造了有利条件。这个民族双重的经济文化背景,使它有能力完成多民族国家的统一,并最终消除了千年来游牧民族与农耕民族之间在贸易问题上的分歧,加速了民族融合的进程。

(原载《西域研究》2008 年第 3 期)

清代张家口关的研究

陈静[①]

一、张家口概况

(一) 优越的地理位置

清代张家口位于察哈尔地区南部(今河北省西北部),东临北京,西连大同,北靠内蒙古草原,南接华北腹地,北出塞外直抵蒙俄,是沟通中原与北疆的重要枢纽。

张家口前身张家口堡直接逼临坝头,其北七里东、西太平山"相离数十步,对峙如门",形势十分险要,这个关口就是大境门。明代的地方官汪道亨曾经这样描绘:"两山对峙,真如巨灵,攘臂其间,上挥太清,岩如剖竹,崖奔壑斗,屹为两区,峥嵘豁牙,东西相向,长江来束,为我北门……未有若此山之扼要而雄峙者。"[②]真可谓一夫当关万夫莫开的天险之地。

清代张家口的交通非常畅达,向北经正沟或者西沟出汉诺坝可以到达多伦、库伦,也可以经膳房堡出神威台坝,到达库伦;沿洋河谷向东南可行至宣化府,再沿古老而又畅通的居庸关大道可达北京;西行经洗马林出

[①]陈静,内蒙古大学 2011 级硕士研究生,主要研究方向为明清史。
[②](明)汪道亨:《张家口新筑来远堡记》,道光《万全县志》卷八《艺文志》,第6—7页。

镇河口可到达绥远;西南经孔家庄可达怀安、大同。四通八达的交通,使张家口成为当时汉蒙贸易、中俄贸易的中转中心。

(二)明清时期的张家口

1.清代以前的张家口

元代以前,张家口政区多变,归属几易,有时是北方少数民族的属地,有时则归中原政权辖制。元代时,张家口属中书省上都路宣德府和兴和路,是元大都(今北京)与元上都(今内蒙古锡林浩特市正蓝旗)之间的重要通道。元中都(今河北省张北县)建立后,张家口的地位更加重要,驿路发达,商贸繁荣。

明代时,张家口属宣府西路万全都司所辖万全右卫。张家口的名称即始于明代。明宣德四年(1429),指挥张文在东、西太平山之南筑堡,因此堡北面的东、西太平山对峙如巨口,且附近有张姓人家居住,故名之曰张家口堡。《万全县志》中记载:"宣德四年始筑堡城,为与蒙古通商互市之要镇。"①《宣府镇志》中记载:"万全右卫德胜口关,城北三里,张家口堡张家隘口关,在堡北五里,通境外。"②

隆庆五年(1571),俺答封贡告成,明朝在中三边、西三边开放市口,与右翼蒙古部落开展了马市贸易,张家口成为汉蒙贸易的重要市口之一。时明蒙互市市场"在大同者三,曰得胜口、曰新平、曰守口;在宣府者一,曰张家口;在山西者一,曰水泉营;在延绥者一,曰红山寺堡;在宁夏者三,曰清水营、曰中卫、曰平房卫;在甘肃者二,曰洪水扁都口、曰高沟寨"。③ 在市口中,蒙古人用马匹等畜产品与汉人交换他们所需的生活用品,其时张家口市面很繁荣,"南京罗缎铺、苏杭罗缎铺、潞州绸铺、泽州帕铺、临清布帛铺、绒线铺、各行交易铺,沿长四五里许,贾皆争居之"④,张家口堡的马市贸易额相当可观。

---

① (清)路联逵、任守恭:《万全县志·张家口概况》,张家口:张家口统一商行印刷部,1934年。

② (明)梅国祯:《梅客生奏疏》卷一,(明)陈子龙等选辑:《明经世文编》卷六,北京:中华书局,1962年,第4968—4969页。

③ 正德《宣府镇志》卷三《关隘》。

④ (明)孙世芳修、乐尚约辑:《宣府镇志》卷二十,台北:成文出版社,1970年。

表1　宣化大同山西三镇官市购马数量比较(1571—1574)　　单位:匹

市场	隆庆五年(1571)	隆庆六年(1572)	万历元年(1573)	万历二年(1574)	统计
宣府	1993	902	7810	15500	25205
大同	2096	4565	7505	7670	21836
山西	2941	2378	3988	5000	14307
统计	7030	7845	19303	27170	61348

说明:资料来源于《万历武功录·俺答列传下》。

明蒙马市贸易的开放,使张家口开始了历史性的变化,由过去一个边防军事城堡逐渐变为一个繁荣的边贸城镇。

2.清代的张家口

清朝初年,沿袭明制,地方行政区划设省、道、府、州、县等,张家口仍隶宣府镇,同时废去万全都指挥使司。康熙三十二年(1693)改宣府镇为宣化府,张家口由此从军政建制转变为行政建制,它标志着张家口新的历史发展时期的到来。雍正二年(1724),设直隶省口北道(治今宣化)张家口理事同知厅(治今张家口堡),后又设置独石口理事同知厅(治今独石口)、多伦诺尔理事同知厅(治今内蒙古多伦县)。乾隆二十七年(1762),将蔚县并入蔚州。光绪七年(1881),改张家口理事同知厅为直隶省抚民厅,废独石口理事同知厅与多伦诺尔理事同知厅。

清代长城不再是中原王朝与少数民族政权的分界线,张家口成为清朝的直隶地区,它的政治、经济地位有了很大提高,从明代汉蒙互市市口发展成为汉蒙贸易、中俄贸易的重要中转中心,是清朝有名的"陆路商埠"与对外开放地。清代重要的陆上商路张(张家口)库(库伦,今蒙古国乌兰巴托)商道的起点即在张家口。同时,张家口的军事地位仍很重要,清廷在张家口驻有重兵,以控制与管理察哈尔八旗,察哈尔都统署就设在张家口。康熙三十五年(1696),清政府批准张家口作为对蒙古各部的贸易地。康熙四十年(1701),在张家口外设立蒙古驿站。伴随军台驿道的开通,张家口通往库伦的商路正式形成。雍正五年(1727),中俄《恰克图条约》签订,俄商可以经张家口进入北京,大批外贸商品在张家口汇集和转输。戴本孝在《登张家口城楼》诗中写到"驵侩①译通中外市,牛羊气杂往来车。神争社会当场采,女竞边妆满髻花"②。从中可以看出,张家口作为商业城市的繁荣。

二、张家口税关的设立

清代对各税关的管理始于顺治初年,《清朝通典》记载:"顺治元年,定直省关差,专遣户部汉司官一人,撰给专敕精微批文。"③《清史稿》也记载:"顺治初,定各省关税,专差户部司员督征。左右两翼,张家口税,差满官督征。"④说明在清军入关后就逐渐开始了在各地设关征税。清代税关,分为两类,一类是"户关",属户部管辖,征收百货税,以资国用;另一类是"工关"⑤,属于工部管辖,征收木税,以资朝廷营缮。清代榷关历经顺、康、乾三朝的调整,到乾隆朝大致稳定下来。乾隆十八年(1753),户部关有34个,工部关有15个,分布在11个省,主要位于重要的水、陆路等交通要道上。其中比较重要的户部关有24个:崇文门关(京城)、左右翼关(京城)、坐粮厅关(京城)、天津关(直隶)、山海关(直隶)、张家口关(直隶)、杀虎口关(山西)、归化城关(山西)、临清关(山东)、东海关(山东)、江海关(江苏)、浒墅关(江苏)、淮安关(江苏)、扬州关(江苏)、西新关(江苏)、凤阳关(安徽)、芜湖关(安徽)、九江关(江西)、赣关(江西)、北新关(浙江)、浙海关(浙江)、闽海关(福建)、粤海关(广东)和太平关(广东)。它们的收入是榷关税收中最主要的部分。其中紧邻的杀虎口关、归化关、张家口关,是清代北疆重要的榷关。张建民在《清代杀虎口税关的研究》一文中,得出杀虎口关于顺治七年(1650)始设,首任监督为满洲人,职位是户部笔帖式。《清朝通典》中记载:"(顺治)七年,定独石口、

---

①指马匹交易的经纪人。
②(清)卓尔堪辑:《明遗民诗》卷七。
③《清朝通典》卷八《食货八·赋税下》,杭州:浙江古籍出版社,2000年,第2062页。
④赵尔巽:《清史稿》卷一百二十五《食货六·征榷会计》,北京:中华书局,1998年,第682页。
⑤宣统三年,工关多改称"常关",唯直隶等地名称如故。

杀虎口差满洲笔帖式收税。"《清会典事例》中记载："杀虎口户部抽分,旧制,查设关抽税自顺治七年始","顺治七年,定独石口、杀虎口差满官笔帖式收税"。《山西通志》中记载："关税监督,特简京员充者,有监督杀虎口户部抽分一人,顺治七年设,岁一更易,初差户部司员,后改差六部及内务府司员。"李婧在《清代归化关的设立及其税收的相关情况》一文中,通过对史料的考证,得出归化关设立于乾隆二十六年(1761)。

张家口在明代中后期即是中原与蒙古地区孔道,《闻见瓣香录》中记载："张家口为上谷要地,即古长城为关,关上旧有市台,为南北交易之所,凡内地之牛马驼羊多取给于此。贾多山右人,率出口以茶布兑换而归。"①因此,顺治初即开始在此设关征税。关于张家口税关的设立时间,前述《清史稿》中记载为顺治初年,而《清朝通典》中记载为顺治元年(1644)。《钦定大清会典则例》则记载："一直省关差,顺治元年题准专差户部汉司官一人,照例撰给专敕精微批文,又定左右两翼守库官,张家口差满官收税。"②雍正朝《大清会典》也有记载："凡差官监督,顺治元年题准,各关专差户部汉司官一员,照例撰给专敕精微批文,又定左右两翼差库尉笔帖式,张家口差满官收税。"③因此笔者认为张家口关的设立应该是顺治元年。

张家口关的税额在清前期并无定额,而是逐渐增加。顺治十八年(1661),定张家口税额每年一万两,杀虎口税额每年一万三千两;康熙二年(1663),减四千两;康熙五年(1666)定居庸关额税三千两;康熙十六年(1677),增加六千两;康熙十七年(1678),增加七百六十三两;康熙二十四年(1685),增二千二百三十六两;到康熙二十五年(1686),张家口税银一万五千两。康熙四十一年(1702),题定居庸关归并张家口,共征银一万六千两。雍正元年(1723)奏准,免办各项皮张,增银四千两。到乾隆嘉庆年间,规定张家口正税银二万两,盈余数目由监督自行奏闻。道光年间,张家口税额仍在不断增加,至道光二十一年(1841),其定额为六万零五百六十一两,此后直到清末没有改变。

---

① (清)秦武域:《闻见瓣香录》甲卷《张家口》,《丛书集成续编》,上海:上海书店,1994年。
②《钦定大清会典则例》卷十八《关税》。
③ 雍正朝《大清会典》卷五十二《户部·课程四·关税》。

三、张家口关的税收来源、分配及税口

(一)税收来源
1.出口商品税收种类
(1)布税

张家口出口的各种棉、麻、绸、布来自河北、河南、江苏、浙江等地,输出数量较多,如雍正六年(1728)中国输出的棉布价值约44000两。笔者在查阅的资料中没有发现清前期布税的具体的抽税标准与贩卖价值。到咸丰年间,《杀虎口监督署报告书》才有明确的规定:"咸丰六年,奏准酌定张家口税则,回绒每匹征税五分,锦布每匹征税二分,回子布每匹征税七厘。"①同治十三年(1874),"各色梭布每筒税五分,各色少布每筒三分,大平布机布每布税贰分,中平机布每布税壹分肆厘,小平机布每布税玖厘,夏布斜纹布每布税柒厘"②。《蒙古及蒙古人》中记载:"一种叫做大布或粗布的中国麻布,每三十六匹征税一钱六分,亦即每包一钱六分,因为一包通常有三十六匹。"③

(2)茶税

在清朝乾隆、嘉庆、道光年间,中俄、汉蒙间茶叶贸易繁盛,张库商道上的驼队,经常是累百达千,首尾难望,驼铃之声数里可闻。张家口成为北方茶叶贸易集散中心,"茶市以张家口为枢纽,货物辐凑,商贾云集",秋春之间,运茶骆驼"以千数,一驼负四箱,运至恰克图,箱费银三两"。同治年间规定,"茶每箱计捌百包税贰钱,柳茶每箱计肆百包税壹钱,小青茶每篓陆拾勋、六安茶每运计贰篓、帽盒茶每运计伍篓、各税陆分,青茶每勋税一厘"。④

(3)铁器税

清初为了防止蒙古人私造武器,清廷严禁商人携带铁器进入蒙古地

---

①(清)刘锦藻撰:《清朝续文献通考》卷四十六《征考十八·杂征》,杭州:浙江古籍出版社,1988年,第48062页。
②道光《钦定户部则例》卷四十七《张家口税则》。
③[俄]阿·马·波兹德涅耶夫著,刘汉明等译:《蒙古及蒙古人》(第一卷),呼和浩特:内蒙古人民出版社,1989年,第706页。
④《钦定户部则例》卷四十七《食物税则》,同治十三年校刊。

区。乾隆时期，蒙汉两族交往密切，蒙古地区日益繁华，人们的生活用品均需用铁，所以清政府规定山西沿边杀虎口、张家口一带关隘可以将铁器运送出口。《钦定户部则例》记载："杀虎口、张家口商民携带铁器农具日用之物，准其出口。"①但是鸟枪、铁条、铁块等仍然禁止将带出关外。《清史稿》记载："乾隆二十八年，张家口出口铁器，照杀虎口例纳税。"②即每两合制钱1000文左右。因此，铁器税征收的时间是乾隆二十八年（1763）。《钦定户部则例》记载："除废铁、铁料仍行禁止外，如只系农器及民间日用器物，即行按则收税，将名色、件数注于票内，令该商持票赴口验明放出。到城后如有贩往他处售卖者，亦于出栅时按则收税，与油、酒、烟杂税同。"③

2.进口商品税收种

（1）牲畜税

马牛羊驼等牲畜是由张家口输入的主要进口商品。清政府规定："恰克图、库伦等地方，商贩牛羊驼马，令由张家口进关纳税。"④康熙二十五年（1686）规定："凡牲畜价值，每两抽税三分，其余货物，照部颁则例征税。"⑤雍正年间牲畜税则基本没有变化。乾隆年间，牲畜税则由按价值开始征收，改为按数量单位匹、头、只征收。乾隆四十一年（1776）时，"驼每只税五钱，马每匹税三钱，草牛每只税二钱，槽牛每只、骡每头各税一钱，菜驴每头五分，猪每口税三分，西羊每只税二分"。⑥同治十三年（1874）校刊《钦定户部则例》牲畜税则中记载："一骆驼每只五钱，骡、马每匹各三钱，牛每只税钱一分，驴每头税一钱，羊每只一分，猪分大猪每口税六分，中猪每口税三分。"⑦

（2）毛皮税

由俄、蒙输入的毛皮种类繁多，其中俄国输入的毛皮数最多，较贵重

---

①《钦定户部则例》卷四十一《关税·出口铁器》，同治十三年校刊本。
②《清史稿》卷一百二十五《食货六·征榷会计》，第687页。
③《钦定户部则例》卷四十一《关税·出口铁器》，同治十三年校刊本。
④光绪朝《清会典事例》卷二三九《户部·关税》。
⑤康熙朝《大清会典》卷三十四《户部十八·课程三·关税》，第1601页。
⑥光绪朝《清会典事例》卷二百三十九《户部八十八·关税·禁令一》，第57449页。
⑦《钦定户部则例》卷四十七《牲畜税则》，同治十三年校刊本。

者如海獭皮、獭皮、狐皮、狼皮、熊皮、不加勒斯多羔皮、阿斯脱剌罕羊皮、黑貂皮、白鼬皮、九角红、虫豹皮等。

有关各种皮毛征收的税银如下表：

表2 清代张家口关毛皮征收税银统计表

名称	征收银两
虎狼、貂皮（1张）	税银分、饭银厘
狼皮猞猁、猴皮（1张）	税银五分、饭银五厘
水獭皮（1张）	税银三分、饭银三厘
豹皮（1张）	税银三分、饭银三厘
银鼠皮（1张）	税银一分、饭银三毫
牛马皮（1张）	税银一分、饭银一厘
豸狐、鹿熊（1张）	税银一分、饭银一厘
前截皮（1张）	税银七厘、饭银七毫
土豹皮（1张）	税银六厘、饭银六毫
黄羊豸皮（1张）	税银三厘、饭银三毫
斜皮（1张）	税银三厘、饭银三毫
股子皮（1张）	税银三厘、饭银三毫
兔皮（1张）	税银二厘、饭银二毫
羊獭皮（1张）	银五厘、饭银五毫
野猫皮（1张）	税银六厘、饭银六毫
紫皮（1张）	税银一厘、饭银一毫
野狸猫皮（1张）	税银一厘、饭银三毫
骨种羊皮（1张）	税银一分、饭银一厘
狐狸皮（1张）	税银二分、饭银二厘
银针貂皮（1张）	税银三钱、饭银三分
黄老羊皮（1张）	税银二厘、饭银三毫
羊羔子皮（1张）	税银三厘、饭银三毫
狐肷背皮（1张）	税银五厘、饭银一厘
九角红、虫豹皮（1张）	税银一分、饭银一厘

说明：以上资料来源于《征例税务清册》。

（3）盐税

《清朝续文献通考》记载："直隶宣化府属十州县及张家口、独石口、多伦诺尔三厅向食蒙古青白二盐。青盐产于乌珠穆沁等处，白盐产于苏尼特等处,天然池产,实为蒙旗一大利源。"①在张家口多为青盐、白盐。清代杀虎口对蒙盐的征税税则,《清代北部边疆民族经济发展史》中记载:"乾隆元年,每百斤征3.75分,每驼120斤征银4.5分;乾隆五十七年,每百斤征5.71分,每石(700斤)征银四钱;咸丰八年,每百斤征八分。"②张家口基本上照杀虎口的税则征税。因此,光绪二十九年(1903),在张家口设官盐局,开始征收盐税。兹据张家口监督覆称:"蒙盐内有正税,照户部则例,口外盐税每石一两五钱,每年所收税银统归任满报部,并无一定,每盐一石征银四分,岁无定额,所征银两向俟一年期满随杂税解部,其数约四百两左右,额征落地税银一万六千余两盐税。"③

除以上来源外,还有其他的征税项目,主要分两类:

第一类粗杂货,主要包括针、线、梳子、烟袋、镜子、帽子等,每一驮收税银一两二钱;第二类为细杂货,包括丝绸及制成品,每一驮收税银二两四钱。

(二)税收分配及免税则例

1.税收的分配

(1)正额银

正额银又称正税、正项,或称原额,指政府规定各税关一年期内,必须征收税银数量的标准。按照清政府规定,正额银要全部按期解交户部。张家口关的正额银数详见下表:

表3　清代张家口关正额银数(1661—1840)　　　　单位:两

年代	顺治十八年	康熙二年	康熙十六年	康熙十七年	康熙二十四年	康熙四十一年	雍正元年	乾隆	嘉庆十年	道光二十年
正额	10000	6000	12000	12763	15000	16000	20000	20000	20000	60561

说明:以上资料主要来源于《钦定大清会典》。

从表中我们可以看出,张家口关的正额银逐渐增加,尤其到了道光年间正额银两高出以前的3倍多。

---

① (清)刘锦藻撰:《清朝续文献通考》卷四十《征榷考十二·盐法》。
② 卢明辉主编:《清代北部边疆民族经济发展史》,哈尔滨:黑龙江教育出版社,1994年。
③ (清)刘锦藻撰:《清朝续文献通考》卷四十《征榷考十二·盐法》。

(2)盈余银的分配与解交期限

盈余银的分配:盈余银是指各关征收税款超过正额的部分,仍属于中央政府的关税收入。根据中国第一历史档案馆《军机处录副奏折》的记载,乾隆十四年(1749),规定各关盈余额以雍正十三年(1735)所征收数目为定额(1539129两)。嘉庆四年(1799),重新核准各关盈余额,定张家口盈余四万五百六十一两。这些银两一部分交给察哈尔都统、居庸关大使和皂役、赏给都统,其余解交内务府,其中赏给都统的银两由皇帝直接掌握。乾隆四十二年至四十三年(1777—1778)张家口监督吏部郎中祥鼎奏折记载,当年张家口关共征收正额银二万八两四钱八分,照例解交户部外,共得盈余银三万三千二十一两二钱五分,内除给发察哈尔都统行粮银一百八十两,牛羊总管行粮银七百二十两,居庸关税务大使、皂役工食银四十八两五钱二分,心红纸张、部科饭银二千九百二十三两,武备院羊毛、解采卖价银运送车脚银二千两等,以上共用银六千四十四两五分五毫,剩余盈余银二万六千九百七十七两一钱九分一厘五毫,乾隆皇帝把所得余银赏和珅二万五十两,其余银一千九百七十七两赏给了祥鼎。① 此列中所列的盈余银的开支项目众多,有行粮银、工食银、心红纸张、部科饭银等,而大部分都上交内务府,由皇帝来支配。

此外,张家口关不征收火耗等杂税,故每年向户、工部官员、胥吏支付一些饭食银和笔墨、纸张等各种费用,也需在盈余银内动支。饭食银包括支付书役等在关从事收税、上解税款等工作人员的费用,还包括解部科,用于对税关进行考核、管理等经费。笔墨、纸张,也称心红纸张,"俱系按月支给该关官吏",实际就是税关的办公用品费。《关税成案辑要》中详细记载了张家口关盈余银的开支项目:

解部季报饭银(季度报表登记分类部司员饭食银)一百六十两;
解部考核饭银六十两;
解部领州饭银五十两;

---

①乾隆朝《奏报张家口税务益余比较事》,《军机处录副奏折》,中国第一历史档案馆藏,档号:03-0608-047。

解户科季报饭银九十六两;

季报并年终解送钱粮吏役盘费房租等银九十四两;

心红纸张银每月用银六两,共银七十二两;

署内薪水以及工食等项每日用银一两一钱六分三厘,一年共用银四百一十八两六钱八分(查按日支给);

各口书巡人役四十七名,每日给饭银四两七钱,一年给银一千六百九十二两(查按日支给);

解部税银每千两随解饭银十五两;

解部税银每千两给木匣口袋银四钱。①

解交期限:在监督关期结束以后,盈余银如数缴清。由于税关所在地与京城的距离远近不同,各关的解交期限是不一样的。张家口关限期为一个月。《钦定户部则例》中记载:"左翼、右翼、山海关、张家口、杀虎口等五处期满,奏缴盈余等款银两,自奉旨之日起勒限一月交清,倘逾限不交,由内务府参奏,参后勒限二十日,如再不完,奏请革职,送部监追。"②

2.免税则例

张家口关的免税情形大体有以下三种:

(1)特殊情况下牲畜免征税课。如:"康熙十三年正月至九月,清政府规定,京师需要用驼马,商人贩卖古驼马,进入张家口、杀虎口一律免征税课"③;"乾隆二十八年,军机大臣会同本部商议,外藩内蒙古王公台吉等来京所带的牲畜(驮马驼口食羊只)进入关口时,关役不得找借口征税"。④

(2)粮食等特殊物品免税。如:乾隆二年(1737)奏准"各关米谷税例","龙江、西新、山海、赣、杀虎口、张家口、闽海、江海、太平南新、庙湾、成都府等处,皆称向来并不征收米谷之税"⑤。光绪年间,"山海关、张家口、杀虎口、江海关、西新关、庙湾口、赣关、闽海关、太平关概不征米麦税,

---

①《关税成案辑要》卷八《各关经费·张家口》。
②《钦定户部则例》卷四十《关税三·解交盈余期限》。
③康熙朝《大清会典》卷三四《户部一八·课程三·关税》。
④《钦定大清会典则例》卷十八《关税》。
⑤《钦定户部则例》卷四十《关税三·来税分别免征》。

也不征船料"①。

(3)对民间日用之物及零星物品免征商税。如:"各关市肩挑背负及小船携带箕筐、扫帚、鞋袜、麦面、尺布、蔬果、食物经过关口及征收落地税银处所均免税"。②

(三)张家口税口分布

张家口税关与蒙古相连,在这里散布着众多的关口。据《钦定户部则例》和《清会典》记载,张家口在边口、通桥、居庸关征税,在东门、南门、马市、水门、古北口设巡役,征收关税。

1.边口

据《各关税务清册》中记载"边口"就是来远堡,即上堡,俗称"市圈",始建于明万历四十一年(1613),是明蒙的"互市之所"。清代遂成对蒙古各部和俄罗斯通商贸易之地。清初宣化府地方官王鹭为《马市图》作序,详细记载了这里明代马市的情景:"宣府来远堡贡市,拓中为城……城中有台,翼然朱衣危坐者二人,青方袍。左右侍者十许人。青袍坐别幄者四三人。环城睥睨,甲盾立者可百人。"俨然是政府贸易管理的情景。其台应是讲市台。"规方懦地,百货纷集,车、庐、马、驼、羊、旃毳、布缯、瓦罂之属,蹋鞠、跳丸、意钱、蒲傅之具必具。"③城堡内交易热闹非凡,来远堡的真正繁荣是清朝中期。

《万全县志》记载:"顺治二年,设防御二员,笔帖式二员,到康熙二十年,添设总管一员,防御六员,管理边境大小二门,驻来远堡。凡大境门入口进贡名札萨者、蒙古人等,注明人数、事由,加印交一道咨呈理藩院,照验查核,其出口京城人员,照验兵部印票勘合火,俱验放。附近的察哈尔蒙古人等进口,讯明登记档案,同时验放。"④"凡小境门出口入家商人及民商人等,驮载货物前往口外蒙古喀尔喀以及库伦俄罗斯贸易,皆照验理藩院原给印文。"⑤蒙古人进口交易"出入小境门者不禁,但不准出南门。

---

①《钦定户部则例》卷四十《关税三·来税分别免征》。
②《钦定户部则例》卷四十《关税三·来税分别免征》。
③(清)王鹭:《万全县志·艺文·马市图序》。
④(清)《万全县志·张家口驻防总管》。
⑤(清)《万全县志·张家口驻防总管》。

其欲进口者,仍由大境门挂号验放"①。

2. 通桥

据《各关税务清册》中记载的通桥就是下堡即张家口堡。《万全县志》记载:"张家口堡始筑明宣德四年,指挥张文筑,为与蒙古通商互市之要镇。"乾隆二十八年(1763)定通桥为收税的税口。

3. 居庸关

据《钦定大清会典》记载:"康熙二十四年居庸关额征银三千两,康熙四十一年题定,居庸关归并张家口,共征银一万六两,雍正三年居庸关额税三千两。"②可以看出居庸关在康熙二十四年(1685)前,就是收税的关口,但是到康熙四十一年(1702)居庸关归并张家口,不再是独立的关口,而由张家口监督负责过往税课的征收。据《朱批奏折》《户科题本》《军机处录副奏折》等资料记载,清廷发放给居庸关大使俸银、皂役等工食银的数目,从乾隆朝、嘉庆朝到光绪朝、宣统朝都是"四十八两五钱二分",一直未改变。

4. 古北口

古北口设立差巡的时间是乾隆二十八年(1763)四月,因为"出杀虎口前往归化城之茶布等项,竟有出古北口,载以牛车,由草地运往之人,恐将来张家口贸易商民未必不希图,侥幸潜由古北口行走,臣愚见不若将古北口设立税务,交张家口监督办理,一应出口,货物照张家口部颁则例征收,进口牛羊、马驼,已经在外纳税颁有印票者,令其进口,未纳税者照例征收,目具奏经部议古北口地方系属张家口差巡"。③

除了古北口外,张家口关设役巡查的税口还有东门、南门、马市、水门等四处税口。

---

①雍正朝《大清会典》卷五十二《户部·课程四·关税》。
②(清)《万全县志·张家口驻防总管》。
③乾隆朝《请古北口设认税务张家口监督办理事》,《军机处录副奏折》,档号:03-0591-091。

四、张家口税关的管理制度

(一)对管关官员的管理

管关官员就是指税务监督,清政府对户部各关监督选派的规定时有变更。

1.税官的派遣

顺治元年(1644),张家口差满官。顺治七年(1650),又设差"满司官一人、笔帖式一人"。① 顺治十三年(1656),张家口、杀虎口各差满洲官一员,汉军官一员,笔帖式一员,照例一年更差。康熙元年(1662),更定各关兼差满、汉官笔帖式各一,由六部咨送轮掣,停蒙古、汉军差,其张家口、杀虎口二口,专差满、蒙官。康熙二年(1663),各关"轮差六部官员"。三年,"两翼、张家口、杀虎口,仍差户部官员笔帖式"。② 康熙四年(1665),"命京城左右两翼、张家口、杀虎口四差,不必轮差六部官员,止将户部官轮差"。③ 康熙十三年(1674),张家口、杀虎口加添汉官一员。康熙二十三年(1684),张家口"停止差户部,照各关例,令各部院官员掣差"。④ 康熙三十年(1691),"左右两翼、张家口、杀虎口、古北口、潘桃口六处,不差满官"。⑤ 从以上资料中可以看出,张家口的监督基本上都是从满洲和蒙古官中挑选出来的,之所以这样选择,主要是因为"张家口、杀虎口、山海关等处,系口外地方,满洲、蒙古杂处,一切文移稿案,大半俱用清文(满文),未便兼用汉员"。从资料中可以看出,康熙二年(1663)以前不定差,二年以后开始专差户部官或部院官员轮差。雍正年间,基本上没有改变。乾隆时期增加步军统领衙门、宗人府轮差。

2.关期与任期

根据《户科题本》《军机处录副》《朱批奏折》等资料的记载,张家口税务监督的关期与任期基本上都是一年,但是二者有不同。

关期:清朝规定,凡各关征收正额盈余俱扣准一年自行奏报。所谓

---

①乾隆朝《工部则例》,营缮清吏,抽分。
②康熙朝《大清会典》卷三四《户部一八·课程三·关税》。
③《清圣祖实录》卷一四,康熙四年二月丁卯。
④康熙朝《大清会典》卷三四《户部一八·课程三·关税》。
⑤康熙朝《大清会典》卷五二《户部三〇·课程四·关税》。

"扣准一年"就是该关监督上任到任满的十二个月,这个时间在当时称关期。一年关期期满,监督将所征税银亲自到京奏明报解,不受更换监督等因素影响。清代张家口关的关期,在乾隆初年,并没有固定的日子,直到乾隆十一年(1746)后,才出现了两种固定日期:第一种是本年的某月初二起到第二年的某月初一止;第二种是本年的某月初八至第二年的某月二十五日止。但由于每四年有一闰月,所以征税关期的起始月与截止月并不固定。笔者所见最早的一件有关关期的奏折是张廷玉的《题为考核张家口监督赛尔登任内征收钱粮数目请旨事》,里面提到赛尔登任职自雍正十三年(1735)十月初一起至乾隆元年(1736)十一月三十日止,在任一年零一个月。

任期:即监督担任职务的期限,时间也是一年。一般一年关期中包含着前任监督下半任期与本任监督的上半任期。通过翻阅资料,笔者发现张家口监督任期为:上半任期为四个月零十五天,下半任期为七个月零十五天,合起来正好为一年。前任监督将其下半任期所征税银交本任监督,本任监督出结接征,扣至一年期满,汇总前任、本任征收数目加以奏报。以嘉庆朝张家口监督兆杰、兴科奏折为例来说明"皇帝派兆杰管理张家口等处税务,于嘉庆五年十二月十七日到任接前任监督绵仲,自嘉庆五年八月初二日起至十二月十六日止,计四个月零十五日,扣至嘉庆六年八月初一日止,前后接算共计一年。差满时经户部具题奉旨,这差仍着兆杰接管,俟扣满一年再行更换"。①"兆杰自嘉庆六年八月初二日起扣至本年十二月十六日止,接管一年扣满,照前任交代之数,将四个月零十五日钱粮银二万二千八百十三两零,交代新任监督,或悉归于本任扣足一年报销,每日所收零星税钱共一百四十七千八百两,他在署薪水等项动用"。②"圣恩派兴科管理张家口等处税务,于嘉庆十年十月十七日到任接前任监督瑞祥,自嘉庆十年闰六月初二起至十月十六日止,计四个月零十五日,扣至嘉庆十一年六月初一日止,前后接算共计一年,差满时经户部具题奉旨,这差仍着兆杰接管,俟扣满一年再行更换"。③"兴科自嘉庆十一年六

---

① 嘉庆朝《奏报张家口关税监余银数及应交何处请旨事》,档号:03-1767-031。
② 嘉庆朝《奏报张家口关税监余银数及应交何处请旨事》,档号:03-1767-031。
③ 嘉庆朝《奏报张家口关税一年期满征收益余银两事》,档号:03-1768-020。

月初二日起扣至本年十月十六日止,照前任交代之数,将四个月零十五日钱粮银二万二千八百十三两零,交代新任监督春惠,汇入一年钱粮数内报销,以昭书一至每日所收零星税钱共二百四千五百文,兴科在署薪水等项动用"。①

3.对管关官员家人胥吏的管理

清政府规定税关监督可以携带家人赴任,以便协助官员处理事务。书吏与家人的关系,我们可以这样理解,书吏是关署的派出代表,是具体的管理办事人员,家人是监督的派出代表,主要任务在于代替监督稽查各口税务。

各关金派家丁的数量虽然有相应规定,比如粤海关可带人,但是在实际操作过程中,其数额不可能整齐划一,而是多寡有别。康熙五十二年(1713)议准:"嗣后出差官携带家口赴任,与不酌量关口足用多带家人,及任满回京不照题定两月限内具呈考核,擅买田宅者,发觉之日,交与该部治罪。"②嘉庆年间,清政府对于家人胥吏勒索饭钱、扰民、隐漏等情况,严加惩罚。嘉庆五年(1800)规定:"京外各关税局除随时密访外,或别经告发,或被人指参,如再有讹索饭钱、扰累商旅等事,不独将所派之巡役家人等从重治,并将各关监督一体严办示惩。"③嘉庆十七年(1812),因在各口岸负责征税的家人书吏存在串通隐漏、以多报少的舞弊行为,清政府遂规定:"嗣后该监督各于所属拣员分派所司税口,监督同书役家人验货纳税,逐日登记报查,如书役家丁弊混,该员即详明监督惩办,倘该员等通舞弊,经该监督查出,据实参奏重惩。"④因此,我们可以看出清政府对于家人胥吏的勒索舞弊行为会进行严厉惩处。

4.未能按时缴税、未缴清欠税的惩罚

(1)监督未按时交纳税银的惩罚。清政府对于那些不能按时、按数缴纳税银的税官采用了让他们赔补的方法。乾隆朝主要实行的是以年为期限进行缴纳税款,并且前任税短,由后任缴纳。"征收关税,扣足一年为

---

①嘉庆朝《奏报张家口关税一年期满征收益余银两事》,档号:03-1768-020。
②康熙朝《清会典事例》卷二百三十九《户部·关税》,第816—817页。
③《嘉庆道光两朝上谕档》,转引自祁美琴《清代榷关制度研究》。
④《嘉庆道光两朝上谕档》,转引自祁美琴《清代榷关制度研究》。

满。其管至一年零数月者,将一年奏报。其零月归于下届,俟扣足一年汇奏",接任之员,"不得复将短少缘由,推诿前任",①"将前任短少,归于后任"计算。嘉庆时改为按月日计算,"各关征税,除张家口、杀虎口、山海关三处前后任各按在任月日覆计,本任短征银数,各赔各任毋庸通算"。②道光年间,依然按月、日的方法计算。

对于赔补的期限,也有明文规定。《钦定户部则例》记载:"京外各关短征税银数,在三百两以下定限半年,三百两以上定限一年,仍照承追例限办理外,其银数自一千两至五千两者予限二年,五千两以上至二万两者予限三年,二万两以上至五万两者予限六年,五万两以上至十万两者予限七年,十万两以上亦予限八年,完缴奏案以奉旨之日起,限咨案以到部之日起限。"③各管关之员不管是一任还是二任、三任,如果都有亏欠,则不允许接续扣算,一定要统计先后所亏银数多少,照例分年完缴。

(2)对监督欠税的惩罚。各监督如果在规定时间内没有缴清所欠的赔补税银,被发现后,要被立刻革职或者监追。《钦定户部则例》记载:"各关监督完缴关税赔项,均令依限完缴,概不准呈请扣体,限满不完即著革职、监追,如监追后,仍复不完,永远监追其子孙。代赔之项,亦令依限完纳,不完,照例监追,如系赤贫,力难完缴,由各该旗籍并应过任所查明,实无财产寄顿,取具银甘各结,方准据呈奏明,在于应得俸廉银内扣底清款。"④

欠交正额税官员的惩罚有罚俸、降级、革职。《钦定大清会典事例》记载:"关税欠不及半分者罚俸一年,半分至一分以上者降一级,二分以上者降二级,三分以上者降三级,四分以上者降四级,皆调用。五分以上者革职。"⑤欠盈余额官员的惩罚较正额银要轻。《钦定户部则例》记载:"如有短少,不及一分者免议,一分以上者罚俸一年,二分以上者罚俸二年,三分以上者降一级留任,四分以上者降一级调用,五分以上者降二级

---

①《清宣宗实录》卷三八,道光二年七月辛卯。
②《钦定户部则例》卷四十《各关短税著陪》。
③《钦定户部则例》卷四十《关税·赔缴关税例银》。
④《钦定户部则例》卷四十《关税·赔缴关税例银》。
⑤康熙朝《清会典事例》卷二三七《户部·关税》,第788页。

调用。"①

5.官员贪污、隐恂的有关惩罚

如果管关之员在任满时以多报少或者所欠的银数以少报多,经发觉后立刻革职治罪。"各关征收之员任满时,倘有以多报少或于亏缺之数以少报多,即与侵蚀仓库钱粮无异,著责成各该督抚于该监督任满时就近详加察访,如有此等情弊,立即严参革职,送部监追,照例治罪"。②

(二)税收程序以及漏税、绕越的罚例

1.纳税程序

(1)请领部票

雍正五年(1727),清政府为加强对商贸管理,指定张家口、独石口、古北口、杀虎口和归化城等处为出入蒙古的商贸孔道,由地方政府官员加强管理,给进出的商人颁发"部票",也称"信票"或者"龙票""红单"。红单有两联、三联:两联,一给商人,一上缴;三联,一给商人,一留本关,一上缴。部票注明该商姓名,货物数目,经商地点,起程日期,并勒限一年内回转;如欲转地贸易,必须报明该处衙门领取印票。

(2)持票赴口验明,按照则例纳税

纳税则例为户部所颁,规定纳税具体数目,并将其刊刻于木板之上,"刻银两数目,刻易知税单,令其从实填写,某商姓名、货物若干、应纳税银若干、亲身报官"。③并且设立存放税银的柜子,税银由商人亲自投入到柜中,避免官员舞弊。

(3)填写簿册

《关税成案辑要》中记载:"乾隆五年,本部酌议查各关收税册档,向有本司刊刻商填、循环、稽考等三簿事由印板……将各关部册由头各刷一张,通行各省督抚监督,嗣后照式刊刷,将一年需用册档本数,自行装订或籍于面页上钤盖关印,送到户部盖章后拿回使用。"④乾隆五十二年

---

①《钦定户部则例》卷四十《关税·亏缺正额盈余》。
②《钦定户部则例》卷四十《关税·赔缴关税例银》。
③《督理崇文门商税监法》。
④(清)佚名:《关税成案辑要》,请册限期。

(1787),政府确定各关取领簿册的时间。其中"张家口、杀虎口二口,归化城、山海关,于关期未满三月以前,佥差赴部印发"。① 簿册的具体使用过程为:

①亲填册式

《关税成案辑要》记载:"户部为请旨事贵州清吏司案呈:先经九卿会议疏称,粤闽地方遥远,所收税银交与布政司,取具实收,亲身带来缴部,将所送档册两次呈送等因,钦遵在案,据关送到底簿相应钤印,给发案呈到部,拟合就行。"②由此各关实行了亲填册式。

所谓亲填册式,就是凡商人输课数目令其亲行登填,按次月日,亲书于册,不假手于胥吏,毋得遗漏,代填仍同循环两季送部,以凭磨封颠至簿者。这样使收税者无法随意乱填乱征,这也是最基本的税收底簿了。

②循环簿册式

又称红单存根册或红单底簿,共计两份。一份给商人做收据之用,另外一份以商人亲填册式内容为依据,由关员将其重新按日逐项登填在循环簿册式上,内容、数目不得遗漏,留于官署,与底簿一起分两季送户部查核。查核后再由户部发给下一年所需簿册,这个过程不断循环,因此称为循环簿册。

③稽考簿册式

又称清册,是根据亲填册式、循环簿册式每日收过商税银两花名数目按照日期逐一整理登填的清册,共有三份,一份送往户部,以便查核,一份存关,一份监督自己收管。

在每届关期结束后,必须将所征税银解送到户部,同时必须将"三簿册"呈报户部审计。户部审计该关税务情况时,如发现"以多报少""包揽侵匿"关税的情况,则会同有关部门严加稽察。

三簿册制度在实际运行中,还存在不少问题。

第一,原来规定各关自备空白簿册,送部钤印,后来户部发现"各关具文到部,具称送部钤印"③,其实并不是自行预备,大多都在京装订完备送

---

① (清)佚名:《关税成案辑要》,请册限期。
② (清)佚名:《关税成案辑要》,请册限期。
③ (清)佚名:《关税成案辑要》,计开。

部。为了防止其中"有书吏暗中揽办需索,或差役借口影射开销",政府规定"将各关部册由头,各刷一张,通行各省督抚监督,嗣后照式刊刷,将一年需用册档本数,自行装订或籍于面页上钤盖关印,送到户部盖章后拿回使用"。① 送到部之日,即钤盖部印给发。

第二,各关领回册档后,发现有遗漏印信、缺少页数等情况。如"乾隆九年四月,本部酌议查各关请领收税册档,先经行令各关自行装订,盖关印签,差送部以便钤盖部印给发,今查各关呈请册档之后,竟有遗漏印信并簿内页数缺少,声明报部者,揆厥所由,皆因各关呈请册档,止将面上钤盖关印,并不将所钉册档内,骑缝钤印"②。这样就造成了重新文移往来,费时费力。因此,户部规定"送部册档,务将簿内骑缝,并面页上一并钤盖关印,注明页数、印数,以便本部查明钤印给发"。③

第三,各关出现征收册档有逾期的现象。如"乾隆十四年八月,户部查各关征收税银,册档例保预期,专差吏役,赴部请领,以备临期令商亲填"④。但是经户部查各关册档,竟发现"有将近接任征税之期,始行佥差赍送者"⑤,随后"该差领回,已逾该关征税之日",户部通知各管关督抚、监督,"务须酌量吏役往返程途,预期送部钤印,如有迟误,将职名送部查参"。⑥

利用三簿册考察的办法,只要执行得当,整个税收的奏报应是可靠的。但是这一制度,并不能真正有效地杜绝管关人员种种弊政。如雍正七年(1729),户部上奏:"闻各关另设私簿征收,惟于报部时,始将号簿按日填造,其意以水路船只往来多寡不齐,若据实填簿,则不能逐日有征收之数目,恐于驳查,是以设法勾派填造,如此则簿内全非实在数目,与商船过税串票毫不相符。且凡事据实则可以无弊,作伪则弊窦丛生。"⑦

---

① (清)佚名:《关税成案辑要》,计开。
② (清)佚名:《关税成案辑要》,请राक限期。
③ (清)佚名:《关税成案辑要》,计开。
④ (清)佚名:《关税成案辑要》,计开。
⑤ (清)佚名:《关税成案辑要》,计开。
⑥ (清)佚名:《关税成案辑要》,计开。
⑦ (清)佚名:《关税成案辑要》,卷十。

2.漏税、绕越罚例

对于商人漏税、逃税,清政府也有明确而严厉的惩罚措施。乾隆时期明文规定:"客商漏税,照律治罪,货物一半入官。若所漏之税为数无多,分别议罚,免其究治。"①还规定:"凡商贾到关,先取官置号单,备开货物,凭官吊引,照货起税,如到关不吊引者,同匿税法。"②同时还规定商人运货过关,"不许绕避别口水路,不得私走支河",否则地方官给以追究惩罚,"恰克图、库伦等处,商贩皮张及牛羊驼马,令多伦诺尔同知查诘明白,于票内注明,赴张家口照例纳税进关。不准绕越古北口,致滋透漏"。③乾隆二十六年(1761),热河道良卿奏请:"如在多伦诺尔等处报明纳税者,应照验票放行,毋庸重征。若未经纳税者则例征税,以杜私越、偷漏诸弊,其外藩蒙古王公台吉等来京,所带骆驮马、驼口、食羊只例应进口之项,亦应照旧放行,毋得令关役借端勒索滋扰,至应由张家口纳税货物,有远越出古北口漏税者,该监督原当严刑查拿,照例示罚。"④

五、张家口关设立的作用及影响

(一)增加了政府的财政收入

张家口关每年都要把大部分所收的税银交到户部,这些税银是国家收入,增加了清朝的财政收入。根据统计,在清代大部分的时间里,张家口关每年征收税银总额都在四五万两之多,嘉庆四年(1799)常关税收的赢余达40561两,在全国收税的29处关口中居第13位,张家口关对清政府财政收入的贡献是非常显著的。

(二)规范了商人的商业活动

张家口关在各个关口树立刊刻纳税条例,内容明确详细、一目了然,一方面使得商人纳税有了可供遵循的条例;另外一方面,严格按照条例内

---

①乾隆朝《钦定户部则例》卷五八《关税·禁令·商民漏税》。
②《钦定户部则例》卷四十《关税三·漏税罚例》。
③乾隆朝《钦定户部则例》卷五八《关税·禁令·绕道偷越》。
④《奏请古北口设众税务张家口监督办理事》,乾隆二十八年五月,《宫中档·朱批奏折》,档号:03-0591-091。

容征税,知道自己该交多少税银,这样就有效防止了官吏勒索商人,保护了商人的利益。此外,商人在纳税的过程中遵循纳税程序,在使用簿册的过程中,簿册由商人自己亲填,税银由商人自己投入柜中,这样就防止了家人、胥吏私藏商人上缴过税的税银。税关的设立,规定了商旅明确的行商路线和约束商人的一些管理条例等,这样有效制止了商人偷漏、绕越、无票、滋事等行为,这就使得商人有了行为上的依据。

张家口关很大程度上规范了商人的商业活动,同时又对管理商人的官员加以严格管理,这就为商业活动的开展创造了良好的环境。

(三)促进了汉蒙贸易、中俄贸易

明朝隆庆年间,张家口开为马市,成为与蒙古通商的主要城镇之一,张家口开始具有了与蒙古通商的经济功能。此时的商业活动是蒙汉民族间的贸易,交易的物品有限,仅仅限于满足蒙古民族日常生活用品所需和内地对马匹的需要。随着互市贸易的发展,万历四十一年(1613),明政府在张家口堡以北修建来远堡作为互市场所。大境门外"穹庐千帐,延绵数里,隐隐展展",前来贸易的蒙古人在大境门外聚集,张家口对蒙贸易的逐渐繁盛,吸引着众多的商人从事对蒙贸易。至清代,张家口作为旅蒙商重要贸易集散地,进而发展成为联结中国江南与内外蒙古地区以至俄罗斯的经济枢纽。清初,张家口只有10余家从事对蒙古贸易,经营牲畜、皮毛生意的商号,雍正时期增加到90余家,乾隆后期有190余家,到嘉庆二十五年(1820)达到230余家。张家口商号数量迅速增长,表明蒙汉之间的贸易往来大为增加。此外,张家口关在促进汉蒙贸易的同时,也促进了中俄贸易的发展。随着《尼布楚条约》和《恰克图条约》的签订,俄国获得了在华经商的特权,清政府准许俄罗斯商队途经库伦、张家口进入北京。与此同时,清政府支持的商队也以张家口、库伦为基地,前往俄罗斯的恰克图从事贸易活动。史料记载:"内地商民至恰克图贸易者,强半皆山西人,由张家口贩运烟、茶、绸缎、布、杂货前往,易换各色皮张等物。初时俗尚简朴,故多获利。嗣是百货云集,市肆喧闹,恰克图遂为漠北繁富之区。"①张家口遂成为山西商人通往库伦、恰克图进行贸易的枢纽,众多的

---

① (清)何秋涛:《朔方备乘》卷三十七《恰克图互市》,台北:文海出版社,1964年。

山西商人发迹于张家口，促进了这个草原门户城镇的繁荣。

结语

　　张家口地区地处边塞，地理位置独特，得天独厚的地理位置和四通八达的交通，为张家口地区的经济发展提供了条件。财政是国家经济发展的命脉，而关税作为张家口财政的重要组成部分，其地位仅次于其他税收，因此要研究一个地区乃至一个国家的经济状况，对于关税的研究不可或缺。前人对于张家口关的研究比较薄弱，笔者通过对张家口关系统深入的研究，以期能够为以后研究张家口关提供一定的帮助，让人们更加全面地了解张家口地区经济的发展历程，也在一定程度上弥补整个清代榷关研究的不足。

　　本文旨在通过对张家口关个案的研究，以阐述其在清朝经济方面的重要作用，根据大量的档案资料和历任监督的公文，总结出张家口的征税总额、盈余额等，并且通过一些具体的数字使张家口关的财政来源更加直观。

　　当然，论文还有许多需要作者进一步进行研究完善的地方，比如张家口关纳税程序的税额等，这将需要笔者更加深层次地挖掘史料以补充本篇论文的缺陷。

（内蒙古大学 2011 年硕士学位论文）

清代中俄恰克图至天津茶路的形成与影响

衣长春　吕晓青[①]

清代中俄陆路贸易，前后延续了二百余年，对两国的经济及政治产生了重大而深远的影响。十九世纪六十年代，清政府与俄国签订《中俄陆路通商章程》，随后，俄国获得自恰克图至天津沿线进行贸易的特权，在这一贸易线路的发展过程中，茶叶贸易逐渐占主要地位。中俄恰克图至天津茶路贸易的形成，对中国产生了巨大的消极影响。近年来，学术界对于清代恰克图及新疆地区中俄贸易的研究，取得了一定成果，但目前对于这一问题尚缺乏足够的关注。本文将对这一茶路的形成及影响进行讨论，力图展现俄国在华逐步攫取经济权益的过程，以期更深入地了解中俄关系问题。

一、恰克图至天津茶路的形成

早期的中俄陆路贸易对于清政府而言只是一种朝贡贸易，随着两国间政治、经济关系的发展，中俄陆路贸易开始形成了固定的交易地点——

[①]衣长春，男，历史学博士，河北大学历史学院副教授，硕士生导师，研究方向为清史；吕晓青，女，河北大学历史学院硕士研究生，研究方向为清史。本文为河北省教育厅重点项目"清代恰克图至天津中俄陆路贸易研究"（项目编号：SKZD2011401）的成果。

恰克图,直至十九世纪六十年代,中俄恰克图至天津这一陆路贸易路线形成。

1689年,中俄签订《尼布楚条约》,俄国获得了同中国贸易的权利。该条约规定:"两国今既永修和好,嗣后两国人民如持有准许往来路票者,应准其在两国境内往来贸易。"①随后清政府又于康熙三十二年(1693)规定俄国来华贸易人数不得超过二百名,时间是隔三年一次。清朝对俄国贸易的限制说明:对于清政府而言,中俄之间的贸易只是一种朝贡贸易。雍正五年(1727),中俄签署《恰克图条约》,两国开始在边境恰克图进行贸易。这一阶段,中俄贸易是在双方政府的控制下进行的,并以物物交换为主要形式。

最初,俄国主要向中国输入毛皮、布料、皮革、金属、牲口等商品,中国主要向俄国输出丝绸、棉纺织品,但随后茶叶很快成为中俄恰克图贸易中的主要商品,并在贸易中占统治地位。茶叶很早就已经传入俄国。最早接触茶叶的俄国人是在阿勒坦汗那里做客的哥萨克们,他们"喝到掺奶油的酸奶汁","其中有一种叶子,不知是什么东西","有些叶子还是红的,也不知道是什么东西",②后来茶叶被作为赠送沙皇的礼品送到了莫斯科。恰克图贸易兴起后,茶叶逐渐成为俄国不可或缺的物品。在十八世纪末的恰克图贸易中,茶叶的进口量迅速增加且种类丰富,"多种多样的中国茶叶在多民族的俄国军民中找到了销路,从事狩猎或者采矿业的西伯利亚人更喜欢黑色的茶砖,这种茶最适宜长期储存,而且最便宜,哈萨克人、吉尔吉斯人和卡尔梅克人则对绿茶有更多的需求,这种茶享有不放糖即可饮用的可口清凉饮料的名声。黑色的白毫茶,特别是它的高级品种,在全俄各地都有销路,茶渐渐成了每一个俄国家庭必备的饮料"。③如此一来,恰克图贸易在一定程度上成为了茶叶贸易。

十九世纪六十年代,俄国资本主义经济发展,迫切需要进一步打开国

---

① 王铁崖编:《中外旧约章汇编》(第一册),北京:生活·读书·新知三联书店,1957年,第4页。
② [俄]特鲁谢维奇:《俄中通使与通商关系(19世纪前)》,莫斯科,1882年,第9页。
③ [苏]米·约·斯拉德科夫斯基著,宿丰琳译,徐昌翰审校:《俄国各民族与中国贸易经济关系史(1917年以前)》,北京:社会科学文献出版社,2008年,第188页。

外市场。俄国利用清政府处于内忧外患的时机,通过武力和外交手段,先后攫取了大量与中方通商的权益。但由于俄国缺少出海口,其追求的主要目标仍是扩大对华陆路贸易。咸丰十一年(1861)三月,中俄双方交涉"俄商是否有权赴京师贸易"的问题,因 1858 年中俄《天津条约》第三条内有别国添设口岸,准俄国一律办理的内容,"现在天津已准英法等国通商,则俄商前往贸易,于事亦无增损"①,所以赴京贸易的争端以俄商改赴天津贸易而告终。至此,一条经恰克图、库伦、张家口、天津的中俄陆路贸易线路形成了。

中国茶叶输往俄国的贸易线路大体有三条:经恰克图陆路、经海路运达俄属远东地区转陆运以及经苏伊士运河运抵黑海港口敖德萨。而恰克图至天津线路的陆路茶叶输出在各条对俄茶叶输出的路线中是占统治地位的。经海路运达俄属远东地区转陆运这条路线,其优点在于"查自武昌抵黑龙江,水程约六千里,由黑龙江西上,记水程又约五六千里,然后登岸,更以车马船只,水陆分运各省镇乡,实为便捷"。②但它也存在缺点,即"砖茶俟装舱之后,无论多久,其质会因受潮而大为降低,一经发现,第一个不利因素则立可见之。蒙损之虞如此之大,乃至认为将汉口或福州之砖茶于上海转船,亦较经运天津更为得策。此处就砖茶所言者,亦稍稍适用于红茶;茶叶之鉴赏家犹称陆运俄国者其滋味,美于今日自汉口约 4 旬海运至伦敦者"。③ 经苏伊士运河达敖德萨的茶叶运输线路也同样存在茶叶因受潮而变质的问题。所以,尽管恰克图至天津陆路茶叶贸易中存在着运输时间长、运费高、交通运输受限制等问题,但与水运相比,陆运仍然占据优势,表 1 是对各线路出口俄国茶叶数量的统计。

---

①故宫博物院明清档案部编:《清代中俄关系档案史料选编》(第三编),北京:中华书局,1979 年,第 1153 页。
②姚贤镐编:《中国近代对外贸易史资料(1840—1895)》(第二册),北京:中华书局,1962 年,第 1284 页。
③吴弘明翻译:《津海关年报档案汇编(一八六五——八八八)》(上册),天津:天津社会科学院历史所/天津市档案馆,1993 年,第 182 页。

表 1 各线路华茶对俄输出统计 单位：担

年份	合计	敖德萨海路	经恰克图陆路	俄属远东地区
1868	13251		13251	
1869	111888		111888	
1870	83355		83355	
1871	317285	14880	100221	
1872	316996	35125	132907	
1873	373543	33204	148028	
1874	198445	32823	101717	3659
1875	403967	53099	197796	6053
1876	427547	38428	198563	7193
1877	347134	—	214229	4385
1878	336467	479	275400	5440
1879	516862	13648	400004	10964
1880	464961	41218	296869	19238
1881	508009	56257	294985	29472
1882	429096	79729	274600	32585
1883	439090	85418	290203	28857
1884	503728	88697	314605	45050
1885	596678	47969	345391	38955
1886	768857	90426	445148	63603
1887	782298	93467	444637	69272
1888	920610	132826	463325	79026
1889	595502	137486	360078	38300
1890	642193	174130	371052	40168
1891	690196	189026	379902	67480
1892	571477	117255	367708	50855
1893	737285	164029	446600	73115

续表

年份	合计	敖德萨海路	经恰克图陆路	俄属远东地区
1894	834165	169209	500561	87518

资料来源:《中国近代对外贸易史资料(1840—1895)》(第二册),第1283—1284页。

由表1可知,自十九世纪六十到九十年代,恰克图至天津商路一直是中国对俄国茶叶贸易的主要输出线路。尽管敖德萨和黑龙江(阿穆尔河)海路运茶线路的出现对天津转口恰克图的陆路茶叶运输造成了冲击,但并没有动摇这条线路的统治地位。经恰克图至天津商路贩运的茶叶,在达消费者手中时,其形成的特殊香味使人难以忘怀,故在与海运茶叶的竞争中能立于不败之地。此外,俄商贩运茶叶大多行销于蒙古市场,故选择从天津转口恰克图,以便乘机牟利。

二、恰克图至天津茶路的贸易状况

清初,恰克图互市后,中俄贸易主要是华商途经张库大道贩茶至恰克图。他们通过骆驼和牛车等交通工具从塞外重镇张家口出发,途径库伦,最终抵达恰克图,在这条素有"北方丝绸之路"之称的草原茶路上形成了有名的商帮。直至十九世纪六十年代之前,华商在中俄茶叶贸易中占据着主导地位。1861年,恰克图至天津茶路开辟后,经天津转口的茶叶贸易开始兴盛。

经天津转口恰克图的茶叶主要有红茶、绿茶、砖茶等品种。红茶多出于福建武夷山地区,绿茶以江西最为闻名,而砖茶多出于两湖地区。早期恰克图交易的茶叶以红茶和绿茶为主,多来自福建和江西地区。近代以来,汉口逐渐成为中俄茶叶贸易的重镇,两湖茶叶开始受到俄国市场的欢迎。由于太平天国运动的爆发,福建茶叶价格提高了50%,而且路途通行不便,于是山西商人在运往恰克图的茶叶箱里先装上一半的湖南、湖北茶,再装上福建茶,然后再把这些茶叶当作纯粹的福建茶卖给俄国人。但令人意外的是这种混合茶叶的销路非常好,个别华商发现后便开始公开输入,最终两湖茶叶在俄国市场赢得了青睐。此外,同治后,俄商开始在

汉口一代加工砖茶,并很快超过了红茶而成为恰克图至天津茶路的主要输出品种。具体内容见表2:

表2　1866年到1868年经由天津运往恰克图的各种茶叶的数量和价值表

茶叶品种	1866年 数量(砖)	价值(英镑)	1867年 数量(磅)	价值(英镑)	1868年 数量(磅)	价值(英镑)
砖茶	2399291	68380	8679501	226752	7083029	168222
红茶	1427321	94916	1114047	66146	1766756	83921
绿茶	—	—	—	—	5096	447
共计	3826612	163296	9793548	292898	8854880	252590

资料来源:《中国近代对外贸易史资料(1840—1895)》(第二册),第1303页。

从表2计算可知,在1866年,由天津运往恰克图的砖茶价值只占茶叶输出总价值的约42%,而到了1867年砖茶的输出价值便飙升到茶叶总输出额的77%,1868年这一数字也达到了67%。由此可知砖茶实为中俄贸易一大宗物品。

同治元年(1862),中俄签订《中俄陆路通商章程》后,俄商可以自行深入到中国南方茶叶产地收购茶叶。因为砖茶在蒙古及西伯利亚地区有着广泛的市场,故俄商也开始在茶叶产地设立砖茶厂,生产砖茶。这些砖茶厂主要分布在汉口、九江、福州等地。有关俄商在此期间设立砖茶厂的情况具体见表3:

表3　俄商在中国所设砖茶厂情况表

名称	设立年	所在地
顺风砖茶厂	1863	汉口
新泰砖茶厂	1866	汉口
福州俄商砖茶厂	1872	福州
阜昌砖茶厂	1874	汉口
九江新泰砖茶厂	1875	九江
九江顺风砖茶厂	1882	九江

资料来源:孙毓棠编《中国近代工业史资料》第一辑,第236—239页。

1863年,俄商在汉口附近建立了第一个砖茶厂,即顺风砖茶厂。最初雇佣工人以手工制造砖茶,至1866年俄商在汉口附近的崇阳、羊楼峒及羊楼司等产茶区共设有三个砖茶厂。1873年俄商将砖茶厂移至汉口,并使用先进的蒸汽机作为动力生产砖茶。进入七十年代,俄商先后在福州和九江两地设立了一些砖茶厂。如1875年前后,俄商在福州开设了五六个砖茶厂,一年后增至九个砖茶厂。但两地砖茶厂的规模都比较小,"只要汉口继续制造砖茶,那么这种买卖就不可能有巨大的发展,因为消费者非常喜欢那些用汉口茶叶做的砖茶,而且那些在这两处都有买卖的俄国公司,把他们在这里开设的企业,主要当作他们在汉口开设的企业的附属机构"。①

砖茶在蒙古及西伯利亚地区皆有市场。自中俄陆路通商开辟后其发展经历了大致三个阶段:1866年以前,砖茶贸易处于发展时期,经天津转口的砖茶数量大致在一万余担。1866年,清政府免除俄商出口茶叶的天津复进口半税,极大地促进了砖茶贸易的发展;1867年,经天津转口的砖茶数量猛增到了65096.26担。进入七十年代,俄商开始使用蒸汽作为动力生产茶叶,极大地提高了生产效率,从而使砖茶的出口不断攀升,到1897年达到了408000担。但随之也开始衰落。具体见表4:

表4 俄商经天津转运恰克图地区的砖茶状况

年份	数量(担)	年份	数量(担)
1863	12197.53	1877	145177
1864	12035.44	1878	190058
1865	12359.16	1879	269937
1866	17994.68	1880	219271
1867	65096.26	1887	271077
1868	53122	1888	340092
1869	72359	1889	274420.73
1870	62194	1897	408000

①姚贤镐编:《中国近代对外贸易史资料(1840—1895)》(第二册),第1319页。

续表

年份	数量(担)	年份	数量(担)
1871	83402	1898	372000
1872	94925	1899	335000
1873	100314	—	—

资料来源:《津海关年报档案汇编》(上册),第4、68、136、183、197、253页;(下册),第6、78、88页。

进入二十世纪初,随着西伯利亚铁路的竣工,恰克图至天津线路的茶叶贸易开始衰落,到光绪二十八年(1902)经天津转运的茶叶共值关平银四百二万七千八百二十八两,而在光绪二十五年(1899),此数字为九百九十六万四百二十六两。[①] 光绪二十九年(1903),经天津运赴俄国的茶叶,价值仅为一百九十三万两千一百二两。虽然这条茶路有所衰落,但是依然为俄商所垄断,并在一定程度上成为俄国对华扩张的工具。

三、恰克图至天津茶路的影响

恰克图至天津茶路的开辟,是在俄国资本主义经济发展,对华扩张的背景下产生的,在这条贸易线路的发展过程中,俄商逐渐垄断了砖茶贸易,并利用这条线路对中国进行经济掠夺和政治侵略,给中国造成了极大的消极影响。

(一) 俄商设立砖茶厂对华商造成了冲击

在1863年以前,华商在中俄砖茶贸易的生产及销售中占据主导地位。雍正年间,恰克图互市后,华商便从理藩院领取部票,贩茶至蒙古、恰克图贸易。因运输方便、需求广泛的特点,在蒙古地区"可用以充银钱,可用以偿债务"[②],故主要以砖茶贸易为主。1863年后,俄商开始设厂生产砖茶后,由华商主宰我国北方市场砖茶生产与销售的局面开始发生改变。

[①] 吴弘明翻译:《津海关年报档案汇编(一八六五——一八八八)》(上册),第114页。
[②] 《筹办夷务始末(同治朝)》卷之四十一,北京:故宫博物院抄本影印,民国十九年,第19页。

传统砖茶业的生产及运输业日益衰落。

俄商生产的砖茶之所以逐渐排挤了华商生产的砖茶,首先是因为所有俄商新建的砖茶厂,装有气压机及其他机械,使用的原料,不仅有茶末,还间杂一些茶叶。用机器生产的砖茶,坚固异常,且难于碎裂,充作货币时,流通能力大,因此在蒙古和西伯利亚地区极受欢迎。1861年,中国扬子江和北方各港开放为通商口岸。不久以后,海轮就开始安全而又迅速地把茶叶运到天津。俄商很快地利用这些时机,在汉口和天津开办企业,经营砖茶业务,并很快地占有了恰克图市场。

俄商贩运砖茶在税收上也有极大的优惠。根据1862年2月27日和3月11日的俄国《续增税则》,砖茶只交纳特别税——每担6钱。而华商如果使用外国轮船运茶,首先必须在装货港交纳6钱,除此之外,在天津到买卖城的各个内陆关卡上,都必须交纳一定的税款。如果使用帆船运茶,那么除了在装货港交纳关税外,还必须在天津交纳关税和厘金,而且还必须在东坝、南口和张家口交纳关税。在天津的常关,茶叶按其不同的质量交纳税款:头等茶叶每担3钱,二等每担2钱,三等每担1.5钱。即华商贩运砖茶,在天津的常关须交纳每担2钱的关税,因为砖茶被认为是属于二等茶叶。在上述的其他三个地方,也必须交纳同样数量的或几乎是同样数量的关税。①

可见,与华商相比,俄商占有资本雄厚、技术先进、优惠的通商条件等优势。同时俄商对于"陆路途程,故须熟习,所操语言,尤应娴谙,始免愤事"②。正是凭借上述条件,俄商在很短的时间内就将中国传统的砖茶制造业冲垮,并控制蒙古及西伯利亚地区的砖茶供应。"自从1866年以后,所有运来天津以便转往西伯利亚的砖茶,都是俄国人加工的,或是在他们的监督下加工的。"③

在这条茶路形成之初,华商在此线路的贸易中尚有一席之地,但随着俄国势力的扩张,俄商凭借着以上优势逐渐垄断了这一贸易路线,而这些优势一方面是俄国自身经济的发展为俄商提供了先进的技术,是中俄双

---

① 姚贤镐编:《中国近代对外贸易史资料(1840—1895)》(第二册),第1302页。
② 姚贤镐编:《中国近代对外贸易史资料(1840—1895)》(第二册),第1314页。
③ 姚贤镐编:《中国近代对外贸易史资料(1840—1895)》(第二册),第1300页。

方实力的不平等的体现;另一方面,俄国通过武力打开中国市场并凭借所获得的优惠排挤华商,对华商的利益造成了极大的损害,而这同时也是对中国经济利益的掠夺。

(二)俄商在蒙古地区非法倾销砖茶

砖茶在蒙古及西伯利亚除作为生活必需品外还兼有货币功能,在蒙古拥有广阔的市场。自中俄陆路通商后,俄商在汉口、福州、九江等地分别设立砖茶厂,并将大量砖茶由天津转运恰克图地区。1866年,清政府免去俄商运土货出口回国的天津复进口半税。也就是说俄商领取三联单运土货回国享受税收优惠的前提是在恰克图至天津线路不能销售该货物。那么俄商是否遵循了这一条约精神呢?津海关署税务司威廉·贝克、赫政分别在1865年和1870至1872年的天津贸易报告中称:"砖茶贸易咸由俄商经营;汉口之筐装砖茶取道上海而来,然后以骆驼经恰克图转运俄国,其中供蒙古销用者为多";①"茶叶由本埠以船只发运通州,后籍骆驼运往恰克图。抵达俄国之砖茶为数无几。茶叶大半销用于蒙古及西伯利亚,在彼处亦以茶叶作为交换媒介"。②

在中俄陆路通商的初期,砖茶这种特殊的商品便引起各方广泛的关注。这首先是因为俄商垄断这一贸易,其他外商无法染指。再者,这种商品在中国所属的蒙古地区,是最受欢迎的商品。于是,当俄商驼队载着质优价廉的砖茶穿过广阔蒙古地区时,津海关署税务司认为大量砖茶销售于该地区。抱有相同看法的还有被俄商逐渐挤出恰克图市场的华商。他们认为"天津之过境砖茶虽在津海关具保报运恰克图,但实际拟运且销于蒙古者至少十居其七,又称唯俄商所营砖茶贸易乃能有所获利"③。

光绪初年,天津海关税务司德璀琳开始在各关新闻纸上痛诋俄商近年存在借运茶赴恰为名,多在蒙古私售渔利的行为,并力请总税务司清查俄商历年于恰克图未销执照。俄商在蒙古地区非法倾销砖茶的问题引起广泛的关注。对于天津税务司提出的俄商在蒙古地区非法倾销砖茶问

---

①吴弘明翻译:《津海关年报档案汇编(一八六五——一八八八)》(上册),第4页。
②吴弘明翻译:《津海关年报档案汇编(一八六五——一八八八)》(上册),第135页。
③吴弘明翻译:《津海关年报档案汇编(一八六五——一八八八)》(上册),第183页。

题,俄商拒不承认。他们在寄给《北华捷报》编辑的一封信中认为,天津税务司德璀琳在1879年贸易报告中存在错误以及他对俄国商人所做出的不公正论断。其理由如下:①

其一,俄商认为德璀琳统计的经恰克图至天津的砖茶数量有误。按照德璀琳的统计方法,1877至1879年间,俄商凭执照通过天津的茶叶数量分别是145117、190058、269937担。但俄商认为德璀琳统计的三年数字中包含了中国商人经天津运往蒙古销售的茶叶,其数量分别为40676、47898、70980担。

其二,俄商认为他们出口的砖茶是用功夫红茶末制成的,而且是运往西伯利亚和土耳其斯坦的,这种砖茶丝毫没有运去蒙古。在蒙古饮用的完全是另外一种砖茶,也就是用较粗的绿茶和茶梗压制的。虽然俄国商人也制造这种砖茶,但数量很少。而且俄商把这种砖茶全部发往恰克图,然后再从恰克图发往西伯利亚等地。

俄商试图通过数字错误和品种差异两个方面,来证实德璀琳的观点是错误的。但这并不足以证明俄商在蒙古地区不存在倾销砖茶的行为。光绪七年(1881)三月,总税务司赫德对总理衙门有关档案核查后发现,"查光绪元、二、三年津海关所发之三联执照自津字九千二百一号起至津字一万二千八百三十八号止,除照章缴销外,尚有二百五十余件犹未缴销;其光绪四、五两年自津字一万二千八百三十九号起至津字一万六千九百一十一号止,除照章缴销外,尚有一千一百余件之多犹未缴销"②。按照赫德的统计,在光绪初五年内俄商违章未缴销执照达一千三百五十余件。根据《中俄陆路通商章程》,为防止俄商于蒙古非法贸易,特规定俄商申领三联执照运货回国时,须将运货执照于六个月内在恰克图缴销,以稽查俄商沿途是否存在违章贸易的行为。大量的三联执照未能按期缴销说明俄商的确存在于蒙古非法倾销砖茶的行为。因"每张(执照)所运茶箱数自数十箱至数百箱不等",故对华商于蒙古贸易造成巨大的损害。

造成俄商于蒙古非法倾销砖茶的原因是多方面的。《中俄陆路通商

① 姚贤镐编:《中国近代对外贸易史资料(1840—1895)》(第二册),第1310—1312页。
② 米镇波:《清代中俄恰克图边境贸易》,天津:南开大学出版社,2003年,第148页。

章程》中,俄商可于中俄边境百里内免税贸易,以及关于蒙古贸易的条款给俄商在蒙古非法进行贸易以可乘之机。同治八年(1869)《改订陆路通商章程》中,对蒙古贸易的限制更加放宽,这对俄商非法贸易更是起到了客观的刺激作用。清政府个别官员虽然试图用制定《蒙古税则》来规范俄商在蒙古地区非法倾销土货的行为,但遗憾的是曾纪泽在收回伊犁的谈判中彻底放开了中国蒙古及天山南北地区任由俄商贸易,这就造成了《中俄陆路通商章程》中虽然规定禁止俄商在蒙古地区倾销土货,但实际上清官员在管理时根本没有可操作性。

西伯利亚铁路贯穿后,恰克图至天津的陆路贸易衰落。然而仍有一部分砖茶经张家口运往恰克图。俄商舍弃便捷廉价的铁路而选择成本极高的恰克图陆路运输砖茶,是否也证明了这些砖茶的目的地其实就是中国的蒙古地区呢?据记载,光绪三十三年(1907),经天津运往恰克图地区的茶叶共计189724担,这些茶叶"自表面观之,经过蒙古运往俄国,然该茶叶抵张家口后究运何处,并无确实凭证,其中约有少数运抵西比利亚,然可悬揣必有多数即在中国境内销售矣"①。

虽然恰克图至天津茶路贸易随着西伯利亚铁路建成而有所衰落,但是却被俄商利用而成为在蒙古倾销砖茶的途径。同时,清政府又因通商章程的规定而丧失了对这一地区贸易的管理,以至于俄国在蒙古地区的影响逐渐超过了中国,这在一定程度上造成了中央与蒙古地区关系的松弛。

四、结语

在恰克图贸易时代,中俄之间尚属平等贸易,恰克图至天津陆路贸易形成后,中俄贸易便开始出现了不平等。这条线路的开辟是俄国对华贸易不断扩张与鸦片战争后中国主权逐渐沦丧的必然结果。十九世纪六十年代,随着俄国资本主义经济的迅速发展,进一步打开中国市场是俄国政府对华政策的重要内容。俄国凭借自己同中国的地理优势,积极发展对

---

① 吴弘明翻译:《津海关年报档案汇编(一八六五——一八八八)》(上册),第183—175页。

华的陆路贸易,并最大限度地占有中国北方市场。而通过两次鸦片战争加之太平天国运动的爆发,清政府的统治处于风雨飘摇之中。对于俄国陆路通商的要求,清政府虽极力采取限制、拖宕的政策,但终不能阻缓俄国扩大陆路通商的脚步。同治元年(1862)签订的《中俄陆路通商章程》经同治八年(1869)、光绪七年(1881)两次修订后,一直沿用到二十世纪初。根据这些章程,俄国在华形成了海口、边境、陆路贸易并存的格局,也完成了由点到线再到面的转变,即由恰克图一点,发展到由恰克图到天津、沿海通商口岸间等几条线,再到新疆、蒙古地区的全面开放。这种贸易格局的出现反映了自鸦片战争以来,中国通商主权的逐步丧失,它也使得中俄贸易性质的不平等性变得越发明显。

在通商章程签订之前,华商在中俄茶叶贸易中占据主导地位,章程签订后,俄商获取了很多通商优惠,并在中国内陆产茶区设立砖茶厂,因具备资本雄厚、技术先进、运输费用低廉等优势,逐步排挤华商,垄断了这一线路上的砖茶贸易,极大地损害了华商的利益。俄商砖茶厂的设立是其经济利益向中国内陆渗透的表现,而恰克图至天津贸易线路成为了俄商对华经济掠夺的工具。砖茶在蒙古拥有广泛的市场,不仅是生活必需品,而且具有货币的功能。俄商在排挤华商之后,控制了恰克图至天津线路上的砖茶贸易,并违反《陆路通商章程》规定,在蒙古地区从事非法的砖茶贸易。1881年,被迫放开西北市场后,清政府对恰克图至天津线路中俄商的非法贸易无法进行有效的监督。虽然,随着西伯利亚铁路的建成,这条线路的砖茶贸易开始衰落,但是并没有终止。这在很大程度上归因于俄商利用这一线路对蒙古地区肆意倾销砖茶,而俄商的这一举动导致蒙古地区同中国内陆的联系逐渐减弱,是对中国利益的极大损害。

(原载《农业考古》2013年第2期)

清代北部边疆榷关税收分配考察

——以杀虎口、张家口和归化城为中心

丰若非[①]

  清代榷关税收最终绝大部分要解送户部,一方面被用于兵饷、百官俸禄、养廉以及河工开支等方面,另一方面则主要用于对内务府与皇帝的贡献。因此,清代榷关税收的分配对于国家财政与皇室财政均有着特殊的作用和意义。在清代汉蒙民族贸易和中俄恰克图贸易发展过程中,以杀虎口、张家口和归化城为代表的北部边疆榷关逐渐成为进出口商品的"转运站"、重要的货物集散地以及著名旅蒙商商号的据点和商业依托城镇。虽然其年征关税的数额与沿海、沿江及运河沿线榷关存在一定差距,被称为所谓"小关",但其对于国家财政和皇室财政的意义却不能因此而被抹杀,原因就在于财政上取得的好处在一定程度上会支配着政策趋向。况且,杀虎口、张家口和归化城这3个清代户部榷关虽然同处我国北部边疆,但在税收分配方面却存在明显的差异性。总体来说,除了解送户部的正额部分之外,毗邻京畿的杀虎口与张家口的实存盈余银是清代内务府经费收入的直接利源,即表现为不受国家财政约束的"内帑";相比之下,

---

[①] 丰若非(1980—),女,山西大同人,中国社会科学院经济研究所博士后、山西大学晋商学研究所副教授。

作为蒙汉杂居商业城市的归化城,其实存盈余对于国家和地方财政的作用则强于其对于内帑之贡献。

何本方曾指出清代榷关与内务府在行政上本不相统属,在公事往来上也无必然联系,但清朝皇帝却十分瞩目于榷关,致使二者发生了紧密的关系,并由此而探究了内务府司员竭力垄断榷关差缺,榷关为皇室提供内帑的特殊关系。① 祁美琴通过榷关收入对于内务府经费来源的相关分析,再次说明了清代皇帝插手官差遣派,进而由内务府垄断官差的真正目的。② 台湾学者赖惠敏则特别指出清乾隆时期中俄贸易量上涨带来的榷关税收增加使皇室获益良多,同时再次验证了清朝皇帝借助内务府包衣扩展内帑范围的史实,而这最终导致贪污成为清朝衰败之主要原因。③ 本文将在充分借鉴以上研究成果的基础上,紧紧围绕清代北部边疆的杀虎口、张家口和归化城这3个榷关,对其实征关税之分配作出相关梳理,并以此从侧面对清代北部边疆商品流通的外部环境做出些许评价。

一、杀虎口实征关税之分配与用途

从中国第一历史档案馆所藏的宫中朱批奏折以及台北"故宫博物院"的军机处档案来看,杀虎口各任监督在其"任满回京奏报关期之实收正税与赍回之盈余银数"的奏折中,所呈现的内容基本一致,都涉及该关关税征收及具体分配情况。现举其一例:

从嘉庆十八年(1813)九月二十二日起至十九年(1814)八月二十一日,前后统计一年共征收过陆路货物正耗银45840.137两。其中,应解户部正额银16919.996两,内除照例支给巡皂工项钱132两,奉户部札付拨给管理杀虎口驿站主事图们泰马价银1039.5两,羊酒价银3.045两,其余银15745.451两解交户部查收。应解工部归化城落地木税银446两,解交工部查收。其一年共收火耗盈余银28474.141两,内除遵照向例抵补过

---

① 何本方:《清代的榷关与内务府》,载《故宫博物院院刊》1985年第2期。
② 祁美琴:《清代内务府》,沈阳:辽宁民族出版社,2009年,第127—169页。
③ 赖惠敏:《清乾隆朝的税关与皇室财政》,载《"中央研究院"近代史研究所集刊》2004年第46期。

大青山木税额银7200两，仍行解交工部查收。又照例支给当差巡人等饭食银2130两，并臣等署中用度以及部科饭银解交钱粮盘费等项照例共用银1343.357两。以上除解交并各项动用外，实剩盈余银两17800.784两，仍照例贮库俟。①

由此看来，杀虎口每年的应解项目除了固定的户部正税16919两、工部7200两、归化城落地木税460两之外，最终的盈余银还包括本关支销、京饷拨解、内务府特供以及对其他一些偶然事件支销等方面的分配。

（一）本关支销。该项主要集中于当差书役人等饭食钱、解送钱粮往返盘缠、前后任监督中一年用度等，以及咸丰年间开始增列的"支给驿站倒毙马价银"和"支给巡皂工食银"。本项开销一般从榷关的火耗和附加税中扣除，由于该税在加征前得到奏准，或是在开征之后得到朝廷的认可，作为榷关的办公费用，因此属于"合法的附加"②。乾隆初年，为招商纳课，将关税火耗限定为加一，并规定其与一切别立名色"俱行革除"，于是如"坐粮厅、山海关、杀虎口、临清关、东海关、浒墅关、淮安关、扬州关、西新关、九江关、赣关、闽海关、北新关、浙海关、太平关，俱随正征收加一火耗"③。这样各关"所需添平、饭食、养廉等项均于火耗银内支用，如有不敷，即于盈余银内填补"④。乾嘉年间，杀虎口监督会在其任满奏折中提到火耗盈余的部分流向，即每年在火耗盈余中照例支给当差书役人等饭食银2130两，并部科饭银解交钱粮往返盘费，以及署中一年用度等项共银1343两。⑤俟至道光年间，此类例行开销项目已不再列入奏折当中，而是仅对"照例支销各款外"的最终盈余银具体数目作出交代，并移交接任监督扣足一年另行题报。

（二）京饷的拨解。杀虎口奏折中有关用于兵饷的记载并不多见。从目前所掌握的资料来看，仅有同治二年（1863）七月十六日管理杀虎口

---

① 《杀虎口税务郎中恒桂奏报一年任满征收税银数目并将盈余银亲赍到京解交内务府折》，嘉庆二十年三月十九日，《军机处录副奏折》，中国第一历史档案馆藏，档号：03-1770-120。
② 许檀、经君健：《清代前期商税问题新探》，载《中国经济史研究》1990年第2期。
③ 光绪朝《大清会典》卷二十三《户部》，第198页。
④ 《关税成案辑要》卷十三，第1页。转引自吴建雍：《清前期榷关及其管理制度》，载《中国史研究》1984年第1期。
⑤ 台北"故宫博物院"：《军机处档案》，编号：025632、028460、040814、033918、031990等。

税务步军统领衙门郎中庆春在其"赍交盈余银两由"折中提到"自七月十六日起连闰扣至二年六月十五日止,一年共征收过税银 44377.12 两,除拨解过京饷银 15225 两,并照例支销各款外,实存库银 25726.35 两"。①

(三)内务府特供及监督赏银。清代榷关税收中的一部分被用来支撑皇室财政的运转,因而成为内务府财政收入中的一个重要组成部分。内务府从榷关税收中获得的款项主要有"转解"和"径解"两种。其中,"转解"即户部拨款,意味着此项"钱粮"纳入了国家正课,是国库的正常支出项目;"径解"即将"国课"变成不受国家财政约束的"内帑",意味着此项"钱粮"虽来源于榷关,却无需经过户部稽核。

清政府对张家口、山海关、杀虎口、崇文门、两翼等所谓"小关"的盈余银有直接处理权:"崇文门、左翼、右翼、山海关、张家口、杀虎口等六处监督期满,奏交盈余等款银两,勒限一个月交清,倘逾限不交,由内务府参奏后,勒限二十日,如再不完,奏请革职,送部监追。"②这种由皇帝直接处理部分盈余银的惯例一直延续到清末。

杀虎口监督每岁任满都要亲解税银,其中羡余银一项向来请旨交纳,一般均交由内务府,有时直接写明内务府下的广储司。若有不堪放牧或伤残齿老之驼马变价银两,则与赏银分开,令帐一起缴回。在所见档案之中,盈余银一般均会拨出部分数额赏给该任监督,但并非奏报后立即下旨。譬如,道光朝的同一道上谕中一并处理了 3 任监督赏银。另外,嘉庆朝上谕在开列前 3 任监督赏额后,末段已写明应交内务府与应赏文字,但皆未填数额。③ 资料显示,盈余的赏赐可能要等过一年或更久。其次,从盈余中赏给该任监督是积习有年,没有例外,所以可能先行誊写,俟旨意传下再行填入。唯一的特例是咸丰三年(1853),上谕申饬任满回京的和润,谓"向来税务盈余有赏给该监督若干两者,均系特旨酌赏,从无该监督自行随折声明之例",而和润在"折内附列上三届盈余清单,似有比较请旨给赏之意,殊属不合",故"所有盈余银两着毋庸赏给和润,仍着传旨申

---

① 台北"故宫博物院":《军机处档案》,编号:025632、028460、040814、033918、031990 等。
② 《清会典事例》卷二三八《户部八七·关税》,第 886 页。
③ 台北"故宫博物院":《军机处档案》,编号:048050。

饬"。① 和润的"比较单"或许操之过急,但回顾嘉庆朝在行赏文书中有赏额留白之例,和润之举似为行之有年之惯例,并非如咸丰传谕中所称,为罕见的特旨。

表1 杀虎口实存盈余解交内务府及监督受赏统计表② 单位:两

时间	实存盈余	盈余上交部门	受赏人	赏银	赏银在盈余中之比例(%)
乾隆二十二年(1757)	7092	内务府5500	常柱	1592	22
乾隆二十三年(1758)	7100	内务府5500	兴海	1600	23
乾隆二十四年(1759)	5128	内务府4000	瑚世泰	1128	22
乾隆二十八年(1763)	4624	内务府3000	恳特	1624	35
乾隆三十年(1765)	4981	内务府3000	伊星阿	1981	40
乾隆三十六年(1771)	6956	内务府4000	赋泰	2956	42
乾隆四十三年(1778)	8130	内务府4000	图桑阿	4130	51
乾隆四十四年(1779)	8233	内务府4000	苏愣额	4233	51
乾隆四十五年(1780)	8344	内务府4000	博庆	4344	52
乾隆五十二年(1787)	9983	内务府4000	祥林	5983	60
乾隆五十三年(1788)	10596	内务府4000	庆岱	6596	62
乾隆六十年(1795)	15357	内务府10000		5357	35
嘉庆元年(1796)	15600	内务府11000	和德	4600	29
嘉庆三年(1798)	15940	内务府14000	雅尔通额	1940	12
嘉庆四年(1799)	16167	内务府15000	诚存	1167	7
嘉庆五年(1800)	16300	内务府15000	德庆	1300	8
嘉庆六年(1801)	17015	内务府15500	伊昌阿	1515	9
嘉庆七年(1802)	17028	内务府15500	常存	1528	9
嘉庆八年(1803)	17081	内务府15500	哈布得	1581	9

---

① 台北"故宫博物院":《军机处档案》,编号:085143、406015180。
② 该表数据依据中国第一历史档案馆藏《宫中档朱批奏折·财政类·关税》《军机处录副奏折》及台北"故宫博物院"《军机处档案》整理而得。

续表

时间	实存盈余	盈余上交部门	受赏人	赏银	赏银在盈余中之比例(%)
嘉庆九年(1804)	17113	内务府15600	常豫	1513	9
嘉庆十年(1805)	17176	内务府15600	富信	1576	9
嘉庆十一年(1806)	17274	内务府15700	绪庄	1574	9
嘉庆十二年(1807)	17291	内务府15700	达林	1591	9
嘉庆十三年(1808)	17363	内务府15700	双德	1663	10
嘉庆十四年(1809)	17426	内务府15800	德泰	1626	9
嘉庆十五年(1810)	17460	内务府15800	达林	1660	10
嘉庆十六年(1811)	17622	内务府15800	龄住	1822	10
嘉庆十七年(1812)	17712	内务府15900	春喜	1812	10
嘉庆十八年(1813)	17732	内务府16000	那木萨尔扎布	1732	10
嘉庆十九年(1814)	17760	内务府16000	恒安	1760	10
嘉庆二十年(1815)	17800	内务府16000	恒桂	1800	10
嘉庆二十一年(1816)	17817	内务府16000	宽宁	1817	10
嘉庆二十二年(1817)	17828	内务府16000	福宁	1828	10
嘉庆二十三年(1818)	17847	内务府16000	琦昂	1847	10
嘉庆二十四年(1819)	17863	内务府16000	福克旌额	1863	10
嘉庆二十五年(1820)	17872	内务府16000	祥镄	1872	10
道光元年(1821)	17886	内务府16000	成刚	1886	11
道光二年(1822)	17904	内务府16500	萨迎阿	1404	8
道光三年(1823)	17915	内务府17000	文连	915	5
道光四年(1824)	17927	内务府17000	达林	927	5
道光五年(1825)	17941	内务府17200	恩龄	741	4
道光六年(1826)	17956	内务府17300	文祥	656	4
道光七年(1827)	17963	内务府17400	祥康	563	3
道光八年(1828)	17992	内务府17500	呈麟	492	3

续表

时间	实存盈余	盈余上交部门	受赏人	赏银	赏银在盈余中之比例(%)
道光九年(1829)	18002	内务府 17500	文祥	502	3
道光十年(1830)	18014	内务府 17500	庆琛	514	3
道光十一年(1831)	18030	内务府 17600	富尔崇阿	430	2
道光十二年(1832)	18038	内务府 17600	裕康	438	2
道光十三年(1833)	18062	内务府 17600	祥麟	462	3
道光十四年(1834)	18070	内务府 17600	清平	470	3
道光十六年(1836)	18131	内务府 17800	积善	331	2
道光十八年(1838)	18648	内务府 18300	景瑞	348	2
道光二十年(1840)	18668	内务府 18300	怀塔哈	268	1
道光二十一年(1841)	18676	内务府 18500	保极	176	1
道光二十二年(1842)	18683	内务府 18500	崇伦	183	1
道光二十三年(1843)	18684	内务府 18500	裕起	184	1
道光二十五年(1845)	18696	内务府 18500	宝麟	196	1
道光二十六年(1846)	18711	内务府 18500	德克精阿	211	1
道光二十七年(1847)	18715	内务府 18500	嘉善	215	1
道光二十八年(1848)	18717	内务府 18500	吉廉	217	1
道光二十九年(1849)	18713	广储司 18600	景绂	113	1
道光三十年(1850)	18725	广储司 18500	承龄	225	1
咸丰元年(1851)	18722	广储司 18500	文秀	222	1
咸丰二年(1852)	18734	广储司 18500	保衡	234	1
咸丰七年(1857)	9814	广储司 9700	松龄	114	1
咸丰八年(1858)	16294	广储司 16100	书麟	194	1
咸丰九年(1859)	16598	广储司 16400	全陞	198	1
咸丰十年(1860)	16809	广储司 16600	文衡	209	1

首先,从表1中杀虎口实存盈余上交的情况来看,其向内务府或广储司解交的税银基本呈现稳步上升的趋势,较为特殊的点在于乾隆年间和咸丰年间。如乾隆二十四年(1759)、乾隆二十八年(1763)和乾隆三十年(1765)向内务府解交的税银额就构成了乾隆年间该项税银的低谷;而咸丰七年(1857)的该项税银额也构成了咸丰年间的一个最低点。

其次,就各任监督的赏银与实存盈余银而言,乾隆朝的盈余银几乎是最少的,但此时的赏银却最为丰厚。以乾隆五十二年(1787)为例,该年盈余银为9983两,内务府抽出4000两,监督祥林则受赏其余5983两;乾隆五十三年(1788),监督庆岱差满赍回盈余10596两,内务府仍抽出4000两,其余6596两也全部赏给了庆岱。显而易见,赏银几乎占据了实存盈余银的6成以上。

值得关注的是,虽然嘉庆朝的实存盈余银较乾隆朝大约翻了一番,但由于向内务府解交的税银也有大幅提高,因此导致该朝给予监督的赏银相反出现明显下降。即仅有嘉庆元年(1796)的监督赏银占到实存盈余的29%,其余24年的这个比例平均值达到10%,内务府与监督所形成的抽赏比例剧变为9∶1。在嘉庆十八年(1813)盈余为17732两的前提下,监督那木萨尔札布仅得到1732两的赏银,而嘉庆十九年(1814)和嘉庆二十年(1815)的监督恒安与恒桂也分别只拿到了与此相当的赏银。不过,比上不足,比下有余,如此的赏银还算"差强人意"。因为,嘉庆朝之后的道光前期,每年的盈余银有增无减,但赏银却进一步萎缩。

从道光二年(1822)开始,杀虎口的监督赏银在盈余中的比例再次下滑到10%以下。道光十一年(1831)至十三年(1833)各任监督的赏银占全部盈余银的比例仅为2%、2%和3%,足见其赏银的微薄。此后几年更是每况愈下,从道光二十年(1840)开始直至咸丰十年(1860),该关的监督赏银全部在当年实存盈余银的1%左右徘徊。

总体看来,虽然监督所得赏银的数额随着盈余银的递增而出现了递减的趋势,但这部分赏银毕竟能够起到提高监督工作积极性的作用。尤其是在乾隆时期,监督可以拿到平均6200余两的赏银,足以证明管关监督一职在当时的确是一种肥缺。当然,监督一职的性质也需要辩证地看待。由于税收以日计,关期内之税收有其定数,但往往因水患、亢旱或荒歉等以致牲畜不蕃,或盗匪窜扰,道路不通,导致商贾往来稀少而税收短征①,必须由该监督具奏陈明缘由,请求宽免。有些议令"全数着赔",有些责成减免上缴成数,但限期缴回,即使该监督他调后仍需逐年赔补,即"各赔各任",以至"光绪十一年间,更换杀虎口监督报送各员,大半临期不到,视为畏途"②。因此,杀虎口历届监督所得赏银也可以反映出该关的盛衰始末。

（四）非例行性开销。非例行性开销特指榷关针对一些偶然的历史事件而临时产生的开销。如光绪二十六年(1900),因"慈舆西幸,沿途需饷甚亟",杀虎口受命解户部的大同行在15748两,之后军机处又以筹买军粮、雇驼船脚为由,命杀虎口、张家口及归绥道三处榷关就近拨发10000两运脚银,但归绥道汇报称已"无款可筹",杀虎口遂将应解工部及归化城木税共7646两尽数提前拨解归绥道库以备军粮脚价争需。③ 该奏折内未提张家口如何因应,但仅此亦可说明当时的杀虎口关税收入应比同为榷关的归绥道稳定。

事实上,清朝前期各榷关的正额部分是中央财政所确保的部分,虽然有些榷关的正额或盈余也有用于兵饷等支出,但与税收总额相比,并不占据主体部分,尤其是盈余银两在顺治、康熙、雍正年间基本上不存在专项使用的情况,说明其在使用上是灵活的。虽然正额与盈余银的区别在清中期之后已并不存在,但是由于关税收入大部分解送户部,这就为政府灵活、机动使用关税提供了可能,而关税经常被用于临时、紧急的需要也证明了这一点。因此,关税在一定意义上"可以说带有预备费用的性质"④。因此,这些非例行性开销也印证了关税的"预备费用"性质。

当然,非例行性开销也包含了部分监督给予内务府的不定期"贡献",也是各关监督自愿孝敬的部分。自道光年间开始出现上缴之盈余还包括了当任监督捐出"节省三季捐贴解费银三百八十四两"⑤。如道光二

---

①台北"故宫博物院":《军机处档案》,编号:010278。
②台北"故宫博物院":《军机处档案》,编号:139761。
③台北"故宫博物院":《军机处档案》,编号:408008084。
④［日］香坂昌纪:《论清朝嘉庆年间的国家财政与关税收入》,赵中男译,薛虹校,载《社会科学辑刊》1993年第3期。
⑤台北"故宫博物院":《军机处档案》,编号:097568。

十五年(1845)九月二十五日杀虎口监督内务府郎中宝麟指出"谨将盈余银 18312.451 两,并本年节省三季捐贴解费银 384 两归入盈余项下交纳,共银 18696.451 两"。①此外,道光二十六年(1846)八月二十六日杀虎口监督嘉善在其差满回京奏报的奏折中提到:"谨将征存盈余银 18331.496 两,并节省三季捐贴解费银 384 两,归入盈余项下,交纳共银 18715.496 两,现已亲赍到京。"②由此可见,该部分开销事实上也应属于变相的内务府特供范畴。

二、张家口实征关税之分配与用途

由上述分析可以得知,杀虎口的实征关税在解交户、工二部之后,主要集中于当差书役人等饭食钱、解送钱粮往返盘缠、前后任监督中一年用度等项目。在扣除这些例行开销项目之后,得到的实存盈余银则进一步解交内务府以及赏给监督或用于其他方面的开销。那么,张家口实征关税的具体分配与杀虎口存在哪些差异?

(一)例行开支。张家口的例行开支明显要比杀虎口的更为复杂一些。以嘉庆五年(1800)八月初十日张家口监督绵仲的奏折为例:"一年共征收正额银 20009.75 两,共得盈余银 40605.35 两,遵照户部原奏将正额银并盈余项内动支银 2000 两,共银 22009.75 两,业经移交察哈尔都统衙门存贮,以备嘉庆六年(1801)分张家口塞尔乌苏台站官兵俸饷等项之用。又于盈余项内,照例给发过察哈尔都统十二个月行粮银 180 两;居庸关税大使俸薪,并皂役等工食银 48.52 两;运送工部武备院牛马皮张车脚银 143.328 两;衙门书吏巡役工食心红纸张,并户部户科考核季报饭食银 2597.365 两;办交武备院羊毛九万觔,采买价银及挑选工价运送车脚共用银 4500 两以上,各项共用过银 7469.213 两,实存盈余银 31136.137 两。"③由此可见,张家口的例行开支包括了以下六项内容:

---

① 台北"故宫博物院":《军机处档案》,编号:075620。
② 台北"故宫博物院":《军机处档案》,编号:097568。
③《张家口监督绵仲奏报张家口收支税银并驼马等项变价银两数目折》,嘉庆五年八月初十日,《宫中档朱批奏折》,中国第一历史档案馆藏,档号:04-01-35-0360-016。

第一,张家口塞尔乌苏台站官兵俸饷 22009 两,占到盈余项内的 54%。显而易见,该关较大比例的实征关税最终被用于兵饷,这也是张家口不同于杀虎口的一个显著特点。

第二,察哈尔都统 12 个月行粮银 180 两。

第三,居庸关税大使俸薪①,及皂役等工食银 48 两。

第四,运送工部武备院牛马皮张车脚银 143 两。

第五,衙门书吏巡役工食心红纸张,以及户部户科考核季报饭食银 2597 两。

第六,办交武备院羊毛 90000 觔,采买价银及挑选工价运送车脚共用银 4500 两以上。

在以上六项开销之中,第一项开支以正额银为主体,仅动支部分盈余银,其他五项则全部从盈余项内拨出。在完成这些开支后,所剩的盈余项才直解内务府。

(二)内务府特供及监督赏银。从奏折的具体内容来看,杀虎口与张家口监督所强调的重点完全一致,即杀虎口历任监督在"差满回京赍交盈余银"的奏折末尾,请示所赍回之盈余银两应如何处理——"伏祈训示,解交何处";而张家口的历任监督则在其折末提到实存盈余"任满回京应解交何处另行具"。乾隆十四年(1749),张家口监督关住得羡余银 17000 余两,请旨解交何处。乾隆皇帝朱批:"此项银两上次如何办理,解缴何处,俱未开明呈览,所奏甚不明晰,传谕三和,令其查明上次办理收缴之处。"②三和为内务府大臣,说明此项税银的处理与户部无关,而是直接解缴内务府大臣办理。

依据笔者目前所掌握的资料,表 2 显示的有关张家口实存盈余具体分配的数据仅集中于乾嘉年间,从中仍然可以总结出一些结论。首先,张家口在乾嘉年间上交内务府的税银基本处于不断上升的状态。唯一较为明显的下降点位于乾隆二十八年(1763)至二十九年(1764)之间,即乾隆二十八年最终解交内务府的税银由乾隆二十六年(1761)的 17000 两骤然

---

①康熙四十一年"居庸关归并张家口",参见雍正朝《大清会典》卷五二《户部三〇·课程四·关税》。

②《乾隆朝上谕档》(二),第 397—398 页。

下降到9000两,而乾隆二十九年则继续下降到5500两,其降幅分别达到47%和68%。事实上,出于多种复杂的原因,中俄恰克图贸易于1762—1768年之间出现了闭关罢市,作为中俄恰克图贸易主要集散地的张家口,其贸易量必定会受到强烈的冲击,关税下降也就成为势在必然。与之对应,嘉庆年间解交内务府的实存盈余能够始终保持在40000两左右,表明嘉庆年间张家口贸易流通的繁荣稳定。

表2 张家口实存盈余解交内务府及监督受赏统计表① 单位:两

时间	解交	受赏人	监督赏银	抽赏比例
乾隆十二年(1747)	内务府海望16000	沙敬阿	3396	5:1
乾隆二十三年(1758)	内务府三和20000	旌额	2471	7:1
乾隆二十四年(1759)	内务府三和19000	博藏	1229	15:1
乾隆二十五年(1760)	内务府三和20000	多善	2158	9:1
乾隆二十六年(1761)	内务府三和17000	丁松	356	47:1
乾隆二十八年(1763)	内务府三和9000	七十一	1018	9:1
乾隆二十九年(1764)	内务府三和5500	公义	1320	4:1
乾隆三十五年(1770)	内务府三和17000	观文	1686	10:1
乾隆三十七年(1772)	内务府三和17000	穆精阿	2120	8:1
乾隆三十八年(1773)	内务府刘浩17000	五壮	2561	7:1
乾隆三十九年(1774)	内务府刘浩24000	四达塞	2058	12:1
乾隆四十年(1775)	内务府刘浩24000	多隆武	1009	24:1
嘉庆元年(1796)	内务府和珅27000	福参泰	1589	17:1
嘉庆二年(1797)	内务府和珅30000	广敏	1607	19:1
嘉庆三年(1798)	内务府和珅30000	多隆阿	1881	16:1
嘉庆四年(1799)	圆明园28700	哲克僧额	429	67:1
嘉庆五年(1800)	圆明园43400	绵仲	743	58:1
嘉庆六年(1801)	圆明园40300	兆杰	368	110:1

① 该表数据依据中国第一历史档案馆藏《宫中档朱批奏折·财政类·关税》《军机处录副奏折》整理而得。

续表

时间	解交	受赏人	监督赏银	抽赏比例
嘉庆七年(1802)	圆明园 39450	成熙	229	172∶1
嘉庆八年(1803)	圆明园 41300	惠湘	394	105∶1
嘉庆九年(1804)	圆明园 39700	哲克僧额	307	129∶1
嘉庆十年(1805)	圆明园 41500	瑞祥	207	200∶1
嘉庆十一年(1806)	圆明园 42300	兴科	435	97∶1
嘉庆十二年(1807)	圆明园 40300	春惠	442	91∶1
嘉庆十三年(1808)	圆明园 41500	福森泰	229	181∶1
嘉庆十四年(1809)	圆明园 41768	富尔瑚讷	—	—
嘉庆十五年(1810)	圆明园 41500	富尔瑚讷	268	155∶1
嘉庆十六年(1811)	圆明园 72600	富纶	252	288∶1
嘉庆十七年(1812)	圆明园 40900	瑞麟	373	110∶1
嘉庆十九年(1814)	圆明园 41000	德启	329	125∶1

其次,从监督赏银来看,张家口与杀虎口呈现了相同的波动趋势。即乾隆年间虽然实存盈余的数量较少,但监督赏银的数量却最为可观,平均达到约 1800 两。然而,从嘉庆四年(1799)开始,张家口的监督赏银未能超过 500 两,且其与解交内务府的盈余银之间形成了异常悬殊的抽赏比例。由此可见,张家口与杀虎口一样,都是内务府特供的重要来源,因此在这些榷关的实存盈余逐渐上升的情况下,内帑对其的占有欲也越来越强烈。

如前所述,张家口还为内务府武备院收购羊毛,雍正年间,此项解送羊毛马匹费银 2000 两①,俟至嘉庆年间,该项费银已达 4500 两②。除此之外,张家口还为内务府变卖皮张,价银解交内务府广储司。乾隆二十一

---

① 中国第一历史档案馆编:《雍正朝汉文朱批奏折汇编》(十),南京:江苏古籍出版社,1991年,第 832 页。
② 《张家口监督绵仲"奏报张家口收支税银并驼马等项变价银两数目折》,嘉庆五年八月初十日,《宫中档朱批奏折》,中国第一历史档案馆藏,档号:04-01-35-0360-016。

年(1756)共变卖马驼皮32069张,共变价银1203两有奇。据时任张家口监督高恒称:"据照时价,与上年卖价相符,应请照例解交广储司银库。"①至嘉庆四年(1799),该项变价银已达5896两有奇②。这些资料都说明张家口的此项贡献也并非偶然为之。

三、归化城实征关税之分配与用途

谈到归化城实征关税的分配,由于该关从乾隆二十六年设关以来,实征关税基本处于不断上涨的趋势之中,因此其具体分配也呈现出同样的发展特点。也就是说,清末时期该关税收无论在分配的项目还是数额方面,都较乾隆年间有了较大扩展和提高。

(一)乾隆时期。以乾隆三十六年(1771)五月初二日山西巡抚鄂宝奏报归化城征收税银数目事"折为例,折中提到:"自乾隆三十五年四月十三日至三十六年三月十二日止,共征落地杂税16750.51两,较上年桂林征银16548.79两,多征201.72两,除正额15000两,该盈余银1750.51两,内除支销税局房租并心红纸张书役饭食等项银1236两外,净存盈余514.51两,正额盈余共银15514两。又征收牲畜税钱9138720文,较上年桂林9137610文计多收钱1110文,除正额钱9000串,该盈余钱138720文,内除支销经费钱104400文,净存盈余钱34320文,共易银9161.54两。又油酒铺面征收课银175两,以上三项共实存银24851.5两。"③

由此可见,自乾隆年间归化城设关,并以乾隆三十四年(1769)收数为准,于乾隆三十五年(1770)规定了正额盈余之后④,于每年征收之杂税项下支给书役饭食、心红纸张、房租等银,并于牲畜税钱项下支给饭食、房租等项钱。从上面奏折中的内容来看,除正额外,该关在杂税项下的本

---

① 《宫中档乾隆朝奏折》(十六),第146—147页。
② 《张家口监督绵仲奏报张家口收支税银并驼马等项变价银两数目折》,嘉庆五年八月初十日,《宫中档朱批奏折》,中国第一历史档案馆藏,档号:04-01-35-0360-016。
③ 《山西巡抚鄂宝奏报归化城征收税银数目事》,乾隆三十六年五月初二日,《宫中档朱批奏折》,中国第一历史档案馆藏,档号:04-01-35-0547-026。
④ 绥远通志馆编纂:《绥远通志稿》(第四册),卷三十《关税》,呼和浩特:内蒙古人民出版社,2007,第416页、第424—426页。

关支销1236两约占盈余银中1750两的71%,而牲畜税项下的本关支销104400文,约易银104两,约占其盈余钱138720文的75%。

相比之下,杀虎口每年在火耗盈余中照例支给当差书役人等饭食银2130两,部科饭银解交钱粮往返盘费,以及署中一年用度等项共银1343两,本关支销达到3473两。张家口每年在盈余项内支给居庸关税大使俸薪及皂役等工食银48两,衙门书吏巡役工食心红纸张,以及户部户科考核季报饭食银2597两,总共计2645两。因此,从用于本关支销的数量来看,归化城要比杀虎口和张家口少得多;但从分配比例的角度来考虑,归化城用于本关支销的份额却要比杀虎口和张家口略胜一筹。

(二)光绪时期。《绥远通志稿》对归化城光绪初年的岁出额款作出了详细说明,仍然主要集中在杂税和牲畜税项下的税收分配。

首先,杂税项下的岁出额款可以继续细化为四个部分[1]:

(1)京饷等银,总计3800余两。其中包括"内务府参价银2000两,加平余银50两,抬费布袋等银16两;户部扣存各项经费减成银260.2757两;户部扣存各项经费减平银62.4664两;户部洋药税银1406.312两,加平银21.095两;户部油、酒、面课银47.5两"。

(2)协饷银,共20440两。其中包括"土默特备买谷价银1500两;土默特弥补谷价银824.4两;四子部落王达尔汉贝勒两旗台站津贴银1500两,安插伊犁官兵俸饷银72两,绥远城马队官兵防饷银9540.45两;土默特公费银4004两;土默特兵丁春秋两季操演盘费银3000两"。

(3)各部院饭食银,共268两。其中包括"户部银库正额饭银225两,加平银3.375两;户部银库盈余饭银10.463两,加平银0.1711两;户部银库领册饭银8两;户部银库洋药税饭银21.095两"。

(4)其余的支销表现为"应支发税局房租银36两;支发东西南北栅栏四处房租银48两;支发心红纸张银72两;支发十三口岸书巡饭食银1062两;支发看库逻军饭食银18两;支发伊犁官兵俸饷银72两"。

其次,牲畜税下的岁出额款主要包括"应支发土默特公费及兵丁操演盘费银7000两;此项以所征牲畜税钱,易银给发"。此外,"支发蒙古笔帖

---

[1] 绥远通志馆编纂:《绥远通志稿》(第四册),卷三十《关税》,第424—426页。

式饭钱 78800 文;支发绥远城牲畜税所房租钱 10800 文;支发和林格尔牲畜税所房租钱 10800 文;支发萨拉齐牲畜税所房租钱 12000 文"。

从上述归化城杂税和牲畜税项下的岁出额款来看,与乾隆年间的关税分配相比,此时该关关税的用途涉及京饷、协饷、各部院饭食银以及本关支销等多个方面,且数额远远高于乾隆时期。

俟至光绪二十三年(1897),归化城改定新章,导致其关税征收的大幅上升。与之相应,杂税、畜税项下的岁出各款也做出了重新规定:"每年应解内务府参价银 2066 两;每年应解度支部正额加平饭食等银 228 两;每年应解度支部杂税盈余加平等银 11 两;每年应解度支部减平减成领册饭食等银 320 余两;每年应给发归化城副都统衙门公兵费银共 7000 两。"(此项合计银 9600 余两)此外,盈余项下拨解的项目包括"每年应给发土默特采买谷价银 1500 两;每年应拨充绥远城马队官兵俸饷及伊犁俸饷等银 11900 余两;每年直解省改充公费银 2300 两;又津贴薪水银 2000 两;每年支解省报效练兵处饷银 3800 两;每年支解道宪公费银 12000 两;每年支提帮办委员薪水津贴银 2400 两;每年支解京师练兵处经费银 10000 两"(此项合计银 45900 两)。毋庸置疑,归化城的税收在晚清呈现出异常旺盛的状态,且其最终的分配仍然涉及除本关支销以外的多个方面。更为重要的是,此时盈余项下拨解的项目基本服务于地方财政,且其数额远远超出服务于国家财政的正额部分。这一特点也充分印证了晚清财政支出体制中国家财政与地方财政之间的微妙关系。

四、结论

从对杀虎口、张家口和归化城关税分配的考察来看,清朝皇帝对杀虎口、张家口等"小差税关"的盈余银有直接的处理权,因此,这些榷关的税收除本关支销外,大部分最终会成为内务府的"特供",其作用正是"作为所谓财富的中心地域,行政部门能够进行市场管理并从中汲取财源"[①]。因此,这些关口上交内务府的税银只见其不断"被增长",即便实征关税

[①] [日]滨下武志著,高淑娟、孙彬译:《中国近代经济史研究——清末海关财政与通商口岸市场圈》,南京:江苏人民出版社,2006 年,第 320 页。

出现波动,也不能影响这些榷关对于内帑之贡献;而榷关监督起初对于内务府之不定期之"自愿孝敬"也逐渐演化为一种常态。与此相对应,归化城税收的分配项目仅有很少部分被用于内务府,绝大多数则被充作京饷、协饷以及户部的"养廉银"等名目,并为地区军事驻防提供了极大的保障,晚清时期则进一步将分配重点集中于地方财政之上。若从这些角度来考虑,那么虽说可以将清代北部边疆进行的商品贸易流通看作是清"以商制夷"真实写照的一部分①,但就肩负维持不断增长的内帑需求和提供军事驻防保障的特殊"责任"而言,清代北部边疆商贸流通似乎又不得不在相对更为开放、自由的政策环境下得以发展。当然,其中的发展过程并非一帆风顺,但即便面对曾经出现的所谓闭关、禁市等政策障碍,充满生机的民间贸易始终构成了清代北部边疆商贸流通的一种律动,推进其不断向前发展。

(原载《中国社会经济史研究》2013 年第 3 期)

---

① 潘鹏飞:《论清前期对外政策与中外通商——基于恰克图贸易实证分析》,载《黑龙江财专学报》1997 年第 1 期。

张库商道历史分期之管见

周云① 陶宗冶

张(张家口)库(库伦)商道是清康熙二十八年(1689)中俄《尼布楚条约》签订之后,随着俄国对中国贸易需求的增加而促生的一条中俄商贸之路。中俄《尼布楚条约》与雍正五年(1727)签订的中俄《恰克图条约》,标志着长久以来一直以闭关锁国自居的清政府,在对外关系上从习惯于所谓的藩属朝贡关系,开始转向国与国之间平等的贸易关系,这在中国历史上是具有划时代意义的转变。正因为如此,随着张库商道开通以后双方贸易额的不断攀升,既给中俄两国带来了大量的财政税收,也为两国商人及商道沿途带来了无限的商机和利益。所以,张库商道无论是对中俄两国的经济利益,还是对古丝绸之路之后中国又一条陆路国际商道,甚至于是对中国张家口、蒙古国库伦和俄罗斯恰克图这几座城市的兴起来说,其重要性和历史意义都是不言而喻的。

基于上述原因,近年来,对张库商道的研究不仅引起国内学者的兴

---

①周云(1951—),男,河北万全人,张家口市博物馆馆员。研究方向:新石器至青铜时代及明清考古。

趣,而且在国外也有一批学者出版了不少相关的研究专著和论文①。正是诸位学者大量的研究,才使我们今天能了解张库商道的昨天,而这些学者们学术研究的结晶也客观上奠定了张库商道的历史地位。

在拜读这些论著时,我们也渐渐感到,如果把张库商道放到中国近代历史的大背景下,对张库商道与中国近代史尤其是中外关系史上发生的历史事件做一下对应的比较,会使我们的研究视野更广阔,从而对张库商道的认识也会更深刻。

如果把康熙五十九年(1720)清朝理藩院议准内地商人可持执照前往喀尔喀、库伦进行贸易作为真正意义上的开辟张库商道算起,到1924年张库商道断绝商贸往来为止,张库商道前后存在了200多年。以商道兴衰的原因为基点,这200多年可以分成3个大的历史阶段:

一、第一阶段(1720年至1860年):张库商道肇始期与兴盛期

从康熙五十九年开始,到咸丰十年(1860)结束,也就是止于中俄《天津条约》和中俄《北京续增条款》签订后。这个阶段时间最长,共140年,可称之为张库商道从初创到繁荣的阶段。其中雍正五年中俄《恰克图条约》的签订,首次从条约的角度将恰克图设立为两国边境贸易的口岸,这既有益于中俄边境的稳定,也为之后张库商道的发展和繁荣奠定了基础。

据孙守春先生在《早期恰克图贸易的历史地位和作用》一文中引述福斯特和西林两位学者对恰克图贸易利润的描述,我们知道"18世纪的恰克图,对华毛皮贸易给俄商带来了200%—300%的利润","海獭皮在勘察加售价为:一等每张60卢布,二等每张40卢布,三等每张25卢布。但是,同时期恰克图市场上的标价为90—100卢布,有的甚至高达140卢布"。② 可见恰克图贸易对俄商和沙皇俄国来讲无疑具有极大的吸引力,

---

①[美]艾梅霞著,范蓓蕾、郭玮译:《茶叶之路》,北京:中信出版社,2007年;刘振瑛:《品评张库大道》,北京:国家行政学院出版社,2012年;米镇波:《清代中俄恰克图边境贸易》,天津:南开大学出版社,2003年。

②孙守春:《早期恰克图贸易的历史地位和作用》,载《辽宁师范大学学报(社会科学版)》2003年第3期。

这也是恰克图贸易繁荣的主要原因。所以,虽然雍正朝之后,因一些事件致使乾隆朝三次关闭了恰克图贸易,但总的看,这一时期张库商道的贸易是正常的、平稳的,贸易额是增长的。比如 1755—1850 年间,除 1792 年由于恰克图贸易闭市造成茶叶贸易额有所下降之外,中国输俄茶叶量每年都处在增长之中。最明显的变化是,1802 年俄国输入茶叶 45032 普特,1850 年即上涨到 296618 普特,增加了约 5.6 倍。① 另外,更主要的是,这一时期贸易的主动权一直掌握在清政府手里,清政府不仅运用恰克图贸易作为调整中俄关系的手段,而且俄国商人只能在恰克图,或经清政府同意在北京进行贸易,俄商不能进入中国内地,所以,第一阶段的中俄贸易基本上是互惠互利的双边贸易关系。

二、第二阶段（1860年至1869年）：张库商道由盛而衰转变期

从咸丰十年中俄《天津条约》和《北京续增条款》签订开始,到同治八年(1869)中俄《改定陆路通商章程》止,前后共计 10 年,时间不长,可称之为张库商道的转变期。

我们知道,咸丰六年至十年(1856—1860)中国发生了第二次鸦片战争,列强用大炮打开了中国的大门。战败后的清政府被迫与外强签订了一系列不平等条约,开放了数个沿海口岸。弱国无外交,在这个历史背景下,沙皇俄国也趁势与中国签订了中俄《天津条约》和中俄《北京续增条款》。客观地说,这两个条约清政府是不情愿签订的,它满足了俄国一直想让俄国商人进入中国内地进行商业活动,以及在开放口岸居住、在中国内地迁徙等索求,达到了沙皇俄国一直梦寐以求进入中国内地的愿望。

在此之后,沙皇俄国为了获取更大的利益,再次向清政府提出减轻俄商在中国的纳税、在张家口设立行栈和俄商可以在蒙古各地经商等要求。其中在张家口设立行栈和到蒙古各地经商问题,不仅触及中国商人利益,更关系到满蒙关系和蒙古地区的安全。最后,经过多次谈判,中俄两国勉

①丰若非、燕红忠:《清代中俄恰克图贸易的历史作用》,载《人文杂志》2014 年第 8 期。

强达成共识:把天津作为俄商进出中国的正式口岸,规定了俄商在天津等地的纳税标准,准许俄国"小本营生"者在蒙古贸易,但明确俄商运货来往中国只能走张家口、东坝、通州直抵天津一线,沿途不得销售货物,拒绝了俄国提出的想在张家口设行栈和在蒙古各地经商的要求。

之所以把张库商道第二阶段称之为转变期,是基于这一时期中俄签订的这几个条约改变了张库商道原有的双向流动的贸易关系,这一点很关键。以前是中国商人从内地将布匹、茶叶等货物加工并运到库伦和恰克图,俄罗斯商人从俄罗斯其他地方把俄罗斯商品运到恰克图,然后两国商人在恰克图物物相换,双方在贸易中都得到利益,是一种平等、互惠的边境贸易。现在不同了,俄罗斯商人购货可以不再依靠中国商人,而是自己到货物产地直接采购。这样一来,对俄国商人来讲大大降低了货物的成本,但对中国商人来讲,买方都能到内地去采购了,自己在恰克图、买卖城的边贸生意还怎么做呢?

三、第三阶段(1869年至1924年):张库商道衰落期

从同治八年中俄《改定陆路通商章程》签署始,至民国十三年(1924)张库商道中断止,前后共55年,这一阶段可称之为张库商道的衰落期。

可能有人会问,把1911年辛亥年的"外蒙古独立"作为张库商道的衰落期还说得通,为什么要把衰落期的上限放在同治八年呢?同治到光绪末年的40年间,不正是张家口大境门外皮货如山,张库商道上车队往来最兴盛的时期吗?

从表面看确实如此,但是,如果我们注意到中俄《改定陆路通商章程》中新增加的准许俄商前往蒙古贸易条款,分析了"外蒙古独立"事件的历史渊源之后,则不难看到,正是同治八年中俄《改定陆路通商章程》的签订,才致使俄国势力渐渐向蒙古渗透,并为后来"外蒙古独立"和张库商道走向衰落埋下了伏笔。

同治四年(1865),俄国公使要求修改中俄《陆路通商章程》,提出免除天津复进口半税,在蒙古贸易取消"小本营生"限制,开张家口为自由

贸易区等要求。由于清政府最担心沙皇俄国乘机在蒙古扩大影响，破坏满蒙关系，所以一直坚持限制俄商在蒙古的贸易。令人费解的是，当时的清政府为了缓和谈判僵局，居然在同治八年中俄《改定陆路通商章程》签署之前，就在同治五年(1866)单方面实行了对俄商免征天津复进口税，而且是立即执行。本来同治元年(1862)中俄《陆路通商章程》签订后，俄国商人已经把商业的触角伸进了内地，直接到茶叶产地采购和加工茶叶了，结果使得中国商人丧失了在这方面原有的优势和生机。现在再免除俄商复进口税，不但国家损失了大量税收，而且等于又给俄商降低了货物成本，使俄商在与中国商人的商业竞争中有了更强的竞争力，而中国商人的处境从此更加艰难。果然，免除复进口税后，俄商经天津运往恰克图的茶叶数量剧增。山西大学冀福俊先生《清代山西商路交通及商业发展研究》①一文载：道光十七年至十九年(1837—1839)，每年输入俄国的茶叶平均为8071880俄磅，到了同治六年(1867)已增到8659501俄磅，30年时间，年增近600000俄磅。这个增长数字的背后，实际就有清政府对俄商免征复进口税致使俄商加大量购进茶叶的因素。

　　同治八年中俄《改定陆路通商章程》最终签订，条款中删除了"小本营生"四个字，规定："俄商由俄国运来货物，路经张家口，任听将货物酌留若干于口销售"，"俄国应设领事官各处及张家口，准俄民建造铺房、行栈。"②这就是同治到光绪年间张库商道皮货如山，车队往来的缘由。客观地说，从这一时期开始，原来经营库伦、恰克图的中国商人虽然渐渐失去了原有的竞争优势，但俄商加大进口中国茶叶和货物量，也为南方茶叶产地的茶农带来了利益，也给北方包括张家口在内的张库商道沿途带来不少的商机，部分地促进了茶叶种植加工及各种关联手工业、运输业、皮毛业和百货业的兴旺。清朝末年张家口呈现的景象，正是这一时期真实历史的写照。但我们在看到上述景象时也必须清醒地认识到，这时候在张库商道上真正获取暴利的是俄国商人，而不是中国商人。《改定陆路通商章程》的签订，不仅使清政府失去了蒙古市场，也为后来发生的"外蒙

---

①冀福俊：《清代山西商路交通及商业发展研究》，山西大学硕士学位论文，2006年。
②樊明方：《俄国并未取得在张家口免税贸易、设立领事的权利》，载《历史教学》1988年第5期。

古独立"事件埋下了隐患。

光绪末年,随着俄商将大量的俄制砖茶和货物销往蒙古地区,俄商进一步挤占了中国商人在蒙古地区的市场,而且伴随着俄商货物的输入,很快也加剧了俄国对蒙古地区的渗透和影响,这也是清政府最为担心的,可这时候已是辛亥革命的前夜,清政府已经日薄西山、无暇顾及了。张库商道的彻底断绝是在1924年,尽管从1911年到1924年之间,断断续续仍有商队往来,但是宣统三年(1911)"外蒙古独立"事件的发生,事实上已经宣告了张库商道的最后终结。

1927年出版的《外蒙古一瞥》对此有一段这样的描写:"自从外蒙宣言独立以来……凡汉人来往库伦,必定要携带库伦政府所发的护照,领取护照时,又要铺保和商会盖印。一年为期的护照,当缴费五元;半年为期的护照,当缴费两元八角。而且护照上面粘贴本人相片,沿路检查的极其厉害……货物在十种以内,只要交纳税金。如果在十种以外,更当另外写就蒙文说明书,经过税务人员的许可,方才可以交税金。倘若说明书上所载的数目和货物不能符合,便当货物价十倍处罚……至于课税之法,是以价格为标准,但是无论种类如何,一概由税吏随意评价。所以时常有超过市价数倍的,税率又很大,为值百抽六。此外更需交纳落地税和俄人所设立皮毛瘟疫检验处的检验税,重重剥剥,竟使汉商无力(利)可图。"[1]

所以,同治八年中俄《改定陆路通商章程》准许俄商到蒙古各处贸易,削弱了中国商人的商业竞争力,等于把中国自己的商人挤出了蒙古市场,这无疑对张库商道产生了极其负面的影响,加上清代末年发生了"外蒙古独立"事件,俄国西伯利亚大铁路又全线通车,使中俄贸易中心从张家口转移到了黑龙江。这几大因素最终促使张库商道走向了终结。

以上三个阶段的划分,是张库商道由盛到衰的三个变化节点。在造成这三个节点的诸多因素中,清咸丰年间发生的第二次鸦片战争无疑是最重要的一个因素,也是最关键的一个转折点。国弱商衰,一个闭关锁国,根本不了解世界,没有跟上世界前进步伐,更不知道如何强国而被列强瓜分欺辱的国家,一个没有力量保护自己正当利益的国家,哪里会有平

---

[1] 刘虎如:《外蒙古一瞥》,上海:商务印书馆,1927年。

等的国际商贸往来？张库商道的兴衰史就是这段历史最好的注解。

  研究张库商道必然会涉及清代的中俄贸易，也必然会涉及沙皇俄国的扩张和"外蒙古独立"问题。但历史就是历史，研究历史贵在真实。因为，只有这样才能让人充分了解张库商道，而实事求是、尊重史实是每一位历史学者起码的品质。直面历史，是为了迎接共同美好的未来。

（原载《张家口职业技术学院学报》2015年第3期）

天复亨

——张家口老商号考据

乔彦军[①]

实寄封是经过通信寄递后的信函封套,其上的各种记录,具有重要历史见证和史料价值,是研究邮政史和邮票史可靠的佐证。把互联网上的商家实寄封图片作为主要研究对象,既可证实一些商号的真正存在,还可揭示其经营地址与范围、创立及持续时间、财东经理、经管特点、兴衰成败等诸多历史信息,有利于区域商史研究走向具体和深入。

见诸互联网上的天复亨实寄封比较多,通过收集到的88枚封片,可以考知天复亨的一些基本情况,若将其置于供求关系之中加以系统分析,更可见其设立和发展的必然。尤其是后一方面,对于我们突破当前面临的供求矛盾,谋求可行的经济结构调整,有着十分重要的启发意义和借鉴价值。

一、天复亨的经营地址和存续时间

这些信封的寄达地址如表1所示,对于准确定位天复亨经营地址最

[①]乔彦军(1964—),男,河北宣化人,深圳经济特区房地产(集团)股份有限公司计划财务部正高级会计师。研究方向:会计学、内部控制和商业经济学。

有意义的是"仁寿街"这4枚。

表1 寄达地址统计表

序号	寄达地址	信封数量	比重
1	张家口	8	9.09%
2	上堡	43	48.86%
3	蒙古营(包含1封蒙古营下街)	3	3.40%
4	玉带桥(包含1封玉带桥北)	26	29.55%
5	仁寿街	4	4.55%
6	因遮挡看不到地址	4	4.55%
合计		88	100.00%

注：寄达地址按信封上的最小范围地址进行统计，比如，图1中的"烦邮至张家口上堡仁寿街祈交"按"仁寿街"统计，若没有"仁寿街"便按"上堡"统计，若没有"上堡仁寿街"则按"张家口"统计。

图1是1928年2月18日由库伦寄张家口的红条封，也是最早写有"仁寿街"字样的一枚，但仅此还不能确定中间一字一定是"寿"字。图2是1931年10月24日自库伦寄张家口的红框欠资封，这是第二封出现街道名称的信封，中间一字为寿字的繁体字"壽"，由此可以确证收信者的具体地址就是"仁寿街"。

查现在的张家口市地图、大境门街道办事处和明德北街街道办事处所辖的社区委员会及其历史沿革，均未见"仁寿街"。有资料提到，成立于1915年的张家口市第一中学最初的校址是明德北仁寿街，也就是现在的中学街[1]。

图1和图2仁寿街的前边还有"上堡"两个字，仁寿街或后来的中学街是否属于上堡范围呢？自1975年设立明德北街街道办事处以来，中学街一直包括在它的辖区范围内。中学街周围的蒙古营、营城子、下东营以及西沙河等也都属于该街道办事处管辖，这些区域都属于上堡范围。严

---

[1] 2013年章海深在抡才书院讲述抗日前后的张家口时谈到，民国四年(1915)察哈尔成立"区立中学"，即以后的张家口一中，校址在明德北仁寿街(现中学街)。参见抡才文化传媒有限公司网上的《新中国成立前张家口老城区教育概况》一文。

格地讲,下堡即明宣德四年(1429)所建的张家口堡(俗称堡子里),上堡为明万历四十一年(1613)所建的来远堡(也称市圈)。但是,一般民众所说的上堡和下堡其范围要比本来意义上的来远堡和张家口堡大得多,而且这种认识由来已久。1892至1893年曾经4次进出张家口的俄国人阿·马·波兹德涅耶夫①这样写道:"作为商业城市,张家口分为两个部分,一个是上堡,另一个是下堡","和上堡南端直接相连的是满洲八旗兵驻营的地方……满洲驻军的校场把张家口分隔为上下两部,即上堡和下堡"。照此来看,上堡与下堡的分界线应当就是今天所说的蒙古营一带了。现在的明德北街街道办事处和明德南街街道办事处辖区范围的划分,基本上体现了这种上堡和下堡的分界。

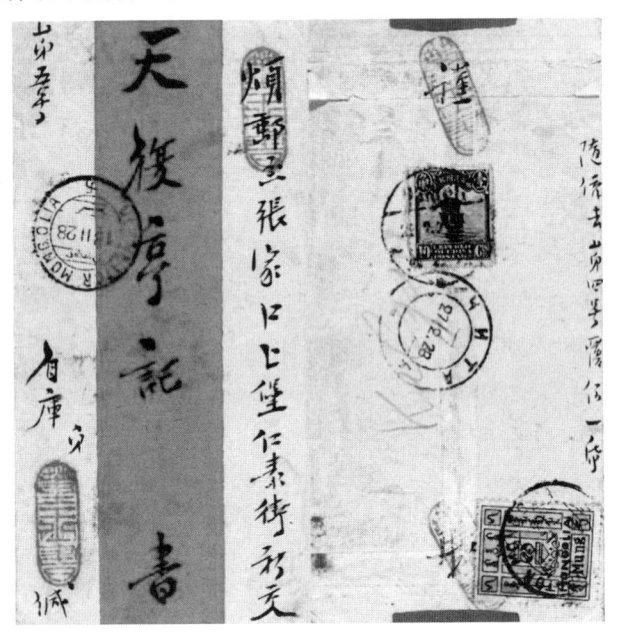

图 1

①阿·马·波兹德涅耶夫(1851—1920),俄国蒙古学学者,肩负特殊任务的他对当时内外蒙古进行了实地旅行考察,写成了《蒙古及蒙古人》一书,该书第一卷第十章《张家口》对当时的张家口进行了较为详细的记录。书中也留下了他先后4次进出张家口的具体时间:第一次是1892年12月5日由蒙古来而进入,18日离而往北京;第二次是1893年2月3日由北京来而进入,3月1日离而往大同及归化城;第三次是1893年3月24日由归化城来而进入,4月8日离而往承德;第四次是1893年5月中旬为租骆驼由多伦诺尔来并返回该地。

图 2

表 2 对 88 枚信封按寄信年份进行了统计,最早一封销有恰克图 1925 年 8 月 13 日戳,最晚一封销有恰克图 1937 年 9 月 27 日戳。

这两枚信封表明,天复亨的创立早于 1925 年 8 月,至 1937 年 9 月底仍然存世经营着。在这 12 年间,1931 至 1934 年之间的信封较多,一定程度上可以解读为业务繁忙和商业兴隆,而其他年份似乎较为冷清。

表 2 寄信年份统计表

寄信年份	信封数量	比重
1925	1	1.13%
1927	2	2.27%
1928	1	1.13%
1929	2	2.27%
1930	2	2.27%
1931	27	30.68%
1932	15	17.05%
1933	5	5.68%

续表

寄信年份	信封数量	比重
1934	15	17.05%
1935	6	6.82%
1936	9	10.23%
1937	3	3.42%
合计	88	100.00%

注:寄信年份按寄出地销票邮戳时间或寄信人记录的寄出时间统计;无法确定具体寄出时间的,按收信时间统计;极个别收寄时间无法确定的,按中转时间统计。

二、天复亨的经营范围和信息管理

在这些封片中,图3是1930年10月20日由库伦的康守明寄张家口的一枚红框封,此封告诉我们天复亨原来是一家烛铺。

图3中"天复亨"后跟随的一个字,似"烛"如"炖"。之所以认定它是一家烛铺而非炖铺,主要有以下几点理由:

图3

图 4

第一,将图3天复亨之后的两个字放大如图4,由此可以清晰地看到第一个字右半边前三笔的顺序是竖、横折、横,而"炖"字右半边前三笔的笔画顺序是横、竖折、竖,尽管图4中"烛"字右半边"虫"字的最后三笔不是一笔一画的竖、横、点,但也绝非"炖"字最后一笔的竖弯钩。

第二,蜡烛是一种日常照明用品,宗教、祭祀、生日以及红白喜事等活动中也常用此物。这些信件主要来自库伦、恰克图和温都尔汗等地。在1925年至1937年的10多年间,这些地方电的使用并不普遍。虽然煤油在19世纪中期已经得到相当程度的使用,但正如今天仍然需要蜡烛一样,那时这些地区对蜡烛的市场需求规模依然不小。

第三,阿·马·波兹德涅耶夫记录,1892年山西商人在库伦市场横街上有两家烛铺,自设作坊制造红白蜡烛出售。光绪三十四年(1908)库伦东营栅内保甲门牌清册显示:"第十三号三盛元烛铺马成瑞,山西应州人,铺伙八名。"这些信息告诉我们,无论在蒙古当地设铺加工、销售蜡烛,还是把蜡烛成品销往蒙古各地,在当时是确实存在的。在蒙古独立之后,这些华人经营的烛铺可能随之关闭,仍居住在库伦等地的华人及商家可能转向张家口的天复亨采购蜡烛。

第四,寄给天复亨的这些信件中,除极少数是商号(裕胜和、三义顺)来信外,其余署名均为个人。这么多个人来信,肯定不是简单的亲属联系,也不是大宗商品买卖,购买生活或娱乐照明的蜡烛极有可能。

在明、清及民国初期,会计账册和来往信件是商家收集报告信息并进行信息管理的重要工具。因此,商家对信件的管理都很严格,大商号还设有专门的信房,来往信件都要编号登记、进行摘要处理等。天复亨的信息管理在这些信封上主要体现在编号和登记收信时间两个方面。

第一,图1左上角有"第五号"三个字,右边有"随统去第四号复信一纸",这两点表明这位写信人寄出的每一封信都是进行编号的。图1左下角印章中三个字为"董玉书",根据以下两点来看,董玉书极有可能是天复亨的重要人物:其一,图1的收信地址十分具体、准确,表明董玉书知道天复亨的确切地址所在;其二,图5的收信人是天复亨的董玉书,该信是1932年9月6日由库伦五道巷寄来的,将其与图1结合起来看,合乎逻辑的解释是,1928年董玉书曾在库伦,1932年或之前他回到了张家口的天复亨。这样,因董玉书是天复亨的一位财东或经理或伙友,他写给自家商号的每一封信件都按规定或惯例进行了连续编号。

图 5

第二,在图2的收信人地址和天复亨商号之间有一列印刷体文字为

"中华民国二十年十一月十七日收到",图 5 中也有这样的条戳,为"中华民国廿一年十月七日收到"。如表 3 的统计,通过加盖条戳形式记录收信时间首先出现在 1925 年,全部 88 枚信封中共有 70 枚信封有这样的记录。这种现象在张家口的其他商号,在同样经满洲里或上海至北京再到张家口邮路的信封中极为少见。条戳的时间要么和邮局收到时间相同,要么晚于邮局收到的时间。因此,这些条戳不是邮局所盖,应当是商家所为。记录收信时间是当时商家的惯例,其他张家口的商号,如德玉恒、义合成、庆泉达等,都是直接在信封上手写收到来信的具体时间,甚至进行摘要。天复亨在收信时间的记录上向前迈进了一步,记录规范而美观,这些在一定程度上折射出天复亨对信息管理的重视。

表 3　盖有条戳信封数量统计表

寄信年份	信封数量	盖有条戳数量	盖有条戳数量占信封数量比重
1931	27	22	81.48%
1932	15	15	100.00%
1933	5	5	100.00%
1934	15	14	93.33%
1935	6	6	100.00%
1936	9	8	88.89%
1925—1937	88	70	79.55%

三、天复亨与附近产业的高度关联

图 6 是收集到的最早一封寄至天复亨的红条封,销恰克图 1925 年 8 月 13 日戳,寄达地址是"上堡玉带桥"。由此可以断定,玉带桥的建成时间一定早于 1925 年 8 月,这也印证了其他的一些说法的成立①。玉带桥位于现在的西沙河大街、明德北街和明德南街的交汇处,也是张家口上堡

---

① 星云和霜兰在 1985 年即指出,玉带桥修建于 1925 年;刘玉河在 2005 年提到,玉带桥建于 1925 年,是由时任察哈尔都统的张之江主持修建的。

和下堡分界线中的一个重要节点。由表1可见,寄给天复亨的信件中共有26封的寄达地址是玉带桥,占到88枚信封的29.55%。这种情形当然是天复亨所在经营地址仁寿街位于玉带桥北侧的一种反映,而天复亨之所以设址这里,却有着更为实质性的决定因素。

图6

明隆庆五年(1571),长城上的6个关口被确立为马市,最重要的一处就是张家口。美国人艾梅霞极具想象力地描述道:"1578年的时候,若鸟瞰万里长城,你可以看到大约有4万匹马穿过张家口关口。40年之后,则可以看到一个颇具规模的贸易中心。"由此直到20世纪30年代末的300多年历史中,由蒙古各地源源不断涌入的牛、马、驼、羊等,解决了当地军民的多方面需求,也推动了牲畜屠宰、肉食品和皮革等的加工及贸易。

在道光三年(1823)重修大境门山神庙、起盖乐楼、增建灶君殿碑的碑文中,记载了智肉房、三盛肉房、于肉房、王肉房、郝肉房、杨肉房和四成肉房等7家肉房均有施银。新华街里还有一条巷子叫"肉房巷",虽然肉香不再,却可遥想当时牲畜屠宰和肉食品加工及买卖的繁荣景象。与此相伴,肉食品加工产生了大量的动物油脂,进而推动了油脂加工和相应产品贸易的发展。把动物油脂作为照明燃料来加工生产蜡烛,便是其中的一个产业细分和深化。中国人使用蜡烛历史悠久,利用动物油脂加工制作蜡烛的技术,早在魏晋时期已有系统记录,比如贾思勰在《齐民要术》中就这样写道:"蒲熟时,多收蒲台。削肥松,大如指,以为心。烂布缠之,融牛羊脂,灌于蒲台中,宛转于板上,挼令圆平,更灌之足。"①这种制作蜡烛的方法在古代一直被沿用着。

张家口有皮都之称,皮革业曾经是张家口的重要产业。阿·马·波兹德涅耶夫写到:"下堡的北部集中着皮革作坊和皮匠铺,这些店铺很容易从它们的外表上辨认出来,因为它们经营的商品就摆在外面。在店堂门口和当街放着一张张大木架,上面绷着加工中的牛皮和马皮,把令人作呕的臭气一直扩散到很远的地方。店堂里面则挂满了皮笼头、皮颈圈、皮马套、后鞦带、鞍后皮带垫片等诸如此类的东西。这些产品的全部生产过程,从整张皮革的开料、缝制、染色,直到陈列起来招徕顾客,全部是在当街进行的。"波兹德涅耶夫所说的下堡北部,就在玉带桥的南边。梁毓如说:"张家口的皮条铺历来都集中在边路街(今明德南街)。北起玉带桥南至深沟口(今新华街东口),在大街的路西开设门市商号。"皮条铺属制革业中的白皮行,白皮行以生产车马挽具和各种皮条为主。

梁毓如还说,他"幼年时代在怀来县沙城外祖父家读书时,外祖父经营的祖传白皮坊永和成,就生产车马挽具、皮条和黑皮,还制作蜡烛、水胶"。怀来的永和成白皮坊生产蜡烛,那么玉带桥以南的众多白皮坊也一定有生产蜡烛者。不仅如此,单纯的蜡烛作坊也是存在的。清代以前的舞台灯光主要用油灯、蜡烛等,"河北西北部除用麻油灯外,有的还用油蜡照明。这种油蜡是以牛油或羊油加鱼油蘸制而成。戏台所用的油蜡高约一尺五寸,重约二市斤。演出时将油蜡放置在台口特制的灯罩之内,一般戏台,最少要放四棵,在台口摆成一排,加上用七色纸糊成的灯罩,煞是好

---

① (北魏)贾思勰:《齐民要术》卷三《杂说第三十》,北京:中华书局,1956年。转引自张彦晓《宋代照明燃料述论》,载《史志学刊》2015年第6期。

看。过去在张家口玉带桥一带,就有很多制造油蜡的作坊"[1]。这段文字直接证实了一定规模的蜡烛制造业在张家口的存在。此外,还有资料说,张家口商贸包括有"钱行、当行增盛社(茶行)、布行、油行、杂货行、京城蜡行、梅葛社(染行)、碱行、面行、麻行、清水行(做豆腐)等"。由此看来,坐落在仁寿街的天复亨很可能直接从玉带桥一带的蜡烛作坊收购蜡烛,然后供应当地及内外蒙古地区。今天看来,天复亨俨然是当时张家口蜡烛加工制造行业的一家代表,只是目前还没有收集到任何直接证据。

玉带桥西北边的西沙河周围是车马店和骆驼店集中的区域,这为天复亨对外销售蜡烛提供了交通便利。

玉带桥的东北边,靠近仁寿街还有一处东市场(如今东市场巷还在)。这是清康熙年间开始出现的张家口第一座综合市场,经营土特产、风味小吃、各种杂货。凡是出入东市场的购物者,多走几步,即可进入天复亨的铺子采买蜡烛及烛台等配套用品。

这些老封是祖辈留给我们的宝贵遗产,承载着过往文明的重要信息。深入挖掘和系统分析这些信息的丰富内涵,可做如下判断和结论:一、清代及民国时期张家口确实存在着一定规模的蜡烛加工和销售产业,只是随着煤油的普及和电力的使用等,进入民国之后可能已经步入了衰落阶段;二、在供给一侧,伴随着牛、马、驼、羊和各种皮张源源不断地大量输入,对动物油脂的充分利用推动了蜡烛加工、销售产业的形成;三、在需求一侧,广阔的蒙古市场有着大量的蜡烛需求,这种需求与他们的生活、生产方式息息相关;四、天复亨的选址颇为科学合理,经营内容与就近的上下游产业高度关联,这种布局在今天仍然值得学习和效仿。任何历史阶段都存在着不同程度的供求矛盾,机遇就潜藏于其中,谁发现并抓住了它,谁经营有道,谁管理有方,谁就会赢得相应的发展机遇和不断壮大。

(原载《河北北方学院学报(社会科学版)》2016年第5期,作者略有修改)

---

[1] 在聊城宏达舞台技术有限公司的网页上有一篇题为《舞台与灯光音响特效效果》的文章,引文便是其中的一段。网址:http://www.bdwutai.com

从黄应坤奏疏看万历初年的宣府马市

夏维中

隆庆五年(1571),明中央政府与俺答汗在顺利解决土默特万户把汉那吉内奔事件后,又进一步与漠南蒙古右翼各万户磋商,最终达成了封贡和互市贸易协议,汉文史称"隆庆封贡"。"隆庆封贡"结束了长期以来长城内外的紧张局面,实现了内地与蒙古右翼诸部的和平互市,具有重大的历史意义。清人魏源在其《圣武记》卷一二《武事余记》中对此曾予以高度评价,称"高拱、张居正、王崇古,张弛驾驭,因势推移,不独明塞息五十之烽燧,且为本朝开二百年之太平。仁人利溥,民到今受其赐"。

"隆庆封贡"中的重要内容之一,就是在长城沿线展开定期定点的互市贸易。其中大同、宣府的马市最为重要。不过,两地马市在开市后不久,就呈现出明显不同的态势。具体而言,就是宣府马市迅速增长,其规模之大、速度之快,竟引起中央政府的高度关注,甚至忧虑。万历六年(1578)黄应坤的有关奏疏,就是详细反映这一史实的重要资料,对于理解隆庆五年以后宣府、大同两镇的马市贸易,特别是宣府马市的演进过程和总体态势具有重要意义。

一、黄应坤的奏疏

万历六年,巡按直隶御史黄应坤在奉旨视察大同、宣府两镇马市之后,向朝廷提交了详细报告,其中提到:

> 臣自奉命出关,周历时两镇,岁有四月矣。三出塞外,再睹市成……然而虏款已久,羁縻无失,彼方系恋于市赏之利,何肯背叛?以故青酋东牧讨孙而不敢犯蓟镇之外疆,俺酋西历西番而不敢扰甘肃之内境。又如近日张家口虏哱被创,竟隐忍以毕市而去。此其不欲渝盟以自失其厚利有明征矣。
>
> 臣固知虏之无异志也,但犬羊之性唯事贪求,市马岁增,无所厌足,此虽二镇之所同,而宣府为甚。盖在大同一镇而当俺酋之一大枝,虽黄扯父子素称桀骜,然市马之所增岁不过数百匹,故尚可以勉强支吾。
>
> 在宣府一镇,而当青永之二大枝,而又有独腊台吉、打喇明安二小枝及夷妇太松等。诸酋部落既多,而青酋诸兄弟义皆强悍难驯之虏,七八年来市赏之增亦极矣。以宣镇之大数言之,方互市之初,虏马不及二千匹,今岁已市者三万五六千已,殆及岁终当不下四万,每岁辄增数千匹。夫马以数千计,则银以数万计,非小小增益也。且今岁增矣,明岁又增。明岁增矣,又明岁又增。其在于今,视始市不啻二十倍,而犹未可以为限也。后将何所底极哉?盖缘青酋与土蛮及属夷朵颜诸虏皆为姻亲,又相和好,故每来必挟东虏之马入市,而抽分其官货,又以其马所卖之官货转贩他虏之马来市,可得利一二倍,是以其利愈厚,其马愈多……①

黄应坤生平资料,过庭训《本朝分省人物考》中有较为详细的记载,其中还特别提到其出巡云中的事迹,称其"凡三出塞,令译者宣上威德,具封事备陈贡市便宜"。具体如下:

> 黄应坤,字惟简,歙人。比部郎铠之子。隆庆戊辰进士。初令浮梁,

---

① 《明神宗实录》卷七十九,万历六年九月甲戌条,台北:"中央研究院"历史语言研究所,1962年,第1701页。

再补新淦,以循卓推,擢云南道御史。按部所至,与监司策事同心相济,有若和羹。出按云中,上□时匈奴款关。凡三出塞,令译者宣上威德,具封事备陈贡市便宜。旋按山西,复按山东。躬治爰书,勤敏至于咯血。迁大理寺丞,佐治狱。当廷尉诘不中款,时旁出一语诘之。囚多立服。一时廷中称平。未几,卒。应坤为人恂恂不忤物,而介然有立。父子相继为名御史,俱以五品京朝官终云。①

二、奏疏提及的人名和部落

上文中提到的"青酋",是指喀喇沁万户老把都之次子青把都。他在隆庆六年(1572)老把都去世以后成为喀喇沁万户的实际领导人。"青永之二大枝"之"青"是指青把都所领衔的喀喇沁万户,其牧场在元代的上都及其周围地区;"永"是指永谢布万户,被张居正称为"东郡之雄",其牧场应该在喀喇沁万户以北的草原。除"青永两大支"之外,还有独腊台吉、打喇明安二小枝及夷妇太松等部。"土蛮及属夷朵颜"则是指察哈尔部及其属部朵颜卫蒙古人,他们与喀喇沁部有着传统的联姻关系。

"俺酋"就是游牧于大同以北的土默特万户的俺答汗。"西历西番"是指他和土默特蒙古人会见三世达赖喇嘛,经略青海藏族部落之事。隆庆四年(1570)俺答汗的孙子把汉那吉与俺答汗发生矛盾,愤然投奔明朝,后经双方多次交涉,俺答汗应明朝的要求绑送板升汉人头目,换回了自己的孙子。在商讨交换人质的过程中,俺答汗提出了封贡和互市要求,并得到明中央政府的积极回应。隆庆五年,明中央政府最终与漠南蒙古右翼诸游牧集团达成"封贡"协议。"黄扯父子"是指俺答汗的长子黄台吉及其子扯力克。

依隆庆初议,双方共开边市十一处,俗称为大市,分别为大同三处、宣府一处、山西一处、延绥一处、宁夏三处、甘肃二处,后各口又开小市多处。宣府大市在张家口堡,隶宣府守道上西路,属宣府万全右卫,即今河北张家口市。与其他各口不同的是,宣府始终只设张家口堡一处大市,且也未

---

① (明)过庭训:《本朝分省人物考》卷三十七《南直隶徽州府》"黄应坤"条,《续修四库全书》第534册,上海:上海古籍出版社,2013年,第27页。

增开任何小市,不像邻近的大同,不仅有大市三处,而且后又陆续增开小市六处。按照规定,不同的部落有不同的交易口岸。喀喇沁万户、永谢布万户等集中在张家口的宣府马市进行互市贸易。俺答系诸游牧集团则集中在大同的得胜堡进行马市贸易。

黄应坤当时的视察之地,就在宣、大两处,没有涉及其他各口。

三、"隆庆封贡"后的宣府马市

黄应坤曾历时四月三次出塞实地考察大同和宣府两地的马市,但是其奏疏重点关注的则是宣府马市。事实上,宣府马市的历史和地理位置非常独特,与大同存在着明显的差异。对此,侯仁之先生早在1938年就利用《明史·食货志》中所载的"嘉靖三十年,以总兵仇鸾言,诏于宣府、大同开马市,……明年罢大同马市,宣府犹未绝"等相关资料,进行过初步的论述,并最终在《燕京学报》发表了《明代宣大山西三镇马市考》一文。就是说,在嘉靖二十九年(1550)俺答汗率领的漠南蒙古右翼的军队进入畿辅地区围困北京城(史称"庚戌之变")之后的第二年,明中央政府曾在大同和宣府开设马市贸易。大同马市昙花一现,仅开一年就被关闭,但当时宣府的马市却延续到了嘉靖三十一年(1552)。在隆庆五年(1571)开市以后,宣府马市的独特性再次凸显出来。侯先生曾这样总结其原因:"所以然者,盖由于宣府自开市以来,节制得宜,虽不致绝无骚乱,当必较大同为佳。"关于张家口的地理位置之重要,侯先生还注意到两条材料。成书于万历元年(1573)的《万全县志》曾引刘孔胤《宣镇图说》(此书已佚)中的史料,称宣府"上西路与敌只隔一墙,最为要害,右卫城戒备稍疏,全镇震恐。张家口来远堡统全镇之互市,系万虏之咽喉"。来远堡为张家口上堡,《万全县志》称"张家口新旧两堡对立,旧堡在南,称张家口下堡,来远堡在北,称张家口上堡,至今犹然"。

黄应坤说万历初年宣府马市贸易量持续激增,甚至令明朝方面的财政疲于支应。为什么会出现这样的情况?侯仁之先生说:"就中宣府马市独多者,盖自万历二年(1574)起,兵部每年发给蓟镇马价,概解宣府代市故也。"这是正确的,但是这只是注意到了内地方面的因素。贸易是涉及双方的交易,蒙古地区的因素同样应该重视。按规定,宣府马市直接面对的固然是喀喇沁万户和永谢布万户等右翼的游牧集团,但同时也应该注意的是,宣府是距离西拉木伦河流域的察哈尔万户和蓟州边外燕山山地草原的漠南兀良哈蒙古人最近的市口。达力扎布先生曾统计过宣府、大同马市贸易量及其变化,他在《明代漠南蒙古历史研究》一书中曾解释了蒙古方面的因素,指出宣府镇马市除了接受大量来自喀喇沁和永谢布的马匹以外,"宣府镇转售的马匹无疑大量来自左翼诸部",而左翼诸部的马匹都是青把都"夹带"进市场的。

黄应坤的奏疏说,到万历六年时,宣府马市的贸易量已经是隆庆五年"始市"时的二十倍,而且还在持续增长。根据"隆庆封贡"的协议,宣府马市对接喀喇沁和永谢布两万户。但是后来中央政府发现,宣府马市实际上还接受来自蓟镇边外朵颜卫各部以及漠南蒙古左翼察哈尔万户的大量马匹,而中间的核心人物就是喀喇沁万户的首领青把都。青把都一方面"挟东房之马入市而抽分其官货",即夹带左翼的马匹进入宣府马市交易,再从中抽分提成;另一方面,他又"以其马所卖之官货转贩他房之马来市",即利用他自己贸易所得中央的物资,转卖到左翼诸部,换来马匹以后再转卖到宣府。因此,青把都利用宣府马市大做转手贸易,在张家口两面得利,在漠南蒙古社会富甲一方。

张家口可以同时接受漠南蒙古右翼和左翼的大量马匹,充分说明其地理位置十分独特。一方面,宣府因与北京距离的近捷和地理位置的优势,可以相对便利地获得中央政府筹集的大量"马价银",用于购买马匹;但另一方面,青把都也能够在蒙古的左翼和右翼调集大量马匹,提供充足的货源。双方博弈的结果是供给和需求水涨船高,从而使得宣府马市的贸易量不断增长,一枝独秀。但马市毕竟附加了许多非市场化的因素,还不能完全按市场化的机制运营,因此当青把都在利润的刺激下不断增加供给量时,中央政府却因财力有限且也难以消化而无法不断扩大需求,同时更难以通过价格机制如压低马价之类的手段来抑制供给。这就给中央政府出了个大难题。黄应坤对此忧心不已,惊呼"以宣镇之大数言之,方互市之初,房马不及二千匹,今岁已市者三万五六千矣,殆及岁终当不下四万,每岁辄增数千匹。夫马以数千计,则银以数万计,非小小增益也。

且今岁增矣,明岁又增。明岁增矣,又明岁又增。其在于今,视始市不啻二十倍,而犹未可以为限也。后将何所底极哉?"

不过,黄应坤本人还是主张维持边贸政策的,只不过要求朝廷限制贸易量增长过快。但当时朝廷除控制"马价银"的数量外,也拿不出行之有效的办法来。事实上,此后宣府马市的贸易量还是有很大的增加。金星先生曾根据《明实录》等史料中的记载,对隆庆开市至万历中期宣府、大同、山西马市(官市)的贸易量作过统计,具体如下:隆庆五年第一次互市时,宣府、大同、延绥、宁夏官市马额共1243012430匹;万历三年(1575)调整为宣府马额18000匹、市马银12万两,大同10000匹、银7万两,山西6000匹、银4万两;万历十六年(1588)曾要求限定马额,宣府不得过30000匹,大同14000匹,山西6000匹;万历十九年(1591)宣府36000匹、银18500两,大同15500匹、银10万两。① 此后,马额和市马银才基本稳定。

从互市贸易额的增长,可以略窥宣府马市的主导权问题。以往很多学者都认为中央一直完全掌控着马市主导权,但事实可能未必如此。首辅张四维后来曾有"互市之权我与虏共之"之说,此说在某种程度上是符合实际情况的。如"隆庆封贡"以后宣府马市,就是在中央与喀喇沁部青把都相互博弈、权衡过程中演进的。

中央固然享有很大的主导权,但也不能完全控制局面。尤其值得一提的是,过分的控管极易导致马市破局,这恰恰是中央最不愿意看到的。因此,尽管黄应坤等高级官员早在万历初期就已完全看破喀喇沁部青把都通过马市违规获利的秘密,并试图加以限制,但实际情况却是中央政府不断妥协,直到万历十九年才最终刹住马额持续增长的趋势。而此时的马额已到了中央能承受的极限,当然也基本满足了蒙古方面的要求。

与此同时,青把都也非常注意维护与中央的关系,以免损害宣府马市。黄应坤所说的"张家口虏哱被创,竟隐忍以毕市而去"的事件,其起因和过程究竟如何,还有待考证,但从其语气看来,应该是与青把都在事

---

① 金星:《明朝与蒙古的贸易研究》,第三章《明朝后期与蒙古右翼互市贸易关系》,内蒙古大学专门史博士学位论文,2012年。

后控制住入市蒙古人以避免事态扩大有直接的关联。而黄应坤所说的"青酋东牧讨孙而不敢犯蓟镇之外疆",是指青把都征服朵颜卫讨孙卜赖部的事件。此事就发生在万历六年七月。《明神宗实录》万历六年七月乙丑条记:"北虏青把都拥二万众欲抢仇夷讨孙卜赖,逼近边塞,乃先期告报,誓称无他,秋毫不犯。"这里的"边塞"是蓟镇边。新青把都在进兵蓟镇边外朵颜卫地区的同时,预先向朝廷边关说明情况。最终的结果是青把都以巨石压卵之势收服了讨孙卜赖部,但对明朝边境却又秋毫不犯,完全遵守了诺言。需要说明的是,讨孙卜赖部是朵颜卫各鄂托克之一,至少在理论上与中央有着传统的羁縻和朝贡关系,而大兵压境时,讨孙部也曾经靠近蓟镇边境以求可能的庇护或援助,但蓟镇方面却投鼠忌器,没有接纳,只是在事后几天"出境外四五里烧荒"而已。青把都之所以如此小心翼翼,极有可能与其苦心经营的宣府马市有关。

在宣府马市进行数年以后,青把都甚至不再亲自到边。张居正在《答宣府张巡抚》的信中说:"辱手翰,贡马已入,虏情驯服,慰甚。去年青酋亦未赴边,不来亦省事,不必责其亲赴也。"①由此看来至少有两年,青把都没有亲自到宣府,这说明宣府马市似乎已经进入常态化的轨道。张巡抚即张佳胤,重庆府铜梁县人,嘉靖二十九年进士,万历七年(1579)至万历九年(1581)宣府巡抚。

更有意思的是,青把都甚至可能还曾向朝廷索要过货物管理人员。申时行曾给许益斋巡抚回过一信,信中说:"承示《会保任卒疏》领悉,虏中所索敖剌气者予之为当,而门下又默运机宜,绝将来之患,塞夷人之口,犹为远虑。市赏太滥,惟上谷为然,盖缘始事之初,急于招徕,疏于节制,其流遂至于此。"②许益斋即许守谦,直隶藁城人,嘉靖乙丑(四十四年,1565)进士,万历十五年(1587)至十七年(1589)任宣府巡抚。③

向他索取"敖剌气"的应该就是青把都。敖剌气是什么?元代郑介

---

① (明)张居正:《张太岳集》卷三十二《答宣府张巡抚》,上海:上海古籍出版社,1984年,第401页。
② (明)申时行:《纶扉简牍》卷五《答许益斋巡抚》,《四库禁毁书丛刊·集部》(第161册),北京:北京出版社,1997年,第217页。
③ (明)雷礼:《国朝列卿纪》卷一百二十二《敕使山西侍郎都御史年表》,《四库全书存目丛书·史部》(第94册),济南:齐鲁书社,1997年,第472页。

夫《上奏一纲二十目》在讨论怯薛冗官时说："如奥剌赤一项,各库钱帛已设库官六员,又有库子司吏等人,即是奥剌赤之名,足可任出入收支之责,何须重复滥设?"①李鸣飞先生认为元代怯薛官之一"奥剌赤"就是库司,此言极是。可以推定,其词根应该就是《元朝秘史》第 234 节所记 a´urasu。敖剌气就是奥剌赤,也就是管理仓库的人员。宣府马市,青把都用马匹换得大量"官货",其存放和管理需要专人负责。青把都索要敖剌气,可能就是为了看管贸易之后的"官货"。这种要求,对汉人来说似乎有点不可思议,但或许也可以从一个侧面反映出当时蒙古贵族对马市的认识或理解,与内地有着明显的差异。

（原载《张家口·冬奥会与一带一路国际学术研讨会论文集》,2018年8月）

---

① (元)郑介夫:《元代奏议集录》,《上奏一纲二十目》,《元代史料丛刊》(下册),杭州:浙江古籍出版社,1998 年,第 109 页。

对清光绪年间张家口关税的探讨

——以《宫中档光绪朝奏折》为中心

魏慧芳[1]

张家口特殊的地理位置决定了这里历代为兵家必争之地,明清时更是重要的军事据点和贸易中转站。明宣德四年(1429)所筑张家口堡,属于明朝塞北军事重镇——宣府的前哨。明万历四十一年(1613)所筑来远堡成为明朝的"互市之所",并逐渐发展为北部边疆重要的贸易市场。康熙三十二年(1693)建造八旗衙署营房,随着八旗兵民迁入此地定居,这里成为满、蒙古和汉等多民族聚居之地。雍正二年(1724)置张家口厅,设理事同知管理这一地区事务,专门办理"与蒙古民人交涉之事"[2]。到雍正五年(1727),中俄签订《恰克图条约》,张家口成为贸易中转站,大批商品在此存储和转运,商业贸易极其繁荣,张家口的经济地位不断提高。光绪七年(1881),改张家口理事厅为直隶省府抚民厅,张家口不再是边疆的城堡,而隶属于内地直隶省。

凭借优越的地理位置和明清时期行政区划与城市职能的不断变迁,

---

[1] 魏慧芳(1991—),女,内蒙古锡林郭勒人,内蒙古师范大学历史文化学院专门史专业在读硕士研究生,主要研究方向为中国北部边疆史。
[2] (清)金志节撰,(清)黄可润增修:《口北三厅志》,台北:成文出版社,1968年,第1页。

张家口城市历史日益受到学界的广泛关注,相关研究成果频出,但对税收方面的研究尚有可为之处。目前,比较系统地研究张家口关税的著述是陈静的硕士学位论文《清代张家口关的研究》①,该文主要探讨了张家口税关的设立,税收的来源、分配、免税则例以及税关的管理制度等,其研究时段截至道光年间。陈静认为,道光二十一年(1841)张家口税收定额为60516两,一直到清末没有改变。但依据光绪宫中档9道关于张家口税收的奏折,其税收额并未达到以上定额,税收开支情况在光绪朝亦有很大变化。

一、光绪朝张家口监督的关期和任期

张家口税关早在清朝初年就已建立,"顺治初,定各省关税,专差户部司员督征。左、右两翼,张家口税,差满官督征"②。当时政局相对稳定,统治者便着手规范管理各地税收。张家口是清政府指定的对蒙贸易的重要关口之一,随着商路张(张家口)库(库伦)大道的出现,张家口又成为中外贸易的重要集散地。据《钦定户部则例》记载:"张家口税口有边口、通桥、居庸关征收税银,东门、南门、马市、水门、古北口设役巡查。"③张家口的税收是清朝中央财政收入的重要来源之一,张家口税关的管理人员一定是精心挑选后才许任职,康熙元年(1662)诏令规定:"张家、杀虎二口,专差满、蒙官。"④张家口的监督大多是从满洲和蒙古官员中甄选的,这种规定一直延续到晚清,基本没有改变。

清朝专管关口税务的官员是监督,每任监督任满回京后要向中央奏报任内收支税银及盈余银两数目。税务监督有规定的关期和任期,各关的规定各不相同。张家口税务监督的任期和关期基本上都是1年,但关期和任期起始日不同。关期一般1年,需要历经两任监督,包含前任监督的下半任期与本任监督的上半任期,若中间出现监督病故或因事调度,则

---

①陈静:《清代张家口关的研究》,内蒙古大学硕士学位论文,2011年。
②赵尔巽:《清史稿》,北京:中华书局,1997年,第3673页。
③(清)载龄等:《钦定户部则例》卷三十九《关税二·各关口岸》。
④赵尔巽:《清史稿》,第3674页。

由中央补任。1年的关期以实际日数计算,不受更换监督的影响,1年关期期满,监督亲自到京将所征税银奏明报解。光绪朝固定的关期是本年的某月初二起到第二年某月初一日止。笔者整理的关于张家口关税的第一道奏折是光绪十三年(1887)三月十九日张家口监督荫保的《奏闻张家口征税及用款折》①,其中提到移交光绪十一年(1885)正月初二日起至十二年(1886)正月初一日止前任代征计1年关期。其余几道奏折中张家口监督的关期也是一样的,只是关期中的月份是不固定的,如光绪十六年(1890)二月十九日张家口监督宗室宜烈的奏折中提到"移交自光绪十三年十二月初二日起至十四年十二月初一日止前任代征计一年关期"②。

  任期即监督担任职务的期限,凡各关征收正额盈余皆扣准1年自行奏报,所谓扣准1年,就是自该官监督上任到任满的12个月,一般到任日期为某月的24日。光绪朝张家口监督任期1年分配为上半任期为4个月零22天,下半任期为7个月零8天,加起来正好为1年。如光绪十五年(1889)三月初七张家口监督英启的奏折中写道:"天恩派管张家口税务于光绪十四年四月二十四日到任,接前任监督福惠移交前任监督荫保代征光绪十三年正月初二日起至闰四月二十三日止计一百四十二日,税银一万七千五百十一两二钱三分,零星税钱一千零一千二百五十文。前任监督福惠于光绪十三年闰四月二十四日到任接期代征起本年十二月初一日止计二百十八日,税银一万九千二十六两八钱一分四厘五毫,零星税钱二千一百七十二千三百九十文。"③宫中档关于张家口税务的9道奏折中记载监督到任日期大都相同,只有光绪二十四年(1898)十一月十七日张家口监督英启约奏折中写道"天恩派管张家口税务于光绪二十四年正月十九日到任"④。笔者就目前所掌握的资料整理了一部分光绪朝张家

---

  ①《奏闻张家口征税及用款折》,《宫中档光绪朝奏折》第三辑,台北"故宫博物院"藏,第128页。
  ②《奏谢恩派管张家口税务折》,《宫中档光绪朝奏折》第五辑,台北"故宫博物院"藏,第78页。
  ③《奏闻前任监督移交税银折》,《宫中档光绪朝奏折》第四辑,台北"故宫博物院"藏,第346页。
  ④《奏报张家口税收支各数折》,《宫中档光绪朝奏折》第十二辑,台北"故宫博物院"藏,第424页。

口监督人员(见表1)。

表1 光绪朝张家口监督表

年代	姓名	到任日期(本年)
光绪十年	穆特亨	五月二十四日
光绪十一年	锡光	五月二十四日
光绪十二年	荫保	五月二十四日
光绪十三年	福惠	闰四月二十四日
光绪十四年	英启	四月二十四日
光绪十五年	宗室宜烈	四月二十四日
光绪十六年	荣安	三月二十四日
光绪十八年	宗室溥顾	二月二十四日
光绪十九年	庄健	二月二十四日
光绪二十年	觉罗明照	二月二十四
光绪二十一年	宗室灵照	二月二十四
光绪二十二年	定成	正月二十四日
光绪二十三年	宗室孚会	正月二十四日
光绪二十四年	启约	正月十九日

说明:以上资料主要来源于《宫中档光绪朝奏折》。

二、光绪朝张家口的关税额

张家口的关税额一般分为正额银和盈余银。正额银是指在1年关期内正式规定的征收税额,要全部按期解送户部。盈余银是指超过了正额税收的银两,仍归中央政府支配。光绪朝张家口关的正额银和盈余银两数目,详见表2:

表2 光绪朝张家口关税额表　　　　　　　　　单位:两

年代	正额	盈余
光绪十一年	20004	16256
光绪十三年	20004	16573
光绪十四年	20004	16790
光绪十五年	20004	17113
光绪十九年	20004	18807
光绪二十年	20004	17019
光绪二十一年	20004	17111
光绪二十二年	20004	18749
光绪二十三年	20004	18903

说明:以上资料主要来源于《宫中档光绪朝奏折》。

从表2可以看出,光绪朝张家口正额银一直很固定,盈余银的变化不明显。陈静认为,"道光年间,张家口税额仍在不断增加,至道光二十一年(1841),其定额为六万零五百六十一两,此后直到清末没有改变"①。显然,光绪朝正额银比道光朝下降了很多,税额的减少肯定与张家口贸易的外在变化有关。张家口最重要的税收来源应该是茶叶和皮毛,据光绪《蒙古志》记载:"茶市以张家口为枢纽,货物辐凑,商贾云集,蒙古人之转移执事者亦萃于斯,自秋至于初春最为繁盛,所至骆驼以千数,一驼负四箱,运至恰克图,箱费银三两,其进口货则以牲畜皮毛为大宗,黄油酪酥次之,羊毛与驼毛额数尤巨,皆道天津而转输外洋者。"②同治元年(1862),清政府与俄签订《中俄陆路通商章程》规定:"两国边界贸易于百里内不纳税;准俄国小贩持本国执照往中国蒙古地方贸易;俄商可经张家口至天津贸易,所运俄国货物按各国税则三分减一交纳进口正税;俄商在天津、通州贩卖土货,经张家口回国,均按各国税则完一正税,不再重征。"③此章程

① 陈静:《清代张家口关的研究》,内蒙古大学硕士学位论文,2011年。
② 姚明辉:《蒙古志》,台北:成文出版社,1968年,第317页。
③ 李文海:《清史编年》,北京:中国人民大学出版社,2000年,第9页。

签订后,打破了边境贸易的地域限制,俄国商人在张库大道上获得了贸易免税权,大宗货物均由俄商自行贩运。而中国商人来此经商却要像从前一样交纳大量税款,从而逐渐失去与沙俄商人的竞争力。所以,许多华商无力前来贸易,这必然使得关口的税收锐减。更甚有"光绪七年,与俄改订条约,又许彼于蒙古各处均得贸易,皆不纳税"①,此后张家口的税收每况愈下。

三、光绪朝张家口关税的开销

光绪朝张家口关税的开支项目较多,费用较大。大致可以分为两类,首先是特殊开销项目,主要有三种:

第一,察哈尔都统衙门军台官兵俸饷。如光绪十三年(1887)三月十九日张家口监督荫保奏折中记载,"今应解光绪十五年分军台官兵俸饷等银二万三千五百一十两五钱五分,自应遵照拨交,将光绪十一年正月初二日起至十二年正月初一日止,前任代征计一年征收正额银二万四两五钱七分,并于盈余银内动支银三千四百九十六两九钱八分,二共银二万三千五百一十两五钱五分,备文解交察哈尔都统衙门查收"②。由此可见,张家口关税较多用于官兵俸饷,此项开支以正额银为主,不足的部分动用盈余银,这是张家口关税的一个重要特点,同时也说明张家口关税为该地区的军事驻防提供了财政保障。

第二,清政府允许免税放行的税银钱作为地方开销。光绪朝张家口主要对各地方官员采买军需马进行免税,其中免税银钱的多少大不相同。如光绪十五年(1889)三月初七日张家口监督英启的奏折中记载,"再准前任监督福惠移称户部先后来文内开直隶总督李鸿章遣员采买军需马一千二百九十四匹,湖广总督裕禄采买军需马一百六十匹,均经免税放行,所有税银共四百三十六两二钱,俱准作正开销"③。而九道奏折中记载地

---

① 姚明辉:《蒙古志》,第312页。
② 《奏闻张家口征税及用款折》,《宫中档光绪朝奏折》第三辑,台北"故宫博物院"藏,第130页。
③ 《奏闻前任监督移交税银折》,《宫中档光绪朝奏折》第四辑,台北"故宫博物院"藏,第347页。

方官采买军需免税最多的一次是光绪二十一年(1895)十二月初十日张家口监督宗室灵照奏报"再准前任监督觉罗明照移称户部先后来文内直隶总督李鸿章遣员采买军需马九百十四匹,湖南巡抚吴大澂遣员采买军需马五百五十匹,两江总督刘坤一遣员采买军需马五百匹,甘肃凉州镇总兵闪殿奎遣员采买军需马五百匹,办理热河团防事宜礼部右侍郎志锐遣员采买军需马三百五十匹,办理天津团练事宜兵部左侍郎王文锦遣员采买军需马一千二百匹,湖北巡抚谭继洵遣员采买军需马三百匹,广东陆路提督唐仁廉遣员军需马八百匹,福建陆路提督程文炳遣员采买军需马五百匹,以上各处共采买军需马五千六百十四匹,均经免税放行,所有税银一千六百八十四两二钱准其作正开销"①。宗室灵照所奏前任监督觉罗明照在任时采买军需马免税银钱比光绪十五年多将近4倍,觉罗明照于光绪二十年(1894)二月二十四日到任,光绪二十年中日甲午战争爆发,日本军事力量强大,清朝需要提高作战实力,这是采买军需马增多的原因之一。甲午战争后,清朝为了增加陆军力量,各地开始编练新军,使得采买军需马的数量增加,如光绪二十三年(1897)十二月初十日张家口监督孚会奏报:"再准前任监督定成移称户部先后来文内开直隶总督王文韶遣员采买军需马一千四百六十一匹,督练新建陆军温处道、袁世凯遣员采买军需马八百匹,均经免税放行,所有免税银六百七十八两三钱准其作正开销。"②地方官员采买军需均免税放行,此项开支从盈余银内动支,这一方面是张家口关税对国家财政贡献的表现,另一方面也反映出光绪朝张家口地区贸易市场在曲折中不断发展。

第三,办解内务府武备院羊毛银钱,并且规定了办解羊毛的具体数量。查阅奏折发现,光绪朝张家口监督每年办解武备院羊毛11万斤,每斤以9分计算。如光绪十七年(1891)二月十三日张家口监督荣安奏折中记载:"又准前任监督宗室宜烈移称办解武备院光绪十六年分年例羊毛六万斤,又添行羊毛五万斤,二共羊毛十一万斤,实因毛价并未见减,援照上

---

①《奏为遵例奏闻税务情形折》,《宫中档光绪朝奏折》第九辑,台北"故宫博物院"藏,第585页。
②《奏报张家口税银收支数折》,《宫中档光绪朝奏折》第十一辑,台北"故宫博物院"藏,第490页。

年成案每斤以九分开支,共银九千九百两,嗣奉户部札开准其作正开销。"①其他奏折记载办解武备院羊毛开销银两相同,说明张家口关税对清朝内务府的贡献早已成为规定,而不是一种偶然现象。

其次是普通开销,其开销具体使用的银两数目在奏折中有详细说明。以光绪十三年三月十九日张家口监督荫保的《奏闻张家口征税及用款折》为例,"移交自光绪十一年正月初二日起至十二年正月初一日止前任代征计一年关期共征收正额银二万四两五钱七分,盈余银一万六千二百五十六两九钱二分六厘八毫,制钱三千一百四十六千五百五十文,遵查前项银钱内发给察哈尔都统衙门十二个月行粮银一百八十两;居庸关税课大使俸薪等项一年应支银四十八两五钱二分;运送工部年例并添解大马匹三千张,武备院大小马匹二千张、大小牛皮一百六十张,车脚银二百二十七两六钱五分二厘;呈报钱粮、解送银两盘费骡脚银七十两;衙门书巡工食心红纸张等项应支银二千一百四十七两五钱二厘,讫户部户科考覆并一年饭银三百七十四两"②。从以上奏折内容可见,张家口关税的普通开销包括以下四种内容:

第1,察哈尔都统12个月行粮180两;
第2,居庸关税课大使俸薪48两;
第3,运送工部武备院牛、马皮车脚银227两;
第4,衙门书巡工食心红纸张2147两,一年饭银374两。

以上四项普通开支用费较少,全部从盈余内支出。其余奏折中光绪朝张家口税收的日常开销项目一并相同,只是某项开销银两数目上有变化,如解送工部牛和马皮的车脚银方面,光绪二十二年(1896)十二月初十日张家口监督定成奏折中记载,"运送工部年例并添解大马匹四千五百张,武备院大小马匹二千张、大小牛皮一百十四张,车脚银二百九十九两九钱八分八厘"③。

---

① 《奏报到任日期税务情形折》,《宫中档光绪朝奏折》第六辑,台北"故宫博物院"藏,第71页。
② 《奏闻张家口征税及用款折》,《宫中档光绪朝奏折》第三辑,台北"故宫博物院"藏,第129页。
③ 《奏报接任移交马匹银数折》,《宫中档光绪朝奏折》第十辑,台北"故宫博物院"藏,第514页。

通过对光绪朝张家口关税主要开销的考察,张家口关税的正额银20004两需要全部解交察哈尔都统衙门作为兵饷,这为北部边疆的军事防御提供了基本保障,同时减轻了国家财政压力。清朝中央对张家口关盈余银有直接处理的权力,盈余银内除例行开支项目、办解武备院羊毛和免税放行的银钱外,所剩银两在张家口监督任满回京后如数解交。解交盈余的期限据《钦定户部则例》规定为"左翼、右翼、山海关、张家口和杀虎口等5处期满,奏交盈余等款银两,自奉旨之日起勒限一月交清,倘逾限不交,由内务府参奏,参后勒限二十日,如再不完,奏请革职,送部监追"。

光绪朝张家口关税的正额银、盈余银数目以及主要的开销项目更直观地反映了张家口在清晚期的税收情况。光绪朝时期的张家口也许因为外在环境的变化,关口不再像以前那样壮观,但它对清朝税收的贡献不会随着历史的发展而被抹杀。

(原载《河北北方学院学报(社会科学版)》2017年第1期)

张家口近代同业公会组建及沿革

常忠义[①]

张家口从清代早期商贸业开始兴盛,直至1931年之前,晋商、京帮、当地商人等曾经组织起各类行社、会所、会馆,近代以后,开始向同业公会转变,从民国七年(1918)北洋政府(北京政府)农商部颁布《工商业同业公会规则》《工商业同业公会规则施行办法》开始,旧有工商业行社(会)组织形式的变革有了章法。1929年至1930年期间南京国民政府颁布新的《商会法》《工商业同业公会法》[②]之后,在政府强力督导下,张家口旧有工商业行社及未有行社组织的行业结束了涣散局面,全部组建为同业公会。到1950年工商业联合会成立,同业公会虽然仅仅走过20年的历史,但它适应并促进了社会经济的发展。学术界对张家口商会暨同业公会尚未有专门研究,本文拟对传统行、社向同业公会的转变及同业公会演变过程作一初步探讨。

[①] 常忠义(1951—),男,山西榆次人,河北大学宋史中心社会经济史兼职研究员、地方史学研究者,主要研究方向为张家口社会经济史。
[②] 参见王道修等编纂《张家口商会年鉴·法规(民国二十四年)》,以及《商会法》《商会法施行细则》《工商同业公会法》《工商同业公会法施行细则》等,张家口档案馆藏。

一、清后期与民国期间行社组织种类、变化及其特点

张家口地处华北北部,位于河北省西北部,与内蒙古高原接壤,自清代至民国期间,由于旅蒙商贸业和中俄外贸的兴盛,历经近三百年,逐步发展成为中国近代史上北方重要商埠,商贸业、手工业门类齐全,商贸体量巨大。各行各地商人在这里建立了各类众多的商业行、社,但目前有关记载仍较简略,尤其是清代前期。以下根据一些零星的资料对清代以来行、社演变过程做些考证。

清嘉庆十年(1805)《重修市台关帝大字碑记》①记有保正行、票行。②

清道光三年(1823)大境门内《重修山神庙、起盖楼、增建灶君殿碑记》③记有虔敬社、增福社、羊行社、平安社、太平社、牛王社、白虎社、代州社、清源社、太原社、诚敬社、恭敬社、利市社、诚一社、马王社、永盛社、缸房行,共计17个。

清道光三十年(1850)正沟朝阳村《关税谕饬碑》④记有票行。

清咸丰三年(1853)张家口堡《重修关帝庙募捐碑记》⑤碑阳记有经理:祁县社、汾阳社、榆次社、端阳社、玉泉社、中秋社、皮行社、诚一社、永庆社、重阳社。碑阴记有红烟行、交城社、永福社、钱龙社、永安社;《重修关帝庙碑记》有市圈保正行、南门外保长行、朝阳村保正行、市圈票行、下堡布行、碱行、榆次社、祁县社、重阳社、汾阳社、诚一社、端阳社、老皮行社、玉泉社、永庆社、细皮行、青盐行、米粟行、缸房行。除去重复记述,二通碑文共记行社25个,为碑文记述最多的。

清同治元年(1862)《张家口管税之关防监督景大人奏请裁牛羊分局

---

①现藏处不详,碑文由张家口博物馆副馆员宋志刚抄录并提供。
②赖惠敏在《清代北商的茶叶贸易》中指出票行是领部票到蒙古贸易的字号,而保正行则是替票行作保。票行领部票属于官商。作者原认为"票"字是"镖"字因碑刻不清而致,解释为"镖行"。
③本碑原存于明德北街山神庙,由张家口博物馆副馆员宋志刚提供碑文。
④现藏张家口堡抡才书院,碑文由宋志刚抄录并提供。
⑤咸丰三年张家口堡关帝庙重修时立有二碑,现均藏于堡内鼓楼北街关帝庙内,碑文由宋志刚抄录提供。

德政碑记》①有羊行太平社、羊行社。

清光绪二十四年(1898),山西雁门关碑刻中《张家口布施碑》②记载参与捐助的施主有如下行社:南门外保长行、市圈内保正行、朝阳村保正行、元宝山永安社、下堡鹹(碱)行、下堡铁行、下堡布行、下堡杂货行、下堡当行、钱行、车马行。

雁门关另一《张家口布施碑》③记有:泾面行、保正行、细皮行、南门外保正行、缸房行、青盐行、红烟行、黑磁行。

《张家口商会年鉴》(以下简称《年鉴》)④记录了清光绪三十二年(1906)时期的行社。上堡:市圈保正行、南门外保长行;下堡:钱行、当行、增盛社(茶行)、布行、油行、杂货行、京馃蜡行、梅葛社(染行)、碱行、面行、缸行、麻行、清水行(豆腐行),即所谓的下堡十三行。上、下二堡在大境门内,大境门外还有朝阳村保正行,合计16个行社。

清光绪三十四年(1908),察哈尔都统奏折附件⑤所记行社组织,是当时文书档案中最为全面的记录,包括:钱行、银行、票庄、当行、洋货行、皮行、布行、杂货行、碱行、市圈保正行、上堡保长行、朝阳村保正行、茶花、青盐行、增盛社、米粟行、油酒行、面行、京馃行,共计19个。

另外,《年鉴·沿革志略》⑥记录了民国初年行社:"嗣后陆续成立者有细皮行、老羊皮行、黑白皮行、铁行、青盐行、米粟行、黑白磁行、打换行。民国元年成立运输行,民国十四年成立万益公行商业公会、汽车行、牲畜交易行。"这是属于"口述历史"的回忆,不是当时的档案文书记录,所谓"嗣后陆续成立"究竟在何时也不清晰。

---

① 现藏大境门景区新修山神庙内,碑文由宋志刚抄录,有羊行太平社值年经理、羊行经理字样。
② 许檀:《清代河南、山东等省商人会馆碑刻资料选辑》,天津:天津古籍出版社,2013年,第539页。
③ 许檀:《清代河南、山东等省商人会馆碑刻资料选辑》,第561页。
④ 王道修:《张家口商会年鉴》,民国二十五年铅印本。
⑤ 天津市档案馆编:《天津商会档案汇编(1903—1911)》(上册),天津:天津人民出版社,1989年,第209页。
⑥ 王道修:《张家口商会年鉴》,民国二十五年铅印本。

民国十二年(1923)《商会征信册》①记有：保长行、口外保正行、市圈保正行、京庄外馆、增盛社、钱行、细皮行、面行、杂货行、碱行、油酒行、布行、京馃行、永安社、米粟行、运输社、染行、当行、青盐行、煤行、麻行、铁行，共计22个。

民国二十年(1931)时，未改组之前的行社有：钱行、细皮行、老羊皮行、黑白皮行、京帮旅蒙杂货行、朝阳村保正行、增盛社、布行、面行、煤行、运输社、保长行、米粟行、杂货行、京馃行、油酒行、青盐行、木行、铁行、席麻行、染行、斗牙行，共计22个。可以看出1931年与1923年所记录的行社名称基本相同。

以上文字史料所记多达22个行社，各个时期行社种类也不尽相同。但通过对这些资料的分析，我们也发现了从清嘉庆至民国年间张家口行、社的特点：

第一，从清嘉庆至民国时期的行社，多数是商贸业、手工业的组织，也有地方乡谊性质的组织。如清道光三年及清咸丰三年碑记中的代州社、太原社、汾阳社、榆次社等，从名称上肯定是晋商地域性行社(会)组织，它可能代表着山西某地域商家在张家口所习惯于把握操持的一种传统行业，但是因为资料缺乏，一些行社所管理经营的行业种类也难以明了，如清道光三年有虔敬社、增福社、平安社、太平社、诚敬社、恭敬社、利市社、诚一社；清咸丰三年的端阳社、中秋社、永庆社、重阳社、钱龙社；民国初年的万益公行；等等，有待再做探讨。

第二，晋商所组成的行社或把持的行社在清后期成为张家口工商业行社的主要力量。以清光绪二十四年雁门关《张家口布施碑》所记为例，除去在张家口的晋商以自家字号(60余户)捐款外，张家口还有10个行社参与善银捐助。雁门关为晋商走出山西的重要关隘，走到东口(张家

---

①张家口察哈尔文化陈列馆馆长李国欣藏品《张家口总商会民国十二年收支会费造具四柱清册》，其中有22个行社缴纳会费记录。按：此时正是商会改选停顿时期，实为临时的"商行联合会"，由史永泰主持。

口)的晋商必然回报雁门关修缮之事。①

第三,从清光绪朝末期至民国二十年之前,行、社处于分化整合之中,如张家口的"皮行"逐步分为了几个专业性的行社,有细皮行(皮裘)、粗皮行(老羊皮)、黑白皮行(皮革)、生皮行(皮毛贩卖、皮毛代理)等。

第四,银钱业行社则集合为一。清光绪三十四年都统《诚勋折》附件分中分有钱行、银行(号)、票庄(汇兑庄),民国十二年时已经集合为钱行。清末民初是晋商所经营的传统银钱业变革最为动荡之期,票庄所剩无几,钱庄、银号业务受到新的银行业冲击,其业务经过整合后,只以银号、钱庄称谓。

二、张家口近代工商同业公会组建之历程

从1918年开始,北京政府正式颁布《工商同业公会规则》,意在推动会馆、公所改造,建立适应社会发展与商会组织相关联、具有独立法人资格的新型同业公会,但由于社会处于军阀割据状况,没有强力的行政督导,同业公会的组建没有完成,张家口也如此。

北洋政府期间,张家口的行政地位仍然延续清代体制,②仅是直隶万全县下属的一个地方(堡),虽然商贸业发达,但行政地位低微。1912年成立"察哈尔特别区",沿用都统体制。《万全县志》③记述,察哈尔都统向驻张垣管理蒙旗一切事务,民国二年改为(察哈尔)特别区,一时区治

---

① 这10个行社中的商户可能不完全是由晋商所组成,但也应该是晋商在张家口所经营重要之业或是行社中坚力量,否则不会以行社名义同各家晋商字号参与外地善捐。这些行社是南门外保长行、市圈内保正行、朝阳村保正行,还有永安社、鹻(碱)行、铁行(荫城铁货)、布行、杂货行、当行、钱行等。

② 清代至民国十七年(1928),张家口地方(堡)一直属直隶万全县所辖,清代中后期长城边墙大境门外属张家口同知厅节制。清乾隆二十六年(1761)设置察哈尔都统(亦称张家口都统),都统署驻张家口。民国二年(1913)北洋政府设置察哈尔特别区,仍"借治张垣"。1928年南京国民政府设置察哈尔省,张家口为省会。1937年8月27日本人侵占张家口,成立伪蒙疆政权,妄图分治中国,张家口成为伪"首都"。1949年中华人民共和国成立后,张家口为新的察哈尔省省会。1952年中央人民政府决定撤销察哈尔省建制,张家口归属河北省,本文所指此时的张家口仅指一座城市,不是一个涵盖其他县域的地方行政辖区。张家口于1948年4月曾更名为"张垣"。

③ (清)路联逵、任守恭:《万全县志·张家口概况》,民国二十三年铅印本。

无相当地点,仍借治张垣,虽屡议迁治,迄未果行。直至南京政府成立之前,各路军阀频繁进驻①,张家口市面行政处于万全县管理软弱无力的状态。另外,进入民国后张家口的银钱业和旅蒙商贸业等主业经历了一段动荡的时期,商家及行社(会)处于低落期。故而自宣统元年(1909)创立商务总会后,张家口各业行、社仍延其旧。直至民国十八年(1929),等待有十年之久(1918—1929)。其原因与全国一样,与政府的软弱涣散,无力推动大有关系。这一状况至南京国民政府成立之后的二十世纪二十年代末至三十年代初以后方有改观。

民国十六年(1927)南京国民政府成立,设立察哈尔行省建制,张家口为省会。从此张家口摆脱了县府治下地方(堡)的低微行政地位,适应了其商贸业的兴盛与发展,同时加快了同业公会成立的步伐。

南京国民政府于1930年前以国府令颁布了新的《商会法》《工商业同业公会法》等相互配套的四部条律。张家口于1931年2月12日"遵照民国十八年八月十五日公布之商会法,在党政双方指导之下……就原有各行社之性质,依《工商同业公会法》之规定,依法改组为各业同业公会"。②

据《察哈尔通志》③记述,1931年张家口由旧有行社改组为同业公会的共计22个,新成立的各业同业公会23个,从此张家口市商会署理下共有45个同业公会。其中有33个在同一天成立或改组,显示出国民政府对于此事的强制督导。

综上所议,旧时代行社组织的改组,当社会的激烈变革来到面前时,如果只依靠从旧时代过来的行社和商民的自我觉悟是难以完成历史赋予的变革任务的,涣散怠惰的行为便不可避免。要想解决这种状况,既要有可以操作的法律,更需要政府采取比较果断的督导措施。

---

① 察哈尔特别区都统有:冯国璋、何宗莲、段芝贵、张怀芝、田中玉、张敬尧、王廷桢、张景惠、谭庆霖、张锡元、张之江、郑金声、鹿钟麟、高维岳、商震、张砺生。转引自陈志新:《民国时期察哈尔的都统与主席(1912—1949)上编》,《张家口文史资料》第28—29辑,1996年版。
② 王道修:《张家口商会年鉴》,民国二十五年铅印本。
③ 宋哲元、梁建章:《察哈尔通志》,台北:文海出版社,1966年,第2044—2056页。

三、同业公会的构成及演变过程

张家口同业公会自 1931 年依法改组行社,至 1950 年 11 月首届工商联会员大会召开,经历近 20 年,其演变过程可循张家口市整体历史变迁分为三个阶段:

第一阶段,1937 年前的同业公会。由旧有行社改组为同业公会,处于涣散状态的行业新建同业公会的阶段。

《察哈尔通志》[1]记述,1931 年旧有行社依法改组为同业公会的有:皮裘业(细皮行)、粗皮业(老羊皮行)、旅蒙业(旧京帮旅蒙杂货行)、生皮业(朝阳村保正行)、皮革业(黑白皮行)、茶业(增盛社)、绸布业(布行)、面业(面行)、煤业(煤行)、转运业(运输社)、西烟业(保长行)、米粟业(米粟行)、杂货业(杂货行)、京馃业(京馃行)、油酒业(油酒行)、牲畜交易业(牲畜牙行)、盐业(青盐行)、木作业(木行)、铁作业(铁行)、席麻业(席麻竹器行)、染业(染行)、斗业(斗牙行)。共计 22 个行社改组为同业公会。

与此同时新设立的同业公会有:酱醋业、皮靴业、缝纫业、客货栈业、叫卖业、车马店业、旅栈店业、豆腐业、沐浴业、铜铺业、钟表照像镶牙业、五金业、鞋帽广货业、中西药业、汽车业、干鲜果业、纸烟煤油业、肉业、书笔纸墨业、饼面业、首饰业、饭馆业、小营各货商行,共计 23 个。

改组和新建相加共计 45 个。

到 1935 年,《年鉴》[2]中张家口 1935 年各业统计表所记有 47 个同业公会,相较于 1931 年增加了蘑菇业、理发业、西货业,少了席麻业。非常珍贵的是,《年鉴》统计 47 个业类共有 2823 户商家、职工人数 16862 人、资本总额 1100310 元、营业总额 24193214 元(三个行业未统计)。营业总额排在前五位的依次为绸布业、旅蒙皮毛业、生皮业、鞋帽广货业、皮裘业。[3]

---

[1] 宋哲元、梁建章:《察哈尔通志》,第 2044—2056 页。
[2] 王道修:《张家口商会年鉴》,民国二十五年铅印本。
[3]《察哈尔通志》与《张家口商会年鉴》也记载了此时的同业公会情况,但仍然有微小差别,如《年鉴》有钱业公会,《通志》则没有记录。

第二阶段,日人侵占张家口时期的同业公会。1937年8月27日日本人侵占张家口,到1945年8月15日投降,共八年之久。张家口被侵占期间,日人在此所开设的工商各业,门类应有尽有(见附录)。

据伪《蒙疆年鉴》①1943年记载,张家口同业公会共55个,有:五金业、油酒业、制革业、文具业、百货业、饭馆业、粗皮作业、木作业、斗业、席麻竹业、猪肉业、首饰业、缝纫业、转运业、叫卖业、饼面业、自行车业、染业、蒙靴业、照像业、旅栈店业、车马店业、牲畜店业、砖瓦业、沐浴业、铜铺业、肠业、皮毛业、熟膏业、旅蒙业、毛绒工业、蘑菇业、猪鬃业、大车业、豆腐业、制糖业、西烟业、碱业、牛羊肉业、石炭业、煤球业、纸扎油裱糊业、鞋帽广货业、绸布业、米粟业、面业、茶叶业、纸烟煤油业、干鲜果业、皮裘业、鱼菜业、杂货业、糕点业、中西药业、盐业。此时期,张家口同业公会较1937年以前增加较多。

55个同业公会将张家口市区的所有工商业类包含在内。

日寇占领期间,最为恶毒的是将鸦片生意合法化,肆意扩大张家口周围地域的罂粟种植面积,公开将鸦片烟膏组成专业买卖行当,并由中国商人成立了"熟膏业同业公会"。"熟膏业"商户多达21户,而旅蒙业商户只剩6户。

日本人侵占期间成立有"张家口日本商工联合会",是一种将日本商家组成类似商会及各类同业公会的组织。

第三阶段,1945年8月15日日本侵略者投降后至1948年12月24日张家口解放。即晋察冀边区张家口市总商会所属各业联合会至察哈尔省张家口(张垣市)市商会署理同业公会时期。

日本侵略者投降后不久,8月23日八路军进驻张家口,建立政权。1946年3月重新组织张家口市总商会及所属各业联合会(同业公会)。

同业公会有(括号内为商户数):席麻竹业(23)、杂货业(53)、中西药业(50)、绸布业(60)、粮业(24)、木业(74)、旅蒙业(9)、茶叶(23)、制糖业(16)、糕点业(35)、旅栈店业(95)、饭馆业(36)、蘑菇业(17)、染业(25)、毛绒业(14)、估衣业(36)、车马店业(34)、猪鬃皮毛店业(21)、五

---

① 伪蒙疆新闻社:《蒙疆年鉴(1943)》。

金业(30)、豆腐粉业(55)、鞋帽广货业(149)、斗业(35)、油酒业(49)、砖瓦业(11)、运输业(14)、皮革业(89)、百货业(128)、钟表照像镶牙首饰业(37)、干鲜果业(66)、醋酱鱼菜业(131)、牲畜店业(13)、面业(102)、纸扎油裱业(41)、盐碱业(32)、生烟业(16)、猪肉业(24)、皮毛业(147)、煤炭业(26)、铁作业(101)、缝纫业(132)、蒙靴业(19)、纸张文具印刷(78)、沐浴业(6)、饼面业(166)、牛羊肉业、小商总联合会等,共计46个。另有7个小商分会,总数为53个。①

对比1935年《年鉴》所记录的45个行业公会,到1946年3月"晋察冀张家口总商会各业联合会"的53个,业态类别没有大的变化,数量上只是分别增立了8个"小商"组织,而在《年鉴》中只是"叫卖业"一个行业公会。另外,钱业公会、皮裘业等传统重要行业没有出现在记录中,皮毛业也没有分类。

日寇投降后,"晋察冀边区政府"进驻张家口,还成立了"公营商号"十余家②。如:晋察冀边区工矿管理局张垣皮革工厂、张垣第二化学工厂、张垣第一面粉公司、华盛公司、解放大饭店、裕民百货公司、利民商店、华盛文具商店、公盛公司、庆兴合作社、庆兴面粉厂、晋察冀边区工矿管理局电业公司、晋察冀军区供给部振华工厂、裕民皮毛公司、裕民食粮公司、边区工矿局供销处等。

以上仅是光复张家口之后四个多月之间建立的"公营商号",之后还有一些此类性质的商号,另有几户以私家字号名义成立的商号,为边区政府与国统区开展商贸活动,有银号、皮货庄、茶庄等。③

1946年10月,"晋察冀边区政府"主动战略撤退,察哈尔省建制重新设立。1948年4月,张家口市更名"张垣市",是年7月30日,张家口市商会发文④由商会理事长褚世昌签发,通知各行业公会改用"张垣"名称。

此时期各同业公会⑤有:百货业(河北徐水)、绸布业(河北冀县)、图

---

①《晋察冀边区张家口市总商会所属各业联合会》,张家口市档案馆藏,档号:S40-1-2。
②《同业公理事长名册》,张家口市档案馆藏,档号:S75-3-5。
③公营商号(公司)的个别负责人参与商会同业公会事务,由于缺乏各同业公会商家的名册,无法辨认这些商号是否参与各同业公会。
④张商电字229号。
⑤《同业公理事长名册》,张家口市档案馆藏,档号:S75-3-5。

教业（察省龙关）、杂货业（山西榆次）、茶叶（山西祁县）、饭馆业（山东荣城）、面粉业（察省怀安）、副食品业（河北故城）、干鲜果业（察省蔚县）、粮食业（察省蔚县）、五金电料业（山西忻县）、油酒业（察省怀安）、盐业（察省怀安）、日用品业（河北良乡）、皮毛业（山西汾阳）、皮袄业（察省天镇）、粗皮业（察省蔚县）、制革业（河北束鹿）、药业（河北通县）、木工业（察省大同）、旅栈业（河北束鹿）、牲畜店业（张家口市）、缝纫业（察省涿鹿）、金属工业（北平）、面食业（察省怀来）、茶食业（北平市）、车马店业（张家口市）、豆腐业（北平）、席麻竹器（河北良乡）、旧货业（河北怀来）、牛羊肉业（河北三河）、猪鬃业（河北怀来）、旅蒙业（张家口市）、蘑菇业（察省怀安）、漂染业（察省蔚县）、蒙靴业（察省大同）、制糖业（察省宣化）、砖瓦业（察省万全）、生烟业（山西汾阳）、运输业（北平）、油漆裱糊业（张家口市）、猪肉业（河北曲阳）、钟表照像镶牙业（北平）、食粮经纪业（察省万全）、煤业（察省怀来）、牲畜交易业（张家口市）、理发业（河北顺义）、钱业（山西交城）、沐浴业（察省万全）、金属饰品业（河北束鹿）、大车业（河北宛平）等，共计51个。① 而同一时期各同业公会会员代表名单中共记有54个同业公会，与此记录略有差异。如：鞋帽广货业、自行车电料业、熟膏业、毛绒业、碱业、铜铺业、肠业。还有行当相同、称谓不同的几个同业公会。

第四阶段，1948年12月至1950年11月。即第一届"张家口市工商业联合会"筹备成立前后。

1948年12月24日，张家口解放，不久，张家口市工商联筹备会正式改组旧商会为工商业联合会筹备会，工、商两业分开，根据生产和业体性质相同或相近的原则，成立54公会，并组成16个同业公会联合办事处，实行业体合署办公。②

工商联筹备委员会经过一年多的运作，于1950年11月底召开了首

---

①第一，以上同业公会名称后括号内为理事长籍贯；第二，以上理事长中年龄最大者为67岁，最小者为24岁。籍贯集中于察哈尔省、河北省、山西省等地，最远为山东省，没有其他省份人士，展现了这个时期在张家口经营各种生意的各地商人的地域特征。

②《工商联筹备工作总结》，张家口市档案馆藏，档号：S40-1-3。

届工商联会员代表大会,会后专门出版的"会刊"①刊有工商联下属各同业公会名册:

表1 张家口市各公会及业体明细表②(1950年11月)

联办处名称	所属各公会	包括业体
第一联办处	制革工业公会	制革业、皮条业、皮件业、水胶业
	粗皮工业公会	粗皮制造业
	皮裘工业公会	皮裘制造业
	蒙靴工业公会	蒙靴制造业、鞍鞯制造业
	毛织工业公会	毡制造业、弹花业、织布业
第二联办处	金属工业公会	电力铸铁业、电力铁矿业、铁工厂业、白铁业、铜器制造业、铁匠炉业、徽章制造业
第三联办处	木工业公会	电锯业、木器制造业、寿材制造业、大车制造业、风匣制造业、木桶制造业、土木建筑、笼屉制造业
	砖瓦工业公会	砖瓦制造业、白灰制造业
	度量衡器制造公会	度量衡器制造业
第四联办处	漂染工业公会	漂染业
	日用品工业公会	油脂制造业、印刷业、毛笔制造业、造胰业、篦子制造业
	缝纫工业公会	缝纫业
	生烟工业公会	生烟制造业、手工卷烟业、火柴业
	鞋帽工业公会	制鞋业、制帽业
第五联办处	面粉工业公会	电力制粉业、畜力制粉业
	粉条工业公会	粉条制造业、挂面制造业
	豆腐工业公会	豆腐制造业
	醋酱工业公会	醋酱腌菜业
	糖油工业公会	制糖业、手工制油业、电力制油业

①《工商联下属各同业公会名册》,张家口市档案馆藏,档号:S40-1-5。
②《张家口市各公会业体明细表》,张家口市档案馆藏,档号:S40-1-3。

续表

联办处名称	所属各公会	包括业体
第六联办处	粮面商业公会	粮食业、米面贩卖业、瓜菜种子业
第七联办处	百货商业公会	百货业、鞋贩卖业、帽贩卖业、新衣业、瓷器业、玻璃业、镜框业、纸花业
	绸布商业公会	绸布业
第八联办处	杂货商业公会	杂货业、生烟贩卖业
	图书教育用品商业公会	文具纸张业、颜料纸张业、麻纸账本业、书籍业、刻字业
	茶商业公会	茶叶、堆栈业
	干鲜果品业	干鲜果品业、干鲜果品牙纪业
	蘑菇业	蘑菇业
第九联办处	五金电料商业公会	五金电料业、首饰业、汽车零件业、自行车修理业、缝纫机修理业、刀剪贩卖业、铁货贩卖业
第十联办处	副食品商业公会	菜铺业、鸡鸭鱼贩卖业、食油贩卖业、酒贩卖业
	茶食商业公会	茶食业
	饭馆业	饭馆业、冰窖业
	盐商业公会	食盐业、碱业
	面食商业公会	面食业、茶水业
	牛羊肉商业公会	牛羊肉贩卖业
第十一联办处	运输商业公会	运输业
	旅栈商业公会	旅栈业
	车马店商业公会	车马店业
	大车商业公会	大车业
	沐浴商业公会	沐浴业
第十二联办处	皮毛商业公会	皮毛贩卖业、皮毛代理业、皮裘贩卖业
	猪鬃皮毛商业公会	猪鬃皮毛业
	旅蒙商业公会	旅蒙业

续表

联办处名称	所属各公会	包括业体
第十三联办处	煤商业公会	煤业
	日用品商业公会	日用品业、草纸业、鞭杆业、麻刀业、牛奶业
	席麻竹器商业公会	席麻业、竹器业
	旧货商业公会	旧货业、麻袋业、粗瓷业、木料贩卖业、喜轿业
	猪肉商业公会	猪肉业
第十四联办处	药商业公会	中药业、西药业
第十五联办处	照像钟表商业公会	照像业、钟表业、眼镜业
	理发商业公会	理发业
第十六联办处	食粮经纪业公会	食粮经纪业
	牲畜经纪业公会	牲畜牙店业

另外,直属公会有汽车商业公会(汽车业)、影剧商业公会(影剧业),还组建了三个小商联合分会。

张家口市首届工商业联合会的成立,结束了40余年旧商会的组织体系和称谓,并且首次将工业公会(手工业)和商业公会(贩卖、服务)分开管理,从理念上具有时代里程碑之意义。工业公会占有20个,其余为商业公会。工商联下属分有16个联合办事处,梳理了行业管理方法,强化了张家口整个市场的管理,意义重大。

四、结语

张家口旧时代的行社记载仅有清嘉庆十年(1805)之后的记录,难以完整反映长远的历史变化历程。行社名称随时代变革而变化,由传统隐喻意义的名称更改为更加直观的称谓。行社的细化和整合,实际上是伴随着社会经济的进步而变化的。

近代张家口之所以演变为一座商城,完全依赖于清代及民初旅蒙商贸和中俄外贸的兴盛。地理位置优越,距京城最近而驰蒙古草原亦为捷径。以晋商为主的茶商字号以及其它门类商家的早期进入,促发了张家口城市功能的突变、质变,商业、手工业等行业种类渐渐完善,社会化分工明晰,贸易体量集中(茶叶、皮毛),金融业聚集(钱庄银号、票号、账局),成为了可以比肩南方广州海洋贸易的北方陆路商埠重地。

行社(会)的演变过程,是从以自我约束为主的封建会社,逐步在当时政府的引导、督导下,走向了有着独立法人资格、集中在商会之下的同业公会组织。

张家口在近代史上,经历的社会变革较为频繁和复杂,工商各业在未组建同业公会前曾有怠惰状态,商民的群体意识难以适应社会发展形势。当政府商法健全后,在强力的督导和推动下,张家口终于完成了商贸业、手工业等各类行业的历史性蜕变。同业公会走过了20年(1931—1951),完成了近代历史赋予的任务。

附录:

1943年日本人出版的《张家口日本商工名鉴》详细刊录了在张家口(市区)日本人办的各类商店、工业、服务业等,共有50类业态,45个同业组合,外加20余个其他名称的经济团体和输入组合,如下:

金融、投资(4);贸易(33);工事请负业(建筑设计施工、装修共76);食料品、杂货(29);鲜干鱼、野菜、果实(8);菓子(17);酿造、清凉饮料水制造(4);制粉、制面、制馅、豆腐(10);叠、袄、家具、玩具(17);洋服、洋裁(19);吴服、蒲团(7);化妆品、小间物、履物、运动具(11);洗濯、染物(8);写真、写真材料(6);文具、纸、计器(8);书籍、杂志、新闻(8);印刷(4)、药品、染料、医理化器械(10);时计、乐器、贵金属(6);建筑材料、机械工具、金物(15);电气材料、工具(9);木材制材(6);涂装、看板(5);铁工(9);窑业(7);自动车(贩卖、贷切、部分品贩卖、修理);自转车(2);运送荷造(6);军御用达(7);质屋、古物(7);料理(17);饮食店(36);契茶(12);旅馆(15);下宿(1);理发、美容(8);兴业、娱乐(5);生花、造花(6);农园艺(不详);皮革制品制造(2);制棉(1);出版(1);矿业(2);烟草(10);油脂(2);汤屋(1);保险(5);其他(不详);医院(5);齿科医院(6);产院(7);整骨院(2);等等。(括号内为户数)

(原载《保定学院学报》2017年第3期)

张家口商会始立及其沿革

常忠义 刘秋根①

    张家口(市)的老城区已有近600年历史。清代早中期旅蒙贸易的兴盛和中俄外贸的发展,大规模的茶叶输出和皮毛输入,以晋商为主力的商家字号的经营,促使张家口演变成为中国近代史上的北方商埠重地。与其他商贸城市一样,清末以后,张家口(市)也开始了设立商会的历史进程。关于张家口商会乃至近代社会经济史及商贸业的研究成果薄弱,还需学术界予以重视。本文就张家口商会的设立及其组织机构的沿革作初步探讨与考述。

一、张家口商务总会设立时间考述

    中国近代商会史是从光绪二十九年(1903)清廷劝办商会开始的②。张家口作为近代北方重要商埠,自清康熙年间旅蒙业得到发展。雍正五

---

①常忠义(1951—),男,山西榆次人,河北大学宋史中心社会经济史兼职研究员、地方史学研究者,主要研究方向为张家口社会经济史;刘秋根(1963—),男,湖南邵阳人,河北大学宋史研究中心教授、博士研究生导师。

②可参见光绪二十九年(1903)十一月二十四日商部载振、伍廷芳、陈碧《奏为劝办商会酌拟简明章程事》一折,与《天津商会档案汇编(1903—1911)》(上)第20页《商部奏为劝办商会以利商战角胜洋商折》为同一折。

年(1727),中俄《恰克图条约》签订之后,迎来了旅蒙贸易和中俄外贸的繁荣时期。乾嘉时期、清末民初,张家口曾几度呈鼎盛态势,成为著名的塞外商城,近代以后,张家口商贸虽开始衰落,但在全国大潮的推动下,也开始了设立商会的历史进程。但关于张家口近代商会设立的时间,却自民国以来多有不同说法,值得我们关注。

民国二十四年(1935)《张家口商会年鉴》(下简称《年鉴》)记载:自光绪二十九年农工商部颁布商会简章,本市商民于光绪三十二年始,遵照部颁商会简章,就市面原有行社组织商会,定名为"张家口商务总会",受直隶省最高行政长官之监督。①

民国二十五年(1936)版《万全县志》,仍然沿用《年鉴》所述,即认为设立于清光绪三十二年。② 日军侵占张家口之后,经过改组商会,所订立的《张家口市商会章程·沿革》③中说:"溯自光绪三十三年,遵照部章,就市面各商行组织商会,定名张家口商务总会"。④ 近年新编《张家口市商业志》⑤、《张家口市志》⑥,均认可成立时间是在光绪三十二年的观点。另外,《天津商会档案汇编(1903—1911)》(下简称《汇编》)上册中,则将其成立时间定在光绪三十四年,甚至更细致地定为光绪三十四年正月十三日。⑦

由此可见,关于张家口商会成立的时间便有了三种观点:一是光绪三十二年说;二是光绪三十三年说;三是光绪三十四年说。

那么"张家口商务总会"的确切立会时间点究竟是在何时呢? 这还需从设立商务总局说起。清廷于光绪二十九年设立商部,光绪三十三年

---

① 王道修:《张家口商会年鉴》,《沿革志略》,民国二十五年铅印本。
② 路联逵,任守恭:《万全县志》卷六,民国二十五年铅印本。
③ 《张家口市商会章程·沿革》,张家口市档案馆藏,档号:S40-1-4。
④ 另外还有一份日伪时期非铅印的《张家口市商会调查表》(档号:S75-3-15),其中"商会沿革"注有张家口商会组织的设立时间:清光绪三十三年十一月十六日。
⑤ 张家口市商业志编纂委员会编:《张家口市商业志》,1990年,第7页。
⑥ 张家口市志编纂委员会编:《张家口市志》(下册),北京:中国对外翻译出版公司,1998年,第1192页。
⑦ 天津市档案馆等编:《天津商会档案汇编(1903—1911)》(上册),天津:天津人民出版社,1989年,第278页。

(1907)十二月十三日察哈尔当值都统诚勋上《奏为张家口设立商务总局组成商会情形事》①一折(下简称"诚勋折")说：

> 爰饬于口内②蒙古营房租借官屋一所,先行设立商务总局,按照各省现行成法,妥拟章程,刊发关防,业于七月间开局办公……遴委江苏补用道庆锡庚为总办,江苏试用道姚肇椿为会办……复经先后札委张家口同知、万全县知县暨左司员外郎等为帮办以辅之。③

此言可见,张家口商务总局于光绪三十三年七月开局办公。

在商务总局设立后至商务总会成立前的短时间内,还办过商务公所。此机构吸收有社会名士和各行社首领参加,为官府与商户合办的商务机构。其创办时间,《诚勋折札件》言：

> 立饬该局秉公裁判,了结多起,一扫向来消耗拖累之弊。于是商情大悟,咸晓然于此举之效果,而群疑尽释。当即传齐各业,选举众董,拟订章程,设立公所,择期开办。

可见,张家口商户们遵行朝廷谕令,成立了商务公所,但其成立的具体时间还有待考证。

至宣统二年(1910)四月初八日,察哈尔当值都统溥良《奏为裁撤张家口商务总局并撤销关防事》④一折给出了商会成立的具体时间：

---

① 《奏为张家口设立商务总局组成商会情形事》,中国第一历史档案馆藏,档号：04-01-01-0971-041。
② "口内"指张家口长城大境门以内,大境门外称为"口外"。口内为万全县管辖,口外为张家口同知厅节制。
③ 该档案与《天津商会档案汇编(1903—1911)》(上)第 206—209 页《察哈尔都统为保蒙旗需从保商入手速立张家口商会》为同一奏折,为抄送天津商会的"札件"(简称"诚勋折札件"),并附有"附件",而中国第一历史档案馆档案没有"附件",注有察哈尔都统诚勋之名。
④ 《奏为裁撤张家口商务总局并缴销关防事》,中国第一历史档案馆藏,档号：04-01-01-1114-041。

再查前光绪三十三年十二月十三日调任都统臣诚勋奏创设商务总局遴员办理组成商会一折……宣统元年十月二十一日准农工商部咨开,张家口商务总会设立以来试办已逾一年,本部业于十月十二日具奏,援案请给关防一折。①

可见,至宣统二年四月初八日,商会已经试办一年多,其成立时间点应是宣统元年四月前后,清农工商部正式准办在宣统元年十月二十一日。

二、张家口商务总局、公所、商会沿革及人员组成

从光绪三十三年七月张家口商务总局成立起始,至1950年第一届张家口工商业联合会成立,其间名称、组织机构、成员历经变化,值得我们梳理与探索。这40多年的变动可以分成以下四个阶段:

第一阶段:1907年至1916年。数年期间,共经历了三次变动:

首先,张家口商务总局成立。光绪三十三年七月商务总局开局,租借口内蒙古营房官屋一所②办公。任命官员江苏补用道庆锡庚为总办、江苏试用道姚肇椿为会办,并且先后札委张家口同知、万全县知县暨左司员外郎等为帮办以辅之。

接着,张家口商务(会)公所短期设立。如上所述,商务总局成立后,大约在光绪三十四年(1908年)初成立了商务公所,但存在时间很短,于宣统元年即宣告结束。其办公地址移至"市圈内市台庙",所推选的职员有:

名誉绅士:五品衔职员赵生慧、法政学堂毕业附生杨管、三品衔职员李永年、候选县丞陈国兴;评议董事:五品衔职员张受恩、陈宜三、周四弼、王必毅;各行分董三十一人。③ 可见人数较多且面广,但目前因资料匮

---

① 另《政治官报》宣统二年(1910)第920号,第276页亦载此事。见《大成老旧刊全文数据库》。
② 张家口来远堡(上堡)旧称"市圈","市圈"南门外驻扎有蒙古兵营。
③ 天津市档案馆等编:《天津商会档案汇编(1903—1911)》(上册),天津:天津人民出版社,1989年,第206—209页。

乏,组织机构未得其详。

清农工商部于宣统元年(1909)十月二十一日正式准予设立张家口商务总会。商会办公地址"宣统元年迁移于上堡朝阳洞"。《年鉴》清楚地记述了首届商会组成人员:"在商会成立之初,即依选举制投票选举。第一次选举区泽南为总理、任弼臣为协理;第二次改选岳兆旺为总理、任弼臣为协理;第三次改选岳兆旺为总理、毕大贞为协理;第四次改选郭嘉树为总理、施元祯为协理;民国三年第五次改选董若璞为总理、施元祯为协理;民国四年第六次改选何子郁为总理、史永泰为协理。"①

其中,区泽南和任弼臣均为上引《诚勋折札件》附件中所记原有行董之一。区泽南为"洋货行"②代表之一,任弼臣为"市圈保正行"代表。从宣统元年至民国四年,共有六次商会组成人员改选,呈现商会初建时期的不稳定状态,或许与清光绪农工商部颁布的《商会简明章程二十六条》任职期限为一年的规定有关。

第二阶段:1916年至1937年。

北洋政府至南京政府前期(1916—1931)。民国五年(1916)原"张家口商务总会"改组,更名为"察哈尔张家口总商会",直至民国二十年(1931)。这一阶段,商会组织变动也相当频繁,中间甚至改选停顿。

据《年鉴》③记载,民国五年,依北洋政府商会法,"张家口商务总会"改组为"察哈尔张家口总商会",其组织机构亦由总、协理制改为正副会长制。首次选举史永泰为会长、李文锦为副会长。后经多次改选,北洋政府期间即有四次。④ 至此,以会长为首领的"察哈尔张家口总商会"延续到民国十八年(1929)二月。

---

① 王道修:《张家口商会年鉴》,《沿革志略》,民国二十五年铅印本。
② 张家口市集邮协会郭宝秀藏品,光绪三十二年信封一件,有"隆昌洋行区泽南收"字样。按:"洋货行"即为洋行。
③ 王道修:《张家口商会年鉴》,《沿革志略》,民国二十五年铅印本。
④ 第一次,民国七年,改选史永泰为正会长、何焕新为副会长;第二次,民国十一年,因筹备改选时各行意见稍有出入,商会改选停顿,由各商行组织商行联合会维持现状至民国十四年,约四年时间;第三次,民国十四年六月二十四日,改选刘开芬为会长、刘斗光为副会长;第四次,民国十六年八月三日,改选贾步犀为会长、永祺为副会长。

民国十六年(1927)北伐战争结束,南京国民政府成立。次年,政府工商部颁布新的《商会法》,改会长制为委员制。本市商会于民国十八年二月十八日遵照此法进行了改组,由会长制改为常委制,常委中推选主席一名。首次改选贾步犀为主席,永祺、赵文华、王继先、师泽如、褚世昌、岳增祥为常务委员。至1931年间,商会组成人员又几经变动。①

民国十八年二月十八日商会的改选或许不完全合乎新的《商会法》要求,因此在察哈尔省政府、省国民党党部督导、指导下,于民国二十年二月二十日再次改组更名为"张家口商会"。

这样,从民国五年至民国二十年二月,"察哈尔张家口总商会"延续共计15年。其间含有北洋政府12年。

改组后的"张家口商会"职员仍然沿袭主席、常委名称,并"选举褚世昌为主席,岳增祥、赵文华、张贯卿、田守基为常务委员。是年九月褚世昌辞职,改选岳增祥为主席,赵文华、张贯卿、田守基、杨寿轩为常务委员,九月二十七日就职"。②

民国二十四年(1935),在察哈尔省政府主席宋哲元将军的督导下,"张家口商会"进行了改组,更名为"察哈尔张家口商会",依法选举王道修为主席③,另有4位常务委员、10名执行委员。商会职员七月一日就职。(见表1)

---

①民国十八年九月,贾步犀请假,由常委永祺代理主席职务。民国十九年十月,贾、永二公先后退职,由武光生临时主持会务,旋即自行退职。公推常委褚世昌继任主席,李文锦、赵文华、岳增祥、施泽如、张克通、王继先为常务委员。

②王道修:《张家口商会年鉴》,《沿革志略》,民国二十五年铅印本。

③此次商会改组之后,最值得注意的是:推举了钱业公会的首领、山西籍的王道修为新的察哈尔张家口商会主席。而在此前,张家口历届商会会长、主席等职,均没有钱行、银(号)行的首领担任。张家口的银钱业历史悠久,几乎为山西籍的人士所垄断,但是由于山西籍商界人士的传统个性,并不热衷于"出头露脸"的商会领袖一职。王道修此次出任主席之后,尽职尽责,其中最大成果是在任职一年后主持编纂了《张家口商会年鉴(民国二十四年)》(铅印本)。此部商会年鉴为张家口有商会成立以来第一部,也是唯一的一部。王道修率几位常务委员均在《年鉴》中书写序言、叙文等,以述老牌商界领袖对于张家口商贸业的辉煌历史回顾及其未来祈盼。《张家口商会年鉴》与同年由宋哲元督修、梁建章主纂的《察哈尔省通志》交相辉映,成为了张家口近代史研究中不可或缺的典籍。

表1 "察哈尔张家口商会"构成情况表(民国二十四年)

职务	姓名	籍贯	岁数	所驻商号	同业公会职务
主席	王道修	山西祁县	55	豫新银号	钱业公会主席
常务委员	赵文华	察省怀安	63	庆巨成	皮裘业公会主席
	褚世昌	张家口市	48	福兴隆	旅蒙皮毛业执委
	王桂堂	河北束鹿	39	中华书局	书纸笔墨业主席
	李文锦	河北通县	56	瑞成厚	旅蒙皮毛业主席
商会秘书	徐寿祺	察省怀安	49		撰拟重要文书、稿件等(专职)

注:"察哈尔张家口商会"延续至民国二十六年(1937)八月遭日寇侵占,为时约计2年。

第三阶段:1937年9月至1945年8月,日伪侵占时期。

自1937年8月27日张家口被日寇侵占,至1945年8月23日八路军收复,历经整整八年。《张家口市志》[1]记载:日军入侵后,执委于品卿、韩广森在商会组织"治安维持会",旋即改为"张家口市商会"。[2] 又记:1937年8月会长于品卿、1938年9月会长韩广森、1939年9月会长副会长刘兴浦和常福、1941年会长副会长翟竹轩和陈乐天。[3]

《张家口市志》对以上记述并未注释出处,经查日人侵占前及1939年《张家口市商会章程·沿革》[4]等资料可见:第一,于品卿、韩广森为侵占前"察哈尔张家口商会"原有执委。1937年9月4日伪"察南自治政府"在张家口成立,于品卿沦为汉奸,任职最高委员。故1937年8月,所谓会长于品卿,实际为维持会长。第二,商会构成人员及变动与《张家口市志》也有略有出入。《张家口市商会章程·沿革》[5]记:民国二十六年十二

---

[1] 张家口市志编纂委员会:《张家口市志》(下册),北京:中国对外翻译出版社,1998年,第1193页。
[2] 关于张家口"市"之称谓:由于民国初至日本侵占前,隶属万全县治,从未建立过"张家口市政府"机构,故未有"市"一说。1939年9月1日伪日,伪"蒙古联合自治政府"成立,定张家口为伪"首都",之后设立"张家口特别市",始有"市"之称谓。
[3] 张家口市志编纂委员会:《张家口市志》(下册),北京:中国对外翻译出版公司,1998年,第1121页。
[4] 《张家口市商会章程·沿革》,张家口市档案馆藏,档号:S40-1-4。
[5] 《张家口市商会章程·沿革》,张家口市档案馆藏,档号:S40-1-4。

月一日,选举韩广森为会长,刘兴甫为副会长。二十八年(1939)二月一日韩广森升任市长(汉奸伪市长),补选刘兴甫为会长,常福为副会长。

第四阶段:1945年9月至1950年11月,商会组织机构经历三次变动。

首先是"晋察冀张家口总商会"时期。民国三十四年(1945)八月二十四日,八路军光复张家口,"晋察冀张家口总商会"于十二月成立。设主任委员,不再用会长之名。其组织机构及人员如下表。(见表2)

表2 "晋察冀张家口市总商会"主任、委员名簿①

职别	姓名	年龄	籍贯	行会	商号	店址
主任	刘鸿达	36	山西平定		贸易公司(国营)	长清路
副主任	冀耀庭	48	察省蔚县	粮业	福利永	冯窑厂
常务委员	何法章	38	河北平山	粮业	食粮公司	冯窑厂
常务委员	李峙	28	河北安国	饭馆	胜利馆	二区怡安街八五号
常务委员	陈鸿友	30	河北天津	小商总会		福寿街五〇号
常务委员	杨春山	22	沙城	小商		六区西坡子四号
执委	郑仁同	44	河北省	绸布	恒德同	明德南街二二九号
执委	崔万祺	34	河北束鹿	鞋帽广货	裕民百货公司	解放大街
执委	杨志远	36	河北阜平	面业	张垣第一面粉厂	明德南街一八四号
执委	李瑞芳	29	察省怀安	杂货	德和瑞	怡安街一号
执委	何子怡	44	河北三河	饭馆	德胜园	长寿北横街一九号
执委	刘诰	46	察省蔚县	染业	复源涌	尹家巷四号
执委	陈福来	43	察省延庆	粮业	福生德	下三间房
执委	袁韶九	44	河北武邑	鞋帽广货	庆元永	北武城街四一号
执委	温玉	32	张家口市	小商联合会		一区马路三条
执委	于景武	29	河北定兴	同上		启安里九号
执委	刘佩然	35	河北省	同上		三区前西街二四号
执委	边进先	31	河北保定	同上		新华街西糖房六号
执委	杨振国	36	河北怀来	同上		明德大街一八五号
执委	张银宝	29	张家口市	同上		七区小商联分会内

①《晋察冀张家口市总商会主任、委员名簿》,张家口市档案馆藏,档号:S40-1-2。

另外还设有候补执委 5 名。该届商会中没有传统的皮毛业、制革业、银钱业、旅蒙业等大商行代表,也没有大的商家字号代表出任。所有职员的年龄结构偏于年轻化,35 岁之下有 12 名。4 名常委有 2 名小商代表,14 名执委中小商联合会就占有 6 席。其原因是什么,目前还不好蠡测。但至少可以说,八路军晋察冀边区政府首次进入省会级城市后,马上就对商会加以改组,建立新的组织机构,并阐明了政府对于工商业及商人的依靠政策。

其次为 1946 年 10 月至 1948 年 12 月期间。1946 年 10 月,张家口晋察冀边区政府战略撤退,"晋察冀张家口市总商会"随之撤销。国民党傅作义部队占领后成立新的察哈尔省政府,张家口为省会。民国三十七年(1948)四月经国民政府批准,张家口改名为"张垣"。其间由各个行业公会推举褚世昌、刘丽生等人组成"临时商会",维持市面。民国三十六年(1947)六月十一日,正式成立"察哈尔省张家口市商会"。其理事、监事名单汇总如下。(见表 3)

表 3　察哈尔省张家口市商会第一届当选理事监事名册①

职别	姓名	年龄	籍贯	行业	代表商号	文化
理事长	褚世昌	60	张家口市	旅蒙贸易	永诚铭	私学
常务理事	刘丽生	45	山西文水	杂货业	裕泰祥	私塾
	赵文华	75	察省怀安	皮裘业	庆聚成	私学
	张秉武	42	张家口市	盐业	裕成碱店	师范
	郑仁同	46	河北冀县	绸布业	同生益	小学

① 《察哈尔省张家口市商会第一届当选理事监事名册》,张家口市档案馆藏,档号:S75-3-5。

续表

职别	姓名	年龄	籍贯	行业	代表商号	文化
理事	董化南	55	察省阳原	皮毛业	和记	高小
	李炳华	37	察省阳原	图书教育用品业	国际书报社	大学
	贺聘卿	48	山西交城	钱业	世合德	高中
	李少臣	32	北平市	药业	中西药房	中学
	郭献章	37	察省怀安	面粉工业	万恒隆	私塾
	尹达夫	32	山东潍县	影剧业	庆泉影剧院	大学
	王新田	46	北平市	运输业	苏卜公记	私学
	刘景和	39	河北徐水	百货业	顺泰聚	小学
	朱仲扬	36	北平市	金属工业	利荣铁工厂	中学
	于嘉五	42	河北密云	摊贩公会	至善街	中学
	阎宝龙	29	察省万全	砖瓦工业	德源窑厂	小学
	金镜轩	45	北平市	豆腐业	金豆腐房	高小
常务监事	刘子荣	60	河北束鹿	旅栈业	聚益栈	私塾
	孟仲明	48	河北故城	副食品业	德馨怡	私学
	王兆祥	45	察省蔚县	干鲜果品	祥义成记	私学
监事	张永发	54	山西忻县	五金电料	义和祥	私塾
	王廷熙	54	察省万全	食粮经纪(斗业)	得义公	私塾
	李子英	45	河北宛平	大车业		私塾
	吴玉田	41	吉林德惠	照像钟表	玉崑斋	小学
	李其容	40	河北顺义	理发业	丽容	私塾
	冯义	48	察省蔚县	漂染业	同兴义	私塾
候补理事	王振达	39	河北昌平	茶业	吴德祥记	私塾
	许桂	55	山西大同	木工业	德源和	私塾
	张发祥	35	察省万全	油酒业	万兴昌记	小学
	张全甲	48	察省蔚县	粮食业	宝生长记	私塾
	周润泽	36	察省蔚县	粗皮工业	公兴裕	私塾
	董立山	34	河北束鹿	制革业	永丰皮厂	私塾
	高通	31	河北良乡	蓆蒲竹器	三和号	小学

续表

职别	姓名	年龄	籍贯	行业	代表商号	文化
候补监事	孙寿山	41	察省怀来	煤业	合鑫长	小学
	赵鸣久	39	张家口市	车马运输	长盛店	私塾
	贺文元	41	察省怀来	猪鬃皮毛栈	德瑞店	小学

此届商会职员改称"理事长",并且增加了"监事"多名。所有商会组成人员中含有36个行业的代表。

最后为1948年12月至1950年11月期间。1948年12月24日,张家口获得解放;1949年10月25日,由政府提名,"张家口市工商联合会筹备委员会"①成立。②筹备委员会经过一年多的运作,于1950年11月25日至27日召开了"工商联合会一届一次代表大会",正式宣布"张家口市工商业联合会"成立。其当选委员如下表。(参见表4)

表4 张家口市工商联合会当选委员名册③

职别	姓名	年龄	籍贯	行业	代表商号	职务
主任	孙荫樊	48	山西汾阳	皮毛业	德玉恒	副理
副主任	冀耀庭	54	察省蔚县	面粉业	福利永	经理
	兰凯民	32	河北安国		信托公司	经理
	赵鸿业	50	山西榆次	杂货业	永发和	副理
	徐逸人	39	浙江浦江		人民建筑公司	副理

---

① 《张家口市工商联合会筹备委员会》,张家口市档案馆藏,档号:S19-3-8。
② 张家口市工商联筹备会《一九四九年一月至十月工作总结》中,在"成绩和收获"第五条叙述:经过九个月的筹备工作,于十一月初,召集全市各行业理事长会议,由政府聘请常委七人、执委十人,改组旧商会为工商业联合筹备会。继后正式成立筹备会。
③ 《张家口市工商联合会当选委员名册》,张家口市档案馆藏;档号:S40-2-028、S40-1-5。

续表

职别	姓名	年龄	籍贯	行业	代表商号	职务
常务委员	齐凤韶	53	山西榆次	茶业	天一香	经理
	李靖南	42	张家口市	皮裘业	福和义	经理
	李凤翔	30	河北任丘		人民银行	营业部主任
	赵盛甫	48	察省宣化	糖油业	元兴油厂	经理
	彭宝池	34	河北景县		华纱公司	经理
	申甸春	48	山西祁县	茶业	大兴隆	经理
委员	李少芳	66	天津市		欣生面粉厂	经理
	郭耀珍	44	河北交河	铸铁业	义胜铁工厂	经理
	李瑞芳	34	察省怀安	杂货业	德和瑞	经理
	孙治安	48	察省怀安	机制粉业	永丰面粉厂	经理
	李少臣	35	北京市	药业	中西药房	经理
	杨献庭	39	察省怀安	绸布业	宏顺德	经理
	王儒	31	察省蔚县	百货业	复兴德	经理
	周润泽	40	察省蔚县	粗皮业	永顺昌	经理
	王万春	43	察省怀安	药业	中华药房	经理
	张全甲	48	察省蔚县	粮食业	宝生长	经理
	庄衡久	47	河北冀县	百货业	同发永	经理
	高霁云	37	北京市		企业公司	科长
	王平夫	42	河北涞源		粮食公司	副理
	马英	46	河北阜平		百货公司	副理
	刘化三	50	河北安平		小商联合会	理事
	高建功	39	河北深县		小商联合会	人民市场主任

续表

职别	姓名	年龄	籍贯	行业	代表商号	职务
候补委员	王湖亭	67	山东荣城	饭馆业	福源楼	经理
	刘静波	55	河北南宫	土木建筑	五星建筑制材厂	经理
	王宝勋	34	河北饶阳	钟表照像	慎昌表行	经理
	勾清	51	察省蔚县		小商联合会	理事长
	张芝兰（女）	39	察省浑源（今山西）	副食品业	德盛号	经理
	任一鹤	46	河北大城		土产公司	经理
	傅钰	26	河北灵寿		煤铁建筑器材公司	副理
	贾锡	48	河北唐县		皮毛公司	经理
	韩毅	43	山西五台		兴华面粉厂	经理

张家口市工商业联合会（第一届）结束了旧时代"商会"的称谓，27名执委中，私人商贸业、手工业的代表17名，占六成之多，而且第一届主任由私人皮毛业老字号"德玉恒"副理孙荫樊担责，4名副主任中2名为私人商号经理，反映了对于私营工商企业之政策倾向。比较而言，与1946年晋察冀张家口总商会组成人员有着显著不同。

综上所述，本文简要地考证了"张家口商务总会"始立时间点，追述了张家口城区近代商会组织的沿革脉络。由此可见，张家口商会组织经历了将近半个世纪的坎坷历程，其间经历了清王朝末期、军阀混战的北洋政府时期、南京国民政府时期、日人侵占（伪蒙疆政府）时期、八路军晋察冀边区政府时期、国民政府再次进驻时期、中华人民共和国中央人民政府时期，计有七个阶段社会政局的变迁、变革。

张家口近代商会体制和组织机构伴随社会变革而多次变化。其间至少经历了七次改组，其中三次改组、改选后即冠以"察哈尔"之名：一是原察哈尔特别区（北洋政府）借驻张家口期间；二是张家口为察哈尔省（南京政府设立）省会期间，但其间短暂去掉"察哈尔"冠名近四年；三是恢复察哈尔省（抗战后国民政府）张家口为省会期间。（见表5）

表5　张家口商会组织沿革汇总表(1907年8月—1950年11月)

组织名称	沿革年限	所用职衔	主要职员	备考
张家口商务总局	清光绪三十三年七月至翌年	总办、会办（官办）	总办:庆锡庚 会办:姚肇椿	同知、县丞、左司员外等为帮办
张家口商务公所	清光绪三十四年至宣统元年	上加:名誉绅士、评议董事、行董	总办:庆锡庚 会办:姚肇椿	绅士4人、评议4人、行董31人
张家口商务总会	清宣统元年十月二十一日	总理、协理	总理:区泽南 协理:任璧臣	首任
同上	宣统二年至民国二年	总理、协理	总理:岳兆旺 协理:任璧臣	一次改选
同上	同上	总理、协理	总理:岳兆旺 协理:毕大贞	二次改选
同上	同上	总理、协理	总理:郭嘉树 协理:施元祯	三次改选
同上	民国三年	总理、协理	总理:董若璞 协理:施元祯	四次改选
同上	民国四年	总理、协理	总理:何子郁 协理:史永泰	五次改选
察哈尔张家口总商会	民国五年	正、副会长	会长:史永泰 副会长:李文锦	首任
同上	民国七年	正、副会长	会长:史永泰 副会长:何焕新	一次改选
以商行联合会维持商务活动	民国十一年至十四年	会长	史永泰出任会长	改选停顿
察哈尔张家口总保正行商保正行会	民国十四年六月二四日	正、副会长	会长:刘开芬 副会长:刘光斗	二次改选
同上	民国十六年八月三日	正、副会长	会长:贾步犀 副会长:永祺	三次改选
察哈尔张家口总商会	民国十八年二月十八日	主席、常务委员	主席:贾步犀 常员:永祺等	首任主席、常委(常委6人)

续表

组织名称	沿革年限	所用职衔	主要职员	备考
同上	民国十八年九月	主席、常务委员	主席：永祺（代理）	原主席请假
同上	民国十九年九月	主席、常务委员	武光生临时主持贾、永退职	武光生旋即退职
同上	同上	主席、常务委员	主席：褚世昌 常委：李文锦等	公推常委褚世昌继任（常委六人）
张家口商会	民国二十年二月十二日	主席、常务委员	主席：褚世昌 常委：岳增祥等	依据商会法改组（常委4人）
同上	民国二十年九月二七日	主席、常务委员	主席：岳增祥 常委：赵文华等	褚辞职、改选（常委4人）
察哈尔张家口商会	民国二十四年七月一日	主席 常务委员	主席：王道修 常委：赵文华等	政府饬令改组（常委4人）
张家口市商会	民国二十六年十二月一日	会长、副会长、常委、执委监委	会长：韩广森 副会长：刘兴甫	日伪时期
张家口市商会	民国二十八年二月一日	会长、副会长、常委、执委监委	会长：刘兴甫 副会长：常福	日伪时期
同上	民国三十年	会长、副会长、常委、执委监委	会长：翟竹轩 副会长：陈乐天	日伪时期
晋察冀张家口总商会	民国三十四年十二月	主任、副主任、常委、执委监委	主任：刘鸿达 副主任：冀耀庭	光复后（各种委员共23人）
察哈尔省张家口市临时商会	民国三十五年十一月		褚世昌、刘丽生	各行业公会公推代表以维持市面
察哈尔省张家口市商会	民国三十六年六月十一日	理事长、常务理事监事、理事等	理事长：褚世昌 常务理事：刘丽生	共计35名各类理事、监事等
张家口市工商业联合会筹备会	1949年10月25日	政府聘请常委7人、执委10人		1948年12月底张家口解放

续表

组织名称	沿革年限	所用职衔	主要职员	备考
张家口市工商业联合会(第一届)	1950年11月25日	主任委员、常委、执委等	主委:孙荫樊 副主委:冀耀庭等	秘书长:张仲勋 执委27名

  张家口近代社会经济史可在中国近代史研究中占有一席之位,但是多年来缺乏史学界深度关注,近代商会史研究学术著作和文章则偏于南方城市研究,而少于研究曾经有过辉煌历史的北方商埠重镇。张家口曾经经历了史上最长时间的"旅蒙商贸"活动,几乎见证了清代中俄外贸的全过程,也与华北乃至中国明清以来商业金融密切相关,期待学术界做深入研究。

  本文仅对近代以来张家口商会成立、沿革做出考证、梳理,个别时期商会人员的组成或许有微小的变动,对此未做陈述。

（原载《石家庄学院学报》2017年第19卷第5期）

光绪年间张家口"晋义社"考释及其资料整理

孟伟 杨建庭[1]

撰写本文的目的有三:第一,将迄今为止业已发现的有关张家口"晋义社"的资料——原始碑铭予以汇总整理;第二,就张家口"晋义社"的一些相关问题予以考释;第三,就有关张家口"晋义社"的一系列相关问题,包括针对以往学者对这一问题的认识偏差予以辨析。抑或,以上三个相关联的内容,可以作为本文三个专门问题的标题:张家口"晋义社"碑文的整理;张家口"晋义社"基础问题考释;张家口"晋义社"尚需注意的一系列相关及其延伸问题。

所谓"晋义社",本文特指光绪二十九年(1903)出现在张家口的一个专门管理"客死异地,就地掩埋同乡的义冢、义园、义地"的同乡会组织。对于明清时期的山西商人来说,如张家口"晋义社"这样的组织,具有普遍性,举凡有山西会馆的商埠、码头和城镇,基本都有类似的组织,它们属于较为典型的民间性"会""社"。

---

[1] 孟伟(1963—),男,山西文水人,教授,历史学博士,博士生导师,主要研究方向为明清晋商史;杨建庭(1982—),男,安徽当涂人,讲师,历史学博士,硕士生导师,主要研究方向为近代经济史、山西商人史。

一、张家口"晋义社"碑文的整理

(一) 缘起

本文及笔者其他有关张家口地区历史文化的一系列文论,缘起于多年来对张家口历史文化遗存的"田野作业"——组织全国二十多所大学、科研院所专家学者、年轻教师、在读博硕士等持之以恒地"地毯式"普查。田野作业的过程中,偶然发现一通有关山西商人在张家口的碑铭,以此为线索,继续追寻,因此,有了对张家口的"晋义社"较为全新的认识。如此方法和路径,虽说有些艰苦,但更具学术意义和价值,也不失严谨治学之态度。

(二) 关于"张家口·晋义社"的三通碑铭

张家口博物馆现存残碑一通,无题名,首行书款为:"钦加同知衔,赏戴花翎、大计卓异、调补宣化府万全县正堂、加十级,记录十次万,为出示晓谕"。刊刻时间为光绪三十一年(1905)九月,内容涉及在张家口的山西商人于光绪二十九年成立"晋义社"的前因后果,以及募化银钱、置买地亩、营建神殿等事项。

该碑的来龙去脉,由金姝丽、宋志刚、李瑞民、顾小舟等在《张家口清代晋义社石碑的发现及碑文考》[①]一文中给出了基本介绍。笔者进而得知:尚有另外两通碑铭,被遗弃在内蒙古商都县糖厂,多年踩踏,漫漶严重。这两通碑题名分别为《张家口创建晋义社碑记》《募化官绅姓名碑记》。

目前已经清楚有关张家口"晋义社"的三通碑记分别存放在:张家口博物馆(门口一通,可以简称为《晓谕碑》),内蒙古商都文化馆(藏有两通,可以简略为《创建碑》和《募化碑》)。

(三)"晋义社"碑铭整理

1.晓谕碑

钦加同知衔,赏戴花翎、大计卓异、调补宣化府万全县正堂、加十级,

[①] 金姝丽、宋志刚等:《张家口清代晋义社石碑的发现及碑文考》,《张家口历史文化研究》(内部刊物),2008年第6期。

记录十次万,为出示晓谕。

事据张家口晋义社执事人文学山等禀称:窃张垣为四方仕商会聚之地,年深月久不免有尸骸落于此方。从前并无公地,既之埋葬之所,尸骸暴露,见者伤心,闻者酸鼻。伊等不忍坐视,会同山西同乡募捐,莫不慷慨乐从。因在沙河南岸古道渠口,置买空地一块,计地二十五亩。经营布置,修立围墙。其中建神殿三楹,旁盖房屋,以为旅客病故停柩之所。共花费银九千余两。公举正直之人,经理其事。恐日久湮没,徒劳无功,□禀明立案。

再,口地有一等防夫,素以包揽抬柩埋尸为事。一遇此事,工钱任意需索,并无定规。受此害者,实难枚举。昨因染房乡友病故,社中自行掩埋。该防夫等胆敢群赴社中,逞凶滋闹。称非伊等经手,不容他人抬埋。

除禀请立案外,并请出示严禁,嗣后遇有丧家安葬,任听原主自行掩埋。即雇伊等扛抬,工价务须公平,不得任意多索,并不准棍徒及游方僧道、乞丐人等在该善所强讨滋扰;亦不准看守之人,私自留人住宿暨私停灵柩,暗埋骨殖等情。

据此,除批示立案外,合亟出示晓谕,为此示仰该防夫暨看守人等知悉。自示之后,务各遵照前开各节办理,毋得抗违,致干并究。其外来游方僧道及无知匪徒,并往来乞丐人等,亦不准在社强索滋扰,违则究惩不贷。各宜凛遵毋违。切切特示。

右谕通知

光绪三十一年九月　　日

告示

实贴:张家口晋义社

按:此碑现存张家口市博物馆门口,刻石于光绪三十一年九月,石灰岩石,首身一体,碑高162cm,宽66cm,厚22cm,无座。碑身有裂纹,碑阴有文,现不详。另据讲述:此碑发现于1995年,原立桥西区元台子附近,藏于一处温姓民居墙壁内得以保存。该处房屋拆迁时,藏户将藏匿墙壁内的石碑捐献给市博物馆。温姓后裔回忆,其父曾在民国时期为"晋义社"看门人。

2.张家口创建晋义社碑记

题名:张家口创建晋义社碑记

粤稽西伯①出游,得见无主之骨。曰:"有天下者天下为之。有一国者一国为之主,今,我即其主矣!"遂命吏以衣冠葬之。因此西方闻西伯泽及枯,而今归者莫之能御。洎周官设□□之职,同令颁掩骼之条,天下通邑次及商贾立埠之区,均兴掩骸之会。诚见善则迁之。美事也!

张垣为北省边陲、繁盛要地。其口外,西北接大库伦、恰克图,内外通商必由之路。东南连京畿各省,商贾匠艺咸会萃于此。或落魄客死,不得归省。殡衢埋路,子孙不识其所。冬夏风雨,多历漂吹。越数十年,蹂躏不堪。悲哉! 骸骨暴露之不免也。人生皆有死,死而正邱首幸已。不幸客死,死不得归。卒乃血肉尽,骨□露,剥蚀残枯。过者莫不□额吁:"张垣义冢之急于创立,而不可久待也!"

光绪癸卯春②,商人文公学山、曹公时升、胡公云章、王公晋源四人偶意建修。因与同乡诸公,约会举办,而诸公亦乐意创随。因而协力踌躇,共襄其事。于是专疏募化,自恰克图、大库伦及张垣,前后共募化钱九千一百八十千文。置到玉带桥左面,地名古道渠地基一段,共计地二十五亩。四面筑以围墙,其间经营布置,以为瘗埋之区。坎位建院一所,上面盖地藏王菩萨正殿三楹;左右配以南北斗星君神阁;前面构亭一座;东西配修耳房四间,以为会中人拈香憩息之地。又造东西廊庑十间,傍东另修房院一处。计三面共房十五间。后于殿后修厂房数十间,以备客死者寄棺停柩之处。斯役也,兴之自癸卯仲秋,迄乙巳孟秋而功程告竣。共计工料钱九千二百八十千文。名曰"晋义社",取古人见义必为之意。

事毕,同事诸公请予为志。予虽不善于辞,窃思诸公同心协力,乐善勇为,何忍隐而费彰? 略述数语,垂之永久。庶不湮没诸公创建之苦衷,亦可媲美前人掩骸之遗风焉。若夫可久可大,因是而扩充增置之,则在后之同志者。

---

①西伯,专指周文王。《孟子·离娄上》:"吾闻西伯善养老者。"《焦循·正义》:"西伯,即文王也。纣命为西方诸侯之长,得专征伐,故称西伯。"

②癸卯,光绪二十九年(1903)。

至社中所置地基,并禀明县令立案、出示条规。另志小碑一块,立在正殿之内,以及捐舍姓名详列于大碑之次,便后世有稽考云尔。

例授文林郎、吏部拣选知县、甲午科举人遵新海捐

吏部选授、山西大同府怀仁县儒学正堂解全福谨撰,命男汝涵敬书

经理人:崔天印、朱广生、王兆祥、赵颁金、胡云章、李维慎、刘振旺、安大生、陈□、郭晋昌、常用世、赵烈、王信存、宋怀洋、郝之厚、刘可兴、文学山、范致□、李汝俨、王汝祥、马习恒、石峻屿、郝铎、凌焕、岳魁文、任德恒、丁桂仁、麻德广、曹时升、张云颜、孟宝兴、马志铎、张武魁、李润苘、周瀛、梁耀、刘通智、朱广边、韩岱瀛、王天庆、王晋源、刘安邦、张美景、张绍元、李楫、惠肇年、史可宗、杨政同募

石工李耀泉镌兼助理工

大清光绪三十二年岁次丙午仲秋之月谷旦吉立

按:此碑2002年6月发现于内蒙古商都县糖厂门口,现移文化馆后院收藏,刻石于光绪三十二年(1906)九月,石灰岩质,首身一体,笏首无座,碑高194cm,宽72cm,厚18cm。由于踩踏,漫漶严重。与之同处同出尚有《募化官绅姓名碑记》。至于此碑为何从张家口挪移到商都县糖厂,目前缘由不详。

3.募化官绅姓名碑记

谨将募化官绅姓名开列于后:

钦命头品顶戴、察哈尔副都统诺恩登额巴图鲁魁　施银二十两

钦命花翎三品衔、张家口监督、工部郎中,世袭轻车尉、世管佐领嵩　施银三十两

花翎、副都统衔、张家口左翼满洲协领额　施银十两

副都统衔、军功花翎、张家口右翼满洲协领凯　施银十两

花翎、副都统衔、张家口八旗蒙古协领富　施银十两

花翎、四品衔、遇缺即选知府员外郎麟　施银二十两

都统衔、镇守库伦等处地方办事大臣丰　施银六十两

钦差驻扎库伦管理商民事务、理藩院立政思　施银六十两

钦加同知衔、赏戴花翎、大计卓异、万全县正堂万　施银二十两

花翎、同知衔、即选知县何　施银二十两

花翎、二品顶戴、江苏候补道张绂卿　施银五十两

山西平定州、内阁中书科石玉圃　施银二十两

榆邑史家庄五福堂　施银二百二十四两

□□□阳万怡堂　施银十两①

大库伦十二甲首　施银六十两

谷邑南席村德善堂武　施银五十两

上堡南门外保正行　施银一百五十两

市圈保正行　施银一百三十两

口外朝阳村保正行　施银八十两②

市圈汾孝社　施银十两③

东口大德玉　施钱七十四千五百文

东口大德通　施钱七十二千

京都汇业干　施钱七十千

东口大德恒　施钱七十千

东口锦生润　施钱七十二千

东口合盛元　施钱七十千

东口存义公　施钱七十六千

东口兴泰隆　施钱六十六千

东口大升玉　施钱六十千

东口大泉玉　施钱六十千

东口独慎玉　施钱六十六千

东口公合盛　施钱六十千

东口恒隆光　施钱六十千

东口祥发永　施钱六十千

东口长盛源　施钱五十千

---

①此处漫漶,疑是太谷,或者榆次某一村镇名称。抑或,一家从事药材行业的财东堂号。

②此处漫漶,但据2007年发现道光三十年(1850)大镜门外正沟朝阳村关税碑,可知,该村有类似"保正行"记载,故补。

③此处漫漶,依据2002年商都文化馆退休工作人员乔正龙先生抄录碑文核对,拟为"汾孝社",而非"汾孝行"。

东口长裕川　施钱五十千

东口兴隆茂　施钱五十千

东口大德诚　施钱五十二千

东口大盛川　施钱七十千

东口大德常　施钱五十千

东口巨贞和　施钱五十千

东口天聚和　施钱五十三千

东口三玉川　施钱五十二千

东口天顺长　施钱五十千

东口谦益盛　施钱五十七千

按：此碑2002年6月发现于内蒙古商都县糖厂门口，现移文化馆后院收藏，刻石无纪年，但与之同处同出尚有《张家口创建晋义社碑记》，时间为光绪三十二年九月。此碑石灰岩质，首身一体，笏首无座，碑高187cm，宽68cm，厚30cm。现残断为三截，踩踏严重，漫漶不清。至于此碑为何从张家口挪移到商都县糖厂，目前缘由不详。

二、张家口"晋义社"基础问题考释

姑且不论时代变迁，物是人非，即便仅就单纯的三通碑文内容，也有诸多问题需要进一步考释，而这些问题，均属于基础性的问题，对于正确解读张家口"晋义社"的历史脉络非常重要。

(一) 张家口的"晋义社"创设时间

张家口的"晋义社"从一开始就是一个较为典型的、纯粹的、具有同乡情义的"社"或者"会"的民间性组织。

"社"与"会"是明清时期山西地区，尤其是太行山地区最基本的生活组织形态。① 它们涉及基层组织的民间信仰、经济协作、村社自治等社会生活实态。

---

① 杜正贞《村社传统与明清士绅：山西泽州乡土社会的制度变迁》（上海辞书出版社2007年版）、姚春敏《清代华北乡村庙宇与社会组织》（人民出版社2013年版）两本书中对晋东南的"社""会"作了很详细的研究。

碑刻记载得非常清楚,张家口的"晋义社",创始于光绪二十九年,"商人文公学山、曹公时升、胡公云章、王公晋源四人偶意建修。因与同乡诸公,约会举办,而诸公亦乐意创随"。

(二)张家口"晋义社"的创设宗旨

最初,由在张家口的山西商人文学山、曹时升、胡云章、王晋源倡议成立"晋义社",目的非常单纯和清晰:由于在异地他乡贸易,落魄客死、疾病暴亡等在所难免,"张垣义冢之急于创立,而不可久待也"。因此成立"晋义社"的宗旨,仅仅在于义冢,并没有其它任何的追求。

(三)张家口"晋义社"的创办过程

成立了一个组织,希望建立一个"义冢",就必然地需要地亩,需要银钱。他们采用的办法是,首先募钱买地:"于是专疏募化,自恰克图、大库伦及张垣,前后共募化钱九千一百八十千文。置到玉带桥左面,地名古道渠地基一段,共计地二十五亩。"其次,兴修建筑:"四面筑以围墙,其间经营布置,以为瘗埋之区。坎位建院一所,上面盖地藏王菩萨正殿三楹;左右配以南北斗星君神阁;前面构亭一座;东西配修耳房四间,以为会中人拈香憩息之地。又造东西廊庑十间,傍东另修房院一处。计三面共房十五间。后于殿后修厂房数十间,以备客死者寄棺停柩之处。"最后,取名:"名曰'晋义社',取古人见义必为之意"。

至此,一个随意成立的民间性组织,不仅仅有了资产,而且还有了一个看上去像"办公场所"的"地方"——在玉带桥左面,地名为"古道渠"一带,即"晋义社"的牌子可以挂在这一地方了。事实上,晋义社从来也没有挂牌办公,而这一"组织"从始至终也不过是一个"松散的、仅有名义的约定"。

换一句话说,晋义社,只不过是"有名无实的一个名义性的"组织。

(四)碑刻由来

"事毕,同事诸公请予为志。予虽不善于辞,窃思诸公同心协力,乐善勇为。何忍隐而费彰?略述数语,垂之永久。庶不湮没诸公创建之苦衷,亦可媲美前人掩骸之遗风焉。若夫可久可大,因是而扩充增置之,则在后之同志者。至社中所置地基,并禀明县令立案、出示条规。另志小碑一块,立在正殿之内,以及捐舍姓名详列于大碑之次,便后世有稽考云尔。"

立碑的原因有四:其一、按照惯例,立碑记事,不湮没诸公创建之苦衷;其二、以便后人稽考;其三、将"社中所置地产"等请求县府,立案明示;其四、将当时参与经理人等一并刊载其上。

其中,"晓谕碑"的由来是有插曲的。光绪三十一年,在营建"义冢"的过程中,因一位染坊同乡去世,于是晋义社同乡便将其掩埋在新建的"义园"中。殊不知引发了当地防夫的不满,他们群赴晋义社逞凶滋闹。为此敦促晋义社经理人等禀县立案,请求出示晓谕,获得批准和支持,万全县正堂出"告示",实贴:张家口晋义社(大门上)。稍后,经理人等为了长久之计,将万全县正堂的"告示"直接刊刻成为了晋义社之《晓谕碑》。因此,便有了晋义社的《创建碑》《募化碑》《晓谕碑》三通碑铭。

总结以上,晋义社的事情非常简单:光绪二十九年春,由张垣的山西商人文学山等倡议,希望在张家口营建一个"义园"。因此,大家相约,从恰克图、库伦以及张家口本地募化,共得九千一百八十千文,于是置地、盖地藏王菩萨殿、修建院落、房间等,历时二年,于光绪乙巳(1905)秋天完竣,而且还"名曰'晋义社',取古人见义必为之意"。并且立碑记事。加之禀明县府正堂晓示刻为碑铭,记载了张家口"晋义社"的创建过程。

此外,张家口的晋义社虽然置有地亩,盖了院落和殿宇等等,但充其量不过是一个"名义性的组织"而已,最多有几十家在张家口的字号轮班,作为经理人"照应"而已。因为在当时晋义社的宗旨唯有一个:开辟一个义园,或者一块义地,或者称之为义冢。

三、张家口"晋义社"尚需注意的一系列相关及其延伸问题

表面上,有关张家口"晋义社"的一系列问题业已清楚,但是,无论是研究张家口历史变迁的学者,还是一些关注明清山西商人在张家口的学者,更多的人尚在寻求进一步的延伸。或者,借此"延伸解析"和"深化探

究",等等。因此,难免牵扯更多的问题,这里予以指出和纠正。

(一)"晋义社"是否是张家口的山西商人会馆

迄今为止,并没有非常明确的记载能够说明"晋义社"就是山西商人在张家口开设的山西商人会馆。然而,张家口的"晋义社"的外表形式——义园、义地和义冢的结构——有独立的资产和地亩,有碑记和基本的管理方式(字号轮班、招聘看门人专门经管),等等,则俨然就是明清时期山西商人会馆的基本套路和模式。

众所周知,明清时期的山西商人在全国各地建有1000余座(处、所)山西会馆。一般而言,建有会馆的地方,大多都设有义冢或义园、义地,而义地和义园等相应地归属当地的山西会馆。但张家口却很特殊,不是以"山西会馆"的名义出现,而是以"晋义社"的名义解决"义冢"问题。并且,最为关键的是时间业已到了光绪二十九年,这在山西商人会馆史上可称得上绝无仅有的情况,与山西商人垄断张家口商贸的情形,根本不相称。

由此可见,张家口的"晋义社"及其义冢,或者说,张家口的"山西会馆",必然还有许多鲜为人知的问题,至少隐藏着一系列的区域独特性问题,尚未被揭示。张家口的"晋义社"并不是山西商人在张家口设立的山西商人会馆,既不唱戏,也不聚会,仅仅用来做善事,掩埋客死张垣的同乡人骨骸的地方,只是一个义冢、义园而已。

(二)关于"晋义社"的遗址(社址)

关于张家口"晋义社"的遗址,依据现有记载以及回忆情况,大略有如下说法:

其一,在商都发现《创建碑》和《募化碑》的乔正龙先生,系张家口人,幼时生活在张家口,他说:"据本人幼时忆记,考虑晋义社社址可能在西沙河南口长胜街至冯窑厂附近。"①

其二,张振瑛主编的《张家口兴盛的古商道》②中载:"晋义社设在西

---

① 杨继先编著:《史者的情结 续集》,张家口:张家口市印刷厂,2003年。
② 张振瑛主编:《张家口兴盛的古商道》,北京:党建读物出版社,2006年,第130页。

沙河南岸永丰街今运输公司附近。"

其三,原藏有《晓谕碑》的温姓后人在1995年原房屋拆迁时的原址:西沙河张家口地区运输公司地界(现南家属院楼)。

其四,光绪三十一年《晓谕碑》上载:"沙河南岸古道渠口。"

其五,光绪三十二年《创建碑》则记载:"玉带桥左面,地名古道渠。"

其六,另有人声称,现在市区北部有一条千米长的大街叫"古宏庙街",街西黄土场西北山脚下有座"古宏庙"。"古宏庙"是今天的名称,过去就叫"孤魂庙"。街以庙名,庙为"孤魂"而建。庙的附近是当年埋葬客死东口的山西人的"义地"。①

以上针对"晋义社"遗址的说法,虽然存在视角和观察角度的差异,但大体上的指向是一致的。对于时过境迁、物是人非的张家口而言,未必是最为重要的问题。

在这里,有必要强调指出,更为重要的问题还在于:早在100年前,张家口"晋义社"所在地的"地方",是一片空地——张家口的城市建筑尚未全面展开。这才是光绪三十年左右的张家口"实际"。

(三)关于张家口"晋义社"的属性

进一步解决"晋义社"到底有何特殊性的问题,唯有一个办法,仔细地追究这一组织的结构和构成。于是,现存"晋义社"创建时的三通碑铭就成为了最基础的资料。我们给出如下三个明细表,会带来一目了然之收效,甚至有助于对这一问题作深化讨论。表1为参与营建张家口"晋义社"的官绅一览表;表2为张家口"晋义社"布施字号一览表;表3为营建张家口"晋义社"义园的经理人一览表。诸表如下:

表1 参与营建张家口"晋义社"的官绅一览表

布施人	布施数量	身份情况
魁	二十两	钦命头品顶戴、察哈尔副都统诺恩登额巴图鲁
嵩	三十两	钦命花翎三品衔、张家口监督、工部郎中、世袭轻车尉、世管佐领

---

① 张振瑛主编:《张家口兴盛的古商道》,第131页。

续表

布施人	布施数量	身份情况
额	十两	花翎、副都统衔、张家口左翼满洲协领
凯	十两	副都统衔、军功花翎、张家口右翼满洲协领
富	十两	花翎、副都统衔、张家口八旗蒙古协领
麟	二十两	花翎、四品衔、遇缺即选知府员外郎
丰	六十两	都统衔、镇守库伦等处地方办事大臣
思	六十两	钦差驻扎库伦管理商民事务理藩院理政
万	二十两	钦加同知衔、赏戴花翎、大计卓异、万全县正堂
何	二十两	花翎、同知衔、即选知县
张绂卿	五十两	花翎、二品顶戴、江苏候补道
石玉圃	二十两	山西平定州、内阁中书科
	二百二十四两	榆邑史家庄五福堂
	十两	□□□阳万怡堂
	六十两	大库伦十二甲首
	五十两	谷邑南席村德善堂武
	一百五十两	东口上堡南门外保正行
	一百三十两	东口市圈保正行
	八十两	口外朝阳村保正行
	十两	市圈汾孝社

说明：(1)本表依据《光绪三十二年张家口晋义社创建碑》《晓谕碑》《募化布施姓名碑》等综合整理编制；(2)一系列的考证则充分利用现存山西民间契约文献等，以及其它资料给出；(3)依据相关资料就以上部分布施官绅稍加考释，列示附录如下：①钦加同知衔、赏戴花翎、大计卓异、万全县正堂万，民国二十三年(1934)版《万全县志》有载：姓万，名和寅，字芨卿，江西人。清光绪三十一年至三十三年(1905—1907)任万全县知县。②钦命头品顶戴、察哈尔副都统诺恩登额巴图鲁魁，《清代各地将军都统大臣等年表(1679—1911)》中载：诺恩登额，赐巴图鲁(勇士称号)，名魁福。汉军正蓝旗人。累官至察哈尔副都统。③都统衔、镇守库伦等处地方办事大臣丰，其全名叫丰升阿，郭博罗氏，字厚斋。满洲正白旗人。光绪二十五年(1899)任库伦办事大臣，二十九年八月任东三省的呼兰副都统，同月又调直隶马兰镇总兵。(见《清代各地将军都统大臣等年表(1679—1911)》)

表2　张家口"晋义社"布施字号一览表

字号	布施银钱数	相关情况	备注
东口大德玉	七十四千五百文	票号,总号在太谷	
东口大德通	七十二千	票号,总号在祁县	
京都汇业行	七十千	票号	应当也是祁太帮
东口大德恒	七十千	票号,总号在祁县	
东口锦生润	七十二千	票号,总号在太谷	
东口合盛元	七十千	票号,总号在祁县	
东口存义公	七十六千	票号,总号在祁县	
东口兴泰隆	六十六千	账局,汾阳	
东口大升玉	六十千	票号,太谷	
东口大泉玉	六十千	账局,太谷	
东口独慎玉	六十六千	账局,太谷	
东口公合盛	六十千	账局,榆次	
东口恒隆光	六十千	账局,汾阳	
东口祥发永	六十千	账局,汾阳	
东口长盛源	五十千	票号,榆次	
东口长裕川	五十千	票号,也有茶庄	祁县
东口兴隆茂	五十千	账局,汾阳	
东口大德诚	五十二千	账局,太谷	
东口大盛川	七十千	票号,太谷	
东口大德常	五十千	账局,太谷	
东口巨贞和	五十千	账局,榆次	
东口天聚和	五十三千	账局,榆次	
东口三玉川	五十二千	账局,也有茶庄	
东口天顺长	五十千	账局,榆次	
东口谦益盛	五十七千	账局,汾阳	

说明:(1)本表依据《光绪三十二年张家口晋义社创建碑》《晓谕碑》《募化布施姓名碑》等综合整理编制;(2)一系列的考证则充分利用现存山西民间契约文献等,以及其它资料给出;(3)有关以上字号,到底经营行当如何,实际上,他们的主业,在张家口地区是鲜明的,要么票号、要么账局,即便经营茶叶等,也是相关联号。更何况每四年一个账期,所开设联号便会有变更。

表3 营建张家口"晋义社"义园的经理人一览表

经理人	籍贯、所在字号情况	备注
崔天印、朱广生、王兆祥、赵颁金、胡云章、李维慎、刘振旺、安大生、郭晋昌、常用世、赵烈、王信存、宋怀洋、郝之厚、刘可兴、文学山、范致□、李汝俨、王汝祥、马习恒、石峻屿、郝铎、凌焕、岳魁文、任德恒、丁桂仁、麻德广、曹时升、张云颜、孟宝兴、马志铎、张武魁、李润苘、周瀛、梁耀、刘通智、朱广边、韩岱瀛、王天庆、王晋源、刘安邦、张美景、张绍元、李楫、惠肇年、史可宗、杨政	举例： 　　王兆祥，山西太谷□□村人，曾经为太谷镖局镖师； 　　曹时升，山西汾阳县三泉镇人，当时为祥发永张家口分号掌柜的。	

说明：(1)本表依据《光绪三十二年张家口晋义社创建碑》《晓谕碑》《募化布施姓名碑》等综合整理编制；(2)但是，本表属于尚未完成之表，需要一系列的考证，再充分利用现存山西民间契约文献，以及其它家谱、碑铭等资料综合给出；(3)本碑刻中刊载经理人总共44人，除去由于碑铭漫漶导致三人难以确认，余者我们可以利用现有文献、碑铭等加以考释——最近几年我们所建立的"山西商人数据库"的意义尽显。倘若无法确知，则一并从略；(4)这里仅仅举例而已。

针对以上三表，不难一目了然地看到：参与张家口"晋义社"组织的人员，以及给予"晋义社"布施的字号，确确实实是有其特殊性的。

第一，从表2中可知，所有为张家口"晋义社"布施的字号，除了京师汇业之外，均属于张家口的字号，而这些字号则几乎完全是"账局、钱铺和票号"等，更为重要的是这些账局、钱铺、票号又都是祁太帮。几乎没有平遥帮，更没有其它州县的其它字号和行当，甚至没有库伦、恰克图以及多伦、天津、西口等地的字号。然而，却又有汾孝社、祥发永等汾阳的钱业字号参加其中。因此，仅仅就此而言，我们就有足够的理由说：张家口"晋义社"，抑或就是"张家口的祁太钱业行当"之下的一个"民间性的同乡组织"。参加人员也基本上集中在祁县、太谷、榆次、汾阳（包括孝义）等四五个县。

第二，从表1中可知，一个小小的"晋义社"竟然能够得到当时在张家口、库伦、万全县的几乎所有正职官员（包括八旗官员）以及士绅，甚至还有张家口本地几处"保正行"的鼎力支持，绝非一般的"社"，背后定然隐藏着另外的情形。如此情况，我们在张家口，甚至别的地方，都难以发现。其特殊性可见一斑。

第三,虽然表3目前尚不能一时完备,但是,我们可以大胆地推断:以上44人中,至少90%的人是汾州府、太原府籍贯,并且基本在太谷、榆次、祁县、文水、汾阳、孝义等县。最为重要的是他们与以上布施字号有直接的关系,或者是同乡,或者是各字号在张家口的掌柜,抑或,不排除他们在库伦、恰克图,或者其它码头驻班。这一工作,随着我们"山西商人数据库"的逐步完善,情况将会一目了然。

第四,需强调的是:在给"晋义社"布施的名单中,尚有几家山西的堂号和其它组织,诸如榆邑史家庄五福堂(二百二十四两)、谷邑南席村德善堂武(五十两)、□□□阳万怡堂(十两),以及市圈汾孝社(十两)、大库伦十二甲首(六十两)。由此可知,"晋义社"主要是围绕着"银钱业、汇兑业"而展开的。汾孝社以及□□□阳万怡堂,仅仅是三两家银钱业的一种礼节性布施,可以肯定并非汾阳、孝义商人全体,因为这里几乎没有皮张业字号,而孝义、汾阳、交城等商人在张家口的皮张业几乎占据垄断地位。

另外,直到光绪三十二年的时候,大库伦的"东营子",也即"市圈",依然采用"十二甲"的管理办法——整个有清一代,丝毫没有变化,并且与"祁太帮"关系密切。这一点,很有必要予以充分的注意。

(四)由"晋义社"引发而尚待解决的一些问题

事实上,有关张家口的历史研究问题,尚有许多需要科学地展开,但就本文而言,则由张家口"晋义社"所引发的一系列问题,有必要直接地指出,如下:

1.张家口山西商人会馆问题

张家口到底有无山西商人会馆是一个非常重要的问题,或者,张家口山西商人会馆的形态等问题,既属于张家口商贸的历史事实问题,更涉及山西商人在张家口的历史轨迹的基本叙述问题。

迄今为止,张家口作为有清一代最为重要的商埠码头,为何会出现与其它城市、商埠和码头差别极大的情形——没有鳞次栉比的"商人会馆"。就这一问题而言,举凡研究张家口历史的学者,都必须注意:明清时期中国商人商帮的问题,很难在张家口追寻其踪影。难道有清一代的张家口没有外地商人?与近在咫尺的京师宣武门外的会馆林立形成了截然不同的差异,原因何在?

虽然现在有学者称:当时山西人在张家口开设的会馆有"山西会馆"(原址在今桥西区西沙河运输公司南面)、"太谷会馆"(原址在今桥西区东关街东口)、"榆次会馆"(原址在今堡子里粮店千钟粟连锁店处)、"孝义会馆"、"汾阳会馆"(原址在上堡市圈里),等等①。但是,迄今为止,并未见详实的证据。

2.为何在光绪二十九年前后出现"晋义社"

在光绪二十九年前后的张家口,出现"晋义社"的理由冠冕堂皇、名正言顺。然而,为何在这一时点上出现呢?为什么既不是前,也不是后呢?

众所周知,山西商人活跃并垄断张家口金融等并非在光绪后期,实际上从晚明开始就如此,难道在此之前就不曾有客死张垣的山西商人?就不需要掩埋骨骼吗?显然不是。前文提到的孤魂庙可能就是在发挥义冢的作用,但其实际情况还有待于进一步的考察。

3.除了"晋义社"之外,还有无其它"社"与"会"

"晋义社"的特殊性背后肯定还隐藏着另外一系列的重大问题,山西商人在张家口的行业行当很多,除了祁县、太谷、榆次、汾阳等之外,其它各州县的山西商人还有很多很多,那么,山西的其它州县、其它行业行当的商人们在张家口遭遇不测,客死异地等,则有无相应的同乡会予以帮助呢?

4.关于张家口"晋义社"的消失问题

按照习惯性的说法,张家口山西商人的"晋义社"是在山西商人撤离张家口之后便处于了"无政府状态",犹如无主的田亩一样,自然地成为了张家口解放后的"国有资产",所以在此处建立张家口地区的运输公司,也就无需赘言,仿佛就是顺理成章之事。

在如此简单的推理背后,尚且隐藏着以下问题:第一,我们坚信"晋义

---

①山西省政协晋商史料全览编辑委员会:《晋商史料全览·会馆卷》,太原:山西人民出版社,2007年。

社"初期投入近万两的白银购置地亩、营建庙堂与房屋,到了后期,其资产必然会水涨船高,随行就市,定然不是小数字。即便解放后有相应的国家政策,但它不属于任何一个土豪劣绅和资本家,政府定然有一个"资产处理"的基本意见,那么最初的处理意见在何处呢?第二,既然"晋义社"是一个"组织"——山西会馆,那么这一组织真的就是"一哄而散"的"乌合之众"吗?肯定不是。第三,张家口的"晋义社"到底在哪一时间节点发生了新的变化呢?与"晋义社"相关的山西商人群体,诸如经理人之类的山西商人伙友,到底在什么时期开始大面积地撤离张家口呢?在变动时期,又是如何处理诸如"晋义社"问题的呢?等等。目前,在没有资料的情况下,以暂且搁置、存疑,不武断地给出结论为好,等待新资料的进一步出现更符合治学的态度。

5.关于山西商人在张家口的历史资料以及基本叙述问题

从本文以张家口的"晋义社"为线索的学术考察中,不难看到,有关明清以来山西商人在张家口的历史资料问题,必须予以高度的重视。因为,这一问题的重要性直接地决定着张家口作为一个商埠、码头的基本叙事。我们不主张在没有确凿资料证实的情况下,就贸然地给出一些定性的说法。对张家口的历史轨迹的叙事,尤其是商贸经济史问题,必须以"事实判断"为基础。故此,历史原始资料的抢救性收集、整理,应是当务之急,且时不我待。

(原载《保定学院学报》2017 年第 5 期)

清代"京羊路"交通运输条件分析

张博

京羊路是将蒙古草原所产活羊运往北京及其周边地区贩卖的商路,它是在北方游牧民族与华北农耕民族传统商道的基础上形成的。至清代,京羊路已经形成四条线路,从南到北依次是:第一条通过杀虎口(西口)等地到北京;第二条通过卓资山、平地泉等地到北京;第三条通过陶林等地到北京;第四条通过后草地一带到北京。其中第二条线路为主干线,即通过卓资山、平地泉等地到北京是运输量最大的道路(下文中京羊路特指此线)。由于运输物资的特殊性,京羊路在交通线路的自然地理环境、社会经济环境、运输方式与障碍等方面和一般交通线有很大不同,在蒙汉贸易、民族交流及维护国家统一上发挥了重要作用。

一、清代京羊路交通线的自然地理环境

"交通运输地理学具有明显的地域性与综合性。它特别注意地理环境(自然、经济和社会人文等地理环境)和交通运输的相互影响与作用。"[1]在研究京羊路的交通运输地理时,首先需要研究京羊路的地理环境。"历史交通地理是一个十分复杂的组合体,集中聚合了自然条件与人

---

[1] 陈航主编:《中国交通地理》,北京:科学出版社,2000年,第3页。

文社会之间选择、利用、改造的限制—扰动因素,其内部具有丰富的结构层次和高度稳定性。"①故在分析京羊路交通线的地理环境时,要从自然条件与人文社会两个方面考虑。

在自然条件方面,杨吾扬先生曾指出:"自然,是指地壳和自然环境,它们是研究交通运输地理的外在物质基础。"②陈航先生也认为:"自然环境的状况如何,必然影响到交通运输的发展与分布。"③可见交通线的自然地理环境对其选择、布设等方面有重要影响。

根据清末老羊贩们的叙述,清代京羊路主干线的主要路线是:归化城—三道营—卓资山—马盖图—十八台—平地泉—狮子沟—狼窝沟—张家口—八里庄—保安滩—南口—沙河—北京德胜门④。这条线路由蒙古高原通向华北平原,从中国地形的第二级阶梯通向第三级阶梯,所经地形较为复杂,既有诸如张家口、宣化一带较为宽广的平原,也有京冀北部崎岖的山地,对京羊路交通线路的选择与布设提出了挑战。此外,京羊路所运输的不是靠大车拉运的货物,而是靠自己行走的活羊,故这一线路对交通线路的自然条件要求也与一般货运线不同。

商客入京一般走上土城、新店镇、杀虎口入京的旧道,或走西门沟、宁远、杀虎口入京的新道。可见,"清时归化城通京大道,均经杀虎口"⑤。这主要由于经由杀虎口入京的新、旧两道地势平坦易行,且靠近边墙,通行安全程度较高,成为多数入京商人的首选。但从归化城赶运活羊入京的羊贩们一般情况下不会选择这条平坦之路,只有在冬季遭遇恶劣气候时才由新旧二道通过。

活羊在行走过程中需要食物与水分补充,无论是个体羊贩还是大型商行都不可能携带如此大量的草料和饮用水,故京羊路所经之地要有一定面积的牧草或小灌木生长,以供活羊啃食。此外还要距水源地较近,以供活羊饮用。因此,京羊路主干线先后经过较为宽广的平原,并与水源地

---

① 侯甬坚:《历史交通地理研究的方法与途径》,载《经济地理》1987年第4期,第303页。
② 杨吾扬等著:《交通运输地理学》,北京:商务印书馆,1986年,第2页。
③ 陈航主编:《中国交通地理》,第7页。
④ 中国人民政治协商会议内蒙古自治区委员会文史资料研究委员会:《旅蒙商人大盛魁》,《内蒙古文史资料》第十二辑,1984年,第105页。
⑤ 绥远通志馆编纂:《绥远通志稿》第十册,呼和浩特:内蒙古人民出版社,2007年,第78页。

保持较近的距离。如京羊路所经的张家口一带更适合羊群行进,俄人波兹德涅耶夫称张家口平原"平坦、辽阔,其富饶是宣化府平原所无法相比的"①。康熙帝也称张家口一带"边境地间敞,畜牧多蕃滋"②。可见张家口及其附近地区的自然环境本就适宜牲畜生长,因此京羊路布设于此,既能保证羊贩与商行所带来的大规模的活羊行进,也能为活羊提供充足的食物与饮用水供应。

虽然羊贩们在开拓京羊路时尽量趋利避害以保证运送的羊群能够少损伤、少掉膘地到达目的地,但京羊路主干线的畅通与便利方面仍是相对意义上的,部分路段仍十分艰险难行,如接近北京的南口附近,"路上遍地都是高约四分之三俄尺的大圆石"③。故波兹德涅耶夫称,这一段路"在我们欧洲人看来道路已变得几乎无法通行车马"④。此外,八里庄一带"周围也都是寸草不生的谷地"⑤,即使"自然条件对交通网的结构、密度、分布与线路具体行进等的影响是客观存在的,但这些影响又是随着人类社会的发展和科学技术的进步而逐渐在缩小的"⑥。故部分路段的艰险难行并不是京羊路通行的主要障碍与主要矛盾。

二、京羊路交通线的社会经济环境

杨吾扬先生认为,"客、货运输及其产生的客、货流形成的经济地理基础"⑦是交通运输地理学的重要研究对象之一。陈航先生也认为"运输联系的产生和变化规律及其经济地理基础"⑧是交通运输地理学的核心研究之一。故社会经济环境对交通线的选择、布设与发展具有重要影响。清代京羊路的形成、发展与其起点、终点以及途中重要枢纽点的社会经济

---

① [俄]波兹德涅耶夫著,刘汉明等译:《蒙古及蒙古人》(第一卷),呼和浩特:内蒙古人民出版社,1989年,第25页。
② (清)金志节:《口北三厅志》,清乾隆二十三年刊本。
③ [俄]波兹德涅耶夫著:《蒙古及蒙古人》(第一卷),第7页。
④ [俄]波兹德涅耶夫著:《蒙古及蒙古人》(第一卷),第7页。
⑤ [俄]波兹德涅耶夫著:《蒙古及蒙古人》(第一卷),第25页。
⑥ 陈航主编:《中国交通地理》,第10页。
⑦ 杨吾扬等著:《交通运输地理学》,第1页。
⑧ 陈航主编:《中国交通地理》,第3页。

发展密不可分。

首先,关于京羊路起点问题。归化城并不是产羊最多的地区,但其附近的漠北喀尔喀蒙古地区每年有大量牛羊出产,故诸如大盛魁、元盛德等著名商号每年都组织人员赴喀尔喀地区进行牲畜贸易,将大量牲畜从漠北赶回归化城附近再销往内地。据当时途经科布多地区,亲眼目睹归化城大商号在喀尔喀地区收购活羊的波兹德涅耶夫载:"(大盛魁)他们每年向呼和浩特输送的羊为八到十万只。"①"1892 年元盛德仅从自己的畜群中通过呼和浩特向中国内地输送的羊就有四万五千只。"②此外,归化附近的锡林郭勒、鄂尔多斯、乌兰察布等地均产有大量牛羊,归化城也逐渐成为当时蒙古高原牲畜的大型集散地。直至清末及民国初期,虽然遭受外来帝国主义势力的影响,各大商号趋于衰落,但归化城依旧是内蒙地区最大的牲畜集散地。据老羊贩王四回忆:"元盛德每年能从后营往回赶运一顶热羊和十几顶秋羊,每顶是一万。"③直至民国三年绥远匪乱开始前,归化城一带"每年转销内省者,羊约四十万只,马十余万匹,骆驼一万只以上"④。可见,归化城每年集中了周边蒙旗以及外蒙地区的大量牲畜,是区域牲畜的重要集散地,故归化城成为京羊路起点具有合理性。

张家口是京羊路上的重要枢纽,同时也是一个牲畜集散地。羊商们将活羊赶运至张家口,在缴纳税收后,或将活羊就地出售,或继续将羊赶运至北京。京羊路主干线布设于张家口一带,一方面在于张家口附近道路适宜牧群通行,可为活羊提供充足的食物和饮用水;另一方面在于张家口本为其附近诸如承德、多伦诺尔等地区牲畜的集散地,也是一些蒙旗王公进贡的要道,大量各地各品种牲畜在此集中,从归化城来的羊商将活羊赶运至此,可扩大交易范围与规模。

"交通需求具有随机性,但这并非说交通需求没有规律。"⑤北京成为

---

① [俄]波兹德涅耶夫著:《蒙古及蒙古人》(第一卷),第 341 页。
② [俄]波兹德涅耶夫著:《蒙古及蒙古人》(第一卷),第 341 页。
③ 王四口述,刘映元整理:《漫谈当年走后营》,中国人民政治协商会议内蒙古自治区委员会文史资料研究委员会:《内蒙古文史资料》第二十二辑,1987 年,第 121 页。
④ 绥远通志馆编纂:《绥远通志稿》第十册,第 78 页。
⑤ 公惟勇、高建杰、焦海贤:《交通空间需求、交通系统与土地利用关系探讨》,载《重庆交通大学学报(社会科学版)》2010 年第 6 期,第 20 页。

京羊路的终点,其重要原因在于清代北京城是当时华北地区活羊消费的重要市场之一。

清王室贵族是羊只最大的消费群体。虽然清时在今锡林郭勒、河北北部地区设立了大规模的皇家牧场,康熙时期甚至出现了"马、驼、牛、羊蕃息大约三百余万"①的盛景,但这仍不能满足清王室的实际需求,清王室每年用于赏赐、宴饮、军需等所耗费的羊只大大超过了皇家牧场的供应。雍正时期,锡林郭勒与河北地区的皇家牧场"三旗羊群内,陆续交送军营十万只,又赏赐各官人等十万余只,嗣后群大耗,应付艰难"②,故清王室的达官贵人需要从羊贩手中采办大量活羊应付需求。除贵族外,北京城内民众对羊的需求也很大。满族群众中秋节时都会采买热羊敬神。受满族文化影响,北京城汉族民众也以中秋节吃热羊为乐事③。除中秋节外,"六、七两月,前门外深沟市汤羊肉,购者争先恐后"④。在冬季,北京城各大涮肉馆对羊的需求也开始增大。可见,京城全年对羊都有较大需求。

面对旺盛的需求,北京本地羊商们纷纷赴蒙地赶运活羊贩卖,他们被称为"京羊客"。"大盛魁每年由外蒙赶回归化城交易市场的羊群,当年即为京津和华北各省的买羊客人——尤其是京羊客贩走大部分。"⑤有些实力雄厚的商号甚至在归化城有常驻人员,波兹德涅耶夫载:"在来自蒙古的牲畜中,占大多数的羊则供应北京、河南、山西及其他各地的需要。我指出这几个地方,是因为这些地方在呼和浩特设有专门的代办处,它们受委托代办收购羊,并把它们运送到指定地点。这些办事处在归化城叫做贩子,其中最富有的是北京的贩子,他们的商号是夏盛德、夏和义、天和德及三和成。单是这几家商号从归化城赶走的羊就不下五十万头。"⑥此

---

① (清)金志节:《口北三厅志》,清乾隆二十三年刊本。
② (清)金志节:《口北三厅志》,清乾隆二十三年刊本。
③ 中国人民政治协商会议内蒙古自治区委员会文史资料研究委员会:《旅蒙商人大盛魁》,《内蒙古文史资料》第十二辑,1984年,第138页。
④ (清)张之洞:《顺天府志》,清光绪十五年重印本。
⑤ 中国人民政治协商会议内蒙古自治区委员会文史资料研究委员会:《旅蒙商人大盛魁》,《内蒙古文史资料》第十二辑,1984年,第105页。
⑥ [俄]波兹德涅耶夫著:《蒙古及蒙古人》(第一卷),第99页。

外,据老羊贩张岐山回忆:"羊马店中经常住有外省客人和'外路'、'通事行'的字号或堂名的驻城'坐房掌柜'。店家常有上街的伙计,经常在外边打听消息,当牲畜由外蒙到达,或由乌兰察布盟聚齐后,即由店家备车撮合买卖双方到蜈蚣坝后看货。"①可见京城对羊只的旺盛需求使京羊客们为了获取商业利益,不惜长途赴蒙地采办活羊,并通过京羊路亲自将羊赶运至京。总之,作为国都的京师地区对活羊的旺盛需求,使其成为华北地区重要的活羊消费地之一,成为整个京羊路的终点与商业终端。

值得注意的是,北京是清王朝国都所在,"都城应是全国精华所在地"②,是当时全国的政治经济、文化以及军事指挥中心,有着崇高而重要的地位与作用。但"国都的人口较之其他城市为多,当地所产往往不敷用,必然需要从其他地方运来"③。史念海先生也认为,国都"怎样得到充分的供应,就成了重要的问题"④。京羊路沟通了作为产羊地的蒙古高原与作为活羊消费地的北京,为首都北京地区提供了较为充足的畜产品供应,一定程度上也是北京首都地位的重要支撑之一。

综上所述,以北京为核心的京津冀地区对羊的旺盛需求、归化城大量活羊的集中以及张家口等交通枢纽的较大牲畜吞吐量,使京羊路牲畜赶运与交易大动脉逐渐形成与发展。反之,京羊路促进了沿途各城市的经贸发展,更重要的是,为当时的国都京师提供了较为充足的畜产品。

三、京羊路的运输方式与主要障碍

京羊路不同于一般货运线,其运输的货物主要为可行走的活羊,因此其运输方式和技术也与车运、驼运等不同。普通货运方式追求快速,但京羊路上的活羊赶运不仅要求速度,更要求活羊在赶运过程中不掉膘、不死伤,这就要求赶运者懂得一定的牧羊技巧。如赶运时要让羊一边吃草,一

---

① 张岐山:《我在"集生祥"皮毛牲畜店的经历见闻》,中国人民政治协商会议内蒙古自治区委员会文史资料研究委员会:《内蒙古文史资料》第三十九辑,1990年,第199页。
② 史念海:《中国古都研究:一·序言》,杭州:浙江人民出版社,1985年,第1页。
③ 曹尔琴:《中国古都与交通》,载《中国古都研究:八》,北京:中国书店,1993年,第175页。
④ 史念海:《中国古都形成的因素》,载《中国古都研究:四》,杭州:浙江人民出版社,1989年,第13—14页。

边行进,不紧不慢,尽量保持匀速。在上午羊体力较足时要加快赶运速度,下午羊体力不足时要放慢速度。不能让羊只顾赶路而无法吃草,致使羊只掉膘,影响卖价。还要求赶运人掌握一些基本的兽医知识。"如果赶羊的人不懂这种赶运技术,而任性地一会儿赶得快,一会儿赶得慢,或者是上午赶得慢,到了下午羊走饿了,反而为了赶路,加紧急赶,这就会使羊群,不但掉队的多,瘦弱的多,而且死亡的也会多。"①由此可见,活羊赶运的难度在一定程度上大于普通货物运输。

在通行条件方面,与自然地理环境一样,通行安全程度对于一条交通线来说至关重要。战乱或匪患时期,交通线的通行安全程度自然会下降,进而成为商贸发展的障碍。由于京羊路距边墙较远,且处于政府管控较为松散的口外边地,民族和人员成分复杂,故清代京羊路相比于靠近边墙与口内省份的新旧二道,其通行安全性较弱。如光绪十九年(1893),御史和福奏:"京北沙河地方,有匪棍南霸天、李满长等。聚集数十人,执持洋枪刀械,勒索贩羊商人银两,枪毙人命。"②但在相对和平稳定时期,京羊路的通行安全度还是有保障的。

如上文所述,自然条件及安全度等并不是京羊路运输的主要障碍,真正困扰羊商们的是其与沿途部分地区农民的纠纷。进入宣平堡、张家口后,京羊路所处海拔开始逐渐降低,地形也越来越平坦,华北平原的广大农田与密集的聚落开始在京羊路两旁出现。"在洋河河谷的道路近旁和远处都散布着大大小小的村落。所有的土地都是一片连着一片的农田,农田四周种着杨树、柳树或其他树木。"③故此路段的通行道"是从一片接一片的田地间走出来的一车之宽的道路"④,这对京羊路上赶运大群活羊的羊商来说是一种阻碍。

首先是单人赶运数量减少,据清末老羊贩们回忆:"在张家口以外,因为草地多,田禾少,每三个人可以赶羊八百多只;进张家口后,因为草地

---

① 中国人民政治协商会议内蒙古自治区委员会文史资料研究委员会:《旅蒙商人大盛魁》,《内蒙古文史资料》第十二辑,1984年,第105页。
② 《清德宗景皇帝实录》。
③ [俄]波兹德涅耶夫:《蒙古及蒙古人》(第一卷),第30页。
④ [俄]波兹德涅耶夫:《蒙古及蒙古人》(第一卷),第32页。

少,田禾多,每人可赶羊一百余只,三个人合赶三百余只。"①此外,"由于张家口至北京的京羊路,两旁都是田禾,路面很窄,羊群过去,要糟蹋农民的田禾,因而向北京赶羊,常被农民挡住羊群,勒令赔偿糟蹋的田禾"②。清代关于羊贩所赶运的活羊啃食田禾的案件,甚至羊贩与农民因羊啃食麦苗发生的人命案件时有发生。其范围不仅只在张家口至北京的京羊路,在京羊路的延伸段,即京南、冀南地区赶运活羊的道路上也有这样的恶性事件发生。如乾隆二十九年(1764)十月,直隶总督方观承奏:"直属布种秋麦之地,牧羊在所甚忌,民间遇羊贩经过,皆相率守望,而羊贩则以麦苗肥田,群驱于京南一带秋麦最多之地,名为放牧荒草,距村稍远即潜驱麦田,恣食为害,遇有村民阻拦,即群起攒殴,近有宛平、献县、冀州,屡有羊贩殴毙村民之案。"③嘉庆十七年(1812),保定地区"滋羊贩,系因践食麦苗,启衅争闹,经地方文武弹压查拏,胆敢拒捕殴官,情势凶悍"④。道光七年(1827),直隶总督奏:"刘二与回民哈三、阮兴潾、马三等合伙贩羊,因羊只惊跑,践食麦苗,被村民赶打,该犯用铁箍木棍将村民吴彦如殴打致毙。"⑤虽然上述很多案件并不是发生在京羊路主干线上,但其仍然发生于京羊路延伸段的北京与河北一带。而羊贩与农民之间的矛盾成了羊商们的主要阻碍,其程度更甚于道路等自然因素的阻碍。

民国后,京羊路在一定时期内仍发挥了牲畜运输大动脉的作用,但随后外蒙独立势力及绥远地区的匪患使归化城的牲畜集散作用受到重创。"山前山后,扰害殆遍,十余年间,几无宁日,无论旗县局,悉罹其祸,各种牲畜,虽在深谷僻野,无能幸免,或成群驱走,或就地宰食,人民避害心切,仓皇奔走,充之如遗。"⑥可见,归化城的蒙旗的畜牧事业趋于衰落。此外,由于外蒙政局及其周边的动荡,由外蒙流入归化城的羊只数量开始缩

---

① 中国人民政治协商会议内蒙古自治区委员会文史资料研究委员会:《旅蒙商人大盛魁》,《内蒙古文史资料》第十二辑,1984年,第104—106页。
② 中国人民政治协商会议内蒙古自治区委员会文史资料研究委员会:《旅蒙商人大盛魁》,《内蒙古文史资料》第十二辑,1984年,第106页。
③《清高宗纯皇帝实录》。
④《清仁宗睿皇帝实录》。
⑤(清)祝庆祺:《刑案汇览》,清道光棠樾慎思堂刻本。
⑥ 绥远通志馆编纂:《绥远通志稿》第十册,第202页。

减。"牲畜一项,不及当年十分之二,即以羊计之,从前冬令入境者多至四十余万,今则四五万只而已。"①这使归化城无法像过去一样集中大量的活羊赶运至京。随后,外国资本主义的介入及公路、铁路等新型交通工具与交通线路出现,传统的赶运方式逐渐被取代,京羊路上的活羊赶运逐渐衰落。

四、结语

京羊路是清代牲畜赶运与交易的大动脉,它将集中在归化城一带的蒙古牲畜通过赶运的方式输送到京畿地区,是联系蒙古高原与华北地区牲畜贸易的大动脉。

在自然环境方面,由于所输送商品的特殊性,京羊路在路线选择与布设上与一般货运线有所不同,其遵循活羊等牲畜的生活习性,将道路布设于有草或灌木的宽广平原上,并邻近水源地。

在社会条件上,京羊路连通牲畜的集散地与消费地,使其交通需求长期保持旺盛,而且京羊路途经张家口牲畜集散地,更使牲畜贸易的范围扩大,从而实现了区域间的物资流通。更为重要的是,京羊路的牲畜贸易为京师地区提供了一定的经济、物资支撑。

在运输方式上,活羊不同于一般物品,其可以行走,故京羊路的活羊赶运难度较大,不仅要求羊只供应的及时性,更要求保证羊只的质量,使其不掉膘,能以高价售出。

在运输障碍上,虽然自然地理环境以及安全通行程度都对京羊路牲畜赶运与贸易形成阻碍,但那并不是主要障碍与矛盾。京羊路牲畜赶运的主要障碍来源于羊贩与当地农民因羊毁田禾而产生的纠纷,这一纠纷在极端情况下可能演变为暴力冲突,甚至命案。

美国学者戴维·M.法夸尔认为:"用任何直接方式统治蒙古人都是极其困难的,在清王朝之前,没有一个民族做到这一点。"②清王朝能较为

---

①绥远通志馆编纂:《绥远通志稿》第三册,第573页。
②[美]戴维·M.法夸尔:《满族蒙古政策起源》,[美]费正清编,杜继东译:《中国的世界秩序:传统中国的对外关系》,北京:中国社会科学出版社,2010年,第185页。

成功地加强对蒙古地区的统治,并维护国家统一,除了军事镇压、联姻、传播黄教等原因外,促进蒙汉民族之间物质文化交流是其中的重要原因之一。凭借京羊路,蒙地游牧民众通过和平方式获取所需的内地物资,内地汉族民众获得蒙地优质的畜牧产品。蒙汉双方均通过京羊路获利,矛盾相应减少。"交通条件的完备程度决定古代国家的领土规模、防御能力和行政效能。交通系统是统一国家维持生存的首要条件。"①京羊路交通线的完善不仅推动了民族间的物质文化交流,增进民族团结,更重要的是巩固了清王朝对蒙古地区的统治,维护了国家的统一。

(原载《重庆交通大学学报(社会科学版)》2017年第5期)

---

① 王子今:《中国交通史研究一百年》,载《历史研究》2002年第2期,第176页。

北路贸易中的旅蒙商与旅俄商(1727—1911)

刁莉[①]　王敏芬

明清时期,以晋商为主体的内地商人在蒙古地区、中俄边境甚至欧洲腹地开展的长途贩运贸易日渐繁盛。内地商人主要聚集在蒙古地区和恰克图地区,构成北路贸易[②]中两股非常活跃的力量,共同促进我国北部市场的繁荣。由于汉蒙贸易与中俄贸易的贸易主体相近,以往的文献及研究将其视作一个商人群体,统称远赴蒙古和俄罗斯进行商贸的商人为"俄蒙商人"。本文认为,虽然旅蒙商与旅俄商贸易主体相近,但两大区域贸易在交易的商品种类、交易方式等多个方面存在差异,应该被视为两大商人群体进行研究。1727 年到 1911 年间是汉蒙贸易与中俄贸易发展的重要时期,将这个时期的旅俄商群体与旅蒙商群体进行比较分析,探讨导致两者差异的深层因素,有利于客观地考察在清中后期北部市场体系中单

---

①刁莉,武汉大学经济与管理学院副教授,武汉大学欧洲问题研究中心副主任。本文是国家社科基金一般项目"中俄蒙经济走廊的建设与贸易互补,产业研究合作"(17BGJ022)的阶段性成果之一。

②所谓北路贸易,是指与南方沿海贸易相对称的商业贸易往来。从广义上来讲,北路贸易泛指以中原地区汉族商人为主体的、在我国北方(包括西北、东北市场)所展开的各种贸易活动;从狭义上来讲,它指的是以晋商为主体的汉蒙民族贸易及中俄恰克图贸易。本文是从狭义的北路贸易展开对比研究。北路贸易这一概念最早可寻至王尚义所著的《晋商商贸活动的历史地理研究》(科学出版社 2004 年 9 月)一书,本文引用的定义主要参考丰若非、刘建生的《清代杀虎口实征关税与北路贸易》(载《中国经济史研究》2009 年第 2 期)一文。

个区域市场的发展状况,并深入剖析北路贸易对近代经济社会生活的影响。

一、旅蒙商与旅俄商发展概况

旅蒙商指经营汉蒙民族贸易的内地商人群体,旅俄商为从事中俄恰克图国际贸易的内地商人群体。旅蒙商贸易的兴衰与清王朝发展历程紧密相关。康熙年间,为平定噶尔丹叛乱,清军进入蒙古草原作战。为保证军需供应顺畅,政府允许商人们开展随军贸易。商人在满足军需外,亦与沿途蒙民交易。由此,旅蒙商贸易逐渐兴起。乾隆年间,旅蒙商在商品种类、贸易范围与资金积累等多个方面空前发展,并出现地区垄断性的大商号。归化城中有三大商号最负盛名:大盛魁、元盛德与天义德。"三大号走货,带动各行各业。"其中以大盛魁为最,被誉为近代最大的旅蒙商号。旅蒙商的商贸活动分通事业、居间业、杂货业与谷蔬业四种①。大盛魁主营通事业,其它三类均有涉猎,在众多旅蒙商号中最具代表性,本文的旅蒙商部分将主要以"大盛魁"的商业活动为视角进行研究。鸦片战争后,外国资本进入蒙古市场,打破旅蒙商的垄断局面。辛亥革命后,外蒙古独立,宣称所欠旅蒙商的巨额债务无效,并逐步遣返旅蒙商,由此旅蒙商贸易彻底衰落②。大盛魁商号亦兴起于康雍乾三朝的随军贸易,在其200多年的发展历程中,长期垄断着喀尔喀蒙古(今外蒙古)的贸易。初期,大盛魁在乌里雅苏台设总号,科布多城和归化城设分庄。后期,其总店南迁至归化,以归化城为基地,往前后营(乌里雅苏台城和科布多城)展开贸易活动。大盛魁的经营范围包括印票、日用百货、牲畜与皮毛药材四个方面。

旅俄商贸易深受中俄两国外交关系的影响。雍正五年(1727),在俄国使团的努力下,两国政府签订《中俄恰克图条约》。随着恰克图城与买

---

① 蒙古国国家档案局、内蒙古自治区档案局编:《旅蒙商档案集粹》,呼和浩特:内蒙古大学出版社,2009年,第2页。所谓通事业是指专为各旗王公、扎萨克采办物品;居间业是指各路商贩的屯转处;杂货业指专事贩运各种杂货;谷蔬业指在蒙地租种地亩,所产谷蔬销售蒙人。
② 蒙古国国家档案局、内蒙古自治区档案局编:《旅蒙商档案集粹》,第218—219页收录了蒙古独立后遣返旅蒙商的文书。

卖城的修建,旅俄商贸易逐渐发展。乾隆二十年(1755),俄国官方商队入京互市贸易停止,恰克图贸易走向兴盛,并在道光时期(1821—1850)进入空前繁荣阶段。第二次鸦片战争后,俄国商人凭借一系列不平等条约深入中国内地采购,甚至在中国境内开设工厂,使用机器生产,恰克图贸易开始衰落①。1903年俄国西伯利亚大铁路通车,沉重打击了恰克图贸易。1911年外蒙独立,旅俄商贸易彻底终结。

从1727年到1911年,旅蒙商与旅俄商贸易循着相似的轨迹发展。两者均兴起于康乾盛世,式微于鸦片战争,最终衰亡于外蒙独立。相同的时代背景,有利于更加客观地对比分析旅蒙商与旅俄商贸易。

二、旅蒙与旅俄商贸易的比较分析

旅蒙商与旅俄商贸易的差异主要体现在商品交易程序、交易方式、商品种类与交易公平性上。

(一)商品交易程序

旅蒙商分行商与坐贾两种,其交易程序大相径庭。行商深入草原开展流动贸易,又称"出拨子②"。每到春夏之交,旅蒙商人组建流动商队,用驼队装载蒙民所需货物,向大草原进发。出拨子的目的地,一般在王府或寺庙附近。运销的商品首先满足王公贵族及上层喇嘛的需求,然后由普通牧民赊购。大约过五六天,商队便移向他处。待到秋冬时分,商队所携商品基本销售完毕,商人们便收集其换得的牲畜,踏上归途。随着贸易的发展,旅蒙商在王府、寺庙等人口密集之地开设固定的杂货行、货栈,与蒙民进行交易,此为坐贾。乾嘉以后,永久性商铺日益增多并聚集,形成库伦、多伦诺尔及贝子庙等多个著名的商贸集镇。在实际交易中,这两种形式同时被采用。大盛魁商号在前后营均设有分庄,以服务清廷驻蒙的军政人员为主,开展其他各项经营活动。同时,大盛魁利用驼队在各旗开

---

① А. П. Субботин, "Чай и чайная торговля в России и других государствах", СПб, 1892 г.
② 蒙古人称旅蒙商用驼队进入草原流动贸易的经营方式为"出拨子"或"货郎"。

展流动贸易。每年,归化城总号派出大的货房子①,到草原上便改组为小房子②。商人将货房子组建为多个流动贸易单位,前往各旗赊销货物。此外,大盛魁组织若干流动贸易小组,串蒙古包,做零星售货的生意。贸易小组与蒙民直接进行现品交易③。待到牲畜膘肥体壮,大盛魁的收账人员和工人便前往各和硕收账。工作人员到达后,先向王公送礼,然后与当地基层组织苏木的仕官商量收账事宜。各苏木知会牧民,赶上牲畜到指定地点,请收账人员验收。收账完毕,总号再派赶运人员来将牲畜运送至归化市场④。在"出拨子"过程中,乌、科两城分庄提供存放货物的职能——存放归化城运来的货物以及流动贸易换回的产品。

旅俄商的交易在恰克图城与买卖城中完成⑤。据记载,恰克图通商伊始,双方交易程序较为简单。旅俄商人来到恰克图城,在俄商的货栈或商铺中挑选其所需商品。若对商品满意,旅俄商便上门拜访该俄商,双方一边喝茶一边讨价还价。当谈妥后,双方一起回到仓库,并当着中国商人的面将成交的货物仔细封锁好。此项工作完毕后,双方再一同前往买卖城。俄商精心挑选其想要的商品,并进行严格检查以防上当。为做到有备无患,俄商会委派一名心腹留在仓库中,直至俄国货物交割完毕,此人才带着中国货物返回恰克图城⑥。乾隆年间,政府官员加强对交易过程的管理。旅俄商抵达恰克图之日期被详细记载于档案中,其与俄商的交易须按日期之先后次序开展,不可逾越。同时,商人们须遵照已议定的价

---

① 大房子中每顶房子包括十四把子骆驼。每一把有十四只,共是一百九十六只骆驼,加上领房子掌柜们的乘马四匹,总共是两百峰(匹)。大盛魁通常会出十几顶房子,少的时候派出八九顶房子,多的时候是二十几顶房子。若按照十五顶房子极端,共有二百一十把子、二千九百四十只骆驼。参考由中国人民政治协商会议内蒙古自治区委员会、文史资料研究委员会编:《旅蒙商大盛魁》,《内蒙古文史资料》第十二辑,第39页。

② 小房子组织的形式比较灵活,可以由一把子骆驼组成,也可以用二把或者三把子骆驼组成。

③《旅蒙商大盛魁》,《内蒙古文史资料》第十二辑,第39页。

④《旅蒙商大盛魁》,《内蒙古文史资料》第十二辑,第100—102页。

⑤ А. П. Субботин, "Чай и чайная торговля в России и других государствах", СПб, 1892 г.

⑥ [德]G.F.米勒、彼得·西蒙·帕拉斯著,李雨时译:《西伯利亚的征服和早期俄中交往、战争和商业史》,北京:商务印书馆,1979年,第28—29页。

格进行交易①。交易结束后,旅俄商不可立即返程,须在买卖城住满三个月,与所有商人一同返还②。

在交易程序上,两者差异明显。旅蒙商的流动贸易商队,颇有当代"送货上门"的意味。后期,坐贾形式亦有所发展,但主要集中在归化城等大的商贸城市中,广大草原地区仍以"出拨子"为主。旅俄商在恰克图这一批发市场上即可完成交易,且清廷官员参与其中。

(二)商品交易方式

旅蒙商在外蒙采取物物交换与信用交易相结合的方式。在交易中,砖茶、绵羊与银两都曾作为价值尺度衡量商品价值,促进商品的周转③。蒙古以游牧业为主,银钱等硬通货贫乏,蒙民只能用牲畜换取其所需的商品。但畜牧业生产季节性强,日用品需求却不受季节限制。故,蒙民用信用先取日用百货,以未来产出作抵押④。春夏之际,旅蒙商满载货物至牧民营地,将货物赊销给蒙民。秋冬时节,商人便携带账簿前往草原向牧民们结算收账。在收账时,旅蒙商通常不会一次性收清其所有债务,而是留下一部分,待来年清偿。在丰年时,王公贵族或普通牧民亦不会将全部牲畜换为货物。此时,收购牲畜的旅蒙商会向蒙民出具商号自制的"钱帖",次年旅蒙商商队到来时,蒙民可凭借"钱帖"交换其所需的商品。"钱帖"在旅蒙商贸易中信用颇高,若"钱帖"毁坏或遗失,经查实可补发。旅蒙商号利用其与牧民的"信用关系"私印"钱帖",充当货币流通,在其交易活动中长期使用⑤。不容忽视,赊销交易存在风险。因此,借助当地

---

① 中国第一历史档案馆藏:《军机处满文录副奏折》,档案编号:2281-019,第1661—1678页。
② 赖惠敏:《清政府对恰克图商人的管理(1755—1799)》,载《内蒙古师范大学学报》2012年第1期。
③《旅蒙商大盛魁》,《内蒙古文史资料》第十二辑,第79—80页。
④ 朝格图搜集整理:《阿拉善盟旗志史料》,阿拉善盟政协文史资料研究委员会办公室,1987年。
⑤ 邢野、王新民主编:《旅蒙商通览》,呼和浩特:内蒙古人民出版社,2008年,第29页。

王公贵族的权威,旅蒙商使用由地方政府担保的印票①开展赊销业务。大盛魁获得清政府颁发的"龙票②",取得在外蒙多个旗放"印票"账的特权,逐渐成为外蒙市场上具有垄断性的大商号。大盛魁商号的"印票"业务(本文仅指货物赊销),与其流动商队的贸易同步进行。商队将货物赊销给王公贵族或串蒙古包赊销给牧民后,王公会开具"印票",由此放"印票"账的工作完成。收"印票"账时,掌柜与货员深入各旗各部,只收羊马,凡挑选上的羊马,打上火印,统一由货房子接收。

在旅俄商贸易中,交易方式经历了从物物交换到以金银作为一般等价物的转变过程。恰克图通商伊始,中俄双方约定采用易货贸易方式,实际贸易中金银偶尔被作为交易媒介③。在18世纪,旅俄商在中俄贸易中占据优势地位。为抑制白银外流至中国,俄国政府在1800年制定恰克图贸易规则,完全排除现金结算和使用信贷。规则明令禁止使用货币进行交易,且不允许赊账行为,赊给或者赊欠中国人货物都是被禁止且有被处罚的危险④。在易货贸易中,商品计价以畅销货为单位。嘉庆五年(1800)之前,南京小土布是恰克图市场上出口量最大的商品⑤,被用来评估其他所有商品的价值。1801年后,茶叶替代小土布成为恰克图市场上评估商品的唯一价值尺度⑥。19世纪后,在禁止金银及信贷的政策主导下,俄国在恰克图市场上严重入超⑦。为改变贸易赤字的境况,俄国政府

---

① "印票"是外蒙王公或扎萨克,代表一个部落或一个旗,向高利贷者出具一种盖有王公或旗署印信的借据。放"印票"账是清朝时期旅蒙商在外蒙地区独有的一种高利贷形式。大盛魁拥有清政府颁发的"龙票",取得了在外蒙大部分地区经营印票的特许经营权,成为外蒙地区最大的"印票庄"。据说"印票"上写有这样几句话:"父债子还,夫债妻还,死亡绝后,由旗公还"。放"印票"账有两种形式:银两放贷和赊销货物。
② "龙票"是在清嘉庆年间厉行边禁政策时发出的。它规定了放"印票"账的范围,不仅是经商执照,实质上是一种专利特许证。在外蒙地区,领"龙票"的旅蒙商只有大盛魁和天义德两家。原规定大盛魁放"印票"账的范围是科布多地区金山额鲁特各旗以及扎萨克图汗、土谢图汗、车臣汗等部,而天义德只被允许在三音诺颜部放"印票"账。
③ [德]G.F.米勒、彼得·西蒙·帕拉斯:《西伯利亚的征服和早期俄中交往、战争和商业史》,第29页。
④ [俄]阿·科尔萨克著,米镇波译:《俄中商贸关系史述》,北京:社会科学文献出版社,2010年,第66页。
⑤ [俄]阿·科尔萨克:《俄中商贸关系史述》,第57页。
⑥ [俄]阿·科尔萨克:《俄中商贸关系史述》,第67页。
⑦ 孟宪章主编:《中苏贸易史资料》,北京:中国对外经济贸易出版社,1991年,第253页。

被迫改变贸易规则。自1854年起,俄商在恰克图贸易中可以使用金银。在19世纪后期,赊销行为似渐被允许①。

从交易方式来看,两区域贸易均经历物物交换的阶段。在这200年间,旅蒙商贸易一直采用物物交换的形式,而旅俄商贸易在19世纪中期从易货贸易转变为以货币为媒介进行交易。此外,信用交易一直贯穿旅蒙商贸易整个交易过程,并发展成旅蒙商的主营业务之一。但赊销行为在旅俄商贸易中一直被抑制,尽管后期双方政府放松管制,赊销并未发展成一种普遍的交易方式。

(三)商品种类

在旅蒙商贸易中,商人向蒙地输入蒙民生活所需的日用百货,换回牲畜和皮毛等。对于大部分生产与生活资料,蒙民无法实现自给,因而十分依赖旅蒙商的运销。大盛魁以市场需求为导向,凡蒙民所需,均尽量采购,因此"集二十二省之奇货"②,经营商品齐全。表1列举其中十几种商品的明细。

表1 大盛魁向外蒙地区输入商品明细表③

商品种类	年交易数量	价格(银两)
"三九"砖茶	四千多箱,约五十二万斤④	每箱十二三两
生烟	一千多囤,约十一万斤⑤	每囤二十三四两
绸缎布匹	约四千匹绸缎,六千匹洋布和斜纹布	布匹绸缎或拉成袍料,或定制为帐篷,具体价格未知
三白、哈达	大盛魁每年从绸缎庄与哈达庄进一千多两的货,具体价格与数量未知	

---

①1860年的《北京条约》第七条规定:俄罗斯国商人及中国商人之通商之处,准其随便买卖,该处官员不必拦阻,两国商人亦准其往市肆铺商,零发买卖,互换货物,或交现钱,或因相信赊账,俱可。

②《旅蒙商大盛魁》,《内蒙古文史资料》第十二辑,第6页。

③《旅蒙商大盛魁》,《内蒙古文史资料》第十二辑,第88—95页。本表数据据此整理。

④大盛魁装砖茶的箱子大小是固定的。每箱三九砖茶是三十九块,一块五十五两重,合三斤七两,一箱子茶共计约一百三十斤。按古代换算,一斤为十六两。

⑤生烟的包装是固定的,每囤一百八十包,每包十两重,一囤生烟共计约一百一十斤。

续表

商品种类		年交易数量	价格（银两）
糖味		约一万多斤	每斤一钱五分
铁器	铁锅	约三四百口	每口一两八钱
	铁锹	约五六百张	每张五六钱
	火撑子	约五百个	每个二两五钱
	大剪	约五百个	每个五两多
	下毛剪子	约三千把	每把一两
	铁夹脑	二三百付	每付二两
	裁衣刀子	五千多把	八指每把八钱，六指每把六钱
	火链	一万多个	每个一两而(二)钱
	裁衣剪子	五百多把	每把一两银子
铜器	铜串壶	一千多个	每个二两
	柿子壶	五百多个	每个一两七八钱
蒙古靴子		一万多双	全云(花纹)靴十二两一双，纳闷靴(两云)八两一双，四忘靴(无云)三两一双
马鞋		三千多付	平均三两一付
木碗		大盛魁每年约进一万两银子的货	分类计价，如根花白木碗每个一两，"黑人"木碗五分一个
木桶		一千多付	分类计价，柏木五两一个，松木三两一个，柳木二两一个
药包		一二百包	各种药包照药方包好，价值不等
白酒		三万多斤	每斤一钱
炒米		三千多担	每担一两五钱
饽饽(粗点心)		六万多斤①	细点心高于饽饽两三倍，具体未知
细点心		万八千斤	

①走外蒙的点心，用木匣子装，有五斤一匣，有两斤半一匣，有一斤一匣。卖给蒙民的点心，名为一斤，实际十二两。

此外，大盛魁因地、因时制宜，根据市场需求灵活组织商品供应。每年冬至，大盛魁用白面和羊肉包成大量的"扁食"（即饺子），冰冻后作为春节的应时商品运销外蒙各地。大盛魁贩回的商品以牲畜、皮毛和药材为主。牲畜主要是羊和马，在贩运羊马最多的时期，大盛魁每年可收购羊十到二十万只左右，马在五千到两万匹左右。早期，大盛魁仅采集利润价值高的珍贵皮张转销内地。鸦片战争后，皮毛成为大批量贩运购销的商品。除牲畜、皮毛外，大盛魁还经营药材、蘑菇和金沙等[①]。

从18世纪到19世纪，恰克图贸易中双方贸易结构均有过改变。表1、2数据[②]显示，旅俄商输入俄国的大宗商品经历过从绸布到茶叶的转变，从俄国换回的商品则从以皮毛为大宗转变为以具有高附加值的毛、棉等工业制品为大宗。此外，大黄是中国向俄国出口的重要商品之一，由青海回民穆氏专营[③]。

表2　18—19世纪中国输至俄国主要商品贸易额及其比例

（单位：1000卢布，%）

	1751年		1759—1761年		1792年		1802—1807年		1821—1830年		1841—1850年	
	贸易额	比例	贸易额	比例	贸易额	比例	贸易额	比例	贸易额	比例	贸易额	比例
丝绸类	103.1	23.8	172.9	20.5	161.6	6.6	105.2	2.1	107.7	1.6	99.4	1.5
生丝	108.1	2.5	5.1	0.6	57.8	2.4	14.0	0.3	15.2	0.29	2.0	0.2
布织品	257.9	59.5	509.3	60.4	1601.3	66.4	2316.0	46.3	504.3	7.5	35.7	0.9
茶	46.4	10.7	28.9	3.4	540.2	22.4	2165.3	42.3	5953.5	88.5	6218.4	94.9
白糖、烟草等	15	3.5	62.3	7.34	48.9	1.6	409.5	8	141.3	2.1	163.8	2.5

---

①《旅蒙商大盛魁》，《内蒙古文史资料》第十二辑，第100—122页。
②表2与表3均根据（俄）特鲁谢维奇撰写的《十九世纪前的俄中外交及贸易关系》中附录部分、（俄）阿·科尔萨克撰写的《俄中商贸关系史述》以及丰若非的《清代中俄恰克图贸易的历史作用》中涉及的相关数据资料整理。
③（清）松筠：《绥服纪略》，《北京图书馆古籍珍本丛刊·子部·丛书类》，北京：书目文献出版社，1988年。穆氏家族与俄国商人在恰克图交易大黄的具体情况可参考王世铭的《19世纪穆氏家族与俄罗斯商人在恰克图交易大黄情况》（载《内蒙古师范大学学报》2013年第4期）一文。

表3　18—19世纪俄国输至中国主要商品贸易额及其比例

(单位:1000卢布,%)

	1759—1761年		1792年		1802—1804年		1821—1830年		1841—1850年	
	贸易额	比例	贸易额	比例	贸易额	比例	贸易额	比例	贸易额	比例
皮毛类	423.1	53.4	1601.3	84	1247.9	37.7	3265.2	48.6	1559.2	24.0
皮革制品	129.13	16.2	167.1	8.8	254.9	7.7	917.4	13.6	426.2	6.6
毛呢织品（俄国）	17.6	2.2	5.5	0.3	18.3	0.6	1033.2	15.3	2835.8	43.7
外国呢绒	162.3	20.3	104.9	5.5	1641.3	49.5	—	—	—	—
棉、亚麻制品等	62.6	7.9	26.7	1.4	148.9	4.5	601.5	8.8	1364.8	21

总体而言,旅蒙贸易中交易的商品种类繁多,而旅俄贸易中商品类别相较简单。在众多商品中,茶叶最为重要。汉蒙贸易中,茶叶始终是旅蒙商运销的大宗。在整个18世纪,绸布为中国出口商品的大宗。迨至19世纪,茶叶在恰克图市场上独占鳌头,而布及毛呢织品成为俄出口至中国的大宗。

(四)交易的公平性

从平等贸易的角度来看,旅蒙商贸易的不平等与旅俄商的公平交易形成鲜明对比。旅蒙商在蒙古高原上的贸易来往是不等价交易[1]。其一,操纵物价。在交易中,牧民往往处于弱势,旅蒙商借其不知晓市场信息的优势高价出售商品。大盛魁利用其货物齐全、资金充裕的优势,上下

---

[1] 杜心宽:《中国精品档案解析之三十:远去的旅蒙商》,《山西档案》2011年第4期。学界有关旅蒙商在蒙地开展不平等贸易的研究较多,在此列举几个典例。《旅蒙商大盛魁》附录部分专门对旅蒙商的商品进行比价研究,书中对比了前后营及归化城这几个地区价格的差异以及手工业品与牧业品之间的价格差异,得出了旅蒙商进行不等价交易的结论;陈东升在《清代旅蒙商初探》(载《内蒙古社会科学》1990年第3期)中探讨了旅蒙商在蒙地开展不平等贸易的原因;邢亦尘在《试析旅蒙商业的宏观经营》(载《内蒙古师范大学学报》1994年第2期)一文中谈到,所谓信用交易,就是(旅蒙商)凭借个人、旗府的信用关系,赊销货物,进行不等价交换的贸易形;李治国从成本核算、债务产生的原因与利益分配三个方面,对旅蒙商的不平等贸易进行了深刻的剖析,可参考《复杂的利益分配——旅蒙商予以蒙古负面影响的再认识》(载《兰州学刊》2011年第4期)。

其手,操纵物价。以砖茶为例,在归化城一块砖茶值三钱多银子,一般的旅蒙商将砖茶运至前营可卖四钱多银子。大盛魁赊销给王府的砖茶以五钱银子起算,并为了预防在议定限内涨价,事先提高至八钱①。其二,利用赊销进行盘剥。春夏时节,旅蒙商赊销给蒙民其所需商品,双方并不议定商品与牲畜价格,仅记下所赊销商品的数量。待秋冬归来,商人按秋天的市价来收点牲畜与畜产品。在这个简单的赊销过程中,旅蒙商的盘剥体现在三方面:首先,畜牧业是典型的季节性产业,秋季是其销售旺季,此时可低价购进。其次,在赊销记账时,旅蒙商一般会折价计算牲畜,提高其所售商品的价值。例如,在放"印票"账时,砖茶便以高于市价的水平来计算,而蒙民以绵羊还"印票"账时,竟作价低于市价75%以上②。最后,旅蒙商以赊销商品为本金,对其加计利息,到期以实物还本付息③。可见,旅蒙商在赊销过程中,一般高价格销售日用百货,以低价折收牧民的畜产品,又以高利息计息,一次交易可获三重利润,人称"一羊三皮"之利。此外,旅蒙商不让牧民一次性偿清其所有债务,通常保留一部分,以便来年收取增殖利息。故"商民以值数饮之砖茶,赊与蒙古,一年偿还皆不收取,必欲按年增息,年复一年,索其大马而收之④"。由此可见旅蒙商对蒙民的盘剥之甚,旅蒙贸易的不平等亦显而易见。

旅俄商贸易则相较公平。其一,"买卖事宜均随其所愿⑤"。交易双方互通有无,以平等互利为贸易主旨,交换各自感兴趣的商品。其二,明码标价,严禁欺诈等行为。旅俄商"大都是在商号里按事先商定的价格,并由商界选出的四名监督人出面成交⑥"。不遵守规则会受到相应的惩

---

① 《旅蒙商大盛魁》,《内蒙古文史资料》第十二辑,第98页。
② 旅蒙商不允许牧民使用砖茶还"印票"账,即便可以使用砖茶找零,也只能按周转价格来计算。《旅蒙商大盛魁》,《内蒙古文史资料》第十二辑,第80页。
③ 《旅蒙商大盛魁》,《内蒙古文史资料》第十二辑,第71页。
④ (清)松筠:《绥服纪略》,《北京图书馆古籍珍本丛刊·子部·丛书类》,北京:书目文献出版社,1988年,第772页。
⑤ (清)托津等撰:《钦定大清会典事例:嘉庆朝》卷七百四十六,台北:文海出版社,1992年。
⑥ [俄]瓦西里·帕尔申著,北京第二外国语学院俄语编译组译:《外贝加尔边区纪行》,北京:商务印书馆,1976年,第46页。

罚,甚至被取消经商权利。俄国商人按照地域与行业组成六个公司①,并选出代表进行估价。估价公司会分别评估两国商品的价值,并估算商品间的互换比率②。价格确定之后,俄商都必须遵守。其三,旅俄商贸易是在两国政府的管制下进行的。为保证贸易良好有序进行,两国政府分别在恰克图城与买卖城设专门管理官员,并发布各种管理文件约束本国商人的贸易行为。中国政府发布有《清政府对商人的训令》③等一系列管理文件,俄国政府则在1800年制定一整套恰克图贸易规则④。

三、旅蒙与旅俄商贸易的影响

从18世纪到19世纪,旅蒙贸易与旅俄贸易取得巨大发展。俄蒙商人不辞辛劳远赴蒙古及中俄边境开展贸易,创造出北部市场繁盛的景象,对我国北部边疆的商品流通、货币流通、区域市场的分布状况及社会经济生活产生深刻的影响。俄蒙商在两区域市场上的经济行为存在差异,因而对两区域的影响必然不同。而作为中国市场体系中的两个重要组成部分,旅蒙与旅俄贸易亦共同影响着清代的社会经济状况。

旅俄商贸易促进中俄双方交易商品结构的转型,而旅蒙商贸易中商品结构似未变动。在恰克图市场上,中国输至俄国的商品由绸布转变为茶叶。18世纪,中国的棉织品广受俄国民众的欢迎,并一度充当双方交易的价值尺度。俄国市场对棉布的巨大需求,极大激发国内手工工场的生产积极性。进入19世纪,随着俄国市场对茶叶需求的扩张⑤,茶叶在中国出口商品结构中独占鳌头。山西晋商应市场需求而变,建成集产、

---

① 可参考《俄中商贸关系史述》。自打叶卡捷琳娜二世废止和中国的官方贸易并且把该贸易交给了私商之时起,便由阿尔汉格尔斯克、沃洛格达、图拉、托博尔斯克、伊尔库茨克、喀山和莫斯科的商人组成了6个公司进行恰克图贸易。来自同一个城市且往恰克图运送同类商品的商人们就可以组成一个公司。

② [俄] 阿·科尔萨克著:《俄中商贸关系史述》,第62页。

③ [苏] 米·约·斯拉德科夫斯基,宿丰林译:《俄国各民族与中国贸易经济关系史(1917年以前)》,北京:社会科学文献出版社,2008年,第414—416页。

④ [俄] 阿·科尔萨克著:《俄中商贸关系史述》,第61页。

⑤ Соколов Иван Алексеевич Китайский чай в России: В 3-х тт. [Монография] [Текст] / И.А. Соколов. - М., 2015. - Том I. - 497 с.: илл. - Серия "Русский чай".

运、销于一体的茶叶经营体系,极大促进中俄茶叶贸易的发展。旅俄商贸易的发展,还促进俄国出口至中国的商品结构的转变。在18世纪,俄商主要出口皮毛等原材料,并经营欧洲毛呢织品对中国的转口贸易。中国市场对呢绒等产品需求日渐旺盛,促进了俄国相关产业的发展。据记载,俄国的工业企业从1804年的2423家增至1854年的9994家①,其生产的大部分产品被运往恰克图。另一方面,通过茶叶贸易,俄商赚取大量利润。据记载,19世纪上半叶,俄商以700万元在恰克图购买的中国茶叶,在下哥罗德集市上卖出1800万元②。旅俄贸易为俄国工业发展提供强烈的技术需求与巨额资本积累,成为俄国工业革命的推动力之一。在先进的生产力推动下,俄国的贸易结构由粗放型的原料出口,逐渐转变为技术集约型的纺织品出口。呢绒不再依赖欧洲市场,从转口贸易逐渐发展为本国生产并出口。在近200年间,蒙民却一直固守于传统的游牧经济形式,蒙古市场的需求与供给似未有太多变化,旅蒙贸易的商品结构亦未有太大变动。由此可见,旅蒙商贸易实质上是发达的农耕经济对游牧经济的补充,而旅俄商贸易体现出中俄两国的强烈互补性。

贸易发展对货币流通的影响主要体现在交易方式上。旅蒙商贸易中,物物交换与信用交易的交易方式始终未变。随着旅蒙商贸易的深入开展,外蒙市场愈加依赖于旅蒙商贸易的赊销交易形式。由此,"印票"逐渐形成,并成为旅蒙商最为重要的基本业务。旅蒙商号大盛魁是最大的印票庄。通过放"印票"账,大盛魁可以垫支清廷驻蒙军政人员的各项费用,并满足普通牧民的日常生活需求,以及王公贵族奢侈消费的需要,还包办清政府在外蒙征收的捐税。在高利贷的压迫下,贫困的牧民无力改变现状。而作为此种交易方式的得益者,大盛魁及政府官员亦无动力改变。因此,赊销交易方式一直贯穿于旅蒙商贸易中。在恰克图的边境贸易中,两国政府一直坚持物物交换的政策,且严禁赊欠。但在实际交易中,偶有俄商将银币改铸粗鄙的银器,充当交换手段。直至19世纪,在中

---

① [苏]米·约·斯拉德科夫斯基著:《俄国各民族与中国贸易经济关系史(1917年以前)》,第200页。

② А. П. Субботин, "Чай и чайная торговля в России и других государствах", СПб, 1892 г.

俄贸易的推动下,俄国的生产得到发展。随着机器生产的引进,棉纺织业迅速发展,不仅实现自给,还向中国出口。在禁止金银及信贷的政策主导下,俄国中部各省生产的工业品向恰克图的输入量缩减,破坏双方货贸易的基础,导致俄国在恰克图市场上严重入超①。为改变贸易赤字的境况,俄国政府准许俄商使用黄金与白银偿付中国商品。而这种新的交易方式,使得俄国"贸易有了一些起色②"。

相异的交易程序,导致两贸易区域内市场分布的不同。为顺利进入外蒙市场,满足上至王公下至牧民等多个层次的蒙民的需求,旅蒙商因地制宜采取"出拨子"的经营方式。大盛魁便是以归化城、乌里雅苏台城及科布多城为据点,派出流动的贸易驼队,深入蒙古草原各个盟旗展开贸易。随着大盛魁等大型商业资本形成与集中,归化城等几个军事重镇转变为商贸中心,而在各盟旗中亦形成许多规模不一的商贸市场。因此,随着旅蒙贸易的发展,蒙古地区形成以归化城、库伦、乌里雅苏台城等多个城镇为中心,以各盟旗重要集镇为辐射点的分散型市场格局。《尼布楚条约》签订后,中俄贸易主要靠京师互市、库伦互市和黑龙江互市,并形成库伦、齐齐哈尔等多个贸易据点③。1727年,《恰克图条约》中规定两国商人可在鲁祖海与恰克图两地进行免税贸易④。次年,恰克图城建立,晋商率先进入该市场开展贸易。旅俄商贸易日渐繁荣,其他据点逐渐衰落,恰克图成为中俄贸易的核心纽带城市,并在恰克图城形成一个统一有序的市场,中俄贸易几乎完全在这一市场上完成。

旅蒙与旅俄贸易的开展,不仅促进各区域相关边贸城镇的繁盛,还共同推动国内相关产业及城镇的发展。旅蒙商初"以车载杂货,周游蒙境",后逐渐在蒙古各地区建立固定性店铺。随着旅蒙商资本剧增,归化城、包头、多伦诺尔等地逐渐成为店铺林立、商贾云集的商业重镇。据俄

---

① 孟宪章主编:《中苏贸易史资料》,北京:中国对外经济贸易出版社,1991年,第253页。
② [苏]米·约·斯拉德科夫斯基著:《俄国各族人民同中国贸易经济关系史(1917年以前)》,第266—288页。
③ 孟宪章主编:《中苏贸易史资料》,第48—147页。
④ [美]费正清:《剑桥中国晚清史》,北京:中国社会科学出版社,2007年,第345页。

国人的记载,在科布多城、库伦等多个城市内,均建有买卖城①。买卖城内,门市林立,人烟繁盛,各类手工业商铺、茶庄、钱庄一应俱全。时人盛传"先有复盛公,后有包头城"之语,亦反映出旅蒙商对蒙古重要商业城镇兴起的推动作用。旅俄商贸活动的开展,推动俄国西伯利亚地区城镇的发展②。为满足中国市场对皮革及毛呢等产品的巨大需求,西伯利亚地区的色楞格斯克县、伊尔库茨克等地纷纷建立皮革企业与制呢工厂③。恰克图贸易的开展,为俄国西伯利亚地区提供丰富的就业机会,促进该地区工业部门的兴盛与发展,为城镇的发展奠定经济基础。作为北路贸易中最为活跃的两股力量,旅蒙与旅俄贸易还共同推动国内相关产业及城镇的发展。在汉蒙及中俄贸易中,茶叶是最为重要的商品。俄蒙商全面参与到茶叶的种植、生产、加工、包装、运输、销售等多个环节,良好地保证茶砖的高质量④。在茶叶贸易的推动下,晋商走出一条绵延1.3万公里的漫漫茶道,茶道沿线的城市亦渐趋繁盛,其中以张家口最为著名。张家口是旅蒙商与旅俄商贸易的重要转运枢纽,俄蒙商人均在此设商行与货栈,自恰克图与外蒙运回的皮毛等产品都是先运至此,再转运内地。旅俄商每年要由福建、湖北等地经张家口,向中俄边境输出数十万担的茶叶及各类商品。此外,由张家口输送至蒙地的商品货物也不在少数。至清末,"张库通商日繁一日,每年进出口约合口平银一万二千万两⑤"。清政府在张家口设有税卡,关税收入颇丰。为满足长途贩运贸易对资金的巨额需求,张家口的金融业十分兴盛。据统计,道光三十年(1850),至少有京师、汉口、天津等13个城市与张家口通汇,其往来商号主要有兴盛德、裕兴昌、源泰昌等19个,汇兑金额共计164364两⑥。因此,当代学者称张家

---

①[俄]阿·马·波兹德涅耶夫著,刘汉明等译:《蒙古及蒙古人》(第一卷),呼和浩特:内蒙古人民出版社,1989年。

②Артемьев А. Записки императорскаго русскаго географическаго общества по отделению статистики. Санкт-Петербург, 1871.-т.2.

③Государственный архив Иркутской области(ГАИО).Ф.25.Оп.11.Д.12.Л.62.

④А. П. Субботин, "Чай и чайная торговля в России и других государствах", СПб, 1892 г.

⑤《万全县志(民国)》,中国地方志民俗资料汇编本,北京:书目文献出版社,1990年。

⑥黄鉴晖:《山西票号史》,太原:山西经济出版社,1992年,第118—119页。

口为塞北地区的商业中心与金融中心①。

四、政府政策与贸易的相互作用

旅蒙商贸易与旅俄商贸易间的差异与清政府的政策密切相关。众所周知,清王朝坚持"以农为本",采取重农抑商的经济政策,且自诩为天朝上国,始终奉行"闭关锁国"的对外贸易政策。在严峻的政策环境下,俄蒙商人坚持在中国北部边境开展贸易活动,并创造出灿烂而伟大的万里茶道文明。清政府的政策如何影响俄蒙商人的经济行为?俄蒙商贸易的发展如何引导着政府的经济决策?反之,新的政策对贸易又有何影响?毫无疑问,政府政策与贸易的相互作用始终贯穿于北路贸易兴衰成败的历史过程中。

清朝在统治边疆时,遵循"恩威并施"与"因俗而治"的基本方针②,实施"封禁"政策。因忌惮蒙古强大的军事力量,康雍乾三朝在漠南蒙古、漠北喀尔喀等地推行盟旗制度③。清廷为各盟旗划定牧地,"各部蒙古不得越旗畋猎④",且禁止蒙古各部之间进行贸易与通婚。盟旗制度的实施,有效防止了蒙古形成统一的力量,与旅蒙商"出拨子"的经营方式也存在着一定程度的联系。此外,清廷亦限制汉蒙交往行为,禁止汉蒙通婚⑤,并对漠北旅蒙商实行严格的户籍管理制度⑥。在经济上,清廷严禁汉人入蒙发展农垦,坚持发展游牧经济。在单一粗放的游牧经济主导下,蒙古生产单一,蒙民"以肉为饭,以酪为浆","衣皮革,处毡庐",无法自给铁器、绸布等物资,且"见中国茶叶则宝之"。为巩固满蒙联盟,清廷开放

---

①许檀:《清代后期晋商在张家口的经营活动》,载《山西大学学报(哲学社会科学版)》2007年第3期。
②马汝珩、马大正主编:《清代的边疆政策》,北京:中国社会科学出版社,1994年,第56页。
③袁森坡:《康雍乾经营与开发北疆》,北京:中国社会科学出版社,1991年。
④(乾隆)《钦定大清会典则例》卷一百四十《旗籍清吏司》,景印文渊阁四库本,第624册,武汉:武汉大学出版社,第434—435页。
⑤蒙古国国家档案局、内蒙古自治区档案局主编:《旅蒙商档案集粹》,第13页收录《钦差驻扎库伦办事王大臣为民人不准娶蒙古妻室通行晓谕事》。
⑥蒙古国国家档案局、内蒙古自治区档案局主编:《旅蒙商档案集粹》,第58—80页收录当时居住民人(漠北旅蒙商)花名册和保甲门派清册等。

张家口、归化城等市场,尽力满足蒙古人的物质需求。康雍乾三朝,内地商人借助随军贸易逐渐发展为旅蒙贸易。对于旅蒙商的贸易行为,清廷颁布"部票制度①"进行严格的管理。旅蒙商前往蒙地贸易,须将姓名、货物数目、所往地方、启程日期等信息详细登载,并在地方衙门领取部票。贸易完成后,商人要到贸易地的地方衙门换取路引,方可返程。若再去他处贸易,商人须到地方衙门申领部票。贸易完毕,商人回到申领照票地点,前往衙门将凭证查销②。短期来看,清政府的政策使蒙古在战后经济迅速恢复,蒙古各部之间保持着和平稳定的关系,清王朝在边疆的统治地位日渐稳固。长期来看,为节省管理成本,清政府政策引导蒙古市场形成垄断格局。在清政府与蒙古王公贵族的政策支持下,旅蒙商号大盛魁在极盛时期几乎完全垄断整个外蒙市场。大盛魁被清政府授予"龙票",拥有最高统治者所给予的特权。嘉庆八年(1803),清政府诏令严格检查旅蒙客商的经商票照。未持票照或票照过期的商号被驱逐出境,而深受蒙民欢迎的商号被颁发专营许可证。清查结束后,为方便管控,理藩院与蒙古旗署要求取缔旅蒙商号随意经营高利贷的权利,选定几家大商号承揽印票生意。凭借雄厚的资本积累、广泛稳定的商品购销系统及良好的经营业绩等优势,大盛魁获得在外蒙大部分地区的经营特权。从此,大盛魁商号经营范围加大扩展,在放债、收账方面亦有更多便利,开始走上垄断大商业的道路③。同时,大盛魁与蒙古王公贵族建立稳固的利益关系。每三年,乌、科两柜(前后营)会与爱玛克衙门及其相与的王府召开会议,商议要货的品种、数量、价格以及抵债的牲畜价格等条款④。一经定价,不得改动。总号照单进货,运往乌、科两柜。随着资本不断扩大,大盛魁包办了前后营地区几十个和硕的王府用货和台站的差务,取得了许多王

---

①蒙古国国家档案局、内蒙古自治区档案局主编:《旅蒙商档案集粹》,第30—42页收录旅蒙商为开展贸易所请领路引报单、部票清册等。
②田宓:《从归化城副都统衙门档案谈清代旅蒙贸易及部票制度》,载《历史档案》2016年第4期。
③《旅蒙商大盛魁》,《内蒙古文史资料》第十二辑,第12页。
④《旅蒙商大盛魁》记载为每三年一次会盟,但周建波在《旅蒙晋商在蒙古地区的开发与经营》(载《中国地方志》2009年第2期)一文中记述,每年大盛魁的代表都要与清廷驻蒙代表、蒙古王公代表举行朝格勒尔会议。周建波教授推测,在最初可能是三年一次,但随着旅蒙商贸易的日益发展,外蒙对旅蒙商依赖加深,会盟逐渐演变为一年一次。

公贵族的信任。光绪年间,天义德与大盛魁在印票生意上竞争加剧。在一次"楚古拉"会议上,大盛魁获得更多王公的支持,天义德宣告失败。由此,大盛魁的垄断地位日益稳固。在外蒙市场上,大盛魁大搞垄断经营,不仅操纵物价,还控制归化城几大重要商品的开盘行市,并支配"崇厚堂"等旅蒙商号管理组织的运行。清廷的政策促成旅蒙商垄断经营的局面,旅蒙商利用其优势地位稳固清政府政策的趋势,进一步强化其在蒙古的垄断地位。旅蒙商在蒙古地区长期的垄断经营,大搞"印票"放高利贷,造成蒙古牧民的贫困,激化底层牧民对清王朝的不满,为外蒙独立埋下隐患。

对于恰克图通商,中俄两国政府的态度截然不同。正如当代众多学者所诟病,旅俄商贸易仅实现物质上的平等,在精神上始终是不平等的①。清政府准许恰克图通商的本意是维护边疆的安定,稳固清王朝的统治。《恰克图条约》中的条款,可视为清政府为维护边界安宁所做出的让步。俄国政府积极促成恰克图通商,是为从贸易中获得经济利益。事实上,双方都通过旅俄贸易达成各自目的。《莫斯科人》杂志曾于1841年称赞恰克图贸易是"俄国获利最大的贸易。②"俄国人甚至声称:"一个恰克图抵得上三个省,他通过自己的贸易活动将人民财富的宝贵而富有生机的汁液输送到整个西伯利亚。③"而清政府以关闭恰克图贸易作为外交手段,使俄方在中俄边境摩擦中屈服。清乾隆年间,恰克图贸易曾三度关闭。俄国过于依赖恰克图贸易,在闭市期间,俄国经济遭受重大打击,习惯消费中国产品的外贝加尔地区的民众生活深受影响,"人们陷入极大的恐慌之中。④"因此,闭市几乎均以俄国妥协而告终,这也使俄国积极谋求开放更多中俄通商口岸。鸦片战争爆发后,俄国通过一系列不平等条约,逐渐取得中俄贸易的主动权⑤。1851年,通过《伊犁条约》,俄国臣民获得在伊犁地区的贸易权。随后,俄国签订《天津条约》,取得对华海陆贸

---

① 米镇波:《清代中俄恰克图边境贸易》,天津:南开大学出版社,2003年,第85页。
② [苏]卡巴诺夫著,姜延祚译:《黑龙江问题》,哈尔滨:黑龙江人民出版社,1983年,第68—70页。
③ [俄]瓦西里·帕尔申:《外贝加尔边区纪行》,第135页。
④ 米镇波:《清代中俄恰克图边境贸易》,第19页。
⑤ 孟宪章主编:《中苏贸易史资料》,第218—243页。

易权。1862年,中俄达成《陆路通商章程》,俄国取得中俄贸易中税收优惠的权益。此后,恰克图在中俄贸易中的地位一落千丈,旅俄商贸易亦日渐衰落。

　　清政府以维护封建统治为目标,不重视商业与对外贸易的发展,始终未正视北路贸易给中国社会经济带来的积极影响。对待恰克图贸易,清政府沉浸于"天朝上国"的迷梦中,以恩允的姿态与俄通商,使中国失去通过恰克图贸易与国际接轨的可能性。在蒙古地区,清政府为实现管理成本最小化,促成若干大商号垄断贸易的局面。旅蒙商贸易的垄断导致不等价交易行为,使蒙古长期处于贫困落后的状态。不可否认,清政府边疆政策亦存在值得肯定之处。在我国历朝历代中,清政府的边疆治理最为成功。边界的稳定,使人们免受战乱之苦,为商人们开展贸易活动提供安稳的外部环境。在处理中俄边界问题中,经济制裁是清政府的重要手段(直至今日,经济制裁仍是世界各国处理国际摩擦的主要方法),体现清政府政策的先进性。在乾隆年间,皇帝曾下圣旨亲自教导中国商人如何在恰克图贸易中获取更多利润,亦能体现政府对百姓的体恤之情。同时,俄蒙商人在北路贸易发展中的作用值得赞扬。在恰克图市场上,两国商人共同努力打破政策约束,促进双方交易方式从易货贸易转变为货币交易,使恰克图市场初显现代市场的特征。而且,在"抑商"的政策环境下,俄蒙商人克服恶劣的自然条件,一步一个脚印将内地的商品、技术及文化传播到封闭的蒙古地区以及遥远的俄国境内,使繁荣活跃的北路贸易成为古代中国贸易史上浓墨重彩的一笔。

(原载《中国社会经济史研究》2018年第4期)

晚清常关与铁路运营、管理的互动：以张家口和崇文门税关为重心

岳鹏星[1]

晚清时期，常关的衰落并不是一蹴而就的，学者廖声丰将常关的衰落划分为"三个阶段"，其中清末十年是"彻底衰落"阶段。至于衰落的原因，"商品流通格局的变化"是一个重要的因素。[2] 而商品流通格局的变化莫过于交通格局的改变。廖声丰甚至认为"近代中国交通格局发生了巨大变化，这是导致常关衰落的主要原因"[3]。铁路主要承担的是陆路商贸运输，因此对于常关而言，其影响也是在所难免的。不过，虽然晚清常关的衰落是一种趋势，但是常关并不是一味地顺从这种趋向，其间还伴随有自身的作为。目前，学界针对晚清时期铁路在运营管理过程中与常关之间的关联性研究，还比较少，本文试图以京张铁路为中心，以张家口和崇文门税关为重心，思考二者的内在关联性影响。

---

[1] 岳鹏星（1988— ），男，河南宝丰人，历史学博士，河南大学经济学院副教授，河南大学慈善公益研究中心研究人员，河南大学经济学院博士后流动站在站人员，主要从事中国近代经济史、慈善史研究。
[2] 廖声丰：《简论近代常关衰落的三个阶段》，载《学术研究》2009 年第 4 期。
[3] 廖声丰：《近代常关衰落与交通格局的变迁》，载《宁夏社会科学》2008 年第 5 期。

一、京张铁路建设对张家口的影响

清代,满洲人入关建立政权,对蒙古各部采取团结、争取的政策,十分注意加强与蒙古的政治、经济联系,张家口与北京的关系更为密切。康熙年间清朝曾定张家口为蒙汉贸易场所,每年经张家口从内蒙古输入的良马便有7万匹,骆驼3万只,羊约150万到200万只,并经张家口输入俄罗斯的毛皮、天鹅绒、毛制品和杂货。从这里向蒙古草原输出的有茶叶、丝织品、棉布、烟草、日用杂货等,单是茶叶就上万箱。到清末时期京张铁路修通后,北京对张家口的贸易再度兴盛,与口外传统的商品输入输出量更大,在张家口出现了许多与北京商家挂钩的店铺,成为北京商业活动的主要辅助城市,担负着沟通平原与高原、农业与牧业、内蒙古与外蒙及俄国商贸活动的任务,同时又有从西北方拱卫京师的作用。

张家口是大北京经济圈中的一个重要城市,是北京的草原牧区和北陆路门户。1909年,随着我国著名的铁路工程师詹天佑设计的京张铁路的通车,以及张家口至库伦公路的修通,张家口出现了商贾云集、市场繁荣的景象,年销砖茶达30万箱,输入羊皮1500万张,贸易额达15000两白银,成为华北著名的商埠之一。张家口市以上堡、下堡及火车站为中心逐渐向周围扩展,兴建了张家口东安市场、福寿街。火车开始运营时,内部的商业街道格局已成。城区突破城墙的限制沿铁路延伸,形成了新的商业区——桥东区。①

铁路的开通促进了张家口的城市近代化发展,也大大推动了张家口的经济发展,使其在民国初期即被誉为"塞北的上海"。② 首先表现为城市空间结构的变化。铁路通车前,张家口城区主要集中在上堡和下堡之间,商业区在城墙以内。火车站在张家口桥东修建时,本地大商家纷纷在火车站周边抢购地皮,大兴土木,新的建筑群迅速形成。在火车站西南角一带修建了怡安大街、长安街、保善街、长寿街四条商业街,并在街道后边与火车站周围建筑民宅6000多间。

---

① 任月海主编:《清代和民国内蒙古主要草原城市演化进程》,呼和浩特:内蒙古大学出版社,2015年,第270页。
② [日]后藤十三雄:《蒙古的游牧社会》,东京:生活社,昭和十七年日文版,第237页。

二、京张铁路修筑对于张家口税关的初步扰动

城市、常关与铁路并不是相互独立的存在。对于铁路运营事业而言，城市中的常关往往因为铁路带来的外部性影响而有所变化。其中，以北方沿边交通格局的变化最为明显，同时也以这些边关的反应最为激烈。张家口、杀虎口、归化城等税关在清代前期发展很快，但是清末十年间西伯利亚铁路、东清铁路先后通车，进而使得俄国对华贸易的重心逐渐由蒙古地区转移到了东北地区。① 这样沿边常关的税入逐渐减少。而京张铁路的修筑使得常关税入有了新的扭亏机会。

京张铁路的修筑必然会扰动该地区原有税政体系，也必然会造成原有税政的反弹。其中尤以张家口税关最为明显。1908年7月，就在京张铁路工程进行之中，作为清政府重要的贸易边关通道，张家口税关借口京张铁路建成之后，由北京运赴张家口的货物很容易在宣化府车站就近上下转运、销售，为了防止"绕免漏税，拟先于宣化添设分局，居庸关添设分卡，此外各车站亦须察看情形，择要分设卡以重稽征"。② 时任"张家口监督"的文绥③向度支部呈文，认为"宣化一郡为京北要衢，东达热河，西通归绥，皆为商贩往来之孔道"。而该时期京张路工程建设中的八达岭山洞已经完工，这样路轨很快可以直达张家口。由于宣化府车站"有设在南门外之说，刻下商民人等已将该处开设货栈"，这样以宣化为中心"不但南北往来之货，即东西各路亦皆随处可通"。于是有商贩"希图省税者，不必抵张家口即可于宣郡就近上下、转运旁销，既省数十里之道，又可籍此免税"。更何况，"自南口（即南口车站）至张家口中间四百余里，沿途叉道分歧，偷漏绕越之弊，更防不胜防"。加上居庸关与张家口，"南北相悬，鞭长莫及，呼应不灵，其影响于税课者，诚非浅鲜"。根据以上情况，文绥认为了张家口税关的税务考虑，"拟请火车由南口开行时，即在居庸

---

① 廖声丰：《近代常关衰落与交通格局的变迁》，《宁夏社会科学》2008年第5期。
② 交通、铁道部交通史编纂委员会：《交通史·路政编》第四册，交通、铁道部交通史编纂委员会1935年版，第2570页。
③ 秦国经主编：《中国第一历史档案馆藏·清代官员履历档案全编》（第三册），上海：华东师范大学出版社，1997年，第758页。

关迤北岔道车站处所,先行添设分卡",并在宣化府车站"左近添设分局,以为扼守诸路之总关键"。他还要求"凡南北货物如已在关口纳税者,该分局验票放行。否则照例纳税,方准起运。此外,小车站处所亦须察看情形,择要分别设卡以重稽征而防漏越"。度支部接到文绥的呈请,认为事关京张铁路过境省份即直隶(即河北省)以及邮传部、京张路局,因此便转咨邮传部向京张路局筹议。在咨文中,度支部认为"京张铁路运货往来,在张家口自当设卡稽征,以保全其固有之税"。度支部同意了张家口税关所谓设卡抽税的意见,只是还有所保留,认为京张铁路"系在直隶境内,并当照完直隶货捐。是稽征办法亟应通盘筹划,方无扞格之虞"。至于文绥提出拟在岔道车站先设分卡,等到路工通至宣化府之后,再于车站附近添设分局。至于各小车站择要分设卡的要求,度支部认为还需要"直隶派员会同该监督(即文绥)另行筹议,仿照京汉一路直豫合办货捐办法,以归简便"。

不过,京张路局的答复却直接反对度支部的意见。1908年9月,京张路局在详复邮传部并请转咨度支部的复文中表示,京张铁路"为官款自办。现仅通至南口一段,风气初开,客货脚价尚难畅旺,正须竭力招徕使商旅咸出其途,庶路政可望起色"。路局还认为"宣化、延庆等属皆系著名瘠区。若近站更征货税,商力断有不及,势必纷纷绕越,不愿附车进款,立见短绌,官本将致坐亏。即以税关而论,虽按站设卡,而近地居民多蓄驼脚,幕夜偷载,岔道纷歧,亦安能四出侦缉,查税之费仍无增税之实"。铁路局还认为,"铁路、税关同属国家正项,苟有一利、犹或可言,两害相并、虑非长策"。路局提出"张家口茶税从前盛时,每岁约收二百万箱。今不足十分之一,尽由远东绕行,皮毛杂税亦均见绌。现在京张一路告成,伊尔渐次展通,库恰商贩争趋便捷,当可次第招回。为增税计,似在此而不在彼。至京汉一路直豫合办货捐,系因该地本有厘卡,于火车通行之后,并归一处以求简便。与宣化等属向无关卡,今议遂节展增者,情事颇不尽同。"[1]也就是说,京张路局针对度支部原咨中对于张家口税关所呈各节即保全固有之税收,以及度支部认为有必要根据路线经过直隶境内

---

[1] 交通、铁道部交通史编纂委员会:《交通史·路政编》第四册,第2570页。

加收货捐一层的意见,认为均不可行。京张路局还认为加抽直隶货捐实为变本加厉之举,势必逼迫商货仍用驼运,以避各种捐税。其结果则铁路货运不振,同时货捐亦无着落。

该时期,时任直隶总督的杨士骧根据天津厘金总局的意见,表示"碍难照办"。在答复度支部时,他认为,"张家口监督原系收张家口过境之税,似未能沿京张铁路多设分卡致启越境之嫌"。杨士骧认为京张铁路沿线添设厘卡有扰乱原有税政——张家口税关跨境征税的嫌疑。他还认为该时期"新政繁兴,各该地方官就地筹款,业已万分支绌。若张家口另增税卡,深恐商力未逮,或致别生枝节,更有碍地方责任。再四筹商,碍难照办。至于京张火车开行以后,或须开办货捐应由直隶届时查看商情自行筹办,以归统一而免纷歧"。可见,杨士骧针对张家口税关意图在京张铁路修筑、运营之时,扩展自身税政行为明确表示反对,甚至除了表现出不合作的一面之外,还有"自行筹办"的意图。度支部却认为杨士骧的态度似乎是"有所误会"。为了免生嫌隙,度支部还专门咨文杨士骧表示,"各省常关所设局卡如查有应行变通、以合贸易情形者,本可随时酌改,居庸关进出货税向由张家口设卡征收。现因京张铁路将此通行贸易情形不无更变,该监督拟在岔道车站处所先设分卡,俟铁路通至宣郡再于车站左近添设分局,系为因时制宜,裨益税务起见,并无越境收税之嫌"。度支部的意思还是支持张家口税关设局抽税。同时,度支部还表示,"火车运货完税利在简便,是以本部(即度支部)先将情形咨商直隶总督,意在力求简便办法,俾路政、税权两无妨碍。兹准咨复前因似于本部前咨未免有所误会,应再咨由直隶总督查明究竟京张一路,直隶应否举办货捐。"度支部认为,如果直隶省将来必须举办,则应再饬天津厘金局悉心筹划并会同张家口税关具体办理,最好根据"京汉一路直隶合办货捐办法者,原以直隶货捐照章统收分解办法尚称简便。京张铁路所运货物无非由京运张及由张运京之货,若亦核明应完张家口税若干,直隶货捐若干,设局统收分解。在税捐无走漏之虞,商人亦无烦扰之累,自可由直隶派员会同该监督妥定章程,以资遵守。如直隶货捐无须举办,则张家口税务关系紧要,应即由该监督沿路择要、设卡稽征"。① 也就是说,度支部强力说服杨士骧要设关抽税,甚至明确表示假如直隶货捐无须举办,则张家口税关沿路择要设卡稽征,以保全路固有之税。

之后,在度支部的强硬支持下,除居庸关原有分卡外,张家口税关即于宣化、康庄、丰台等站陆续设立分卡,针对商人运货稽征税收。② 该时期,度支部力主征税,表面上看直隶(即河北省)方面并没有表现出太多的配合和热情,但是当京张铁路通车之后,直隶方面便开始谋求因为铁路而生发的新利益,其做法主要是谋求同张家口税关合办货捐。

1909年9月22日,京张铁路全线通车,"是日举行了通车典"③。时任直隶总督杨士骧以京张铁路业已通车,面对"商货纷纷装运"的现状,表示"税捐两项亟应开征",于是在丰台设立专局一处,张家口设立分局一处,开办火车货捐。为了"迄于路政税务两有裨益",他还与张家口税关合办,订定了合办关税货捐章程十六条。一系列的举动,此可称得上是"自翻前案"④。《京张火车关税货捐章程》主要围绕着关税、货捐的缘起、人事、税区、稽征方式、税率等多个方面展开。总体而言,该章程的规定解决了针对京张铁路关税、货捐的稽征事宜,明晰了相关各方的权限。就章程内容而言,第一条说明京张火车关税货捐局成立的缘由和意义。第二条则规定了张家口税关的权限和施政范围。第三条则主要规定了张家口税关和货捐局员司的权力来源与协作。第四条、第六条和第七条则规定了火车运货缴税的办法,即仿照直豫火车货捐局,凭单运货。第五条则规定了货捐和关税的税率。第八条和第十条主要规定了商人缴税和员司稽征的权责。第九条则划定了京张火车关税、货捐与他项税款的适用范围。第十一条、第十三条和第十五条,则主要针对特殊情况下的税收稽征而言。第十二条则规定了洋货、土货和免税货品的办法。第十四条则规定了解款事宜。第十六条则属于解释与说明性文字。

---

① 交通、铁道部交通史编纂委员会:《交通史·路政编》第四册,第2571页。
② 交通、铁道部交通史编纂委员会:《交通史·路政编》第四册,第2571页。
③ 李少军编译:《武昌起义前后在华日本人见闻集》,武汉:武汉大学出版社,2011年,第341页。
④ 交通、铁道部交通史编纂委员会:《交通史·路政编》第四册,第2571页。

三、京张铁路修筑对于崇文门税关的初步影响

与张家口税关面对京张铁路的反应一样,1909年10月,作为北京城重要的常关即崇文门税关处出于自身加强税收稽征的考虑,"以期税务日有起色",希望京张路局能够配合、协助其在西直门和阜直门的工作。崇文门税务衙门表示,"东西各国税关所设于铁路停车场附近之地,火车上下客货必由铁路总卡以为出入,即商人有意偷漏而停车场四周有铁栅以为拦御,并有铁路巡警之帮同稽查,故奸商难以绕越。诚以路政与税关两事必须相辅而行,法至良、意至美也"。对于自身所辖税务衙门如前门分局、西直门分局,阜直门分局、丰台分局亦由于设于京奉、京张铁路停车场附近之处的具体情况,崇文门税关衙门希望京张路局可以"派该路站长及总巡官等帮同稽查以期互相联络",并拟仿照上述东西洋各国办法,"咨商邮传部添设铁栅及验货场等项,以防绕越偷漏之弊"。①

针对崇文门税关的意见,京张路局认为该路"所经除丰台一站系与京奉接轨,该处向本设有税局外,其西直门、阜成门二处较之前门外,京奉、京汉车站情形实有所不同。缘前门系到地之点,商客业已下车起卸货物行装自应扼要查验征税。若西直门仅过路之货往来停车,不过十五分钟,客货卸载寥寥无几。阜成门则仅站台停车三四分钟,专便行客上下,并无货物运输。似不如扼重各城门,税局毋庸另设验货场所"。路局还认为,客货有"往京西各乡者,闻海淀亦设有卡,足资查验。如对于铁路而言,客商货物平时由西直门下车者,有心趋避税卡,即可由清河下车散往各乡,则此一段中火车运脚顿形减色,倘税局虑其绕避,于清河增税一卡,则绕避者又至沙河,节节相因,徒糜设卡之费,无稗增税之实,而铁路乃隐受其耗。"也就是说,添设税卡堵截商货实属无益之举。京张路局甚至直截了当地说:"路局、税局所入,同属国家公帑。假使税项有盈,挹彼注兹,原无区别。"路局还认为设立新税卡"于税务仍无大裨益,不如循旧稽征。铁路为官款自办,刻下全工甫竟,正赖税局互为维护,招徕商货日益流通。火车受载既多,税项定臻起色"。可见,京张路局依然抱定毋须设立新税

---

① 交通、铁道部交通史编纂委员会:《交通史·路政编》第四册,第2574页。

关。至于崇文门税关提出的根据"外洋于火车入境之处在停车场设立税关,四周铁栅以为拦御,立法缜密,诚以一税之后,即可通行全国"的说法,京张路局则认为,"中国办法不同或一地而数征其税,或既税而过境复征,商贩欲避税捐,日图绕越之便。车站虽加栏栅,只见装载之稀,似宜详晰通筹,缓为商办"①。也就是说,京张铁路考虑到"商情重困"、"京张车路初通",并没有认同崇文门税关的意见。最终"崇文门税务衙门遂未在西直门、阜成门等站设立验货场所"。至于稽查商货等事,京张路局直接与崇文门税关"商定在站台以下办理。"②

四、京张路局与张家口税关、崇文门税关之间的博弈

该时期,张家口税关与直隶联合开办货捐,崇文门税关谋求完善税务稽征,同时章程规定越细密,稽征越严格对于商人而言,意味着税负越重。1909年10月,丰台、张家口两处货捐局开征后沿线商民以增多捐税,"联名纷请路局设法补救,并以运输稀少,禀请收回栈地,仍用骆驼运货以避货捐"③。

京张路局从促进货运,进而使得自身盈利的角度考虑,一直不太愿意在沿线新设厘卡,加重商人的负担。面对商人设路就驼以减税负的现状,京张路局向时任直隶总督端方说明了火车货捐对于铁路自身营业和商民的不利情况,并希望将新设立的捐局改变为稽查来往,针对商货不收捐税,实行稽而不征之义。京张路局表示,铁路沿途设立关卡实系"在原有关税之外多增一捐",丰台、张家口已于九月初一日(1909年10月14日)开办,"商人迫于捐重,货物不愿装车",对于车务而言"实大受影响"。京张路局还从六个方面进行详细论述:第一,"原章援引直豫办法,于京张实不相同",主要在于京汉铁路沿线通行经过的地方特别是各州府县扼要处原本就有厘卡,火车既通之后则"改设货捐局统收分解"。但是由北京至

---

① 交通、铁道部交通史编纂委员会:《交通史·路政编》第四册,第2574—2575页。
② 交通、铁道部交通史编纂委员会:《交通史·路政编》第四册,第2575页。
③ 交通、铁道部交通史编纂委员会:《交通史·路政编》第四册,第2574页。

张家口则河北省"向未收捐,不得谓旧有各局日益减收"。第二,京汉铁路线长千数百里,商货往来意求迅便,出于减轻运输成本的考虑,政府"责令输捐",商民则"尚肯甘受"。但是京张铁路仅三百余里,商货即使不通过火车运输,亦数日可达,"既有崇文门税,又有张家口监督税,茶箱出口更有票税,再加货捐,重重征纳宜其相率趋避"。第三,绸缎、布匹、茶叶、机器、细毛、颜料等件,"每车计洋二百十八元四角,现在货捐局估价每车有税至二百两者,又有起票之费、验票之费,倘改用驼运,货捐一层即可邀免",这样"以完捐之银开支驼脚绰有余裕,则舍车就驼,何所底止"。第四,京张铁路为国家官款自办之路,"成本银七百二十余万,常年养路之费需洋七十万元,五厘官息,需洋五十万元计,每岁应有进款百二十万元方敷开支,以十个月摊计,每月十二万元,每日非由车脚四千元不可。全路通车伊始,竭力招徕,尚虞不及。如商货停装,进款骤短,不特无以应全路之支给,且无以对度支部之考成"。第五,"铁路、捐局所入,同为公帑正项,倘能挹彼注兹,原无区别。惟火车既无货可载,则捐局亦无货可征。捐局所失者小,火车所失者大。"同时,俄国在恰克图附近种种苛税,"如土绸一疋,货价仅值五两,税银则加至十五两,张家口恰帮纷纷停办。内货困税、无从运销,则俄境细毛皮张亦无由采办,每年统算商家所损不下一千万",在这种情况之下,政府合理抵制"外侮之不暇,顾自增阻碍。日后子口单、三联单票益多权利外侵,谁尸其咎"。第六,京汉铁路征税规定"与火车相近在百里以内不准厘卡",但是京张铁路"则自丰台至京以达南口、居庸关、张家口,节节皆有关卡……近年银根短绌,百货滞销,张垣商市日见萧索,捐局至时虽开,驼脚所运而亦征之,恐仍无裨大宗进项"。总之,京张路局认为增加税项之举乃"病国害商,莫此为甚。是以货捐一项,总以停办为是"。

根据京张路局的意见,1909年11月端方认为虽然京张铁路火车货捐局"按照直豫火车货捐办法,会同张家口监督,拟定合办章程",且试办两个月以来,"所有设局派员一切事宜大致渐有端绪",而且"此项货捐系直隶应收之项",但是只因京张路甫经告成,尚未展至蒙疆各处,且值行车伊始,商情不无观望,亦鲜有大宗货物往来,因此"拟将直隶应收货捐一项暂行停收",先将该路运输各货实数考察明确,等到"火车广行,商货渐旺,再行酌度情形统筹酌办"。至于货捐局"原派员司应改归京张路局,即由关参议(关冕钧)就近督同调查,按月报告、以资稽考"。货捐局已支出费用则由天津厘局筹垫。"至关税一项,本归张家口监督征收,应由张家口监督自行察酌呈商度支部核办"①。也就是说,时任直隶总督端方照会路局取消了火车货捐,至于两局员则归路局任用。而张家口税关则并不属于自己的权限,表示由张家口税关监督与度支部商议核办。

针对端方的意见,邮传部则认为,京张铁路沿途"添设货捐现在既已停收,该局原派员司改归京张路局专办调查,于路政商情均有裨益,自应由本部转饬京张路局遵办"。至于张家口"关税一项,向系张家口监督征收。所有从前征收之正税,请仍照未设货捐局新添之税,一并裁撤,以维路政"。② 同月,京张路局会办关冕钧赴天津会同厘金总局总办许引之商定善后办法四条:第一,丰台、张家口、京张火车货捐局停办,未设之沿途车站局卡,即毋庸开办。所有原设之丰台、张家口、京张货捐局拟改为调查京张商货局兼理,毋庸另行设局、藉省经费。只是张家口关税事宜,则应另由度支部核办。第二,商货调查局实行稽而不征之义,不得向商人需索分文,每月应将商货名色吨数、何地装卸,按月列表咨报厘金局以便调查商业、比较盈许,"为直省预备统计之用"。第三,原派之路局禀邮传部批准,加札委派月薪由京张局开支。一切事宜均须禀承京张铁路局,以清界限而免侵越。至于局中司役由京张路局酌量裁并,咨报天津厘金总局。第四,"奉批后,即由厘金局会同许道出示晓谕,丰台、张家口各商遵照"。③ 至于丰台和张家口货捐局局员的安排,邮传部则表示丰台局员陈鸿烈、张家口局员西林"改为京张铁路商货调查局员通归职司管理,以货捐停办之日为始另行核定薪费。数目按月发给,仍将逐月运输货物名色、吨数咨报天津厘金局查核"④。至于两局所置物品估计银 300 两,亦由路

---

①交通、铁道部交通史编纂委员会:《交通史·路政编》第四册,第 2576 页。
②《本部(邮传部)咨度支部、直隶总督裁撤京张沿途税局文》,宣统元年十月二十四日,"公牍一·咨劄类",《交通官报》1909 年第 5 期,第 18—19 页。
③《京张路局详奉直督照会京张火车货捐为调查商货局由京张铁路兼理呈》,宣统元年十月十九日,"公牍二·禀呈类",《交通官报》1909 年第 5 期,第 21—22 页。
④《京张路局详奉直督照会京张火车货捐为调查商货局由京张铁路兼理呈》,宣统元年十月十九日,"公牍二·禀呈类",《交通官报》1909 年第 5 期,第 21—22 页。

局付价,从此"征收火车货捐停办善后各事遂告结束"。

该时期,京张路局还与张家口税关接洽限制添设沿线分局卡由路局拟定办法四条,咨送核办。具体条文如下所示:

一、丰台分关系由居庸关移来。现在货捐既停,此关应亦移回原处。惟因京张火车在居庸关不能停留无从验货,若改设他处亦多未便,自可酌量通融,暂在丰台设立分关抽收往北之货税。

二、此分关原在居庸关,今虽移设丰台,应仍以居庸关第界限。所有丰台运往居庸关以北直至张家口之货税,自可抽收。若不过居庸关之货,实为旧例所无,应请概免征税以示区别。

三、现在由南往北之货,丰台为扼要之地。由北往南之货,张家口为荟萃之区。其零星驼脚,居庸关旧卡可以查验征收。嗣后沿京张路线无论何处应请毋庸另设分关分卡,以免琐屑盘查而便商旅。

四、京张铁路自运材料有运单护照者,并自用之物件,无论南北往来,应请一律免税放行。①

针对京张铁路的意见,张家口税关认为此四条办法"系属便商,于关税路政两无妨碍,一切甚为公允,自应查照办理"②。该时期京张铁路货捐虽停办,但是张家口关税却"未便一时停征",且"仍在设局地方照旧稽征"。至于京张铁路所拟定的四条办法,度支部认为"实于关税、路政、商情均无妨碍,应请照拟暂行办理",但还表示"西直门火车站上车之货,大半皆系京中粗细杂货……出居庸关运往宣化、大同、归化等处销售之货,此项货税向在居庸关完纳。刻下居庸关既不停车,商人无处报税,此项货税竟至无着,自应设法保全司员。现届期满未尽事宜,拟请责成接任监督会同铁路总局再行查看情形,妥拟办法、择要设卡,总期路政商情两无妨碍"。可见,度支部要求张家口税关监督和京张路局针对居庸关所过往的货物征税,以防止税款减少。同时,度支部还根据崇文门税务衙门就丰台分局的收支情况即1909年10月14日京张铁路货捐局开办起至11月14

---

①交通、铁道部交通史编纂委员会:《交通史·路政编》第四册,第2578页。
②交通、铁道部交通史编纂委员会:《交通史·路政编》第四册,第2578页。

日止,丰台分局所收税银比较1908年10月份少征3100余两,"实因捐税重叠,以致大受亏损"①,表示丰台分局系京张路局与张家口税关监督"合办",而该分局又影响了崇文门税关的收入,因此"似未便于崇文门设有分局应税之地(即西直门)设立,以免重征,庶于税课、商情两有裨益"。这样,丰台分局所拟在西直门车站或其附近设分卡征收西直门上车之货税与前定第三条抵触,因此与张家口税关一再磋商维持原拟办法,而度支部支持下的崇文门税关并不同意丰台分局的做法。丰台分局最终于康庄站添设分卡一处。至于由南往北不过居庸关之货,丰台分局亦对其进行收税,这样前定限制添设沿线分局卡办法最终并未实行。②

结　语

综上所述,虽然京张铁路的修建从长远发展上说,"使张家口成为通往西北的人流和货流枢纽,经济贸易总量逐年增加,随之而来的是地方经济的发展"③。但是,在京张铁路的经济效用并没有完全显露之时,张家口税关和崇文门税关便率先根据预期效益开展有利于自身税入事宜的交涉。京张路局明显处于被动的角色,并没有完全抵制两者在度支部支持之下一系列设卡增税的举措。张家口税关最先发力,甚至与河北省一起开办京张铁路关税、货捐,虽然货捐最终在京张路局的努力之下被取消,但是关税因为牵涉度支部的权限和利益而依然稽征。崇文门税关意图根据京张铁路运营引发的商货变动拟添设新卡,虽然在京张路局的抵制之下并无成功,但是依然保持了自己对于原有应税之地的掌控。总之,张家口税关和崇文门税关面对京张铁路的运营均有扩张自己势力的趋向,在努力追求着自身税入的稳定甚至增加。

晚清时期常关虽然处于整体衰落的趋势,但是针对铁路运营可能引发自身税入的变化情况,部分常关也进行了自己的策略调整。张家口税

---

①交通、铁道部交通史编纂委员会:《交通史·路政编》第四册,第2579页。
②交通、铁道部交通史编纂委员会:《交通史·路政编》第四册,第2580页。
③杨润平:《张家口开埠与城市近代化的起步——1902年至1952年历史的回顾》,张家口市政协文史资料委员会编《张家口文史》(第1辑),《张家口文史》编委会2003年版,第102页。

关和崇文门税关积极要求添设税卡,以增加税入。此举也自然会伴随着常关与铁路局之间的不断交涉和对抗,二者博弈的结果并没有显示出常关的退缩。就京张铁路局自身而言,其一再强调要维护路政、减少商货税负进而增加营业输入,虽然也取得了不少成效,但是并没有完全实现其最初愿望。这样,铁路与常关之间便构成了作用与反作用的共轭体,同时也催生着新的税政内容。

(原载《中国经济史评论》2019年第2期)

晚清西商假道恰克图贸易研究

康健①

一、引言

在清代的贸易网络中,位于北部边境的恰克图贸易一直是清政府重点关注的地区。恰克图贸易与广州十三行对外贸易,在相当长一段时期内是清政府对外贸易的主要通道。五口通商后,恰克图贸易虽仍在继续,但已出现不断衰落的迹象。② 咸同时期,西北边境对俄贸易的一度中断,扰乱了边境社会经济秩序与商民生计,也影响了清政府的税收。为了安定边境商贸秩序和增加财政收入,清政府于同治七年(1868)同意西商假道恰克图出境赴俄贸易。关于西商假道恰克图出境赴俄贸易,米镇波认为这是清政府对外事务的一个创举,虽然因成本、经营品种有限及语言障碍等问题,西商贸易热情不高,但其重要性并不因人数多少而受损;③赖

---

①康健,安徽师范大学历史与社会学院副研究员。本文为2017年度河北省教育厅人文社会科学研究重大课题攻关项目"一带一路视野下的京津冀文化史研究"(批准号:ZD201723)阶段性成果之一。向匿名审稿专家致谢。

②孟宪章主编:《中苏经济贸易史》,哈尔滨:黑龙江人民出版社,1992年,第143—151页。

③米镇波:《清代中俄恰克图边境贸易》,天津:南开大学出版社,2003年,第116—122页;米镇波:《清代西北边境地区中俄贸易:从道光朝到宣统朝》,天津:天津社会科学院出版社,2005年,第94—97页。

惠敏则指出必须找更多的资料,专门撰文研究;①山西地方文史工作者在探讨山西外贸史发展过程中,对此也有所涉及。② 这些研究成果因研究重点的不同,未能对西商假道恰克图贸易展开深入探讨。

在已有研究成果基础上,笔者主要利用《总理各国事务衙门档案》中《华商请由恰假道通商案》(4册)、《调查华商由恰赴俄贸易情形案》(1册)、《华商由恰假道通商逃厘漏税案》(1册),结合《筹办夷务始末》《晋商史料全览》《山西献征》等文献,对晚清西商假道恰克图贸易的缘起,商人与商号以及西商在贸易过程中出现的问题进行初步探讨。

需要特别说明的是,本文所谓"西商",与一般文献记载的西商有所不同。一般文献资料记载的西商,以地域单元区分,是对山西商人、陕西商人或山陕商人的代称。官方档案记载的西商,则主要根据贸易路线来划分,如总理衙门档案记载:"张家口商人谓之北商,归化城商人谓之西商,西商领票在归化城,北商领票在张家口。"③显而易见,西商是从归化城出发,向西前往新疆地区贸易;北商则是从张家口出发,向北经库伦地区,前往恰克图贸易。④ 二者的贸易路线不同,其在商业经营中领票之关口也有差异。

二、西商假道恰克图通商之缘起

同治年间,通往西疆贸易的商路受阻,引发严重的生计问题。在这种情况下,西商因此提出了假道恰克图贸易的诉求。

(一) 西商通往西疆贸易商路受阻

受太平天国运动影响,同治年间西北地区爆发了"陕甘回乱",⑤影响

---

① 赖惠敏:《十九世纪晋商在恰克图的茶叶贸易》,陈熙远主编《覆案的历史:档案考掘与清史研究》(下),"中央研究院"历史语言研究所,2013年版,第615—616、631页。
② 山西省地方志编纂委员会办公室编:《山西外贸志》,1984年印行,第68—69、78—81页。
③《呈报遵查华商领照赴俄国地方贸易现在情形由》,同治七年六月一日,《总理衙门档案》,"中央研究院"近代史研究所档案馆藏,档号:01—20—024—02—003。本文所用总理衙门档案,均为"中央研究院"近代史研究所藏,以下不再一一注明。
④ 参见黄鉴辉:《明清山西商人研究》,太原:山西经济出版社,2002年,第109—147页。
⑤ 参见潘登:《清同治"陕甘回变"研究》,西藏民族大学硕士学位论文,2016年。

波及陕西、甘肃、新疆地区,对西北广大地区社会经济秩序造成重大冲击。当时的清廷官员文祥奏称:"新疆自'回匪'倡乱以来,库车喀喇沙尔、吐鲁番,以至乌鲁木齐、古城、奇台、木垒河一带,乱者四应,日益蔓延,几有不可收拾之势。"①与此同时,沙俄于同治三年(1864)十月强迫乌里雅苏台将军签订《中俄勘分西北界约记》,吞并新疆巴尔喀什湖以东的广大地区。同治十一年(1872),沙俄派兵侵占伊犁,开始对其长达十年的统治。此外,中亚浩罕国阿古柏亦乘机进犯新疆。② 光绪元年(1875),清政府派左宗棠为钦差大臣督办新疆军务,开始西征。光绪四年(1878)初,清廷收复除伊犁以外的新疆全部领土。此后,经过艰苦的外交谈判,清廷收复伊犁,并于光绪十年(1884)设立新疆行省,当地逐步进入安定状态。从同治三年至光绪十年之间,新疆的广大地区处于战乱状态,大量人员伤亡,众多房屋被毁,民众陷入困苦之中。以较为繁华的乌鲁木齐为例,战前"景象繁华,西人曾有小南京之目",③战后却是满目疮痍,"户口上伤亡最多,汉民被祸尤酷"。④

在这种形势下,西商通往西疆的贸易路线受阻,商品滞销,商民生计难以维系。绥远城将军裕瑞、归化城副都统桂成奏称:"自同治三年六月间,乌鲁木齐一带突被'回匪'蹂躏,商民四散奔逃,无所归依,迄今三年有余,尚未平靖。商民沿途返回之货并办就之货,无处脱售,是夷商应用之货既不能用,而商民应销之货亦不能销,以致两受其困,均难生理。"在乌鲁木齐的西商余鹏云目睹了当时之情形,"道路梗阻,西边一带商民,如鱼绝水,无以为生"。⑤

(二) 西商呈请假道恰克图出境贸易

因无法通往西疆对俄贸易,西商余鹏云即"从塔尔巴哈台口,与俄商

---

①《清穆宗实录》卷一百一十三·同治三年八月壬午,北京:中华书局,1987年,第505页。
②参见阿地力·艾尼:《清末边疆建省研究》,哈尔滨:黑龙江教育出版社,2012年,第76—79页。
③萧雄:《西疆杂述诗》卷二,张志主编《中国风土志丛刊》第25册,扬州:广陵书社,2003年,第114页。
④《新疆图志》卷九十六《奏议六》,上海:上海古籍出版社,1992年,第925页。
⑤《裕瑞桂成奏归化城商民程化鹏等因回乱失业拟请由恰克图俄边与西洋通商折》,中华书局编辑部编:《筹办夷务始末(同治朝)》卷五十一,第2161—2162页。

相伴出境,从俄罗斯地面绕路,由恰克图口而回。目睹各国俄商各情形,上下赖贸易为生,日盼通商"。① 通过考察,他了解到俄商也迫切期盼通商,便于回国后,在西商领袖程化鹏的带领下,与孔广仁等商人联合向理藩院提出假道恰克图经商的申请。

绥远城将军裕瑞认为,"归化城为商民辐辏之区,向来贸易者,均系往喀勒喀四部落及新疆乌鲁木齐、塔尔巴哈台一带行商。自同治三年新疆各城沦陷,不惟本地商民大半歇业,而西疆逃归者日如归市,均无生理,坐受其困,以致游手者日多一日,民既不能聊生,更恐穷迫而为匪。当此经费支绌、兵民交困之际,边方多事之秋,自当设法筹济疏通,以苏其困"。在收到西商程化鹏、余鹏云等提出假道恰克图贸易的申请后,裕瑞出于安定边境商业秩序和政治稳定的考虑,于同治六年(1867)十月二十七日奏称:"余鹏云与俄商伴归,伊指明由俄边通商,西洋各国无不乐从。是以叩恳俯念商、夷生路攸关,代为奏明,由恰克图口假俄国之边通商。如蒙恩准,不惟商民等现存之货得以脱售,即西洋各国应用货物亦不致缺乏。当此国家需饷之际,商民等亦情愿按所发之货,除向例纳税外,捐输厘金,备充公用。"②为确保假道恰克图贸易有序进行,裕瑞还对贩运商品、纳税税则、厘金等问题做出明确说明,希望先"试办一年,查看行商如在五十起以上,再行派员赴部领票"。③ 该奏折拉开了西商假道恰克图经商的帷幕。因事关重大,同治皇帝收到奏折后,第二天就批复总理衙门,要求就此事进行商议。

收到同治帝的朱批后,总理衙门办事大臣恭亲王奕䜣于同治六年十

---

① 《裕瑞桂成奏归化城商民程化鹏等因回乱失业拟请由恰克图俄边与西洋通商折》,中华书局编辑部编:《筹办夷务始末(同治朝)》卷五十一,第2162页。
② 《裕瑞桂成奏归化城商民程化鹏等因回乱失业拟请由恰克图俄边与西洋通商折》,中华书局编辑部编:《筹办夷务始末(同治朝)》卷五十一,第2162页。该奏折又收录于总理衙门档案,《具奏归化城商民呈恳由恰克图假道与西洋通商情愿照例纳税加输厘金奉旨议奏由》,档号:01—20—026—01—001。
③ "查该商民等向往贸易茶斤,均系驼载,除照例应纳税课令照旧章交纳外,拟以每驼一只,驮载茶斤总以250斤以下,按归绥道税则,每百斤纳税银一钱八分核计,酌增定章,每驮现拟抽收厘捐银六钱,该商民等均亦情愿乐输。惟向往新疆贸易者,均系由理藩院领票发给,每票一张,行商驮货以二百驮为率。"《裕瑞桂成奏归化城商民程化鹏等因回乱失业拟请由恰克图俄边与西洋通商折》,《筹办夷务始末(同治朝)》卷五十一,第2161—2163页。

一月二十五日进呈奏折,就西商假道恰克图贸易中存在的一些顾虑及具体问题进行了阐述:

> 该将军据该商所呈,请将向由西路贩运之货,改由恰克图假道俄边行销,自系变通办理之一策。但商情虽不可不恤,而边衅尤不可不弭。伏查俄国创办陆路通商,只有恰克图一口,准其贩货由于库伦、张家口径达天津,出入往来,定有税则;至塔尔巴哈台等处,向设商圈,本只每月交易一次,不准任意往来。原因俄境与内地毗连,防范宜严,不容稍涉玩视。乃近年来俄国东则欲于吉林、黑龙江等处通商,北则欲于张家口改设口岸,畅行贸易。数年来要求甚急,均臣衙门极力驳阻,正所以弭边衅也。兹该将军以假道通商,如恐小民无知,生事构衅,该商民等情愿查明商贩来历,货物可行者方令前往,情甘作保,断不敢冒昧滥行,似于杜渐防微,未始不力求把握。惟臣等详加体察,此中情弊,固在于边外之易启别衅,尤在于边内之任意行走,为患滋多。归化城与张家口相距不及千里,设令俄人以蒙古地无税之货,借端与华商在归化一带,暗地私相交易,是不得于张家口,而得于归化城,其弊相因,其害相等。①

从上述言论可以看出,奕䜣对于边患问题比较敏感,这主要是针对沙俄不断蚕食中国西北边境而提出来的,因此他的原则是"商情虽不可不恤,而边衅尤不可不弭",体恤商情的前提是消除边患,否则后果不堪设想。在通过全盘考虑后,奕䜣提出:"西路商已困极,不能不为别开生路,酌量变通。姑准将西路之茶,改由北路出恰克图一带销售,仍俟西疆收复,改照旧章。但必须将茶货领票出口,不准中途零售,及归化城附近私自与俄人交易,如有违犯,商民治罪,货物入官。"②虽然同意西商假道俄边贸易,但其仅是权宜之计,待新疆平定后,西商必须按照"旧章",到西

---

① 《奕䜣等奏议覆归化城商民假道俄边与西洋通商折》,中华书局编辑部编:《筹办夷务始末(同治朝)》卷五十四,第2228—2229页。
② 《奕䜣等奏议覆归化城商民假道俄边与西洋通商折》,中华书局编辑部编:《筹办夷务始末(同治朝)》卷五十四,第2229页。

疆贩茶贸易,①不得再假道恰克图贸易。同治帝朱批"依议",同意了奕䜣的奏请。同治六年十一月二十八日,总理衙门分别向绥远城将军、理藩院和户部发文,要求各衙门妥议覆奏。

同治六年十二月十五日,绥远城将军裕瑞、归化城副都统桂成奏称:"归化城商民向往西疆贩运茶斤,均系殷实守分之民,如果准令改道通商,似于国课可裕,民生可便。倘日久壅滞不通,俄人前已来归化,若有无知奸民勾串,私相交易,必与国课、民生两无裨益",②二人均认同西商假道恰克图通商可以收到"国课可裕,民生可便"之效。

同治七年正月十八日,总理衙门要求会同户部、理藩院等一起派员到恰克图进行实地勘察,会商归化城商民假道俄边经商之事。③ 正月二十日,奕䜣以总理衙门的名义先后进呈三件奏折,并在第一件奏折中称:"臣等公同商酌,拟由总理衙门、户部、理藩院,各自遴委员一人,会同前往恰克图,勘查明确,再为定立章程,似于边务、商情两有裨益。"④要求总理衙门会同户部、理藩院派员前往恰克图实地勘察,以做到对边务商情有总体把握,这项建议亦获得批准。

与此同时,由于沙俄通过不平等条约不断侵蚀中国商业市场,尤其是《中俄陆路通商章程》使俄商可以自行"由天津贩运土货,赴恰克图贸易,华商利为所夺,大半歇业";⑤加之,清政府对华商强加盘剥,苛捐杂税繁重,致使西商、北商均陷入困境,难以为继。因此,为鼓励华商贸易,遏制俄商势力过分膨胀,奕䜣在同治七年正月二十日进呈的第二件奏折中指

---

① 参见[美]米华健著,贾建飞译:《嘉峪关外:1759—1864年新疆的经济、民族和清帝国》,北京:社会科学文献出版社,2006年,第99—101、216—219页;蔡家艺:《清代新疆茶务发展述略》,朱诚如、王天有主编《明清论丛》第7辑,北京:紫禁城出版社,2006年,第324—334页;蔡家艺:《清代新疆茶务探微》,《西域研究》2010年第4期。
② 《裕瑞桂成奏查覆归化城商民程化鹏等借到贩茶情形折》,中华书局编辑部编:《筹办夷务始末(同治朝)》卷五十六,第2289页。
③ 《片送会奏归化城商人假道俄边通商奏稿由》,同治七年一月十八日,《总理衙门档案》,档号:01—20—026—01—0013。
④ 《遵议归化商民由俄边借道应先派员勘查明确事宜》,中国第一历史档案馆、文化部恭王府管理中心主编:《清宫恭王府档案总汇·奕䜣秘档》第五册,北京:国家图书馆出版社,2009年,第332页。
⑤ 《密陈税务归恰经理免致俄人争执张家口通商由》,同治七年一月二十日,《总理衙门档案》,档号:01—20—026—01—0017。

出:"臣等再四密商,惟有将恰克图商务设法经理,鼓励西、北两路商民同往贸易,以分俄商之利。将来恰克图百货云集,日见兴盛,则张家口通商之议,或可不即来争,似亦釜底抽薪之一策"。① 同治皇帝朱批"依议"。如此而来,西商假道恰克图通商的呈请正式得到了清廷的正式认可。

(三)清廷派员实地勘察商情

由于西商假道恰克图与西洋诸国贸易涉及国际问题,因此奕䜣在同治七年正月二十日进呈的第三件奏折提出:"至于外国一切事件,恐非该委员等采访所能尽悉,现拟密饬总税司赫德,于税务司内酌派一人,以游历为名,赴恰克图一带密行查探俄人及西洋各国与华商贸易利弊,以备查核。"②即对于西商假道恰克图通商的具体细节问题,总理衙门、理藩院、户部等各衙门之间进行协调,各派一员会同前赴恰克图勘查商情。

同治七年二月初一日,在理藩院、户部给总理衙门的呈文中,决定分别派知府衔员外郎华福、四品顶戴员外郎李常华前往恰克图勘查。二月初十日,奕䜣奏称,"查看臣衙门章京行走、候选知府、礼部员外郎恩纶,办理俄国事务当属熟悉,拟即饬令该员会同李常华等前往"。③ 该提议得到批准。总理衙门第二日即将此意见传达给户部和理藩院。总税务司赫德亦派出税务司马福臣,于二月二十七日从北京起程,前往恰克图,与上述三部门人员一起勘查商情。④ 三月三日,理藩院、户部、总理衙门所派华福、李常华和恩纶从北京出发,前往恰克图勘查商情。⑤ 四月初八日,三人到达恰克图,并于五月十七日由库伦返回北京。在考察商情期间,他们将各地实际情况报告给总理衙门,详细阐述西商、北商在贩运茶斤、贸易路线等方面的情况,并对张家口、恰克图等地的商贸情形也有所陈述。六

---

①《奕䜣等又奏西北商贩茶情形拟将恰克图商务设法经理片》,《筹办夷务始末(同治朝)》卷五十七,第2309页。
②《密饬赫德派税务司赴恰查探俄人及各国与华商贸易情形由》,同治七年一月二十日,《总理衙门档案》,档号:01—20—026—01—0018。
③《派员前往恰克图查勘情形》,中国第一历史档案馆、文化部恭王府管理中心主编:《清宫恭王府档案总汇:奕䜣秘档》第五册,第339—340页。
④《札借给税务司马福臣银两由》,同治七年二月二十七日,《总理衙门档案》,档号:01—20—026—01—0030。
⑤《请由恰假道通商一节本处无从悬揣现已派委查勘情形由》,同治七年三月三日,《总理衙门档案》,档号:01—20—026—01—0033。

月初六日,李常华禀称:"至归化城商人贩茶,系贩千两、珠兰等茶,即路过恰地,各行各货,与(笔者注:北)商等生意并无妨碍。"①由此可知,西商贩运珠兰、千两茶,北商贩运白毫、武夷等茶,两者在恰克图贸易中没有冲突。此外,西商将茶叶运输到恰克图后,尚须进入俄国境内,将茶叶专卖给新疆等地的俄商,再由俄商将茶叶转售给西洋诸国;北商则是将茶叶运输到恰克图后,与俄商直接在买卖城交易。②

由于无论西商还是北商皆在恰克图集散商货,因此当地的商业情形直接关乎华商的整体利益,也影响着边境社会秩序,及时了解恰克图的商业情况对清廷来说十分关键。总体而言,在《中俄陆路通商章程》签订之前,俄商不能自行入内地买茶,华商贸易兴盛,获利很多。但其后,俄商自行进入内地购茶,华商利益为其所夺,北商贸易日渐衰败。加之,清政府对北商课以重税,致使其纷纷歇业。自同治元年后,"买卖城大号约有二十一二家,俱已关闭歇业,现在只存大号十三家"。③ 因在恰克图无利可图,北商铤而走险,绕道归化城,并假道恰克图出境贸易。对此,张家口监督成孚于同治七年三月初三日称,"惟闻张家口商人近多绕行西路贩货赴归化城,意欲出口北上。经前将军裕,以该商应由张城出口,现若绕行西路,有碍张城税务,阻令折回旧路,该商能否遵行,尚未探悉,足见西商假道通商有利可图,以致向由张城赴恰者,现在跟迹贩运,绕赴归化城贸易,若均影射前往,不但于张家口税务有碍,且恐归化城一带有与俄人私相交易。"④可见,北商出境贸易扰乱了既有商业秩序,但假道恰克图出境贸易确是十分有利可图。

经过派员实地勘察,总理衙门基本掌握了归化城、库伦、恰克图等地

---

① 《禀报赴恰查看茶商各情并借支库伦买卖章京应解银两数目由》,同治七年六月六日,《总理衙门档案》,档号:01—20—026—01—0039。
② 《禀报到口日期并查明收厘各情由》,同治七年四月十一日,《总理衙门档案》,档号:01—20—026—01—0036。
③ 《详述买卖城商情由》,同治七年六月十一日,《总理衙门档案》,档号:01—20—026—01—0041。赖惠敏《清代北商的茶叶贸易》(《内蒙古师范大学(哲学社会科学版)》2016 年第 1 期)一文也显示,同治前期北商在恰克图贸易日趋衰落。1855 以前大约在 50 家以内,1858 年 83 家,1862 年 98 家,1863 年 37 家,1866 年以后维持在 10 余家。
④ 《详述税务减少并厘卡抽税情形以及假道通商各情由》,同治七年三月三日,《总理衙门档案》,档号:01—20—026—01—0032。

的商业情形。同治七年八月十一日，奕䜣奏请准许西商假道恰克图贸易，先行试办一年，并对西商假道恰克图赴西洋通商章程（主要包括贩运茶斤品种、税厘、部票、执照、票规银等内容）做出相关规定，以规范市场秩序。具体内容如下：（1）在贩运茶叶品种方面，西商只准贩运珠兰①、千两等茶，不准贩运北商经营的白毫、武夷等茶，以避免西商与北商的经济利益冲突。"西商所贩千两、珠兰等茶，卖给西洋诸国，系指缠头、回子地方而言，缘千两、珠兰等茶，俄人与蒙古向皆不用，惟缠头、回子地方始购此茶，与北商所贩安化白毫等茶，向卖给蒙古及俄人者不同。西商贩茶至恰克图地方，于北商生计毫无妨碍。"（2）在税厘方面，北商每张部票厘金费为60两，考虑到西商因"贩货至恰后，尚须假道俄边，前赴西洋诸国通商，道途窎远，川资较多，自应比照察哈尔抽厘章程，酌减抽收，以示体恤"，每张部票只需缴纳30两。②（3）在部票方面，同治七年十月至八年十月，一年内先行请领，约需部票100张，若年内尚未用完，则需于年底缴到部核销，等到次年十月再行报部请领，③且每票不得超过12000斤。（4）在执照方面，改三联执照为四联执照，并对执照内容填写做出明确规定。"所有归化城商人，欲赴恰克图假道俄国，往西洋诸国贸易，请领部票时，仍由绥远城将军预行照例报院，理藩院仿照总理各国事务衙门三联执照办法，一体发给四联执照，由该将军衙门于四联执照内，填写商民姓名、茶叶名目、斤数，并于应截之联，骑缝中间，注明某字第几号，钤盖印信，发交该商"。④（5）在票归银方面，北商在张家口税关每张部票需交纳库平足色银50两，而西商只需缴纳25两。在恰克图司员办公经费方面，北商每张部票扣银3两，西商只需扣1.5两。⑤这些惠商政策显示出晚清时期清政府面对沙

---

①关于珠兰茶，参见〔俄〕阿·科尔萨克著，米镇波译，阎国栋审校：《俄中商贸关系史述》，北京：社会科学文献出版社，2010年，第263页。
②《会奏归化城商人呈恳假道通商拟请先行试办由》，同治七年八月十一日，《总理衙门档案》，档号：01—20—026—01—0053。
③《咨报派员赴部请领四联部票一百张相应知照由》，同治七年九月十二日，《总理衙门档案》，档号：01—20—026—01—0057。
④《会奏归化城商人呈恳假道通商拟请先行试办由》，同治七年八月十一日，《总理衙门档案》，档号：01—20—026—01—0053。
⑤《咨报派员赴部请领四联部票一百张相应知照由》，同治七年九月十二日，《总理衙门档案》，档号：01—20—026—01—0057。

俄的经济渗透,①为振兴商业、挽回商业利权、保证政府税收而做出的进步举措,而西商假道恰克图贸易亦在此背景下逐步展开。

三、西商假道恰克图贸易中的商人与商号

在获得清政府批准后,西商于同治七年十月开始请领部票,开启假道恰克图赴西洋贸易的历程。下面将对其中的商人、商号及其相关情况进行具体论述。

同治七年九月,理藩院发给四联执照、100张部票,由绥远城将军转发给西商承领,用不完的年底缴部核销。虽属于初创,但因清政府实行惠商政策,西商当年积极踊跃领票,假道恰克图赴俄边经商。对于同治七年西商领部票的情况,绥远城将军定安称:"十月初八、二十四、十二月十八等日,先后据商民余鹏云等,并据商民程化鹏结保,商民杜明桂、张抡元等,三次共请领部票二十七张,业经本处将天字第一号起,至第二十七号,四联照票二十七张,填写商人姓名、茶叶名色、斤重数目,钤盖印信,遵照奏定章程,抽收厘金后,截下第一联,饬交各该商民等承领前往,曾将发过照票数目,以及商人姓名造册,并将所截第一联执照,均已按起,随时咨送理藩院。暨造册,咨送总理衙门查照各在案。"②短短3个月内,请领部票就多达27张,西商最初假道恰克图赴俄贸易的热情由此可见一斑。

西商所领的商业部票必须详细记载商人姓名、茶叶名色、数目斤两等信息,如同治七年底,余鹏云、张抡元所领部票即载:

> 一、商民余鹏云请领部票二张,于本年十二月十八日起程,由恰克图假道俄境,前赴西洋诸国贸易,限旋回日呈缴。
>
> 商人余鹏云,年四十五岁,系定襄县人。
>
> 天字第二十五号照票一张,珠兰茶一百包,重一万二千斤。
>
> 天字第二十六号照票一张,篓子千两茶一百包,重一万二千斤。

---

① 参见[苏]米·约·斯拉德科夫斯基著,宿丰林译,徐昌翰审校:《俄国各民族与中国贸易经济关系史(1917年以前)》,北京:社会科学文献出版社,2008年,第243—360页。

② 《咨报缴销七年分四联执照领取八年分执照由》,同治八年二月二十一日,《总理衙门档案》,档号:01—20—026—02—001。

一、商民张抡元请领部票一张,于本年十二月十八日起程,由恰克图假道俄境前,赴西洋诸国贸易,限旋回呈缴。

商人张抡元,年三十七岁,系忻州人。

天字第二十七号照票一张,珠兰茶十二包,重一千四百四十斤,篓子千两茶八十八包,重一万五百六十斤。①

由此可见,出境贸易商人承领的部票,除了记载商人贩运茶叶名色、斤两外,还记载商人的乡贯、年龄等,这些信息均有利于商业管理。

在西商假道恰克图赴西洋贸易进行半年之后,总理衙门于同治八年(1869)四月初二日分别给绥远城将军、伊犁将军、库伦办事大臣、山西巡抚、察哈尔都统等发文,称:"查阅叠次来册,该商等情领执照已有二三十号之多,想该商等假道俄边,前赴西洋各国贸易,其一路情形当已熟悉,究竟该商等自入俄境后,俄国官员与其地民人相待若何,沿途有无留难之处,经过各关口,共有几处收税,如何收税之法,如何抽查货物,呈验执照,能无耽延时日,行抵该国,先在何处存货,是否能立行栈,抑暂行赁屋屯寄,所贩运之货,究系在何处销售。其销售之地,该国是否立有限制,驼运脚价等情,该国能无格外需索,并借端欺侮之处,设有偶犯该国禁令之人,被伊知晓,该国如何办理。该商等自假道以来,其所得利益究竟若何。以上各情,均希阁下传集,该商等逐一详细函复。前本奏请先行试办一年,现已有逾半载,所有其中情形,本衙门自当预为询悉,且俄使每言中国商人行至彼国,最为优待,并任便赴各该处贸易,毫无限制。"②可见清廷对于西商在俄国境内关口的税收、销售等情况十分关心,体现出体恤商情的一面。然而,在恰克图的部员却对西商巧立名目,设立新票,进行勒索,致使程化鹏等商人在当地拖延数月之久,以致延误商机。③ 这与清政府鼓励西商出境贸易、振兴华商的意愿相违背,严重影响了商民生计,于是库

---

① 《咨送发过照票数目及商人姓名清册由》,同治八年二月二十一日,《总理衙门档案》,档号:01—20—026—02—002。
② 《归化城商民假道俄境通商有无留难等情详细询复由》,同治八年四月二日,《总理衙门档案》,档号:01—20—026—02—005。
③ 《咨行密查商民过恰时该部员等因另换新票拖延两月有无需索情弊据实声复由》,同治八年五月十二日,《总理衙门档案》,档号:01—20—026—02—008。

伦办事大臣张文岳将此事及时呈报给总理衙门,并派员实地调查。①

从同治七年十月初八日西商假道恰克图贸易开始,到光绪八年(1882)三月初八日绥远城将军丰绅奏请停止发给四联执照,西商在14年间领票出境经商情况各不相同,详见表1。

表1 同治七年至光绪七年西商所领部票一览　　　单位:张

时间	绥远城将军衙门从理藩院领票数	商人所领部票数	商人姓名及其所领票数
同治七年	100	26	余鹏云(18),张抡元(1),杜明贵(4),秦汾(3)
同治八年	50	7	韩泰邦(5),余鹏云(1),秦汾(1)
同治九年	20	11	李步堂(7),韩泰邦(1),秦汾(2),程化鹏(1)
同治十年	20	20	李步堂(3),程化鹏(6),李丰泰(4),张抡元(2),秦汾(3),韩兴德(2)
同治十一年	20	20	李年远(3),李丰泰(3),程化鹏(3),韩泰邦(3),南吉喜(3),刘维域(3),贾相清(2)
同治十二年	30	30	程化鹏(4),韩兴德(3),刘维域(3),张师程(1),赵绍舜(3),贾相清(3),李丰泰(3),张师清(2),张怀瑀(3),王存威(3),冯应珍(2)
同治十三年	30	20	韩兴德(3),韩锦章(2),刘维域(3),王存威(1),张怀瑀(2),贾相清(2),赵绍舜(3),程化鹏(2),冯应珍(2)
光绪元年	30	10	赵绍舜(2),王存威(1),张怀瑀(1),程化鹏(1),周鸿禧(1),贾相清(1),郜唐(1),韩锦章(1),霍继相(1)
光绪二年	20	13	张吉时(2),张怀瑀(1),韩锦章(2),赵绍舜(2),李培仁(1),王明益(1),韩如凌(2),周鸿禧(1),霍继相(1)

①《查明西商到恰部员等并无另外索费等因由》,同治八年七月十日,《总理衙门档案》,档号:01—20—026—02—011。

续表

时间	绥远城将军衙门从理藩院领票数	商人所领部票数	商人姓名及其所领票数
光绪三年	15	1	韩锦章(1)
光绪四年	10	4	张怀瑀(2),王存威(1),王明益(1)
光绪五年	10	4	王存威(2),刘继宗(2)
光绪六年	5	3	王福富(1),彭晏(2)
光绪七年	5	5	孔广蝶(3),王正(2)
光绪八年	0	0	0
合计	365	174	174

资料来源:据总理衙门档案中"西商假道恰克图通商案"卷宗26-(1)~(4)相关内容整理而成。

说明:括号内的数字表示商人所领票数。光绪八年开始停止发给四联执照。

从表1可以看出,从同治七年到光绪七年,绥远城将军每年从理藩院所领部票数与西商每年实际领票数存在巨大差异,除同治十年、十一年、十二年和光绪七年两者票数完全一致外,其他年份西商实际领票数远远低于绥远城将军从理藩院所领的票数,这与商贸路途遥远、沿途关卡林立、所贩运茶叶品种少,西商负担繁重、连年亏损密切相关。光绪元年以后,绥远城将军从理藩院领部票数不断下降,并于光绪八年完全停止。按照清廷规定,准许西商假道恰克图出境贸易,只是权宜之计,"以西路商已困极,不能不为别开生路,酌量变通姑准。今将西路之茶,改由北路出恰克图一带销售,仍俟西疆收复,改照旧章"。① 所谓"旧章",就是指西商往西疆贸易。因西商假道恰克图路途遥远,税厘繁重,为图经济利益,西商纷纷前往西疆贸易,假道恰克图出境贸易不断减少。对于西商历年领票出境贸易的动态变化,御史邓庆麟奏称:"试办之初,本期商情踊跃,藉资补救,乃行之数年,每年不过一次,每次运茶不过三四票,或十余票不等。

---

① 《议奏华商假道俄边通商请派员赴恰查勘情形由》,同治七年一月二十日,《总理衙门档案》,档号:01—20—026—01—0016。

……自假道以来,道远利微,商人观望,并未十分畅行。"①由此可见,西商对于假道出境贸易的态度是比较复杂的。

按照清廷贸易政策规定,西商承领贸易部票之时,须归化城将军招领实力较强、声誉较高的商人做担保。②而从总理衙门档案看,历年承领部票最多的西商是程化鹏和余鹏云,尤其是程化鹏作为西商领袖,其他商人承领部票多由他担保,可见其实力雄厚。其他商人每年所领部票很少,有些小商人实力不足,往往是几人联合起来共同承领一张部票,进行合伙经营,③如同治八年八月二十六日,商人韩泰邦和李兴隆、彭晏、周自谦即合伙领部票两张。④

假道恰克图赴俄经商的商人数量很多。据笔者统计,领票商人包括余鹏云、程化鹏、李步堂、李丰泰、赵绍舜、韩泰邦、秦汾、张怀瑀、刘维域、韩兴德、贾相清、王存威、韩锦章、冯应珍、杜明贵、南吉喜、张抡元、李年远、孔广嵘、张师清、周鸿禧、霍继相、彭晏、王正、王明益、张吉时、韩如凌、刘继宗、郜唐、张师程、王福富、李培仁、周自谦等33人,且其全部来自忻州地区,这与忻州是重要的茶叶集散地密切相关。集中于归化城地区的西商"向往西疆贩运,茶斤系千两、珠兰等茶,由安徽建德贩至河南十家店,由十家店发至山西祁县、忻州,而至归化,转贩与向走西疆之商,运往乌鲁木齐、塔尔巴哈台等处售卖",⑤可见西商贩运的茶叶是由忻州转口到归化城地区,再运往西疆贸易。虽然同治年间西商前往西疆贸易路线

---

①《议奏御史都庆麟奏甘茶引地被占请交督臣一手经理并停理藩院茶票一折极原奏录谕旨勘照由》,光绪三年七月二十三日,《总理衙门档案》,档号:01—20—030—02—025。
②《议复裕瑞具奏归化城商人现因西疆不靖请由恰假道俄边通商由》同治六年十一月二十五日,《总理衙门档案》,档号:01—20—026—01—004。
③清政府规定,"每张照票不得超过十人,车辆不得过二十辆。该处章京与商酌卓巴特等查核照票,钤盖印记。每票准其贸易一次,即令其回归,呈缴换新票。向在恰克图贸易者,大铺小铺共数十家。小本铺户车辆不能成票者,俱附搭大铺票内……请领理藩院照票运送该处,各自造送货单报验,名为朋票。"孟宪章主编:《中俄贸易史资料》,北京:中国对外经济贸易出版社,1991年,第180页。
④《咨送归化城商民等由恰赴西洋诸国贸易茶叶名色数目清册由》,同治八年九月四日,《总理衙门档案》,档号:01—20—026—02—015。
⑤《议奏华商假道俄边通商请派员赴恰查勘情形由》,同治七年一月二十日,《总理衙门档案》,档号:01—20—026—01—0016。

受阻,开始假道恰克图经商,但茶叶依旧是经忻州转运到归化城,再运往恰克图,进行出境贸易。① 由此可见,无论是西疆贸易,还是假道恰克图出境贸易,忻州作为重要茶叶集散地的地位没有改变,而当地人从事茶叶贸易自然具有地缘优势。

  商业字号乃商人进行贸易的重要标识,尤其对坐贾而言,显得更为重要。西商假道恰克图出境贸易的商号一般设在重要的集散地(如归化城和恰克图),以便进行贸易管理。从总理衙门档案来看,主要商号有敬亨泰、南极祥、广益永、顺城泰、汇泉润等,其中尤以程化鹏开设的敬亨泰规模最大。同治八年上半年,假道恰克图贸易的商号不多,"由绥远城将军衙门请领四联执照,贩运茶货来恰者只有三家,一广益永,一敬亨泰,一南极祥"。当时"惟敬亨泰一家,有人在恰系照料,由绥远城发来茶货,并接收来往书信之人。其广益永、南极祥二家之商民,均随同茶货前赴俄国",②可见敬亨泰之经济实力之雄厚。

  由于清政府只允许西商贩运珠兰、千两茶,但仅靠这两项茶色商人难以获利,且出境贸易价格又受到俄商指价,往往亏本出售。对此,绥远城将军定安奏称:"商民等赴外洋数万里之遥交易,若办货太少,往返盘费、脚价需资过重,若办货过多,夷人又复指价勒买,以致此次延至二年有余,始得陆续交易完竣,计多亏本。"③为扭转不利局面,西商往往夹带杂色茶斤沿途贩卖,如顺成泰④(义合德在归化城的一个分号)在同治年间之前,一直贩运珠兰茶、千两茶,与新疆缠头地方交易;之后,亦假道出境贸易,但生意萧条,难以获利,便于同治十年(1871)在张家口下堡隆顺茶店设

---

① 西商从归化城假道恰克图出境贸易的路线是:由归化城走喀尔喀部落至库伦,再由库伦至恰克图,即从俄境与西洋诸国通商。参见《会奏归化城商人呈恳假道通商拟请先行试办由》,同治七年八月十一日,《总理衙门档案》,档号:01—20—026—01—0053。
② 《归化城商人敬亨泰等赴俄国贩运茶货由》,同治八年七月十四日,《总理衙门档案》,档号:01—20—026—02—013。
③ 《商民程化鹏禀称可否准其夹带各色茶斤出洋贸易始能华夷两便情形请示遵办由》,同治十年三月二十六日,《总理衙门档案》,档号:01—20—026—02—028。
④ 同治十年,归化城的字号顺成泰私自贩卖白毫茶到恰克图贸易,引发一场争议。赖惠敏不仅对这场争议有详细分析,而且还论述了义合德与顺成泰两字号之间的复杂关系。参见赖惠敏:《清代北商的茶叶贸易》,载《内蒙古师范大学学报(哲学社会科学版)》2016年第1期。

茶栈,贩运白毫茶,领票前往恰克图贸易,这违反了既定章程,与北商发生了冲突。①

为节约成本,有些商人并不领票行商。正如档案记载:"若就领票茶商与俄人交易,近年来实无如许之多,或系不领部票,零运砖茶之小本商人,前赴俄境,积成巨款,亦未可知",所以领票数并不能反映西商假道恰克图出境贸易的全部情况。还有一些商人虽然领票行商,但往往将茶叶分售小本商人,零星贩运,如同治七年的领票商号大兴玉就在恰克图贸易途中将茶叶分售不同的小商贩。"该小本商人皆系只身备带干粮,负苦前往,但得微利,其愿已足,不存奢望,此系恰地零运之由,亦有小本商人在张家口零运来恰,因不足三百箱,并未在口领票,是以到此无票可验,亦不呈交票规,但由官署发给执照,听其赴马雨尔处换照,贩运出境。"②这些零售商贩因资本规模小,不具备领票的经济实力,③所以是"无票经营"。清廷要求这些小本商人必须到指定衙门领取执照,交纳税厘后,才能出境贸易。领票西商将商品转手给小商贩,使其长期、大量存在,在一定程度上影响了贸易的发展规模,也成为西商假道恰克图出境贸易未能长久兴盛的制约因素之一。

四、西商假道恰克图贸易中存在的问题

清政府虽然实行恤商政策,使西商假道恰克图贸易享有很多优惠,但毕竟路途遥远,存在风险,加之厘税繁重,西商为了降低成本,获取更多利益,往往铤而走险,逐渐出现了行贩"杂色茶斤"、夹带私茶等逃厘漏税的行为,并在恢复西疆贸易的同时继续假道通商。

---

①参见《申复西商假道贩运安化等茶赴恰贸易一节本口并未发给部票仍行知察哈尔都统查明声复由》,同治十年八月十四日,《总理衙门档案》,档号:01—20—026—02—041。
②以上参见《禀报赴恰查看茶商各情并借支库伦买卖章京应解银两数目由》,同治七年六月六日,《总理衙门档案》,档号:01—20—026—01—0039。
③清代政府规定,贩运茶300箱需领部票1张,所以,西商、北商贩运茶叶不足300箱者,不需要领取部票。这些贩茶数量不足300箱的商人就属于小商贩。

(一)厘税繁重

在西商假道恰克图出境贸易之前,当地进行贸易的主要是北商,但自从《中俄陆路通商章程》签订之后,俄商可以自行到内地办货赴恰克图贸易,"华商利为所夺,大半歇业",其中的原因在于"俄商贩茶回国只纳正税一次,而华商贩茶出口交纳正税之外,到恰克图后,复交票规,每张五十两",这造成"华商厘税既重,获利无多,是以生计日穷,渐形萧索"。① 咸丰年间,北商在恰克图的茶商有百余家,但《陆路通商章程》签订之后,骤降到六七家,张家口监督成孚指出其中的原因,"中国商人运茶出口,沿途厘卡层层剥削,及换货进口,又复逐处征收",并提出了"裁撤厘捐,轻减商本"的意见。②

同治七年四月十一日,李常华在恰克图实地调查中得知,"厘金而外,又有规费制钱五串,每起票一张,又索票费十二三两不……赴恰克图贸易,则到恰时又需纳票规五十两。此外,又有门丁领催等规费二十六两之多",并指出华商衰落的原因是"半因俄商侵夺其利,半因厘税过多,成本较重,以致贻累日甚"。③ 税务司马福臣在买卖城考察时,对比了中俄商人茶商的税厘情况:"俄商运茶一箱,除皮重六十斤,其税项各脚费,每箱计需银六两四钱;华商则每箱计需银九两八钱六分。俄商运砖茶一包,除皮重七十二斤,其税项及各脚费,每包计需银四两四钱三分;华商则每包计需银八两四钱五分六厘。"④ 由此可见,虽然清政府对西商假道恰克图出境贸易给予了政策优惠,但是相对于俄商来说,中国商人的税厘负担还是很重。

此外,在西商假道恰克图经商头年,恰克图部员就在当地正常税厘

---

① 《密陈税务归恰经理免致俄人争执张家口通商由》,同治七年一月二十日,《总理衙门档案》,档号:01—20—026—01—0017。
② 《详述税务减少并厘卡抽税情形以及假道通商各情由》同治七年三月三日,《总理衙门档案》,档号:01—20—026—01—0032。
③ 《禀报到口日期并查明收厘各情由》,同治七年四月十一日,《总理衙门档案》,档号:01—20—026—01—0036。
④ 《详述买卖城商情由》,同治七年六月十一日,《总理衙门档案》,档号:01—20—026—01—0041。

外,另设新票,对西商程化鹏等进行盘剥,以致耽延数月,影响商民正常交易。总理衙门对此十分恼怒,在给绥远城将军的下行文书中指出,"恰克图部员,竟敢于奏定章程所发执照外,另立新票,延搁两月之久,始将该商等查验放行,显系格外需索,任意刁难,似此劣员,若不从严参办,何足以儆官邪"。① 名目繁多的税厘负担,使得西商不堪重负,在贸易中往往亏损。对此,绥远城将军定安在同治十年二月二十六日给总理衙门的呈文中称,"赴外洋数万里之遥交易,若办货太少,往返盘费、脚价需资过重,若办货过多,夷人又复指价勒买,以致此次延至二年有余,始得陆续交易完竣,计多亏本"。② 面对如此困境,西商假道恰克图出境贸易是"道远利微弱",最终导致行贩"杂色茶斤"、夹带私茶等逃厘漏税现象的发生。

(二) 行贩"杂色茶斤"

同治七年八月十一日,总理衙门奏称:"西商所贩千两、珠兰等茶,卖给西洋诸国⋯⋯与北商所贩安化白毫等茶,向卖给蒙古及俄人者不同,西商贩茶至恰克图地方⋯⋯既与北商各不相扰⋯⋯拟即准令西商领票,运茶货前往,先行试办⋯⋯如查该商人有沿途销售,及夹杂别项茶斤,并以多报少,斤数不符等项情弊,由各该处咨交绥远城将军,从严惩办",③要求西商假道恰克图贸易只准贩运珠兰茶、千两茶,不准"夹杂别项茶斤",这里的"别项茶斤",是针对北商所贩运的白毫茶、武夷茶而言,目的就是为了避免西商与北商的利益冲突,维护边境商业秩序。但西商觉得往返贸易路途遥远,所带茶叶品种较少,难以获利,乃至亏本,以程化鹏为首的西商便纷纷诉苦:"商民等赴外洋数万里之遥交易,若办货太少,往返盘费、脚价需资过重,若办货过多,夷人又复指价勒买,以致此次延至二年有

---

① 《咨行密查商民过恰时该部员等因另换新票拖延两月有无需索情弊据实声复》,同治八年五月十二日,《总理衙门档案》,档号:01—20—026—02—009。
② 《商民程化鹏禀称可否准其夹带各色茶斤出洋贸易始能华夷两便情形请示遵办由》,同治十年三月二十六日,《总理衙门档案》,档号:01—20—026—02—028。
③ 《会奏归化城商人呈恳假道通商拟请先行试办由》,同治七年八月十一日,《总理衙门档案》,档号:01—20—026—01—0053。

余,始得陆续交易完竣,计多亏本。"①同治十年,程化鹏向绥远城将军定安请求"照依新疆贸易,行贩杂色茶斤"。对于出境贸易情形,定安是比较了解的,于是向总理衙门提出,"若议准夹杂,不得沿途销售",其言下之意是可以同意西商的申请。总理衙门收到奏报后,提出"究竟所称杂色茶斤,系何项名目,茶叶是否即系北商所贩之安化白毫等茶,与北商生计有无妨碍,未据详细声明……究系何项茶叶,是否即系安化白毫等茶,与北商有无妨碍,一并查明",②要求绥远城将军、张家口监督、察哈尔都统、恰克图部员等衙门进行调查,查明西商所言"别项茶斤"是否为安化白毫、福建武夷茶。

经调查,张家口监督英瑞指出:"查张家口税务向以南茶,并恰克图皮毛等货,为出入两大宗。近数年来,因俄商自贩茶货免征,而本口商贩多有歇业,以致税课支绌。兹西商拟夹杂色茶斤,若是前赴西洋诸国贸易,似属无碍,于北商即不碍于税课。倘由河南、山西绕道归化城,赴恰克图交易,所换之货仍由归化城进口,既避厘金,又省税课。其一切费用,比北商较轻,运至恰克图,亦必贱价售之,而恰克图商人断不肯舍西商之贱,而就北商之贵。由此本口茶贩,前以俄商自办茶货,今再加之西商贱售茶箱,势必俱经停贩,不特与北商有碍,实于张家口税务,大有关系。"由此可见,西商私自行贩白毫、武夷等茶,在归化城领票出口,与北商在张家口贩茶到恰克图相比,路线距离更近,自然节省不少成本。不仅如此,北商的白毫茶、武夷茶一向从张家口纳税,而西商夹带这些茶叶从归化城出口,就能躲避张家口的厘金,最终"既避厘金,又省税课"。到达恰克图后,价格必然会更低,造成恰克图俄商"不肯舍西商之贱,而就北商之贵"的现象,致使北商茶叶滞销,进而影响清政府的财政收入。③

察哈尔都统文盛在给总理衙门的呈文中说:"查西商向贩千两、珠兰

---

①《商民程化鹏禀称可否准其夹带各色茶斤出洋贸易始能华夷两便情形请示遵办由》,同治十年三月二十六日,《总理衙门档案》,档号:01—20—026—02—028。
②《归化城商民恳请夹带什色茶斤赴西洋贸易系何项名目茶叶应查明声覆由》,同治十年四月七日,《总理衙门档案》,档号:01—20—026—02—030。
③《呈报商人程化鹏请夹带杂色茶斤赴西洋贸易实与北商有碍由》,同治十年四月二十二日,《总理衙门档案》,档号:01—20—026—02—031。

二色茶斤,与新疆缠头回人贸易已有年所,与北商毫无窒碍。今程化鹏突然改办杂色茶斤,是白毫安化等茶,均在杂色茶叶之内,若准其西商改办杂色茶斤,难免日久弊生,夹带白毫安化等茶,指西趋东,潜赴恰克图与俄人贸易"。可见,西商所言"杂色茶斤"确实包括了白毫、武夷等茶。针对西商"照依新疆贸易,行贩杂色茶斤"的要求,文盛担心西商是以贩运白毫、武夷行走西疆贸易为借口,将这些茶叶"指西趋东,潜赴恰克图,与俄人贸易",从而造成"上系国课,下碍北商"的不良影响。① 从实际情况来看,文盛的担心成为了事实。同治十年七月初九日,库伦办事大臣张廷岳给总理衙门的呈文中称:"现在西商顺成泰等已入恰行,由张家口请领部票,贩运茶斤,与北商一体贸易。"可见,西商顺成泰也贩运白毫等茶到恰克图贸易。不仅如此,程化鹏开设的敬亨泰等商号,也贩运武夷、白毫到恰克图贸易。敬亨泰等铺户禀称,"其珠兰、建旗、百两封子茶,销售与南台、喀什噶尔、安集延国。至于武夷、白毫大小砖茶,销售与伊犁、塔尔巴哈台、俄罗斯国",②从落款来看,夹带白毫茶转售俄罗斯的商号有汇泉润、敬亨泰、顺成泰、广益永、南极祥等。

同治十年六月初七日,北商对西商这种"违规"行为十分恼火,恰克图八甲商民联合禀称:

> 具禀明情人,恰克图八甲首众商民等,为蒙俯询西商欲办杂色茶斤,与恰邑商民有无妨碍。缘恰邑自立茶行以来向办福建武夷茶,及两湖等处白毫大小砖茶,由张家口到恰,与俄国贸易,由来已久。由同治七年,西商因西路不通,假道于恰,贩运珠兰、建旗、千两等茶,赴缠头地方贸易,与恰商无碍。今西商陈请易办杂色茶斤,由恰假道赴俄国及缠头地方销售。惟思杂色二字,诸茶皆统,显藏含糊之意。倘装湖茶、建茶,则与恰行所办之茶无异,而票规、厘金,与恰行多寡不同,且西商由归化城

---

① 《查明程化鹏若准请改办杂色茶斤难免日久生弊由》,同治十年五月八日,《总理衙门档案》,档号:01—20—026—02—033。
② 《咨据恰克图报称西北两商所贩茶斤名色等因抄录该商原禀呈阅由》,同治十年七月九日,《总理衙门档案》,档号:01—20—026—02—034。

贩茶出关,与恰商由张家口出关,省费极多,发往俄地,必有贱售紊乱等情,实于恰商有碍滞销,商等皆属黎庶,伏乞一体俯视。若西商希欲易办杂色茶斤,请照张家口茶行陈规,请领部票出口,到恰入行,与恰商一律,庶可上俾国课,下使商民等亦无轻重之分,皆相安于生理矣。①

由上可见,西商贩运白毫等茶到恰克图贸易,严重影响了北商的商业利益,造成其茶叶滞销,故北商要求西商将白毫等杂色茶斤在张家口领票,按照张家口税则出关,转运恰克图贸易。

对于西商行贩杂色茶斤,张家口监督英瑞亦称:"张家口税务,向以南茶并恰克图皮毛等货为大宗,皆赖本口商贾往来兴贩,其应输税课,必须该货至口,方始交纳。今西商假道贩运安化白毫等茶,前赴恰克图贸易,必由河南、山西、归化城前往恰克图,所换之货,仍须原由该处回归,南茶北货,既不由张家口行走,本口即无从征收税课。此西商假道贩运安化白毫等茶,前往恰克图贸易,关系张家口两税之实在情形也。"②

经各地官员调查后,总理衙门责令西商"仍照向章,贩运千两、珠兰二色茶斤,领用绥远城将军执照,假道自赴西洋贸易,不准改办杂色茶叶",同时也对北商提出要求,"只准运贩白毫砖茶,领用部票,赴恰交易,不准添办千两、珠兰"。③ 这样的规定是为了避免西商与北商的经济利益发生冲突,维护边境经济秩序,进而达到"上裕国课,下便商民"的目的。

(三)夹带私茶,侵占甘茶引地

光绪八年,绥远城将军丰绅正式向光绪皇帝转达西商的诉求:"近年陆续回程声称,所办茶斤自与洋商交易以来,洋税过重,道路弯远,资本亏折甚多,恳请俯念商民赔累已极,停领四联照票,仍归旧章领用部票,以便

---

①《咨据恰克图报称西北两商所贩茶斤名色等因抄录该商原禀呈阅由》,同治十年七月九日,《总理衙门档案》,档号:01—20—026—02—034。
②《咨复西商领票改贩白毫等茶一事咨查张家口监督查明声复由》,同治十年八月九日,《总理衙门档案》,档号:01—20—026—02—040。
③《申复西商假道贩运安化等茶赴恰贸易一节本口并未发给部票仍行知察哈尔都统查明声复由》,同治十年八月十四日,《总理衙门档案》,档号:01—20—026—02—041。

携带珠兰、千两各茶,前往乌鲁木齐一带贸易。"①但是从总理衙门档案来看,在丰绅正式申请恢复贸易之前,西商早已私自恢复西疆贸易,并夹带私茶,途径陕甘地区之时,进行走私贸易,造成甘茶滞销等一系列问题。地方官员纷纷奏请朝廷,要求严查此事。光绪三年(1877)六月初十日,御史邓庆麟奏称,"甘茶引地被归化城私茶侵占,请停理藩院茶票",②针对西商贩运私茶严重损害甘茶的情况,要求理藩院停止发给西商茶票,以恢复甘茶正常贸易秩序。对于西商侵占甘茶引地,理藩院指出:"归化城私茶一日不禁,而官茶一日不行,官茶不行,则国家利权为奸商所据,尽资中饱,良可惜也",③要求严查此事。

  清代茶法在道光年间开始实行两种制度,一种是茶引制度,一种是票茶制度。前者是商人在户部领茶引,到指定的地方购茶,到指定的区域进行贸易,所谓"引有定额"和"销有定区",行贩的是引茶;而后者则是商人(主要是晋商)到理藩院领部票,其行销区域限于塞外蒙古地区、恰克图或西疆地区,贩运的是票茶。两者之间不能相互越界,否则会受到严惩治罪。甘肃实行茶引制度,行的是引茶,西商的票茶不应进入甘茶引地进行贸易。而关于甘茶引地,光绪三年邓庆麟奏称:"西北各省,惟甘肃专设茶马道,亦惟甘督官衔,兼管茶马事务,可见,茶政乃专责,除甘省别无茶引,是西北口外,概系甘茶引地也。"④可见甘茶在西北的行销区域十分广泛。然而,早在道光年间,就有一些奸商私贩"无引私茶"进入甘肃贸易,造成甘肃商业秩序混乱。道光八年,针对"奸商请领理藩院部票,贩茶至新疆等处,甘司引地被占"的情况,陕甘总督那彦成奏请严禁奸商私贩茶叶,并

---

① 《具奏到赴洋商民委因长途税重连年折本请停四联执照仍领部票前往新疆贸易等旨读衙门议奏由》,光绪八年三月十八日,《总理衙门档案》,档号:01—20—03—002—048。
② 《片行御史邓庆麟奏请停茶票一节应由贵部及理藩院商办由》,光绪三年六月二十四日,《总理衙门档案》,档号:01—20—005—04—001。
③ 《知照御史邓庆麟奏甘茶引地被归化城私茶侵占请停止理藩院茶票等因一折奉旨该衙门议奏应否由贵衙门主搞希示复由》,光绪三年六月十九日,《总理衙门档案》,档号:01—20—005—04—002。
④ 《知照御史邓庆麟奏甘茶引地被归化城私茶侵占请停止理藩院茶票等因一折奉旨该衙门议奏应否由贵衙门主搞希示复由》,光绪三年六月十九日,《总理衙门档案》,档号:01—20—005—04—002。

在西疆地区设局稽查,"甘肃官引额销茶叶,每年例应出关二十余万封,近来营销竟至四五十万封之多,显系以无引私茶从中影射,其营销各城,又复递加价值,每副茶一封,售银七八两至十余两不等。此等奸商私贩,勾通外夷,剥削回众,不可不严行禁绝"。①

同治年间,因贸易路线受阻,甘茶引无人认领,乃至"积欠茶课至四十万两之多"。② 当时陕甘总督左宗棠,"仿淮盐之例,以票代引,不分各省商贩,均令先纳正课,始准给票",③着手整顿西北茶务。光绪元年,左宗棠以"晋商逃散,甘肃茶引无人课程"为由,将"新疆并入湖南引地之内,以资直补",招徕湖南商贩运茶贸易,其贩运之茶称为"官湖茶",造成西商所运之茶成为私茶。④

光绪年间,西商夹带私茶,暗地运销甘肃地区的现象更为突出。因西商假道恰克图贸易在税厘方面享有优惠政策,而甘茶引地则按照原定税则,故西商夹带私茶进入甘茶引地贸易会获得厚利,严重影响了甘茶市场,造成甘茶滞销。理藩院称:"由归化城无引私茶,税轻价贱,全占官茶引地,以致商累日深,而课额亦无着也"。对此,御史邓庆麟于光绪三年六月初十日奏称:"由恰克图假道俄边,往西洋售茶。理藩院准给四联执照,每票市茶一万二千斤,完厘银三十两,税银二十一两七钱八分。是砖茶原税较甘茶,每引八十斤完课银四两四钱四分者,每票一万二千斤,已减银六百一十四两零矣,无怪私茶之充斥也……自同治十三年起,共办茶三万余引,运存道库者二万余引。不料彼此相形,官茶滞销已极,各商守候,已及三年,旅费日增,月息日重。现在由此倾家者,不可胜数,再阅二三年,本息相并,数十万金之资本化为乌有矣,困苦情形,实堪矜悯。推原其故,由归化城无引私茶,税轻价贱,全占官茶引地,以致商累日深,而课额亦无着也。"邓庆麟认为西商夹带私茶,严重影响甘茶贸易,是造成甘商困境的

---

①《清续文献通考》卷四十二《征榷考十四·榷茶》,北京:商务印书馆,1935年,第7963页。
②《新疆图志》卷三十三《食货志二·茶法》,第320页。
③《清续文献通考》卷四十二《征榷考十四·榷茶》,第7965页。
④具体内容参见刘卓:《新疆的内地商人研究——以晚清、民国为中心》,复旦大学博士学位论文,2006年,第127页。

主要原因,于是感叹道:"归化城私茶一日不禁,而官茶一日不行,官茶不行,则国家利权为奸商所据,尽资中饱,良可惜也",并提出了"派员设局经理,并停理藩院茶票"的建议。①

经过调查,户部在给总理衙门的呈文中说:"西商领票运茶,前赴边外贸易,系在缠头、回子地方,与甘茶引地,实无干涉,且千两、珠兰茶,由安徽贩运;甘茶由两湖采办,来路不同,甘茶与票茶,彼此各行各路,非侵占厘课数目,自毋须两相比较,致多龃龉。况自假道以来,道远利微,商人观望,并未十分畅行。如果将来或有起色,西北一律收复,商路大通,彼时自应另筹办法,请旨遵行,刻下开办未久,未便遽议更张,徒滋烦扰。所有西商假道运茶之处,拟请查照前奏,仍旧办理。"可见,户部并没有同意邓庆麟停止理藩院发给茶票的建议。同时,户部不能断定"奸商藉院票为护符,专贩私茶,侵占甘茶引地"是否真实,②于是要求绥远城将军详细查明,再行核议。

光绪十三年,西商"在理藩院领票诡称,贩货运销蒙古地方,其实私贩湖茶,侵销新疆南北两路,到处洒卖,一票数年,循环转运,漫无限制,逃厘漏税,取巧营私,以后领票,注明不准贩运私茶字样。如欲办官茶,即赴甘肃领票,缴课完厘,与甘商一律办理,倘复运销私茶,查出将货充公。"③由此可见,西商夹带私茶、贩运甘茶引的问题依旧没有得到解决。

(四)恢复西疆贸易的同时,继续假道恰克图贸易

因假道恰克图贸易税厘繁重,程化鹏等商人多次呈请停领四联执照,按照旧章,仍前往西疆贸易。光绪八年三月十八日,绥远城将军丰绅奏称:"查该商民等,自同治七年起请领四联照票,遵照奏定章程,携带茶货由恰克图假道俄境通商以来,至今十有余年,中外交易均属相安,并无别

---

① 以上参见《知照御史邓庆麟奏甘茶引地被归化城私茶侵占请停止理藩院茶票等因一折奉旨该衙门议覆应否由贵衙门主搞希示复由》,光绪三年六月十九日,《总理衙门档案》,档号:01—20—005—04—002。
② 《议奏御史都庆麟奏甘茶引地被占请交督臣一手经理并停理藩院茶票一折抄原奏录谕旨勘照由》,光绪三年七月二十三日,《总理衙门档案》,档号:01—20—030—02—025。
③ 《清续文献通考》卷四十二《征榷考十四·榷茶》,第7965页。

故,第因洋税过重,道阻且长,资本亏折,赔累已极,呈恳停领四联执照,仍归旧章领用部票,携带珠兰、千两各项茶斤,前往乌鲁木齐一带贸易,系属实情。现在新疆各城均已次第肃清,该商民所请核,与奏定章程相符,惟事关奏准之案,应即据情具奏。"①这项建议获得光绪皇帝批准。于是从光绪八年开始,理藩院停止发给西商部票,恢复西疆贸易。

然而,从总理衙门档案来看,西商在恢复新疆贸易的同时,可继续假道恰克图出境贸易。正如户部给总理衙门的行文中称:"此次改归旧章,系专指该商民由从前旧路运茶,赴新疆各城者而论。此外,如有携带茶货,由恰克图假道俄边者,仍应请领四联执照,按新章纳厘,以重税课,而杜弊端。"绥远城将军丰绅奏称:"嗣后由从前旧路运茶赴新疆各城,照旧章领用部票。其由恰克图假道俄边者,仍应请领四联执照,如此分别办理,既可并行不悖,亦无虑其混淆,一切章程,均应如户部所议办理。"

与此同时,西商在前往西疆贸易的途中仍然夹带私茶,侵占甘茶引地。按照规定,商人每年年底必须将部票呈缴理藩院,以免出现逃厘漏税,但程化鹏于光绪八年请领部票到新疆贸易后,一直未能将部票呈缴。光绪十一年(1885),绥远城将军将此事报告给总理衙门,要求程化鹏将此前承领的部票如数呈缴:"晋商程化鹏等请领部票,原令一年呈缴,以免逗留,乃迄今三载,该商未闻有一呈缴者,则每票一张,其回环冒运次数,已不可究诘,应咨查照,转饬归绥道,即将前领逾限印票,勒令如数缴销。"陕甘总督指控以程化鹏为首的西商"夹带私茶,到处洒卖,一票数年循还,转运逃厘漏税,取巧营私"。针对此问题,户部要求理藩院着手进行处理,并在给总理衙门的呈文中称:"不准该商等潜用院票,配带湖茶洒卖私销,侵占甘司引地,以免偷漏而裕课厘,仍咨行陕甘总督、新疆巡抚、伊犁将军、乌鲁木齐都统,转饬所属,一体查照。如晋商复萌故智,任意私销,即按照上年奏案,将所贩私茶罚令入官,仍治该晋商私贩之罪可也。"②

----

①《具奏到赴洋商民委因长途税重连年折本请停四联执照仍领部票前往新疆贸易等旨读衙门议奏由》,光绪八年三月十八日,《总理衙门档案》,档号:01—20—03—002—048。

②《咨报不准晋商潜用理藩票配带湖茶洒卖私销侵占甘茶引地之处已咨行各处由》,光绪十三年四月二十一日,《总理衙门档案》,档号:01—20—005—04—003。

综上所述,同治到光绪前期,西商假道恰克图出境贸易是在特殊情况下出现的,在经济利益的驱使下,西商往往违反政府订立的章程,行贩杂色茶斤,夹带私茶,侵犯甘茶引地,而且在恢复西疆贸易的同时,继续假道通商,造成西北边境商业秩序的混乱。地方政府、户部、总理衙门等共同对这些问题进行处理,一定程度上遏制了西商贸易的违规,但也一直未能根治。

五、结语

清代档案称从归化携带茶叶前往新疆、安集延国等贸易的商人为"西商"。同治年间,西商前往新疆贸易路线受阻,陷入商民两困境地。与此同时,南方地区太平天国运动造成两湖、福建等地区陷入困境,北商失去重要的茶叶货源地,造成茶叶贸易日益衰落。同治七年,为了维持正常的商业贸易,以程化鹏、余鹏云为首的西商向清廷提出假道恰克图出境贸易。清廷对此事十分重视,并派要员到恰克图考察商贸情况,最终出于恢复边境贸易秩序、缓解财政压力和"分俄商之利"的综合考虑,准许西商假道恰克图出境贸易。

晚清时期西商假道恰克图赴俄境贸易是在特定的时空环境下出现的,显示出清廷在应对新的历史环境下,善于对传统的贸易政策进行调整,对西商、北商贩运商品做出区分,是合乎实际的做法,在一定程度上有利于稳定西北部边境社会经济秩序,也使得商民生计得以维系,有利于恰克图边境贸易的发展。清政府在税厘、票规银等方面对西商给予一些惠商政策,促使西商积极踊跃进行贸易,先后有数十人参与其中,促使西商假道恰克图贸易初期出现一度的繁荣景象。在商业贸易中,以敬亨泰、广益永、南极祥、顺成泰等为主要商号,尤以程化鹏开设的敬亨泰的经济实力最强。

在内忧外患的局势中,为缓解财政压力,晚清政府亦在西商贸易过程中征收厘金和各种税捐,使得西商遭受繁重的税厘压力。加之,俄商在茶叶贸易过程中的竞争,致使西商贸易陷入夹缝中求生存的境地。为扭转商业贸易不利局面,西商逐渐行贩杂色茶斤(贩运武夷茶、白毫茶),从而引发西商与北商之间严重的经济冲突。不仅如此,西商在贸易中还逃厘漏税、侵占甘茶引地,进行走私贸易。这些都造成西北部边境经济秩序的混乱,最终影响了中俄边境贸易的发展。值得注意的是,西商贸易亏损,除了与清政府沉重的税厘负担相关外,还与清政府对外软弱无能,接连与沙俄签订不平等条约,丧失贸易主权有莫大关联。① 这些都说明国家主权不能自主的晚清时期,中国商人贸易毫无制度保障,只能处于被动地位。

(原载《中国经济史研究》2019 年第 4 期)

---

① 19 世纪中叶以后沙俄对中国经济关系,参见[苏]米·约·斯拉德科夫斯基《俄国各民族与中国贸易经济关系史(1917 年以前)》,第 243—360 页。

张库商道考略

李国欣[①]

一、问题的提出

清代至民国期间,旅蒙贸易与中俄恰克图边境贸易繁盛,张家口到库伦(现蒙古国首都乌兰巴托)之间逐渐形成了较为固定的经商路线,史称"张库商道"。张家口是前往蒙古草原及中俄边境贸易的主要商品集散中心。库伦作为漠北蒙古草原商贸业集散地,北行为俄罗斯恰克图,西行为蒙古科布多、乌里雅苏台方向。从张家口出发的商民主要经营中俄恰克图贸易,[②]库伦为中转集散地,由此张家口至库伦商道为商家行程最长的一段路线,成为研究近现代中国北方商贸业历史的重要地段。

"张库商道"的称谓,主要集中于民国初期,尤其是在1918年"张库公路"的运营前后。张家口至库伦之间经商者二百余年中行走路线艰难,无有坦途大道;社会大众给予的原始称谓,即历史上的"走大圐圙"。[③] 张

[①]李国欣(1972—),张家口察哈尔文化研究会副会长、张家口察哈尔历史文化陈列馆馆长。
[②]马克思曾关注张库商路,或者说张恰商路,他指出:"俄国和中国的茶叶贸易可能是从1792开始的,茶叶陆续由陆路用骆驼和牛车运抵要塞长城上的张家口(或口外),再从那里经过草原或沙漠、大戈壁,越过1282俄里到达恰克图"。见《马克思恩格斯全集》第五十卷第二册8项《资本的流通过程》。
[③]百度汉语,读音 kulve,蒙语指围起来的草场。"库伦",旧时代商家称谓"大圐圙"。

家口至恰克图外贸商家的主要群体,是以晋商为主体的茶商。20世纪90年代之后,中外学者就张家口近代社会经济史、城市史研究,结合"万里茶路""晋商研究"等国家重点学术课题,不乏对于"张库商道"的关注与探讨,如《明清时代我国北方的国际运输线——张库商道》《张库商道及旅蒙商述略》《清代后期晋商在张家口的经营活动》《张家口商业兴衰与近代城市空间的演变》,等等①。

本文笔者就近年来所收集的相关地方历史文献,对张库商道的商业发展、运输的商品及运输方式、民初张库商路的具体状况等问题,做较为细致的梳理,并予以初步探讨。

二、商道形成的背景

张库商道是在清代旅蒙商业和中俄贸易的发展过程中形成的。康熙二十三年(1684),漠西蒙古葛尔丹叛乱,清军远征期间,张家口"官商"除承担军需供应外,还组织了随军贸易队。理藩院令"大兵经行蒙古地方,应令蒙古等沿途贩卖驼、马、牛、羊"②。同时,康熙皇帝对随军的商人作了规定,严令商人必须遵守法禁。如果违反,将带商人之人一同治罪。《清文献通考》记载:"随军贸易之人故不可少,若纵其贸易,又至紊乱,应于某营相近,即令其营夸兰大派出章京,于一里外驻扎,准其贸易……倘贸易之人不尊法禁,偷马匹、米粮者亦正法,带往之人一并治罪。"③

康熙三十年(1691),清廷在多伦诺尔会盟(今内蒙古锡盟多伦县),召集喀尔喀贵族和内蒙古四十九旗王公会盟,会上贵族、王公和上层喇嘛们请求让更多的汉商人进入草原贸易,康熙为稳定人心,巩固对北方边疆的统治,答应了他们的请求。在长期的随军贸易中,这些商人逐渐地获得

---

① 李桂仁:《明清时代我国北方的国际运输线——张库商道》,《张家口文史资料》(第13辑),1988年;牛国祯、梁学诚:《张库商道及旅蒙商述略》,《河北大学学报(哲学社会科学版)》1988年第2期;许檀:《清代后期晋商在张家口的经营活动》,《山西大学学报(哲学社会科学版)》2007年第3期;张轶欣:《张家口商业兴衰与近代城市空间的演变》,《河北北方学院学报》2008年第2期。

② 《清文献通考》第三十三卷,第17页。

③ 《清文献通考》第三十三卷,第17页。

清政府和蒙古贵族的信任,战事消停后,得到了继续留在原地进行正常贸易的资格,其交易的额度和范围也在不断地提升和扩大。

随着清代北部边疆的逐渐稳定,雍正五年(1727)中俄《恰克图条约》签订,乾隆二十六年(1761)设置张家口都统(察哈尔都统),同年"在库伦地方设办事大臣与帮办大臣各一人,掌外蒙古地方对外贸易事务。……另外在恰克图管理对俄贸易事之理藩院司员,也由该大臣管辖"。① 清廷为了有效地管控草原贸易与恰克图外贸,实施了"部票制度"。该制度即长城之内商民进入草原后,必须向张家口衙门②申报,领取由理藩院颁发的"部票"。咸丰后期,归化(今呼和浩特)将军衙门、多伦诺尔同知衙门皆可办理。每张部票,限货二十车或茶三百箱,除正税外,再交票规银五十两。货随票行,沿途缉查,对无票运输之货物视为走私。部票制度是在清代蒙古地区实行封禁政策下,严格地区管理下实行的商业管理制度。部票制度的施行,有效的规范了旅蒙商贸与中俄外贸的发展,推动了张库商道的繁盛。

清代蒙古草原库伦地方商业发展较早。康熙五十九年(1720),"理藩院议准,哲布尊丹巴呼图克图库伦地方,俄罗斯与喀尔喀互相贸易,民人丛集,难以稽察,嗣后,内地民人有往喀尔喀库伦贸易者,令该管官出具印文,将货物、人数开明报院,给予执照"③。此时库伦城还未正式建立,但在政府的鼓励下,此地中俄贸易、及内地百姓的旅蒙贸易开始发展起来。中俄在库伦互市的时间较短,随后移到中俄边境的恰克图互市。至乾隆四十三年(1778),库伦作为蒙古宗教领袖哲布尊丹巴的驻地,促进了库伦商业快速发展,逐渐形成了一个商业街区即库伦买卖城。清代在库伦有专门的官员对库伦买卖城的商人进行管理。汉地的商人取得朝廷的部票后,在库伦的买卖城进行商业买卖。交易的商品主要是从张家口带来的茶叶、布匹、生烟等生活用品。从库伦回流到张家口的商品主要是草原上的皮毛、牲畜等。在这样的历史背景下,商人在张家口与库伦之间繁荣的商业往来,进一步推动了张库商道上的商业发展。

---

① 张德泽:《清代国家机关考略》,北京:学苑出版社,2001年,第250页。
② 初为章京衙门,乾隆二十六年后,改为都统衙门。
③ (清)何秋涛:《朔方备乘》卷三七,俄罗斯互市始末。

三、旅蒙商商品运销简述

商民在张家口领取部票后,其所经营物品主要前往蒙古草原的库伦并转向中俄边境的恰克图,清廷驻地衙门对商民、商业行为仍然进行严格的管理。在《旅蒙商档案集粹》中收录的一份《驻扎库伦办理买卖商民事务衙门为吴大德所带茶烟布疋等所发执照》,文献为商人吴大德在库伦交易完后由当地政府颁发的执照。

图1 驻扎库伦办理买卖商民事务衙门为吴大德所带茶烟布疋等所发执照①

原文录入如下:

驻扎库伦办理买卖商民事务衙门,为给执照事

今有白布拉地方乡长吴大德,蒙古各朝圪土载来老羊皮一百张加一佃,每张卖三十包,共卖茶两千七百包;羔子皮二百张加一佃,每张卖二十八包,共卖茶五千零四十包;山羊皮五十二张加一佃,每张卖茶十六包,共卖茶七百四十八包;狷子皮五十三张加一佃,每张卖茶七包,共卖茶三百三十四包;牛十条,每条卖茶九百伍拾包,共卖茶九千五百包。今将皮张价新折货物查兑相符,给予印照,今将折得货物内除吃食器皿零星物毋庸开列,户所有带去茶烟布疋开列于后。

乾隆五十二年四月二十八日

右给白布拉地方乡长吴大德执照

---

①蒙古国国家档案局、内蒙古自治区档案局编:《旅蒙商档案集粹》,呼和浩特:内蒙古出版社,2009年,第44页。

由此可见,旅蒙商吴大德在乾隆五十二年(1787)与蒙民进行皮张交易。吴大德以手中的茶叶折价成皮张价,用茶叶购买蒙民的老羊皮、羔子皮、山羊皮、狲子皮和牛。事后由库伦办理买卖商民事务衙门查验,核对通过颁发给执照。从交易的货物品种上来看,很显然是用内地的茶叶与草原的皮毛进行商业。票照和执照是旅蒙商进蒙贸易必需的手续。在张家口和库伦两座城镇之间,长达两百多年的旅蒙贸易中,商人带着从内地的茶叶、烟、布等商品,在关口领取票照后前往蒙古草原贩运皮毛与牛羊,转运给内地。逐渐形成了清代北方的重要商业通道即张库商道。

雍正五年三月,中俄《恰克图条约》签订后,清政府允许俄国商队通过蒙古草原经行商业贸易,允许两国商人到中俄边境恰克图进行互市。俄国商队通过恰克图—库伦(现乌兰巴托)—伊罗汉—张家口—北京来华贸易,大大的缩减了以往的贸易路程。与此同时,从张家口出发的商民所带物资通过张库商路直接延伸到了中俄边境的恰克图,并渐次进入一个较为稳定的、长时段的历史发展兴盛期。这种状态得益于社会环境的有效控制,以及"票引"制度的管理应用。

从蒙古国档案局发现嘉庆二十一年(1816)的一份《恰克图各铺户请领部票随带货物价殖银两并买俄罗斯货物价殖银两数目清册》,经过整理从表1可以看到在张家口请领部票后携带商品前往恰克图贸易的商家在五月份就有22家商号,随票携带货物价值达1344328两元丝银,在恰克图与俄商交易后一共购买回俄商货物价值达1253711.55两银。而每家商号随票携带的商品价值不低于1万两,而购回的商品价值在8千两以上。其中以祥发成记蒋天培在清册中的货物明细表(表2)可以看到商号从张家口主要携带的商品是茶叶和布匹,总额为87600两元丝银。蒋天培携带的白毫茶价值49320两银,占总额的56%。京毛布37800两,占总额的43%。平机布480两,占总额的1%。由此可以看到从张家口带到恰克图的商品主要是茶叶。而在恰克图所购买的商品主要是各类毛皮,共用银71742两。其中珍贵的毛皮如银钎皮,每张需要40两银。而较为便宜的黑猫皮,每张2钱。商人通过张库商道将俄商需要的商品运输到中俄边境,同时也将内地所需商品输入到中国内地。

表1 嘉庆二十一年五月恰克图各铺户请领部票随带货物价
殖银两并买俄罗斯货物价殖银两数目清册

字号	随票货物	买过俄罗斯货物
祥发成记蒋天培	三宗共合货元丝银 87600 两	买货十四宗用银 71742 两
广发成记郭楷	四宗共合货元丝银 111200 两	买货十五宗共用银 105915 两
广隆光记陶大华	六宗共合货元丝银 103610 两	买货十八宗共用银 94828 两
美玉德记高照	五宗共合货元丝银 108960 两	买货十九宗共用银 106722 两
兴玉中记侯宁	四宗共合货元丝银 107440 两	买货十四宗共用银 105011 两
万顺昌记麻用升	六宗共合货元丝银 107730 两	买货二十二宗共用银 83850 两 5 钱 5 分
美玉公记宋世法	五宗共合货元丝银 84100 两	买货十四宗共用银 83401 两
合盛全记李天锡	五宗共合货元丝银 85240 两	买过货二十宗共用银 81959 两
合盛兴记沈文良	五宗共合货元丝银 63680 两	买货十四宗共用银 63192 两
长发成记靳廷栋	四宗共合货元丝银 66068 两	买货十四宗共用银 55479 两
世禄安记张炜	五宗共合货元丝银 60900 两	买货十八宗共用银 55680 两
广和兴张国华	五宗共合货元丝银 61240 两	买货十六宗共用银 61865 两
大兴玉孔昭煜	五宗共合货元丝银 59060 两	买货十五宗共用银 57919 两
永兴泉记何兆喜	五宗共合货元丝银 58180 两	买货十五宗共用银 56855 两
顺义诚记陈秉强	七宗共合货元丝银 43600 两	买货十一宗共用银 43238 两
天吉焕记左炽炽	四宗共合货元丝银 43200 两	共用银约 41198.7 两①
隆泰诚记李珆	五宗共合货元丝银 15760 两	买货十五宗共用银 13696 两 3 钱
通顺永记韩保真	四宗共合货元丝银 10680 两	买货八宗共用银 9707 两
协和公记曹锡祚	二宗共合货元丝银 11480 两	买货七宗共用银 8805 两
兴玉和记李常宁	四宗共合货元丝银 19100 两	买货九宗共用银 18103 两
世昌隆记范义	二宗共合货元丝银 10800 两	买货十三宗共用银 10535 两

---

①该项清册上残缺具体银两,笔者根据清册上的商品数量和单价估算商品银两总数。

续表

字号	随票货物	买过俄罗斯货物
万发成记段云翀	四宗共货元丝银 24700 两	买货九宗共用银 24010 两

数据来源:《恰克图各铺户请领部票随带货物价殖银两并买俄罗斯货物价殖银两数目清册》,台北"蒙藏委员会"藏蒙古国国家档案局档案,编号:0270002-0270041。

表2 嘉庆二十一年五月祥发成记蒋天培领部票在恰克图交易货物清册

张家口请领部票随票货物开列于后			
商品	件数(件)	每件	单价
白毫茶	1370	2(箱)	18(两)
京毛布	420	10(甬)	9(两)
平机布	10	80(匹)	6(钱)
三宗共合货元丝银 87600 两			
买过俄罗斯货物开列于后			
商品	数量		单价
银钎皮	200(张)		40 两
番板水皮	2000(张)		9 两
锅盖水皮	2000(张)		7 两
元青二合洛	5000(尺)		1 两 8 钱
银针尾子	75(个)		4 两 5 钱
正板水皮	350(张)		4 两 5 钱
黑猫皮	15000(张)		2 钱
白长脖皮	50000(张)		1 钱 4 分
二牲狐皮	2000(张)		2 两 5 钱
黑香羊皮	20000 张		7 钱
黑香牛皮	3000 张		2 两
小毛白狐皮	5000 张		8 钱
二牲狐腿子	5000 对		3 钱

续表

集会灰鼠皮	15000张	9分
回回布	5200（回尺）	2钱
买货十四宗用银71742两		

资料来源：《恰克图各铺户请领部票随带货物价殖银两并买俄罗斯货物价殖银两数目清册》，台北"蒙藏委员会"藏蒙古国国家档案局档案，编号：0270002-0270003。

四、早期商道路线及驼队运输

《筹办夷务始末》记有咸丰年间，张家口都统庆昀的奏折，其奏折中提到大致的张库、库恰商道路线：

> 由口（张家口）赴恰克图，道路除军台外，商贾之路各有三，分东西中，其中路由大境门外西沟之僧济图坝，经大红河、黑白城子、镶黄旗牛群、大马群、镶黄旗羊群各游牧，入右翼苏呢特王旗，经图什业图汗旗车臣汗部落之贝勒阿海公等旗游牧，渡克鲁伦河，达库伦，方达恰克图。①

史料中反映了清中后期商民行走在张库商道上的主路（中路）走向，在没有现代交通工具的情况下，只有依靠骆驼和牛牛车。《清稗类钞》中对"山西帮"商人的牛车队运输记载：晋中行商运货来关外诸地虑有盗，往往结为车帮，此即泰西之车队也。每帮多则百余辆，其车略似大古鲁车，较差小，一车约载重五百斤，驾一牛，一御者可十余日。②

在张家口至库伦的往来货物运输中，骆驼运输占有重要地位，骆驼队被称之为旱船。到光绪年间，张家口的养骆驼业发展到顶峰，主要集中于老城区内的新华街、草厂巷、白家沟、东驼号、西驼号等街区，计有近百家驼店，形成了一支庞大的运输队伍，一个骆驼驮两个驮子，约360斤至400

---

① 《筹办夷务始末（咸丰朝）》卷六十六。
② 《清稗类钞》第一七册，第73页。

斤重。察哈尔历史文化陈列馆馆藏有《同治东口商号来往信稿底册》，其元字第壹拾号书信记载：

  启者于十五日雇万和盛蒙古脚户舌并家人茉太哎、小七令刀计喇应脚驼工，发去咱巨贞和字号三六真砖茶 22 箱①；大德常、源顺奎字号二七真砖茶 3/7 箱，其茶上打兴隆、底打兴字毛印为计；又复泰谦、德长元字号三六微次砖茶 22/20 箱，上下打魁字毛印，各贰个为计；又德巨生、大德常字号三六上次砖茶 15/19 箱，上下俱打明字毛印各贰个为计，共计三六、二七真次砖茶壹佰零捌箱。各带新挺绳壹条，言明每箱作行平脚纹银二两，合二佰壹拾六两，口地现付过银二佰壹拾两六(钱)，除付净欠去库地行平脚纹银五两四(钱)，限三十天至库交卸。

对资料分析不难看出三点：其一，各家茶商采购的砖茶有着品种规格、质量等级的不同；其二，草原长途运输委托于专业来往于张家口至库伦间的商家；其三，运输所用骆驼(驼队)又可以雇佣蒙古脚户。砖茶是清代晋商在草原贸易以及恰克图贸易的主要商品之一，信稿所列张家口的几家茶商有二七和三六两类砖茶，砖茶等级分为真、次砖茶。在运输包装上有"兴隆""兴""魁"等在字样，可能为应时张家口"兴隆魁"②字号。其字号雇佣万和盛蒙古脚户驼工舌并家人茉太哎、小七令刀计喇应承担从张家口到库伦的砖茶运输任务。本次运输计有三六、二七真、次砖茶 108 箱。以每头骆驼驮 4 箱茶叶来估算，该脚户需要 27 头骆驼来完成茶叶的运输。以当时的运费每箱 2 两来算，商号需要支付给脚户 216 两的费用。该商号在张家口先为脚户结算 210 两 4 钱，余下 5 两 6 钱到达库伦后再给脚户支付。约定脚户运输时间限定为 30 天，如果超过限期或者货物损伤脚户需做赔付。通过信稿资料记载，揭示了张家口的几家晋商字号(茶商)对于输往蒙古草原、恰克图的贸易模式，以及不同字号所经营的货物品种、货物数量，还有雇用蒙古人为脚户、驼运费用、标期结算等

---

① 本段资料中所有阿拉伯数字原码为苏州码。
② 经过对文献的识读，文献中的商家疑为兴隆魁字号。

等,但是信稿并未呈现各家茶商字号与专业承运字号之间的费用计算与责任。

繁盛的旅蒙商贸、恰克图外贸业,使张库商道上的运输业与商号之间有着密切稳定的商业关系,相互依存。商品主要以驼队、牛车等原始的运输方式横穿于内外蒙古的沙漠和草原,成为张库商道上沟通草原贸易以及中俄外贸的重要载体。

五、张库公路路线及汽车运输

近代以来西方现代化的交通运输方式和交通运输工具被引入中国,张库商道上繁荣的商业往来迫切需要更为先进快速的交通运输方式的建立。《大成公司与张家口至库伦之现代化交通变迁》①一文,对于民国初期张家口至库伦之间的汽车运输之创建历史,做出探讨研究。大成公司创始人景学钤曾刊书《大成张库汽车公司痛史》②记载:"从前外国人单车探路者,共计十次,均未达到目的,不是中途车坏就是断油不能前进,其原因是沿途未先做准备,此次探路,先准备半年,于1917年(民国六年)4月6日由张家口出发,雇用人马盘过坝外,(汉诺尔坝),到4月11日到达库伦。"

1918年(民国七年)初,泰通汽车公司组织力量是分勘张库路,由张家口出大境门北行,经朝天洼、察汗陀罗、五十家子到麻泥坝底。该段六十里,全部绕行河道虽上坡,勉强行汽车,再行30里,过车营子即到兴和城(张北)。以后路段都沿用大成汽车公司的路线直抵库伦,全长2100里。从张家口出发的商人们携带物品多是绸缎、蒙靴、香油和首饰、鼻烟壶等工艺品,回货是皮毛,还有鹿茸、羚羊角、貂皮、枸杞子等。

张家口察哈尔历史文化陈列馆馆藏京绥铁路管理局发行《京绥铁路旅行指南》③记载了民国早期张家口至库伦交通状况:"张库之间旧为北

---

① 毕奥南、刘德勇:《大成公司与张家口至库伦之现代化交通变迁》,载《中国边疆史地研究》2014年第3期。
② 景学钤:《大成张库汽车公司痛史》,民国十二年铅印本。
③ 民国五年初版,民国十一年改正三版。

通蒙俄要道,后多绕由西比利铁路车转达,近年该路时有阻滞,于是渐有汽车往来以利交通,据近调查有文,交通部西北汽车处大成华商会(西库伦商会组织庙滩上车距张垣七十余里)三汽车公司(张库各有经理处)各备汽车数辆或数十辆载运旅客,另闻美商亦有汽车数辆往来,但仅自运货物,各汽车开行平均五日一次,每次一辆或数辆,因行每辆搭载四人或五人,每人每次价一百二十元,西北汽车处准带行李二十斤,大成以三十斤为度,逾限一斤加洋五角,逾限二十斤以外每斤加算一元,计每车可载一千一百二十五斤,沿路有蒙古包备旅客食宿饭食,每餐六角,汽车则各停驻处设站注油。自张库共六百五十二英里(1英里约1069米)五日内可达,但风雪时期则难通行之。"

表3　张家口至库伦汽车停驻地点里程表

第一日	由张家口发	晚住兴化城(即庙滩)	三十一英里	
第二日	由兴化城发	晚住滂江(现苏尼特右旗)	一百四十四英里	午尖在距兴化七十七英里地方
第三日	由滂江发	晚住乌得(现蒙古国扎门乌德)	一百五十四英里	午尖在距滂江六十七英里地方曰二连
第四日	由乌得发	晚住叨林	一百七十三英里	午尖在距乌得七十五英里地方
第五日	由叨林发	晚抵库伦	一百五十英里	午尖在距叨林六十二英里地方
共计	六百五十二英里(换算成公里为1049.068公里)			

(另附张家口至库伦汽车路线界图)
另外交通部西北汽车至库伦汽车业务客运章程:
1.张家口至库伦往来汽车到日程以五日为限。
2.由张家口至库伦票价每人现洋一百二十元库伦至张家口票价同。
3.客商所带行李,每人限重二十斤,准免收费,如逾重一斤收费5角,逾二斤收费一元,其余照此以此类推,仍然多不得过二十斤。
4.所有沿途应用铺盖纪膳宿一切费用客商自备。
5.客商所带行李物件不得夹违禁物品及危险物品,查出从严惩办。
6.客商来车如遇意外情事及所带行李物件有损失概不负责。
7.小孩乘车除手抱不触自占座位者免收车费外一律收全价。

表4 张家口至库伦沿途里程与地方概况表

沿途地名	两地相距大约里数	距起点大约里数	附近地方概要
张家口大境门	（里）	（里）	门外丛山夹谷分东西两沟，沿西沟而上经元宝山至韩努坝底即为赴库大路，底尚平坦，东沟本通多伦，惟石捅崎岖，故多绕行。西沟一处，此外尚有黄台坝、碣石坝、神威坝，俱沿边墙，均可通至口外，但非迂远即陡峻难行
南天门	10		山间有土洞如门，故名。附近均有村落
土井子	16	26	过此七里即至韩努坝底，上坝须傍山斜行，尚有十分一之坡度，中有韩努坝村，沿途乱石散漫约长二十余里，普通汽车势难自行，须以驼马拖拽，惟此段道路应加平治
黄花坪	20	46	附近平阜，四周带土多草，旧有旗庄，与蒙人杂处
店门口	10	56	自黄花坪至此，坡度稍平，虽途多砂砾，尚可行车，前途均沿电线
庙滩	44	100	自店门口至此，中经火炉山，由万山坝西营盘及兴和旧城等处，有小河数道，地渐平坦，颇有农家，附近尚有大红沟，亦可通行。大成公司在此赁有小店，藉备往来停留，亦有汽车由此出发，以图免越大坝者
黑水河	50	150	自庙滩至此，向来牧马场地，近多由内地农民开垦，土质含金沙，居民逐渐迁集，过此十二里至马尼图，即出察哈尔东四盟转入绥远西二盟境，路线沿山岗行
他波海	90	240	自马尼图至此，渐见蒙古包（以毛毡与木料等构造，状类覆釜，蒙人徙居便，但难容多人）间有土房，略仿内地风习，地势高，土多沙质
西尔布容	142	382	自他波海至此，或履平地，或越小山路，均平坦，惟积水甚少，此处路旁有井，过此十八里至乌兰诺尔，亦有井，人烟甚稀
红山	120	502	沿路一望平原，皆草地无人烟
滂山	44	546	有电报局一所，土房十余间，办事数人，时有蒙兵守卫，居人甚稀

续表

沿途地名	两地相距大约里数	距起点大约里数	附近地方概要
贺诺托买	80	626	此处有喇嘛庙,住喇嘛数十人,为附近特出房屋,沿途均天然马路,间有土阜沙河
龙骨山	117	743	地势平坦,略露岩石,间有井泉
鲜盐脑	54	797	附近有青盐湖,及岩石水井,过此三四十里有大浮沙两段,各宽约里许,车行不便
科布尔	210	1007	附近即绥远西二盟与外蒙分解处,间有土岗流沙,渺无人烟
乌得	63	1070	有电报局斜傍石山,与滂江情状略同,居人甚少,由此往库,分中东西三路,西路仍沿电线方向,易定以下专叙西路
康奈	390	1461	自乌得至此,略有土山,沙河及沙漠数处,沙漠各宽约一二里,车行较难幸,其余均系生成马路,但深入无人之境,颇有地阔天空之概,大成公司设蒙古包于此作汽车站点
叨林	194	1654	叨林亦名翠岭,因山头岩石突兀,如翡翠点缀,故名。有电报局一所,其西南八里许有喇嘛庙喇嘛月二千名,规模颇大
扣诺捧	204	1858	自叨林至此,间有山坡乱石及小河小湖,一片荒漠,大成公司设有蒙古包小站
同诺克	220	1078	坝系汗山之脉,为蒙古高原北边,沿山沟数十里有小湖及图拉河(北流入贝加尔湖),跨河有大木桥,系三十年前俄人所建
大坝	90	2168	略

资料来源:表3、表4、汽车业务客运章程均摘自《京绥铁路旅行指南》。

张库公路的建成可为旅蒙商贸运输提供了近代化的运输方式,且大大缩减了两地来往的交通时间。史料记载"创办张库汽车路以后,张家口专作蒙古贸易的商家,增至一千六百家,茶庄毛庄各三十家,贸易总额达一万五千万两,计进口八千万两,出口七千万两"[1]。

1929年中国和苏联发生"中东路事件"后,苏联不准中国商人前往,至此张库公路中断,张家口运输行业受到严重的打击。而后时局动荡,中蒙之间商业往来不断下降。虽然官方与张家口商人经过多方努力,但是始终没有完全恢复张库公路的运输。

六、结语

清代直至民初期间,从张家口到库伦的商业通道,同时承载着中国与俄罗斯的恰克图外贸交易。旅蒙商家从张家口输往库伦的大宗商品以茶叶为主,砖茶是漠南漠北草原牧民的生活必需品,砖茶可以代替货币。从库伦前往恰克图的外贸商品,茶叶仍然是主要交易物资。故此这条张家口至库伦的商道亦成为"万里茶路"之重要路段。以清代同治年间为例,旅蒙商户从张家口发往库伦的茶叶等物资运输期限仅为一个月,关于这些细节在以往的史学研究中还未见以商家信稿而做论述。

从张家口走向库伦,直至恰克图的旅蒙、外贸商户,延续了近三百年的历程,但是由于漠漠草原及荒芜戈壁并没有明显的路标,商户们行进途中艰难重重,由此张库商路并不是一成不变的大道坦途。随之张家口于民初开埠,汽车作为长途运输工具沿着电报线路尝试开辟通往库伦的客货运输之路,从此有了"张库公路"之称谓。对于"张库商道"之考略,以历史文献为实证,就驼运与汽车运输为具体例证,较为详尽地展示了清后期、民国早期旅蒙商贸业物资运输的历史变迁。

借此"张家口·冬奥会与一带一路国际学术研讨会"之际,对张库商道做以上探讨,请多指正。

(原载《张家口·冬奥会与一带一路国际学术研讨会论文集》,2018年8月,修改稿)

---

[1] 傅安华:《蒙俄贸易张库通商》,载《新亚细亚》1934年第8卷第5期。

陆路港口：清代张家口"港口"功能与草原腹地市场的构建

肖红松　刘建哲[①]

陆路港口，简称"陆港"，也称"无水港""干港""旱码头"，主要是在内陆具有港口服务功能的物流中心，同时也是内陆地区进出货物的陆路物流中转基地[②]。与海港不同，陆港特别是传统陆港受地理环境、交通等因素的制约，其在形成条件、港口功能及腹地经济有着独特的一面。张家口是清代长城沿线因商贸兴起的典型陆路枢纽城市。草原贸易兴起后，张家口的"港口"功能开始凸显，发展成为连接内地与草原市场的中转贸易枢纽，被称为旱码头或陆路商埠。目前，学术界对清代张家口的研究主要是从商业、商人、商品贸易、城市近代化等方面论述[③]，从陆路港口的视

[①] 肖红松（1971—），男，河北安平人，河北大学历史学院教授、博士生导师，主要从事中国近现代社会史、经济史研究；刘建哲（1986—），男，河北清苑人，河北大学历史学院在读博士生，主攻中国近现代经济史。

[②] 董晓菲：《大连港—东北腹地系统空间作用及联动发展机理研究》，大连：辽宁师范大学出版社，2016年，115页。

[③] 主要成果参见牛国桢、梁学诚《张库商道与旅蒙商述略》（《河北大学学报》1988年第2期），许檀《清前期北方商城张家口的崛起》（《北方论丛》1998年第5期）、《清代后期晋商在张家口的经营活动》（《山西大学学报（哲学社会科学版）》2007年第3期），陶德臣《清代民国时期的张家口茶叶集散市场》（《茶叶通报》2011年第2期），何一民、付娟《从军城到商城：清代边境军事城市功能的转变——以腾冲、张家口为例》（《史学集刊》2014年第6期），等等。

角审视张家口的城市功能及其市场体系的还较为缺乏。而从区域历史经济地理角度对港口型城市研究有重要影响的"港口—腹地"模式,学术界也主要与中国现代化进程研究紧密结合,研究区域多集中在沿海、沿江的近代通商口岸,如上海、天津、汉口等典型口岸贸易城市[1],极少将这一理论运用到传统陆路港口城市。本文拟借鉴"港口—腹地"解释框架,从张家口"港口"形成的原因、条件、功能及其与腹地市场的内在关系等多方面探析陆路型港口城市与腹地间的经济发展模式,以此明晰清代张家口商贸发展的内在动力及其在内陆城市中的区域典型特征。

一、张家口"港口"形成的区位条件

张家口,又称"张垣""武城",位于华北平原西北部,是冀西北地区的中心城市。历史上,这里是农牧交错带、民族交错带、地貌过渡带的交界地区,也处于北方沿海向内地辐射的过渡地带,具有起承东部沿海连接西北内陆,南联内地北进边疆的重要区位,地缘优势明显。清代,张家口正是在此种特殊地理环境下,逐步具备了"港口"形成的区位条件。

(一)在地理位置方面,张家口是内地出入蒙古草原的重要门户

张家口所处的长城沿线地区,位于蒙古高原与华北平原两大地理单元的过渡地带。地势由西北到东南分级下降,"自蒙古高原以至沿海平原级级下降,张家口为一级,居庸关为一级,至北京则惟见平原"[2]。该地区地形复杂,山川、河谷、盆地相间分布,阴山山脉从张家口北部穿过,形成高坝以限蒙古草原,构成了天然的地理屏障。因而,坝上草原与山地交界的山口谷道如张家口、独石口,成为进入蒙古草原的天然孔道。张家口三

---

[1]代表性成果主要有戴鞍钢《港口·城市·腹地——上海与长江流域经济关系的历史考察(1843—1913)》(复旦大学出版社1998年版),吴松弟《通商口岸与近代的城市和区域发展——从港口—腹地的角度》(《郑州大学学报(哲学社会科学版)》2006年第6期),樊如森《天津与北方经济现代化(1860—1937)》(东方出版中心2007年版),徐蕴《近代长江上游港口与腹地经济关系的比较研究——以宜昌、重庆、万县为中心(1877—1936)》(《中华文化论坛》2018年第9期),等等。

[2]张其昀:《中国之国都问题》,《东方杂志》1927年第9期。

面环山,东、西太平山对峙如巨口,北面为清水河入塞的山口,也是蒙古高原进入山地的隘口。清乾隆《口北三厅志》记载:"二山皆在边口,相去数百步。对峙如门,张家口之名以此。"①

此外,张家口地区作为北方游牧政权与中原政权军事斗争的前沿地带,战略位置十分重要。自清以前北方游牧民族攻取幽燕必经张家口地区;自辽以后凡是定鼎燕京者必须以张家口地区为屏障②。张家口最初的城市雏形是明代宣府镇长城军事防御体系中的下级军堡——张家口堡,为宣府镇长城沿线的重要隘口,在战略上处于极冲位置,"两山对峙,石壁崎峭如削,中设一关,环山为城"③。明中后期"隆庆和议"后,张家口堡被开辟为马市,成为长城沿线重要的民族贸易互市之所。"本堡(张家口堡)乃全镇(宣府镇)互市之所,堡离边稍远,恐互市不便,乃砖垣于其口……堡人习与房市,远商辐辏其间。"④在清代以前,张家口已成为民族政权间军事斗争、贸易往来的重要据点。

清初,清廷实现对蒙古草原的统一之后,张家口的地理区位从边疆转变为内陆。清廷在张家口长城边墙下开设大、小境门,成为进出蒙古草原的重要关口。"(长城)关门为数至多,惟东端之山海关,西端嘉峪关,直隶之张家口为最重要。"⑤

为了笼络和管理蒙古各部,清廷规定内地商人可以通过领取部票形式前往蒙古各地进行贸易,张家口成为内地商人前往蒙地的贸易孔道。"东曰大境门,西曰小境门,系内外出入要隘。设立满洲总管一员统辖八旗官兵驻防看守,稽查盗贼。其夷汉商民往来贸易耕种俱由驻防旗员照验部票……"⑥清中后期,张家口也是天津与蒙古地区贸易往来的重要隘口。"天津至蒙古有三道隘口,曰张家口,曰独石口,最后者曰古北口。其

---

①忒莫勒、乌云格日勒:《北部边疆卷·口北三厅志》,哈尔滨:黑龙江教育出版社,2015年,第46页。
②王玲:《北京与周围城市关系史》,北京:北京燕山出版社,1988年,第167页。
③毕奥南:《清代蒙古游记选辑三十四种》上册,北京:东方出版社,2015年,第7页。
④杨时宁:《宣大山西三镇图说》,台北:"国立中央图书馆",1981年,第42页。
⑤孔廷璋:《中华地理全志》卷一,上海:中华书局,1918年,第28页。
⑥向燕南:《中国长城志:文献》下,南京:江苏凤凰科学技术出版社,2016年,第2812页。

第一口最易通过,第二口极难穿行,而第三口尤为宽阔,且风景甚为迷人。"①可见,张家口虽无舟楫之便,却以其独特的地理优势成为陆路商贸路线的交通要口,成为"通蒙古之门户,其地势之重要比山海关尤有过之"②。如果将长城比作海岸线的话,张家口就是连接内地与蒙古草原的陆上口岸,具有与沿海港口一样的区位功能。其中,蒙古草原市场与张家口发展最为密切,为陆向腹地范畴。

(二)在交通方面,张家口是草原贸易的转运枢纽和陆路交通中心

港口作为货物运输枢纽,是水、陆交通的集结点和货物的集散处,海、陆两种不同运输方式需要在这里进行换乘。张家口作为陆路交通运输方式的转换点,是"南北货运的转运终点,驮兽和其他运输工具,均在此易载"③。这也是其陆港形成的重要因素。早在清前期,清廷西北用兵平定蒙古准噶尔部期间,张家口就为西北军事物资转运点。"大兵讨逆,行赍居送,不特刍粟为然。凡甲胄、器械,一切军需什物,俱由工部制造,委员押送至口,转雇驼脚,运至军营。每年运费约数十万。"④旅蒙贸易兴起后,随着商贸范围的扩大,张家口发展成为口内外商品集散地和转运枢纽。"山西、陕甘、内外蒙古、俄国边境与其内地之产物,无不集于此地,而后转运各处。"⑤清末,京张铁路开通后,张家口的转运优势更加凸显。"我国西北一带,物产富饶。前以铁路未通,转运维艰。自京绥路通行以来,横亘燕晋,察绥得地利之胜。于是西北物产,远至蒙古库伦、乌里雅苏台以及甘肃、宁夏等处,莫不蜂涌而来。"⑥

就港口与腹地内部的货物运输而言,运输网络是构建港口腹地贸易

---

①吴弘明:《津海关贸易年报(1865—1946)》,天津:天津社会科学院出版社,2006年,第6页。
②张勇年:《调查长城各口商务状况报告书》,海关总税务司署统计科,1934年,第35页。
③姚贤镐编:《中国近代对外贸易史资料(1840—1895)》(第二册),北京:中华书局,1962年,第1292页。
④忒莫勒,乌云格日勒:《北部边疆卷·口北三厅志》,哈尔滨:黑龙江教育出版社,2015年,第295页。
⑤杨志洵:《蒙古与张家口之关系》,《商务官报》1908年第12期。
⑥高兆夔:《张家口之货物贸易》,金城,1926年第2期。

发展的基础,对港口的兴衰、经济腹地范围的大小有着重要作用和影响。如水路和铁路运输网络是近代沿海港口发展的关键因素①。清代张家口前往草原贸易的交通工具以牛车、骆驼等传统畜力运输为主。因此,张家口与蒙古草原腹地的交通体系主要由传统的陆路运输网络构成。那么,是否可以从陆路港口的视角审视以张家口为中心的陆路商贸网络呢?关于港口与腹地运输网络构建,吴松弟指出,近代港口通往腹地的重要交通线,多以港口城市为起讫点,或与通往港口城市的道路相连接②。清前期,内地通往蒙古草原腹地的商路多以张家口为重要节点③。其中,北路可通过库伦到达漠北蒙古;西北路经归化可至漠西蒙古;东北路过多伦诺尔到达蒙古东部地区。清雍正五年(1727),中俄签订《恰克图条约》,恰克图成为中俄贸易边境口岸。张家口经库伦至恰克图商路成为中俄国际贸易通道,即著名的张库大道。天津开埠后,张家口也发展成为天津与西北贸易网络中的一个重要节点。"自张家口以上,道路分为三派。一通内外蒙古,一通京津,一陕甘北境。货之集散于此地者,不知凡几。"④清末,以张家口为核心节点,已形成连接内外蒙古以及甘肃、宁夏、陕西及新疆各地商路网。"张家口东北通多伦、经棚,以达中蒙各部;西北通库伦、恰克图以及阿尔泰等口;西通归绥、包头、西蒙、伊乌两蒙以及甘、新等省,实为贸易繁盛之区。"⑤

由以上可以看出,以张家口为核心节点的商路将西北各地区连接在一起,组成了密集贸易网络。如果将这个交通网络比作大树的话,张家口—北京—天津一线就是它的主干。从张家口分出的支线不断向草原腹地延伸。可以说,张家口是西北地区与北京、天津等地之间商品贸易的重要通道和交通中心。正是基于草原运输网络的形成,从而将原本封闭的

---

① 吴松弟:《中国近代经济地理变迁中的"港口—腹地"问题阐释》,《河南大学学报(社会科学版)》2018年第3期。
② 吴松弟:《中国近代经济地理变迁中的"港口—腹地"问题阐释》,《河南大学学报(社会科学版)》2018年第3期。
③ 内蒙古公路交通史志编委会:《内蒙古古代道路交通史》,北京:人民交通出版社,1997年,第218—222页。
④ 杨志洵:《蒙古与张家口之关系》,《商务官报》1908年第12期。
⑤ 徐珂:《清稗类钞》第一册,北京:中华书局,1984年,第75页。

蒙古草原市场逐渐纳入全国统一市场中,张家口也成为草原运输网络中的核心节点。

(三)在经济腹地方面,张家口拥有广大的草原腹地市场

与沿海港口不同,陆路港口与其腹地都位于内陆,这就决定陆路港口贸易与腹地经济的流通有其特殊性。就张家口而言,草原腹地市场是其输出货物的来源地和输入货物的消费地。由于缺少清代货物经由张家口进出草原腹地区域范围、流通数量等有关数据记载,难以按吴松弟所提出的以港口的直接货物来源或消费区域确定腹地。[1] 不过,在贸易关系上,贸易依存度是港口与腹地重要的参考标准。因此,张家口腹地范围可根据本地旅蒙商活动的空间来判定。这主要缘于草原贸易的特殊性。清代,由内地输入货物或由草原输出货物均需要旅蒙商以"出拨子"的形式完成。张家口由于处于出入蒙古草原的交通要道上,旅蒙商汇集,因而成为旅蒙商在蒙地交易中占支配贸易的根据地。以旅蒙业为主的商店在清康熙末年有80余家,雍正年间有90多家,乾隆年间有190多家,嘉庆年间有230多家,道光年间有260多家,光绪时期已达530多家[2]。旅蒙商扮演的其实是一个特殊中间商的角色,专做内陆市场与草原市场之间的转口贸易。这样,草原腹地市场对旅蒙商所在的张家口形成一种相互依附关系。因此,根据张家口旅蒙商的活动范围可窥探其草原腹地市场概况。兹将张家口旅蒙商主要活动范围列表如下(表1)。

表1 清代张家口旅蒙商主要活动范围简况表

时间	商号数	平均资本额	贸易额(年)	主要活动范围
康熙元年至六十一年	30店到80店	制钱500吊	43.1万吊	八旗牧场、东西苏尼特旗、车臣汗部、土谢图汗部、三音诺颜部、札萨克图汗部、乌里雅苏台、科布多、库伦、多伦诺尔

[1]吴松弟:《港口—腹地与中国现代化的空间进程》,《河北学刊》2004年第3期。
[2]杨子斌:《察绥旅蒙贸易业考察记》,《财政评论》1947年第1期。

续表

时间	商号数	平均资本额	贸易额(年)	主要活动范围
雍正元年至十三年	90余店	制钱500吊	59.1万吊	八旗牧场、东西苏尼特旗、车臣汗部、土谢图汗部、三音诺颜部、札萨克图汗部、乌里雅苏台、科布多、库伦、多伦诺尔
乾隆元年至六十年	190余店	制钱600余吊	110.7万吊	多伦诺尔一带、察哈尔全盟、外蒙古四大汗、库伦、买卖城、乌金斯克、伊犁、古城、唐努乌梁海
嘉庆元年至二十五年	230余店	制钱600余吊	136.3万吊	多伦诺尔一带、察哈尔全盟、外蒙古四大汗、库伦、买卖城、乌金斯克、伊犁、古城、唐努乌梁海、前后营地方
道光元年至三十年	260余店	制钱700余吊	166.6万吊	多伦诺尔一带、察哈尔全盟、外蒙古四大汗、库伦、买卖城、乌金斯克、伊犁、古城、唐努乌梁海、前后营地方
咸丰元年至十年	290余店	制钱800余吊	290.6万吊	多伦诺尔一带、察哈尔全盟、外蒙古四大汗、库伦、买卖城、乌金斯克、伊犁、古城、唐努乌梁海、前后营地方、热河、林西、经棚一带
同治元年至十三年	390余店	制钱850余吊	266.6万吊	多伦诺尔一带、察哈尔全盟、外蒙古四大汗、库伦、买卖城、乌金斯克、伊犁、古城、唐努乌梁海、前后营地方、热河、林西、经棚、海拉尔、满洲里
光绪元年至二十六年	400余店	制钱900吊	551.4万吊	多伦诺尔一带、察哈尔全盟、外蒙古四大汗、库伦、买卖城、乌金斯克、伊犁、古城、唐努乌梁海、前后营地方、热河、林西、经棚、海拉尔、满洲里

续表

时间	商号数	平均资本额	贸易额(年)	主要活动范围
光绪二十七年至三十四年	530余店	纹银800两	484.4万吊	多伦诺尔一带、察哈尔全盟、外蒙古四大汗、库伦、买卖城、乌金斯克、伊犁、古城、唐努乌梁海、前后营地方、热河、林西、经棚、海拉尔、满洲里
宣统元年至三年	570余店	纹银900两	757.7万吊	多伦诺尔一带、察哈尔全盟、外蒙古四大汗、库伦、买卖城、乌金斯克、伊犁、古城、唐努乌梁海、前后营地方、热河、林西、经棚、海拉尔、满洲里、青海

资料来源:伪满兴安局调查科编《张家口的旅蒙贸易》(《张家口ニ於ケル旅蒙贸易》),1939年,第5—7页。

从表中可以看出,清代张家口旅蒙商早期的活动范围主要在蒙古地区,后扩展到新疆的伊犁、古城等地,清中后期再伸展到东北的海拉尔、满州里及西北的青海。可见,张家口的商贸辐射范围之广。

二、张家口城市"港口"功能

港口型城市多以贸易功能为主,除具有运输功能外,在城市中还会形成货物交易的中转市场及为贸易服务装卸、加工、运输、交易等服务功能,并在商品流通、金融汇兑、资本和产业结构上与腹地之间有稳定经济联系[①]。清代草原贸易兴起后,张家口在市场、交通运输、金融等方面凸显港口型城市功能。

(一) 内地与草原货物的中转交易市场

港口以运输功能为主,但其能带动所在城市商贸发展的重要条件是货物能在本地市场上进行交易,并形成与货物交易相关的商业、运输业、

[①] 庄维民:《贸易依存度与间接腹地:近代上海与华北腹地市场》,《中国经济史研究》2008年第1期。

仓储业、金融业等行业。清代旅蒙贸易兴起后,来自内地和蒙地的货物在张家口形成中转批发贸易市场。清乾隆末年《闻见瓣香录》记载:"(张家口)为南北交易之所,凡内地之牛马驼羊多取给于此。贾多山右人,率出口以茶布兑换而归。"①商品货物一般由商人从内地汇集到张家口批发转卖给旅蒙商,旅蒙商以出拨子等形式将货物运往蒙古各地。从内地出口到俄国的货物也多在张家口市场交易。"茶叶、丝绸和所有其他用于批发给俄国贸易的中国商品,首先在长城内的一个大型边疆城市张家口收集,他们经常在那里换手。最后,他们会安排将茶叶、丝绸和所有其他中国商品运抵恰克图。"②清前中期,经由张家口输出到蒙地和俄国的商品主要以茶叶、布匹、绸缎及杂货为大宗,从俄国、蒙地经张家口输入到内地商品则以牲畜、皮毛为主。北京、山西、汉口、苏州和杭州是与草原贸易的主要内地市场③。汉口是南方的茶叶集散中心,"汉口之茶,来自湖南、江西、安徽,合本省所产,溯汉水以运于河南、陕西、青海、新疆。其输至俄国者,皆砖茶也"④。杂货、布匹和绸缎主要由商人从南方的苏州、杭州等内地市场购入,经京杭大运河或海路到达天津、北京,再用骆驼、牛车等运送到张家口售卖给旅蒙商,再转运至蒙地和俄国。而产自蒙古各地的牛、马、羊、皮张及俄国皮毛复向通过张家口运到上述各地。其中,蒙古牛、羊主要在北京和华北销售,也有少量运到湖南和湖北。皮毛在山西、北京等地进行加工后,再转销到直隶、山东、河南、湖北甚至江南等地⑤。这样,以牲畜、皮毛、茶叶、绸缎、杂货为主的大宗商品构成了以张家口为中心市场的中转交易市场。

近代天津港口的崛起,促进了天津与西北地区贸易的发展。来自西北地区的皮毛等货物便在张家口市场集结后再运至天津。"(张家口)其

---

①姚继荣:《清代历史笔记论丛》,北京:民族出版社,2014年,第215页。

②Harry Parkes,"Report on the Russian Caravan Trade with China", *The Journal of the Royal Geographical Society of London*, Vol.24(1854).

③Muping Bao, "Trade Centers(Mai maicheng) in Mongolia, and Their Function in Sino-Russian Trade Networks", *International Journal of Asian Studies*, Vol.3, 2006(2).

④渠绍淼、庞义才:《山西外贸志》,太原:山西省地方志编纂委员会办公室,1984年,第110页。

⑤樊如森:《天津开埠后的皮毛运销系统》,《中国历史地理论丛》2001年第1期。

进口货,则以牲畜皮毛为大宗,黄油酪酥次之,羊毛与驼毛数额尤巨,皆道天津而转输外洋者。"①而"由天津输入于张家口则以茶为大宗,诸商货亦甚伙。以张家口占着贸易之中心,蒙古一带及黄河之上流暨甘肃全部皆仰其供给"②。

(二)草原贸易的转运中心

港口城市作为运输枢纽,运输、中转功能是城市功能的重要体现。张家口作为南北货物汇集地,转运运输业十分发达。"所谓骆驼商队者,以张家口为中心,南至丰台,北至喇嘛庙、库伦、归化城,远或至科布多、乌里雅苏台、恰克图一带之穷边。"③清中后期,仅运茶一项,由天津经张家口运往恰克图,每年运费约用银 100 万两④。每年由张家口运往库伦的货物,据规划张库铁路时估算,需用骆驼为 5 万峰⑤。据波兹德涅耶夫考察,清末俄商在张家口转运行连同堆栈开销,每家要支出 1 万—1.2 万两银子⑥。"张家口商人自述其贸易情形:每当极盛时,凡骆驼通过其地者有一万余头,由张家口当地之所发行,亦日有骆驼一千余,马五百余,源源不绝,则其商务之发达,不亦想象可得矣乎。"⑦

张家口与运输业相关的牲畜养殖业、服务业也十分兴盛。清乾隆年间,张家口有养牛户 57 家,多集中在张家口大境门外的南天门、元宝山等郊区各村,最大的养牛户有牛千头⑧。清光绪年间,据波兹德涅耶夫考察,用牛运输的老倌车在丰镇有 2100 辆左右,俄国每年至少有 12000 箱

---

① 姚明辉:《蒙古志》卷三,上海:中国图书公司,1907 年,第 37 页。
② 实业:《蒙古铁道》,《国民日报汇编》第三集,上海:东大陆图书译印局,1904 年,第 8—9 页。
③ 姚祝萱编:《新游记汇刊续编》第五册,上海:中华书局,1923 年,第 4 页。
④ 吴弘明编译:《津海关贸易年报(1865—1946)》,天津:天津社会科学院出版社,2006 年,第 137 页。
⑤ 吴弘明编译:《津海关贸易年报(1865—1946)》,第 140 页。
⑥ [俄]阿·马·波兹德涅耶夫著,刘汉明等译:《蒙古及蒙古人》(第一卷),呼和浩特:内蒙古人民出版社,1989 年,第 723 页。
⑦ 《论张家口商务》,《申报》(上海版)1908 年 03 月 10 日。
⑧ 张家口市政协文史资料委员会:《张家口文史资料》第十三辑,张家口:张家口日报社,1988 年,第 16 页。

茶叶是由丰镇的老倌车从张家口运到库伦的①。养驼户多在张家口下堡附近,有的大户一家就有骆驼400—500峰②。其中,有不少养驼户还发展成一批专业运输商号,著名的有天德公和宝顺栈等。此外,还有大量蒙古人来张家口从事运输业务。"由中国本部输入张家口者,则以砖茶为大宗,其他烟草杂货亦不少。中国人以此地为茶叶贸易之中心,由此转运于恰克图、库伦及蒙古内地。以此之故,蒙人大多来此运货以营生计。"③

(三)形成了为"港口"贸易服务的相关行业

1.仓储业。港口作为货物集结点,在城市中会形成中转运输、装卸仓储等物流服务功能。张家口商贸以批发贸易为主,有大宗货物在这里交易,需要设置仓库来储存货物。清道光二十九年(1849),科瓦列夫斯基经考察后论述说"张家口是运至恰克图所有货品的出关之地,那里专门有一个宽敞的大院子,很多店铺和仓库都设在里边,用以储存俄国的货物以及要运往俄国的茶叶"④。当地一些较大的批发商铺如茶庄、皮毛庄,一般都是兼有仓储性质的"货栈"。"自乾嘉至道光年间,为晋商对俄贸易全盛时代。在东口及恰克图之货房,有一百零八家之多,其营业多以贩运红茶为主。"⑤由于经张家口去往草原贸易的路途遥远,运输的驼帮常以库伦和张家口两地作为货物的临时储存地,以方便运输⑥。

2.金融业。金融是为贸易服务的,大宗商品交易必然伴随着资本流通。有论者指出,清前中期张家口成为北方金融中心的原因,正是草原贸易对资金需求量甚大,周转期长,催生了张家口账局、票号等金融机构的产生⑦。以汇兑业务为主的票号在张家口设立,即与中俄恰克图茶叶贸易密切相关。"其票庄之创置为内地汇兑之肇始,晋人恃有此项金融组织

---

①[俄]阿·马·波兹德涅耶夫著,张梦玲等译:《蒙古及蒙古人》(第二卷),呼和浩特:内蒙古人民出版社,1983年,第48页。
②郭蕴深:《中俄茶叶贸易史》,哈尔滨:黑龙江教育出版社,1995年,第56页。
③王泰镕:《调查:蒙古调查记》,《东方杂志》1908年第7期。
④[俄]叶·科瓦列夫斯基著,闫国栋等译:《窥视紫禁城》,北京:北京图书馆出版社,2004年,第91页。
⑤《山西商人西北贸易盛衰调查记》,《中外经济周刊》1925年第124期。
⑥米镇波:《清代中俄恰克图边境贸易》,天津:南开大学出版社,2003年,第92页。
⑦许檀:《清代前期北方商城张家口的崛起》,《北方论丛》1998年第5期。

为其后援,其独占中俄贸易之牛耳,固无足异也。"①仅清道光三十年(1850),张家口日升昌分号与内地13个城市进行通汇业务,汇兑往来金额达163364两②。账局是在张家口最早产生的以存放款业务为主的金融机构。清中叶,张家口开设的账局有十几家,其中著名的祥发永、大升玉的资本都达四五万两③。不过,笔者认为,账局的产生应与标期制度的形成密切相关。民国《银行周报》对标期制度作如下论述:"查标期之发源,实由于对蒙俄之贸易。清时外蒙对俄贸易之中心在库伦,而张家口则为内地去库伦必经之关口,出关即为口外……其金融周转之时期需约一年,仰赖东口金融界为之调济。每年总结账一次,必须以镖车运现银交解,因有一年一次之标期。"④而账局的借贷也多以一年为期。这说明,张家口与草原腹地之间形成了统一的金融结算体系。科瓦列夫斯基则进一步佐证说:"这里白银的汇率与北京不同,却与恰克图、库伦相同,看起来张家口好像是这些地方的补充和延伸一样。"⑤

3.加工业。张家口的"港口"贸易带动了当地加工业的发展。民国《万全县志》载:"在昔平绥路未通时,所有本口之工商业皆兢兢业业悉本旧规,以与蒙古各盟旗交易。出口货为烟、茶、油、酒、米、面、布匹、糖味、海味、铁器、瓷器等日常用品,入口货为皮毛、牲畜、盐碱、木料、蘑菇、奶食等。所有出口入口各货,如系原料或须改制者多有在本口制造成品及改装运发。"⑥特别是清后期,在皮毛贸易带动下,张家口成为主要的皮毛加工中心。1909年天津海关报告记载:"唯本省之张家口,晋省之交城县同为熟皮之中心点,山羊皮均熟于张家口,羔皮咸熟于交城。山羊皮亦有自出产之区收集后运至张家口,拣选、剔净、缝之而成被褥,方可运津。其余运津之各项皮张,亦皆在内地缝之为袍、为褂,故营此缝工者已成一大事

---

① 刘选民:《中俄早期贸易考》,《燕京学报》1939年第25期。
② 许檀:《清代前期北方商城张家口的崛起》,《北方论丛》1998年第5期。
③ 黄鉴晖:《山西票号史(修订本)》,太原:山西经济出版社,2002年,第10页。
④ 蒋学楷:《山西省之金融业》,《银行周报》1936年第21期。
⑤ [俄]叶·科瓦列夫斯基:《窥视紫禁城》,第91页。
⑥ 路联逵:《万全县志》,《中国地方志集成·河北府县志辑》第15册,南京:凤凰出版社,2005年,第201页。

业,计每年工资约 3000000 两之谱。"①

4.经纪。经纪系介绍买卖双方交易的中介商人。张家口的经纪也主要从事商贸服务业务。恰克图互市后,从北京和其他城市来张家口的批发商人会购入从恰克图运来的俄国商品,然后由经纪人或伙计之手,分运到各省或较大的集市②。天津开埠以后,不少外国洋行来张家口采购皮毛等货物,促使张家口产生了专为外商服务的买办经纪。如天津洋商从张家口购入羊毛,"并非直接购诸蒙古,乃先遣我国人做介绍,然后经行家之手而买入之"③。在张家口的俄国商人也是通过当地买办进行交易。"与其他所有在中国的外国商人一样,俄国商人也是通过中国商务买办进行商品交易的。这些买办受自己同胞的委托,专门和外国人打交道。"④

三、张家口草原腹地市场与市场等级

目前,关于张家口市场体系与等级划分的界定,较具代表性的观点是吴松弟根据克里斯泰勒的中心理论,将张家口置于天津腹地内区域中心市场地位,张家口下又分中级市场和农牧区的集市及庙会等为主的初级市场⑤。但这种划分是基于近代铁路等新式交通兴起后,天津与腹地内形成不同程度贸易关系而确定的,且将张家口与太原、兰州等城市一样看作是处于承上启下的中间市场地位。而清代张家口在天津开埠前后均发挥着连接内地市场与草原市场的中转贸易作用,其陆港的定位并未发生变化。实际上,张家口在天津与草原市场之间发挥着一种转口功能,其关系"犹若汉口之于上海"⑥。

---

①吴弘明:《津海关贸易年报(1865—1946)》,天津:天津社会科学院出版社,2006 年,第 281 页。
②[俄]阿·科尔萨克,米镇波译:《俄中商贸关系史述》,北京:社会科学文献出版社,2010 年,第 221 页。
③孙钺:《实用养羊全书》,上海:中国农业书局,1943 年,第 26 页。
④[俄]普尔热瓦尔斯基著,王嘎、张友华译:《荒原的召唤》,乌鲁木齐:新疆人民出版社,2001 年,第 28 页。
⑤吴松弟等:《港口—腹地与北方的经济变迁(1840—1949)》,杭州:浙江大学出版社,2011 年,第 169—175 页。
⑥实业:《蒙古铁道》,《国民日日报汇编》第三集,第 8 页。

从港口腹地市场结构角度出发评析张家口市场体系,可根据贸易依存度将张家口的腹地市场分为核心腹地区与边缘腹地区。如前文所述清代张家口的草原腹地市场范围虽极广,但与张家口形成直接贸易依存关系的主要是核心腹地区。有清一代,张家口与归化城是草原贸易的两大重要枢纽。张家口的核心贸易范围主要在蒙古草原中部以东,归化城则以草原西部和新疆为主①。这也与张家口旅蒙商人在蒙古草原的集中活动范围相符合。《山西商人西北贸易盛衰调查记》中对以晋商为主的旅蒙商记述道:"晋商经营西北商务,有蒙俄两部,而其总汇之处皆在东口西口。东口者,张家口也,北至库伦、恰克图等处。西口者,绥远城也,西北至包头、宁夏、新疆、伊犁、塔城、科布多、乌梁海及俄属各地。"②民国时期,张库交通断绝和日本占领内蒙古东部后,蒙古核心腹地市场基本消失,张家口商贸因而走向衰落。"外蒙既入俄人的经济势力范围,内蒙又有于日人掌握的危险,则其损失,将绝不止张家口地位之衰落。"③

鉴于此,本文只对张家口核心腹地市场情况作论述。

就张家口的草原腹地市场等级划分而言,笔者认为,作为"承上启下"的中间市场,除具备一定的市场规模外,还需要位于草原腹地交通网络中的重要节点,以发挥其重要的货物集散功能。为此,笔者将清代张家口腹地市场分为中心市场、集散市场和基层市场。中心市场为张家口,直接面向集散市场和基层市场。集散市场主要有库伦、恰克图、多伦诺尔。恰克图为中俄互市之所,是中俄货物集散地;库伦为漠北蒙古的政治、宗教、商业中心;多伦诺尔为蒙古东路宗教中心和商业重镇。基层市场则为较小的市镇、旗地、王府、寺院等。

(一) 中心市场

张家口作为中心市场,是北方重要的陆路贸易中心。"(张家口)为中国内地与中国蒙古之关门。在东北则有多伦诺尔,在北部各省间则有山西归化及大同府,次则甘肃之兰州、甘州、凉州、宁夏府等,皆与张家口

---

① 许檀:《清代山西归化城的商业》,《中国经济史研究》2010年第1期。
② 《山西商人西北贸易盛衰调查记》,《中外经济周刊》1925年第124期。
③ 陈增敏:《宣化盆地》,上海:商务印书馆,1938年,第106页。

往来贸易。"①

其贸易主体由三部分组成："一华俄陆路之贸易,一洋商间接之贸易,又其一则中国与蒙古间之贸易。所谓华俄陆路贸易者,以中国之茶之丝之织物之杂货,销路最为广远。由内地输出经库伦运送恰克图。而俄商则输送兽皮织物及其他杂货,专使橐驼横断沙漠,而运来以至于张家口。此其商务之大者也。所谓洋商间接贸易者,诸外国商人以华商之名义开设商店于其地,每岁收买皮毛羽革之数甚伙以运至外洋。此其商务之次者也。所谓中国与蒙古间之贸易者,凡华商均得自由营业。"②张家口也是俄国、内地、蒙地等地产品和天津进口物资的集散地。兹将清末张家口市场上主要商品情况列表 2 如下。

表 2　清末张家口市场主要商品情况表

种类	主要商品	销售地
皮类	海龙、银针、狐皮、水獭、海猫	出俄国销内地
	猞猁狲、灰鼠、珍珠毛、骨种羊、羔儿皮、山羊皮、山狸皮、起青皮、老羊皮、兔儿狲、猾子皮、獭儿皮、牛马皮	出蒙古销天津及内地
毛类	羊毛、驼毛、马尾子	出蒙古销外洋
牲畜类	牛、马、羊、驼等	出蒙古销本地及京都等地
绒货类	哈喇、回绒、哗兔、独锦、独布	出俄国销内地
食品、药材类	盐、奶酪、乳皮、黄油、奶豆腐、松葫芦、葫麻油、烧酒、黄酒	出蒙古销内地
	发菜、葡萄酒、杏干、鸦片、水烟	出甘肃、新疆等地销京津等地
	黄芪、鹿茸	出恰克图销内地

①实业:《蒙古铁道》,《国民日日报汇编》第 3 集,上海:东大陆图书译印局,1904 年。
②《论张家口商务》,《申报》(上海版)1908 年 3 月 10 日。

续表

种类	主要商品	销售地
布帛类	棉花、大布、梭布、棉线、葛布、夏布	出直隶、江南销本口、库伦、恰克图及蒙古各地
	洋布、洋哗叽、洋缎、羽缎、羽毛及各种洋货	出天津运销本口及蒙古
绸缎类	贡缎、宁绸、花缎、湖绉、纺绸、宫缎、线绉、纱、罗、绒线、珠线、栏杆	出江南等地销本口及蒙古
杂货类	纸、瓷器、海味、干菜、糖、藤、竹	出江南等地销蒙古
茶叶	红梅茶、砖茶、篓子茶、细末砖茶、香片茶	出湖广销俄国、蒙古

资料来源：李廷玉《游蒙日记》，民国四年（1915）铅印本，第33—36页。

张家口中心市场的发展促进了城市商业兴盛。民国元年（1912年），张家口人口已有13.2万人，商店数量1037家，年交易额达2248.1万两[1]。

（二）集散市场

1. 库伦

清代库伦为漠北蒙古的政治、经济、宗教中心，也是张家口旅蒙商人商业活动中心。至19世纪初，库伦"市分二区，汉蒙分处，货物充牣，人烟稠密，口三万余"[2]，成为整个漠北蒙古商业批发和零售中心。经济腹地包括车臣汗及土谢图汗二盟，以及库苏古尔境内及三音诺颜汗东部[3]。

库伦是张库大道重要的商贸节点，也是张家口与恰克图之间重要交通枢纽和货物集散地。"张库是内地与外交交易的重要商埠，外蒙输出的货物，大部分先集于库伦而由张家口入内地。内地输往外蒙的货物，亦先集于张家口而由库伦分销外蒙各地。"[4]由张家口销往蒙地的茶叶也大部在库伦集散，"中俄未绝交前，由张家口运售库伦茶叶多则四十余万箱，少

---

[1] 伪"张家口铁路局总务处资业科"：《张家口市街地的发展》，伪张家口铁路局总务处资业科，出版年不详，第17页。
[2] 姚明辉：《蒙古志》卷二，上海：中国图书公司，1907年，第69页。
[3] ［苏］克拉米息夫著，王正旺译：《中国西北部之经济状况》，上海：商务印书馆，1933年，第17—18页。
[4] 傅安华：《俄蒙贸易与张库通商》，《新亚细亚》1934年第5期。

亦有三十万箱,获利甚巨"①。张库间的皮毛贸易业很兴盛,有专门经营库伦贸易的库伦庄,"库伦庄皮张行每年贸易额合计在六百万两上下,业此者亦有二十余家"②。羔儿皮、山羊皮、老羊皮等皮货,以库伦为总汇运至张家口销售内地及天津洋行③。张家口与库伦贸易关系最为紧密。"张垣为察省重镇,乃入库之咽喉,向为西北经济之枢纽,商业之重心。自逊清咸丰十年,与库伦同时辟为商埠后,与库伦之关系更为密切,车驼辐辏,商贾往来,实为张库通商之始。"④后随着民国时期外蒙古宣布独立,张库交通断绝,以库伦为中心的外蒙腹地市场消失,张家口商贸也衰落下去。

2.恰克图

恰克图,又称"买卖城",清雍正五年被定为中俄互市之所后,商贸逐渐兴盛,"至乾隆五十七年,又与定约五条,仍开互市场于恰克图。自是蒙古沿边贸易,均归此处。俄人之至京贸易者,亦取道于此。百货云集,为中俄于蒙古陆路贸易之中心点,居然一大都会"⑤。

张家口是中俄恰克图贸易货物的集结点和中转市场。早在清康熙年间,中国对俄贸易所需的茶、布、粮米均由张家口运往⑥。中俄恰克图贸易以茶叶、皮毛等货物为大宗。"茶市以张家口为枢纽……自秋至于初春,最为繁盛,所至骆驼以千数,一驼负四箱运至恰克图。"⑦经恰克图进口的俄国商品也主要由商人贩运至张家口,"上堡也是中国对俄贸易的集中点。几乎全部的俄国呢绒和各种绒布以及俄国出口的全部毛皮制品都是先运到上堡的货栈,然后批发给下堡"⑧。《天津条约》签订后,俄国商人可以进入内地自行采购茶叶等商品,经天津至恰克图商路的茶叶贸易日益兴盛,恰克图作为中俄商品集散市场的地位不断下降,但俄国对华的

---

① 宋哲元、梁建章:《察哈尔通志》,台北:文海出版社,1966年,第2047页。
② 《张家口调查录(采录)》,《地学杂志》1912年第6期。
③ 李廷玉:《游蒙日记》,民国四年(1915)铅印本,第33页。
④ 潘景昌:《张库通商与开发西北》,《西北月刊》1925年第3期。
⑤ 姚明辉编:《蒙古志》卷三,上海:中国图书公司,1907年,第31页。
⑥ 黄鉴晖:《明清山西商人研究》,太原:山西经济出版社,2002年,第92页。
⑦ 姚明辉编:《蒙古志》卷三,第37页。
⑧ [俄]阿·马·波兹德涅耶夫:《蒙古及蒙古人》(第一卷),第704页。

贸易则越来越依靠恰克图口岸和恰克图商道①。清光绪三十年(1904),西伯利亚铁路开通后,中俄传统恰克图贸易路线发生改变,恰克图的贸易地位随之下降,张家口与恰克图的贸易关系也随之不断下降。

3. 多伦诺尔

多伦诺尔为清代口北三厅之一,地理位置背靠内外蒙古草原,地接新开垦农业区,贸易范围极广,从内蒙古的各盟旗尤其是从锡林郭勒、昭乌达、哲里木各盟旗到库伦,并延伸至恰克图等地。清嘉道年间,多伦诺尔贸易最盛,有商号3000余家,已成为内蒙古东部重要的商业城市②。经济腹地主要包括蒙古东部的锡林郭勒盟、昭乌达盟及库伦以东的喀尔喀蒙古地区。

张家口与多伦诺尔商贸联系密切。多伦诺尔为张家口去往东北方向的商路节点,是张家口有力的经济外延地。清乾隆年间,已有张家口商人前往贸易。"今多伦诺尔游牧之区,地处偏僻,不过附近之张家口零星小贩,装载茶布等物前往货卖,以是惟万全县民人在该处者独多。"③多伦诺尔贸易的主要商品也多由张家口转运买卖。清末民初,多伦诺尔每年由张家口输入的砖茶就达约20万斤,经张家口输出的畜产品:牛约1万头,马约1.5万头,羊约20万头,羊毛约250万斤④。天津、营口、大连等沿海港口开埠后,内蒙古东部一带货物可以经营口、大连港口运出⑤。特别是清光绪二十九年(1903)中东铁路修通以后,内蒙古东部货物多由铁路运出,多伦诺尔在内蒙古东部集散市场地位不断下降。"自关内外铁路与俄人相接,一切货物全归东省。此为商业败坏之原因。"⑥

---

①米镇波:《清代西北边境地区中俄贸易》,《从道光朝到宣统朝》,天津:天津社会科学院出版社,2005年,第75页。

②刘钟荚:《多伦诺尔厅调查记》,《东方杂志》1914年第11期。

③忒莫勒、乌云格日勒:《北部边疆卷·口北三厅志》,哈尔滨:黑龙江教育出版社,2015年,第129页。

④任月海:《多伦文史资料》第1—4辑合编,呼和浩特:内蒙古大学出版社,2017年,第288—289页。

⑤江铎:《边疆研究:对蒙古贸易市场及贸易机关之检讨》,《边事研究》1936年第6期。

⑥刘钟荚:《多伦诺尔厅调查记》,《东方杂志》1914年第11期。

（三）基层市场

张家口的草原腹地基层市场主要以小城镇、寺庙、王府为中心形成的商业点。区域主要集中在八旗察哈尔、锡林郭勒盟、昭乌达盟和以库伦为中心的漠北蒙古等地区。其商品流动多为旅蒙商以行庄和坐庄两种"出拨子"的形式贸易。

1. 基层城镇市场

基层城镇市场主要位于蒙古地区各盟旗衙署、王府和规模较大的寺院以及汉族移民较多地区设立的厅、县衙署所在地。这些城镇规模虽小，但为各自影响地域范围内旅蒙商与蒙民贸易的主要地点[1]。因而，基层城镇也是小规模旅蒙商人在草原腹地内的聚集地。此外，位于商路沿线的台站等交通要点，如张库大道上滂江、乌德、叨林等也是基层市场重要的集散点。

张家口、库伦等地的旅蒙商多以坐庄的形式，将店铺设在各基层城镇市场。旅蒙商在这些地方一般建有固定的房屋，在西乌珠穆王府等不允许建造房屋的地方，旅蒙商则在附近建造蒙古包开展贸易[2]。在城镇市场中规模较大的坐庄，常派出小规模拨子赴附近蒙地各处与蒙地牧民直接贸易，并在蒙地形成了密集的行商网。这样一来，基层城镇就发展成为上层市场旅蒙商的重要据点。如民国时期，据日本学者调查，张家口旅蒙商店铺设在临近内蒙古城镇的坐庄达数百家。其中，西苏尼特旗各地有 67 店，东苏尼特旗总计 53 店，东阿巴哈纳尔有 22 店，东西阿巴嘎旗有 17 店，东西浩济特旗有 6 店，东西乌珠穆沁旗有 24 店，察哈尔旗中正白、镶白、镶黄以下的各旗有 29 店，乌兰察布盟四子王府有 1 店[3]。

2. 基层农牧市场

基层农牧市场广泛分布于草原腹地农、牧区内的集市、庙会和农牧民聚居、游牧点。旅蒙商多以行庄的形式，每年在固定时间带上农牧民所需要的砖茶、砂糖、棉布、褥子、绸缎、皮靴、马鞍、鞭等日用商品去集市、蒙民的蒙古包和喇嘛庙附近，通过以物易物，换取蒙古牧民生产的畜产品，如

---

[1] [日]后藤十三雄：《蒙古的游牧社会》，生活社，1942 年，第 235 页。
[2] 江铎：《边疆研究：对蒙古贸易市场及贸易机关之检讨》，《边事研究》1936 年第 6 期。
[3] [日]后藤十三雄：《蒙古的游牧社会》，第 246—247 页。

毛皮、兽毛、牲畜等,然后再将这些商品运送到城镇市场及大的集散市场销售。清末,延清在《奉使车臣汗记程诗》中对张家口行商在布楞的交易情形有具体描述:"为觅蝇头利,奔驰路几千。求沽藏犊玉,赚取守囊钱。驼橐凭携带,牛车佐贸迁。日中为市处,远亦到胡天。不须询物价,无复有便宜。利或逾三倍,偿非责一时。"①诗中记述了在基层市场交易形式除以物换物外,还可采用借贷方式,"偿非责一时"则说明了这一点。"张家口商人,多用骆驼载物,游行蒙古内地。此种行商,乃全与蒙人以货物交换者。交换方法,一当场授受,一刻期交物。"②

在基层市场,由于蒙民对张家口旅蒙商手中商品有依赖性,往往兑换交易是不对等的。这样,蒙民与旅蒙商之间往往容易形成借贷形式的债权关系。据 M.Sanjdorj 的研究结果显示,清咸丰五年(1855),仅土谢图汗部债务累积已达 72.7 万两③。

四、结语

综上所述,清代张家口是长城沿线典型的陆路港口型城市。其无论从区位条件、港口功能还是腹地市场的构建,均体现出港口型城市的主要特点。但在贸易方式、运输条件、腹地市场体系等方面则与近代海港城市存在较大差异,具有其独特的一面。因此,围绕张家口陆港发展模式的中心问题,笔者拟得出以下几点认识:

首先,张家口陆路港口的形成得益于优越的区位条件。清代,张家口是出入蒙古草原的重要门户,是内地与蒙古草原货物转运枢纽,也是内地大宗商品输入及草原物产输出的重要通道。张家口在此基础上,依靠长距离陆路运输与蒙古地区构建了运输贸易网络和草原腹地市场。这也是张家口同其他陆路交通枢纽相比所具有的"港口"条件优势。如清代归化也是蒙古草原重要陆路枢纽,但近代西北皮毛贸易兴起后,包头依靠便

---

① 毕奥南整理:《清代蒙古游记选辑三十四种》(上册),北京:东方出版社,2015 年,第 426—427 页。
② 姚祝萱编:《新游记汇刊续编》第五册,上海:中华书局,1923 年,第 5 页。
③ M.Sanjdorj, *Manchu Chinese Colonial Rule in Northern Monggolia*, St.Martin´s Press,1980,pp.50–58.

利的区位条件取代归化成为西北地区最重要的贸易中心。①

其次,张家口的港口功能是城市发展的重要内在体现。从对张家口城市功能的考察可以发现,城市各功能之间形成了完整的港口功能体系。张家口中转交易市场的形成,促进了城市仓储、金融、运输等行业的发展,进而提升了张家口在内地与草原市场之间的转口贸易中心地位,并体现出陆港型城市的主要特点。以往相关学者对清代张家口研究多从商业、交通、金融等各要素去展开考察,而忽略了张家口城市港口功能的整体性。

再者,张家口存在着"港口—腹地"模式下的草原等级腹地市场。从陆路港口角度切入,将"港口—腹地"模式运用到张家口市场体系上,无疑会对这一模式的内涵进一步提升和扩展。就与腹地市场贸易的依存度而言,张家口的核心腹地市场主要位于旅蒙商集中活动的蒙古中东部地区。在市场等级划分上,主要按货物的集散程度,将腹地市场分为以库伦、恰克图、多伦诺尔为中心的二级集散市场,以及以城镇市场和农牧市场为贸易网点的基层市场。

此外,传统陆港与其他港口相比的劣势主要体现在运输工具和成本上。张家口以骆驼、牛车为主的传统陆路方式,相对于近代航运与铁路而言,价格高、效率低。这就决定了其腹地的大小和发展水平,难以实现具有伸长纵深的广阔腹地。一旦近代新式交通工具在腹地内推广和普及,其港口功能优势将不复存在。

(原载《河北学刊》2021年第3期)

---

① 胡铁球:《近代西北皮毛贸易与社会变迁》,《近代史研究》2007年第3期。

清代民国时期张家口与库伦、恰克图的商业联系

王新磊[1]

张家口因其位于旅蒙贸易中俄贸易的重要交汇点,商业地位显得尤为突出。许檀老师在《明清时期华北的商业城镇与市场层级》一文中指出在华北冀鲁豫三省较高层级的商业中心——流通枢纽城市和地区性商业中心的 A 级共有 17 处,其中京师、天津、张家口、临清等 4 个流通枢纽城市,张家口的商业地位仅次于京津。[2] 在整个华北北部区域市场中,张家口起着重要商品集散流通枢纽功能,是华北地区和蒙古草原两大市场的交汇处。库伦[3]作为整个漠北草原的核心商业区,是漠北草原最主要的商品集散地,同时也是中俄恰克图贸易重要的转运中心。恰克图[4]在清中后期很长一段时间作为中俄贸易的唯一城市,承担着中俄贸易。三个城市分别为三个地区的核心商业区,共同联通了旅蒙贸易和中俄恰克图贸易。

---

[1]王新磊(1993—),男,河北秦皇岛人,秦皇岛市第一中学教师,河北大学中国社会经济史研究所兼职研究员,主要从事社会经济史研究。
[2]许檀:《明清时期华北的商业城镇与市场层级》,《中国社会科学》2016 年第 11 期。
[3]库伦,今乌兰巴托,蒙古国首都。
[4]恰克图,俄罗斯境内。

目前学术界对张家口与库伦、恰克图商业联系的成果主要有:姚贤镐主编的《中国近代对外贸易史资料(1840—1895)》中汇编了大量中俄贸易资料,其中关注了张家口与恰克图在中俄贸易中的重要地位,成为研究中俄恰克图贸易的重要史料。① 卢明辉、刘衍坤在《旅蒙商——17世纪至20世纪中原与蒙古地区的贸易关系》一书中对中原与蒙古草原贸易关系做了分析,并且指出张家口是旅蒙商人主要聚集区之一。② 米镇波在《清代中俄恰克图边境贸易》一书中使用了大量的俄文和中文档案材料,系统地论述了中俄贸易发展的三个阶段,指出了恰克图贸易对中俄的影响以及对边疆城市兴起的作用。③ 赖惠敏在《山西常氏在恰克图的茶叶贸易》一文中对在恰克图从事茶叶贸易的常氏家族以及主要字号做了大量的研究,简单梳理了张家口与恰克图之间的茶叶贸易。④ 此外,研究成果还有很多,此处不再赘述。本文主要在前人研究成果的基础之上,收集汇总了大量张家口、库伦、恰克图字号,通过字号跨区域经营再进一步梳理张家口与库伦、张家口与恰克图之间的主要商品流通等商业联系。

一、张家口与库伦

库伦,又称大圜圚、大呼勒。是漠北喇嘛教的中心,也是喀尔喀蒙古地区重要的商业城市,也是张家口旅蒙商人的重要聚集中心。库伦从17世纪中叶,就成为了中国内地旅蒙商人、蒙古人、俄国人进行互市贸易的市场,中俄恰克图贸易开始后,库伦处于张家口到恰克图商路上的核心城市,库伦的商业有了较快的发展,库伦与张家口的联系不断密切。1918年张库公路通车,两地的交通更加便利,直接拉近了两地的商业联系。张家口是库伦商品输入输出的主要中转城市,两地来往商品整理于下表(表1、3):

---

①姚贤镐编:《中国近代对外贸易史资料(1840—1895)》(第二册),北京:中华书局,1962年。
②卢明辉、刘衍坤:《旅蒙商——17世纪至20世纪中原与蒙古地区的贸易关系》,北京:中国商业出版社,1995年。
③米镇波:《清代中俄恰克图边境贸易》,天津:南开大学出版社,2003年,第186页。
④赖惠敏:《山西常氏在恰克图的茶叶贸易》,《史学集刊》2012年第6期,第33—47页。

表1 张家口销往库伦主要商品统计表①

品名		来路	去向	全年量数约计	全年价值约计
茶品	砖茶	张垣、归化城	图车三札四盟及运销俄国	一百二十万箱	一百五十六万两
	红茶	张垣	同上	三万一千箱	十二万四千两
绸品	绸缎	北京、张垣	同上	六万五千匹	二十万两
	曲绸	张垣	同上	三十万匹	三百万两
布品	粗洋	北京、张垣	同上	同上	七万五千两
	斜文	北京、张垣	同上	同上	四万五千两
烟品	生烟	张垣	同上	三万笔	九万两
食品	油酒糖味	北京、张垣	同上	五万件	四万两
	米面	北京、张垣	图车三札四盟	一万件	十万两
杂项	京广杂货	北京、张垣	图车三札四盟	二万五千件	二十四万两

通过图表中可以看出库伦销售的商品中大部分是来自张家口,商品运到库伦后除了在本地销售以外还销往图车三札四盟及俄罗斯等地区。张家口销往库伦的商品分为两类,一类是在张家口本地加工生产的农副产品,例如酒、油等。酿酒业在张家口本地成为缸房,缸房即为酿酒的作坊,因在酿酒时以大缸为酿酒的容器,所以被形象地称为缸房。而酿酒的人家被称为缸户。缸房根据使用原料不同可以分为两种情况:黄酒酿造

---

① 佚名:《库伦商业金融调查记》,山西财经大学晋商研究院编《晋商研究早期论文集》(二),北京:经济管理出版社,2008年,第186页。

和白酒酿造。黄酒以黄米为原料，黄米又称黍。白酒的酿造主要使用高粱，张家口地区酿酒业历来都兴盛，酿酒需要大量的粮食，《宣化府志》记载："缸房一座中少者数缸，多者至三五十缸。每日尽烧自一二缸至五六缸不等，需要七八日轮转一次。而缸口又有大小，每日每缸所烧粮石自六斗至一石二斗不等。"①可以看出缸房在一个酿酒周期消耗粮食较多。张家口周围有广阔的粮食产区，其中以高粱为主，宣化地区盛产苦高粱，苦高粱因为味苦而得名，不适合食用，所以多用来酿酒。酿酒业更需要广阔的市场作为支撑，张家口本地商业兴旺，来往的客商络绎不绝构成了庞大的酒消费群体。此外，蒙古草原也是张家口的重要市场，蒙古草原上的贵族和牧民也是庞大的酒消耗群体，这样张家口的酒不仅在本地销售还可以远销到广阔的蒙古草原。张家口地区的油房多产麻油，胡麻油、菜籽油、麻子油统称为麻油，主要原料就是胡麻、麻子和菜籽，油液呈黄褐色。纯胡麻油为最佳，胡麻油、菜籽油混合次之，纯菜籽或麻子油最次。这些油既要供应张家口的本地市场，也要供应蒙古地区，胡麻油深受蒙民的喜爱。

此外就是外地商品经过张家口转运，大宗货物为茶叶、布匹、烟草等。茶叶贸易是库伦最主要的商业活动。销往库伦的茶叶全部经由张家口转运，"向由湖南汉口采办二四、二七、三六砖茶和红茶，本以张家口为根据地，转运库伦、恰克图二处者，查砖茶行销蒙古，红茶行销俄国"②。烟草是旅蒙贸易中交易较多的商品之一，烟草在蒙古地区有广阔的市场，牧民在放牧时习惯吸烟，可以达到提神和驱散蚊虫的效果。他们也将烟看成重要的礼品，在聚会、年节、婚丧场合都要敬烟。③ 张家口销往草原的烟草主要来自山西曲沃等地区。曲沃从明万历时期开始引进烟草的种植，清中期以后种植达到了一定的规模，并在种植的基础上出现了大量雇工加工、销售烟丝的专业化作坊。曲沃也获得了"曲沃旱烟香十里"的美誉。张家口是曲沃烟草重要的销售地区，大多曲沃的烟房都在张家口销售，先将在张家口销售烟草的曲沃烟房列于下表（见表2）：

①（清）王者辅：《乾隆宣化志》，上海：上海书店出版社，2006年，第55页。
②佚名：《库伦商业金融调查记》，《晋商研究早期论文集》（二），第186页。
③呼·纳斯图：《蒙古族的烟具及其用烟习俗》，《民俗研究》1992年第11期，第103页。

表2 在张家口销售商品的曲沃烟房

厂名	主要产品	销售地
北谦亨	北生烟、北生定、北生青烟	内蒙古、张家口、大同、太原、榆次等
祥云集	祥云集、祥生定、杂拌烟	祁县、汾阳、忻州、内蒙古、张家口
日生昶	日生号、日生定、日生皮烟	蒙古;内蒙古、张家口、平遥、介休
长盛源	原生烟、晋生定杂烟	内蒙古、张家口、祁县
永发和	月生号、月生定	张家口地带
谦亨永	予生号、予生定	大同、张家口、内蒙古
裕源宏	宏生烟、宏生定	内蒙古、张家口
王迪永	明生烟、明生定	张家口
天和茂	和生号、和生定	内蒙古、张家口
玉通永	明生烟、明生定	张家口
日生昌	日生烟、日生定、日生皮烟	蒙古;内蒙古、张家口、平遥、介休
魁泰和	魁生烟、魁生定、魁泰皮烟、拔萃皮烟	蒙古;内蒙古、宁夏、甘肃、张家口、平遥

表注:表中资料参见《晋商史料全览·临汾卷》,太原:山西人民出版社,2006年,第127页;《曲沃县志》,北京:长城出版社,2007年,第142页。

　　从张家口热销库伦丝绸、布匹、杂货等商品大多来自江南和岭南等地,苏州是江南地区重要的商品集散地,并且盛产丝绸和棉布,这些商品从苏州起运,经扬州、淮安府清江浦、聊城等地运往北京,再由北京转运张家口。聊城是北方糖料的重要中转地区,"冰糖、白糖产自福建,红糖产自浙江和广东。晚清时海运逐渐兴起,糖料先由本地粤商、闽浙商雇船运到苏州,走大运河运到山东东昌(今聊城)。旅蒙商都在此地糖市统一采购"[1]。再由陆路运到张家口。曲绸是河南、山东一带柞蚕丝所织的一种较粗的绸子,为蒙古人喜爱的衣料。每年从张家口输往库伦的曲绸达三十万匹,价值三百万两。[2] 这些商品从全国各地转运到张家口,再从张家

---

[1]秋原:《清代旅蒙商述略》,北京:新星出版社,2015年,第458页。
[2]佚名:《库伦商业金融调查记》,《晋商研究早期论文集》(二),第186页。

口运往库伦。商品种类丰富,数量庞大。

表3 库伦销往张家口主要商品统计表①

品名		来路	去向	全年量数约计	全年价值约计
毛绒	羊毛	图车三札四盟	自库伦运张垣、天津及外路远销俄国出口	一千万斤	二百万两
	驼毛	同上	同上	二百八十万斤	七十八万两
皮张	羊皮	同上	自库伦运张垣及外路远销俄国出口	二百万张	十二万两
	狼皮	同上	同上	二万张	十一万两
	灰鼠皮	同上	自库伦运张垣	十万张	三万两
畜牲	羊	同上	自库伦去张垣、归化城及出口俄国	四万只	十二万两
	马	同上	自库伦去张垣等处及京津各地	一万匹	十六万两
	驼	同上	自库伦去张垣、归化城及新疆各地	五千只	四万两
药材	鹿茸	乌梁海	自库伦去张垣、归化城各地	一百对	八千两
	黄芪	图盟	自库伦去冀州、张垣各地	六万斤	八万四千两
食品	蘑菇	图车三札四盟	自库伦去张垣、归化城、京津各地	十四万斤	七万两

通过表中可以看出,以库伦为核心的漠北地区大部分商品都是由库伦转运到张家口再销售,两地贸易数额较大,商业联系密切。

① 佚名:《库伦商业金融调查记》,《晋商研究早期论文集》(二),第188页。

为方便在张库之间的贸易往来,在库伦经商的字号大多数总部都设在张家口,或在张家口有分号。将在张家口和库伦都有商铺的字号统计于下表(表4):

表4　在张家口与库伦都有商铺的字号统计表

序号	字号	行业	序号	字号	行业
1	恒兴德	发货庄	15	公合全	汇兑兼货庄
2	德义永	发货庄	16	广兴元	皮房
3	协和公	放蒙款兼货庄	17	林盛元	放蒙款兼货庄
4	双盛和	烟铺	18	三合公	木铺
5	万兴德	发货庄	19	天德永	马鞍铺
6	兴隆永	铜铺	20	天兴德	发货庄
7	天义德	放蒙款兼货庄	21	义顺德	发货庄
8	兴隆魁	发货庄	22	永和光	铜铺
9	中和裕	发货庄	23	恒兴德	发货庄
10	裕源永	钱庄兼货庄	24	四合成	皮鞋铺
11	福源长	发货庄	25	天德元	烟铺
12	义盛德	发货庄	26	兴隆和	票号 发货庄
13	锦泉湧	钱庄兼货庄	27	德义永	发货庄
14	公合元	钱庄兼货庄	28	正德泉	醋铺

表注:表数据由张家口字号(王新磊:《清代、民国张家口工商业研究——以工商业字号为考察中心》,2018年河北大学硕士论文)与库伦字号(《晋商研究早期论文集(二)》,第189—193页)对比得出。

除此之外,在张家口还专门设有经营库伦生意的"库伦庄",例如:庆德正、瑞成厚、世生德。"库伦庄"主要就是为方便在库伦的生意,采办商品或倾销货物而专门在张家口设立的字号,这些联号或是设立分号的经营模式更加密切了两地的商业联系。

张家口与库伦之间的贸易往来在不同的阶段也经历了波动,明末清初两地贸易联系开始加强,清朝中后期达到顶峰,民国以来,与库伦之间的商业贸易也经历较大的波折。1920年,库伦变乱给张家口的旅蒙业带来的沉重打击,政变后在库伦的旅蒙商人受到了苏俄政府和外蒙古政府联合绞杀,采取多种压榨方式:第一,收取多种重税,"如人头税、营业税、流水捐、水草捐等等",而且这些杂税会不定期重复征收,如果不按时缴税就会被逐出境。第二,苏俄政府组建国家贸易公司和西合公司在外蒙古地区贸易并享有免税的特权,对部分皮毛享有专营特权。第三,苏俄和蒙古政府设置了贸易壁垒,主要表现为:苏俄远东银行垄断张家口和库伦之间的汇款业务,该行"汇费高过百分之三十且货币不同,价值相差甚远";蒙古政府借口防疫,进行商品检查,"凡遇华商起运是类食品,均须经其消毒,而彼等即于消毒时,故意将货物损坏"。种种低劣手段"以致张垣商店……(到1929年)已关闭者,一百余家,在商会报告歇业者,约近千家"①。也使得张家口与库伦密切的商业联系受到巨大冲击。此后旅蒙贸易主要集中在苏尼特、乌珠穆沁、察盟等张家口北面的内蒙古地区,不再去往库伦。1929年蒙古政变,张家口与库伦的商业联系彻底断绝。

二、张家口与恰克图

恰克图的兴起要追溯到清雍正时期,根据中俄在雍正五年(1727)签订的《中俄恰克图界约》中规定:

> 按照所议,准其两国通商。既已通商,其人数仍照原定,不得过二百人,每间三年进京一次。除两国通商外,有因在两国交界处所零星贸易者,在色楞额之恰克图、尼布朝之本地方,择好地建盖房屋情愿前往贸易者,准其贸易。周围墙垣、栅子酌量建造,亦毋庸取税。均指令由正道行走,倘或绕道,或有往他处贸易者,将其货物入官。②

俄国为与中国贸易专门修建的小城恰克图,1728年竣工,城中有32

---

① 魏雅平:《张家口皮革业之近况及其衰落之原因》,《河北工商月报》1939年,第156—170页。
② 王铁崖编:《中外旧约章汇编》(第一册),北京:生活·读书·新知三联书店,1957年,第8页。

座俄式木屋和16沙绳的一面铺面,铺面分成24个校铺房,铺面前面是开阔的广场。① 1930年,清政府在中国边境内距恰克图很近的对面,开始兴建买卖城②。城为矩形,以木建垣,城宽约四百码,长七百码;周围各设一门,置兵看守。城内有房屋约二百余所,居民达一千二百人,主要街道有二,宽约八码,十字横贯城中。③ 俄方的恰克图和中国的买卖城共同构成了恰克图商业市场。从通商开始,恰克图发展的非常快,中俄陆路贸易,向不抽税,惟于各该国境内关口,则征卡税……中国于张家口设关,内地商人往来恰克图、库伦贸易者,征税于此。④ 此外,清政府对前往恰克图贸易的中国商人有严格的限制,必须持有驻张家口的察哈尔都统开具的印票才能前往恰克图贸易,印票上开列商人姓名及货物数目、所在地方、起程日期。⑤ 根据许檀考证,从乾隆中叶开始,张家口即成为中俄恰克图贸易最重要的转运枢纽。⑥ 张家口与恰克图也建立了密切的贸易往来。

从张家口运往恰克图的商品主要有:绸缎、棉布、茶叶、大黄、烟草、瓷器,等等。从恰克图运往张家口的商品主要有:毛皮、布料、皮革、牲口,等等。根据赖惠敏考证:"在十八世纪的中俄恰克图贸易,中国输出大量的蓝(南)京布、上海梭布等,俄罗斯则输出毛皮。十九世纪中国的布匹输出量减少,而茶叶成为主要输出品。俄罗斯方面,毛皮产量减少,转而将普鲁士和波兰毛织品输往中国,十九世纪中叶俄罗斯纺织工业发展,生产大量的毛织品和布匹输往中国。"⑦

为方便经营在恰克图的生意,许多字号在张家口和恰克图都有字号,连号经营。例如在两地都有字号的茶商有美玉公、世禄安、万盛隆、兴玉中、长发成、永兴泉、广隆光、合盛兴、美玉德、永兴泉、合盛全、广发隆、通顺永、万盛隆、新盛世、兴盛昌、中玉长、大泉玉、三和兴、德生世、合盛永、

---

① 米镇波:《清代中俄恰克图边境贸易》,天津:南开大学出版社,2003年,87页。
② 买卖城,今蒙古国阿尔丹布拉克。
③ 姚贤镐编:《中国近代对外贸易史资料(1840—1895)》(第一册),北京:中华书局,1962年,第101页。
④ 姚贤镐编:《中国近代对外贸易史资料(1840—1895)》(第一册),第105—106页。
⑤ 姚贤镐编:《中国近代对外贸易史资料(1840—1895)》(第一册),第104页。
⑥ 许檀:《清代前期北方商城张家口的崛起》,《北方论丛》1998年第5期,第94页。
⑦ 赖惠敏:《十九世纪恰克图贸易的俄罗斯纺织品》,《"中央研究院"近代史研究所集刊》2013年第79期,第35页。

美玉公、兴玉厚、永兴玉、兴玉厚、逢原泰、生旺德①,等等。这些连号经营的字号也加强了张家口与恰克图的密切联系。

从1727年恰克图开市,张家口与恰克图的贸易量就不断增长,到十八世纪六十年代,恰克图几乎成为了中俄贸易的唯一市场。② 从1851年到1890年,恰克图贸易日渐衰落,以五年为一期恰克图贸易额整理于下表(表5):

表5　1851—1890年恰克图贸易额统计表③

时间	年均贸易额(卢布)	时间	年均贸易额(卢布)
第一期 1851—1855	9272000	第五期 1871—1875	3984000
第二期 1856—1860	8306000	第六期 1876—1880	2484000
第三期 1861—1865	5585000	第七期 1881—1885	2126000
第四期 1866—1870	4635000	第八期 1886—1890	2186000

通过表中数据可以看出,从1851年开始,中俄恰克图贸易整体下滑,下滑幅度较大。主要原因是1851年中俄签订了《中俄伊犁塔尔巴哈台通商章程》,准许两国商人在伊犁等地进行贸易,直接打破了恰克图对中俄贸易的垄断,张家口到恰克图贸易直接受其影响,开始下降。1860年《北京续增条约》和1869年《改订陆路通商章程》的签订,规定俄国商人可以到张家口经商,使张家口与恰克图两地商业、人员往来更加密切。1903年俄国西伯利亚铁路全线贯通,俄商通过与中国内地贸易由海运到海参崴更加便利,使张家口到恰克图的商路越来越不受重视,两地贸易往来呈下降趋势,直到1929年中苏断交,张家口与恰克图断绝了商业往来。从1727年到1929年,这200年间张家口与恰克图贸易往来不断,两座商业城市的贸易往来,也代表了中俄两国的经济交流。

①资料来源为《恰克图各铺户请领部票随带货物价值银两并买俄罗斯货物价值银两数目清册》(转引自赖惠敏:《清代北商的茶叶贸易》,《内蒙古师范大学学报(哲学社会科学版)》2016年第1期,第68—71页)与张家口字号(王新磊:《清代、民国张家口工商业研究——以工商业字号为考察中心》,2018年河北大学硕士论文)对比得出。
②郭蕴深:《中俄茶叶贸易史》,哈尔滨:黑龙江教育出版社,1995年。
③刘选民:《中俄早期贸易史》,《燕京学报》1939年第25期,第211—212页。

结语

张家口、库伦、恰克图三座小城命运息息相关,从明朝隆庆和议之后,旅蒙商人汇聚张家口,架起了张家口与库伦商业联系的桥梁。1727年恰克图互市后,张家口成为恰克图贸易唯一的"中转站",旅蒙贸易、中俄贸易将三地联系起来。茶叶贸易成为旅蒙贸易和中俄恰克图贸易中张家口最大宗的输出商品贸易,茶叶贸易兴盛打通了从福建武夷山一直到西欧的"万里茶路",三座小城成为茶路上关键的节点。从恰克图和蒙古草原输入张家口的商品以皮毛为大宗,从而带动了张家口的皮毛加工业。张家口工商业繁荣推动了金融业的兴盛,到清代中后期,张家口成为华北地区重要的金融业中心。1929年以后,随着蒙古政变、中苏断交,中俄恰克图贸易彻底终止,旅蒙贸易失去了以库伦为中心的恰克图市场,随着贸易的衰弱,城镇之间的联系减弱。

历史上张家口与两地的商业联系,也为当今张家口发展提供了借鉴,在"一带一路"走出去战略的领导下,张家口积极拓展中、蒙、俄经济走廊的建设和发展,树立张家口新时代的贸易"中转站"。结合张家口独特的地理位置,商贸发展应以外向型为主,积极探索坝上和草原地区的市场,进而在全国区域性商业模式发展的大背景下,努力打造蒙古草原中部的物流中心,积极承担区域市场的转运贸易。

(未刊稿)

(二)茶叶、茶路

"商队茶"考释

蔡鸿生[1]

清代对欧洲的茶叶贸易,分南北两路,南方由广州经海路输入西欧,北方由恰克图经陆路贩运俄国。欧洲人对"茶叶"的称谓,也因闽南方音与北方官话的差异而形成不同的借词:

> 英人呼茶曰"替",法人呼茶曰"代",俄人呼茶曰"柴"。茶、柴二音相近,以其贩走北路故也。[2]

北路茶叶贩运的基本形式是商队,故被称为"商队茶"。在近代欧洲茶叶市场上,俄国的"商队茶"具有比海运国家更强的竞争能力。关于这一点,魏源《海国图志》卷八十三作过如下解释:

> 因陆路所历风霜,故其茶叶反佳,非如海船经过南海暑热致茶味亦减。

---

[1] 蔡鸿生(1933—2021),广东澄海人,生前长期担任中山大学历史系教授。
[2] 张德彝:《四述奇》卷一四,"光绪五年八月初六日"条。

"商队茶"的独特性及其在欧洲商业竞争中的意义,早已引起马克思的注意。他除了指出在恰克图卖给俄国人的茶叶,"其中大部分是上等货,即在大陆消费者中间享有盛誉的所谓商队茶,不同于由海上进口的次等货",同时,还特别强调在对华关系中,"俄国人自己独享内地陆路贸易,成了他们没有可能参加海上贸易的一种补偿"。① 难怪早在一八四〇年,俄国就有人欢呼"一个恰克图抵得上三个省"②! 对陆路贸易的垄断地位,不仅在两次鸦片战争期间造成俄国的商业优势,直接影响到后来列强在华势力范围的划分,而且,清代中俄关系的某些重大政治事件,也可从中找到经济的动因。例如,沙皇政府为什么对太平天国进行武装干涉,它致理藩院的咨文说得一清二楚,"因贵国内乱,以致我恰克图买卖连年壅滞,敝国欲迅速代平叛乱"③。另一方面,"商队茶"贸易也与整个国际形势息息相关。例如一八一二年的拿破仑战争,引起俄国社会生活的动荡,使华茶运俄急剧下降:一八一一年,经恰克图运俄的白毫茶 46405 普特,一八一二年仅为 24729 普特,几乎缩减了一半④。可见,通过恰克图的"商队茶"贸易,其重要性是不应该低估的。

事实上,到了近代,恰克图贸易基本上就是茶叶贸易。一八三九至一八四五年间,茶叶已占恰克图全部出口商品的百分之九十一⑤。然而,长期以来,人们对那条在十八、十九世纪连结中、俄两大帝国的"茶叶之路",并未给予足够的重视。如果说,海运茶因与通商口岸的开放有关而引人注目,那么,"商队茶"则由于内陆转贩而被忽略了。从现存的清代文献看,无论是官方文书,还是私人著述,都缺乏对"商队茶"的系统记载,令人难以进行全面的钩索综合。这里暂且从考释若干重要的史料入手,借以探索"商队茶"兴起的背景、华商茶帮的盛衰,以及"俄茶倒灌"和

---

① [德]马克思:《俄国的对华贸易》,《马克思恩格斯选集》第二卷,北京:人民出版社,1995年,第9—10页。
② [俄]瓦西里·帕尔申著,北京第二外国语学院俄语编译组译:《外贝加尔边区纪行》,北京:商务印书馆,1976年,第136页。
③《筹办夷务始末(咸丰朝)》卷一六。
④ [俄]科尔沙克:《俄中通商历史统计概览》,喀山,1857年俄文版,第110页。
⑤ [苏]霍赫洛夫:《十八世纪九十年代至十九世纪四十年代中国的对外贸易》,《中国的国家与社会》,莫斯科,1978年俄文版,第93页。

俄罗斯馆与"商队茶"的关系,等等。所有这些,虽属一鳞半爪,却是全面考察中俄两国商务与外交的相互关系所不可缺少的研究。

一、茶叶入俄之始

俄国人并不是茶叶贸易的先驱。早在"商队茶"兴起之前,西欧的海运国家已经从中国南方贩运茶叶了。据薛福成《出使英德义比日记》光绪十六年三月二十二日条说:

> 中国茶之到欧洲,始于明万历四十年(一六一二),荷兰之东印度公司携带少许,以供玩好。国朝顺治八年(一六五一),荷兰始载茶至欧洲发售。越十年,茶市益行,英京始立茶税之律。当时甚为珍贵,馈送王公不过一二磅而已。又越三十年,茶务益盛,英京始多收茶叶之税。①

与上述情况相仿,"商队茶"在其形成过程中也经历了从礼品到商品的转变,但年代比海运茶略迟。在荷兰人首次携带茶叶入欧后四年,即万历四十四年(一六一六),哥萨克什长彼得罗夫才在卡尔梅克汗廷初尝茶味,并对这种"无以名状的叶子"表示惊异。至崇祯十三年(一六四〇),俄使瓦西里·斯达尔科夫从卡尔梅克汗廷返国,带回茶叶二百袋(每袋重三俄磅,一俄磅合 409.51 克),奉献沙皇,是为华茶入俄之始②。

清朝初年,来华的俄国使臣继续将茶叶作为礼品带回俄国。康熙十四年(一六七五),俄使尼果赖在觐见后接受"御赐"茶叶四匣,以及托他转送沙皇的茶叶八匣③。除这种官方交往的礼品茶外,作为商品的茶叶也开始在俄境出售。十七世纪后期,托波尔斯克市场上已有少量茶叶供应④。一六七四年(康熙十三年),莫斯科也有商店经营茶叶,零售价每磅

---

① 《庸庵全集》第八册。
② [英]巴德雷:《俄国、蒙古、中国》第二卷,伦敦 1919 年英文版,第 118 页。
③ [英]巴德雷:《俄国、蒙古、中国》第二卷,伦敦 1919 年英文版,第 398 页。
④ [俄]维尔科夫:《十七世纪托波尔斯克市场的中国货》,《苏联历史》1958 年第 1 期,第 110 页。

三十戈比,消费者为富裕人家。茶叶进口量还是不大的①。自康熙二十八年(一六八九)订立《尼布楚条约》后,根据该约关于"嗣后往来行旅,如有路票,准其交易"的规定,边关贸易日益活跃,华茶经尼布楚入俄的数量也略有增长。如一六九八年(康熙三十七年),俄国"客商"加·罗·尼基丁采购的价值三万二千卢布的中国货,内有茶叶五普特(每普特重16.38公斤)七俄磅,每普特按莫斯科市价为二十一——二十五卢布②。一六九九年(康熙三十八年),以郎古索夫为首的沙俄国家商队到达北京③,此后即隔三年一次,定期前来贩运金银、棉布、丝绸和瓷器,但尚未大笔成交茶叶。一七二九年至乾隆二十年(一七五五),俄国停派商队来京贸易,正式开放恰克图互市,茶叶才逐渐变成"买卖城"最大的买卖。据俄方记载,乾隆十五年(一七五〇),经恰克图运俄的砖茶七千普特、白毫茶六千普特。嘉庆十五年(一八一〇),这两类茶已达七万五千普特,几乎增长六倍了④。

恰克图互市的繁荣,吸引了越来越多的俄商,以致在一七九二年(乾隆五十七年)订立《恰克图市约》时,俄方已正式组成六大商帮:(一)莫斯科帮——经营呢绒、海象皮、海獭及其它俄国货;(二)土拉帮——经营羊羔皮、猫皮和小五金;(三)阿尔扎马斯克、伏洛格达帮——经营芬兰狐皮和北极狐皮;(四)托波尔斯克帮和(五)伊尔库茨克帮——均营皮革、貂皮、狐皮和毛外套;(六)喀山帮——专营皮革制品⑤。这些用毛皮换取茶叶的俄国商帮,开创了"彼以皮来,我以茶往"⑥的贸易传统,使"商队茶"不仅在贩运形式上而且在交换内容上,都与海运茶截然不同。

---

① [俄]科尔沙克:《俄中通商历史统计概览》,第51页。
② 《客商尼基丁在西伯利亚和中国经商记》,《巴赫鲁申学术著作》第三卷,莫斯科,1955年俄文版,第242页。
③ 《故宫俄文史料》,1936年版,第274—275页。
④ [俄]斯卡里科夫斯基:《俄国在太平洋的商务》,彼得堡,1883年俄文版,第141页。
⑤ [俄]科尔沙克:《俄中通商历史统计概览》,第94—95页。
⑥ 《朔方备乘》卷三七。

二、"西帮茶商"的贩运活动

在恰克图互市中,俄国商帮的对手是山西商人,即所谓"西帮茶商"。《朔方备乘》卷三十七云:

> 其内地商民至恰克图贸易者,强半皆山西人,由张家口贩运烟茶、缎布、杂货,前往易换各色皮张、毡片等物。

山西人"善贾",在中国历史上早已出名。据《北史》卷十五《魏宗室常山王遵传》载:"河东俗多商贾,罕事农桑,人至有年三十不识耒耜。"这种河东古俗,一直保持到清代。《阅微草堂笔记》卷二十三云:"山西人多商于外,十余岁辄从人学贸易,俟蓄积有资,始归纳妇,纳妇后仍出营利。"清初为内务府办进皮张的"八家商人",也均籍隶山西。乾隆《万全县志·志余》对此记述颇详:

> 八家商人者,皆山右人,明末时以贸易来张家口。曰王登库、靳良玉、范永斗(斗,《介休县志》卷九作"年"字)、王大宇、梁嘉宾、田生兰、翟堂、黄云发,自本朝龙兴辽左,遣人来口市易,皆此八家主之。定鼎后,承召入都,宴便殿,蒙赐上方服馔。自是每年办进皮张,交内务府广储司。

山西商人既有悠久的贸易传统,清初又获得较高的政治地位,因此,关内与塞外的商业联系,便长期掌握在他们手中。对"商队茶"的贩运,吸引大批山西商人深入武彝茶区。关于武彝茶区"西商"的财力和风度,在衷干《茶市杂咏》[1]中有具体的记述:

> 清初茶叶均由西客经营,由江西转河南运销关外。西客者,山西商人也。每家资本约二三十万至百万。货物往还,络绎不绝。首春客至,

---

[1] 彭泽益编:《中国近代手工业史资料:1840—1949》(第1卷),北京:生活·读书·新知三联书店,1957年,第304页。

由行东至河口欢迎,到地将款及所购茶单点交行东,恣所为不问。茶事毕,始结算别去。

张家口是西帮茶商屯栈之地,从福建采买的茶叶都在这里接运,经"买卖路"转贩"买卖城"(恰克图)。据咸丰十年九月,察哈尔都统庆昀奏:

> 由口赴恰道路,除军台之外,商贾之路有三,分东西中:东路自乌兰坝入察哈尔正兰旗界,经内札萨克西林郭勒盟之阿巴噶王、阿巴哈那尔贝子等旗游牧,入外札萨克车臣汗部落之阿海公旗游牧,经达里冈爱东界,入车臣汗部落之贝勒等旗游牧,达于库伦,由库伦方达恰克图,此东一路也。西路自土默特旗翁棍坝、河洛坝,经四子部落沙拉木楞图什业图汗旗,至三音诺彦旗分为两路,其一西达里雅素台科布多,其一东达库伦,由库伦达恰克图,此西一路也。中路自大境门外西沟之僧济图坝,经大红沟、黑白城子镶黄旗牛群大马群、镶黄旗羊群各游牧,入右翼苏呢特王旗,经图什业图汗车臣汗部落之贝勒阿海公等旗游牧,渡克鲁伦河达库伦,方达恰克图,此中一路也。

自张家口至恰克图,计程约四千三百余里,地旷人稀,风餐露宿,且行且牧,三路均极艰难。因此,西帮茶商不得不结队而行,其组织形式大体如下:

> 晋中行商,运货来往关外诸地,虑有盗,往往结为车帮,此即泰西之商队也。每帮多者百余辆,其车略似大古鲁车(达呼利之车名),轮差小,一车约可载重五百斤,驾一牛,一御者可御十余车,日入而驾,夜半而止,白昼牧牛,必求有水之地而露宿焉。以此无定程,日率以行三四十里为常。每帮车,必挈犬数头,行则系诸车中,止宿则列车为两行,成椭圆形,以为营卫。御者聚帐棚中,镖师数人,更番巡逻。人寝,则以犬代之,

谓之卫犬。①

不过,牛车并非唯一的运输工具,到了冬季,塞外草衰,骆驼似乎更适于远行。姚元之《竹叶亭杂记》卷三,记骆驼队自库伦抵恰克图的情景如下:

> 客货俱载以骆驼,俄罗斯人每以千里镜窥之,见若干骆驼,即知所载若干物,商未至前四五日已了然,盖其镜已见于三四百里外矣。

因此,俄国驻恰克图的商务专员对华商货物的记载,也采用骆驼和大车两种计算单位。如一八一七年(嘉庆二十二年),运抵买卖城的中国货为2500驼和1420车,一八一八年(嘉庆二十三年)为3450驼和1420车。道光年间的贸易额继续增长,一八二九年(道光九年)已达9670驼和2705车了②。

显然,鸦片战争前"西帮"贩茶数量已经相当可观,据《海国图志》卷八十一云:

> 俄罗斯茶在北近蒙古地方买去。在一千八百三十年(道光十年)买去五十六万三千四百四十棒(磅),在一千八百三十二年(道光十二年)买去六百四十六万一千棒(磅),皆系黑茶,由喀(恰)克图旱路运至担色(托木斯克),再由水旱二路分运娜阿额罗(下诺夫哥罗德)。

尽管恰克图茶市规模日益扩大,但从经营方式看,则仍具有结队贩运和以货易货两大特色。因此,即使在生意兴隆的十九世纪上半期,"商队茶"贸易也还是一种中世纪式的贸易。恩格斯指出:"俄国人在进行低级形式的贸易,利用有利情势和玩弄与此紧密相连的欺骗手腕方面,都具有

---

① 《清稗类钞》第一七册,第73页。
② [苏]霍赫洛夫:《十八世纪九十年代至十九世纪四十年代中国的对外贸易》,《中国的国家与社会》,第96—97页。

几乎无与伦比的本领。"①恰克图互市,正是俄商施展这种本领的场所。据俄方记载,十九世纪五十年代中期,"买卖城"的中国商号(即"铺子")达一百家,"其中九十家有铺面,但仅三十七家与俄商做批发生意,其余都是小商。"②多年的批发生意,使中国商号背上了无法兑现的"夷商钱票"包袱,陷入极端被动的状态。据咸丰二年(一八五二)十月乙未,库伦办事大臣奏称:

> 现在商民所存夷商钱票,以银计算,共合八万余两。设骤行禁止,夷商不肯按票偿银,恐苦累商民,易生情节。③

西帮茶商所受的"苦累",随着中国社会半殖民地化的加深,终于变成了一种苦难,迫使他们在第二次鸦片战争期间,一度只卖不买。马克思曾指出这个情况:"在恰克图的边境贸易,事实上或条约(按:指《恰克图界约》)上都是物物交换,银在其中不过是价值尺度。一八五七——一八五八年的战争迫使中国人只卖不买。于是银就突然成了购买手段。俄国人为了遵守条约上的字句,把法国的五法郎银币铸成粗陋的银器,用来当作交换手段。"④鸦片战争后,俄国加紧对华商业扩张,西帮茶商在恰克图的传统地位面临新的挑战。俄方力争陆路自运的特权,以便"俄国商人由陆路出入中国直至南方各省,购买商品并发回俄国"。⑤

正像通商口岸的开放使广东"十三行"失去对海运茶的控制一样,西帮茶商的没落,也与沙俄取得陆路通商的特权分不开。据同治七年(一八六八)八月恭亲王等奏称:

> 从前恰克图贸易之盛,由于俄人不能自入内地贩运,自陆路通商以后,俄人自行买茶,不必与华商在口外互换,因之利为所夺;兼且道途梗

---

① [德]恩格斯:《论俄国的社会问题》,《马克思恩格斯选集》(第二卷),第618—619页。
② [俄]科尔沙克:《俄中通商历史统计概览》,第328页。
③ 《筹办夷务始末(咸丰朝)》卷六。
④ [德]马克思:《政治经济学批判》,《马克思恩格斯全集》(第一三卷),第140页。
⑤ [俄]巴尔苏科夫编著,黑龙江大学外语系,黑龙江省哲学社会科学研究所译:《穆拉维约夫——阿穆尔斯基伯爵》(第二卷),北京:商务印书馆,1974年,第204—205页。

阻,货物渐稀;商东又因湖北汉口等处屡次遭兵,资本荡然,将恰克图存本陆续提用,以致生理益绌。

按《中俄陆路通商章程》订于同治元年(一八六二),它对西帮茶商的打击,至光绪初年已达到极其严重的地步。据光绪六年(一八八〇)十月二十六日,王先谦片云:

> 从前张家口有西帮茶商百余家,与俄商在恰克图易货,及俄商自运后,华商歇业,仅存二十余家。①

仅仅三十年间,西帮茶商便因"生理益绌"而纷纷"歇业",只剩下五分之一的商号了。这种急转直下的贸易颓势,固然主要是"俄人启行买茶"所造成的,但从清朝那套对"商队茶"的管制方法看,封建主义对商业资本的盘剥,确实也是非同小可的。

三、"部票"制度的沿革

清政府对边关互市,也像对口岸贸易一样,历来实行严格的管制。与西帮茶商关系极其密切的"部票"制度,是在嘉庆四年(一七九九)正式订立的。《朔方备乘》卷三十七云:

> 四年,奏定贸易商人支领部票章程,嗣后察哈尔都统、归化城将军、多伦诺尔同知衙门给票后,即知照所往地方大臣官员衙门,不准听其指称未及支领部票由别衙门支领路引为凭贸易,一经查出,照无部票例治罪。其商人部票,著大臣官员查验存案,务于一年内勒令催回,免其在外逗留生事。如商人已到所往地方,欲将货物往他方贸易者,即呈报该处衙门给予信票,一面知照所往地方衙门。再遇有私行贸易并无部票者,枷号两个月,期满笞四十,还回原省,货物一半入官。

---

① 《清季外交史料》,第二四卷。

至同治元年(一八六二),又奏准:

> 商人在恰克图贸易,向于理藩院领取茶票,嗣后仍按旧章。每茶三百箱,作票一张,收规银五十两。所领商票仍限一年缴销。①

可知,"部票"即商队贸易的营业执照,与作为通行证的"路引"不同。现参照其他有关记载,把上述章程与实施情况结合起来,对"部票"制度略作如下的说明:

一、"部票"又称"院票",其颁发权力属于理藩院,申请及查验手续则在"张理厅"即张家口理事同知衙门办理。察哈尔都统庆昀对其职责范围是很清楚的:"富商大贾往来恰克图等处贩货,向由张理厅开造请领茶票姓名字号,前赴理藩院领取印票来口,如商货起运之时,先期报明,于票尾加用印信,查验放行。"②

二、"部票"支领后,在贩运过程中还应到库伦换领"信票"前往边境,抵买卖城再将部票呈验,方算完成合法贸易的全部程序。《竹叶亭杂记》卷三,对此有明确的记述:"我之货往客商由张家口出票,至库伦换票,到彼缴票。"无票或以路引充票者,科同罪,所谓"货物一半入官",并不意味着另一半留归原主。按咸丰五年(一八五八)八月部院章京巴克唐阿在恰克图处理的案例,其实是"货物一半照例充公,一半赏给原拿之人",即缉私者。这就是说,一经破获,全数没收。

三、"部票"有效使用期为一年。每票法定的贩货量,有两种折算法:或按茶箱计算,"每茶三百箱,作票一张"。武彝茶的包装规格为"每净茶一箱按中国库平重五十五斤,连包裹茶箱重足八十斤"(咸丰八年《中俄关于议结塔城焚俄贸易圈案议定条款》);或按骆驼计算,"每票一张,行商驮货以二百驼为率",照塞外交通惯例,"每驼一只驮载茶斤,总以二百五十斤以下"③。

很清楚,在"部票"制度之下,西帮茶商的贸易活动,在时间空间上都

---

①《大清会典事例》,第九八三卷。
②《筹办夷务始末(同治朝)》卷一五。
③《筹办夷务始末(同治朝)》卷五一。

没有自由。章程中"务于一年之内勒令催回,免其在外逗留生事"的条文,非常鲜明地表现出封建强制的性质。至于他们每年从张家口"出票"多少,清代文献缺乏系统记载。俄国外交档案,则有如下的数字:一八五〇年(道光三十年)出票二六八张,分发商号五六家,大商号出票可达六张以上,中小商号则四张、二张、一张不等。计自一八五一年(咸丰元年)至一八五五年(咸丰五年),张家口六十家做恰克图生意的大商号,每年出票共为四百至五百张①。至于同治年间的情况,这里只能引片段资料,以见一斑。计自同治元年(一八六二)九月起至次年三月止,张家口"市圈商民领院票后运赴恰克图售卖者,已至二百五十四票"②。这些票商的捐税负担十分沉重,与俄商相比,处于非常不利的地位。据同治七年(一八六八)正月恭亲王奏:

> 俄商贩茶回国,止纳正税一项,而华商贩茶出口,交纳正税之外,到恰克图后,复交票规每张五十两。咸丰十年,因军饷支绌,奏准每商票一张,在察哈尔都统衙门捐输厘金六十两,凑拨察哈尔驻防常年兵饷。华商厘纳既重,获利无多,是以生计日穷,渐行萧索。③

一票贩运的茶斤总值"合银六千两"(即每箱二十两),要剥三层皮:正税(按每箱四两计,一票纳税银一千二百两),票规(五十两),加百分抽一的厘金(六十两),自然"获利无多"了。可见,西帮茶商从六十年代末期起"渐行萧索",是与清政府越来越把"部票"制度变成一种搜刮手段相联系的。

在"生计日穷"威胁下,山西商人曾一度改陆运为水运,但仍无法从俄商手中夺回利权。据刘坤一《议覆华商运茶赴俄、华船运货出洋片》(光绪七年正月十五日)云:

---

① [苏]霍赫洛夫,《十八世纪九十年代至十九世纪四十年代中国的对外贸易》,《中国的国家与社会》,第94—95页。
② 《筹办夷务始末(同治朝)》卷一五。
③ 《筹办夷务始末(同治朝)》卷五八。

自江汉关通商以后,俄商在汉口开设洋行,将红茶、砖茶装入轮船,自汉运津,由津运俄,运费省俭,所运日多,遂将山西商人生意占去三分之二。而山西商人运茶至西口者,仍走陆路,赴东口者,于同治十二年禀请援照俄商之例,免天津复进口半税,将向由陆路运俄之茶,改由招商局船自汉运津,经李鸿章批准照办,惟须仍完内地税厘,不得再照俄商于完正半两税外,概不重征,仍难获利,是以止分二成由汉运津,其余仍走陆路,以较俄商所运则成本贵而得利微,深恐日后俄商运茶更多,而山西商人必致歇业。①

一面是俄商的竞争,一面是官府的勒索,终于酿成"商队茶"贸易的危机。到同、光之际,西帮茶商已视"买卖路"为畏途了。

四、"西商"改道与"南柜"兴起

中俄陆路贸易,自咸丰元年(一八五一)签订《中俄伊犁塔尔巴哈台通商章程》后,添设伊犁、塔城两地,连同恰克图共开三处通商。因此,"商队茶"的贩运,也有"西路"与"北路"之分。

西路茶商称为"西商",与在恰克图互市的"北商"虽同为山西人,贸易活动却是大异其趣的。大体而言,有三方面的不同:

一、经营项目。西商一贯在安徽建德采办朱兰茶,又名千两茶,而北商所贩茶斤,则为福建武彝茶或白毫茶。

二、贩运路线。"此项千两朱兰茶,专有茶商由建德贩至河南十字店,由十字店发至山西祁县忻州,由忻州而至归化,转贩与向走西疆之商,运至乌鲁木齐、塔尔巴哈台等处售卖。"故不走张家口、恰克图一线。

三、销售对象。"此项千两朱兰茶,惟西洋人日所必需,非俄人之所用,伊亦不买。"②

可见,"西商"与"北商"各有活动领域,原是互不相干的。然而,这种平分秋色的状态,到六十年代中期便因清朝发生政治危机而被打乱了。

---

①《刘坤一遗集》(奏疏·第二册),北京:中华书局,1959年,第607—608页。
②均见《筹办夷务始末(同治朝)》卷五六。

同治三年(一八六四),在太平天国运动影响下,库车、伊犁一带爆发农民起义,反清斗争波及天山南北。经行西路的"商队茶"受阻,不得不谋求改道运销。同治六年(一八六七),西商程化鹏、余鹏云、孔广仁等,虽请绥远城将军准予"由恰克图假道行商","所经之路,由归化城走喀尔喀部落,即至库伦,由库伦即至恰克图,由恰克图出向俄边,即由俄卖予西洋诸商"。这份呈文郑重声明:"张家口商民向贩运武彝茶斤,系福建土产;程化鹏等向办之货,系安徽土产,各不相碍。"①次年,经总理衙门、户部和理藩院派人调查,证实"西商贩茶至恰克图地方,与北商生计毫无妨碍"②。因此,总理衙门正式议奏:"姑准西路之茶,改由北路出恰克图一带销售,仍俟西疆收复,改照旧章。"③

同治十年(一八七一),沙俄侵占伊犁地区,进行长达十年的殖民统治。在整个伊犁危机期间,当然不能复兴西路,"改照旧章"。同治十一年(一八七二),署伊犁将军荣全奏:"请饬采购茶斤,拟招集华商,渐聚各城,冀复从前旧规,以免行使俄票之累。请于绥远城代买挂锡裹箱、每箱重约六七十斤红梅茶二百箱,上细朱兰茶二百箱,解赴科布多,储存备用"④。尽管如此,自改道恰克图之后,"西商"已再难招集了。建德茶区的命运,也相应地发生重大变化。据《益闻录》第二六七号报导:

> 建德为产茶之区,绿叶青芽,茗香遍地,向由山西客贩至北地归化城一带出售。同治初年,则粤商改作红茶,装箱运往汉口,浮梁巨贾,获利颇多。自光绪四年后,茶价暂低,因而日形减色。今岁(光绪九年)价更不佳,亏本益甚,故茶商之往建德者较往年仅得一半,而市面荒凉几无人过问。

"西商"改道后,代之而起的,是陕甘总督左宗棠一手扶植的湖南茶帮,湖南的"广庄红茶",又名"洋庄红茶",是在太平天国起义期间显露头

---

① 《筹办夷务始末(同治朝)》卷五一、五六。
② 《筹办夷务始末(同治朝)》卷六一卷。
③ 《筹办夷务始末(同治朝)》卷五四。
④ 《筹办夷务始末(同治朝)》卷八八。

角的。据同治《安化县志》卷三十三云：

> 咸丰间,发逆猖狂,圜客裹足,茶中滞者数年。湖南通山夙产茶,商转集此。比逆由长沙顺流而窜,数年出没江汉间,卒之通山茶亦梗。缘此沽帆取道湘潭,抵安化境,倡制红茶,收买畅行西洋等处,称曰广庄。

"广庄"之称,因倡制红茶为广东商人而得名。在清代茶业中,改制红茶几乎都与粤商有关,建德如此,安化也不例外。随着茶业日益畅旺,湖南自咸丰六年(一八五六)起办理茶捐,"洋庄红茶"除山户厘金外,经茶商采做成箱者,每箱收银六钱"①。靠茶起家者,不乏其人。例如,著名的湘帮茶商朱紫桂,就是在咸、同之际崛起的。《清稗类钞》第十七册,有一段他的发家史：

> 湘乡朱紫桂,初赤贫,读书村塾,三月而辍,以樵采营生。成童,执爨于米肆,甚勤。巨商刘某委之司店事,尤干练。越数年,以所得薪资红利,自设一肆,积千余金,遂业红茶,岁盈巨万,时同治丁卯也。紫桂既小康,即以少年失学为憾而补读,既而逐岁贸茶,积资近百万,湘臬汉浒,几无不知有朱紫桂名矣。

按"同治丁卯"为六年(一八六七)。如前所述,可知程化鹏改道行商之日,也即朱紫桂业茶致富之时。两事同系一年,是非常值得注意的。因为,从此之后,湘帮茶商便逐步主宰了新疆的茶叶市场。

在清代经济生活中,"湘臬汉浒"之货,由楚达陇,行销西北,早已有之。因此,左宗棠任陕甘总督(同治八年十月至光绪六年十一月)期间,添设"南柜",引湘红入疆,可说是沿故道,创新业。据《左文襄公奏稿》卷四十五《甘肃茶务久废请变通办理折》(同治十三年二月十六日)云：

> 甘省茶商,旧设东、西两柜。东柜之商,均籍山、陕;西柜则皆回民充

---

①《筹办夷务始末(同治朝)》卷五。

商,而陕籍尤众。乱作,回商多被迫胁,死亡相继,存者寥寥。山西各商逃散避匿。焚掠之后,资本荡然。引无人承,课从何出?

甘省行销口外之茶,以湖南所产为大宗,湖北次之,四川、江西又次之。

兹既因东、西两柜茶商无人承充,应即添南柜,招彼南茶商贩,为异时充商张本。

经过左宗棠精心扶植,"南茶商贩"完全取代了"山西各商"的地位,终于形成这样的局面:"在上个(十九)世纪七十年代中国当局对西部边区的茶叶贸易实行了专卖垄断。只允许湖南商人经营茶叶"①。晚清湖商三"巨擘",就是由此孕育出来的。刘声木《苌楚斋续笔》卷九备记其事:

光绪年间,湖南一省以贩运安化红茶至俄国出售,后皆成巨富。其中尤以湘潭叶焕彬吏部德辉、余介卿观察金声、长沙朱雨田阁学三人为巨擘。三家之中,又以朱雨田阁学称最。

按朱雨田,名昌琳,为"南柜"总商,在长沙设"乾益"银号,在新疆设"乾益升"茶庄,领票包运西北,转销俄国②。因此,光绪二十一年(一八九五),湖南巡抚陈宝箴"设官钱局、铸钱局、铸洋圆局,以朱公昌琳领之"③。起用"巨富"办钱局,堪称知人善任了。

当"南柜"极盛之时,湘秤与库秤并行于新疆茶市,声势是非同凡响的。然而,在湘红大走红运的时候,一个阴影已经跟在它后面了,这就是印度红茶倾销欧洲所造成的威胁。光绪十三年(一八八七),户部主事缪佑孙奉命赴俄考察商务,曾与阿蝶沙(敖德萨)茶商列弯拉宾诺维池晤谈,获悉"英人以印度茶夺华商利十分之二三,俄境亦颇有贩者,用以参

---

① [俄]鲍戈亚夫连斯基:《长城外的中国西部地区》(中译本),北京:商务印书馆,1980年,第170页。
② 《湖南省志》(第一卷),第101页。
③ 《散原精舍文集》(第五卷)。

和,更无他异"①。这种打击华茶的"参和"术,是俄商从英商学来的:

> 南洋、印度、日本之茶,虽不及中茶之腴丰,然英人巧伪,每于十分之中掺入三四分,乃几乎无以辨之。其尤作伪者,乃于印度茶中掺用华茶,云此即印度茶也,人人贪其价之稍廉而争购之,以为与华茶无大分别也。其分掺时华茶多而印茶少,故不能辨;久之而华印各半,又久之而印茶多,华茶益少,以是潜为转移。

上述情况,是王之春在《使俄章》卷六"光绪二十一年三月初十日"条揭露的。华茶与印茶"潜为转移"的结果,湖南"洋庄红茶"便变成洋商"巧伪"的牺牲品,滞销日甚,不得不另谋出路了。

五、吴大澂购办红茶运俄试销始末

清末湖南茶业的颓势,曾经引起地方督抚的关切。吴大澂购办红茶运俄试销,就是一次挽狂澜于既倒的努力。

大澂字清卿,又字愙斋,江苏吴县人。工篆书,精金石,富收藏,亦官亦学,颇负时望。在湖南巡抚任上,吴大澂于光绪二十年(一八九四)八月二十七日与湖广总督张之洞联名上奏:

> 近年湖北、湖南两省,茶商颇多亏累,半由茶色不佳,或遇阴雨潮湿,或有掺和粗杂,以致不能得价;半由洋商压镑、退盘、割价,多方刁难,而此项红茶除洋商之外,别无销路,以致甘受抑勒。

其实,茶商、园户是不甘受俄商抑勒的。张之洞在其《晓谕产茶各处示》(光绪二十年五月初七日),曾披露过一个这样的事例:

> 本年三月间,俄国百昌茶行(按即 K&·S·Popoff Bros)商人达尼罗夫前赴羊楼峒办茶,行至新店地方,被该处闲人围绕,内有无知顽童掷石

---

① 缪祐孙:《俄游汇编》卷八,"光绪十四年五月十八日"条。

致伤,并于羊楼峒地方出有匿名揭帖,……揭帖谓中国茶务向来称盛,近因洋人来此,以致亏累等语。①

针对茶商亏累和民怨日增这种情况,两湖的督抚大吏决定由官府出面,选办红茶运俄试销:

> 经饬江汉关道恽祖翼选办上等红茶二百箱,南北两省各半,与俄商设法婉商,即附其茶船运赴俄国阿叠萨(敖德萨)海口试行销售。经臣电商出使俄国大臣许景澄,托其代为委员照料。其茶价,箱工、杂费、出口关税等项,共洋例银五千四百七十二两零。
>
> 复经臣吴大澂电商俄商佘(当作"余")威罗福,拟再购红茶若干箱,分运俄境,水陆两路试销,即托该商照料。旋接复电商允,已经饬江汉关道恽祖翼照办。旋据复称,头茶早已销毕。复经设法选购二茶中之最上红茶一百二十箱,亦作南北两省各半,发交顺丰洋行,分运俄境,水运之漠斯科洼(莫斯科),陆运之恰克图,两路试销。计茶价、箱工、杂费、出口关税等项,共洋例银一千八百一十六两五钱零。②

可知试销茶斤很少,总共才三百二十箱,尚不足两张"茶票"的贩运量。在"商队茶"的历史上,这只是沧海一粟。但托运红茶牵涉的人事,却是值得注意的。吴大澂与俄商佘威罗福的关系,其历史渊源如何,颇有探讨的必要。

俄商佘威罗福,在清代文献中又译成"佘威罗伏"或"佘威列甫",即米·格·舍维略夫,一八六三年(同治二年)毕业于恰克图华文馆③。缪祐孙《俄游汇编》卷八,曾记其人其事如下:

> 佘商于海参崴,曩年珲春勘界,曾允该国翻译官,盖少时游学于中国,通华文,解华语,且洞达中外人情世故者也。

---

① 《张文襄公公牍稿》卷二八。
② 《清季外交史料》卷九六。
③ [俄]斯卡奇科夫,《俄国汉学史纲》,莫斯科,1977年俄文版,第113页。

按珲春勘界,事在光绪十二年(一八八六)。当时,吴大澂以"钦差会办北洋事宜大臣、都察院左副都御史"的头衔,作为清方首席代表参加谈判。他与俄国"翻译官"佘威罗伏,有过三次会外的接触,

四月二十一日,拜会俄员,内有"佘威罗伏,火轮洋商公司";

六月十六日,"巴拉诺伏(东海滨省巡抚兼理军务将军,俄方首席代表)与马秋宁(南乌苏里界务官)、多谟日落伏、佘威罗伏同来,聚谈竟日;

六月二十九日,吴大澂"与巴使同车至佘威罗伏家宿焉"。①

吴氏记佘威罗伏供职于"火轮洋商公司",与缪佑孙说"佘商于海参崴"是一致的。据俄文资料,此人早在一八八〇年(光绪六年)已在海参崴创办航运公司,拥有火轮"贝加尔号",每年由沙皇政府资助六千卢布,往来汉口、上海、长崎各地,包运客货邮件②。自一八七六年起,他与托克马科夫在汉口合资开办茶行,至一八八三年初,佘威罗伏拆股独立经营,该行遂改字号为"新泰洋行",吴大澂与这名茶业和航运业的老板既已结识在先,日后将运俄试销的红茶"托该商照料",就不难理解了。至于他发交红茶的"顺丰洋行",则是俄商李特维诺夫一八六三年(同治二年)在汉口创办的砖茶厂。九十年代该厂已经年产十五万箱,成为两湖红茶加工和外运的操纵者了。

吴大澂以湖南巡抚的身份,为疏通湖南红茶外销的渠道,不惜求助于一面之交的佘威罗伏,可谓用心良苦矣。但托俄商、附俄船,无异自投弱肉强食的罗网,是注定要失败的。果然一试之后,那个受制于人的"水陆两路试销"计划,便烟消云散了。

---

①顾廷龙:《吴愙斋先生年谱》,哈佛燕京学社,第135—145页。
②[俄]斯卡里科夫斯基:《俄国在太平洋的商务》,第463页。

六、"俄茶倒灌"——"商队茶"的终结

"商队茶"的终结,是与传统的茶叶之路被西伯利亚铁路所代替相联系的。光绪二十六年(一九〇〇)七月初一日,工部左侍郎杨儒在变法条议中说:"悉卑利铁路克日告成,陆路通商,强邻逼处,满蒙情形从此一变。"①上述预见,完全被往后的事实所证明:"这条铁路象铁链一样把欧洲和亚洲连结起来,它使东方地区的移民和经济的发展起了革命性的变化,并且预示远东的整个力量对比将被打破,转向有利于俄国的形势。"②所谓"俄茶倒灌"的反常现象,就是"转向有利于俄国的形势"的一种表现。

早在八十年代,我国西北地区已出现少量的"俄茶倒灌"。一八八〇年(光绪六年),到塔城、古城和科布多等地贸易的四十一个俄国商队,计输入工厂棉纺织品175381卢布,中亚织物12140卢布,茶叶仅值11760卢布③。如果说,这是俄国强占伊犁,排挤华商所造成的暂时现象,那么,西伯利亚铁路建成后,"商队茶"的贩运就发生根本性的变化了。

北路方面,据宣统三年(一九一一)四月丁酉,理藩部会奏称:

> 蒙古商务,向以茶为大宗,理藩部例有请茶票规,为大宗入款。近来销数顿减,不及旧额十之三四,实因西伯利亚铁路交通便利,俄茶倒灌,华茶质窳费重,难与竞争。④

西路方面,也同样"难与竞争"。早在光绪六年(一八八〇)九月十五日,张之洞已经在奏稿中慷慨陈词:"查张家口,恰克图一路,旧有茶商二十八家,利息丰盛。自咸丰季年俄商盛行,今存者止三家耳。西(安)、汉(中)若引入俄商,吾民生计尚堪设想哉!"⑤自光绪三十二年(一九〇六),签订《俄商借道伊、塔运茶出口章程》之后,俄商将在内地收购的茶

---

① 《清季外交史料》·第一四九卷》。
② [美]伦森著,杨诗浩译:《俄国向东方的扩张》,北京:商务印书馆,1978年,第136页。
③ [俄]斯卡里科夫斯基:《俄国在太平洋的商务》,第156页。
④ 《清实录·宣统政纪》卷五三。
⑤ 《清季外交史料》卷二三。

叶沿途倾销,使新疆境内的"湖商"深受打击,茶业每况愈下。据宣统二年(一九一〇年)十二月,伊犁将军广福奏称:

> 从前甘肃湖商运茶,行销蒙古哈萨克各部落,及俄国沿边一带,销场尚旺。嗣光绪三十二年,订有俄商运茶假道伊、塔回国新章,不独俄境不能运销华茶,且有俄商贩运华茶在伊、塔境内洒卖,此外影射偷运者,更不知凡几。私茶充斥,销场疲滞。①

很明显,到了辛亥革命前夜,"商队茶"的运销局面已经全部改观。在"俄茶倒灌"冲击下,封建性很强的"西帮"和"南柜"一一败下阵来,终于在清王朝的丧钟声中由"疲滞"而奄奄一息。

七、俄罗斯馆与"商队茶"的贩运

"商队茶"贸易由互市到自运的转变,以及中国南北茶帮由盛而衰的过程,已略见以上诸节。至于俄罗斯馆与"商队茶"的贩运有何关系,也拟征引一些资料,稍加探讨,以明问题的大概。

清代北京的俄罗斯馆,与广州的"夷馆"似乎毫无共同之处,"驻京喇嘛"比"留粤大班"给人的印象"清高"得多。其实,在谋求商业权益方面,它所起的作用是并不逊色的。俄国人自己承认:"俄国派赴北京的布道团,虽与贸易没有直接关系,但对我们仍然大有裨益。他们处于中国的中心,能够摸清它的特点及其居民的需要,并且熟悉那些合中国用的货物得以畅销的条件。"②俄罗斯馆这种特殊的地位,曾经长期引起西方海运国家的羡慕。《海国图志》卷八十二引《澳门月报》云,"俄罗斯有书馆在北京,中国情事俄罗斯可以知悉。"事实正是这样,俄罗斯馆对"中国情事"的搜集包罗万象,其中也有大量的商情。早在一七三一年(雍正九年),俄国枢密院已训令俄罗斯馆的学生"以学习为掩护,留在北京以便熟悉中

---

① 《清实录·宣统政纪》卷四七。
② [俄]科尔沙克,《俄中通商历史统计概览》,第151页。

国的商业"①。随着茶叶贸易比重的增长,他们注意的重点便集中到"商队茶"方面了。

对"商队茶"贸易,俄罗斯馆的喇嘛和学生,曾提供过系统的背景材料。第九班达喇嘛俾丘林,在其所著《中华帝国详志》(一八四二年出版)一书中,专章记述中国茶业。第十三班随班学生涅恰耶夫辑译《中国茶叶条令》,于一八五一年呈送俄国外交部亚洲司②。此外,他们还致力于茶种和茶样的搜集。第十一班随班医师基里洛夫于一八四〇年换班返俄后,将茶种进行家植丛栽试验,取得成功,于一八五三年在《北方蜜蜂》公布实验结果③。第十三班监护官科瓦列夫斯基一八五〇年返俄时,带去大批茶样送交俄国贸易部,自诩其数量之多,"堪称欧洲第一"④。

俄罗斯馆在两次鸦片战争期间的情报工作,尤其引人注目。驻京喇嘛多次向亚洲司送去商业情报,及时反映中国茶叶市场的动向。

一八四四年(道光二十四年)三月八日,俄罗斯馆第十二班达喇嘛佟正笏,向亚洲司书面呈报中国茶业的近况:

> 茶园逐年增加,最近十年使中国茶商大获其利,对茶叶的需求虽然有增无已,但产地的茶价却几乎比往年下跌一半。茶区民户将茶叶跌价归咎于茶园太多,以及因大量购入鸦片所造成的白银短缺。⑤

一八五三年(咸丰三年)二月二五日,第十三班达喇嘛巴拉第用隐显墨水给亚洲司写了一份秘密情报,详述太平军控制长江下游对"商队茶"贸易造成严重后果:

---

① [法]加恩著,江载华、郑永泰译:《彼得大帝时期的俄中关系史》,北京:商务印书馆,1980年,第261页。
② [俄]斯卡奇科夫:《俄国汉学史纲》,第156页。
③ [俄]斯卡奇科夫:《俄国驻北京布道团的医生》,《苏联的中国学》1958年第4期,第143—144页。
④ [俄]瓦里斯卡娅:《伊·彼·科瓦列夫斯基的游历》,莫斯科,1956年俄文版,第147页。
⑤ [苏]霍赫洛夫:《十八世纪九十年代至十九世纪四十年代中国的对外贸易》,《中国的国家与社会》,第107页。

据来自张家口的传闻,中国目前的动乱对贸易额的不良影响愈来愈甚。从事恰克图贸易的华商,由于武装暴动者破坏商业城镇汉口并洗劫这些华商存放期票的当地商号,已亏损2000000两(合4310000银卢布)。为恰克图定购的200000箱茶叶,迄今运抵张家口的只有一半;至于其余茶帮何时到达,尚无确讯。人们甚且认为,由于中国南方动荡不安,本年到福建定购茶叶的商人将会寥寥无几,因此,明年(?)未必会有新茶运到。叛乱者在整个长江下游造成的恐怖,使取道樊城的交通已经中断。在这样混乱的时期,山西商人未必敢拿自己的资本去冒险。①

一八五七年(咸丰七年)六月间,又是巴拉第将武彝茶区的局势及时报告沙皇救府:

暴民向福建挺进,包围该省西境。今年二月间,他们大举侵入福建境内,为时不久就连续占领这个工商业区的若干城市,他们既控制了武彝山与福州府之间的水路交通,又占据了邻接武彝茶区的崇安县城②。

这些关于中国茶区、茶路和茶商的情报,不仅对沙皇政府制定侵华策略有重要意义,而且直接增强了俄商在对华贸易中的预见性和主动性,为乘机抑勒华商,夺取"商队茶"的暴利提供门径。至于俄罗斯馆达喇嘛佟正笏如何一再要求理藩院添设伊犁、塔城两地通商,以及"官生"出身的孟第和孔气,在其天津领事任期内,如何谋求并扩大俄国在华陆路通商的特权,更不是什么秘密了。很清楚,在清代中俄关系史上,俄罗斯馆的经济职能,是与它的外交职能同时并存的③。

从以上的考释,可以约略看出"商队茶"贸易演变的阶段性。大体而言,"商队茶"的历史可分前后两期,而以同治元年(一八六二)《中俄陆路

---

① 格·尔:《十九世纪三十至五十年代的北京布道团与俄中贸易》,《红档》1932年第4期,第154页。
② 波波夫:《太平天国起义时代的沙皇外交》,《红档》1927年,总21期,第195页。
③ 另见拙作,《"朔方备乘"俄罗斯馆纪事补正》,《文史》第七辑(一九七九年,中华书局),第119—128页,并参威德麦:《十八世纪俄国驻北京布道团》,哈佛大学,一九七六年英文版,第148—167页。

通商章程》的签订为界线。前期为边关互市时期，"彼以皮来，我以茶往"，贩运的主动权完全掌握在华商手里。尽管咸丰元年（一八五一）添设伊犁、塔城两处与俄通商，具有某些与恰克图互市不同的特点，但并未引起"商队茶"贸易性质的根本变化。至于后期，则是陆路通商时期，俄商自买自运，不必与华商在口外互换。随着俄商茶行和茶厂相继在天津、汉口、福州、九江出现，"西帮茶商"生理日绌，纷纷歇业。这个时期内，虽有"南柜"兴起，但只反映了清代茶帮本身的消长，并没有挽救茶业没落的趋势。在"俄茶倒灌"之下，它也同样陷入"销场疲滞"的绝境。

同、光年间的"商队茶"贸易危机，作为清朝边疆危机和统治危机的经济表现，是即使督抚大吏也回天无力的。张之洞、吴大澂联合制订的"水陆两路试销"计划，不外是"商队茶"贸易史上一个苦心孤诣的"乌托邦"而已。它的破灭，无异向后人宣告：没有中国社会的复兴，就没有中国茶业的复兴。

（原载《历史研究》1982 年第 6 期）

山西茶商与中俄恰克图贸易

黄鉴晖[1]

一、称雄一世的山西茶商

山西商人自明代兴起以来逐渐形成称雄一世的商帮。盐商的称雄,是明代开中制度的结果,到了清代就显得今不如昔了。茶商是山西商人中又一支商旅,它经营地区之广,活跃时间之长,是继盐商之后的佼佼者。

山西茶商的兴盛,不是因为山西出产茶叶,而是有一个与山西接壤的广阔的茶叶消费区域。这个区域,在明代,边墙以外,"番人嗜乳酪,不得茶则困以病。故唐宋以来,行以茶易马法,用制羌、戎,而明制尤密"[2]。在清代,"蒙古地方及西藏人民,皆藉茶养生"[3],"新疆回夷口食,茶粮最关紧要"[4]。正是这一经济因素,促成山西茶商的发展。

由明至清,山西茶商经历了两个发展阶段。在明代,他采买茶于江南,或四川,或陕西汉中,运销于西至嘉峪关、北至宣化万里长城的各边

---

[1] 黄鉴晖,1926年生,山西财经大学副教授。
[2] 《明史》卷八十,第七册,中华书局点校本,1947年。
[3] 《清圣祖实录》卷二八三,康熙五十八年二月癸酉。
[4] 《清宣宗实录》卷七十一,道光四年七月甲辰。

镇,以及辽东马市,与蒙古族、女真族和"西番"等民族交易,经营地区呈现出一个带状,横面很宽,纵面不深。而在陕西的山西茶商特别活跃。汉中府的金州(今安康)、汉阴、石泉、平利、西乡诸县在明初是个产茶区,有茶园45顷72亩,茶864058株,"有司收贮,令与西番易马"①,设有茶马司。自从商人参与以茶易马后,先是茶马司"召商纳马,以茶偿之"②,后来由于私茶盛行,商人不复以马来易官茶,致官茶塞滞,曾裁革一些茶马司,而兴起商茶。当商茶兴起后,商人就与"西番"交易,"各番不中马而得茶",致使边吏欲禁商茶而不能,③而且官茶也要商人收买。杨一清(1454—1530)是明朝大臣,在督理陕西马政时,就曾招商收买官茶50万斤。"凭众议定,每茶一千斤,用价银二十五两,连蒸、晒、装篦、雇脚等项,从宽共计,价银五十两,令其自出资本,前去收买,自行运送各茶司交收明白"。"自弘治十八年(1505)为始,听臣出榜招谕山陕等处富实商人"④收买。

进入清代,却是另一种天地,随着国家的统一,有了很大的发展。经营地区由带状向整个中国北半部发展,纵深数千里,去了它过去没有去过的地方。东北的黑龙江城(瑷珲)、墨尔根、齐齐哈尔、额尔古纳河流域、宁古塔、船厂(吉林)、外蒙古乌里雅苏台、科布多、库伦,和新疆的哈密、巴里坤、古城、乌鲁木齐、伊犁、塔尔巴哈台、阿克苏、叶尔羌、喀什噶尔等许多地方。按照《中国历代户口田地田赋统计》提供的资料,这些地区清宣统年间人口24695370人,占全国人口的6.71%;若再加上山西茶商在直隶、山西、陕西、甘肃等省的经营,人口达74289934人,占全国人口的20.18%。在这个大市场中,它不仅垄断或操纵着边疆城镇的茶叶贸易,在内地省份也占据重要地位。

中国产茶之区集中在汉水和长江以南,主要分布于陕西、四川、湖北、湖南、安徽、福建等省份。山西茶商为沟通茶叶产区与消费区的流通,各

---

① 《明太祖实录》卷七十,洪武四年十二月庚寅。
② 《明英宗实录》卷八十八,正统七年正月己巳。
③ 《明世宗实录》卷二十四,嘉靖二年三月己巳。
④ 《杨石涂文集》二,《明经世文编》二,中华书局影印本,1962年,第1078、1079页。

产茶区差不多它都去了。由明至清,大致分为三个过程:第一,在明代,茶叶似乎主要销至西域地区,直至清初,部分茶叶并由此路销至俄罗斯国。"鄂罗斯国……从古未通中国,其国距京师甚远。然从陆路,可直达彼处。自嘉峪关行十一、二日至哈密,自哈密行十二、三日至吐鲁番。吐鲁番有五种部落,过吐鲁番,即鄂罗斯境。"①与这一贸易地域相适应,山西茶商主要去陕西汉中和四川贩运茶叶。第二,清政府平定准噶尔后,蒙古和西藏地区统一。随着茶叶消费地区的扩大,山西茶商去江西、湖南、四川打箭炉贩运茶叶。福建武夷茶,"清初,茶叶均系西客经营,由江西(铅山县河口镇)转河南运销关外。西客者,山西商人也。每家资本约二三十万两至百方,货物往还,络绎不绝。首春客至,由行东赴河口欢迎,到地将款及所购茶单点交行东,咨所为不间,茶事毕,始结算别去"②。湖南湘江沿岸盛产茶叶,安化更为集中,湘潭是大转运码头。山西茶商去那里贩买茶叶,因吴三桂叛清兵乱,康熙十三年(1674),"湘潭山陕客商最多,久滞思归"。③ 康熙三十年(1691)以后,内地与西藏通商,打箭炉茶市日益兴盛,"每年发茶八十万包"④,而经营茶叶又主要是山陕商人。第三,清乾隆嘉庆以来,随着中俄恰克图贸易的开通,山西茶商去湖南、湖北交界的蒲圻、临湘一带贩茶。文献多次提到山陕商人去"湖广买茶"⑤。"中国红茶、砖茶、帽盒茶,均为俄人所需,运销甚巨。此三种茶,湘鄂产居多,闽赣较少,向为晋商所运。"⑥

清代是山西茶商的大发展阶段。而在这个阶段,它由国内贸易走向国际贸易,直接去俄罗斯等欧洲国家去贸易。"(光绪)七年议准,归化城商人贩茶至恰克图,假道俄边,前赴西洋诸国通商,清领部票,比照张家口减半,令交银二十五两,每票不得过一万二千斤之数。"⑦由此可知,山西

①《清圣祖实录》卷一六零,康熙三十二年十月丁酉。
②衷干:《茶市杂咏》,转引自彭益译编:《中国近代手工业史资料》第一卷,北京:生活·读书·新知三联书店,1957年,第304页。
③《于清端公政书》卷二《黄州府》。
④《清圣祖实录》卷一九四,康熙三十八年七月庚子。
⑤《清朝续文献通考》卷四十二,征榷考十四,第7961页。
⑥《刘坤一遗集》奏疏卷一,第17页。
⑦《清朝续文献通考》卷四十二,征榷考十四,第7965页。

茶商去欧洲贸易,清政府实行优惠政策,每茶票一张比张家口减收出口税一半。

山西茶商在它发展的中后期,已经区分为经营地域不同的两类茶商,一类是由产茶区到东西两口(张家口、归化)的茶商,一类是由东西两口贩茶至边疆各城镇以及俄罗斯等诸国的茶商。前一类茶商做的生意是茶叶加工和国内贸易,后一类茶商做的生意是边疆贸易和国际贸易。为了区分这两类茶商,我们姑且把前一类称作"内茶商",后一类称作"外茶商",它们的特征是:

"内茶商",也可称为纯茶商,只经营茶叶一种商品,主要特征是经营茶叶的收购、加工制作和运销,销售对象以外茶商为主,一般不与客户(或蒙古族、或俄商)进行以货换货贸易。祁县乔家堡乔氏开设的"大德兴"茶庄就是这一类茶商。该茶庄所订章程,说明了它的特征:

"一议:茶山人位,以及屡路发货者。光绪十四年(1888)号规中说屡路发货者为市洞两山、东西两口、兴化、营口、周村,以及清源、徐沟、通治等路货人位。

"一议:两山采办砖茶,务宜拣好买到,押工齐楚,押砖总要磁实,洒面均匀,以期到两口不受买主之挑驳,虽云如此,还要四处尽心检点,节省缴费,生意之间,南北相关,总是取利为佳。倘不尽心治理,货色低次,工不精细,必致有碍门市,那时置货者难辞其咎,望慎勿忽是幸。"①

这说明:第一,张家口、归化(今呼和浩特市)和多伦诺尔兴化镇是它贩茶往北最远的庄号,再往北就没有它的字号了,所以希望茶货符合质量要求,"以期到两口不受买主之挑驳"。第二、"两山是采办茶叶的地方,由两山至两口中间是"屡路发货者",并不销售茶叶。"两山"又称"市洞两山",一般指两湖羊楼洞一带茶区。第三,两山是设厂采办加工砖茶的地方,规定有质量指标,不是单纯贩茶的商人。

"外茶商",可称为不纯粹茶商,长途贩运以茶叶为主的商品,去蒙古、新疆以及恰克图与少数民族和俄商贸易。"外茶商"是"卖"出茶叶,

---

① 大德通光绪十年新议号规,见《山西票号史料》,太原:山西经济出版社,1990年,第601页。

"买"回牲畜、皮张等商品运回内地脱售,再买回茶叶,如此反复循环的不纯粹茶商。"外茶商"一般以驻张家口、归化城为大本营,采用分号制,将庄号分设库伦、恰克图、乌里雅苏台、科布多、古城、巴里坤、伊犁、塔尔巴哈台等城镇。它们贩运茶叶,均要具呈理藩院①请领部票,凭票贩茶。榆次车辋村常氏的茶庄,就是这一类的茶商。常氏大升玉、大泉玉、独慎玉是三大著名茶商,均设在张家口,除分驻恰克图外,独慎玉还去帝俄莫斯科贸易。恰克图俄商提不出以货换货的情况下,华商采取赊销方式与俄商贸易,延期付款期间,俄商周年八厘付息。光绪二十六年(1900),恰克图五家俄商倒闭,亏欠华商十七家货款79144卢布,其中亏欠常氏大升玉、大泉玉、独慎玉三家即416028卢布,占全部欠款的52.58%。②

二、"外茶商"的大本营与运输队

山西茶商有两个大本营,一是张家口,一是归化城。设在张家口的字号,多去库伦、恰克图以及俄罗斯等国贸易。设在归化城的字号,多去乌里雅苏台、科布多、塔尔巴哈台以及中俄边境贸易。

张家口是明隆庆五年(1571)设立马市允许汉蒙交易之后新兴起的商业市场。③ 张家口原本极为荒凉,诸物不产。自立马市后,召来全国各地商人,市场日益繁荣。"大市中贾店麟比,各有名称。如云:南京罗段铺、苏杭罗段铺、潞州绸铺、泽州帕铺、绒线铺,各行交易铺沿长五里许,贾皆争居之"。④"市井驵侩,无虑数百家,佣率千指"。⑤

山西商人来到张家口后,经过七十来年的经营,至明末它已是市场的主要操纵者,出现了八大家皆为晋商的优势。"八家商人者,皆山右人,明末时以贸易来张家口,曰:王登库、靳良玉、范永斗、王大宇、梁嘉宝、田生

---

①"理藩院",官署名,是专管蒙古、新疆、西藏少数民族事务的衙门。在未设"总理各国事务衙门(外务部前身)"之前,兼管对沙皇俄国的事务。
②清外务部档,恰克图内八甲华商宣统二年十二月初六日公具。
③《梅客生疏奏》卷一,《明经世文编》六,中华书局影印本,1962年,第4969页。
④《宣化府　风俗论》,《古今图书集成》。
⑤左承业修:《万全县志》卷十《志余》,道光版。

兰、翟堂、黄云发。自本朝龙兴辽左,遣人来口市易,皆此八家主之。"①清统一蒙古后,张家口成为通往蒙古贸易的要冲,顺治十八年(1661)六月设关征税,年额定为一万两。②商货在张家口纳税后,再不纳税,优惠的商业政策,诱发了山西商人赴蒙贸易的拼搏精神,从商者也愈来愈多。张家口"商业半为客籍人所经营,尤以山西及蔚县人为多,本地人商业势力甚微。"③

张家口市场的兴盛,带来城镇人口的增加,为城镇商民服务的各种工人和菜农兴起,"其土木工自山西来,巾帽工自江西来,他项来自外方者甚多"④。各色工人和菜农的增多,是因为"商贾之家,食鲜服丽,品竹弹丝,视世禄家犹胜"和"屋宇增爽垲,服饰竞鲜丽"⑤之故。

进入道光以后,张家口市圈拥挤不堪,不敷商铺居住,因有"朝阳村"的开辟,未几"铺户开设至二十余家,半系市圈分设"。市圈商人从恰克图运回俄国货,均先纳进口税,始在市圈内脱售。自从"朝阳村"开辟后,商人并不纳俄货进口税,或俟四五月出售后才纳税,因而张家口关监督奏请向朝阳村商铺征税,不然"将来市圈铺户纷纷迁至该处开设,恐有税之处俱成无税"⑥。那时,"有西帮茶商百余家,与俄商在恰克图易货。"⑦"东口贸易类多西商,每岁往还以数万人计"⑧。

有清以来,晋商在张家口势力的膨胀,蒙古的统一和对俄贸易是个决定因素。因而,在张家口的晋商,把它的分支机构设在库伦和恰克图也就成为必然。

库伦为蒙古第一大城,旧称苦另。其街市分为三部分,中为宫殿区,活佛宫殿所在西为喇嘛区,亦称西库伦,东为买卖城,亦称东库伦,又称东

---

① 左承业修:《万全县志》卷十《志余》,道光版。
② 《清圣祖实录》卷三。
③ 陈坦修:《宣化乡土志》,实业,康熙五十年抄本。
④ 吴廷华修:《宣化府志》卷三十二《风俗物产》,乾隆二十二年增补本。
⑤ 吴廷华修:《宣化府志》卷三十二《风俗物产》,乾隆二十二年增补本。
⑥ 《清朝续文献通考》卷三十,第7810页。
⑦ 清档,王先谦光绪六年十月二十六日奏折。
⑧ 《商有戒心》,《大公报》1902年11月11日。

营子,商场所在,商贾居此,"皆与鄂罗斯国贸易"①。"康熙年间,有山西商人来此经商,共有十二家。当时商会之组织,即为十二家各举一商董,称为十二甲首,在东营子造屋办公。"②从山西商人来到库伦以后,库伦、张家口、多伦的市场连成一大商业网络,库伦所需茶布"俱自张家口贩往"③,所需粮米"向在张口采办"④。这样,山西商人既与蒙民交易,又与俄商交易。晋商与俄商在库伦的贸易,是康熙二十八年(1689)中俄签订《尼布楚条约》后开始的,因为该约规定:"凡两国人民持有护照者,俱得过界来往,并许其贸易互市"⑤,于是有俄商来库伦贸易。"近日从库伦来色楞格斯克的专员米契尔·康达科夫说道:库伦有二十多万卢布的皮货待售。三个最大的俄罗斯商人是马蒂沃·埃费洛伊诺夫、米克里亚耶夫和维依亚特卡的波布罗夫。"⑥这是山西商人早期与俄商贸易的情况。

　　山西商人与俄商贸易,具有划时代意义的是《恰克图界约》。雍正五年(1727)中俄签订此约,恰克图辟为中俄贸易市场。恰克图,亦称"甲他城",距俄国莫斯科数千里,为喀尔喀西四部适中之区。俄方市圈称"恰克图",中方市圈称"买卖城",两木城毗连,中间仅一木栅栏相隔,"万货云屯,居然一都会也"⑦。

　　"买卖城"是山西商人兴建的。买卖城附近有苦另山(即库伦山),林木茂盛,取木建屋较易。出恰克图,俄罗斯皆坦途,且有池塘溪巷,大小舟航,络绎其间,是中俄间天然交通孔道。"贸易商民建立木城,起盖房屋,费力无多,颇为坚固"⑧。买卖城,南北向有三条街,长皆不到一里,中曰中巷子,东曰东巷子,西曰西巷子,东西向有一条街,约半里,曰横街。各街建有商屋及庙宇。中巷子亦曰正街,直接俄国驿路,来往车辆、牲口终

---

① (清)张穆:《蒙古游牧记》卷七《土谢图汗》,同治六年刻本。
② 见《内蒙地志》,转引自《山西外贸志》(铅印稿)上册,第 35 页。
③ 《清高宗实录》卷六二九,乾隆二十六年正月成辰。
④ 《李肃毅伯奏议》卷六。
⑤ 王铁崖编:《中外旧约章汇编》(第一册),北京:生活·读书·新知三联书店,1957 年,第 2 页。
⑥ [法]葛斯顿·加恩著,江戴华译:《早期中俄关系史》,北京:商务印书馆,1961 年。
⑦ (清)张穆:《蒙古游牧记》卷七。
⑧ (清)何秋涛:《朔方备乘》卷四十六。

日不绝。

在恰克图与俄商贸易的商号,可以说完全是山西商号的分店。清代后半期,尽管也有在归化城的晋商去恰克图与俄商贸易的记载,但在恰克图的晋商基本上是张家口分遣的。

初辟恰克图市场伊始,雍正十一年(1733)十月,山西汾州府汾阳县人朱成龙,持理藩院部票,携带绸缎、黄烟、陆安茶、白布、黑丝、剪刀、梳子、木碗、针、绒线、火镰、杓、纽扣等货20车,"由张家口出塞",赴恰克图贸易。①

乾隆二十八年(1763),查获"恰克图奸商小院子京张等,教唆俄罗斯,阻挠伯德尔格回人贸易,随降旨桑寨多尔济等,令其查拿,解赴热河治罪"。这个小院子,系汾阳县商人在张家口开设的"万盛永记"的伙计张宗恒、田昌"于去年(乾隆二十七年)七月、九月间,先后往恰克图贸易,铺中亦称为小院子"②。

由于去恰克图贸易者多系在张家口的山西商人,所以后人有个结论性的认识,"所有恰克图贸易商民,皆晋省人。由张家口贩运烟、茶、缎、布、杂货,前往易换各色皮张、毡片等物"③。

直至清末民初,恰克图各街较大商号:横街有"福德源""天和兴"两家;中巷子有"大升玉""恒隆光""锦泰亨""久成兴"四家;东巷子有"独慎玉""永玉亭""天庆隆""祥发永"四家;西巷子有"公和盛""璧光发""永公发""大泉玉"四家。④ 这14家大商号,我们可以认识的,也都是设在张家口的晋商字号。大升玉、大泉玉、独慎玉三家是榆次县车辋村常氏开设的。恒隆光是榆次史家开设的。锦泰亨是太谷县曹氏开设的,并且在库伦和俄国的伊尔库茨克、莫斯科设庄。祥发永是汾阳县王庭荣开设的。璧光发也是汾阳县商人开设的。仅所知的这七家,即占14家的一半。

---

① 中国第一历史档案馆编:《清代中俄关系档案史料选编:第一编》(上册),北京:中华书局,1981年,第272—274页。
② 《清高宗实录》卷六八八,乾隆二十八年六月壬辰。
③ (清)何秋涛:《朔方备乘》卷四十六。
④ 路履仁:《外蒙古见闻记略》,《文史资料选辑》第六十三辑。

凡此种种说明,有清以来,恰克图市场是由晋商经营的,而且是晋商在张家口商号派出机构。由此引申出一个问题,那就是晋商由张家口向恰克图贩运货物的运输问题。

张家口距恰克图,以直线计算,少则也在三千里以上。这条商路,按《蒙古鉴》记载,由张家口向西北逾阴山达沙漠,经察哈尔、内蒙伊林(今二连浩特)、外蒙古车臣汗部,逾汗山,经土谢图汗部之合克察呼都克而达库伦,再至买卖城。这条商路,从地理位置看,基本是当今经二连、集宁的中蒙、蒙苏铁路干线。在这条商路上,因多系沙漠地区,人烟稀少,城廓皆无,农牧民提供不出长途运力,加之进出口货物的往返运输,所以商人必须靠自身力量组织运输队。

晋商运输队分为驼帮和车帮。骆驼结队而行组织为"队"和"房"。15驼为一队,由二人骑马驾御。十队为一房,计驼150只,马20匹,赶驼人20。驼帮常数房伴行,列队像一条长龙,在沙漠中游荡。骆驼为沙漠之舟,行速快,驮量大,食草盐,且耐饥,比之牛马,是最经济的运力,故商人多用之。一驼驮茶四箱,由张家口至恰克图,"箱费银三两"①。

车帮,分驼车、马车和牛车三种。驼车深五尺,宽二尺多,二驼驾之。马车有二,一曰夹杆车,制同驼车;一曰蓬马车,载物不能载人,俗名哑巴车,三马驾之。牛车最小,深四尺许,广半之,一牛驾之,可载重500斤。这三种车,驼、牛车可同行,驼、马车则不同行。"盖马非草长不行,驼非毛长不行。驼毛落,草适长,故马、驼不常同行。"②

山西茶商的运输队,往来于张家口、库伦、恰克图间,对其从事贸易是个重要因素。如果茶商不组织运输队,在蒙古民间运输业不发展的情况下,要承担恰克图贸易的角色是不可能的。

三、晋商与恰克图贸易

恰克图贸易是中国与俄国的国际贸易,与广州海上贸易相对应,构成我国对外贸易的总体。因为晋商独占恰克图市场,中俄贸易也可以说是

---

① 姚明辉辑:《蒙古志》卷三《贸易》。
② 陈箓:《蒙事随笔》卷二,转引自《山西外贸志》(铅印本)上册,第113页。

晋商与俄商的贸易。因此,恰克图贸易发展状况,决定着晋商的发展状况。

恰克图贸易,自雍正五年(1727)开始至第二次鸦片战争签订中俄天津条约为止的130年间,可以称为兴盛时期。在这个时期,主要特点是:中俄贸易由京、恰两地贸易集中在恰地进行,贸易额由少到多,进出口商品变化,对晋商发展影响较大。

《恰克图界约》签订后,中俄贸易急速增长。据来自俄国恰克图税关的资料,国内有两种统计。

表1　各年度平均进出口货值[①]

年度	共几年	每年平均卢布	以1762年为100
1755—1762	7	713667	100
1775—1785	10	2590624	363
1792—1800	8	4640452	650.22
1801—1813	12	7567192	1060.32
1824—1833	9	10642022	1491.17
1840—1849	9	9365534	1312.31
1850—1859	9	8068767	1130.60

表2　几个年度的进出口货值[②]

年度	每年货值卢布	以1760年为100
1760	1358000	100
1775	2644000	194.69
1796	5100000	375.55
1810	13160000	969.07
1854	19680000	1449.18

[①] 姚明辉辑:《蒙古志》卷三《贸易》。
[②] 李康华等编著:《中国对外贸易史简论》,北京:对外贸易出版社,1981年,第420页。

这两种统计,有一致的,也有不一致的。在 1800 以前,数字虽略有差异,基本是一致的,说明是发展的;1801—1833 年,虽也都是发展的,但数字差异较大;1840 年以后,前项统计是减少的,后项统计仍是增加的,出现了两种截然发展不同的趋势。这种矛盾,限于工作条件,作者不可能重新统计,只好留作遗憾。

尽管如此,总的说恰克图贸易是迅速增长的。以前项统计为例,一百年间,1850—1859 年的平均贸易额比 1755—1762 年增长 10.3 倍。其间,1824 年后的二十多年间,出现了高峰,虽很快又降下来,但仍超过高峰前的贸易额。

恰克图贸易对晋商所发生的影响,有下列诸因素。

第一,俄国商队来京贸易的停止,中俄贸易集中在恰克图,为晋商发展提供了条件。恰克图界约签订之初,中俄贸易因为仍准我国商队"每间三年进京一次"贸易①,恰克图贸易甚微。这是因为俄国政府为了保护官方商队来北京贸易的利益,对恰克图贸易做了种种限制。比如,俄国禁止粮食、牲畜和毛皮等出口,为的是不给边疆驻防清军军需补充。由于这样,俄商来恰克图者少,贸易额很少。1728 年(雍正六年)8 月 1 日至 9 月 2 日,中俄只有十个商人在恰克图换货,②致初期每年交易额不满 10000 卢布。

在俄国限制牲畜等出口、来恰克图俄商又不多的情况下,与晋商大量携货赴恰克图贸易形成矛盾。晋商为了脱货出手,被迫在边疆与俄商走私。雍正十二年(1734)三月,山西汾阳县商人朱成龙带去的二十车货,在边界与俄商走私,共换得骆驼十二只,马一百二十匹,牛十六头,③因违例受到处罚。

俄商来京贸易对俄国有利,他们从中可以获得很大的利润,但对中国安全不利。鉴于恰克图贸易已经开通,为避免俄商出入境的麻烦,在乾隆二十年(1755),清政府决定停止俄商来京贸易,将中俄贸易全部集中恰

---

① 王铁崖编:《中外旧约章汇编》(第一册),第 8 页。
② 《外贝加尔的哥萨克》,转引自《山西外贸易志》上册,第 46 页。
③ 中国第一历史档案馆编:《清代中俄关系史档案资料选编:第一编》(下册),第 326 页。

克图进行。

从此,清政府在恰克图设官稽查,并规定了各商赴恰克图贸易的制度。乾隆二十四年(1759)议准:"库伦、恰克图贸易事务日繁,驻扎司官应给关防各一颗。凡各商至库伦、恰克图者,皆给以理藩院票。由直隶出口者,在察哈尔都统或多伦诺尔同知衙门领票。由山西出口者,在绥远城将军衙门领票。以该商姓名、货物及所住之地起程日期,书单粘合院票,给与其已至所住之处。又欲他往者,许呈明该处将军大臣扎萨克改给执照。其各商领票后,至库伦者,由库伦办事大臣理藩院司官稽查。至恰克图者,出卡伦时,由卡伦上会哨之扎萨克稽查,至商集,由恰克图理藩院司官稽查。"①在这一政策推动下,斯年大批晋商涌向恰克图。官吏方观承言:"查赴恰克图、库伦贸易商民,多在张家口设有铺房,其资本较厚者六十余家,依附之散商约八十余家"②,从而促进了恰克图贸易的发展,俄国税关也有了逐年进出口货值的统计。

在恰克图贸易迅速增长中,俄国牲畜和皮毛的进口,对驻扎边境清军军马、军衣的补充,较比由内地运来要方便得多,于是喀尔喀(即外蒙古)亲王桑斋多尔济奏请,发官银令商民承办军马,也是贸易增长的一个因素。"查内地商民,于恰克图购买俄罗斯皮张等物,于布里雅特购易俄罗斯马匹,于军需有益,或以官银令商民承办,或仍令商民置买,每年可得一二千匹"③。在乾隆帝批准这一奏请的数年间,喀尔喀亲王所需马匹,也就通过晋商在恰克图贸易中得到补充。

第二,恰克图贸易进出口商品的变化,使晋商成为以出口茶叶为主的商人。十八世纪下半叶,恰克图贸易年平均额,由71万多卢布增加到464万多卢布,增长了5.5倍。这期间,俄国的出口货主要是毛皮,占85%左右,其次是毛呢、皮革和其他制成品。中国出口货主要是棉织品和丝织品,其中以土布为主,占85%—90%,④茶叶只占很小的比重。1755—1760

---

① (清)何秋涛:《朔方备乘》卷三十七。
② 清理藩院档案,方观承乾隆二十四年二月初三日奏折。
③ 《清高宗实录》卷五八零,乾隆二十四年二月丙辰。
④ 李康华等编著:《中国对外贸易史简论》,第420页。

年贸易额为713667卢布,茶叶值只48048卢布,①仅占进出口货值的6.7%。到了十九世纪上半叶,一方面沙皇俄国棉纺织业有了较大发展,不仅不从中国进口土布,还向中国输出棉布,另一方面俄国各阶层对茶叶消费成为必需。在这些因素作用下,中俄双方出口商品有了变化。俄国输入中国的商品,棉布和其他工业产品占65.4%,毛皮下降为23.7%。②中国输往俄国的商品,茶叶逐年增多,已占主要地位。茶叶出口,以价值计之,嘉庆年间(1796—1820)为228499卢布,同治年间(1862—1874)增至5976204卢布,③增长25.15倍,以数量计之,1798—1800年平均5万—7万普特,1801—1830年平均14.3万普特,1850年则增为30万普特④,五十年间增长了5倍。

十九世纪上半叶以来,恰克图贸易进出口商品的变化,参与恰克图贸易的山西商人,经营商品的性质,也就由以出口其他商品为主转变为出口茶叶为主了。这就是我们把晋商称为茶商的缘故。也因为晋商以出口茶叶为主,外国人记述恰克图中国商号时,也多记述它们一年内出口多少箱茶。1838年一个记载⑤记录了32个商号和商人,一年内出口茶叶83147箱。以每只骆驼驮四箱茶计算,从张家口至恰克图要用驼20786只,说明规模是不小的。

中国出口商品,由土布为主转变为茶叶为主,不待说对国内茶树种植和茶叶加工业都是有推动作用的,商人从中获利更是不说自明的。这里要指出的是,中国茶叶出口,对沙皇俄国来说,不只是满足了居民消费需要,而且给它带来更多的利益。这种利益有两层,即商人获利,财政收入增加。十九世纪上半叶,恰克图的关税收入,占俄国全部关税收入的15%—20%,而所征关税又以进口茶税为主。1841—1850年十年间收茶税4808084卢布,1851—1860年十年间又收茶税4827990卢布,⑥二十年

---

① 姚明辉辑:《蒙古志》卷三《贸易》。
② 李康华等编著:《中国对外贸易史简论》,第421页。
③ 姚明辉辑:《蒙古志》卷三《贸易》。
④ 李康华等编著:《中国对外贸易史简论》,第421页。
⑤ [俄]瓦西里·帕尔申:《外贝加尔边区纪行》,转引自《山西外贸志》上册,第64—65页。
⑥ 姚明辉辑:《蒙古志》卷三《贸易》。

税旺不衰。

第三,贸易方式由以货易货开始向部分银货交易转变,有利于晋商长途贩运贸易。恰克图贸易原本是以货易货性质,由两国商人定价,互换各自出口商品。这种贸易方式,对山西商人说来,往返运货,脚费加大,熬累较多。当恰克图贸易中国处于出超时,俄商不得不以白银来归结。这种以白银交易,起初因为沙俄禁止白银出口,在一段时间里,是以"工艺品"名义交换的。1858年,俄国允许以白银交易后,贸易方式才算开始有了变化。据载,斯年俄国恰克图税关统计,出口白银值227840英镑,商品值858554英镑,合计出口值1086394英镑。① 由此得知,白银交易占贸易额的20.97%。白银的流入,以及清末卢布(纸币)的流入,都是中国出超决定的。同时,在贸易出超的情况下,由于俄商不能随交易支付硬货币,曾发生华商向俄商赊销货物或华商向俄商放款的交易方式。

第四,乾隆年间,清政府对沙俄两次违约关市的制裁,为晋商发展创造了更加和平的贸易环境。在《恰克图界约》签订之时,为保证贸易的顺利进行和两国商民的安全,第十条规定:"两国嗣后于所属之人,如有逃走者,于拿获地方,即行正法。如有持械越境杀人、行窃者,亦照此正法。如无文据而持械越境,虽未杀人、行窃,亦酌量治罪。军人逃走或携主人之物逃走者,于拿获地方,中国之人,斩;俄国之人,绞。其物仍给原主。如越境偷窃骆驼、牲畜者,一经拿获,交该头人治罪。其罪初犯者,估其所盗之物价值,罚取十倍。再犯者,罚二十倍。三次犯者,斩。"②

对于这样的条约,俄方并不认真执行。先是乾隆二十九年(1764)俄贼窜入我国境内窃掠,俄方借词抵赖不予查处,加之增收中国商品进口税,故在乾隆三十年十一月十九日(1765年12月30日),乾隆帝降旨停止恰克图贸易。"恰克图贸易一事,近因俄罗斯不遵旧例,违背禁约,甚至多收货税,苦累商人,是以降旨停止。"③当降旨停市之后,中国一个叫"丑达"的官吏,伙同喀尔喀亲王桑斋多尔济私与俄罗斯贸易,结果立即被

---

① 莱温斯特:《在黑龙江流域的俄罗斯人》,转引自《山西外贸志》上册,第70页。
② 王铁崖编:《中外旧约章汇编》(第一册),第9页。
③ 《清高宗实录》卷七百四十九。

"正法"①。这次停市二年又八个月,固然对晋商不利,但对俄国尤关重要。因为,"俄罗斯地虽富庶,而茶布等物,必须仰给内地(中国),且其每年贸易,获利甚厚,不能不求我通市。"②这是清政府预计到的。所以决定停市,"原以俟其自知悔过,抒诚祈请,再准其通商贸易"③。后来,经俄方的请求,理藩院议定十三条,行知俄罗斯廓密萨尔,"廓密萨尔——钦遵办理",于乾隆三十三年八月十二日(1768年9月2日)"著准其通商"④,并于乾隆三十三年九月十九日(1768年10月30日)中俄签订了《修改恰克图界约第十条》,明确规定:"规定于前契约第二条者关于边境各自禁止臣民之掠夺及逃走方法,有隐约不明之观,故全然废弃此契约之第二条,而制定当遵守之新法律以代之也。从现契约,则两国各为欲使此等事件之不生,今后不可不警戒其臣民。若于国境上发现其痕迹,又有通知如此意外之事时,边界之头人等要迅速且确实搜查之。若反之,而彼等图自己之利害怠其义务时,两国家当各从其本国之法律处罚彼等。"⑤

尽管条约规定得明明白白,沙皇俄国还是一犯再犯。乾隆五十年(1785)春,又发生了俄国布里雅特数人抢劫我商民的事件。虽然俄方查捕了罪犯,又经中俄双方会审,证据确实,俄方不予处理,却私放了罪犯。于是清政府又一次决定停止恰克图贸易。经过几年的交涉,俄方处死罪犯之后,复于乾隆五十六年(1791)冬,"准其所请,开关市易"。并在乾隆五十七年正月二十八日(1792年2月20日)中俄签订的五条《恰克图市约》中,明确告诫俄方,"若复失和,罔再希冀开市"⑥。

清政府两次关市缔约,维护了国家主权,打击了沙俄违约行为,从而为恰克图贸易争得了和平环境。正是俄方悔过,不敢再违约,从十八世纪末到十九世纪六十年代,再没有发生俄贼抢劫我商民事件,有利于晋商的发展。也正因为争得和平环境,才使恰克图贸易在第二次开市后迅速得

---

①赵尔巽等:《清史稿》卷十二,中华书局点校本,第471页。
②《清高宗实录》卷八百七十一,乾隆三十五年十月甲午。
③《清高宗实录》卷七百四十九。
④《清高宗实录》卷八百一十六,乾隆三十三年八月丁卯。
⑤王铁崖编:《中外旧约章汇编》(第一册),第27、29页。
⑥王铁崖编:《中外旧约章汇编》(第一册),第27、29页。

到发展。

四、晋商引导农民种茶并自设制茶工场

山西商人从经营茶叶生意以来,中国所有的产茶区都留下它的足迹。中俄恰克图通商以后,山西茶商经营茶叶数量增加,而且贩运路线延长。在这样的情况下,对商人来说,开辟较近的茶区,缩短贩运路程,节省费用,增加利润,自是意中之事。

在中国,商人引导农民种茶,有文字记载的,要数山西商人。明末清初,它往湖南安化及湘江沿岸采办茶叶时,由汉口出发,必经湖北武昌府之蒲圻、崇阳和湖南岳州府之临湘、巴陵之地。久而久之,眼观耳闻,发现彼地是个天然产茶良区,于是指导土人种茶,为其经营建立茶叶基地。

蒲圻县,素有"六水三山却少田"之称。① 土地肥沃,雨量充沛,空气湿润,气候温和,适于条树生长。羊楼洞(亦称羊楼司。有的把羊楼洞、羊楼司误为两地名)"距县六十里,群峰岈崿,众壑奔流。其东有石人泉,其西有莲花洞。洞下有莲花寺,出洞口为港口驿"②。港口驿是湖北、湖南两省交界重要通衢,距港口驿不远,即湖南临湘县聂家市,进而直达临湘、巴陵(今岳阳)。

这里的问题是,山西茶商何时开始引导农民种茶?有人说:"其起源虽不可考,但据地志所载,前清咸丰年间,晋皖茶商往湘经商,该地为必经之路。茶商见该地适于种茶,始指导土人教栽培及制造红绿茶之茶",而且"羊楼洞之始有砖茶,始自光绪初年,由山西茶商开其端"③。

如果,山西茶商指导蒲圻农民种茶属实的话,那么蒲圻种茶起始绝不是"前清咸丰年间",而是很早已经种茶产茶了。

康熙十三年(1674)四月,任武昌府知府的于成龙,在上湖北巡抚张朝珍禀文中,叙述蒲沂归民时写道:"村落击鼓插秧,山中采茶肩担,沿河

---

① 道光《蒲圻县志》卷四《风俗》。
② 乾隆《蒲圻县志》卷二《山川》。
③ 戴啸洲:《湖北羊楼洞之茶叶》,《国际贸易报告》5卷5期《茶叶专号》,民国二十五年。

船只贸易"①,种茶已久。

乾隆年间,蒲圻产茶区,主要分布在"县东南以西崇山峻岭"地带。②

周川偁所著《莼川竹枝词》一书中诗云:"三月春风长嫩芽,村庄少妇解当家。残灯未掩黄粱熟,枕畔呼郎起采茶。"③

在嘉道年间,已经有山西商人经营蒲圻茶的记载:"压作方砖,白纸封,别有红笺。书小字:'西商监制,自芙蓉'"。芙蓉,全称"芙蓉坡",在蒲圻县南。"每岁西客于羊楼司、羊楼洞买茶。其砖茶用白纸缄封,外粘红纸,有'本号监制,仙山名茶'等语"④。

资料表明,蒲圻在康熙初年已经是"山中采茶肩担",嘉道年间也有了"西商监制"的砖茶,怎能是蒲圻种茶始于"前清咸丰年间"？又怎能是砖茶"始自光绪初年,由山西商人开其端"呢？显然是不确切的。

蒲圻茶大发展后,"四乡皆产之",凡"上阜及平原地无不种茶获利"。除产砖茶外,还产红茶、黑茶、青茶。在青茶中,以"龙团、雀舌至贵重"⑤。

在蒲圻农民种茶获利的影响下,崇阳县龙泉山一带农民也种茶谋利。龙泉山,"周二百里,邑南山之最大者","山民多种茶",至同治年间,"今四山俱种,山民藉以为业。"⑥

随着茶树种植的增加,采茶与加工业得到发展。每到采茶季节,茶农都要临时雇用许多男女工人采茶,并将茶叶卖给羊楼洞茶场,加工制作砖茶。羊楼洞在盛时,制造砖茶的大茶庄,达17个分庄,各茶庄从业人员达数百人之多。⑦

山西商人在羊楼洞开设制茶工场,是手工业生产。制茶期间,"该地数千农民及其家族"被商人雇用,"从事制造砖茶"⑧。茶场雇用工人,为

---

① 《于清端公政书》卷四《武昌书》。
② 乾隆《蒲圻县志》卷十三《风俗》。
③ 道光《蒲圻县志》卷四《风俗》。
④ 道光《蒲圻县志》卷四《风俗》。
⑤ 民国《蒲圻乡土志》,1933年,第64、78、123—125页。
⑥ 同治《蒲圻县志》卷四《物产》。
⑦ 尚钺:《中国资本主义关系发生及演变的初步研究》,北京:生活·读书·新知三联书店,1956年,第115页。
⑧ [美]威廉·乌克斯(William H.Ukers)著,上海茶叶研究社翻译:《茶叶全书》(上),上海:开明书店,1949年,第165页。

计日、计件工资制。男工一人一日制茶 300 两者,工资 18 分至 20 分白银。

制茶的方法是:

一曰:"原料多为二茶或三茶,茶叶长约一时,味强,一般称为老茶。压力多为木制平压机。"①

一曰:"其压制法极为幼稚,置茶于蒸笼中,架锅上蒸之,倾入模型中,置木架压榨器中,借杠杆力榨之。移时,在模中托出,放于楼上,听其自然干燥。"②

一曰:"采粗茶入锅,用火炒,置布袋揉成,收者贮用竹篓。稍粗者入甑蒸软用。稍细之叶,洒面压成茶砖,贮以竹箱,出西北口卖之,名黑茶。"③

山西茶商开设的制茶工场,使商业与工业结合,商业资本转化为工业资本,具有资本主义生产特征。这种特征,是中国古代社会的普遍现象,在山西境内的铁冶、颜料、旱烟等等商人中也屡见不鲜。

应该看到,山西商人开设制茶工场,既推动了当地农民以追求价值为目的的茶叶生产,又对其他手工业生产发生重要影响。砖茶要用纸做包装,装箱离不开木箱或竹箱,这就必然要带动造纸、竹器等手工业的发展。蒲圻县南山之东,有一地方名曰"纸棚,左有洞,右有泉,其居人曰郑氏。凡四十余户,除数耕者外,悉以造纸为业","治棚下者,约百余人,每岁值可获五六千金。凡此数十户,一切食用皆取给于此"。④ 崇阳县也因为茶叶生产发展,带动了"木工、锡工、竹工、漆工"等行业的发展。⑤ 这就叫:纲举目张。

山西茶商十分注重信誉,从不粗制滥造。由于砖茶做工精细,按质分级议价。所以在羊楼洞、安化每年茶叶开盘时,往往比其他商帮制作的茶,价格要高出五厘至一分。这就是山西商人的生财之道。

---

① [美]威廉·乌克斯(William H.Ukers)著:《茶叶全书》(上),第 165 页。
② 戴啸洲:《湖北羊楼洞之茶叶》,见《国际贸易报告》1936 年第 5 卷第 5 期"茶叶专号"。
③ 同治《崇阳县志》卷四《物产》。
④ 道光《蒲圻县志》卷四《风俗》。
⑤ 同治《崇阳县志》卷四《物产》。

五、沙俄侵略时晋商的影响

如果说中俄恰克图贸易,长时期内是一个主权国家与另一个主权国家平等互利贸易的话,那么第二次鸦片战争以后的中俄贸易就是强国侵略弱国的不平等贸易。随着沙俄对中国侵略的加剧,恰克图贸易减少,山西茶商衰退。

沙俄对中国的侵略,在十七世纪初叶已经开始,除蚕食中国东北、北部和西北领土之外,在经济上妄图打开中国门户,任其自由贸易。恰克图通市后,"向例只准在恰克图地方通市贸易,本有一定界限"。嘉庆十一年(1806)初,俄国商船,擅自驶至广州,恳请赴关卸货,清政府"照例驳回",并告知海关,"嗣后遇有该国商船来广贸易者,惟当严行驳回,毋得擅准起卸货物,以照定例。"①道光二十七年(1847)六月,俄国达喇嘛请在新疆塔尔巴哈台、伊犁、喀什噶尔通商,清政府"不许"②。这说明在经济上,俄国虽欲打开中国门户,由于清政府还有一定力量,它们的妄想终归没有得逞。第二次鸦片战争以后,情况发生了重大变化。这种变化表现在中俄两方面。在十九世纪四五十年代,资本主义在俄国获得进一步的发展,沙俄侵华野心随之急剧膨胀,它利用同中国边界相接的条件,左右开弓,加紧了对中国的经济侵略。而清政府则日益腐败,积弱愈加暴露,再没有抗争的能力。

俄国资本主义带有浓厚的封建残余,经济实力是相当脆弱的。这一特点,决定了它的对外经济掠夺,必然是把资本主义掠夺与封建的军事扩张结合起来,用军事的外交的力量弥补资本主义经济实力的不足。沙皇俄国是强迫中国订立不平等条约最多的国家之一,从1851—1903年达59件,其中直接与经济贸易有关的占一半以上。

沙俄依据一系列不平等条约,在中国取得种种经济贸易特权。其中,对山西茶商影响最大的,一是可在沿海沿江和内陆二十多个商埠自由贸

---

①《清仁宗实录》卷五十六,嘉庆十一年正月戊辰。
②赵尔巽等:《清史稿》卷十九,中华书局点校本,第701页。

易,诸如上海、宁波、福州、厦门、广州、台湾(台南)、天津、汉口、九江、芝罘(登州)、汕头、伊犁、塔尔巴哈台、喀什噶尔、库伦、张家口、吐鲁番、哈密、乌鲁木齐、古城、乌里雅苏台、肃州等城镇。这是写在条约上的,没有写在条约内,而实际去贸易的内陆城镇还有许多。二是陆路贸易准予减免商税。1860年《北京续增条约》第四条规定,俄国商人可在中俄交界各处,"随便交易,并不纳税"①。1862年《陆路通商章程·续增税则》第一条规定,俄商在中国边界百里内免税贸易;第二条规定,"俄商小本营生,准许前往中国所属设官之蒙古各处及该官所属之各盟贸易,亦不纳税";第四和第五条规定,"俄商路经张家口,按照运津之货总数,酌留十分之二于口销售"。"其留张家口二成之货,亦按税则三分减一"②。俄国商人攫取的这些特权,对山西商人所产生的影响是严重的。

首先,俄商过去完全依靠晋商提供茶叶的贸易,改变为主要由俄商在中国各茶区设栈收购和设厂制造砖茶,打击了中国整个茶商。山西茶商既设场制茶,又长途贩运,俄国商人为与晋商竞争,并从货源上卡住晋商,一开始就在茶区设栈收茶和设厂制茶,而且是机器制茶。据说,1864年俄商学会了制茶方法,③在九江、汉口自设机制砖茶厂四所,"在汉口者规模尤大,每年共产砖茶四十万担"④。到了光绪十七年(1891)年,因为俄商茶厂发展迅速,中国砖茶,90%来自汉口,10%来自九江和福州,福州三家华商开设的机制茶厂,营业一落千丈,相继停闭歇业。俄商所制砖茶,不仅销往俄国,而且"运至英法各国,群喜购用",严重地打击了中国茶商,使沙俄掠购华茶的数量逐年增多,直至清末,占整个华茶出口量的一半以上。详见表3⑤。

---

① 王铁崖编:《中外旧约章汇编》(第一册),第150页。
② 王铁崖编:《中外旧约章汇编》(第一册),第180页。
③ 1888年海关贸易报告。
④ 《清朝续文献通考》卷三八五,实业考八,324页。
⑤ 摘自李康华等:《中国对外贸易史简论》附表6,第499页。

表3　1868—1911俄商购茶数统计表

年度	俄商购茶数(担)	占华茶出口%	年度	俄商购茶数(担)	占华茶出口%	年度	俄商购茶数(担)	占华茶出口%
1868	13251	0.86	1883	439090	20.35	1898	946500	61.50
1869	111888	7.2	1884	503728	22.24	1899	924800	56.70
1870	83355	5.9	1885	596678	20.31	1900	708200	51.17
1871	317285	16.8	1886	768857	27.0	1901	632300	54.60
1872	316996	16.4	1887	782857	28.98	1902	903200	59.46
1873	373543	20.6	1888	920110	32.65	1903	850700	50.20
1874	198455	11.0	1889	595502	27.01	1904	424110	29.23
1875	403967	20.5	1890	642193	36.02	1905	600400	43.86
1876	427547	21.9	1891	690196	38.84	1906	939100	66.89
1877	347134	17.0	1892	571477	34.12	1907	988700	61.41
1878	336467	17.2	1893	737285	39.84	1908	965000	61.23
1879	516862	24.8	1894	834165	40.02	1909	917700	61.22
1880	464961	21.0	1895	97440	52.22	1910	974400	62.42
1881	508009	22.4	1896	970400	56.65	1911	827000	56.53
1882	429096	19.8	1897	864800	56.45			

四十间，沙俄掠购中国的茶叶，由占全部出口量的百分之几上升到五十六以上，从而代替了老牌英帝国的掠夺，成为侵略中国的主要凶手。

其次，自从俄国侵入中国沿海沿江和内陆各地之后，中俄贸易路线发生了变化，由恰克图一路贸易，变为四路贸易，晋商再不是中俄贸易的主要承担者。"俄人之运货回国也，取道凡四：车驼辇载出恰克图，而达于东悉毕尔者，为咸丰以前之故道；驾巨舰泛海徂西，以达于波罗的海者，为通商以后之孔道；出图门江北，以达东海之滨者，辛酉(咸丰十一年)后新拓地也；其自汉口西北行出嘉峪关，以达西悉毕尔者，自光绪五年始。维时改约未成，而四路通商端倪已著。盖哈萨克浩罕诸部，新归属隶，地加广，人加众，需物加多，而茶尤钜焉。七年定约，允以嘉峪关为通商口岸，而往来益盛。"①

---

①《清朝续文献通考》卷四十二，征榷考十四，第7964页。

中俄贸易路线由一条变为四条,无疑要扩大贸易量,从1871年后的四十年间增长了44倍。详表4①:

表4　1871—1911中俄进出口货值统计表　　单位:千海关两

年度	进出口货值	指数	年度	进出口货值	指数	年度	进出口货值	指数
1871	1507	100	1885	5147	341	1899	22079	1465
1872	2892	192	1886	7242	480	1900	16741	1110
1873	3046	202	1887	7769	515	1901	12640	838
1874	2476	164	1888	7801	517	1902	12146	805
1875	4564	303	1889	8055	534	1903	15135	1003
1876	4476	297	1890	9154	607	1904	9523	631
1877	5139	341	1891	12193	809	1905	11449	759
1878	3491	231	1892	7594	503	1906	19341	1283
1879	4759	315	1893	10267	681	1907	18114	1201
1880	5527	366	1894	12081	801	1908	38211	2535
1881	5666	375	1895	17504	1161	1909	55847	3705
1882	4962	329	1896	17135	1137	1910	62008	4114
1883	5971	396	1897	19852	1317	1911	67983	4511
1884	5756	381	1898	19552	1297			

海关册的统计,反映了中俄贸易发展的趋势,但不一定包括全部中俄贸易。虽然贸易额是增加的,从零碎资料看,恰克图贸易却占比重很小。比如,光绪十一年(1885),恰克图进出口货值为9028006卢布(约折白银7086984两),②而嘉峪关通商的十年后,岁出口茶十余万担,运去之茶,占运俄茶的三分之一。其中,光绪十三年(1887)出口货值为902万余两,③已经超过恰克图的出口货值。

----

①据李康华等编著《中国对外贸易史简论》附表5编制。
②姚明辉辑:《蒙古志》卷三《贸易》。
③《清朝续文献通考》卷四十二,征榷考十四。

在恰克图贸易只占中俄贸易一小部分的情况下,所有进出口货值并不全由晋商经营,而有相当部分是俄商亲自经营的。这一情况,由张家口关税短收得到说明。"伏查张家口税务,向以南茶,并恰克图皮毛等货为出入大宗,次则进口牲口,均系内地商贾往来贩运,是以从前税课丰旺。及至俄国通商后,所有大宗茶货,俱由俄商自行贩运,悉皆照章免税,内地商贾渐多歇业,因之每岁额征均属短绌。"①关税短收,既影响清政府财政收入,又使山西商人生意减少。因为"俄商在汉口开设洋行,将红茶、砖茶装入轮船,自汉运津,由津运俄,运费省俭,所运日多,遂将山西商人生意占去三分之二"②。

其三,从统计看,中俄贸易中国处于出超地位,似乎对中国经济有利,实则是对中国的掠夺。十九世纪九十年代及其以后二十年间进出口贸易情况说明这一情况③:

表5　1981—1911中俄进出口货值统计表　单位:千海关两

年度	出口货值	进口货值	出(+)入(-)	年度	出口货值	进口货值	出(+)入(-)
1891	11529	1064	+10465	1902	10911	1234	+9677
1892	7043	550	+6493	1903	12777	2365	+10422
1893	9383	883	+8500	1904	5065	4467	+598
1894	11023	1058	+9965	1905	9432	2077	+7365
1895	15602	1902	+13700	1906	18786	554	+18232
1896	14906	2229	+12677	1907	17201	913	+16288
1897	16410	3442	+12968	1908	29558	8652	+20906
1898	17798	1754	+16044	1909	45432	15415	+30017
1899	18556	3522	+15034	1910	45691	16046	+29645
1900	12374	4273	+8101	1911	50717	17265	+33452
1901	9280	3360	+5920				

①清度支部档,张家口关监督启约光绪二十三年九月初一日呈文。
②《刘坤一遗集》,转引自《山西外贸志》上册,第83页。
③据李康华等编著《中国对外贸易史简论》附表5编制。

二十一年间,中国年年出超,累计总额达29645.9万两,占出口货值的76.12%。反过来说,那就是由俄国输入中国的货值,仅占中国输往俄国货值的23.88%。如此庞大的出超货值,俄国并没有支付给中国硬通货,而是凭借强权政治和经济手段掠夺中国人民的财富填补的。这主要表现为中日甲午战后俄法借款的还本付息和索取的庚子赔款。1896—1911年,俄法借款还本付息共13388794英镑,①折合白银93894856两。自光绪三十年(1904)六月至宣统元年(1909)十二月(中缺六个月),上海江海关共支付各帝国主义国家在华银行庚子赔款102558584两,其中华俄道胜银行达3200206两,占31.2%。② 俄法借款和庚子赔款两项,俄国掠夺中国人民财富达125895062两,占中俄贸易中国出超额的42.46%。

掠夺之外就是卢布大量流入中国。卢布是俄商直接带进来的,用以收买中国货物。从清政府外务部档案中看到,光绪二十八年(1902)以后,俄国商人在中国由东到西的北半部地区,简直是横冲直撞,无处不至。"前准俄雷使照称,近年经张家口、归化城、哈密、乌鲁木齐俄国货帮数目,每见加添"③;"恰克图俄商索毕尼润福、穆鲁察诺夫等,将本国货物,送往蒙古南之阿拉善,为与甘肃西宁交界常川往来"④;科布多所属"迤北边界,无不与俄境毗连,随处能来,故俄商多由彼界迳至各游牧","至俄属又有缠头、安集延、诺果依各项国民,则又均由新疆西路边界前往阿尔泰山、哈巴河一带贸易"⑤;自库伦至察哈尔一带,更是俄属布里雅特商人"往来运货之通衢"⑥。

据库伦办事大臣光绪二十九年(1903)五月后的几件报告,七批俄商至多伦诺尔贸易,除马匹、骆驼、车辆带各种皮张马尾之外,带卢布24140张,银票30张,用以换取中国货物,从而把卢布带入中国各地。

年长日久,渐渐在中国北部形成一个卢布流通区,甚至有的地方卢布成为市场主要交换手段。黑龙江驻防大臣依克唐阿说:"奴才于光绪初年

---

① 徐义生:《中国近代外债史统计资料》,北京:中华书局,1962年,第74页。
② 清农工商部档案,江海关《经理洋款按月放款清册》。
③ 清外务部档,张家口关监督觉罗隆瑞光绪二十九年八月十一日呈复文。
④ 清外务部档,陕甘总督崧蕃光绪二十八年十一月初八日咨文。
⑤ 清外务部档,科布多参赞大臣光绪二十八年四月二十二日奏折。
⑥ 清外务部档,察哈尔都统奎顺光绪二十八年八月初五日咨文。

在黑龙江付都统任内,亲见瑷珲商贾行用皆系俄帖,且华商购办货物,必须以银易帖,始可易货,以致边界数百里俄帖充溢,不下数百万。迨后调任珲春,见华俄互市仍以俄帖为重。"①又比如吉林城,华商顺升公号,一方面向俄商润罗列夫借卢布5000;另一方面俄商米哈一勒一,又欠顺升公号牛价等货款6300卢布,②简直成了卢布的市场。卢布的流入,给中国人民带来极大的损失。

山西商人在遭受俄国势力种种打击之后,在恰克图的贸易一落千丈,大多数店铺歇业倒闭。恰克图贸易兴盛时,山西商人设有商号一百四十家,清末只留下二十多家,减少了七分之六。俄国侵略势力对晋商的打击是严重的,当然也不是没有一点生意可做。清末留在恰克图的山西商人,一般来说都是一些资本雄厚,经营规模较大的商人,不仅在恰克图贸易,而且在俄国"莫斯科、多木斯克、耶尔古特斯克、赤塔、克拉斯诺亚尔斯克、新西伯利亚、巴尔纳乌、巴尔古今、比西克、上乌金斯克、聂尔庆斯克"③、"乌丁斯克、伊尔库茨克"④等城镇设有字号,销售茶叶等中国货。他们在恰克图的贸易,数额也还不小。清外务部档案中一件资料记载,恰克图十七家华商,光绪二十四、五年(1898、1899),售与五家俄商红茶、砖茶、曲丝绸等货值,共计791440卢布。每家华商交易额如下表:

表6 光绪二十四、五年恰克图华商售与俄商货值统计表

华商字号	五家俄商共欠及各欠数					
	共欠	俄哨克	噶尔绍克	吓尔内个夫	哨达个夫	米得尔样夫
祥发永	42351	17182		17169	8000	
大升玉	145398	36564	80986	13126		14722
大泉玉	120817	32659	73373	4588		10197
独慎玉	149813	49061	54267	32828	9720	3937
兴泰隆	44506	44030		476		
璧光发	27165	27165				

①《皇朝道咸同光奏议》卷十一户部,《议复依克唐阿请行钞法疏》。
②清外务部档,东三省总督徐世昌光绪三十三年六月二十二日咨文。
③路履仁:《外蒙古见闻纪略》,《文史资料选辑》第六十三辑。
④陈箓:《蒙事随笔》,《喀驻扎库伦日记》卷三。

续表

华商字号	五家俄商共欠及各欠数					
	共欠	俄哨克	噶尔绐克	吓尔内个夫	哨达个夫	米得尔样夫
公合盛	46412	10680	20175	8939		6618
万庆泰	54611	10334	7315	27933		9029
公合浚	28729	6299	22430			
广全泰	1867	127	1740			
复源德	34198		14286	9414	2406	8092
大珍玉	45766		6494	35406		3866
永和玉	27682		10722	16960		
兴茂盛	4185			4185		
天和兴	2346			2346		
锦泰亨	12954			9102		3852
永玉恒	2640			147		2493
合计	791440	234101	291782	182619	20126	62806

中俄恰克图贸易，以及两国商人在彼国城镇的贸易，按照国际惯例，两国政府均负有保护的责任。在华俄商，凡遇有华商欠款，俄国驻华公使均要照会清政府，责成地方政府立案帮助催收。然而，俄国政府却不这样做。上述 5 家俄商，光绪二十六年（1900）在恰克图倒闭，17 家华商派出代表，于光绪二十七年（1901）"赴俄京商部控告，怎奈该官不准"，弄得华商"无可如何"。这宗欠款，拖至宣统二年（1910），按年息 8 厘计，利息已算至 582697 卢布，本利合计 1374137 卢布，但华商分文未得。这就是强盗的逻辑。

（原载《中国经济史研究》1993 年第 1 期）

清中后期蒙古地区的对俄茶叶贸易

李易文[1]

清代的农产品贸易有了新的发展,不仅内地集市林立,交换内容丰富,而且在北部边疆也逐渐形成了一些较大的农贸市场。特别是在乾隆、嘉庆以后,蒙古地方的国际贸易也进一步兴旺起来,其中茶叶是出口的大宗商品。通过旅蒙商人之手,大量的绿茶、红茶、花茶源源不断地输入俄国,从而有力地促进了中国与欧洲的经济交流和文化交流。可是到了清末,沙俄殖民主义的又一次侵入,妨碍了正常的进出口贸易,商利为其所夺,我国的农商经济受到了很大冲击。

一

明朝统治者曾推行过茶马互市政策,与俄国进行农贸活动。当时"西北沿边陆地商埠的国外贸易情形,则以茶市和马市为大宗"[2]。山西、安徽等处的商人将闽、浙、皖出产的茶叶输入蒙古归化(呼和浩特)和中俄边境的和林区(乌兰巴托西南),从俄国商人手中换取该国的马匹。到了清朝,有关茶马互市的官方规定被取消,茶马互市不再作为一项政策内容

---

[1]作者单位:中国农业博物馆研究所。
[2]博筑夫:《中国经济史论丛》,北京:生活·读书·新知三联书店,1980年,第166页。

而存在。虽然此项外贸活动不再以统治者的政治需要和军事需要而被特别强调,但是有关茶叶和马匹方面的中俄贸易一直没有停止,它仍旧遵循着供求关系决定的外贸经济规律进行双边交换。

清初康熙年间,朝廷批准在库伦(今蒙古国首都乌兰巴托)与俄国贸易,并允许俄国商人进入漠北蒙古高原的乌里雅苏台、科布多和漠南归化城等处贩运货物。雍正五年(1727),中俄双方又根据《恰克图条约》(也称《布连斯奇条约》),开辟了恰克图市场。恰克图地处中俄边境,在色楞格河与鄂尔浑河交汇处,为中国通往沙俄的一条交通要道。恰克图市场是一座方形木城,有围墙和城楼,货摊、商店和仓库设在城内①,被称为当时中俄贸易的最大市场。中俄双方政府对此十分重视,互相派出官员,组织机构,共同管理。山西等处商人常驻库伦和恰克图,以茶叶、烟草为主要货物与俄商进行交易。史称:"恰克图的交易方式的特点,特别值得注意。(中俄)双方都派有贸易督办。他们以条约规定每种货物的价格,以及与之交换的茶叶价格;不仅规定茶叶的价格,并且还规定各种茶叶与各种物品交换的比例。……货价一经决定,即成为两国商人应遵守的法令。"②这里的国际贸易基本上接受中俄国家权力的宏观控制,属于外交意义上的"官督商办"性质。就中国方面而言,凡是到库伦、恰克图做生意者,都必须持有理藩院颁发的票证。其中由直隶出口者,从察哈尔都统或多伦诺尔同知衙门领取;由山西出口者,在绥远城衙门领票③。该票证称为信票或部票,用满、汉两种文字签发,加盖关防印记。无票者不准入市,并以走私贸易者对待之。在俄国方面,要向去往库伦地方的俄商发放托博尔斯克省务厅的通商证件,并派政府专员到库伦督察。又于恰克图特设了萨纳特衙门,会同中方管理商贸,稽核税务。

那时,库伦、恰克图等处的外贸经济还处在国际商品交换发展的初级阶段,还未完全脱离交换的原始性。双方商人在很大程度上是以各自国家或民族的消费需要而组织货源和采购物品的,他们考虑的不仅仅是商

---

① [法]葛斯顿·加恩著,江载华译:《早期中俄关系史》,北京:商务印书馆,1961年,第117页。
② *Chinese Repository*, Vol.xiv, 1845.
③ (清)何秋涛:《朔方备乘》卷三七。

品的交换价值,而且还较多地注意着商品的使用价值,从而确定双方进出口物品的种类和数量。他们往往是为了得到某一种商品而出售另一种商品,并不是纯粹以追求高额商业利润为目的。所以,当时的贸易(边贸)形式被限制在以物易物的范畴之内,货币在这里只充当着一种物品折价的计算尺度。正如马克思所讲述的:恰克图贸易,"采用一种年会的方式进行。由十二个商馆经营其事,其中六个是俄国人的,六个是中国人的。他们在恰克图会商决定双方所供给的商品的交换比例——因为贸易完全是物物交易。中国方面交换的主要商品是茶叶,俄国方面是棉毛织品"①。当然也有骆驼和马、牛等牲畜。特别是俄国的布里亚特族人,主要的赖以生存的财源则是耕牛和马匹,能换取中国茶叶的唯一资本就是牲畜及其皮毛品。雍正十二年(1734),中国商人朱成龙就曾以1万多斤茶叶和20车杂货换得对方的130多匹马和12峰骆驼及16头耕牛②。这种物物交换的局面,直到清末才稍有变化。

负责进行对俄茶叶贸易的主要是晋帮商人。他们在清代初期和中期,一般是采购浙江、福建和安徽的朱兰茶、武夷茶等,长途转运到漠北喀尔喀蒙古地区,供给俄商。后来到晚清咸丰年间,情况发生了变化,山西商人由重点经销闽茶转为集中力量经销湘、鄂茶叶了。这在很大程度上是由当时的政治形势和贸易环境造成的。史料记:"在1853年以前,运去恰克图销售的只有福建茶叶。但从1853年到1856年,由于太平天国叛乱者,接近了该省的产茶区,价格提高了50%。而且到那些地方去也很不容易。于是就买了一些湖南茶和湖北茶。中国人运往恰克图去的茶叶箱里,先装上一半的湖南、湖北茶,再装上福建茶,然后再把这些茶叶当作纯粹的福建茶卖给俄国人,……但是这种混合茶叶的销路非常好,以致有七八位有远见的中国商人预料到,这种新的茶叶比以前的茶叶更适合俄国人的胃口,于是开始公开输入。不过大多数的人仍然输入福建茶叶。结果证明,输入福建茶叶的商人,蒙受了巨大的损失。我听说,他们的损失

---

①中共中央马克思恩格斯列宁斯大林著作编译局编:《马克思恩格斯论中国》,北京:人民出版社,1950年。
②转见渠绍淼等:《山西外贸志》(上册),山西地方志编委会,1984年刊印,第47页。

达二百万两(银),因为俄国人显然是喜欢湖南、湖北茶叶的"①,问题很清楚,湖广(两湖)茶叶能在对俄贸易中被引起重视,并成为出口东欧的拳头商品,其原因除了时势的因素之外,还在于它自身的品质特点。我们知道,晋商和徽商曾因福建茶取之艰难,而在湖南安化和湖北蒲圻、崇阳等地培植、加工了大量的红茶,作为输往俄国商品的货源。这些红茶具有明显的助兴、助热、助消化之药用功能,较适应于俄国人的饮食结构。对于以肉、奶为生活必需品的居住在高寒地区的布里雅特人、奥斯加克人、通古斯人等西伯利亚各族人民来说,饮用红茶要比绿茶合理些或舒服些,也容易上瘾。这就是说,消费的需求决定了交换的内容及其发展方向;俄国人对湖广茶叶的生物性选择造成了中俄贸易中的红茶热。

清朝前中期,茶叶的出口运销,皆以散装的形式出现,这些由茶农焙制后交来的茶叶,重量轻、体积大,运输不便。并且按习惯将茶叶装入竹篓,踩压结实后,再行载运,颇有损耗。咸、同以后,为了适应远途运销的客观需要,晋商派人在湖北、湖南组织砖茶生产——对茶叶进行再加工②。湖广的砖茶是红茶的翻版,二者的原料是一样的,只是其体积通过机械手段挤压而变小了。所以,砖茶像红茶一样受俄国人欢迎。时人声称:"中国红茶、砖茶、帽盒茶均为俄国人所需,运销甚巨。此三种茶,湘、鄂产居多,闽、赣较少,向为晋商所运。"③其中湖北蒲圻羊楼峒、湖南安化出产的70%多的砖茶被运往蒙古,售于俄商。

二

商路开拓后,茶货的运输乃是茶商的一项重大工程。清前中期时,东南闽、浙茶叶通过水陆道路集中于汉口,再由汉口北运。到了晚清,输俄之茶主要集中在湘、鄂产地,交通较前便捷,运输因旅途或周期变短而近省,但因那时的交通工具和运输设备落后,仍然显得路途漫长,费时费功。

---

①《1868年海关贸易报告册》,第5页。
②道光《蒲圻县志》卷四《风俗》;戴啸洲:《湖北羊楼洞之茶叶》,见《国际贸易报告》1936年第5卷第5期"茶叶专号"。
③王先谦:《议复华商运茶赴俄、华船运货出洋片》,见《刘坤一遗集》奏疏卷一。

运货形式一般是驼载和牛车、马车拉运,结队而行,浩浩荡荡,长年络绎不绝。湘、鄂茶叶先由安、崇、蒲、咸各县山区采购而汇集到汉口。"从汉口经樊城和赊旗镇(在河南省境)至山西。再经过潞安府、沁州和太原府。在距大同西南34英里处分为两路:一部分茶叶直接运往归化厅(今呼和浩特),另一部分运往张家口。大家知道,从前运往俄国的茶叶是取道山西的"①。晋东南的泽州城(晋城)是湘、鄂茶叶出口的一个重要的中转站,城里有两大车马店,一为新泰店,一为万顺店,专门招待运茶商队。湘、鄂茶篓磨损破裂者可在此更换包装,牲畜病倒者,也可在这里替换。

从康熙、雍正到嘉庆年间,茶商由张家口去往库伦,虽然可走大东道(官驿之台站道),但为了不妨碍官方交通,而一般是习惯走西道——"买卖道"。即"由张家口向西北逾阴山达沙漠,经察哈尔之察罕巴尔、哈孙固尔、木塔勒哈、梅音乌苏、库呼得列苏、沙巴尔台、哈沙图,内蒙古之苏治阿善呼都克、哲格淖尔、扎朋呼都克、明安博罗里治市、梅音呼都克、伊林霍罗斯呼图、勒乌苏图、古里克、音格尔海兰苏图、市布克、乌兰哈达格子、格音哈顺等地。又涉沙漠,经外蒙车臣汗部之乌得格合井察哈图、吉里克、塔列赤穆布伦、三音呼图、勒库图、勒布色音车路、沙喇沙尔、石别图、别罗呼济尔、博穆博图、穆克图、吉里特根台、车鲁台井等地。又逾汗山,经土谢图汗部之合克察呼都克、那拉哈二地,而达库伦东南之买卖城。……茶商运货,多取此道"②。此乃是早在汉代就已经被开辟的一条国际通商道路,可达西伯利亚。不过,后来该商道屡屡荒废,荆棘丛生。明代以来,山西商人予以再次开拓,为中外贸易创造了便利条件,使之成为我国当时最长的一条商品出口线。在清代,由于这条通商路线是陆路茶叶输出的交通要道,因此又被称为运茶古道。到了晚清,输往库伦的运茶路线稍有改变,可由三路进发。西线可从绥远起程,经武川、百灵庙、喀尔喀右旗、赛尔乌苏、巴颜和硕、托里木、佛多而多,穿过土拉河,到库伦。中线由大同、右玉入绥远,经百灵庙、哈叶、不连不腊、吉思浑、中忽关以、昔拉胡洞、毛乌苏、干站、小坝子,进入库伦。东线,经大同、丰镇、集宁、滂江

---

① 姚贤镐编:《中国近代对外贸易史资料(1840—1895)》(第二册),北京:中华书局,1962年,第1292页。
② 卓宏谋:《蒙古鉴》卷三《实业》。按,引文中蒙文站名标音断句有误。

(明安)、博务、叨林,抵库伦①。茶商或驱驼而进,风雪无阻;或宿车为卧,日夜兼程,常年活动在广袤的塞外漫土。

从库伦到恰克图买卖城相距 700 里路,路段险阻,翻坡过岭,还得涉险渡河,行期往往达半月之久。尤其是过伊罗河,甚为艰难。该河夏日水浅,可徒步渡过。但一到春天,河水大涨,河面有百米之宽,深达数米。遇到风浪,不仅货物、牲畜被冲没,而且会船毁人亡。从内地到恰克图的万里旅途上,茶商付出了很大的代价。尽管如此,他们仍以坚韧不拔的毅力奋进不已。对此清人记道:"从张家口往北的商运大道中,往恰克图去的道路最为热闹,这是因为茶叶要经过这条道路运输,……在通过晋北的大路上,我几乎每天都遇见伴随着经张家口赴恰克图的长列砖茶驼运队的华商。"②足见北上的运茶规模是不小的。

在漠北、漠南蒙古地区的茶叶外贸中,有专门从事运输的驼队或行业,仅归化城就有双兴德、天兴恒等 12 家商号,承担将张家口茶叶运往库伦的业务,可供运货的骆驼在晚清有 7000 峰左右。在包头、乌兰哈达(赤峰)、呼伦布雨尔(海拉尔)等城镇也有这样的运货驼队,只是规模稍小些。在归化城,还有一种运茶的牛车队。如光绪年间,一个外国人在书中写道:"在张家口和归化城之间的整个地区,甚至直到北方的蒙古,丰镇所谓的'老倌'之多是很出名的。'老倌'就是山西人开的一种专门用牛车给人拉货的商行里赶车的人。从这方面来说,丰镇与俄国也是有关系的,因为俄国每年至少有一万二千箱茶叶是由'老倌'从张家口运到库伦的。根据我搜集的资料来看,'老倌'的情况是这样的:现在专门从事运茶的主要有十家商号,其中最可靠的要数复合成,有三百辆大车;福兴永有三百辆大车;复元店有三百辆大车;广盛店也有三百辆大车。其余的商行则是崇和合、天合胜、天泰永、崇和泰、恒庆店、复合永,他们每家各有一百五十辆大车。因此,所有的'老倌'目前在丰镇(在漠南地区)就有大车两千一百辆左右,而且全部是运茶的。"③此类牛车,每辆载重 400—500 斤,日

---

① 绥远政府编:《绥远概况》,1934 年版。
② 姚贤镐编:《中国近代对外贸易史资料(1840—1895)》(第二册),第 1292 页。
③ [俄]阿·马·波兹德涅耶夫著,张梦玲等译:《蒙古及蒙古人》(第二卷),呼和浩特:内蒙古人民出版社,1983 年,第 48 页。

行40—50里路,经常往返于归化城、多伦诺尔、乌里雅苏台和库伦之间。

除了汉人从事茶叶出口运输之外,一些蒙古人也往往参与此项活动。根据有关资料记载可知,在内蒙古的广大草原上,牧民们的家里普遍备有勒勒车(其车辕、车轴、车轮多用榆木、柞木等硬木头做成,辕长440厘米,轴长160厘米,轮径140—150厘米),该车一般用牛拉。拥有勒勒车的蒙民,常受雇于汉商和俄商,为其运货。在庆宁寺一带的蒙民,用牛驾的勒勒车"将俄商或汉商的茶叶从恰克图运往库伦"[1]。俄国人波兹德涅耶夫说,在光绪十九年(1893),他曾在锡林郭勒看到阿布嘎旗的70辆牛拉勒勒车,"承包一家汉人商号的货物,由多伦诺尔运到车臣汗部的赫拉贝子旗的克鲁伦。他们运的货物几乎全是砖茶,计58车茶,12车面粉"[2]。长期以来,汉民和蒙民和平相处,团结一致,共同协作完成茶叶出口业务,为中俄农贸特别是茶叶贸易作出了很大的贡献。

三

康熙年间,在库伦经销出口茶叶的商号有12家,他们在买卖城与东营子地方开辟了生意区和生活区。到乾、嘉时期,茶商的势力范围由东营子家展到西库,商号达50多家,人数有6000之多。清代后期,库伦的旅蒙商号增加到了400余家,其中开办茶庄者有100多家,2万多人。恰克图买卖城,雍正年间初立国际商埠之时,仅有几家商号,至嘉庆初期发展到60余家[3],道光时,此处的茶庄有100家左右,并且在乌里雅苏台和科布多也有了进行国际贸易的旅蒙商号和俄国洋行。

在库伦、恰克图的茶商中,实力雄厚者主要是大德玉、大升玉、大泰玉、锦泰亨、锦泉涌、广全喜、公合泉、恒隆广、祥发永等十几家晋帮商号。乾隆后期,每年由漠北蒙古高原输入俄国的茶叶不下100万斤。嘉庆五年(1800),仅由恰克图销往俄国的茶叶就达279.99万俄磅[4],有250多万

---

[1] [俄]阿·马·波兹德涅耶夫著,刘汉明等译:《蒙古及蒙古人》(第一卷),呼和浩特:内蒙古人民出版社,1989年,第44页。
[2] [俄]阿·马·波兹德涅耶夫:《蒙古及蒙古人》(第二卷),第375页。
[3] 清外务部档案,外交类,中俄关系卷。
[4] *Chinese Repository*, Vol.xiv,1845.

斤。据(日)佐伯富的《清代的山西商人和内蒙古》,嘉庆二十四年(1819),经蒙古出口俄国之茶为6.7万箱(每箱重55—65斤),约为450万斤。当时上品细茶售价每磅为2卢布,中品1卢布。茶叶出口贸易额当在500万—600万卢布,折合当时中国白银250万—300万两。进入道光年间,中俄茶叶贸易空前繁荣,出口数额大增。根据一份海外文献统计,道光十七年至十九年(1837—1839),我国每年通过蒙古输入俄国的茶叶平均为807.188万俄磅,合700多万斤,价值800多万卢布。"1843年,运到恰克图交易的茶叶12万箱,其中花茶8万箱,家茶4万箱。价格数字没有变动。现在一方箱家茶为60卢布,一箱二级花茶为120卢布,一长方箱(比方箱大二分之一)家茶为80卢布"①。这时茶叶贸易创汇每年可达1240万卢布,折合白银约500万—600万两。咸丰初年,仍然保持着良好势头,卖给俄国的茶叶一年达15万箱,计900多万斤。这一时期的中俄贸易,就其形式和内容而言,基本上是平等、互利的贸易,双方商务不失为公道之举。并且,华商(晋商)对俄贸易特别是茶叶贸易具有很大的优势,掌握着通商的主动权,年年呈现出超,不少的白银从俄国流入。

但是,此种形势未能维持多久便发生了变化。半封建半殖民地的中国社会性质决定了晋商在对外贸易中难以一直保持正常的实力和地位,难以摆脱殖民主义的笼罩。同治元年(1862)二月,沙俄侵略者在《天津条约》和《北京条约》的基础上,又强迫中国政府与之缔结了《中俄陆路通商章程》,于东南沿海通商权的基础上,又取得了天津的通商权,并攫取了低税率的特权和深入内地采购土货(包括茶叶)及其加工制作权利。更为严重的是,软弱无能的清政府允许俄商从中国运货出口,只纳正税,一切票规银、厘金的征收皆予以优免。同治五年(1866),沙俄又强迫清政府取消了天津海关的子口税,使俄商运茶成本大为降低。这样就为俄商势力在中国的扩张开通了道路。结果,山西茶商的权利被夺,生机顿减。从前恰克图国际商城的120家山西商号到同治二年(1863)以后,因受外力的冲击而纷纷倒闭,只留60多家。到同治五年之后,恰克图"买卖城只剩下了四个老的山西行庄。并且,……在这项贸易(茶叶贸易)上,中国

---

① 姚贤镐编:《中国近代对外贸易史资料(1840—1895)》(第二册),第1284页。

人不能和俄国人竞争,因为在转运恰克图的过程中,俄国人持有的茶叶上税少,中国人持有的茶叶上税多"①。尽管同治七年(1868)清政府在晋商的强烈要求下,下令削减了一些厘税和浮收杂税,但很不够,根本没有享受到像俄国商人那样的税务优待,仍然不能够摆脱出口买卖上的困境,依旧免不了在与俄商的商务较量中遭受失败。时人写道:"自江汉关通商以后,俄商在汉口开设洋行,将红茶、砖茶装入轮船,自汉运津,由津运俄,运费省俭,所运日多,遂将山西商人生意占去三分之二。而山西商人运茶至西口者,仍走陆路;赴东口者,于同治十二年(1873)禀请援照俄商之例,免天津复进口半税,将向由陆路运俄之茶,改由招商局船自汉运津,经李鸿章批准照办。惟须仍完内地税厘(厘金),不得再照俄商于完正、半两税外概不重征,仍难获利,是以只分二成由汉运津,其余仍为陆路。以较俄商所运之茶成本贵而得利微。深恐日后俄商运举更多,而山西商人必致歇业。"②俄商势力就是这样在本国殖民主义的支持下大张旗鼓地在中国发展的。当时国运衰退、世道险恶,毫无情理可言:外国人运中国货物出口竟能得到税法上的让人难以理解的超常的优待,而中国人运中国货(茶叶)反倒要受到政策上的歧视,遇到清政府重税的抑制,即于海上航运的茶货竟要缴纳陆路上的各种厘金(华商贩茶出口,除交纳正税之外,到恰克图,每票复交票规银 50 两。咸丰十年后,因军饷支绌,规定每商票一张,在察哈尔都统衙门,捐输厘金 60 两银),实在是咄咄怪事,欺人太甚。显然,晚清的国家主权受到了外国侵略者的控制,清政府已经变为沙俄殖民主义者对中国人民进行民族剥削和民族压迫的工具。换言之,在沙俄的一再逼迫下,清廷越来越走向买办化,它的统治职能不断地走向反动,越来越露骨地服从于外国资本主义的意志。堂堂的中央政府,不能代表中华利益,不能保护国民,却极力推行媚外抑内的卖国政策,为侵略者所驱使,真乃为虎作伥,倒行逆施,完全失去了领导国民、统治神州的资格。同治末年(1874),在恶劣的内外环境中,晋商输入俄国的茶叶数量降到 6 万担(600 万斤),到光绪四年(1878),晋商由湖北、湖南等处运销

①《1868 年海关贸易报告册》,第 2—4 页。
②王先谦:《议复华商运茶赴俄、华船运货出洋片》,《刘坤一遗集》奏稿卷一。

于俄国的茶叶又降到 5.5 万担,其中 80% 的是红茶和砖茶,而同年俄商直接从中国武汉等处贩去的茶叶则猛增到 27.5 万担[1],是华商在蒙古组织出口的 5 倍之多。这一方面是那时华北遭受大旱灾,牲畜倒毙过多,晋商缺乏运茶工具之故,但更重的是殖民主义因素在起作用,即俄商开始在湖北直接开办茶厂,用蒸气手段压制砖茶,以不平等的身份无理地几乎是无偿地利用我国的茶叶资源并获取鄂省的廉价劳动力,大大降低成本,并得到中国官方给予运输上的政策优惠,从而更有力地侵夺中国商利。

我国茶商在蒙古的对俄商务衰退过程中,曾进行过顽强的努力,并取得过较好的效果,但终因当时国际环境和晚清政权特殊的政治性质而不能够持续发展。同治六年(1867),茶商程化鹏、余鹏云、孔广仇等代表商界提出削减茶税和直接赴俄销售茶货的强烈要求。他们通过绥远城将军将自己的意见转达给朝廷的总理各国事务衙门大臣恭亲王奕䜣。当时清政府鉴于政治上的临时需要和迫于商界的压力,便于同治七年(1868)批准了茶商赴俄贸易的请求(也与俄政府达成了协议)[2]。并暂时实行以每票贩 1.2 万斤茶而纳 25 两银的轻税,"以示体恤"。于是,国内许多茶商重返恰克图,进而通过艰苦的征程,深入俄国地界,另辟市场,谋求商务扩展。史称:"恰克图……都是晋帮商号,……各号在莫斯科、多木斯克、耶尔古特斯克、赤塔、克拉斯诺亚尔斯克、新西伯利亚、巴尔纳乌、巴尔古金、比西克、上乌金斯克、聂尔庆斯克等俄国较大城市……都设有分庄"[3]。这些恰克图茶商在同治八年(1869)通过境外分庄组织出口功夫茶 4.8 万担,红茶、砖茶和绿茶 6.2 万担,与俄商该年贩运茶叶总量相当。同治十年(1871),晋商输俄茶叶多达 20 万担,超过俄商贩茶量(11 万担)近一倍。对此,文献记道:"……还有大量的茶叶,由陆路运往恰克图及蒙古。运去的年代没有统计数据可供查,但是,据海关税务司麦克佛森先生(Macphenson)说:1871 年,由陆路运的茶叶数量共为 26957930 磅,计茶砖 12149584 磅,红茶 14808346 磅。在对俄海上贸易开始以前,这种极为发达、极为巨大的茶叶贸易是由山西商人经营的。"大部分的茶叶,经恰

---

[1] 山西省地方志编纂委员会办公室编:《山西外贸志》(上册),1984 年,第 84 页。
[2] 《筹办夷务始末(同治朝)》卷五十七。
[3] 路履仁:《外蒙古见闻纪略》,载《文史资料选辑》第六十三辑。

克图运往俄国市场"①。事实证明,如果不是清政府腐朽、国家主权丧失,凭晋商的聪明才智和长久积累的行商实力,是不会落后于俄商的。他们虽然受挫,但只要有了相应的机会和条件,就能再现辉煌。只可惜卖国求荣、与人民处于对立位置的清政府,搞起了所谓"引俄制日"政策,进一步放纵俄商的侵略,允许其在我国内地恣意妄为,欺行霸市,勒压茶叶收购价,大量剥削茶农②,加大了晋商的竞争压力。同时清政府又施行限制民族商业资本发展的办法,只限恰克图一处对外贸易(关闭蒙古的其它各口),并逐渐加重商税,致使我国对俄茶叶出口商务又滑了坡。再加上宣统元年(1909)俄国单方面突然宣布对在俄国的华商实行重税(每普特茶叶征税2500—3500文钱),这样,在蒙、俄贸易的中国茶商之处境更惨了。

生产决定交换,交换影响生产。山西茶商的货源主要在湖广,对外贸易中的亏损和衰退(集中表现为运销能力的削弱),致使湘、鄂茶农产品滞留过多,出路受阻,加之俄商大幅度无情地勒压价格等原因,湖北、湖南茶叶产地的收购价(出山价)顿减,山区茶业经济遭到很大破坏。很多茶区园户或因之而改业,或破产③。时人称:"因……红茶利益微,业茶者(栽培和加工者)亦衰耗"④。在晋商商务下降的影响下及俄商的有意摧残下,两湖的茶叶生产与加工业萎缩了。在外国殖民主义者和本国买办势力的压迫下,湖广茶农经济被逼到了崩溃的边缘。虽然洋务派官僚张之洞于光绪十五年(1889)任湖广总督后,曾极力强调振兴茶叶经济,提倡以新法制茶,使湘、鄂两省的茶叶生产稍有起色,但也未能真正复兴。有限的茶业生产又从另一个方面限制了茶叶的运销和对俄的输出。因此,直到终清,旅蒙的山西茶商再无发展之机,每年销往俄国的茶叶长期维持在4万至5万担之间。

综合起来看,我国晚清的茶业经济是与当时的国际环境、民族地位、社会性质、国民权益保障等问题相联系的。它以产、运、销为基本结构,以栽培、采集、加工等生产程序为基础和核心,以市场为经营之向导,并深受

---

① 《1872年海关贸易报告册》,第124页。
② 卞宝:《卞制军奏议》卷五《奏体察鄂省加增茶课窒碍难行折》。
③ 龚胜生:《清代两湖地区茶、烟的种植与分布》,《古今农业》1993年第3期。
④ 光绪《巴陵县志》卷三《物产》。

政治之影响。近代茶农与茶商在茶业经济运行的道路上,既有过历史的遗憾,也留下了奋斗的痕迹;既经受过来自国内外的困扰和打击,也曾做出过可观的成绩,并产生了巨大的影响。

尽管茶叶贸易或茶叶经济在同治、光绪时期发展不顺利,步履维艰。但商农共同开辟了一个新的经济领域,在湘、鄂的红、黄土壤上首先栽种和发展红茶,创造出偌大的几块红茶基地,成功地开发地力,为国兴利,以供应华北和中原人民饮用,更使红茶享誉欧洲特别是俄国,进而将中国的茶文化传播到海外,进一步促进了中俄经济与文化交流。经销茶叶的旅蒙商人曾经将出产于湖广的红茶、砖茶变为俄国人的生活必需品。俄人记道:红茶的边贸,使"涅尔琴斯克边区的所有居民不论贫富、年长或年幼,都嗜饮砖茶(以红茶为原料)。(该)茶是不可缺少的主要饮料。早晨就面包喝茶,当作早餐。不喝茶就不去上工。午饭后必须有茶。每天喝茶可达五次之多,爱好喝茶的人能喝十至十五杯。不论你什么时候去到哪家,必定用茶款待"①。不仅是某一地区是如此,而且,"所有亚洲西部的游牧民族均大量饮用砖茶(红茶),时常把砖茶当作交易的媒介"②。旅蒙晋商与湖广茶农培育和制作了最适合俄国人和西亚人胃口的红茶,并积极组织出口外销,使俄国和其它西亚、东欧国民的嗜茶风气与日俱增,较大程度上影响和改变了东欧游牧民族的生活习惯或饮食结构,使东方文化进一步"西渐"。这样,我国红茶的外销,在世界饮食文明史上留下了不可磨灭的功绩。可以说,同治、光绪时期,国内茶农和旅蒙茶商在对外生意场上的物质损失是有限的,而他们对东欧的生活影响和作用是无限的,对世界文化交流的贡献是无限的。

(原载《中国边疆史地研究》1996 年第 4 期)

---

①[俄]瓦西里·帕尔中著,北京第二外国语学院译:《外贝加尔边区纪行》,北京:商务印书馆,1976 年。
②姚贤镐编:《中国近代对外贸易史资料(1840—1895)》(第二册),第 1284 页。

清代中国茶叶外销口岸及运输路线的变迁

甘满堂[①]

清代是中国茶叶对外贸易的黄金时代。在鸦片战争前,清政府从狭隘的利害观出发,规定海路只准广州对英国、荷兰、法国、美国等西方国家开展贸易往来;陆路只准中俄边境的恰克图对俄开展贸易往来,从而确定了茶叶外销南北两个口岸的局面,茶叶外运路线也只有向南与向北两条。但在鸦片战争后,这种格局很快被打破,确立了多口岸茶叶输出的新格局,茶叶外运路线也随之一变。其带来的影响是深远的,它既有积极的正面影响,也有消极的负面影响。

一

中国茶叶由海路批量销往欧洲,始于十七世纪中后期。十七世纪中后期时,英国东印度公司开始把茶叶投入英国市场,当时英国人很仰慕东方文明,中国的饮茶习俗也是英国人效仿的对象,中国茶叶的独特魅力,很快引起英国人的普遍兴趣,不久一股中国茶热的旋风席卷英伦,中国茶

[①] 甘满堂(1969—),安徽庐江人,福州大学人文社会科学院社会学系教授。

被视为"康乐饮料之王"①,并很快又风行欧洲大陆与北美,成为世界性的饮料。茶叶在当时成为世界市场上一种特殊需求的商品,其需求地区之广、需求量之大及畅销时间之长久,是当时中国其它商品所无法比拟的,以至出现专门以茶叶输出为主的通商口岸。

清代最早将茶叶批量直销欧洲的港口是厦门,时间是康熙二十八年(1689),由此"开中国内地与英国直接贸易之新纪元"②。在此之前英国人所采购的茶叶均由中国出口南洋茶叶的转销。当时厦门港输出的茶叶主要来自闽北武夷。武夷茶香高味醇,质量很好,深受英国人的喜欢,由此确立了武夷茶在英国人心目中的良好印象,以至后来出现英商非武夷茶不采的现象。乾隆二十二年(1757),清政府规定只准广州一港对外国开放通商,关闭厦门等通商口岸。此后,厦门作为最早输出茶叶的港口就没有再发展,代之而起的是广州茶港的兴盛。1704年东印度公司"康特号"商船驶往广州,采购茶叶117吨,合计105000磅,茶叶第一次成为广州港主要出口商品③。二十年后,即十八世纪二十年代,茶叶开始取代生丝,成为广州港首要出口商品。到1832年时,广州茶叶出口总值已突破1500万元,超过广州全部出口商品总值的一半,该年生丝出口总值为213万元,只有茶叶出口总值的1/7。广州港成为名副其实的茶港。当时从广州出口的茶叶主要来自福建、江苏、浙江、安徽等地。其运输路线如下:

福建输往广州的茶叶主要是驰名世界的武夷红茶。武夷茶在崇安集中后,中国茶商雇苦力搬运,攀越武夷山抵江西铅山。接着用小船载至河口,换大船顺信江到鄱阳湖,经鄱阳湖运至江西省会南昌府,再溯赣江到南安,由此陆运过大庾岭到南雄州的始兴县,以后再用船运到韶州府曲江县,从曲江沿北江顺流南下至广州。

安徽、江苏、浙江的茶主要是绿茶,这些茶同样要水陆兼运才能到广

---

① [美]威廉·乌克斯(William H. Ukers)著,上海茶叶研究社翻译:《茶叶全书》(上),上海:开明书店,1949年,第23页。
② 侯厚培:《华茶贸易史》,见《国际贸易导报》1930年第1卷第2号。
③ H.B.Morse, *The Chronicles of the East India Company Trading to China. 1635-1834*, vol.1, 1926, p.136.

州出口。安徽茶多半沿衢江上游运到浙江常山,再用苦力挑山过岭到江西玉山,以后路线与武夷茶同:河口——信江——鄱阳湖——赣江——大庾岭——广州。江苏绿茶则先汇集于苏州府兴塘和南壕,再沿大运河至杭州,与浙江绿茶一起,溯钱塘江而上浙江常山,下同安徽茶的运输路线。

由上可见,闽、皖、苏、浙等省茶叶南运广州出口,路途遥远,全凭人畜及水运,沿途关卡重重,必然造成费用高昂,茶价也随之提高。但在清政府一口出海政策的统治下,外商欲购中国茶叶回国,别无选择,只得听之任之。北茶大量南运广州,还造成江西河口至广州的运输路线异常的繁忙,由此养活几万靠运茶为生的苦力和船工,他们终年奔忙在运茶路线上,翻山越岭,过河涉水,异常辛苦。

清代茶叶对俄贸易的地点才开始在北京。清政府准许沙皇商队以朝贡的名义,定时、定人数来京贸易,并免征其税[1]。但沙皇政府贪得无厌,所派商队的人数超过规定的300名,而且还每年都来,清政府不胜其烦。1727年中俄缔结《恰克图条约》,开放恰克图作为中俄贸易地点。从1762年起,清政府取消俄国商队来京贸易的权利,使中俄贸易集中于恰克图一地。但在十九世纪以前,中俄恰克图贸易茶叶还没有占中国出口俄国商品的一半,"开始占据主要位置的是各种民间日用必需品——'南京布'、糖、烟草,最后还有茶叶。"[2]进入十九世纪后,随饮茶在俄国的普及,俄商的茶叶采购量猛增,在金额方面,十九世纪初茶叶贸易占中俄贸易比重为40%左右,二十年代则猛增至88%,三十年代达93.6%,四十年代竟高达94.6%[3]。毫无疑问,进入十九世纪不久,茶叶贸易已高居中俄贸易的榜首。截至十九世纪五十年代,输俄华茶年均达1100万磅,仅次于英国,俄国从此成为世界上华茶第二大进口国。此时正是恰克图贸易的鼎盛时期。

当时运茶至恰克图交易的中国商人多为山西人,山西商人又称"晋

---

[1] (清)何秋涛:《朔方备乘》卷三十七。
[2] 孟宪章主编:《中苏贸易史资料》,北京:中国对外经济贸易出版社,1991年,第139页。
[3] [俄]柯尔萨克:《俄中通商历史统计概览》,喀山,1857年俄文版,第332页。

帮"。这些商人每到茶季，便深入茶叶产区购茶，北运至张家口和归化（今呼和浩特），再经戈壁沙漠到库伦（今乌兰巴托），最后到达恰克图，全长几千公里。这条商路的茶叶多产于福建、安徽、湖北等地，其中以福建茶的运输路线最为漫长。福建茶多为武夷茶，其运输路线是由福建崇安越武夷山入江西铅山，过河口，沿信江下鄱阳湖，过九江口入长江而上，至武昌，转汉水至樊城（今襄阳）起岸，越秦岭至泽州（今晋城），经潞安（长冶）、平遥、祁县、太谷、忻县、大同、天镇至张家口。翻山越岭，水陆兼运，途经闽、赣、鄂、豫、晋、冀、蒙等七省区，近五千公里，路程极其漫长。湖北、湖南、安徽之茶多先由水路运至汉口，其后运输路线同武夷茶。

在恰克图贸易时期，由于俄商只能在恰克图进行边境贸易，贸易的主动性掌握在华商手中，经营此路茶叶贸易的山西商人普遍大获其利。在山西至恰克图的陆路运茶线上，有车帮、马帮、驼帮组成的运茶队伍，"在清朝乾隆、嘉庆、道光年间，茶叶贸易繁盛，茶叶之路上的驼队，经常是累百达千，首尾难望，驼铃之声数里可闻"。①

二

鸦片战争后，中国封闭的大门被打开。西方列强为了更加便利地收购中国的茶叶及其它土特产品，推销其工业品，通过一个又一个不平等条约，将一批又一批交通口岸列为对外通商港口。在这种背景下，上海、福州、汉口因靠近茶叶产地，作为茶港而迅速兴起，成为晚清中国三大茶市，而广州、恰克图作为茶叶输出口岸的地位逐渐下降。广州、上海、福州、汉口四港输出茶叶消长情况参见下表及图示（恰克图因资料缺乏没有统计在内，以十年平均数为一期）。

---

① 转引自巩志：《武夷山至恰克图茶叶之路》，《农业考古》1993年第2期。

表1 清代四大茶港茶叶输出量一览表

年份		1841—1850	1851—1860	1861—1870	1871—1880	1881—1890	1891—1990	1901—1910
全国	出口量(万担)	46.59	78.65	128.7	182.8	203.7	167.2	148.2
	出口正税(万两)	116.5	196.6	321.8	457	400.5	269.2	190.6
广州	出口量	39.35	23.04	13.68	10.6	10.6	1.9	1.97
	出口正税	98.4	57.6	34.2	26.5	20.8	3.1	2.5
	占全国出口正税%	84.5%	29.3%	10.6%	5.8%	5.2%	1.2%	1.3%
	占本海关税%	—	—	36.2%	26.8%	13.4%	1.6%	—
上海	出口量	7.24	36.78	53.12	54.42	51.85	45.58	59.37
	正税	18.1	91.95	132.8	136.1	101.9	73.4	76.4
	占全国出口正税%	15.5%	46.8%	41.3%	29.8%	25.4%	27.3%	40.1%
	占本海关税%	—	—	50.8%	37.7%	20.4%	10.5%	7.3%
福州	出口量	—	17.4	50.02	66.63	65.41	40.27	16.89
	正税	—	27.8	125.1	166.6	128.6	64.8	21.7
	占全国出口正税%	—	14.1%	38.9%	36.5%	32.1%	24.1%	11.4%
	占本关税%	—	—	61.8%	68.8%	46.3%	27.5%	11.5%
汉口	出口量	—	—	31.17	54.48	70.37	74.01	79.07
	正税	—	—	77.9	136.2	138.3	168.2	101.7
	占全国出口正税%	—	—	24.2%	29.8%	34.5%	62.5%	53.4%
	占本海关税%	—	—	71.1%	80.2%	70.1%	75.7%	38.3%

资料来源：历年海关报告。

汉口之输出量包括再输出者。

汤象龙《中国近代海关税收和分配统计》。

图 1　清代四大茶港茶叶输出量对比图

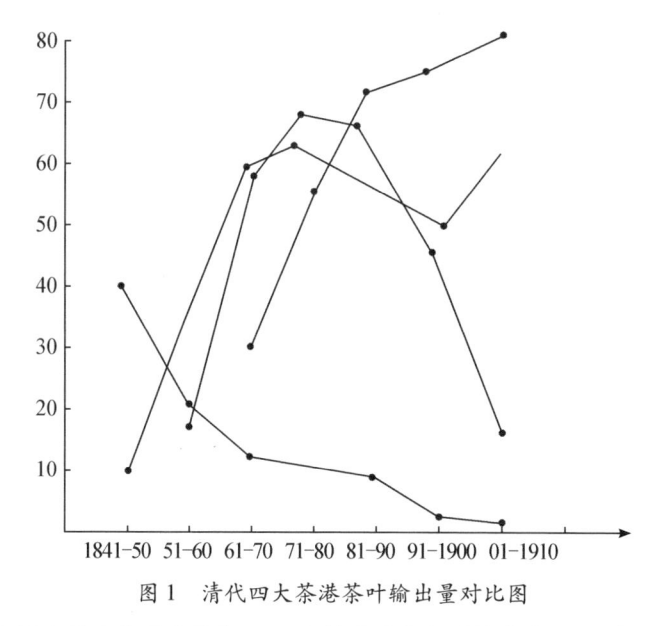

说明：图中数字来源于前表，汉口之输出量包括再输出者，以十年平均数为点作图。

1.广州

鸦片战争前的广州是中国唯一与世界各国进行海上贸易的港口，五口通商后，广州茶叶贸易仍继续繁荣了一个阶段。1843 年广州出口茶叶 13.3 万担，其它四个口岸均无任何茶叶出口。1844 年上海港开始输出茶叶，1844—1850 年上海港出口茶叶迅速增长，从每年 9000 担上升到 20.3 万担，但仍不到广州出口量的 25%。终整个四十年代，广州仍是中国最大的茶港。

从 1851 年起，上海港茶叶出口开始超过广州。1852 年广州出口茶 26.7 万担，占华茶出口量的 43.20%，其余 56.80% 从上海出口；1855 年广州出口茶 12.5 万担，占华茶出口量的 15.28%，而在上海占 70.29%。在这一阶段里，广州出口的茶仍高于除上海外的其它口岸，为中国第二大茶港。广州茶的贸易对象主要是英国，当英国商人把兴趣投向上海、福州后，广州茶叶出口就迅速衰退了。

1856—1875 年为广州茶叶出口的第三阶段，从 22.8 万担不断下跌到

10.8万担,茶叶输出名次下降到第三,位列上海、福州之后,占出口总量的20%左右,在全国出口茶总值中则下降到1859年的25%。

1865—1875年为广州茶叶出口较稳定,基本保持10万担左右(不包括再输出者)①。此时正是华茶出口的兴旺阶段,全国年平均输出180万担,广州输出量不到全国的6%,不仅远远落后于上海、福州、汉口,也赶不上厦门、宁波、九江及后来居上的茶叶转运港——天津,为茶叶出口第八大港。

1888年后广州茶叶出口继续下泻,最后降至几千担,失去茶港的地位,在全国茶叶出口中已无足轻重。

2.上海

上海地处中国海岸线的中点,为长江流域出海的门户。长江流域物产丰富,人口众多,市场容量大,有长江水运之便,因此上海极富有发展前景。上海自1843年开埠后,因临近丝、茶产地,能"以低于广州10%的代价买到丝、茶和其它土特产"②,故对外贸易发展非常迅速,很快取代了广州的地位,成为中国对外贸易第一大港,其中茶叶出口更是发展迅速。

1843—1850年为初始阶段。上海自1843年开始输出茶叶,到四十年代末,茶叶年出口已从380万磅上升到2200万磅,平均年输出茶叶1232.6万磅③,约合9.25万担,为中国第二大茶港。茶叶出口在上海港输出货物中仅次于丝。

1851—1867年为迅速发展时期。1851年太平天国起义后,华南地区战事频繁,商人裹足,原先由广州流出的江西茶、两湖茶、福建茶改由上海输出,于是上海茶出口量猛增。1852年增至5765.5万磅,几乎是广州出口量的1.6倍。从1851年起,上海成为中国第一大茶叶输出口岸,这种情况一直保持到1859年福州港崛起。

1868—1912年为稳定时期。中国茶叶出口的增势到1886年达到巅峰,而上海港茶叶输出却没有在此时再呈上涨趋势,这主要是福州、汉口

---

①数字参照《历年海关报告》。
②黄苇:《上海开埠初期对外贸易研究》,上海:上海人民出版社,1979年,第78页。
③数字参照上书第153、138页有关数据计算而和得。

茶港迅速兴起,使茶叶出口分流的结果。1887年后,由于受到印度、锡兰、日本茶的冲击,中国茶叶对外出口开始逐年下降。但由于从上海出口的茶叶仍较稳定,故变化不大,出口量基本保持在五、六十万担。在全国茶叶出口量下降的情况下,上海的出口量因稳定而在全国的比重反而上升,基本位列茶叶出口第一的位置(加上汉口等港口的再出口茶)。

从上海港输出的内地茶有两湖、江西、浙江、安徽及部分时期的福建茶。福建武夷茶在1853年前大部分北运上海,小部分循旧路南运广州。由上海港输出的茶叶以闽茶运输最费工夫。当时北运上海走陆路,须越武夷山至河口,"茶船从河口镇逆水上行,向东运至玉山,雇挑夫运到浙江的常山,在常山装船,沿衢江、兰江、桐江、富春江,水运至杭州,再由杭州转运到上海"。"全程也有1800华里。"①当福州茶港开辟后,武夷茶就不必越岭北上,而是沿闽江南下福州,就近出口。

3.福州

福州于1844年被迫对外开放后,对外贸易并没有像侵略者想象的那样迅速发展起来,直到1853年5月前,福州港贸易仍毫无起色,闽北武夷茶依旧越岭陆运至广州,或越岭陆运至上海出口。但就在1853年这年春,因太平军和小刀会起义切断了武夷茶运往上海通道。眼看茶叶采收季节已到,茶商却无法收购到茶叶,情急之下,外国商人想到开辟武夷出口的新通道的必要。美国旗昌洋行先行一步,派遣中国买办携巨款前往武夷茶产区收购茶叶,经闽江下福州出口,一举成功。此后,其它洋行也纷纷仿效,先后在福州设立商行,"而各国船只驶闽运茶者,遂呈争先恐后之状,福州港由是遂成驰名世界之茶叶集中地也"。②

福州港在十九世纪五十至七十年代曾在全国独占鳌头,成为中国第一大茶市,此为福州茶叶贸易第一阶。福州茶港在这一时期发展势头迅猛,1856年以后就将广州抛在后面;1859年又超过上海,是年茶叶出口近达4660万磅,而上海港为3414万磅左右③。福州港在这一时期茶叶输出

---

① 林仁川:《福建对外贸易与海关史》,厦门:鹭江出版社,1991年,第234页。
② [英]班思德编:《最近百年中国对外贸易史》,第37页。
③ 唐永基:《福建之茶》(上册),民国三十年福建省政府统计处,第6页。

量均超过全国总量的1/3,1861年甚至占全国输出量的46.2%,创历史最高纪录。

1880—1888年是福州从茶港发展的第二个阶段,虽然茶叶贸易仍十分活跃,但已渐渐不能独领风骚,在输出量的名次屈居第二或第三位。这一时期,台湾茶叶出口发展迅速,台茶主要运往厦门再出口,厦门港在台茶补充下,年出口茶叶达142万担,成为福建又一大茶叶输出港口。

1889年以后,福州茶叶出口步入衰退期,这其中的原因主要是前文所述及的印度、锡兰茶出口的竞争,导致中国茶叶出口的整体下滑。福州与上海港的差距日益拉大。1889年福州港出口茶叶50万担,1897年为30多万担,1904年为10多万担。1889—1912年年均出口量为28.8万担,占全国出口量的18%,与上期占全国1/3相比较,下降近一半。福州港茶叶贸易的衰落也是全国茶叶贸易衰落的一个缩影。

4.汉口

汉口位于盛产茶叶的两湖地区的中心,又与其它产茶省,如四川、江西、河南等省有长江水路相通,是中国内陆商品良好的集散地。两湖地区生产的外销茶以销往俄国的砖茶为主。早在1850年前后,俄商便开始在汉口购茶,但汉口大规模输出茶叶则在开埠之后。

第二次鸦片战争之后,长江沿岸的港口城市——汉口、九江等被迫对外开放,俄国商人的势力很快从恰克图伸展到汉口,直接从汉口茶市购茶回国,不再通过中国山西商人,而英国商人在控制上海市场后也转向汉口。在这几个因素的共同作用下,从六十年代起,汉口茶市在俄、英等国商人采购的刺激下,很快走向繁荣。1861年出口茶8万担,1866年增至34万担,五年间增长了4.3倍。汉口茶主要输往俄国,输往英国则相对较少。与此同时,恰克图贸易却迅速走向衰落,汉口替代了恰克图成为中俄茶叶贸易基地。

汉口茶叶外销发展较为稳健。1861—1974年可称为汉口茶外销迅速发展阶段,平均每年出口36.97万担,已初步确立了继上海、福州后第三大茶市的地位。1875—1912年为稳定发展阶段,茶叶出口量每年从50万担增至七八十万担,这在华茶市场上都呈疲软的情况下,已很不简单。

故从 1878 年后,汉口茶出口超过福州,并不时超过上海,稳居中国茶叶出口第二大港的地位。

俄国商人自汉口运茶回国,除利用山西商人贩茶的旧路:汉水——樊城——张家口——恰克图外,还利用长江沿岸的通商权,沿长江东下,经上海后运茶至天津,溯白河至通州,再用驼队运至张家口——恰克图,有时驼队直接从天津接运。1869 年苏伊士运河开通后,俄国商人开通"汉口——敖德萨"运茶专线。1888 年后,经敖德萨海运至俄国的华茶日益增多,汉口——樊城——张家口——恰克图运茶线日趋衰微,到 1910 年时恰克图贸易线已完全被海路代替。

三

清代中国茶叶外销口岸的变迁,给我们后人留下不少有益的启示,在改革开放、发展社会主义市场经济的今天仍有一定的借鉴作用。

清代茶叶输出口岸的变迁所带来的直接积极意义莫过于促进茶叶输出口岸城市的社会经济繁荣。有清一代,茶叶贸易始终是一项"显业",作为茶叶对外贸易的口岸城市,在茶叶贸易丰厚利润的滋养下,城市社会经济无不呈繁荣景象。可以说,晚清中国许多著名的经济中心城市的形成无不与茶叶贸易有千丝万缕的联系。鸦片战争前,广州作为一个国际贸易港口的繁荣在很大程度上依赖于茶叶贸易。五口通商后,对外贸易中心北移,首先是茶叶贸易的北移。上海取代广州很快发展为中国最大的茶市,在茶叶贸易中处于支配地位。因为上海从地理位置上离产茶区较近,且拥有水陆运输方便的有利条件,从而在对外贸易上有压倒一切的优势。福州在茶港开通后,"福州由是遂成为驰名世界之茶叶集中地"①,"南洋第一要冲""中国东南的财源"。② 由于中俄茶叶贸易的发达,使

---

① [英]班思德编:《最近百年中国对外贸易史》,第 37 页。
② 日本参谋部编,广智书局译:《东亚各港口岸志》,上海广智书局光绪二十八年铅印本,第 39—42 页。

"恰克图由一个普通的要塞和市集地点发展为一个相当大的城市"①。这都是一业兴旺带来百业兴旺发达的结果。

清代中国茶叶输出口岸的变迁,不是清政府自发的调整,而是为了方便西方资本主义国家更好地掠夺中国茶叶和其它土特产品而被动地开放。五口通商是清政府在鸦片战争中被打败的结果,而汉口、九江等到内地茶叶输出口岸的开辟,更是一个个不平等条约签订的后果。茶叶口岸的变迁被重重地打上被西方殖民者奴役的烙印。鸦片战争前的海陆两口对外输出茶叶,从经济角度上考虑,以广州为陆路茶叶输出港有悖于实际。中国茶叶主产区在福建、江西、安徽、浙江等地,而以广州为输出口,无疑造成运费高昂,也不便于贸易的扩大。清政府当时一味从对外闭关锁国的立场出发,缺乏适应世界经济日益交往密切的勇气,对茶叶资源潜在的国际市场认识不清,从未想过开拓它。最后还是英法列强用战争的方式打开了中国市场。英国在鸦片战争中得手后,所辟的五口中的新四口:厦门、福州、宁波、上海无一不是靠近中国茶叶产区。事实上正如英国人预料的一样,它们在五口通商后都成为茶叶输出港。这种被动地开放市场,使得清政府和中国商人一时难以适应这种变化,外商凭借不平等条约的保护,很快在中国市场上占据主导地位,同时也为以后外商操纵中国茶市埋下祸根。

鸦片战争后,茶叶输出口岸增多了,贸易量也扩大了,但由于缺乏统一管理,各茶市价格不一致,茶市与茶市之间相互竞争,外商趁机从中压价收购。遭受损失的不仅是中国茶商,还有无数辛辛苦苦的中国茶农。清代中国茶叶严重依赖国际市场由来已久。鸦片战争前,广州茶叶归十三行垄断经营,恰克图茶叶贸易也基本上归山西商人垄断经营,价格也操纵在中国商人手中,广大茶商普遍能从外贸中获利。但五口通商后,中国商人垄断经营茶叶的局面被打破,外商可以深入茶产区购茶,价格也很快便操纵在外国洋行手中。如盛极一时的福州茶市在十九世纪七十年代

---

① 马克思:《俄国的对华贸易》,《马克思恩格斯选集》第二卷,北京:人民出版社,1972年,第10页。

后,在其他中国茶市和外国茶叶的双重冲击下,盛况难如从前。左宗棠分析说:"每年春间新茶初到省垣,洋商昂价收买,以广招徕。迨茶船拥至,则价值顿减,茶商往往亏折资本。加以浙江、广东、九江、汉口各处,洋商茶栈林立,轮船信息最速,何处便宜,即向何处售买,故闽茶必专恃洋商,而洋商不专恃闽茶。"①鉴于上述教训,戊戌变法时就有一条设商会以统摄全国市场的条文,其目的在于抵御外国经济侵略。

(原载《农业考古》1998 年第 4 期)

---

①《左文襄公全集》,《奏稿》卷十九,《闽省征收起运运销茶税银两未能定额情形折》,第 61 页 a,清光绪十六年刻本。

从闽北到莫斯科的陆上茶叶之路

——19世纪中叶前中俄茶叶贸易研究

庄国土[①]

在18—20世纪初西方所寻求的中国商品中,茶叶一直处于支配地位。西方贸易商认为:"茶叶是上帝,在它面前其他东西都可以牺牲。"[②]西方贸易商寻求茶叶所带来的巨额利润,使中国与西方的直接贸易达到前所未有的规模,也使西方对中国的商务扩张演化为武力征服。鸦片战争的爆发,即是西方在传统的白银换茶叶(中俄贸易则是皮毛换茶叶)无力为继而强迫中国接受鸦片引起的。[③]可以说,茶叶贸易引发的大规模中西交流与冲突改变了中国社会发展进程,中国社会被迫卷入西方主导的国际政治、经济格局,开始痛苦的近代化历程。

18世纪以降到19世纪末,大规模的中西茶叶贸易可分为海路贸易与陆路贸易,以海路贸易为主,主要消费市场是西欧与北美。茶叶陆路贸

[①] 庄国土(1952—),男,福建晋江人,国家(教育部)人文社科重点研究基地·厦门大学东南亚研究中心教授,博士生导师,历史学博士。
[②] EARL H. PRITCHARD, *The Crucial Years of Early Anglo-Chinese Relations*:1750-1800, Washington, 1936, p.163.
[③] 关于鸦片战争爆发的经济原因,参见庄国土:《茶叶、白银和鸦片:1750—1840年中西贸易结构》,《中国经济史》1995年第3期,第64—76页。

易以俄国市场为主。本文探讨19世纪中叶以前陆路输俄的中国茶叶贸易及中俄关系对茶叶贸易的影响。

一、18—19世纪中叶的中俄茶叶贸易

虽然早在公元前2世纪中国人就开始种植茶树,但直到16世纪中叶才为西方人所知。1559年,威尼斯商人Giambattista Ramusio在其出版的《航海记》(Navigatione et Viaggis)中首次提到茶叶。① 西方最早获得茶叶则是通过海路。1606年,荷兰人首次从印尼群岛的万丹将茶叶输往欧洲。② 与海路茶叶输往欧洲相比,陆路茶叶输俄之早几乎毫不逊色。1616年,拟出使中国的俄使泰乌涅茨(Tyumenets)和彼得罗夫在中亚的阿尔丹汗国(Altan khan)获得中国茶叶,并将其作为礼品于次年带回莫斯科呈献给沙皇。③ 然而在此后20年,茶叶似仍未被俄国人提及。这也毫不奇怪,中俄之间尚无直接或间接贸易关系,此间也无任何中国商品运抵莫斯科。直至1640年,俄使瓦西里·斯达尔科夫从中亚卡尔梅克汗返回莫斯科,带回茶叶200袋(约240公斤),奉献给沙皇。④ 第一次直接从中国带茶叶到俄国莫斯科可能是在1660年。1658年3月,俄国派遣使臣佩尔菲利(Perfilev)来华。与其前任使臣巴依科夫(Baikov)一样,清廷仍令其行觐见皇帝的叩跪礼节,俄使仍不依从,故没有受到清朝皇帝接见,也未完成其寻求建立避免阿穆尔地区冲突和从事和平贸易的使命。然而他在北京受到较好的接待,他呈献给中国皇帝的礼物包括40张黑貂皮,13张银狐皮,4匹布和一件白鼬袍。清廷回赠沙皇24匹丝绸,1磅多白银,雪豹、海狸、海豹皮各3件,还有一些缎子和3磅茶叶。⑤ 他应在1660年把

---

① 这位威尼斯商人所知的"茶叶"并非目睹,而是从一位到过中国的波斯商人处得知。Thema Thee, *Museum Boymans van beuningen*, Rotterdam 1978, p.13.
② DENYS FORREST. *Tea for the British: the social and Economic History of a Famous Trade.* Chatto&Win-dus, London1973, p.19.
③ M. I. SLADKOVSKII. *History of Economic Relaitions between Russia and China*, Jerusalem, 1966, p.8.
④ J. F. BADDELEY. *Russia, Mogolia, China*, vol.2, London1919, p.116.
⑤ M. I. SLADKOVSKII. *History of Economic Relaitions between Russia and China*, Jerusalem, 1966, pp.11—12.

包括茶叶的这些礼品带到莫斯科。

1689年,中俄签订《尼布楚条约》(Treaty of Nerchnsk),该条约规定,"一切行旅有准往来文票者,许贸易勿禁",①此后中俄边界贸易逐渐活跃。但中国茶叶输俄数量增加缓慢,与西欧(尤其是英国与荷兰)在18世纪20年代以后开始大量消费中国茶叶不同,②直到18世纪末,茶叶开始成为俄国全国广泛消费的饮料。

在整个18世纪,俄国进口的中国货物一直以中国棉布和丝绸为大宗。中国棉布不但为西伯利亚人所需求,也为欧洲部分的俄国人所青睐。③18世纪末以前,俄国市场上消费中国茶的主要是西伯利亚人。输俄茶叶以砖茶为主,西伯利亚人混以肉末、奶油和盐饮用。中国茶广为西伯利亚人喜爱,乃至被视为通货:"砖茶在外贝加尔湖边区一带的居民当中饮用极广,极端必要,以致往往可以当银用。在西伯利亚的布里雅特人等土著民中,在出卖货物时,宁愿要砖茶不要银,因为他们确信,在任何地点都能以砖茶代替银用。"④在1762—1785年间,每年约4607担红茶、3387担绿茶输往俄国。直到1792年,输俄茶叶货值才第一次超过中国棉花的货值。当年,茶叶货值达54万卢布,占当年输俄中国货物总值的22%。到1802年,输俄茶叶货值达187万卢布,占输俄货值的40%。⑤

18世纪末以后,中国输俄茶叶数量激增,从1798年的约1.3万担(Piculs)到19世纪30年代的约4万担,增长2倍以上。到1839年,更达54486担。⑥

这一期间,俄国输入中国茶叶的增长率超过整个西方世界对中国茶

---

① 曹仁虎等:《清文献通考》卷十,上海鸿宝书局石印本1902年版,第55页。
② 关于欧洲1720年代以后大量消费茶叶的状况,见:Zhuang Guotu, *Tea*, *silver*, *Opium and War*: *The International Tea Trade and Western Commercial Expansion Into China in* 1740—1840, Chapter3, Xiamen University Press, 1993.
③ C. M. FOUST. *Muscovite and Mandarin*: *Russia's Trade with China and Its Setting*, 1727—1805, University of North Carolina Press, Chapel Hill, 1969, p.355.
④ [俄]瓦西里·帕尔申《外贝加尔边区纪行》,转引自卢明辉:《恰克图买卖城中俄边境贸易的兴衰变化》,《中外关系史论丛》,天津:天津古籍出版社,1994年,第144页。
⑤ C. M. FOUST. *Muscovite and Mandarin*: *Russia's Trade with China and Its Setting*, 1727—1805, University of North Carolina Press, Chapel Hill, 1969, pp.358—359.
⑥ *CHINESE REPOSITORY*, vol.14, 1845, pp.2—3.

叶需求增长。以这一期间基本垄断中国茶叶海上输出的英国东印度公司（EIC）为例，1799年，英国东印度公司从中国购买茶叶15.7万担，到1930年，购买中国茶叶22.9万担，增长不到1倍。

表1　1758—1839年中国茶叶输俄数量表

年份	数量（担）	年份	数量（担）
1798	12729*	1799	14178*
1800	18931*	1802—1810（年均）	20383
1811—1820（年均）	25985	1821—1830（年均）	38701
1839	54486		

* 从恰克图购买的数量。

资料来源：Foust, pp.358-359；Sladkovskii, pp.61-68.

表2　1799—1833年英国东印度公司从中国进口茶叶数量

年份	数量（担）	年份	数量（担）
1799	157526	1811	160692
1822	218327	1833	229270

资料来源：K.N.Chaudhuri, *The Trading World of Asia and the English East India Company*, p.583; Cambridge 1978; Pritchard, pp.395-396.

虽然俄国的欧洲部分与中国的直接贸易早在17世纪就已开始，但大规模的商队贸易则是当茶叶成为重要商品之后。尤其在18世纪后期到19世纪末西伯利亚大铁路建成之前，茶叶贸易一直是中俄陆路贸易的核心商品。在莫斯科和福建之间这条长达4万多里的陆上茶叶之路上，中俄商队络绎于途，共同经营蔚为壮观的茶叶贸易。

二、茶叶输俄的贸易路线和贸易商

在18世纪中叶以后茶叶成为输俄大宗商品时，输俄茶叶的主要品种是砖茶状的红茶和绿茶，叶状的绿茶在18世纪末以后数量已微不足道。输俄茶叶从茶区装运，由陆路的商队转贩，行程数万里，耗时近2年，故需制成砖状，便于装卸和避免变质。茶叶的砖块大小不一，"重量为二又四分之一磅至四磅。在泡冲之前,先剥去砖块之边缘,再捣碎至适当大小","经三星期之干燥,即告完成。……均包于纸,并装竹篓中,每篓80块,净重200磅"。①

输俄茶叶以红茶为大宗,多是福建武夷山出产,②由山西商人前往福建采购。输俄武夷茶的运输路线是经江西转河南运往张家口,而非经鄱阳湖,顺长江入大运河至北京的传统南北商路和贡道。其理由是:第一,北方地势平坦,陆运较运河水运快捷。山西商人来武夷贩茶为首春茶季。茶事毕后运至张家口,至少在5000里以上,再由张家口运至恰克图,约4300余里。若以日行80里计,路途需130天。运至恰克图后,可在7—8月由俄国商队贩运回国,否则9月以后,西伯利亚冰封雪冻,将耽误至来年初夏。第二,输俄茶叶另一主要部分是湖北的砖茶。清乾隆年间,山西大茶商王玉川、巨盛川到鄂南羊楼洞设庄收制边茶,每年生产砖茶近80万公斤。③ 闽茶入鄂,抑或部分加工为砖茶,抑或与鄂茶会合,一道经河南运至张家口。茶叶运到张家口后,再经库伦(乌兰巴托、Urga & Ulaanbaatar)运到恰克图(Kyakhta)交割给俄国商队,俄商再从恰克图携带茶叶往莫斯科,其走向与今西伯利亚铁路大致相同。

张家口为山西茶商根据地。光绪六年(1880)十月祭酒王先谦奏折中曾提到:"从前张家口有西帮茶商百余家,与俄商在恰克图易货,及俄商自运后,华商歇业,仅存20余家。"④"俄商自运",指的是1862年签订《中俄陆路通商章程》,俄商自己可以到内地购茶,山西商人失去对俄华茶主要供应商的地位。

自张家口到恰克图的商路分东西中三条:"东路自乌兰坝入察哈尔正蓝旗界,经内札萨克西林郭勒盟之阿巴噶王、阿巴哈那尔贝子等旗游牧。入外札萨克车臣汗部落之阿海公旗游牧,经达里冈爱东界,入车臣汗部落之贝勒等旗游牧,达于库伦,由库伦方达恰克图,此东一路也。西路自土

---

① [美]威廉·乌克斯(William H.Ukers)著,上海茶叶研究社翻译:《茶叶全书》(上),上海:开明书店,1949年,第165页。
② 关于这一时期福建武夷山外销茶生产与运销,参见庄国土:《鸦片战争前福建外销茶叶生产和营销及对当地社会经济的影响》,《中国史研究》1999年第3期。
③ 茶人:《两湖茶的过去和现在》,《中国茶讯》1953年第3期,第77页。
④ 王彦威辑,王希隐编:《清季外交史料》第二十四卷,1932年,第14页。

默特旗翁棍坝、河洛坝,经四子部落沙拉木楞、图什业图汗旗,至三音诺彦旗,分为两路,其一西达里雅素台科布多,其一东达库伦,由库伦达恰克图,此西一路也。中路自大境门外西沟之僧济图坝,经大红沟、黑白城子镶黄旗牛群大马群、镶黄旗羊群各游牧,入右翼苏尼特王旗,经图什业图汗旗车臣汗部落之贝勒、阿海公等旗游牧,渡克鲁伦河达库伦,方达恰克图。"① 输俄茶叶应是走中路,不但因为其路程最短,而且是张家口至库伦的传统商路。

自张家口至恰克图4300余里,多穿戈壁沙漠和蒙古高原,气候恶劣,地旷人稀,是整条陆上茶叶之路最为艰难的路程。到达恰克图以后,主要与俄商交换皮毛,"彼以皮来,我以茶往"。② 这种陆路运来的茶叶"因陆路所历风霜,故其茶味反佳,非如海船经过南洋暑热,致茶味亦减"。③

俄国商队从莫斯科出发,先往东北雅罗斯拉夫尔(Yaroslaol),再向西经乌斯提乌格(Ustyug)、菲尔克提乌尔(Verkhoture)、土里雷乌克(Turiwk)及托博尔斯克(Tobolsk),再从伊尔提斯(Irtysh)河边的塔拉(Tara)到叶尼塞,再从陆路沿贝尔加湖南岸到色楞格河(Shilkhta River),最后到达恰克图。整个行程约17600公里。商队通常有200—300匹驼,每匹驮4箱茶叶共2400磅,每日行程约40公里,从恰克图到莫斯科约需16个月。④ 相比从张家口到恰克图需穿越戈壁沙漠和高原,从莫斯科到恰克图商路则主要利用平原地带的水陆运输网络,虽路途遥远但地势平坦,故其艰难程度反不及从张家口到恰克图的路程。

张家口是中国商人塞外贸易的货物集散地与贸易中枢,南货汇集于此,再经各条商路分流到塞外各处。福建输俄茶叶也先屯于此地,再运往恰克图。塞外货物如皮毛等,也汇于张家口再分贩北京及南方各省。主导张家口贸易的是山西商人,清初为内务府采买皮货的张家口八大商家,也都是山西人:"八家商人者,皆山右人,明末时以贸易来张家口。……自本朝龙兴辽左,遣人来口市易,皆此八家主之。定鼎后,承召入都,宴便

---

① 《筹办夷务始末(咸丰朝)》卷六十六,故宫博物院影印本1930年出版,第8页。
② (清)何秋涛:《朔方备乘》卷三十七,1881年石印本,第12页。
③ (清)魏源:《海国图志》卷八十三,成都巴蜀善成堂本1887年出版,第8页。
④ [美]威廉·乌克斯(William H.Ukers):《茶叶全书》(下),第54页。

殿,蒙赐上方服馔。自是每年办进皮张,交内务府广储司。"①充当内府采买,不但利润甚丰,更重要的是确立一种准官商的地位,这使他们与其他商帮竞争时具有政治优势。

19世纪中叶以前,中俄贸易主要在恰克图进行。在恰克图的中国商人的主体也是山西商人,即所谓的"西客"或"西帮茶商"。何秋涛记载,"其内地商民至恰克图贸易者,强半皆山西人,由张家口贩运烟茶、缎布、杂货,前往易换各色皮张、毡片等物"。② 山西晋中汾河以东民俗尚贾,早在南北朝时,"河东俗多商贾,罕事农桑。人至有年三十不识未耜"。③ 平遥、祁县、太谷历代名商辈出。时至清代,口外贸易几为山西商人所垄断,南货贩北,也多由山西商人把持。诚如刘选民《中俄早期贸易考》所载:"自内地赴恰克图贸易之商人,泰半为山西人。然山西人之足迹并不仅限于恰克图,即新疆、满、蒙诸地之贸易,鲜不为彼等所垄断。"④武夷山输俄茶叶更是由山西商人经营。清代武夷山人衷干的《茶事杂咏》载:"清初茶叶均由西客经营,由江西转河南运销关外。西客者,山西商人也。每家资本约二三十万至百万。货物往还,络绎不绝。首春客至,由行东至河口欢迎,到地将款及所购茶单点交行东,恣所为不问。茶事毕,始结算别去。"⑤

山西商人的交易对手主要是俄国官商,俄国私商仅在1730年以后才开始担任对华贸易的主导角色。1697年,沙皇彼得大帝(Peter the Great)颁令,貂皮、狐皮贸易仅能由政府经营。为了控制对华贸易,沙皇在莫斯科设立西伯利亚公署(Siberian Office),组织和保护政府对华商队贸易(Caravan trade)。商队首领即是政府代理人(Agent),由4位政府使臣辅助,并配有4位税官和100名由一个军官率领的哥萨克士兵。1693年,俄国第一个皇家商队携带价值41900卢布的皇家货物和价值113620卢布

---

① 左承业:《万全县志》第四册卷十《志余》,乾隆十年刻本,第10页。
② (清)何秋涛:《朔方备乘》卷三十七,1881年石印本,第15—16页。
③ 李延寿:《北史》卷十五列传三,北京:中华书局,1974年,第573页。
④ 刘选民:《中俄早期贸易考》,姚贤镐编:《中国近代对外贸易史资料(1840—1895)》(第一册),北京:中华书局,1962年,第104页。
⑤ 林馥泉:《武夷茶叶之生产制造及运销》,福建省农林处农业经济研究室,1943年,第81页。

的私商货物前往北京。此后俄国商队每3年往华一次,先到北京,然后到边界城市尼布楚,在那里易货贸易,以皮毛交换中国的烟、茶和丝绸。1693—1730年间,共有13个俄国商队前往北京。在清政府允许可在北京进行贸易的50位俄国"使臣"中,只有三位是真正由俄国政府派出的。[1]每三年一次、每次商人总数不到200人的对华贸易规模远不能满足俄国商人的需要,而清政府方面则日益担心越来越多的俄国人出现在北京。1728年6月25日双方政府签订《恰克图条约》,恰克图被选为双方边界贸易地。

尽管沙皇政府在1731年和1734年重申垄断皮毛贸易的法令,但政府商队的低效能不能满足日益增长的贸易需求,到18世纪30年代,俄国私商对华贸易量已逐渐超过政府商队。1762年,俄国政府正式废除政府垄断贸易法令,俄国政府的商队贸易寿终正寝。[2]

三、恰克图贸易兴衰与山西商人退出茶叶贸易

1728年中俄签订《恰克图条约》后,双方贸易迅速发展。此后约150年的中俄"彼以皮来,我以茶往"的边境贸易,几乎都在恰克图交易。

恰克图位于色楞格河右岸,北近贝加尔湖南岸,与俄国的安格拉湖(Angara Lake)、贝加尔湖与色楞格河水运体系相近,南距库伦数日路程,坐落在两国界碑南北相距约一公里处,为库伦所辖。1730年以后,两国商人各自隔界建城,遥相对峙。北市为俄商聚居地,名为恰克图(Kyakhta)。南市为中国商人居住,称为买卖城,此名称一直沿袭到外蒙古从中国分离出去的1920年。清代文献也统称南北两市为恰克图。

恰克图边界贸易的第一个集市在1728年8月15日开张,当时只有10个俄商和4位华商参加。直到18世纪50年代初,恰克图贸易仍不景气。1737年,俄国商领兰格(Lange)在视察恰克图后给政府的报告中提

---

[1] M. I. SLADKOVSKII. *History of Economic Relaitions between Russia and China*, Jerusalem, 1966, p.22.

[2] [俄]尼古拉·班蒂什-卡缅斯基编著,中国人民大学俄语教研室译:《俄中两国外交文献汇编(1619—1792年)》,北京:商务印书馆,1982年,第345页。

到,"很多俄国商人如以往一样住在恰克图,带来很多俄国货物,但生意奇淡,因为没有几个中国商人来恰克图,来的人也没带来俄商想要的货物。因此俄商损失惨重"。1738年,西伯利亚总署会同伊尔库特次克副总督知会中国边境官员,请他们派中国商人前来恰克图,因为中国商人不来,俄商货物囤积,损耗严重。①

阻碍恰克图贸易发展的原因主要在俄方的管制贸易体制。由于俄国政府垄断了中国商人所需的皮毛贸易,早期在恰克图出售的皮毛,大多是俄使商队从北京带回的剩货。1729—1730年,仅有23829卢布的皮货在恰克图出售,中国商人难以从恰克图的俄国私商购得所需皮货。其次,俄国政府还在1731年宣布,利润较高的中国货物大黄和烟叶仅能由政府商队采购,俄国私商不得私自向中国商人购买。第三,恰克图俄国私商被俄政府的苛捐杂税所累。俄商需向西伯利亚总署缴纳货物(包括现金)值的10%税收,尚不包括各种规费、罚款和杂捐。第四,货物在莫斯科的售价由西伯利亚总署规定。所有这些对私商的侵害使私商以走私方式来对抗政府的贸易管制,恰克图成为俄国私商主要的走私贸易中心。

然而,俄国对中国商品的需求与日俱增,远不是官方商队所能满足的。除了俄国欧洲部分对中国贵重商品的需求增加外,西伯利亚人口的迅速增加也刺激对中国大众消费商品的需求。到1745年,23个西伯利亚镇的人口增长到18.5万人,他们对中国的大众消费商品如烟叶、茶、低档棉布、糖等都有大宗需求。十八世纪四五十年代,俄商走私贸易因此日益兴盛,而俄国国库却日益难以支撑效率低下且昂贵不堪的官方商队贸易。1744年,恰克图的中国货物售量已达287500卢布,多为俄国私商购买。②

1755年,俄国政府停派前往中国的商队,俄方对华贸易从此由私商经营。1762年,俄国政府正式颁令废止官方商队对华贸易。从此,恰克图贸易进入繁盛时期,直至19世纪中叶。

---

① SYCHEVSKII.*a Historical Note Concerning the Chinese Border*,Moskva,1875,p.229.
② M. I. SLADKOVSKII. *History of Economic Relaitions between Russia and China*,Jerusalem,1966,pp.44—45.

表3　1755—1850年中俄恰克图贸易额(进出口合计)

年份	总额(卢布)	年份	总额(卢布)
1755	837065	1769—1773(平均)	2251417
1785	3611852	1795	5440570
1805	11484656	1813	10929348
1826	12284738	1830	12797194
1847	13601120	1850	13832142

资料来源:Sladkovskii, p.47, p.53, p.57, p.61, p.68.

在俄国出口中国的货物中,以皮毛为大宗,其次为皮革制品、俄国布和由俄国转口到恰克图的普鲁士、荷兰、英国的纺织品。这些商品占俄国出口中国货值的85%。此外,还有刀、斧、矛、金属器皿等杂货。早期俄国出口中国商品中尤以皮毛为最。越到后期,输华商品种类越多,皮毛所占比例有所下降。1700年,皮毛占输华货值4.7万卢布的81%;1755年占输华货值60.5万卢布的70%;1781年占输华货值180万卢布的65%。到1850年,尽管中俄贸易已扩大数倍,输华皮毛的数量也大量增加,但仍只占输华货值1383万卢布货值的33%。[①] 此时俄国布和其他制成品已占输华货值的50%以上。

中国输俄商品在18世纪末以前,以棉布为大宗。直到19世纪末,虽然俄国的纺织工业已很发达,东西伯利亚人仍偏爱中国布而非俄国布。中国棉布之后的大宗商品是丝绸。在18世纪中后期,丝绸约占中国商品出口总值的30%。到19世纪初,丝绸占输俄华货总值约15%。

19世纪后期,俄国的轻工业迅速发展,对中国棉布和丝绸的需求下降,对茶叶的兴趣上升。在恰克图,中国茶叶越来越抢手。茶叶在1792年以后成为中国输俄货物的第一位,当年,茶叶约占输俄货值的22%;1802年,这一比例已增加到40%。此后这一比例不断增加。1820年,西伯利亚总督斯波兰斯基下令给俄国商人,在恰克图互市中扩大茶叶购买量。他对俄商说,"俄国需要中国丝织品时代已经结束了,棉花也差不多

[①] C. M. FOUST. *Muscovite and Mandarin: Russia's Trade with China and Its Setting*, 1727—1805, University of North Carolina Press, Chapel Hill, 1969, p.344.

结束,剩下的是茶叶、茶叶,还是茶叶"。① 到 1850 年,茶叶出口俄国达 579.8 万卢布,占输俄总货值的 95.7%。其中,白毛茶占 79.9%,砖茶占 15.8%。②

恰克图贸易的迅速衰落始于 1862 年签订的《中俄陆路通商章程》。尽管 1858 年中俄签订的《瑷珲条约》将黑龙江以北的土地割让给俄国并准许互市贸易,但尚未对恰克图贸易造成直接的冲击。《中俄陆路通商章程》却使俄国正式得到深入内地购茶乃至到内地建立茶厂的特权。西方列强在第一次鸦片战争后打开了中国通商门户,西方商人开始到中国内地购买所需商品。俄商沿英商之例,也深入到中国内地。早在 1850 年,俄商就私自到制茶中心之一的汉口购茶。汉口开放为对外通商口岸后,俄商遂于 1861 年在此建立砖茶工厂。到 70 年代,俄商开始在福州制造砖茶。③ 鸦片战争以后,福州逐渐成为制茶中心和输出茶叶的口岸。俄商到福州购茶、制茶极大改变了中国境内茶叶输俄的路线。俄商所需的武夷茶原本由山西商人转贩加工,从闽北经江西、湖北往张家口的输俄茶叶之路改为从武夷山将茶叶沿闽江运到福州加工为砖茶,再海运到天津、再陆运经张家口运到恰克图的路线。由福州海运至天津成本低廉且快捷,原来山西商人越闽赣分水关从陆路翻山越岭运茶的生意自然难以为继了。到海参崴开港后,俄商利用海参崴海港发舶,其轮船可达上海、江汉、福州等紧靠茶叶的口岸购茶、制茶,山西商人在茶区转贩输俄茶叶的盛况不复存在,恰克图贸易自难以为继。同治七年(1868)八月恭亲王奕䜣奏折中指出了关于恰克图贸易衰落原因是俄商自行到内地贩运茶叶:"从前恰克图贸易之盛,由于俄人不能自入内地贩运,自陆路通商以后,俄人自行买茶,不必与华商在口外互换,因之利为所夺;兼且道途梗阻,货物渐稀;商东又因湖北汉口等处屡次遭兵,资本荡然,将恰克图存本陆续提用,以致生理益绌。"④

---

①[俄]西林:《十八世纪的恰克图》,转引自卢明辉:《恰克图买卖城中俄边境贸易的兴衰变化》,《中外关系史论丛》,天津:天津古籍出版社,1994 年,第 145 页。
②M. I. SLADKOVSKII. History of Economic Relaitions between Russia and China, Jerusalem, 1966, p.67.
③[美]威廉·乌克斯(William H.Ukers):《茶叶全书》(下),第 54 页。
④《筹办夷务始末(同治朝)》卷六十一,北京故宫博物院影印本 1930 年版,第 6 页。

当俄商自行组织茶叶贸易后,张家口的山西商帮也随之凋零,原来的百余家山西商人到1880年间,仅剩20余家。随着列强对中国主权的逐步蚕食和洋商在华特权日增,华商优势逐步消失,被逐渐排除出从福建到莫斯科的陆上茶叶之路。到1900年西伯利亚铁路建成以后,俄商将茶叶水运至中国沿海各口岸,再海运到海参崴,再经西伯利亚铁路运输到欧洲。欧亚陆上茶叶之路的主线无需再经中国境内,原先俄国商队从恰克图到莫斯科需行16个月,现借铁路只需7周。俄商利用在华商务特权在中国茶区购茶、设厂、制茶,以轮船、港口和铁路优势,不但独享输俄华茶的收购、制作、运输,甚至"俄茶倒灌",俄商取代华商,在中国南方贩运茶叶倾销于新疆满蒙的广大地区。[①] 诚如1911年理藩院奏折所言:"蒙古商务,向以茶为大宗,理藩部例有请茶票规,为大宗入款。近来销数顿减,不及旧额十之三四,实因西伯利亚铁路交通便利,俄茶倒灌,华茶质低费重,难与竞争。"[②]

18世纪至19世纪末期的陆上茶叶之路从福建北部的武夷山区延伸到莫斯科,全程超过四万五千里,以恰克图为中心,皮毛与茶叶是这条贸易大通路的主要互市商品。在19世纪中叶以前,这条贯通欧亚的陆上茶叶之路的贸易一直由山西商人主导,正如18世纪至19世纪40年代广州行商主导广州至欧美海上茶叶之路的茶叶贸易一样。[③] 随着鸦片战争以后西方以武力推动对华商务扩张,外商在华享尽各种特权,华商优势荡然无存,在与外商竞争中纷纷败北。正如执广州茶叶贸易牛耳的广州行商被鸦片战争的炮火彻底扫荡一样,执塞外贸易之牛耳的山西商人也不得不退出对俄茶叶贸易,茶叶之路与茶叶贸易不得不拱手交给以沙皇政府为后盾的俄商。国势弱,商势衰,陆上茶叶之路与海上茶叶之路的结局如出一辙。

(原载《厦门大学学报(哲学社会科学版)》2001年第2期)

---

①关于俄茶倒灌,参见蔡鸿生:《"商队茶"考释》,《历史研究》1982年第6期。
②《清实录·宣统政纪》卷五十三,北京:中华书局,1985年,第961页。
③关于海上茶叶之路贸易的研究,参见庄国土:《广州制度与行商》,《中外关系史论丛》第5辑,北京:书目文献出版社,1996年;《从丝绸之路到茶叶之路》,《海交史研究》1996年第1期。

古代北方东西两口的茶叶贸易

陶德臣[①]

研究著名的"商队茶"和"北方茶叶之路",不能不研究东西两口的茶叶贸易。因为东西两口是茶叶产区与承销市场的周转集散中心和茶商开展贸易活动的大本营,地位十分重要。令人遗憾的是,长期以来,东西两口在茶叶贸易上的地位和作用没有引起学者足够的重视,至今尚无足够分量的专文来加以探讨。本文试图就两口茶叶贸易的发展状况、兴衰原因、影响和作用等问题作一论述,以弥补此一缺陷。

历史上的东西两口即塞外的东口和西口,东口指张家口,西口是归化(即今呼和浩特)及绥远城,因此也有称为归绥的。这一带很早就以茶马互市著称。唐代中期茶叶商品经济繁荣,饮茶十分普遍,"以为比屋之饮"。这种习俗渐及周边各少数民族,茶叶市场也已经拓展到塞外的广大地区。从唐代杨华的《膳夫经手录》看,蜀茶"南走北越,北临五湖",五湖即"五胡",指匈奴、鲜卑、羯、氐、羌。歙州、祁门、婺源方茶的销场为"梁、宋、幽、并诸州",此表明中原所产茶已为北方少数民族所接受。而封演《封氏闻见记》所载茶"始自中地,流于塞外。往年回鹘入朝,大驱名马市

[①] 陶德臣(1965—),男,解放军理工大学人文教研室教授,主要从事茶业经济和文化史研究。

茶而归",则表明身居塞外的回鹘已与唐开展茶马贸易。类似记载也见于《新唐书·隐逸·陆羽传》:"其后尚茶成风。时回纥入朝,始驱马市茶。"回鹘助唐平定安禄山叛乱是八世纪六十年代之事,驱马市茶则是平叛后的事,可见北方茶叶贸易可上溯到八世纪末。自此以后,茶叶始成为北方贸易之路上的新兴货品。

宋代开创了"蜀茶总入诸蕃市,胡马常从万里来"的大规模茶马贸易新阶段,每年政府都要用大量茶叶换回成千上万匹骏马。北宋每年易马动辄一万多匹,贸易对象除了西域的回鹘商人、吐蕃、于阗等处,还有西北及北方的西夏、辽国。南宋虽以茶易马数量锐减,但由于茶价易马价大减,所消耗的茶叶数量同样十分惊人。这样茶叶源源不断流入周边各少数民族政权地区,满足了各少数民族的饮用需求,其中很大部分被辗转到北方的辽、金地区。如《宋史》卷二百五十五《张永德传》载:"永德在太原,尝令亲吏贩茶规利,阑出徼外市羊。"1004年,宋辽订立"澶渊之盟",嗣后在河北沿边陆续开放了雄州(雄县)、霸州(霸县)、安肃军(徐水)、广信军(保定西北)四处榷场,茶马贸易成为重要内容。南宋与金的贸易榷场主要是盱眙军,与金朝泗州榷场隔河相对。契丹的辽,女真的金已饮茶成风,每年所需的茶叶,除部分由两宋"岁贡"无偿获得外,主要通过贸易手段取得北运。如泰和六年(1206)尚书省奏:"比岁上下竞啜,农民尤甚,市井茶肆相属"。王公大臣更是喜爱饮茶,商人每年贸茶费用"不下百万",甚至引起统治者惊慌。他们担心"耗财弥甚",也从侧面反映了茶叶贸易的繁盛。

明代,沿长城一线战争时有发生,明政府加强了对茶马贸易的控制。但由于蒙古人饮茶成风,每年仍有大量茶叶流入蒙古,并被辗转到更远的北方和西方。此时张家口作为边防重地和贸易中心真正出现,其在茶马互市中的地位相对突出。明政府开创了"东有马市,西有茶马"的茶马贸易全盛期。正统三年(1438),明政府就在距张家口不远的大同开辟马市,以茶叶等货物交换蒙古族的战马。但瓦剌与明连年战争,影响了北方商路作用的发挥。隆庆五年(1571),俺答汗与明言和,恢复贡市关系,双方互市有了可靠的环境,每年蒙古封建主除贡马一次外,还可在指定地点再互市一次,这样茶马互市空前繁荣。茶马交易市场众多,交易规模宏大。仅大同镇一地,贸易地点有新平堡、宋口堡、杀虎堡、得胜堡等十余处。隆庆五年,宣府、大同、山西三镇市马7000余匹,嗣后不断增加,万历三年(1575),明朝将市马数量限制在35000匹以内,实际上此一数量很快被突破。三年以后,张家口一地市马达36000匹,1582年后,三镇每年都易5万匹以上。马市的重要交易物品为茶叶无疑,这不但符合蒙古人民的迫切需要,也得到蒙古贵族的重视。故"万历五年(1577)俺答款塞,请开茶市",除官市外,私市、民市也十分活跃。私市虽属非法,但由于有利可图,人们不顾禁令,铤而走险,用茶叶、绸缎、布帛、铁锅等生活用品换取蒙古的马、牛、羊牲畜及皮毛、马尾等畜产品。民市是在官市外,经明政府允许在靠近土默特和鄂尔多斯的地方开设的民间集市,每月一次的称为"月市",数日一次的叫"小市"。在民市,蒙古族牧民多用羊皮、毛、马尾等及羊、驴小畜,与汉族农、商换取粮食、布匹、茶叶、针线等生活用品。在茶马互市的民族贸易中私市与民市比官市更直接、更经常,发挥的作用也更大。流入蒙古的大量内地商品茶、布、帛等产品,甚至被辗转输往俄国。

清代东西两口茶叶贸易勃兴,并趋于繁荣。张家口和归化城不但成为北方茶叶集散中心,而且发展成为茶叶国际商路上对俄贸易的重要商埠,迎来了东西两口茶叶贸易的黄金时期。这种贸易地位的确立与当时的政治经济环境密不可分。首先从国内因素来看,随着清朝统治政权在全国建立,结束了内地同北部民族割据对峙的局面,统一的多民族国家得到空前发展。国家统一,政治稳定,交通发达为各民族经济文化交流创造了有利条件。清初,统治者对塞外贸易执行较为宽松的政策,鼓励以晋商为代表的边商北上经商,是以晋商崛起。清代商品经济尤其是茶叶商品经济的发展对茶商经营提供了物资保证。清代茶叶生产量超过明代,最重要的是清政府放松了对茶叶贸易的控制。雍正十二年(1734)废止了700余年的茶马互市制度,全国茶叶产区除了陕西、四川、江西、湖南等少数州县还保留"茶引"制度外,茶叶贸易完全放开,茶商可以自由买卖。长途贩运更加方便。而交通运输业的发展和山西地理位置的优势,为茶商经营提供了便利。清代蒙古设置了漠南、漠北和漠西三部分,晋帮商人到蒙古地区贸易,就是在三条台站的基础上开辟了三条商路,张家口、归化成为三条商路中其中两条的起点。清代,饮茶习俗极为普遍,尤其是西北、北方各少数民族人民更是"均赖茶以活",这些地方的人民,"皆藉茶养生",市场需求量大。但茶产东南,这就决定了茶叶大规模长途贩运的客观必然性。其次从国际上看,俄国饮茶风俗渐起,刺激了北方茶叶商路的开拓与发展。沙俄本是欧洲国家,与中国相距遥远,随着它向东扩张,侵略中亚,才开始接触到茶。万历四十四年(1616),哥萨克什长彼得罗夫在卡尔梅克汗廷初尝茶叶,他对这种"无以名状的叶子"表示惊异。明末崇祯十三年(1640),俄使瓦西里·斯达尔科夫出使卡尔梅克时,也称"茶叶是他从未耳闻目睹过的新奇东西",他甚至"不知道这是树叶还是草叶"①。因此难怪回国时,可汗送给沙皇相当于价格一百张貂皮的茶叶二百包(每包约重3俄磅,一俄磅合409.51克),斯达尔科夫很不情愿,对此"提出了异议,说在俄国,这是一种不知名的,没人想要的物品"。清朝初年,来华俄国使臣继续将茶叶带回国,随后俄国上层人士对茶的知识有所了解,态度有所变化,且出现了茶叶的买卖现象,表明饮茶习俗开始在俄国贵族中流行起来。如1661年回国的俄使曾把清朝博格达汗(对康熙的称呼——引者)给的十普特礼品茶换成宝石带回。1675年,出使清朝的俄使得到"御赐"茶四箱及转送给沙皇的茶八箱,他们没有表示异议,而是带回了俄国。因为此时俄国贵族已经饮茶,国内也出现了茶叶市场。1689年中俄签订《尼布楚条约》,沙俄入侵中国东北及蒙古地区的阴谋受挫,嗣后边境保持了百余年的相对稳定,边关贸易渐趋活跃。1699—1729年前,俄国多次派遣国家商队来北京贸易,茶叶输俄逐渐增加。特别是1727—1792年两次《恰克图条约》的签订,使茶叶贸易得到迅速发展,张家口成了茶叶中俄贸易指定场所——恰克图市场运输线上的枢纽。这种繁荣一直维持到光绪年间。

从某种意义上说,张家口茶叶贸易的兴衰与恰克图地位的升降密切相关。1727年恰克图互市前,俄国商队来华贸易以1708年为界,以前自尼布楚出齐齐哈尔,经东部蒙古,过古北口或山海关入京,嗣后由伊尔库茨克循色楞格河,经库伦(今乌兰巴托)横断戈壁,过张家口抵达北京。十八世纪五十年代,恰克图已趋繁荣,茶叶成为重要贸易物资,张家口地

---

① 蔡鸿生:《"商队茶"考释》,《历史研究》1982年第6期。

位突显。

1750年恰克图输俄砖茶7000普特,白毫茶6000普特,共计13000普特(合4258.8担)①,1838年增到740万磅(合55513.8担),增长13倍。茶叶成了恰克图市场的一般等价场和主要交易物资。十八世纪末,茶占恰克图市场货值的30%以上,1820年上升为88%,1840年已达90%以上②。茶叶贸易盛极一时,中俄茶商云集恰克图,以"彼以皮来,我以茶往"的基本方式开展着贸易。为了适应茶叶贸易蓬勃发展的新形势,以晋商为代表的茶商"由张家口贩运烟、茶、缎、布、杂货前往(恰克图),易换各色皮张、片等物"。不但如此,他们还以张家口为根据地,积蓄力量,强化了作为贸易周转中心的重要地位。据方志记载,明末在张家口贸易者,有8家商人,他们都是晋商,入清后更得到满清垂青,被委以"每年进皮张,交内务府广储司"之重任。恰克图茶叶贸易开展后,张家口晋商势力迅速膨胀,兴盛时"有西帮茶商百余家"。

晋商之所以能垄断张家口茶市,执中俄茶叶贸易之牛耳,主要得力于清政府的扶持。张家口的晋帮茶商,以长裕川、长盛川、大玉川、大昌川这四大带"川"字号的"祁帮"为著名,他们在砖茶上印上"川"字样,表示货真价实,成为商标和荣誉的象征。这些大商号与清廷有着千丝万缕的联系,得到多方面支持。如大玉川竟为清廷御帖备案的商家,持有清廷赐予的"双龙红帖",成为来往内地和蒙古草原的通行证和商标。有了双龙红帖,给晋商开展茶叶贸易带来极大方便,从收购到运输,皆一路绿灯,受到各方面保护。运至恰克图后与俄商交易,也深得信任。现在张家口堡子鼓楼北街大玉川茶店故地院内还保存着乾隆皇帝赐给的"大玉川"一块双龙石碑,从碑刻内容可知,这家茶庄从事中俄茶叶贸易的盛况。

掌握俄蒙茶叶贸易主动权的晋商,深入江南茶区,收购、制造、运销茶叶,建立起产区与承销市场的紧密联系。福建武夷茶区是他们的主要收购地点,他们实力雄厚,垄断了武夷茶之运销。清人衷干《茶市杂咏》载:"清初茶叶均由(山)西客经营,由江西转河南运销关外,西客者,山西商

①蔡鸿生:《"商队茶"考释》,《历史研究》1982年第6期。
②姚贤镐编:《中国近代对外贸易史资料(1840—1895)》(第一册),北京:中华书局,1962年,第116页。

人也。每家资本约二三十万至百万。货物往还，络绎不绝。首春客至，由行东至河口欢迎，至地将款及收购茶单点交行东，恣所为不问。茶事毕，始结算别去。"上述可见，晋商购茶遵循春来冬去候鸟式的方式，他们通过茶行办货，且信誉好，每年运出之茶叶数量庞大。晋商控制武夷山运销的状况直到鸦片战争后受到广东、福建茶商的竞争才改变。"福州通商后（1853年福州才真正输出茶叶——引者），西客生意遂衰，而下府、广、潮三帮继之以起。"

晋商历尽艰辛，千里迢迢，把茶运至张家口囤积，并进行再加工，然后运往恰克图，具体路线如下：闽北茶叶先集中下梅（后被赤石取代），过分水关入江西铅山，在此装船顺信江下鄱阳湖，泛湖北上，出九江入长江，溯江抵南昌。汉口晋商把各地茶集中后，装船逆汉水而至樊城，起岸后，装大车经河南赊旗镇，入泽州（山西晋城）、潞安府（长治）、平遥、祁县、太谷、忻县、太原、大同。在此分为二路，一部分运往归化厅（呼和浩特），一部分经天镇运往张家口。张家口至恰克图（今蒙古国阿尔丹布克），走军台三十站向北行十四站到库伦，再北行十一站到恰克图。全程经福建、江西、湖北、河南、山西、河北，抵达蒙古，近5000千米。这条商路上张家口以北，据徐珂《清稗类钞》载："有车帮、马帮、驼帮；夏秋两季运输以马和牛车为主，每匹马可驮80千克，牛车载250千克，由张家口至库伦马队需行40天以上，牛车需行60天。冬春两季由骆驼运输，每驼可驮200千克，一般行35天可达库伦，然后渡依鲁河，抵达恰克图。骆驼或车皆结队而行，每十五驼为一队，集十队为一房，每房计驼一百五十头，马二十匹，有二十人赶骆驼，在清朝乾隆、嘉庆、道光年间，茶叶贸易繁盛，茶叶之路上驼队，经常是累百达千，首尾难望，驼铃之声数里可闻。"张家口成为北方茶叶贸易集散中心，某茶商"家有运茶之车百辆"，"茶市以张家口为枢纽，货物辐凑，商贾云集"，秋春之间，运茶骆驼"以千数，一驼负四箱，运至恰克图，箱费银三两"。京张铁路、津浦铁路修成后，茶可循铁路运输，1918年又开通了张家口至库伦的汽车"以广销路"。销往蒙古的茶由汉水运抵老河口，起船后以骡马和车运往归化城，直抵蒙古分销。此外，1851年中俄签订《中俄伊犁塔尔巴哈台通商章程》后，晋商中分出西商专门购安徽建德朱兰茶从西北出口俄国，"此项千两朱兰茶，专有茶商由建德贩至河南十字店,由十字店发至山西祁县忻州,由忻州而至归化,转贩与向走西疆之商,运至乌鲁木齐,塔尔巴哈台等处售卖",而不走张家口——恰克图一线。

不仅如此,晋商还以张家口为基地,向西深入新疆、科布多、唐努乌梁海等地开展贸易,这种情况到西北回民起义时才起变化。

茶叶贸易的发展推动了张家口的繁荣。明代小堡张家口,至清代中期已十分繁荣。1759年商民在张家口所设店铺"资本较厚者数十余家"。十九世纪更趋繁荣,每天有数万人口南来北往,以至当时的外国人评论:"像张家口这种极为活跃的商业往来,甚至在中国本部也是罕见的"[①]。为适应茶叶贸易的发展需要,张家口甚至出现了替人代牧的新行业,养驼业也很发达,总计从业人员有数千人。总之,张家口茶叶转口茶贸易的发达,使之成为茶叶运输路线枢纽,茶叶再加工和贮藏中心,晋商北上恰克图服贾行商的桥头堡。完全可以说,没有张家口作后盾,就没有清代商队茶的发达和北方茶叶之路的繁荣。可惜,这种繁荣仅持续到光绪初年,随着沙俄侵略加深而衰落。

(原载《茶叶通报》2003年第2期)

[①] 姚贤镐编:《中国近代对外贸易史资料(1840—1895)》(第一册),第116页。

清代晋商茶叶贸易定量分析

——以嘉庆朝为例

石涛　李志芳[①]

清代晋商茶叶贸易中成本与收益是时时发生变化的,按照通常的方法很难获得十分肯定的答案,茶叶和粮食价格的波动和地域性差异、货币制度的混乱等更增加了探讨这一问题的复杂程度。但就某一次而言,我们通过对上述诸多变化着的条件进行考证,选取这一时期各项平均值进行计算,所得出的结论尽管不可能是精确的,但至少应该是合理的。正如安格斯·麦迪森在其著作《世界经济千年史》中所说:"数量分析旨在澄清质量分析中那些模糊的地方。同质量分析相比,它更容易受到质疑,而且也可能受到质疑。因此它可以使学术探讨更加尖锐,从而有助于刺激针锋相对的假说的建立,以推动研究的发展。只有使提供数量证据和选择代表性变量的过程透明化,才可以使持有不同看法的读者补充或拒绝部分数据,或建立不同的假说。"[②]因此,我们选取清嘉庆朝为政策环境背

[①] 石涛(1969 —),男,山西大学经济与工商管理学院副教授;李志芳(1982 —),女,南开大学经济研究所硕士研究生。

[②] [英]安格斯·麦迪森(Angus Maddison)著,伍晓鹰等译:《世界经济千年史》,北京:北京大学出版社,2003年,第1页。

景,以晋商贩运茶叶的人数、路线长度、运输工具及数量、两地茶叶价格、银价和粮食价格、榷关关税和意外情况作为考察对象,对清代晋商茶叶贸易的成本——收益进行分析,得出利润率,以揭示晋商何以远赴他乡,往返于武夷山和恰克图之间从事贸易活动和北路茶叶贸易中自发形成的国际性市场的经济动因。

一、晋商茶叶贸易的外部环境变量:清代前期对茶叶贸易的管理

对于外部环境变量的考察,主要是要弄清晋商在茶叶贸易中要受到哪些因素的制约,需要有多少资金上的投入。总的说来,需要考量范围包含这样几个方面:嘉庆年间的税关数量、有关茶叶的引岸专卖、税关的运作方式、税率与税则、销售税、中俄恰克图贸易的具体规定(含部票等)、货币价格、粮价等。

(一)引岸专卖与税关运作模式

1.茶叶贸易中的引岸专卖

从顺治到嘉庆年间,清政府对茶叶贸易的管理基本沿用了明代的办法,施行引岸专卖制。"明时茶法有三:曰官茶,储边易马;曰商茶,给引征课;曰贡茶,则上用也。清因之。"由于对蒙古的关系尚未明朗,因此政府用茶在"陕、甘易番马",以备军需。在内地省份,由户部颁发本部宝泉局印刷的引票,"召商发引纳课"。①

引票的颁发大致有三种形式,其一,由户部直接颁发,商人到部领销,一般是资金雄厚的大商户;②其二,户部将引票发放到地方州县,商贩在本籍贯所在州县领销,一般是小商户;其三,由地方州县承引,无商可给,直接发给种茶园户销茶。按规定,茶百斤为一引,但各省因运费不同,另加附茶数量也不尽相同。甘肃另加14斤,"五十斤交官,为官茶。五十斤给商变本,为商茶。其余十四斤为脚费,为附茶"③。"不足百斤谓之畸

---

① 赵尔巽:《清史稿》卷一百二十四,北京:中华书局,1992年,第3651页。
② 据《清史稿·食货志五·茶法》载:"凡请引于部,例收纸价,每道以三厘三毫为率。"
③ 《清高宗实录》卷一百零六,乾隆四年十二月壬午条。

零,另给护帖。行过残引皆缴部。凡伪造茶引,或作假茶兴贩,及私与外国人买卖者,皆按律科罪。"①

这一时期,茶引的颁发并非是在全国范围内进行的,嘉庆以前的发引省份及税赋征收情况略如下表:

表1 嘉庆以前的发引省份及赋税征收情况表②

发引省份	发引对象	税赋征收情况
江苏	江宁批发所及荆溪县属张渚、湖汊两巡检司	此三省税课,均于经过各关按则征收。浙江由布政使委员给商,每引征银一钱,北新关征税银二分九厘二毫八丝,汇入关税报解。又每岁办上用及陵寝内廷黄茶共一百一十余篓,由办引委员于所收茶引买价内办解
安徽	潜山、太湖、歙、休宁、黟、宣城、宁国、太平、贵池、青阳、铜陵、建德、芜湖、六安、霍山、广德、建平十七州县	
江西	徽商及各州县小贩	
湖北	咸宁、嘉鱼、蒲圻、崇阳、通城、兴国、通山七州县,发种茶园户经纪坐销,建始县给商行销	坐销者每引征银一两,行销者征税二钱五分,课一钱二分五厘,共额征税课银二百三十两有奇。行茶到关,仍行报税
湖南	善化、湘阴、浏阳、湘潭、益阳、攸、安化、邵阳、新化、武冈、巴陵、平江、临湘、武陵、桃源、龙阳、沅江十七州县行户	共征税银二百四十两
陕、甘	西宁、甘州、庄浪三茶司,而西安、凤翔、汉中、同州、榆林、延安、宁夏七府及神木厅亦分销	每引纳官茶五十斤,余五十斤由商运售作本。每百斤为十篦,每篦二封,共征本色茶十三万六千四百八十篦。改折之年,每封征折银三钱。其原不交茶者,则征价银共五千七百三十两有奇。亦有不设引,止于本地行销者,由各园户纳课,共征银五百三十两有奇

① 赵尔巽:《清史稿》卷一百二十四,第3653页。
② 赵尔巽:《清史稿》卷一百二十四,第3652—3653页。

续表

发引省份	发引对象	税赋征收情况
四川	有腹引、边引、土引之分。腹引行内地,边引行边地,土引行土司。而边引又分三道,其行销打箭炉者,曰南路边引。行销松潘厅者,曰西路边引。行销邛州者,曰邛州边引。皆纳课税	共课银万四千三百四十两,税银四万九千一百七十两
云南		征税银九百六十两
贵州		课税银六十余两

而盛京、直隶、河南、山东、山西、福建、广东、广西等地没有颁行茶引,也没有税课。单纯从商人领取茶引的成本来看,每张茶引可办茶100斤[1],其中,50斤为官茶,销售所得需要交给官府,50斤为商茶,由商人买卖。一般情况下,还有14斤左右的茶叶作为茶叶的运输水脚费,也要交给官府。也就是说,商人实际领取一张茶引能够自己支配36斤茶,其余64斤要交给官府。换言之,商人从官府买36斤茶,需要支付100斤茶叶的费用。

咸丰元年(1851)议定"就地征输起运茶税,每百斤按照闽海关粗茶税则,征收银一钱,给予执照,听其贩运他处"。但这仅是一项议定而已。咸丰二年(1852)十月闽浙总督福建巡抚联合上奏的《筹议闽省产茶各县请就地给照征税以杜偷漏》一折中提到:"闽省贩茶,向不设立引照,征收课税,地方官无从稽察,难免偷漏营私。道光二十九年间,山西省盘获无引茶箱案内,经直隶省督臣讷尔经额以福建武彝山茶不科引课,商人往来贩运,官私莫辨,奏请明定章程,咨闽遵办。"[2]由此可见咸丰年间的那项议定至少在咸丰二年并未付诸实施。因此推断出至早到咸丰二年,福建

---

[1]也有资料显示,每引一百二十斤。如何润生的《中国整顿商务策》中就提到:"茶以一百二十斤成引,(每)(完)引完正课银三钱,公费银三分"。《皇朝经世文三编》卷三十二《户政十·商务四》。由于晋商在嘉庆时并没有和茶引发生太多的关系,因此仅附列于此,不做细征。

[2]《福建省例》,税课例,台北:台湾银行经济研究室,1964年。

省的茶叶贸易一直处于无人管理的状态。所以,可以说在嘉庆年间,晋商在武夷山一带的茶叶贸易活动除了购茶成本和人员消费外,几乎可以不承担任何费用。

2.清代的榷关及其运作模式①

清代自顺治年间规定了国内各处征税关口后,尽管嘉庆前历朝都有所改动,但榷关地点变化不大。康熙以后基本定型的户部和工部榷关共55处,分布于全国各个地区②。

榷关是清代在国内水陆交通要道和商品集散地所设立的税关,即征收内陆关税,由户部和工部管辖。其税分为正项和杂课,正项是内地关税的主要部分,有正税、商税、船料三项。正项之外还有杂课,是各关巧立名目设立的杂税,如火耗、落地税、楼税等。

各税关关口在茶商过境时,"由经过关口输税,或略收落地税,附关税造销,或汇入杂税报部"③。按《户部则例》的规定,榷关税的税率是以价格的5%计征,但此官定的税率从来没有认真执行过,均由各榷关自定。除正税外,还有各种附加费,如盖印费、单费、验货费、补水费、办公费等。附加有的为正税的10%,有的却高达正税几倍。榷关税中的附加和滥征是十分普遍的现象。有鉴于此,本文不考虑税种、税率的变化,以及官员克扣等费用,将商人过关的所有费用统一起来,采用加权平均数的计算方法得附加税率为1%④,即购茶税按照茶叶价格的6%计征。

(二) 中俄茶叶贸易

中俄恰克图贸易始于雍正五年(1727),中俄《恰克图条约》在此草签,次年正式换文。条约规定,两国以恰克图为界,旧市街划归俄国,清朝

---

① 祁美琴在《晚清常关考述》(《清史研究》2002年第4期)中,对常关一词进行了界定。本文研究清代嘉庆朝的贸易状况,故不使用常关,而用榷关。
② 赵尔巽:《清史稿》卷一百一十四,第3278—3279页。[日]滨下武志:《中国近代经济史研究:清末海关财政与通商口岸市场圈》(高淑娟、孙彬译,南京:江苏人民出版社,2006年)一书的第319页记录了50个榷关,古北口、辰关、宿迁、龙江、通永道是工部关,附录于后。
③ 赵尔巽:《清史稿》卷一百二十四,第3653页。
④ 本文的附加税率计算采用加权算术平均数的计算方法,根据各个榷关的附加税率高低,附以一定权数(总和为100%),采用加权算术平均数的计算方法计算而得平均的附加税税率为1%。因此,在本文中,关于茶税税率采用征税5%和平均附加税税率1%之和,即6%计征。

于旧市街南建恰克图新市街。1729年清朝立市集于恰克图,并派理藩院司员驻其地,监理中俄互市。"至恰克图口,定为贸易之所,应派理藩院司官一员管理,贸易人数,照例不得过二百。"①汉人称互市地为买卖城。1737年,停京师贸易,对俄贸易统归恰克图办理。1762年,置库伦办事大臣,专理俄罗斯贸易。其后,因俄国守边官员屡次违约恣行,以致失和绝市。1792年,中俄订立《恰克图市约》重新通市。在俄国境内之恰克图,今俄罗斯仍名恰克图;在当时中国境内之恰克图,即今蒙古国阿尔丹布拉克。

中俄恰克图贸易中,中方商人绝大多数来自山西。据清人松筠《绥服纪略》载:"所有恰克图贸易商民皆晋省人。由张家口贩运烟、茶、缎、布、杂货,前往易换各色皮张毡片等物。"据《清史稿·松筠传》记载,松筠是蒙古正蓝旗人,从翻译生员起家,历任户部尚书、陕甘总督、伊犁将军、两江总督等,政治生涯从乾隆后期以至于道光中期,多次为清政府处理北部涉外事务。《绥服纪略》记录的是其在乾隆五十年(1785)被派往库伦、治俄罗斯贸易事时的事迹,距嘉庆朝不过十余年。随后,何秋涛的《朔方备乘》也说:"盖外国人初同内地民人市集交易,一切惟恐见笑,故其辞色似少逊顺。经恰克图司员喻以中外一家之道,俄罗斯喜欢感激,信睦尤善。所有恰克图贸易商民,皆晋省人。由张家口贩运烟、茶、布、杂货,前往易换各色皮张毡片等物。初立时,商民俗尚俭朴,故多获利。"②1939年,刘选民在《燕京学报》上发表的《中俄早期贸易考》也谈到"自内地赴恰克图贸易之商人,泰半为山西人"③。

恰克图进行的中俄贸易中,中国对俄贸易主要输出物是茶布④,输入货物为皮张和马匹⑤。由于地处边远,监督乏力,令行不久,便弊端丛生。地方官员巧立名目,在茶票应收款项外,强令商人每月供给茶费30箱砖

---

① 《清世宗实录》卷六十,雍正五年八月乙巳条。
② (清)何秋涛:《朔方备乘》卷三十七,台北:文海出版社,1964年,第15—16页。
③ 刘选民:《中俄早期贸易考》,《燕京学报》1939年第6期,第196—197页。
④ 《清高宗实录》卷八百七十一,乾隆三十五年十月乙未条载:"俄罗斯地虽富庶,而茶布等物,必须仰给内地。且其每年贸易,获利甚厚,不能不求我通市,中国因得就所欲以控制之。"
⑤ 《清高宗实录》卷五百八十,乾隆二十四年二月丙辰条载:"内地商民,于恰克图购买俄罗斯皮张等物,于布哩雅特购易俄罗斯马匹。"

茶,并借挑货借茶等名义进行勒索,三年内就收受白银七八万两,除每年交理藩院二万两,作为蒙古王公廪饩之用外,其余均落入私囊。到咸丰末年,商人为了获利,钻理藩院发给部票向来不于票内注明茶箱数目的空子,买通理藩院库伦章京衙门的官员,将每票300箱加到600箱①,至于售卖私茶的情况也屡有发生。

为了便于对内地茶叶商人的管理,同治元年(1862),刑部针对这些陋规上章请革除库伦茶票陋规:"每茶三百箱,作票一张,收规费五十两,核计一年所收。商民所领商票,仍立限一年缴销,以杜引旧充新之弊。至该章京吏胥人等,薪水、心红、纸张等项,每年除由户部领到盘费银两外,应由库伦办事大臣就近酌量添补津贴。"②张家口是内地通往内外蒙古恰克图的贸易中心,是晋商前往恰克图与俄商进行交易的主要通道。道光年间,张家口已拥有茶叶字号百余家。清政府在此设立出塞贸易的管理机构,令出塞贸易者先到张家口登记领票:"我之货往(恰克图),客商由张家口出票,至库伦换票,到彼(恰克图)缴票。"③

可以看出,晋商茶叶贸易的办法,除了缴纳各榷关和市场税之外,还要在张家口领取票据,到库伦换取部票。每张部票可贩茶三百箱,关于每箱茶叶的重量,史料记载不一。《清续文献通考》载:道光四年(1824),甘肃兰州的"茶商汇报以税抵课,每箱以一百斤为率"。④但是,《大清会典事例》户部条又有这样的记载:同治七年议准,"归化城商人贩茶至恰克图,假道俄边,前赴西洋诸国通商,请领部票。比照张家口减半令交银二十五两,每票不得过一万二千斤之数。"⑤以此办法计算,减半征收25两白银,而每票不能超过12000斤茶,价值50两的全票所能贩运的茶叶数额应该不能超过24000斤,与《清续文献通考》不符。如果按半票150箱,所装茶总重量为12000斤计算,每箱茶应为80斤。又据《斯卡奇科夫私人手稿·俄中贸易材料》记载:同治八年(1869),天津义顺局和贵平洋行

---

① 《清穆宗实录》卷四十四,同治元年九月甲戌条。
② 《清穆宗实录》卷四十四,同治元年九月甲戌条。
③ 江召棠编:《(光绪)南昌县志》卷四《方域》,1919年刻本。
④ (清)刘锦藻:《清朝续文献通考》卷四十二,杭州:浙江古籍出版社,2002年,第7962页。
⑤ 《大清会典事例》卷二百四十二《户部》。

签署的一份承揽转运茶叶合同条规之一,议定大白毫一件作八十五斤①。《茶叶全书》记载:十九世纪以后,每年之输入量增至十万普特(约3611300磅),且全为箱茶②。因此可以认为,《斯卡奇科夫私人手稿·俄中贸易材料》中之记载"一件"即为"一箱"。可见,从道光到同治年间每箱茶叶的重量没有大的变化。所以,为保证最后的利润率计算不虚高,我们取同治年间较小的两个值,即同治七年80斤/箱和同治八年85斤/箱的平均值82.5斤/箱。另有记载称:1850年,清政府一次发放268张票给56个经营恰克图贸易的华商,大铺子(大商行)可得到6张票,小的只给1张票。每张票允运300件③。因此,在本文中,我们以每次发放的最少的1张票为基本计算模型,即每次购茶300箱,重量在约合24750斤。

二、晋商茶帮贸易路线考:运输路径的定量考察

晋商最初采办茶叶主要在未行茶引的福建武夷山下梅茶叶市场,《茶市杂咏》载:"清初,茶市在下梅……茶叶均系西客经营,由江西转河南运销关外。西客者,山西商人也。每家资本约二三十万至百万,货物往返络绎不绝。"④晋商从清初以来一直是经销福建茶,后来又经销湖南安化茶。晋商贩运的线路可从时间上和地理上来进行区分。

(一)从时期上划分

清前期,商人们运茶叶,由福建南平地区的崇安县过了分水关,进入江西铅山县,在此将茶装船顺着信江进入鄱阳湖,穿湖而出九江口入长江,再逆流而上到达武昌,再沿汉水水路到达襄樊,在襄樊上岸走陆路,在河南的唐河和社旗镇(今社旗县,当时晋商称之为十里店)用骡马队驮运北上,过了洛阳,蹚过黄河,入山西泽州,经潞安一路过平遥、祁县、太谷、

---

① 此合同抄自《斯卡奇科夫私人手稿·俄中贸易材料》,该合同本身就是中文原件,估计是斯卡奇科夫任天津领事时收集的,珍藏于莫斯科列宁图书馆手稿部。F.273-K.14-No.1。
② [美]威廉·乌克斯(William H.Ukers)著,上海茶叶研究社译:《茶叶全书》(下册),上海:开明书店,1949年,第53页。
③ 米镇波:《清代中俄恰克图边境贸易》,天津:南开大学出版社,2003年,第93页。
④ (清)衷干:《茶市杂咏》,彭泽益编:《中国近代手工业史资料:1840—1949》(第1卷),北京:生活·读书·新知三联书店,1957年,第304页。

太原、忻州,到大同,行至张家口,在张家口改用驼队穿越蒙古草原到库伦,到达中俄边境的恰克图。最后运往伊尔库茨克、乌拉尔、秋明,直至彼得堡和莫斯科。

清朝中期,晋商以湖南安化为起点,其后的运输路线分水旱两路:一路由常德、沙市、襄阳、郑州,入山西泽州,继续北上,经张家口抵达恰克图;另一路是穿越洞庭湖,过岳阳、入长江至汉口,转汉水抵樊城,起岸北上,顺河南、山西到张家口,再达恰克图。

清朝后期,由于太平天国运动兴起,从武夷山走长江的水路受阻,正在这政局动荡、商务维艰之时,山西商人于湖北发现了新辟茶园的思路,把采办茶叶的地点改到了湖北东南部的羊楼洞、山楼司,其运输路线为:沿湖北赤壁的陆水河入长江达武汉,转汉水至襄樊起岸,经河南、山西的陆路,由张家口抵达恰克图。但也有一部分驼队是经山西省北部右玉县杀虎口抵达归化,转运至恰克图[①]。

(二)从地理位置上划分

归绥道是清朝时山西的四道之一,道台衙门在归化城(今内蒙古呼和浩特市旧城)。另外三道是冀宁道、雁平道和河东道,道台衙门分别在太原府、代州(今代县)和运城。当时归化城有十六大商帮,除京城、蔚州(今河北张家口蔚县)和新疆的回民三帮外,其余十三帮均为晋商。

从归化城过阴山山口(即大青山蜈蚣坝),至后山重要商镇克克伊儿根(今武川县),再到位于召河的大盛魁商号驼场,准备物资后长途跋涉外蒙古,抵达乌里雅苏台、科布多和唐努乌梁海,再由乌里雅苏台至库伦(今乌兰巴托),复由库伦至俄国买卖城(恰克图),直至深入西伯利亚。

从归化城到张家口有两条商路,一条从察哈尔领地直接进入张家口,此路虽便捷,但路上匪患颇多,另一条从丰镇(清代属山西大同府,光绪年间划归山西归绥道,今内蒙古乌兰察布盟丰镇市,曾为山西东北部重要商镇)到大同府再到张家口的重要通道。城中聚集许多来自山西太原、忻

[①] 关于该路程分期在李志强:《张垣晋商对俄贸易》,载穆雯英主编《晋商史料研究》,山西人民出版社2001年;杨力:《晋商茶道冠古今》,《农业考古》2001年第2期;陶德臣:《晋商与西北茶叶贸易》,《安徽史学》1997年第3期;渠绍淼、庞义才编:《山西外贸志》,山西省地方志编纂委员会编,1984年;等等,均有提及。

州、代州、云州及直隶蔚州（今河北张家口蔚县）的富商大贾,他们"往来归化、绥远、张家口各城","垄断擅利"①。明朝末年,辽东战事频仍,张家口曾是内地对东北的贸易中心,该地有满洲贵族所谓"八家"商人,满族"龙兴辽左,遣人来口市易者,皆此八家商人主之"②。山西大同府就有许多商人往来于归绥与大同之间,即"本城市廛及往来贩运归化、绥远各城者,皆逐微利以自给"③。因而归绥地区聚集许多山西商人,据山西人记载:"归化城界连蒙古部落,市廛之盛,甲乎西北,去口外三字为吾乡（指山西）人医贫良方。"④

张家口,这曾经的察哈尔的代名词,英国人叫它做Karian（开尔达）,即码头之意。清代规定西番诸国进贡中国物品或与中国贸易只有小部分能进入京城,大部分要在归化城和张家口就地交易,19世纪深入亚洲腹地进入中国的欧洲冒险家大多走此路,或走另一条商路,从新疆至西宁府,沿黄河至兰州府、宁夏府（今银川市）、包头镇（也可直接从兰州到陕北进入鄂尔多斯高原过黄河到河口镇再到归化城）,到达归化城,然后东通张家口,再至北京。

这条商路的贸易至晚清已相当发达,每年贸易额达亿两白银之多:"以张家口为中心,清末张（家口）库（伦）通商日繁,每年出口约合口平银一万万二千万两,出口货物为生烟、砖茶、鞍鞯、皮靴、烧酒、馃食、河南绸、钢铁、杂货之类,入口货物为鹿茸、口蘑、见蓍及各种皮张、牲畜之类。"⑤从张家口到库伦走的是俗称西北官马大道的"张库大道",路分中路、东路和西北路三条。中路从旱淖坝、万全坝或崇礼五十家子上坝。上坝后,走张北（兴和）、化德（德化）、赛汗（滂江、东西苏尼特旗）、二连、扎蒙乌德、叨林、库伦、恰克图、莫斯科。东路走张北,穿越浑善达克沙漠,深入后草地贝子庙（锡盟）或奔二连归入中路或继续向北经东西乌珠穆沁过境,至乔巴山,有的还深入到俄国的赤塔。西北路从张家口出发,走张北、三

---

① 德溥:光绪《丰镇厅新志》卷六《风土》,1916年铅印本。
② 左承业:道光《万全县志》卷三《杂税》,1834年增刻乾隆本。
③ 吴辅宏:乾隆《大同府志》卷七《风土》,1782年重校刻本。
④ 张曾:光绪《归绥识略》卷十七《地部·市集》,民国抄本。
⑤ 宋哲元等编:民国《察哈尔省通志》卷二十三《商业》。

台坝、卓资山,至呼和浩特或西行至新疆,或北行至乌里雅苏台,有的还拐向库伦。或是过包头入河套,过阿拉善沙漠到新疆哈密、迪化(今乌鲁木齐)、伊犁,进入中东、俄国、欧洲。

(三)关于晋商茶路长度的计算

由于晋商茶帮贩茶的路径很多,不同的历史时期由于政策或战争影响商路的途径又有不同的变化。本文为计算方便,只计算最主要的商路。

本文通过筛选,选择了计算从武夷山至恰克图的路径长度。理由有三:其一,《恰克图条约》通商后,恰克图成为重要的通商口,每年的交易量和交易额占中俄贸易的比例很大。1760年至1775年,恰克图贸易在俄国外贸中的比重,由7.3%上升到8.3%;恰克图关税收入则由占全俄关税总额的20.4%上升到38.5%。在19世纪上半叶,俄国恰克图关税收入占其关税总额的15%—20%,1810年为134万卢布,1847年已达到548万卢布,整整提高了2倍①。可以看出,恰克图对于俄国国库的贡献是很大的。其二,张家口在外贸方面对于国内的重大意义,前文已有介绍,此处不再赘述。其三,晋商从武夷山购茶运至俄国,有一百多年的历史,后期因战争和海运,才转而前往湖南安化等地购茶。此路运转时期长,也是清代嘉庆年间晋商茶叶贸易的主要途径。《崇安县志》有云:"红茶、青茶,向由山西客(俗谓之西客)至县采办,运赴关外销售……"②

从上面的路线考察中可以看出,晋商贩茶的路线主要是:福建崇安县——江西铅山县——江西九江府湖口——湖北汉口——湖北樊城(今襄樊)——河南赊旗——山西泽州(今晋城)——祁县——平遥——太原——大同——河北张家口——库伦(今蒙古的乌兰巴托)——恰克图。

由于史料阙如,在计算时,除采用确有记载的晋商茶叶贸易路线史料外,还查阅了明代黄汴所著的《天下水陆路程》。该书记载的主要是古代驿路。驿路是旧时的官道,商人一般不能使用,但这些道路应该是捷径,其长度要短于商路,或应与商路的长度基本相当。故基于实际情况,我们

---

① 孙守春:《早期恰克图贸易的历史地位和作用》,《辽宁师范大学学报(社会科学版)》2003年第3期。
② 刘超然修,郑丰忍纂:《崇安县新志》卷十九《物产》,1942年铅印本,第506页。

把无从考证的部分用驿路的长度进行计算，应该能够得到合理的长度数据。《明会典》说："自京师达于四方设有驿传，在京曰'会同馆'，在外曰'水马驿'并'递运所'。"①由于资料的分散，全部路程被分为八个路段来计算。由于不同的资料存在的数据不同，可能是测量方法不同，也可能是其他原因造成的误差。所以，本文在查阅史料的基础之上，出于存疑的态度，以地图为参考，测量了个别路段两点间的图上直线距离，并计算成为实际路程，以供与资料所得的数据进行参考和比对②。

1.福建崇安——铅山县河口

晋商从武夷山购茶，主要在崇安县进行，并有制茶、包装等业务。铅山县河口位于江西省鄱阳湖西南，从崇安县至河口都是走陆路。铅山县河口镇是晋商下水入鄱阳湖的首站。崇安县至铅山县河口共计210里。"河口。三十里铅山县。陆路。四十里紫溪。四十里乌石。四十里大安。四十里崇安县。下水。二十里武夷山。山景绝胜。"③

2.铅山县河口——九江湖口

一路向北行船过鄱阳湖，到了江西省九江府湖口县，入长江。铅山县河口至九江湖口县共计810里。（湖口）"本县。六十里青山。六十里南康府。西去江西。大鸡山。小鸡山。蜈蚣山。共百二十里。都昌县。赤石塘。共六十里。饶河口。东去饶州。猪婆山。四山塘。南山旦。康郎山。忠臣庙。巡湖守备一员。东至袁岸口三十里。东南至瑞虹八十里。东至饶河口五十里。西至团鱼洲二十里。北至都昌县六十里。山在湖中，前后多盗，谨慎。梅旗山。共八十里。瑞虹。西去抚州。富家格。新宁口。苦竹。渔家埠。霸口。三十六湾。乌江口。共九十里。龙窟。故村。八字脑。大九渡。大树埠。留步滩。黄金埠。六叉港。梅港。浮石。炭埠。共八十里。安仁县。石港。界碑。打石潭。东溪。鹰潭。石鼓。冷水滩。金沙埠。九鸟滩。后河。共一百里。贵溪县。留口。大港。下村

---

① （明）申时行修：《明会典》卷一百四十五，北京：中华书局，1989年。
② 总参谋部测绘局编制：《中华人民共和国地图》，星球地图出版社，2006年。由于笔者获得的资料限制，测量所用地图为中华人民共和国地图，该地图比例尺为1∶4300000，换算可得图上1厘米=实际43公里图上1毫米=实际4.3公里。
③ （明）黄汴著，杨正泰校注：《天下水陆路程》，太原：山西人民出版社，1992年，第224页。

滩。上河潭。下河潭。梅坑潭。桃花滩。舒家港。小箬埠。横港滩。共八十里。弋阳县。晚港口。连珠滩。潭石滩。西潼。篓石潭。舍家陡。烟望。马蹄湾。松树滩。青山头。吁岩寺。景佳。踏脚石。柴家埠。大小心滩。共八十里。铅山河口。"①或"(贵溪县)八十里弋阳县。八十里铅山县河口。"②

3.九江湖口——湖北汉口

江西省九江市,古称浔阳,因此长江在其附近的江段又称"浔阳江"。从江西省九江府的湖口县沿长江逆流而上到达今湖北武汉市汉口区。《天下水陆路程》中由于走的线路不同,对于路程的长度记载也有所区别。现将两条路线列出:第一条记录是(湖口)"本县。六十里九江府。八十里龙坑。一十里武家穴。二十里燔塘。对江富池驿二十里马口。十里杀人港。二十里蕲州。三十里渔场口。三十里道士伏。二十里散花料。二十里回风矶。二十里兰溪驿。四十里巴河。三十里黄州府。四十里三江口。三十里团风。三十里矮柳铺。三十里双流峡。三十里抽分厂。十里阳逻。二十里沙口。北去黄陂县。西二十里马公洲。二十五里汉口。"③加总第一条记录知汉口至九江湖口县共计645里。同一资料,由于走了不同的路径,长度也不同,第二条记录是"汉[口]三十里至专口,汉江上水三十里至金口"④,"(金口镇)六十里湖广城武昌府夏口驿并属江夏驿。六十里阳逻驿属黄冈县。百二十里黄州府齐安驿。六十里兰溪驿属蕲水县。百二十里蕲州蕲阳驿产龟、蛇、竹、艾并佳。六十里富池驿。百二十里九江府浔阳驿。六十里湖口县彭蠡驿南入鄱湖,去江西闽、两广。"⑤加总第二条记录可得汉口到湖口为720里。将两种数字平均,645加720等于1365里,1365除以2可得682.5里,由此可知从湖口到汉口的距离682.5里。

---

① (明)黄汴:《天下水陆路程》,第223页。
② (明)黄汴:《天下水陆路程》,第203页。
③ (明)黄汴:《天下水陆路程》,第229页。
④ 史若民,牛白琳编著:《平祁太经济社会史资料与研究》,太原:山西古籍出版社,2002年,第486页。
⑤ (明)黄汴:《天下水陆路程》,第221页。

4.湖北汉口——山西祁县

从湖北汉口到山西祁县是一条漫长的路途。先从汉口出发,沿汉水逆流而上,到达湖北的樊城(今襄樊),从樊城北上到达河南省唐河,再到赊旗、洛阳,北上渡过黄河,到达山西泽州(今山西省晋城市),再到潞城(今山西省长治市),最后到达祁县稍作休整。《祁县茶商大德成文献》"祁[县]至赊歌语:洪、土、沁、襁、鲍;长、乔、泽、拦、邗。温、荥、郑、新、石;襄、旧、裕、赊、旗。""祁[县]至赊[旗]店十九站,计陆路一千三百五十五里。""赊[旗]至樊[城]计水路三百四十五里。""樊[城]至汉[口]计水路一千二百一十五里。"①从以上资料加总后可知,从汉口到山西祁县路程共计2915里。

5.山西祁县 ——太原

"太原府。八十里同戈驿徐沟县。五十里贾令驿。祁县。"②从祁县至太原共130里。

6.山西太原——大同

"太原府。八十里成晋驿。属阳曲县。七十里九原驿。忻州。八十里原平驿。崞县。一百里代州振武卫雁门关驿。关内东至五台一百四十里。关外西至朔州一百四十里。北六十里广武驿。马邑县。九十里安银子驿。应州。八十里西安驿。怀仁县。二十里大同府大同县云中驿。八十里瓮城驿。大同县。"③可知,从太原到大同路程共计660里。

7.山西大同——河北张家口

从大同至张家口共计340里。"张家口堡。共六十里万全左卫。右卫。柴沟堡。新开口堡。渡口堡。西阳河堡。陈家堡。共一百二十里天城卫。白羊口堡。鹞鹆谷堡。共六十里阳和城。六十里聚乐堡。二十里铺堡。迎恩堡。共四十里。大同镇。"④到达张家口后,就要换骆驼运输,并做好走过荒漠的准备。

---

① 史若民、牛白琳:《平祁太经济社会史资料与研究》,西古籍出版社,2002年,第483—486页。
② (明)黄汴:《天下水陆路程》,第63页。
③ (明)黄汴:《天下水陆路程》,第63页。
④ (明)黄汴:《天下水陆路程》,第124页。

8.河北张家口——恰克图

从张家口到库伦走的是史称的"张库大道"。《绥服纪略》记载:"张家口走军台三十站转北行十四站至库伦,距京约四千余里,由库伦北行十一站至恰克图,约有八百余里。"①清朝政府"重修以北京为中心的驿道时,对该道进行了重点整修,列为官马北路三大干线之一,即由张家口经兴和(张北)、滂江、乌德、叩林至库伦的走向,全长两千余华里。"②1862年《中俄陆路通商章程》签订时,这条线路已经变成:汉口——上海——天津——通州——张家口——恰克图。从张家口到库伦为 2000 余里,从库伦至恰克图路途为 800 余里,将二者相加,此处古人以"余"代表不确切的距离,可表示从 1 里至 99 里不等,本文为计算便利,将其算作 50 里,两个余里相加,可认为相当于 100 里,所以 2000 加 800 加 100 等 2900 里。

然而,由于关于从湖口到汉口的距离的历史记载,由于路线不同造成数据的差别,笔者经测量地图,量得两地之间的直线距离为 4.9 厘米,将其乘以比例尺,4.9 乘以 43 得 210.7 公里,为 421.4 市里。清光绪三十四年(1908)重定度量衡时明确规定里制为:"五尺为一步,二步为一丈,十丈为一引,十八引为一里。"根据清光绪末年所立里制可知:一里为营造尺 1800 尺。营造尺一尺等于 0.32 米,所以 1800 尺,等于 576 米,即清代一华里等于 576 米,因今市里一里为 500 米,所以以营造尺计里则一里为市里的 115.2%。可见,古代所称一里,比现代通用的市里的实际距离要长出 76 米,古代一华里为现代的 1.152 市里。因此将 421.4 市里换算成古人的华里,应将其除以 115.2%约得 365.8 华里。湖口到汉口的直线距离为 365.8 华里。而由两条历史资料记录算得的长度为 645 华里和 720 华里,平均后得到的距离为 682.5 华里。虽然 682.5 华里大于 365.8 华里,但晋商行走运输,当然不可能走直线距离,因此本文选择使用平均后得到的 682.5 里是合理的。

综合以上的计算,全部加总得到从崇安县至恰克图全部路程共计 8647.5 华里。将 8647.5 华里换算成现今使用的市里 8647.5 华里(以下简

---

①(清)松筠:《绥服纪略》,清乾隆六十年刻本。
②李桂仁:《明清时代我国北方的国际运输线——张库商道》,《张家口文史资料》第 13 辑,第 110、117 页。

称里)乘以115.2%等于9962.0市里,可得茶叶之路的长度约为4981公里或计为9962.0市里。

三、茶帮的经营绩效分析:基于经济学假说的考量

对于茶帮的经营绩效的分析,本文致力于将复杂的历史条件抽象成一个纯环境,因此只从大的方面来考虑,选择一些容易采集的占主导地位方面的数据,以便建立一个可供直观感受的数学公式,以此了解茶商的经营利润。

(一)对于建立纯环境中经济学假设条件的说明

我们从茶叶的贩运时间、购买价、运输费用、关税税额的简化形式上来设立经济学的前提假设,最后得出一个合理的可供参考的数据。

本文在建立纯环境的过程中,剔除了以下这几个因素:(1)白银由于成色不同产生的汇兑状况;(2)茶叶市场前后期的供求变动;(3)劝盘人(中介人)收取的费用;(4)运输途中的损失;(5)逆流而上回程和顺流而下前往福建产生的差别;(6)水路运输忽略天气的影响;(7)其他可能影响计算的因素。

1.武夷山茶叶的购买价

"武夷茶,始于唐,盛于宋元,衰于明,而复兴于清"①。"惟武夷为最,他产性寒,此独性温也。其品分岩茶、洲茶,附山为岩,沿溪为洲,岩为上品,洲次之。"②茶叶贸易繁荣的一个表现是对质量、价格的细密划分,如嘉庆三年(1798),购入的茶叶品类红茶有武夷、工夫、混合工夫、色种;绿茶有松萝、屯溪、贡熙骨、贡熙。有关于红茶质量的分级,并按其质量估价。级差一两,以箱为单位每箱价格在27—31两之间,分五个等级③。晋商的茶叶贸易涉及的茶叶种类和等级较多,而以红茶为主,因此,为方

---

① 刘超然修,郑丰忍纂:《崇安县新志》卷十九《物产》,第505页。
② 董天公编:《武夷山志》,台北:文海出版社,1990年,第1213页。
③ 姚贤镐编:《中国近代对外贸易史资料(1840—1895)》(第二册),北京:中华书局,1962年,第1192页。

便计算,我们以红茶且取其中品茶的购买价即27—31两/箱的平均值29两/箱来作为茶叶的购买价。而上文论及每箱的重量是82.5斤,那么,每斤茶叶的购买价则为29/82.5=0.3515两/斤。

因此,300箱的总的购茶成本计算如下:

$C_1 = p \times q$ ………………………………………… 公式1

(其中,C_1表示总的购茶成本,p表示茶的单价,q表示茶的数量)

将相关数据代入,$C_1 = p \times q = 0.3515 \times 24750 = 8700$ 两

因此,300箱茶叶的总的购茶成本为8700两。

另外要说明两点:其一,由于史料阙如,我们只找到嘉庆三年(1798)福建一带的茶叶价格。若能有新材料的发现,则可以计算出更精确的数值。其二,晋商在当地购茶时,与当地茶叶供应者建立了三种交易方式:第一种是与茶农建立的收购契约形式;第二种是通过茶行作为中介向茶农收购的形式;第三种是在清朝咸丰年间,晋商在湖北蒲圻买山种茶,控制了原材料的生产和供应①。本文只笼统计算购茶价格,不再分类详细计算。

2.关税税额

晋商从武夷山往俄罗斯的运茶途中,凡途中所遇关卡,由茶商自行纳税。从上文所述各关选出晋商可能会经过的税关有四处:九江关、武昌关、张家口、归化城。但乾隆以前,中俄两国贸易皆不征收入口税,只对各自出口商品征税。俄国对其出口商品的征税机关设于恰克图,中国在张家口衙门抽收。此后,照票制度历经道、咸、同、光等朝,基本上遵行乾嘉之例。即晋商恰克图茶叶贸易只在张家口交税。按前文所述,正税税率为5%,附加税税率为1%,晋商的茶叶贸易的税率为6%。从武夷山至恰克图的税口以1计,一共收税额为:购茶价0.3515两/斤乘以税率6%,再乘以税关数1,则知一路上榷关税收为0.02109两/斤。

那么,总的茶税的计算如下:

$C_2 = p \times j \times f \times q$ ………………………………………… 公式2

---

①刘建生、吴丽敏:《试析清代晋帮茶商经营方式、利润和绩效》,《中国经济史研究》2004年第3期。

(其中,C_2表示总的茶税,p表示茶叶价格,j表示茶税税率,f表示税关个数,q表示茶叶数量)

将相关数据代入公式2,

$C_2 = p \times j \times f \times q = 0.3515 \times 6\% \times 1 \times 24750 = 521.9775$ 两

因此,300箱茶叶的总的茶税税额为521.9775两。

3. 运输费用

晋商茶帮在当时的时代来贩运茶叶,没有现代化的交通工具,以船、牛、马,最后是骆驼来运载。在驼运中他们也摸索出不少成功的运作方式:他们将八十匹骆驼分为一帮,五驼为一行,共十六行,一人管一行,一帮十八人由一帮首带队,一蒙人向导,以保证在任何情况下不迷路,可以找到水源及宿营之地。每一帮中,还要另配备一二名通药理医道的人,带必用药物。最鼎盛时期,从归化到恰克图的商道上行进着近十六万只骆驼,每只骆驼可驮运将近200公斤茶叶,其中大盛魁商行,就拥有两万只骆驼。若雇船,须船行至岸后再付讫运费,并另付运货上船及下船的小费;若雇马车,则"脚价涨吊不等",有每千斤四五十两及十三四两不等之行情。若延误货物到埠,车驼帮负责赔偿。

关于晋商途中的运输费用,例如住宿、饮食、牲口的食粮、租船等费用,不可查,只能大概估算。

(1) 关于饮食费用

参考《御制亲征平定朔漠方略》中对于军队口粮的规定:康熙三十五年进讨噶尔丹时,"兵丁以仆从一人算,每人给马四匹,四人为一朋,一朋合帐房二间、罗锅二口、搭连四个、锛斧锹镢各一柄。一朋八口,拴带八十日口粮,四石二斗。以十五斛算,重六百三十九斛有余。盔甲四副,重一百二十斛。合帐房两间,连春,二梁柱,重五十斛。箭二百二十枝,重二十二斛。大小锅二口,重十五斛。锛斧锹镢重九斛。搭连四个。栳斗、皮、稍马等杂物,重一百二十斛。连米共重九百七十五斛零。本身与仆从骑坐八匹。所余八匹。每批原以驮一百二十一斛余算,后每朋增给骡子一匹,故每匹以驮一百七斛算。"①清代 1 石 = 10 斗。1 石 = 120 斤,一斗 = 12 斤②。根据文中所述可知八个人为一朋,带 80 天的粮食,一共是"四石二斗",为 504 斤。8 人 80 天吃 504 斤粮食,则每人每天吃粮约 0.7875 斤。

关于粮价可参照嘉庆年间(1796—1820)的粮价:二两一钱/石。③ 一两银子等于十钱银子。那二两一钱/石,(一石 = 120 斤)换算后 0.0175 两/斤。则每人每天所食粮食价值为 0.01378125 两银子。

(2)运输能力

依据不同运输方式所产生的分类,陆路运输分为两类:一是以骆驼运输为主的路段,指张家口到恰克图段,长度为 2900 里;二是其它陆路运输的路段,统一假设为马来运输,指武夷山至江西铅山段以及湖北襄樊至张家口段,其长度一共为 2830 里。水路运输为从铅山至襄樊段,长度为 2917.5 里。

a. 马的运输能力

据《武夷文史资料》记载:在这条商路上,有车帮、马帮、驼帮。夏秋两季以马运输为主,每匹马可驮八十公斤④。又据《祁县茶商大德成文献》记载:"祁[县]至赊[旗]店十九站,计陆路一千三百五十五里。"由此可算得行此路程共用 17 日,1355 除以 17 得到每日行程为 79.7059 里/日。这一段是由马来完成运输的,因此可以认为马每日的行程为 79.7059 里/日。由上文可知,全程由马完成的路段总计 2830.0 华里,用 2830.0 华里除以 79.7059 华里得 35.5055 天,即晋商恰克图茶叶贸易用马运输达 36 天。同时,马每天的消耗比照人减去 1/4,得平均每马每日消费 0.0103359375 两白银。

b. 骆驼的运输能力

《武夷文史资料》中还有这样的记载:冬春两季由骆驼运输,每驼可驮两百五十公斤,一般从张家口行 35 天可达库伦,然后渡依鲁河,抵达恰

---

① (清)《御制亲征平定朔漠方略》第四十八卷,据清康熙四十七年刊本影印,成文出版社,第 3174 页。
② 该标准采自国学网,《国学工具》http://www.guoxue.com/history/dulianghen/mulu.htm
③ 彭信威:《中国货币史》,上海:上海人民出版社,1958 年,第 602 页。
④《武夷文史资料》第十辑,《茶叶之路——武夷山至恰克图》,第 66—70 页。

克图。骆驼或车皆结队而行,每15驼为一队,集10队为一房。每房计驼150头,马20匹,有20人赶骆驼。在清乾隆、嘉庆、道光年间,茶叶贸易繁盛,茶叶之路上的驼队,经常是累百达千,首尾难望,驼铃之声数里可闻,这是继"丝绸之路"后,代之兴起的"茶叶之路"①。由上述这条史料,可得以下几点:第一,骆驼每日的行程:张家口至库伦路程为1769.3里,除以35天,得骆驼每日之行程为50.5514里/天。第二,由上文知晋商恰克图贸易由骆驼完成运输的路程达2900华里,除以骆驼每日的行程50.5514华里/天,得57.3674天,得晋商恰克图茶叶贸易用骆驼运输约达57天。同时,骆驼每天的消耗比照人减去1/5,得平均每驼每日消费0.011025两白银。第三,由"每房计驼150头,马20匹,有20人赶骆驼"可得每7.5头驼和每1匹马需1人照顾。折中取值,用平均每驼每日消费0.011025两白银×7.5头+平均每马每日消费0.0103359375两白银×1匹=0.0930234375两白银,再用0.0930234375两白银除以平均每驼每日消费0.011025两白银,得约8头驼。用0.0930234375两白银除以平均每马每日消费0.0103359375两白银,得9匹马。即如果只有骆驼运输,则每8头驼需1人照顾;如果只有马运输,则每9匹马需1人照顾。

在此,对运输能力作一简要说明,运输需要大牲畜,但清代中国市场上的大牲畜的供求状况将影响到晋商的运输。那当时的供求状况如何呢?彭慕兰说:"我们在亚洲也看不到运输资本短缺的其他迹象"②。他还说:"欧洲人当时在用于陆路运输的固定资产方面是否有决定性的优势?与东亚比较或许如此,因为那里用于放牧的土地十分稀少,但中国和日本水路运输引人注目的发展肯定可以弥补这一点,并且展示出一种至少有同等价值的运输资本形式。"③即对当时而言,不会出现因为牲畜供不应求而影响晋商的茶叶贸易这一现象。

c. 船只的运输成本

水路运输为从铅山至襄樊段,长度为2917.5华里。此段雇船完成,

---

① 《武夷文史资料》第十辑,《茶叶之路——武夷山至恰克图》,第66—70页。
② [美]彭慕兰著,史建云译:《大分流:欧洲、中国及现代世界经济的发展》,南京:江苏人民出版社,2003年,第30页。
③ [美]彭慕兰:《大分流:欧洲、中国及现代世界经济的发展》,第29页。

成本一般只有水脚费(即佣金)一项。假设只用小船,"予号不要六尺宽之船。定规船到七尺,报关六尺,无关,故而不稳"。① 由铅山起运,"从铅山装载在小船上(载22箱)"②意即一只船的装载能力为22箱/船,那么300箱需船约14只。又《福建省例》第23卷《船政篇》,记载嘉庆九、十年之际,福建按察使与布政使合议之后,复行申文闽浙总督云:"在此,设置船行,为客商提供宿舍仓库,并代客商雇船,而收取佣金。""每船钱一千文,准其抽取行用六十文。"③即940文是交给船户的。因此,14只船的佣金总计14000文。1两=1000文,14000文=14两。由上可知,晋商恰克图贸易水路运输成本约为14两白银。

(3)运输成本中的浮动额度

官方在茶引中水脚费的浮动额度为14%,《蒙古及蒙古人》一书中,作者阿·马·波兹德涅耶夫一行3人从张家口雇佣两辆马车到呼和浩特总共花费了9天,运输费用需要17.3两白银④。为了更加确切地计算运输成本,我们以此为基础对上述数据进行适当浮动以便最大限度地接近晋商贩运茶叶到恰克图的真实情况。

张家口到呼和浩特按照驿路的长度720里(古代里数),3人所需运输费用为17.3两白银,平均每人每天约为0.64两,与晋商的0.0175两相比,显然高出很多。综合茶引水脚费浮动额度的14%,把晋商的0.0175上浮14%约为0.02两。考虑到商人逐利的本性,会把成本降至最低,另外,波兹德涅耶夫作为外国人在中国的消费应该较中国人为更高,因此,把晋商茶叶贸易中的平均消费成本上浮14%应该是个合理值。

(4)关于运输成本的计算

晋商恰克图茶叶贸易是往返的,但是我们只计单程。这是因为商人是逐利的。晋商在从家乡山西前往武夷山时通常是1人或2人,并且不负重,而是到了武夷山之后再置办相关事宜,因此这个成本是可以忽略不

---

① 史若民、牛白琳:《平祁太经济社会史料与研究》,第500页。
② 据 Chinese Repository,Vol.8,P.125 和《中国省别全志》之江西省,第199页。
③《福建省例》二三卷《船政篇》。
④ [俄]阿·马·波兹德涅耶夫:《蒙古及蒙古人》(第二卷),呼和浩特:内蒙古人民出版社,1983年,第23—62页。

计的。我们计算的仅仅是从武夷山贩得茶叶后前往恰克图这一段的运输成本。而从恰克图返回山西的这一段晋商则又开始了另一项贸易,"彼以皮来,我以茶往"①,即晋商在恰克图完成茶叶贸易后,又带回了皮毛等货物在国内进行贸易。除了皮毛之外,俄国输往中国的其他商品还有铁器、亚麻制品、金银线、云母等等,因此,从恰克图返回山西的这一段我们也不计运输成本。因此,运输成本的计量是单程的。

由上可知,运输成本大致包括人的消耗、马的消耗、骆驼的消耗以及雇船的费用,在此基础上再进行14%的向上浮动。那么,300箱茶叶的运输成本计算如下:

a. 24750斤茶,每匹马驮160斤,需要马155匹,以每9匹马需1人管理,共需17人。36日17人,平均每人每天消费0.01378125两白银,马的消耗比照人减1/4计算,为平均每马每日消费0.0103359375两白银。将相关数据代入公式,得:

$$C_{3马} = (a \times m + b \times n) \times d \times i$$
$$= (0.01378125 \times 17 + 0.0103359375 \times 155) \times 36 \times 114\%$$
$$= 75.363868125 \text{ 两} \approx 75.3639 \text{ 两}$$

($C_{3马}$表示用马运输的运输成本,a表示每人每天的消耗,b表示每匹马每天的消耗,m表示人数,n表示马的匹数,d表示运输过程所需天数,i表示浮动比率)

因此,晋商茶叶贸易300箱茶叶由马运输的这段路程的运输成本为75.3639两。

b. 24750斤茶,每头骆驼驮500斤,需要骆驼50头,以每8头骆驼需1人管理,共需6人。57日6人,平均每人每天消费0.01378125两白银,骆驼的消耗比照人减1/5计算,为平均每驼每日消费0.011025两白银。将相关数据代入公式3,得:

$$C_{3驼} = (a \times m + b \times n) \times d \times i$$
$$= (0.01378125 \times 6 + 0.011025 \times 50) \times 57 \times 114\%$$

---

① (清)何秋涛:《俄罗斯互市始末》,(清)王锡祺辑:《小方壶斋舆地丛钞》第三帙,杭州:杭州古籍书店,1985年,第196页。

= 41.19325875 两 ≈ 41.1933 两

(a 表示每人每天的消耗,b 表示每头驼每天的消耗,m 表示人数,n 表示驼的头数,d 表示运输过程所需天数,i 表示浮动比率,$C_{3驼}$ 表示用驼运输的运输成本)

因此,晋商茶叶贸易 300 箱茶叶由骆驼运输的这段路程的运输成本为 41.1933 两。

c.水路运输成本:在此项中不再进行 14% 的向上浮动。即晋商恰克图贸易水路运输成本 $C_{3水}$ 约为 14 两白银。

d.总的运输成本:$C_3 = C_{3马} + C_{3驼} + C_{3水}$ = 75.3639 两+41.1933 两+14 两 = 130.5572 两。

(二)在上述条件下,对茶商经营的分析

Ⅰ.从对建立纯环境中经济学假设条件的说明后,可知要考察经营绩效,则该纯环境的已知条件有:

1.从福建崇安县装茶至恰克图行程 8647.5 华里。

2.茶叶购买价为 0.3515 两/斤。

3.榷关税收为 0.02109 两/斤。

4.每人每天所食粮食价值为 0.01378125 两。

5.每匹马长途运输认为可驮 160 斤。

6.每匹马每天消耗约为人的 3/4,为 0.0103359375 两银子。

7.每头驼每天消耗约为人的 4/5,为 0.011025 两银子。

8.每头驼长途运输可驼 500 斤。

Ⅱ.基于以上假设,在此关于晋商茶叶贸易的成本我们只考虑三项。分别为:购茶成本、茶税以及运输成本。

$C = C_1 + C_2 + C_3$(其中,C 表示总成本,C_1 表示购茶总成本,C_2 表示总的茶税税额,C_3 表示总的运输成本)

将上文中的公式 1、公式 2、公式 3 分别代入公式 4,并将其展开,便得到了一个在相对纯的环境下的晋商茶叶贸易成本的公式:

$$C = C_1 + C_2 + C_3$$
$$= C_1 + C_2 + C_{3马} + C_{3驼} + C_{3水}$$
$$= p \times q + p \times j \times f \times q + (a \times m + b_马 \times n_马) \times d_马 \times i + (a \times m + b_驼 \times n_驼) \times d_驼 \times i$$

.... 公式 4

(其中,C 表示总成本,C_1 表示购茶总成本,C_2 表示总的茶税税额,C_3 表示总的运输成本,$C_{3马}$ 表示马运输的成本,$C_{3驼}$ 表示骆驼运输的成本,$C_{3水}$ 表示水路运输的成本,p 表示茶的单价,q 表示茶的数量,j 表示茶税税率,f 表示税关个数,a 表示每人每天的消耗,$b_马$ 表示每匹马每天的消耗,m 表示人数,$n_马$ 表示马的数量,$d_马$ 表示马运输过程所需天数,i 表示浮动比率,$b_驼$ 表示每头驼每天的消耗,$n_驼$ 表示骆驼的数量,$d_驼$ 表示骆驼运输过程所需天数)

将相关数据代入公式 4,

$C = C_1 + C_2 + C_3 = 8700 + 521.9775 + 130.5572 = 9352.5347$ 两

即 300 箱茶叶的总成本为 9352.5347 两,而每斤茶叶的成本为 0.3779 两/斤。

(三)关于晋商茶叶贸易的收入

我们再计算一下晋商们在恰克图的茶叶售价。

表 3 清输往俄国的主要货物额及百分率表(年平均)

单位:1000 卢布

	1802—1807		1812—1820		1821—1830		1831—1840		1841—1850	
	货物额	比例	货物额	比例	货物额	比例	货物额	比例	货物额	比例
棉织品	2316.0	46.3	1175.9	22.8	504.3	7.5	165.8	2.1	35.7	0.9
绢	14.0	0.3	10.6	0.2	15.2	0.29	13.6	0.2	2.0	0.2
绢制品	105.2	2.1	74.3	1.4	107.7	1.6	228.2	2.8	99.4	1.5
茶	2165.3	42.3	3838.0	74.3	5953.3	88.5	7551.1	93.6	6218.3	94.9
冰砂糖	61.6	1.2	64.4	1.2	65.3	1.0	59.6	0.7	70.2	1.1

在此表中,我们选择 1812—1820 年清输往俄国的茶叶贸易额,另据吉田金一的《关于俄清贸易》载:1811—1820 年间清茶叶输往俄国为

96145 普特/年①，可知 1812—1820 年这九年间清茶叶输往俄国总量为 96145×9 = 865305 普特，又 1 普特 = 16.38 公斤，所以 865305 普特即为 14173695.9 公斤。古代量制历经多次变革，明代以后才大体稳定，变化较小，一斤基本在 595 克左右。直至 1929 年推行计量改革，将旧制 595 克一斤改为 500 克一市斤。则 14173695.9 公斤等于清代的 23821337.65 斤。再据表 3 中 1812—1820 年间的茶叶贸易年平均额为 3838000 卢布，则九年的总额为 34542000 卢布。又 1 两白银 = 1.7 卢布，所以有 34542000 卢布 = 20310696 两白银。那么 20310696 两白银除以 23821337.65 斤，得到 0.8526 两/斤②，即清输往俄国茶叶的售价。用 0.8526 两/斤乘以 24750 斤即得到晋商茶叶总收入为 21102.50 两白银。

综上所述，关于晋商茶叶贸易的利润计算可采用下列公式：

$I = S - C$ ……………………………………………………… 公式 5

（其中，I 表示利润，S 表示总的销售收入，C 表示总成本）

将相关数据代入公式 5，

$I = S - C$

　　$= 21102.50 - 9352.5347$

　　$= 11749.9683$ 两

即 300 箱茶叶的利润为 11749.9683 两。

那么利润率 $I^* = I/S$，

$I^* = I/S$

　　$= 11749.9683/21102.50 \approx 55.68\%$

同样的，成本利润率③（$I^{\#} = I/C$）的计算也是如此，

$I^{\#} = I/C$

---

①[日]吉田金一：《关于俄清贸易》，《东洋学报》卷 45 第 4 号。

②本文的计算当作除法除不尽时，往往在书面上保留四位小数，但实际上接下来的计算仍按照原无限不循环小数进行。例如此处茶叶购买价的计算，用 20310696 两白银除以 23821337.65 斤，得 0.85262617483615576894356308324272 两/斤，书面上保留四位小数为 0.8526 两/斤。而在下面计算总的售茶收入时，仍采用 0.85262617483615576894356308324272 两/斤乘以茶叶总量 24750 计算。文章其他处的计算亦是如此。

③利润率反映的每一两银子的销售收入所能带来的利润，而成本利润率反映的是每一项资本投入所能带来的利润。

$= 11749.9683/9352.5347 \approx 125.64\%$

即在本文的假设环境下,晋商恰克图茶叶贸易的利润率是 55.68%、而成本利润率则为 125.64%。我们可以看出,一次算出来的利润率是比较高的,但本文由于资料所限及该利润计算本身的难度,使我们的数据不能完全准确地看出茶商的经营状况,但应具有一定的参考价值。同时,晋商恰克图茶叶贸易的利润率与现代行业运营的利润率相比也是较高的,据我国第一次经济普查资料称,2004 年医药制造业利润率不足 10%,计算机服务和软件业利润率约 20%,化学原料和制品制造业利润率约 7%,最高的国有制石油天然气开采业的利润率也仅为 40%。

由此可知,晋商恰克图茶叶贸易的利润率超过了 2004 年第一次经济普查行业的利润率,甚至超过了国有制石油天然气开采业的利润率。又"清初茶市本在下梅,道光咸丰年间,下梅废而赤石兴。盛时每日竹筏 300 张,转运不绝,红茶、青茶向由山西茶客到县来采办,运往关外(恰克图)销售,一水可通,运费节省,故武夷(茶)之利,较从前不啻倍蓰。"[①]由此可见,晋商恰克图茶叶贸易也可均经水路完成,而水路运输的成本较陆路运输低,而文章中运输成本的核算既包括水路运输,也包括陆路运输,因此运输成本的核算是高估的,最后得出的利润率也是低估的,即事实上的利润率很可能会更高一些。同时,本文的数据大多采自嘉庆年间,此时正是晋商叱咤商坛之时,茶叶运销暴利应是合理的,也是晋商不辞劳苦、趋之若鹜的内在动力。

四、结语

"魏默深[②]《海国图志》云:'茶除中国省城税饷外,沿途尚有关口七八处,亦须缴纳税饷,再加水脚各费,运至英国,卖价与武夷山买值,岂止加数倍耶?惟米利坚国税饷减少,故各埠茶价较贱。'又云:'吉利之外,米利坚人销用绿茶最多,欧罗巴以荷兰、佛兰西两国为最,则又由欧洲转

[①] 刘超然修,郑丰忍纂:《崇安县新志》卷十九《物产》,第 506 页。
[②] 魏源(1794—1857),名远达,字良图,号默深,著名学者,中国近代启蒙思想家,湖南邵阳人。

输美洲矣。其销售广大如此。近世以来,虽因制法不良,不无受印度、锡兰、爪哇、台湾名茶之影响,然因土壤之宜,品质之美,终未能攘而夺之'。"①虽说如此,但是通商口岸逐渐开放,其他国家茶叶加入了国际市场竞争,电报的使用、海上运输成本的降低,都对茶叶外销有了很大的影响。而对于晋商来说,还有其内部和外部的原因,诸如整个国家面对世界变革所作的反应对晋商的冲击以及晋商自身制度的缺陷。

正如马克思和恩格斯指出的那样,"不仅一个民族与其他民族的关系,而且一个民族本身的整个内部结构都取决于它的生产以及内部和外部的交往的发展程度。"②诺斯提出的制度因素,即有效的经济组织对经济进步起决定作用的观念,认为技术创新、规模经济、资本积累等,亦是生产力的进步,不是影响经济增长的原因,而是经济增长本身③。当时的晋商茶帮"的确缺少17纪的某些有限公司具有的进一步的精确——特别是无限的弹性——但它们也并不特别需要这种特点。像欧洲早期的贸易公司一样,它们的非人格性已达到它们的生意所需要的程度……"但是,晋商在恰克图所从事的茶叶贸易活动,促进了北方市场圈的发育,带动了区域市镇化的发展。在它的影响下,中国主动与外国交往。在恰克图一带形成了一个国际性自由贸易市场,这一过程发生在中国被动纳入国际市场前,并与南方海关对外贸易并行,经历了鸦片战争至第二次鸦片战争近二十年的时间,是中国近代早期现代化的内生性发展。

(原载《清史研究》2008年第4期)

---

① 刘超然修,郑丰忍纂:《崇安县新志》卷十九《物产》,第506页。
② [德]马克思、恩格斯:《德意志意识形态》第一卷,北京:人民出版社,2003年,第24页。
③ 刘佛丁:《中国近代经济发展史》,北京:高等教育出版社,1999年,第199页。

清代民国时期的张家口茶叶集散市场

陶德臣[1]

华北地区的茶叶集散市场主要包括张家口、天津、北京等集散市场，是茶叶市销本地，运销西北、俄国市场的主要中转站和集散中心。其中张家口是重中之重。俄国人："本国商人曾经屡次在齐齐哈尔、库伦、张家口、北京任意贸易"[2]，反映了一定史实。

一、张家口茶叶集散市场的形成

张家口明代已是北方茶马贸易中心，"当张家口之西，明时鄂尔多斯部落曾于此交易茶马"[3]，入清后是俄商贸易、晋商北上恰克图、西趋蒙古的必经之路和桥头堡，发挥的交通、商务枢纽作用更加显著[4]。"张家口

---

[1] 陶德臣(1965—)，男，解放军理工大学人文教研室教授，主要从事茶业经济和文化史研究。
[2] 故宫博物院明清档案部：《清代中俄关系档案史料选编》(第3编中册)，北京：中华书局，1979年，第738页。
[3] 赵尔巽：《清史稿》卷一百二十四《茶法》，北京：中华书局，1977年，第3654页。
[4] 陶德臣：《古代北方东西两口的茶叶贸易》，《茶业通报》2003年第25卷第2期，第84—86页。

为五方杂处之地,距京不及四百里"①,为俄商人境贸易之孔道。1689年中俄订立《尼布楚条约》,内地贸易只有北京1处。俄国组织国家商队,"向中国运来由其纳贡人等所收集之丰富兽皮,以及外国银币及银制器皿等;由中国运出黄金、银块、宝石、磁器、茶叶、绸缎、家具等项",价值1000卢布的货物可在莫斯科售得6000卢布,"商队贸易对于俄国国库极为有利"②,是以俄国对京师贸易极为热心,从1695年开始派遣商队,至1755年止,3年1例,定期派遣商队来京。商队自西伯利亚入京贸易有大道二:一自尼布楚出齐齐哈尔城,经东部蒙古,过古北口或山海关入京;二是自伊尔库茨克城循色楞格河,经库伦(今乌兰巴托),横断戈壁,过张家口抵北京。初,俄商入京贸易均须自尼布楚道入京,1708年清廷批准"以后者为俄商队往返之官道"③,张家口地位凸显。1727年中俄订立《恰克图条约》11条,应俄罗斯头目郎喀所请,准"以商人马匹牛羊留于张家口外牧放",双方订立代牧协议,"司官一员照料",规定"如俄罗斯贸易商人马匹牲畜遗失,查而归之;如不获,即令赔还"④。1741年国人替俄国商队代牧之牲畜有骆驼329头,马359匹,牛196头,羊367只,大小牲畜共1251头。该年张家口住民谢少甫(伊索克图)与俄商队订立的承揽代牧契约主要内容有3条:第一,按月计算,骆驼每头及马每匹给银1钱5分,牛每头给银1钱,羊每只给银2分。第二,冬季如在张家口城内饲养,应供给草豆饲料,按月计算,骆驼每头及马每匹均给银1两5钱。第三,牧养之际,如因承揽之不慎,致伤损某种牲畜时,该承揽人应赔偿该牲畜或偿付其代价,为猛兽所伤害时亦同。在中俄贸易运路"贯通欧亚数万里之长途,恃驼马为交通运输之工具,往返需时经年,如中途待候季节或因事停留,更需时至二年之久"⑤的情况下,张家口是中俄陆路贸易的加油站和中继站,其重要性不言而喻。

---

① 《筹办夷务始末(同治朝)》卷四《奕䜣等奏与俄使巴留捷克酌定陆路通商章程折》,北京:中华书局,2008年,第148页。
② 姚贤镐编:《中国近代对外贸易史资料(1840—1895)》,北京:中华书局,1962年。
③ 刘选民:《中俄早期贸易考》,《燕京学报》1939年第25期,第118—119页。
④ (清)何秋涛:《朔方备乘》卷三十七《俄罗斯互市始末》,光绪七年石印本,第6页b。
⑤ 姚贤镐编:《中国近代对外贸易史资料(1840—1895)》,北京:中华书局,1962年。

二、张家口茶叶集散市场的发展

张家口对"足迹并不仅限于恰克图,即新疆、满、蒙诸地之贸易,鲜不为彼等(指晋商——引者)所垄断","独占中俄贸易之牛耳"①的晋商更加重要。张家口是晋商经营北方贸易的大本营和桥头堡。明末清初,晋商即在张家口站稳了脚跟,取得了较为优越的贸易优势。最著名的"八家商人","皆山右人,明末时以贸易来张家口。曰王登库、靳良玉、范永斗(《介休县志》卷九作"范永年"——引者)、王大宇、梁嘉宾、田生兰、翟堂、黄云发,自本朝龙兴辽左,遣人来口市易,皆此八家主之。定鼎后,承召入都,宴便殿,蒙赐上方服馔。自是每年办进皮张,交内务府广储司"②。当然,晋商的业务不限于经营皮张,经营茶叶就是一项重要业务,尤其是1727年后,恰克图互市始开,茶叶贸易渐趋重要。1755年监督俄罗斯馆御史赫庆奏:"俄罗斯互市止宜在于边境。其住居京城者,请禁贸易。止令以货易货,勿以金银相售",俄罗斯遂"停止在京贸易,而互市之事统归于恰克图矣"③。自此至1861年"对俄海上贸易开始以前,这种极为发达、极为巨大的茶叶贸易,是由山西商人经营的","山西商人用茶叶交换皮毛、俄国呢绒等等"④。晋商以张家口为据点,北上恰克图经营茶叶贸易。"其内地商民至恰克图贸易者,强半皆山西人,由张家口贩运烟、茶、缎、布、杂货前往,易换各色皮张、毡片等物"⑤。经营恰克图茶叶贸易的晋商是为"北商",与经行西路的"西商"晋商的经营项目、贩运路线、销售对象有严格区别⑥。"北商"的贸易路线起自福建武夷山,经湖北、河南、山西,转张家口赴恰克图。具体是先在武夷山购茶运出,即史料所云:"清初茶叶均由西客经营,由江西转河南运销关外。西客者,山西商人也。每家资本约二三十万至百万。货物往还,络绎不绝。首春客至,由行东至河

---

① 姚贤镐编:《中国近代对外贸易史资料(1840—1895)》,北京:中华书局,1962年。
② 乾隆《万全县志》卷十《志余》,第10页a。
③ (清)何秋涛:《朔方备乘》卷三十七《俄罗斯互市始末》,第7页b。
④ Commercial Reports.
⑤ (清)何秋涛:《朔方备乘》卷三十七《俄罗斯互市始末》,第18页b。
⑥ 蔡鸿生:《"商队茶"考释》,《历史研究》1982年第6期,第117—133页。

口欢迎,到地将款及所购茶单点交行东,恣所为不问。茶事毕,始结算别去"①。茶由崇安县北运,过分水关入江西铅山,在此装船顺信江下鄱阳湖,泛湖北上,出九江口入长江,溯江抵武昌。汉口晋商把各地茶集中后,装船逆汉水而至樊城起岸,装大车经河南赊旗镇,入泽州(山西晋城),经潞安府(山西长治)、平遥、祁县、太谷、忻县、太原趋大同。在此分路,一部分茶运往归化厅(呼和浩特),另一部分茶运往张家口②,是为运销恰克图的茶。五口通商后,晋商退居湖北、湖南采购茶叶运销恰克图,茶运樊城后循以前的老路北运。而销蒙古的茶叶从汉水运至樊城以上约50英里的老河口镇,从此地以骡子和大车运往山西省靠长城口外的归化厅,"然后由归化厅分销于蒙古全境"③。1861年后,俄商又开辟了自汉口水运天津,自通州经东坝、南口抵张家口转运的运输路线。晋商为挽回颓势,也把运销恰克图的茶叶由水路运天津陆运恰克图。1866年后"中国商人为了运到中蒙市场张家口以北去销售而进口到天津来的全部茶叶",获许免征沿岸贸易税④。1864年由于西路"商队茶"受阻,次年也获准"西路之茶,改由北路出恰克图一带销售,仍俟西疆收复,改照旧章"⑤,即走张家口、恰克图一线。这样张家口成为数路茶叶汇集之地,"实为贸易繁盛之区"⑥。而官府早就规定,贸易商人须获取营业执照"部票"。察哈尔都统庆昀说:"富商大贾往来恰克图等处贩货,向由张理厅开造请领茶票姓名字号,前赴理藩院领取印票来口,如商货起运之时,先期报明,于票尾加用印信,查验放行"⑦。"张理厅"即张家口理事同知衙门办理。从"我之货往客商由张家口出票,至库伦换票,到彼(恰克图——引者)缴

---

①林馥泉:《武彝茶叶之生产制造及运销》,福建省农林处农业经济研究室编印,1943年,第81页。
②陶德臣:《外销茶运输路线考略》,《中国农史》1994年第2期,第83—87页。
③姚贤镐编:《中国近代对外贸易史资料(1840—1895)》,北京:中华书局,1962年。
④Commercial Reports.
⑤《筹办夷务始末(同治朝)》卷五十四《奕訢等奏议复归化商民假道俄边与西洋通商折》,第2229页。
⑥徐珂:《清稗类钞》第1册《地理类》,上海:商务印书馆,1918年,第38页。
⑦《筹办夷务始末(同治朝)》卷十五《户部等衙门奏议复庆昀等张家口俄商贩茶抽税章程折》,第650页。

票"①之语,也可概见张家口为申请和查验手续之地。

所以,张家口成为北方茶叶贸易集散中心就不难理解了。1759年商民在张家口所设店铺"资本较厚者六十余家,依附之散商约有八十余家"②。19世纪更见发达,"张家口有西帮茶商百余家,与俄商在恰克图易货"③。外国人评论:张家口"本地贸易很少,主要在于它是西伯利亚大部分地区和俄国对华贸易的锁钥而闻名",而在"对蒙古贸易上的重要性,已经超过了前者","像张家口这种极为活跃的商业往来,甚至在中国本部也是罕见的。街上挤满了人群、大车、骆驼、马匹和骡子。因为有着据说是数万的流动人口,故这里经常进行着无数小额的物物交换,交易、行装配备和粮食供应。该地居民,大部分都自认为是家在别地或别省的长住旅客"。总之,张家口是"南北货运的转运终点,驮兽和其他运输工具,均在此易载"④,有数千人专门从事代牧及养驼业。张家口以茶叶集散为主要特色,"茶市以张家口为枢纽,货物辐凑,商贾云集,蒙古之转移执事者,亦萃于斯,自秋至于初春,最为繁盛,所至骆驼以千数,一驼负四箱运至恰克图,箱费银三两"⑤。有一茶商,"家有运茶之车百辆"⑥。张家口的晋帮茶商,以长裕川、长盛川、大玉川、大昌川这四大带"川"字号的"祁县帮"为著名,他们在砖茶上印上"川"字,表示货真价实,成为商标和荣誉的象征。这些大商号与清廷有着千丝万缕的联系,得到多方面支持。如大玉川竟是清廷御帖备案的商家,持有清廷赐予的"双龙红帖",成为往来内地和蒙古草原的通行证和商标。有了双龙红帖,给晋商开展茶叶贸易带来极大方便,从收购到运输,皆一路绿灯,受到各方面保护。茶运至恰克图后与俄商交易,也深得信任。现在张家口堡子鼓楼北街大玉川茶店故址院内还保存着乾隆皇帝赐给"大玉川"一块双龙石碑,从碑刻内容可知这家茶庄从事中俄茶叶贸易的盛况⑦。晋商将茶运至张家口

---

①(清)姚元之:《竹叶亭杂记》卷三,光绪十九年姚虞卿刻本,第18页b。
②清理藩院档,《方观承奏折》,乾隆二十四年三月初三。
③王彦威辑,王希隐编:《清季外交史料》,第二十四卷,第14页。
④姚贤镐编:《中国近代对外贸易史资料(1840—1895)》,北京:中华书局,1962年。
⑤姚明辉:《蒙古志》,台北:成文出版社,1968年,第317页。
⑥《申报》1880年8月14日。
⑦张俊华:《张家口茶叶对外贸易》,《农业考古》1996年第4期,第269页。

贮存、加工、包装,由此形成了规模较大的茶叶加工业。到20世纪20年代,张家口附近仍有不少砖茶厂,"砖茶多在集散中心如张家口、汉口等处制造,为农工于农闲时至城市觅工之极有趣之例。砖茶工厂每年互有增减,但一九二四年张家口包头镇及归绥等处有砖茶工厂二十八处"。1929年11月《中国经济月刊》(Chinese Economic Journal, November, 1929, p.938)报道,"平常每厂雇工自百人至四百人;特忙时,有多至千人者。故当工厂全力工作之时,对工人之需要极大。远地农民之来此以应工作者极多"①。

三、张家口茶叶集散市场的盛衰

茶自张家口北输恰克图,数量十分庞大。因此,"从张家口往北的商运大道中,往恰克图去的道路最为热闹,这是因为茶叶要经过这条道路运输。除俄商购运的茶叶外,华商也贩运大批茶叶至张家口发卖。在通过晋北的大路上,我几乎每天都遇见伴随着经张家口赴恰克图的长列砖茶驼运队的华商,用俄国话向我招呼"。1871年,仅华商由汉口经山西运往张家口及归化厅(呼和浩特)的砖茶及茶叶,就有28万担②。而从张家口"出票"情况,也可概见张家口作为茶叶集散中心的地位。1850年出票268张,分发商号五六家,大商号出票可达6张以上,中小商号则4张、2张、1张不等。1851—1855年张家口60家做恰克图生意的大商号,每年出票共为400—500张③。1862年9月至1863年3月,张家口"市圈商民领院票后运赴恰克图售卖者,已至二百五十四票"④。1850年出票数只分发给商号五六家,故没有包括所有票数。1862年9月至1863年3月的领票,又未包括全年数,即使1851—1855年每年出票数也仅为大商号之数,故每年出票总数应在此数之上。姑且以出票500张计,按"每茶三百箱,

---

① 佚名:《晋商在湖北制造砖茶之现状》,《中外经济周刊》第171期。
② 姚贤镐编:《中国近代对外贸易史资料(1840—1895)》,北京:中华书局,1962年。
③ [苏]霍赫洛夫:《十八世纪九十年代至十九世纪四十年代中国的对外贸易》,《中国的国家与社会》,莫斯科,1978年俄文版。
④ 《筹办夷务始末(同治朝)》卷一五。

作票一张"①算,武夷茶包装规格为每茶 1 匣,合中国库平 55 斤,连包计算,重足共 80 斤②,或"每票一张,行商驮货以二百驼为率",照塞外交通惯例,每驼驮载茶"总以二百五十斤以下"折算③,得出两种结果,以每箱 55 斤计,500 张票的茶数即为:500×300×55=825 万斤,如以驼 200 为 1 票计,则 500 张票的茶数为:500×200×250=250 万斤。鉴于前一种计算是与俄国议定结算塔城焚俄贸易圈问题,后一种计算法则反映了张家口恰克图贸易的一般实况,可信度大些,这样咸丰年间(1851—1861 年)晋商运茶赴恰克图每年至少在 2500 万斤以上,折合 25 万担。这个数量相当庞大。而 1871 年的报告说,陆运茶叶共 26957930 磅④,折合 24455851.8 市斤,为 244558.518 市担,即 202235 关担。而另一个说法是 28 万担。这样咸丰同治年间(1851—1874 年)年陆路运茶量 20 余万担是有把握的。如果加上天津至恰克图线经过张家口的茶叶,则每年从张家口北运恰克图的茶,1870 年前一般约为 20 余万担,1871—1878 年一般为 30 余万担,1879—1881 年超过 40 万担,1882—1884 年又跌至 30 余万担,1885—1888 年极盛一时,从 60 余万担增至 70 余万担,嗣后降为 40 万担—50 余万担。总之,张家口至恰克图线是俄国 5 条运茶回国茶路(即甘肃新疆西北线、天津恰克图线、樊城陆路线、俄属远东线、水路敖德萨线)⑤最重要的运茶路线,它由樊城陆路线和天津恰克图线于张家口重合而成,占俄运茶回国总量的 60%—80%,其重要性可见一斑。仅 1886 年左右,这个"长城的隘口——张家口"⑥到恰克图线,俄商用来运茶的骆驼就有 5 万头。晋商运力也不少。徐珂《清稗类钞》第十七册《农商类·山西行商有车帮》(商务印书馆民国七年版)载:"晋中行商,运货来往关外诸地,虑有盗,往往结为车帮。此即泰西之商队也。每帮多者百余辆。其车略似大古鲁车,轮差小。一车约可载重五百斤。驾一牛。一御者可御十余车"。

---

① 光绪《大清会典事例》,第九八三卷。
② 王铁崖:《中外旧约章汇编》(第一册),北京:生活·读书·新知三联书店,1957 年,第 114—115 页。
③《筹办夷务始末(同治朝)》卷五一。
④ Commercial Reports.
⑤ 陶德臣:《外销茶运输路线考略》,《中国农史》1994 年第 2 期,第 83—87 页。
⑥ 姚贤镐编:《中国近代对外贸易史资料(1840—1895)》,北京:中华书局,1962 年。

而该书同册《农商类·赴蒙商贩》云:"赴蒙商贩,皆以牛车载货赴库伦、科布多二城。辎联数百辆一行,昼则放牛,夜始行程。一人可御十车,铎声琅琅,远闻数十里。御者皆蒙人,暇则唱歌"。《山西外贸志》也载,在这条商路上,夏秋二季运输以马和牛车为主,每匹马驮80公斤,牛车约为250公斤,由张家口至库伦(乌兰巴托),马队需行40日以上,牛车约为60日。冬春季由骆驼运输,每驼可驮200公斤,一般行35日可达库伦,然后渡依鲁河,抵恰克图。驼或车皆结队而行,每15驼为1队,集10队为1房,每房计驼150头,马20匹,有20人赶驼。随着贸易的繁盛,商路上驼队经常累百达千,首尾难望;驼铃之声,数里可闻①。由于"从海路把茶叶运进俄国的欧洲部份,在1862年4月13日被规定是合法的"②,对张家口茶市产生了消极影响。19世纪末,海参崴至斯特莱田斯克的铁路线修建,迎来了"陆运全盛时代的末日"③。1905年西伯利亚铁路全线通车,张家口也更趋没落。原本张家口有西帮茶商百余家,"及俄商运(茶叶)后,华商歇业,仅存二十余家"④,这是1880年王先谦所云,谈论的是19世纪60年代海运茶叶合法化后的情况。至1880年9月15日,张之洞又说:"查张家口、恰克图一路,旧有茶商二十八家,利息丰盛。自咸丰季年俄商盛行,今存者止三家耳"⑤。到1911年4月丁酉,理藩部会奏称:"蒙古商务,向以茶为大宗,理藩部例有请茶票规,为大宗入款。近来销数顿减,不及旧额十之三四,实因西伯利亚铁路交通便利,俄茶倒灌,华茶质窳费重,难与竞争"⑥所致。由此可见张家口的衰落情况。

(原载《茶叶通报》2011年第2期)

---

①张正明:《清代的茶叶商路》,《光明日报》1985年3月6日。
②姚贤镐编:《中国近代对外贸易史资料(1840—1895)》,北京:中华书局,1962年。
③姚贤镐编:《中国近代对外贸易史资料(1840—1895)》,北京:中华书局,1962年。
④《清季外交史料》,第二十四卷,第14页。
⑤《清季外交史料》,第二十三卷。
⑥《清实录·宣统政纪》卷五十三。

中俄青(米)砖茶贸易论析

陶德臣[①]

青砖茶是以黑茶为原料,经筛分、压制、干燥诸环节,形成的砖型紧压茶。米砖茶是以红茶末为原料,直接压制成砖茶的紧压茶。与中国出口茶其他茶类相比,青(米)砖茶国外销场有一个显著特点,即市场相当集中,主要销往俄国,其他市场几乎可以忽略不计。正因有这一市场特点,故史料一致认为,"砖茶一项,专销俄国"[②],并且"砖茶贸易完全掌握在俄国商人之手"[③]。甚至于俄罗斯边防哨所卡伦断茶后,曾向中国东北地方官求援,提出"请以友好之道接济我150块茶砖,以利生济,我等按所折价送给等语"[④]。为什么会有这种情况发生?这与俄国的消费习惯有关,与俄商对中国砖茶业的投资有关。

---

①陶德臣(1965—),男,解放军理工大学人文教研室教授,主要从事茶业经济和文化史研究。
②《中国旧海关史料》编辑委员会编:《中国旧海关史料》第157册,北京:京华出版社,2001年,第132页。
③孙毓棠编:《中国近代工业史资料(1840—1895年)》(第1辑上册),北京:科学出版社,1957年,第44页。
④孟宪章主编:《中苏贸易史资料》,北京:中国对外经济贸易出版社,1991年,第209页。

一、青(米)砖茶外销市场集中的原因

青(米)砖茶外销市场集中于俄国的主要原因,当然可以归集为除了俄国对"砖茶的需要很大"外①,其他国家对砖茶的消费需求都不大,"砖茶几乎是专门供俄国销场而制造的"②。为什么只有俄国酷爱砖茶?这是由多种原因促成的。

(一)气候环境因素

俄国处于中国北方的广大欧亚地区,气候寒冷,持续时间长,远比我国游牧民族所处地区的气温低,有的地区干旱少雨,很是干燥,高寒干燥的气候环境使人们对营养和保健提出了迫切需要。茶是能够提供温暖和维生素等多种营养的物品,十分有利于寒冷地区人们的生存。这是俄国民族喜爱饮茶尤其是青(米)砖茶的一个重要原因。比如:早在17世纪末,涅尔琴斯克的通古斯人,"他们喝白水,但有钱人喝茶。这种茶叫作卡喇茶,或者叫黑茶。这是特殊品种的茶叶,茶水呈黑色,而不是绿茶。他们用马奶掺少量的水再煮茶,再放入少许油脂或者黄油"③。喝了这种加入油脂一起煮的黑茶,对保暖极有好处。随着饮茶习俗的发展,这一带的人都离不开茶尤其是砖茶了。19世纪早期的旅游者瓦西里·帕尔申说:"涅尔琴斯克边区的所有居民,不论贫富、年长或年幼,都嗜饮砖茶。茶是不可缺少的主要饮料。早晨就面包喝茶,当作早餐,不喝茶就不去上工。午饭后必须有茶。每天喝茶可达五次之多。爱好喝茶的人能喝十至十五杯。无论你走到哪家去,必定用茶款待你。"④

(二)人种民族因素

俄国原是蒙古金帐汗国下的一个小公国,本来与中国相距遥远。1622年后,俄国越过乌拉尔山脉,向东不断扩张,17世纪占领了广阔的西

---

① 孙毓棠编:《中国近代工业史资料(1840—1895年)》(第1辑上册),第57页。
② 姚贤镐编:《中国近代对外贸易史资料(1840—1895)》(第二册),北京:中华书局,1962年,第1288页。
③ [荷]伊兹勃兰特·伊台斯、[德]亚当·勃兰德:《俄国使团使华笔记(1692—1695)》,北京:商务印书馆,1980年,第147页。
④ 渠绍淼、庞义才:《山西外贸志》上(初稿),太原:山西省地方志编纂委员会办公室印行,1984年,第57页。

伯利亚①,19世纪吞并了中亚的几个汗国,建立起横跨欧亚两洲的庞大帝国。在这个帝国中,尤其在广阔的亚洲西伯利亚、中亚部分,人种、民族与俄国欧洲部分截然不同。这些民族千百年来与中华文化联系较多,甚至有不少民族曾经是中国境内的民族,如布里亚特蒙古人,他们早就爱上了饮茶。随着他们活动区域的变迁,国家版图的变化,这些民族将喜爱饮茶尤其是酷爱砖茶的习惯传播到亚洲中部、北部甚至欧洲的伏尔加河流域。例如,历史记载"茶叶第一次由蒙古人送给俄国人是在1638年,当时俄国特使斯塔尔科夫(Starkov)和一位浩特阔特部蒙古王公——浩特阔特阿勒坦汗——会面"②。虽然"斯塔尔科夫抱怨茶在俄国一钱不值,因为俄国不知道拿它做什么,他和他的随从却要被迫把这么重的东西一直运回俄国。如果可汗愿意,俄国人宁可要等量价值的黑貂皮。但可汗并不同意,茶于是被运到了莫斯科"。艾梅霞认为,"虽然有人说俄国对茶的了解是从这次历史事件开始的,其实俄国人早就通过伏尔加的贸易网络知道了茶这种饮料"③。俄国通过卫拉特人获得茶叶,"从17世纪50年代起,茶叶成为卫拉特人和俄国人之间一项重要的商品",而"在噶尔丹控制了布哈拉人经商要通过的土地之后,准噶尔允许布哈拉人在其领土上进行贸易,上缴税金。他们经商的项目包括把中国产品如茶叶、布料、烟草以及卫拉特的盐卖给西伯利亚的俄国人"④。"早在1577年,东南方的土默特部首领俺答汗得到了与中国明朝进行茶叶贸易的权利。60年后,西边的布哈拉人和蒙古人向俄国人提供茶叶。"⑤无论如何,没有蒙古民族及其他与其相联系的亚洲民族,俄国人就不可能知道茶,更不会爱上茶。

(三)价格低廉因素

青(米)砖茶得以流行并受到俄国消费者青睐的一个重要因素是价廉物美,兹见表1。

---

①多文志:《布里亚特蒙古人加入俄罗斯国籍之谜》,《内蒙古统战理论研究》2010年第1期。
②[美]艾梅霞著,范蓓蕾等译:《茶叶之路》,北京:中信出版社,2007年,第123页。
③[美]艾梅霞:《茶叶之路》,第125页。
④[美]艾梅霞:《茶叶之路》,第127页。
⑤[美]艾梅霞:《茶叶之路》,第127页。

表1 1862—1921年主要茶类出口平均价格表①

(单位:海关两/担)

年份	1862年	1863年	1864年	1865年	1866年	1867年	1868年	1869年	1870年	1871年
红茶	22.00	24.00	26.49	27.42	26.00	30.53	24.84	23.05	20.61	22.39
绿茶	29.00	30.00	38.50	36.81	33.00	33.95	36.91	34.78	35.26	39.04
砖茶		8.00		6.20	8.01	10.99	10.00	12.45	8.01	9.00
年份	1872年	1873年	1874年	1875年	1876年	1877年	1878年	1879年	1880年	1881年
红茶	24.62	25.59	21.60	20.67	21.31	17.49	17.88	18.07	17.64	16.01
绿茶	40.07	24.42	22.20	23.61	24.47	21.96	19.80	23.52	22.25	21.45
砖茶	10.00	9.75	11.92	11.82	11.82	11.90	6.97	5.05	9.15	5.93
年份	1882年	1883年	1884年	1885年	1886年	1887年	1888年	1889年	1890年	1891年
红茶	16.05	17.15	14.80	16.39	16.74	15.13	15.39	16.23	17.88	20.75
绿茶	22.87	20.42	21.75	19.41	18.41	16.49	19.52	19.85	18.55	17.15
砖茶	5.95	6.86	6.05	5.40	6.41	6.98	5.95	7.12	7.19	7.08
年份	1892年	1893年	1894年	1895年	1896年	1897年	1898年	1899年	1900年	1901年
红茶	17.15	18.83	18.85	20.56	21.27	22.41	22.95	23.33	20.38	17.14
绿茶	28.43	24.15	24.88	20.04	25.94	29.84	24.02	22.60	23.54	23.22
砖茶	7.16	7.00	7.08	8.51	8.38	10.57	9.59	9.68	9.71	8.73
年份	1902年	1903年	1904年	1905年	1906年	1907年	1908年	1909年	1910年	1911年
红茶	17.62	17.53	22.12	21.31	20.90	21.77	22.24	25.30	28.25	29.15
绿茶	25.84	27.72	39.27	34.15	36.95	34.66	34.21	34.56	32.69	36.07
砖茶	7.08	7.56	8.90	8.20	11.04	11.20	13.08	13.52	13.20	14.21
年份	1912年	1913年	1914年	1915年	1916年	1917年	1918年	1919年	1920年	1921年
红茶	20.24	27.55	27.80	41.31	33.95	32.54	31.11	30.41	24.93	26.85
绿茶	35.64	40.56	41.42	51.96	49.90	47.08	46.74	44.27	32.68	31.98
砖茶	14.81	15.79	19.32	22.72	20.29	22.24	17.35	17.42	25.71	14.60

① 程天绶译:《过去数十年间之华茶出口价格》,《国际贸易导报》1930年第1卷第5期。

从上表可知,出口茶类中,绿茶价格最高,红茶次之,砖茶价格最低。砖茶价格大体为红茶价格的 30%—40%,为绿茶价格的 25%—27%,即不足 30%。大部分年代,砖茶价格不足 10 海关两/担,1906—1914 年,每年平均价格均超过 10 海关两/担,1915—1917 年高达 22.72 海关两/担、20.29 海关两/担、22.24 海关两/担,但这 3 年砖茶价格占红茶价格比重分别为 55.00%、59.76%、68.35%,占绿茶价格比重分别为 43.73%、40.66%、47.24%,这说明砖茶价格低廉是客观现实。何况 1918—1919 年,砖茶价格又低至 17.35 海关两/担、17.42 海关两/担,1920 年虽增至 25.71 海关两/担的历史新高,但翌年惨跌至 14.60 海关两/担。

(四)生活方式因素

俄国中亚及西伯利亚的居民,有不少本来就是中国人,加上大多与中国西北少数民族一样,习惯游牧,这种生产方式决定了他们的生活方式与蒙古族人民一样,就是对砖茶的天然热爱。因此,喜爱砖茶,消费茶砖成为他们基本的生活方式。这方面的资料很多,如"从事狩猎或者采矿业的西伯利亚人更喜欢黑色的茶砖,这种茶最适宜长期储存,而且最便宜"①。外贝加尔地区居民"在 1834 年和 1835 年与中国人进行交易时,一普特小麦原粮可换三又四分之一块砖茶,或三块半砖茶,就是说按税率扣除税金之后,每普特约值俄币七卢布之多"②。恰克图市场上,"换回茶叶,这是交易的首要目标。换来的茶叶有:各种花茶,各种字号的茶,普通茶和砖茶。砖茶在外贝加尔边区的一般居民当中饮用极广,极端必需,以致往往可以当钱用。一个农民或布里亚特人在出卖货物时,宁愿要砖茶而不要钱,因为他确信,在任何地方他都能以砖茶代替钱用"③。而且"所有亚洲西部的游牧民族均大量饮用砖茶,时常把砖茶当作交易的媒介,俄国人便因此大获其利。可以说他们握有茶叶贸易的垄断权,因此俄国在为支付

---

① [苏] 米·约·斯拉德科夫斯基著,宿丰琳译,徐昌翰审校:《俄国各民族与中国贸易经济关系史(1917 年以前)》,北京:社会科学文献出版社,2008 年,第 188 页。
② [俄] 瓦西里·帕尔申:《外贝加尔边区纪行》,北京:商务印书馆,1976 年,第 20 页。
③ [俄] 瓦西里·帕尔申:《外贝加尔边区纪行》,第 47 页。

砖茶的价款而愿意在输出到中国去的货品上赔本"①。"在中亚细亚,普通的砖茶是用来作交换媒介的"②。概括地说:"砖茶销于俄国鞑靼地区和西伯利亚者较多,只有很少一部分运往下诺弗哥罗市镇。这种砖茶不是用来泡茶,而是和牛奶、奶油、盐及香料一起煮来当食物吃的。"③

以上因素的综合作用,决定了只有俄国而没有第二个国家如此钟情于砖茶。于是,中国砖茶这种特产主要输往俄国,砖茶销俄一般占到中国砖茶总出口量的99%左右,甚至有的年份竟高达100%。

二、中俄砖茶贸易的开创

事实上,一部中俄砖茶贸易史几乎就是中俄茶叶贸易史,因为俄国是中国最主要的砖茶出口市场,俄国进口的中国茶叶主要是砖茶。20世纪30年代的资料说:"至茶砖之输往国外,当以俄国为始,俄人林许之谓十六世纪时,我国茶砖已销于西伯利亚。其后俄商自在汉口设厂制造,茶砖输俄贸易更盛。"④中俄茶叶贸易开展时间虽可追溯到17世纪后期,但尚不清楚砖茶是何时进入俄国市场的。资料表明,俄国知道茶是1497年左右。1897年1月12日的《申报》报道:《圣彼得堡日报》丙论谈俄国购买中国茶叶源流及制茶之法,"略云四百年前西比利亚部居民初次与俄帅耶尔玛克开仗,彼时相传有俄人饮中国茶者,以牛奶与茶调饮,至今此风犹存,昔蒙古人以茶入俄贸易货物"。"四百年前"即1497年左右。如果此条传说真实的话,那么这很可能也是欧洲最早饮茶的资料记录。1567年,俄国人彼得洛夫、雅里谢夫向本国介绍报道茶树⑤。相关的记载有:1567年,两位哥萨克首领彼得罗夫、亚雷舍夫来到中国,他们见到茶品之后很感兴趣。当他们回到俄罗斯之后,向沙皇说起了"一种不起眼但是特别珍贵的饮品",据这两位哥萨克头领说,这种饮品却没有受到沙皇的重

---

① 姚贤镐编:《中国近代对外贸易史资料(1840—1895)》(第一册),第665页。
② 姚贤镐编:《中国近代对外贸易史资料(1840—1895)》(第二册),第1322页。
③ 姚贤镐编:《中国近代对外贸易史资料(1840—1895)》(第一册),第114页。
④ 金陵大学农学院农业经济系调查编纂:《湖北羊楼洞老青茶之生产制造及运销》,南京:金陵大学农业经济系1936年版,第33页。
⑤ 陈椽:《茶业通史》,北京:中国农业出版社,2008年,第167页。

视,因此就没有了下文①。这件事与陈椽所述1567年俄国人彼得洛夫、雅里谢夫向本国介绍报告茶树是同一件事,但陈椽书均未注明资料来源。17世纪,俄国出现了第三次茶事记载。《茶叶全书》记载:"茶叶除由海路运至欧西以外,更有用商队经利凡脱(Levant)地方由陆路运至欧洲其他各地者。最初由此路到达者,为一六一八年由中国公使所携带之数箱茶叶,馈赠于莫斯科俄国朝廷,途中会经十八个月之艰苦路程。当时中国欲将此种赠品以交换其他货物,但困难殊多,盖当时茶叶尚未为俄人所好,因此自赠品茶到达莫斯科竟达二十年之后,亦未发生任何影响,其在欧洲整个茶叶发展史上,实无特殊重要性可言。"②崇祯(1628—1644年)末,中国茶叶开始通过西北境外各族辗转输入俄国③。俄国茶事记载的第四次是1638年(一说1640年),俄使瓦西里·斯达尔科夫从卡尔梅克廷回国,带回茶叶200袋,4普特65.2公斤,或约143磅,每袋是2俄磅,奉献沙皇④。"从斯塔尔科夫的反应看,最初俄国对茶叶的态度是不冷不热。然而到了17世纪晚期,茶叶已经成为俄国人日常生活的一部分"⑤。

入清后,入华俄国使臣继续将茶作为礼物带回俄国。康熙十四年(1675),俄使尼果赖在觐见后接受御赐茶叶匣,以及托他转送沙皇的茶叶8匣⑥。此时的俄国,茶叶作为商品已经出现在市场上。如17世纪后期,托波尔斯克市场有少量茶叶供应。1674年,莫斯科也有商店经营茶叶,每磅零售价30戈比,消费者为富裕人家。但茶叶进口量不大。1689年,中俄《尼布楚条约》签订后,中国茶叶进入俄国的数量有所增加。1698年,俄国客商加·罗·尼斟丁采购的茶叶为51普特(每普特重16.38公斤)7俄磅,在莫斯科的售价为每普特20—25卢布⑦。1728年,恰克图互市正式开放,茶叶逐渐变成互市中的最大买卖。据俄方记载,1750年,

---

① 范琼:《俄罗斯茶文化的形成与特色》,《饮食文化研究》2004年第3期;王登宇:《浅析俄罗斯茶文化》,《黑河学刊》2015年第1期。
② [美]威廉·乌克斯:《茶叶全书》上册,上海:中国茶叶研究社,1949年,第17页。
③ 陈椽:《茶业通史》,第483页。
④ [英]约·弗·巴德利著,吴持哲、吴有刚译:《俄国·蒙古·中国》下卷第1册,北京:商务印书馆,1981年,第1114页。
⑤ [美]艾梅霞著:《茶叶之路》,第127—128页。
⑥ [英]约·弗·巴德利:《俄国·蒙古·中国》下卷第1册,第1157—1158页。
⑦ 蔡鸿生:《"商队茶"考释》,《历史研究》1982年第6期。

经恰克图运俄的砖茶为7000普特、白毫茶有6000普特,1810年,这两类茶叶已达到75000普特,几乎增长6倍①。值得注意的是,在1750年的茶叶贸易中,砖茶出口数量达到了一定规模,这也是中俄砖茶贸易最早的具体记载。1810年,砖茶贸易规模也应有所增长。如以1750年砖茶占茶叶出口比重的53.85%计算,则1810年砖茶出口数量达40387.5普特,合13230.945市担。这个规模已经不小。可以肯定,"18世纪末以前,俄国市场上消费中国茶的主要是西伯利亚人。输俄茶叶以砖茶为主,西伯利亚人混以肉末、奶油和盐饮用"②。

19世纪,茶叶成了恰克图贸易的中心。"无论对于西伯利亚,还是俄国欧洲部分,茶叶都成了必需品,西伯利亚和莫斯科商人都投入了茶叶贸易。到19世纪初,中国对毛皮需求开始缩减,而茶叶输入额几乎增长了5倍,1750年运来7000普特茶砖和6000普特白毫茶,1781年运来这两种茶总计24000普特,而在1810年,运达茶叶75000普特。"③"由于恰克图茶是从中国进口的主要商品,所有其他贸易都是跟着它转"。人们对茶叶的喜爱与日俱增,不但成了生活的必需品,"而中国的茶叶变成了真正是俄国的第一需要的商品时"④,恰克图的主要贸易就只有茶叶。"换回茶叶,这是交易的首要目标"⑤。砖茶贸易相应也得到发展。

---

① [俄] 斯卡里科夫斯基:《俄国在太平洋的商务》(俄文版),彼得堡,1883年,第141页。转引自蔡鸿生:《"商队茶"考释》,《历史研究》1982年第6期。
② 庄国土:《从闽北到莫斯科的陆上茶叶之路——19世纪中叶前中俄茶叶贸易研究》,《厦门大学学报(哲学社会科学版)》2001年第2期。
③ 孟宪章主编:《中苏贸易史资料》,北京:中国对外经济贸易出版社,1991年,第146页。
④ [美] 查尔斯·佛维尔编:《西伯利亚之行》,上海:上海人民出版社,1974年,第294—295页。
⑤ [俄] 瓦西里·帕尔申:《外贝加尔边区纪行》,第47页。

表2　1838年恰克图各号各类茶叶交易统计① 　　（单位:箱）

店名	花茶	粗茶	茶砖	总计	店名	花茶	粗茶	茶砖	总计
王宋乔	1070	460	-	2698	王宋周	420	160	-	-
王盛隆	346	242	-	-	达兴友	1250	564	314	2128
尤庆源	1220	400	466	2086	宋义成	1242	400	200	1842
达泉友	716	350	250	1316	郭发成	1420	520	200	2140
乔发成	1438	438	200	2076	德兴义	1510	524	-	2034
奚德察	1510	524	-	2034	于护国	900	322	-	1222
于兴尤	914	326	198	1438	席绍胡、席绍春	2400	820	500	3720
梅友康	1648	620	-	2268	梅友德	1000	360	200	1560
修发成	1060	460	110	1630	董宋永	594	250	240	1084
尤颂乔	1380	489	-	1869	郭隆国	200	378	160	1438
郭米隆	440	110	298	848	郭胡兴	1060	400	-	1460
哈秋友阿	826	324	-	1150	哈盛察	1080	360	298	1738
恒兴德	1360	524	-	1884	桑友康	826	282	-	1108
恒宋成	1200	436	200	1836	桑友成	876	250	340	1466
王胡成	510	158	-	668	达盛永	134	70	210	414
郄隆乔	344	136	-	480	义合美	470	242	-	712
纳盛胡	140	60	-	200	兴友号	1540	720	340	2600
总计	33744	12679	4724	51147					

注:此外还有茉莉茶砖32000箱。

从上表可知,1838年恰克图市场上茶商所交易的各种茶中,砖茶不占优势,点总数仅为9.24%,不足10%。虽然这一表格不完整,必然会有不少砖茶漏载了,但也说明砖茶的地位并不低,而且在不断增长中,同时,俄国欧洲部分地区人们饮茶风气的转盛,使砖茶以外的茶叶需求有所增长。

---

① [俄] 瓦西里·帕尔申:《外贝加尔边区纪行》,第48—49页。

表3　1867—1893年俄国经外贝加尔陆路边界(主要是恰克图)进口的茶叶①

(单位:普特)

年份	1867—1871年	1885年	1886年	1887年	1888年	1889年	1890年	1891年	1892年	1893年
白毫茶	167527	369540	374580	479869	448714	423857	298656	260728	376553	377502
茶砖	210761	579683	768129	974978	775556	726807	723565	593806	789664	831935
沱茶	-	-	-	-	132	10203	31586	32610	31470	32780
总量	378288	949223	1142709	1472847	1224402	1160867	1053807	887144	1197687	1242217

此时,砖茶已在西伯利亚地区拥有广阔的市场,深得消费者欢迎。从"砖茶销于俄国鞑靼地区和西伯利亚者较多,只有很少一部分运往下诺弗哥罗市镇"②及19世纪40年代俄国从恰克图进口的中国茶,"还有1/3是在中亚和西伯利亚农业地区(特别是布罗亚特人、吉尔吉斯人)所需要的茶砖(经压缩的茶叶末)"③也可知道,砖茶已经在俄国亚洲部分形成广阔而稳定的市场。此外,砖茶还从中国新疆大量出口俄国,一般年为数千担。

表4　19世纪30—40年代中国新疆输往俄国的茶叶数量表④

(单位:普特)

年份	1836年	1837年	1838年	1839年	1840年	1841年	1842年	1843年
白毫	9	19	10	152	1221	1362	477	755
砖茶	1411	1008	1136	1727	1558	1714	3255	4555
合计	1420	1027	1146	1879	2779	3076	3732	5310
年份	1844年	1845年	1846年	1847年	1848年	1849年	1850年	1851年
白毫	1222	2532	2686	2404	892	5160	11456	-
砖茶	3383	5515	8208	5050	5439	8528	7614	-
合计	4605	8047	10894	7454	6331	13688	19070	-

①[苏]米·约·斯拉德科夫斯基:《俄国各民族与中国贸易经济关系史(1917年以前)》,第297页。
②姚贤镐编:《中国近代对外贸易史资料(1840—1895)》(第一册),第114页。
③孟宪章主编:《中苏贸易史资料》,北京:中国对外经济贸易出版社,1991年,第172页。
④[俄]柯尔斯克:《俄中通商历史统计概览》(俄文版),1857年,第440页。转引自郭蕴深:《论新疆地区的中俄茶叶贸易》,《中国边疆史地研究》1994年第4期。

从上表可见,19世纪中期前,俄国进口的茶叶以廉价砖茶为主。这是由中亚民族的消费能力、消费习惯决定的。1850年,输入的白毫茶价值量首次超过输入的砖茶价值量。同时,茶叶货值在中国新疆输俄货物价值中的地位迅速上升,1842年约为40%,1843年超过一半,1849年、1850年均超过90%,已占据绝对优势。

表5　19世纪40年代俄国自中国新疆输入商品价值表①

(单位:卢布)

年份	输入总值	白毫	砖茶	茶叶总值	茶叶比例%	丝绸	棉布	毛织品	皮货	其他商品
1842年	151357	21209	38379	59588	39.40	42074	18869	66	—	30760
1843年	161712	36916	54523	91439	56.54	43529	10540	—	—	16204
1844年	148340	59189	37283	96472	65.03	39865	7305	50	28	4620
1845年	241324	109860	62916	172776	71.60	47525	14349	1005	211	5458
1846年	304919	127908	89448	217356	71.28	50446	15668	496	74	20879
1847年	249171	114311	57061	171372	68.78	47734	14607	450	—	15008
1848年	134482	39696	65667	105363	78.35	17452	6476	279	—	4912
1849年	317709	190517	99993	290510	91.44	18759	4464	—	—	3976
1850年	530488	413480	88602	502082	94.65	14332	6583	564	—	6927

三、中俄砖茶贸易的发展

1863—1917年是中俄砖茶贸易的发展和繁荣时期,其中20世纪初更是中俄砖茶贸易的巅峰时代,年出口砖茶最多时曾高达60余万担。这一盛况的取得,是由下列因素决定的:

第一,运输便捷。1863年前,青(米)砖茶的运输是由羊楼洞出发,水

---

① [俄] 柯尔斯克:《俄中通商历史统计概览》(俄文版),1857年,第438页。转引自郭蕴深:《论新疆地区的中俄茶叶贸易》,《中国边疆史地研究》1994年第4期。

运至汉口,循汉水北上,至河南赊河起旱,贯河南、山西,循张库北道赴恰克图,售予俄商,运回国内。这就是沿传统万里茶道的运输。这种运输受制于运输方式及工具,难免有运时长、运量小的缺点。1858年,中英、中法《天津条约》签订,长江中下游的汉口、九江、南京、镇江辟为商埠。1860年,中英、中法《北京条约》签订,增开天津为商埠。这就为俄商自汉口购茶,从水路运往天津,转赴恰克图提供了良好条件。为此,"至咸丰十一年(1861),海道运茶入境一事,既由俄皇颁诏许可","于是该国所需华茶,不必专自恰克图运入,此地殊于俄人有利。顾自恰克图买卖城之华商观之,则损失甚重"。同时,"至是俄国商行,多迁往汉口,并派人前赴内地产茶之区,设立收买。所办行销俄国欧境之货,既系每年新茶之精品,复可利用船只,径由汉口运赴奥德萨港。至西伯利亚方面所需砖茶,俄商复自设厂制造,惟仍由恰克图陆路运送耳"。① 1866年,"因为子口半税的免除,如今用轮船运茶沿江而下然后沿海北运至天津,远比从前陆运的办法便宜多了"②。由于汉口至天津一线采用轮船水运,砖茶从樊城恰克图线运输越来越少,但俄商还是抱怨:"价格高的另一原因是运输须穿过蒙古,运费既贵,时间又慢。一筐砖茶从天津至恰克图的运费是三两到三两七钱五分。……时间慢是由于骆驼的缺乏。"③俄商又开辟了汉口至俄国远东的航线,也是以轮船进行运输。这样,俄国大大拉近了汉口这一砖茶生产、出口基地与西伯利亚这一砖茶最大销场的距离,极大刺激了砖茶的生产与消费。

第二,税负减轻。"砖茶的消费者既然主要是西伯利亚的平民,销路多寡便要看价格高低。"④根据海关出口税则,茶叶每担的出口正税为2.5两,子口半税为1.25两。此外,咸丰(1851—1861年)以后,中国茶叶在出口前,还要交纳沿途厘金,负担较重。"把茶末从内地运至汉口须纳厘金,制成砖茶后载运出口又须纳子口税。这两种税既须交纳,价格便无法减

---

① 姚贤镐编:《中国近代对外贸易史资料(1840—1895)》(第二册),第1295页。
② 孙毓棠编:《中国近代工业史资料(1840—1895年)》第1辑上册,北京:科学出版社,1957年,第44页。
③ 孙毓棠编:《中国近代工业史资料(1840—1895年)》第1辑上册,第47页。
④ 孙毓棠编:《中国近代工业史资料(1840—1895年)》第1辑上册,第46页。

低。"①但俄国经营砖茶贸易获得了一些特权,税负就大大减轻。"根据巴尔恩扎克先生(M.Balnzac)和恭亲王在俄历1862年2月20日和3月4日拟定的章程,在张家口和蒙古的俄国商人得到了一些重要的特权。根据该条例的第十款,俄国商人在其他的港口购买中国特产运来天津以便转运恰克图,必须按照1858年的普通税则在装货港交纳部分出口税。此外在天津还要交纳半税。但是,从1866年4月15日以后,半税取消了",并且"根据1862年2月27日和3月11日的俄国《续增税则》,砖茶只交纳特别税——每担6钱"。所以说,"1866年取消了半税,大大刺激了俄国代理人把砖茶转运往恰克图"②。相比较而言,"俄国人持有的茶叶上税少,中国人持有的茶叶上税多"③。因为俄国等国商人"都可以根据最惠国条款把砖茶运往恰克图,而只交纳每担6钱的特别关税;中国人民就不能这样做。仅就关税来说,无论他用本国船只或外国船只把茶叶运入天津,他都比外国人吃亏"④。虽然到1872年秋天,"中国商人为了运到中蒙市场张家口以北去销售而进口到天津来的全部茶叶,李鸿章也准许免征沿岸贸易税了,这种做法当然有利于中国商人把茶叶卖给蒙古人"⑤。但这时的晋商早已从恰克图市场上败下场来,砖茶贸易完全被俄商所控制和掌握。以上三大因素决定了俄商能廉价获取砖茶,卖给消费者,保证"可以获得厚利"⑥。

第三,茶源增加。1863年,俄商进入汉口,当年派出人员,深入鄂南、湘北砖茶区投资设厂,直接插手青(米)砖茶的生产,从源头上控制青(米)砖茶贸易。"他们从中国人手中收购茶叶、茶末等,然后他们自己进行砖茶制造,其制成的产品与本地中国人所制的品质相同,而成本较低。制成的砖茶从本埠(汉口——引者)经上海运往天津,然后再从天津由陆路运往恰克图等地。"⑦到"上一季(1869年——引者)大约14个俄国商

---

①孙毓棠编:《中国近代工业史资料(1840—1895年)》第1辑上册,46—47页。
②姚贤镐:《中国近代对外贸易史资料(1840—1895)》(第二册),第1301页。
③姚贤镐:《中国近代对外贸易史资料(1840—1895)》(第二册),第1300页。
④姚贤镐:《中国近代对外贸易史资料(1840—1895)》(第二册),第1302页。
⑤姚贤镐:《中国近代对外贸易史资料(1840—1895)》(第二册),第1309页。
⑥孙毓棠编:《中国近代工业史资料(1840—1895年)》第1辑上册,第48页。
⑦孙毓棠编:《中国近代工业史资料(1840—1895年)》第1辑上册,第44页。

人,照管他们在距此(汉口——引者)百余里内的产茶区所开设的几个砖茶制造厂。他们的情况充分证明了在内地居住会获得很大的好处。他们制造的砖茶,不仅远比中国茶商所制的品质优良,而且他们所焙制包装的茶叶,在汉口市场上销售也很好,并直接运往伦敦。乡间的茶农宁愿把绿茶卖给俄国商人而不愿卖给广东商人,他们说俄商在交易中待人比较公平"①。1877 年关册还说明,"直到去年(1876 年——引者),工厂均设于内地;茶末在那里收购,厂中雇的工人就住在厂的附近,厂房是普通中国式的房屋"②。"翌年(西历1876 年)乃将湘、鄂内地茶厂取消,而改建于汉口租界之内。所有新建之茶厂,装有气压机及他项机械,所需之原料,不仅茶末,而茶叶亦有之。按机器所制之砖茶,较用旧法所制者,坚固异常,而难于碎裂,以之权作货币,流通能力更大,蒙古及西伯利亚人极为欢迎,故迄至本期(1872—1881 年这 10 年期——引者)终时,砖茶贸易,遂为俄商所垄断也。"③当然,俄商将茶厂从产区向汉口搬迁时,也向九江、福州扩张势力,"泊乎光绪元年(西历 1875 年)并在九江、福州增设茶厂"④。但俄商在九江、福州设立的砖茶厂总体实力远不及汉口所设砖茶厂。在九江所设工厂,最多时只有 3 个⑤。在福州所设厂 1875 年为 7 家,1876 年为 9 家⑥,但这些厂规模小,设备差,仍用旧法生产。1877 年,汉口有俄商砖茶厂 4 家,其中 2 家使用蒸汽机⑦。1878 年,汉口俄商砖茶厂增为 6 家,其中 3 家使用蒸汽机⑧。1893 年,汉口俄商砖茶厂减为 4 家,2 家在俄国租界,2 家在英国租界,"这是本埠(汉口——引者)最重要的工业机构了"⑨。特别是"外国商行先驱者之一顺丰砖茶厂,在发展汉口的对外贸易和中国制茶工业方面,都有很大的成就"⑩。由于"制茶工业一

---

① 孙毓棠编:《中国近代工业史资料(1840—1895 年)》第 1 辑上册,第 44 页。
② 孙毓棠编:《中国近代工业史资料(1840—1895 年)》第 1 辑上册,第 46 页。
③ 姚贤镐编:《中国近代对外贸易史资料(1840—1895)》(第二册),第 1313 页。
④ 姚贤镐编:《中国近代对外贸易史资料(1840—1895)》(第二册),第 1313 页。
⑤ 孙毓棠编:《中国近代工业史资料(1840—1895 年)》第 1 辑上册,第 63 页。
⑥ 孙毓棠编:《中国近代工业史资料(1840—1895 年)》第 1 辑上册,第 59 页。
⑦ 孙毓棠编:《中国近代工业史资料(1840—1895 年)》第 1 辑上册,第 47 页。
⑧ 孙毓棠编:《中国近代工业史资料(1840—1895 年)》第 1 辑上册,第 49 页。
⑨ 孙毓棠编:《中国近代工业史资料(1840—1895 年)》第 1 辑上册,第 55 页。
⑩ 孙毓棠编:《中国近代工业史资料(1840—1895 年)》第 1 辑上册,第 55 页。

向都是汉口的主要工业","各工厂都在尽其所能地从事制造",尤其是20世纪初,"汉口的四家大砖茶工厂的营业都非常兴旺"①,每年的产量有数十万担,仅顺丰、阜昌、新泰3厂,1916年的砖茶产量达506880担,另外顺丰砖茶厂九江厂有15000担,阜昌砖茶厂九江厂有26000担,俄商九江顺丰、阜昌砖茶厂产量计41000担,俄商汉口、九江砖茶厂产量合计为547880担②。此外,华商在汉口设有兴商公司,在羊楼洞设有振兴砖茶厂及其他行制造砖茶,也有相当的生产能力。这样看来,九江、福州、汉口、羊楼洞生产的砖茶,为俄商开展砖茶贸易提供了充足货源。当然,在这4个砖茶生产基地中,羊楼洞、汉口最重要。正是从这个意义上讲,《茶叶全书》概括道:"制造俄销之砖茶,在中国向以羊楼洞及汉口为中心"③。这是实事求是的评论。

所以,"砖茶的制造几乎全部为了俄国市场"④。又由于俄国垄断了中国砖茶制造业,以不平等条约为护身符,导致了"砖茶贸易完全掌握在俄国商人之手"⑤,他们把生产的大量砖茶运回国内销售,获取了大量利润,这就是史料所说的"茶砖既专销俄国,砖厂亦多为俄人所经营"⑥的局面,由表6可见一斑。

表6 砖茶销俄与他销数量及比重(1879—1917)⑦

年份	俄国数量(担)	比重%	他国数量(担)	比重%	总计数量(担)	比重%
1879年	274779	99.7%	761	0.3%	275540	100%
1880年	232330	99.7%	639	0.3%	232969	100%
1881年	246821	99.7%	677	0.3%	247498	100%

---

① 孙毓棠编:《中国近代工业史资料(1840—1895年)》第1辑上册,第57页。
② 曾兆祥主编:《湖北近代经济贸易史料选辑(1840—1949)》,武汉:湖北省志贸易志编辑室,1984年,第27页。
③ [美]威廉·乌克斯著,上海茶叶研究社翻译:《茶叶全书》上册,上海:开明书店,1949年,第158页。
④ 孙毓棠编:《中国近代工业史资料(1840—1895年)》第1辑上册,第46页。
⑤ 孙毓棠编:《中国近代工业史资料(1840—1895年)》第1辑上册,第44页。
⑥ 曾兆祥主编:《湖北近代经济贸易史料选辑(1840—1949)》,武汉:湖北省志贸易志编辑室,1984年,第31页。
⑦ 刘廷冕:《近五十年华茶出洋之指数及百分数》,《统计月报》1932年第2卷第2期。

续表

年份	俄国数量（担）	比重%	他国数量（担）	比重%	总计数量（担）	比重%
1882 年	218526	99.8%	501	0.2%	219027	100%
1883 年	218652	99.9%	92	0.1%	218744	100%
1884 年	244895	99.9%	101	0.1%	244996	100%
1885 年	279243	99.7%	869	0.3%	280112	100%
1886 年	360091	99.6%	1401	0.4%	361492	100%
1887 年	329311	99.4%	1970	0.6%	331281	100%
1888 年	406834	98.6%	5808	1.4%	412642	100%
1889 年	304474	98.2%	5704	1.8%	310178	100%
1890 年	292147	98.3%	5021	1.7%	297168	100%
1891 年	326859	99.4%	2002	0.6%	328861	100%
1892 年	317411	98.2%	5701	1.8%	323112	100%
1893 年	379784	99.3%	2577	0.7%	382361	100%
1894 年	395506	100.0%	0	0	395506	100%
1895 年	478784	99.4%	2608	0.6%	481392	100%
1896 年	560865	98.9%	6034	1.1%	566899	100%
1897 年	495541	88.8%	62757	11.2%	558298	100%
1898 年	448219	89.9%	50206	10.1%	498425	100%
1899 年	412754	87.1%	61272	12.9%	474026	100%
1900 年	316532	99.9%	391	0.1%	316923	100%
1901 年	283262	96.5%	10260	3.5%	293522	100%
1902 年	564511	99.0%	5526	1.0%	570037	100%
1903 年	390767	63.2%	227691	36.8%	618458	100%
1904 年	310027	69.2%	137668	30.8%	447695	100%
1905 年	445964	86.0%	72534	14.0%	518498	100%
1906 年	584385	99.6%	2342	0.4%	586727	100%
1907 年	600267	99.3%	3959	0.7%	604226	100%

续表

年份	俄国数量(担)	比重%	他国数量(担)	比重%	总计数量(担)	比重%
1908年	590534	99.9%	281	0.1%	590815	100%
1909年	584510	99.9%	466	0.1%	584976	100%
1910年	615275	99.8%	1265	0.2%	616540	100%
1911年	416394	99.9%	262	0.1%	416656	100%
1912年	506426	100.0%	35	0	506461	100%
1913年	605938	100.0%	82	0	606020	100%
1914年	583748	100.0%	135	0	583883	100%
1915年	641110	100.0%	208	0	641318	100%
1916年	560171	100.0%	13	0	560185	100%
1917年	443350	99.9%	286	0.1%	443636	100%

从上表可知,1879—1885年,砖茶输俄数量每年还只有20余万担,1886—1894年间的大部分年份已增至20余万担以上,1888年还超过40万担,只有1890年略低于30万担,为292147担。1895—1917年,除1900—1901年、1903—1904年受八国联军侵华及日俄战争影响,年输出量为30余万担,甚至1901年低至283262担外,其余年份均在40万担—60余万担之间,尤其是1907年、1913年、1915年均超过60万担。这确实是中国砖茶对俄贸易的繁荣阶段。与此相适应,砖茶主要出口俄国,绝大部分年代的销俄量占砖茶出口比重均在99%以上,平均比重高达97.6%。只有1897年、1903—1905年低于此比重,分别为88.8%、63.2%、69.2%、86.0%。"砖茶名曰华茶,实则利权包入俄人之手。"[①]

砖茶不仅主销俄国,而且也是俄国进口的主要中国茶类,地位极其重要。

---

① 王艺:《羊楼洞青砖茶》,湖北省地方志编纂委员会:《湖北省志资料选编》第1辑,1983年版,第151页。

表7　历年俄国进口中国茶类数量及其比重(1879—1917)①

年份	总计（担）	红茶（担）	比重%	绿茶（担）	比重%	砖茶（担）	比重%	合计
1879年	424616	149387	35.18%	450	0.11%	274779	64.71%	100%
1880年	356465	124135	34.82%	-	-	232330	65.18%	100%
1881年	493111	246161	49.92%	129	0.03%	246821	50.05%	100%
1882年	386914	168188	43.47%	200	0.05%	218526	56.48%	100%
1883年	404306	185652	45.92%	2	0	218652	54.08%	100%
1884年	414257	168839	40.76%	523	0.12%	244895	59.12%	100%
1885年	432314	152026	35.17%	1045	0.24%	279243	64.59%	100%
1886年	584118	223343	38.24%	684	0.11%	360091	61.65%	100%
1887年	607369	278056	45.78%	2	0	329311	54.22%	100%
1888年	675171	267674	39.65%	663	0.09%	406834	60.26%	100%
1889年	528610	224129	42.40%	7	0	304474	57.60%	100%
1890年	575074	282921	49.20%	6	0	292147	50.80%	100%
1891年	629166	302294	48.05%	13	0	326859	51.95%	100%
1892年	526773	209342	39.74%	20	0	317411	60.26%	100%
1893年	673048	292460	43.45%	804	0.28%	379784	56.27%	100%
1894年	744300	347830	46.73%	964	0.13%	395506	53.14%	100%
1895年	883338	402386	45.55%	2168	0.25%	478784	54.20%	100%
1896年	899735	334262	37.15%	4608	0.61%	560865	62.24%	100%
1897年	807345	290604	36.00%	21200	2.62%	495541	61.38%	100%
1898年	883844	394422	44.63%	41203	4.66%	448219	50.71%	100%
1899年	863722	416251	48.19%	34728	4.02%	412754	47.79%	100%
1900年	662268	310968	46.96%	34768	5.24%	316532	47.80%	100%
1901年	585197	251817	43.03%	50118	8.57%	283262	48.40%	100%
1902年	875709	246861	28.19%	64337	7.35%	564511	64.46%	100%

①吴觉农、胡浩川:《中国茶业复兴计划》,上海:商务印书馆,1935年,第98—101页(注:个别数字有错,已校订)。

续表

年份	总计（担）	红茶（担）	比重%	绿茶（担）	比重%	砖茶（担）	比重%	合计
1903年	781218	318602	40.78%	71849	4.20%	390767	50.02%	100%
1904年	428000	54661	12.77%	53312	14.79%	310027	72.44%	100%
1905年	590538	84994	14.39%	59580	10.09%	445964	75.52%	100%
1906年	929886	285529	30.71%	59972	6.45%	584385	62.84%	100%
1907年	977990	305820	31.27%	71903	7.35%	600267	61.38%	100%
1908年	958744	263269	27.46%	104941	10.94%	590534	61.60%	100%
1909年	887373	245992	27.72%	76871	8.66%	564510	63.62%	100%
1910年	962198	233614	24.28%	113309	11.78%	615275	63.94%	100%
1911年	817546	254361	31.11%	146795	17.96%	416390	50.93%	100%
1912年	831108	256423	30.85%	68259	8.22%	506426	60.93%	100%
1913年	896139	220845	24.64%	69356	7.74%	605938	67.62%	100%
1914年	887266	240837	27.14%	62681	7.07%	583748	65.79%	100%
1915年	1131359	401926	35.53%	88323	7.80%	641110	56.67%	100%
1916年	922517	230693	25.01%	131652	14.27%	560172	60.72%	100%
1917年	725728	256651	35.36%	25727	2.74%	443350	61.90%	100%

从上表可知，俄国进口中国茶以砖茶、红茶为主，绿茶次之。砖茶占俄国进口中国茶的半壁江山，一般占比重的50%—60%，仅有1899年、1900年、1901年略低于50%，分别为47.79%、47.80%、48.40%。比重最高的年份出现在1904年、1905年，分别为72.44%、75.52%。红茶的进口比重从30%—40%之间逐渐下降，1904年、1905年达到低谷时的12.77%、14.39%，嗣后又逐渐回升。绿茶进口数量从微不足道到19世纪90年代后有所增加，1897—1916年为绿茶进口的兴繁时期，一般徘徊在数万担间，1908年、1910年、1911年、1916年均超过10万担。表明此时期俄国已成为中国绿茶的主要市场。1917年，绿茶输入惨跌至25727担。与此相适应，绿茶比重也由起初的可以忽略不计增加到1897—1916年的百分之几到百分之十几，1904年、1916年均超过14%，分别为14.79%、14.27%，1917年骤降至2.74%。总之，砖茶是俄国从中国进口的主要茶类。

四、中俄砖茶贸易的曲折

1917年十月革命爆发后,"俄国内乱不息,茶商全体停顿,茶砖厂亦完全停工"①,中俄砖茶贸易呈断崖式衰落。20世纪20年代后,苏联回到中国市场收购茶叶,砖茶出口苏联数量有所增加。苏联政府对于采购茶叶及国内消费分配事务,设有茶叶托拉斯之国营机关专司其事。1927年,中苏绝交之前,上海亦设有茶叶托拉斯支部,管理中国茶叶购买及运输事务。中苏绝交后,协助会为全苏中央消费合作社之驻华代理,受海参崴茶叶托拉斯支部之管理。协助会在上海、汉口均有营业所,在汉口聘用忠信昌茶栈经理为买办,直接向中国产地茶商采购原料,委托太平洋行茶砖厂压制茶砖,同时收购山西茶商之成品砖茶。由中国出口之茶,到海参崴后,即先上栈,如是茶叶托拉斯与协助会核算账目,将存欠关系理清;同时海参崴之茶叶托拉斯支部向莫斯科本部报告进货详细情形,并请示以后处置该货之办法。如本部令其运送,则海参崴支部即将该货送至哈伐洛斯克(Harvarask),再由该处分送于指定消费地点,分配于消费者。② 此时的砖茶贸易为苏联协助会控制。"太平洋行,实为主要之输出商号。其经手输出之茶叶,均系协助会代理者。至忠信昌则为协助会之买办,其输出茶叶亦为协助会之货物,自无待言。其他华商输出之数,极其微细。吾国茶叶贸易悉操纵于外人之手,由此可见",具见表8。

表8 汉口各商号输出茶砖数量③　　　　　　(单位:担)

年份	太平洋行	忠信昌	兴商	永昌和	福生隆	长裕川	总计
1932年	134876.55	40056.41	632.40	3.90	—	—	175569.26
1933年	171031.80	—	2506.80	—	2.80	439.04	173980.44

1918年之后至1937年全面抗战爆发之前,砖茶出口的最主要市场

---

① 曾兆祥主编:《湖北近代经济贸易史料选辑(1840—1949)》,武汉:湖北省志贸易志编辑室,1984年,第31页。
② 金陵大学农学院农业经济系调查编纂:《湖北羊楼洞老青茶之生产制造及运销》,南京:金陵大学农业经济系,1936年,第35页。
③ 金陵大学农学院农业经济系调查编纂:《湖北羊楼洞老青茶之生产制造及运销》,第38页。

仍是苏联,这与砖茶贸易的产生、发展时期一样。但与砖茶贸易发展时期的最大区别是:砖茶销苏联数量比从前大为下降。以前每年销数动辄数十万担,现在最高年份也仅 20 余万担,最少年份仅有数千担,大多数年份只有 10 余万担,表明砖茶对苏贸易的严重衰落。抗日战争全面爆发后,砖茶生产基地汉口、羊楼洞遭日寇占领,砖茶生产、贸易遭受毁灭性打击,几乎不复存在。①

表9 砖茶销苏与他销数量及比重(1918—1937)②

年份	苏联市场数量(担)	比重%	其他国家数量(担)	比重%	总计数量(担)	比重%
1918 年	74641	99.3%	519	0.7%	75160	100%
1919 年	140527	98.0%	2867	2.0%	143394	100%
1920 年	8340	71.3%	3355	28.7%	11695	100%
1921 年	23359	99.2%	187	0.8%	23546	100%
1922 年	21921	96.9%	685	3.1%	22616	100%
1923 年	6450	74.9%	2163	25.1%	8613	100%
1924 年	15132	78.1%	4250	21.9%	19382	100%
1925 年	140608	99.1%	1309	0.9%	141917	100%
1926 年	134378	94.7%	7494	5.3%	141872	100%
1927 年	170718	98.6%	2430	1.4%	173148	100%
1928 年	256282	99.8%	430	0.2%	256712	100%
1929 年	242578	99.96%	95	0.04%	242673	100%
1930 年	181013	99.25%	1370	0.75%	182383	100%
1931 年	165141	99.1%	1498	0.9%	166639	100%
1932 年	211435	99.92%	164	0.08%	211599	100%
1933 年	178798	100%	17	0	178815	100%
1934 年	256138	98.8%	3130	1.2%	259268	100%

①陶德臣:《日本侵华对中国茶叶经济的消极影响》,《农业考古》2016 年第 5 期。
②陶德臣:《中国茶叶商品经济研究》,北京:军事谊文出版社,1999 年,第 301 页。

续表

年份	苏联市场数量(担)	比重%	其他国家数量(担)	比重%	总计数量(担)	比重%
1935年	188224	97.1%	5600	2.9%	193824	100%
1936年	171210	93.2%	12524	6.8%	183734	100%
1937年	169310	88.4%	22204	13.6%	191514	100%

与中俄茶叶贸易发展阶段相同,砖茶贸易是中苏茶叶贸易的主要茶类。

表10 历年苏联进口中国茶类数量及其比重(1918—1933)[①]

年份	总计数量(担)	总计比重%	红茶数量(担)	比重%	绿茶数量(担)	比重%	砖茶数量(担)	比重%
1918年	95625	100%	18657	19.51%	2327	2.43%	74641	78.06%
1919年	163792	100%	23094	14.10%	171	0.10%	140527	85.98%
1920年	11570	100%	3204	27.69%	26	0.22%	8340	72.09%
1921年	24669	100%	1234	5.00%	76	0.31%	23359	94.69%
1922年	27594	100%	5331	19.32%	342	1.24%	21921	79.44%
1923年	12064	100%	5510	45.67%	104	0.86%	6450	53.47%
1924年	53452	100%	31410	58.76%	6910	12.93%	15132	28.31%
1925年	274507	100%	115538	42.09%	18361	6.69%	140608	51.22%
1926年	222644	100%	48255	21.67%	44011	19.77%	130378	58.56%
1927年	294698	100%	57901	19.65%	66079	22.42%	170718	57.93%
1928年	349124	100%	52687	15.09%	40155	11.50%	256282	73.41%
1929年	348702	100%	65880	18.89%	40244	11.54%	242578	69.57%
1930年	221233	100%	17181	7.77%	23039	10.41%	181013	81.92%
1931年	224314	100%	29649	13.32%	29524	13.16%	165141	73.52%
1932年	230272	100%	2002	0.87%	16837	7.31%	211433	91.82%
1933年	219260	100%	23646	10.78%	16822	7.67%	178792	81.55%

[①] 吴觉农、胡浩川:《中国茶业复兴计划》,上海:商务印书馆,1935年,第100—101页。

从上表可知,此一时期苏联进口的中国茶叶中,砖茶占绝对优势。除1924年砖茶比重低至28.31%,其他各年比重均在50%以上,1921年、1932年甚至高达90%以上,分别为94.69%、91.82%。进口砖茶数量比兴盛时期大为减少,但大部分年份仍保持10余万担的水准,1928年、1929年还超过20万担,分别为256282担、242578担。当然,1918—1924年砖茶进口数量较少,年进口量只有数千担至一二万担的水准,只有1919年例外,为140527担。红茶进口数量较为平稳,一般年进口量为数万担,只有1925年较多,为115538担,1920—1923年、1932年较少,每年只有数千担。绿茶进口数量经历了由数量较少到有较快增长,再到下降的过程。

根据江海关零星统计,参证其他有关数据,综合估算,汉口平均每年茶叶输俄量大体如下:19世纪60年代近10万担,70年代约20万担,80年代上升到30余万担,90年代60余万担。20世纪初至1917年前,当在70余万担。1918—1924年,基本停顿,微不足道。1925—1937年,为30余万担。[①] 这些茶主要是砖茶。

(原载《中国社会经济史研究》2017年第3期)

---

① 张笃勤:《汉口茶输俄的几个问题》,《江汉论坛》1994年第2期。

(三)皮毛业、手工业

清末民中的河北皮毛集散市场

陈美健

皮毛业是河北省有着悠久历史的传统行业。随着商品经济的发展和对外贸易的扩大,清朝末年至民国中叶,河北省的张家口、邢台(旧名顺德)、辛集、唐县和枣强的大营、蠡县的留史六地,相继成为北方著名的皮毛集散市场,在国内外皮毛集散市场中享有盛誉。本文就它们的形成、交易和加工等情形作一概述。

一、形成原因

我国的主要皮毛产地是内蒙古、山西和西北诸省,河北省并非主要产地,而竟然有六大皮毛集散市场活跃于华北,这是什么原因呢?除去商品经济发展和对外贸易扩大等国内共有的经济形势之外,应该归结于它的地缘优势。首先,它是四朝京畿重地。自元朝至民国北洋政府的700多年间,北京一直是我国的国都,河北地区长期直隶中央政府管辖,始终是我国的首善之区。京畿重地给河北带来的第一个好处是,形成了比较便利的交通网络。元代,以大都(今北京)为中心经过河北境内的全国性的主要陆路交通干线有6条,会通河与通惠河的凿成使京杭大运河畅通无阻,又开通了天津连接江南的海运线路。到了近现代,河北境内又先后有京山、京奉、京汉、津浦、石太、京绥等铁路通过。先后修整修建了张家口至库伦(今乌兰巴托)、北京至承德、南宫至德州、天津至保定等公路。交通便利,当然有利于商业交流。京畿重地给河北带来的第二个好处是,提供了广大的需求市场。北京作为全国的政治经济文化中心,居住着为数众多的皇亲贵戚、达官显宦和巨商大贾,他们为了御寒,也为了炫耀和应酬,需要数量巨大的皮毛(尤其是珍贵皮毛)及其制品。1799年从大官僚和珅的家中抄没的各种皮衣皮帽有2700余件,各类兽皮有38300多张,就是一个明显的例证。京津得风气之先,近代以来开办的数百家皮毛工厂所需原材料,主要来自河北皮毛集散市场。河北境内驻扎着大量护卫京师的军队,从装备到运输,也需要数量可观的皮毛制品。其次,地缘优势还表现在我国最大的皮毛出口口岸天津是河北的省会。据天津海关1909年统计,当年从这里纯输出的各种毛绒共34248担,与我国其他各港口毛绒纯输出总和40128担之比为1∶1.27;纯输出各种生熟皮(内含皮衣、皮褥)5162813张,与其他各港纯输出总和11098709张之比为1∶2.15。这个口岸为河北皮毛集散市场的皮毛输出带来了便捷的条件。这种得天独厚的地缘优势是华北的身为皮毛产区的其他省份(例如山西)所没有的,这是大型皮毛集散市场能集中形成于河北的根本原因。

  同在河北境内,大型皮毛集散市场为什么形成于此而不形成于彼呢?这又与这六地的自身因素有关。张家口皮毛集散市场形成最早。它虽然地处河北省西北部太行山与燕山环抱的盆地北沿,但是在近代公路铁路建成之前已经是一个商路发达的塞北商城了。由这里出发的骆驼队有六条主要通道与各地贸易,分别可达恰克图、乌里雅苏台、包头、西北各省、山西各地和京津一带。明万历间建来远堡(今张家口上堡),开马市,这里成了蒙汉互市之所,"西北诸藩往来市易者,皆由来远堡入,南金北毳,络绎交驰,盖其盛也"①。清康熙年间,平定北部噶尔丹叛乱,废马市,开归化城(今呼和浩特)、张家口、多伦诺尔(今多伦县)等地为贸易中心点,后又允商人持"票照"(经商执照)入外蒙流动贸易。雍正五年(1727),中俄签订《恰克图条约》,以恰克图为通商之地,张家口成为中俄互市的转

---

①(清)左承业纂修:乾隆《万全县志》卷十《志余》,清乾隆十年(1745)刻本。

运站,"其内地商民至恰克图贸易者……由张家口贩运烟、茶、缎、布、杂货前往易换各色皮张、毡片等物"①。俄国入华皮毛约占入华商品总值的百分之七八十,例如乾隆四十六年(1781),180万卢布俄货中,皮毛就占117万卢布。由此可见,清代中叶的张家口已经是一个颇具规模的皮毛集散市场了。这一市场的形成,主要得益于商路沿线交通便利和当时相关政府的贸易政策。唐县地处河北省中西部山区,这个皮毛集散市场的形成缘于它是"唐皮"的产地。唐皮主要品种是山羊皮,质地坚韧柔软,毛长绒厚不脱落,色泽鲜艳,以此闻名;其猾子皮和羔角皮也因毛细色亮、花纹秀丽而走俏。邻近县份因此也将毛皮运来以"唐皮"名义销售。约于清末,这里出现了皮店。皮店以居间介绍皮毛买卖为业,它的出现是皮毛集散市场形成的标志。民国初年,有枣强人来县城开皮作坊,才开始有皮毛加工业。辛集、大营、邢台和留史四地与张家口、唐县不同,其皮毛集散市场的形成主要仰仗皮毛加工技术。辛集原为束鹿县的一个镇,在清乾隆年间已是"绵亘往来五六里,货广人稠"的"畿辅金镇"。② 当时经营的货物有14种,皮毛类占6种,其中毛皮种类少,而以自制自售的绒毡、氆氇、鞍鞴、笼头为主,可见皮毛加工在辛集皮毛集散市场形成过程中居于主导地位。大营镇隶属于枣强县,向有"皮裘之乡"之称。居民自古多业皮匠,熟皮和制裘的技术世代相传,所熟毛皮以"营皮"闻名,所缀裘衣、皮褥为特出之品③。清道光年间这里便已形成皮毛集散市场。邢台地处河北省西南部,其县城西南诸乡土地瘠薄,不宜耕种,农民为了谋生,便在农闲时鞣制毛皮,所得足以养家,吸引着更多的人投入此业。约于清同治末年开始,当地生皮不敷使用,农民们便结队赴山西、张家口、内蒙和西北各省贩运,归而出售。初为集日摆摊交易,到了光绪初年出现皮店,形成了皮毛集散市场。蠡县留史镇在冀中平原上,既非皮毛产地,也不在交通干线上,原本并无皮毛加工技术。这一带农民向来有推车串乡售货的传统。清光绪年间,留史镇邻近的李家佐村人从辛集学来制作皮条和鞭头的技

---

① (清)何秋涛:《朔方备乘》卷三十七《纪事始末一》,清光绪七年(1881)刻本。
② (清)李文耀修,张钟秀纂:乾隆《束鹿县志》卷十《物业志》,清乾隆二十七年(1762)刻本。
③ 皮褥,由熟制的毛皮缝缀成的"衣料",分两种规格:大张,长×宽＝ 4.8 尺 × 2.2 尺;小张,3.6 尺×1.8 尺。3 张褥子为一件大衣料。

术,便开始经营此业,一方面开作坊买皮张制造皮条、鞭头出售,一方面支皮摊收购猪鬃、马尾运销天津。操此业者日多,加工门类也日广,借助原有的商贩队伍形成流通,至光绪末年便形成皮毛集散市场,其时有皮店7家,这个市场原在大百尺镇,1917年水灾后转移至留史。

二、交易情况

二十世纪二十年代至日本侵入华北之前,河北六大皮毛集散市场进入空前繁荣时期,皮毛商业极为活跃。

(一)交易机构和经营方式

皮毛集散市场实现"集"与"散"功能的机构是皮毛商贩、皮毛店和皮毛客户。

皮毛商贩。他们担负着部分生皮收购和部分皮毛成品销售的长距离贩运任务。依照经营资本、行经路线和专职程度的不同,可以粗略分为四类。第一类是农民贩运队。他们大多是没有资本的农民,在农闲之时,向皮店借贷现款,购买布匹、茶叶、糖、烟、火柴等日用杂品,或骑骡马,或相伴步行,成群结队赴山西、陕西、蒙古等地,用"以物易物"方式换回各类皮毛,然后交皮店代销,所得款扣除本息和佣金,尚有余利,可以贴补家用。农民贩运队主要为邢台、辛集、唐县、留史、大营市场服务。操此业者为本地和周边县份的农民;邢台农民尤其多,极盛时达3万余人。农民贩运队或于秋后农暇登程,至十、冬月归来,或于年底登程,至翌年三月归来。他们"斩荆棘,披霜露,历经崇山峻岭、深沟巨壑,深入西北荒凉之区。因缺乏井水,尝以雪水煮饭,艰难苦况,可以想见;因受风霜寒冻,匪盗抢劫而丧命者,颇不乏人"①。换得皮毛,近者由骡马或人力运回,远者由邮局运回,或由转运公司代运。第二类是旅蒙商。这是一支活跃在张家口至内外蒙古草原上的长途贩运队伍。他们以牛车、骆驼装载砖茶、糖果、布匹、生烟、蒙靴、鞍鞴等日用品,走浩特(村落),串牧场,用以物易物方式(以张家口的物价为基础,日用品价增一倍,皮毛畜价减一半)换回皮

---

① 《顺德皮毛业概况》,载河北省国货陈列馆《国货年刊》,1934年6月。

毛、药材和牲畜。他们春去秋回，或秋去春回。每当商队满载而归时，车畜首尾相接绵亘数里，大境门外灯火通明，皮毛堆积如山。旅蒙商依资本多寡和路途远近的不同，又可分为三小类：(1)旅蒙商行(俗称"外馆")。这是专门从事外蒙贸易的传统商行，集中在大境门外西沟一带，1918年张家口与库伦(今乌兰巴托)通车后有300多家，平均资本为2000两纹银，一般在恰克图、库伦设有分号，运输方面，除租用汽车外，还雇用驼店的骆驼和老倌车队的牛车；在3200里张库公路上，常年2000多辆牛车和6000多头骆驼往返运输，一派繁忙。他们除物物相易之外，还可通过银行汇兑进行现金交易。商行的人事组成略同一般皮店(详于下文)，所不同的是另设"经理"一职掌握经营大权，掌柜仅相当于大伙计之职；在外从事推销和采购的人员称为"外路"。旅蒙商行按籍贯不同，又分为晋帮(山西人)和京帮(河北人)。(2)碎销铺。这是专门走串内蒙草原各旗的中等商户，又称"小内蒙商"，约有千余户。(3)货郎帽。这是张家口附近诸县串内蒙草原的小个体商贩。自己养牛自己赶车，专销蒙靴布匹杂货，其数有数百户。第三类是皮车贩。这是一有少量固定资本的常年经营者，以推独轮车专贩鞭头、鞭鞘、车马挽具和收购皮毛而得名。他们的贩运路途，近者在皮毛市场周边县份，远者至山西、山东、河南一带。蠡县、博野县操此业者最多，极盛时有1200多户。第四类是大贩。这是资本较大的皮贩，他们亲赴产地，住在包头、兰州等商业城镇，委托当地商店买毛皮，为通过银行(号)汇兑的现金交易，以免交通阻隔、盗匪抢劫之祸。贩运方式，大半由邮局或转运公司寄回，临铁路者交由铁路托运。人数不详。

皮毛商店。包括皮店、毛店和熟皮店三种：皮店专营生皮(有的也兼营兽毛)；毛店专营兽毛；熟皮店专营经过鞣制加工、缝缀的皮货，也叫皮货店。辛集的生皮庄(店)又细分为牛皮庄、羊皮庄、羔角庄、骡马驴皮庄、小皮(珍贵毛皮)庄。张家口的熟皮店又有细别，有专营珍贵毛皮的细皮行，有专营老羊皮袄、山羊皮褥的老羊皮行，有专营香牛皮、法蓝皮的皮革行。邢台、留史、唐县三地只一般地分为生皮店和熟皮店。大营市场的特点是买"生"卖"熟"，因此只有熟皮店，专卖皮衣、皮褥，而不经营生皮。在市场空前繁荣时期，即二十世纪二十年代至三十年代中期，留史有皮店6家、货栈10家,唐县有皮店30多家、熟皮店47家,大营镇有熟皮店约80家,辛集有皮店120多家、熟皮店37家,邢台有皮店72家、熟皮店15家,张家口有生熟皮行(店)200多家、毛行约9家(旅蒙商行不计在内)。皮毛店的人事组成一般为:(1)东家——出资开店的人,通常不直接参加经营,只按一定比例提取盈利分红;(2)掌柜——由东家聘用的最高经营责任者,除得到应有的工资外,还可以得到一定比例的盈利分红,也有自东自掌的;(3)伙计——商店的业务骨干,除领工资外,一般也享有盈利分红,伙计依工作年限长短又有大伙计、小伙计之别;(4)学徒——年轻的实习生,为本店提供杂役服务,不领工资,食宿由店里包,年终只得到数元慰劳费。皮毛店的经营方式有两种:一种是居间介绍,收取佣金,由买卖双方分别按交易金额的3%和2%付给(俗称"内二外三"),张家口一带也有各按2%付给的,这是生皮店和毛店的主要收入,熟皮店的次要收入;另一种是直接买卖皮毛,盈亏自负,这是熟皮店的主要收入,生皮店、毛店的次要收入。此外,资本小的熟皮店还自办加工业,前店后作坊,自制自售。为了做好买卖,大的皮毛商店一般采取以下措施:(1)让本店职员(学徒除外)吃股份,通常称为"人股"或"身股",某职某人吃几厘股由东家决定,有股份的年终可以从盈利中分红,东家以此调动职工经营的积极性;(2)招待客商,大皮毛商店都设有客房,免费(或部分免费)招待客商;(3)借贷资金,生皮店对于可靠的商贩允许借给资金,让其外出采购皮毛,回来时为其代销,收回本息和佣金,熟皮店则以生皮、黄米面贷给熟皮作坊,然后为其代销熟好的皮货收回本息和佣金,二者利息都低于银行钱,有的还免息;(4)讲究信誉,在代销过程中绝对不做货次充好和卖贵报贱的蠢事,否则信誉扫地,自取倒闭。

  客户。指在皮毛集散市场中买货数量较大的商人或用户。客户大致有三类。第一类是京津和省内的皮毛加工厂派来的采购人员。据不完全统计,二十世纪二三十年代,北平(京)有制革厂130多家、皮帽厂约60家,天津有地毯厂50多家、制革厂60多家,河北省内灵寿、钜鹿、迁安等11个县有制革厂86家,徐水、遵化、昌黎等10县有裘皮厂180多家,固安、钜鹿、深县等9县有毡毯厂109家,这些厂家的皮毛原料主要或部分来自六大皮毛市场。此外,六大市场所在地的加工业所需皮毛的数量也十分可观,例如张家口每年留本地加工的毛皮有540万张、毛绒有500万斤。第二类是欧美日各国驻华皮毛商行的代表。二十世纪二三十年代,京津两地有专营皮毛的洋行数十家,例如天津有英国洋行怡和、平和、聚利、永丰、隆茂、美丰等,有美国洋行新泰兴、慎昌、洋美等,有德国洋行礼和、郝美最时、禅臣等,有日本洋行大仓、三并、九思等,有俄国洋行华利、永发、古宝财等。其中有的在河北皮毛市场设有分行,例如在邢台设分行的有怡和、新泰兴、聚利、古宝财、平和等10余家,在张家口设分行的有怡和、礼和、仁记、三井等44家。此外,有的洋行在各市场派驻代表,随时收购。张、宣(化)两处,洋行还深入花梢营、深井等皮毛加工专业村收购。各市场出口的皮毛品种各有侧重,例如张家口每年有狐皮12万张、狼皮9万张、毛绒800万斤、羊皮褥子60万条、猪鬃30万斤出口;辛集的皮袄、毛毡、寒羊皮、牛皮革大量出口;大营每月有15万条细皮褥子出口;邢台每年产约12万件獭皮褂输往英、美、德;到留史的俄、德、法商人,主要采购熟制的狗皮,犹太商人收购黄鼬皮,加拿大商人收购羔角皮;到邢台的外商收购灰鼠皮、貂皮、猞猁皮、扫雪皮;到唐县的外商,为购唐皮。第三类是我国各地的皮毛商。他们与河北六大皮毛市场分别建有比较固定的业务关系,例如在二三年代,张家口每年有1万多件皮袄皮褥销往鲁、晋两省,约3万多件细毛皮袄销往天津、沪、汉、穗等大城市;邢台每年有老羊皮袍褂约8万件销往鲁、赣及本省,有滩皮袍6千件销北平(京)、江苏,有羔皮袄10万件销汉口、九江、上海、浙江、山东,有腋狐皮2万余张和大小毛滩皮3万余张销往北平(京),有羊毛224万余斤输送天津副地毯;大营每年有羊皮68万斤输往天津、济南、南京,有狗皮84万斤输往天津、上海;辛集每年有牛皮100万斤输往天津,有斜皮2万斤输往北平(京)、天津、张家口,如此等等。

(二)聚集的特点

河北皮毛集散市场聚散过程中所表现出来的特点是品种多、数量大和地域广。

品种多。所聚散的皮毛品种总分为皮子和毛绒两大类。皮子又可分为生货和熟货两类。生货包括粗皮、细皮两种。粗皮有牛皮、山羊皮、绵羊皮(又称老羊皮)、骡马驴皮、骆驼皮、狗皮、猪皮。山羊皮又有山羊板皮(每年八至十月宰杀之山羊皮,毛稀无绒宜制革)和羊绒皮(每年十月以后宰杀之山羊皮,毛长绒厚宜取暖)之分。细皮有貂皮、獭皮、獾皮、狐皮、狼皮、灰鼠(松鼠的一种)皮、银鼠(鼬科中最小的一种,冬季全身洁白)皮、黄鼬皮、狸子皮、扫雪(榉貂)皮、麝鼠皮、虎豹皮、猫皮、兔皮(俗称天马皮)、生羔(绵羊羔)皮、猾子皮(出生头三个月的小山羊之皮)、猾流皮(怀胎未满六个月的小山羊之皮)、羔叉皮(怀胎未满四五个月的小绵羊皮)、猾流皮(流产之小山羊皮)、羔流皮(流产之小绵羊皮)、滩羊皮(宁夏花马盐池旁有草滩,当地羊吃了该滩之草,羊皮极佳)、黄羊皮等,应有尽有。熟货指经市场作场鞣制加工的各种粗细毛皮及其制品,如皮袄、皮裤、皮统、皮褂和各种皮革、皮革制品等。毛绒也分生、熟货。生货有羊毛、羊绒、驼毛、驼绒、猪鬃、马鬃、马尾等。熟货是指兽毛的制成品,如毡毯、毡垫、毡帽、毡袜、毡靴等。

数量大。皮毛聚散之数量,已无完整的资料可据,但是从一些零星记载和调查中,我们仍然可以看出那是一个不小的数字。1949年张家口商会《张垣皮毛业调查》中载,1925—1929年是张家口皮毛业最兴旺的年代,当时每年输入羔皮300万张、老羊皮150万张、山羊皮100万张、灰鼠皮50万张、狐皮20万张、狼皮10万张、猾子皮50万张、牛皮150万张、马皮9万张、羊毛900万斤、羊绒20万斤、驼绒150万斤、猪鬃30万斤。其中每年由绥蒙各地输入皮毛数额总在一万三千万元左右。从蒙古输入之牛羊驴马皮价在5千万元以上。[①]以上皮毛,其中羔皮40%原货输出,60%留本市加工后运销各大城市;粗皮全部加工销往农村;狼、狐、灰鼠皮80%—90%原货经天津出口;牛皮、马皮30%留张市制革,其他大部分制成蒙靴返销外蒙古;毛绒80%出口,15%加工后输天津,5%销本市,猪鬃99%经天津出口。1909年顺德商务第一分会在《报告津京两市对本地洋货出口土货出口及商务发达影响文》中载,每年输入邢台黑山羊皮35万—36万张,白老羊皮20余万张,腋狐皮2万余张,大小毛滩皮15万—16万张,黑獭皮140万—150万张,绒毛1000万斤;每年输出白老羊皮

---

① 陆庆:《察绥对蒙贸易》,《中国实业》1935年第1卷第6期。

袍、马褂7万—8万件,大小毛滩皮袍5000—6000件,黑獭皮马褂11万—12万件。1926年《中外经济周刊》第191号所刊《邢台县之经济状况》一文记载,邢台每年输出羊毛224万斤、皮袄10万件以上、各种羊皮1000余吨、牛马驴骡等皮各1万张以上,其他如狸子皮、猫皮、兔皮、狗皮、狼皮、豹皮以及马尾、猪鬃等亦不少。

地域广。河北六大皮毛市场皮毛聚集的来源,主要在华北和西北皮毛产区。详细的全部地点已失记。我们从1937年3月出版的《中国通邮地方物产志》中看到,与河北六大皮毛集散市场有皮毛贸易关系的通邮的皮毛产地共有6省69处,其中内蒙11处、山西30处、陕西6处、宁夏6处、甘肃14处、青海2处。此外,还从一些文章的零星记载中看到,西北诸省的不通邮地方、省内各县、东北三省以及南方的一些省份,也供给一定数量的皮毛。前面已提到,在俄国十月革命之前,其东部的皮毛曾经经过恰克图输入张家口;外蒙在1929年的中东铁路事件发生之前,曾是张家口的主要货源。河北六大市场皮毛分散的去向,几乎遍及全国,还远达国外。

三、加工的情况

河北省的皮毛加工是传统的手工方法,因此我们所说的加工系统也是以手工加工为基础的,不是机械化生产。它们的加工系统,是完整或相对完整的,又各自具有加工特色。

(一)加工系统

毛加工系统包括纵向和横向两个方面,纵向是指从皮子鞣制到下脚料综合利用,横向是指各种皮制品和毛制品的生产。河北六大皮毛集散市场中,张家口、辛集、邢台三处不论在纵向加工还是横向加工方面都是完整的;其余三处在纵向方面是完整的,而在横向方面则各有不足,故而称之为"相对完整"。这里,将糅合六处的情况,综合介绍皮毛加工系统。

皮毛加工可分为细皮业、粗皮业和制革业三大行业。细皮业是指对珍贵皮毛的加工,生毛皮一般由泡皮作场鞣制。传统的鞣制方法是:分下缸、铲皮、洗皮、晒皮4个阶段。每年农历三月至八月,将生毛皮用皂荚水刷净,浸泡入按一定比例的食盐、黄米面、皮硝之混合液中,每天翻动以免黄米面凝块,浸泡数日后取出,铲去皮面的残肉,再用皂荚水冲刷干净,然后将皮伸展开晾晒,即成熟皮张。熟制的细皮经皮裘作坊裁剪缝缀,就成为高档的皮袄、皮褂、皮褥、皮领等。粗皮业由老羊行经营,它以绵羊皮、山羊皮为材料,自泡自缝,成品为羊皮袄、羊皮裤、羊皮褥等。制革业是将生皮张去毛后加工成皮革制品的行业,以牛、马、羊、骡、驴、骆驼的皮张为材料。一般细分为白皮行、黑皮行和制革行三种。白皮行的生产单位是皮条铺,主要产品是鞭头、皮条、鞭鞘和笼头等车马挽具。黑皮行的生产单位是黑皮坊。制作熏底皮、切子皮、股子皮、香牛皮、臭油皮、法蓝皮等,再由蒙靴铺制蒙靴,由鞋厂生产出皮鞋,由皮件厂生产出皮箱、皮包、皮带、枪套等。制革行的生产单位是鞴铺(或称"皮厂"),它生产透油鞴片,再经花鞴作坊加工成"花鞴"销售(花鞴是垫在马鞍子下面的东西)。皮毛在鞣制和精加工过程中的下脚料,都得到综合利用,如骨渣、肉渣做肥料,残脂用以制蜡和制皂,驴皮渣用以熬阿胶。一般皮渣用以制水胶,捋下剪下的毛绒用以纺绒和制毡,铲下的带毛薄皮用以制牲口套绳,梳鬃剩下的猪毛用以纺线,可编织绳或口袋,通常都有专门作场分别完成这些工作;毛皮的边角料也被拼缝为成品。兽毛加工有两个行业:制毡业和梳鬃业。制毡的工序有五道:拣毛、弹毛、制坯、洗毡与晾晒,即将同类兽毛按颜色、粗细毛分开后,以弹毛弓弹松,然后一层层铺毛、洒水、洒麻饼面而制成毡坯,再将坯冲压使实,晒干。梳鬃的工序是:浸湿猪鬃,用线梳使鬃与毛分开,然后按长短(从2寸至6寸分成等差的17个级别)分别装箱,再按规定组套。

二十世纪二三十年代皮毛加工业的户数、从业人数和产量产值等,大体如下。张家口:泡皮行10多户;裘皮业360户,25000人,约年产皮衣105000件;粗皮业96户,27000人,约年产皮衣皮裤11万件;白皮业12户,140人,年用白皮2000张;黑皮业56户,560人,年购皮54000张,销80%;蒙靴业80户,1600人,年产蒙靴20万双,马褂15000条,其宣化区有皮作场64户,5600人,年产羊皮褥子60万条,有泡皮作场64家,年熟山羊皮、起青皮40多万张;有毡场24户,年制毡帽70万顶、毡鞋子3000双、毡条400条。邢台:城乡熟皮作坊400家,3000人,缝缀皮袄皮褥的城乡妇女约 40000 人；毡毯业 7 户，89 人，年产毡毯 587 件。辛集：皮毛加工 10 个行业 361 户，常业人员万余人，临时雇佣的捣皮、捣毛工人 6200 多人，各专业村皮毛加工者 13000 多人；大营：皮裘作坊 150 多家，1800 多人，四乡缝纫之妇女数千人，年产珍贵皮毛褥子约 170 万条。留史：裘皮业 85 户，569 人，年产皮桶子 5000 多件；鞭头业 60 户，年产 39000 个；鞭鞘业 12 户，年产 840 万根。唐县：熟皮坊 16 家，年熟皮 5 万多张。

（二）不同的加工特色

河北六大皮毛市场得以名扬天下，同它们各有不同的加工特色不无关系。张家口早在清嘉庆年间就因善于制作香牛皮、臭牛皮而吸引归化（今呼和浩特）商家来料加工；这里鞣制的山羊皮、羔皮工艺精细，皮板洁白，舒展富弹性，皮毛丰满柔软有光泽，以"口皮""口羔"之专名著称于世；蒙靴业、鞍鞯业是这里的特有行业，产品大量返销内外蒙古；它所辖的宣化区以加工山羊皮褥子为优势，又以鞣制山羊皮、起青皮著称。辛集的独特行业是以牛、马、驴、狗的皮张加工黑、绿、白三种股子皮（又称斜皮），产品供张家口制作蒙靴；它的制革行十分发达，能生产数百种车马挽具，形成了专业村。邢台最善于熟制各种羊皮，每年有数十万张滩羊皮、黑山羊皮输入，熟制后转运北京、天津深加工；其裘皮制品以滩羊皮袄、黑獭皮马褂著称。大营以鞣制各种珍贵皮毛为特长，又首创以羊和狐的头、嗉、脊、腿的皮缝制裘衣和皮褥子，其特点是质轻毛短，外观明净透亮，专供出口。

（原载《中国社会经济史研究》1996 年第 3 期）

近代察哈尔地区毛皮加工业发展概况[①]

史玉发[②]

张家口在历史上被誉为"皮都",可见毛皮加工业是近代察哈尔地区的最具有地方特色与民族特色的轻工业,也是最主要的轻工业部门,故本文予以专门阐述。毛皮加工业又细分为皮袄业、粗皮业、白皮业和制革业等。皮革制品又分为蒙靴、鞍鞯等。[③]

察哈尔地区的毛皮加工业历史久远,已具备熟练技艺和相当生产规模。清朝建立后,张家口逐步形成由军事营堡向商业市镇过渡,清乾隆年间张家口上、下堡及永丰堡一带,从事毛皮加工业的居民甚多,因永丰堡水母宫的水质较硬,皮张经水浸溶,靴制极佳,故有"上下堡皮行,亦厘有赖焉,羔羊之皮濯以清泉"的记载。张家口毛皮业的兴起是旅蒙业发展和对蒙及对俄贸易商埠形成的必然结果,也是张家口人的商业精神得以发扬光大的具体体现。以物易物中换回来的主要货物是皮张和绒毛。经二

[①]本文节选自作者硕士学位论文《近代察哈尔地区手工业、工业发展状况初探(1840—1952)》,内蒙古大学,2010年6月。标题有改动。
[②]史玉发,内蒙古大学中国近现代史专业硕士研究生。
[③]张家口政协文史资料研究委员会:《张家口文史资料》第13辑《工商史料专辑》,1988年4月,第4页。

百多年旅蒙业做买卖熏陶的张家口人自然看准了毛皮加工制造业的发展优势,大批的手工业作坊和商店钱铺便应运而生。其时张家口的毛皮对外贸易亦出现。1860年清政府与沙皇俄国签订《北京条约》的续约,俄国商人开始在张家口出现。《万全县志》记载:"清之中叶,商贾辐辏,市面繁荣,殷实商号麇集市圈,光绪二十八年俄国条约,大境门外元宝山开为通商场,遂以陆路大商埠。"毛皮贸易日益繁荣,"天下名裘"经此输往海内,四方皮市在此易价交易,"皮都"已具规模。京张铁路和张库公路修成后,张家口与库伦通商日繁一日,毛皮贸易达到鼎盛时期,年贸易额最高达白银一亿五千万两。八国联军大举入侵中国以后,派人到张家口开皮庄、皮局,掠夺皮毛资源。

清中、后期,蔚州(蔚县)有大小毛皮作坊、店铺字号"达170多家。从业人员约5000多人"。[1] 蔚州毛皮业在历史上之所以兴旺发达,除工艺技术外,还有一套很好的管理制度,如学艺过程:"当年只准其缝皮或做杂活,次年拜师,随师上案裁活(报酬归师傅所有),第三年正式跟班生产;出徒后,由师傅、掌柜的商定安排适当活计。每个作坊,均由掌柜的安排一名负责人,被称为案头。凡在一个作坊从事皮毛生产者,每天到时随案头依次进入作坊,开始做活。每日所做成品,均在下班前,由案头仔细验收,达到标准的产品,均一一打印,而后交货入库。"[2] 蔚州毛皮业在张垣及京、津、沪等地享有极高声誉,其货远销国内外,成为塞外皮都(张家口)的重要皮货加工基地。

1916年察哈尔地区共有皮毛类制造户数87户,职工92498人,总产量73173件另加3250斤,总价值169702元。(见表1)

[1] 张家口政协文史资料研究委员会:《张家口文史资料》第13辑《工商史料专辑》,第75页。
[2] 张家口政协文史资料研究委员会:《张家口文史资料》第13辑《工商史料专辑》,第76页。

表1 中华民国五年(1916)察哈尔地区皮毛业年产量产值统计

类别		制造户数	职工数		数量(件)	价额(元)
			男	女		
皮革类	总计	87	92498		73173(另加3250斤)	169702
	上等兽皮				1235	6250
	普通兽皮				10032	16075
	牛革				12807(另加2105斤)	66348
	马革				6773(另加1145斤)	20052
	其他				42326	60977

资料来源:农商部总务厅统计科编:《中华民国五年第五次农商统计表》,上海:中华书局,1919年,第348—350页。

1917年俄国十月革命后,又进行三年反武装干涉战争,经济萧条,导致香牛马皮①来源断绝,日商乘机而起,张家口的各日本商店,皆以售熟皮及收生皮为主要营业。1919年,因胶济铁路交涉问题,导致第一次抵制日货之声起,张家口才开始有华人投资设立香牛皮工厂,"初则一二家,后则增至十余家,除制香牛马皮外,尚能制各种箱匣及提包等。自华人皮工厂设立,而日商生意则减色,近则售收不能,皆改营他业矣"。② 华人自制的皮革,因需求量大,价格也随之增高。1925年以来熟皮每张已由13两增至30两左右。

1925年输入张家口"各种皮张839万张,其中羔羊毛300万张,老羊皮150万张,山羊皮100万张,灰鼠皮50万张,狐狸皮20万张,狼皮10万张,獾子皮50万张,牛皮150万张,马皮9万张。毛皮(含鬃)1100万斤,其中羊毛900万斤,羊绒20万斤,驼毛150万斤,猪鬃30万斤"。③ 生皮输出量3680余吨,熟皮输出约900吨。"倘再者人能乘时势所需,组设大规模之皮工厂,则西北方随之营业发展,将来不可限量。"④

---

①当欧战前,凡蒙古人之皮靴材料,尽得自俄国,名曰香牛皮、香马皮。
②彭泽益编:《中国近代手工业史资料:1840—1949》(第3卷),北京:生活·读书·新知三联书店,1957年,第121—122页。
③张家口政协文史资料研究委员会:《张家口文史资料》第13辑《工商史料专辑》,第3页。
④彭泽益编:《中国近代手工业史资料:1840—1949》(第3卷),第121—122页。

1926年,皮毛行业急转直下,由盛转衰,皮坊仅剩38家,且产品大量积压。由于皮毛行业盲目扩展,采购原料,使生皮价格猛涨,成本增高;国内军阀混战,张作霖、吴佩孚、冯玉祥开战,使南口火车不通,产品不能及时外运,国内市场销售受到限制。①

1933年据张家口商会调查张家口经营皮货的主要有裘皮业、粗皮业、旅蒙皮毛业,"生产皮业4个公会,共347家,年营业额为517.2万元(银元)"。②

1935年毛皮、牧畜交易业发展到496家,营业额总计622.47万元(银元),占全市商会各业营业总额的26%。③

到抗日战争全面爆发前夕,在张家口设立的外国公司,就有40多家,那时候上堡、下堡和桥东联成一片,初具中等城市规模。

1936年察哈尔地区有规模较大的民营制皮业家,资本总额为90535元,全年出产各类皮货总值353000元。可谓兴盛。(见表2)

表2 察哈尔省各县民营制皮业状况统计表(1936年)

所在地	家数	资本总额(元)	全年出品 种类	数量	总值(元)	销场	全年所需原料 种类	数量	总值(元)	来源	工人数
张家口	28	4100	皮靴	45000双	180000	蒙古	牛皮	5600张	89600	蒙古	150
宣化	26	52000	熟山羊皮	30000张	90000	天津	羊皮	30000张	70000	张家口本县	510
蔚县	3	18235	羊皮衣料	4500件	67500	张家口本县	羊皮	32000张	3634	张家口本县	87
阳原	2	10000	羊皮衣料	3000件	12000	平津	羊皮	10000张	9000	本县	26

①张家口政协文史资料研究委员会:《张家口文史资料》第13辑《工商史料专辑》,第66页。
②张家口市地方志编纂委员会编:《张家口市志》,北京:中国对外翻译出版公司,1998年,第531页。
③张家口政协文史资料研究委员会:《张家口文史资料》第13辑《工商史料专辑》,第5页。

续表

所在地	家数	资本总额（元）	全年出品 种类	全年出品 数量	全年出品 总值（元）	销场	全年所需原料 种类	全年所需原料 数量	全年所需原料 总值（元）	来源	工人数
赤城	6	6000	羊皮衣料	300件	1500	本县	羊皮	650张	1000	沽源宝昌	28
宝昌	2	200	羊皮衣料	400件	2000	本县	羊皮	2000张	1400	本县	8

资料来源：《中国经济年鉴》（第三编）第二十章《边疆经济》，上海：商务印书馆，1936年10月，第15—17页。

1937年"七七"事变，张家口被日军侵占后，敌伪对牲畜的摧残导致皮毛产量随之减少。敌伪对"皮都"的毛皮资源大肆掠夺，对皮毛业加以管制，在张垣有三井洋行之皮毛组合统治收买，在内蒙委托其特务机关大蒙公司收买，不得售与其他商人。张家口原为皮市，经此统制，皮商全部倒闭。①"私人皮毛业者有的改业，有的转入暗地交易"，②张市皮毛业陷入萧条。1937年张垣市有"皮裘业174户，粗皮业64户，生皮业50户，羊皮业89户，皮靴业55户，全年产各种皮袄、皮裤505000件，皮革3万张，皮条7万斤，皮靴384000双。输出各种皮袄裤465000件，皮革15000张，皮条5万斤，皮靴335000双"。③ 1941年万全县有"皮毛业2户，工人2名，资金折合小米2000斤，产值56元"。④

1947年运进张家口的皮毛仅为1926年以前的3%至6%，输入各种皮635000张，各种毛100万斤。输出到平津的各种皮32万张，各种毛90万斤。本地需各种皮315000张，各种毛10万斤。⑤ 1947年张家口有"皮裘业89户，制革业29户，粗皮业9户，皮靴业39户，年产各种皮袄裤

---

①彭泽益编：《中国近代手工业史资料：1840—1949》（第2卷），第452—453页。
②张家口政协文史资料研究委员会：《张家口文史资料》第13辑《工商史料专辑》，第6页。
③张家口政协文史资料研究委员会：《张家口文史资料》第13辑《工商史料专辑》，第7—8页。
④万全县政协文史编委会：《万全文史资料》第2辑，1988年，第24页。
⑤张家口政协文史资料研究委员会：《张家口文史资料》第13辑《工商史料专辑》，第6页。

21393件,皮革6000张,皮条15000斤,蒙靴1440双。输出各种皮袄裤5760件,蒙靴1240双"①。与1937年相比不啻霄壤。

1949年10月,中国人民解放军总后勤部决定把华北军区皮毛厂迁到张家口,定名为中国人民解放军总后勤部华北军区军需生产管理部所属407工厂,建厂初期该厂职工人数最高达2500人,主要鞣制绵羊皮,裁制各种军大衣、地勤工作服等军需防寒用品,是华北军区的主要毛皮工业企业,为张家口毛皮加工业的发展奠定了基础。与之同时,张家口的毛皮皮革行业得到迅速恢复和发展,停业歇业的私营作坊重新开业,至1950年12月张家口地区"皮毛业开业201户,从业人员1080人,资金292973元,其中裘皮业70户,从业人员625人,资金109427元"②。

一、毛皮鞣制业

(一)毛皮鞣制

鞣制是皮毛行业的基础工序,鞣制质量的高低,直接影响着毛皮制品的质量。解放初期张家口市毛皮行业鞣制绵羊皮工艺,仍沿用传统硝面鞣制艺。鞣制皮毛均由皮匠行来完成。

皮匠行分粗行与细行:(1)粗皮行专用山羊及绵羊皮制成袄裤及皮褥。山羊皮多来自张家口、绥远,宣化县产量不多,绵羊皮以内外蒙古所产为良,土货次之。(2)细皮行专用羔皮制成袍褂。细皮行多从乡间收买生皮,尽管品质不良,也不进口外货。

解放前,毛皮行业大多是露天作业,没有正式厂房,产皮、磨里用大铲,洗皮鞣制用的是大缸、大池,用手拽、脚踩,还沿用着"一把大铲一把刀,泡洗鞣磨累断腰"的传统操作方法。粗细两行做工程序大致相仿,铲皮、熟皮、裁皮、制衣为工匠职务,洗衣、拔毛、剔绒为学徒职务,至于两行不同之点"则细行无须拔毛剔绒,而粗行无须洗毛漂白"③。

---

① 张家口政协文史资料研究委员会:《张家口文史资料》第13辑《工商史料专辑》,第7—8页。
② 张家口市地方志编纂委员会编:《张家口市志》,第531页。
③ 陈继曾、陈时隽修,郭维城纂:《宣化县新志》卷五《实业志》,民国十一年(1922)铅印本。

制皮手续极繁,"大概用高粱梢制之刷,蘸水洗涮生皮之里面,使其湿润,敷以细砂,俾皮里之内与砂粘合,然后以铁制铲刀铲去其肉渣,以铁抓梳剔毛上之泥土,再以细竹竿振之,则泥土悉落,又入水中洗濯数次,使其表里所含不洁之物尽行洗去,然后将皮浸入木缸,行鞣制法,鞣材为皮硝粟米等物,皮浸缸内十日到十五日后,取出以两人牵之,用力摆动,使毛皮上所粘米粒悉行脱下,毛亦为之展开,此外尚有晒、刮暨整理毛片等工作,均以手工及精简之工具为之"。[1] 抓毛是将干皮拴疙瘩吊起,用木板敲打后,再用铁抓子梳抓;闷皮、洗皮是在永丰堡水母宫处水池中泡,洗皮用皂角水,用脚踩,春秋季节,水温低,条件极为艰苦;铲皮用大板铲,前面的刀口带弯,铲皮工由于前胸往下压,故胸前都出现血印,手指呈宽偏型,且铲皮效率低。

皮毛行业是用手工操作的又脏又累而十分艰苦的行业,过去称皮坊是"臭皮坊",皮坊里的工人叫"毛毛匠"。皮匠行"营业备极勤苦,饭食粗糙,工作笨重,口北居民除蔚县人而外,他县人鲜能忍受,故皮匠悉为蔚县人,大作坊有皮匠百人,少亦四五十人,自立春起至秋分闭缸,粗细两行工匠工资均无一定,按件计算,不过亦有最低限度,每日若愿余外多作,即可多得工资,平均每月可得大洋四五元,饭由柜上供给,每晚有酒资五枚,学徒无工资,年终酌给酬劳费约宣钱二三十吊不等"。

鞣制皮工人工作辛苦、时间长,每年做工七个月至九个月;工资低,工资大工每年50余串,小工每年30余串(见表3)。还有明确分工,大工管制皮、铲皮、裁皮等,小工管洗皮、剔毛等。

表3 历年皮工工资比较(以月计,单位:串)

年份	1891—1920	1921—1922	1923	1924	1925
铲皮工	15	21	36	36	51
裁皮工	18	24	39	39	54
小工人	1	6	12	21	36

资料来源:彭泽益编:《中国近代手工业史资料:1840—1949》(第3卷),第335页。

---

[1] 彭泽益编:《中国近代手工业史资料:1840—1949》(第3卷),第121—122页。

1951年初由关南带来了一批皮毛工人,同时带来一种小型铲,效率有所提高。面缸鞣制分四组,日产4000张,每池3人,水温近50℃,用皮或麻袋片包住脚,下池踩,每夜踩4—5次。1951年周殿甲由乌兰巴托回到张家口市,提出用浸酸鞣皮代替黄米面鞣皮,初试后发现此法虽可行,但皮板不耐水洗。1952年田德宝由北京到张家口市皮毛厂,起用刷铬鞣皮。

我们以刘子厚的从业经历来具体叙述从事皮匠行业的辛苦。刘子厚(1903—1996),蔚县人,1917年14岁从蔚县来宣化"世顺长"皮坊学徒时,先得过三年给掌柜提茶壶、斟酒壶、倒夜壶的"三把壶"生活。这三年学徒期间,柜上只管吃饭、不发工资,三年学徒期满后,每年只挣九小吊钱的工资,收入十分微薄,只能购买一些生活日用品,年终掌柜的给每个工人发一份"喜钱"(红包),其数额也仅相当于一个工人的月工资。这点钱刘子厚都托人带回蔚县老家,孝敬自己的父母。在这期间他刻苦学习知识,掌握技术。那时还没有电灯,每天晚上都点小煤油灯学习写字、记账、画苏州码,后来又学会了修理皮子(将皮子上不适合的部分裁剪下来,另作别用),识别皮货的产地、成色等业务知识。掌握了这些业务技术之后,从1930年开始,又到宣化"世顺隆"皮坊当采购员,由于他勤奋好学,钻研业务,为人忠实可靠,办事讲究信誉,在包头、呼和浩特等皮毛产地交了不少朋友,联系了不少业务关系,为他以后开展业务奠定了良好的基础。"世顺隆"东家对刘子厚也颇为器重,开始让他顶上生意。最先顶六厘股,后来顶到九厘股。由于当时正逢军阀混战,京张铁路火车不通,皮货产品不能及时外运,因而国内市场销售受到了限制,"世顺隆"皮坊的业务也衰落下来。1935年,刘子厚又转到"恒元长"皮坊领东顶九厘生意,并当上经理,收入逐渐增加。另一方面他在生活中精打细算,省吃俭用,从不胡花乱用,自己积累了一些资金。日本投降后,刘子厚伙同王延年、刘彦杰等人开办了"德厚昌"皮坊,由他担任经理,王延年任副经理,直到参加公私合营,筹建前进饭店。解放后宣化市政府对刘子厚的"德厚昌"皮坊也给予大力支持,银行多次贷款扶持他发展生产,政府经常举办物资交流大会,协助他推销产品,刘子厚对此极为感激,对党和政府有了初步的认识。①

(二) 宣化县制皮业

宣化县的皮毛来源甚近,1909年京张铁路通车后,宣化就形成察南地区皮毛产品的集散地,故制皮业以宣化县最为发达。宣化粗皮行的历史,起于清咸丰年间,最初仅制作皮褥,行销本地,1882年开始有上海的洋行来收买粗皮,到1891年在天津方面亦渐有贸易,"然而当时皮行仍不满10家,至1893年销路渐盛,突然增至20余家,1915年又增为50余家;中间受一战影响,销路停滞,歇业者多。但1916、1917年两年又增至33家,从业人员达1500余人,年产山羊皮20万张"。② 1918年,宣化普泰祥等数家皮坊生产的山羊皮褥子和羊拔绒皮(即现在的羊剪绒皮革),远销英国、美国、法国等世界各地,每年出口总量约30万条,在国际市场上享有一定的盛名,同时在国内京、津、沪等大城市也占一定的市场。1925年皮坊增至83家,皮业职工达4000余人,年产山羊皮156万张,全行业共获利白银150余两。1926年由于原料紧张,毛皮行业急转直下,多数皮坊倒闭,仅剩38家,且产品大量积压。到20世纪30年代共有泡皮厂64家,每年约产皮40万张。"惟作业均沿用旧法,费时多而出物少。若能施以新法,必成最优良之工业也"。③ 1937年8月侵华日军占领宣化后,强行低价收买羊皮,各家皮坊亏损很大,到年底只剩20家皮坊勉强维持。宣化解放后,人民政府在"发展生产,繁荣经济"党的方针指引下,对民族工商业采取大力扶持的政策。国内外市场不断扩大,特别是从银行贷款,组织加工订货,代购代销等方面都给私营工商业以很大的支持,致使私营工商业在不同程度上出现了新的繁荣,宣化皮毛业也得到了很大的发展,1950年宣化共有"皮毛坊37家,职工700余人,资金18亿元(旧币),总产量74860余张,产值417.4亿元(旧币)"。④

---

① 张家口政协文史资料委员会:《张家口文史资料》第34辑《张家口历史名人传》,1999年3月,第228—230页。
② 彭泽益编:《中国近代手工业史资料:1840—1949》(第2卷),第714页。
③ 彭泽益编:《中国近代手工业史资料:1840—1949》(第3卷),第60—61页。
④ 张家口政协文史资料委员会:《张家口文史资料》第34辑《张家口历史名人传》,第228—230页。

二、裘皮业

裘皮是指带毛鞣制而成的动物毛皮,用作服饰材料。常见有狐皮、貂皮、羊皮和狼皮等。

宣化毛皮之最旺销路为皮褥,收买者大部分为洋商。一战时歇业者多,1920年又日见起色,宣化毛皮行"1922年有43家,1925年有61家,工人5600名,出产价额达160万元"①。

1925年至1929年张家口"皮裘业有360户,25000人(有工人10000人,职员15000人),每户少者二三十人,多者至百人,年购皮量约210万张,平均每20张制作皮衣一件,约生产105000件,每户生产少者百件,多者到千件"。② 原料多为羔皮、獾子皮、狐皮、灰鼠皮。成品年内销完。80%销往平、津、沪、汉、穗等各大城市。粗皮业经营者多为阳原、蔚县人,生产原料为山羊皮、老羊皮(绵羊)。③

张家口市最早出现的手工业就是粗、细毛皮与制革工业。1931年张家口有"粗细皮工业188家,资本共170420万元,工人共1655人,年需各大小皮45.15万张,其中年需狐皮14000张,灰鼠皮327500张,羊羔皮及老羊皮110000张;年产各种皮衣56360件;其中年出狐皮衣2060件,灰鼠皮衣15600件,羊羔皮衣18700件,老羊皮衣20000件。其中细皮商共123家"④,专制狐皮衣、灰鼠皮衣、羊羔皮衣、驼羔皮衣及獭皮、貂皮等珍贵衣皮领,大多数销行各省或转售国外,销行本市及口北者仅十之一。此种商业现尚兴旺。老羊皮商,共65家,专制老羊皮,以供本省各县农民购用。并制山羊皮褥销售各省及洋商。"此种商业历来概少赔累,现况亦佳。"⑤1931年察哈尔省出口"羊皮袄、羊皮褥共4200件,总价值37889

---

①彭泽益编:《中国近代手工业史资料:1840—1949》(第3卷),第121—122页。
②民国《张垣市皮毛业调查》。
③张家口政协文史资料研究委员会:《张家口文史资料》第13辑《工商史料专辑》第4页。
④李延墀、杨实:《察哈尔经济调查录》,新中国建设学会出版,民国二十二年(1933),第77—81页。
⑤路连逵等修,任守恭等纂:《万全县志》附《张家口概况 工商·工业》,民国二十二年(1933)铅印本。

元",①行销河北省。

1935年蔚县有老羊皮、羔羊皮工"共20家,年出成品8000余件,值银133000余元,工人400余名。"②产品销售县境及保定以南各县。张北县有"皮作坊40多家,生产老羊皮袄裤、狐狼皮袄裤等,全年产量约10000件;粗羊皮袄裤,每套约值12银元,大皮袍每件约16银元,山羊皮褥,每条约4银元"。③ 主要销售本县及本省各地主。

但是1937年"七七"事变后,察哈尔地区的裘皮业一落千丈。张家口被日军侵占,日军对"皮都"的毛皮资源大肆掠夺,至张家口第一次解放时,裘皮业仅剩下18家,濒临破产边缘。张家口市第二次解放后,毛皮行业迅速得到恢复和发展,1949年底张家口市有裘皮业31户,从业人员198人,粗皮业31户,从业人员144人。到1950年6月,裘皮业增至54户,增长70%,从业人员增至349人,增长76%,粗皮业增至46户,增长48%,从业人员增至220人,增长52%。

1950年7月28日张家口市政府召开私营皮裘业会议,成立了张家口市皮裘业指导委员会,负责合理分配活计,提高产品质量。

三、制革与革制品业

皮革是指经鞣制、硝制或用别的处理方法给皮以抵抗腐败作用,而当干燥时则比较软和柔顺的动物皮,广泛用于机器轮带、皮鞋、皮箱等。

制革与革制品业是察哈尔地区轻工业的重要行业之一。原料有牛皮、羊皮、骆驼皮、猪皮等。察哈尔地区属于半农半牧业区,原料极其丰富(见表4),有利于察哈尔地区的皮革工业发展。

---

① 李延墀、杨实:《察哈尔经济调查录》,第101—108页。
② 宋哲元监修,梁建章总纂:《察哈尔通志(三)》卷二十二《执业编》。
③ 陈继淹修,许闻诗纂:《张北县志》卷五《户籍志商业》,民国二十四年(1935)铅印本。

表4 察哈尔各县皮革工业原料调查统计表(1931年)

品名	产地	用途	全年产量	行销区域	附记
羊皮	蔚县、涿鹿等	制皮服	10万余张	本省及河北省	分山羊和绵羊两种
牛皮	商都、康保、赤城、宣化、多伦	制靴、鞋	10万余张	本省及河北省	
牛革	万全	制靴、鞋	4000余斤	本地及省会	
猪革	万全	制皮箱、鞋底	1000余斤	本地及张北	
骆驼皮	宣化	农家及机械附物	5万余斤	本省各县	

资料来源:李延犀、杨实:《察哈尔经济调查录》,第72页。

制革分为三类:首先是白皮行,其次是黑皮行,昔日人称白皮坊和黑皮坊。在漫长的历史发展过程中,这两个行业与农民百姓有密切关系,黑白皮坊所生产的"皮条"和"黑皮"产品,完全是供农民耕地种田、运输粮食及日常生活所用;第三种是张家口的制革行业,它原是专业生产"皮马鞴"。白皮行以生产车马挽具和各种皮条为主,日本侵占张家口时,限制使用牛皮,白皮行业生产困难,有的到农村开"皮作坊"维持生活。直到解放后,这一行业才复兴起来。1931年察哈尔省共有皮革工业102家,资本60290元,总产值380280元。(见表5)

表5 察哈尔各县皮革工业概况调查表(1931年)

县别	工种	家数	资本总额(元)	原料 种类	原料 年需量	原料 总值(元)	原料 来源	全年出产 种类	全年出产 年总量	全年出产 总值(元)	全年出产 市场
赤城	皮革	8	6000	牛马皮	6600张	7800	口外	皮货	4000件	9000	本县
多伦	皮靴	14	36000	香牛皮	10000张	150000	本县	皮靴	40000双	240000	内蒙古

续表

县别	工种	家数	资本总额（元）	原料 种类	原料 年需量	原料 总值（元）	原料 来源	全年出产 种类	全年出产 年总量	全年出产 总值（元）	市场
张家口	皮革	57	9480	牛皮	5200张	31600	蒙古	皮张	5170张	52080	本埠各省
张家口	皮靴	23	8810	香牛皮	4400张	52800	蒙古	皮靴	17600双	79200	蒙古

资料来源：李延犀、杨实：《察哈尔经济调查录》，第77—81页。

1932年察哈尔地区无具体统计数据，但万全县有"皮革工业57家，资本9480元，工人263人，原料每年需牛皮5200张，成品每年出法蓝皮680张，红白底皮660张，香牛皮2730张，马鞯1100张"。①

1933年8月成立省皮革厂，"成绩甚佳，现出皮已有红皮、蓝皮两种，销路则多供军用及制造箱匣等物，惟以物美价廉，供不应求，因此决定扩充省皮革厂加以扩充，使产量增多，而价格减低，则本省革业，振兴有望矣"。②

1935年前后，赤城县有"制革业7家，年产皮绳、皮筋、皮张等3000余斤，皮袄皮裤3000余件，产值9000余元"，③与1931年相差无几，其他县无具体统计数据。

（一）制革业

张家口的制革业起于元、明，盛于清末，自古北方游牧民族其穿用赖以旅蒙商贾贸易，特别是蒙靴为蒙民所必需。1271年忽必烈建都北京，张家口即成京都与内外蒙古贸易、交通必经之地。清时期，外蒙库伦活佛及48家王子每年进京朝贡，住宿食膳、浴马更衣，路经张宣，蒙靴、鞍鞯、车马挽具等用度日增，工艺式样也随之改进并形成特色。清末，张家口有制革大铺10家，中、小铺90家，从业人员2000余人，年用皮（折牛皮）2.7

---

① 宋哲元监修，梁建章总纂：《察哈尔通志（三）》卷二十二《执业编》。
② 察哈尔省建设厅：《察哈尔省建设公报》1935年第10期，第64—66页。
③ 赤城县政协文史编委会：《赤城文史资料》第4辑，2000年，第147—148页。

万张。到民国初年,张家口市有长义诚、福增长鞴铺、祥亭益、义巨泰皮厂等 30 余家。张家口市第二次解放后,市委对制革行业采取"二户保一户"的方法,适时给予银行贷款,1950 年张家口有制革业 21 户。

(二)革制品

革制品主要有箱包、皮箱、革皮服装、皮鞋及少数民族所需的蒙靴、鞍鞴等,这几类革制品中蒙靴、鞍蟾类产品最具地方特色。

清朝中后期,张家口的蒙靴作坊大小店铺"有上百户左右,从业人员 2000 余人,其中 10 家大铺年销 6 万双,中小铺有 90 户,每户最低年销 2000 双,总计年销售 24 万双"。① 鞍鞴铺最早集中出现在朝阳洞街,其中较有名气的是三发涌鞍子铺、双盛永鞍子铺、通德永鞍子铺,这些作坊所产产品品种花色繁多,集艺术与实用为一体,"景泰兰沙鱼皮马鞍""罗王府八根云鞍""中四平绒座上三件鞍"等深得用户喜爱。多伦县皮革制造业也很发达,1913 年多伦县制造"马鞍 2700 件,牛皮靴 8512 双"。②

察哈尔地区的革制品还远销外蒙古,1931 年察哈尔省共"出口皮靴 17600 双,总值 79200 元",③行销外蒙古。

1.鞍鞴

鞍鞴铺最早集中出现在张家口朝阳洞街,如老字号三发涌鞍子铺、玉带桥东升泰鞍子铺以及后来开办的双盛永鞍子铺、复盛新鞍子铺、通德永鞍子铺。这些鞍子铺师徒多是庆云、盐山、阳信一带回民,他们都有泡制"滚江皮条"做各种高级马鞍具的技术,产品深受骑手的欢迎。

民国时期各地方爱好骑马人的很多,讲究"压走马",尤其东北军奉派骑兵最多,销售对象之一便是他们,另一个销售渠道是军队打官马和山东马贩,张家口的马桥就是在大境门外坎岗上,那里是牲畜的交易市场。张家口的牛羊马店有名望的老字号为兴隆马店、连升店、光文店等,20 世纪 30 年代后期这些马店就不存在了,但鞍鞴行业尚能为北方牧区少数民族服务。

---

① 张家口市地方志编纂委员会编:《张家口市志》,第 543 页。
② 任月海:《多伦文史资料》(第一辑),呼和浩特:内蒙古大学出版社,2006 年,第 23 页。
③ 李延埗、杨实:《察哈尔经济调查录》,第 101—108 页。

张家口市马鞍作坊为专砍木马鞍权车间,不占门市。三发涌鞍子铺有砍鞍权车间,供应内蒙和外蒙,在当时颇有名气。张家口生产透油鞯的有德长义、德义信、聚盛恒、长义诚、德记、永义和、福义和等皮革厂,它们生产皮鞯、制造透油皮鞯的工艺非常精细,麻油、桐油就需上十二道工序,还有硝熟、搓揉、修理、扬面、铺歪、透油等泡制工艺。这种皮鞯早已停产,现在只有少数人尚能制作,透油鞍有绿油色、紫油色。鞯表面光滑明亮如同玻璃,很受蒙民欢迎。自外蒙事变后,产量下降,只供应内蒙各旗。"七七事变"后,日伪统制牛皮,制鞍行业受限。透油鞍便绝迹了,直至解放后又恢复生产。缝花鞯也是传统技术,花蟾种类很多,有单边、双边鞯,单塄四云、六云,双楞四、六云,三道塄四云,有六云双塄麻花鞯、革龙鞯、五福捧寿大小花鞯等,这些工序全部是手工操作。制花鞯云子和边,都用绿胶子皮、黑胶子皮,胶子皮是皮毛鞍和蒙靴的主要副料。皮蟾花边云子用丝线手工缝,针码整齐美观,坚固耐磨。缝鞯艺术用双针引线熟练快速,但作坊一般很简陋。1930年以后,因受外蒙影响,这一行业逐渐衰落、萧条,以至作坊倒闭。到1956年公私合营时仅有工人20余人。①

2.蒙靴

元、明时代张家口就有蒙靴业,统治着外蒙的库伦活佛和四十八家王子,每年都要来北京朝贡,路经张家口、宣化到达北京城。这就为张家口蒙靴业的发展起到了促进作用,蒙靴老字号德兴斋靴铺的财东李监房,家住宣化城,他每年都要接待路过宣化的外蒙活佛和王爷去北京朝贡,住宿膳食一切招待事务都由李监房经办。同时,李监房还放官贷,借给王爷们大量纹银以进京挥霍。这样李监房相继在张家口开办德兴斋、德兴王革铺、德寿隆旅蒙商店。

张库通商时期,张家口的"靴铺有多80家,从业人员2000多人",②这些靴铺多分布在大境门外西沟、正沟、市圈内朝阳洞街旁,大柳树底后堂、碱店巷营城子一带。有门市、作坊,还有个体加工户。上堡街两侧靴铺交错林立,金黄色的鞭帽子挂在门店两旁,站柜台的靴铺伙计都会蒙

---

① 张家口市地方志编纂委员会编:《张家口市志》,第544页。
② 张家口政协文史资料研究委员会:《张家口文史资料》第13辑《工商史料专辑》,第47页。

语。每年蒙古人上五台山进香之时也正是靴铺买卖旺季。在清代大境门内外的靴铺很多,例如德盛元、双庆魁、德和成、公福成、天巨长、大成厚、德兴成、天盛长,等等。直到外蒙事变,张家口的经济受到严重损失,很多靴铺才宣告破产倒闭。

"近来以张库不通,香牛皮靴销路不畅,因之此业不振。蒙古皮靴铺,此业在民国初元至十五年皆甚兴旺。近因张库不通,倒闭时闻,而营业均不见佳。"①1929 年,内地和外蒙的贸易完全断绝之后,导致蒙靴铺萧条、倒闭,人员流失、锐减,靴铺幸存者仅剩三四十户,资本剧减,业务冷落,销售量猛降。之后,虽然或多或少,或者间断地同外蒙贸易,然而蒙靴再也没有出现过张库通商时期的繁荣局面。

清朝年间,张家口市圈内就有制鞋作坊,这些制鞋作坊以制毡鞋和蒙靴为主,但大多数作坊资本微薄,获利仅维持作坊主的生活。《万全县志》记载1932 年"张家口市皮靴工业共 23 家,资本 8810 元,工人 118 人,年产香牛皮皮靴 17600 双"。另据 1947 年《张家口市商会年鉴》记载:"鞋帽广货业共 107 家,职工人数 506 人,资本总额 38300 元,当年营业总额 1299926 元(旧币)。"但是当时徭役税捐较多,加上连年战乱,制鞋业不得发展。1948 年 12 月张家口市第二次获得解放后,制鞋劳动者在党和政府的领导下逐步走上合作化道路。

(内蒙古大学 2010 年硕士毕业论文)

---

① 路连迖等修,任守恭等纂:《万全县志》附《张家口概况 工商·工业》,民国二十二年(1933)铅印本。

近代张家口皮毛贸易述论

闫志弘[①]

一、张家口皮毛贸易产生及发展的条件

(一)张家口的地理条件

张家口,明代属宣府西路都司所辖的万全右卫,原是长城沿线的一个军事重镇。清代,政府在张家口、独石口和多伦诺尔设立了三个理事厅,合称"口北三厅",专门办理与内、外蒙古的交涉事宜。张家口为"口北三厅"之一。

张家口市地处河北省西北部,跨东经113°50′至116°30′,北纬39°30′至42°10′,北邻蒙古高原(主要包括现在的蒙古国和中国的内蒙古地区),与俄国相通,东南与北京毗邻,又邻近国际贸易兴隆的大商埠天津,恰好处于华北平原、蒙古高原和黄土高原等地理单元的交汇点,是外接漠北、内通中原的交通枢纽,也是俄国通往北京的最近之路。从地理位置上讲,当时,从蒙古草原到内地有三条路可走:一是从乌兰巴托出发,穿越浑善达克沙漠边缘,经东西苏尼特旗(今赛汗塔拉)、商都、集宁,到达大同、

---

①闫志弘,东北师范大学中国近现代史专业硕士研究生,主要研究方向为中国近代经济史。

太原。二是从乌兰巴托出发,经阿嘎巴旗,穿越浑善达克沙漠,再过多伦诺尔(今多伦)、沽源、独石口到北京。还有一条路线是从乌兰巴托出发,越浑善达克沙漠,经太仆寺旗、张北进入张家口。第一条路线,因途中有百里沼泽,不久便废止。第二条路线,因路途较远,且多崎岖山路,最终也没能维持多久。而第三条路线具备了距离最近、道路状况较好的优势,故驼队、车队多走此路。

现在如果我们要谈张家口在中国皮毛贸易史上的位置,那么就要看一下当时张家口区域内的经济力量。最先需要探讨的就是其生产部门和消费部门的经济力量,也就是它的原料产地和销售市场的经济力量。张家口北面直到多伦,西北面直到大同,与内蒙古西部区域以及外蒙全部,这些区域都是张家口的经济腹地,而这些地区也恰好是中国产皮毛的地区,中国皮毛的80%都是产自于内、外蒙古和西北地区,为张家口的皮毛贸易发展提供了丰富的原料和可靠的保障。与此同时,中国内地对于皮毛的需求则为皮毛的销售提供了广阔的销售市场。到了近代,中国国门被列强打开,中国经济也被迫融入资本主义市场,当时西方的毛纺织业发展迅速,需要大量的皮毛,尤其是对中国的羊毛和驼毛有很大的需求,这些外国资本家为利益所驱,来到中国大肆收购皮毛,这就使得张家口拥有了海外市场。张家口的皮毛通过天津这一港口出口到世界各地(主要是英国和美国),从而使张家口的经济地位更加重要。

张家口气候属于大陆性季风气候,冬寒而长,夏凉而短,平均气温8℃,这个气候极有利于皮毛的储存。正因为这样优越的地理位置和气候,使得张家口不仅成为"百货之所灌输,商旅之所归途"的蒙汉贸易商埠,而且也成为皮毛储存、运输和加工的优越集散地,更是中俄边境贸易的重要中转地。

(二) 蒙古地区[①]生产皮毛的优越地理环境

张家口优越的地理位置决定了它能够成为良好的货物集散地和贸易中转站。而张家口被素称为"皮都",由此自然不难知道皮毛在张家口贸

[①] 这里的蒙古地区指的是今天的蒙古国和中国的内蒙古地区。鉴于历史地理语境,行文中多以外蒙古、内蒙古相指代。

易中的地位。而这些皮毛都是源于它的大后方——蒙古高原。内、外蒙古这一地理区域,地貌广阔,地势平坦,地表主要以粗砂和砾石为主,土地贫瘠,农作物不易生长。此地又地处内陆,属于典型的大陆性气候,冬季最低气温至-40℃,夏季最高气温达9.5℃,年平均气温-2.9℃。冬长夏短,而且夏季不仅短,降水量也相当少。这些自然条件都决定了这一地区只适合于草类的生长,这就为畜牧业的发展提供了最基本的条件,畜牧业的良好发展又为皮毛的来源提供了可靠的保障。对于畜产品来说,不管是家畜还是野牲,越是寒冷的地区皮毛质量就会越高,因此内、外蒙古产的皮毛甲于一时。再加上品种多和数量大,就更是能够吸引商人的注意。外蒙地区的产业部门,除畜牧业部门之外都不发达,整个外蒙地区只有科布多一部已经开垦为农区,不及全蒙五千分之一(这还是在1931年的统计)。由此可见,畜牧业在蒙古地区所占比重很大,而作为畜牧业的产品,主要的就是牲畜和皮毛。除了自用之外,剩下的全都出口。皮毛主要是羊毛、驼毛、羊皮、山羊皮和牛皮等。除此之外,外蒙山中藏有许多的产毛之兽,其每年出产的贸易数量亦很多。主要的有灰鼠皮、黄狐皮、沙狐皮、貂皮等。这些足以说明内、外蒙古是一个多么丰富的皮毛原料产地。

  蒙古地区不仅是丰富的皮毛原料产地,同时也是一个内地商品的消费场所。在这里,许多牧民和许多依靠渔猎生活的民族,是中国茶叶最广大和最牢靠的消费群体。这里地处高纬度地区,一般蔬菜和农作物在这里几乎不能生长,因此,居住在这里的人民常年吃不上蔬菜,人体所必需的某些营养物质就只能依赖茶叶这种燥化了的绿色植物来补充。这里连同整个西伯利亚的居民饮茶之风甚烈,以致达到"宁可三日无食,不可一日无茶"的程度。而当时产茶的地方大多在中国南方的福建和两广地区,这就需要有人做中介,将这些茶叶运到内外蒙古地区。山西商人担当起这个重任,每年从产茶区闽浙和两广地区把茶经过汉口,然后再转运至大同,从大同运到张家口,然后出口至内、外蒙古地区,甚至远销恰克图,卖给沙俄。除此之外,游牧民族以肉、奶为主食,对粮食的需求相对较少。但他们基本没有耕作习惯,炒米和制作奶食所需的面粉,完全依赖中原地区供应,这也是历史上游牧民族迫切地要求与中原地区进行贸易交流的重要原因之一。

而由于现在的外蒙古地区在当时是属于中国的一部分,与中国内地进行贸易交流的历史悠久,且已成为习惯。这种传统的惯性,使得他们选择同中国内地商民进行贸易,换回自己需要的物品和日常生活用品。而张家口正好是一个内地商品和从内外蒙古运来的皮毛等货物的一个集散地。

(三) 皇室以及中国内地对于皮毛的需求

上面我们谈到张家口优越的地理位置使得它有条件成为西北贸易的集散中心之一,而内外蒙古地区是盛产皮毛的地区,这就为张家口皮毛贸易的发展提供了可靠的原料市场。内外蒙古地区居民对于茶叶和日常生活物品的需要以及传统贸易习惯,使得张家口的皮毛贸易得以发展,因为牧民们可以用来交换的也只有皮毛。那么,这些皮毛的消费市场如何呢?现在我们就来分析一下消费市场。对于皮毛贸易来说,消费市场当然是内地。当时的内地对皮毛有着极大的需求量。北京作为全国的政治经济中心,居住着为数众多的皇亲国戚、达官显贵和巨商大贾。他们除了御寒的需要之外,为了炫耀自己的身份,也需要大量的皮毛,尤其是珍贵皮毛及其制品。1799年,从大官僚和珅的家中查抄的各种皮衣、皮帽就有2700余件,各类兽皮38300多张,这就是一个很好的证明。① 除此之外,张家口冬季非常寒冷,而且风力大,持续时间长,基本上从秋末到春天,当地居民都需要皮衣和皮毛作为御寒的工具,这使得皮毛在张家口本地也非常受欢迎。冬天张家口人经常是戴皮帽、穿皮衣,晚上睡觉的时候也要垫皮褥子。即使是最贫穷的人都可以看到他们长年戴着小毡帽。清代,中国的经济中心已经南移,富商巨贾也更多地集中在南方地区,他们对于皮毛也有极大的需求量。除了这些,当时的军营也是一个消费皮毛很大的市场。张家口北面是少数民族聚居的地区,元朝在被明打败之后,蒙古族人退居到漠北一带,因为生活的困难,经常会发生暴乱,在康熙年间,则有准噶尔叛乱。频繁的战争需要大量的士兵,而天气的恶劣则使得士兵对于军衣的需求以及马匹的需求量大大增加。拱卫京师的大批禁军对于

---

①陈美健:《清末民中的河北皮毛集散市场》,《中国社会经济史研究》1996年第3期,第60页。

皮毛制品的需求也相当可观。内地人民对于皮毛的大量需求,使得皮毛贸易具有广阔的消费市场。

(四)俄罗斯发展皮毛贸易的需求

张家口不仅是中原对蒙贸易的集散地,同时也是中俄贸易一个重要的转运口。元朝时期,中俄之间的贸易是由中亚人作为中介来进行间接贸易。进入17世纪,沙俄在政治上不断地发动战争,扩大自己的版图,为了能够更加快速地获得物资和财政供应,沙皇政府开始尝试着与中国政府直接接触。彼得一世统治时期,实行的是对外扩张与"重商主义"政策,一方面要不断地扩大版图,另一方面商业也得到了快速的发展。商业的发展,使得沙俄需要更广阔的市场。由于中国市场的广阔,一开始沙俄在中国奉行的就是贸易政策。通过战争和谈判达到和中国通商的目的。与此同时,为了巩固对新扩张的西伯利亚地区的统治,就必须为西伯利亚积压的皮毛寻找到理想的销售市场。对于当时的沙俄来说,不管是从政治方面,还是从经济方面考虑,同中国建立贸易关系都对其更为有利。中俄贸易关系建立后,最初俄国运入中国最大宗的商品就是皮毛,在输出中国的商品额中所占比例一开始高达90%以上。一方面,沙俄是张家口皮毛贸易的一个重要原料产地,17世纪上半叶,沙俄征服西伯利亚,该地皮毛大量涌入俄国。而这时的俄国市场已经饱和,欧洲市场也由于美国皮货的进入而没有空余的市场可以让俄国皮毛销售出去,这就导致了俄国皮货的大量滞销。最终沙俄看中了中国这个大市场,俄国政府和私商也从皮毛贸易中获得了巨额利润。另一方面,沙俄对于中国的金银丝绸也颇为青睐,"俄人因悉中国地大物博,物产丰饶,所产金银丝绸,尤为俄人所珍羡,俄京哄动一时。时与莫斯科王国联盟之波兰,其商人与立陶宛商人,且要求沙皇允予假道西伯利亚至中国贸易。俄廷遂思以西伯利亚所产之皮货,以易中国之金银布帛"。①

以上我们分析了张家口的地理位置以及作为张家口皮毛贸易的原料市场——内外蒙古和沙俄,和消费市场——中国内地。通过以上分析,我

---

① 姚贤镐编:《中国近代对外贸易史资料(1840—1895)》(第二册),北京:中华书局,1962年,第93页。

们可以得出这样一个结论:张家口能够成为蒙汉互市和中俄贸易的转运口是有其必然性的,其具有成为中国皮毛贸易的重要集散中心之一的优越条件。

二、张家口皮毛贸易的发展过程

张家口皮毛贸易的形成和发展有一个历史过程。隆庆五年(1571)张家口马市开放,被视为蒙汉互市之始。1860年中俄《北京条约》和1862年《中俄陆路通商章程》的签订使得俄商正式进入张家口。随后各国外商受利益刺激,也先后来到张家口收购皮毛,从中获取巨额利润。1902年元宝山开放,张家口开始了自己的局部开放。1914年,张家口全部开放。应贸易发展的需要,先后兴建了京张铁路和张库公路。交通运输的方便,直接带来的就是贸易流通量的扩大,在1925年到1929年,张家口的皮毛贸易业达到了顶峰。但是好景不长,最终因中苏断交,张库商道被切断,张家口皮毛贸易迅速衰落,后来的一段时间内德华洋行控制了张家口的贸易,但是由于其受苏联控制,它的发展并没有给张家口皮毛贸易带来真正的利润,而且不久就由于各种不利因素而撤走。随后刘筱如库伦之行也由于日本侵入热河而没有取得任何结果,张家口的皮毛贸易就此再也没有发展起来。张家口皮毛贸易发展前后有近400年的历史。接下来我们就详细了解一下张家口皮毛贸易发展的这近400年历史。

(一)张家口皮毛贸易的早期发展

1.张家口堡的形成和皮毛贸易的兴起

明宣德四年(1429),万全右卫指挥张文开始征召夫役,在清水河西岸始建张家口堡,即下堡。在这一时期,当地其实已经有民间的私人贸易了。隆庆五年,张家口马市开放,被视为张家口与蒙古互市之始。明代的记载称:"张家口堡,设在绝徼,极目荒凉,诸物不产。自隆庆五年北虏款贡以来,始立市场,每年互市,绸缎买自江南,皮张易之湖广。彼时督抚以各部夷人众多,互市钱粮有限,乃为广召四方商贩使之自相贸易,是为民市之始。"①蒙民以马、牛、羊、驼、毛皮、药材等换取汉民之绸布、米和日常生活用品等货物。西沟吸引了一大批汉蒙商贩,不少商贾和手工业者在此落户。万历四十一年(1613)始建来远堡,即上堡,专门服务于蒙汉互市贸易。上堡和下堡之间的边路街,逐渐形成"店铺林立,商贾云集"的商业区。大境门外住满了前来贸易的蒙古人。

清顺治元年(1644),清政府在小境门西边长城开筑了"大境门"。②修筑大境门,是清政府对张库大道这条商业运输线的支持。除此之外,清顺治帝还对张家口下谕旨:"京等驻防之地,凡外藩各蒙古来张贸易者,俱令驻于边口(正、西沟一带)正常贸易,毋得阻抑,其喀尔喀来张贸马者,命驻于口外(旱淖坝以上),申报户部。"③张家口贸易市场从来远堡移到大境门外正西沟一带,改称为外馆市场。也正是因为有了政府的全力支持,才有了大境门内外贸易的繁荣。张库大道的兴盛从此开始。在这里有必要谈一下张库商道。

张库商道是指从张家口到库伦的道路,被称为西北官马大道之一,全长1600余公里,南与北京相连,北接恰克图(今蒙古国与俄罗斯边境城),可以说张家口贸易的发展与张库商道相始终。因张家口的对蒙贸易,形成了张库商道;张家口贸易最辉煌的时候也是张库商道最繁忙的时候,随着张家口对蒙俄贸易的中断,张库商道也随之衰落下去。虽然这条路不好走,只能以骆驼和老倌车作为交通运输工具,但是巨大的商业利润还是吸引着前来贸易的商人。当时从张家口到库伦的商道有三条:

东路:张家口—崇礼—张北—阿海公旗—俄国赤塔。

中路:张家口—二连—库伦(乌兰巴托)—俄国莫斯科。

西北路:张家口—大青沟—内蒙—库伦—新疆。

张库商道的历史其实也就是张家口皮毛贸易发展的历史。不管是从恰克图运过来的皮毛,还是从当时的内外蒙古地区运过来的皮毛都是经过张库商道源源不断地运往张家口,再发往各地的。

---

①(明)梅国祯:《梅客生奏疏》卷一,《明经世文编》卷四五二,北京:中华书局,1962年,第4968页。

②修建大境门的时间说法不一,这里引用的是清顺治元年修建的说法。

③刘振瑛主编:《张家口兴盛的古商道》,北京:党建读物出版社,2006年版,第36页。

2.旅蒙商人在张家口的活动

当我们在研究张库商道这条皮毛贸易运输主干道的时候,就会联想起张家口作为当时皮毛集散地的盛况。然而皮毛是怎样从俄商以及内外蒙商人手中换回来,从而又运到张家口的呢?这时我们不得不提到的就是旅蒙商人。旅蒙商人是专门指那些从内地前往内外蒙古进行贸易的商人。他们的足迹遍布全国乃至北方的沙俄,南到闽、浙、两广,北至库伦、恰克图,甚至是到莫斯科,在张家口贸易史上留下了浓墨重彩的一笔。

旅蒙商经营的范围很广,他们主要贩卖的中国内地商品为绸缎、布匹、茶、麦粉、金属具、瓷砖等,与牧民交易换回来的有马、驼、牛、羊、皮张、绒毛等。市场交易在张家口的大境门内外进行。

旅蒙商大致可分为两个集团:一个是以八大皇商为首的"山西帮"和以八旗王公贵族组成的"京帮";另一集团是本地的买卖人和"直隶帮"。这两大集团共同组成了"口帮"。前者资金充足,实力雄厚;后者则资本少,人数却多,往往自备骆驼和老倌车。他们每次出发都成帮结队,进入销售交易目的地后再分开。他们一般都会蒙语,懂俄语,以串场子的形式直接与内外蒙古人、俄国人进行交易。

旅蒙商人里面最有名的也是对张家口皮毛贸易影响力最大的就是晋商了。晋商从明代中叶到清代初年就已经在张家口一带经商,因在清军入关时给予大力支持,清政府为了对其表示嘉奖以示笼络,将这8户商家册封为"皇商"。从此,在张家口的山西"八大皇商"取得了经济和政治上的特权,垄断了清初时期对蒙古的贸易。"这八家皇商为王登库、靳良玉、范永斗、王大宇、梁嘉宾、田生兰、翟堂、黄云发。"①他们手中拥有雄厚的资本,经常是先从中原和东南沿海组织收购大批物资(主要是茶叶),屯集在大境门外,然后再按市场需求配货后销往内、外蒙古地区,甚至远销恰克图和莫斯科。最后,从内外蒙古地区或者是恰克图收购到皮毛,经张库商道运到张家口,经由张家口销往内地。

在当时,并不是任何人都可以进行旅蒙贸易的,清政府对于旅蒙商人有着严格的规定,去往内、外蒙古地区的商人,必须握有"龙票"才可以从

---

① (清)左承业纂修:乾隆《万全县志》卷十《志余》,乾隆十年(1745)刻本。

张家口进入外蒙贸易,否则就是走私。所谓的"龙票",又可称为"信票"或是"部票"。"信票",是指凡进入蒙古高原贸易的商人必须有驻张家口的察哈尔都统署衙门(开始是驻张家口的城掌关防官章京衙门,后改为察哈尔都统衙门)代理京城理藩院颁发的信票。这一政策直到乾隆四十八年(1783)才结束。清初,只发给"八大皇商"信票,所以在清初的很长一段时间旅蒙贸易都被"八大皇商"所垄断。直到康熙三十年(1691),清政府在多伦诺尔召集蒙古贵族和蒙古49旗王公会盟会上,贵族和王公提出了全面放开贸易的要求,清政府为笼络蒙古族上层社会,便答应了这一要求。就此,打破了八大皇商长期垄断张库商道上的对蒙贸易的局面。《蒙古族简史》说张家口"康熙初只有对蒙商店约十户,雍正时增至九十余店,乾隆六十年(1795)又增至一百九十余店,而至嘉庆二十五年(1820)则二百三十余店"。从这一串串冷冰冰的数字我们还是可以看到,取消了八大皇商对蒙贸易的特权之后,更多的商人加入到了旅蒙贸易的行业,进一步繁荣了张家口贸易。之后,清政府认为"八大皇商"已无利用价值,而且不愿其长期把持一方经济,便逐步将"八大皇商"搞垮。如八大皇商的范氏就被官府查抄,一律充公,八大皇商从此就销声匿迹了。但是除了"八大皇商"之外的更多的山西人以及其他外省人员,加入到了旅蒙商人的大军中。

3.张家口市场的形成

从货物结构上来看,当时旅蒙商人携带着茶叶、绸缎等日用品从蒙古人民手里换回的主要是皮毛。这些皮毛货物主要有羔皮、老羊皮、山羊皮、灰鼠皮、狐狸皮、狼皮、獾子皮、牛皮、马皮、驼皮,还有羊毛、羊绒、驼毛等。这使得张家口的皮毛市场日益繁荣起来。这一时期贸易的交换方式是"以货易货"。

当时运输货物的工具是老倌车和骆驼。自三月到八月,因为有雨,所以非牛车不能行。而到了冬季,骆驼则成为运输货物必不可少的工具。为此,张家口还兴起了养牛业和养驼业。养牛业一般由张家口汉民来经营,而回民则主要经营的是养驼业。正因为张库商道的繁荣,使得养牛业和养驼业也繁荣起来。当时在大境门外有专门的骆驼市场。据当时的资料记载,骆驼交易每年就能达到7万头之多,商品运输之繁荣也可见一斑。当时民间流行"出了大境门,一半牲口一半人"的顺口溜,这看起来是讽刺,其实是对张家口皮毛贸易繁荣的真实写照。今桥西的白家沟、东驼号和西驼号便是当时养驼的地方。当时仅喂骆驼的草就连绵不绝地堆起了几座小山,以至于留下了今天的草场巷。而老倌车是由汉族人经营的。所谓"老倌",是张家口人对懂得蒙语、俄语的人的称呼。这种称作"老倌车"的牛拉车是仿造蒙古人的骆驼车制作的,最早的老倌车用桦木或榆木做成,车辕比较长,车轮两横一竖,外圈由铁钉组成,就像大境门上的钉子一样,轴头由硬杂木制成,车子行走时,轴头转动而车轮不转动。后来经过改良,车辕变短了,车轮变成了放射状的辐条,行走时轴头不动而车轮转动,车辕上挂一油瓶随时给轴头处上油。张家口地域,老倌车集中在南天门、万全和崇礼一带,一个村子养的老倌车最多时竟达3000多辆,每家至少养着100多辆。老倌车的组织活动方式是每一百辆车为一组,人们称之为"一顶房子"。有的大户人家能拥有好几顶"房子",牛车少的人家则要几户凑成一顶"房子"。

这一时期从事皮毛收购的大部分是旅蒙商人,他们以"出拔子"的流动形式进行采购。所谓的"出拔子"其实就是指利用骆驼、牛车(或称勒勒车)载着货物,在辽阔的蒙古草原上,以走浩特(村落)、串牧场和赶一年一度的中俄"恰克图市场"进行换货贸易,交换来的商品,运回张家口,投放到大境门外的"外倌市场",通过经纪人之手完成销售。这些旅蒙商人带上蒙古人嗜好的日常用品,途中不做零售,一直到蒙古地区的目的地。因为这些人大部分都懂蒙语,所以会住在熟人家,或自己搭帐篷,然后将自己带来的物品展示给大家,蒙民则拿自己的皮毛与之相交换。收购完一地之后再转战他处。等到物品买完之后,这些"出拔子"的人便把换来的皮毛,驮在骆驼或牛车上,沿着张库商道运回张家口,一部分在本地销售,剩下的经过加工发往各地。

张家口不仅是同内、外蒙古进行贸易的重要集散地之一,同时也是中国与俄国进行边境贸易的重要中转地之一,其作为中俄贸易的重要口岸始自康熙年间。康熙二十八年(1689)《中俄尼布楚条约》和雍正五年(1727)《中俄恰克图条约》都规定,俄国官方商队每三年可来京免税贸易一次,人数限为200人,但实际上俄国来京贸易商队往往十分庞大,人数也远远超出了规定标准。原本俄国商队入京贸易的道路主要有两条，一条是从尼布楚至齐齐哈尔城，经东部蒙古入古北口或山海关到北京；二是自伊尔库茨克城经库伦入张家口抵北京。由于前者用时太长，经俄商一再要求，1708年，康熙批准以库伦—张家口的商道为俄国商队的往返之官道。从此，张家口成为中俄贸易的重要枢纽之一。到乾隆二十年（1755），清政府更是停止了俄国官方商帮入京贸易，将中俄贸易统归于恰克图一地，并且规定"中国于张家口设关，内地商人往来恰克图、库伦贸易者征税于此"。① 由此可见，这一时期张家口在中俄贸易史上地位的重要。1728—1762年间，俄国国家贸易商队自开辟恰克图口岸入境，经库伦、张家口来京贸易的商路后，"张家口买卖城可以说是中国对俄贸易的集中点，几乎全部俄国呢绒和各种绒布以及俄国出口的全部毛皮制品都是先运到张家口买卖城的货栈，然后批发给下堡，最后再运到中国本土"。② 由俄、蒙输入之商品则尤以毛皮为大宗，且种类繁多。较贵重者有海獭皮、狐皮、狼皮、熊皮等。

在这一时期的中俄贸易中，从货物结构上看，自从恰克图开市，俄国出口的商品中最大宗的就是皮毛，这就是何秋涛所说的"彼以皮来，我以茶往"③。1785年以前，沙俄出口的商品中皮毛占85%，其中，出口量最大的是灰鼠皮。后来，"毛皮出口额开始逐年下降，1792—1800年间，毛皮比重下降到70%，1825年约占全部出口数的半数，1854年只剩下5%"。④ 1697年，彼得一世下令将最为珍贵的貂皮和玄狐皮收归国家经营。1706年，又再次下令严禁西伯利亚的商人和军裔人员从事各种皮货买卖。从俄国对皮货的重视程度，就可以看出在清初这一时期，皮毛贸易在中俄贸易中所占的比重。而从1755年到1851年中俄《伊犁塔尔巴哈台通商章程》签订的百年间，恰克图是中俄贸易的唯一孔道，张家口在中俄贸易史上的位置也就特别的重要，从沙俄运入张家口的皮毛数量之多

---

① 姚贤镐编：《中国近代对外贸易史资料（1840—1895年）》（第二册），第96页。
② 许檀：《清代前期北方商城张家口的崛起》，《北方论丛》1998年第5期，第95页。
③（清）何秋涛：《俄罗斯互市始末》，王锡祺辑：《小方壶斋舆地丛钞》第三帙，杭州：杭州古籍书店，1985年，第196页。
④ [苏]彼·伊·卡巴诺夫著，姜延祚译：《黑龙江问题》，哈尔滨：黑龙江人民出版社，1983年，第69页。

也就可想而知。

表1是1843年由俄国输入的皮毛数量统计表。这些皮毛多由恰克图运至张家口,再由张家口转销关内各地。

表1　1843年恰克图已交换及尚存货物数量一览①

品种	已交换数量	留存数量
灰鼠皮	673364 张	1140696 张
獭皮	13461 张	17406 张
灰羔皮	5549 张	44921 张
黑羔皮	8463 张	48955 张
乌克兰白羔皮	155172 张	636738 张
乌克兰杂羔皮	8580 张	18344 张
乌克兰黑羔皮	2581 张	28311 张
黑猫皮	245006 张	105847 张
俄国野猫皮(猞猁)	2181 张	17220 张
美国野猫皮(猞猁)	4750 张	8100 张
麝鼠皮	72415 张	18920 张
羊皮	52655 张	176095 张

从上表中,我们可以看到,在恰克图交易的皮张为1244177张,这与留存在恰克图的皮张2261553张相比,只是其一半多一点。但是12万余张皮也是个不小的数字。这一时期,中俄的皮毛贸易其实是最繁盛的时期。到1861年农奴制改革之后,沙俄进入了资本主义社会,开始大力发展工业,呢绒和皮革业就是其中的重要行业。因此沙俄出口的皮毛不仅越来越少,而且到了最后已经成为和中国抢夺蒙古市场的对手之一,这是后话。

贸易是相互的,在沙俄输入了中国人所需的皮毛之后,中国人也输出了沙俄所需的茶叶。在18世纪下半叶,茶叶在恰克图的贸易中地位逐渐上升,进入19世纪,茶叶的输出额牢固地占据了第一位,到了1839—1845

---

① 姚贤镐编:《中国近代对外贸易史资料(1840—1895年)》(第一册),第113页。

年间则达到了91%。①

那么在张家口商人的对蒙、对俄贸易中,他们是如何获得利润的呢?波兹德涅耶夫认为:"张家口商人所获得的商业利润主要取决于在中国本部出售他们所得到的蒙古草原上出产的牲畜。他们把绵羊赶到北京和太原府去卖,把马匹赶到河南和山东去卖,把骆驼卖给从通州运茶叶到张家口的汉人。牛就在张家口卖给周围农村的农人宰杀或役使。大体说来,这些牲口的售价至少为在蒙古收账时抵价的两倍。"②至于皮毛都是经过加工再发往各地以获取利润,而且在这个过程中,也兴起了皮毛加工业。

在对俄贸易中,不仅旅蒙商从中获得巨额利润,就连政府也从中得到收入。据《大清会典事例》载,乾隆十七年(1752)规定,恰克图、库伦等地方商贩,牛、羊、马、驼,另由张家口进纳关税。于是,清政府在大境门设立了税关,出关手续在来远堡南的察哈尔都统署办理,税费在大境门缴纳。张家口设置关税征收卡后,成为清朝国库收入的一项重大税源。

(二)张家口皮毛贸易的进一步发展

1840年,鸦片战争一声炮响,中国人进入了近代半殖民地半封建社会,中国市场也被迫融入世界资本主义市场当中,成为列强重要的原料市场和倾销产地。张家口皮毛贸易的发展也进入了一个新的时期,尤其是第二次鸦片战争期间,沙俄逼迫清政府签订的一系列不平等条约,使得沙俄势力正式侵入张家口。在其刺激下,各国洋商也紧随其后,进入张家口。

1.外国商人来张的贸易活动

早在雍正五年(1727),清政府允许沙俄商人可以派商队取道张家口进京进行贸易的时候,俄商就已经发现了张家口这个城市的市场开发潜力,于是俄国一直试图开放张家口为通商口岸,但是清政府一直没有答应。咸丰十年(1860)沙俄乘着第二次鸦片战争,逼迫清政府开放通商口

---

① 郝玉凤:《中俄恰克图边境贸易述论》,硕士学位论文,东北师范大学专门史,2007年,第26页。

② [俄]阿·马·波兹德涅耶夫,刘汉明等译:《蒙古及蒙古人》(第一卷),呼和浩特:内蒙古人民出版社,1989年,第715页。

岸。11月14日,清政府被迫与沙俄签订了《中俄北京条约》,其中条约第五条规定:"俄国商人,除在恰克图贸易外,其由恰克图照旧到京,经过之库伦、张家口地方,如有零星货物,亦准行销。"①从此俄国人挤入张家口,并且获得了在张家口的领事裁判权和减免营业税的特权。但是俄商的胃口很大,不满足于此。同治元年(1862),俄国又同中国签订了《陆路通商章程》,这在当时中俄关系史上是一个重要的条约,其中涉及到张家口的内容有:"第三款,俄商运俄国货物前往天津。此项货帮止准由张家口、东坝、通州直抵天津。第四款,俄商路经张家口按照运津之货总数酌留十分之二于口销售,限三日内禀明监督官于原照内注明验发准单方准销售,该口不得设立行栈。第五款,其留张家口二成之货亦按税则三分减一在口交纳。"②这项条约的签订,使得俄商进入张家口贸易成为合法行为。但是对于"不让其设立行栈"以及之后的不可以设立领事馆和对于在张的俄货征收税款,这些都是对俄商的限制。但是到了光绪七年(1881),清政府迫于沙俄的压力,在彼得堡签订了《中俄改订条约》,同意俄在张家口设立行栈,但不许建立领事馆。由于修改后的中俄《陆路通商章程》允许俄商在库伦、张家口开设铺房、行栈,从此俄商便沿着张库大道大举进入张家口市场。1892年,在元宝山附近建立的东正教堂就是对这一条款的履行。"从俄国东正教教堂过去,一路上连绵不断地排列着中国人和俄国人的房屋。俄国商人并不在这里开店,而只是有住宅大院,但是住宅大院里有仓库,用以储存从俄国运来的商品,另外还有茶叶堆栈,存放在中国购买的茶叶以待转运到俄国去。"③

除了俄国,其他的外国商人也看到了张家口的商机,先后进入张家口。这一时期,这些来到张家口的外国商人主要收购的就是羊毛和驼毛,"可以有把握地说,驼毛输出贸易完全操于外国人之手"。他们之所以对皮毛如此感兴趣,是因为这时世界主要资本主义国家都需要羊毛和驼毛来发展自己的工业,满足自己的生活需要。我们在前面提过,蒙古地区主

---

① 王铁崖编:《中外旧约章汇编》(第一册),北京:生活·读书·新知三联书店,1957年,第150页。
② 米镇波:《清代中俄恰克图边境贸易》,天津:南开大学出版社,2003年,第73页。
③ [俄]阿·马·波兹德涅耶夫:《蒙古及蒙古人》(第一卷),第698页。

要产的就是羊毛和驼毛以及各种皮张。"过去三年驼毛不断增加。驼毛主要是运往英国用于制地毯和披肩。"①除了英国,在美国也很受欢迎,特温南(Twinem)在1874年的一份天津贸易报告中提到过:"美国用驼毛织造贫穷阶级所用的粗披肩,而英国即以驼毛与较普通的羊毛混合织造毛毯、地毯和粗呢。"②虽然在美国和英国用途不同,但这更能说明在海外驼毛有着很大的市场,这也是为什么张家口的皮毛贸易会吸引到洋商。除了驼毛,还有羊毛,亦是如此。而且除了羊毛和驼毛之外,当时还有山羊皮、牛皮等。但是这些需求量都没有驼毛和羊毛多,尤其是山羊皮,它主要是提供给外国的富裕阶层。一时之间,不仅是旅蒙商人,俄、英、美等国的商人也都加入到了张家口皮毛贸易的行列。张家口也逐渐有了外商银行的存在。当时设在张家口的外国商行有英国的"德隆""仁记""商业""平和",有德意志的"礼合""地亚士",有美国的"茂盛""德泰",有日本的"三井""三菱",有法、俄、荷兰的"立兴""恒丰"等,《辛丑条约》签订后,美国的"美孚""慎昌",英国的"太古"进入张家口,同时英国烟草公司"德全永""玉盛和"也进入张家口。③当时洋行总数达到了44家,其规模可以和天津口岸、上海洋场相提并论。这些商人来到张家口,大量收购皮张、羊毛和驼毛,从中获取巨额利润,同时也向张家口倾销其从自己国家带来的工业品,如洋火、洋铁皮、西药和洋布,等等。那些洋商究竟在张家口赚取了多少银子,现在已经无从考证。但是通过下面中俄皮货贸易的物价差额表,我们可以看到贸易空间的利润巨大。

表2 中国与俄国皮货贸易物价差额表

品名	西伯利亚	中国
貂皮	一张40、50、70戈比	1、2、3两(白银)
白鼬皮	百张5—7卢布	40、50两
松鼠皮	千张8—12卢布	60、70、90两
红狐皮	一张60、80、100戈比	2、3、3.5两

①姚贤镐编:《中国近代对外贸易史资料(1840—1895年)》(第二册),第1118页。
②姚贤镐编:《中国近代对外贸易史资料(1840—1895年)》(第二册),第1119页。
③刘振瑛主编:《张家口兴盛的古商道》,第151页。

卢布与银子的兑换比是波动的,资料显示,最高时1两白银可以兑换3卢布。依有关资料计算,差价最低时1两白银可以兑换2.155卢布。那么上表中5倍、10倍、甚至几十倍的利润空间就是俄国商人紧紧盯着张家口不放的真正原因,①也是最后外国洋商不断挤入张家口的原因。正因为此,虽然张家口的转运贸易很繁荣,但是张家口商人在获利上却受到了影响。

在张家口的洋行,收购了皮毛之后,运往天津再经过天津这个港口转运至香港或是上海出口到国外。从张家口到天津,可以先到通州,经北运河船运天津,或者是到了丰台后,由火车运到天津。

中俄通商虽然是在康熙年间就已经开始,但是陆路通商一直都是免征关税。一直到同治元年(1862)二月,在北京缔结了《中俄陆路通商章程》和《续增税则》后,中国清政府才开始对俄国商人运送到张家口的俄货征收进口税,按照税则酌减三分之二。在这以前,恰克图俄方只征收中国商人的关税。征税的货物从蒙古来的主要是皮毛,俄国的除了皮毛还有大量的工业品,而需要我们特别注意的是,在列出的常见征税的货物中也出现了鸦片,这主要是由于沙俄在19世纪中叶后皮毛的输出量减少,取而代之的是毛呢制品,而当时中国人对于毛呢制品的需求量并不大,这就造成了毛呢的滞销以及对华贸易的逆差,所以俄商就引进了鸦片。除了俄国,其他的西方国家在输入张家口的货物中也包括了鸦片,这足以让我们看到当时西方列强的罪恶。

2.京张铁路和皮毛贸易的发展

鸦片战争结束之后,外商陆续地侵入中国市场,上面我们提到,对于羊毛和驼毛以及其他皮张的需求,刺激着外国洋商来到中国收购皮毛,作为皮毛贸易集散地重镇的张家口当然是其首选。在随后的一段时间,外商在张家口陆续开设了银行和公司,配合自己的在张经济活动。根据1902年签订的中俄《依露支条约》,张家口大境门外的元宝山被开放为通商贸易市场。这是在特定历史条件下张家口的有限的局部开放。局部开放的张家口商业贸易环境有明显的改善,商品经济大大发展。

---

①刘振瑛主编:《张家口兴盛的古商道》,第151页。

但是从张家口到北京的道路运输条件却使得流通速度相当慢,明显影响了张家口皮毛发往内地的速度和货运量。为了加强张家口与北京和天津的联系,加速张家口到天津的商品流通速度,1905年,清政府命詹天佑修筑京张铁路。京张铁路线通车后,使得张家口成为通往西北的人流和货流的枢纽,经济贸易总量逐年增加。当年货运量达到42万吨,至1915年,货运量达到180万吨,短短七年时间货运量增长了近3.3倍。随之而来的是地方经济的发展和运输业和皮毛加工业的恢复。"在张家口的外馆千余家,商号数千家,在宣化,每年有40余家天津洋行到此收购土产,到1915年,有皮货行50余家。"①

与此同时,清政府为了挽救自己,开始实行"新政",实行了一系列有利于商业发展的措施。正好此时,京张铁路即将开通,这时一些人就提出了在张家口建立商会。"商部近以京张铁路业已开工修筑,将来路工告竣,张家口地方示为商货转输最要之区。查该处与蒙古地界毗连,道通俄国。凡由东西两路运货出口赴蒙古俄国销售者,再由蒙古俄境贩运货物转辗输运,商贾辐辏,五方杂处。据最近调查该处华商铺店共有一千三十七家,洋商则有英俄德各国洋行共十七家。商务情形日臻发达,当此商战竞争之际,亟宜联络商情,固结团体,较诸他出,设立商会关系尤为重要。"②1904年,张家口商会正式成立,它增强了中国商人的总体实力。

辛亥革命发生之时,沙俄乘机支持亲俄分子发动政变,要求蒙古独立。这次分裂活动虽然最后还是以失败告终,但是其间,对于皮毛贸易还是造成了一定的影响。中华民国成立后,实行了一系列保护商业和工业发展的有利措施。此时第一次世界大战的爆发,由于各帝国主义国家忙于战争,无暇东顾,使得中国民族资本主义迎来了"短暂的春天"。而且1914年,张家口开始了全面开放。

由于京张铁路的开通,使得皮毛出口量急剧增加。之前旅蒙商人以"出拔子"的行商形式收购皮毛,这种方式既零散,速度又慢,为了适应快速的交通运输,旅蒙商人也改变了收购皮毛的方式。旅蒙商人纷纷在张

---

①姚洪卓主编:《近代天津对外贸易(1861—1948)》,天津:天津社会科学院出版社,1993年,第96页。

②《商务官报》1906年,第十六期。

家口建立起自己的商号,并且在蒙古地区也设立了自己的分号,这些分号大部分设在人口流动量大的集市和庙会。以此作为在这一区域收购皮毛的固定据点。这就表明这一时期,旅蒙商人在蒙古地区收购皮毛是以店铺收购为主,与之前的流动行商不同。蒙古草原上的集市和庙会上的店铺,主要有两种,一种是杂货铺,另外一种是皮庄。杂货铺一般是以内地贩来的日用品同蒙民的羊毛一类物品进行交换。而皮庄则是专门进行皮毛收购的地方,"资本要比杂货行丰富,一面依据所在的市场,直接向蒙古人购取其皮毛原料,另一面又将出拔子从蒙旗中所换得的皮毛产料收买过来",①然后再运到张家口发往内地各大市场或是外国市场。

(三)张家口贸易的繁盛

1.张库公路的开通

民国政府的政策支持和京张铁路的开通,为张家口皮毛运往天津提供了便利的条件。但是往返于张家口至库伦、恰克图的货物,仍需要牛车和驼队运输。早在京张铁路开通没多久,街头便有民谣传开:"火车快出不了大门外,牛车慢能去大圐圙。"强烈的市场需求支撑下的张库大道的一场革命性变革正在酝酿。

民国六年(1917),段祺瑞政府拟修筑西北汽车公路张家口到库伦一线。其中很重要的原因就是这年8月,段祺瑞政府在日本的支持下,正式向德、奥宣战,参战处提出"因军事需要,应发展中俄交通"。当时北部连通中俄的道路只有原张库商道。为了适应汽车的通行,必须要修汽车公路。而且,当时段祺瑞政府财力不如南方革命政府雄厚,开辟公路,扩大草原与内地之贸易,可以增加税收,填补国库。除了政府方面的需求,当时张家口商人也已经意识到了"汽车"这一交通运输工具对于商业发展的重要性,因此急欲引进汽车加快张库两地商业流通速度。最终,张库公路由胡中生牵头,以"商办"方针,基本依原来张库老倌车道设计,只是因旱淖坝坡急弯多,改由张家口出发,沿西沙河出平门,越黄土梁,穿苏家桥,经膳房堡,过神威台后右转至黄花坪,归入原张库商道旧线。11月,张库商道全线通车,也成为我国最早的汽车营运公路。

---

① 贺扬灵:《察绥蒙民经济的解剖》,北京:商务印书馆,1935年,第56页。

2.皮毛贸易繁盛的情况

随着京张铁路的开通和张库公路汽运的开通,西北和外蒙古的皮毛大量涌进张家口。张家口皮毛贸易也在这一时期达到了繁盛时期。

据记载:1925年,从草地输入张家口的皮张835万张,其中羔皮300万张,绵羊皮150万张,山羊皮100万张,灰鼠皮50万张,牛皮150万张,狐狸皮20万张,狼皮10万张,獾子皮50万张,马皮9万张。另有绒毛200万斤,①其中羊绒20万斤,驼毛150万斤,猪鬃30万斤。

民国十五年(1926),据商部记载,全年的统计输出总值(指内外蒙)19579334元,输入(指内外蒙输入张垣)总值为29294415元,计极盛时期,旅蒙商业有300多家,张市皮毛公会有代理店20家,贩卖栈80家,其皮毛运输多以牛马车和骆驼为主。

民国十六年(1927),由蒙古输入张家口的羊毛1544万多斤,驼毛292万多斤,羊绒265万多斤,皮张786万多张,其中羔皮158万张,獭皮158万多张,山羊皮151万多张,猫皮11万多张,灰鼠皮43万多张,还有诸如狼皮、狐皮、豹皮、牛皮以及各种贵重的皮40多种。当年的税银收入为3.58538977亿元。②

民国十七年(1928),由蒙古输入马匹7万余匹,骆驼3万余峰,羊150万多只,绒毛400万斤,皮张700多万张③。其中山羊皮34万张,羔皮112万多张,獭皮100多万张,猫皮10万张,牛皮20万张。其中内蒙古输入马2.5万多匹,绵羊25万多只。当年税银收入2.1547437亿元。④

张家口皮毛贸易的发展也大大促进了加工业的发展。牲畜、牛羊也甚多。仅察北年产马2万匹,牛1万头,驼3000只,羊25万只。当时就有皮裘、粗布、白皮、制革、蒙靴、皮件、鞍鞯、毡房、猪鬃、驼店、皮毛栈等14个皮毛行业。据1929年12个行业统计(旅蒙与毡房未计入),共有769家,从业人员32532人,年输入各种皮839万张。专门经营蒙汉贸易的旅蒙商行,被称为恰克图货栈或库伦庄,计有300多家。那时,在张家

---

①此处记载不一,有的地方是1000万斤,其中有羊毛700万斤。
②《调查》,《河北工商月报》,1929年,第147—158页。
③此处有记载是1000万多张。
④《调查》,《河北工商月报》1929年,第147—158页。

口至库伦(乌兰巴托)3600里的人道上,旅蒙贩运的牛车有2万多辆,骆驼6000多头,每年从春至冬,经常是牛、羊、车、马络绎相连。旅蒙商把换回的各种皮张屯集在大境门外的皮毛栈中,时值皮毛市一开,西沟一带皮张、毛皮叠垒成山,十里长街为之闭塞。张家口市的毛皮工业得到了空前的发展,达到了鼎盛时期。

这时,张家口皮毛贸易不仅扩展至全国,乃至影响到亚洲、欧洲。每年一到旺季,全国各地的商人纷纷前来张家口采购皮张。全国各地的毛皮贸易商场都等张家口毛皮贸易市场定价后才开始交易。这时,英、美、日、德等国也纷纷在张家口设立洋行或公司,设置收购点。张家口较大的作坊有"公记""信义德""恒兴义""恒天德""恒兴源"等,分别在广州、上海、南京、天津、北平、武汉、沈阳等大城市开设分号,建立市推销产品。张家口的皮衣,至今在南方人心目中依然有深刻的印象。

由于皮毛贸易的繁盛,皮毛行业的分工越来越细。进行皮毛贸易的大部分是旅蒙商,这一行业也被称为旅蒙业。旅蒙业又分为库伦庄、恰党团庄、皮毛栈、锚店等。加工业又细分为白皮业、粗皮业、皮裘业、毡坊以及制革业。皮革制品又分为蒙靴锚、皮件厂、娃锚、鞍鞴等。据记载:"1925年至1929年度皮裘业有360户,25000人(有工人10000人,职员15000人),每户少者二三十人,多者到百人。年购皮量约210万斤,平均每20张可做皮衣一件,约生产105000件,每户生产少者百件,多者可达千件。原料多为羔皮、獾子皮、狐皮、灰鼠皮。成品年内销完。80%销往平、津、沪、汉等各大城市。粗皮业经营者多为阳原、蔚县人,生产原料为山羊皮、老羊皮(绵羊)。从3月到8月泡皮,9月到11月则制成皮袄、皮裤,10月以后开始出售(旧历),它的销售对象主要是农民、军人。大部销往鲁、晋两省,每年军装约占70%,民用约占30%。全业有96户,27000人,除个别作坊经理、会计外,大部分职工都参加劳动。全年生产需用粗皮约50万张,平均4张半皮可制一件衣服,全年可做11000件。有时当年销售不完,第二年再卖。白皮业有12户,140人,年生产白皮2000张,生产原料多为牛、马、羊和骆驼等皮中的次皮,制作车马、牲畜用的皮条、笼头、皮筋等,另外还供给蒙靴、鞍鞴业一部分原料。制革业有56户,560人,每户6至15人,年购入生皮(主要是牛、马皮)约5万余张,主要销售对象是供应蒙靴、鞍鞴业及鞋铺。鞍鞴业、蒙靴业共有80户,1600人,每户约20余人,年生产蒙靴13万双,八成销外蒙,二成销内蒙,经营者多为蔚县人"。①

这一时期张家口的皮毛贸易以及皮毛业发展到了极盛时期,也使得"口皮"这一名字享誉海外。在中国的皮毛贸易史上留下了辉煌的一笔。

(四)张家口贸易的衰落

1. 中苏断交,贸易额急速下滑

好景不长,民国九年(1920)7月,驻扎在外蒙的北京政府边防军被调回内地参加直皖战争,外蒙防务空虚。被苏俄红军赶出的白俄匪军800余人溃逃到外蒙,乘机和日本军队相勾结,于民国十年(1921)2月攻入库伦,宣布外蒙"独立"。匪军为了补充军需,向库伦地区的中国商号横征摊派,甚至公开抢劫,使得各大商号蒙受巨大损失。局势的动荡严重影响了经济的发展,一些较有实力的内地商家也已无力在张库贸易中生存,而俄国德华洋行却乘虚而入,以雄厚的资本进入张家口贸易市场。

1924年,外蒙古"独立"。苏联势力乘机侵入外蒙古,从政治和经济上控制蒙古。这一举动,严重地影响了张家口商人的在蒙业务。1924年后,外蒙政府完全为苏联所操纵,在商业方面也完全由苏联所垄断,并且假蒙人之手,大肆排华,结果张库间的贸易一落千丈。现将1924年以后中苏贸易在蒙贸易的百分比列下:②

表3 中苏对蒙贸易占比表

年份	1924年	1925年	1926年	1927年
与中国贸易百分比	87.5	78.3	68.7	63.6
与苏联贸易百分比	14.3	21.7	31.3	36.4

从此表中,我们不难看出,虽然中国在对外蒙的贸易比例仍比苏联高,但是在这四年期间,苏联对蒙贸易却直线上升趋势,四年内增长了一

---

① 张家口政协文史资料研究委员会:《张家口文史资料》第13辑《工商史料专辑》,1988年,第3—4页。
② 傅安华:《蒙俄贸易与张库通商》,《新亚细亚》1934年第5期,第28页。

倍还多。也正因为在这时苏联势力的渗透,才使得1929年中苏断交,张库商道中断后,张家口皮毛贸易迅速衰落下去。这一时期已经初露苗头,苏联已经在加强对外蒙的控制,逐渐压缩华商在外蒙的影响力。

除了对华商的排斥,华商在蒙所受阻滞还因为苛捐重税。接下来我们看一组数据①:

表4 入口税

丝织品芋类化妆品	皮革类磁木器	铜铁锡类
值百抽三十	值百抽五十	值百抽十六

表5 出口税

皮货细皮类	粗皮类
值百抽三十	值百抽十五

除此之外,还有其他的如营业捐、资本捐和流水账捐等。因捐税征免之分,使得同一物品,价格悬殊。不仅如此,苏联组织的苏联贸易公司"还不惜赔本减价出售,迎合蒙人心理,必使与华经济绝交而后已"。② 这样的结果只能是大部分华商相继倒闭。尤其是对于皮毛征收的重税,更加速了张家口皮毛贸易以及皮毛业的衰落。更甚者,"对于贵重之皮货,如貂皮獭皮之类,限制华商购买,除苛捐杂税外,更借口防疫,而举行检查,凡遇华商起运是类货品,均须经其消毒,而彼等即于消毒时,故意将货物损坏,使于无形之中,受绝大损失"。③ 种种原因,最终使得张家口的皮毛贸易一落千丈。中国国民政府与苏联断交,张库交通完全断绝,张垣及库伦的华商,基本上全部倒闭。蒙古在苏联支持下,掀起了排汉浪潮,关闭了中国的所有商号,这次中国在蒙、苏的400多家商号损失约一亿两白银,人员死伤不计其数,张库商道被迫中断,在张商民也遭到了灭顶之灾。倒闭后所余的不动产如房屋等,尚不得自由变卖,完全由蒙政府没收,在蒙所有的资本也不得转运回内地。

---

①傅安华:《蒙俄贸易与张库通商》,《新亚细亚》1934年第5期,第28页。
②《调查》,《河北工商月报》,1929年,第144页。
③《调查》,《河北工商月报》,1929年,第144页。

至此，繁荣了近4个世纪的张库商道迅速衰退下去。大境门外"外倌"市场萎靡，外国洋行纷纷撤离，张家口的大部分商号倒闭。

2.德华洋行在张期间的皮毛贸易活动

自外蒙商务停顿，张垣商业一落千丈。张家口自与外蒙商务断绝后，因对外无大宗之输出，每年蒙地之羊，经此处输出平津者，达三四十万头，马有四五万匹至十万匹之数，输入内地。对库伦商务只有俄商库伦外蒙古贸易公司之支行，此处改称为德商德华洋行一处进行。该行经理为苏联籍，该行之输出外蒙者最多的是皮靴，其余都是零星的用品，而蒙民需求量最大的织物与茶则为数极少。之所以会出现此种现象，是因为苏联的介入，试图改变蒙人的传统习惯，减少他们对中国货物的依赖。入口者大多为蘑菇和零星的皮毛类。

接下来我们透过张家口在民国二十二年（1933）下半年张家口部分进口货物统计表，对当时张家口的皮毛贸易进行一个了解：

表6　1933年下半年张家口进口货物统计表①

名称	蘑菇	狐皮	沙狐皮	羔腿皮	灰鼠皮	狗皮	山羊皮	羊腿皮	狼皮	玛瑙皮	狮皮	羊皮	老羊皮	羔皮	生马皮	生牛皮
单位	斤	张	张	张	张	张	张	张	张	张	张	张	张	张	张	张
数量	七四、九七五	一、三三七	二、一六三	四、七九九	三、八二四	七九二	七五三	四五〇	四六	六五	三二	六	五	二五	一三	三
金额	一二八、三五八、三七	一八、九九五、〇	一〇、二三一、〇〇	九、五九八	六、六九五、七〇	四、〇三九、〇〇	一、六九四、二五	九九九、〇〇	五二二、〇〇	二七六、一五	一七〇、〇〇	四五七、六二	四〇、〇〇	三七、五〇	二九、五〇	一〇、〇〇

① 傅安华：《蒙俄贸易与张库通商》，《新亚细亚》1934年第5期，第30—32页。

由上表可知,在输入统计中,皮毛数量是少之又少,至于传统上出口最多的羊皮与驼毛则全然不见。而且由于苏联的阻挠,运到张家口的皮毛多是成色不足的残次品,即使到了内地也不能脱手。除此之外,外蒙政府对张家口贸易总是以不输出现金为原则,这就使得德华洋行只出不进,外蒙协和公司共欠了德华洋行数十万元,也没有支付现金。最终使得德华洋行放弃了在张贸易。

张库贸易期间,该行每年交易总额五六十万元到一二百万元。但是这些收入却和张家口商人没有任何关系,更不要说政府的财政收入。在察哈尔政府方面,因为张库商务的停滞,使得察哈尔省政府的收入大大缩减。当张库通商时,每月财政收入达二百余万到三百万元。现在全省的财政收入不过三百万元。相差悬殊,由此可见。

3.刘筱如库伦之行

张库商道的被迫中断,使得张家口的商民遭受到了巨大的损失。他们也多次努力要求政府重开张库商道,打通同蒙古之间的贸易。其中最著名的就是1933年刘筱如的库伦之行。刘筱如是张家口永大祥记汽车商行经理,中苏断交之后,他就一直希望可以恢复张库通商。民国二十二年,刘筱如经多方周折,获准前往库伦商讨张库商道通商之事。刘一行分驾三辆汽车,载着生烟、水果等商品出发,3月14日,到达蒙古后,沿途受到了蒙古人民的热烈欢迎。这说明当时的蒙古人民为了获得日常生活的必需品也是很愿意同中国通商的。23日,抵库伦,蒙古民众听说"汉商抵达,联袂而至,欣然接晤,欣喜欲狂,慰问备至,殊令刘等有意想不到的愉快"①。足以可见市场需求的迫切。但是此时却爆发了"热河事变",日本侵入中国热河地区。苏联和外蒙政府得到了这一消息,最终因政治环境变差而终止了谈判。这使得开通商道一事,暂时被搁置下来。张库通商的断绝,不仅使得张家口皮毛贸易和皮毛加工业迅速衰落下去,而且整个张家口的各个行业也开始急速下滑。因为最初张家口是因为旅蒙贸易才发展起来的,相关行业也是同皮毛贸易相关联的,比如制靴业、养牛、养骆驼以及金融业、交通运输业等,这些都是因为旅蒙贸易而发展起来的。昔

---

①牛金元:《刘筱如库伦(乌兰巴托)之行》,《张家口文史资料》(第13辑),第83页。

日大境门外的 1600 多家的"外馆",如今也是寥寥无几,一片荒凉。

其次,由于毛织物在世界上的销路极广,所以羊毛及驼毛已成为近代工业中很重要的原料。我国的皮毛主要是在外蒙和西北,而外蒙和西北的大部分皮毛都是要先经过张家口输入内地,如今张库通商中断,已经失去了最大的原料市场。民国十七年至二十一年中国羊毛输出表如下:

表7 民国十七年至二十一年中国羊毛输出表

年份	十七年 (1928)	十八年 (1929)	十九年 (1930)	二十年 (1931)	二十一年 (1932)
千担	五六五	四六三	二四〇	二七四	七〇
千两	二一、七〇六	一六、九二五	九、一二八	一〇、四〇二	三、九五一

注:上表见《经济统计》季刊民国二十二年度,十二月号。

由此表可以看出,从中苏断交、张库通商中断后,中国羊毛的输出数量明显下降,虽然这不是唯一原因,但无疑是一个很重要的原因。

刘筱如库伦之行失败之后,中国在随后进入了日本侵占张家口时期,日军大肆掠夺物资,为其战争服务。1937—1946 年日本侵入,出于敌伪对牲畜的摧残,皮毛产量亦随之减少。再加上日本对皮毛业加以管制,在张垣有三井洋行之皮毛组合统治收买,在内蒙委托其特务机关大蒙公司收买。私人皮毛业者有的改业,有的转入暗地交易,张市皮毛业陷入萧条。1938 年后,敌人为了更大量地掠夺皮毛而转变花样,依靠私商店栈代购,并以物资交换(每 7 匹白洋布换羊皮 100 张),到 1943 年又一时呈现活跃。但是这仅仅是一种假象,1945 年,日本投降后,中国人民还没有从战争的阴影中走出来,中国就马上就进入了第三次内战时期,没有稳定的社会环境,发展经济只能是空谈。张家口的皮毛业也就没有再发展起来。

三、张家口皮毛贸易的历史评价

张家口皮毛贸易从隆庆五年(1571)开放马市开始,一直到刘筱如库伦之行失败,到最后遭受日本的侵略就此完全衰落下去,前后近四百年的历史。在这四百年的历史中,它经历了产生、发展、繁荣和衰落四个阶段,对张家口、蒙古地区乃至内地都产生了重大的影响。虽然从1929年中苏断交导致张库商道最终中断,张家口皮毛贸易也就此衰落,但是张家口皮毛贸易在整个中国的皮毛贸易史上的经济地位是不容置疑的。与此同时,我们也要注意它给我们带来的深刻的历史教训。

(一)促进了张家口经济发展

第一,张家口的皮毛贸易对于旅蒙商人乃至普通民众都产生了重大的影响。旅蒙商人从皮毛贸易中获取了巨额利润。旅蒙商人大部分都是山西人,他们贩运的主要货物是中国南方的茶叶,然后通过张库商道运到库伦与那里的蒙民交换。虽然路途遥远,但是获利也是很丰厚的。晋商也因此在中国近代的商帮史上更有影响力。为此,晋商将他们的钱庄和票号都设在张家口,而且是总号。由于销往内、外蒙地区的主要货物是茶叶,这也带动了闽浙和两广地区种茶业的发展,这些茶农从中也获利颇丰。其他的汉人和回民则因为旅蒙业的需要,而发展起养牛业和养驼业,以及相关的皮毛加工业,为张家口经济的发展创造了绝佳的机会。

第二,张家口皮毛贸易的发展也促进了其他相关行业的发展。首先就是皮毛加工业。当时从草原运到张家口的皮张在张家口制成半成品,然后再向外转运。正因为此,"口皮"这个专有名词也得以诞生。张家口的"口皮"行销国内外,十分有名气,使得张家口享有"皮都"之称。裘革加工业分为粗皮行和细皮行,粗皮行主要是鞣制老羊皮,牛、马皮。有名的粗皮坊有永兴合、瑞兴合、瑞兴源、大义隆、永全贞和后发展的瑞合昌、福生泰等。这些粗皮坊,大多设在大境门外坝岗附近落居,每年秋季,粗皮贩从西沟各栈房购买的羊皮、牛皮、马皮和羊毛等货源,堆积两旁,自称峡谷,中间只能走过一辆手推车,由此,可见张家口当时皮毛贸易的盛况。当时最大的粗皮行叫兴隆魁,坐落在大境门外正沟,专做蒙商买卖,颇有名气。兴隆魁有自己专门养的骆驼队,这些骆驼被用来从草地运回皮张,由此可以想象当时经营规模之大。细皮行则鞣制狐皮、灰鼠、银鼠和黄鼠皮等。据当时在张从事细皮行业的老人申玉光回忆,在张家口较有名气的细皮作坊有:恒兴成、庆巨成、长盛祥、大丰厚。老字号的细皮作坊有:

同德合、德玉厚、信义德。后发展的名字号还有：恒兴德、天章泰、天长恒。这些细皮坊大部分都设在下堡。而当时在大境门外的元宝山也有许多皮毛栈房，"每当狐皮和灰鼠皮等细皮货源开盘，都要提前请细皮坊有资历的人，协商货源价格"。①

泡皮大多数集中在永丰堡北边的大水泉（今水母宫）。大水泉的泉水旺盛，富含多种微量元素，熟出的皮子分外光亮。由于当时人民科学知识少，以为是这里有水母娘娘的保佑，因此，发了财的商人们在这里盖起了水母娘娘庙，以示感谢。熟皮时会发出的芒硝味、皮子的腐臭味使得这里有了"臭滩"的别号。

皮毛加工业曾是张家口地方工业的支柱产业。因为原料和销路都相当稳定，经营无多大风险。它为繁荣皮都的经济市场起过一定的作用。当时张家口流行着这样一句口头禅："钱鬼子（钱庄票号业）、皮贩子（皮毛加工业）、碎销圪蛋子（旅蒙业），挣钱发财一串子。"

第三，银钱制造业也是张家口贸易的产物。当时俄国市场急需中国内地商品，可用来交换的俄国货却不能满足中国商人的需要，俄国只好用白银补平贸易逆差。明清时期，沙俄政府限制白银流入中国，俄商为购进中国货，便用银子浇铸成各种银器同中国商人做交易。这些粗糙的银器被运回张家口，冶炼翻模再制成银元。因这种银元在张家口冶制，故称为"口平银"。

张库贸易的兴盛也促进了张家口金融业的发展。最早的应该是账局。账局也叫账庄，是专营存款、放款业务的金融机构，大约在清初兴起。由于张库商路路途遥远，不好走，只能用骆驼或是老倌车运输货物，造成资金周转困难，大部分旅蒙商户只能赊欠。于是，在乾隆元年（1736），由晋商王庭荣出资4万两白银，在张家口开设祥发永账局。这些账局和钱庄逐渐演变成银行。驻张家口日本领事馆《张家口事情》记载："到1924年张家口桥西区有二十四户票号。其名称是：裕源生、万隆昌、会丰号、兴隆达、裕通号、永利号、长泰隆、义聚德、兴泰广、恒北号、瑞通号、裕源永、天兴昌、义舜诚、复元号、世合德、永瑞号、兴记、慎义德、敦义、义和源、永

---

① 申玉光：《忆张家口的皮毛行》，《张家口文史资料》第1—3辑，1985年，第181页。

义隆、宏盛号"。① 这些账局在这个时候已经具有了银行的职能,可以经营货币的存款和贷款业务,同时还经营借贷和转账业务,已经是名副其实的金融机构了。当时张家口的票号经营得相当繁荣,其辐射范围和资金经营可以远到汉口、成都,分布很广。张家口作为一个内陆边境城市,能有如此多的票号,与张家口的皮毛贸易有很大的关系。

第四,张家口皮毛转运贸易的发展也促进了交通运输业的发展。为了加强张家口与北京和天津的联系,加速张家口到天津的货物流通速度,1905 年,清政府命詹天佑修筑京张铁路。1909 年京张铁路的开通加速了这一路段的货物流通速度,而张库之间道路的艰难依然阻碍着皮毛贸易的发展。于是,民国六年(1917),段祺瑞政府拟修筑西北汽车公路张家口到库伦一线。最终,张库公路由胡中生牵头,以"商办"方针修建,于次年 11 月,张库商道全线通车,是我国最早的汽车营运公路。

(二)对于张家口城市发展的影响

张家口皮毛贸易的发展促进了张家口城市的形成和发展。明初大清河以及东西太平山山口一带,尽管由于屯田制的实施和张库大道的兴起,导致了人流物流资本流的融汇,但以堡子里为中心的下堡和以来远堡为中心的上堡,始终是两个相对独立的城堡。到了清代,正是因为张库商道的日益兴盛和大境门的开通,才促进了上、下两堡的相向发展,最终建起了玉带桥,沿边路街修建了店铺,聚集了人家,上、下两堡渐渐连接成一片。桥的西面自然地被大家称为桥西区。至清末,又由于张库大道物资运输的需要,清政府通过"商办"的方针,命令詹天佑修建京张铁路。京张铁路的修建,直接导致了桥东区的形成。在京张铁路还未修成之时,天津英商开办的"怡和洋行",正买办梁炎卿和副买办陈祝龄便一次投资二十万银,在张家口成立了"怡安股份有限公司",由公司经办人区泽南(原本是开皮货店的老板)买下了桥东火车站附近的五百多亩荒地。首先动工兴建的是桥东大街,而后是怡安街、长寿街、福合街,其次是宝丰街、宝善街、宝全街、宣化大道路西,接着是东安大街、土尔沟、铁路斜街以东。

---

① 刘振瑛主编:《张家口兴盛的古商道》,第 86 页。

共建筑各类商号、住宅六千余间。随后又根据需要建了各种娱乐场所,桥东区逐渐形成。随着张家口桥西区和桥东区的形成,张家口市区也逐渐形成,初步确定了桥西以武城街和西沟为商业中心,桥东以怡安街和福寿街为商业中心。张家口的皮毛贸易对原料产地和销售市场具有很大的依赖性,随着外蒙"独立"、中苏断交,切断了外蒙与中国的联系,使得皮毛来源大受影响,直接影响着张库大道上的商贸活动,张家口的皮毛业迅速地衰落下去,张家口在蒙的商号也遭到了毁灭性的打击。昔日寸土寸金的商业街成为一文不值的地方。往日繁华的正、西沟一带,由于旅蒙业的萧条也随之衰败下去,桥西区的经济一蹶不振,桥西区也开始失去往日的繁华。而之后日本的入侵以及对经济的掠夺,使得整个张家口城区都遭到了打击,张家口城市也随着张家口贸易的衰落而衰落下去。昔日西北边境上贸易重要集散地之一成为无人问津的地方。

(三)促进了张家口形成多元文化

张家口在发展皮毛贸易的过程中,也形成了张家口地区特有的多元共存文化。在张家口经商的人,有"山西帮""京帮""直隶帮",还有来这里收购毛皮的美、德、英等国商人,以及来这里的俄国商人,还有经营养驼业的回民。张家口以海纳百川之势,包容了来自于不同地域、不同民族、不同习俗的人们,让这里成为了多民族文化的碰撞之地。

对形成特有的张家口文化影响最大的就是晋商。作为旅蒙贸易的主要群体,晋商在大批涌入张家口,赚取大量金银的时候,也将山西文化带入了这座山城。首先,在堡子里的张家口的民居就很有山西风格。这些民居大部分是环合单坡出水的建筑。所有的房屋不论朝哪个方向,出水檐全都向院内,取"肥水不流外人田"之意。

晋剧是山西商人带给张家口的又一笔财富。引进晋剧的是在张家口发了财的豪商巨贾,每逢节日他们就会在关帝庙前的戏台上,摆开场子免费为社会唱大戏。由于经常唱戏,人们也就接受了晋剧作为张家口文化的一部分。说到戏剧,不得不提的就是具有张家口特色的二人台。它是由走卒贩夫创造出来的,虽然难登大雅之堂,却是张家口老百姓的最爱,因为人们从这些粗俗的语言中听到了自己的酸甜苦辣,以及对于这个社会的不满,从这里得到了发泄。直到现在,二人台在张家口随处可以听到,并拥有着一批固定的听众。这也成为了张家口的一大特色。

张家口贸易的发展,也使得张家口形成了自己的贸易精神。最基本的也是最重要的就是遵守"至诚至信"的商业精神。他们公平合理,秩序井然有条。除此之外,张家口商人具有吃苦耐劳的精神,长年驾着老倌车和骆驼奔波在张库商道上,风餐露宿,忍饥挨饿。这也成为现在张家口人可贵的品质。

现在走在张家口的大街小巷,你绝对辨别不出谁是纯粹的张家口人。生活在这里的绝大部分是从各地迁移而来,绝对不是以泥河湾为祖籍的人群。就张家口市桥西区来讲,仅20多万人就有着20多个民族记录在户籍册上。藏蒙民族的豪放,伊斯兰民族的坚毅,俄罗斯民族的执着,满汉民族的谦恭礼教和西方民族的绅士遗风,都在潜移默化中相互渗透,相互交融,并且在这里得到了进一步的发展,最终形成了独具特色的张家口文化。

(四)深刻的历史教训

第一,张家口皮毛贸易虽然最终是走向没落,但留给我们的却很多。张家口皮毛贸易开始迅速衰落,是因为外蒙独立、中苏断交和张库商道的中断。苏联迅速将自己的势力渗入到外蒙,外蒙的经济命脉基本上全操于俄人之手。苏联之所以可以如此快速地将自己的商业势力渗入到外蒙地区,有一个很重要的原因就是明清时期对于这一地区都疏于管理,这一区域与内地的经济联系一直都不是很密切。清政府虽然支持旅蒙商人同内、外蒙古以及沙俄的商业贸易活动,但是却有着严格的限制。如清初的"部票制度",最初只发给对自己曾经支持过的"八大皇商",以至于在前期,蒙古草原可见到的商店只有十余家,其实就是"八大皇商",最后是在蒙古贵族的强烈要求下,才放松了对"部票"发放的限制。

可将外蒙与东北三省相比较。"九一八事变"使得东北三省在不到半年的时间里就沦陷,中国人民对于这一事变给予了极大的关注,纷纷走向街头抗议,号召全国人民起来反抗日本的侵略,收回大好河山。而与之相比,1924年,外蒙古已经在苏联的策动下,宣布"独立"。对于此,不管是当时的北洋政府还是普通民众都没有给予足够的重视,最后蒋介石国民政府其至承认了外蒙古的"独立"。其实蒙古地区,不管从地理位置还是经济地位来说,对于中国都很重要。外蒙古的"独立",一方面说明中国对于其不重视,也从另一个侧面反映出联系的缺乏。

第二,国家发展要紧跟时代的步伐。在整个张家口皮毛贸易发展的历史过程中,清政府始终实行的都是"重农抑商"的经济政策,以"天朝上国"自居,满足于物产丰富,无所不有。不仅不关心商业贸易,对于商人更是给以鄙视。这一点与俄国形成鲜明对比,这里我们从签订《尼布楚条约》中便可窥一二。沙俄不断侵扰我边境,除了有蚕食我国领土之意,最主要的是为了通商,俄廷在遣使谈判时,交代"如获得与中国通商之利益时,雅克萨不妨让与中国,否则在不损沙皇威严之范围内,秘密与中国大使以相当礼物(贿赂)"。[1] 而中国方面的索额图在离京谈判前却称:"黑龙江大小河流俱属中国,所有逃人如根忒木尔等俱应索还,如一一遵行,即归彼逃人及大兵俘获招抚者,与之书界分疆,贸易往来。否则臣当即还,不与彼议和矣。"[2]由此我们便可看出,在沙俄方面,最重要的是通商,而在清政府方面最重要的是保持领土的完整和"天朝"的国威,为此可以允许沙俄来京通商。而且即使在《尼布楚条约》和《恰克图条约》之后,清政府经常性地停止两国边境贸易,虽然是因为沙俄不遵守协议,但本身这种行为可以看出清政府并不重视商业贸易,反而是沙俄为了能够和中国通商而一次次地谈判。在此时,清政府并没有意识到商业对国家发展的重要性。一个国家的外交政策成功与否,最根本的是取决于本国综合国力。而综合国力里起决定性作用的就是经济实力这一因素。正是由于双方采取了完全不同的经济政策,从而造就了近代中国和沙俄完全不同的命运,一个成为被侵略者,一个成为侵略者。

由此可见,当世界进入一个新的时代,我们也要紧跟时代的步伐。在整个世界进入资本主义时代的时候,我们也应该放弃原有的小农经济,快速发展自己的工商业,增强自己的经济实力,才会立于不败之地。同时,

---

[1]姚贤镐:《中国近代对外贸易史资料(1840—1895年)》(第二册),第95—96页。
[2]姚贤镐:《中国近代对外贸易史资料(1840—1895年)》(第二册),第96页。

我们要时刻维护自己国家领土的完整,加强边疆管理,时刻警惕别国对于中国边疆领土的觊觎和威胁。历史经验证明,任何一个国家想要立于不败之地,就要与时俱进,不断的增强自己的综合实力,同时要放眼世界,将自己融入整个世界之中。

结语

张家口作为北方重镇,不管是在政治还是经济上,在中国历史上都有着重要作用。从经济方面来说,张家口是内地与口外和外蒙古以及中俄西北贸易的重要中转站,因这些地区都盛产皮毛,张家口的皮毛贸易和皮毛业迅速发展起来,因此张家口也被称为"皮都"。在近四百年的历史中,张家口皮毛贸易历经繁盛走向衰落。但这是张家口人民的财富,也是中国皮毛贸易史上的一大遗产。

以明末张家口马市开放为起点,旅蒙贸易正式开始。旅蒙商人带着茶叶、丝绸、金银器等内外蒙古缺少之日用品,换回皮毛,张家口作为皮毛转运口也正式开始,皮毛业随之发展起来。这对于俄人和内外蒙古民众来说是维持生活和发展自己经济的需要,而对于清政府来说,其更多考虑的是维护北方边疆的安定。

张家口皮毛转运贸易历时近四百年,经历了发展、繁荣和衰落。它的存在,不仅促进了张家口经济的发展和人民生活水平的提高,更重要的是促进了张家口这座城市的兴起和城市格局的形成,使得张家口成为了一个海纳百川的地方,融汇了各个民族的文化,最终形成了独具特色的张家口文化。当然,它也留给我们深刻的历史教训,即必须将维护国家的完整和独立与争取本国经济的发展相结合。张家口的皮毛贸易和皮毛业衰落是历史必然,但他的历史价值也是不可磨灭的,我们在回忆当时张库大道的辉煌之时,更应该思考它留给我们的历史教训,思考如何更进一步发展好现在的张家口,将它再次打造成西北贸易重镇。

(东北师范大学 2011 年硕士毕业论文)

(四)金融

清代前期账局、放账铺研究

——以五种账局、放账铺清单的解读为中心

刘秋根　杨帆[①]

账局、放账铺[②]是清代至民国时期存在的一种重要金融机构,它对当时城乡人们的生活、工商业运行发生过重要的影响。黄鉴晖开创性地从银行业起源、变迁的角度,对晋商账局的起源、发展阶段、作用、局限性等问题作了比较全面的探讨[③]。刘秋根从京债经营的角度对账局作了探讨,并补充了对"放账铺"的论述[④]。但受资料所限,对于账局的研究仍比较薄弱。本文拟在刘建民所藏晋商玉盛吉账局、天合永放账铺等清单资料的基础上,对账局、放账铺在清代前期的资本组织、业务经营、利润率等

[①]刘秋根(1963—),男,湖南邵阳人,河北大学宋史研究中心教授、博士研究生导师;杨帆(1985—),女,辽宁开原人,河北大学宋史研究中心博士研究生。
[②]账局与放账铺是同一类的金融机构,账局资本规模大,业务更加针对商人、工商业字号,相对而言,放账铺则规模要小一些,业务方面虽也对商人商号,但更多是针对农业农民,每次放贷的规模也要小一些,并更多地使用铜钱放贷。二者有时也不好区别,有时放账铺也被称为小账局。
[③]黄鉴晖:《中国早期的银行——账局》,《山西财经学院学报》1984年第6期;《清代账局初探》,《历史研究》1987年第4期。
[④]刘秋根:《明清京债经营者社会构成—兼论账局及放账铺》,《河北大学学报(哲学社会科学版)》2011年第2期。

作一个初步的探析。

这些算簿、清单主要有以下五种：

乾隆四十七年(1782)立《玉盛吉记算单》。记载了玉盛吉账局此年股东投入、得利、借外、外借的详情。算单是账册样式，可能附在账簿末尾。封面、封底皆贴有红纸，封面写有"乾隆四十七年算单"的字样。

道光某年《玉盛吉记算簿》(残)。此文件不全，目前所见包括三个内容：一份资本、利息计算、分配情况单，前半部分有些损毁；各级官员因为丁忧、被参、得病、死亡而导致的京债拖欠情况；部分道光年间的京债借贷契约摘抄，个别契约还记载了偿还情况。

道光十八年(1838)立道光十七年(1837)《玉盛吉号算单》。这应是一份单独的账单，内容、格式与乾隆算单类似，记载了玉盛吉号此年的现存资本、盈利、借外、外借情况。

道光十八年至咸丰元年(1851)《天合永放账铺清单》八份。资料封面未明言为账局，笔者根据其内容断定为放账铺。包括道光二十九年开二十八年清单、道光二十三年开二十二年清单、道光三十年开二十九年清单、道光二十八年开二十七年清单、道光二十六年开二十五年清单、咸丰元年开道光三十年清单、道光十九年开十八年清单、咸丰二年开咸丰元年清单。记载了这八个年份的资本、得利、亏本、费用、公积、利润分配等情况[①]。

《道咸疑为放账铺清单若干》。此件也未定名，根据其内容定为放账铺清单。道光咸丰同治清单六份，其原照片顺序是：同治七年(1868)、同治九年、同治五年、同治三年、咸丰八年、道光四年(1824)，其中道光四年之单，仅余其中所谓"三厘股"得利情况。

[①] 关于"天合永"之名，目前仅见忻州人在包头所开杂货铺，有名曰"天合永"者，参见《晋商史料全览·忻州卷》，山西人民出版社，2006年，第301—302页。网上搜到包头师范学院历史系教授撰写的"老忻州人走西口"的文章，也论及包头天合永杂货行。但由清单所反映的天合永经营内容看，它与杂货铺似乎是不匹配的。笔者从其经营内容，推断此店就是放账铺之类，但可能也做粮食生意，即有可能购地收租，同时将收租得来的粮食用于贩卖。因为各单几乎都有所谓的"地本""地利"钱的项目。另，每份清单中皆有一图章，上有"刘营"的地名，但刘营具体在何处，也不确定。文中顺序乃收藏顺序。

一、资本组织

笔者曾引用两处放账铺的资料对账局、放账铺的合伙经营进行了初步探讨,这里以这些新材料为主,再作更详细的研究,以下通过玉盛吉算簿了解账局的经营,通过天永合清单探讨放账铺的情况。

由乾隆算单看,玉盛吉账局在乾隆年间采用的是合伙经营方式。玉盛吉记算单记载了一些长支钱的情况,依晋商惯例,在店中支钱的既有伙计,也包括股东,我们可以此资料了解其股东情况。算单第一部分记载了乾隆四十七年以前共四年的长支银情况如下:

> 吉记四年共支银一千〇九十八两七钱六分;楷四年共支银三百一十二两七钱四分;禄四年共支银一百九十两〇二钱一分;琦四年共支银一百五十一两一钱六分;林四年共支银二百四十九两三钱七分;锡共支银二十三两八钱四分;炳共支银三十八两一钱四分;永清身金支银二十二两八钱九分

第二部分也有类似记载,但指的是四十四年、四十五、四十六三年的情况:

> 吉记三年共支银一千〇九两;楷三年共支银二百六十四两八钱六分;禄三年共支银一百七十五两二钱一分;琦三年共支银一百二十四两五钱五分;林三年共支银一百七十三两;龄支银二十三两八钱四分;堂炳支银二十两

第一部分支银钱者共八人,其中楷、禄、琦、林、炳五人,在第二部分中也出现了。第一部分有锡、永清二人在第二部分名单未出现,而第二部分中龄一人在第一部分中未出现。以上大部分人、字号的身份如何,是股东还是伙计,不能完全肯定,但永清为伙计则是肯定的,因明确注明其所支为"身金",即薪金。而楷、禄、琦、林、炳五人作为股东的可能性则比较大。

玉盛吉的老板是山西寿阳县周家,除玉盛吉号外,周家还开设有玉成号、玉盛号等商号,这些店铺的股份时有交叉重叠。嘉庆三年(1798)《玉盛号支使账》①中记载了在玉盛号支钱的共有十一人:"吉记模字""吉记松龄""吉记锡龄""吉记堂炳""楷""福林""永清""堂炳""堂炜""泰昌""锡龄"。"堂炳""锡龄"两人重复,实际共九人。由此我们可以推测嘉庆年间玉盛吉股东的变化情况,可以肯定,以上名字序列加"吉记"二字的四人皆应为玉盛吉号股东。还可以借此了解某些股东的真实姓名,乾隆年间股东名单中所谓的"林"可能就是福林,"龄"可能就是锡龄或松龄。总的说来,至嘉庆年间,玉盛吉的股东又有较大变化。

道光某年《玉盛吉记算簿》也可以证明玉盛吉账局采用的是合伙投资经营方式。此簿前半部分有股东资本投入及利润分配的记载:

玉盛吉记算簿……(上略)以上十三宗共除银五千三百一十一两二钱七分。除去十三宗净在现银四千六百一十八两四钱四分。

按九股均分,每股应分银五百一十三两一钱六分。

玉盛号二股分去现银壹千〇贰十六两三钱二分。

赵辙一股分去现银伍佰一十三两一钱六分。

兰已三股分去现银壹仟伍佰叁拾九两四钱八分。

桂已三股分去现银壹仟伍佰叁拾九两四钱八分。

以上四宗共分利银四千六百一十八两四钱四分。分清……

一宗浮记账该咱银九百四十五两七钱二分。

一宗花单该咱银陆拾两。

一宗水牌上该咱银十八两。

一宗众伙伙账该咱银柒佰六十九两。

一宗与世和堂佃本银叁千两……

一宗与协和公佃本银叁仟柒佰五十两……

由此可知,玉盛吉在道光年间有股东四家,即玉盛号占二股,赵辙占

---

① 此账册亦为刘建民所藏。

一股,兰已占三股,桂已占三股,共九股。"浮记账""花单""水牌上""众伙伙账"等均应是一些临时债权,但究竟是何种债权项目,均不易解。有些项目可做猜测,所谓"水牌",依晋商经营惯例,是指店铺临时记载欠账的木质牌,倘顾客按时偿还,则消去,如未能按时还,则抄入账册。晋商账本多见"撤去某某"之类记载,可能就是这种临时欠账,偿还不了而仅挂账。"浮记账""花单"也是此类。"众伙伙账"可能是众伙计在店内的那些与薪俸及身股分红无关的收入。世和堂、协和公是玉盛吉的关系户,在此算簿的京债账中,多次与玉盛吉合作放款,此处玉盛吉又给两家堂号垫放本银。说明世和堂、协和公可能是玉盛吉投资设立的字号之一。

综合以上所述可见,玉盛吉账局在乾隆年间有可能是由楷、禄、琦、林、炳等人合伙组成的账局;嘉庆年间则是由模字、松龄、锡龄、堂炳组成的账局;至道光年间,则已是一家由玉盛号、赵辙、兰已、桂已等四家股东组成的账局了。关于放账铺的合伙经营,天合永放账铺清单有所反映。八份清单中的五份都提及了最终股东赢利分配问题,表1是其中关于余利分配情况的整理。

表1 道光、咸丰天合永清单所见股利分配表

材料摘要	股份及股利分配	出处
杨宜秀半股开去京钱壹佰贰拾贰千六百五拾文,又每股开京钱壹佰千文,按六股共开京钱陆佰千文	6股,每股100千	道光二十二年清单
赵福宝八厘,杨宜秀半股,二人开京钱壹佰陆拾贰千三佰文,又每股开京钱壹佰千文	每股100千	道光二十五年清单
每股开钱四百千,按六股共开去京钱贰仟四佰千文	6股,每股400千	道光二十九年清单
每股开去京钱壹佰千文,按六股开去京钱陆佰千文	6股,每股100千	道光三十年清单
旧积余利钱贰仟九佰贰拾九千四佰贰拾文,德厚堂开去股份钱肆佰千文	可能还是6股,每股400千	咸丰元年清单

从表1可见,很有可能天合永有六个股,在多数年份里,每一股开余利钱一百千文,赢利状况好时开到了每股四百千文。股东也应该有六家,

其中有一个股东是德厚堂,而清单中两次提到有具体名字的股东是赵福宝、杨宜秀,二人所得股利却比其他股东高,应该是两名特殊的股东。

二、业务:对商号放款

账局的业务活动,最值得注意的是对官员放京债,在进行生活性放款的同时,逐渐开始向商铺、商人放款。北京的账局是怎样开始向商人商铺放款的,受资料所限,目前还不太清楚。检索《清实录》,直到嘉庆年间,与账局有关的记载才逐渐多起来,而且还都与官员有关:或是官员开账局,或是官员存款于账局,或是官员在账局借债,或是官府禁止私开账局。那么,账局又是如何开始对商人、商号放贷的呢?

应该说,这本来不是什么困难的事情,因为账局经营者,原本就是经营其他行业的商人,而商铺经营放款、存款,包括对商人及商铺放款,在清代也是很常见的①。他们最了解商人在经营过程中对资金的需求,尤其是清代以晋商、徽商为代表的长途贩运的发展,与这种发展相适应,本地铺店零售商业的发达,都对资金提出了更高的要求。账局像其他商铺、商人一样,转而对商人放贷,是很自然的。至于立于中小城市及市镇的账局,可能很少或根本就没有什么京债的经营,只能对商人、商号及城乡居民放贷。只不过这种放贷,偿还率较高、风险相对较小,在不影响社会秩序时,是不会引起官府及士大夫的注意的,故而在传统史籍文献之中难得觅其踪影。

直到咸丰二年(1852),因南方太平军的逼迫,北京的账局立意收回本金,引起市面恐慌,导致商人经营、百姓生活资金困难、无处借贷时,才引起清廷注意,史书及其他文献中也开始出现对账局活动的记载。御史王茂荫提出了首先要让北京的账局照常营业,以满足各商铺乃至钱铺、当铺资金的要求,还要求当铺也照常营业,以利贫民。也正因为如此,账局对商人放贷资本的面貌才显露出冰山一角,但此后不久,官府士大夫对账局的记载又沉默下来。故而对账局工商业放款的认识,目前为止仍然是

---

① 刘秋根:《明清高利贷资本》,北京:社会科学文献出版社,2000年,第28—43、133—175页。

断断续续、缺环甚多。乾隆四十七年立《玉盛吉记算单》和道光十八年立道光十七年《玉盛吉号算单》两份资料中的"外借"部分,可以使我们对这种借贷的细节有所了解。

乾隆四十七年结算单中显示玉盛吉账局的资本似乎是分两部分进行结算。第一部分原文记为60宗借贷业务,但实际为51宗,其中11宗无法确定是否借给商号,借出本银共计16609两。由此可见,至少有40家商号从玉盛号第一部分资本借了资金。第二部分原文记为70宗借贷业务,实际上只有61宗,其中13宗无法确定是否是借给商号,本银共计14903.61两。可见,至少有48家商号从玉盛吉第二部分资本借贷了资金。

从借贷数额看,第一部分资本外借1000两以上者1宗;500两以上者13宗;100两以上者24宗;100两以下者17宗,共计55宗。第二部分1000两以上者,1宗;500两以上者8宗;100两以上者36宗;100两以下者16宗,共计61宗。从所占比例看,两个部分资本中,借贷百两以下者分别为30.91%、26.23%。可见小额贷款在账局借贷业务中占有一定的地位,但百两以上千两以下者占有绝对主导地位。

有意思的是,乾隆四十七年以前清单显示玉盛吉两部分资本有十一宗外借对象相同的记录,但利银却不同。如合盛号陈兄借100两,第一部分记录利银16两,第二部分则为14.65两;久兴号张兄借300两,第一部分利银14.04两,第二部分1.22两;兴成号白兄借50两,第一部分利银0.7两,第二部分13.28两。两个部分我们可以看作是玉盛吉的两付资本,但为何又有这么多重复呢?难道是巧合吗?具体原因是什么?还有待于以后新资料的发掘及进一步的深入解读。

综合以上所述可见,至少从乾隆年间开始,账局便已经比较经常性地为商号经营服务,即为之提供借贷资金。有点遗憾的是,无法计算出这些借款的利率。

道光十七年《玉盛吉号算单》共记录了27宗外借业务,出借本银38300两,其中1000两以上者11宗;500两以上者9宗;100两以上者5宗。与乾隆年间玉盛吉外借情况相比,道光年间的业务总数减少,已经没有百两以下的小额借贷,大额借贷业务大大增加,借贷数额最大者"复盛公记李生桂兄"借得本金11900两,千两以上的借贷业务11宗,达到借贷业务总数的45%。

总结乾隆道光间两份清单、算簿外借情况看,玉盛吉号账局已经大量向商人商号放款,而借贷资金的数额也相当的大。如果一笔账代表一家字号,那么玉盛吉账局至少可以向61家、51家、26家商号借贷流动资金,当然也未必全是用于流动资金。

三、业务:京债放贷

算簿、算单资料所见,玉盛吉账局从乾隆年间开始大量对商人商铺放贷的同时,似乎也针对官员放贷大量的京债。自清代中期以来,账局对京债经营是非常普遍的,以至于《晋游日记》的作者李燧将账局的起源直接与京债联系起来[①]。《清实录》及其他正史、相关文集、笔记乃至档案,对京债经营也有连篇累牍的记载,但多是一般性概述,且侧重其对官僚制度的冲击,至于具体如何借贷,则缺乏细节资料。道光某年《玉盛吉记算簿》(残)附有账局京债的部分内容,可借以了解此方面的情况,以补史载之阙。道光算簿关于京债的内容有两部分,一是分外(官)该上账、外官该下账、下下账三个部分记录了玉盛吉一些不易或完全不可能讨回来的京债;二是八份京债借贷的契约。以下对这些材料所反映的制度与数字作些分析。

第一部分资料显示,"外(官)该上账"共有13宗,"共上账该银三万〇二百六十三两";"外官该下账"共有33宗,"该银三万一千一百四十二两六钱";"下下账"共13宗,"该银四万〇九百七十五两"。三部分共计59宗,总银数102180两。因京债情况比较复杂,且数量较多,不便一一列举,仅就"外官该上账"的部分内容整理成表2,以说明其资料所反映的基本信息。

[①]这种观点,从现在见到的资料看,当然是非常不全面的,因为它忽视了账局与商人商号经营的关系,即账局对商号的资金放贷。这是至关重要的。

表2 道光某年《玉盛吉记算簿》(残)所记部分京债情况表

官员姓名	赴任之地	票	贷银总数	玉盛吉银	一同放贷者
季公以晋	安涂县	票一张		?	刘毓其、刘秉全、马履和各250
琦公成额	广柳州府	票一张,票陈攀瑞带去		3000	
王公汝彤	湖北罗田县	票一张,票王二丫带去	票系2000	1620	协和一股,本局四股半
縻公良泽	广拣发知府	票一张,票周乔林带子去	9400	4084	本局六股二,同茂堂八股二
李公均	贵枭司	票一张		1000	
金公光耀	福厦门巡检	票赵祥带去	1000	333	世、协均写
程公庆林	候选知县		票205该银102	本局105	协和100,还过本银50
洪公大铺	贵黔西州	票一张,票王之商带去	共欠1004	欠银705	五股六,本局三股,世和一股,协和一股六
张公绩和	甘知知	票一张,票李永华带去	共欠700	欠银542	本局三股半,裕兴堂一股

表2所列数字严格来说,不一定准确,记述亦有让人不明白之处,如有些条目标明是"欠银",有些却标明为"该银",二者之间有何区别,不得而知。几乎每笔都标明有"票",但有时一笔银却签两张票,有些票被别人带走。如琦公额注有"票一张","票陈攀瑞带去"。资料中还有同一人为两个人带票的情况,如徐建魁为"清公山""崇公元"带票。按常理,借贷之票应该收藏在玉盛吉账局,为什么有些票却由第三者带走,是否这些人是玉盛吉信得过的人,可以帮它以后要回本利,或者他们是玉盛吉内部的人,可能随官员赴任讨取债务。

京债的借贷金额是比较大的,不算与人合作出贷的总银数,而仅就单独放贷或合作放贷时玉盛吉所承担的份额作一个估算。资料中所列者共计发生了62笔借贷,不同资金额度的分配情况如下:4000两以上者6笔;3000两以上者6笔;2000两以上者8笔;1000两以上者12笔;500两以上者10笔;500两以下者20笔。1000两以上的借贷共计32笔,超过借贷业务总数的51%,其中3000两以上者近20%,4000两以上者近10%,其中最高借出7000多两。当然这些都是因为官员丁忧、去世、降职等而不能偿还的京债。因其记录的随机性,更能反映一些实际情况。京债的借贷数额与对商号、商人的借贷十分接近,甚至超过了后者。这应该也是账局重视这种借贷的重要原因。大额放贷虽然风险大,但相对而言,放贷成本要较那种小额生活性借贷低很多。

表2还反映了账局在京债的经营中,为了避免风险,同时也为了分利,对一些数额较大的放款,常采取合作的办法。如借给季公以晋的款项除玉盛吉外,还有刘毓其、刘秉全、马履和各250两;縻公良泽借9400两,"本局六股二,同茂堂八股二";惠公丰的借款是"与童七爷、贾有良伙的"。在记录的62笔放款中,至少有16笔是合作放贷的,除一笔借款额不详外,其余合作借款中3000两以上者3笔;2000两以上者7笔;1000两以上者5笔。这说明不是所有大额的放款都合作进行,但合作进行者应是以大额为主。

资料记录中,与玉盛吉合作放款者有刘毓其、刘秉全、马履和、李桂林、童七爷、贾有良、李献裔等7人,还有同茂堂(3,为资料中所出现的次数,下同)、世和(4)、协和(5)、五福公(1)、公合成(1)、裕兴堂(1)、恒和堂(1)、代耕堂(1)等数家堂号或字号。其中世和、协和、五福公、公合成等4家作为商号甚至直接就是账局的可能性比较大。当然,这些字号、堂号与玉盛吉的合作,还不能说成是合伙,他们只是一次性的、为了分散风险而进行的临时放款,并不意味着共同经营、共分利润及共同分担亏损。

第二部分的八份京债借贷契约,可依借贷形式分为两种:一是名之为"借票""借字"的契约;二是名为"会票"的契约。依原文顺序,其中的第二份契约属第一类。

晋亨

立借票候选知县贺家麟,今借到周名下京平纹银贰佰两,言明按月照点行息,期至十一月底初三日,如数归还不误。此据。

  中友杨大川(花押)

  道光十八年八月初三日亲笔(花押)①

此类契约共有五种,一般载明借银数目、利息、偿还期限,其中还有两份说明了归还地点,即"在京归还",很有可能是在"晋亨周兄"家里借了,次年在京归还给玉盛吉账局,因为玉盛吉正好是设在北京。

依原文顺序,其中第一份契约属第二类。

  晋亨

  立会票人山西候补知县贺家麟,今会到周名下库平足色纹银捌佰两。言明至次年四月底,在省如数归还。过期按笔下二分行息,或补或署,得缺之日,本利一并归还不误。此据。

  中友 王之贵(花押)

  杨大川(花押)

  道光十九年九月廿六日亲笔(花押)

  道光廿年十一月十一日付还本银伍拾两正。(花押)

此类契约一般载明数目及归还地点、方式、时间,给人的感觉是在约定期限内是没有利息的②,但在第七份契约中,道光十八年十五日借银四千两,契中未言利率,但道光廿年十二月廿日,却有"加利伍百两"的记载。故而京债如何计算利息,还须继续关注。此外,所谓"会票"似乎也没有汇兑银钱之意,所谓"会"可能就是会账之意。

通过对玉盛吉京债坏账和京债借贷契约分析可见,京债经营的风险是相当高的,封建官场的险恶导致了较高的违约率。与此同时,也反映出

---

①关于此契,应作以下两点说明:1."晋亨"二字,每个契约开头皆有,这是山西借贷契约所少见的,此算簿的另一份由贺家麟所订的"会票"契约中,开头也有"晋亨"之名,但此份契约却未在原件中见到。"晋亨"当即玉盛吉账局东家"周兄"的堂号,在刘建民所藏永锡号账局账折中,可见大量道光后期"晋亨堂周兄"的借贷记录。2.契约中所谓"照点行息",即照典行息,按照典当利率计息。第五种侯国璋的一份"借票"便是"照典行息"。

②契中所言利息规定带有惩罚性质,即过期才按二分算息。

账局对于债务人违约缺乏相应的对策,故而在算簿末尾我们见到平常风光的京债放贷者发出了这样无可奈何的哀叹:"以上十三宗俱系坏降故丁四项人员,不过暂存此票据,日后倘有伊等子孙起发做官者,或能拮多拮少,有票可以查对。"这也与《实录》《会典》乃至文集、笔记小说等文献所记载的西商京债经营者强势、豪横、苛刻的形象形成了对比。

因为京债的高风险,其利息自然要高于对商人商号的资本放贷,但也不完全如京师竹枝词中常说的"三分九扣"那么苛刻。如所引契约中,关于利率利息有以下这些规定:"按笔下二分行息""按月照点行息""照典行息""每月壹分行息""每月叁分行息"。可见达二分、三分以上,"照典"之典息,南北区别较大,但经清代康熙后期以后至乾隆年间的减息之政,多在三分以下是肯定的,低者达月利一分五厘①。

四、利润率

对于账局、放账铺利润率乃至晋商利润率,目前学术界探讨很薄弱,而字号清单可能是开展这种研究的最重要资料。玉盛吉账局道光十七年清单、天合永放账铺清单皆有可以反映利润率的资料,现以其为基础对清代前期账局、放账铺利率做一个初步的考察。

首先是玉盛吉账局道光十七年清单,我们省略其中所列借外、外借资本及利银具体数字,将最相关的条目选录如下,并在此基础上对其润率做简单分析。为简明起见,年代及银数全部改成了阿拉伯数字,有些条目用现代会计学术语作了解读。

清单第一部分:

玉盛吉记原本银 3000 两
十五年净得利银 1317.93 两
十六年净得利银 1115.27 两
十七年共收利银 1676.02 两(主营业务收入)

---

① 这些契约虽数量不大,但比之史籍、文集等文献,可能更反映京债利息的一般情况。当然要想考察京债利率的整体状况,目前资料仍感不足。

共收色银 51.32 两（其他业务收入）

收合盛永记得米银 216 两（其他业务收入）

共出利银 1469.58 两（主营业务成本）

共出日用银 337.27 两（营业费用）

除收净出利银 130.83 两（主营业务利润）

以上五宗共银 5569.7 两

清单第一部分可以说是一份利润表。所列各项费用的关系大体如下：主营业务收入－营业费用－主营业务成本＝主营业务利润。用数字表示就是：1676.02－337.27－1469.58＝－130.83，可见玉盛吉的主营业务利润数是亏损的。其他数字的关系：第一部分总数＝原本＋前两年得利＋非主营业务收入＋主营业务利润，即 5569.69＝3000＋1317.93＋1115.27＋51.32＋216＋（－130.83）。

清单第二部分为"在账借外本银"二十宗，具体数字从略，所借外本银共计 33758.27 两，未付利银1093.58两，大共原本获利并色借外本共银 39327.93 两。

第二部分数字的关系是：第二部分总数＝第一部分五宗总和数＋借外本银数，即 5569.69＋33758.27＝38327.96。但奇怪的是此总数并没有加上其中的未付利润，即"未付利银"。

清单第三部分为"在账外借本银"二十七宗，具体数字从略，外借本银共计 38300 两，未来利银 1705.5 两。还有"在账现存"，包括：现存银 1317.8 两，大共外借本号资本现存银共计 39617.8 两，十七年本号总得共收利银 136.5 两。

第三部分的数字关系是；第三部分总数＝现存银数＋借外总数，即 39617.8＝1317.8＋38300。但同样奇怪的是这个数字也没有加上未收利润。最后的"十七年本号总得共收利银"乃是主营利润收入＋米银、色银收入，即：－130.83＋216＋51.32＝136.49。显然，这是净利润数。

这个净利润数字如果再加上未收利银 1705.2，减去未付利润 1093.58，等于 748.11，减去米银、色银收入 267.32，这一年的主营业务利润应是 480.79。以这个数字除以"3000＋1317.93＋1115.27"即得到了利润率，即 480.79÷5433.2＝0.0885，即得年利润率约 8.85%。这大体应是这一年的利润率吧！

比较奇怪的是，在清单的实际记录中，未收利息没有当成资产，没有参加利润计算，未付利息也没有当成负债，其原因还值得进一步注意。

其次是天合永放账铺的清单，有八个年份的记录，表 3 所列可看见其所得利润、利润分配、留利的情况。

表3 天合永放账铺历年利润情况表

年代	上年累计未分配利润	本年利润	本年分配利润	本年累计未分配利润
道光十九年	2447千790文	1053千240文	没分配	3501千30文
道光二十三年	2756千570文	1594千340文	772千650文	3628千260文
道光二十六年	4397千930文	911千360文	762千300文	4546千990文
道光二十八年	4398千970文	41千380文	没分配	4440千350文
道光二十九年	4440千350文	-32千540文	没分配	4407千810文
道光三十年	4407千810文	734千960文	2400千	2742千770文
咸丰元年	2742千770文	786千650文	600千	2929千420文
咸丰二年	2929千420文	480千110文	400千	3009千530文

表 3 根据以下公式制成，"上年累计未分配利润+本年利润-本年分配利润＝本年累计未分配利润"。由天合永合伙经营得利的情况看，八份清单显示仅道光二十九年（1849）是亏本的，还有三个年份未分配利润。但放账铺的得利情况似乎也不太好。因为有未分配利润，故而在某些年份，如道光三十年（1850）时，其所分配的利润（2400千）比本年度所得（734千960文）多很多。

以此为基础计算天合永放账铺的利润率，见表 4。道光二十二年（1842）的利润率最高，并超过 10%；道光十八年其次，利润率与上文玉盛吉道光十七年的利润率基本持平，达到 8.43%；其余多数年份的利润率在 4% 左右，利润率少者低于 3%，甚至也有道光二十八年亏本的情形。可见，放账铺的利润率相对较低，大部分年份维持在 4% 上下。

表4　天合永放账铺历年利润率表

道光十八年	1053千240文/12487千790文	8.43%
道光二十二年	1594千340文/15156千570文	10.519%
道光二十五年	911千360文/20961千840文	4.35%
道光二十七年	41千380文/18280千820文	0.226%
道光二十八年	亏本32千540文	
道光二十九年	734千960文/19589千130	3.75%
道光三十年	786千650文/18533090文	4.24%
咸丰元年	480千110文/18719千740文	2.56%

此外,《道咸疑为放账铺清单若干》中有所谓"道光四年三厘股"情况的记载,显然,这是放账铺的合伙利润分配情况,分别为"京钱":道光四年60千,五年60千,六年78千,七年60千,八年108千,九年80千,十年90千,十一年105千,十二年90千,十三年117千,十四年129千,十五年□□44千,十六年□百44千,十七年129千。共钱1401千,共使用钱726千。资料中显示的此家放账铺,股仅三厘,却从道光四年至十七年,每年均可分得40千、60千至140千左右的收入,说明此家合伙放账铺经营状况很不错。但无法算出其利润率的高低。

以上可见,玉盛吉、天合永清单虽不能代表当时全部账局放账铺的利润情况,但至少可以说明一个方面的状况,那就是,看似风光的账局、放账铺,也可能有得利相当低的时候。虽然《道咸疑为放账铺清单若干》所载利润情况可能要好一些,但整体上给人以富厚印象的晋商,落实到单个字号上的得利情况时,也不是我们想象的有那样高。总而言之,对账局、放账铺的利润率还需细加考察。

余话

综合以上研究可见,由五种清单所了解到的清代前期账局、放账铺已经具有了以下几个方面的特点:第一,至少从乾隆年间开始,账局与其他金融性店铺或一般商业店铺一样,已经比较普遍地运用合伙制的方式筹措资本。第二,至少从乾隆年间开始,账局即开始大规模地对商号商人放贷,一家账局可能对三十至五十家以上的商号放贷,放贷数额常到一千两以上,至少也有一百两。这一放贷,在道光年间还是一样兴盛。第三,不但有资本规模较大,更多地针对商号及官员放贷的大账局,也有资本规模较小,可能更针对小商人、小手工业者甚至地主农民的放账铺。第四,放京债是账局重要的业务之一,这种放贷利率高、数额大,但风险也甚高。

账局最早源于何时还无定谳,但说它在乾隆年间便已相当兴盛,对当时工商业及城乡人民生活产生了相当重大的影响,应无问题。本文所用五份晋商账单中的三份属于玉盛吉账局,玉盛吉是山西寿阳商人设立于北京的较大型账局,另外两份,据笔者推测,应是天合永等两家放账铺清单。就前者而言,主要针对商人及官员放款,对于后者而言,不一定设在大都市,甚至不一定设立于大中城市,而是设于小城市、市镇甚至农村集市之上。故而主要面对农村、农民或其他小手工业者或中小商人。说明直到道光年间账局、放账铺还相当活跃,它能满足多层次的金融需求,较好地适应了当时中国长途贩运、铺店零售、手工业各行业的发展。

故而总的说来,清代前中期的商人经营尤其是经营状况较好的商人或字号是不缺资金的,因为类似于账局、放账铺这种地方性的金融机构布设的资金市场网络,已经相当细密,他们与一般商人商业有着天然的联系,很清楚工商业运营的内情,形成了一套很实用的进行款项放贷,而又能规避风险的经营模式。故而即使除典当以外,其他金融店铺多采取信用放款方式经营,他们也能得利,也能维持金融网络的运行。即使亏本,这些金融机构的所有者也有避险办法,他们的店铺虽然是实行无限责任的,但每一家字号规模均不太大,倒闭一家,也不至于对全家所有的资本产生根本性的损害。

那么,清代前期的账局,究竟是什么性质的机构呢?学术界在探讨传统金融机构时,对于典当,争论似乎不大,多认为它就是一种高利贷机构,而对于票号、账局、钱庄,则自二十世纪八九十年代开始即进行了激烈的争论,但至今尚未从根本上解决问题。对于账局的借贷,有认为它还是高利贷资本的,也有认为它已是近代借贷资本;账局的性质,有认为它是货币经营机构的,也有认为它是银行业机构的。

黄鉴晖研究清末账局，力主它是银行业机构，"因为银行业者，无非是经营存款、放款、储蓄、汇兑等业务，承担信用中介作用的机构。账局起初虽不经营汇兑业务，但已经营存款和放款，基本具有银行的性质"[1]。是不是经营了存款、放款、汇兑，承担了信用中介作用就是银行业，还值得再思考。从清末金融史的情况看，既然法律注册时都认可传统票号、账局、钱庄都是银行业，为何要成为银行，还要进行改造呢？如票号便未能改造成功。二者除了资本大小、资本组织方式不同，还有别的不同吗？又从什么角度来探讨这种不同呢？

有观点认为应从这些机构接受存款的角度来探讨，如有的学者认为到了近代以后，建立了一大批华资银行，大量新式企业闲置资金存入金融机构时，才开始向近代借贷资本转化。有观点认为应从放款角度来考察，如果放款变成了商业资本家或产业资本家，就是近代借贷资本，就是银行业机构。而从时间上说，有学者主张在乾隆年间，这些机构便转化成了信贷机构，也有人认为清末以后，钱庄才转化成近代银行业机构，开始属于近代借贷资本机构[2]。

经过长时间的思索，我们认为要想解决这个问题，得将两个过程分开讨论。高利贷资本转化为近代借贷资本，货币经营机构演变成为银行业机构，是两个完全不同性质的过程，但有时又重叠为一个过程，从思想上必须得分开。

大体说来，想要探讨高利贷资本转化为近代借贷资本的过程，得从放款角度分析。即如马克思在《资本论》中所说从借款人的面貌来加以考察，如果借款人是近代工厂主、商业资本家，或至少是手工工场主，则是近代借贷资本；如果还是地主、小农、小工、旧式商人则还是高利贷资本，或者说古代生息资本。还得注意的是：这一过程在一定意义上说，是在金融机构之外发生的，其性质变化与否，与作为中介的金融机构没有关系。也

---

[1] 黄鉴晖：《清代账局初探》，《历史研究》1987年第4期。
[2] 当时许多学者参与了此桩争论，似可以洪葭管与黄鉴晖为代表，参考以下成果：洪葭管《略论山西票号、上海钱庄的性质和历史地位》，《金融研究》1982年8期；黄鉴晖《也谈山西票号和上海钱庄的性质——与洪葭管同志讨论》，《金融研究》1983年第1期；洪葭管《从借贷资本的兴起看中国资产阶级的形成及其完整形态》，《中国社会经济史研究》1984年第3期；黄鉴晖《论山西票号的起源与性质》，《清史研究集》第4辑，四川人民出版社1986年。

就是说,这是由实体经济决定的。

而要探讨货币经营机构演变成为银行业机构的过程则更多的是要从存款角度来考察。如果要考察一个金融机构是否为银行业机构,得看在当时社会经济条件下,存款是否产生,以及因此而形成的某种信贷机制是否形成。而这种信贷机制的形成,又与在工商业发展基础上商业信用的普遍化开展及这种商业信用与金融机构的结合有关。当然如果列举一些指标,可能还有商业信用票据化、放款利率低微化、货币资金供应的便利化,即资金链形成,或者还应有专门的资金市场乃至资本市场的形成,以及大型金融中心城市的诞生等。在这样的前提下,金融不但成为了信用中介,而且随着工商业的发达带动的金融机构本身业务的进步,最终成为社会资金的总管理人。

就本文所论乾隆至道光年间的账局而言,它虽然已经比较普遍地对商人商号贷款,与清代工商业企业运行发生了密切的关系。但它的放款利率如何?存款经营情况如何?它与清代商业信用的关系如何?由本文所举出来的材料,还不甚清晰。其业务形式与近代银行业是否一致?也还不甚清楚。故而这一问题还值得继续探讨[1]。

(原载《安徽史学》2015年第1期)

---

[1] 目前对于传统金融机构的研究,虽然积累了相当多的研究成果,但极不平衡,典当、票号研究最多,账局、印局研究最少,对于清末民国的银号、钱庄研究比较雄厚,对于清代前期的钱铺、银号则探讨还相当薄弱。笔者计划对这些薄弱的问题作一个系列研究,本文是其中的第二篇。第一篇是利用白话小说材料探讨清代前期的钱铺问题,参见刘秋根、柴英昆:《明清的钱铺、钱庄、银号——以白话小说记载为中心》,《石家庄学院学报》2010年第2期。

察哈尔兴业银行始末

——兼论晚清至民国时期察哈尔地区的金融

牛敬忠[①]

无论是传统型经济还是现代经济,金融在其中都起着重要作用。察哈尔地区作为一个行政区域存在的时间并不长,但作为一个经济区域,其在晚清、民国时期都是极具特色的。[②] 晚清至民国时期,历届政府一直致力于金融的现代化,为此采取了一系列措施。与此相适应,察哈尔地区的金融也经历了从混乱到逐步统一的过程。梳理晚清至民国时期察哈尔地区金融货币状况,对于我们更好地了解晚清至民国时期的历史或更有裨益。

一

1916 年 9 月 5 日,时任察哈尔都统田中玉训令兴和道尹、财政厅、垦务总办,决定成立兴业银行筹备处,并选定前广东候补知府黄玉为筹备处

[①] 牛敬忠,男,内蒙古大学历史与旅游文化学院教授。
[②] 关于察哈尔地区作为一个行政区域的情况可参见拙文《清代至民国时期中央政府对察哈尔地区行政控制的加强》,载《内蒙古大学学报》2007 年第 4 期。

专任员。次日,即将《察哈尔兴业银行则例》《察哈尔兴业银行总分筹备处暂行简章》《察哈尔兴业银行办费集股章程》《察哈尔兴业银行股票遗失补给章程》等上呈大总统。① 10月7日,有31.5万元资金到位。② 1916年10月11日,兴业银行筹备处正式成立并营业,黄玉任处长,王鸿遇为副处长。经过短暂而紧张的筹备,12月25日,兴业银行正式成立。③ 1917年3月9日,为进一步加强对兴业银行的管理,比照中国银行的情况,参照当时有关规定,并遵照察哈尔兴业银行有关章程,确定由察哈尔都统任兴业银行督办,垦务总局总办龙骧任银行监理官(专任检察簿记发行钞票事宜),试署财政分厅厅长李杜芳任兴业银行总办,并由"都统公署组织银行委员会遴选会员代行银行董事会职务"。④

在兴业银行成立的过程中有几点值得注意:

其一,兴业银行的成立是以1916年中国银行、交通银行的停兑为契机的。由于财政极端困难,为解决财政问题,1916年5月12日,段祺瑞签发第二号国务院令,宣布中国银行、交通银行两行纸币停止兑现:"自奉令之日起,所有该两行已发行之纸币及应付款项,暂时一律不准兑现付现,一俟大局定后,即行颁布院令,定期兑付;所存之准备现款,应责成该两行一律封存。"⑤停兑令下达后,上海、南京分行进行了抵制,因而对市面没有造成大的影响。但许多地方的中国银行、交通银行分行还是遵令停兑,从而在经济上造成了很大的恐慌,市面萎缩、经济停顿。在压力面前,北

---

①1917年10月27日,按财政部的指令对章程的有关条款进行了修改。各章程及修改后的条款详见察哈尔都统署编:《察哈尔政务辑要》(中册),呼和浩特:远方出版社,2012年,第671—694页。

②见《察哈尔政务辑要》(中册),第695页。另见察哈尔全区垦务总局编:《察哈尔全区垦政辑览》(第10册),台北:文海出版社,1988年,第77页。

③参见《察哈尔政务辑要》(中册),第702页。另,郭荣生编《中国省银行史略》(文海出版社,1975年)载,察哈尔兴业银行成立于1919年;中国银行经济研究室编《全国银行年鉴1937年》(文海出版社,1987年)第3页列有1916年新设之银行,内中有察哈尔兴业银行。《察哈尔全区垦政辑览》第10册第81页载,1916年12月12日,垦务总局呈请都统,垦户可以部照向各县兴业银行分行抵押借款以抵缴荒价。说明这时兴业银行已开始营业。综合各种记载,在此我们认定察哈尔兴业银行正式成立的时间为1916年12月25日,《中国省银行史略》没有注明其所据,暂存疑。

④察哈尔都统署编:《察哈尔政务辑要》(中册),第670页。

⑤中国银行总行、中国第二历史档案馆编:《中国银行行史资料汇编:上编(1912—1949年)》(第一册),北京:档案出版社,1991年,第265页。

洋政府被迫妥协,1916年7月以后,天津分行开始兑现,8月28日,张家口分行也开始兑现。① 但直到1918年5月,中、交两行的"京钞"才开始兑现。②

在察哈尔地区流通的主要是中国银行、交通银行北京分行的纸币(京钞)。停兑令给察哈尔地区的经济乃至政治、社会秩序造成了很大的混乱,"口地自奉院令停止兑现以来,商业凋敝,民生艰困,若非从速开兑,则金融长此停滞,秋令商业益无恢复可望,市面颓废何堪设想"③。民初,中国银行、交通银行的纸币在张家口已取代了传统的钱帖而成为主要流通货币,但在整个察哈尔地区,尤其是在广大的乡间,金融情况仍十分混乱(下文将述及),"自纸币停兑,全埠骤成一种窘迫之现象,百物昂贵,民怨沸腾,无术通融,更难挹注。虽一元纸币可以兑取铜元,然杯水车薪,只能救济小本之营业,而一遇稍巨之款则拔兑殊难。虽铜元亦有纸币,官钱局尚能取现,然流行未久,仅能普及于本埠,未能取信于乡民。试观两月以来乡贩之粜米谷者几至绝迹,其明证也"④。鉴于这种情况,察哈尔都统在1916年9月5日训令设立察哈尔兴业银行,将其目的概括为"调济金融发展实业"。

其二,兴业银行的章程既体现了其官办省立银行的特点,又具备了现代公司治理的框架。察哈尔兴业银行在性质上属于省银行。⑤ 在《察哈尔兴业银行则例》中规定,该行设立的目的是"调剂边疆金融并接济察哈尔所辖地方暨内蒙各处实业"。章程明确规定"察哈尔兴业银行为股份有限公司",兴业银行股本定为200万元,每50元为一股,招股1/4以上开始营业。该章程还规定了银行营业年限、股东大会的权限、监事会职责、经理职责、银行的业务范围等,"总经理一员、副经理一员由股东选举呈由察哈尔都统加状委任;董事会五员、监事三员由股东选任,均由察哈

---

① 察哈尔全区垦务总局:《察哈尔全区垦政辑览》(第10册),第44页。
② 参见李飞等主编:《中国金融通史》(第三卷),中国金融出版社,2002年,第118—125页。
③ 察哈尔全区垦务总局:《察哈尔全区垦政辑览》(第10册),第44页。
④ 察哈尔都统署:《察哈尔政务辑要》(中册),第657页。
⑤ 参见《中国省银行史略》第1页:"省银行为省政府投资或吸收一部分民商资金所创设,以调剂本省金融、扶助本省经济建设、开发本省生产事业、协助中央推进财政金融政策,并以本省省境为主要营业地区之银行。"

尔都统咨报财政部、农商部备案"。从其章程看,银行董事会有相当大的权力,是银行的决策者,经理负责银行的具体经营,监事会则负责监督。可见,察哈尔兴业银行具备了现代公司治理结构,是现代性质的银行。但如前文所述,其股本主要由察哈尔行政当局拨充,所以在成立之初,所有董事、监事及经理人员实际上都是由察哈尔都统选任的,官办色彩十分浓厚。这在其章程中也有明确规定:"商股未招足八千股以上,前项职员资格人数暂不适用(引者按:指由股东选举),先由察哈尔都统就股东内遴委专员经理行务,其出纳股股长亦由察哈尔都统就股东内遴员委任"。这种模式实际上是19世纪60年代以来洋务企业所采取的主要的公司组织模式——官督商办,但对其进行了改进。在银行的章程中规定,银行股本先由"察哈尔公款项下认垫八千股,余数由人民认购,认购总额超过三万二千股时,得由察哈尔都统酌量情形将认垫股份分期宣布售于人民"。这样的公司章程,既体现了现代公司治理结构,又考虑到了当时民股征集不易的时代特点。

其三,在纸币发行权问题上体现了时局特点。前文已提到,创设察哈尔兴业银行的主要目的之一是调剂地方金融,因此发行钞票是其主要业务之一。光绪三十四年(1908)正月,清廷颁布《银行通行则例》15条,对银行加以管理,其第一条有这样的规定:"纸币法律未经颁布以前,官设商立各行号,均得暂行发行市面通用银钱票。但官设行号,每月须将发行数目及准备数目,按期咨报度支部查核。度支部应随时派员前往稽查"[1],也就是说,所有银行都可以发行钞票。宣统二年(1910)五月,度支部奏定《兑换纸币则例》19条,规定大清银行发行全国通行之兑换券,以图全国纸币的统一,"其业经发行各行号应即照章按年收回,未经发行各行号及以后新设各行号即不准再为发行"[2],但这一规定并没有得到执行。辛亥革命时期,为应付军费,各省纷纷滥发纸币。1913年,大总统颁发手令,严禁各省官办及官商合办之银钱行业增发纸币。同年12月23日公布《各省官银钱行号监理官章程》及《各省官银钱行号监理官办公规则》,

---

[1]《大清新法令》第四册,北京:商务印书馆,2010年,第125页。
[2]《大清新法令》第八册,北京:商务印书馆,2010年,第411页。

对各省的纸币发行进行管理。1915年冬,财政部拟定了《取缔纸币条例》及各省回收纸币的方案①,延续晚清政府统一纸币发行权的思路,试图对纸币的发行加强管理。

在察哈尔兴业银行的章程中即有关于发行钞票的条款,但财政部予以否决,要求其另案办理。1916年10月2日,察哈尔都统专门致电财政部提出变通办法,"惟有减短发行数目及期限,请援照五年六月间部准直隶省银行成案,准暂发行一元票二十万张、三元票十万张,共票额五十万"②,并表示,等中国银行、交通银行开始兑现即停止发行并次第收回。未等财政部回复,兴业银行即于11月发行其钞票共计15万元,财政部对此坚决反对。1917年1月、2月,察哈尔都统先后咨国务院、财政部,恳求批准已经发行的钞票准予流通。从这一过程可以看出,财政部对于1915年颁布的《取缔纸币条例》予以严格执行,在察哈尔兴业银行发行纸币问题上始终没有让步。察哈尔兴业银行在未得到批准的情况下即部分执行了其发行方案。③ 察哈尔兴业银行发行纸币的过程彰显了晚清以来全国的政治格局:地方政府的发言权增大,中央政府权威式微。没有统一的中央权威,要实行金融货币的统一是不可能的。直到1933—1935年间,国民政府先后实行"废两改元""法币"改革等一系列财政经济政策,才使全国金融基本上实现统一。

察哈尔兴业银行成立后,在察哈尔地区先后设立分行,"现本区业经设立兴业银行,并次第推广各县筹设分行"④,到1917年4月,兴和、丰镇均已设立分行,凉城、陶林分行在筹设中。

在察哈尔地区与察哈尔兴业银行一样属于省银行性质的银行还有西

---

① 郭荣生编:《中国省银行史略》,第175页。
② 参见《察哈尔政务辑要》(中册),第704页。此电中提到交通银行在察哈尔地区发行钞票"百数十万元",中国银行发行20万元。
③ 实业部中国经济年鉴纂编委员会编:《中国经济年鉴》(1934年卷)(国家图书馆出版社,2011年)第85页载,察哈尔兴业银行纸币发行权核准于1916年6月,1915年颁行的《取缔纸币条例》"迄未实施"。这与我们看到的相关文献有矛盾,暂存疑。
④ 察哈尔都统署:《察哈尔政务辑要》(中册),第620页。

北银行、察哈尔商业钱局。① 西北银行设立于1925年,后随西北军西撤兰州、西安。察哈尔商业钱局也是官商合办,于1933年12月2日开业,在天津、北平及察哈尔各县设有办事处②。察哈尔兴业银行、西北银行、察哈尔商业钱局都属于省银行的范围,其重要特点之一是"与省财政发生密切关系",也就是说,这样的机构是与一省的主政者紧密相关的。民初的政治形势决定了这些银行的命运。

二

晚清至民国时期是察哈尔地区金融新旧鼎革的时期,作为边疆地区,其金融发展既有与全国金融同步的一面,也有其自身的特点。

晚清至20世纪20年代末,察哈尔地区流通的通货有金、银两(元宝、银块)、银元、制钱、铜元、各种纸币(钱帖、铜元票、银行兑换券)等,其中起主要作用的是银两和制钱。③ 金作为通货主要是一种贮藏手段,银两主要用于大宗商业交易的结算,制钱则主要流通于民间,作为民间买卖的主要价值尺度。银元、铜元是晚清开始在察哈尔地区盛行的,但在使用中都要折算成银两和制钱。钱帖、铜元票是旧式钱庄发行的信用证,银行兑换券(即文中提到的钞票)是现代金融机构发行的信用凭证,在理论上与银元是等值的,随时可以兑换。

晚清至民国时期察哈尔地区的金融机构主要有两类,一类是传统的

---

①察哈尔兴业银行何时终结营业我们没有查到相关资料。《中国省银行史略》、《万全县志》、《全国银行年鉴1937年》、沈雷春编《全国金融年鉴》(民国二十八年版,收入沈云龙主编《中国近代史料丛刊》续辑,文海出版社,1987年)、《多伦之最近概况》(国民政府实业部国际贸易局编《工商半月刊》第7卷第4号,1935年2月15日,载《多伦文史资料》第二辑,内蒙古大学出版社,2007年)皆无明确记载。佐藤晴雄《多伦事情》(1935年出版,载《多伦文史资料》第一辑,内蒙古大学出版社,2006年)记载1922年多伦尚有兴业银行分行,主持创设察哈尔兴业银行的察哈尔都统田中玉于1916年6月至1919年12月期间任职(《中华民国职官年表》第364页,中华书局,1995年)。田中玉属于皖系,之后,直系、奉系先后执政察哈尔地区,两次直奉战争,察哈尔地区都是主要战场之一。根据当时的形势,我们推测察哈尔兴业银行在田中玉离职后影响当大为减弱,但其具体停业时间不明。

②郭荣生编:《中国省银行史略》,第21、330页。

③1926年,日本人鸟居君子考察多伦,多伦商业实际使用的通货仍是银、铜钱、银元等。参见鸟居君子:《关于多伦诺尔商业状况》,载《多伦文史资料》第三辑,内蒙古大学出版社,2008年。

钱庄、票号,另一类是现代公司架构下的银行。

票号主要由山西人开设,经营商业汇兑,而且和官方联系紧密,与一般民众的生活关系不大①,辛亥革命后受政治局势的影响一蹶不振,因此之故在民国时期所修《张北县志》《万全县志》中对其基本没有记载。钱庄是经营银钱兑换、借贷的传统金融机构,其在张家口有极大势力,影响着民众的日常生活和经济秩序。"彼时张垣商号晋商占十之六七,故晋商势力最厚,金融机关完全操纵,大者为汇兑商,专营汇兑本国各埠之事业,以收得汇费贴水为目的。小者为银钱店,专营本埠各商家来往借贷之事业,借入则出小利,贷出则得大利。"钱庄除经营银钱兑换、借贷外,一个主要的业务是发行钱帖。为保证所发钱帖的信用,钱庄业有其同业组织——钱行,"发行钱帖非资本殷实之钱铺不得享此权利,并须其同业互相担保始能流通无阻。一俟发行之后,该号即负永久兑现之责,即或倒闭歇业,其号东亦负完全责任。是以彼此钱帖之信用非常坚强可靠也"②。张家口在清代是对蒙贸易的重要地点,"清末张库通商日繁,每年进出口约合口平银一万二千万两",京张铁路通车后贸易额更达 15000 万两。③以繁荣的贸易为基础,票号、钱庄的势力非常大。1931 年钱行改组为钱业公会(有 13 家会员)。张家口之外,有些商业发达的县份也设有钱庄,没有钱庄的地方,相关的业务由一些大的商业机构代理。如蔚县"钱商虽无行,然全县钱庄亦不下数十",张北县"本县向无汇兑商,银钱往来拨兑,由一二家商号代办。惟地点仅有张家口、张北两处。其它省区遇有汇兑由邮局代办"。④

中国第一家现代公司架构下的银行——中国通商银行——于 1897 年在上海成立,由盛宣怀主持。之后,以大清银行(民元后改称中国银行)、交通银行为代表的现代公司架构组织的银行次第成立。民国建立

---

① 参见杨端六《清代货币金融史稿》第二篇第二章。另[日]剑虹生《多伦诺尔记》(《东方杂志》第五卷第 10 号,1908 年)记载,多伦汇票庄每千两汇费 20~60 两,"此地承办天津直接汇兑,及为北京代理者",由此可见其与普通民众生活几无关系。而钱铺(钱庄)则是"专发行钱票,出入交换,以补市中之银根,其外则由汇票庄借出,贷付于一般之商家,息每月一分"。

② 任守恭等:《万全县志》,张家口统一商行印刷部,1933 年。

③ 宋哲元监修,梁建章总纂:《察哈尔通志》,台北:文海出版社,1966 年,第 2044 页。

④ 宋哲元监修,梁建章总纂:《察哈尔通志》,第 2057、2068 页。

后,银行业保持了这一势头,民国元年(1912)至民国十六年(1927)间即成立各种银行186家①。晚清至民国时期银行的一项重要业务即是发行纸币。综合我们阅读的史料,这一时期在察哈尔地区先后营业、发行纸币的银行有中国银行、交通银行、察哈尔兴业银行、察哈尔商业钱局、西北银行、北洋保商银行、山西银行、河北银行、绥远平市官钱局、满蒙银行(日资)、蒙古银行(俄资)等,其中中国银行、交通银行是占主导地位的。以张北县为例,"在民国纪元以前所行使者系省垣钱铺所出帖子,分一吊及十吊两种。后因中交两银行设立于省垣,始有银洋纸币发行,从前钱行帖子遂受淘汰"②。

作为社会经济生活的重要组成部分,金融是与社会经济形态密切相关的。在传统中国的自给自足状态下,地区之间的经济往来,乃至同一地区内一般民众与市场的关系,相对于近代社会来说都不是很多。鸦片战争以来,尤其是晚清时期,这一情况发生了改变,传统的金融体系不能适应这一变化,已成为社会经济发展的重大阻力,甚至影响了民众的日常生活。对这一状态,《万全县志》有较为详细的描述。晚清时期张家口地区金融业对民众生活、社会经济影响最大的是银钱之比价。"我县货币虽以制钱为基本单位,而一切大宗交易、出入贩运皆以银两为标准,再以时价折以制钱。此项银价则由各钱商所组成之钱行每日公议,或一日数易。在清光宣之际,银价每两约合制钱一千左右,钱商即利用此习以行其私尝,欲擒先纵,故低其值以求出售,一俟人入其彀则反卖为买,最终定价即为本日银价之行市。全市金融出诸儿戏,于己有利,置人民生计于不顾。自银币通行后,本有一定重量,似不应再用银两制矣,然谬于旧习,钱商阴阻之,不欲实行以失其利。于是将一定重量之银币变为无定量之活动银两,即每元每日随便定其重量,本七钱二也,必减为六钱八至六钱九,随银价之高低,日有变化,或一日数易,皆由钱商操纵也。"③这样的金融状态已严重影响了民众的日常生活,以至民众称钱行为"钱鬼子","尤以农民受害为最烈"。

---

①参见《全国金融年鉴》,民国二十八年(1939)版,第106页。
②陈继淹,许闻诗:《张北县志》卷五《户籍志·经济状况》,1935年石印本。
③任守恭等:《万全县志》卷三《生计·经济状况》,张家口统一商行印刷部,1933年。

从晚清大清银行成立即着力于改变这种局面,试图统一金融,尤其是在币制上,但清政府未及实现即被辛亥革命推翻。民国以来,历届政府在金融统一这一点上均着力甚多,前述察哈尔兴业银行在纸币发行权上与财政部的角力即是表现之一。民国以来,由于政治局势不稳定,中央政府在金融上的现代化措施时常被打断,这样的反复又往往造成更大的金融混乱。1916年,中国银行、交通银行的停兑事件就给察哈尔地区带来极大的困扰。民初中国银行、交通银行纸币发行后,张家口地区的钱帖已逐渐式微。但这次中交银行的停兑,"虽一元可以兑取铜元,然杯水车薪,只能救济小本之营业,而一遇稍巨款项则拨兑殊难;虽铜元亦有纸币,官钱局尚能取现,然流通未久,仅能普及于本埠而未能取信于乡民"①,而且当时正是张家口传统商业的标期(7月1日),从而造成市场混乱、物价腾贵、粮食缺乏。为此,张家口商会决定"钱庄公出凭帖"20万吊,以解决商业拨兑周转不灵的问题,并拟定了具体的发行办法。这样做的基础,一是钱庄凭帖在乡民中有信用,二是"口商交易偏重现银,洋元虽极易行而银块终未淘汰,遇有大宗拨项往往以银作洋,故钱庄存有现银每超过现洋与纸币之数。及纸币停兑而此项现银渺不可睹,推究其由,要不愿代人兑现,有此一因遂使全埠闭塞周转不灵,今若令出凭帖则责无旁贷而现银自能兑换,停市之险可保其无"②。也就是说,由于传统钱庄存有大量现银,而商人在结算拨兑时又对此十分注重,利用钱庄在民众中的信用及其所存现银为保证发行钱帖来解决市场的危机。这一措施得到了财政部、农商部的批准。在察哈尔地区金融现代化的过程中,利用传统的金融工具解决当时面临的问题是经常用到的,1919年至1926年,在凉城县当局的支持下,为维持市面,凉城县商会多次发行"饷糈票"也是同样的手段。③但金融货币的统一是当时的历史趋势,这于时人也是有体认的。前述张家口商会在请准发行20万吊钱帖时即认识到"国家方筹平市,断不容私家之凭帖发生,惟念时事艰难有非此不能救济",表示一旦中国银行、交通银行开始兑现即停止发行并次第收回。

---

① 察哈尔都统署:《察哈尔政务辑要》(中册),第652页。
② 察哈尔都统署:《察哈尔政务辑要》(中册),第652页。
③ 绥远通志馆:《绥远通志稿》(第四册),呼和浩特:内蒙古人民出版社,2007年,第704页。

1933年国民政府"废两改元"及之后一系列的财政金融措施是中国金融走向现代化的重要措施,"至二十二年废两改元,银价无涨落,金融始能安定"①,同时也意味着传统钱庄业的衰落。以多伦为例,据日本人佐藤晴雄1935年的调查,万兴成等8家"银钱店"1929年尚在营业,1933年已有6家倒闭,仅存的两家营业额也大幅缩水。② 此时的察哈尔地区已处于抗日的前线,不断的战事已使察哈尔地区的社会经济生活不能正常进行了。

货币演变遵从从具体的物品到抽象的符号演变的轨迹,即从按重量交易的贵金属,发展为用贵金属加工而成的铸币,再发展为可兑换贵金属的纸币,最后发展为不可兑现的纸币(法币)。近代中国的特殊性在于前三个阶段的货币形态同时存在,这在察哈尔地区也有明确的表现。同时"货币流通的区域性与区域内货币流通的多样性并存"也是中国近代金融的特征之一。③ 晚清时期,在民间多方推动下,清政府逐渐意识到了金融货币统一的重要性,开始采取措施实施这一进程。接续而至的辛亥革命及随后的政治动荡屡屡打断这一现代化的过程。察哈尔地区晚清至民国时期金融货币的现代化过程说明,金融现代化需要有强有力的中央政府以及与之对应的稳定的政治、社会秩序的保证。

(原载《内蒙古社会科学(汉文版)》2016年第37卷第4期)

---

①宋哲元监修,梁建章总纂:《察哈尔通志》,第2044页。
②参见[日]佐藤晴雄《多伦事情》,《多伦文史资料》第一辑。
③贺水金:《1927—1952年中国金融与财政问题研究》,上海:上海社会科学院出版社,2009年,第82页。

抗日战争前后的张家口金融业

赵连飞[1]

金融为国民经济的命脉。金融负有调剂盈虚,扶植工商等业的任务,两者关系的密切,如影随形,如声斯应,就是说工商等业依赖金融业的滋养,才能达到繁荣。同时,金融业林立的地方,工商业也必定发达,国民经济充裕。

张家口是驰名中外的皮毛集散地,是察哈尔省的省会,平绥铁路横贯其间,东达平津,西通绥包,很早就是商业重镇,不过在抗战之前,就工业而言仅属手工业,机器工业可以说没有,而商业则十分发达。自"外蒙古独立"后,张家口的商业就日渐衰落,因为张家口是皮毛、布、茶等的集散地,主要销路靠内外蒙古,也可以说张家口的繁荣,大部分是建筑在蒙胞上面的。经过敌伪八年统制,虽然工业有数十家单位,然细分析内容,不出"以战养战"的目的,对商业市场、民生经济,很少裨益。到民国三十四年8月(1945年8月)日本投降,中国共产党领导的晋察冀北部军民将张家口解放。年余时日,至民国三十五年10月(1946年10月)国民党军占领张家口。到民国三十七年12月(1948年12月),共产党军队把国民党军队赶跑,张家口大地战乱才得以平息。多年的战乱,张家口的商业市

---

[1]赵连飞,男,河北张家口人,研究生,经济师,供职于中国人民银行张家口市中心支行。

场,民生经济等方方面面,因元气大伤,陷于奄奄一息的状态,与战前的繁荣无法相比。

一、抗战前的金融业

国民政府从民国二十四年(1935)施行法币政策后,在张家口所流通的货币,指定中央银行、中国银行、交通银行、中国农民银行发行的钞票,暂时流通。同时因为市面筹码不足,仍准许其他各商业银行发行的钞票,暂时流通。汇兑业务,以汇往天津的款项最多,汇率一概不因汇往地方而异。汇费数目,中国银行、交通银行两行均为1‰,其他各银行银号在3‰—5‰。至于买汇业务,仅各银号经营,汇率多为两平免收。其放款利率,因当时物价低廉,波动很小,故利率极低,中国银行抵押放款月息为7厘5(但保险费除外);交通银行最高,但也不超过月息1分。存款利率,活期存款为周息4厘,定期存款为周息4厘5至8厘。商业行号放款利率,月息1分至1分5;同业借贷利率约为1分上下。黄金价格,为市秤每两100元至110元。

这个时期,存有中央、地方行局4家,银号11家。(见表1)

表1 抗战前张家口市银行银号统计表

名称	资本	主要业务	成立时间	地址
中国银行	股份有限	生产贷款押汇国内外汇兑	光绪三十一年	堡内棋盘街13号
交通银行	股份有限	工矿贷款押汇	宣统元年10月	堡内兴隆街
察哈尔商业钱局	官股	代理地方公库存放款汇兑		堡内兴隆街
河北省银行	官股	存款放款汇兑		堡内鼓楼西
世合德银号	合资	存款放款汇兑	民国五年5月5日	堡内马道底3号
信昌裕银号	合资	存款放款汇兑	民国二十五年3月	堡内锦泉兴巷4号
福信成银号	合资	存款放款汇兑	民国十三年3月2日	堡内兴隆街5号

续表

名称	资本	主要业务	成立时间	地址
宏茂银号	合资	存款放款汇兑	民国二十六年 5 月 10 日	堡内二道巷 3 号
汇通银号	合资	存款放款汇兑	民国十九年 7 月 15 日	堡内兴隆街 10 号
永利银号	合资	存款放款汇兑	民国九年 1 月 15 日	堡内兴隆街 3 号
豫新银号	合资	存款放款汇兑	民国二十年 1 月 18 日	堡内兴隆街 4 号
大川裕银号	合资	存款放款汇兑	民国二十年 3 月	堡内东门大街
永瑞银号	合资	存款放款汇兑	民国九年 10 月	堡内兴隆街 2 号
晋泉源银号	合资	存款放款汇兑		堡内二道巷 2 号
保利银号	合资	存款放款汇兑		堡内鼓楼东

二、日伪占领期间的金融业

日本于民国二十六年 8 月 27 日(1937 年 8 月 27 日)占领张家口后，随武力侵略，施行经济侵略，开始统制金融，于 8 月 29 日设立"察哈尔财政金融委员会"于察哈尔省政府内，并将察哈尔划入日元集团，使与日本伪满货币发生联系，继于 9 月 27 日成立"察南银行"，然未及 3 月，即改组为"蒙疆银行"。在这一段时期，因为敌人统制金融，管理汇兑，紧缩通货，采取低物价政策，指定"蒙疆银行"发行的纸币为蒙疆"法币"，其他不准流通，而且因为隶属日元集团，对日金的换算率是 1 元兑 1 元。此外，又于民国三十一年 5 月 8 日(1942 年 5 月 8 日)将"察面实业银行""晋北实业银行""蒙古实业银行"3 行合并为"同和实业银行"经营商业银行业务。

"蒙疆银行"放款对象，除工厂和建设事业外，对少数普通商业，也办理贷款，利率为周息 8 厘至 9 厘。"同和实业银行"即专办普通工商业贷款，利率为日息 3‰—4‰。至存款利率，"蒙疆银行"活期存款为周息 2 厘，定期存款为周息 4 厘至 6 厘。

汇兑业务，因当时采取汇兑管理政策，在"蒙疆银行"汇款，凡汇往"蒙疆银行"区域者，不论数目多寡，其初每宗款项收汇费 2 角；以后逐渐增加,最后增至5元。凡汇往华北各地者,虽无限额,但须经"蒙银"核准。至电汇汇费,比较稍高,如"同和实业银行"则视数目多少而定,其初约为1‰,以后也逐渐增加,汇往北平、天津者,汇率为5‰,惟以100元为限。因为民国三十二年(1943)以前,华北物价低廉,蒙疆物价较高,商人们皆想汇款平津购买物资,所以才有这个限制,当时"蒙币"和"联银券"①的暗盘为,"蒙币"1元比"联银券"7角至9角,至民国三十二年以后,华北物价逐渐高涨,蒙疆物价反形低落,其初"蒙币"和"联银券"的暗盘,为"蒙币"1元比"联银券"1元2角,以后逐渐增高,到日本投降以前,增为"蒙币"1元比"联银券"3元至4元。再就是,当时黄金无市,暗盘也甚少。这一期间银行统计如下。(见表2)

表2 日伪占领期间张家口市银行统计表

名称	资本	主要业务	成立时间	地址
察南银行			民国三十六年9月27日	张家口
察南实业银行	股份有限	经营商业银行业务	民国二十七年3月1日	
晋北实业银行	股份有限	经营商业银行业务	民国二十七年3月1日	
蒙古实业银行	股份有限	经营商业银行业务	民国二十七年3月1日	
蒙疆银行	官股	经营各国中央银行之业务	民国二十六年12月	张家口鼓楼西街
同和实业银行	股份有限	商业银行业务	民国三十一年5月8日	张家口棋盘街11号

---

①联银券,由日本帝国主义通过伪中国联合准备银行在抗日战争时期发行,用于搜刮沦陷区的物资,掠夺中国人民的财富。发行区域为伪中华民国政府所属的北平、河北、山东、山西及河南等日军占领区。1938年2月11日,由伪中华民国临时政府财务总署汪时璟出面,在北平创办了伪中国联合准备银行,总行设在北平,并在天津、青岛、济南等地设立办事处。该行资本5000万元。伪中国联合准备银行至日本投降前,共发行"联银券"约1423亿元,套取了中国大量的物资和外汇。1945年日本投降,伪中国联合准备银行随即关闭。11月,国民政府财政部规定"联银券"5元兑换法币1元,停止流通。

三、第一次解放期间的金融业

民国三十四年8月(1945年8月)日本投降后,中国共产党领导下的边区政府进驻张家口,随之晋察冀边区银行重建,边区银行行址在长青路。当时实行自由贸易、紧缩通货的政策,鼓励积极生产,平抑物价,扶助家庭工业手工业,以达到自给自足之目的。在金融方面,施行统制,管理汇兑,只准晋察冀边区银行所发行的纸币,流通市面,其他一概不准使用。边区银行在宣化、怀来建立两家支行,在阳高、张北、西合营建立3个办事处。同时,存有银号永瑞、晋丰、同兴、恒升晋、福昌、恒瑞6家。

边区银行兼作普通工商贷款,月息为5分至7分5厘,最高有至月息9分者。银号商业贷款为月息12分,存款中的活期存款为月息1分至3分。

汇兑业务,其从平津两地汇出款项,比率初为法币2元7角、8角折合边币1元,后降为法币1元2角折合边币1元。黄金市场,在短期内,每日挂牌,也买也卖,不久以后颁布了"管制金饰店办法",凡黄金只准边区银行收买。这一时期的银行银号情况见表3。

银号经营略况。民国三十六年7月20日(1947年7月20日),《晋察冀边区报》报导,张垣民营银号发达,边区银行尽力予以协助,各银号均有厚利可得……其贷款多着重生产部门,现在各银号的业务是在蓬蓬勃勃发展着。截至6月底,各银号的定期存款共计110万元,活期存款共计966.7万元。一般的利率:定期存款3分至5分,定期放款10分到12分;活期存款1.5分到3分,活期放款13分。各银号向平津的汇兑业务也很发达,汇出款项共计8910万元,汇入款项4838万元。

表3 第一次解放期间张家口市银行银号统计表

名称	资本	主要业务	成立时间	地址
晋察冀边区银行	官股	发行存放款投资汇兑	民国三十四年9月	张家口市长青路
永瑞银号	合资	商业银行业务	民国三十五年5月2日	张家口
晋丰银号	合资	商业银行业务	民国三十五年3月27日	张家口
同兴银号	合资	商业银行业务	民国三十五年5月2日	张家口

续表

名称	资本	主要业务	成立时间	地址
恒升晋银号	合资	商业银行业务	民国三十五年6月	张家口
福昌银号	合资	商业银行业务	民国三十五年6月	张家口
恒瑞银号	合资	商业银行业务	民国三十五年6月	张家口

四、第二次解放前的金融业

民国三十五年10月11日(1946年10月11日),国民党军占领张家口,随后成立察哈尔省政府。为稳定金融,暂准抗战前设立的永利、世合德、大川裕、豫新、汇通、信昌裕、宏茂、福信成等8家银号筹备复业,并先行业务。同时积极筹备,设立察哈尔省银行,而中央银行、交通银行、中国农民银行、中央合作金库等金融机构,也于民国三十六年(1947)间先后成立。察哈尔省银行经数月的筹备,于民国三十六年8月20日(1947年8月20日)正式开始营业。这一时期各银行银号详见表4。

金融业务略况。民国三十六、三十七年间,张家口金融机构,国家者有中央银行、中国农民银行、交通银行、中央合作金库4家,省营者有察哈尔省银行1家,民营之商业钱庄有世合德等8家,合计13家(永大银号筹备未计)。此外,有合作社联合社信用部及公民信用合作社各1家,除中央银行专办国库业务不计外,综合其放款、汇兑数字见表5、表6,以观其资金运用情形。

表4 第二次解放前张家口市银行银号统计表

名称	资本	主要业务	成立时间	地址
中央银行	国家银行	发行代库等	民国三十六年1月15日	张家口中山大街
交通银行	股份有限	存款放款汇兑储蓄信托及其他一切银行业务	民国三十六年5月1日	堡内红万字会街
中国农民银行	股份有限	存款放款储蓄信托农贷土地金融	民国三十六年2月10日	张家口市中正路

续表

名称	资本	主要业务	成立时间	地址
中央合作金库		一切合作事业贷款兼办汇兑信托	民国三十六年8月18日	张家口中山大街
察哈尔省银行	官股	存款放款汇兑省银行条例规定之业务并代理公库	民国三十六年8月20日	张家口中山大街
永利银号	合资	存款放款汇兑	民国三十六年6月12日	堡内兴隆街5号
大川裕银号	合资	存款放款汇兑	民国三十六年6月10日	堡内兴隆街10号
世合德银号	合资	存款放款汇兑	民国三十六年6月10日	堡内马道底3号
信昌裕银号	合资	存款放款汇兑	民国三十六年6月10日	堡内鼓楼西街4号
宏茂银号	合资	存款放款汇兑	民国三十六年6月4日	堡内兴隆街3号
豫新银号	合资	存款放款汇兑	民国三十六年6月12日	草厂巷街60号
汇通银号	合资	存款放款汇兑	民国三十六年6月25日	东关街23号
福信成银号	合资	存款放款汇兑	民国三十六年7月1日	堡内东门大街11号
永大银号	合资	存款放款汇兑		南武城街42号

表5　民国三十六年下半年及三十七年上半年张家口金融业放款约计表

科目	民国三十六年7—12月贷款总额	民国三十七年1—6月贷款总额	增减比较	资金来源
农业贷款	100000	18260000	增181倍	经四联总处①核定，由农民、合作金库，经办向中央银行转抵押
工矿贷款	500000	6000000	增11倍	省银行约十分之五，交通银行、合作金库及钱庄约十分之五
商业贷款	4000000	20000000	增4倍	省银行及钱庄占大部
合作事业及其他贷款	200000	6000000	增29倍	合作金库、省银行占十分之七，各合作社占十分之三
合计	4800000	50260000	增9.5倍	

表6　民国三十六年下半年及三十七年上半年张家口金融业汇款约计表

科目	民国三十六年7—12月（万元）	民国三十七年1—6月（万元）	增减比较	汇往地区	性质及用途
汇出款项	15000000	150000000	增10倍	平津8%，绥包10%，汉口5%，其他各地约5%	由平津采购布匹杂货，由绥远采购食粮皮毛，汉口采购砖茶及部分军政人员安家费用

---

① 1937年，"七七"卢沟桥事变发生后，为了使全国金融经济在战争的突然打击下不至于瘫痪，国民政府财政部于1937年7月27日授予中央银行、中国银行、交通银行、中国农民银行四大银行在上海建立联合贴放委员会，联合办理战时贴现和放贷事宜，以"活泼金融，安定市面"。上海"八一三"事变后，为加强国家行局的联合和协调，财政部函令上述四行在上海成立四行联合办事处，简称"四联总处"。因战事关系，该处一路西迁，1938年初由汉口迁至重庆，在重庆期间四联总处先后进行了三次改组。1948年11月撤销。

续表

科目	民国三十六年7—12月（万元）	民国三十七年1—6月（万元）	增减比较	汇往地区	性质及用途
汇入款项及押汇	12000000	100000000	增8.3倍		工商业汇票居多，大部分为食粮皮毛输出业售货调款之用
合计	27000000	250000000			

五、第二次解放初期的金融业

张家口于1948年12月24日，第二次获得解放。张家口市军事管制委员会接管了张家口之伪中央银行、交通银行、中央合作金库、察哈尔省银行和张市信用社、张垣第一合作社2家信用合作社，并对永利、大川裕、世合德、豫新、汇通、信昌裕、宏茂、福信成、永大、晋泉源等10家银号（钱庄）进行改造。

第二次解放前夕，对设在张家口的官僚资本银行机构，国民党急令"四行一库"逃跑。这些金融机构由行长、经理带领，携带账簿、表单、财产逃出张家口，仅中央银行张家口分行运走物资两车皮。为迅速恢复经济，稳定金融，安定人心，军事管制委员会当即召集四行之工作人员开会，深入讲解共产党之政策，接收办法，宣布在接收期间，原职原地不动，办理交待，有功者奖，舞弊者罚，愿留下工作的欢迎其为人民服务。由解放区来的干部掌管收兑，清查物资，做其职员之工作，收效甚大。

当时接管之银行有：中央银行张家口分行，当时共有58人，经理带走33人，接收时仅有雇员、锅炉工、司机等共计25人，接收金圆券155469元，辅350币；中国农民银行张家口分行，当时共有37人，副经理及4个主任逃走，经理、会计、职员及杂役共计14人，金圆券11000元，连同账簿被接收；中央合作金库张家口支库，当时共有49人，经理、副经理及主任等27人逃走，助理员、服务生及杂役共计22人，连同金圆券2620元被接收；交通银行张家口分行，当时共有28人，经理等21人逃走，只余出纳、杂役共计8人及百元金圆券被接收；察哈尔省银行，当时共有96人，除经理与9名职员逃走外，余86人均留职。另外，还接收了2个信用合作社。一个是张市联合社，系9个区社与伪市政府合作社、各级党部合作社、监狱合作社等12个单位组成，资金法币6000万元，后扩大到11亿元，内设供销、信用两部，附设肥皂、面粉厂，民国三十七年9月（1948年9月）存款达到600亿元；另一个是张垣第一合作社，股东964户，资金13亿元，有伪市政府私人股5股，每股1000元，主要业务为存款、放款及汇兑，当时金圆券3142元被接收。

张家口市二次解放之后，察哈尔省政府于民国三十八年1月15日（1949年1月15日）成立。同年初，由冀热察边区银行长城分行、晋察冀边区银行北岳分行合并，成立中国人民银行察哈尔省分行，2月20日察省分行根据华北人民政府对各省区划名称的指示，对所辖行处进行了更改和调整。中国人民银行察哈尔省分行成立时，经理为杨泽生，副经理为郑耀增。当时，察哈尔省分行设秘书科，科长为刘正文；人事科，科长为张开环；业务科，科长为郑海民，副科长为刘来风；会计科，科长为郑海民（兼），副科长为牛逸民；出纳科，科长为王守儒，副科长为李明。察省分行在张家口市设营业部，主任为赵惠生，副主任有李凤翔、黄继高、崔清海。并下设三个办事处：察北办事处，主任为白振国，后为尚付臣；察南办事处，主任为马清标，副主任为周林；大同办事处，主任为崔廷绪，副主任为罗陶然。

业务经营略况。到1949年末，存款余额99亿元，放款余额45.3亿元。全年汇出款项117亿元，汇入款项191亿元。金融业对新生的人民政权，民生经济等各项事业，均发挥了积极之推动作用。

至此，张家口市金融业开始步入社会主义金融组织体系建设之轨道。

（原载《河北金融》2016年第7期）

张家口二次解放前夕的察哈尔省银行

赵连飞[①]

张家口（亦称张垣），雄踞长城塞上，在抗日战争以前是我国察哈尔省会，又是沟通西北的要道。民国三十四年8月15日（1945年8月15日）日本宣布投降后，我晋察冀北部军民在共产党领导下，于8月23日上午将张家口解放。这是张家口的第一次解放。后因国民党于民国三十五年6月（1946年6月）全面挑起内战，国民党军大举向张家口发起进攻，我军于10月10日主动战略撤退。国民党军于10月11日占领张家口。随着国民党政权的建立，中央银行、交通银行、中国农民银行和中央合作金库分支机构相继在张家口恢复设立。当时的察哈尔省政府，为巩固政权和战时需要，筹建了察哈尔省银行。

一、筹备建立

察哈尔省银行总经理张德于民国三十六年3月（1947年3月），奉召匆匆由绥（呼和浩特）来张，参加张垣绥署会议。会议结束后，察哈尔省政府官员找张德谈话，命他按照察省地方金融机构，战前原有商业钱局之设，筹建察哈尔省银行。由于抗战损失巨大，基础荡然，一切皆须重新做

[①]赵连飞，男，河北张家口人，研究生，经济师，供职于中国人民银行张家口市中心支行。

起,不仅建行资本尚无着落,选定的行址尚是废墟,筹建工作几乎无从着手。首先,由绥远省银行借调职员 11 人,由察训团调用学员 10 人,自 4 月 1 日开始筹备。其次,一方面整修行址,一方面制定规章制度,设计账册,并临时代理收付公私款项,以有限之人力,经数月惨淡经营,于 8 月 20 日筹备就绪,正式开幕,地址在张家口市中山大街(现解放街工商银行桥东支行),标志着察哈尔省银行从此建立。

二、机构设置

察哈尔省银行依照《省银行条例》设立。[①] 察哈尔省银行之宗旨,为扶助本省经济建设,开发本省生产事业,资本金法币 10 亿元。察省银行隶属于察哈尔省政府,以一省一行为限,省立之外其他银行应予裁并。省银行除首都所在地或其他原因,经财政部特准外,不得在省外设立分支机构,经核准可以在省外设立办事处,仅以处理汇兑为限,所有存款、放款、储蓄及投资等业务,一概不得经营。

条例规定高管人员。察哈尔省银行设董事 15 人,具体为:(1)财政厅长、建设厅长;(2)省政府聘请省内富有经济财政金融学识经验之专家 3 人;(3)县市参议会推定候选人 1 人,报由省参议会就候选人中选出 10 人,省参议员不得当选。前项(2)、(3)款董事,均任期 3 年。察省银行设常务董事 3 至 5 人,由常务董事中互推 1 人为董事长,主持董事会事务。省银行设总经理 1 人,副总经理 1 至 2 人,均为专任职,由董事会遴聘之。总经理综理全行事务,并对外代表本行,副总经理辅助总经理管理行务。

条例规定董事会和监察人员之职责。董事会职责:(1)资本增减的审定;(2)分支行处设立或废止的审定;(3)业务计划的审定;(4)预算决算的审定;(5)盈余分配的审定;(6)对外重要契约及委托受托事项的审定;(7)抵押品及担保品处分的审定;(8)主任以上重要职员任免的审定;(9)各项规章的审定;(10)总经理提议事项的审定。省银行设监察人 5 人:审计处长、会计长;省参议会推选 3 人。监察人员之职责:(1)稽核账

[①]《省银行条例》经国民政府于民国三十六年 4 月 29 日(1947 年 4 月 29 日)公布施行,民国三十七年 1 月 8 日(1948 年 1 月 8 日)进行修正。

目;(2)检查库款;(3)审核预算决算;(4)监察本银行职员及业务。

根据以上条例规定,察哈尔省银行最高权力为董事会,其领导体制为董事会领导之下的总经理负责制。其董事长为张砺生(察省张北);常务董事为:李居义(山西安邑)、张德(山西荣河)、白宝瑾(察省赤城)、曾厚载(浙江绍兴)4人。董事为:童秀明、胡子恒、褚世昌、张季春、张位东、张志端、张联元、乔廷琦、张国柱、贾凤翔、杜济美、乔冥廷、王麟军、赵伯陶共计14人,加上董事长、常务董事,董事会共计19人(详见表1)。常驻监察人为杜济美,其他监察人员为乔冥廷、王麟军、赵伯陶。

表1 察哈尔省银行第一届董事暨监察人员姓名表

职务	姓名	年龄	籍贯
董事长	张砺生	61	察省张北
常务董事	李居义	63	山西安邑
	张德	54	山西荣河
	白宝瑾	39	察省赤城
	曾厚载	54	浙江绍兴
董事	童秀明	45	察省宣化
	胡子恒	54	察省沽源
	褚世昌	61	张垣市
	张季春	46	察省张北
	张位东	45	察省涿鹿
	张志端	45	察省怀安
	张联元	41	察省怀安
	乔廷琦	42	察省怀安
	张国柱	44	察省怀安
	贾凤翔	45	察省阳原
	杜济美(常驻监察人)	65	察省怀来
	乔冥廷(监察人)	59	河南修武
	王麟军(监察人)	39	察省万全
	赵伯陶(监察人)	57	察省怀来

察哈尔省银行内设机构。在总经理下设副总经理、总稽核以及经济

研究室、会计课、营业课、出纳课、总务课、公库课。各课设正副主任各一人，每课设办事员、助理员、练习生、见习生若干人。正副主任由总经理提名，经董事会同意委任，并报省政府备案。办事员由总经理任用。总稽核承总经理之命办理对总、分行处各项稽核事宜，其他人选由总经理提名，经董事会同意委任之。察省银行当时共有员工96人。察省银行高管人员：总经理张德，副总经理黄继高；经济研究室，专员孟广治、张振芝、钱豹文；会计课，主任王世重，会计贾永明；营业课，主任贾仲原；出纳课，主任冯佐；总务课，主任李继尧。（见图1）

察哈尔省银行分支机构建设情况。察省银行于民国三十七年8月17日（1948年8月17日）在宣化设立分行，9月16日在张北设立分行。在蔚县、商都、涿鹿、龙关、多伦、怀来、怀安7个县设立办事处，原计划升格为分行，后因时局变化，未能设立。

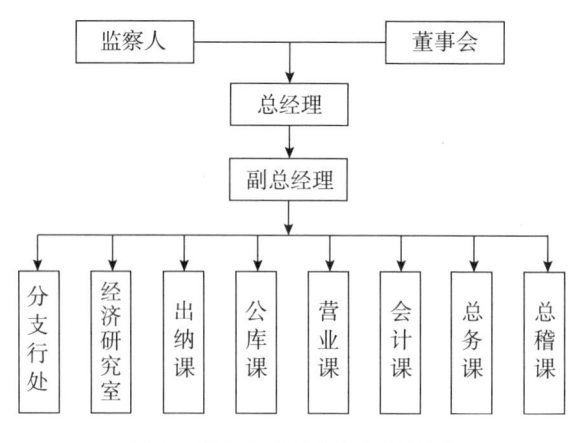

图1 察哈尔省银行组织系统图

三、业务开展情况

《省银行条例》规定，省银行之资本，由省库拨给，并得由县市公库参加公股。省银行可以经营以下业务：(1)代理省库；(2)经理省公债；(3)存款放款；(4)贴现押汇；(5)汇兑；(6)储蓄业务；(7)信托业务；(8)其他财政部许可之合法银行业务；(9)代理政府或自治团体之其他委托事项，前项第三款之放款,以贷予省农林渔牧工矿等生产事业及公用事业为限。第(1)、(6)、(7)款之业务应呈财政部核准。受中央银行、中国银行、交通银行、中国农民银行4行委托,代办各项业务。省银行不得经营以下业务:(1)无确实担保之放款,透支及保证;(2)买卖或承受非营业之不动产;(3)直接经营各种事业;(4)法令禁止经营之其他银行业务。

察省银行开业之初,以系草创,规模初具,资金薄弱,而省内地方工商产业,正在恢复之中,惟资金缺乏,周转欠灵,而察省银行为唯一地方金融机构,对工商各业量力扶助,并侧重小手工业、农产加工业、坐商小商及土产特产输出、民生必需品输入各业,加强汇兑业务,随时关注国内经济金融趋势,设法控制市场,灵活运用,达到引经济入正轨之目的。

存款方面。遵引导资金投入经济事业之旨,以高度负责精神,代理收付公私款项,不择巨细,不惮烦难,尽心竭力,吸收存款,妥当运用。

放款方面。侧重公营民营工矿事业、农产加工、小手工业,产品输出、民生必需品输入各业,并视季节,把握时效,以切实扶助地方生产及经济事业,绝对避免情感滥用,预防弊端。

汇兑方面。在省外办事处未设之前,暂与绥远省银行及平津两地各殷实信用行庄订立通汇契约,以沟通省际汇兑,便利公私款项之调拨。发展省外贸易,奖助物资交流,并力求迅速,简化手续,加强信用,从而控制汇务,减少运现公私损失,运用方法,纠正经济病态。

库务方面。加强公库法之推行,配合当局保证廉能政治,做好代理察省政府及张垣市府公款收付事项,经分别制定契约,市库于民国三十七年3月1日(1948年3月1日)正式成立,省库于6月1日成立,并与中央银行签订契约,代理察省国库业务,一俟分行处正式成立,即可开始办理。承国行委托,收换伪蒙钞28680805.90元。

代理兑付款项。察省田粮处为提早完成代购军粮任务,以中央粮款未能按期拨到,特呈准,省府印制购粮领款凭单,指定察省银行派员分赴各县兑付。为配合军政需要,便利人民领款,依区域中心划分7个地点,除张垣由总行兑付,宣化、张北两分行筹备处兑付外,特于商都、蔚县、康保、怀安分设4个临时办事处,于民国三十六年12月(1947年12月)间先后分别出发,经数月间之积极办理,均已顺利完成任务。

察省银行经营业绩。截至民国三十六年(1947)末,存款总额为127.3亿元。存款利率,甲种活期存款,周息8%—24%;乙种活期存款,周息8%;同业存款、公库存款均为周息8%。放款为110.8亿元,放款利率,定期放款,日息2%—4%;活存透支,日息4%,周息8%;活期放款,日息3.5%;拆放同业,日息3.5%。联行之间通汇仅有平津两地及绥远省部分银行和银号。汇出汇款为991笔,计341.0亿元;汇入汇款为934笔,计333.3亿元。1947年纯利润为17.5亿元。

截至民国三十七年6月(1948年6月)末,各项存款增至933.4亿元。存款利率,甲种活期存款,普通利率周息12%—24%;乙种活期存款,普通利率周息12%,6个月月息45%;定期存款,月息4%;同业存款周息12%,公库存款周息8%。各项放款达到837.1亿元。放款利率,定期放款,日息2%,1个月至4个月日息5%,5个月至6个月日息6%;活存透支,周息12%—15%;拆放同业,1个月至4个月日息4.5%,5个月至6个月日息5.5%。汇出汇款为1954笔,计2739.2亿元;汇入汇款为1740笔,计2486.1亿元。纯利润达412.1亿元。

关于决算与分配。条例规定,省银行每年决算两次,以6月终为半年决算期,12月终为全年决算期。每至年决算,应编造下列各项表册,经董事会议决,监察人员审核后,公布:(1)营业报告书;(2)资产负债表;(3)财产目录;(4)损益表;(5)盈亏拨补表。利益分配,省银行年度决算有盈余时,除依法缴纳所得税利得税外,所有盈余,如有积亏时,应先填补,再提10%法定公积金,20%特别公积金,再按约定利率拨付公息,再有盈余按下面规定分配:(1)员工奖励及董事监察人员酬劳20%(其中,员工占18%,董事监察人员占2%,但员工奖励不得超过其全年薪给四分之一);(2)福利基金10%;(3)股利红利40%,股利红利按股份比例分配;(4)地方公益事业经费基金30%。

四、内部管理

人事制度。综核名实,厉行考核,重视意识,讲求实干,训练库务会计人员,培养忠实廉洁干部,以适应时代要求,祛除浮华,改正社会观感。

账务方面。依照部颁统一会计制度,设计账表,并制定会计规程,分期讲授,以求划一而建立会计制度。

事务方面。提倡节约,考核勤惰,重视公物,推行值宿,以期人无虚设,事无处废,物无虚用。

研究机构。聘请专员,组织经济研究室,研究国内外金融经济动态,广泛探讨,期对地方金融经济事业有所贡献。

五、接管与关闭

张家口于民国三十七年12月24日(1948年12月24日),第二次获得解放。张家口市军事管制委员会接管了张家口之伪中央银行、交通银行、中央合作金库、察哈尔省银行和张市信用社、张垣第一合作社两家信用合作社,并对世合德等10家银号(钱庄)进行改造。接管前,召集4行银行工作人员开会,深入讲解共产党政策、接收办法,宣布在接收期间,原职原地不动,办理交待,有功者奖,舞弊者罚,愿留下工作的欢迎其为人民服务。由解放区来的干部掌握收兑,清查物资,做其职员之工作,收效甚大。察省银行营业课主任贾仲原经做工作后,报出察省银行之账外资产:黄金20两,小麦400石,煤炭39吨。接收察哈尔省银行时,共有职员96人,其中9名职员逃走,内有察省银行张北分行3人、宣化分行3人、张北分行经理和办事员等3人,先逃到新保安,被追回之后各自回到原行。

图 2　察哈尔省银行营业楼外景

察哈尔省银行从 1947 年 8 月 20 日开业,到 1949 年 6 月关闭,仅仅营业 1 年零 10 个月。察省银行尽管其存续时间比较短,但对当时察省经济,特别是对张垣经济建设和民生事业,发挥了一定作用。

(原载《河北金融》2016 年第 11 期)

Treasures for Scholars Worldwide

张家口社会经济史
研究论文集

（下）

主　编　刘秋根　常忠义
副主编　唐　晔　王新磊

广西师范大学出版社
·桂林·

第二卷　城市史

（一）功能演变及现代化

从军事城堡到商业都市

——张家口[1]

付丽娜[2]

一、张家口商业的兴起

张家口位于察哈尔地区南部(今河北省西北部),东临北京,西连大同,北靠内蒙古草原,南接华北腹地,是沟通中原与北疆、连接中西部资源产区与东部经济带的重要纽带。张家口由于地处中原与蒙古地区的孔道,地理位置优越,明朝时期是中原抵抗蒙古入侵的长城边口,虽战事很少,但作为一个军事边关,其形象让人肃然。"宣德四年,始筑堡城。"为下堡。[3] 下堡为军事防御而建,城内居民很少。由于城市主要是以防御的军事功能为主,限制了城市的其他功能发展。明朝隆庆年间,张家口开为马市,成为与蒙古通商的主要城镇之一。张家口开始具有了与蒙古通

---

[1]本文节选自作者的硕士学位论文《察哈尔地区的商业与城市近代化(1840—1935)——以张家口、多伦诺尔、贝子庙城市(镇)为中心》,内蒙古大学,2008年。
[2]付丽娜,内蒙古大学中国近现代史专业硕士研究生。
[3]路联达修,任守恭纂:《张家口概况·沿革》,《万全县志》,民国二十三年(1934)。

商的经济功能。此时的商业活动是蒙汉民族间的贸易,交易的物品很有限,仅仅限于满足蒙古民族对日常生活用品和内地汉人对马匹的需要。尽管如此,当时在张家口堡的交易数额很大,每年交易马匹就达18000匹,值白银120000两。① 随着互市贸易的发展和扩大,万历四十一年(1613)明政府在张家口堡以北修建来远堡,即上堡,专门服务于互市通商。大境门外"穹庐千帐,延绵数里,隐隐展展"②。前来贸易的蒙古人在大境门外麇集。张家口对蒙贸易从此开始繁盛,吸引着众多的商人从事对蒙贸易。

张家口商业贸易繁盛是随着清朝定鼎中原开始的。尽管清政府对蒙政策一贯是限制性的开放,但民间的经济交流是不以主观意志为转移的。张家口上堡,在清时称为"市圈","清之中叶,商贾辐辏,市面繁荣,殷实商号麇集市圈"③。上堡的商号数量,"清初80家,道光年间260家,同治年间530家,民国初年仅大境门外的店铺就达1500多家"。当时的商业贸易主要是对内外蒙的转运贸易,最重要的一条商道是从张家口至库伦,即为著名的"张库商道"。张家口商业"迫清末张库通商,日繁一日,每年进出口约合平银一万二千万两,出口货物率为东生烟、砖茶、鞍鞯、皮靴、河南绸、铜铁杂货之类。入口货物则系大中小自生口蘑、皮张、驼牛羊毛、鹿茸、黄芪之类。运输全恃牛车骆驼"④。可见张家口清末时期贸易数额之大,商业之繁荣。这条商道延伸可至俄罗斯的恰克图,东线可至热河、盛京,西线至绥远和山西。中蒙通商孔道的张家口对蒙贸易日渐繁盛,使张家口成为著名集散市场。

张家口因其得天独厚的地理优势,发展成为对内外蒙贸易的商品集散地,同时也是西北贸易的中转地。在平绥铁路未开通以前,来自甘肃、宁夏的畜产品、药材、皮毛等货品,经绥远、丰镇,到张家口,再从张家口转运至平津各地出口;南方或平津各种商品也需经张家口转运至内外蒙古

---

① 李贵仁:《明清时期我国北方的国际运输线——张库商道》,《张家口文史资料》第13辑,第110页。
②《马市图序》,《宣化府志》艺文卷,乾隆二十一年,内蒙古大学图书馆藏本。
③ 路联逵修,任守恭纂:《张家口概况·建设》,《万全县志》,民国二十三年(1934)。
④ 路联逵修,任守恭纂:《张家口概况·商业》,《万全县志》,民国二十三年(1934)。

及更远的地方。张家口商业贸易从对蒙的单一贸易而发展成为多元的中转商业贸易。

张家口多元商业贸易伴随着近代西方资本主义国家的不断入侵,不断地打破传统商业贸易形式,商业贸易更加多元化。对张家口商业贸易影响最大的就是俄国。俄国早在1689年的《尼布楚条约》,1727年的《恰克图互市条约》之中获得了在华经商的特权。清政府准许俄罗斯商队途经库伦、张家口进入北京,清政府支持的商队也以张家口、库伦为基地,至俄罗斯的恰克图从事贸易活动。清政府在张家口设立税关。转运商品的税收成为清政府的一部分财政收入。光绪中叶,《蒙古及蒙古人》[1]详细记载了清政府对从欧洲输入的商品和蒙古土特产的征税标准。

随着鸦片战争的爆发,天津通商口岸的开埠,俄罗斯取得了更多在张家口贸易的权利,准许"俄国商人带着自己的商品经过蒙古去天津时,得到在张家口卸货五分之一以便与蒙古人直接进行贸易的权利,并得在恰克图和库伦进行贸易的权利"[2]俄国商人还获得在张家口、库伦等处开设铺房、行栈,享受协定关税的特权。张家口元宝山通商贸易场即为俄国商人的住宅和茶叶堆栈的集中地。[3] 从此,俄国的商业资本大量流入库伦和张家口,逐渐改变着张家口传统的经济格局。俄国的商品在逐渐增加,贸易额也在逐步增长。俄国商人在张家口的商业活动一定程度上促进了张家口经济的繁荣。

对俄贸易是张家口对外贸易发展的开端,俄国也是张家口最重要的对外贸易对象。后随着列强之间争夺矛盾的加剧,俄国商业受到牵制,英、法、美、日等资本主义国家相继打开张家口市场,使张家口的商业贸易进一步纳入国际市场,商业地位进一步提升。

清朝以来,是张家口商业发展的兴盛时期。张家口商业的繁荣,促进了张家口城市的崛起。张家口从一个军事城堡逐渐发展成为商业性的城

---

[1] [俄]阿·马·波兹德涅耶夫,刘汉明等译:《蒙古及蒙古人》(第一卷),呼和浩特:内蒙古人民出版社,1989年,第706页。
[2] 王铁崖编:《中外旧约章汇编》(第一册),北京:生活·读书·新知三联书店,1957年,第147页。
[3] [俄]阿·马·波兹德涅耶夫著,刘汉明等译:《蒙古及蒙古人》(第一卷),第695页。

市,表现为城区面积不断扩大,城市功能分区明确,城市的街区功能强化。

明清时期商业不断发展的过程中,张家口形成了上堡、下堡、元宝山三个商业区。在光绪中叶俄国考察学者波兹德涅耶夫记述了当时这三个商业区内部的布局情况。①

上堡又称市圈,是张家口最主要的商业区,也是"中国对俄贸易的集中点"。上堡的面积很小,"长不过二百俄丈、宽不过一百俄丈",相当于城周长2里许。上堡内部"东西两侧是两层楼的商行和货栈;南边则是一幢幢大石头房子,全是货栈……北面城墙上是格萨尔庙"。在恰克图从事贸易,和在蒙古草原北部销售茶叶的晋商都在此设有商行和货栈;商人从俄国输入的呢绒、绒布和毛皮制品先运到买卖城的货栈,然后批发给下堡,最后再运往中国各地。上堡有祥发永、匡全泰、恒隆广等十几个大商号。沿着上堡的城墙,"是一个挨着一个的小铺子,大多数住在张家口的汉族手艺人开的"。在清末时期,张家口上堡地区已经形成了稳定的商业格局,商业主要以对俄对蒙的中转贸易为主。

下堡是张家口最为古老和富庶的商业区。批发商的住宅和商行大多集中在纵贯南北的武城街。这些住宅都有巨大的仓库,贮存批发的货物。下堡较大的商号有大新德、大亨玉、大德公、天太德、复兴隆、永兴隆等。他们不但经营零售商业,也与附近的蒙古各旗进行贸易,并划分了各自的活动范围。一般经营赊货交易,蒙古人每次可赊取三五十两至一百两的货物。各商号派伙计到草原上去收账,一般是三月出去,八月回来。作为账款带回张家口的主要是绵羊,也有牛马骆驼。"绵羊被赶往北京和太原府出售,马匹卖往河南、山东,骆驼则卖给从通州运茶叶到张家口的汉人"。下堡北部集中着皮革作坊和皮匠铺,依次向南为木器铺、蒲草铺、马车作坊、面粉铺等。

与上堡相比,下堡的店铺全是经营单一商品的,店铺规模也比上堡要大。下堡还聚集了很多钱庄、票号,都是山西商人开设的,垄断着张家口的金融业。张家口的银库、仓库和大部分政府机构集中在下堡的内城里。下堡随着商业贸易的发展,至清末时期,已经完全从一个军事城堡转变为

---

① 以下未作标注的均转引自:[俄]阿·马·波兹德涅耶夫《蒙古及蒙古人》(第一卷)。

以商业、金融业为主的商业城区。这种转变至民国时期更为明显。

在上堡和下堡之间,是满洲八旗的驻防营地和校场,商人经营的盐栈和碱行也聚集在此。著名的盐商有德懋碱店、合成碱店、德恒碱店等十家。

大境门外的元宝山是张家口的又一商业区。这里鳞次栉比地排列着长达1俄里的店铺,这些店铺多是山西商人和北京商人开设的。供应张家口日用所需的肉类、面粉、燃料等商铺多集中在此,俄国商人的住宅和茶叶堆栈也集中在这里。元宝山商业区在张家口市区的最北部,距离市区较远的郊区,是提供市内生活用品的主要地区。这是城市功能分区强化的一个很明显的表现。

在元宝山和大境门之间的"坝岗子"是张家口的牲畜贸易市场。秋冬两季,每天都有口外的蒙古人,特别是察哈尔和苏尼特人把几百几千头牛羊赶到这里出售。五、六月份是马匹贸易的旺季,每年销量有15000至30000匹,买主大多来自湖南、湖北以及更南边的省份。

张家口从军事城堡转变为传统的商业城市,动因就是商业经济的繁荣。

二、张家口城市的近代化

民国建立,气象蔚然一变。张家口对俄贸易、对蒙贸易以及中转贸易进一步发展。1918年前,张家口商业基本沿袭了清朝商业发展格局。此时商业发展稳定,是有史以来最繁荣的阶段。张家口"商务尤盛,贸易额达一万五千万两,计进口八千万两,出口七千万两,是为张垣商务鼎盛时期"。[1] 1920年,外蒙古独立,1924年,俄国控制外蒙古,中国商人被排斥在对外蒙商业之外,1929年,"中国商业完全为外蒙政府没收,总计商务损失在一万万两以上"。[2] 对外蒙贸易的断绝,严重影响张家口商业的发展。而对内蒙古市场开发不足,垄断性不强,以及产品供应和需求不足,

---

[1] 杜庚尧:《张库通商》第五篇《张垣金融之今昔》,天津大公报社,民国二十二年(1933),第37页。

[2] 路联逵修,任守恭纂:《张家口概况·商业》,《万全县志》,民国二十三年(1934)。

制约了张家口商业发展的进程。张家口商业开始衰落,张家口城市发展却开始出现近代化的趋势。

城市近代化是指城市由传统的封建封闭型向近代以工业化、民主化为主要特征的开放型城市转化。张家口城市近代化主要表现在:近代交通运输业的发展使城区突破了城墙的限制沿铁路延伸,形成了新的商业区;城市经济的发展,促使城市人口涌现,商业从业人员比例大;城区空间结构功能分区明显,近代金融机构出现;近代城市公用事业开启;城市房价、地租显著变化等。

(一)城市空间结构和功能的变化

张家口城市发展除了受商业发展的推动外,近代交通运输业的发展,对张家口城市近代化影响很大。这表现为城市空间结构的变化。铁路通车前,张家口城市城区主要集中在上堡和下堡之间,商业区在城墙以内。光绪三十年(1904)清政府修建京张铁路。在火车站修建时,本地大商家纷纷在火车站周边抢购地皮,大兴土木,新的建筑群迅速形成。在火车站西南角一带修建了怡安大街、长安街、保善街、长寿街四条商业街,并在街道后边与火车站周围建筑民宅多6000间。宣统元年(1909),京张铁路通车后,又兴建了张家口东安市场、福寿街。① 火车开始运营时候,商业街道格局已成。城区突破城墙的限制沿铁路延伸,形成了新的商业区——桥东区。

张家口因商业、运输及通讯方面的良好条件,在1914年自开为商埠。自开商埠即自行在城市中划出一部分土地,统一按近代城市发展要求进行规划、建设,使这一地带迅速繁荣,成为城市近代化的先行地段。张家口商埠设在桥东区,东界东山坡,南界京绥火车站,西界定边河,北界山麓,南北长4里,南宽北窄,南面的宽度约为1.5里,北面约0.5里。② 商埠的开辟,扩大了桥东区的面积,从2平方公里扩展至4平方公里。商埠连接商业区和郊区,带动了郊区的发展。张家口商埠除了依赖原有的市政基础设施外,在进行规划时候,提出了开埠与兴修水利工程并举的设

---

①刘振瑛主编:《张家口——兴盛的古商道》,北京:党建读物出版社,2006年,第44页。
②宋哲元等修,梁建章纂:《察哈尔省通志》《沿革·张家口》,民国二十四年(1935)。

想,并在商埠内设立电灯、电话、邮局等设施。这些设想随着开埠的进行一一实现。张家口开埠后,加强了与外部经济、文化的交流,城市商业贸易更加发达。开埠后,"计大小商号不下七千家,……每年全市进出口达三万万元"。①

城市近代化在一定程度上集中表现为工业化。张家口开埠后,各种官办或商办的工业陆续设立。北达制面公司、察哈尔省立皮革厂、德泰隆毛化工厂、官立平民简易工厂、华北电灯公司等。② 这些近代企业的创办使城市由过去的单纯的消费型结构向生产型结构转变。

人口的增长及各类从业人员的数量从一个侧面反映了城市近代化的程度。因史料有限,关于清朝时期张家口人口数量的变化,没有相关史料进行论证。据学者估计,在17世纪后期,张家口人口总量估计在5万以内。③ 1912年,张家口民商户为15856户,人口数为132621人。④ 人口增加了近三倍。现将1912至1930年张家口人口变化作一比较(见表1)。

表1 1912—1930年张家口人口变化表　　　　　　　单位:人

年份	1912年	1921年	1925年	1930年
民商户数	15856	14865	12870	16624
人口数	132621	66735	69881	78036

说明:此表据《万全县志·张家口概况·户口》整理。

从上表中可以看出张家口的人口数量在民国初期最多,达到13万,这个时期是张家口商业最繁荣时期。1921年后,张家口的人口数停留在6万至7万之间。张家口商业人口占城市人口比例大。张家口在民初时,"商户数几占民户数二分之一"。1921年后,"商户数不及民户四分之一"。⑤ 尽管由于兵灾匪患、灾歉连年,张家口从商人口比例下降,可商业

---

① 杜庚尧:《张库通商》第五篇《张垣金融之今昔》,天津大公报社,民国二十二年(1933),第37页。
② 黑龙江档案馆:《察哈尔省资源调查张家口班报告》,《满铁调查报告》第二辑,桂林:广西师范大学出版社,2005年,第42页。
③ 杨润平:《张家口开埠与城市近代化的起步——1902—1952年历史的回顾》,《城市史研究》第21辑,2002年。
④ 路联逵修,任守恭纂:《张家口概况·人口》,《万全县志》,民国二十三年(1934)。
⑤ 路联逵修,任守恭纂:《张家口概况·人口》,《万全县志》,民国二十三年(1934)。

人口与其它乡镇相比较,还是占有很大的比例。商业人口在城市人口所占比例体现了商业在推动城市近代化上的作用,也进一步说明了张家口城市近代化的程度。

进入民国以来,张家口城市的功能和结构进一步强化,并体现了近代的特色。张家口下堡商业金融中心的地位进一步巩固。张家口金融业的勃兴,促使张家口形成了近代银行与传统钱庄、票号三足鼎立的格局。1923年以前,张家口的票号、钱庄已多达42家,①在堡子里的棋盘街、鼓楼东街、锦泉兴巷、书院巷、东门大街设有裕源生钱庄、复兴成银号、宏盛票号等几十家传统金融机构②。随着近代银行的入驻,在下堡的鼓楼西街设有中国交通银行,棋盘街设有中国银行、西北银行、边业银行等近代金融机构。张家口金融业呈多元化与近代化趋势。

随着政治地位的提高,张家口逐渐向行政中心转变。上堡设置有察哈尔省政府、财政厅、民政厅、建设厅、教育厅及各级省立、区立学校。③

民国时期的张家口成为了具有政治、经济、金融为一体的多功能型城市。

张家口街区体现了专业化的功能分区。城市街区许多街巷是因某类店铺或加工作坊相对集中而得名的。如卖粮食的西粮房巷,卖肉的肉铺巷,卖口碱的碱点巷,加工土陶器的瓦盆窑,烧酒制醋的缸房巷,编制商品包装的编篓街,开杂货店的永茂巷,经营茶叶的老茶店巷,经营票号的日升昌巷和锦全兴巷,开当铺的当铺巷,圈养骆驼的东骆驼号、西骆驼号,圈养马匹的南马圈、小马场等。一些富商巨贾的宅院成为标志性建筑而被命名为街巷的名称,如范家大门、池家大院、刘家大门、通行里(原为终姓里)。宅院、街巷名称直接与商业联系,一方面反映了张家口商业文化浓厚,商人在当地的经济实力很强,另一方面说明张家口商业、手工业经营形成了功能分区,方便城市管理,在城市管理上迈出了近代化的一步。④

---

① 宋哲元等修,梁建章纂:《察哈尔省通志》卷二十三《执业编·商业》,民国二十四年(1935)。
② 刘振瑛主编:《张家口——兴盛的古商道》,第43页。
③ 路联逵修,任守恭纂:《张家口概况·官署》,《万全县志》,民国二十三年(1934)。
④ 刘振瑛主编:《张家口——兴盛的古商道》,第41页。

(二)近代公用事业的发展

从城市基础设施的建设来看,张家口自清以来,虽商业兴盛,街道商店栉比,城市基础设施建设却很落后。在光绪中叶,张家口上堡大门街"只有少数的地方铺着石板,别的地方则是黄土路面,大车在这种黄土路面上压出的车辙达十俄寸之深。这些坑洼几乎每天都被倒上各种垃圾……一遇下雨天,大门街就变成一片烂泥塘,使人寸步难行;而不在下雨天的季节,街上又尘土飞扬"。[1] 面对这种不堪入目的状况,进入民国后,政府在城市基础建设方面投入了一定的精力。

辟造路桥。[2] 1925 年,张家口市政筹备处,整顿了边路街、上东营、大门街、长清路、通蔚路各街市马路,并整修了清河桥、玉带桥、西太平桥、美人沟桥、西壑子桥桥梁,交通条件相对得到改善。

辟设公共设施。[3] 为了满足市民的闲暇生活,张家口市开辟城市公园(中山公园),修建供市民健身运动的运动场,满足市民精神文化需求。

开办电话、电报、邮政等通讯事业。在城市近代化过程中,信息起着日益重要的角色,通讯业在张家口起步较晚。1917 年,张家口始有电话局,总局设于下堡,分局设于上堡,至 1929 年,各县均设有分局,互能通话。电报在张家口有两处,总局设于上堡,分局设于下堡。邮政局设于桥东长安街口,在各条街,分设邮筒,便利商民。至 1930 年,张家口至北京、天津、库伦的电话、电报、邮政系统形成。通讯条件的改善,通讯事业的发展加速了张家口经济及其腹地经济的发展,增强了张家口与其他城市及其腹地之间的沟通,强化了张家口的辐射能力,推进了城市的近代化进程。

改善交通设施。交通设施的改善对城市辐射范围的扩大,城市商业机能的发挥作用很大。1909 年第一条由中国人自己设计的京张铁路开通,张家口运输条件得到根本的改变,商业成本有所降低。1918 年,平绥铁路全线开通。张家口"扼平绥铁路之中点"[4],西北转运中心的地位巩

---

[1] [俄]阿·马·波兹德涅耶夫:《蒙古及蒙古人》(第一卷),第 710 页。
[2] 路联逵修,任守恭纂:《万全县志》卷八《政治志下·交通整理》,民国二十三年(1934)。
[3] 同上。
[4] 路联逵修,任守恭纂:《张家口概况·建设》,《万全县志》,民国二十三年(1934)。

固。1929年,察哈尔省准备修建张多铁路,对于张北、宝昌、沽源、多伦等口北各县发展有极大的促进作用。后因财力不足而放弃。①

汽车路的改善和汽车公司的组建。1907年,欧洲汽车拉力赛途经张家口,地方政府将张家口至库伦、恰克图的驿道初步整修,成为国内最早能通汽车的道路之一。1917年,由商人景学铃、碾祖萌等人集股合办了"大成张库汽车公司",②开辟了我国西北通行汽车运输的公路线路——张库公路,汽车由张家口直达库伦。此后,张家口先后建立多家汽车运输公司,"迄十三年,车行居然增至三十余家,有车一百五十余部",③成为国内有数的公路运输中心之一。除了张库汽车路之外,张家口汽车运输公司开辟了张家口至北京、张家口至多伦、张家口至百灵庙、张家口至贝子庙汽车路。汽车路的开通大大缩减了运输时间,加强了彼此之间的联系。汽车开始替代传统的牛车、骆驼等运输工具。汽车、牛车、骆驼队相伴在商路,构成了民国时期的特色景观。

房租、地价的变化是了解近代城市发展的一个侧面。现将张家口房租、地价的变动做一比较(见表2、3)④:

表2 张家口房租变动表

房租	铺房		民房	
	最高	最低	最高	最低
1909以前	大钱七八十千	大钱三四千	大钱七八千	大钱一千余
1911—1927	洋120—130元	洋50—60元	洋14元	洋5—6元
1927—1935	洋60元	洋10—20元	洋8元	洋3—4元

---

①路联逵修,任守恭纂:《万全县志》卷八《政治志下·交通整理》,民国二十三年(1934)。
②居凤库主编:《大事记》,《锡林郭勒盟商业志》,北京:中国商业出版社,1996年,第19页。
③杜庚尧:《张库通商》第四篇《张垣五汽车路之沿革》,天津大公报社,民国二十二年(1933)。
④路联逵修,任守恭纂:《张家口概况·房租与地价》,《万全县志》,民国二十三年(1934)。

表3 张家口地价变动表

地价	园地(每亩) 最高	园地(每亩) 最低	旱地(每亩) 最高	旱地(每亩) 最低
1909以前	大钱四五十千	大钱三千余	大钱三千	大钱一二千
1911—1927	洋110—120元	洋80—90元	洋30元	洋20余元
1927—1935	洋70元	洋50—60元	洋4—5元	洋3元以下

以上两个表格反映了张家口从清末以来30多年的房租、地价变动过程。其价格上涨的动因在于:"从平绥铁路修成以后,即由一小镇,渐进为华北之重要商埠,其商业之发达,人口之增加,交通设施之改善,较往昔有突飞猛进之势。"①张家口商业地位提高使房租、地价也随之上涨,"超过其他乡镇一倍或数十倍以上",②凸显了张家口商业城市的优势地位。而在1927年后,"中俄绝交,张库不通,加以本省灾歉连年,十室九空,致本埠商业日见萧条,商户倒闭者竟达十之三四,……彼时人口由十四万减至七万左右",③因此房租、地价一落千丈。商业发展对城市发展的直接影响体现在房租、地价的变动上,反映了两者紧密的联系。

另一方面,地价的高低影响城市功能区域的划分。随着张家口城区的扩大,工业区从中心区分离出来,如张家口优势产业,皮革、皮毛、盐碱等产品的初加工都集中在离商业区较远的城边上,在市中心形成商业、金融中心的用地格局和功能区域。商业区、金融区集中在地价高的市中心,商业、金融区的形成刺激了地价的上升。张家口堡子里清末以来,聚集了众多的商家和金融业主,在共同的商业圈中互相合作、竞争,形成了浓厚的商业文化氛围,堡子里是张家口地价最昂贵之处。

张家口桥东区因铁路修建而起,成为继堡子里之后兴起的另一个商业区。桥东商业区的形成为居民购物提供了方便。因为堡子里房价高,很多居民选择在此建筑房屋,实现了在地价昂贵的商业中心不能实现的方便。张家口桥东怡安大街、仁寿大街就是在20世纪20年代形成的住

---

①路联逵修,任守恭纂:《张家口概况·房租与地价》,《万全县志》,民国二十三年(1934)。
②路联逵修,任守恭纂:《张家口概况·房租与地价》,《万全县志》,民国二十三年(1934)。
③路联逵修,任守恭纂:《张家口概况·房租与地价》,《万全县志》,民国二十三年(1934)。

宅区。在桥东商业区内的商家往往比其他地区的商家具有可观的收益，因此，一些商家争相进入桥东商业区，使商业区的商家更加密集，促成了张家口桥东商业区的形成。

(内蒙古大学历史系2008年硕士毕业论文)

政策、区位与张家口的
兴衰变迁(1429—1929)

王涛 王华玲[①]

张家口又称东口,取其在长城东部之口之意。张家口的兴起虽然较晚,但是到清代中期,它已经发展成闻名塞外的商城,成为中国北方最重要的商业城市与金融中心之一,近代更有"华北第二商埠"的美誉。但是在 20 世纪 20 年代,张家口贸易枢纽的地位不复存在,地位也一落千丈。关于张家口兴衰的问题,已有多文加以讨论,但是并未严格区分商人的兴衰与城市的兴衰,这造成对张家口城市兴衰的讨论含混不清。从明清政府政策、区位条件及其演变的角度讨论张家口如何成为中俄与汉蒙贸易陆路枢纽以及如何走向衰落,对张家口今天的发展仍然具有现实意义。

[①] 王涛(1986—),男,河北易县人,河北大学经济学院副教授,经济学博士,主要研究方向为中国经济史与区域经济发展;王华玲(1976—),女,河北景县人,河北大学马克思主义学院副教授。

一、从军事城堡转变为边贸重地的关键:"隆庆和议"

长城一线历来是游牧文化与农耕文化的分界线,张家口正处于长城沿线之上,东临北京与承德,西临山西大同,北部是蒙古草原,南部是华北平原,是外接漠北、内通中原的交通要道。明朝建立后,虽然将蒙古驱往草原,但是并不能够彻底消灭蒙古。为此,明朝先后在辽东至陕甘一带建立了军事防御体系,即所称九边,宣府是最早建立的军镇,处于防御体系的中央,直接担任着守卫北京的重任,具有极其重要的地位。朱棣去世以后,明朝军事进攻能力大为下降,总体上采取了防守策略,沿长城一线构筑了众多的城、堡、墩和台,并设立都司卫所等军事建制机构。张家口正是在这种背景下建立的。宣德四年(1429),万全指挥张文在原张家庄的位置修筑张家口堡。按明代制度,成堡分"极卫"、"次卫"和"又次卫"3种等级。作为最高等级的"极卫"戍堡,张家口堡格外重视其军事防御功能,筑墙取土使环城四周形成了可用于防御的"湟"(无水的护城河),仅有东、南两门,后又增建瓮城以加强防御。据《万全县志》所载,张家口堡额定驻军"原设守备一员,把总员,存籍官军一千一百九十九员,实有官军一千七百零八员"①。明代制度规定官军需携带妻、子戍守,依此计算,当时张家口堡人口应在5000余人,初步形成了一个以军事为核心的居民聚集区。

明正德、嘉靖年间,蒙古鞑靼部达延汗统一了各部,蒙古高原开始出现安定局面,但由此带来的人口扩张也使蒙古各部迫切与中原地区交易,获得各种生活必需品。嘉靖一朝,双方冲突不断,蒙古虽然屡屡突破长城防线,但也付出了惨重代价,而明王朝的财政开支也因此不断上升。嘉靖去世后,明蒙双方均意识到不断的冲突只能使问题恶化,而互市"则和好可久,而华夷兼利"②,故在隆庆五年(1571)实现了"俺答封贡",也称"隆庆和议",双方正式开始互市。

当时,互市分为官市与民市,明朝开放了新平堡、守口堡、得胜堡以及

---

① (清)左成业:《万全县志》卷四《武备志》,乾隆十年刻本。
② (明)陈子龙:《明经世文编》,北京:中华书局,1962年,第1367页。

张家口堡4个地点作为贸易市场。官市主要满足蒙古贵族需求,每年一次,每次一月,不同市场的交易时间并不相同,总体上多在夏秋两季。民市主要满足蒙古平民百姓的需求,每月都有,但每月仅交易两日,就在官市旁边①。对于官市,明蒙双方均严加防范,交易被限定在边墙之外的瓮城之内,交易者进入市场之后,瓮城闸门关闭,蒙古300名士兵驻扎在边墙之外,而明朝则有500官军于瓮城内负责监督交易进行,防止发生争端②。而对于民市,则听凭普通蒙古人与汉人交易各种皮毛、牛羊与杂粮布帛。

开放互市之后,双方的贸易额发展飞快,其中张家口堡的贸易更是后来居上(见表1)。张家口能够后来居上的重要原因在于此地相对于大同和山西,更加靠近京城与华北平原,各种商品能够更方便地运抵,而毗邻的蒙古诸部也与明朝关系融洽。

表1 1571—1575年方逢时所报市马数 单位:匹

互市时间	水泉营（山西）	张家口堡（宣府镇）	得胜、新平堡（大同）
隆庆五年(1571)	2941	1993	2096
隆庆六年(1572)	2378	902	4565
万历元年(1573)	3788	7810	7505
万历二年(1574)	5000	14505	7670
万历三年(1575)	6000	18000	10000
合计	21205	39836	24307

资料来源:根据《明神宗实录》卷四十整理。

比官市发展更快的则是民市,由于几乎没有交易限制,蒙古各部平民都争相前往几个互市场所交易自己所需产品。到万历年间,各互市地点的民市均已相当发达,其中尤以张家口最为繁荣。万历四十五年(1617),考虑到日益繁荣的张家口堡贸易可能对军事防御不利,明朝在

---

① 金星:《隆庆、万历年间明朝与蒙古右翼的互市市场》,《内蒙古大学学报(哲学社会科学版)》2011年第5期,第14—17页。
② (明)陈子龙:《明经世文编》,第3373—3375页。

张家口堡以北筑来远堡作为明蒙互市之所。然而,这并没有使张家口堡重新回到军事用途,大量前来经商之人,尤其是晋商很快填满了互市消失之后的遗留场所,而来远堡与张家口堡之间的街道很快也成为繁荣的市场。

可见,隆庆和议之后的明蒙贸易使张家口从一个单纯的军事堡垒转变为一个边贸重地。由于其内通富庶的华北平原,外连蒙古实力最强的各部,其贸易量很快超越了其它同时开放的市场,成为明蒙贸易的首要市场。

二、清前期对蒙、俄贸易的控制加强了张家口的地位

清取代明之后,张家口已不再是边疆地区,因为与蒙古加强了联系而使贸易进一步扩张。

清朝建立之初,对与蒙古交界地区的管理仍然沿袭明制,允许蒙古各部继续前来贸易,对蒙古前来贸易的地点、时间与人数同样加以严格限制。"内外札萨克蒙古,皆令由山海关、喜峰口、古北口、张家口、独石口、杀虎口出入……除此六边口外,别处边口不准行走。""嗣后尔处所遣贡使,有印验者,限二百名以内……其余俱令在张家口、归化城等处贸易。"康熙二十五年(1686),理藩院进一步规定除了噶尔丹等四大台吉之外,其余俱在张家口等地贸易①。

为了防止蒙古贵族的叛乱,清朝继续鼓励长城沿线的蒙古贵族开垦荒地,从游牧生活向农耕生活转变,这一政策直接促进了大量汉族人口前往张家口等地开垦,促进了张家口等地农业的发展和人口的增加。

清政府统一蒙古草原后,在明王朝原有驿道基础上向外延伸修建口外驿道。康熙三十一年(1692)五月,刑部尚书图纳于从喜峰口至科尔沁设立15站,内阁学士德珠于杀虎口至鄂尔多斯设立12站;康熙二十二年(1683)年二月,吏部侍郎布彦图和侍读学士额赫礼在张家口至归化城四

---

①《圣祖仁皇帝实录》,北京:中华书局,1986年,第23页。

子部落设立 8 站。自此,张家口通往蒙古草原的驿道开始发挥作用。雍正年间,张家口的地位出现了明显上升。雍正二年(1724)准噶尔之战后,官员奏报由杀虎口前往阿尔泰的驿道道路偏僻,水草不佳,请求移驻张家口,获得同意。同年六月,官员再次奏报自杀虎口至扎克拜达里克城驿道道路偏僻,水草不佳,请求移驻张家口,也获得同意。这样,原来几路驿站已经均迁移至张家口作为出发地点,这样,以张家口为起点的张库商道初步形成。

雍正二年,清朝设立了张家口理事同知厅,隶属直隶口北道。同年,清政府还规定凡前往蒙古贸易的商人,必须获得察哈尔都统及多伦诺尔同知衙门等官方机构颁发的"部票"才能出行,而这些机构因为驿道起点的变更已经全部移驻在张家口,这也就意味着前往蒙古贸易的商人必须首先到张家口获得"部票"才能前往蒙古贸易。在张家口获取"部票"的同时,商人也在张家口的税关纳税,清政府规定在张家口的税关纳税后,前往蒙古草原便不再征税。另外,清政府为了防范商人聚集可能威胁到其统治,规定旅蒙商人到达指定地点后,必须在当地政府的监督下开展贸易。汉族商人不允许在蒙古地区建立固定店铺和房屋,不得携带家眷,不准前往未经允许的蒙地贸易,且必须在 1 年内回到内地[①]。这些规定促使旅蒙商人必须前往张家口取得"部票"以及纳税,为了能够在 1 年内回到内地,势必也将自己的货物存储地建立在离蒙古草原最近的地方。于是,张家口在成为诸多驿道的出发点之后,又成为前往蒙古贸易的商人的居住地、仓储地与商道的出发点,在对蒙贸易中将其它关口远远甩在身后,成为塞外对蒙贸易最重要的商埠。

在对蒙贸易扩张的同时,新的对俄贸易的发展对促进张家口的进一步繁荣起到了更为重要的作用。17 世纪末,不断东扩的俄罗斯已经与清朝接壤,并力图侵蚀清朝的国土,受到清朝的阻击。两国在康熙二十八年(1689)签订了《尼布楚条约》,划定了清朝与俄罗斯的边界,并且允许俄罗斯使团前来清朝贸易。当时俄罗斯使团前来北京贸易的途径主要有两

---

① 卢明辉、刘衍坤:《旅蒙商——十七世纪中原与蒙古地区的贸易关系》,北京:中国商业出版社,1995 年,第 32 页。

条,一条是自尼布楚到齐齐哈尔城,经东部蒙古进入古北口或山海关到达北京;另一条则是经伊尔库茨克城循色楞格河,经库伦,穿越隔壁到达张家口,然后进入北京。前者往返需要150天,而后者只需70天①。1708年清朝将经恰克图—库伦—张家口的路线定为俄罗斯使团进京的官道,这使张家口成为了中俄贸易的重要中转站。

雍正五年(1727),中俄再签《恰克图条约》,条约规定:"准两国通商,既已通商,其人数仍照原定,不得过两百人,每间三年进京一次。除两国通商外,有因在两国交界处所零星贸易者,在恰克图、尼布楚择好地盖房屋,情愿前往贸易者,准其贸易。周围墙垣栅子,酌量建造亦毋庸取税。"②《恰克图条约》在原有官方贸易的基础上进一步开放了边境贸易,允许中俄两国商人在恰克图与尼布楚两地互市。中俄贸易迅速发展,从贸易总量上来看,1740年代,每年交易额为40万~60万卢布,到18世纪末,贸易额达到近300万卢布,1851—1855年,每年平均贸易额更是达到了927.2万卢布,较互市之初增长了20倍③。由于尼布楚道路偏远,贸易并不活跃,中俄之间的贸易几乎全需通过恰克图,而中俄恰克图贸易只不过是张库商道的自然延伸而已。

中俄贸易与中蒙贸易的叠加刺激了张家口的繁荣。康熙初年,张家口旅蒙商号有30余家;雍正十三年(1735)发展到90多家;乾隆十三年(1748)增长到了190多家;至19世纪初期,旅蒙商号共280多家,规模也更大④。贸易额的发展从清政府的税收中也可以反映出来,清初张家口初设税关时定额10000两,雍正元年增加到20000两,嘉庆四年(1799)定盈余银40561两,正额、盈余合计60561两⑤。伴随着贸易发展的则是金融业的发展。乾隆元年(1736),山西商人王荣廷出资4万两,在张家口开

---

① [法]葛斯顿·加恩著,江戴华译:《早期中俄关系史(1689—1730)》,北京:商务印书馆,1961年,第52页。
② 郭蕴深:《中俄茶叶贸易史》,哈尔滨:黑龙江教育出版社,1995年,第28页。
③ 郭蕴深:《中俄张家口贸易》,《张家口文史资料辑刊》第13辑,张家口:张家口文史资料研究委员会,1988年,第1—20页。
④ 王洪波、韩光辉:《从军事城堡到塞北都会:1429—1929年张家口城市性质的嬗变》,《经济地理》2013年第5期,第72—76页。
⑤ 许檀:《清代前期北方商城张家口的崛起》,《北方论丛》1998年第5期,第94—98页。

设"祥发永"账局,经营存款和放款业务,成为张家口乃至整个北方地区最早的一家金融机构。此后山西商人常立训先后投资5万两和3万两在张家口创设了大升玉和大泉玉两家账局。但对张家口金融业发展影响更大的则是中俄茶叶贸易的展开。为了弥补账局不能从事资金汇兑业务的局限,19世纪末,山西商人又创办了票号。到第二次鸦片战争之前,张家口已有锦泰亨、日升昌、日新中和协同庆等票号总号或分号12家,张家口成为晋商13个金融中心之一,并且是中国最北端的金融中心。

三、鸦片战争以后区位条件的变化与张家口的衰落

鸦片战争使中国卷入了以西方发达国家为首的全球经济体系,在这个经济体系中,中国不再拥有贸易与生产的控制权。对张家口来说,最重要的打击便在于其贸易垄断地位的丧失。

一直觊觎中国领土与市场的俄罗斯在1858年6月13日,抢在英法之前与清政府签订了《天津条约》,其中第三条规定:"此后除两国由旱路于从前所定边疆通商外,今议准由海路之上海、宁波、福州府、厦门、广州府、台湾府、琼州府等七处海口通商。若别国再有在沿海增添口岸,准俄国一律照办。"①海港的开放使俄罗斯取得了梦寐以求的海上运输通道。但是俄罗斯的海上运输路线在很长时间内并没有发挥其期望的作用,一是由于俄罗斯航运能力有限,再加之其与土耳其关系紧张,经过黑海的运输始终受到限制;二则是由于海路经过南洋酷热之地,茶叶味道锐减,不如陆路运输经过风霜的茶叶味道浓郁②。这就使经过张家口的贸易并没有受到太大影响。然而,中国主权的丧失导致了该时期张家口贸易控制权的变化,俄罗斯不断逼迫清政府签订不平等条约,取得了在中国的居留权、售卖货物权与免税的权利,因而在陆路运输茶叶的通道上,中国商人不断地受到排挤;加之中国商人不但不能得到来自政府的保护,反而要为清政府的财政赤字承担更多的厘金,中国商人在张家口的贸易自鸦片战

---

① 郭蕴深:《中俄茶叶贸易史》,第80页。
② 郭蕴深:《中俄茶叶贸易史》,第86—87页。

争后便日益不景气,张家口至恰克图贸易路线上的中国茶商已经由28家减少到1870年的3家。但通过张家口的茶叶贸易反而更加繁荣,1871年经过张家口的茶叶总量约在30万担,此后逐年上升,至1894年达到了58万担①。张家口的重要地位也引起了各国在张家口的争夺,1908年由中国自己设计建造的京张铁路通车后,在张家口的外资洋行达到了44家。

  随着国际关系以及交通体系的转变,张家口的贸易转运地位受到极大威胁,并最终衰落。在晋商控制的中俄贸易中,晋商无论在何地采买茶叶,均是运至樊城(今襄阳)后北上到达晋商的大本营祁县、太谷和平遥,然后继续北上过大同,将茶叶储存于张家口,取得"部票"和完税后运至库伦与恰克图②。当俄商控制中俄贸易后,茶叶直接由海上运至天津,然后用马车运至张家口,再换成骆驼等工具运至恰克图,张家口成为了海陆联运的重要中转站。1903年,为了抢占东北,俄罗斯兴建了经满洲里和哈尔滨到达海参崴的中东铁路。铁路的通车极大地降低了陆路运输成本,因而已经有部分茶叶经由海路前往大连,其后通过中东铁路运至海参崴然后运往俄罗斯。1908年,京张铁路通车,联通了已有的京山铁路,使天津到达张家口的运输成本大幅下降,经过张家口的客货运量也出现了大幅上升。但1916年建成的西伯利亚铁路对张家口的中转贸易造成了沉重打击。茶叶经中东铁路直达海参崴,然后再经过西伯利亚铁路到达莫斯科,不论是运输成本还是速度均大大超越了经过天津到达张家口再到达恰克图的路线。从海参崴到莫斯科,每磅茶叶的运费仅为9美分,运输时间则在10~15天左右,而传统的运茶商队在到达天津后由张家口转运至恰克图就需49~90天③。因而,俄商运输茶叶几乎全部舍弃张家口路线而转走中东铁路进入西伯利亚铁路达到莫斯科,甚至库伦和恰克图的茶叶也由西伯利亚铁路运来。

  国际局势的变化推迟了张家口衰落的时间。1915年以后,由于国内局势的紧张,俄罗斯承认了中国对外蒙的主权。徐树铮率军驻扎在库伦,为中国商人提供安全保障。1918年,张库公路通车,汽车和马车可以方

---

① 郭蕴深:《中俄茶叶贸易史》,第99—100页。
② 张正明:《清代晋商的对俄茶叶贸易》,《农业考古》1997年第4期,第119—123页。
③ 苏全有:《论清代中俄贸易》,《北京商学院学报》1997年第1期,第51—55页。

便地直达库伦,极大提高了货物运输量,也带来了张库商道历史上最辉煌的时期。此时,张家口的大小商号达到了 7000 余家,银行 36 家,"外管"(经营旅蒙业货栈)1600 家,贸易总额达到了 1.5 亿两[1]。但是这个辉煌是极其短暂的。西伯利亚铁路的通车加之十月革命后苏联宣布断绝中苏贸易,中国国内军阀混战造成的商路不通,实际上已经对张家口的贸易造成了极大打击。据 1912 年的统计,张家口桥东和桥西的常住人口是 132621 人,但 1924 年张家口的官方统计人口已经锐减至 69881 人[2]。1929 年在苏联支持下外蒙独立,没收了中国商人在库伦的资产,并断绝了与中国的贸易,中国商人损失惨重,无法继续贸易,在张家口的商号纷纷倒闭。至此,张家口作为一个贸易城市彻底衰落了。

明清时代的张家口从一个边疆军事要塞发展成为商贸城市和中国最北部的金融中心,政策因素起到了十分重要的作用。明蒙之间由对抗走向贸易,促进了包括张家口在内的 4 座军事要塞转变为互市市场。清朝建立后,张家口仍然是对蒙贸易的市场之一。雍正年间部票的发放机关为驻张家口的察哈尔都统,更进一步强化了张家口在对蒙与对俄贸易中的地位。

张家口优越的地理位置是其能够成为汉蒙贸易和中俄贸易重要枢纽的关键之一。相对于山陕与东北相对贫瘠的土地与人民,背靠北京与华北大平原的张家口不但可以提供蒙古各部需要的绝大多数商品,也是一个巨大的消费市场,同时,张家口毗邻的草原水草丰美,也为旅行提供了充足的保障。

张家口的衰落同样与区位条件的丧失有关。中东铁路以及西伯利亚铁路的通车导致传统的中俄贸易路线发生改变,张家口不在这条新的贸易路线上。京包铁路的通车可以使货物从天津港直达蒙古草原,张家口因而丧失了其贸易中转地的重要地位。

历史上张家口的兴起与衰落均与贸易存在重大关系,优良的区位条

---

[1] 张轶欣:《张家口商业兴衰与近代城市空间的演变》,《河北北方学院学报》2008 年第 2 期,第 59—63 页。

[2] 张轶欣:《张家口商业兴衰与近代城市空间的演变》,《河北北方学院学报》2008 年第 2 期,第 59—63 页。

件是张家口取得贸易中转地的重要条件,交通工具的改变也使张家口丧失了优越的区位条件。但是,张家口仍然处在京津冀都市圈与呼包都市圈的交界处,是通往西北、中亚乃至俄罗斯通道上的重要一环,重新找回张家口的区位优势,是张家口能够获得新的发展的关键。在京津冀一体化大背景之下,将北京承担的对西北、中亚及俄罗斯的物流与贸易功能部分疏解到张家口,发挥历史上张家口曾经发挥的功能,或许是一个现实可行的构想。

(原载《河北北方学院学报(社会科学版)》2016年第5期)

二十世纪上半叶张家口城市商用地产开发与商铺出租

——基于怡安公司档案

常忠义 刘秋根[①]

近二十多年来,近代城市房地产业研究逐渐得到学术界重视,《中国城市房地产业史论(1840—1949)》[②]作为开拓性研究著作,对于中国近代城市房地产业做了全面、系统的研究,总结了房地产业经济发展的规律和历史经验。其后这一研究领域发展较快,但大多是以北京[③]或是上海、天津、广州等沿海开埠城市的房地产业研究为主,[④]对于张家口这种规模的

[①]常忠义(1951—),河北大学宋史研究中心中国社会经济史研究所兼职研究员、地方史学研究者、退休工程师;刘秋根(1963—),男,湖南邵阳人,河北大学宋史研究中心教授、博士研究生导师。

[②]赵津:《中国城市房地产业史论(1840—1949)》,天津:南开大学出版社,1994年。

[③]唐博:《清末民国北京城市住宅房地产研究(1900—1949)》,中国人民大学历史学院博士论文,2009年。

[④]吴宏岐、胡乐伟:《近代广州侨资房地产业与城市空间结构的变迁》,《华南师范大学学报(社会科学版)》2013年第1期,第138—146、162页;张清勇、杜辉:《中国近代前期的房地产经营——以徐润(1838—1911)的房地产生涯为例》,《天津商业大学学报》2018年第2期,第3—8页;张伟:《近代上海租界房地产开发略述》,《文史杂志》2004年第2期,第72—73页;赵津:《租界与天津城市近代化》,《天津社会科学》1987年第5期,第54—59页。

内陆城市房地产业的研究相对薄弱,①对于二十世纪以来城市建设中的商用地产开发和城市商业用房(铺房)出租的研究也较少。② 本文基于海峡两岸所藏两份"张家口怡安产业股份有限公司"(以下简称"怡安公司")档案③,研究怡安公司成立经过、商铺租赁方式及其对张家口城市发展的贡献。

一、怡安公司的设立经过

1840年至20世纪初是中国近代城市(镇)房地产业的起步阶段,清末"新政"之后,城市实业、商贸业发展迅速,商家逐渐增多,激发了对城市商铺用房和配套住宅用房的需求。河北省张家口作为早期旅蒙商路的起始点,以及中俄恰克图贸易和万里茶路的重要节点,有着悠久的商贸历史和优越的地理位置。天津怡和洋行买办梁炎卿④等人早期在张家口做生意,看好其地理位置、商贸环境,以及京张铁路开通后的发展前景,⑤因此在铁路开工之前便在张家口清水河以东,京张铁路车站设计位置,购买了500多亩土地准备开发地产,以便日后与京张铁路项目相契合,整体开

---

① 文华等人从建筑学角度呈现了怡安公司房地产开发项目的街区分布情况,及其对城市建设格局等方面的影响,见文华、于海漪、范家昱:《怡安公司与张家口近代城市建设》,《华中建设》2017年第3期,第95—98页。常忠义首次提出了"商业(用)地产投资"概念,对于怡安公司的股权结构、投资模式、经营方式,以及粤籍洋行买办身份参与张家口新兴产业投资的历史背景等做了尝试性探讨,见常忠义:《怡和洋行买办梁炎卿等人开办怡安公司》,天津市政府参事室文史馆内部资料,《天津文史》2016年第4期,第28—35页;常忠义:《张家口近代同业公会组建及沿革》,《保定学院学报》2017年第3期,第10—17页;常忠义、刘秋根:《张家口商会始立及其沿革》,《石家庄学院学报》2017年第5期,第74—81、162页。

② 卢忠民:《近代北京商铺的铺底与铺底权》,《中国社会经济史研究》2011年第2期,第56—64页;刘小萌:《清代北京的旗民关系——以商铺为中心的考察》,《清史研究》2011年第1期,第53—68页;温丹阳:《商铺续租制度研究》,东北师范大学2014年硕士论文。

③ 这两份档案是:其一,台北"中央研究院"近代史研究所档案馆《中华民国经济部卷宗》中的《怡安股份有限公司紧要声明》,档案号:17-23-01-25-29-001,(以下简称《紧要声明》),至1930年止,内容包括怡安公司注册执照、公司章程、股东组成等法律文件和内部条例;其二,张家口市档案馆藏《张家口怡安公司》档案,至1952年止,档案以怡安公司租房契约、收租记录为主。

④ 梁佩瑜:《天津怡和洋行及其买办梁炎卿》,政协天津市文史资料委员会:《天津文史资料》第九辑,天津人民出版社,1980年,第92页。

⑤ "张家口一埠为大小库伦出入孔道,出产皮毛最多,故数百年素称繁盛者,京张铁路指日告成,张库铁路刻期兴筑……将来该埠商业之发达诚未可量。"《光绪三十四年七月初十日呈准注册章程(24条)·前言》,《紧要声明》,第44页。

发一片城市商业新区,并通过"修建铺房出租"获利。①

(一) 资本额与股票发行

1908年8月10日"怡安公司"正式注册成立,②作为一家以商用铺房开发为主的股份制企业,"怡安公司"虽然未曾用"房地产公司"名,③但无疑是近代中国较早成立的房地产公司之一。1909年11月13日怡安公司开始发行股票,④"资本原议十万两,随定二十四万两,实收一千八百六十四股,每股京公码银一百两,共缴纳一十八万六千四百两作为总额",⑤直至1947年,资本额一直未变。

开设之初,怡安公司发起人以购置地亩作价置换公司股权,"系由创办人先行集股置买,今创办人情愿将上开各项让归本公司接管,共作价京公砝足银五万七千两,由本公司按股发还股票,以抵地价",⑥按照每股100两计,一共置换570股,占公司30.6%股权。除此之外,公司发起人还有优先股。⑦ 1908年注册时规定"内有120股系公议作为优先股,以报发起人数年来经营缔造之劳"。⑧ 1909年正式发行股票时规定:"本公司股份内有优先股200股……惟每年溢利比普通股加倍发给,以报发起人数年来缔造之劳"。⑨ 可见优先股的数量低于土地置换的570股,怡安公司通过适当降低发起人所得优先股数目,做到既对发起人有所奖励,又有利于社会集资以及保证所有股民相对平等获得公司红利的权利。

怡安公司股票基本能保证正常支付股息,1909年正式发行股票规定:"本公司股本由交银次日起按周年七厘行息……本公司年终总结所得

---

① "本公司发起人等经于前数年在张家口通桥之东,先后购入地基五百余亩,现已陆续修建铺房出租。"《张家口怡安产业股份有限公司章程(11条)·第1条》,《紧要声明》,第42页。
② 《清政府"农工商部公司注册局"颁发注册证书(原照)》,《紧要声明》,第51页。注册证书与股票发行时间点原为中国农历日期。
③ 直至20世纪20、30年代才出现"×××房产公司"的称呼。
④ 《怡安公司普通股(1009号)息银付讫册》,张家口察哈尔历史文化陈列馆李国欣藏品。
⑤ 《缴呈农商部调查票式列左·中华民国五年十二月底现在实况·备考》,《紧要声明》,第48、51页。
⑥ 《光绪三十四年七月初十日呈准注册时章程(24条)·前言》,《紧要声明》,第44页。
⑦ 《第一百三十四号》,网络—央视传媒—财经图库—嘉德春拍2005—4412。
⑧ 《光绪三十四年七月初十日呈准注册时章程(24条)·第18条》,《紧要声明》,第46页。
⑨ 《张家口怡安产业股份有限公司章程(11条)·第3条》,《紧要声明》,第42页。

进款,除薪金费用外,先提公积十分之一作为房屋自保火险费,其余溢利按股均分"。① 1910—1940 年,怡安公司逐年按时发放息银,档案中的最后一次发放记录为 1940 年 11 月 12 日领取"民国二十八年(第 30 届)派公积银",另有"丁卯年(民国十六年)第十八届特别派还积存火险贮备款"。② 公司成立三十年来,公司投资效益较好,股东的投资收益也基本可以得到保证。根据怡安公司向国民政府申报的 1929 年公司投资效益情况,"购地亩建房屋租赁……每年共收入约四万元"。③

(二) 股权结构

怡安公司优先股名录中,实名登记者共有五人——梁炎卿、何泽生、姜记(赵李卿)、陈妫荫堂(陈文泉)、陈祝龄,④这五人也是怡安公司的发起人。其中,梁炎卿名下优先股 100 股,占优先股的 50%,是怡安公司的最大股东。到 1930 年,怡安公司的股东数量已经增至 34 人,⑤股东顺序也发生了变化:何泽生 474 股,占总股份的 25.4%,成为第一大股东;第二大股东是陈祝龄,占 361 股;梁炎卿是第三大股东,计有 220 股。此三人共占有公司股份的 56.6%。1947 年、1948 年,怡安公司又两次增资扩股。⑥ 股东人数增至 57 户,但是绝大部分股份仍然掌握在怡安公司发起人后辈手中。从 1952 年股东名册来看,梁炎卿的三子梁文奎有 1501 股,是公司最大股东,而陈、梁联姻后人陈梁佩林有 1040 股。⑦

但是怡安公司股东中并没有洋人,公司最初章程中就明确规定,不允许洋人购买公司股票,"本公司股份不准洋人占认,并不准辗转洋人,以免

---

① 《张家口怡安产业股份有限公司章程(11 条)·第 11 条》,《紧要声明》,第 42 页。
② 《怡安公司普通股(1009 号)息银付讫册》,张家口察哈尔历史文化陈列馆李国欣藏品。
③ 《缴呈农商部调查票式列左·中华民国五年十二月底现在实况·备考》,《紧要声明》,第 48 页。
④ 《怡安公司股东优先股名册》,《紧要声明》,第 29—30 页。
⑤ 《怡安公司最近股东名簿》,《紧要声明》,第 37—39 页。
⑥ "公元 1947 年 2 月第一次加股 1864.4(股),每股伪法币 1 万元;公元 1948 年 4 月第二次加股 3728 股,每股伪法币 10 万元;总共股数为 7456.4 股",参见《怡安公司股东名册》(1952 年 9 月 10 日),《张家口怡安公司——综合卷》,张家口市档案馆藏,档案号:S15-1-1。
⑦ 《怡安公司股东名册》(1952 年 9 月 10 日),《张家口怡安公司——综合卷》,张家口市档案馆藏,档案号:S15-1-1。

日后别生枝节……"之后历次章程都对此有明确规定。① 怡安公司创办人有洋行买办的背景,且商用地产开发作为一个商业项目必然受利益驱使,但由于涉及土地永久所有权和地上物权等问题,土地无疑是个敏感问题,城市房地产业公司的股权一旦被外国人持有,可能会涉及治外法权等问题。因此,怡安公司在成立之始便杜绝洋人外资参股,规避因土地所有权而可能产生的外交纠纷。

二、怡安公司商铺租赁方式

(一) 三种租赁方式

1.直接出租店铺

此种方式是由怡安公司建盖铺房、院房、住房等,随租客按需租赁,此种租约时间一般较短,续租需另议。例如宣统元年(1909)三月二十九日租约:

> 立租领铺房约人泉香居,今租到怡安公司名下坐落通桥东第二段东排第壹号至第四号面铺房四间、院内东房叁间、南房贰间,门窗户扇一概俱全,言明现年租洋贰百六拾元,按四季标照期交清,不能迟延,另每年加节礼洋拾五元。此约以一年为限,期满再行另议。……恐口无凭,今立此约交公司收执为据。担保人:永聚公②

2.租地造屋

除直接出租店铺外,怡安公司还有出租地基,由租客自行建盖房屋这种租赁方式,待租期满后,租客所建房屋归公司所有,退租时不得拆毁损坏所建盖房屋。与直接出租店铺相比,此种方式一般租期更长,费用也更低。

---

① 《光绪三十四年七月初十日呈准注册时章程(24条)·第5条》《张家口怡安产业股份有限公司章程——第1条(11条)·第10条》《1930年修订公司章程(20条)·第7条》《紧要声明》,第44、42、26页。
② 《张家口怡安公司·第二段:怡安街路东华顺号等租约》,张家口市档案馆藏,档案号:S15-1-3。

例1,民国三年(1914)甲寅五月十五日租约:

  立租地基约人三合公,今租到怡安公司名下座落通桥东第六段地基一段,……此地基租出之后,任由租客建盖房屋墙垣等,以作正业生意,此约以十年为限,期满之后本公司将房收回……本租客所盖之房一概收回充作公司产业,……毋得异言。恐无凭立约交公司收执为证。担保人:东口明益木厂①

例2,民国十八年(1929)己巳三月初一租约:

  立租地约人美华汽车行,今租到怡安公司名下座落通桥东第七段地基一块,计地1亩8分8厘5毫,连马路加一计,实租地壹亩叁分,每月言明租价洋柒元,另小费陆角,……地基租出之后任由租客建盖房屋,以作正业生理。此约以十年为限期,满期预先一个月腾房交还公司直接出租,所有地基建筑之房屋全部归,充作公司产业。……若有毁坏及遭意外等情,照公司议价赔偿。担保人:远东和记商行②

3.个人临时租赁

为降低土地空置率,怡安公司还将暂时闲置土地临时租给租客用于耕种、放养牲畜。这种方式一般租期较短,以个人租赁为主,怡安公司可以随时收回土地另做他用,对于租客没有补偿,因此此种租赁方式租金最低。

例如,民国十六年(1927)三月初一租约:

  立临时租地基约人李贵,今租到怡安公司名下座落通桥东第八、九、十一段地基三块,计实共地七十八亩六分九厘,每月言明租价大洋壹元六毛七仙,……此地基如或公司建盖房屋或要自用随便将该地全部交公

---

①《张家口怡安公司·第三段:长寿街租约》,张家口市档案馆藏,档案号:S15-1-7。
②《张家口怡安公司·第七段:东安街一条、二条等》,张家口市档案馆藏,档案号:S15-1-10。

司收回,到时纵有根(耕)种粮食等在地亦不得向公司索补……所有关于以上各情弊保人均负责任,此乃三面情允,恐口无凭立约交公司收执为据。担保:东口世义昌①

(二)"租地造屋"方式的优势

17—19世纪,类似"租地造屋"这种"租者租地自费造屋后却只有使用权"的开发模式曾在英国盛行。② 在中国这种方式最早被上海洋商哈同所采用,③怡安公司是较早使用这种租赁方式的中国内陆城市房地产公司。如上所述,怡安公司与租户签订的租约最长租期达12年,最短也有8年,租期满后,地上所建院落房舍等建筑物归怡安公司所有。这种租赁模式丰富了中国房地产业传统出租方式,在约期内怡安公司仍拥有土地产权,而租客则有在土地上自由建筑的权利,并在租期内拥有地上物权。

租地造屋这种租赁方式不论对怡安公司还是对租户来说,都是有利的。一方面,对于怡安公司而言,可以节省修建房屋的经费,尽早将未规划地段的收益变现,减少土地长期闲置问题,给怡安公司产生一定的年租金收入;④另一方面,对租赁者而言,则可以节省购买土地的大笔资金支出,仅投入建盖院落房舍的资金,就可以以较低的租金获得更大面积的店铺,并享受较长时期的使用权,一般来说能为租赁者提供十年以上稳定的经营环境。

---

① 《张家口怡安公司·第七至十四段租约》,张家口市档案馆藏,档案号:S15-1-13。
② "地产开发需要投入大笔资金,风险大……因此地产开发对贵族是个巨大的挑战,仅依靠贵族的力量难以实现土地的买卖和租赁,需要商人的参与。贵族通过与商人签订建筑租赁合同完成土地的交易与开发,这种方式逐渐演变为建筑租赁制度在社会上推广开来。建筑租赁制度指贵族作为出租者将地产以低价出租给承租者,与承租者签订租赁协议,规定承租者自筹资金建房,租赁协议到期时房屋成为贵族财产的一种合同或者制度设计",见何洪涛:《论近代英国贵族对伦敦地产的开发》,《西华师范大学学报(哲学社会科学版)》2017年第4期,第70页。
③ 赵津:《中国城市房地产业史论(1840—1949)》,第75页。
④ "三合公"字号于1914年签约,其租地价每亩每年80元,共1.666亩,另加公司费7元,每年租金为140.28元;"美华汽车行"于1929年签约,其租地价合每亩每年约64.62元,共1.3亩,另加公司费7.2元,每年租金为91.2元。

(三)以租赁为主要方式的商铺用房

"近代中国城市房地产市场的最大量的交易形式,不是买卖,而是租赁",①张家口亦是如此。直到 1950 年,作为张家口商贸业、手工业支柱产业的毛皮业,大多仍是通过租赁商铺的方式经营(见表1),其它产业的商家也大多如此。

表1 1950年皮毛业商户店铺租用情况

分类	商户数	租赁铺房数	经营方式	备考
皮裘业(细皮)	66	租房合计261.5间,未标租赁64.5间	38户合伙,28户独资	租用铺房最多14间、最少2间,1户独资自有8间
老羊皮(粗皮)	44	租房合计259.5间,未标租赁32间	35户合伙,9户独资	租用铺房最多18间、最少2间,3户自有铺房31间
皮毛业(贩卖)	37	租房合计351.5间,未标铺房数4户	34户合伙,3户独资	租用铺房最多36间、最少3间,2户独资自有16间
皮革业	37	租房合计198间	14户合伙,23户独资	租用铺房最多15间、最少2间,3户自有铺房26间
毡业	14	租房合计51间,未标铺房数5户	10户合伙,4户独资	

资料来源:《皮裘业、粗皮业、皮毛业、皮革业、毡业换证申请书(1950—1951)》,张家口市档案馆藏,档案号:S075—134、135、136、137、138、198。

究其原因,不外乎以下两点:其一,传统合伙制的小型店家众多,商家聚散时有,没有充足的资金用于购买土地;其二,清末民国期间旅蒙及中俄商贸多次起伏不定,社会动荡更是加剧了经营的不确定性,因此为了规避风险,商家不愿意购置土地经营商业,"外蒙不通……不但碎销业相继倒闭,即其他各业亦受影响,以致商号闭市,人皆失业,全市有三分之二停

---

① 赵津:《中国城市房地产业史论(1840—1949)》,第82页。

止营业"。① 总之,由于商业经营变数较多,为规避经营风险,采取租赁铺房方式对于商家来说是最有益的,特别是对于中、小商家或经营周期不确定者而言更是如此。

三、怡安公司房地产开发与张家口城市发展

怡安公司的商用地产开发,对张家口城市建设规划与发展、商贸业兴盛等方面有着不可磨灭的历史功绩。"敝公司在未筑房以前,该处一带地基偏僻,一片荒墟,自敝公司房屋建立以后,才有大部人民争先居住,聚成街区,工商各业逐渐繁荣"。②

怡安公司项目开发后,在菜园农田地亩之上开街围院,筑楼建房,逐渐形成了由怡安街、桥东街等多条商街构成的"怡安商圈"。表2是"怡安商圈"的主要构成商街、商铺,这些街道和商铺之后逐渐演变成张家口的商业新区(桥东区),其繁盛景象直至20世纪80年代末仍然存在。据梁炎卿后人回忆,"怡安公司把围绕车站的这一大片地以怡安街为主干,划出若干街巷,并预先规划出戏院、饭庄、旅馆、货栈的地点和工业、住宅的区域,成为当时张家口的繁华中心",③因此改变了张家口自明宣德四年(1429)设堡以来400多年的城市布局。

怡安公司为张家口城区扩容500余亩,但观其几十年的产业开发,公司能够有效控制土地所有权,并以长期利益为根本,没有发生炒卖地皮获益的事件。以怡安街、桥东街等多条主街形成的"怡安商圈",所产生的整体社会效应以及对城市发展的促进作用显而易见。其多种租赁模式为商铺用房提供了适用的商街商铺以及规模增量。以怡安公司新建的怡安街为例,其为居民提供了另外一条可与老城区武城街(明代后期形成,街长480米左右)相媲美的消费功能型商业主街,商街两边聚集着百余家商

---

① 民国《万全县志》卷三《工商业之生计现状》,《中国地方志集成·河北府县志辑》,上海:上海书店出版社,2006年,第35—36页。
② 《全体股东为呈请发还怡安公司房产事》,《张家口怡安公司综合卷》,张家口市档案馆藏,档案号:S15-1-1。
③ 梁佩瑜:《天津怡和洋行及其买办梁炎卿》,政协天津市文史资料委员会:《天津文史资料》第九辑,1980年,第103页。

铺。怡安街内百货洋货、戏院娱乐、饭馆茶食、绸缎皮货、文化书籍应有尽有,也有盛行的糟粕行业——妓馆,民国期间成为了灯红酒绿的著名商街。另外,新商圈内新增有多种商业门类,如新式茶园戏院、公众卫生澡堂、照相馆、花场、牛乳公司、米庄(大米)、西药房等,显著提升了城区居民的生活水平。

表2 1947年商业主街租约数及商家字号

商街街名	租约登记总数	商家字号登记数	商家字号名称(以个人名字登记的商家字号未计)
怡安街路西	45	34	德和瑞、保安堂、福兴和、椿记、德源长、柏尔行、兴华药房、宝华楼、广发成、天源斋、天聚号、信诚银号、东华栈、五华鑫、华记帽庄、青云斋、葆记、协源义、集升斋、通彩华、旭昶号、瑞和文、首善工厂、德泰和、会宾居、德盛纸铺、启元号(2)、义记号、瑞升斋、丰泰隆、恒聚兴、诚记、怡美华
怡安街路东	42	36	华顺号、华宾楼、德胜魁、瑞成号、泉香居、六合兴(2)、德茂斋、天兴泰、仁和馆、义美斋、福成永、华真照像、福源瑞首饰店、南山堂、致中和、怡昌号、慎昌钟表店、亚北药房、瑞复谦、统一商行、裕成馆、义兴栈、东万兴、玉记、源生公、五洲药房、和记、永益厚、钰和斋、复兴源、恒源达、恒泰兴、永晋元、隆顺成、大庆昌
怡安横街	6	6	利信永、华楼澡堂、德生牛奶铺、万丰源、青云斋、恒源商行
桥东大街	29	25	税捐局(2)、瑞和祥、玉升泰、增茂号、怡康号、吉兴公、聚和源、大源昶、祥和裕、胜家公司(2)、义聚合、同发和(2)、云飞行、双盛永、荣芳馆、聚盛源、仁义堂、广合益、锦昌义、三山斋、增盛源、三聚成
东安街	9	7	怡安公司本院、义兴澡堂、亚东药房、公义和、恩义长、镇公所、广合益
长寿街	22	13	邮政局、闫四奶(2,妓馆)、福全馆、恒泰隆、德元永、开明号、同德堂、吉瑞成、公兴裕、协源义、双盛昌、蚨兴堂
长寿横街	23	11	德泰永、瑞华、乾元亨、正安斋、德盛源、连记、德元永、祥顺和、三义居、益盛昌、三合公

注:(2)表示该商户租有2处铺房。由于档案以开发路段区分记录,按街名所

记录商号或有差异。

资料来源:《怡安公司——路段租约》(1947年11月),张家口市档案馆藏,档案号:S15-1-1~7。

"怡安商圈"与桥西区内的商铺形制多样,功能有简有繁,为商家提供了不同层次、不同类别的经营场所。如怡安街内的庆丰茶园、慎昌钟表店,武城街内的裕升泰绸布庄、南山堂药房等可属上乘商铺建筑物。以20世纪50年代桥东区与桥西区的两条商业街怡安街与武城街为例,街内均有二三层楼房的商铺,多数门面铺房的"门脸"装饰装修较为考究。各条商街内所遗留商铺用房均为木质架构,墙壁用青砖与土坯合用砌垒,筒瓦铺就屋顶,临街门面多有砖雕装饰;铺房单间面积设计1—1.5方丈,较大的经营店堂面积达到几倍多;楼房型商铺楼梯均为木质,楼梯立窄。除此之外,其所开发的商用铺房还有很多适合中、小商家租用的店铺,以及部分配套居民住宅出租。

综上,怡安公司在张家口开展了较大规模的房地产开发活动,并成功吸引新的商业门类和众多商家入住,满足了不同租赁者的需求,有效推动了张家口的城市近代化进程。

四、结语

近代张家口仍然是一个以商贸集散为主要功能的城市,《察哈尔通志》中记述清末张库通商每年进出口约合口平银1.2亿两。[1] 一座城市商业的发展和商贸兴盛,离不开商铺的开发和建设。

张家口市自明宣德四年(1429)始建,是早期旅蒙商路的重要起始点,也是中俄恰克图贸易和万里茶路的重要节点。1909年京张铁路开通,为张家口城市的发展提供了新的机遇,同年"怡安公司"成立,次年发行公司股票面向社会筹资。怡安公司的发展摆脱了传统的无限合伙制度,采用了近代股份有限责任制。通过购置地亩置换公司股权和发行优

---

[1] "张垣商业向以俄蒙贸易为大宗,每年输出入货物约在一万万元以上",宋哲元监修、梁建章总纂:《察哈尔通志》卷二十三《执业篇》之二,1935年,第20、26页。另,"每年进出口"意指进出张家口。

先股,迅速积累了初始资金。怡安公司自成立后,发展情况良好,股东的投资收益可以得到保证。在租赁方式上,针对不同商户的需求,提供了不同的租赁方式,特别是租房造地这种租赁方式,是较早在中国内陆城市实现的成功的租赁案例。

怡安公司的成立处于20世纪初旅蒙商贸和中俄恰克图贸易最后的兴盛期与京张铁路开发建设的历史交会期。怡安公司成立后,开发建设了多条商街,进驻的商铺形成了以商贸业、手工业、娱乐业、服务业等业类组成的新商圈,即"怡安商圈"。怡安公司通过在京张铁路周围、老城区对岸成片大规模开发商用地产,形成了张家口的新城区,即桥东区。怡安公司的房地产业与商铺租赁业,服务于张家口四十余年,为各类实体经济商家提供了商铺、院落、土地,成为城市整体工商产业链条中的一个重要环节,对近代以来张家口城市的兴盛与发展,以及各类实体经济的规模聚集,产生了重要的推动作用。

(原载《城市史研究》第42辑,2020年)

(二)开埠

中俄张家口开埠之争

郭蕴深[1]

塞上明珠张家口是一座历史悠久的古城,她不但是兵家必争的军事重镇,而且是著名的商埠。十八世纪中后叶,随着中俄恰克图陆路贸易的发展,张家口的作用日趋重要。为此,从十九世纪中叶起俄国一再试图开张家口为通商口岸,两国在开埠设领问题上进行了几十年的争论。这段历史在张家口城市发展史及中俄关系史中都占有一定地位,是不容忽视的。本文拟就这一问题谈谈粗浅的看法。

1755年,中国政府禁止俄国商队到北京贸易以后,恰克图边境贸易几乎成了中俄贸易的唯一形式。从十八世纪下半叶到十九世纪上半叶,双方在平等互利基础上的贸易又迅猛发展。十八世纪四十年代,每年交易额不过40万—60万卢布[2],一百年后的1851—1855年五年间,每年平均额为927.2万卢布,[3]增长了二十倍。然而,鸦片战争后随着西方资本主义势力的侵入,俄国愈来愈不满足于边境地区的平等互市了,便迫不及

---

[1] 郭蕴深(1942—),男,黑龙江哈尔滨人,黑龙江社会科学院研究员,从事中俄关系史研究。
[2] [俄]特鲁诺维奇:《俄中通史与通商关系(19世纪之前)》,莫斯科,1882年,第162页。
[3] 刘选民:《中俄早期贸易考》,载《燕京学报》1939年第25期,第212页。

待地提出直接到张家口地区通商。经过几年的交涉,俄国政府首先在1851年迫使中国政府签订了《伊犁塔尔巴哈台通商章程》,第一次在中国西北地区开辟了贸易点。接着俄国又利用英、法对华发动第二次鸦片战争之机,逼迫中国政府与之签订了一系列不平等条约。1860年11月14日签订的中俄《北京续增条约》第五条明确规定"俄国商人,除在恰克图贸易外,其由恰克图照旧到京,经过之库伦、张家口地方,如有零星货物,亦准行销"。[①] 1861年俄国公使第一次公开提出"张家口设立行栈"的要求[②]。众所周知,恰克图茶叶贸易是华商的一大生计,自准俄商入内地贸易后,张家口一带商人利益已经大受影响。如再允许在张家口设立行栈,华商处境必将更为困难。除了经济上的考虑外,更主要的还是政治上的因素,为此总理各国事务衙门恭亲王奕䜣在奏折中指出:"张家口为五方杂处之地,距京不及四百里,若准俄商在彼设立行栈,势必致俄人日聚日多,历久恐或酿成心腹之患。"[③]中国政府的态度是极为明确的,俄国政府也不肯轻易放弃自己的利益。于是,就上述问题中国代表与俄国公使巴留捷克等人经年商议,"不下数十次","反复争论,几至舌敝唇焦"。中国政府始终没有同意在张家口设立行栈,只在蒙古地方贸易问题上作了一些让步。1862年3月4日订立《陆路通商章程》二十一款,其中第四款对张家口开埠问题作了如下规定:"俄商路经张家口,按照运津之货总数,酌留十分之二于口销售。限三日内禀明监督官,于原照内注明验发准单,方准销售。该口不得设立行栈。"[④]条约的订立使张家口开埠之争暂告一段落,俄国没有达到目的,争论也不会因此终止。俄方依据第二十款"此次新定章程试行三年为限",于1865年初再次提出"张家口任便通商"的要求,又遭到中国政府的拒绝,答应两年后再行商办。1867年夏,俄国公使不仅要求在张家口开设行栈,而且进一步提出在张家口设立领事官。奕

[①] 王铁崖编:《中外旧约章汇编》(第一册),北京:生活·读书·新知三联书店,1957年,第150页。
[②]《筹办夷务始末(同治朝)》卷四,第33—36页。
[③]《筹办夷务始末(同治朝)》卷四,第33—36页。
[④]《同治条约》卷二,第7—14页。

诉等认为:"若任其立领事官,开设行栈,则密迩畿封之地又添一口岸,其碍于华商生计者患犹浅,其关于内地边防者患实深。"①这又是一次马拉松式的交涉,前后达两年时间,各持己见,互不相让,迟迟未决。1869年3月俄国公使根据1862年《陆路通商章程》擅自制定新的议改章程二十二款。张家口款内删去"不得设立行栈"六字,又将"酌留十分之二"改为"酌留若干"。如前所述,中国政府一向注重边界安全,特别是经过两次鸦片战争,清朝统治者吃了洋人的亏,对他们的居心,老是心怀介意。至于商务上的一失一得倒是不甚计较。张家口前望京都,后控沙漠,是京师北部的门户,"如张家口开设行栈,势必屯聚货物,麋集多人,隐患须防,不可不慎"。② 中国政府的谈判代表不仅坚持不能删去"不得设立行栈"六字,而且还要明文写上"不得设立领事官"。与此同时,中国方面也作了一些让步,表示张家口货物留数多少,可以商酌。由于中方态度十分坚决,俄方也只得暂作罢论。1869年4月27日签订《改订陆路通商章程》,第四款规定:"俄商由恰运俄国货物,路经张家口,按照运津之货总数,听任酌留若干于口销售,限三日内禀明监督,验发准单,将酌留之货交纳税项后,方准销售。惟该口无庸设立领事官以及行栈。"③俄国虽然没有达到"设立行栈"和"领事"的目的,但取消了经过张家口的俄国货物只准留十分之二的限制。"酌留若干"即随意留多少。至此,中俄关于张家口开埠与设领的争论又告一段落,俄国没能如愿以偿,当然不会就此甘休。

1865年中亚浩罕的阿古柏侵入新疆,1871年5月俄国借口保护在新疆的商业利益,出兵占领了伊犁地区,长达十年之久。他们"确信这个边境地区将永远属于俄国,因此在那里作了永久性的安排,并兴建了一座完整的俄国城"。④ 军事行动没有影响俄国对华贸易的兴趣。他们在这一地区拥有广泛的免税权,正如俄国驻该地区公使馆官员鲍戈亚夫连斯基所说:"在中国西部地区,从中俄边界直到长城,俄国臣民都享有免税贸易

---

① 《筹办夷务始末(同治朝)》卷六十七,第23—23页。
② 《筹办夷务始末(同治朝)》卷六十七,第23—23页。
③ 《同治条约》卷十四,第5—10页。
④ [俄]鲍戈亚夫连斯基:《长城外的中国西部地区》,彼得堡,1906年,第109页。

权,这种权利却是中国人自己都享受不到的。"①他们总是试图把这种特权扩大到整个中国北部地区。而要任意进入中国内地,张家口的重要性他们是十分清楚的。1875年中俄会议陆路通商章程之际,俄方再次提出上述要求,仍不得要领。1878年左宗棠率领的政府军全歼了阿古柏入侵者,新疆全境收复。俄国政府借交还伊犁之机,就领土、商务、赔款等问题提出许多苛刻要求。商务方面重提要在张家口等地建造铺房行栈。1879年10月2日崇厚赴俄,未经请示擅与俄国财政大臣格尔斯签订《里瓦伍亚条约》,竟然同意了俄国的全部要求。消息传到国内,引起极大震惊。对其中通商、设领条款,左宗棠在给皇帝的奏章里写道,沙俄"欲借通商,便其深入腹地,纵横自恣,我无从禁制耳"②。在全国舆论的压力下,1880年1月16日清政府下令将崇厚革职拿问,交刑部治罪,并拒绝批准该条约,两国关系出现了剑拔弩张的局面。当时俄土战争刚刚结束,俄国财力枯竭,无力再发动一场对华战争。1880年夏双方重开谈判,清政府派曾纪泽为全权代表,曾纪泽随即向政府陈述了自己的主张。他认为这次交涉"不外分界、通商、偿款三大端。三端之中,偿款固其小焉者也。即就分界、通商言之,则通商一端亦似较分界为稍轻"。③双方谈判从8月23日正式开始,半年之中先后会谈五十余次,终于在1881年2月24日签订中俄《改订条约》(又称《彼得堡条约》),该约与崇厚签订的《里瓦伍亚条约》相比,确实争回了一些权利。通商方面,由于曾纪泽原订的宗旨,同意了崇厚原约第十三条"俄国应设领事官及张家口准俄民建造铺房行栈,或在自置地方,或照一千八百五十一年,即咸丰元年,伊犁、塔尔巴哈台通商章程第十二条办法,由地方官给地盖房亦可"④的规定。俄国方面虽取得了在张家口建造铺房行栈的权利,但最终没能设立领事官,张家口也没有像中国其它通商口岸那样成为一个开放的商埠。至此双方关于张家口开

---

① [俄]鲍戈亚夫连斯基:《长城外的中国西部地区》,彼得堡,1906年,第334页。
② 《左文襄公全集》,《奏稿》卷五十五,《覆陈交收伊犁事宜折》,第37页b,清光绪十六年刻本。
③ 《曾惠敏公奏疏》卷二,第6—7页。
④ 王彦威:《清季外交史料》卷十九,第23—25页。

埠之争基本结束。

在几十年时间里,特别是十九世纪六十年代双方之争异常激烈。为什么两国间会有如此激烈的争论呢?综上所述,这是当时两国形势决定的。鸦片战争前,俄国资本主义发展极不充分,还不能产生在中国境内开设通商口岸的想法;即或有这种想法,因中国的强大,俄国亦不能去实践这一主张。鸦片战争后,中国封建社会固有的矛盾日益尖锐,商品经济发展受到极大限制。清朝的封建统治在农民起义的沉重打击下岌岌可危;在这种情况下又遭到西方殖民者的入侵,因此清政府比任何时候都更加采取闭关锁国的政策。恰恰相反,俄国在十九世纪中叶,特别是1861年废除农奴制后,资本主义生产关系有了进一步发展,急需扩大国外市场,但它的产品在质价上还很难与西方的一些资本主义国家竞争,自然对于传统的贸易伙伴中国兴趣就越来越大了。张家口又是两百年来中俄陆路商道的必由之地,打通了这个地方,对俄国货在中国的倾销是至关重要的。基于上述原因,一个积极要开,一个坚持不开,为此而引起了一场历时三十年的交涉。

十九世纪八十年代后,随着海路贸易的进一步发达,中俄贸易的地理方向由恰克图陆路转向廉价的海路。九十年代初,经地中海进入敖德萨的中国货总值达1300万—1400万卢布,差不多接近俄国经恰克图进口额的水平。① 俄国对华出口方面,1895年俄国对华出口总额的74.5%(372.4万卢布)是向新疆输出的,仅有19.3%(96.7万卢布)是经过恰克图输入的。② 1868—1870年的三年间,经张家口、恰克图输往俄国的中国货占了全部输俄商品的99%还强,而到1898—1900年的三年间这种比重就降到42%了。③

尽管十九世纪八十年代后,张家口在中俄贸易中的地位有所下降,但

---

① [俄]斯拉德科夫斯基:《俄国各族人民同中国经济贸易关系史(1917年前)》,莫斯科,1974年,第282页。
② [俄]斯拉德科夫斯基:《俄国各族人民同中国经济贸易关系史(1917年前)》,莫斯科,1974年,第341页。
③ 何炳贤:《中国的国际贸易》,商务印书馆,1937年,第397—408页。

仍然是陆路贸易的重要口岸,只是到了二十世纪初,中东铁路全线通车,中俄贸易的重点转向东北地区。恰克图市场消失了,张家口才失去了在中俄贸易中的作用,然而她在中俄两大国经济关系中所产生的影响却永远载入了史册。

(原载《张家口文史资料》第 13 辑,1988 年)

民国年间驻张垣外国使领机构及外侨团体

房建昌①

河北省地方志编纂委员会编《河北省志·第69卷·外事志》(河北人民出版社,1995年)第257页记述:"民国9年(1920)美国在张家口增设'领事馆',先后派加密生、索克斌为领事。10年(1921)3月1日,北京政府同意美国在张家口市设领事馆。另外,俄国在张家口市、日本在……张家口市……都曾设过领事馆,但设馆年代与地址、领事姓名等不详。民国27年(1938)8月,德王——德穆楚克路普和李守信、于品卿等在张家口市成立'蒙疆自治政府'。日本、德国、意大利趁机在张家口市设立'大使馆'。"笔者在此做些补充:"德穆楚克路普"中少了一字,应为"德穆楚克栋路普"。且德国、意大利从未在张家口市设过领事馆,更不要说是大使馆了。而日本在张家口设的是大使馆事务所,以与南京的大使馆相区别和表示等次。另外,该《外事志》亦未记述张家口的外侨团体,这与《外事志》的体例不合,在此一并补充。

《张家口文史资料》1993年第23辑《察哈尔纪事特辑》第80页1929年条记载:"是年,日、美、苏三国在张家口设领事馆。"我们不知道它的资

---

① 房建昌(1955—),男,浙江定海人,中国社会科学院中国边疆研究所研究员,主要从事中国边疆历史研究。

料来源。这里就有个问题,怎么会三个国家同时在张家口设领事馆?

1945年8月日本投降时,在张家口地区有1个日本居留民团和3个日本居留民会。这些日本居留民会和居留民团是日本外务省和当地日本使领馆认可的当地日侨的一级行政管理机构。日本居留民会和居留民团的区别只在所在城市的大小和日侨人数的多少,民团虽大于民会,但二者之间并无统属关系。一般说来,民团是民会的升级。张家口的日本居留民会自然是随着日军的侵略而形成和发展的。应当指出的是,这一时期张家口的日本居留民会和居留民团中也包括日本殖民统治下的朝鲜人和中国台湾人。由于此前朝鲜已被日本吞并(1910年日本与韩国"合并",改"韩国"为"朝鲜")。而1895年4月17日,清政府被迫与日本签订《马关条约》,割让辽东半岛、台湾和澎湖列岛。所以在世界各地和中国,在外的朝鲜人和中国台湾人均属"日本人",由各日本驻外使领馆管理,一直到1945年8月日本投降,两地光复。此前日本人、朝鲜人和中国台湾人统称为邦人,为了表示区别,又称日本人为内地人,称朝鲜人为半岛人,称中国台湾人为"台湾籍民"或"籍民"。朝鲜人和中国台湾人多是随着日本的侵略势力而来,日语大多较好。朝鲜人有相当数量是贩卖毒品的,女的则从事色情业或逼迫成为慰安妇的较多;而台湾人则有相当数量为翻译和技术人员。上述朝鲜人和中国台湾人是日本使领馆登记在册的。另外还有一部分抗日的朝鲜人和少量的台湾人,他们自然是生活在国共区域内,不会在日本使领馆登记,另外,从军的亦不在日本在华使领馆登记。1945年8月日本投降时,张家口的4个日本居留民会和居留民团随着日本各驻张家口军政机构的崩溃而自然解体,但其骨干仍在日侨撤退上起了一定的作用。日本投降后,张家口的日侨与朝鲜人、中国台人绝大多数经天津塘沽被遣返。

这些年来,笔者在北京图书馆发现了较完整的张家口地区日本居留民会和居留民团当时的史料,有的是油印或打印本,多为在张家口印刷或出版;还有更详细的史料间插在日本驻张家口使领馆原始档案中。笔者现据这些珍贵的史料,在记述民国年间张家口地区的外国使领机构的同时,亦对张家口地区的4个日本居留民会和居留民团略作叙述。

一、使领馆

(一) 日本使领馆

1.大使馆事务所

张家口大使馆事务所,于1942年11月1日设立,同日任命特命全权公使岩崎民男,并撤销他所任兴亚院蒙疆联络部长官一职。此人当时正5位,勋3等,功4级,陆军少将。他1894年8月生,秋市人。先后毕业于陆军士官学校、陆军大学和东京大学政治学科。历任步兵廿联队队附、参谋本部部员、大臣官房军事调查部员、陆军省人事局课员、朝鲜军参谋、现地部队长、朝鲜第四十一部队长等。其间曾赴欧美研究军事。后为第三任兴亚院蒙疆联络部长官。日本投降时,在任的是八里公使,馆址在清河(清水河)西岸的沿江路东侧。

2.从领事馆到总领事馆

1922年3月14日日本外务省下令在张家口开设领事馆,实际开设为1923年1月,首任领事荒井,二任根津,三任山崎诚一郎。四任桥本正康,1931年8月17日为代理领事,一直到1935年底。其间因日本侵略我国东北及热河,于1933年3月闭馆撤侨,但战事过后又开,至五任中根直介。1937年"七七事变"爆发,又紧急闭馆撤侨,8月24日,日军攻入张家口地区。同月27日攻入张家口城,再开馆则为总领事馆,森冈正平为首任总领事,1939年8月退休。第二任为渡边信雄,1939年9月上任。1942年时,总领事馆址在大兴炉。1943年2月1日时总领事馆主要职员如下:总领事渡边信雄,高等官三等,饬任官待遇,年加赐六百日元。领事菇渊锐夫,高等官四等1级俸,司法系统。领事桥本正康,高等官六等1级俸。

第三任总领事为大关英达,1943年5月11日上任,此前他任广东总领事馆领事。大关英达1893年2月生于神奈川县高座郡海老名村,原籍东京市世田谷区松原町,1914年毕业于东洋协会专门学校,历任外务省书记生、外务属、外务省电信官、兼外务事务官、兼大使馆三等书记官、伪满洲国在勤外务事务官、通商局第三课勤务、兴亚院华北联络部经济第二局事务官、青岛总领事馆领事。1941年10月任广东总领事馆领事,正6

位,勋 5 等。喜欢打网球,下围棋,读书画画,研究经济及一般国际形势。妻光子比他小 1 岁,长子英正,另外有 4 个女儿。当时面孔瘦削,留个分头。

(二) 苏联领事馆

据苏联历年的外交年鉴,该馆 1924 年 11 月 7 日开设,首任领事为哈温(Havin),他以前是海参崴东方语言文献学校教授。1933 年 4 月,领事德敏铁夫(M. A. Dementive)上任,1935 年时仍在任。不久,由于日寇对张家口地区侵略的加剧,该领事馆关闭。

(三) 美国领事馆

据中国社会科学院近代史所所藏从美国购回的美国驻华使领馆档案记述,早在 1915 年,美国驻北京公使馆听说北洋政府要开放张家口的对外贸易,就试图在张家口开设领事馆。1920 年 4 月 17 日,美国国务院任命加密生(Paul Jameson)为驻张家口领事。1920 年 5 月 12 日开设张家口领事馆,首任领事为加密生。由于加密生身体不好,索克斌(Samuel Sokobin)取代了加密生,所以首任领事实际为索克斌。1921 年 3 月 1 日,北京政府同意美国在张家口增设领事馆。同年 4 月 1 日,索克斌在张家口开设美国领事馆,这是张家口城历史上开设的第一个外国领事馆。该领事馆管辖地域包括内外蒙古和热河诸部。但索克斌当时是副领事衔,1921 年 8 月 18 日,他抵达外蒙的库伦做外交访问,同年 10 月返回了张家口。1922 年 1 至 2 月,他对外蒙做了第二次访问;同年 5 月又去了库伦。1922 年 12 月 4 日,美国国务院在一复文中要求他主要驻在张家口。他后来升为领事。1924 年春,索克斌领事离开张家口返美。斯丹通(E. F. Stanton)继任领事。1926 年 2 月 2 日,斯丹通被副领事克拉尔克(Lewis Clark)取代。由于战乱等原因,1927 年 4 月 18 日,克拉尔克奉命关闭该领事馆返北京。

二、侨民人数及团体

(一)外侨人数

日军入侵前,张家口的日本人很少,而西方人主要是传教士和商人,其中的苏联人流动性很大。日军入侵后,当然是日本人多了,同时朝鲜人也多了。其次是从东北地区来的白俄人。1941年12月8日日本发动太平洋战争,对英美宣战,张家口的英美人作为敌侨,不是逃走,就被日军羁押了。下面是1941—1943年间张家口日本总领事馆管辖区域内除日本人和朝鲜人之外的外侨人数(见表1):

表1 张家口日本总领事管辖区外侨人数

	1941.4.1	1942.1.1	1942.10.1	1943.10.1
英国	14	16	11	
爱尔兰				1
法国		10	10	8
德国	4	6	4	
奥地利				2
波兰	4	6	8	3
比利时	70	74	38	
荷兰	4	4	4	
芬兰	2	2		
丹麦		3	3	3
瑞典	7	23	20	16
挪威	5	37	30	36
西班牙	1	1	1	1
美国	9	3	1	
加拿大				1
白俄(苏联)	118	140	108	116

续表

	1941.4.1	1942.1.1	1942.10.1	1943.10.1
印度		1		
其他	2	7	6	1
总计	240	333	244	189

(二)日侨团体

1.张家口日本居留民团

张家口日本居留民团,属驻张家口日本总领事馆管辖。原为张家口日本居留民会,1936年2月4日成立,当时仅有日本人60多名,预算5097元。后日本人增至200人。活动有定期打传染病预防针及火葬场的新计划等。"七七事变"爆发,当时的刘汝明军队通知中根领事让日本人撤走,日本人遂去了承德。8月27日日军占领了张家口城,不几天日本人陆续回来,增至约1500人。1938年4月已达2200多人。这时,6名评议员(官选)增至24名,为伪蒙疆首次居留民评议员选举,选出16名送民会。1939年3月底有日本人5418人,朝鲜人472人,中国台湾人11人,共5901人。1940年增至15000人,遂于同年4月1日升格为民团,地址为张家口市崇礼县朝阳村。首任民团长为"善邻协会"理事长井上璞,1879年生,岩手人,陆军士官学校毕业,预备役陆军中将。住新民大街隆昌巷3号,1941年2月死。同年5月(一说9月),森冈正平接任民团长和中央总力委员会参与(1942年时仍任此职,住铁路斜街福荣旅馆。此前任伪蒙疆土建联合协力会名誉会长及民团议员)。森冈正平,1885年12月生,冈山县人。1907年从政治科毕业,同年入外务省为书记生,在天津、奉天、上海、牛庄各领事馆及旧金山、纽约各总领事馆任职。1927年"南京事件"爆发时任南京领事,为保护日侨做些事。后任芝罘、奉天领事,吉林、奉天、张家口总领事。1939年8月退休,任蒙疆不动产公司副理事长。日本投降后,他组织了当地日侨的撤退。1942年时其他民团官员还有:会计主任(1940年9月任)和民团长代理(1941年4月任)三好幸助(1886年8月生,秋田县人,1918年中央大学毕业,后在东京市役所任职,住太平街大和旅馆,信奉日莲宗),财务课长岩野政一(1940年4月任,1899年9月生,奈良市人,1932年关西工业学校毕业,后在奈良市役所任职,1938年6月任张家口居留民会副理,住沙河路3号,信奉净土宗),厚生课长林俊一(1904年生,爱知县人,1924年仁川商业学校毕业,后任爱知县警察官,张家口居留民会理事、庶务、学务兼各课长,住沙河路),学务课长木村宗好(1898年4月生,金泽市人,1923年广岛高等师范学校毕业,1925年4月后任札幌师范学校教谕、黑龙江阿城师范学校副校长、齐齐哈尔师范学校副校长,1941年5月入张家口居留民团,勋正七位,住土尔沟街不动产第一住宅)。

2. 张北日本居留民会

张北日本居留民会,属驻张家口日本总领事馆管辖,1940年3月18日创立,时有日本287人;一说为同年4月15日成立,时有日本人450人。首任民会长为冈本正行(1893年生,和歌山县人,1918年东京大学农科毕业,任伪蒙疆张北牧业试验场长,住该场官舍)。1942年的资料称居留民会会长仍为冈本,副会长为八重岛治(1901年5月生,岩手县人。1931年中央大学经济科毕业,后任关东军宣抚班员,从军侵占热河。1942年3月任伪蒙古联合自治政府内政部地政科事务官,住部内,后住盟公署)。会计主任为斋藤忠三郎(1901年生,栃木县人,下野中学肄业,住张北邮电局)。1943年10月时,居留民会会长为宫坂德太郎(1894年4月生,长野冈谷人)。

3. 下花园日本居留民会

下花园日本居留民会,属驻张家口日本总领事馆管辖,1940年8月29日被批准成立,9月8日举行成立仪式。首任会长为前(下)花园炭矿支配人井上充亮,任职3个月后由前(下)花园炭矿所长大石高行(1908年生,佐世保市人,1932年旅顺工业大学采矿科毕业,花园炭矿股份有限公司常务)代理,后者1941年6月退任去焦作,由副会长中村寅夫接任。1942年时一份资料说会长为井上充亮,副会长为川波辰记(1896年3月生,福冈县人。1914年福冈县立东筑中学毕业,后在张家口铁路局及华北交通株式会社任职)。会计主任为大石高行,恐为照抄旧资料。1943年时,会长为小田桐久一。

4.宣化日本居留民会

宣化日本居留民会,属驻张家口总领事馆管辖。1937年8月25日日军入宣化城前,由于当地的抗日情绪,几乎没有一个日本人,只有领事馆警察署在当地保留有一个位置。日军入城后,由于开办龙烟铁矿,日本人数激增。1938年8月21日发起成立民会,8月25日庆祝"日军入城周年"时正式成立,当时有日本人500多人。1939年3月底有日本人490人,朝鲜人71人,共561人。1940年9月1日时有1644人,1941年11月有1500人。有四成在龙烟铁矿工作。首任会长为佐竹义马(兴中公司采矿科长)。二任为山际满寿一(1903年10月生,三原市人,1925年早稻田大学电气工学科毕业,后在龙烟铁矿任副理事长)。三、四任为冈本一雄(1887年9月生,长野市人,天台修学院毕业,后任伪蒙疆矿产贩卖股份有限公司常务董事)。1943年10月时,第五任会长为本宫喜兵卫(1895年生,千叶县人,时任龙烟铁矿爱村课长)。

(原载《张家口文史资料》第36辑《革命斗争史专辑》)

张家口开埠与城市近代化的起步

——1902—1952 年历史的回顾

杨润平[①]

　　张家口是有近 600 年历史的古老城市,最初的商业活动是蒙汉民族间的贸易。逐步形成的远通西北的商路,使张家口成为塞上商贸名城。其经济贸易范围遍及整个蒙古高原,远达俄罗斯的东北亚地区。进入半殖民地半封建社会后,传统的市场关系发生了变化。1860 年天津开埠,张家口成为天津和华北经济区域与西北地区联系的枢纽,经济贸易活动被卷入世界资本主义市场,张家口地方经济在与俄罗斯等列强的竞争中崛起。1902 年,张家口开放大境门外的元宝山为通商市场,1914 年宣布自行开放为商埠。铁路、公路和通讯设施的建设和改善,国际国内贸易量激增,近代工业出现,使张家口在民国初年曾一度成为"华北第二商埠"和"皮都"。20 年代以后,由于国际环境的急剧变化,张库商路衰落,张家口经济发展萧条。此后,张家口依托周围地区丰富的工矿和农牧业资源,凭借传统皮毛加工的优势,艰难地逐步向工业城市转变。到 1952 年,已

[①] 杨润平(1950—),男,张家口市第一中学历史教师。主要从事中学历史教学研究、河北历史文化研究。

经成为具有一定工业基础的城市,对整个华北地区的经济发展有一定影响。

本文侧重考察1902年至1952年的张家口城市(市辖区桥东和桥西)近代化的历史。

一

张家口的历史,始于明朝宣德四年(1429)。万全右卫指挥张文率领士兵和服役农民,在清水河西侧修建张家口堡。堡城约500米见方,最初用于屯军,是长城九边防线上极不显眼的三等小城。张家口堡依山傍水,北扼蒙古高原,东南通华北大平原,在阻止蒙古军队南下进犯的战略中发挥着重要的作用,曾以"武城"的威名雄冠宣府镇。

张家口堡恰好处在华北平原、蒙古高原、黄土高原等地理单元的交汇点,"具有陆地商埠之天然形势也"①。自久远的年代起,这里就是不同区域经济文化交流的必经之地。汉代与北方民族互市的宁城、辽金元时期繁荣的宣德州,都在附近。明朝中期以后,国内民族矛盾激化,蒙古骑兵经常越过长城,与明朝交战。长城内外各民族人民正常生产生活,以及贸易交往受到严重影响。嘉靖年间,明政府开始在张家口堡的长城外开设"马市",与蒙古人和平贸易。隆庆五年(1571),蒙古族鞑靼部俺答汗向明政府"请和"有了最终的结局,干戈化为玉帛,明政府封俺答汗为"顺义王",在张家口等长城沿线城市开辟"互市之所"②,繁荣的商业贸易促进着民族团结与融合。

张家口堡近靠首都北京,兼有地理位置和历史传统的优势。实际成交的贸易额一直在互市各城市中居前列。每年交易额,仅马匹就达18000匹,值白银12万两③。随着贸易的发展和扩大,蒙汉贸易成为各民族的重要经济活动,其贸易税收是明政府的重要财政来源。万历四十一年(1613),明政府在张家口堡以北修建来远堡,俗称上堡,专门服务于互

---

① (民国)《万全县志·张家口概况》。
② (清)谷应泰:《明史记事本末》卷六十《俺答封贡》。
③ 李桂仁:《明清时代我国北方的国际运输线张库商道》,《张家口文史资料》第13辑。

市通商。张家口堡与来远堡之间的边路街,逐渐形成"店铺林立,商贾云集"商业区。大境门外,"穹庐千帐,延绵数里,隐隐展展",住满前来贸易的蒙古人①。张家口经济繁盛,人口增加,确定了塞上商城的历史地位。

17世纪中期,清王朝统一中国以后,民族团结、内外一统的局面更促进了张家口经济的发展。张家口上下堡,行政上归属直隶省宣化府万全县地界,实际上却是国内民族贸易乃至对俄国贸易的"特区"。张家口的驻军多,副都统以下的满洲八旗军有数百人,管理长城要塞;汉族的绿营军有数千人之多,设有副将和总兵官;蒙古族的察哈尔部迁居张家口以北的草原地区,察哈尔八旗是清政府随时可以调动的精锐骑兵。设在张家口的察哈尔都统衙门,管军台署、驿传署、钦差户部署,负责对蒙古地区的贸易。雍正年间,分设张家口理事同知厅,驻张家口堡,管理长城大境门以外的各族居民②。张家口经济地位重要,清政府设置收税关卡,职能分司"关税、茶马、屯田"③。张家口的居民成分复杂。汉族占半数多,核心是商业资本雄厚的晋商,称"山西帮"。蒙古族、满族、藏族各占一定比例,主要是官员、士兵和宗教人员。回族居民大约占30%,以经营商业和运输业的劳动者为主。另有少量的外国商人、传教士和旅游者。人口总量估计在5万以内④。

17世纪末,清王朝粉碎了蒙古准噶尔部分裂势力的挑战,统一多民族国家日益巩固。张家口与蒙古高原的经济贸易活动更加频繁。国家加强和完善驿道管理,北京至乌里雅苏台的阿尔泰军台经过张家口,直达蒙古高原的腹地。驿道及其设施同时服务于商贾,为商业贸易发展和国内民族交往提供了便利。张家口遂为对内外蒙古贸易的商品集散地。从张家口出发的商路,最重要的是至库伦的西北线,俗称西北官马大道,或张库商路。其延伸段可达俄罗斯帝国的恰克图。东线可达热河、盛京。西线连通绥远和山西。来自北京以及全国各地的茶叶、布匹、丝绸和手工业

---

① (清)王鹗:《马市图序》,见(清)《宣化府志》艺文卷。
② 《张家口文史资料》第13辑《察哈尔纪事特辑》。
③ (清)黄本骥:《历代职官考》。
④ 参考张家口市地方志编纂委员会编:《张家口市志》,《居民·人口数量》,中国对外翻译出版公司,1998年。其他人口资料来源于《万全县志·张家口概况》、《张家口文史资料》第13辑《察哈尔纪事特辑》、《张家口市大事记》。由于记载相互矛盾,笔者将专文考订。

产品汇集张家口。繁忙的商队在张家口组织货源集结出发,长途跋涉,到内蒙古、外蒙古以至更遥远的地方去贸易。回归时带来的是名贵的皮毛和土特产品。

清王朝闭关锁国,严格限制对外贸易,对北方强邻俄罗斯却有特殊政策。从1689年的《尼布楚条约》到1727年的《恰克图互市条约》,都准许俄罗斯商队进入北京贸易。后来经协商特许俄罗斯商队途经库伦、张家口进入北京。中国政府支持的商队以张家口和库伦为基地,到俄国的恰克图从事贸易活动。据地方志资料,在张家口经营对蒙古地区及俄罗斯贸易的商号很多,康熙年间有30余家,道光年间发展到260多家。在恰克图成交的对俄贸易额最高年份在1300万卢布以上,恰克图成为俄罗斯在亚洲最大的贸易中心①,张家口则是中国对俄贸易的后方基地。

1840年爆发的鸦片战争改变了中国社会发展的轨迹,中国从此开始沦为半殖民地半封建社会。第二次鸦片战争后,天津开埠成为通商口岸。1860年,中俄《天津条约》生效,《陆路通商章程》等条约使半殖民地化的阴影开始笼罩张家口。不平等条约取消了来华俄商的人数限额,俄国商人可以带着自己的商品经过蒙古去天津港,并得到在张家口卸货1/5以便与蒙古人直接进行贸易的权利,以及在恰克图和库伦进行贸易的权利。俄国商人还获准在张家口、库伦等处开设铺房、行栈,享受协定关税的特权。从此,俄国的商业资本大量流入库伦和张家口,逐步改变着张库大道上的传统的经济格局。1861年俄罗斯帝国完成了资本主义性质的改革,走上资本主义的发展道路。资产阶级政府支持的商业资本在经营方面有着明显的优势,野心勃勃要完全控制张库商路和中国北方。

天津开埠后,从1860年到1900年,俄蒙贸易总额增长了80倍。张库商路上的商品种类也在变化。中国商人经营的传统商品砖茶、烟叶、布匹、丝绸、粮食等增长不大。俄罗斯商人的转口贸易的商品逐步攀升,百货占相当份额。从蒙古运往天津的工业原料由1880年的19种,增加到1899年的40多种。他们还直接深入中国的茶叶、丝绸和其他商品的产

---

①李桂仁:《明清时代我国北方的国际运输线张库商道》,《张家口文史资料》第13辑。

地,参与收购和加工,试图建立垄断贸易①。俄罗斯商人千方百计扩大经营规模,排挤和压制中国商人。1903年,俄国西伯利亚铁路竣工,转口贸易部分改道海参崴,张库商道的经济活动受到严重影响。

鸦片战争以后的中国社会也在缓慢变化。民族资产阶级作为新的经济因素产生并发展起来,开始参加张库商路上的中俄竞争。传统商号的数量在减少,如在张家口经营对俄蒙贸易的茶庄在40年间由100多家减少到20余家。贸易总额的减少却没有那么显著。经营百货转口贸易的商号从无到有,经济规模不断扩大。将皮毛等原料收购加工运往天津,中国商人更有不可替代的优势。列强间的竞争在客观上制约了俄国的经济扩展。俄罗斯政府的统计证实,"中国商业高利贷买办资本在蒙古市场上保持它的统治地位一直到1911年"②。

二

根据1902年签订的中俄《依露支条约》,张家口大境门外的元宝山开放为通商贸易市场。这是在特定历史条件下张家口的有限制的局部开放。俄罗斯帝国在张家口元宝山设有领事馆,可以进一步扩展其政治影响和经济势力。(刘按,据《万全县志》记载:"光绪二十八年(1902)中俄条约定大境地门外元宝山开为商场,遂为陆路大商埠之一。")

在俄罗斯妄图控制张库商路和外蒙古的同时,日本帝国主义的侵略野心膨胀,极力插手满蒙地区事务。列强之间的争夺使它们之间的矛盾日趋尖锐。英、法、美、日、德、意等国商人在张家口很活跃,客观上对俄罗斯的经济侵略有一定的抵制作用。20世纪初,清政府推行新政,奖励实业。在张家口的中国商人把元宝山开放通商看作新的发展的机遇,积极发展经济,抵制外国资本的侵略,保卫民族的利益。局部开放的张家口的商业贸易环境有明显的改善,商业贸易有所发展。

在这一时期,交通和通讯设施取得飞速进步。在人民的呼吁下,清政

---

①苏联科学院、蒙古人民共和国科学委员会编,巴根等译:《蒙古人民共和国通史》,北京:科学出版社,1958年,第199页。

②《蒙古人民共和国通史》,第201页。

府回绝俄罗斯投资营建张家口至库伦铁路的建议,决定自己修筑通往西北的铁路。1905年清政府开工修建北京至张家口的铁路,中国工程师詹天佑任总工程师兼会办,全面负责设计和施工。经过4年多努力,京张铁路于1909年提前完工。张家口的运输条件根本改变,使商业成本有所降低。1907年,欧洲汽车拉力赛途经张家口,地方政府将张家口至库伦、恰克图的驿道初步整修,使之成为国内最早能通汽车的道路之一。不久又提出修建张家口至库伦公路的建议。此间,张家口至北京、天津、库伦的电报和电话已经畅通并开放营业。便捷的交通和通讯条件,是张家口经济发展的基础①。

铁路的修建,使张家口成为通往西北人流和物流的枢纽,贸易总量逐年增加。随之而来的是地方经济的发展,以及运输业和皮毛加工业的恢复。市区不断扩大,旧商业区调整,桥东新商业区形成,由约2平方公里扩展到5平方公里多。火车站附近,桥东大街、怡安街、武城街、明德街等,街道旁店铺栉比,车水马龙,商业活动繁荣。在繁华街道及其背后,新建大量民居,房租地价攀升,超过其他乡镇十数倍。根据1912年统计,张家口桥东和桥西的常住人口是132621人。

与此同时,城市和工商业管理进一步改善。1902年,张家口设立洋务局,办理巡警事宜,街头派警站岗,维持地方秩序,标志近代城市管理的开始。1904年,张家口商会正式成立。具有近代管理气息的商业活动,增强了中国商人的总体实力。

中华民国成立后,中国民族资本发展进入"短暂春天"。国际帝国主义忙于第一次世界大战,暂时放松了对中国的经济侵略。1914年张家口和多伦、归绥、赤峰、连山湾等5城市同时宣布自行开放,称内蒙五埠,其背景是地方自治运动和俄罗斯策划的"外蒙古独立"。张家口在5城市中,商业和运输、通讯方面的条件最好。"东西长约3公里,大街6条。南北约1公里余,有大街2条。(元宝山)商埠地址在市北里许,东西7公里,南北14公里,面积100平方公里……西南趋天津、北平……西北通蒙古各地。输出品以牲畜、兽皮、兽毛、谷类、面粉、药材、甘草等为大宗。输

---

①《张家口文史资料》第13辑《察哈尔纪事特辑》。

入品以棉布、洋布、爱国布、哔叽、厚呢、绸缎、金属、纸类、织物和烟酒为大宗。"①

第一次世界大战后,俄罗斯建立了苏维埃社会主义政权,而后是长达数年的国内战争。协约国对苏联实施军事进攻和经济封锁,使其几乎完全丧失在外蒙古和张库商路上的控制能力。除日本以外,外国在张家口以及张库商路的经济影响明显减少。虽然有外蒙古"独立"的不良影响,他们仍"不能占领于1911—1912年大部分被驱逐出蒙古的中国商人的地盘;他们没有成为工业商品的独占供应者;不能满足蒙古人对于这些商品的需求。1912—1915年俄国运来的商品没有超过市场需要的30%到35%,而在没有中国商品输入的情况下,市场很快地引起了尖锐的商品荒";"从1916年起,俄国货物就完全停止输入蒙古";"(中国商人)又恢复了在蒙古的商品供应者和蒙古原料购买者的主要地位"。② 张家口迎来了商业和运输发展的好时机,张库商路上重新因商队的过往而繁荣,张家口重振商业雄风。

适应商业活动繁荣的需要,交通建设进一步发展。1916年,由民族资本家集股兴建的大成汽车股份有限公司在张家口成立,开辟了我国第一条正式营运的公路线路——张库公路,汽车可以由张家口直达库伦。此后,张家口先后建立数十家汽车运输公司,汽车超过200辆,成为国内有数的公路运输中心之一,汽车开始替代传统的牛车骆驼运输。汽车和牛车、骆驼队相伴在草原商路上往来,是那个年代的特色景观。1918年,北平到绥远的铁路全线通车。1921年,张家口至北京的公路竣工。张家口市内的道路和桥梁也有明显改善。

伴随着交通和商业的发展,近代工业也悄然起步。张家口最早的近代工业是隶属京张铁路的机械修理厂。1918年华北电灯股份有限公司的发电厂建成,正式向城市供电。一批官营或民营的小型金属铸造、机械加工、棉麻纺织、印刷、服装、面粉等工业企业相继兴起。尽管多数企业规模小,技术落后,维持时间也不长,但已经成为商业运输的必要补充和后

---

① 杨文洵、韩非木等合编:《中国地理新志》第六编第三章《察哈尔省》,中华书局,1935年,第34—57页。
② 《蒙古人民共和国通史》,第233页。

盾,展示了发展前途。服务于商业贸易的传统手工业超常规发展。仅皮毛加工业,有数以千计的小作坊,季节受雇用的皮毛工匠多达几万人。尽管生产工艺落后,劳动环境恶劣,但产品和质量都达到了手工业生产时代的最高水平。

张家口商业贸易的顶峰大约在1918年。据《张库通商》记载,对蒙古贸易的商号增加至1600多家,年贸易额达到1.5亿两白银。另据《察绥蒙民经济剖析》说,"英、法、美、日、德、意等国商人在张家口很活跃。张家口有大小商行7000余家;银行共38家,年进口贸易达3万万元"。张家口是通向西北的商业和交通中心,号称"华北第二商埠"。当时,张家口的皮毛加工能力巨大,计皮毛540万张,毛绒500余万斤,其中大部分经天津转销国内和国外市场。天津有30余家外国洋行在张家口设立分支机构。从张家口"运往天津出口的羊、驼毛370万斤,各种皮革29万张"。张家口的皮毛制品不仅行销国内,在世界上也有影响。流行的说法是:"天下裘皮经此输往海内,四方皮市经此定价而后交易。"张家口是名副其实的"皮都"①。1918年前后,张家口的实际人口超过1912年的13万,"商户数几占户数二分之一"。

与此同时,张家口的政治地位在提升。1914年,万全县政府迁至张家口堡子里,张家口成为万全县的政治经济中心。同年,国民政府调整地方行政区划,新设置察哈尔特别区域,它管辖内蒙古的察哈尔部左右翼八旗和锡林郭勒盟,以及张家口长城以外的张北、独石等8县。察哈尔特别区域管内没有像样的城镇,察哈尔都统及政府各部门借治张家口。张家口已经成为区域性的政治和经济中心。

三

张家口的"华北大商埠"的地位是不巩固的。历史机遇转瞬即逝。

随着第一次世界大战的结束,帝国主义势力重新加强对中国的经济侵略。俄国在远东扩张与日本帝国主义的满蒙政策发生矛盾,使外蒙古

---

① 徐纯性主编:《河北城市发展史》,石家庄:河北教育出版社,1991年。

地区成为争夺的焦点。在张家口"张库汽车路自修通以来,英、日、俄、美、意、奥人,先后在铁路附近与察(即张家口)人贸易……华人商业不能与他们竞争,渐被所夺"①。1911年俄罗斯策划外蒙古"独立",一度得逞。1919年日本支持成立亲日的"大蒙古国",钻俄国革命的空子。1920年白俄匪徒侵入外蒙古,作为反苏维埃的基地。1921年苏联红军进入外蒙古,1924年支持建立了蒙古人民共和国。频繁的政权变化,直接影响在张库公路的商贸活动。北洋政府在外蒙古问题上态度暧昧,为狭隘利益向外国势力出让权益,最终丧失了对该地区实际控制的主动权。1924年蒙古人民共和国成立,实行社会改革。政治上向苏联一边倒,宣布贸易和运输的国有化,没收中国商人的资产。1927年苏联断绝与中国的外交关系,完全阻断了张库商路的商业活动,张家口商业立时萧条。1929年至1933年世界性的经济危机爆发,波及半殖民地半封建的中国,使张家口的经济恢复更加困难。

国内的军阀混战,政治动荡,是经济恢复和发展的障碍。1924年,任西北边防督办的冯玉祥控制张家口。他试图在支持国民革命运动和扩充军事实力间寻求平衡,设想过发展实业的救国道路。他在张家口成立西北银行,加强金融管理;创办皮革、毛布、地毯等6种工厂(场),发展军工制造业和民用工业;提倡国货,抵制洋货,建立国货销售所②。他的意图是推动张家口地方经济的发展,建立国民军巩固的生存发展根据地。张家口工农运动蓬勃发展,经济发展有所恢复。然而仅一年多时间,许多项目还未及实施,冯玉祥及其领导的国民军就被奉军赶出了张家口。

1926年,奉系张作霖联合直系吴佩孚发动战争,驱逐冯玉祥占领张家口,中断了冯原来的发展规划。1928年国民政府继续北伐,阎锡山的国民革命军进入张家口。察哈尔省刚刚成立,新军阀之间的混战又开始。多年的军阀混战,军队的频繁进出和统治者的更换,察哈尔特别区域都统、察哈尔省主席变更频繁,往往造成规模不等的社会动荡,大量资金被抽逃,甚至出现公开的勒索和抢劫。张家口几次乱军"兵变",商家遭洗

---

①《蒙古人民共和国通史》,第233页。
②《张家口文史资料》第13辑《察哈尔纪事特辑》。

劫。工商业户主和全体居民没有安全感,何谈恢复发展的信心。奉系将领察哈尔都统高维岳因在大境门上题写"大好河山"被人们记住,他却只能一般地维护地方社会秩序,在经济发展方面无从建树。

1924年张家口的人口的统计是69881人。到1931年,也只有78036人。1932年,官方认为张家口的"各种商业又有生机"。实际情形是:工业,只有粗细皮毛、皮革、皮鞯、制碱、砖瓦等行,"较前均形减缩","规模稍大的"工厂,只有公记面粉公司一家。商业,商会下分47行共2018家店铺,以皮衣业、饼面(饮食)业、煤炭业、麦(粮食)业为主,然而市场"日见萧条,商户倒闭者十之三四","商户数竟不及民户数四分之一"。金融业,"国家银行只有交通一家,其余边业、河北等行虽有行址,亦无若何营业,全市金融赖以活动者仍为数十家银钱店"。房地产业,因工商业衰落,"房租地价一落千丈",仅相当于繁荣时代的10%左右①。1918年的繁荣已成为遥远的记忆。

四

张家口新的发展机遇蕴藏于周围地区丰富的资源。

1928年以张家口为中心的察哈尔省,辖地28.9万平方公里,有16个县和1个设置局,比察哈尔特别区域增加了原属河北省的口北道。察哈尔省矿产资源丰富,较著名的有宣化和庞家堡的铁矿、下花园和蔚县的煤矿以及金、银、铅、硫、石英和坝上的土硇、池盐,等等。畜牧业和农业具有一定的基础。察北草原可年产马5万匹,牛10万头,羊50万只,骆驼数千头,有丰富的畜产品,盛产小麦和各种杂粮、蘑菇、亚麻、药材和多种土特产品②。然而,丰富的资源没有得到真正的开发和利用。矿藏资源经营不善,往往出现亏损而被外国资本所侵夺。铁路欠外债巨大,几乎与铁路全部资产相抵。农牧业发展落后,人民贫苦。察哈尔省是全国的贫困省份之一。

1931年"九一八事变"后,张家口就受到日本帝国主义侵略的威胁。

---

①《中国地理新志》第六编第三章《察哈尔省》,第34—57页。
②《中国地理新志》第六编第三章《察哈尔省》,第34—57页。

1933年,日本先后制造"张北事件"和"察东事件",扶植伪"察哈尔盟公署";1935年策划包括察哈尔在内的"华北五省自治"。1937年以后,张家口被日军占领,开始了由传统商埠向工业城市的转变。

　　日本帝国主义很早就将包括察哈尔在内的满蒙地区划入侵略范围。他们长期进行经济情报收集和资源调查,制定了以掠夺资源为重点的侵略政策计划。日本人很早就以各种方式将资金渗透到张家口的各行业。比较有影响的工厂是日本商人投资的"大公毛织厂"。1937年8月,日军占领张家口,建立了伪"蒙疆自治联合政府",伪"首都"设在张家口。伪蒙疆政府的"疆域"包括内蒙古的伊克昭、乌兰察布、巴音诺尔、锡林郭勒、察哈尔等5个盟和察南、晋北2个自治政府。设置厚和(今呼和浩特)、包头和张家口3个市,下设32县、36旗,总面积45万平方公里,人口525万。为达到长期占领和殖民掠夺的目的,日本控制下的伪蒙疆政府,制定经济开发和城市建设的规划,把张家口市当作对蒙疆地区军事占领和经济掠夺的中心。在日本占领之下,人口有所增长,1939年张家口常住人口为112476人,1945年接近15万。城市街区建设有明显的殖民地印记,新增工商业企业中有相当比例直接服务于侵略战争和殖民统治。

　　日本占领期间,成立了由日本人控制的一些近代企业。日本的各种株式会社垄断了矿藏资源,进行破坏性的开采,仅在庞家堡开采的铁矿石就接近40万吨,60%以上运销日本①。服务于侵略战争的殖民经济机构不断扩张。日本"兴亚院"的张家口联络部、华北开发股份有限公司、伪蒙疆银行等,完全控制了张家口市以及整个蒙疆地区的经济命脉。日本政府、日本各大财团、日本的民间组织和个人纷纷在张家口经商、投资、办企业,有些还移民张家口。在张家口较大的日资或日资控制的公司有几十家,三菱、三井、钟纺、兼松等著名企业在张家口都有分号。据1942年《蒙疆年鉴》的统计,在蒙疆地区日本人控制的各种株式会社(公司)有81家,总资本1.9亿日元。日本公司还强制收购畜牧产品和农产品,在张家口简单加工后运往日本。1931年至1945年"蒙疆畜产股份有限公司"经

---

①居之芬、张利民主编:《日本在华北经济统制掠夺史》,天津:天津古籍出版社,1997年,第58、66、406页。

手贸易的牲畜约113万头,兽皮378万张,畜毛450万公斤,及大量骨、血、油脂等其他产品。收购的"公价"只相当于市价的10%左右,中国的农牧民挣扎在水深火热之中,中国传统的皮毛加工业备受摧残。张家口市原有皮毛商381家,到1945年日本投降时仅剩39家①。

日本帝国主义投资设厂和扩大生产的目的是获取最大利益。输入张家口机器设备多数是在日本淘汰的旧货。机器陈旧,技术落后,生产效率低下,工人劳动环境恶劣。对中国工人的强制劳动和残酷剥削是日本赚取最大利益的源泉。因残酷剥削和非人待遇致伤残、死亡的劳动者成百上千。被掠卖的"强制劳工"的中国劳动者,在龙烟铁矿和下花园煤矿,从事危险的井下采矿,劳动强度超限,没有安全保护,矿工们缺衣少食,伤病无医药。因冻饿、伤病和毒打致死的矿工数以万计。

中国人民付出的代价是沉重的。日本帝国主义的侵略和掠夺实际上延缓了张家口市的近代化进程。

1945年8月抗战胜利后,中国共产党控制了察哈尔省。张家口是共产党控制的稍有工业基础的城市,晋察冀边区的首府就设在张家口。晋察冀边区接收了察哈尔省的日资企业,计有:东洋烟草公司(卷烟厂)、玻璃厂、造纸厂、建材厂、炼铁厂、发电厂等664家②。其中卷烟厂、玻璃厂、建材厂等在张家口市。晋察冀边区人民政府推行"发展工业、农业生产,繁荣商业,奖励扶植公私企业、手工业和生产合作社"的经济政策。据当时的报刊评论,张家口市在华北各城市中经济恢复是最好的。原有工厂在最短时间内基本恢复生产,还从根据地迁入一些工厂和企业。手工业和商业得到恢复,失业人口减少,生产效率有显著提高。

但是一年后,国民政府军队经激战进入张家口市,张家口又经历了一次战争破坏。据察哈尔省民政厅的统计,张家口市常住人口156652人。工业(包括手工业)就业人口12284人,无业游民43032人③。工业、商业、手工业萧条,城市管理混乱,远没有达到共产党治理时期的水平。围城中的张家口市,还有大量驻军和避难的流民,更增加了经济困难。

---

① 张家口地区党史办公室:《张家口地区党史资料》第二辑,1984年,第729—743页。
② 张家口地区党史办公室:《张家口地区党史资料》第二辑,1984年,第729—743页。
③《察哈尔民政厅1946年统计表》第36、37页,张家口市档案馆存资料。

1948年底，人民解放军收复张家口。人民政府在广大人民群众的支持下，建立稳定的社会秩序，克服资金、设备、原料等多方面的困难，把工业、商业、农业的恢复置于重要地位。到1949年10月中华人民共和国成立时，张家口市的重要工业企业全部恢复生产，并达到内战前的生产水平。解放了的张家口为支援人民解放战争的胜利进军做出了应有的贡献。察哈尔省政府、张家口市政府投资建设一批新的企业，如华北军区的皮毛厂（407厂），利用张家口的气候资源和传统手工业优势，形成2500名工人的规模，为部队生产大批军大衣和地勤工作服，由此带动了地方皮毛加工和相关行业的发展，再度在皮毛加工的技术水平和产品产量等方面居国内的领先地位。同时，鼓励私营企业的恢复和发展，使民间出现投资热。在1950年至1952年的国民经济恢复时期，张家口市（含宣化、下花园）的工业总产值达1007万元，相当于1949年的463%，平均每年增长66.5%①，胜利完成恢复任务，并为继续发展创造了条件。到1952年底，张家口市内共有企业1264个，工人35288人。其中中央辖企业7家，省市辖企业6家，公私合营企业1家，合作社10家，私营企业12240家。新的工业区在形成，全市人口达到17万，城市管理也达到较高水平。

1952年底，国家对省区建制实施调整，撤消察哈尔省，将张家口市及周围的十几个县划归河北省。张家口市载入史册的是"已逐步转变为工业城市。原有的食品工业部门得到进一步发展，现拥有面粉、油脂、酒精、卷烟、蛋粉、麦片等工厂若干家。此外，还建立了规模较大的矿山机械厂和探矿机械厂，供应全国各地的煤矿生产和地质钻探的需要。"②经过50年的社会主义建设，张家口市的资源优势得以比较充分的发挥，形成了"以能源工业为基础，以机械、冶金、轻纺、化工为支柱，以皮毛为特色的工业体系"，为国家做出了比较大的贡献。

（原载《张家口文史》第1辑）

---

① 张家口市大事记办公室编：《张家口市大事记》。
② 孙敬之主编：《华北经济地理》，北京：科学出版社，1957年，第48、85页。

美国驻张家口领事馆的档案及其价值

——以 1922 年一件领事报告为例

苏日朦[1]

清末民初,美国为扩张在中国内地的贸易市场,在上海、天津、烟台、福州、汉口、大连、厦门、广州等沿海口岸建立了其领事馆以处理对华外交与贸易。第一次世界大战前后,面对俄罗斯爆发十月革命、日本势力渗入内外蒙古的形势,为保护与日俱增的贸易利益,在蒙古设立领事馆,以处理蒙古地区的商贸与外交事务成为当时美国政府的当务之急。在此之前,涉及蒙古的事务由美国驻京公使馆以及天津领事馆来处理。

最早向美国政府提出在蒙古地区建立领事馆设想的是时任美国驻京公使馆商务帮办的 Julean Herbet Arnold,即近代中美外交贸易史上的著名人物阿诺尔多(1875—1946)。[2] 他于 1902 年至 1946 年期间,先后担任美国驻大连、福州、厦门、烟台等地领事馆的副领事职务。[3] 1915 年他向美国政府提交的报告中详细地描述了张家口的商贸概况,声称 1915 年

---

[1]苏日朦,女,蒙古族,内蒙古赤峰市人,中国人民大学国学院博士研究生。
[2]Robert Yang, *Julean Arnold and American Economic Perspectives of China 1902–1946*(M. A Dissertation, San Jose University, 1994).
[3]U.S. Consular officials in China.*The Political Graveyard*.

北京政府开放张家口为内陆口岸,为美国提供了商贸契机,因此建议在此设立领事馆,以便更好地管理张家口与库伦等地的美国商行与贸易公司。另一位提议人为时任天津领事馆总领事的费希尔(Fred D. Fisher)。他之所以同阿诺尔多持同样的主张,主要原因是从东蒙古到西部鄂尔多斯的蒙古地区皆在其天津领事馆所辖区域内,该地区种族繁多、路途遥远、交通不便,对蒙贸易尤其税收方面的事宜处理起来十分不便。除上述二人之外,驻京公使芮恩施①也曾向美国政府提出在张家口或库伦设立领事馆的建议。②

有关当时张家口的情况,阿诺尔多以及其他领事馆工作人员作了如下介绍:

> 这座城市呈现出非常繁忙的景象,事实上,就其规模而言,它是中国最繁忙的城市之一。其街道景象为满目琳琅的往来的骆驼车队,被放置在街道上和路边等待转移到铁路车辆运输到天津的货物从张家口准备运往国外。同样,成百上千的外国进口货物等待着骆驼商队和本土手推车运往内地。因此,张家口呈现出非常繁忙的景象,是中国最大的贸易集市之一。它为美国的羊毛、皮革、羊肉、牛肉等贸易提供了极好的可能性。张家口是一个有30000居民的城市,位于北京西北135英里处,有京张铁路。它守卫着长城最重要的门户之一,蒙古地区的主要产业为畜牧业。据估计,每年有25万只绵羊从东部地区及内蒙古出口,还有大量的毛皮和羊毛。蒙古西部的出口量较大,估计有70000匹马、30000头骆驼和2000000只绵羊……③

但从美国驻张家口领事馆实际设立于1920年的情况来看,美国政府

---

①芮恩施:Paul Samuel Reinsch,(1869—1923),政治学教授,1913年8月—1919年9月任美国驻华公使,1919年辞职之后受聘为北京政府法律顾问,后病逝于上海。著有《平民政治的基本原理》《远东的知识和政治潮流》《公共国际联盟》及回忆录《一个美国外交官使华记》等。

②Alicia J Campi, *Political Relationship Between the United States and Outer Mongolia, 1915-1927* (Ph.D. Dissertation, Indiana University, 1987), pp.24-29.

③SDFC, 125.0093/25. January 7, 1916. Consular Bureau Memo to Mr. Herbert Hengstler, p.1. 转引自 Alicia J Campi, *Political Relationship Between the United States and Outer Mongolia, 1915-1927*(Ph.D. Dissertation, Indiana University, 1987), p.26.

并未对阿诺尔多、费希尔以及驻京公使芮恩施的提议及时作出积极回应。如文章开头提到,随着俄罗斯十月革命后东北亚局势的急剧改变,美国政府不得不重新考虑设领事馆以处理蒙古地区事务。在领事馆选址问题上,美国政府曾有两种考虑:一为 Khalgan 即张家口,另一为 Urga 即库伦(今蒙古国首都乌兰巴托)。

1919年外蒙古政教首领哲布尊丹巴呼图克图曾秘密写信给在北京的美国代办泰尼(Tenney),信中他表示:希望美国在库伦设立领事馆,并且在库伦开设更多的美国商贸公司,信中还特意说明该信是秘密转交,未曾告知俄罗斯和中国政府。对此美国政府似乎未做出任何回应。该信蒙古文原件现已遗失,其英译文现存于美国国家档案馆。① 当时的外蒙古局势十分复杂。1915年中俄蒙三方签订《恰克图条约》,外蒙古承认中华民国的宗主权,中俄两国承认外蒙古的自治。1919年库伦办事大员陈毅与外蒙古王公上层协商撤销其自治。随后皖系军阀徐树铮率部占领库伦,取消外蒙古自治,并软禁了哲布尊丹巴呼图克图,这一举措引起外蒙古僧俗上下层普遍不满。1920年外蒙古借助苏联布尔什维克党以及赤塔远东政府的势力,驱逐白俄冯·恩琴以及徐树铮部队,随后组建了君主立宪政府,再次宣布独立。

相较于库伦,张家口则位于察哈尔南部,南临北京,北靠蒙古草原,是从中国内地通往库伦、恰克图等地的重要关口;同样也是蒙古地区通往中国内地的门户。清朝以张家口为起点设立了通往西北的交通要道——阿尔泰军台,以及以库伦为枢纽,可直抵科布多、恰克图等边境地区的驿道。到了民国时期,张家口呈现出十分繁华的城市景象,成为北中国最为繁忙的城市之一。京张铁路的修通,以现代化的交通运输进一步加强了长城以北蒙古地区与中国内地的政治经济联系。这也为美国从蒙古地区进口木材、畜牧皮毛以及出口棉织品、煤油、烟草等货物提供了十分便利的条件。

权衡多方面利弊,美国政府最终于1920年9月在临近蒙古地区的张

---

① Christopher P. Atwood, *American Archival Resources on Mongolia and the Mongol: Their Nature, Utility, and Availability, Researching Archival Documents on Mongolian History: Observations on the Present and Plans for the Future: Proceedings of the International Symposium*, 2014, pp.11-12.

家口设立了领事馆,首任副领事为 Samuel Sokobin,即在近代蒙古史上著名的美国外交官索克斌。该领事馆存世仅七年,1927 年美国政府撤销了该领事馆,其历任领事如下①:

表 1 美国驻张家口领事馆历任领事

姓名	英文名	就任	离任	领事职务	备注
索克斌	Samuel Sokobin	1921.4		副领事	
斯坦顿	Edwin.F Stanton	1924.4	1926	副领事	
索克斌	Samuel Sokobin	1924		领事	
克拉尔克	Lewis Clark	1926.12		副领事	

美国驻张家口领事馆的相关档案文献现存于美国国家档案馆。美国国家档案馆位于美国华盛顿市哥伦比亚特区(National Archives of the United States),是美国保存其联邦政府档案文件的专门机构。其所藏档案数量相当可观,其中涉及蒙古地区(包括当时的外蒙古)的档案文件亦卷帙浩繁,以英文档案为主,中文次之,还有少量的蒙古文信件、公告,以及俄文报刊等。据笔者所了解,除了张家口领事馆档案之外,在北京、奉天(今沈阳)、哈尔滨以及天津等地领事馆的档案中也可以找到一些有关蒙古地区的资料。

下面简要介绍笔者在访学期间所发现的美国驻张家口领事馆档案基本情况,同时以 1922 年张家口副领事官索克斌的一份报告为例,阐述这批档案在近代蒙古史乃至近代中外关系史上的研究价值。

张家口领事馆档案收录于美国国务院档案(the Archives of the United State Department)中"中国内部事务"的目录之下。(*Records of the Department of state Relating to Internal Affairs of China*,*1910—1929*)。其中 1921—1922 年期间的档案多数涉及外蒙古的政治形势。笔者拟选择性地摘录出其中由索克斌递交给美国国务院的一份领事报告,加以分析和探讨,以下为索克斌 1922 年 10 月领事报告简要内容:

(一)外蒙古当局已将抓获的官员处以死刑。其中有蒙古人民革命

①U.S. Consular officials in China. *The Political Graveyard*.

政府第一任总理博多、第一任内务部大臣朋斯克多尔济等重要政治人物。博多、朋斯克多尔济等人深感外蒙古已深陷苏联布尔什维克党的控制和影响之中。前任总理博多是一位民族主义者,被撤职后,虽然一开始对宗教集团不抱有任何同情心,但最终走上了联合宗教上层做出反对新政权的道路。

(二)索克斌在报告中转载了两条库伦当局的新闻以及一则公告,详情如下:

当时在库伦印发的俄文报纸上面刊载了有关该事件的相关新闻:Okhrana①机构发现反对政府的阴谋。反动派分为两派,一派为服务于张作霖的王公以及喇嘛上层;一派为俄罗斯白党和军队余部。9月1日,15名"反动派"因反叛国家的罪名被处决于库伦城外。

随即外蒙古新政权司法部发布了一则公告,内容如下:蒙古人如何从俄罗斯白党冯·恩琴手中夺回政权、如何建立君主立宪制政府、维持秩序、与他国建立友好关系,等等。在维持秩序的过程中未采取任何强制手段和措施。前任总理博多、察克多尔扎布、陶克陶胡公、前任内务部大臣达喇嘛朋斯克多尔济等人仍反抗新政权,试图恢复旧有统治。他们中的一部分人曾向美国领事馆求助,并获西部的丹毕坚赞喇嘛的辅助并且试图得到俄罗斯白党与张作霖的帮助。因此,这些政治人物被当局逮捕。这些人纯粹为自己的个人利益,故未能免于处罚。依据蒙古法律,叛国者应被凌迟处死,其家属发配至王公府邸沦为官奴,其名下所有家产充公,以及那些给予帮助的人处以五马分尸。但是遵从哲布尊丹巴呼图克图的意愿,并未没收上述官员的家眷及其家产。

(三)针对上述新闻,索克斌称其本人并未收到来自博多的任何有关反对新政权的求助信件。1921年8月第一次访问库伦之后,就没有再见到上述官员。第一任总理以及前任内务部大臣被撤职后,亦未曾相见。索克斌解释他在库伦期间频繁见到的只有一位名为阿拉坦格日勒(Altangerel)的蒙古人。但当时他不知这位阿拉坦格日勒是否即为在博

---

①Okhrana,最初为沙俄帝国秘密组织,即Охрана。据索克斌报告,在当时库伦的Okhrana是以布里亚特蒙古人为首的监视外蒙古人民政权的监察特务组织。

克多汗宫殿里的那位。他经常出入美国 Anderson Meyer & Company① 公司及其欧洲籍员工的住宅。他对欧洲人十分友善,索克斌曾经在他那里购买过一匹马驹。蓝理逊②是该公司非常有名的瑞典绅士,他与蒙古各阶层人都比较熟悉。据蓝理逊说,此阿拉坦格日勒非彼阿拉坦格日勒。

(四)索克斌称如此不受蒙古人的欢迎,原因多少与另外一个美国人有关。这位美国人是哈利·弗兰克(Harry Frank),著名的游记作家,是《流浪者环游世界》一书的作者。9月11日他乘车离开张家口,15日抵达库伦。他被 Okhrana 告知在库伦逗留期间,不得拍照,并将相机上缴该机构,离境时还给他。弗兰克先生面见俄罗斯参谋长 Popof,并允许其拍照。除此之外,他得到了采访外交部长的许可。外交部长亦允许他拍照,并以公文通知 Okhrana。弗兰克先生将此公文带给 Okhrana,没有得到立即回复,而是在9月22日前后得到了一封很长的蒙古文信件。弗兰克将该信译为俄文,再转译为英文。这两封信件交给了索克斌,索克斌在该报告中附带了该两封信。

(五)索克斌说外蒙古政府指控美国领事馆参与反叛事件极为荒谬。但他也清楚地认识到局势的严峻性。索克斌几度访问库伦的事情,引起外蒙当局对索克斌的怀疑,认为他服务于中国政府。另外索克斌认为美国政府未在库伦设立领事馆,坚持在张家口设立领事馆一事,使外蒙古更加质疑索克斌与博多以及中国政府联合反对新政权。索克斌称不难想象,在这样的环境下他很难受到蒙古人的欢迎。就赤色政权的多疑性,索克斌希望得到美国政府的谅解,一再强调他自1921年8月以来没有见到哲布尊丹巴活佛本人及其代表。③

从上述报告,我们多少可以窥见 20 世纪 20 年代初的外蒙古动荡政局之一斑。1922 年是外蒙古宣布其"第二次独立"的次年,也是外蒙古新政权开始"肃清"异己的时期。1921 年八、九月间,即索克斌在第一次访

---

①Anderson Meyer & Company,约于 20 世纪初设立在库伦的美国进出口贸易分公司。
②蓝理逊:Frans August Larson(1870—1957),瑞典人,1893 年成为基督教宣道首位驻派蒙古的传教士,1911 年外蒙古独立,被袁世凯聘为蒙古事务顾问,1919 年哲布尊丹巴呼毕勒图授其"公"爵,后受聘于库伦的美国 Anderson Meyer & Company,从事情报工作。
③*Records of the Department of State Relating to Internal Affairs of China*,1910-1929,The National Archives,No.102,1922,Samuel Sokobin to the Secretary of State,October,2nd,Kalgan.

问库伦期间,同外交部副大臣策凌多尔济(因其会讲流利的汉语)与总理博多的联系较多。博多曾以蒙古人民共和国总理的名义写信给正在访问库伦的索克斌,渴望美国成为首位承认外蒙古独立的国家,并寄希望于美国与苏俄等强国通过外交手段使外蒙古与中国之间保持友好和谐的国际关系。该信件原文存于张家口领事馆档案中,并附有英译文。① 这表明,外蒙古在新政权建立初期,并不完全依附于苏俄,而是设法通过求助于遥远的美国而实现其独立于中国的意图。博多认为,外蒙古独立必借助苏俄的势力,然而他却拒绝成为苏俄的附庸。② 因此种种,索克斌对刚成立不久的蒙古人民新政权并未抱有太多的期望,从其报告的字里行间中可看出他对该政权没有好感。在他看来新政权尚在稚嫩期,存在诸多不成熟的因素等等。在其报告中描述为"It is very evident that the younger element in the Mongolian Government, the postages of the Bolsheviks, have considerably strengthened their position in Mongolia"。③(译文:很明显,蒙古政府尚存在稚嫩因素,布尔什维克的"门徒"已相当加强了在蒙古的地位。)未清肃之前的内阁由总理兼外务部大臣博多、财政部大臣丹津、内务部大臣朋斯克多尔济、25 岁的年轻人兵部大臣苏赫巴特尔等官员组成。④

报告中提到的 Okhrana 是在库伦的秘密组织,其全称为 Gospolitokhrana,是从伊尔库茨克派来的布里亚特人以及俄罗斯人组成的特务机构。其主旨为监视外蒙古上层官员以及肃清反对人民政权的政敌,受控于苏俄。该组织抓获了当时在库伦较有名声的几名俄商以及宗教上层领袖等人物。其头目为布里亚特蒙古人巴勒丹多尔济(Baldandorji)。索克斌的报告中附有 Okhrana 负责人巴勒丹多尔济写给哈利·弗兰克的信(原文为蒙古文,附有英文翻译)以及哈利·弗兰克的回信。如领事报告第四部分

---

① *Records of the Department of State Relating to Internal Affairs of China*, 1910–1929, The National Archives, No.26, 1921, Samuel Sokobin to the Secretary of State, October, Kalgan.

② 奥·巴图赛罕:《蒙古走向主权国家之路》,内蒙古新闻出版局,第 160 页。因此,仅一年的时间,这位首任总理遭遇了撤职,随之遭到以叛国罪名被处决的厄运。第一任内务部大臣朋斯克多尔济等另外几位大臣也未能躲过这一劫。

③ *Records of the Department of State Relating to Internal Affairs of China*, 1910–1929, The National Archives, No.89, 1922.8.16. Samuel Sokobin to the Secretary of State, Kalgan.

④ *Records of the Department of State Relating to Internal Affairs of China*, 1910–1929, The National Archives, No.26, 1921, Samuel Sokobin to the Secretary of State, October, Kalgan.

内容所述,哈利·弗兰克就没收其相机一事曾与 Okhrana 机构有过信件往来。Okhrana 在回复哈利·弗兰克的文中表示当局对弗兰克出现在库伦的事情不负任何责任。因不久之前有一位自称为美国领事名为索克斌的人曾访问过库伦,并在逗留期间擅自拜访了哲布尊丹巴呼图克图,与博多、朋斯克多尔济等政要人物商谈,离境时也未通知 Okhrana。认定博多等人的反叛事件必与其有联系,由此质疑美国领事馆参与此次事件。因此拒绝归还弗兰克的相机,待离境时予以返还。并将该信复件递交给了外蒙古军事革命委员会以及外交部。①

哈利在其回信中解释:他来蒙古的目的是丰富美国学生的地理知识,加深美国学生对于"蒙古"这个概念的认识。然而对蒙古的政治没有任何兴趣,若未能如愿以偿地拍摄当地蒙古人的风俗习惯以及生活方式,对他而言等同于无功而返,虽只见过索克斌一次面,但他确信索克斌并非利用公职干涉他国内政的外交官。干涉他国内政违反美国法律,若有任何证据能证明他有此行为,美国政府必定立即解除他的职位。鉴于库伦的其他外籍人员可持相机拍摄,质问 Okhrana 为何将他视为特例,没收其照相机等等。②

由此可见,"新政权"对于索克斌访问库伦事件以及会晤哲布尊丹巴呼图克图等行为十分不满,怀疑他与博多等人"勾结",反对蒙古人民政权。因此在档案第二部分内容中提到一份由外蒙古司法部发布的公报,认为反对新政权的一派"勾结"美国领事馆,企图恢复旧制,推翻"新政权"。美国领事索克斌受该事件影响,成为了在外蒙古"不受欢迎的人"。③

1924 年,斯坦顿(Edwin F. Stanton,美国驻盛京领事馆前任副领事)出任美国驻张家口领事馆领事,这个第二任领事因外蒙古政局复杂,在其

---

① Translation of the Letter of the State's Interior Guard to Harry Frank Correspondent of a Periodical of the Capital of the American State, *Records of the Department of State Relating to Internal Affairs of China*, 1910-1929, The National Archives, No.102, 1922, Samuel Sokobin to the Secretary of State, October, 2nd, Kalgan.

② Copy of Harry·Frank's Letter to Minister of Foreign Affairs Government of Mongolia. *Records of the Department of State Relating to Internal Affairs of China*, 1910-1929, The National Archives, No. 102, 1922, Samuel Sokobin to the Secretary of State, October, 2nd, Kalgan.

③ 索克斌在领事报告中自称为"persona non grata",意为不受欢迎的人。

任期内从未访问过外蒙古。①

另外档案中出现的瑞典人蓝理逊(Frans August Larson)是当时蒙美关系中至关重要的人物。他受聘于美国 Anderson Meyer & Company 公司，具有传教士、导游以及中介商人等多重身份，实际上扮演美国在库伦的代表的角色，从事搜集情报和资料的工作。他与蒙古王公宗教上层交往密切。②哲布尊丹巴呼图克图于1919年授其"公"爵，是蒙古历史上第一位获封的外籍"公"，因此不免受到"新政权"的监视及排挤。蓝理逊在库伦期间一直为张家口领事馆提供有关外蒙古的情报和资料，其报告大部分保存于张家口领事馆档案之中。

美国政府以国务卿的名义答复了索克斌。美国政府认为，外蒙古目前处于布尔什维克政权的控制之下，不建议索克斌再度访问赴库伦探查情况。美国政府计划派另一位领事驻张家口，但要求索克斌有必要继续留在张家口……③

1922年前后的张家口领事报告提供了有关外蒙古人民政权建立前后的政局、政要人物等诸多重要线索和信息。由此可见，美国驻张家口领事馆在设立初期其政治方面的主要任务之一是了解并监视外蒙古以及苏俄的政局。

自1921年开始美国在察哈尔的政治中心张家口设立领事馆以来，该领事馆工作人员对当时的内外蒙古的政治、经济、社会风貌等方面做了大量的记录，其中包括与外蒙古政要人物如哲布尊丹巴呼图克图往来信件、当时刊印的蒙古文、汉文报纸杂志以及公告、内外蒙古的地图、地方见闻等相当丰富的内容。这批档案无疑是研究近代蒙古史以及中、俄、蒙、美等四国外交关系史的珍贵资料，目前对该部分档案资料加以利用的学者尚不多，只有 Christopher P. Atwood、Alicia J. Campi 等少数的美国蒙古学家在其研究中引用了该档案文献。当下笔者正致力于整理这批档案，尽早完成档案目录编写以及翻译工作，以便充分地将这批档案运用到学术

---

① Alicia Campi, R. Bassan, *The impact of Russian and China on the United State – Mongolian Political Relation in 20th Century*. The Edwin Mellen Press, p.219.
② Frans August Larson, *Duke of Mongolia*, Larson.
③ The Secretary of State to Samuel Sokobin, *Records of the Department of State Relating to Internal Affairs of China, 1910-1929*, The National Archives, Dec.4th 1922.

研究工作中。

附录:蒙古人民共和国首任总理博多写给索克斌的信

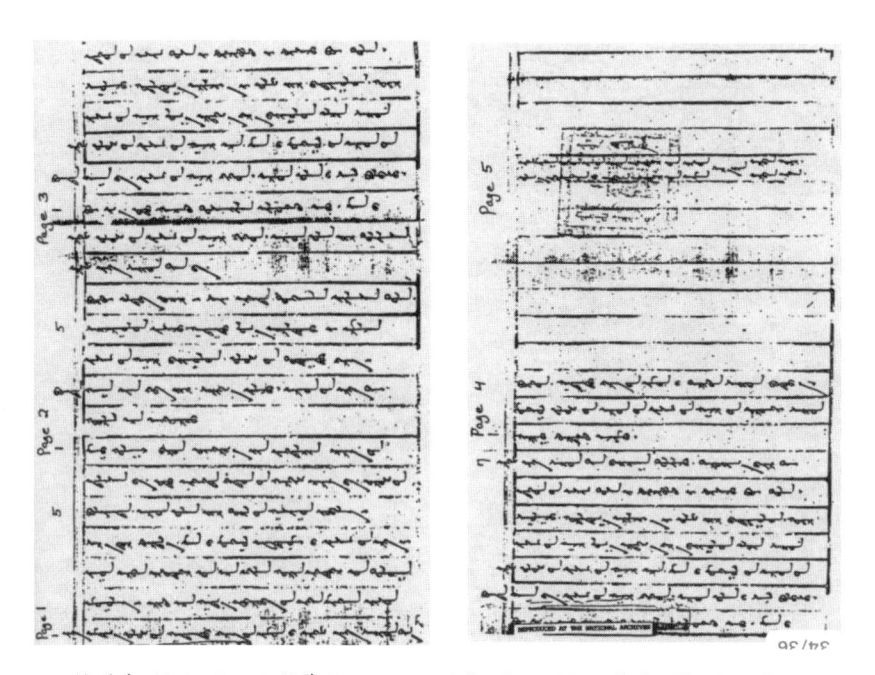

* 转引自 Alicia Campi 所著 *Perceptions of the Outer Mongols by The United States Government As Reflected in Kalgan（Inner Mongolia）U.S Consular Records 1920—1927*。

（原载《张家口·冬奥会与一带一路国际学术研讨会论文集》,作者略有修改）

近代张家口二次自开商埠考述
——以中华民国外交档案为主要资料

常忠义　李国欣[①]

近代中国自开商埠的研究，主要集中在 1990 年代之后的 20 年间。这方面的研究专著主要有杨天宏《口岸开放与社会变革——近代中国自开商埠研究》[②]、唐凌等《自开商埠与中国近代经济变迁》[③]，对近代中国自开商埠的历史做了系统阐述，着重就社会变革、近代经济变迁与各地自开商埠的关系进行了综合考察。另有多篇文章以述论的方法，揭示了清末新政实施之下的近代中国自开商埠状况以及对于城市发展的推动作

[①] 常忠义（1951—），河北大学宋史研究中心中国社会经济史研究所兼职研究员、地方史学研究者、退休工程师；李国欣（1972—），张家口察哈尔文化研究会副会长、张家口察哈尔历史文化陈列馆馆长。
[②] 杨天宏：《口岸开放与社会变革——近代中国自开商埠研究》，北京：中华书局，2002 年。
[③] 唐凌等著：《自开商埠与中国近代经济变迁》，南宁：广西人民出版社，2002 年。

用①。对于近代中国北方商埠重镇张家口②的自开商埠事宜,汪寿松的《华北自开商埠城市述论》③一文,虽然做了重点阐述,但对该地自开商埠的历史成因议论不足,缺乏清晰档案史料揭示张家口民初二次自开商埠之繁复过程。

关于张家口近代自开商埠的时间问题,乔惠茹等《论袁世凯的自开商埠主张与实践》④将时间定位于1914年1月8日,其他文章涉及张家口开埠事时也多持此观点;《中国近代史料经济史统计资料选辑》给出的时间为1916年⑤;《张家口市城乡建设记事:公元前320年—公元1988年》给出的时间为1918年9月18日⑥。对于这三个时间节点本文予以甄别判断,并依据档案史料就确切开埠时间节点尝试作出推论。

由于张家口近代自开商埠议题尚存在大的研究空间,本文利用台北"中央研究院"近代史研究所档案馆《中华民国民国外交档案(张家口、归化、多伦诺尔等地开埠案)》⑦卷宗(以下简称"近史所档案"),予以考述1914年北洋政府自上而下展开张家口自开商埠(对外开放)的详尽工作

①余才恒:《近代中国"开埠"述论》,《南京社会科学》1993年第4期;徐柳凡:《清末民初自开商埠简论》,《历史教学》1995年第3期;张践:《晚清自开商埠的分布特点及作用》,《文史哲》1999年第5期;刘文俊:《自开商埠与中国城市近代化》,《广西师范大学学报(哲社版)》1997年第2期;梁民愫、袁媛:《民初无锡自开商埠探析》,《江西广播电视大学学报》2007年第4期;崔鹏飞:《近代秦皇岛自开商埠探微》,《历史教学》2008年第6期;等等。

②本文所议自开商埠之"张家口",所指该地长城大境门以南(俗称口内)的桥西桥东老城区,清代、民初察哈尔都统衙门(署)虽借驻在城区内,而当时属宣化府万全县辖治,行政地位低微。俄商自1860年《北京续增条约》规定俄国商人"经过库伦、张家口地方,如有零星货物亦准销售"之利益,直至中俄《彼得堡条约》最终获得张家口建造设栈房权利,所指张家口边墙长城大境门外(俗称口外)元宝山处,当时不属于万全县所辖城区之内。

③汪寿松:《华北自开商埠城市述论》,《城市史研究》,2004年。

④乔惠茹、高慧开:《论袁世凯的自开商埠主张与实践》,《河南师范大学学报(哲学社科版)》1996年第5期。

⑤严中平等编:《中国近代经济史统计资料选辑》,北京:中国社会科学出版社,2016年,第47页。

⑥张家口市建设档案馆编:《张家口市城乡建设记事:公元前320年—公元1988年》,北京:中国档案出版社,1998年,第55页。

⑦《归化张家口多伦诺尔赤峰洮南龙口葫芦岛辽源等地开埠案》,台北"中研院"近代史研究所档案馆藏(下文简称"近史所档案馆馆藏"),中华民国外交部卷宗,档号:03-17-02-01、02、03;03-17-03-01、02等,该卷宗档案记录内容自清光绪34年(1908)5月至民国8年(1919)2月,档案整理在1962年。在此感谢游博清博士提供协助,并向台北"中研院"近史所档案馆致以谢意。

以及调研程序;结合《田中玉都统政务辑要》(以下简称《辑要》)历史文献①等其它史料,考述1918年察哈尔特别区都统田中玉向北洋政府提出自开商埠重启复议之过程。本文所披露的此件中华民国外交档案未曾在学界自开商埠研究中利用。以张家口为例,详尽介绍解读这起民国初年总统令下的首起自开商埠要事,以丰富近代中国自开商埠研究案例,为近代城市史研究与社会经济史研究提供详实的比较性依据。

一、1914年张家口第一次自开商埠政府调研

近代中国自开商埠实为国家层面的"主动开放"举措,实施此举涉及国家外交、内政等诸多方面的政策准备以及地方落实开埠的前期准备。1914年1月8日北洋政府以"大总统令"正式发布张家口、归化、多伦诺尔等七地开放计划,实为由政府主导的国家顶层设计,该计划由上而下推行。总统令②:"即由国务院会商主管各部迅将开埠事宜妥为筹办,此项自开商埠与约开商埠有别,并应悉心规画妥定章程,呈候核夺颁行……"总统令颁布之后,国务院与外交部、内务部、农商部、税务处等相关部门迅速开展了有效的工作,外交部通商司是主要联络会商部门。1914年1月20日至5月30日期间,国务院及相关各部来往函件约30件③,会商各部职责、商议开埠章程、聆询外国顾问建议、组织调查组等等大小事宜,切实遵照大总统之令妥为筹办。

(一)外交、法律层面问题相关建议

自开商埠虽不同于约开,但仍然关乎外交事宜。北洋政府国务院与外交部,外交部与相关部、处之间会商中有三件重要建议书转传商讨,二

---

①《田中玉政务辑要·己未闰七月(1919年8月)》(以下简称《辑要》),张家口察哈尔历史文化陈列馆展品,未有页数标示。该文献未收入《察哈尔政务辑要》(三册),《内蒙古历史文献丛书之十二》,远方出版社,2012年。
②《请将归化城张家口等处一律自开商埠》,《北洋政府公报·命令(1914)》1914.01.09,第601号。
③《民国三年一月十八日外交部收国务院领回奉天都督电"辽源为赴洮南必由之路请开商埠事"》等等,近史所档案馆藏,档号:03-17-002-01-010至016、018、019;03-17-002-020;03-17-002-01-021、017、023至030;03-17-002-02-021、001、002、003、06、014、015、016、019、020等,各档号有分档号若干。

件为外国顾问函陈,一件为外交部魏渤所述,可以看出刚刚建立不久的北洋政府对于自开商埠事宜十分谨慎却又缺乏外交经验,力图避免与各国发生矛盾与冲突。

1. 外交部佥事魏渤意见书。国务总理熊希龄指示外交部,该意见书"所称各节颇有见地……希即会商各部酌核办理"。① 由于开埠城市(镇)须为洋商划定具体界址及相关栈房建筑,魏渤意见书首先强调领事裁判权的废除,否则凡外人所到之地,即领事裁判权所及,外人财产所在领事裁判权随之,甚至外货所至之区均为领事裁判权。魏渤提出三要件须在开埠前做出规定:一曰预拟封闭时之一切手续,(自开)是可以自由开放、自由封闭也;二曰规定路线,应由何处入中国境以达该埠即应规定;三曰规定通商地域之界限。

2. 政府政治顾问莫理循意见书②。熊希龄就意见书函致外交部并指出:陈此次开放商埠应进行应付各情,颇有可资采择之处。意见书中指出张家口等处自开商埠而遇俄国反对:开放商埠虽俄国口言反对,实为民国之佳音,缘此系证明开放商埠可阻俄国侵掠计划。……倘俄国政府实有反对之语,则可告以开放商埠为振兴商业起见,毫无政治关系。现正从事在该各处设立洋关,所收税项拨作赔款之用。俄国系占赔款数目最多之国,中国政府深信俄国政府对于开放商埠之举必能满意等语……。理循接到日使馆函,有贺喜中国昌盛之语,此系日人赞同。

俄国对于北洋政府自开张家口商埠(城区内)坚持反对态度,但是莫理循为北京政府提出的应对理由实为耻辱之议,而张家口自开商埠事却得到日本人祝贺。此种状况延续了清末时期俄日等国在华利益的"角力",同时反映出张家口自开商埠事宜非同小可,开放通商还要考虑列强的态度,并受到外国人掣肘。

3. 狄顾问意见书③。狄顾问呈送外交总长的意见书,较为详尽地介绍

---

① 《开放北边商埠意见请会商各部核办由·附抄件》,近史所档案馆藏,档号:03-17-002-01-014-01 至 06。
② 《公府参议译送莫顾问函件希查照由》,近史所档案馆藏,档号:03-17-002-016-01 至 05。莫理循,1912 年至 1920 年任袁世凯、北京政府政治顾问。
③ 《狄顾问呈总长函译稿:关于商港租地之报告由》,近史所档案馆藏,档号:03-17-002-01-022-01 至 13。

了日本民法中相关外国人购置不动产权益及其相关法律问题,就商埠用地、建房提出建议:不许外人永久租借,可仿照日本民法条例,租地权限为20年,地上建筑物等权限为50年;等等。

(二)组织勘察调研

为筹谋七地自开商埠一事,外交部等四部门抽调人员组成东西两路调查组。西路调查组经过三个多月五千里的行程,完成了关于张家口等地的调查、勘察工作。① 外交部佥事魏渤等四人向外交总长提交西路调查组报告②,重点是张家口、归化二地。有关张家口自开商埠报告书分甲24款、乙3款、丙5款、丁4款、戊7款列章而述。报告中结论指出:张家口自有铁路修通,已具商埠气息,有此基础开埠不难。

以下简述个别条款,呈现调查勘察张家口自开商埠之要点:

(1)商埠方位、界址、面积。在通河(引者注:清水河)东岸毗邻街市,经纬度东经114.58度、北纬41度、在京西1.30度;东界东山坡、西界通河东岸、北界北山根、南界京张京绥车站;占地面积2400亩(山地1500亩、熟地200亩、园地700亩);地势狭窄,勉能敷用。山地每亩价银20元上下、熟地每亩价银50元上下、园地每亩价银100元上下,地价银共需约11万元。

(2)张家口出产货物、经过货物。(1913年统计)

出产货物。粮食类:春麦1560石、莜麦3570石、荞麦2142石、高粱82石、谷子2870石、杂豆400石、胡麻50万斤、菜籽30万斤;牲畜皮毛类:马皮213张、牛皮845张、羊皮4998张、羔皮340张、狗皮123张、鬃毛4千斤;麦面2523980斤、莜面4286680斤、荞麦面41867斤、豆粉513140斤;其它类有碱456988斤、盐69785斤、胶42875斤;以及饲养猪马牛羊,等等。

---

①档案汇总:外交部等四部门各派二人参加东西两路调查,张家口、归化、多伦、赤峰等四地为西路,其调查人员有外交部佥事魏渤、内务部主事刘驹贤、农商部技士卓宏谋、税务处总办徐致善。调查组离京之前,外交部曾函照察哈尔都统、热河都统、绥远城将军等,请求派兵沿路护送。

②《为调查张家口等处商埠情形编拟报告书由,附报告书四份及图表》,近史所档案馆藏,档号:03-17-002-03-004-01 至 27。

经过货物。大砖茶 2907 箱、中砖茶 18705 箱、青茶 15264 箱、盒茶 25027 串、中烟 3500 件、红烟 15539 件、平机布 276299 疋、梭布 5900 筲。(报告指出:经过货物以砖茶为大宗,现已减色,西北路杂货及蒙盐芦盐亦由此过境)

(3)张家口现有财政部直属货税征收局,所属分局有边口、通桥、桥东、居庸关、西阳(洋)河、洗马林等六处。张家口开埠宜设总关,并兼辖多伦分关,设独石口分关。

(4)1913 年在张家口已报买货物洋商 17 家(表1)。

表1 张家口洋商采买出口货物表(民国二年)   单位:斤、张

洋商	胡麻	菜子	羊毛	羊羢	驼羢	羊皮	狐皮	其他皮
仁记			40万	2.1万	2.3万	1万		獭皮2000
聚立			50万	0.17万	2.7万	6万	4700	
斯泰兴	10万	80万	47万	0.17万	4万			
隆昌	140万	30万	60万		10万			
隆茂	7.8万	30万	40万	2万	10万	2万		
瑞丰		10万				2.4万		
平和			20万		4万	2万		
鲁林						1.5万		
康利	60万	40万						牛、马皮各1000
高林			30万		3.5万	2万		
美最时	8万	20万						
怡和		20万				0.7万		
立兴			30万		10万			
永福						1.2万		
兴隆							1850	牛1200
顺隆	25万							
禅臣	3万	3万				10万		

续表

洋商	胡麻	菜子	羊毛	羊羢	驼羢	羊皮	狐皮	其他皮
合计	253.8万斤	233万斤	317万斤	4.44万斤	46.5万斤	28.8万张	6550张	5200张

资料来源：《为调查张家口等处商埠情形编拟报告附四分及图表·张家口洋商采买出口货物表》。原件说明：查张家口洋行共有三十余家，今就已报买货者列表如右(如上)，此外张北县元宝山尚有俄商兼包办出口货物，并有俄国邮政局一所。另有归化城调查：《归化城洋商采买出口货物表》，洋商设庄采买羊毛羊羢驼羢牛羊马皮者共有十三家，分住街市。上年销数驼羊毛羢约二百万斤，牛羊马皮约九万余张。

二、1918年张家口第二次重启开埠

（一）地方主政者自下而上推动政府重启开埠

1914年1月8日"总统令"后，作为政府主导的自上而下的商埠开放举措，张家口自辟商埠受到新闻报纸相当关注，[1]该项政府决策却在实施过程中受到地方财力、管理等条件所限开埠未果。1917年11月时任察哈尔特别区都统田中玉[2]致政府国务院说帖——请接续进行开埠事宜，而此事直至1918年8月10日外交部收到内务部密咨函件[3]，查核确有察哈尔田都统说帖一事后才同意重新启动复议。8月23日《筹备张家口自辟商埠事》[4]指出"察哈尔都统署为咨请事，窃查张家口自辟商埠一案，本年八月二十三日准予重启"。其后田都统多次咨文内务部：9月18日《咨内务部筹办张家口商埠文》、11月8日《咨内务部张家口自辟商埠四至界址图说送请公布文》、11月11日《咨内务部张家口商埠局暂行章程文》、11月12日《咨内务部张家口自辟商埠事宜请查核裁决文》、12月26日

---

[1]《命令》，《申报》1914年1月11日，第2版；《察哈尔开辟商埠工程》，《顺天时报》第3748号，1914年5月5日，第11版。

[2] 阎晓雪、薛志清、肖守库：《北洋时期察哈尔都统考略》，《河北北方学院学报（社科版）》2014年第2期。民初察哈尔特别区都统署侨驻张家口，都统之职由北洋各路军阀轮番任职，田中玉任职时间最长，从1916年6月至1919年12月(有短期间断)。

[3]《张家口开埠筹办办法由》，近史所档案馆藏，档号：03-17-02-012-01至05。

[4]《筹备张家口自辟商埠事》，近史所档案馆藏，档号：03-17-003-02-013-01、02。

《咨交通部关于张垣开埠设备电话电灯邮局铁路各办法请查照文》[1]，等等，完成了重启自开商埠的各项筹备事宜并报备政府部门。

1918年10月6日田中玉再次陈述《筹备张家口自辟商埠事》[2]给大总统，清晰陈述三个要点，强调了张家口重启开埠的迫切与重要：

（1）张家口1914年开埠未果："前大总统令一律自辟商场，曾经内务部会同各部筹议章程，呈奉批准通行。遵照在案，嗣归化城赤峰两处均陆续设局开办[3]，其余如张家口多伦诺尔洮南葫芦岛各处大都限于财力，一时尚未及举行。"

（2）自辟商埠事不可再拖延：至于商埠经费需用浩繁，值此财政困难之时，若竟悬事待款，长此因循不惟克外人责言，抑或有妨国家商政。现已决定计划，除地方自筹款项外，另行仿照山东龙口商埠兴筑公司成案……

（3）日本公使照会再次敦促、"倒逼"张家口等地开埠，称本国政府训令：前以满蒙间中日通商关系日见密切，曾经中国政府于民国三年将张家口等处开放，作为自辟商埠，应请从速实行……兹日本公使照请从速实行，应请贵部咨催各该管长官……

（二）二次开埠之高远计划

1918年张家口重启自开商埠，其计划高远，虽然存在内部经费与外国压力等方面的制约，但是当一个城市经济发展需要自行突破时，走向开放无疑是正确的选择，恰遇1918年前后近代张家口又处在旅蒙商贸业、中俄恰克图外贸业的兴盛期。察哈尔都统对大总统的再次陈述中又指出：此次开埠通商非独重市场，亦且有关防务。……凡属商埠含有二种要义，一则使本国商业之振兴，一则使他国货金之流入，故其经营擘画缔造，既属艰难，而踵事增华，规模自然弘远。

---

[1] 张家口察哈尔历史文化陈列馆馆长李国欣藏品：《田中玉政务辑要》己未闰七月（1919年8月），北京印刷局印。
[2]《筹备张家口自辟商埠事》，近史所档案馆藏，档号：03-17-003-02-013-01至06。
[3]《归化城开埠事从1915年6月至1916年2月，开始请派商埠局长、拟由绥远都统荐员呈请派充、遴选商埠筹备员事、商埠章程等事》，1915.12咨报归化城商埠局及启用关防。故此，1915.12应为归化城正式开埠时间点。近史所档案馆藏，档号：03-17-003-011至019。

民国七年十月初五(1918.11.08)《咨内务部张家口自辟商埠四至界址图说送请公布文》,对于原开埠界址做出重大调整,不再局限于1914年所勘察的处于河东地界的2400亩,预计扩展为4800亩①。这个计划一改以考虑管理需求而选择相对独立的开埠界址,要达到"将来商埠辟就,必能蔚为大观",并且做到与商务日盛的旧有市场相互衔接、相互连贯发展的安排,促进对老旧市场进行改造而"自不徒费披荆斩棘之劳,实可收因利乘便之效"。这个规划对于张家口的城市近代社会发展与经济结构的调整具有潜在利好,作为军阀出身的任职都统田中玉,竭力为张家口开埠尽快形成有利局面而做出通盘筹划。

《咨内务部张家口商埠局暂行章程文》,就张家口地方财力状况,查照政府自辟商埠开办章程,参照龙口、津口暨归化城各商埠局组织,大概拟定暂行简章16条计34款,呈请内务部核定。又依据1915年国务院《自辟商埠开办章程》第四条规定在商埠界址公布后应由地方最高级行政长官酌夺情形设置,田中玉都统提名:前任杀虎关监督,记名道伊(尹)李钦堪以派充张家口商埠局局长,现任察哈尔交涉委员张绍曾堪以兼充副局长。② 至此基本完成了由地方主政者自下而上的第二次开埠推动程序。

(三)开埠界址内的洋行所在街区

近代自开商埠虽然不同于约开,但仍然事关中国本土治外法权之管理,各地自开商埠城镇对于洋商入驻均有所规划街区,不允许随意随处设置洋行铺房栈房。就张家口城区而言,1914年政府勘察规划与1918年田中玉都统再次宽展规划,对于自行开埠的界址均做过详尽明晰的指定。《现在之张家口》③记录了1925年41家洋商在张家口开办洋行的详细地

---

①原文:勘其界址,东北抵鱼儿山,北接边墙,南至东沙沟及通桥西连下东营各处。其四界址按工部营造尺计,东北界长11344尺,东南界长7801尺,南界长1243尺,西界11273尺,北界长238尺。以240方弓计算,除河身面积746亩不计外,河东面积4314亩,河西面积495亩,两岸面积共4809亩。作者注:1914年所确定开埠界址为河东偏于北部狭窄地界,1918年扩展后的开埠地界延伸到河东旧有的商业区,还包括了河西北部街区(来远堡内及堡外南侧)老的商业市场界内。改变了原有地界为孤立一隅的局面,融入到一些旧有的商业区内。

②《关于张家口自开商埠呈文印件》,近史所档案馆藏,档号:03-17-003-02-016-08。

③阎宝森编:《现在之张家口》,民国十四年(1925)初版,(张家口)西北实业印刷局。

址,其所在街区严格限制在 1918 年勘测规划界址范围之内,具体街区有:市圈(来远堡内)、上堡、南牌坊、营城子、元宝山、东安大街、土尔沟、桥东大街、沙河路、南观音堂、坝岗、东安斜街、大马路、花巷、元台子等街巷。

需要关注的是张家口堡内(俗称堡子里)、武城街、怡安街等街区完全不在第二次开埠划定界址之内,故此所记众多洋商没有进入这些街区之内,保证了堡子里(地方行政机构驻地、金融字号聚集街区、中高档住宅区)与二条本地重要传统商业街区不受侵扰。① 而清末进入本地的洋行,难以明目张胆地挂牌,只能租用(或合作)当地商家栈房,则更不可能进入这些街区之内。当 1937 年 8 月 27 日日本侵略者占领张家口后,这些街区始有日人洋行进入,如"三井洋行"进驻张家口堡内著名的金融街内②,等等。

三、近代张家口自开商埠的动因

张践在《晚清自开商埠的分布特点及作用》一文中指出:从清末自开商埠始至 1924 年,中国南北东西发展迅速,已增至 52 处,其数量几与条约口岸相埒。但是究其特点:一是在沿海自开商埠均为小城镇。二是在内陆的自开商埠多在沿海沿边诸省的内地城市,且多为政治、经济中心。③ 清末民初张家口行政地位低微,作为北方内地小城市(镇),却是中国北方商埠重镇,200 多年的商贸繁盛致其成为距离京城最近、物资集散交易巨量(茶叶、皮毛、杂货等)的经济中心。促使 1914 年北洋政府确立张家口自行开埠以及 1918 年察哈尔都统重启开埠,还有着其它成熟的条件与成因。

---

①张家口堡内历来为官衙行署、银钱业、中高档住宅等传统街区;武城街自明末是以服务张家口堡内(俗称堡子里)居民消费为主要功能,并延续至 20 世纪中期;怡安街为近代天津洋行买办梁炎卿等人开办"怡安公司"所建新的商圈之内主街(1909 年始建),成立之时其股份杜绝洋人染指,也谢绝洋商租借商铺。

②伪"张家口蒙疆新闻出版社":《三井物产株式会社张家口出张所》,《蒙疆年鉴(1939)》,第 34 页。作者注:"三井洋行"为简称,驻兴隆街 12 号。1950 年后改为兴隆街 11 号,1982 年后划为鼓楼东街 27 号至今。兴隆街以张家口近代银钱业聚集街区而得名并闻名于后世。

③张践:《晚清自开商埠的分布特点及作用》,《文史哲》1999 年第 5 期。

(一)京张铁路、张库公路近代化交通网络的形成

1908年京张铁路开通前,时任察哈尔都统的诚勋呈请朝廷自开商埠:京张一轨来岁即通,京张之告成,张库之起点也,京张通而东南之商货由江汉可直抵西北。张库通而西北货由库恰可直输东南。……将来西北之繁盛当百倍于内地各口岸。① 1909年10月京张铁路全线开通,张家口与以京城为中心的铁路网络京汉、京奉、津浦等线形成连接,并与天津港形成陆路与海路的口岸对接格局,成为开埠的最有利条件。1917年"中国第一家民营客运汽车公司……大成张库汽车股份有限公司"成立运营,②于此之前"库恰汽车公司,俄人已着成效"。③ 这样随着京张铁路与张库公路的先后开通,形成了以京城为起点、以张家口为重要节点,直至库伦、恰克图的近代化运输体系,为国民经济及其国防保障发挥着重要作用。

(二)洋行"林立"的早期"开埠效应"

杨天宏书中举例:各埠开放之后,在招商方面最为成功者恐怕非济南莫属,……外商络绎而至,很快形成洋行林立、洋货充斥的兴盛局面。④反观张家口在清末民初之期,洋行虽然已经"林立",但是没有形成"洋货充斥"的市场占有局面,也未有主动"招商"。以前面1913年调查报告中张家口的30余家的洋行为例,商家均以采购皮毛、油料等物品出口为业,其效应实为中国商家以茶叶、杂货、绸缎等物品从蒙古草原与俄罗斯换回的大量皮毛初级原料找到了国外市场。清光绪三十四年(1908)张家口也有"洋货行"⑤行社,由于人口少且不是消费型城镇,因此在商贸经营活

---

①《具奏议复察哈尔都统请自辟商埠应暂从缓办由》,近史所档案馆藏,档号:03-17-002-01-001-10、11、12;《政治官报·折奏类》258号,光绪三十四年六月十八日,第4—6页。注:此奏议未果。
②毕奥南、刘德勇:《大成公司与张家口至库伦之现代交通变迁》,《中国边疆史地研究》2014年第3期。
③《中国边疆行纪调查记报告书等边务资料汇编》(29册),香港:香港蝠池书院2009年版,第205—206页。
④杨天宏:《口岸开放与社会变革——近代中国自开商埠研究》,北京:中华书局,2007年,第157页。
⑤天津市档案馆:《天津商会档案汇编(1903—1911)》(上册),天津:天津人民出版社,1989年,第208页。

动中不占主导。

近代多国洋行较早进入张家口,这是张家口未开埠之前的一个鲜明特点。除上面档案中列举1903年的洋行外,其他文献也记载了洋行史料,如:

1.1906年《清商务官报》:洋商则有英俄德,各国洋行共17家①。

2.1908年日外务省通商局编《清国商况视察复命书》:新泰兴、仁记、太古、里和、宝顺、和记、新益利。②

3.1922年《张家口事情》:日本:三井、怡丰、三昌、义成、兴盛、三共、隆和、加藤、鸡卵;美国:美顺、北记、美清、业井、慎昌、源丰、美利、东茂、美孚、利和、美通、大美、花旗;英国:怡和、平和、聚立、永丰、仁记、利和、蓝金、和清、隆昌、新泰利、英米、亚细亚;俄国:永发、和信、北记、捷利克、植昌、全大吉;法国:永兴、利源、欧亚汽车。共计5国43家。外国人共计178人。③

4.1925年《现在之张家口》:苏联:苏联商务分局、联兴、维利、金林、新记、雷福垦;美国:古宝财兄弟、北顺、美和、大美烟草、美和、乌利满、亚利、美孚、美利、美通、壁利、业井广、花旗、美华、郝利、满洲、滋洲;法国:陆奥;英国:英美烟、蓝金、克福、怡和、和记、亚细亚、西米得、北记、普纶、永发;日本:三井、怡丰、盛昌、武齐隆昌;德国:梅花、德蒙;意大利:西合。合计7国41家。④

5.1916—1922《近史所档案》(采买马匹洋行),有英商:安利、太古、新泰兴、永盛、怡和、仁记、和记;美商:慎昌;丹(麦):瑞隆⑤。

---

①闫志弘:《近代张家口皮毛贸易述论》,东北师范大学硕士学位论文,2011年,第16页注释2。
②引自李红梅:《20世纪初日本对张家口陆路口岸地位的考察综述》,载《张家口2016年一带一路国际学术研讨会论文集》,第206页。
③在张家口日本领事馆编:《张家口事情》,张家口市档案馆藏,大正13年(1922)8月,第37—41页。
④阎宝森:《现在之张家口》,民国十四年(1925)初版,(张家口)西北实业印刷局,第43—46页。
⑤《1921.06慎昌洋行领照由张家口运马往津沪请查照由》等,近史所档案馆藏,档号:03-18-13-010-004、005、006、009;03-18-080-01-001、009、018、023;03-18-080-03-001至005。另注:一些研究张家口历史的文章提到近代张家口曾有过30—40家洋行,即所指20世纪初(民初)这些记录,对于非史料性文章所例举洋行因未有引述出处,本文未做参考。

近代张家口未自开商埠前,清廷严查洋商进入内地开办洋行:窃查各国洋商,按约只准在口岸贸易,若赴内地开设行栈,以及华洋商互相假冒、影射牌号,均为约章所应禁者……拟清饬下卢汉、京榆、京张、正太等处铁路经过各州县,申明约章,洋商只准入内地寄寓客栈,办本行货物出洋,不得在内地开设行栈……如该地方官失察,即行撤参,以示惩警。① 由于洋商公开挂牌号开办行栈,涉及国家主权,故此进入张家口的各国洋商只有采取与当地商家合作方式,或隐匿在本地商家之后,利用本地字号的栈房存储所收购皮毛、油料等物。1904年7月14日,日本人《论开张家口为商埠》②记录:"张家口由中国通于蒙古及俄属西伯利亚之重镇而为通商之要区,近年该地之通商发达效著……闻天津之洋商冒中国商人之名开分行于该地,以从事收买者指不胜数。"文章的最后一句揭示了在未开商埠之前,前往张家口的洋商以冒中国商号之名采办,且洋商众多。

20世纪初叶,国外皮毛市场由于野生动物皮毛的锐减,以及欧洲、美国等西方国家处于军事工业发展及一战期间,皮毛、植物油料等物成为军需物资,洋行商人从中国大量采购无疑又增强了张家口的集散功能。由于中国商家既不熟悉国际市场,也未形成集合力量建立起自己的境外销售渠道,而多国洋行商人的采购无形中促进了张家口市场与国际市场的接轨,形成了张家口品牌的雏形,故此民初张家口在未开商埠之前,已经显现出十分热闹的"开埠效应"。

(三)外国势力"角力"之下"倒逼"自开商埠

第二次鸦片战争后,最先企图使张家口为通商口岸的是俄商,从1860年11月4日至1881年2月24日之间,中俄之间共有五件条约涉及俄商在张家口销售部分货物、开设行栈等事宜,终于"获取在张家口(引者注:长城大境门外)建造铺房行栈的权利,但最终未能设立领事官,也未能像中国其他通商口岸一样成为一个开放的商埠。明朝末期张家口曾以

---

①《天津府正堂凌为直隶总督袁严禁各洋商在我国内地开设行栈以维主权事照会津商会》,光绪三十一年七月二十七日,《天津商会档案汇编(1903—1911)》(下册),津商会三类157号卷,第1810—1811页。

②国家图书馆编:《录甲辰六月初二顺天时报——译自大阪日报》,《清末时事采新汇选》(第十册),北京:国家图书馆出版社,2003年,第4947页。

长城大境门为边口之界开展过汉蒙贸易,1860年后清政府在与俄国签订的几个约定中,始终将俄商利益拒之于张家口城区之外(长城大境门外)。俄商在大境门外独家开设茶栈虽不满足,但也引起日美英等国为在华利益争执。日本人《论开张家口为商埠》又提出:俄已图掩有蒙古、欲握张家口要冲之地……虽然天下之事不能豫睹其将来,不若当今之事中国自开该地(引者注:大境门内张家口城区)为万国通商之地,以绝强邻窥伺之志"。①

日本人希望尽快开放张家口(城区内)成为"万国通商之地",俄国却极不满意。1905年"俄人不愿库伦张家口开埠"中记述:称俄外交部照会云,闻贵国有开张家口库伦为商埠之议。……张家口亦为俄商出入要道,非寻常海口可比。今无端胡开商埠,是有意侵损俄商利益,决难承认等语。② 此要闻曾经引起多家报纸持续关注。③ 另有如前所述,1914年开埠调研中莫理循建议书中例举俄日两国的态度;1918年田中玉都统重启商埠的呈文中提到日本国政府训令之"责言",张家口自1914年开埠事还未做到,其言外之意当是耽搁了日本政府早已图谋的"满蒙政策"。

近代俄日两个帝国对于张家口开埠的"角力",曾令清政府顾忌开放张家口为通商之地。清光绪三十四年(1908)朝廷驳回了察哈尔都统自开商埠奏呈:臣等查张家口地方向为西北商旅来往之孔道,……该都统所奏自系实在情形,惟开埠通商事关交涉,虽自辟稍可保主权,而内地究不同口岸,当此治外法权尚未收回之时,多一商埠即多一缪轕。④ "治外法权"是清代与各国约开商埠所引起的"忧患"之一,此时朝廷官员采取了

---

① 郭蕴深:《中俄茶叶贸易史》,哈尔滨:黑龙江教育出版社,1995年,第122—123页。
② 《库伦张家口开埠交涉》,《申报》光绪三十一年(1905)5月18日,第2版;《新闻报·消息·中国要事》,1905年6月2日。
③ 《时报·消息·政界纪闻》1905年6月30日,第2张第6页"目前政府有以张家口库伦等处开为商埠之议——或恐招俄国猜疑致生意外等语,政府诸公大表同情,议拟俟日俄战争了结之后再详细会议定夺";《大陆》1905年第10期"俄人不愿库伦张家口开埠";《时报·交涉界纪闻》1905年7月14日第2张第6页,"俄国月前已经交涉反对此事,今又照会外部,反复前言阻止开埠,亦可知俄国之重视张家口库伦等处矣"。
④ 《外务部会奏议复查察哈尔都统诚勋奏请自开商埠折》,《政治官报(折奏类第258号)》光绪三十四年(1908)6月18日;同一内容也见王彦威、王亮辑:《清季外交史料》卷215,第11—12页。

消极态度,以减少与列强的"镠镑"。清外务部对外解释:外务部会议开放库伦及张家口之事,决议俟和局定后再行商办。①而清末新政后已经有多地自开商埠,并不存在丧失主权的"国中之国"租界之患。杨天宏指出:近代中国的口岸开放偏重政治及外交的考量,开埠是实现经济增长和社会改造的重要手段,但也有可能转化成国人尤其是统治者担心的"开门揖盗"之举。在此问题的权衡上,清政府陷入了困境。②无论是朝廷官员所担心的治外法权之"镠镑",还是杨天宏言之"开门揖盗"之担心,就张家口而言,除去其地理位置关乎国防外交等问题外,而对于商贸业则是考虑"难保各国不思利益均沾,指地贸易要求。……势不能不预拟一切变通办法,以资对付"。③

如此之下,张家口作为北方边地的一个小城镇,其开埠事宜所呈现的日俄等国之间的"角力",与约开商埠的大城市同样表露了近代中国通商口岸城市中的多边帝国主义关系,其相关利益国家的"倒逼"成为张家口开埠的催化剂。张家口有着优越的区位优势及长久时期的商贸业繁盛,适时将其"主动开放",制定相应的政策与权属,利于各国洋行商家规范进驻,当是适应近代中国社会经济发展融入世界经济的必然之路。我们看到清末民初时期对于张家口的开放政策,民国初年首起自开商埠命令中便将其列入其中,较清廷前进了一步;而田中玉都统在二次重启开埠时由下而上的强力推动则更为进步。

四、张家口自开商埠相关问题辨析

近代张家口自开商埠事宜,经历了1908年清察哈尔都统呈奏被驳、1914年北洋政府仅以勘察调研后却未有实施开埠、1918年民国察哈尔都统田中玉的重启复议,前后将近十年时间。张家口近代自开商埠过程可谓曲折反复,由此也产生过多种见解说法,辨其真伪、虚实,一一考辨

---

①《开放库伦及张家口之议未决》,《政治官报·纪事》1908年9月,第4页;另,《对于宣统元年报载中国拟将张家口开埠是否属实,清外务部做出澄清,无拟在张家口开通商埠之事》,近史所档案馆藏,档号:02-13-002-01-028、029。
②杨天宏:《晚清"均势"外交与"门户开放"》,《社会科学研究》2008年6月,第152页。
③《张家口开埠之调查》,《新闻报》1909年6月25日,第3版。

如下。

(一) 实施开埠功能时间点甄别与商榷

1914年1月8日的"大总统令",可视为由上而下启动程序的时间节点。以张家口为例,北洋政府进行了详尽的政策准备与勘察调研等工作,但必须具备自开商埠所需用财力、人力等,在一切条件具备后,城市(镇)方可有着自开商埠的实施功能。而张家口此次开埠未果,笼统判定1914年为张家口"自开商埠"时间点实不确切,误以为已经实施开埠功能,按照民国记录确定为"奉令开埠"[①]时间点更为合适。

《中国近代史料经济史统计资料选辑》给出张家口开埠的时间点为1916年,由于其注明不详难以找到其依据。本文臆测有两点缘由:其一,以为如同归化城一样,经过了近两年准备得以实施开埠功能;其二,以田中玉都统任职于1916年为判定。但无论怎样的缘由判定,1916年不应当确定为张家口开埠时间点。

《张家口市城乡建设记事:公元前320年—公元1988年》给出开埠的时间为1918年9月18日,该日子实为前面所介绍田中玉《咨内务部筹办张家口商埠文》的咨文时间点,直至1918年底还有其它相关咨文或组织准备文件,故此不足以判定重启复议后张家口正式开埠的确切时间点。

怎样确定张家口经历了1914年、1918年二度自开商埠前期准备程序后,城市具备了自开商埠的实施功能、且已操作运行的时间节点呢?本文提出商榷。

察哈尔都统田中玉就张家口开埠事宜筹备直至1918年底,其离任时间为1919年12月。由于目前仅从档案中发现民国外交部1919年收发文件目录二则[②]:民国8年(1919)2月25日收蒙藏院"咨",即"察哈尔实业厅长条陈察区开埠及设毛革制造厂颇表同情其中中央派员一节是否有当祈查核见复由";还有同日收内务部"咨呈",即"关于张家口自开商埠

[①] 孔庆泰编:《1921年前中国已开商埠》,《历史档案》1984年第2期,第54页《民国自开商埠年月表(1920年2月)》。此文将1914年1月8日定为"奉令开埠"。

[②] 《中华民国外交档案:归化张家口多伦赤峰洮南龙口葫芦岛辽源等处开埠案(洪宪元年一月三十日至民国八年二月二十五日)》,单记查册本,目录第15、16条,近史所档案馆藏,档号:03-17-003-02-00002。

事印件"。目前还未发现任何颁发启用商埠局关防之记述,故此本文结合1919年底田中玉离职时间,推断张家口完成开埠准备并实施开埠功能时间当在1919年为宜。

若以1919年为张家口正式开埠时间节点,经过一年左右时间的国家间外交洽商,①便可接续1920年后美、日、苏联等国相继在张家口开设领事机构事例。美国任命驻张家口首位领事时间为1920年4月②,可以表明该地已经实施口岸开放功能。另以一件美国使馆照会③为证:……贵政府在案,嗣于上年(引者注:1920年)十二月十一日接准照复,声称张家口虽经规定为自开商埠,一切设施尚非一时所能完备。……迅速筹备承认本国副领事索克斌署理张家口领事为荷 柯兰 十年(1921)一月四日"。此件档案与房建昌文章确认1920年为美国驻张家口领事机构设立时间年限相吻合。

(二)"依露支条约"之辨

研究近代张家口城市开放的几篇文章中④提出一个论点:根据1902年签订的中俄《依露支条约》,张家口大境门外元宝山开放为通商贸易市场,这是特定条件下的局部开发。由于各篇文章对于《依露支条约》均没有提供确切注释,成为疑点。经过辨析,《依露支条约》当为"依(据)《露支条约》"。"露支"⑤一词源于日本人曾经对于俄中两国的简称,而近代

---

①就外交惯例推论,北京政府需正式通知有关国家驻京使团,使团向本国外交部通报后确认是否设立驻中国某地领事机构,再与北京政府外交部门协商具体人选并做筹备等等,其间或需一两年或更长的时间

②房建昌:《民国年间驻张垣外国使领机构及外侨团体》,张家口市政协文史委编《张家口文史资料(第36辑)》,2001年,第424—425页。文章指出"1920.04.17 美国任命加密森为驻张家口领事,身体不好未到任,由索克斌取代,就任时间为1921年4月"。可以看到国家间外交部门通报领事人选与领事到职时间有所间隔。

③《中美往来照会集(1846—1931年)》,第113号(翻译件),桂林:广西师范大学出版社,2006年。

④杨润平:《张家口开埠与城市近代化的起步——1902年至1952年历史回顾》,《城市史研究》2002年,第497页;汪寿松:《华北自开商埠城市述论》,《城市史研究》2004年,第143页;闫志弘:《近代张家口皮毛贸易述论》,东北师范大学硕士学位论文,2011年;董花:《明清张家口商贸兴衰研究》,广西师范大学硕士学位论文,2014年。

⑤南满洲铁道株式会社社长室调查课:《近代露支关系之研究》,1922年;《露支关系危机下的满洲里》,《历史写真》1929年9月号;日本印制《日满露支交通国境大地图》,1935年。

后期"支那"称谓对于中国已有不敬之意。《露支条约》实指《俄中条约》,在1902年前后,查阅史料可知,中国对外关系史上不存在《依露支条约》之说。

再有文章①引用民国版《万全县志》"光绪二十八年中俄条约大境门外元宝山开为通商场遂为陆路大商埠"②,并且引申为"开埠"。而"通商贸易市场、大商埠"与"开埠"并不等同,亦非"约开商埠",文章论点缺少论据实证。郭蕴深依据中俄之间旧约章研究近代张家口开埠③与中俄贸易关系,未有《依露支条约》一说,也没有确认元宝山处为开埠之地。再次需要指出的是,当时的"大境门外"非万全县所辖治下的张家口之地界,不可将其与1914年、1918年的张家口自开商埠混为一谈。

(三)1919之后张家口开埠质疑余论

前面已述,本文推断1919年为张家口正式开埠时间节点,但有些旧时新闻讯息显然否认1920年代之后张家口已经成为自开商埠之地。如1924年、1925年、1936年有关张家口的"商议开埠、未开埠"的各类讯息。

1924年"张锡元(时任察哈尔都统)派员与王承斌(时任直隶督抚)商讨张家口开埠办法"、"王承斌在张家口开埠"、"张锡元坚持张家口开埠归察区自开";1925年《现在之张家口》记"本口为直隶第二商业地,虽未作商埠(引者注:意为开埠),而外人在此开设之洋行亦不在少数……";1925年《申报》:另据一讯,冯玉祥拟援照王承斌旧日计划,将张家口辟为万国通商商埠……闻执政府曾经一度考虑,对于借款开埠一层,决定暂从缓议;1936年《张家口商会年鉴》:"……许多年来,虽以各种原因

---

①马清傲:《张家口皮毛业的由来及其兴衰》,《张家口文史资料》第13辑,1988年,第2页,"据《万全县志》记载,1902年清政府在《中俄条约》上签字,'大境门外元宝山开为通商场,遂为陆路大商埠'";宋艳婕:《近代张家口皮毛业研究(1860—1937)》,河北大学硕士学位论文,2013年,"根据《万全县志》中的记载,1902年清政府与俄国签订《中俄条约》后,张家口大境门外元宝山开为通商场,遂为陆路大商埠";梅兰:《近代张家口城市发展研究(1860—1937)》,河北大学硕士学位论文,2013年,"1914年北洋政府宣布张家口为自开商埠,但是在此之前,张家口已然是一座开埠城市,属于约开商埠范畴。"

②路联奎总监修,任守恭主纂:《万全县志》,《张家口概况·建设》,张家口统一商行印制,1934年,第16页。

③郭蕴深:《中俄张家口开埠之争》、《中俄张家口贸易》,《张家口文史资料》第13辑,张家口市政协文史委编内部资料,第9—14、15—20页。

未成立合法的正式商埠,然而因通商便利的关系久已形成塞北唯一之商业中心。"①

以上几条讯息发生在张家口已有三国驻该地领事馆之后,疑似自开商埠事宜仍未有定论。如何解读判定这些尘封的报刊书籍简单讯息,本文作为疑点留存。外国领事进驻或是自开商埠均为国家外交、内政之重大事务,在当地亦属重大影响事件,往往成为大小媒体争相报道的内容,但是民国时期的这些媒体报道是否有偏差,认知是否有误,暂难以确认,且做余论而议。张家口民初开埠一事曾经为当时国内许多媒体关注报道,却有讯息不实之例。②

五、结语

通过档案文献调查以及论证,对于近代张家口自开商埠一事做了大致的梳理。可以看到张家口开埠与近代中国一些城镇开埠有着明显不同的内外因素与条件,这与这座商贸业城市本身成长的历史背景息息相关,而且明显涉及政府的外交政策难点等。对于张家口自行开埠的利弊关系,清末与民初的政府决策有所不同。张家口自开商埠实际操作历经了两个阶段,1914 年为自上而下的"奉令"举措而未果,1918 年为自下而上的"强力推动"重启复议过程。本文认为,张家口自开商埠实施开放功能时间节点当以 1919 年为宜,这样方可具备 1920 年后三国外交领事机构进驻的外交条件。

近代中国社会变迁变革频发,"一般说来,外部因素往往是促使近代中国某些制度发生变化的重要原初动因之一,但何时变以及怎样变,却又常常取决于中国内部因素的作用……由于自开商埠的各方面管理权均属

---

① 《申报索引》编辑委员会编:《申报索引》1924,200-96(4)、202-48(1)、202-449(4),上海书店出版社,2008 年;阎宝森:《现在之张家口》,民国十四年(1925)初版,(张家口)西北实业印刷局,第 43 页;《冯玉祥拟开辟张家口商埠》,《申报》1925 年 4 月 19 日,第 6 版;王道修主纂:《张家口商会年鉴——本会沿革志略》,民国二十五年(1936)铅印本。

② 《顺天时报》1914.01.16(第九版)、第 3644 号"张家口租界区域"(认知有误);《时报》1918.11.03,第一张第 2 页"阁议准张家口自开埠"(注:北洋官报无有此消息);《顺天时报·时事要闻》1920.10.25(二)、第 6074 号"英国在张家口设领事馆"(注:英国未设);等等。

于中国,故而具有积极的作用与影响①"。以近代张家口自开商埠历史事件起落而言,"倒逼"与"开埠效应"可为外部因素,总统令与察哈尔都统二次重启为主要内部因素,并以此看到清末民初张家口的商贸兴盛与社会变迁时期国家开放举措并存,展示着微观与宏观的相互交织,本文"通过历史多样性的充分展示,使得历史整体性统一性的揭示更为确切和深刻"②。

对于张家口近代自开商埠之过程的考述与辨析,可为近代区域史研究、城市史研究,以及深入研究近代中国城镇开放历史成因等提供案例借鉴。二度自开商埠时期的张家口正处于"以高度市场导向经济活力与行政体制薄弱看似匹配不合理"的社会经济环境之下,在近代众多自开陆路商埠城市(镇)中,行政地位低微却驻有多国外交领事机构,例案鲜见。对于张家口已有三国领事外交机构后的"未正式开埠"历史讯息之余论,或可借鉴其他文章做继续探讨。③

(原载《第七期"近代史论坛"——历史的空间与空间的历史:多重视角下的中国近代区域史研究论文集》2018 年 9 月,作者略作删改)

---

① 朱英:《研究近代中国制度变迁史应该注意的若干问题》,《社会科学研究》2014 年第 4 期。
② 郑成林:《读〈中国近代史上的官绅商学〉》,《史学月刊》2002 年第 4 期。
③ 郑祖安:《吴淞两次自开商埠始末》,《档案与史学》1999 年第 3 期;吴元康:《民国时期安徽蚌埠并未开埠》,《安徽史学》2014 年第 1 期。

(三)京张铁路、张库公路

清至民国张库交通与张家口城市商贸发展

刘德勇[①]

一、张家口至库伦交通的历史背景

清代,内地和口外蒙古地区处于一种政治隔绝状态。尤其是清朝初年,处于内地和蒙古地区交界处的张家口这一状况更加突出。"在清初,内地汉人到口外垦荒是绝对严禁的。就是各旗之间,也不许越界畜牧,尤禁蒙人习汉文。这无非是想断绝蒙古人与汉人的来往,藉以锢蔽他们,但是后来禁令渐弛,内地人因为有利可图,遂不顾一切纷纷向口北移植了。"[②]到雍正二年(1724),"自张家口至镶蓝旗察哈尔西界各处山谷僻隅所居者,万余家"。[③] 清政府不得不承认这一既成事实。"若将先种地之民尽行驱逐入口,则伊等俱系无籍穷人,入口无耕种之地,至于度命艰难不无作乱为非之事。"[④]为防止口外地区社会动荡和管理这些口外居民的

[①]刘德勇(1984—),中国社会科学院研究生院中国边疆历史系硕士研究生,研究方向:北部边疆史。
[②]纪霭士:《察哈尔与绥远》,文化建设月刊社,1937年,第13页。
[③](清)黄可润:《口北三厅志》卷一,影印乾隆二十三年刊本,载《中国方志丛书》,台北:成文出版社,1968年,第22页。
[④](清)黄可润:《口北三厅志》卷一,第22页。

刑名赋税等问题，雍正二年（1724），在张家口设理刑满洲同知一员。但这并不是放开了口外移民，清朝统治者仍对汉民外移采取严防，例如设租收粮的范围仅限于已垦地区，"断无容其向外占垦游牧之地"①。同时禁止口外汉族人口繁殖，"若令伊等连妻子一同带去居住，恐其生事，不准带领妻子前往。除情愿在口外过冬人等外，余者俟秋收之后，约令入口，每年种地之时再行出口耕种"。② 雍正十年（1732），因多伦诺尔地区聚集蒙古民人甚多，清政府考虑到哲布尊丹巴呼图克图移住多伦诺尔后，来此拜喇嘛的蒙古人和来贸易的汉人必将聚集，越来越多，而管辖此地之张家口同知距此遥远，不便管辖，为管理这一地方的治安与赋税事务，于是在多伦诺尔添设理刑满洲同知一员。但张家口同知管辖范围仍十分广大，有鞭长莫及之势，因此，雍正十二年（1734），又在独石口设立理刑满洲同知一员。三同知俱隶属于直隶总督。③ 形成了"国朝坝内为农田，坝外为察哈尔东翼四旗，西翼正黄半旗游牧地，三厅治之，隶口北道"④的局面。这就是清代的直隶口北三厅。

随着口外汉族移民的增多，特别是清末口外大面积开荒后，三厅在光绪七年（1881）都改为抚民同知。民国初年，口北三厅地又进一步设立为口北六县，即张北、沽源、宝昌、多伦、康保、商都。其中"张北、多伦于民国三年改县。沽源于民国三年改为独石县，至七年移治小河子易今名。宝昌于民国六年设治，今改县。商都于民国七年设治。康保于民国十二年设治。今均改为县"。⑤ 1914年6月，"以张北等七县及锡盟察哈尔部及各游牧场划为察哈尔特别区域，置都统以辖各县及蒙旗事务"。⑥ 以此为基础，1929年8月，民国政府又改建察哈尔特别区为察哈尔省。⑦ 1934年5月，宋哲元又在察哈尔北部设立崇礼、尚义和化德三个设治局。⑧ 口

---

①（清）黄可润：《口北三厅志》卷一，第22页。
②（清）黄可润：《口北三厅志》卷一，第22页。
③（清）黄可润：《口北三厅志》卷一，第22—23页。
④（清）黄可润：《口北三厅志》卷一，第22页。
⑤杨溥：《察哈尔口北六县调查记》，北平京城印书局，1933年，第6页。
⑥纪霭士：《察哈尔与绥远》，第16页。
⑦纪霭士：《察哈尔与绥远》，第17—18页。
⑧纪霭士：《察哈尔与绥远》，第21页。

外逐渐建立起与内地相同的制度。

二、张家口至库伦台站

(一)张家口至库伦台站的建立

张家口至库伦台站是在阿尔泰军台基础上建立起来的,而阿尔泰军台是伴随着清朝在西北阿尔泰地区对准噶尔的战争的进展出于军事目的而逐步建立并固定下来的,历经康、雍、乾三朝。康熙三十一年(1692)、三十二年(1693),清朝开始着手建立口外五路驿站。三十一年五月,先派刑部尚书图纳于喜峰口至科尔沁,设立十五站,内阁学士德珠于杀虎口至鄂尔多斯设立十二站。① 接着,三十二年二月,派吏部侍郎布彦图、侍读学士额赫礼于张家口至归化城四子部落,设立八站。内阁学士安布禄、侍读学士席密图于古北口至乌朱穆秦,设立六站。工部侍郎图尔宸、侍读学士喇锡独石口至蒿齐忒,设立六站。② 至此,口外五路驿站全部设立完毕。此为张家口外设立通往蒙古地区的固定驿站之始,但此时的口外驿站还没有延伸至喀尔喀蒙古地区。

雍正二年(1724)正月,"命镶白旗蒙古都统武格、总管杀虎口至阿尔泰一路军台事"。③ 可知,当时阿尔泰军台是从杀虎口而出的。这年二月,准噶尔之战后,傅尔丹和祁里德大军从阿尔泰地区撤回,因茂岱察罕廋尔、扎克拜达里克两处因形势紧要,建造两座城池,派兵驻守,在附近地亩耕种,并令官商范毓馪等挽运米石,供给口粮。驻兵中京城满洲兵约4000名,"于明年四月内起身,令将军副都统带领出张家口,由中路行走"④。此外被派来的还有察哈尔右卫、归化城蒙古兵两千。张家口为通扎克拜达里克地区的中路。"至阿尔泰现在所设军台,俱系僻路,且瀚海辽阔,水草不佳。查张家口、抵朱尔辉、翁机、推河甚近,水草亦佳。应遣大臣一员,将台站那移安设。庶于驿站人员牲畜,俱有裨益矣。"⑤因此,

---

①《圣祖仁皇帝实录》卷一百五十五,北京:中华书局,1985年,第714页。
②《圣祖仁皇帝实录》卷一百五十八,第737—738页。
③《世宗宪皇帝实录》卷十五,北京:中华书局,1985年,第259页。
④《世宗宪皇帝实录》卷十六,第275页。
⑤《世宗宪皇帝实录》卷十六,第275页

京城满洲兵和察哈尔蒙古兵从张家口一路去往茂岱察罕廋尔、扎克拜达里克两城最为方便,阿尔泰军台由杀虎口改设张家口被提上日程。当年,"三月,命原任将军宗查布总管杀虎口至阿尔泰一路军台,并办理迁移台站事务"。① "六月,理藩院议覆。总管阿尔泰路军台宗查布奏称,阿尔泰一路军台,共四十七处,内除十二站照旧不移外,其自杀虎口至扎克拜达里克城所设军台三十五站,水草不佳,道路迂远,请移在张家口外一路安设。应如所请,从之。"② 接着雍正六年(1728),又议准"自张家口至归化城,前因噶尔丹之役,设立搜吉、昭化、塔拉布拉克、穆海图、和林革儿等五站,今俱裁汰。一切文移,交军台递"。③ 张家口作为军台起点的地位得到确立。

但阿尔泰军台路线仍不稳定,这从雍正十三年(1735)清廷内部又一次移台争论中可见一斑。雍正十三年十月,内大臣海望奏以军营官驼由台站运米,"请自归化城至鄂尔昆编台站三十二,每台给官驼一百五十只,三班更代","轮班运米","共需银十二万九千余两,较商人范毓馪之运价可省银十八万有奇,较都统丹津等之运价,可省银十二万有奇"。④ 于是清廷令总管五十四办理此事。不久五十四回奏,"自归化城至鄂尔昆,设台站三十二,用丁役八十,驼二百只。自张家口至归化城,设台站八,用丁役四十,驼一百只。其原设腰站,应撤者悉行裁彻。"⑤得到批准。也就是说要把阿尔泰军台的路线改为由张家口出发,经八台站到归化城,再由归化城经三十二台站到达西北地区的鄂尔昆。但这一路线改动未及实施,十二月,尚书通智等便上奏反对移台,并列举理由,其主要点有三:一、商业上之利害关系。阿尔泰军台前因将军宗扎卜(即前述宗查布)奏,由张家口直向军营比归化城至察罕廋尔近千余里,因议改设。"若复议移设归化城,道远,且恐损驼。"现在台站运米,大半由军台,小半由商人范毓馪等由归化城挽运,"诸商辐辏","兼贩私货"。如官方移站运米的消息一经

---

① 《世宗宪皇帝实录》卷十六,第275页。
② 《世宗宪皇帝实录》卷二十二,第339页。
③ (清)昆冈等编:《钦定大清会典事例》卷九百八十二,影印光绪二十五年(1899)刻本,台北:新文艺出版公司,第16914页。
④ 《高宗纯皇帝实录》卷五,北京:中华书局,1985年,第137页。
⑤ 《高宗纯皇帝实录》卷五,第137页。

传出,将引起商人的连锁反应,以致"商贩不行,各卖驼马,收拾廛屋。异日粮或不敷,别有加运之事,一旦无从购募"。二、无军台运米之必要。通智指出运米耗资巨大,"合计办米原价,兵弁粮饷,并绳袋驼屉马价及人夫路费,颗粒未运之先,已费帑金二十余万。计目今奏定之数,由台站运米二万四千石,需银十五万一千二百两"。更为实际的情况是现今"军机事少,将来兵数渐减,用米渐省",没有军台运米的必要。三、移台需耗经费。"若因张家口台多费巨,一转移间,或量减数站,即可节粮马之费。倘急议移站驼运,先增一番经费,于军务毫无裨益。"雍正对此颇为赞成。寻经总理事务王大臣等议复由于鄂尔昆撤兵,"每年需粮渐减",范毓馪自请运米可以补军粮亏缺,加之察罕廋尔、乌里雅苏台等处所蓄米石,足支兵用,所以"无庸更运。其议移站驼运应停止"。① 最终这一移台争论,以没有实施而告终。

归化城外设台至阿尔泰地区的争论到乾隆元年(1736)还没有停止,这年正月,总理事务王大臣议奏由阿尔泰军台一路撤兵时提到"自鄂尔昆抵张家口台站二十九。俟归化城驻满兵时,令自归化城置台,接至鄂尔昆。俾两处军营信息可通"。② 具体台站管理事宜由令总管五十四等详议具奏。这时的阿尔泰军台"自张家口至鄂尔昆大站二十九,腰站十六"。③ 第十五、十六台,为张家口、赛尔乌苏两处所管台站交汇处。此后军台仍有移动,乾隆元年三月,"协理军台事务总管觉和托奏请将二十四台移于克勒,扎拉腰站移于桑衮达赖,二十五台移于齐希勒达克岱,丁萨腰站移于哲格苏泰,二十六台移于西巴尔图,二十七台移于乌兰淖尔"。④ 但张家口外至阿尔泰地区的军台至乾隆时期,已基本固定下来。

以后到清朝末年,由于库伦在外蒙古政治中心地位变得突出,特别是已成为对俄关系的前线,光绪八年(1882)六月,库伦办事大臣喜昌又试图更改军台路线。他上奏说因"库伦台站路途绕远运解迟滞,拟改由奔巴

---

① 《高宗纯皇帝实录》卷九,第329—330页。
② 《高宗纯皇帝实录》卷十一,第249页。
③ 《高宗纯皇帝实录》卷十一,第249页。
④ 《高宗纯皇帝实录》卷十五,第414页。

图至张家口免绕路途一千余里"①共需新设六台。理藩院议后,认为"骤更成法,难以率准"②。于是喜昌八月又上奏一折,陈述了库伦的地理位置重要性,他谈到"库伦近与俄邻,为漠北第一咽喉",因旧台站绕远,影响库伦驻兵的粮食军火运输供给速度,所以应改设捷径,以便加强库伦防务。而乌里雅苏台文报可通过库伦至乌里雅苏台台站转运。并请求从乌里雅苏台所属的札萨克图汗部和三音诺颜部分拨36户到库伦新设台站当差。③ 于是清廷派出杜嘎尔、谦禧二人去考察实际情形。④ 据波兹德涅耶夫讲,喜昌要求改设的库伦台站捷径是"采取最短的巧伊林路线",并在新路线上增设20个驿站。⑤ 除抽调外蒙古西二部的36帐户外,还要征发南部的苏尼特和阿巴嘎二旗的人服役。⑥ 结果这两旗和外蒙西二部贿买了考察的两位大臣。⑦ 于是十月,他们回奏反对库伦台站改走直径,说如果添设新台站,阿尔泰等西北地区可能将因繁忙的差务而变得难以支应,加之札萨克图汗部和三音诺颜部"连遭灾祲,情形艰窘,加增新差,力难接当"⑧,结果随着喜昌从库伦办事大臣上的离任,最终他的截弯取直、设立新台的提请未能实现。

　　清代蒙古地区台站的建立和变化主要是和军事政治紧密联系在一起,同时在为军事政治服务下,考虑到一些商民利益,如雍正十三年(1735)的移台争论中,通智反对宗查布移台建议的理由之一就是怕因移台而引起商贩因无利可图不再经营辅助军台运米之事。这样不但既顾及了商民利益,更重要的是保障了台站的运输流畅及军事后勤供应。可见在清初康熙、雍正年间虽然蒙古地区处于战乱中,但以范毓馪⑨等为代表的商人,以辅助军台运米为业务开始行走于内地和蒙古地区之间,这是清

---

① 《德宗景皇帝实录》卷一百四十七,北京:中华书局,1987年,第82页。
② 《德宗景皇帝实录》卷一百四十七,第127页。
③ 《德宗景皇帝实录》卷一百四十七,第127—128页。
④ 《德宗景皇帝实录》卷一百四十七,第127—128页。
⑤ [俄]阿·马·波兹德涅耶夫著,刘汉明等译:《蒙古及蒙古人》(第一卷),呼和浩特:内蒙古人民出版社,1989年,第647页。
⑥ [俄]阿·马·波兹德涅耶夫:《蒙古及蒙古人》(第一卷),第647页。
⑦ [俄]阿·马·波兹德涅耶夫:《蒙古及蒙古人》(第一卷),第648页。
⑧ 《德宗景皇帝实录》卷一百五十三,第167页。
⑨ 《高宗纯皇帝实录》卷九,第329—330页。

初旅蒙商贸易的初探,为以后更广阔的民间贸易打下了良好的开端。

(二)张家口至库伦台站路线

《口北三厅志》记录了从一台到阿尔泰地区的全部台站名称和里程。《光绪朝大清会典》记录了察哈尔地区和内蒙古地区的部分台站名称。《光绪朝大清会典事例》《驿站路程》记录最为详细,除通阿尔泰地区的军台外,还记录了塞尔乌苏到库伦的军台路线,连同张家口到塞尔乌苏的台站,张家口至库伦的全部台站名称都可以查出,除《光绪朝大清会典事例》为"那蓝台",《驿站路程》记录为"那兰台"外,其他各台名称和里数一致。《蒙古及蒙古人》(第一卷)有库伦到塞尔乌苏的台站名称。《蒙古志》记录了一台到内外蒙交界地区第十八台的台站名称。通过比较发现一台察汉托罗盖至十八台吉斯洪夥尔记载基本一致,《口北三厅志》记录台站略有不同。

(三)军台的衰落

自从蒙古地区驿站建立后,清朝前期就开始把内地犯罪官员发往台站坐台效力。雍正二年(1724)九月,原任总兵官刘俊杰被发往军台效力。[①] 雍正九年(1731)七月,在宽免坐台人员时提到北路军台"此内废员甚多。其因何事革职情由,并坐台已经几年之处,交吏兵二部,查明分晰呈览"[②]。雍正十二年(1734)十一月,归化城右翼副都统伊什泰因"年迈耳聋,将应办事务推诿不肯出力,著革退副都统,发往军台效力行走"[③]。乾隆元年(1736),五月,镶黄旗蒙古都统色尔弼上奏革退侍卫忒古勒德尔"实系无力之人,应停止发往军台效力",引得乾隆帝大怒,忒古勒德尔仍被发往鄂尔昆军前,派当苦差。[④] 乾隆四年(1739),五月,已革职长芦盐法道蒋国祥于归旗后私回天津,"著照李禧之例,发往军台,令养蒙古"[⑤]。六月,罪犯朱藻、白映棠之罪罚完结后照李禧例,自备资斧,前往

[①]《世宗宪皇帝实录》卷二十四,第 382 页
[②]《世宗宪皇帝实录》卷一百零八,第 435 页。
[③]《世宗宪皇帝实录》卷一百四十九,第 844 页
[④]《高宗纯皇帝实录》卷十九,第 472 页。
[⑤]《高宗纯皇帝实录》卷九十二,第 411 页

军台。① 乾隆六年(1741),九月,派尚书讷亲、来保"将乾隆元年以来,侵贪各案人员,实系贪婪入己,情罪较重者。秉公查明,分别奏闻,陆续发往军台效力,以为黩货营私者之戒。嗣后官员有犯侵贪等案者,亦照此办理"。② 乾隆七年(1742)五月,广西巡抚杨锡绂为因贪污被判斩刑的原任知府饶鸣镐求情,说其已于限期完赃,与新定完赃查奏发往军台效力之例相合,被乾隆驳回。③ 乾隆七年(1742)十月,原应置之重辟罪的贪官饶鸣镐、周钟瑄、许登瀛被乾隆特从宽典免死,发往军台效力赎罪。④ 同月,"命革职福建巡抚王士任往军台效力"⑤。乾隆八年(1743)三月,被革职的山西布政使萨哈谅因于限内补全赃银,照例减等发落,发往军台效力。⑥ 同月,因营私受贿罪被革职的浙江巡抚卢焯于限内补全赃银照例减等发落,发往军台效力。⑦ 乾隆九年(1744)四月,原任固原州知州史载魁被发往军台效力赎罪。⑧

这种废员坐台的制度,一直到清末光绪、宣统年间仍在实行。光绪三十四年(1908)四月,"法部奏审结革员瑞洵赃款限内全缴,并报销各案,尚无亏挪重情,应否仍行发往军台。得旨,仍发往军台效力赎罪"。⑨ 同月,"候补参将谭涌发虚报冒功,纵兵掳物,著革职,发往军台效力赎罪"。⑩ 宣统元年(1909)闰二月,开恩减免军台废员罪罚时,提到的废员有柳大年、桂升、李增海、刘荣珺、叶茂责、吕国铭、余鼎铭、朱光点、谭炳荣、存诚、吉祥、福源、罗人铸、易潆硈、潘效苏、周开曙、张树炎、陈尚新、魏汉文、李滋生、曹本煌、有泰、刘耀坤、瑞洵、谭涌发等25人。⑪ 可见废员当差数目之大。

---

①《高宗纯皇帝实录》卷九十四,第437页。
②《高宗纯皇帝实录》卷一百五十一,第268页。
③《高宗纯皇帝实录》卷一百六十七,第125页。
④《高宗纯皇帝实录》卷一百七十六,第269页。
⑤《高宗纯皇帝实录》卷一百七十七,第282页。
⑥《高宗纯皇帝实录》卷一百八十六,第401页。
⑦《高宗纯皇帝实录》卷一百八十七,第408页。
⑧《高宗纯皇帝实录》卷二百一十四,第748页。
⑨《德宗景皇帝实录》卷五百九十,第803页。
⑩《德宗景皇帝实录》卷五百九十,第790页。
⑪《宣统政纪》卷十,中华书局影印1987年7月第1版,第181页。

由于台站生活异常艰苦,而内地去的官员本来过着优厚的生活,忽被发配至台站,其心境可想而知。因此,这些坐台官员常常处于一种懒散的状态,这不能不影响到军台运行的效率。《蒙古志》提到"后既置定边左副将军,始每站设官,专司驿务,谓之台员。皆内地官吏获遣者为之。风霜烈日,异常辛苦,故皆视为畏途,或出金募蒙古人代办,曰台费"①。光绪十七年(1891)十一月,沙克都麟扎布奏"废员在台当差,来去自由,毫无拘束。每至卯期,倩人代投名刺,甚或潜逃数月,该管官始行知觉"②。

同时,维持台站的耗费巨大。波兹德涅耶夫在由察布齐尔驿站到达姆哈沙图驿站路上遇到去塞尔乌苏送一份公文的汉人差役,共带了六个随从,用了十匹马。他惊叹道"一个汉族差役竟有如此排场"③。至于其在遮林驿站遇到的塔尔巴哈台昂帮管辖下的蒙古人献九白之贡的场面就更令他惊叹了。运输队伍中除去额定的九头白畜外,还有塔尔巴哈台昂帮赠送在京亲友同僚的一百多匹马。为把这支浩大的运输队送到下一个驿站,遮林驿站派出了十九匹用以乘骑的马,两匹载轻驮的马,三十六名骑马的驿夫和四十匹骆驼。大部分的骆驼用来驮载成袋子的喂马的黍子。驿站共支起九座蒙古包,除奶食外,还拨给两只羊,一块砖茶。④

这样沉重的负担直接压在蒙古各旗上,造成蒙旗负担沉重。蒙古札萨克向来有帮办台站的义务,"蒙古台站,向由帮台札萨克各旗协同供应"。⑤ 而且经常要到远离家乡的台站去服役,1892年,波兹德涅耶夫走库伦南路台站时,一路记录了驿站服役人的情况,从库伦到塞尔乌苏各台站服役大致帐数情况如下表(表1)。

---

① (清)姚明辉:《蒙古志》,光绪三十三年刊本,载《中国方志丛书》,台北:成文出版社1968年版,第316页。
② 《德宗景皇帝实录》卷三百零四,第1025页。
③ [俄]阿·马·波兹德涅耶夫:《蒙古及蒙古人》(第一卷),第200页。
④ [俄]阿·马·波兹德涅耶夫:《蒙古及蒙古人》(第一卷),第205页。
⑤ 《德宗景皇帝实录》卷七十七,中华书局1987年5月第1版,第191页。

表 1 车臣汗部和土谢图汗部在库伦到塞尔乌苏部分台站服役帐数情况①

台站	车臣汗部服役帐数	土谢图汗部服役帐数
博索嘎	1 帐	1 帐
布和格	12 帐	
莫敦	12 帐	
套那木	12 帐	
巴音和硕	10 帐	2 帐
毕勒吉赫	12 帐	
纳兰	全部为车臣汗部	
博罗达噶	全部为车臣汗部	
苏鲁海	全部为车臣汗部	

库伦南路台站基本在土谢图汗部境内,但最东部的车臣汗部却需到这里来服役。即使在乌里雅苏台将军管辖的塔楚驿站也有来自车臣汗部的服役帐户。② 有些台站帐户一服役就是几代,例如波兹德涅耶夫提到在博索嘎台站服役的帐户有些已经是第三代了。③

而平时清朝过台官员对台站蒙古服役人员的态度更激化了矛盾。咸丰十一年(1861),"额勒和布奏台站往来各差近来每藉官差贩带货物,在台任意需索驼马,稍不如意,辄加鞭打"④。波兹德涅耶夫提到在塔楚驿站,因其占据了较好的毡包而使一名护送九白之贡的领催不能入住,结果这名领催对台站的章京大发雷霆,不仅辱骂殴打了这名章京,而且想借机向章京勒索钱财。⑤

---

① [俄]阿·马·波兹德涅耶夫:《蒙古及蒙古人》(第一卷),第 160—181 页。
② [俄]阿·马·波兹德涅耶夫:《蒙古及蒙古人》(第一卷),第 213 页。
③ [俄]阿·马·波兹德涅耶夫:《蒙古及蒙古人》(第一卷),第 160 页。
④ (清)昆冈等编:《钦定大清会典事例》卷六百九十七,影印光绪二十五年刻本,台北:新文艺出版公司,第 14147 页。
⑤ [俄]阿·马·波兹德涅耶夫:《蒙古及蒙古人》(第一卷),第 213—214 页。

这样，在清朝末年，蒙古地区的台站已经处于衰败的局面。光绪元年（1875）十月，察哈尔都统庆春上奏其所属台站溃散四台。究其原因在于"往来差使络绎，驼马倒毙甚多"，"军台差员不候驼马周转，一味勒催"，连朝廷也承认"蒙古兵丁生计艰难，情形苦累"，要求庆春体恤兵丁，严禁勒催鞭打官兵，严惩官员"藉端需索折骚扰"台站。① 光绪五年（1879）二月，察哈尔都统穆图善奏"近数年，布鲁台所属各台帮台官兵驼马数台空缺，托里布拉克、图固里克两台官兵驼马现复撤回，往来差务阻滞堪虑"。② 即使如此，阿尔泰军台一路任务并未减轻，这年二月，由于西北军事原因，塔城地区的联络虽原改由嘉峪关驿路行走，但因"旷日持久，深恐贻误事机"，所以"塔城一切转运事宜，仍由阿尔泰军台行政走，以昭便捷"。③ 清政府仍进一步严催帮台蒙古各旗。光绪四年（1878）八月，穆图善又奏"军台差务尚繁，请仍照案添雇驼马"，"布鲁图帮台之察克达哈布苏尔嘎，驼马雇觅不易，该处台站，费用仍难规复旧章"。朝廷一面提到如遇要差，由察哈尔都统派员驰往布鲁图发价添雇驼马。一面严催乌兰察布盟盟长，"迅将所属各旗应出帮台驼马备齐，速赴各台，俾资协济，毋得仍前玩忽"。④ 光绪五年二月，命理藩院议定期限，严檄乌兰察布盟盟长"督饬所属各旗，将应帮布鲁图各台之察克达布苏尔嘎官兵驼马等项如数派拨……如仍顽抗不遵，即由该衙门奏参，请旨严行惩办。并著径饬图什业图汗盟长，迅将托里布拉克、图固里克二台撤回帮台官兵驼马，克期催令仍回本台，照常当差，毋再贻误"。⑤ 而这些沉重的负担又直接压在蒙旗普通牧民和台站帐户身上。结果1911年，外蒙古独立时，直接反抗的就是这些蒙旗台站帐户，最先出现在库伦街头的2000余名蒙兵"皆附近台站驿卒"⑥成为占领库伦的先行兵。

1911年，辛亥革命爆发，外蒙宣布独立，张家口至库伦的台站完全断

---

①《德宗景皇帝实录》卷十九，第303—304页。
②《德宗景皇帝实录》卷八十七，第326页。
③《德宗景皇帝实录》卷八十七，第320页。
④《德宗景皇帝实录》卷七十七，第191—192页。
⑤《德宗景皇帝实录》卷八十七，第303—304页。
⑥唐在礼、唐在章：《蒙古风云录》，载吕一燃编《北洋政府时期的蒙古地区历史资料》，哈尔滨：黑龙江教育出版社，1999年，第21页。

绝。《奉使库伦日记》记载到台站"于宣统三年(1911)十月,自第十二台起至库伦,均被外蒙撤毁"①。至此张库台站完全断绝。1915年,陈箓上任库伦都护使时已经不能利用,他本打算由张家口驰驿带卫队去库伦赴任,"借以调查沿途蒙情",但察哈尔都统张怀芝的回电否决了他这一想法,"自库伦独立时,塞尔乌苏迤北台站,均经外蒙撤销,后以蒙匪南犯,一律断绝。倘欲恢复台站,须另行组织"。最终陈箓经东清铁路,取道俄国境内去往库伦。驻扎库伦卫队200名和驻扎恰克图卫队50名由张家口沿电线路前往。驻乌里雅苏台和科布多的卫队100名由塞尔乌苏分道前往。② 这时的台站可能已徒有虚名,只是地理上的一个坐标而已。1915年,财政部佥事赵世荣到张家口外五台地区调查大马群、羊群地方垦务情况时,当时的人们似乎对台站印象已经模糊。据赵世荣讲,"余所雇车号称常出口者,前此屡失道,日必回车二三次,至是始稍熟悉,车行亦速。此道本系赴库伦大道,有台站可循。且五台距口仅380里,即知之甚鲜"。③台站很快淡出了人们视线范围。

三、张家口至库伦商道

(一)张家口至库伦商道的形成

由于文化、地理环境等的差异,蒙古、俄国尤其是靠近中国的西伯利亚地区有和中国贸易的强烈需求,例如中国的茶叶和大黄就是两地需求量比较大的两种货物。砖茶在蒙古和西伯利亚地区甚至起到货币作用。"换回茶叶,这是交易的首要目标。换来的茶叶有:各种花茶,各种字号的茶、普通茶和砖茶。砖茶在外贝加尔地区的一般居民当中饮用极广,极端必需,以致往往可以当钱用。一个农民或布里亚特人在出卖货物时,宁愿要砖茶而不要钱,因为他确信,在任何地方都能以砖茶代替钱用。"④而大

---

① 陈箓:《奉使库伦日记》卷二,载吕一燃编《北洋政府时期的蒙古地区历史资料》,第248页。
② 陈箓:《奉使库伦日记》卷一,第188页。
③ 赵世荣:《调查口外垦务日记》,察哈尔垦务总局印,1917年10月版。
④ [俄]瓦西里·帕尔申著,北京第二外国语学院俄语编译组译:《外贝加尔边区纪行》,北京:商务印书馆,1976年,第47页。

黄在医治病症方面起着重要作用。"俄罗斯多食鱼,须大黄以解鱼毒,特派头人专司收买,散给属下,官卖济众。……盖大黄虽为草黄,捣为细末,浸以黄米酒,蒸晒为丸,医治瘟疫,诸证(症)无不立效。盖大漠蒙古属下人不食米谷,仅以牛羊酥乳为食,其脏腑火盛,故宜服之。"①清朝把其看成是抚驭西北少数民族的物资。赵翼称"天若生此二物为我朝控驭外夷之具也"。②"中国随地产茶,无足异也。而西北游牧诸郡,则恃以为命。其所食羶酪甚肥腻,非此无以清荣卫也。自前明已设茶马御史,以茶易马,外番多款塞。我朝尤以为抚驭之资,喀尔喀及蒙古、回部无不仰给焉。"③

张库商路的贸易往来和俄国人息息相关。1692年,俄国商队第一次经过蒙古地区。"俄国商人遂成为那里的常客,沿途经常用其货物交换蒙古的牲畜、骆驼、马匹。"④康熙、雍正年间,库伦和恰克图先后成为中俄贸易互市之地。康熙五十九年(1720),"理藩院议准,哲布尊丹巴呼图克图库伦地方,俄罗斯与喀尔喀互相贸易,民人丛集,难以稽察,嗣后,内地民人有往喀尔喀库伦贸易者,令该管官出具印文,将货物、人数开明报院,给予执照。出何边口,令守口官弁验明院照放行。如带军器禁物,立即查拿送院,交该部从重治罪。由院委监视官一人,前往会同喀尔喀土谢图汗弹压稽查,二年一次更代。是为库伦互市之始。设官著令皆肇于此"。⑤"迨雍正五年,卡伦既设,乃迁于卡伦外之恰克图,而库伦驻大臣稽核焉。"⑥即中俄互市贸易首先于1720年设于库伦,到1727年又迁移到了中俄交界处的恰克图。

---

① (清)松筠:《绥服纪略》,转引自孟宪章编:《中苏贸易史资料》,北京:中国对外经济出版社,1991年,第137页。
② (清)赵翼:《簷曝杂记》卷一,载《清代史料笔记丛刊》,北京:中华书局,1982年,第20—21页。
③ (清)赵翼:《簷曝杂记》卷一,第20—21页。
④ [俄]奇米特多尔日耶夫:《17—18世纪蒙俄关系》,1978年俄文版,第92页,转引自《中苏贸易史资料》,北京:中国对外经济出版社,1991年,第87页。
⑤ (清)何秋涛:《朔方备乘》卷三十七,俄罗斯互市始末。转引自《中苏贸易史资料》,第86—87页。
⑥ (清)何秋涛:《朔方备乘》卷三十七,俄罗斯互市始末。转引自《中苏贸易史资料》,第87页。

虽然互市场所迁到了恰克图,但这不是说库伦和张家口在中俄贸易中的地位降低了,恰恰相反,张家口和库伦由于恰克图中俄贸易的发展而变得更加重要起来,成为商品重要中转站和政府稽查、征税之所。来恰克图的商人"不是马上把所有货物都送进买卖城,其大部分留在库伦,征收关税后,于冬季逐渐将其投放恰克图市场"①。而和俄国商人交换完商品后,也并不把商品存放在恰克图,而是"立即将其运往库伦或者张家口。这是因为,买卖城除了分属于各个商店的狭小货栈外,没有任何可以存放新换来的货物的地方"②。另一方面,乾隆十七年(1752)规定"恰克图、库伦等地方商贩、牛羊驼马,令由张家口进关纳税"。③ 所以中国商人必须到张家口、库伦等地纳税。这样货物集中到了张家口、库伦,并在此向北转运到恰克图,向南则转运到全国各地。"北京等城市的商人们纷纷来到张家口,成批采购俄国货。余下的货物则由买卖城各商行的经纪人或代办人分别运销中国各省。"④

在咸丰八年(1858),《天津条约》未开放东部沿海口岸时,俄罗斯是不准到这些口岸经商的,所以中俄贸易只能通过所以恰克图一角。另一方面陆路运茶也有其益处,可以更好地保持茶叶的味道。"华事夷言曰:俄罗斯不准船到粤,只准陆路带茶66000箱,计500万棒,因陆路所历风霜,故其茶味反佳,非如海船经过南洋暑热,致茶味亦减。"⑤这极大地促进了张库商路的发展。《竹叶亭杂记》记载到张库商路往来的这一繁荣景象,"以我之茶叶、大黄、磁、线等物易彼之哦噎绸、灰鼠、海龙等物。……我之货往,客商由张家口出票,至库伦换票,至恰克图缴票。库伦者,圈子之谓也。今有喇嘛圈子,圈内皆喇嘛;买卖圈子,圈内皆买卖人。客货俱载以骆驼。俄罗斯人每以千里镜窥之,见若干驼即知所载若干物。

---

① [俄]西林:《18世纪的恰克图》,1947年俄文版,第110—111页。转引自《中苏贸易史资料》,第141页。
② [俄]西林:《18世纪的恰克图》,1947年俄文版,第112—113页。转引自《中苏贸易史资料》,第141页。
③《嘉庆朝大清会典事例》卷一百九十一。转引自《中苏贸易史资料》,第138页。
④ [俄]西林:《18世纪的恰克图》,1947年俄文版,第112—113页。转引自《中苏贸易史资料》,第141页。
⑤ (清)魏源:《海国图志》卷八十三。转引自《中苏贸易史资料》,第167页。

商未至前四五日已了然,盖其镜已见于三四百里外矣。"①

(二)张家口至库伦商道路线概况

张家口至库伦之间,除去官方正式的台站线路外,旅蒙商和平时往来的人们却还有自己的道路。这些道路极多,但由于受草场、水源、习惯等原因又有大致可循的固定路线。

《奉使库伦日记》记载,"其张家口至库伦有道五,自东计之。曰大东道,即戍台之站道,亦名曰官路,有传舍,有戍卒,水草随宜。曰东大道,谚谓老挂儿道,老挂儿者牛车也。中曰中道,即公主道,乃皇家送嫁公主之道,虽无守卒,水草难恃,惟其道直而最捷。西曰西道,即买卖道,亦曰商路。再西曰大西道,乃最后新辟之道。"②又"按张库路现分三线,曰大东道,曰小东道,曰电线道。"③

《蒙古鉴》提到"外蒙古道极多,有大道、捷径、中路、小路之分。"④《蒙古志》记载的张家口通库伦之路除去台站大道之外,另有五条——库伦捷径(达尔罕市木大道)、库伦之小路和通库乌道之东、中、西三路。其具体路线为:

1.走库伦捷径,又称达尔罕市木大道。"自张家口外即分支向西北逾阴山达沙漠,经察哈尔之察罕巴尔哈孙、固尔本塔勒哈、市梅音乌苏、库呼得列苏、沙巴尔台、哈沙图。内蒙古之苏治、阿善呼都克、哲格淖尔、札朋呼都克、明安、博罗里治、市梅音呼都克、伊林霍罗斯、呼图勒乌苏、图古里克、音格尔海兰苏图、市布克乌兰哈达、格子格音哈顺等地。又涉沙漠,经外蒙古车臣汗之乌得、格合井、察罕图固里克、塔列赤、穆布伦、三音呼图勒、库图勒、布色音车路、沙喇沙尔、石别图博罗呼济尔、博穆博图、穆克图、吉里特根台、车鲁台井等地,又逾汗山,经土谢图汗部之哈克察呼都克、那赖哈二地而达库伦东南之买卖城,与军台合,此路约长千八百余里,与军台站成弧形,较军台为近少半。茶商运货或取道于此,库伦电线,亦

---

①(清)姚元之:《竹叶亭杂记》卷三,载《清代史料笔记丛刊》,第81—82页。
②陈箓:《奉使库伦日记》卷二,第247页。
③陈箓:《奉使库伦日记》卷二,第248页。
④卓宏谋:《蒙古鉴》卷三,载沈云龙编《近代中国史料丛刊三编》第四十五辑,台北:文海出版社,第136—137页。

沿此路设立,军台以外,此路为最大。"①波兹德涅耶夫提到哲布尊丹巴呼图克图"九白之贡"走的正是达尔罕路。"九白之贡"选择达尔罕路线是在1882年喀尔喀王公会议上确定的,在这条路的"地势开阔、饶有水草"的地方设置若干临时驿站作为进献"九白之贡"队伍的宿营地,为期一般两个半月到三个月,其具体位置如下表(表2)。②

表2 哲布尊丹巴呼图克图"九白之贡"所走"达尔罕"路

临时驿站地点	大致方位
沙扎盖图	墨尔根王旗(苏尼特右旗)境内
丘伦图古里克	
阿尔善图	
察罕德勒	
廷根席勒	
色伦布拉克	
塞音穆呼图力	墨尔根王旗与将军贝勒旗交界处
乌兰呼杜根席勒	将军贝勒旗境内
和硕图	
扎拉根尚达	衮卜札巴公旗境内
尼敦	
察罕陀罗海	
吉里图根图	将军贝勒旗境内
吉尔嘎朗图	朋贝子旗境内
甘察呼都克	
希伯尼古雅	
库伦附近图拉河边	
库伦	

2.通库伦之小路。"由吉斯洪果尔达分支径向西北,涉沙漠达库伦。经内蒙之乌兰拖罗海井、叶多梅克山道、萨尔根呼都克井、市达苏提山口,

① (清)姚明辉:《蒙古志》卷三,第321—322页。
② [俄]阿·马·波兹德涅耶夫:《蒙古及蒙古人》(第一卷),第675—677页。

外蒙古土谢图汗部之库尼努鲁山口、阿根希尔山口、巴音鄂博、叶林克呼都克井、萨尔朋胡都克、塔布尼乌兰库都克井、市明托留木、市明乌兰、鄂尔希托、鄂郭博特、察普池尔井、巴彦乌鲁、巴勒台、塔勒图等地,而达库伦买卖城,此路约一千五余百里。亦与军台道成弧矢形,井泉刍草,颇不匮乏,商旅间亦由之。"①

3.通库乌道之东路。"分途于外蒙古三音诺颜部之哈达图,径直向北,逾杭爱山脉,渡鄂尔坤河,合于库乌道塔克勒图布拉克之西,此路约六百余里,高山峻岭,跋涉甚艰。"②

4.通库乌道之中路。"分达于推河之西,而斜向东北,逾杭爱山脉之罕盖岭,渡鄂尔坤流域之塔米尔河,而合于库乌道之沙布克台卡伦东。此路约四百里,岭南风致甚佳,岭北天高风劲。"③

5.通库乌道之西路。"分达于拜塔里河边之札克,而向东偏北,渡拜塔里河,逾罕盖岭山脉,经伊拉图、乌兰赤鲁、哈里图三地,而合于沙布克台之西,此路约三百余里,沿途皆峻岭。"④

1893年,波兹德涅耶夫从库伦出发到张家口时提到在当时的俄国文献中记载的张家口至库伦之间的商路竟有十条之多,但他认为张家口至库伦间商路主要有三条,即达尔罕扎姆(扎姆为俄语"路"的意思)、巧伊林扎姆和贡珠音扎姆,而其他的道路只是这三条干道的分支而已。造成这么多道路的原因,据他从蒙古车夫处了解到蒙古车夫运茶从张家口往库伦时,"只是采取往北的总方向,而从一个地点到另一个地点的具体路线却经常变动,视季节、牧草的多寡及沿途其他情况而定",同时"蒙古运输工们,特别是赶大车的,在张家口装上运往俄国去的茶叶后,总是带着茶叶回一趟家",造成张家口至库伦之间的绕道。由于想了解俄国茶叶贸易情况,波兹德涅耶夫选择了库伦人认为的运输茶叶最常走的平坦的巧伊林路,但巧伊林路其实也并非最繁忙的商路,"因为它的路程最短,等到

---

① (清)姚明辉:《蒙古志》卷三,第322页。
② (清)姚明辉:《蒙古志》卷三,第322页。
③ (清)姚明辉:《蒙古志》卷三,第322页。
④ (清)姚明辉:《蒙古志》卷三,第322页。

他们的骆驼把沿途的草都吃光了以后,后面的车夫就改走别的道路了"①。而从他沿途行程来看,水源地也是影响路线选择的重要因素。

(三) 张家口至库伦商道上的驼队和牛车队

骆驼队和牛车队是张库商道上的重要运输交通工具。行走于外蒙古商路的骆驼,由于长期长年奔波在草地荒漠上,形成一些不同内地的骆驼的特点,"外蒙驼皆小蹄,与内地驼蹄稍异,并非另一种驼,驼至内地,日日驮运,加以换食内地草料,则蹄渐大。外蒙之驼能迅走如飞,内地驼不能也,蹄小则轻便善走"②。这使得蒙古地区的骆驼矫捷动作迅速,适宜于蒙古草地环境。身躯巨大的骆驼可以和蛇斗。"张库中途,草地有七寸蛇,绕马足则马不能行,蒙人以刀割之,绕驼足,驼不畏绕,行如故。驼不载货时,喜与蛇斗,蛇行于地,驼见蛇则腾跃,以前足踏之,一踏不中再跃再踏,卒有踏中之时,则蛇齑粉矣。"③骆驼非常耐饥渴。"外蒙之驼,五月以后饱食哈尔格囊,渐次肥硕,食至九月,则肉满峰立,从此不须食草矣。冬则只啮雪,如由库伦载货至张家口,再由张家口载货回库,来往五千余里,行约两阅月,日止啮雪,并不食物。但一年只走一来往,多则再一来往,不能四季常载运也。"④"能苦行沙漠,食树叶青草,一饱,隔日不食,故称渡漠之舟。"⑤骆驼寿命长,易驯服,且负重能力强。蒙古骆驼"发育甚晚,八岁以外始可负重,若节其劳力,以时牧放,其使用之期可由八岁至五十岁,性温和,行畏暑,故蒙人多夜间牧放驼载,其负重之力以三百五十斤至四百斤为率"⑥。矫健的身躯、异常的忍耐力加上强大的负重能力使得骆驼成为枯草连天的荒漠下的良好的交通工具,有"沙漠之舟"的称谓。随着秋季到来,天气转凉,草原开始枯黄,骆驼经过一夏的休养饱食,此时

---

① [俄]阿·马·波兹德涅耶夫:《蒙古及蒙古人》(第一卷),第627—629页。
② 孟槼:《乌里雅苏台回忆录》,载吕一燃编《北洋政府时期的蒙古地区历史资料》,第321页。
③ 孟槼:《乌里雅苏台回忆录》,载吕一燃编《北洋政府时期的蒙古地区历史资料》,第321页。
④ 孟槼:《乌里雅苏台回忆录》,载吕一燃编《北洋政府时期的蒙古地区历史资料》,第320—321页。
⑤ 卓宏谋:《蒙古鉴》卷三,第136页。
⑥ 卓宏谋:《蒙古鉴》卷三,第136—137页。

处于运输的最佳状态。因此,每年秋冬旅蒙商都以骆驼运输为主,一直到库伦北边的恰克图都是如此,"从11月份起,当角畜牧草渐渐枯竭,牛车运货变得极为困难时,就改用骆驼商队运输各种丝织品和棉织品、茶叶、糖、器皿等货物"①。而牛车则因沿途食物不济派不上用场。

但是骆驼对于运输来说也有自己的不足,骆驼经过一冬天的运输,到了春初已经筋疲力尽,完全不能使用。随着天气转暖,骆驼会脱毛,到了6月初,就全身光秃秃的了。因此,蒙古人在夏天不愿骑骆驼出门,每到5月就把骆驼赶到草原去放牧,一直养到8月或更晚。"这时候骆驼虚弱无力,容易得病,任何劳役对它大都无疑是有害的。一匹骆驼如果夏天在驼商队里走一千俄里,那么到了冬天它就走不了五百俄里,虽然它在通常情况下是能够在冬天走四五千俄里的。"②如果长途运输的话,这时最好的骆驼也有累死的可能。③因此随着春季到来,枯草返青,牛车开始取代骆驼行走在张库大道上。1892年,波兹德涅耶夫在内蒙古地区多伦诺尔旅行时也没找到可租用的黄牛,"所有最强壮的公牛都要被赶到张家口去装茶叶运到库伦,再运到恰克图去"④,以至于"留在多伦诺尔的都是些羸弱不好的牛,只能供不作长途贩运的多伦诺尔商人装载货物到二三百俄里的短距离内作买卖,而且途中不得多次宿夜"⑤。而邻近的张家口此时却"有几十万头公牛"⑥。虽然数字出自当地人的描绘不无夸张之处,但也足可见张家口夏季牛车运输规模之巨大。这种牛车"黄河以北各地均用之,尤以蒙古为甚",其规制是"车台如箱状,用牛三四头曳之,车体构造,长城内外略异。长城外诸地,道路多平坦,而长城内诸地,则以山路险阻,故车轮周围常包以铁圈,普通每日行程约四十里左右"⑦。

---

① [俄]西林:《18世纪的恰克图》,第141页。
② [俄]阿·马·波兹德涅耶夫著,张梦玲等译:《蒙古及蒙古人》(第二卷),呼和浩特:内蒙古人民出版社,1983年,第325页。
③ [俄]阿·马·波兹德涅耶夫:《蒙古及蒙古人》(第二卷),第326页。
④ [俄]阿·马·波兹德涅耶夫:《蒙古及蒙古人》(第二卷),第326页。
⑤ [俄]阿·马·波兹德涅耶夫:《蒙古及蒙古人》(第二卷),第326页。
⑥ [俄]阿·马·波兹德涅耶夫:《蒙古及蒙古人》(第二卷),第326页。
⑦ 周一士:《中国公路史》,载沈云龙编《近代中国史料丛刊续编》(第九十三辑),台北:文海出版社,第86页。

  在张家口周围地区都有专门从事运输的车队,被称为"老倌",或"车老倌"①、"走草地的"②。所谓"'老倌'就是山西人开的一种专门用牛车给人拉货的商行里赶车的人"。③ 在丰镇,专门从事运茶的老倌主要有10家商行,其中复合成、福兴永、复元店、广盛店四家各有300辆大车,崇和合、天合胜、天泰永、崇和泰、恒庆店、复合永六家各有150辆大车,总计大概2100辆。波兹德涅耶夫提到,俄国每年至少有12000箱茶叶是由"老倌"从张家口运到库伦去的。④ 牛车队采用"房子"的组织管理形式。运茶代理人出行蒙古时乘坐的车子都有帐幕,被称作"房子",蒙语为"麦罕"。"房子"来源据《蒙古及蒙古人》译者向丰镇当地汉人调查,"他们把这样的一顶帐篷又叫做一顶房子,每顶'房子'里一般住12人,负责150辆牛车的运输"⑤。

  驼队运输和牛车队一样也采用"房子"的组织形式。"骆驼是以把子计算。大房子由八把子骆驼组成。每把子分为两链,一链子骆驼是十八峰,共计二百八十八峰;小房子一般是四把到五把,所有的骆驼至多为一百八十峰,最少是一百四十峰。""每个骆驼的缰绳,长七尺五寸,毛爪子为七寸,搂头绳为七尺,帮鞍架的挺绳是二丈五尺,这也是当年一般驼运店的规定。"少部分骆驼用来驼粮食马料,其余驮货的骆驼"负荷量平均为二百七八十华斤"。一般到外蒙的驼队"大房子每顶除了驼倌十六人外,并由领房子的一人,办杂务的先生二人,共计一十九人"。"领房子的和先生,以职务不同,都是骑马前进。""领房子的是每顶房子的主事人",他们"在漫长深夜,风雨雪雾的旅途中,既有确辩方向,找到草原水头的经验,又有丰富的兽医常识……人畜安全都由他一人负责","当驼队到达了住宿程头以后,凡是抬水安灶、架房子、检点用具,均有先生管理,骆驼离群,也是他骑马寻找"。此外,"一顶房子都有巨獒七八只,作为守夜的

---

① [俄]阿・马・波兹德涅耶夫:《蒙古及蒙古人》(第二卷),第48页引注。
② [俄]阿・马・波兹德涅耶夫:《蒙古及蒙古人》(第二卷),第48页引注。
③ [俄]阿・马・波兹德涅耶夫:《蒙古及蒙古人》(第二卷),第48页。
④ [俄]阿・马・波兹德涅耶夫:《蒙古及蒙古人》(第二卷),第48页。
⑤ [俄]阿・马・波兹德涅耶夫:《蒙古及蒙古人》(第二卷),第48页引注。

尖兵"。① 由于"房子"这种商业车队很常见,所以蒙语"麦罕"成了蒙古人公认的商业术语,"连订立合同的法律用语也使用了这个词了"②。在这里,一个麦罕即 150 辆大车的意思。

(四)张家口至库伦商道的衰落

张库商路上的茶叶运输对华商来说有着特殊的意义,"截至 1861 年为止,恰克图的市场是由山西的商人供应的,他们在湖北和湖南采购和包装茶叶,并从那里直接由陆路运往恰克图"。③"俄国商人向在恰克图等处边界贸易,必须华商转运茶叶至恰克图与俄商彼此换货,是茶叶实际为北口外华商一大生计。"④但俄国的商业入侵尤其是第二次鸦片战争后一系列不平等条约的签订,使得俄商权益扩大,加之开放口岸增多,逐渐开始威胁到华商生存及传统的张库商路贸易。

首先,俄国不断谋取在张库商路尤其是张家口这个商业中心的贸易特权的扩大。1860 年 11 月 14 日,中俄《北京续增条约》规定"俄国商人,除在恰克图贸易外,其由恰克图照旧到京,经过至库伦、张家口地方,入有零星货物,亦准行销。库伦准设领事官一员,酌带数人,自行盖房一所,在彼照料……俄罗斯商人不拘年限,往中国通商之区一处往来,人数不得过二百人"⑤。1862 年 3 月 4 日,《陆路通商章程》准许俄国运往天津的货物途径张家口时,酌留十分之二于口销售。"俄商小本营生,准许前往中国所属设官之蒙古各处及该官所属之各盟贸易,亦不纳税。其不设官之蒙古地方,如该商欲前往贸易,中国亦断不拦阻","俄商路经张家口,按照运津之货总数,酌留十分之二于口销售。限三日内禀明监督官,于原照内注明验发准单,方准销售。该口不得设立行栈。"⑥1869 年 4 月 27 日

---

① 沈世德、贾汉卿:《归化城的驼运》,载政协内蒙古文史资料委员会:《内蒙古文史资料》(第十二辑),内蒙古文史书店 1984 年 12 月第 1 版,第 186 页。
② [俄]阿·马·波兹德涅耶夫:《蒙古及蒙古人》(第二卷),第 49 页。
③《海关年报》(天津),1866 年,转引自孟宪章编《中苏贸易史料》,北京:中国对外经济出版社,1991 年,第 254 页。
④《筹办夷务始末(同治朝)》卷四,北京:中华书局,2008 年,第 148 页。
⑤ 王铁崖编:《中外旧约章汇编》(第一册),北京:生活·读书·新知三联书店,1957 年,第 150 页。
⑥ 王铁崖编:《中外旧约章汇编》(第一册),第 180 页。

《改订陆路通商章程》又取消了十分之二于口销售的限额。"俄商由恰运俄国货物,路经张家口,按照运津之货总数,任听酌量留若干于口销售。"①

另外,边界口岸开放增多攫夺了张库商路的贸易。1851年8月6日,中俄签订《伊犁塔尔巴哈台通商章程》,在伊犁、塔尔巴哈台两地设官管理通商。"中国由伊犁营务处派员,俄罗斯国专派管贸易之匡苏勒官照管。"②并且在这两地"彼此两不抽税"③。1858年5月28日,《瑷珲城和约》规定"两国所属之人互相取和,乌苏里、黑龙江、松花江居住两国所属之人,令其一同交易,官员等在两岸彼此照看两国贸易之人"。④1858年6月13日的《天津条约》正式向俄国开放东南沿海口岸,"此后除两国旱路于从前所定边疆通商外,今议准由海路之上海、宁波、福州府、厦门、广州府、台湾、琼州府等七处海口通商。若别国再有在沿海增添口岸,准俄国一律照办"。⑤1860年11月14日,中俄《北京续增条约》在西北开放喀什噶尔,并在喀什噶尔、库伦设立领事官。"试行贸易,喀什噶尔与伊犁、塔尔巴哈台一律办理。在喀什噶尔,中国给予可盖房屋、建造堆房、圣堂等地,以便俄罗斯国商人居住,并给予设立坟茔之地。并照伊犁、塔尔巴哈台,给予空旷之地一块,以便牧放牲畜。"⑥"除伊犁、塔尔巴哈台二处外,即在喀什噶尔、库伦设立领事官。"⑦同时,割乌苏里江以东地区归俄国,并重申在新的边界准许两国人民贸易,"此约第一条所定交界各处,准许两国所属之人随便交易,并不纳税。各处边界官员护助商人,按理贸易"。⑧

开放后,这些口岸的贸易量有了很大的增长。例如1851年《伊犁塔尔巴哈台通商章程》签订后,沙俄在中国西北边境区贸易额急剧增长。

---

① 王铁崖编:《中外旧约章汇编》(第一册),第272页。
② 王铁崖编:《中外旧约章汇编》(第一册),第78页。
③ 王铁崖编:《中外旧约章汇编》(第一册),第78页。
④ 王铁崖编:《中外旧约章汇编》(第一册),第86页。
⑤ 王铁崖编:《中外旧约章汇编》(第一册),第87页。
⑥ 王铁崖编:《中外旧约章汇编》(第一册),第150—151页。
⑦ 王铁崖编:《中外旧约章汇编》(第一册),第151页。
⑧ 王铁崖编:《中外旧约章汇编》(第一册),第150页。

"输出额由1850年的211516卢布增至1854年的652127卢布,4年间增长了2倍多。其中棉织品、金属制品和呢绒分别增长1倍、2倍、4倍以上。"①

随着开放口岸的不断增多,特别是东南口岸的开放,俄国不满足于只做交换贸易,开始插足生产领域,直接深入南方产茶区。以山西商人为代表的华商从湖北、湖南采购、包装茶叶,而后由陆路运往库伦、恰克图的传统贸易随着1858年中俄《天津条约》和1860年中俄《北京条约》签订开始发生变化。"在1861年,根据那时签订的一些条约和协定,扬子江和北方的各港就开放为通商港口了,而且不久之后,海轮就开始安全而又迅速地把茶叶运到天津去,这一切都促使俄国人尽快地利用这些时机,并促使俄国人在汉口和天津开办企业,以便和山西商人竞争恰克图市场。"②1864年俄国人学会了制造砖茶,"在1865年有半数以上的经由天津发往恰克图的砖茶,是俄国人自己在湖北内地加工制造的。这种茶叶的质量比当地的好,因此自从1865年以后,所有运来天津以便转往西伯利亚的砖茶,都是俄国人加工的,或是在他们的监督下加工的"③。不仅茶叶由俄国人自己生产,而且从汉口经长江入海转运到天津的茶叶运输也被俄商垄断。俄商"买来茶叶之后,就在他们监督之下进行加工,而且自从取消了半税以后,用轮船运载茶叶下长江转天津,要比走旧路便宜些"④。而被运输的这些茶叶直接对恰克图出口茶叶贸易造成影响,传统的华商运输地位开始被俄商侵蚀。"这些茶叶大部分在西伯利亚销售,而现在只有一小部分运往下诺夫哥罗德。"⑤特别是1869年苏伊士运河的开通给张家口到库伦再到恰克图商路很大的打击。由于海运航程的缩短使得中国东南沿海到欧洲的海上运费骤减。"当时,茶叶运往俄国的费用,经由海路要比陆路便宜7—8倍。俄国商人开始放弃他们在汉口建立的工厂,

---

①中国社会科学院近代史研究所编:《沙俄侵华史》第三卷,北京:人民出版社,1981年,,第151页。
②《商务报告》,1868年天津,转引自《中苏贸易史料》,第255页。
③《商务报告》,1868年天津,转引自《中苏贸易史料》,第255页。
④《海关年报》,1866年天津,转引自《中苏贸易史料》,第254—255页。
⑤《海关年报》,1866年天津,转引自《中苏贸易史料》,第255页

南移到福州,以便更加靠近苏伊士运河的路线。"①

因此从19世纪70年代俄商茶号不仅在武汉经营,而且开始转向离海岸更近的福州,并在此经营"差不多继续到20年之久"②。福州的对外茶叶贸易迅速扩大。"俄国对福州砖茶的需要量极大,只有几家俄国工厂已无法满足这些要求,因此继俄国工厂之后,英国又开办了一家工厂。1875年从福州运出的砖茶为6820000俄磅,而1879年已达到15070000俄磅。"③

同时,俄国开始尝试探索从汉口经海路到俄属远东地区阿穆尔河流域太平洋沿岸的航线。"这条航线将使轮船从汉口直接开到黑龙江上的尼科拉也夫斯克,从那里再改用内河轮船通往内地。"④1873年8月12日,俄国派出第一艘轮船"尼科拉"装货出发,并计划随后派出第二艘轮船。虽然"这条航线的一个严重的缺点,是每年只能通航6个月",但"俄国公司认为他们的前途很为乐观","每年有80000箱茶叶要靠驼商队运往'东部俄国',也就是西伯利亚和阿穆尔地区,运输的时间平均超过12个月,如果使用轮船,即可以缩减为70天;而且除了节省驼商队贸易的全部投资的利息以外,轮船运输实际上可使每1箱茶叶省去6个卢布(3两或18先令)的运费"⑤。这一探路活动似乎取得了成功。福州地区的茶叶开始由海路大量输入俄国太平洋沿岸地区。福州砖茶大部分经由天津运往俄国。运往阿穆尔河畔尼古拉耶夫斯克(庙街)的数量为:1875年35723箱,1876年2250箱,1879年1953箱,1880年1952箱。⑥

19世纪80年代,俄国开通了自敖德萨和符拉迪沃斯托克间的定期航线,随后又把航线扩大到了由中国东南沿海的上海、广州。1880年俄

---

①[俄]安·马洛译莫夫:《俄国的远东政策(1881—1904年)》,加利福尼亚,1958年,第7页。转引自《中苏贸易史料》,第282页。
②[俄]雷麦:《外人在华投资》,商务印书馆中译本,1937年,第415页。转引自《中苏贸易史料》,第277页。
③[俄]托尔舍加夫:《中国是俄国的茶叶供应者》,《满洲公报》1925年5—7期,第168页。转引自《中苏贸易史料》,第277页。
④《北华捷报》,1873年8月18日,第133页。转引自《中苏贸易史料》,第283页。
⑤《北华捷报》,1873年8月16日,第133页。转引自《中苏贸易史料》,第283页。
⑥[俄]托尔舍加夫:《中国是俄国的茶叶供应者》。转引自《中苏贸易史料》,第277—278页。

国自愿船队的船开始在敖德萨和符拉迪沃斯托克之间定期航行。从80年代中期开始才定期前往广州和上海,并从这些港口带走向欧俄出口的茶叶和其它货物。这一贸易的主要产品茶叶经敖德萨海路进口额在1885—1893年间增长了2倍多……除茶叶外,运到敖德萨的还有数量不大的生丝,未经揉制的皮革和各种丝织品,90年代初从中国进入敖德萨的中国货总值达1300万—1400万卢布,即差不多接近俄国经恰克图进口额的水平。①

19世纪90年代,大部分茶叶已经由海路直接运往俄国黑海沿岸。"过去经由天津和蒙古运往俄国的茶叶,现在多半运往敖德萨。"②1889—1899年10年中,"经欧洲海路输入的茶叶,比途径伊尔库茨克海关陆路输入的差不多多出1倍"。③

19世纪90年代以后,中国境内开始大规模修筑铁路。1903年7月,东清铁路全线通车。1909年10月京张铁路全线通车,并于1923年延伸到包头,成为平绥铁路。1912年京奉铁路完全通车,使包头—张家口—北京—天津—沈阳—满洲里连为一线,直接俄国西伯利亚铁路,商业运输又多了一个选择。

在竞争中,俄商贸易的扩大,华商贸易逐渐萎缩。1867—1892年的25年中,张家口税关"征收的税款几乎减少了一半,据税务司主管官员说,税收减少完全是因为自从俄国人开始自行向俄国运输茶叶后,中国人在张家口的茶叶贸易就衰落下来了……还在1867年,中国人从张家口运出的各种茶叶的总数达十八万箱之多,而到了1892年,虽然输出的茶叶全部都是税率较白毫茶为高的砖茶,但输出总数不过七万三千余箱"。④"前几年在边境市场上山西行庄大约有一百个,可是自从1863年俄国人自己在汉口开办企业以后,山西行庄的数目就缩减为60或70个。"⑤"目

---

① [俄]斯拉德科夫斯基:《俄国各族人民同中国经济贸易关系史(1917年前)》,莫斯科,1974年,第282页。转引自《中苏贸易史料》,第289—290页。
② 《十年报告》,1882—1892,汉口,第172页。转引自《中苏贸易史料》,第276页。
③ [俄]吉加玛:《同中国的贸易》,托木斯克,1889年,第41页。转引自《中苏贸易史料》,第290页。
④ [俄]阿·马·波兹德涅耶夫:《蒙古及蒙古人》(第一卷),第708页。
⑤ 《商务报告》,1868年天津。转引自《中苏贸易史料》,第255页。

前在买卖城只剩下了四个老的山西行庄"①,并且在这项贸易上中国人不能和俄国人竞争,"因为在转运恰克图的过程中,俄国人持有的茶叶上税少,中国人持有的茶叶上税多"。②

张库商路贸易一方面丰富了蒙古人民的物质生活,但由于交换的不平等性也加重了蒙民的负担,进而影响到商品销售。道光三年(1823)三月,那彦宝《奏蒙民贸易章程》一折提到了贸易中蒙古普通民众的负担。"蒙古与商民交易由来已久,兹据那彦宝查明各旗蒙古负欠商民为数过多,即勒限三年,至期不能归还,该盟长等亦不能代为追比。凡粮烟茶布为蒙古养命之源,一经断绝,益形坐困,自系实在情形。著准其发给商民部票,与蒙古公平交易,毋得重利盘剥。旧账确数既已查明,亦著陆续归还,不准加重息。"③这种贸易的不平等性是影响张库商贸的发展的内因。

四、民国时期张家口至库伦汽车路

(一)大成公司与张家口至库伦汽车路的建立、发展

1907年,法国巴黎的拉马丁报社主办了北京到巴黎的汽车拉力赛。同年,察哈尔都统诚勋奏请清廷创设蒙古汽车公司,但并未获准。1917年,大成张库汽车公司成立,这是"我国公路汽车营业及民营汽车运输业之始"④。1916年冬,借陆世羡到库伦设立中国银行分行的机会,景学钤、曾祖荫、廖世功、吴匡时、陆世羡五人决定发起成立大成张库汽车公司,并由曾祖荫与陆世羡赴库伦筹备汽车探路。他们吸取从前外国人中途车坏及断油导致探路失败的教训,先预备半年,沿途先将汽油寄存于蒙古人家,并预备食物和修理汽车的机件。于1917年4月6日才从张家口出发,历时5天,至4月11日到达库伦。

汽车探路的成功掀起了一股筹办张库间汽车公司的热潮,在库伦有孔庆禄组织华商公司。在张家口有林朝宗、沈炳堃先后呈请察哈尔都统

---

① 《商务报告》,1868年天津。转引自《中苏贸易史料》,第255页。
② 《商务报告》,1868年天津。转引自《中苏贸易史料》,第255页。
③ 《宣宗成皇帝实录》卷五十,中华书局影印,1986年,第889—890页。
④ 周一士:《中国公路史》,第108页。

田中玉呈请试办张库汽车公司,经田中玉批令,林朝宗发起的张库公司被大成公司合并,沈炳堃则放弃,改办丰镇到包头一段的汽车运输。而顾鳌则以交通部为后台,呈请设立泰通公司。1918年2月8日,交通部批准景学钤等试行办理张家口库伦之间客货运输,但要求大成公司与泰通公司协商办理情况。泰通公司因无实际资本而被大成公司拒绝合伙。但大成公司急于获得的张库间汽车运输营业专办执照也一直没有成功。而以美商华和洋行为代表的外商则趁大成公司未被正式批准成立之际在张北县黑马湖地方预备汽车数辆,售票揽客定期开往库伦,实际开车营业。田中玉于是密电交通部,催促其迅速将大成公司批准,以免外商觊觎,失去张库汽车运输的路权。这样在1918年3月23日,交通部才发布训令,限大成公司和泰通公司三个月内开车。几天后,又下一纸密令给大成公司,要求大成公司呈报确定实行开车日期。4月5日,大成公司以汽车八辆庙滩为起点开车营业。泰通公司最终因并无准备而被取消。大成公司章程呈报农商部后,6月4日,经农商部批文,准予注册。①

(二)张家口至库伦汽车路路线

根据《大成张库汽车公司痛史》附录中所载张库全程及分段路线图,可知除张家口到张北县城一段外,汽车路线基本与电线杆路线重合,汽车站中的滂江站、乌得站、叨林站所在地即是电报站所在地。至于张家口到张北县城北边的庙滩一带,由于"汉诺尔坝山峰突起,道路崎岖,汽车不能上山"②,所以行车之初,"旅客先由张家口坐一天骡车至庙滩"③。这也是为什么大成公司在正式运营首次行车的时候以庙滩为起点的原因。1918年3月14日,大成公司上交通部的第三次呈文,提到"查自张至库,向取道汉诺尔坝,该坝高峻不能行车。商等为便利客商计,决计由张家口起点,绕道万全县,经神威台坝,以达滂江。此路虽系官道,向来惟冬令始有粮车往来,平时因路远,均走汉诺尔坝,鲜有经此者。商等为便利客商,免与驼车争道起见,故拟绕道万全县",加之张家口有京绥远铁路经过,可

---

①景学钤:《大成张库汽车公司痛史》,民国十二年(1923)铅印本。
②景学钤:《大成张库汽车公司痛史》。
③景学钤:《大成张库汽车公司痛史》。

以更好地和铁路运输做好连接,所以大成公司决计先修整张家口到庙滩的道路,并且不同于商旅常走的由大境门外的汉诺尔坝,而选择了路线较为平坦,修治工程较小的神威台坝。其后,1918年7月29日交通部发布《长途汽车公司条例》及《长途汽车营业规则》规定"交通部如准两公司以上行驶同一路线,其所经之道路由一公司修垫者,其他公司须出修治费","汽车已定之路线,将来政府修筑铁路或轻便铁路,得停止其营业,或由交通部另制定路线,听其营业,至原路线之修治费由政府酌予补偿",大成公司见修路商业利益可得到法律保障,于是决定整修张库全路。至1918年10月17日交通部批准修路时,张家口至马群段大约239里已快修完。但正当计划继续修筑全路时,由于西北汽车处开始插足张库汽车运输,大成公司于1919年春停止了修路,这时大马群至滂江第二段已开始修治。①

《大成张库汽车公司痛史》提到全路共设9站,即张家口、庙滩(在张北县城北)、滂江电站(在滂江电局旁)、滂南站(在大马群总管地方)、二连站(或称滂北站,在苏尼特右旗)、乌得(在乌得电局旁,中无兰地方)、叨南站(在中无兰地方)、叨北站(在昔练忽洞地方)、库伦。但附录中的张库路线全图和分图则在叨南和叨北之间还有一站,即叨林站(在叨林电局旁),这样路线图记载的共十站。其中,张家口、库伦两站有民房可租,庙滩、二连两站于1918年修筑完成。滂南站、二连站、乌得、叨南站、叨北站计划于修路时同时建站。可能实际建成的只有张家口、庙滩、二连、库伦四站,而实际修完的路线为张家口到庙滩再到大马群总管地方一段。②

(三)张家口至库伦汽车运输意义

汽车运输极大地便捷了张库交通,推进了张库商业发展。首先,张家口到库伦旅行时间大大缩短,"以如此危险之长途,寻常骆驼须行五十余天者,今则五天即达(如日夜开行,两天半可到)"③。张家口汽车渐多,汽车业也成为张家口新兴的一门商业,对蒙贸易"牛驼往来运输迟滞,自汽车路通,非特本埠商业赖以繁荣,即汽车营业亦占商业之重要位置。故中

---

① 景学钤:《大成张库汽车公司痛史》。
② 景学钤:《大成张库汽车公司痛史》。
③ 景学钤:《大成张库汽车公司痛史》。

国商人营此业者,在民国十五年前有二十余家,汽车九十余辆、外人自用者亦有百余辆"①。但这并不是说坐汽车旅行已经是件很舒服的事情,由于张库之间商旅往来数目巨大,现有的汽车辆数仍显局促,另一方面汽车行总想尽量多拉些客,所以当时坐汽车旅行仍是件苦差事。汽车一般都作了改造,"车身无棚箱,仅于平板上捆置行李,客人拥坐其上,长不过七尺,宽不过五尺,载客及二十余人。人无容膝之地,皆危坐惴惴,互相牵扯,惟恐失坠。旅行中苦事莫过于此矣"②。但毕竟相比以前动辄几个月的旅行已是大大进步了,而且沿途饮食住宿也有了改善,"从前旅客须自带饮水炊具,有时遇狂风猛雨,牛马粪不能燃烧,只可干饿,途中有三分之二无水可饮,凡经过此路者无不知此行之困苦。今则沿途有车站,有饮食,有住宿,比于内地之旅行"③。汽车运输竞争的加剧,也促使张家口汽车运输业向规范化发展。在政府方面,交通部于1918年出台了中国第一份规范长途汽车运输的法律文件《长途汽车公司条例》及《长途汽车营业规则》,为中国汽车运输业的发展奠定了法律基础。"自有此条例规则,中国乃有长途汽车公司之进步……嗣后中国各汽车公司均受其利。"④民间则有刘筱如于1920年倡议创设成立汽车公会,并出任会长。⑤ 张家口汽车运输业进一步向组织化发展。

(四)张家口至库伦汽车路的衰落及尾声

当大成公司未被批准成立时,已经有张家口外商趁机在张北县黑马湖地方预备汽车数辆,售票揽客定期开往库伦。大成公司与外商的竞争矛盾在此期间激化。于是在大成公司正式被批准成立后,便请求政府取缔外商私车营业,矛头直指美商华和洋行。1918年6月6日,田中玉将华和洋行运营的私车扣留。美国公使以元和洋行汽车系"自用游历,并非营业"提出抗议。交通部不得已,于7月29日发布《长途汽车公司条例》及

---

① 路联逵、任守恭:《万全县志》卷八,民国二十三年铅印本,张家口统一商行印刷部,第45页。
② 杨溥:《察哈尔口北六县调查记》,北平京城印书局1933年版,第5—6页。
③ 景学钤:《大成张库汽车公司痛史》。
④ 景学钤:《大成张库汽车公司痛史》。
⑤ 牛金元:《刘筱如库伦(乌兰巴托)之行》,载政协张家口文史资料委员会:《张家口文史资料》(第十三辑),张家口日报社1988年4月版,第78页。

《长途汽车营业规则》,这是中国第一份规范长途汽车运输的法律文件。此条例及规则将长途汽车公司设立及监督之权归于交通部。并确立了几条以后关乎大成公司命运的规定,即《长途汽车公司条例》第十条,"汽车公司不论平时或战时,有供军用之义务。其供军用时,应照客货票定价减半收价,其票式及乘车规则,由公司呈请地方长官核定之"。① 《长途汽车营业规则》第七条,"依《长途汽车公司条例》第十条之规定,在军务时期,军用半价不敷支持营业时,得呈由交通部会商陆军部,妥筹补助办法,或酌量加价"。② 第十六条,"交通部如准两公司以上行驶同一路线时,其所经之道途由一公司修垫者,其他公司须出修治费"。③ 第十九条,"汽车已定之路线,将来政府修筑铁路或轻便铁路时,得停止其营业,或由交通部另指定路线,听其营业。至原路线之修治费由政府酌予补偿"。④ 然后由参陆部另订《外商在口内外及边防等地自用汽车规则》,其第二条规定"凡外商在口内外及边防等地所有自用汽车,只供商人游历之用,不得有擅售行商客票,或代各商装运货物等事"。⑤ 禁止了外商汽车运输营业。同时,第三条规定"凡外商乘自用汽车游历口内外及边防等地时,应将起止地点及沿途经过某处就近详细报明该管地方长官认可,发给护照,方可开始行驶"⑥,想将外商置于地方政府的监管之下。但美国并不予承认,元和洋行继续行车运营。9月23日,又发生元和洋行由库伦来张家口的一辆汽车到张家口后被扣之事。当时正值一战,在民国初年弱国无外交的情况下,北洋政府在美国公使所谓对协约国不公的胁迫下,和美国公使进行谈判,最终妥协让步。参陆部所订《外商在口内外及边防等地自用汽车规则》被修改,基本成为废纸。原有的七条"美国公使反对四条,最重要者,如一辆改为无限制。所谓自用游历不得营业者,故参活笔,谓美参赞以改行因大成公司曾经修路,有允为点费之意,或拟将汽车为营业之

---

① 景学钤:《大成张库汽车公司痛史》。
② 景学钤:《大成张库汽车公司痛史》。
③ 景学钤:《大成张库汽车公司痛史》。
④ 景学钤:《大成张库汽车公司痛史》。
⑤ 景学钤:《大成张库汽车公司痛史》。
⑥ 景学钤:《大成张库汽车公司痛史》。

用,其办法由该两公司自订"①。事实上同意了外商的营业权,只是付给大成公司修路费而已。更为严重的是这样也给其他外国洋行打开了大门,当时"张家口洋行多至十余家"②,例如日本三井洋行也打算援例行车。气愤下的大成公司拒绝了元和洋行的合作。③

在大成公司的成立中,交通部是重要的参与者之一。大成公司申请修筑道路时,交通部派技正俞人凤前往查看工程情况。俞人凤前往库伦,沿途考察,回来与京绥铁路局局长丁士源谈到大成公司营业之发达引起丁士源兴趣,要求官商合办,想吞并大成公司,被拒绝。于是丁士源在1918年6月以军用名义要求交通部设立西北汽车处,开始行车。并于1918年9月至10月间,正式卖票营业,占用大成公司沿途车站。1918年10月到第二年7月,大成公司向交通部提起两次诉愿,向平政院提起一次诉呈,均无果而终。丁士源也拒不出修路费,并以低票价和大成公司展开竞争。正在两两争执中,这一年即1919年的7月,徐树铮出任西北筹边使兼西北边防军总司令,开始收复外蒙古的军事行动。大成公司的生命也走到了尽头。大成公司和京绥铁路局所属汽车被征调,同时徐树铮又先后购车80辆,并将大成公司沿线车站全部征用,概不付款。西北军又迫使沿途通过之商业汽车出通过税,大成公司也不例外,"每通过一车,须出银百元"④。大成公司已无法营业,不得已以极低价格卖给了西北军,资不抵债而破产。景学钤总结到大成公司的失败原因,"始则政客欲据为己有而破坏之,继则官僚凭藉政权而摧残之,终则军阀依恃武力而摧夺之,至于外商之觊觎,同业之竞争,尤其余事,以一商办公司何能当此四面之劲敌。"⑤

至于京绥铁路局西北汽车处,先是1919年2月改办归并筹办航空事宜处,仍在丁士源控制下。1920年,则被并入西北军汽车转运局,9月,交通部另设西北汽车处。1921年,因库伦战争关系,该处遂于6月结束。

①景学钤:《大成张库汽车公司痛史》。
②景学钤:《大成张库汽车公司痛史》。
③景学钤:《大成张库汽车公司痛史》。
④景学钤:《大成张库汽车公司痛史》。
⑤景学钤:《大成张库汽车公司痛史》。

总计该处在张库间营运之汽车包括别克、勃洛克威、新飞亚特、司带华、道奇、福特等各种厂牌,共达90辆之多,该处结束后,全部分拨直隶巡阅使署及烟潍路工程处。①

1920年7月中俄宣布断交。这一年,"库伦德商德华洋行还在张家口采办货物,是年冬,察哈尔省当局禁止该洋行在张家口采运"。但仅半年后,1921年6月,又准令德华洋行恢复营业。德华洋行衔外蒙政府之命令来张家口采办蒙人必需物品。1924年中苏谈判签订《中俄解决悬案大纲协定及声明书》,中苏复交,局势缓和。但在1929年,中东路事件,中国东北军和苏联发生边境武装冲突,中苏关系恶化。"东北抗俄之役后,苏联设国防于乌得,高筑壁垒,限制汉人出入,交通完全隔绝。"②张家口汽车运输业受到毁灭性打击,"自十七年,库道不通,商业萧条,是项营业亦不若从前之发达矣"③。

而20世纪20年代后,由于内政不稳而造成的张家口周围匪患的猖獗,张库商路环境也大不如以前,对商业包括汽车业也造成一定影响。1932年,杨溥去口北六县调查,赴多伦途中,路经华兴垦牧公司所在地大梁底,提到该公司"在民十五(1926)以前,垦地、畜牧,甚为发展,后遭兵匪之扰,牧群抢劫一空,先已歇业。口北各县所有事业,均废于民十五以后,观政者,可得一印象"④。在其去往沽源途中甚至遇到了"喊票"这一特有现象,"行至二道洼,送至警兵前哨闻枪声。询之乡人云,前村匪徒喊票未退。……刻地方贫瘠,农人被绑已无力取赎。匪人穷于应付,始改绑票为喊票。每到一家,检点牛马猪羊若干。每头值十元则喊定一、二元,限日交款,否则取携以去。乡人权衡轻重,不得已如期交款"⑤。虽是中央派来的调查员且有警卫队沿途护送,也只得临时改路。"为匪所阻,临时变计,折而北行,改赴宝昌。前后均有匪踪,同行者均懔懔危惧。行已过午,急入一人家尖饭,不敢久待,煮米粥充饥,急急北行。"⑥政府所派调

---

① 周一士:《中国公路史》,第110页。
② 牛金元:《刘筱如库伦(乌兰巴托)之行》,第80页。
③ 路联逵、任守恭:《万全县志》卷八,第45页。
④ 杨溥:《察哈尔口北六县调查记》,第31—32页。
⑤ 杨溥:《察哈尔口北六县调查记》,第17页。
⑥ 杨溥:《察哈尔口北六县调查记》,第18页。

查专员有警兵护送尚且如此,其他一般商旅行于此地,状况可想而知。

到1932年,张家口尚有汽车百余辆,但仍不能通外蒙古。"外蒙瓯脱后,商旅断绝,此业已衰歇。汽车现有百余辆,仅多伦额尔一处间数日通行一次,输班开驶,往往争议纷起。建设厅乘机设处管理,取十一之利。业此者日益疲累不堪矣。"①直到此时,张家口地区商人仍幻想着打通张库交通。1933年的刘筱如的张库之行做了打通张库汽车商业运输的最后一次尝试。1932年,中苏复交,两边关系出现缓和。这一年库伦德华洋行来张家口采运货物,使刘筱如等张家口商人看到了张家口到库伦恢复交通的希望。于是,1933年,在当时民国政府北平财委会任职的吴石支持下,财委会指令察哈尔省财政厅和建设厅,由汽车管理处勉励刘筱如试行开车前往库伦。接着商会推举刘筱如为赴库伦接洽恢复张库通商代表,建设厅发给护照,刘筱如遂筹备库伦之行,于3月6日出发。与此同时张家口汽车工会因库伦东方汽车公司之请求合作,派出代表两名汽车一辆连同东方汽车公司汽车一辆一起开往库伦。经张北,三车会于嘉卜寺。尔后三车同行,经滂江、二连、白庙子、乌德、塞乌苏、叨林、闹狗庙于3月23日到达库伦。当时中国和日本在热河地区的战事,使得张家口局势变得不稳定起来。外蒙政府先热后冷,最终刘筱如要求通商的目的没有达到,被迫于29日晚慨然离开库伦,4月6日晚上回到张家口。汽车工会两名代表之汽车也于第二天返回到张家口。②这次恢复张库交通的尝试最终因中国内政不稳、时局混乱而告终。

五、张家口城市商业发展及对周边经济的带动

张家口为张家口到库伦台站的起点,也是张家口至库伦商路的出发地,这极大地促进了张家口城市商业发展。蒙古人常称张家口为"喀勒干",旅蒙商称之为"东口",以区别于别名"西口"的归化城。19世纪90年代,其城市范围已经扩展到了大境门外的元宝山约一俄里半的地方。"在元宝山谷地的崖坡上鳞比栉次地排列着货品充盈的店铺,它们的老板

---

① 杨溥:《察哈尔口北六县调查记》,第6页。
② 牛金元:《刘筱如库伦(乌兰巴托)之行》,第78—86页。

都是主要和到张家口来的蒙古人做买卖的北京商人和老西儿商人,在张家口经商的俄国人的住宅以及他们的茶叶堆栈也都集中在这里;最后,这个城市的很大一部分市场也开设在元宝山,供应全体张家口人所需要的日用品和食品,如肉类、面粉、燃料,等等。"①"北京铺子里商品的花色品种比别的铺子多,既有绫罗绸缎,又有各色各样的舶来品,而老西儿的店铺……主要经营蒙古人需用的各色货品,如茶叶、大布、达连布、皮革,等等。此外在元宝山还有几家木行和二十来家卖铁器、皮革制品和油漆颜料的铺子,这些大多是张家口本地人开的。"②俄国叶卡捷琳堡商人米哈伊尔·德米特里耶维奇·巴图耶夫于1892年在这里兴建了东正教堂。③往南来在离大镜门半俄里地方有一堤坝,形成一大片空地,当地汉人称为"坝岗子"或"坝岗儿",而蒙古人称之为"达坂"。"张家口人绝大部分牲畜贸易就在这里进行。整个秋冬两季,每天都有口外的汉人以及南部的蒙古人,特别是察哈尔人和苏尼特人,把几百几千头牛羊赶到这里来出售。"④至于年交易量数目更是惊人,"每年售出的马有一万五千到三万匹"⑤。吸引了来自湖北、湖南,甚至更南面的地方的内地汉人来此购买。

而大境门内的张家口被满洲八旗兵驻营分为上堡和下堡两部分。位于上堡的"市圈",又称"圈里头"或"买卖城",是中国对俄贸易的集中点。"几乎全部的俄国呢绒和各种绒布以及俄国出口的全部毛皮制品都是先运到张家口买卖城的货栈,然后批发给下堡,最后再运往中国本土。"⑥"在恰克图从事对外贸易、同时主要在蒙古北部销售茶叶的汉族商人也把自己的主要货栈集中在买卖城。"⑦其中最大的几家商行为"祥发永、匡全泰、恒隆广、大盛裕、裕庆成、兴隆永、万庆泰以及公和全"⑧。他们从市圈运出的茶叶数量巨大,其中"运往恰克图的砖茶达三万箱,运往库伦和北

---

① [俄]阿·马·波兹德涅耶夫:《蒙古及蒙古人》(第一卷),第695页。
② [俄]阿·马·波兹德涅耶夫:《蒙古及蒙古人》(第一卷),第700页。
③ [俄]阿·马·波兹德涅耶夫:《蒙古及蒙古人》(第一卷),第695页。
④ [俄]阿·马·波兹德涅耶夫:《蒙古及蒙古人》(第一卷),第700页。
⑤ [俄]阿·马·波兹德涅耶夫:《蒙古及蒙古人》(第一卷),第700页。
⑥ [俄]阿·马·波兹德涅耶夫:《蒙古及蒙古人》(第一卷),第704页。
⑦ [俄]阿·马·波兹德涅耶夫:《蒙古及蒙古人》(第一卷),第705页。
⑧ [俄]阿·马·波兹德涅耶夫:《蒙古及蒙古人》(第一卷),第705页。

蒙古其他地方的厚砖茶达三万箱,薄砖茶达一万五千箱"①。"税务司"也在上堡,张家口进出货物都在这里课税。由于对蒙贸易发达,所以上堡的"所有的店铺都挂着中文和蒙文招牌"②。而下堡则以南北方向的武城街为中心,集中了张家口批发商人的住宅和仓库。张家口汉人开的最大的几家商号就在下堡,以大新德、大亨玉、大德公、天太德、复兴隆、永兴隆六家为代表。③ 这些商号资金雄厚,例如天太德商号在1892年德贸易收入为"绵羊将近一千三百头,马约二百匹,牛约一百头,骆驼约六十峰"④。下堡的盐市贸易发达,在张家口,从政府领有盐引正式从事盐类熬制和销售的盐商共有10家,即德懋碱店、合成碱店、德恒碱店、元隆碱店、全成碱店、德元碱店、天合碱店、元盛碱店、泰成碱店、裕源碱店。其盐栈和盐行主要集中在下堡。⑤ 仅1892年,"这十家盐行收购入库的土碱达三万八千至三万九千车,每车近六百四十斤"。⑥ 张家口的染坊也主要集中在下堡,共有9家。⑦ 除染坊外,还有皮革、作坊和皮匠铺、木器铺、马车作坊、面粉店等,甚至供人吸食鸦片的烟馆。

由于张家口作为贸易中转站的中心地位,其对周边经济的带动作用是巨大的。张家口的盐行"从察哈尔正蓝旗和镶白旗的牧地收购土碱"⑧。锡林郭勒盟阿巴嘎、浩齐特右旗、苏尼特左旗、苏尼特右旗等旗的蒙古人也自己运盐到张家口来。⑨ 张家口下堡最大的几家商号在蒙古地区都形成了固定的营业范围。它们是在喀尔喀三音诺颜部南部各旗进行贸易活动的大新德;在苏尼特右旗进行贸易的大亨玉和永兴隆;在苏尼特右旗和苏尼特左旗贸易的大德公、天太德和复兴隆。⑩ 在柴沟堡,高粱秆皮编织的席子,每年仅运往张家口的就有三四万张。在张家口,夏天用牛

---

① [俄]阿·马·波兹德涅耶夫:《蒙古及蒙古人》(第一卷),第705页。
② [俄]阿·马·波兹德涅耶夫:《蒙古及蒙古人》(第一卷),第708页。
③ [俄]阿·马·波兹德涅耶夫:《蒙古及蒙古人》(第一卷),第714页。
④ [俄]阿·马·波兹德涅耶夫:《蒙古及蒙古人》(第一卷),第715页。
⑤ [俄]阿·马·波兹德涅耶夫:《蒙古及蒙古人》(第一卷),第711页。
⑥ [俄]阿·马·波兹德涅耶夫:《蒙古及蒙古人》(第一卷),第711页。
⑦ [俄]阿·马·波兹德涅耶夫:《蒙古及蒙古人》(第一卷),第712页。
⑧ [俄]阿·马·波兹德涅耶夫:《蒙古及蒙古人》(第一卷),第711页。
⑨ [俄]阿·马·波兹德涅耶夫:《蒙古及蒙古人》(第一卷),第711页。
⑩ [俄]阿·马·波兹德涅耶夫:《蒙古及蒙古人》(第一卷),第714页。

车载运茶叶时,这种席子被用来盖茶叶。还可用来作大车的车围子,装运从蒙古到张家口和丰镇去的碱土。① 大约三百多户的张皋是一粮食贸易中心,这一带的农民售出的粮食都集中到张皋,然后运往宣化府、大同府,尤其是张家口。张家口的商人也经常到张皋来收购谷物,并且在付款时为避免风险通常采用汇兑的办法。② 可见张皋和张家口之联系紧密。位于张家口和归化城之间丰镇的"老倌"尤为出名。所谓"'老倌'就是山西人开的一种专门用牛车给人拉货的商行里赶车的人"。波兹德涅耶夫提到,俄国每年至少有 12000 箱茶叶是由"老倌"从张家口运到库伦去的。专门从事运茶的老倌主要有 10 家商行,其中复合成、福兴永、复元店、广盛店四家各有 300 辆大车,崇和合、天合胜、天泰永、崇和泰、恒庆店、复合永六家各有 150 辆大车,总计大概 2100 辆。③ 可见丰镇的老倌车规模之大。而在张家口东边的多伦诺尔与张家口也有着紧密的联系。"多伦诺尔的毛毡主要是卖给张家口的汉人;住在张家口的俄国人则习惯从呼和浩特购买毛毡。"④而在春夏季节,多伦诺尔还为张家口牛车运输提供大量黄牛。⑤ 在外蒙地区的库伦大约 100 家从事木材贸易的商行,其中就有 28 家属张家口商人。⑥ 这使库伦成为一重要木材主要输出地,"从库伦运出木材年总额达 10 万卢布或更多"⑦。木材一般由蒙古伐木工在库伦周围采伐后,被"加工成木行所需的形状、尺寸,长为七中国尺,宽一中国尺,厚常各种各样"⑧,而后由这些木行收购这些木材。"木材交易和输出几乎全年进行,春天有些减少"。⑨ 张家口为最主要的输出地点之一。专门运木材的商队很少,木材运输处于一种附属地位,一般只是由车夫顺便运出,比如从张家口运茶来的,"车夫首先想运比较方便的货物,如皮、

---

① [俄]阿·马·波兹德涅耶夫:《蒙古及蒙古人》(第二卷),第 34—35 页。
② [俄]阿·马·波兹德涅耶夫:《蒙古及蒙古人》(第二卷),第 41—42 页。
③ [俄]阿·马·波兹德涅耶夫:《蒙古及蒙古人》(第二卷),第 48 页。
④ [俄]阿·马·波兹德涅耶夫:《蒙古及蒙古人》(第二卷),第 338 页。
⑤ [俄]阿·马·波兹德涅耶夫:《蒙古及蒙古人》(第二卷),第 326 页。
⑥ [俄]阿·马·波兹德涅耶夫:《蒙古及蒙古人》(第一卷),第 137 页。
⑦ [俄]阿·马·波兹德涅耶夫:《蒙古及蒙古人》(第一卷),第 138 页。
⑧ [俄]阿·马·波兹德涅耶夫:《蒙古及蒙古人》(第一卷),第 138 页。
⑨ [俄]阿·马·波兹德涅耶夫:《蒙古及蒙古人》(第一卷),第 138 页。

毛、鬃和其他原料,若无此生意,为不白跑,装运木材"。① 波兹德涅耶夫说这种车夫的多少常左右从库伦往南运送木材的运费。②

民国初年,张家口继续保持繁荣。包括张北、万全县在内人口已达30余万。③ 其贸易量巨大且商品种类丰富,"在中苏未绝交以前,商家以千万数,张库间的贸易额,每年达数千万两。英法美日意德等国的商人,在张家口都很活跃。尤其是民国七、八年徐树铮经营外蒙的时候,有大小商号七千余家,银行上堡六家,下堡三十二家,外管一千六百余家,每年进出口贸易额达三万万元"④。"每年货物之集散约以4000万计,其大宗为毛草、牲畜、烟茶、杂谷等项。"⑤ 具体到每类,"张家口每年进出之货物牛皮三万余张,羊皮二万余张,驼马野兽等杂皮一万余张,羊皮十万余包,包约百六十斤,驼毛二十余万包,包约百余斤,胡麻菜子四五十万石,马一万五千余匹,牛六千五百余头,驼一千二百余头,羊三十余万头,骡驴豕共约千头,茶十万余箱(每箱约六十斤),红烟一万余,其他布疋、杂货约百万余两"⑥。庞大的贸易量直接带动了张家口运输业的发展,不仅前面提到的汽车运输业,而且牛车和骆驼等传统运输也保持了相当大的规模。"运搬材料可征大车二千辆,骆驼万余头,牛车千余辆。譬之大车一辆积载力八百斤,牛车一辆积载力三百斤,骆驼积载二百五十斤,对于大车二千辆,牛车千辆,骆驼一万头,合计有运搬力四百四十万斤追送于前方部队。"⑦

而在外蒙独立后的十年间,张家口商业急速衰落下去。"因为内战饥荒及外蒙独立的影响,遂顿行衰退,现在大小商号只有二千余家,钱号只有十三家,银行三家,外管商业已等于零,茶庄毛庄只有七八家,进出口贸易,总额每年只一万万元左右。今昔相较,成一与三之比,然此尚为二十二年春的景况;自热河丧失后,察东陷于日伪势力的恐怖中,张家口的商业更是一落千丈了!这种衰弱的影响,使张家口在对蒙行商的据点的活

---

① [俄]阿·马·波兹德涅耶夫:《蒙古及蒙古人》(第一卷),第139页。
② [俄]阿·马·波兹德涅耶夫:《蒙古及蒙古人》(第二卷),第49页。
③ 何东耀:《调查长城套及西盟地形大势报告》,封面印"秘"字,铅印本。
④ 贺扬灵:《察绥蒙民经济的解剖》,商务印书馆1935年版,第51页。
⑤ 何东耀:《调查长城套及西盟地形大势报告》。
⑥ 何东耀:《调查长城套及西盟地形大势报告》。
⑦ 何东耀:《调查长城套及西盟地形大势报告》。

动价值,亦已减退到最低度,对于外蒙的行商活动,早已绝迹,现所剩的关系范围只有'张家口—察哈尔部'、'张家口—山西边外'、'张家口—绥西及乌盟的一部分'、'张家口—锡盟'。"①

六、结论

清代张家口至库伦的交通开端于康熙时驿路、军台的建设,西北军事的结束给商业提供了平和的环境,加之内地和蒙古地区政策及经济条件的差异,及在恰克图与俄国互市贸易的建立,张家口的商业很快发展起来,来往于两地的固定商人即俗称的旅蒙商形成了。他们秋冬采用骆驼队,春夏采用牛车队的运输方式,主要把内地的茶叶、大黄、布匹等运送往库伦,然后换回蒙古地区的羊只等特产及俄国货物。张家口处于对蒙、对俄中转贸易的中心地位,逐渐繁荣起来,并带动起丰镇等周边地区经济发展。由于军台最早起源于对阿尔泰地区用兵的军事原因,而后才由塞尔乌苏分支到库伦,不可避免地造成了张家口和库伦之间的绕路,所以一般旅蒙商在张库之间选择的道路要比台站路线直,大体台站路和商路成弓形,即台站路为弓背,商路为弓弦。由于军台差务的繁重及管理问题,军台逐渐衰落。特别是近代以来,俄国成为威胁中国北方的最大压力,处于张家口—库伦—恰克图交通孔道上库伦已成为喀尔喀蒙古地区宗教及行政中心,为加强库伦的地位,提高张库之间台站运输效率,光绪年间库伦办事大臣喜昌提出台站路线截弯取直,但终未实现。而对于商路来说,随着对俄开放口岸的增多,特别是第二次鸦片战争后,东南沿海的开放,俄国商人开始深入长江流域自己加工茶叶,而后顺长江,经海路运往天津、俄国太平洋沿岸,及经苏伊士运河运往黑海沿岸。加之东清、京张、京奉等铁路的兴建,张库交通路线已经不如以前那么重要了。在与俄商的竞争中,华商逐渐处于衰落地位。1911年,辛亥革命爆发,外蒙宣布独立,旅蒙贸易中断。但是随着1915年中俄蒙三方《恰克图协约》的签订,外蒙古取消独立,对蒙贸易重开,而此时正当世界汽车工业兴起,以景学钤等

① 贺扬灵:《察绥蒙民经济的解剖》,第51页。

为代表的张家口商人于1917年创立大成张库汽车公司,开辟了张家口至库伦的汽车运输,给衰落的张库交通路线注入了新的活力。但民国初年的政局仍不稳定,大成公司既受美商竞争,又受京绥铁路局所设西北汽车处压迫,1919年,徐树铮出兵外蒙,大成公司及西北汽车处的汽车都被征用,大成公司昙花一现。1921年,外蒙二次独立,对蒙商业彻底断绝。之后虽有1933年刘筱如恢复张库商路的试探,但终未成功。以张库交通为代表的商业贸易告一段落。

(中国社会科学院2011年硕士毕业论文)

晚清京张铁路的修建经费问题

段海龙[1]

京张铁路由"中国铁路之父"詹天佑主持修建,是中国第一条自主修建的干线铁路。该路所需修建经费约为当时清政府年财政收入的十分之一,全部为国内自筹。本文拟对清政府在财政极为困难的情况下为何要自筹经费,以及经费的落实与使用情况等,进行简要梳理。

一、英俄争夺促使清政府自筹经费修路

张家口拱卫京师北大门,历来为兵家必争之地。清末,张家口又成为华北地区皮毛交易中心,以"皮都"著称,其军事、商业意义显而易见。但当时京张之间道路崎岖,货物运输主要靠驼队,修通京张铁路已为大势所趋。

早在1899年之前,俄国就曾提出修筑由恰克图经库伦、张家口到北京的铁路,当时清政府未许。1903年,商人李明和[2]、李春相继申请招股

---

[1] 段海龙(1975—),男,山西灵丘人,副教授,主要从事中国铁路史研究。
[2]《大公报》光绪二十九年六月初八日,宓汝成编:《中国的铁路史资料》,北京:中华书局,1963年,第911—912页。

集资承修京张铁路,因股银有外国资本渗透之嫌被拒①。同年9月,商人张锡玉再请商办亦被驳回:"查京张铁路前有李春、李明和等请办,业经路矿总局批斥在案。嗣经本部奉旨将路况局办理后,迭经张理谦、王芝洲等先后嚣嚣渎请,均以此路关系重要,应由国家自行筹款兴筑,不得由商人率意请办,屡次批斥亦在案……该商何得砌词强饰,意存蒙混,殊属荒谬。嗣后该商如再以此路渎呈,概不收阅。"②自此再无人提及京张铁路商办。

  当时正值关内外铁路(1907年改称京奉铁路)运营良好,盈利颇丰。时任直隶总督兼关内外铁路总办的袁世凯与会办胡燏棻向清政府提出,利用关内外铁路的营业收入来修筑京张铁路。关内外铁路是由唐胥铁路展筑而成,其修建资金借贷于英国,总管兼总工程师由英国人金达(C.W. Kinder)担任,按照中英两国商定,该路营业收入需存于英商开办的天津汇丰银行,以保证还贷。1902年4月29日,清政府与英国续签《关内外铁路交还以后章程》,其中条款有"嗣后在于离现时所有铁路八十英里地方之内,凡欲新修铁路,除此章程画押以前所应允修办之外,均应由中国北方铁路督办大臣承修,盖如北京或丰台至长城向北至铁路,及通州至古冶或唐山直弦之铁路,并天津至保定府各铁路,不得入他人之手,致妨碍中国北方铁路利益"③。据此,英人提出京张铁路应由英国人担任总工程师主持修筑。

  但是,早在1899年6月1日,清政府就与俄国议定:"中国政府认将来如添造铁路由北京向北或向东北俄界方向,除用中国款项及华员自行造路不计外,设或有托他国商办造路之意,必应将此意与俄政府或公司商议承造,而断不允他国或他国公司承造之。"④清政府与英、俄两国所签协议互不相容,英、俄为京张铁路的修筑权争论不已,相持时间长达一年之久。最后,清政府与英人商定,关内外铁路的营业收入除保证偿还贷款本

---

① 《大公报》光绪二十九年十一月二十一日,宓汝成编:《中国的铁路史资料》,第912—913页。
② 《大公报》光绪二十九年十一月二十一日,宓汝成编:《中国的铁路史资料》,第913页。
③ 《关内外铁路交还以后章程》,王铁崖编:《中外旧约章汇编》(第二册),北京:生活·读书·新知三联书店,1957年,第47页。
④ 《总理衙门致俄国公使照会》,王铁崖编:《中外旧约章汇编》(第一册),北京:生活·读书·新知三联书店,1957年,第908页。

息外,可提取用于修筑京张铁路,京张铁路由中国人担任工程师,所有员工不得使用任何外国人。这样既照顾了英方的要求,与中俄条约亦不相悖,得到认可。正是英、俄两国对京张铁路修筑权的争夺,最终迫使清政府"无奈"选择自主修建。

二、筑路经费预算

上述原则商定后,袁世凯即令关内外铁路局道员梁如浩与英人协商提拨关内外铁路营业余利作为修筑京张铁路经费的具体事宜。梁如浩提出按照之前协议,在汇丰银行存够六个月的还款本息,余下可由路局自由支配,用于京张铁路建设。但英方要求存够一年本息方可提取,经过多次交涉,最终以梁如浩方案执行。1905年5月9日,袁世凯上奏称:"前议筹设京张铁路,辄因工巨款繁,未易兴办。臣等查京张一路,为北方商务攸关,经派候选道詹天佑前往查勘估修。并公同筹商,以关内外铁路进款,目前颇有盈余,拟就此项余款,酌量提拨,开办京张铁路。当饬关内外铁路局道员梁如浩等与中英公司商办,该公司代理英人顾璞以按照合同各路进款应存天津汇丰银行,作为借款之保,所有经理养路各费开支余剩,备还借款本息,原约均已载明,须彼此商议妥善,方可提用。经梁如浩等酌拟办法,函致伦敦中英公司,由该路进款余利项下,除划存备付六个月借款本息外,其余应听该路任便提拨,作为开办京张路工之需。复由臣等函准英国使臣萨道义复称,此事已准本国外部电称,中英公司现以铁路进款余利,中国铁路局可任便使用,该公司已函致铁路局,宜俟该函寄到。等语。该局旋据顾璞函称,接伦敦来电,应备存一年本息。续经梁如浩等驳令仍照原议商办。现据顾璞函称,伦敦公司已允除将余款划存六个月借款本息,余可动用,请照办……综核全路工程,通盘约估……共约需银五百万两左右。若从速动工,四年可成。拟即在关内外铁路进款余利项下每年酌提银一百万两,四年以内可得银四百万两。又查庚子年后关内铁路因乱被毁,曾于进款项下垫拨修路之款暨收路后垫还各项账款,应在大赔款内拨还者约有八十余万两可提。统计约可敷京张全路工程之用。"①此次上奏,一是奏明修筑京张铁路两笔资金来源:关内外铁路余利四百万两和关内铁路修路款之余80万两;二是预算京张铁路全路共需资金约500万两。这一数据,是金达估算提供的。

  总工程师詹天佑亲自对全段路线勘测之后,进行了细致的预算,认为全路所需经费应为银729.186万两②。1905年10月14日,袁世凯在奏报朝廷时作了说明:"综查全路工程核实估计:一、测量经费等项,约需银一万五千五百两。二、地亩土方开山凿洞石工等项,约需银二百三十四万三千二百六十两。三、修桥梁水沟等项,约需银一百一十万六千一百两。四、钢轨等项,约需银一百九十万六百五十两。五、房厂等项,约需银二十万四千零五十两。六、电线等项,约需银六万一千八百两。七、转运材料等项,约需银九万八千两。以上七项,统计共约估银五百七十二万九千三百六十两。此外购置各项车辆约估银一百十三万五百两,四年内员司薪水杂费等项约估银四十三万二千两,系在原奏工程之外。总共约估银七百二十九万一千八百六十两……臣等查京张铁路原奏全路工程通盘约估,如买地、填道、购料、设轨、建桥约需银五百万两左右,系据关内外铁路工程司约略估计之数。现据詹天佑带同工程司逐细勘估,呈开前列七项,约需银五百七十余万两,较原估所余无多,委系无可再减。其车辆及员司薪费两项,约需银一百五十余万两,本在原奏专估工程之外。臣等复加考核,所开各项费用,均属核实估计,不致稍有浮滥。"③

  詹天佑后来对此预算稍有调整,核减为728.666万两。根据手稿修改痕迹,詹天佑在"电报"和"办公费用"两处有所核减④,说明他对预算是非常细致的。詹天佑的预算比较科学,1905年8月31日胡燏棻觐见慈禧太后时奏称"由于京张铁路位于山区需要开凿山洞,以致修筑费由五百

---

①宓汝成编:《近代中国铁路史资料》,沈云龙主编:《近代中国史料丛刊续编》(第四十辑),台北:文海出版社,1973年,第914—915页。
②詹天佑:《京张铁路工程纪略》,中华工程师学会1915年版,第13—15页。
③关康麟:《交通史路政篇》第九册,铁道交通部交通史编撰委员会1931年版,第1741—1742页。
④詹天佑科学技术发展基金会、詹天佑纪念馆编:《詹天佑文集——纪念詹天佑诞辰145周年》,北京:中国铁道出版社,2006年,第126页。

万两增加到七百万两",得到认可①。

三、经费落实情况

按照最初的预算500万两,由关内外铁路收入中每年支出100万两,拨付4年,另有关内铁路拨还款80多万两即可筹齐。但最终预算超出200余万两,因此袁世凯的计划将购置车辆的款项另做奏请,办公费用则从第一段工程完工通车营业额中周转②。

1905年7月7日,詹天佑和总办陈昭常从预存关内外铁路营业收入的天津汇丰银行提取了首批150万元(合银100万两)③。收到后即转存,并获得了3%的利息。随着工程的进展,原定每年100万两银已不能应对工程需要,袁世凯奏请又在原来的基础上每年追加30万两,仍由关内外铁路收入盈余支付。1906年到账金额合银155.9879万两。

1906年邮传部设立,专门负责筑路事宜,京张铁路的筑路经费开始由邮传部统筹安排。1907年,京张铁路施工进展顺利,资金略显紧张。1907年5月20日,邮传部尚书岑春煊奏请将俄国交还营口海关税银65万余两拨给京张铁路:"俄国交还营口海关税项,余款银六十五万四百四十二两二钱五分七厘……本部奏准俄国交还款内提拨三十六万两作为陆军部开办各项学堂经费,请仍查照奏案办理,其余税款本部需用甚急……京张一路前经督办大臣袁世凯奏明在关内外铁路余利项下筹拨该路工程,尚未及办,且应添修门头沟支路以便运道。估计该支路一项需银六十余万两。上年十二月准前督办大臣移交关内外铁路余利银一百五十余万两业已拨应购路要需,以致京张路工急待接济,而门头沟支路订购外洋大批材料钢轨,不日可以运到,又需筹付价值,实属支绌万分……当此需款万急,方拟向度支部商请协助此项余税银六十五万余两应请仍留归臣部,

---

① 詹天佑科学技术发展基金会、詹天佑纪念馆编:《詹天佑文集——纪念詹天佑诞辰145周年》,第145页。
② 詹天佑科学技术发展基金会、詹天佑纪念馆编:《詹天佑文集——纪念詹天佑诞辰145周年》,第129页。
③ 詹天佑科学技术发展基金会、詹天佑纪念馆编:《詹天佑文集——纪念詹天佑诞辰145周年》,第131页。

暂行济京张铁路急需,此外不敷,容臣等随时筹划。"①此项65万余两由邮传部暂存,之后统一划拨给了京张路工。稍后,邮传部并将此前曾允拨陆军部银36万两补拨给陆军部②。

1908年1月27日,邮传部奏请筹拨京张等多条官办铁路经费。其中京张铁路由每年130万两追加到163万两:"京张、正太、沪宁、汴洛、道清各路余利未见而工程尚兴,应办之事甚多,应筹之款自巨。臣等公同酌议,拟即加添拨款,并日图功,使已开工者早日竣工,已竣工者早日生利,庶利源渐拓可为挹注他路之需,前亏亦借以弥补。经饬铁路总局局长及各路监督总办总工程司等分别筹算统计各路需款约分四项……一为加增工程之款……京张门头沟支路约银六十三万余两;一为赶工提前拨给之款,计京张需银一百万两……"③此次奏请各路共需银470多万两,但京奉、京汉铁路本年收入只有200多万两。其缺额270多万两,由邮传部向度支部借100万两,又先后两次向中英公司和英商开办的汇丰银行各借银100万两,此次借款"并无担保抵押,亦不声叙此款如何用法……银借银还,无虞镑亏。比较度支部银行所借之款,取息较轻,而权力亦无损失……此项借款系为暂时挹注之计,一俟京汉、京奉两路得有余利,即可按约期如数归还。"④

据邮传部奏报,1906年10月至1908年12月,共分三项拨给京张铁路行化银439.711万两⑤。其中1907、1908年建设费各130万两,为加快进程追加116.6762万两,京门支线63.1148万两。连同此前已到账的1905、1906年度的260万两⑥,总数已近700万两。1909年1月至1910

---

① 《邮传部为俄国交还营口海关余税请拨归本部片》,沈云龙主编:《近代中国史料丛刊》(第十四辑),台北:文海出版社,1973年,第507—509页。
② 《邮传部为营口关税余款以三十六万两拨交陆军部片》,沈云龙主编:《近代中国史料丛刊》(第十四辑),第659—660页。
③ 《邮传部为年终统计官办各路待拨要需并拟提前筹付办法折》,沈云龙主编:《近代中国史料丛刊》(第十四辑),第727—731页。
④ 《邮传部为官办各路拨款不敷暂借英公司银一百万两片》,沈云龙主编:《近代中国史料丛刊》(第十四辑),第797—798页。
⑤ 《邮传部为汇奏三十二年起至三十四年止铁路项下经收拨用各款折》,沈云龙主编:《近代中国史料丛刊》(第十四辑),第1533—1556页。
⑥ 詹天佑科学技术发展基金会、詹天佑纪念馆编:《詹天佑文集——纪念詹天佑诞辰145周年》,第152—153页。

年 1 月,邮传部又拨给京张铁路行化银 89.9275 万两,银元 34.0407 万元,共合计行化银 114.2432 万两①。上述款项合计共银 800 多万两。据《交通史路政篇》②记载至 1909 年 9 月京张全路竣工时,所有官拨资金共计行化银 737.3984 万两,另有增修京门支路拨付 63.2499 万两,合计为 800.6484 万两。以上两项记录数值大体相符。而修筑京张铁路实际支出款额不足 700 万两,所拨款项还有剩余③。

四、各项经费的实际使用情况

京张铁路总工程司詹天佑在修筑过程中严格管理,在保证工程质量的前提下力求节约。在选择路线、核定薪水、建筑用料等各个方面科学合理,如利用当地农民农闲之时加工原料,以节约工费;还在适宜之地开办片石厂,既为京张路工提供原料,还出售片石为路局创收。

在詹天佑 1915 年编订的《京张铁路工程纪略》中,详细列出修筑京张铁路的各项经费使用情况:"总会办员司人役薪工、伙食、纸张、家具、杂费等及修葺房屋、奖恤各款共实支行化银一十八万一千四百三十一两七钱七分二厘;购买地亩暨员司人役薪工、车费、伙食、杂费各款共实支行化银三十二万一千六百六十八两八钱八分七厘;工程司薪水、夫马各款共实支行化银一十万零四千二百零五两四钱八分;全路工程各款共实支行化银二百零八万四千七百九十二两九钱五分六厘;购买材料车辆各款共实支行化银三百八十八万八千八百一十七两零六分二厘六毫;转运员司人役薪工、伙食、杂费、扛力各款共实支行化银一万六千一百四十八两一钱四分五厘;购买电报材料、建设线杆暨员生薪工、伙食、杂费各款共实支行化银八万九千三百六十四两四钱二分七厘;巡警薪饷、置备军服器具、杂费各款共实支行化银二万三千四百八十五两五钱二分三厘;煤价各款共实支行化银五万二千三百五十五两零三分一厘;车租、运脚各款共实支行化

---

①《邮传部为汇陈宣统元年分铁路项下经收拨用各项大数折》,沈云龙主编:《近代中国史料丛刊》(第十四辑),1979—2000 页。
②关康麟:《交通史路政篇》(第九册),铁道交通部交通史编撰委员会 1931 年版,第 2100 页。
③詹天佑:《京张铁路工程纪略》,第 29 页。

银一十六万三千六百九十六两五钱二分九厘;杂支各项共实支行化银三千二百二十四两零五分六厘;解民政部西直门马路经费款共实支行化银五千八百九十六两三钱三分七厘。以上十二款均系实支,共计行化银六百九十三万五千零八十六两二钱零五厘六毫,其收回垫付等款概不备载。"①与预算相比,"总局人员薪水和办公杂费"与"全路工程"等项目中实际支出略低于预算,而在"购买材料车辆"和"电报相关费用"项目中实际支出高于预算。值得一提的是,在所列十二款中,"杂支"为0.3万余两,仅约占工程总费用的0.04%。京张铁路建设的实际支出稍低于的预算,詹天佑等在人员及工程的管理方面成效显著。

清政府在晚清财政极为紧张窘迫的情况下,有效利用关内外铁路余利,基本保证按时发放建设经费,成为京张铁路顺利建成的关键。

(原载《历史档案》2013年第3期)

---

① 詹天佑:《京张铁路工程纪略》,第28—29页。

大成公司与张家口至库伦之现代交通变迁

毕奥南 刘德勇[①]

中蒙历史关系研究率多关注政治、经济关系,与此相关的交通往往被忽略。实际上交通对于政治控制或施政效率有很大关系;对于商贸活动,交通道路也是不可或缺的实现前提。蒙古高原与华北平原分属游牧与农耕两种经济形态,两地商贸交流由来已久。近代以来,在清朝官设通向蒙古地区的五路驿站之外,商贸交通随两地物资流通颇显繁忙。在电报、火车、汽车等现代化交通通信工具出现在蒙古地区之后,边疆地区与内地的一体化加快了进程。在蒙古地区建设铁路议论未果之际,随着汽车工业的发展,在法国巴黎汽车拉力赛刺激下,1917 年张家口出现了民营客运汽车公司。张家口至库伦间开通汽车营运在两地交通历史上具划时代意义。另外,交通道路关联的城市发展也是人文地理的重要内容。张家口作为对蒙贸易重要口岸,在有清一代占据了极其重要的地位。对蒙商贸繁荣,一方面反映了内地产品外销拉动经济增长,带来城市快速发展,另一方面显示蒙古地区经济单一、落后,长期停留在原料输出阶段,为商业资本提供了扩张的空间,从而折射出蒙古地区近代以来社会变迁的促成

[①]毕奥南(1956—),内蒙古高校人文社科中国北疆史地基地教授,中国社会科学院中国边疆史地研究中心研究员;刘德勇(1984—),天津师范大学图书馆助理馆员。

因素。上述问题的相关研究大致分布在驿站、旅蒙商、张家口城市史等几个方面。张家口至库伦交通道路,主要有官、商两道。金峰《清代内蒙古五路驿站》《清代外蒙古北路驿站》,①韩儒林《清代蒙古驿站》,②马楚坚《清代内蒙古台站路线之创置》《清代外蒙古台站路线之创建》③等是这方面的专论。有关张库间商业道路方面的研究,牛国祯、梁学诚《张库商道及旅蒙商述略》、④李贵仁《明清时期我国北方的国际运输线——张库商道》、⑤高春平《张库商道之兴衰》、⑥刘晓航《整合资源,回归历史,打造中俄茶叶之路旅游线》⑦等做了探讨。张家口对蒙商贸一直是学者关注的研究领域。许檀《清代前期北方商城张家口的崛起》,⑧郝富《张家口的皮毛业》,⑨米镇波《清代中俄恰克图边境贸易》,⑩左宝《山西"皇商"在张家口》《"山西票号"与张家口》《山西银号钱庄在张家口》⑪等是其中的代表。

上述交通、商贸等问题实际上涉及内地民间资本在蒙古地区的经营,由此又关系到边疆地区经济社会发展和民族关系的重新建构,进而为中央政府强化对边疆统治奠定了相应的社会基础。结合这些问题,本文拟借助考察张家口的大成张库汽车公司兴办与倒闭过程,对北洋政府经营外蒙古做一个不同以往视角的研判。

---

① 金峰:《清代内蒙古五路驿站》《清代外蒙古北路驿站》,呼和浩特市蒙古语文历史学会编印:《蒙古史论文选集·第三辑》,1983 年,第 333—408 页。
② 韩儒林:《清代蒙古驿站》,《穹庐集——元史及西北民族史研究》,上海:上海人民出版社,1982 年,第 221—246 页。
③ 二文收入马楚坚:《明清边政与治乱》,天津:天津人民出版社,1994 年,第 278—389 页。
④ 牛国祯、梁学诚:《张库商道及旅蒙商述略》,《河北大学学报(哲学社会科学版)》1988 年第 2 期。
⑤ 李贵仁:《明清时期我国北方的国际运输线——张库商道》,张家口文史资料委员会编:《张家口文史资料》(第 13 辑),张家口:张家口日报社,1988 年。
⑥ 高春平:《张库商道之兴衰》,《中国名城》2009 年第 5 期。
⑦ 刘晓航:《整合资源,回归历史,打造中俄茶叶之路旅游线》,《农业考古》2006 年第 2 期。
⑧ 许檀:《清代前期北方商城张家口的崛起》,《北方论丛》1998 年第 5 期。
⑨ 郝富:《张家口的皮毛业》,《乡音》1998 年第 4 期。
⑩ 米镇波:《清代中俄恰克图边境贸易》,天津:南开大学出版社,2003 年。
⑪ 左宝:《山西"皇商"在张家口》、《"山西票号"与张家口》、《山西银号钱庄在张家口》,分别载《文史月刊》2001 年第 6 期、2004 年第 3 期、2005 年第 10 期。

一、张库商贸交通变迁背景

张家口历史上曾是内地商业资本对蒙俄贸易的中转枢纽,是通往库伦、恰克图、乌里雅苏台的重要关口。言张家口北上交通,率多注重官设驿站。实际上张家口至库伦之间,除去官方正式的台站线路外,旅蒙商和平时期往来却还有自己的道路。这些道路由于受草场、水源、习惯等因素影响,又形成若干固定的路线。姚明辉《蒙古志》[①]记载了张家口通库伦之路除去台站大道之外,另有5条——库伦捷径、库伦小路和通库伦及乌里雅苏台之东、中、西三路。卓宏谋《蒙古鉴》[②]提到"外蒙古道极多,有大道、捷径、中路、小路之分"。俄国旅行家波兹德涅耶夫提到,当时俄国文献中记载的张家口至库伦之间的商路竟有10条之多,但他认为张家口至库伦间商路主要有3条,即达尔罕扎姆、巧伊林扎姆和贡珠音扎姆。[③]

根据《钦定大清会典事例》记载,从京城皇华驿至乌里雅苏台,共4960里,减去京城至张家口430里,张家口至乌里雅苏台是4530里,至科布多是5850里,[④]到库伦是2880里。清代官员循驿站往来,一般"总以日行一百里为率",按规定最晚不得超出48天。[⑤]

当时张库商道上的重要运输交通工具是骆驼队和牛车。

蒙古骆驼与内地骆驼有所不同,特点是:发育较晚,8岁方可负重役用;蹄圆而略小,有助于在砂石路上行走;一般可以驮负货物350斤至400斤;日行百里,张家口至库伦往返约两月。[⑥] 骆驼之外,牛车队是重要的运货形式。晋中行商运货往关外诸地往往结为车帮,每帮多者百余辆,一车均可载重500斤,1人可驾驭十余车。日入而驾,夜半而止,白昼牧牛,日行30—40里。张家口至库伦近3000里,通常顺利的话牛车要走80余

[①](清)姚明辉:《蒙古志》,光绪三十三年刊本。
[②]卓宏谋:《蒙古鉴》第三卷,沈云龙编:《近代中国史料丛刊三编》第443辑,台北:文海出版社,1987年,第144—146页。
[③][俄]阿·马·波兹德涅耶夫著,刘汉明等译:《蒙古及蒙古人》(第一卷),呼和浩特:内蒙古人民出版社,1989年,第628页。
[④]《钦定大清会典事例》卷六百八十九《兵部·邮政驿程二》。
[⑤]《钦定大清会典事例》卷七百《兵部·邮政程限》。
[⑥]孟槊:《乌里雅苏台回忆录》,吕一燃编:《北洋政府时期的蒙古地区历史资料》,哈尔滨:黑龙江教育出版社,1999年,第320—321页。

天。赶车人被称为老倌。

客商旅行大致骑马驼或乘车。有资料显示,从张家口乘坐驼车前往库伦,须行30至60天不等,沿途露宿,自备干粮。每辆驼车车费白银80两,有贵至140两。即便借道东清铁路至西伯利亚乌金斯克,转乘色楞格河轮船到恰克图,再乘马车到库伦,通常也要走17至20余日,所费不赀。这还只是客运。张家口运货至库伦,每峰骆驼脚价20余两,行程40至70日不等。①

上述传统运输方式可以追溯千百年来中原与蒙古高原游牧民族的交通往来,即便是大规模军事行动,中原军队后勤补给大体亦用车驼运输。

近代西方列强东来之后,欧洲工业革命成果开始应用于中国及其边疆。回顾中国铁路发展史,19世纪90年代以后,中国开始大规模修筑铁路。1903年7月,东清铁路全线通车。1909年10月北京至张家口铁路全线通车,并于1923年延伸到包头,成为平绥铁路。1912年京奉铁路完全通车,使包头—张家口—北京—天津—沈阳—满洲里连为一线,并连接俄国西伯利亚铁路,东北及察绥地区传统交通为之一变。

随着清政府推行所谓"新政",一些关心蒙古地区发展的王公纷纷呼吁在蒙古地区改良交通。光绪三十四年(1908),喀喇沁郡王贡桑诺尔布在奏报关于蒙古新政时专门提到"修铁路"。他主张仿照日本修筑京(京城)釜(山)铁路以及德国的修路办法兴修铁路。其具体建议是:由京奉铁路分出"枝路","由朝阳、赤峰等处经围场直接张家口";然后"由张家口分两路北通库伦",并"由库伦东南过乌珠穆沁等旗,经〔乌〕丹城接赤峰";再"由张家口经西二盟直接新疆,然后再查情形添筑枝路",认为"似此脉络贯通,边防自然渐固"。②

宣统二年(1910)正月辛亥,科尔沁亲王阿穆尔灵圭奏:"整顿蒙疆,宜先勘修铁路。"③

尽管时人认为强邻逼近,蒙古地区岌岌可危,但向蒙古腹地铺设铁路的计划始终议而未决。宣统二年十二月,资政院奏报修筑蒙古铁路。按

---

① 景学钤:《大成张库汽车公司痛史》,民国十二年铅印本。
② 《清德宗实录》卷五百八十六,光绪三十四年正月癸卯。
③ 《宣统政纪》卷二十九,宣统二年正月辛亥。

该计划有3条路线,其中第一条就是张家口至恰克图铁路,其他2条是张家口至锦州、库伦至伊犁铁路。① 库伦办事大臣三多鉴于外蒙古情势不稳,认为"蒙地密迩俄边,亟宜筑路调营以固国防"。他认为"蒙地孤悬塞外,首在争路,路权所在,兵力所到",请清政府尽快建筑张家口至库伦、恰克图一线铁路。其奏报经清政府军咨处、邮传部等反复商议,认为全线建筑经费浩大难以承受,可以先拨付240万两修筑张家口至兴和(张北)铁路,然后汽车从兴和出发驶往库伦。② 这仍是一个没有实施的方案。

1912年9月,英国与俄国就蒙藏地区势力范围达成"谅解"。其中专门提到,俄国在延长西伯利亚铁路以达库伦,又敷设其他支线时,英国出全力以助之;中国或有敷设蒙藏铁路之计划时,英俄二国宜协力以阻之,使中国不得发展势力于蒙藏方面。③ 这种罔顾中国主权的做法一经报道,激起中方强烈反应。

民国初年,外蒙古巨变的局势使得张库商路中断。为配合军事行动并扩展业务,由唐绍仪担任总理的蒙藏交通公司在天津设办事处。1913年1月唐绍仪致函冯国璋,提到由张家口进兵库伦军需转运须建轻便铁路,希望政府效仿英国政府扶助东印度公司之例,对该公司计划建造的张库轻便铁路内蒙古段予以财政补助100万元。④ 然而该计划仅止于议论,并无实际推动。

当时铁路运输主要在大城市之间,受地域限制明显。在加强边疆地区交通道路建设计划中,铁路与公路相比,就国情而言,铁路造价成本昂贵,材料多依靠从外国进口。修筑公路可以就地取材,相对易举。因此,张家口至库伦间商贸现代交通遂向汽车运输发展。

---

① 《宣统政纪》卷四十六,宣统二年十二月辛巳。
② 《奏为遵议三多电奏库伦筑路调营事》(宣统三年五月十四日),《军机处录副奏折》,中国第一历史档案馆藏,馆藏号:03-7569-083/562-1693。
③ 《大公报》1913年2月12日。
④ 天津市档案馆编:《北洋军阀天津档案史料选编》,天津:天津古籍出版社,1990年,第423—426页。

二、大成张库汽车公司与张库商道现代交通转型

简单回顾世界汽车发展史有助于了解张家口对蒙商贸交通工具变革的背景。1886年德国人本茨研制内燃机并造出第一辆三轮汽车。另一位德国人戴姆勒研制内燃机并装出世界第一辆四轮汽车。当时速度为18公里/小时。杜瑞亚兄弟于1893年共同制造第一辆美国汽车,1908年福特公司研制出著名的T型车,售价是200美元。1909年美国汽车产量达10607辆。这一成果预示着汽车现代化生产的开始。1914年美国道奇公司生产了第一辆全金属汽车。①

为了扩大汽车品牌影响并促进销售,1907年,法国巴黎的拉马丁报社主办了北京到巴黎的汽车拉力赛。经过反复谈判,清政府不得不同意拉力赛车队进入北京并由蒙古出境。外务部为此事专门致电库伦办事大臣延祉。延祉遵照指示行文通知了沿途蒙古蒙旗。② 参赛的意大利、法国车队在北京及前往库伦的途中制造了不小的轰动。根据库伦办事大臣延祉的报告,意大利车队于光绪三十三年(1907)五月十一日到达库伦,他本人前去探望并"派员照料"。③ 目睹汽车之便捷后,当年保升直隶州知州赵宗诒等人集资10万元,准备开办"中国蒙古气车有限公司",并拟立了相关章程。集资人考虑到"以气车陆行数千里,实为中国所罕闻,必予以专利年限,方敢创办。拟请于公司成立后,无论中国及他国人,概不得再于口外蒙古地方另行气车",呈请察哈尔商务局批准专营。察哈尔都统诚勋为此上报外务部,但由于库伦办事大臣延祉恐牵涉俄国拟办恰克图至库伦通车问题,多有顾虑;又在征询喀尔喀蒙古各盟意见时遭到反

---

① 百度百科词条, http://baike.baidu.com/link? url。访问时间2014年5月20日。
② 延祉:《为法绅义员电车一节已饬属遵照事》,中国第一历史档案馆藏电报档,馆藏号:2-05-12-034-0416。
③ 延祉:《为意大利王爵近日抵库事》,中国第一历史档案馆藏电报档,馆藏号:2-04-12-033-0507。

对,所以延祉"请阻止行车"。此次筹办未获批准。① 实际上根据意大利车队巴津尼记载,当意大利车队抵达库伦时,"汉人总督"(指库伦办事大臣延祉)不仅观看了赛车,而且还坐赛车在库伦城兜风一圈,有着直接的感受。② 光绪三十四年六月二十日(1908年7月18日)外务部在回复延祉关于张库汽车事的电文中也称:"张库汽车牵及库恰,本部无案可稽,应由邮传部查核。"③ 简言之,一旦事涉外交,清政府各部往往搓手缩头。

1911年,辛亥革命爆发,外蒙古宣布脱离清朝,张库台站完全断绝。1915年《恰克图协约》订立后,陈箓上任库伦都护使时已经不能利用台站。④ 最终陈箓只得经东清铁路,取道俄国境内去往库伦。所带库伦卫队200名和驻扎恰克图卫队50名,由张家口沿电线路前往。驻乌里雅苏台和科布多的卫队100名由塞尔乌苏分道前往。这时的台站已经只是地理上的一个坐标而已。1915年财政部金事赵世菜到张家口外五台地区调查大马群、羊群地方垦务情况时,当时人们似乎对台站印象已经模糊。据赵世菜讲,"余所雇车号称常出口者,前此屡失道,日必回车二三次,至是始稍熟悉,车行亦速。此道本系赴库伦大道,有台站可循。且五台距口仅三百八十里,即知之甚鲜"。⑤ 清代台站似乎已经淡出人们的视线。

1907年北京到巴黎的汽车拉力赛给人留下深刻印象,以致创办汽车公司一事并未让人忘记。1916年冬,借陆世羹到库伦设立中国银行分行的机会,景学钤、曾祖荫、廖世功、吴匡时、陆世羹五人决定发起成立大成张库汽车公司,向交通部呈递特许专营申请。根据交通部要求,应该具有调查报告、测绘图说、汽车实际到达等方可立案。于是景学钤等开始筹备

---

① 《具奏职商创办蒙古汽车公司抄录奏稿章程谘请立案由》,"中央研究院近代史所档案馆"(以下简称"近代史所档案馆")藏外务部档案,馆藏号:02-02-008-04-001;《查复创办蒙古汽车公司一案宜从速开办由》,"近代史所档案馆"藏外务部档案,馆藏号:02-02-008-04-005;《张库汽车事候查明再行核办由》,"近代史所档案馆"藏外务部档案,馆藏号:02-02-008-04-008。笔者对该档案馆能提供利用档案深表谢忱。
② [意]巴津尼:《鲜为人知的汽车拉力赛》,沈弘编著:《晚清映像——西方人眼中的近代中国》,北京:中国社会科学出版社,2005年,第125—148页。
③ 《为查核张库汽车事》,中国第一历史档案馆藏电报档,馆藏号:2-03-12-034-0230。
④ 陈箓:《奉使库伦日记》卷一,吕一燃编:《北洋政府时期的蒙古地区历史资料》,哈尔滨:黑龙江教育出版社,1999年,第188页。
⑤ 赵世菜:《调查口外垦务日记》,察哈尔垦务总局1917年印行。

汽车勘路。1917年大成张库汽车股份有限公司（以下简称大成公司）的成立被认为是"我国公路汽车营业及民营汽车运输业之始"。①

此后，筹办张库间汽车公司成为商业热点。在库伦，孔庆禄倚库伦都护使陈毅为后台，组织华商公司。在张家口有林朝宗、沈炳坤，先后呈请察哈尔都统田中玉试办张库汽车公司。顾鳌则以交通部为后台，呈请设立泰通公司。1918年2月8日，交通部批准景学钤等试行办理张家口库伦之间客货运输，但要求大成公司与泰通公司协商办理。顾某实为政客，因参加张勋复辟失败躲入天津，原拟依靠官场力量利用泰通公司名义分享大成公司经营利润，由于无实际资本而被大成公司拒绝合伙。但大成公司急于获得张库间汽车运输营业特许专营执照也一直没有成功。而美商华和洋行则趁大成公司张库路线运营尚未被正式批准，擅自开车营业，该洋行有车6辆，恃有美国公使庇护，鸣枪闯关，公然侵犯中国路权，一再酿成外交纠纷。察哈尔都统田中玉为此密电交通部，催促速速批准大成公司运营，以免外商觊觎，失去张库汽车运输的路权。1918年3月23日，交通部发布训令，限大成公司和泰通公司三个月内开车，几天后又下一纸密令给大成公司，要求大成公司呈报确定实行开车日期。4月5日，大成公司以汽车8辆，以庙滩为起点，开车营业。泰通公司最终因并无准备而被取消。《大成张库汽车股份有限公司简章》呈报农商部后，6月4日，公司经农商部批准予注册。②

三、大成张库汽车公司勘定行车路线

大成张库汽车公司成立之前，先期调研了解到，此前外国人单车前往库伦探路计有10次，均以失败告终。为吸取从前外国人中途车坏及断油导致探路失败的教训，该公司预备半年，先将汽油寄存于沿途蒙古人家，并预备食物和修理汽车的机件，然后于1917年4月6日从张家口出发，历时5天，至4月11日到达库伦，探路一举成功。根据当时勘路所载张

---

①周一士：《中国公路史》，沈云龙编：《近代中国史料丛刊续编》第926辑，台北：文海出版社，1974年，第108页。

②景学钤：《大成张库汽车公司痛史》。本文以下引文不注者均见该书。

库全程及分段路线图，可知除张家口到张北县城一段外，汽车路线基本与电线杆路线重合。汽车站中的滂江站、乌得站、叨林站所在地即是电报站所在地。1918年3月14日，大成公司上交通部的第三次呈文提到，"查自张至库，向取道汉诺尔坝，该坝高峻不能行车。商等为便利客商计，决计由张家口起点，绕道万全县，经神威台坝，以达滂江。此路虽系官道，向来惟冬令始有粮车往来，平时因路远，均走汉诺尔坝，鲜有经此者。商等为便利客商，免与驼车争道起见，故拟绕道万全县"，加之张家口有京绥铁路经过，可以更好地和铁路运输做好连接。所以大成公司计划先修整张家口到庙滩的道路，并且不同于商旅常走的由大境门到汉诺尔坝的线路，而选择了路线较为平坦、修治工程较小的神威台坝。1918年7月29日交通部发布《长途汽车公司条例》及《长途汽车营业规则》，有"交通部如准两公司以上行驶同一路线，其所经之道路由一公司修垫者，其他公司须出修治费"以及"汽车已定之路线，将来政府修筑铁路或轻便铁路，得停止其营业，或由交通部另制定路线，听其营业，至原路线之修治费由政府酌予补偿"的规定，大成公司遂决定修张库全路。至1918年10月17日交通部批准修路，大成张库汽车公司已快修完张家口至马群段大约239里道路。但正当全路正计划修筑时，由于西北汽车处的竞争，大成公司于1919年春停止了修路。

《大成张库汽车公司痛史》提到全路共设9站，即张家口、庙滩（在张北县城北）、滂江电站（在滂江电局旁）、滂南站（在大马群总管地方）、二连站（或称滂北站，在苏尼特右旗）、乌得（乌得电局旁，在中无兰地方）、叨南站（在中无兰地方）、叨北站（在昔练忽洞地方）、库伦。但附录中的张库路线全图和分图则在叨南和叨北之间还有1站，即叨林站（在叨林电局旁），这样路线图记载的共10站。张家口、库伦两站有民房可租，庙滩、二连2站于1918年也修筑完成。滂南站、二连站、乌得、叨南站、叨北站计划于修路时同时建站。可能实际建成的只有张家口、庙滩、二连、库伦4站，而实际修完的路是张家口到庙滩再到大马群总管地方的路线。

四、张库汽车运输之竞争及衰落

汽车运输极大地便捷了张库交通,推进了张库商贸发展。据记载,当时在外蒙古营业汉人有 17 万之多,仅库伦就有 7 万多人。张家口与库伦年贸易额有三四千万元。张家口到库伦有 2400 里之遥,汽车使旅行时间大大缩短,汽车业也成为张家口新兴的一门商业。"中国商人营此业者在民国 15 年前有 20 余家,汽车 90 余辆,外人自用者亦有百余辆"。由于汽车运输竞争的加剧,也促使张家口汽车运输业向规范化发展。上述交通部 1918 年 7 月 29 日出台的中国第一份规范长途汽车运输的法律文件《长途汽车营业规则》及《长途汽车营业规则》,为中国汽车运输业的发展奠定了法律基础。1920 年,刘筱如倡议创设成立了汽车公会,并出任会长。张家口汽车运输业进一步向组织化发展。

在大成公司被批准成立前,已有外商趁机在张北县黑马湖地方预备汽车数辆,售票揽客定期开往库伦。大成公司正式批准后,便请求政府取缔外商私车营业,矛头直指"违约私车营业"的美商华和洋行,认为外人营业侵犯了中国路权。① 1918 年,美商元和洋行经理查尔斯·克门(Charles Cohman,中文名字为满查理)违反规定,利用该行所属车辆,私自招揽客人,行驶于张家口至库伦路线,当年 6 月克门因拒绝盘查所检查并撞伤岗警,从而引起中美外交交涉。1918 年 6 月 6 日,察哈尔都统田中玉将华和洋行运营的私车扣留。美国公使以元和洋行汽车系"自用游历,并非营业"提出抗议。②

根据参谋部、陆军部联合订立的《外商在口内外及边防等地自用汽车规则》第二条的规定,"凡外商在口内外及边防等地所有自用汽车,只供商人游历之用,不得有擅售行商客票,或代各商装运货物等事",禁止外商汽车运输营业。第三条规定,"凡外商乘自用汽车游历口内外及边防等地时,应将起止地点及沿途经过某处就近详细报明该管地方长官认可,发给

---

① 《大成汽车公司呈请禁止美商私车营业案咨行查核办理由》,近代史所档案馆藏北洋政府外交部档案,馆藏号:03-18-014-03-019。
② 《察省美商违约行驶汽车案》,近代史所档案馆藏北洋政府外交部档案,馆藏号:03-15/14-2-16。

护照,方可开始行驶",从而将外商置于地方政府的监管之下。但美国公使并不遵守规定,元和洋行继续行车运营。1918年9月23日,又发生元和洋行由库伦来张家口的一辆汽车到张家口后被扣的事件。时值一战,北洋政府不顾反对,贸然参战,加入协约国。在美国公使所谓对协约国不公的胁迫下,外交部与美国公使几经谈判,最终妥协让步。结果是参、陆部所订《外商在口内外及边防等地自用汽车规则》被修改,成为废纸。事实上同意了外商的营业权,只是付给大成公司修路费而已。当时"张家口洋行多至十余家",更为严重的是这样也给其他外国洋行打开了大门,例如日本三井洋行也打算援例行车。气愤之下的大成公司拒绝了元和洋行情愿补贴修路费用及合办张库汽车运营的请求。随后大成公司希望安福国会能够支持推翻政府成案,得到的是又一次失望。

  交通部在大成公司的成立过程中曾是重要的参与者之一。在大成公司申请修筑道路过程中,交通部派技正俞人凤前往查看工程情况。俞人凤前往库伦,沿途考察,回京后曾与京绥铁路局局长丁士源谈到大成公司营业发达、前景看好情形。丁士源由此心生觊觎,向大成公司提议官商合办,想借机实行吞并,被大成公司拒绝。丁士源遂于1918年6月以军用名义要求交通部设立西北汽车处,并于1918年9月至10月间,正式卖票营业,强行占用大成公司沿途车站。1918年10月到次年7月,大成公司先后向交通部、平政院提起3次申诉,均无果而终。《长途汽车营业规则》第十六条规定:"交通部如准两公司以上行驶同一路线时,其所经之道途由一公司修垫者,其他公司须出修治费。"丁士源的西北汽车处不仅拒绝付给大成公司修路费,而且以低票价和大成公司展开竞争。官商的挤兑进一步阻碍了大成公司的发展。

  1919年7月,徐树铮出任西北筹边使兼西北边防军总司令,开始进兵外蒙古。大成公司和京绥铁路局所属汽车全被征调。根据《长途汽车公司条例》,长途汽车公司设立及监督之权在交通部,其中第十条提到:"汽车公司不论平时或战时,有供军用之义务。其供军用时,应照客货票定价减半收价,其票式及乘车规则,由公司呈请地方长官核定之。"《长途汽车营业规则》第七条规定:"依《长途汽车公司条例》第十条之规定项,在军务时期,军用半价不敷支持营业时,得呈由交通部会商陆军部,妥筹补助办法,或酌量加价。"第十九条规定:"汽车已定之路线,将来政府修筑铁路或轻便铁路时,得停止其营业,或由交通部另指定路线,听其营业。至原路线之修治费由政府酌予补偿。"

作为皖系段祺瑞心腹的徐树铮,根本没有照章办事的意思,假借政府名义,①动用军队和民工开拓修筑张库汽车路,并很快通车,又置汽车百辆,每星期开行一次,载运客货,同时徐树铮先后购车80辆,并将大成公司沿线车站全部征用,概不付款。西北军还迫使沿途通过之商业汽车出通过税,"每通过一车,须出银百元"。京绥铁路局西北汽车处1920年被并入西北军汽车转运局。1921年3月徐树铮边防军被逐出外蒙古,西北军汽车转运局遂于当年6月结束。总计该处在张库间营运的汽车共达90辆之多,包括别克、勃洛克威、新飞亚特、司带华、道奇、福特等各种厂牌。后来据大成公司总董事景学铃讲,当初为争中国路权,拒绝美国元和洋行补贴修路费及合办请求。倘若同意合办,不仅可以维持营业,而且后来也不至于落到受军阀攘夺、公司财产血本一扫而空的境地。激愤之余,他慨叹:"爱国爱国,天下罪恶皆由此一念而成!"民国边政窳败,于此也可见一斑。

1920年库伦的德商德华洋行受外蒙古官府委托来张家口采办物品。是年冬,察哈尔省当局禁止该洋行在张家口采运。但仅半年后,1921年6月,又准令德华洋行恢复营业。1929年中国东北军和苏联在东北发生战事,苏联为此在扎门乌德设防,严格限制汉人出入,张家口汽车运输业受到毁灭性打击。

1932年,张家口尚有汽车百余辆,张家口地区商人仍希望打通张库交通。当时中苏复交,双边关系出现缓和。这一年库伦德华洋行来张家口采运货物,使刘筱如等张家口商人看到了张家口到库伦恢复交通的希望。1933年,在当时国民政府北平财委会任职的吴石支持下,刘筱如做了打通张库汽车商业运输的最后一次尝试。财委会指令察哈尔省财政厅和建设厅,由汽车管理处勉励刘筱如试行开车前往库伦。鉴于当时中日

---

①安达:《1920年代中国朝野对"蒙古问题"的反响》,徐日彪编:《中苏历史悬案的终结》,北京:中共党史出版社,2010年,第78—101页。

在热河地区的战争,张家口局势不稳定,外蒙古当局对刘筱如一行的态度是先热后冷,刘筱如要求通商的目的最终没有达到。这次恢复张库交通的尝试终因中国内地内政不稳,时局混乱而告终。

五、结论

综观张库汽车交通短暂过程可知,在世界汽车工业兴起、中国汽车运输业刚刚起步之际,景学钤等于1917年创办大成张库汽车公司,开辟了张家口至库伦的汽车运输,给衰落的张库交通路线注入了新的活力,使得蒙古高原与内地空间距离迅速拉近,从而成为蒙古高原现代交通的标志。该公司虽系民营企业,但其股东与政界有着种种关系,并有一定抱负。当十月革命胜利后,外蒙古失去沙俄庇护之际,股东张祖荫拟就"开辟外蒙之计划",希望通过安福系党魁王揖唐出任西北筹边使,收回外蒙古,"所计划之开矿、森林及垦牧事业,均可举行,而汽车亦因此而发达"。徐树铮出任西北筹边使,完全出乎大成公司股东意料。政局变数殃及该公司。大成等民营公司既受到外商竞争的压力,又受到京绥铁路局所设西北汽车处的压迫,1919年,徐树铮出兵外蒙古,民营公司及西北汽车处的汽车都被强行征用,大成公司最终陷入倒闭。1921年外蒙古发生革命,张家口商业对外蒙古贸易彻底断绝。之后虽有1933年刘筱如恢复张库商路的试探,但终未成功。张库汽车交通遂成遥远旧迹。

(原载《中国边疆史地研究》2014年第3期)

工程社会学视角下的京张铁路建设

段海龙[①]

110年前,京张铁路全线通车,开启了中国人自办铁路的历史。对于京张铁路的修建过程,已有专著作了较为详细的论述[②]。本文从工程社会学视角来思考京张铁路的修建,对其进行具体分析,以提升对京张铁路建设工程的认知,为工程社会学及工程哲学的研究提供案例,具有重要的学术意义。在京张高铁即将开通之际,这一研究也具有较强的现实价值。

京张铁路修建于1905—1909年间,从北京丰台柳村到张家口,全长约200千米。它是我国第一条资金完全自筹、工程师全部为华人、完全自主运营的干线铁路。此铁路在清政府的支持下,由总工程司(晚清时的职务称谓)詹天佑带领众多中国工程师主持修建而成。全线最艰巨的工程是越过八达岭,该成就亦为外国工程师所惊叹。京张铁路工程工期为四年,预算经费500万两白银(不包括机车车辆购置费用)。这一工程承诺不使用外籍工程师,筑路过程既采用中国传统技术,同时也借鉴了国外的筑路经验。

[①]段海龙(1975—),男,山西灵丘人,副教授,主要从事中国铁路史研究。
[②]段海龙:《京绥铁路工程史》,北京:科学出版社,2019年。

一、自主修建京张铁路是社会活动的结果

需求是工程出现的最初动因。一切造物活动都是为了满足人的需要[1],工程即是如此。1825年,第一条近代铁路出现在工业革命发源地英国,之后很快被多国以各种形式引进。晚清的中国,自19世纪60年代开始,对是否建设铁路问题进行了长达十余年的辩论。在此期间,中国第一条铁路于1881年建成并得以投入使用,拉开了中国建设铁路的序幕。此后,西方铁路技术通过知识传播、工程输入、人才培养等多种方式传入中国,中国工人在实践中也得到了基本的技术锻炼,初步掌握了简单的筑路技术。留美回国及本土培养的工程师也在协助外国工程师的过程中得到了有效实践,积累了铁路建设经验,获得了主持修建铁路的能力。

近代铁路技术的发明,属于技术问题。但各国引进铁路技术之后的铁路建设则是工程问题,由此探讨的哲学问题即为工程哲学问题。不同的工程不会因使用相同的技术而变得没有创新、没有意义。相反,使用相同技术的不同工程由于其所处社会环境、自然环境的不同而变得更加丰富。晚清时期,张家口作为京师西北门户,是内地通往西北边塞的必经之路,亦为兵家必争之地。同时,张家口也是清朝对外贸易的重要通道和物资集散地,是当时中国国际贸易的重要陆路通道。汉口生产的砖茶先运到北京,再经张家口运往西北地区及出口俄罗斯;英法美等国商人则在张家口收购皮张和羊毛,张家口一度成为享誉中外的"皮都"。因此,修建一条京师通往张家口的铁路,是军事活动和商业贸易的双重需求。早在1903年,就有商人向朝廷申请商办京张铁路。朝廷考虑到京张一线的重要性,并查明商资中有国外资金渗透,拒绝了所有京张铁路商办的申请。

在京张铁路之前,中国所有的干线铁路都由外国工程师主持修建,筑路经费也大多借贷国外资金。这种情况在甲午中日战争之前,尚属正常的筑路模式,国外亦有很多国家经常采用。但甲午之后,随着外国势力的逐步深入,铁路日渐沦为列强入侵的有力工具。国外势力通过资本渗透、技术投入、管理运营等多种手段控制路权,进而入驻军队或设置警察,不

---

[1] 远德玉:《从技术哲学的视角看工程哲学》,《自然辩证法研究》2007年第12期。

仅夺取铁路运营盈利,还掠夺铁路沿线矿产,严重危害了铁路路权乃至国家利益。因此,自主修建铁路,成为当时清廷的迫切需求。

京张铁路能够成为由中国工程师主持修建的第一条铁路,也是迫于外交上的"无奈"。一方面,1899年清廷和俄国政府曾签订协议,北京向北的铁路除由中国人自己修建外,只能由俄国公司承建;另一方面,英国以京张铁路使用英人控制的京奉铁路余利修建为由,要求由英人承建。英俄两国相持一年之久,最后"妥协":由中国自己的工程师修建。因此,京张铁路的自主修建权是英俄两国相争不下的"产物"。

由上可见,京张铁路的修建首先是社会的客观需求,因为有军事和商业的重要意义,清廷才将京张铁路提上建设日程。已有学者论证了工程的社会性[1],工程的社会需求性应该提到一个凸显的位置。从京张铁路工程来看,社会需求应该成为工程社会性的一个重要组成因素。清廷能够获取自主修建京张铁路的权利,是英俄两国各执"条约"、相持不下最后"妥协"的结果。京张铁路工程,最终能够在铁路工程界及其他社会领域产生重大影响,除工程自身具有难度之外,与其深处复杂的社会环境中能够取得成功,亦有密切的关系。京张铁路从筹建到建设再到运营,无不体现着工程与社会之间复杂且密切的关系。

二、路线选择是技术与工程相互制约的结果

技术是工程的基本要素,工程是技术的优化集成[2]。技术为工程提供了多种可能性,同时也限制了工程对技术的使用范围。工程也为技术的采用提出了约束条件。

京张铁路从北京丰台到张家口,中间相隔崇山峻岭,路线不仅坡度大,还要穿过地质地貌复杂的八达岭。总工程司詹天佑经过数月踏勘,多线相比,最终选择了关沟一线(图1)。此线的选择,是在当时技术水平、工期和经费等综合条件下的最好选择。若只从铁路技术角度考虑,并不

---

[1] 朱京:《论工程的社会性及其意义》,《清华大学学报(哲学社会科学版)》2004年,第6期。
[2] 殷瑞钰、汪应洛、李伯聪等著:《工程哲学》(第三版),北京:高等教育出版社,2018年,第103—107页。

是最佳选择①。尤其是青龙桥附近的"之"字形路线,需要前后两辆机车同时运行。在"之"字形路线顶端,列车必须先停止,然后反向运行,列车不仅运行速度变慢,还有滑行危险。1950年代新建的"丰沙线"也是詹天佑勘测过的备选路线,但需要开凿的隧道太多,受当时的技术条件、规定的工期及经费要求的限制,不可能完成,最终只得放弃。因此,在京张铁路的选线过程中,技术为其提供了多种可能,也约束着其工程选择的可能性;而实施工程的具体条件、工期和经费,则大大限制了技术的选择。由此,路线的选择正是铁路技术与该工程本身相互制约的结果。

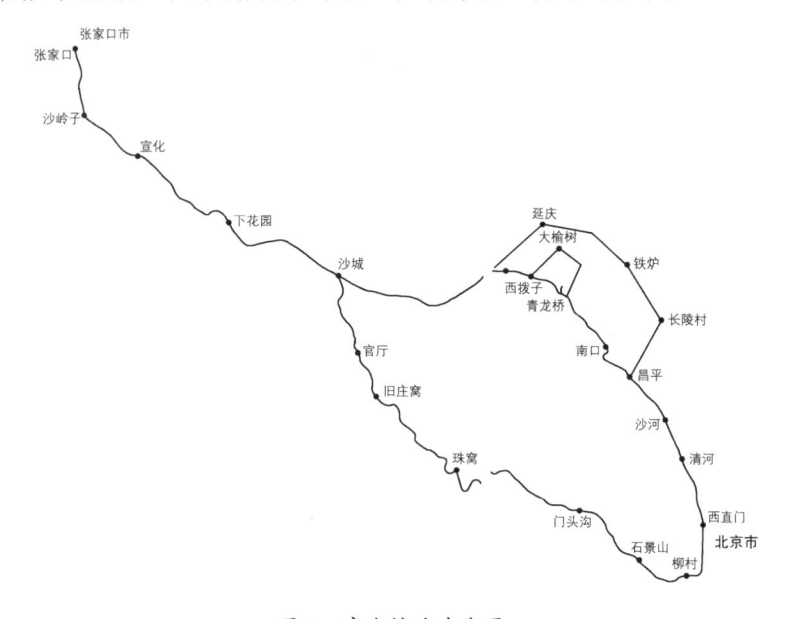

图 1 京张铁路连线图

(图片来源:寇兴军、周俊岭主编,北京铁路分局编:《京张铁路》,北京:中国铁道出版社,2001年,第22—23页)

铁路路线的选择,求平求直,这样不仅有利于火车行驶,还大大节省筑路时间和材料,以及火车运营后的保养费用。因此,从技术角度讲,铁路路线的最佳选择是遇山开凿、遇水搭桥。然而,工程并非只是技术的机械组合,其实施受诸多非技术因素影响。京张铁路的修建,除要解决技术

---

① 段海龙:《京张铁路"人"字形路线探析》,《科学文化评论》2017年第5期。

上的坡度等问题,更重要的是受到工程时间和经费的限制,还有所有技术施工人员不得借助外国人的条件。为了能够帮助国内更多的铁路实行自办,詹天佑曾上书明确表示京张铁路必须尽快建成;在经费方面,京张铁路有限的筑路经费不能用于购置开凿隧道的先进机械设备。为此,詹天佑和其他工程师决定选择关沟路线,采用"之"字形路线,以缩短八达岭隧道的长度,并使用竖井法,将工作面增加为六个以同时进行开凿。

在京张铁路修建过程中,开凿八达岭隧道最为艰巨。最初,已在中国主持修建多条铁路的英国工程师金达推荐聘请日本工程师使用先进机械开凿,显然这是当时很先进的技术。但詹天佑认为该条铁路既为中国人自己修建,就不聘请外国人;由于筑路经费紧张,亦不能购置先进器械。在开凿的过程中,有人提出使用"凿岩机"效率高些。但詹天佑发现,工人们在实际操作凿岩机的过程中困难很多,非常不便。他们更习惯使用手钻,这样开凿的进度更快些[1]。可见,多种技术为开凿八达岭隧道提供了选择,但限于工程及施工人员的实际情况,最终还是借用手钻来开凿隧道。

不得借助外国工程师是清廷自主修建京张铁路的条件,这是由英俄两国与清廷签订的"条约"决定的;筑路经费多寡决定于清廷的国力;建路时间也是为了尽早完成尽早有运营收入。以上三个条件,都与铁路技术无关,但都是决定京张铁路工程建设的重要因素。因此,技术只是为工程提供了可能性,但工程只能选择其中之一来实施。

2019年年底,京张高铁开通在即。由于铁路技术的迅猛发展,京张高铁大大缩短了京张之间的距离,是高铁技术为其提供了可能性。同样,也受多种技术之外因素的影响,京张高铁才有如今之工程体现。

三、工程是有组织的工程群体共同实施的结果

工程的社会性首先表现为实施工程的主体的社会性[2]。提及京张铁

---

[1] 詹天佑科学技术发展基金会、詹天佑纪念馆编:《詹天佑文集——纪念詹天佑诞辰145周年》,北京:中国铁道出版社,2006年,第151页。
[2] 朱京:《论工程的社会性及其意义》,《清华大学学报(哲学社会科学版)》2004年第6期。

路,马上会让人想到其标志性人物——总工程司詹天佑。的确,詹天佑是京张铁路最关键的人物,但工程并非一人所为。詹天佑在"通车典礼"中致辞道,"倘非邮部宪加意筹画,督率提挈,同事各员于工程互相考镜,力求进步,曷克臻此"。在《京张铁路工程纪略》中也提及,"本路工程始终出力各员为:正工程司颜君德庆、陈君西林、俞君人凤、翟君兆麟,工程司柴君俊畴、张君鸿诰、苏君以昭、张君俊波等,余繁不及备载"。京张铁路工程的顺利实施,要归功于詹天佑管理下的技术团队。

  关于詹天佑的管理思想,前人已有论述①。在修建京张铁路期间,詹天佑制定了一系列管理制度,具体工程多采用招标包工制度。整条铁路统筹安排,分段同时施工,加速了工程进度。整个京张铁路修建工程,体现出了集体的贡献。资金方是以袁世凯代表的清廷官员,调控京奉铁路运营收入,并及时抽调其他资金补充京张所需。在经费预算超出原定计划时,还得到了慈禧太后的批准。管理方以詹天佑为代表,聚集到国内众多工程师。这些工程师都具有丰富的筑路实践经验,具有独当一面的能力。工程设计以詹天佑为主,但在一些具体的施工设计中,其他工程师也施展了自己的才华,如八达岭隧道六个工作面同时开凿而分毫无差,就归功于工程师颜德庆。京张铁路具体施工多采用招标包工制,詹天佑将一些具体的、技术性不太强的如土石清理等具体工程,通过招投标方式分包给当地包工头,这样既便于管理,也加快了工程进度。管理方、设计方、施工方等多层面积极努力,上下一心,工程终成。

  在京张铁路工程中,詹天佑是工程的决策者,他决定路线的最终选择。同时,他也担任设计者和管理者的部分角色,既要对一些关键路线要进行实际勘测与设计,还要负责建筑材料的采购与管理。其他工程师也承担了设计者、管理者及工程实现者(技术人员)的角色。这是由当时的实际情况及铁路建设的特点决定的。为了加快工程进度,詹天佑将京张铁路分为三段,同时开工。从全国各地调来的工程师被分配在不同路段,负责各段铁路的具体设计和管理工作。例如陈西林主要负责关沟一段的具体测量,颜德庆则负责八达岭隧道的开凿。中标的当地包工头负责技

---

① 杨文生、李新月:《詹天佑人力资源管理思想述评》,《湖南科技学院学报》2007年第6期。

术含量较低的具体事务。所有这些分工合作,体现了工程建设的社会性。

四、所建铁路与自然环境和谐相处

工程是人类利用科学技术通过改造自然的方式来满足需求的实践活动,必定要注重人与自然和谐共处和协调发展①。人造物工程也只有和自然环境和谐共处,才能更好地发挥出其存在的价值和意义。

京张铁路的路线选择大多采用"依山傍水"原则。"依山傍水"也是其他普通道路在山区地段的路线呈现。铁路选线多参考已有路线进行勘测和测量,既节省勘测成本,也便于材料运输。在京张铁路修建过程中,除个别不得不开凿的隧道外,大多依照原有地貌状况进行施工,最具代表性的是"之"字形路线的选择和居庸关隧道的增设。

如上所述,在青龙桥附近,京张铁路选择了"之"字形路线,就是顺应地理环境的最佳选择。已有史料证明,"之"字形路线的选择,首先是为了缩短八达岭隧道的开凿长度(图2),因为隧道的长度会直接影响京张铁路整个工程的进度。其次,选用"之"字形路线还可以大大降低路线的坡度。对于这种情况,首选方案是采用"螺旋形"路线,但青龙桥附近的山谷过于狭窄,不能采用。若非要采用,需开辟两座高山,这显然是工程期限与经费所不允许的。因此只得根据地理环境,采用"之"字形路线。此举看似工程条件所限,实质也是工程顺应自然环境的体现。如今,百年京张路与千年长城两项伟大的工程,在八达岭处交相辉映,形成了一道独特的风景线。

---

①黄正荣:《关于工程哲学问题的再思考》,《科技进步与对策》2008年第10期。

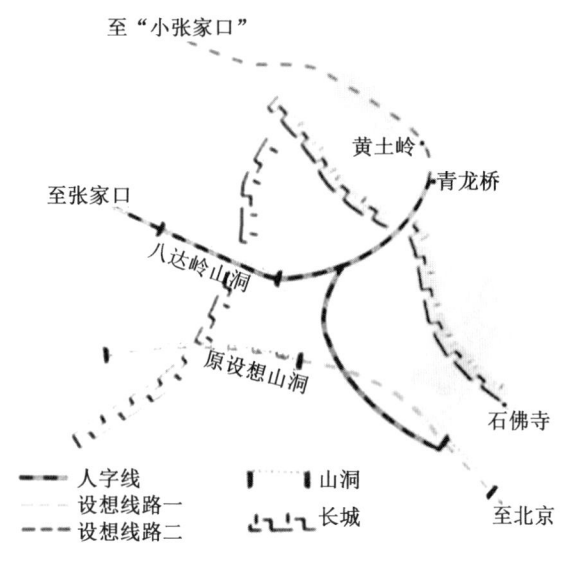

图 2 "之"字形路线图

（2016 年 4 月 1 日作者摄自"中华世纪坛之纪念詹天佑诞辰 155 周年展览"）

选择"之"字形路线首先是为了缩短隧道长度，而增设居庸关隧道则首先是为了降低路线的坡度。在最初的路线设计中，京张全线只需开凿三个隧道，即五桂头隧道、石佛寺隧道和八达岭隧道。等到实际施工时发现，居庸关处坡度远远大于铁路路线要求之极限。于是，詹天佑决定在居庸关处增开一个隧道，即居庸关隧道。为了在山腰的最狭窄处开凿隧道，又为了避开民房、减少道基的培高工程量，詹天佑选择架设桥梁绕道而行，最终实现了工程目的。建成后的京张铁路，像一条巨龙盘桓于崇山峻岭之间。百余年来，京张铁路上的列车驰骋于京冀大地，日夜不息。京张铁路连同路线上行驶的列车，早已融入到了自然环境中。

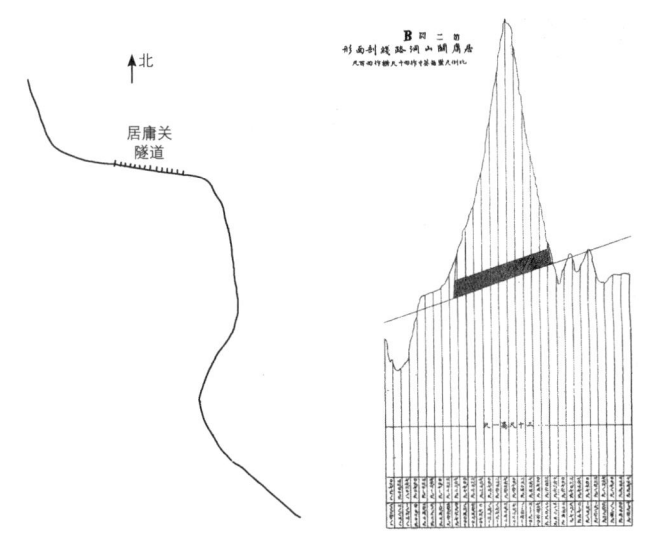

图3　居庸关隧道取线及开凿部面示意图

[左图为作者手绘;右图引自《京张铁路工程纪略(附图)》(国家图书馆缩微中心)]

工程的建设,既是对自然的改造,也是对自然的顺从,表现了人与自然的和谐相处,体现了人类在满足自身需求的过程中,对大自然的敬畏。

五、京张铁路工程的普遍意义及其特殊性

作为铁路工程,京张铁路同所有铁路工程一样,都是应社会需求、受技术水平限制、在一定工期和经费的约束下,在所处的自然环境中,实现人类的建造目的。这是所有工程的共同之处。铁路主要功能是交通运输,实现客货的空间转移。京张铁路同其他铁路一样,其工程有社会需求,需要经费支持,有统一管理的建设团队,连通着两个地点间及沿线的客货往来。

但是,一项工程的建设,与其社会、时代背景密切相关,这也是不同工程具有不同特质的重要原因。京张铁路能够在近代中国铁路建设史中占据特殊的地位,与其特殊性密不可分。首先,京张铁路不是近代中国建设的第一条铁路,但它是由中国工程师独立完成的第一条干线铁路,是西方铁路筑路技术首次在中国实现本土化的一条铁路,因此它在铁路技术移

植中国的过程中具有特殊的意义和价值。其次,京张铁路建设经费完全由中国国内自筹,有效遏制了外国利用资金投入控制路权的野心。1894年之后,一方面清廷财力有限,另一方面列强手持不平等条约,利用资金入侵和工程师主持建设铁路染指中国路权。外人掌控路权不仅侵占铁路运营收入,更严重危害了国家主权,清廷对此洞若观火却又无可奈何。而京张铁路不仅具有明显的经济价值,更具有重要的军事意义。能够控制京张路权,不仅控制了京张铁路的运营收入,更增强了晚清朝野自办铁路的信心。再次,就京张铁路自身而言,其工程难度在近代中国是空前的,尤其是越过八达岭一带的施工。具有丰富经验的外国工程师金达亲自勘测此线,认为在有限的工期和资金内,中国工程师不可能完成此路线的建设。亦有外国报纸对总工程司詹天佑冷嘲热讽。但中国工程师凭借着精妙的设计、丰富的经验,不仅借鉴国外经验还大胆创新,保质保量地完成了整个工程。詹天佑不仅采用了"之"字形路线,还引进了"自动挂钩";不仅使用竖井法增加工作面,还创新地将炸药使用在隧道的开凿中。这些举措在京张铁路工程中可圈可点,大大提升了京张铁路的工程价值。

京张铁路正是基于以上特殊性,才在中国铁路建设史中具有里程碑的意义。京张铁路的特殊性更好地诠释了其作为一项工程所应该具有的特殊意义。

六、结语

作为由中国工程师独立完成的第一条铁路,京张铁路无疑是一项成功的工程。它实现了"质量好、进度快、费用少"的既定目标,不仅在铁路工程界产生了重大影响,也在社会各个方面获得了广泛的赞誉。李四光曾说:"詹天佑领导修建京张铁路的卓越成就,为当时深受侮辱的中国人民争了一口气,表现了我国人民伟大的精神和智慧,昭示着我国人民伟大的将来。"作为一项工程,京张铁路修建过程充分体现了工程社会学及工程哲学的各项内容,是一个内容丰富的案例,值得进一步深入研究。

(原载《工程研究——跨学科视野中的工程》2020年第4期)

(四) 其他

清代察哈尔都统职任考略

阎晓雪　陈新亮　薛志清[①]

　　察哈尔意为"洁白",乃蒙古语音译。该地区在明是宣府、大同边外地,广设卫所管理。清初置宣府镇,隶直隶省,归直隶巡抚管辖。康熙十四年(1675),清圣祖徙原驻义州的察哈尔部来此游牧,"壩内农田,壩外牧厂"[②],察哈尔地区成为内属蒙古察哈尔旗民与汉人杂居之所。察哈尔乃前望京师,后控大漠,左抱居庸之险,右拥云中之固的所在,是清廷控制西北的孔道,康熙帝征噶尔丹、乾隆帝伐准噶尔都经此出塞。清廷为控扼蒙古和威慑西北,在察哈尔地区部署重兵,辖以高官,渐设都统以治之。

一、都统的设立

　　蒙古是满洲稳固统治的亲密伙伴,康熙十三年(1674)就曾调"蒙古兵从张家口入塞南征"[③],协助朝廷平定三藩之乱。但并非所有蒙古王公

[①] 阎晓雪(1978—),女,河北唐山人,河北北方学院法政学院讲师,历史学硕士,主要研究方向为中国古代史和地方史;薛志清(1972—),女,河北赤城人,历史学博士,河北北方学院法政学院副教授,研究方向为秦汉史。
[②] (清)赵尔巽:《清史稿》,北京:中华书局,1976年,第1915页。
[③] (清)郭维城、王告士等纂修:《宣化县新志》卷十八《大事记》,《影印中国方志丛书》,台北:成文出版社,1968年,第27页。

扎萨克都安心归附满洲,故在清廷八旗兵丁调往西南之际,察哈尔蒙古在东北义州旧地发动叛乱。康熙帝平定察哈尔叛乱后,移其部众的绝大部分游牧于宣化、大同边外。撤销其八旗扎萨克,仿满洲八旗建制,分左右两翼,每翼各四旗,设立总管管辖之。总管由满洲蒙古人担任。此后,察哈尔蒙古成为内属蒙古,"总隶于理藩院典属司。此八旗在蒙古四十九旗外,官不得世袭,事不得自专"①,对属民和土地都丧失了自主支配权。察哈尔蒙古被取消了世袭爵位,成为清廷直辖之下的八旗子弟兵。

　　察哈尔地邻京师,又多险要关隘之地,是清廷畿辅驻防的重要部分。为进一步稳固对该地区的控制,朝廷在察哈尔蒙古内部掺入了大量的其它蒙古部众。如康熙三十六年(1697)将两次亲征噶尔丹后来降的厄鲁特丹济拉所率家属79人"编入察哈尔旗,分佐领,其属下人酌可用者被甲,给以钱粮"②,康熙三十七年(1698)又将厄鲁特诺尔布、丹津阿拉布坦等属下之人编为11个佐领,纳入察哈尔上三旗各两个,下五旗各一个③。此后直至乾隆朝,仍不断有编佐入旗者,故察哈尔八旗内,有新、旧厄鲁特之分,"俱照其族属分编"④。察哈尔部众仍以游牧为生,还保持着原有的生产方式和生活习惯,负责牧放清廷所属的牛羊马驼群。据《口北三厅志》卷四《职官志》记载,管理镶黄正白正黄三旗牛羊群总管和副总管均为满洲正黄旗人。管理镶黄正黄正白三旗马驼群总管也是满洲正黄旗人居多,而且常常是副都统兼职。察哈尔部为朝廷放牧,有"从征随围"之责,政府并不会为此向其发放钱粮⑤。

　　满清立国后,沿袭前明旧俗,实行重农实边之策。屯田养兵,募民于塞外屯垦。至乾隆二十年(1755)仅张家口理事同知署即可得"正黄半旗招民垦种地二千四百三十顷三亩零,又东四旗各旗佐领入官地一千六十

---

①(清)魏源:《圣武记》卷三,北京:中华书局,1984年,第97页。
②《清圣祖实录》卷一百八十五,康熙三十六年九月癸未,北京:中华书局,1985年(影印本),第976页。
③《清圣祖实录》卷一百八十七,康熙三十七年三月壬辰,第996页。
④(清)张廷玉:《清朝文献通考》卷一百八十三《兵考》,北京:商务印书馆,1936年,第6440页。
⑤《清圣祖实录》卷一百五十,康熙三十年二月癸酉,第664页。

四顷七十七亩零,共地三千四百九十四顷八十亩零"①的成绩,既达到了实边目的,也增加了政府的财政收入,稍解军粮不足的问题。察哈尔自古即为引弓之民牧养牛马之地。大肆垦殖必然要日益侵占牧厂,冲击察哈尔旧有的生产生活方式,引起一系列的民族问题和地域纠纷。为解决这一问题,清廷不断改变察哈尔的行政建制和军事驻防体制。顺治初年,察哈尔地区的独石口、张家口、古北口等地仅设防御1人或2人。康熙十四年在察哈尔八旗"每旗设总管一人,副总管一人……在京蒙古都统兼辖之……寻设张家口总管……"②。统率人物的级别不断提高,直至乾隆二十六年(1761)设察哈尔都统(从一品)管理该地事务。

二、都统的职能

察哈尔地方冲要,清廷设立大员管理实属必然。乾隆二十七年(1762)八月,清高宗任命巴尔品为察哈尔都统,驻扎张家口,谕示其统辖范围甚广:"总管察哈尔左右两翼副都统、八旗总管,管辖满洲、蒙古官兵及张家口理事同知……至钱谷词讼,民间情事,俱属地方管理,不得干预。其宣化、大同二镇,附近张家口地方,亦听尔节制。"③其实至乾隆朝,国家承平日久,军职相较于地方督抚来说事务要少得多,故旗人中较为干练的常常被任命为督抚。但察哈尔都统相较于其它地方驻防将军来讲,职权较大,地位较高。故清高宗时曾有"察哈尔事繁,积福稍觉年迈……积福著补授绥远城将军"④的事情发生,这显然是乾隆皇帝认为察哈尔都统的职任要重于绥远城将军。察哈尔都统及其下辖的各城守尉均为满缺,把管理游牧、训练八旗兵丁和镇抚地方作为其主要任务。

(一) 管理游牧,兼理马政

天聪年间,孔果尔额哲率察哈尔部来降,满洲即将其部编为八旗,驻

---

① (清)金志节修,黄可润增修:《口北三厅志》卷五《村窑户口》,《影印中国方志丛书》,台北:成文出版社,1968年,第14页。
② (清)赵尔巽:《清史稿》卷一百三十《兵志一》,第3864页。
③ 《清高宗实录》卷六百六十九,乾隆二十七年八月丙辰,北京:中华书局,1985年影印本,第478页。
④ 《清高宗实录》卷一千二百一十四,乾隆四十九年九月乙丑,第284页。

义州。康熙十四年,圣祖平定布尔尼兄弟叛乱,迁察哈尔部众驻牧宣化、大同边外。"又以来降之喀尔喀、厄鲁特编为佐领隶焉。乾隆二十六年,设都统,驻张家口"①,主抓察哈尔游牧八旗事务。其辖地"东界克什克腾,西界归化城土默特,南界直隶独石、张家二口及山西大同、朔平,北界苏尼特及四子部落,袤延千里"②,为国家繁养了大量的马匹。察哈尔部豢养的马匹的使用方向主要有三:

1. 御马

清代王室马匹使用量很大,"谒祖陵,需马二万三千余匹,东西陵需马四千三百余匹"③。皇帝巡幸和行围,扈从官弁人等,均配置官马骑乘。庞大的马匹使用量使得清政府对马政十分重视。清立国之初即沿袭明代旧制,设立御马监,康熙年间改为上驷院,主管御马的养殖与使用工作。察哈尔牧厂是御马的主要来源之一,帝王拜谒祖陵"悉取察哈尔牧厂马应之"④。察哈尔游牧族群养殖着大量的国家马匹,国家专门派遣副都统或侍卫负责其马匹养殖放牧工作。

2. 驿马

古代社会尚无邮政系统,消息的传递常靠驿站进行。清代驿马数目高达43300多匹。边外的驿站制度定于康熙九年(1670),凡"理藩院饬赴蒙古诸部宣谕公务,得乘边外驿马"⑤。康熙三十五年(1696)征噶尔丹,边外贫瘠,军粮难于自给。故于边外设5处驿站,专管军粮运输。此后自张家口外广设蒙古驿,视州县的冲繁程度,配驿马数匹至数十匹不等。

2. 战马

"咸丰四年(1854),科尔沁亲王僧格林沁剿捻,檄取察哈尔战马六百匹。"⑥但此时的察哈尔马政废弛,战马不堪乘用,僧格林沁怒而上奏。朝廷严令察哈尔都统庆昀整顿马政。

---

① (清)赵尔巽:《清史稿》,第2479页。
② (清)赵尔巽:《清史稿》,第2479页。
③ (清)赵尔巽:《清史稿》,第4171页。
④ (清)赵尔巽:《清史稿》,第4171页。
⑤ (清)赵尔巽:《清史稿》,第4176页。
⑥ (清)赵尔巽:《清史稿》,第4174页。

为保证国家马匹的使用,清廷规定了非常严格的马政,禁止私人豢养大量马匹,对官员养马也有诸多限制。察哈尔牧群收放时,朝廷会派遣大臣督察。官马如果踣毙,牧民需上呈死马的眼耳尾,经查验属自然死亡,仍需按价折交。但嘉庆十一年(1806)仍旧查出察哈尔官兵私自卖马的弊案①。

(二)整饬武备,统率八旗

清廷立国之初就建立了严格的八旗制度。八旗兵丁由满洲将军、都统管辖。棋布全国各地,"自畿辅达各省,东则奉、吉、黑,西回、藏,北包内外蒙古,分列将军、都统及大臣镇抚之"②。察哈尔驻防兵属于清廷畿辅驻防体系,系满洲蒙古八旗官缺,有"副都统二人,城守尉二人,协领九人,防守尉十六人,佐领二十五人。防御七十人。骁骑校七十三人"③。这些官兵自乾隆二十六年后均归察哈尔都统管辖。

1.管理官兵

清代察哈尔都统军队驻地为三:其一驻张家口外,乃镶黄、正黄、正红、镶红四旗;其二驻杀虎口外,镶蓝一旗;其三驻独石口外,正白、镶白、正蓝三旗④。

驻防京畿的满洲兵丁本无总管大臣,由协领等官管辖。因此,教训兵丁、稽查官员之事颇为松散,缺乏有效的约束力。自乾隆初年,朝廷将独石口、千家店、张家口、古北口、昌平州、郑家庄6处定为一路,每年秋季派遣在京护军统领或副都统一员前往稽查是否有妄行生事之人。乾隆五年(1740)设独石口副都统1人,张家口古北口两处驻防皆归其管辖。"(乾隆)二十六年,张家口官兵事务归察哈尔都统管辖。郑家庄裁防御骁骑校各六人。二十九年(1764),移右卫官兵驻张家口,设满洲协领一人,佐领八人,蒙古协领一人,佐领二人,满洲防御六人,蒙古防御二人,骁骑校二人,步军尉二人。裁张家口原设总管一人,改设协领一人,裁张家口原设

---

①(清)赵尔巽:《清史稿》,第4178页。
②(清)赵尔巽:《清史稿》,第3384页。
③《钦定大清会典事例》卷五百四十四《兵部·官制·畿辅驻防》,光绪二十五年(1899)重修本。
④宋哲元:《察哈尔通志》卷一《疆域编》,民国二十四年(1935)刻本,第3页。

防御二人,骁骑校八人。其缺改补右卫官员……独石口、千家店、昌平州三处官兵,改属驻扎张家口之察哈尔都统兼辖……三十四年(1769),裁张家口步军尉二人。三十五年(1770),张家口裁满洲佐领二人,蒙古佐领一人,其佐领事务,归协领兼管。"①

2. 考选下属

清代军政考选5年一次,每到军政之年,军政大员要遵例自陈,且需对下级官员予以考察,并填写考语,内容主要是4项:(1)操守:廉、平、贪;(2)才能:长、平、短;(3)骑射:优、平、劣;(4)年岁:壮、中、老。有无军前受伤或者军功等要注明,送兵部造册,作为官员履历。其中表现卓异者咨部引见,年老有疾者革职。察哈尔驻防满洲官位,乃八旗世职,一旦缺出照例补选。如张家口驻防总管是镶黄旗满洲缺②,应由兵部按例补选。但实际上新选之总管未能谙熟旗务,于事无补。故此乾隆三十三年(1768)谕"嗣后察哈尔总管缺出,著都统等于该处副总管世职内,拣员保送。该部(兵部)带领引见补授,如不得其人,再行奏请另补"③。其实,察哈尔都统辖下真正手握实权的并非总管,而是协领。他们驻防各处,具体管理满洲官兵,责任重大。如果贸然选用世职人员补授,不能胜任职务者甚多。故自嘉庆十年(1805)开始八旗协领补授全部先将等试用,"轻车都尉减等先补佐领。俟试看一二年后,如果办事好,能胜协领之任,遇有协领缺出,仍准该管大臣酌量升用。骑都尉以佐领用,云骑尉以防御补用,恩骑尉以骁骑校补用,至甫经当差之年幼世职不能办事之员,不准拣选保送"④。

3. 训练兵丁

清政府实行满汉分治政策,八旗兵丁居住地俗称"满人城"。城内学堂、庙宇、市肆和仓库等的文化和生活场所单独兴建,配备军事设施,实行

---

①《钦定大清会典事例》卷五百四十四《兵部·官制·畿辅驻防》,光绪二十五年(1899)重修本。
②(清)金志节修,黄可润增修:《口北三厅志》卷四《职官》,《影印中国方志丛书》,第26页。
③《清高宗实录》卷八百二十二,乾隆三十三年十一月乙丑,第1160页。
④《钦定大清会典事例》卷五百五十八《兵部·官制·补授八旗武职通例》,光绪二十五年(1899)重修本。

军事化管理。察哈尔都统"掌镇守险要,绥和旗民,均齐政刑,修举武备"①。都统官署位于满人城内,就近管辖。同时各地分驻佐领或防御掌户籍,以时颁其教戒。察哈尔兵丁"从征随围,凡有差使,一同效力"②,是国家军队的中坚力量之一。乾隆帝训诫巴尔品要持躬公正,律己严明,"董率属弁,训练兵丁,练习行围,以精技艺。整理器械,以壮军容。所统弁丁有不遵训令者,听尔参处"③,最能反映察哈尔都统身负训练兵丁之重任。

(三)调节纠纷,稳定地方

自康熙十四年起,口外为察哈尔八旗游牧之所,维持着蒙古族的生活方式。但朝廷认为察哈尔八旗分驻之所,旷土闲田广布,是个很好的垦种之所。自雍正年间开始,朝廷募民垦种察哈尔,"壖内以为农田,画井分区,村落棋布……耕氓皆冬归春往,毋得移家占籍"④。虽垦种汉民均冬归春往,但察哈尔地区村窑日多,成为地方赋役的重要来源之一。分驻乌里雅苏台千总管下,自朝阳村起西至镇虎台口外山西丰川卫界,共125村窑。"系正黄旗游牧境内,旗户一十九,民户二千三百五十四铺户二百六十三,通共户二千六百三十六。"⑤分驻太平庄把总管下子乌喇哈达其,东至龙门沟独石口界北至吗呢壖多伦诺尔界共一百六十一村窑。"系镶黄旗游牧境内,旗户五百零七,民户二千八百二十四,铺户一百零五,通共户三千四百三十六。"⑥满汉民族之间、农耕与游牧生产方式之间矛盾增多,但"察哈尔镶红旗右翼四旗副总管及捕盗官,不晓清文蒙古语者甚多,有名无实"⑦,难于处理纠纷,故朝廷采用境内分防的办法,于张家口设理事

---

① (清)赵尔巽:《清史稿》,第3383页。
② 《清圣祖实录》卷一百五十,康熙三十年二月癸酉,第664页。
③ 《清高宗实录》卷六百六十九,乾隆二十七年八月丙辰,第478页。
④ (清)金志节修,黄可润增修:《口北三厅志》卷五《风俗物产》,《影印中国方志丛书》,第25页。
⑤ (清)金志节修,黄可润增修:《口北三厅志》卷五《风俗物产》,《影印中国方志丛书》,第20—21页。
⑥ (清)金志节修,黄可润增修:《口北三厅志》卷五《风俗物产》,《影印中国方志丛书》,第21—22页。
⑦ 《清高宗实录》卷六百七十,乾隆二十七年九月己巳,第491页。

同知,作为佐贰官专门处理上述事务,归察哈尔都统节制。张家口理事同知不是独立的地方建制,而是一个办事衙门而已。理事同知虽然归都统节制,但其是地方行政编制而非都统属员,以满洲例选,只有满洲人或蒙古人方能入选。

清代八旗子弟世代披甲食粮,若不能当兵则成为"闲丁",是社会上特殊的寄生阶层。故此八旗子弟千方百计加入兵丁行列。政府对世管职务管理甚严,(嘉庆)十二年(1807)议"世管佐领缺出,其出缺之人,并无子嗣,将过继之子承袭者,该旗查明过继之子,是否原立官嫡派子孙。如系原立官嫡派子孙,准起拟正,如系远房支派,虽经过继为嗣,不准承袭。该旗将原立官支派内袭职有分之人,拣选承袭"[①]。这些闲丁就成为社会不稳定的因素之一,地方督抚难于制衡,故此国家特别拣选满洲人来管理。

同时,塞外生存艰难,民生不裕,年逃亡者众。圣祖时,"满洲家人一年之内逃者千余,缉获者不及百人"[②]。故八旗内部均设捕盗官专管缉逃之事。都统设立后,此事由都统负责。

三、都统的影响

驻防察哈尔都统在清乃武职高官,从一品,概定满缺,镇抚察地。

(一)震慑要塞

察哈尔既是清廷控扼西北的孔道,蒙汉民族的缓冲地带,也是蒙古八旗兵丁的来源地,朝廷马匹的养殖地,战略地位十分重要。清廷将其巩固统治根本的八旗子弟兵派驻此地不足为奇。察哈尔驻防军队管理人员级别最高者是乾隆二十六年设置的驻扎于张家口的察哈尔都统,属从一品武职高官,均为满洲旗人。下设分城管理的副都统两人,居于左右翼游牧边界,配合都统工作。"乾隆三十一年(1766),察哈尔左右翼副都统内裁

---

① 《钦定大清会典事例》卷五百五十八《兵部·官制·补授八旗武职通例》,光绪二十五年(1899)重修本。

② 中国第一历史档案馆:《康熙起居注》,康熙二十年十月二十八日,北京:中华书局,1957年影印本,第770页。

汰一人,留副都统一人,驻张家口,协同都统办事。"①八旗设总管和副总管各一人,分掌驻扎地的营房事务。其余还要有"参领、副参领各八人。佐领、骁骑校各百二十人。护军校百十有五人。亲军、捕盗六品官各四人"②等。这支军队由满洲蒙古兵丁组成,不理地方日常治安工作。如巴尔品被任命为察哈尔都统时,乾隆帝非常明确地要求他"钱谷词讼,民间情事,俱属地方管理,不得干预"③。都统的主要职任就是训练兵丁、整理器械等以保持八旗军队的战斗力,备国家不时之需。清廷在察哈尔部署重兵,可以达到震慑西北,巩护东北,监控蒙古等诸多目的。

(二) 保障游牧

察哈尔驻防官兵清初由京城八旗都统兼辖。乾隆二十六年设察哈尔都统之设,本为管理游牧八旗事务,辖张家口驻防官兵实乃兼职④。察哈尔部专为王室放牧,其放牧的土地牧场,均属清廷所有,受国家权力的极大限制⑤。驼马厂和牛羊群牧厂均设有四品总管主理放牧事宜。"(嘉庆)十三年(1808)议准,商都达布诺尔达里冈爱之马驼厂太仆寺两翼牧厂总管翼长缺出,将本牧厂应升官员,并察哈尔应升官员,一体拣选拟定正陪,带领引见补放。如由本牧厂官员补放,作为实授,停其试用,如由察哈尔官员补放者,仍带原衔顶戴,先令署理总管翼长事务,试用三年后,再行奏请实授……"⑥马驼严禁私售或借与人骑,"出厂时,毛齿皆有册,回日覆验,如疲瘵十不及三,免议,否则兵鞭责,官罚俸有差"⑦。官马出青,每百匹准倒10匹,逾额勒其买补。"凡营马或走脱窃失,责令赔补,谓之赔桩,年递减十之一,至十年悉免之。应敌伤损者免赔。骑至三年踣毙者

---

① 《钦定大清会典事例》卷五百四十五《兵部·官制·游牧察哈尔驻防》,光绪二十五年(1899)重修本。
② (清)赵尔巽:《清史稿》,第3388页。
③ 《清高宗实录》卷六百六十九,乾隆二十七年八月丙辰,第478页。
④ 《钦定大清会典事例》卷五百四十五《兵部·官制·游牧察哈尔驻防》,光绪二十五年(1899)重修本。
⑤ [日]田山茂:《清代蒙古社会制度》,北京:商务印书馆,1987年,189—190页。
⑥ 《钦定大清会典事例》卷五百五十八《兵部·官制·补授八旗武职通例》,光绪二十五年(1899年)重修本。
⑦ (清)赵尔巽:《清史稿》,第4178页。

亦免。其余一年或二三年蹉跎,赔额视其省而异,以十金为最多。同治二年,定古北口盘获私马逾三十匹者送京,不及三十匹赏与兵丁,著为令。"①

(三)管控地方

察哈尔内属蒙古,其统策融合了蒙旗扎萨克与内地驻防将军制度特色,又有所不同。蒙旗扎萨克与属民有严格的人身依附关系,财政、民政、司法、军事等大权独揽。察哈尔都统却与财权分离,符合魏源说的"各省提镇、驻防将军,掌兵柄而不擅财赋,与文臣互相牵制"②的状态。

察哈尔驻防官兵由各地八旗调来,关系仍隶原旗,科举或归葬等事亦需归原地,并非本地世袭而来,与都统无人身依附关系。清廷对八旗官兵计口受田,旗人一旦披甲即可食粮。但其土地归国家所有,官兵对国家有人身依附而已。察哈尔八旗官兵久居驻防地,披甲子孙在张家口养育数世之久,其调遣、拨补和奖惩等由都统掌握。此即乾隆帝所谓"所统弁丁有不遵训令者,听尔参处"③。由此可见,察哈尔都统在驻防八旗官兵中的统帅地位是受到国家正式承认和保护的。

察哈尔游牧八旗与蒙旗扎萨克不同,是国家牧民,与都统没有人身依附关系。他们以游牧为生,保持传统的生活方式。其佐领等职并非完全世袭,国家会多所干涉。(嘉庆)十二年议准,"世管佐领缺出,其出缺之人,并无子嗣,将过继之子承袭者,该旗查明过继之子,是否原立官嫡派子孙。如系原立官嫡派子孙,准起拟正,如系远房支派,虽经过继为嗣,不准承袭。该旗将原立官支派内袭职有分之人,拣选承袭"④。这种干涉主要依靠察哈尔都统来完成。

总之,清代察哈尔都统身兼数职,地位冲要,员缺由"前锋护军各统领、满洲蒙古副都统、满洲蒙古任汉军副都统、满洲蒙古任外省提督职名,

---

① (清)赵尔巽:《清史稿》,第 4178—4179 页。
② (清)魏源:《圣武记》卷二,北京:中华书局,1984 年,第 80—81 页。
③ 《清高宗实录》卷六百六十九,乾隆二十七年八月丙辰,第 478 页。
④ 《钦定大清会典事例》卷五百五十八《兵部·官制·补授八旗武职通例》,光绪二十五年(1899)重修本。

开列题补"①,是从一品的高官,地位尊崇。其主职是署理察哈尔游牧旗人与八旗兵丁,不属于州县官员之列,亦不用回避直隶省五百里以内之州县缺②,同时身兼民政,节制张家口理事同知,执行蒙汉民族隔离政策,是满清政府畿辅驻防和近边地区管理的重要部分。清代后期因俄国侵略步伐加紧,政府被迫放弃禁垦政策,移民实边,鼓励开发北部边疆,在垦区仿照内地行政建制,陆续设立州县。察哈尔都统日渐插手民政,如光绪三十三年(1907)七月二十七日,察哈尔都统诚勋上奏"筹边当以近边为入手,近边尤当以近畿为入手"③,明确主张察哈尔建省。虽然立省之议因某些原因而废弛,但察哈尔都统在该地区的影响力不断提升,至民国时代,察哈尔设立特别区,由都统负责治理,察哈尔都统成为真正意义上的地方大员。

(原载《河北北方学院学报(社会科学版)》2014年第1期)

---

① 《钦定大清会典事例》卷五百五十八《兵部·官制·补授驻防都统》,光绪二十五年(1899)重修本。
② (清)福格:《听雨丛谈》卷五《本省人作本省官》,北京:中华书局,1984年,第120页。
③ 中国第一历史档案馆:《光绪朝朱批奏折》第33辑,北京:中华书局,1995年,第76—79页。

北洋时期察哈尔都统考略

阎晓雪　薛志清　肖守库[①]

察哈尔位于"宣化、大同边外"[②],清初设都统以治之。乾隆帝说察哈尔地:"高下龙堆万马趋,直将漠外作疆隅。汉家只守飞狐岭,坐使中原失远图。"[③]突出强调了察地军事重镇的地位。至清末,日俄觊觎北疆,边防紧要,察地始有立省之议。如光绪三十三年(1907)七月二十七日,察哈尔都统诚勋上奏,认为"筹边当以近边为入手,近边尤当以近畿为入手",察哈尔"内连畿辅,外接俄疆",论地势,则察哈尔视东三省尤重;而论改制,则察哈尔视绥、热尤急。他主张察哈尔与绥远、热河皆列为行省,统称为北三省,另以直隶之宣化、山西之大同二府择要拨归察哈尔管辖,或改名为北直隶,仿东三省例设总督1员管辖三省,或即名宣化省,仍由治理

[①]阎晓雪(1978—),女,河北唐山人,河北北方学院法政学院讲师,历史学硕士,主要研究方向为中国古代史和地方史;薛志清(1972—),女,河北赤城人,历史学博士,河北北方学院法政学院副教授,研究方向为秦汉史;肖守库(1967—),男,河北省滦南县人,张家口师范专科学校政史系讲师,学士。

[②](清)赵尔巽:《清史稿》,北京:中华书局,1976年,第2479页。

[③]杨溥:《察哈尔口北六县调查记》,北京:京城印书局,民国二十二年(1933),第3页。

总督兼辖,设巡抚1员兼都统,先驻张家口,将来改驻兴和故城①。然而,此议未见果行,料与清末财政困难、边用不足等因素有关。1912年外蒙古宣布"独立",内蒙古不稳,热河多动。1914年6月,经多方筹议,北洋政府宣布设察哈尔特别区,建立了一种既区别于传统的蒙古族扎萨克,亦不同于内地行省制的军政合一的特殊管理体制。特别区最高长官沿袭清制,仍称都统。1928年10月,国民政府令:察哈尔特别行政区改为察哈尔省,废除都统制,改为省主席制。在存续的10余年间,察哈尔都统为稳定西北边疆、开发长城边外作出了重要贡献,是西北边疆史研究的重要内容之一。

一、都统之设置

清政府被推翻后,察哈尔仍专营八旗四牧群事项,都统和都统署侨治张家口(当时,张家口隶属直隶省万全县)。民国三年(1914)北洋政府改察哈尔为特别区后,因治所无合适地点,仍沿袭旧制,都统署继续借驻张家口。察哈尔特别区的设立和察哈尔都统的任命,是察地地方建制的关键一步,此后察地的地方行政机构逐步完善起来。由于北洋时期政局动荡,特别区存在的17年(1912—1928年)间,察哈尔都统几经变换,折射出北洋时期军阀混战之概貌。

(一) 都统之署衙

北洋时期,特别区及都统署本为察地设省之预备。为此,特别区于1922年组织"省制促进会",并发表宣言,却或因地方官绅反对,或因经费缺乏,或因时间紧促,或因军阀混战,而最终没有结果。但特别区设立了3厅3处1局,在完备地方建置方面取得了一定成就。3处指政务处、警务处、审判处,3厅指财政厅、实业厅、教育厅,1局指财政部察哈尔印花烟酒税局。

政务处建置于清宣统二年(1910),民国三年改特别区后沿袭,"掌理

---

① 中国第一历史档案馆:《光绪朝朱批奏折》第33辑,北京:中华书局,1995年,76—79页。

户籍警察民团宗教事项,并辖救济院,兼管赈务会①,下有孤儿所、养老残废所、贫民收容所和民生工厂等救济机构。警务处于民国四年(1915)设,总管域内警察行政。审判处于民国三年建立,专司诉讼审判,五年(1916)附设塔垣、贡果罗、巴音察汗、阿桂图、明安等5处审判处,主要管理蒙古人之间初级案件;附设地方庭,审理察属初级第二审案件及官吏犯赃等案,又附属两个监狱,第一监狱在南教场,第二监狱在西沙河。

民国三年设立察哈尔财政总局,其前身是成立于光绪三十三年的财政总局(原为都统署筹饷局,掌管旗群官兵饷,征收牲畜等捐,兼管一部分都统署之财政)。同年,因划直、绥两地之张家口、多伦、独石、丰镇、凉城、兴和、陶林、集宁等8县归察哈尔特别行政区,裁财政总局,成立财政分厅。民国六年(1917),奉令改称为察哈尔财政厅。同年设实业事务所,七年(1918)改为实业厅,主要管理全区交通水利、农林垦牧、工商矿务。教育厅是由民国四年察哈尔都统何宗莲筹办的汉蒙教育事务所变化而来,经教育部备案,专管察哈尔八旗教育。嗣所内组织扩充,除原有八旗四群国民学校10余处,张家口小校数处外,都署直辖之区立中学、师范两校,及兴和道(成立于民国三年,辖张北、多伦等8县)所辖之各县局学校,亦划归管辖。民国十三年(1924),经都统署政务会议决定,改汉蒙教育事务所为教育厅,管理全区教育行政事项②。

另外,察省还专门设有察哈尔印花烟酒税局,原为地方税收,属于财政厅管辖,民国三年划为国税,归国家财政部直辖。

(二)都统之辖区

民国元年(1912),察哈尔都统仍管理察哈尔部8旗4牧群之地。设特别区后,都统称察哈尔特别区都统公署,北洋政府以锡林郭勒盟(10旗)、察哈尔部(8旗4牧群)及张北、独石、多伦(前身为清代口北3厅,即张家口厅、独石口厅、多伦诺尔厅,民国二、三年改为县制,原隶属直隶;独石县民国四年改称沽源县)、丰镇、凉城、兴和、陶林、集宁(原属绥远)等8县为其辖区。此后,为适应垦殖政策下口外人口结构、经济结构的变化,

---

① 宋哲元:《察哈尔通志》卷一《疆域编》,民国二十四年(1935)刻本,第3页。
② 宋哲元:《察哈尔通志》卷一《疆域编》,民国二十四年(1935)刻本,第2页。

北洋政府在旗群之地析出设县,宝昌于民国六年设治改县,商都于民国七年设治改县,康保于民国十二年(1923)设治改县。至此,察哈尔都统正式辖11县、1盟、18旗及4牧群。

县治的普遍设立,使察哈尔地方建置日渐完备,并使都统正式突破军事长官的限制,兼管一地之政务。这是北洋时代边疆政区改革关键的一步,察哈尔逐步向内地行省转化。

(三)都统之选任

北洋政府时期,据钱实甫《北洋政府职官年表》,察哈尔都统共录10位,分别是何宗莲(1912.10—12署,1913.12—1915.8正任)、段芝贵(1912.12—1913.7)、张怀芝(1915.8—1916.5)、田中玉(1916.6—1917.10,1918.3—1919.12)、张敬尧(1917.10—1918.3)、王廷桢(1919.12—1920.9)、张景惠(1920.9—1922.5)、张锡元(1922.5—1924.12)、张之江(1924.12—1926.8)、高维岳(1926.8—1927.6)。另据《张家口文史资料》(第二十三辑)之《察哈尔特别行政区都统、省政府主席简介表》记录,察哈尔都统则共有14位,分别是何宗莲(1912.9—1915.8署)、段芝贵(1912.12任,未到职,由何宗莲署)、张怀芝(1915.8—1916.6)、田中玉(1916.6—1917.1署,1917.1—1919.12任)、王廷桢(1919.12—1920.9)、张景惠(1920.9—1922.5)、谭庆林(1922.5.22—1922.5.29护理)、张锡元(1922.5—1924.12)、张之江(1924.12—1926.4)、郑金声(1926.4.5—1926.4.26)、鹿钟麟(1924.4.29—1924.8.26)、高维岳(1926.8—1928.5)、商震(1928.5—1928.9,因军务繁忙,托张励生主政)、张励生(1928.5—1928.9代署,1928.9—1928.10代)。两表比较,在人员数量、任职离职时间等多有抵牾,当另文勘正。

北洋时期的察哈尔都统明显呈现两个特点:一是均为行伍出身,其中何宗莲、段芝贵、田中玉、张怀芝毕业于北洋武备学堂,张景惠出身保定军官学校,王廷桢出身日本陆军士官学校,高维岳、商震毕业或肄业于东北讲武学堂等。他们是职业军人,而任职地方,兼理军政民政,更能凸显察哈尔都统在行军打仗、训练兵丁、镇边守关、维持地方诸方面之关键作用。二是交替频繁,在位长者二三年,短者数月甚至十数天,成为派系夺权、军阀混战,势力此消彼长的缩影。如1920年,在张作霖力荐下,北洋政府委奉系要员张景惠为察哈尔都统。1922年,直奉战争中奉系战败,北洋政府马上下令免除察哈尔都统张景惠本职。三是前期多由政府或总统任命,后期则多由掌控察哈尔之军阀或军事势力自己任命,郑金声以下大抵如此,一方面反映了中央日弱,地方割据日强之事实,另一方面反映了西北军、奉系、晋系在察哈尔角逐之情势。

二、都统之职能

察哈尔特别区是与省级平行的行政建置,属军政合一体制。都统管辖军民两政,是特区军民两政最高主管。民国十七年(1928),奉、晋交战,张作霖在占领察哈尔后,颁布《都统公署暂行条例》,凡28条,规定都统统辖所属部队,管理该区域军政民政事务;都统于军政事务计划及命令承大元帅之命受军事部之监督;都统于管理区域内有维持地方安宁之责,遇有特别事变或所辖道尹之呈请,认为必要时方得使用兵力[①]。上述诸规定,虽含有直属领导及机构的变化,但大致概括了察哈尔都统之权限职责。

(一)军务

察哈尔日渐行省化的原因之一即为军事地位重要。都统下有镇守使、参谋长、道尹与特派交涉员,以上官职由中央任命。都统自由任命的有参谋2人,副官2人,书记官3人。下分军务、总务两处,各设处长1人。军务处长由参谋长兼任,总务处长由书记官1人兼任。军务处管理军务,一般均设军务、军需、军法(军政)各课,各课长由都统推荐经陆军部任命。

一般而言,都统管理地方警备部队和统帅所属部队。据民国三年北京政府教令第85号规定,巡防、警备等队,除因特别情形应遵批令另案办理外,均归当地军政大员管辖。上述部队的工作如支用军费、任用军官、

---

① 张家口市政协文史资料委员会:《张家口文史资料》,张家口:张家口市日报社,1993年,第70—71页。

裁改编练等事,亦由军政大员咨陆军部核办。但若支用民政经费编设之警备队则不在此限①。所属部队主要指都统兼任军职而统帅的军队。如据1914年李奎元向陆军部报送的第一师出防兵数驻地及带兵长官中显示,驻扎在张家口的第一师官佐兵夫共6207员,归陆军第一师师长、察哈尔都统何宗莲督率②。又如,1924年,北洋政府委任张之江为察哈尔都统,是时,张本人还兼任冯玉祥部暂编第一师师长之职。

当然,在北洋政府时期,都统管辖部队的性质有时会发生变化,如张之江任察哈尔都统后,将该地驻军全部收编为国民军。都统手握重兵,甚至有权根据情况在当地适当补充兵源。暂编第一师就曾以各营号兵缺额甚多,派员"在张家口招募土著60名,组织预备号队以备补充"③。

鉴于都统军权过重,民国初,北洋政府在多伦设置镇守使,名义上协助都统管理军事事务,实际上为分都统之权。在都统反对下,1915年北洋政府决定将多伦镇守使移归察哈尔都统节制。6月察哈尔都统何宗莲呈文袁世凯,请求对多伦镇守使权限进行明确规定。要求"多伦镇守使所辖地方,遇有发生时间,除有特别紧急情形应一面报告中央一面报告都统外,其余均应禀呈都统办理"④。但都统与镇守使之间摩擦不断。民国六年,田中玉新任察哈尔都统,在军政事务处理上与多伦镇守使肖良臣不睦,引起肖辞职。田中玉乘机请示陆军部"将多防改为察东,以资控制"⑤。

(二)民政

察哈尔都统下辖道及县与蒙旗两级行政机构,实行县、旗分开管理。道主要负责所属各县的民政事务。都统署总务处实际负责民政。北洋政府时期,察哈尔都统在民政职责方面的主要体现有:

---

①张侠:《北洋陆军史料(1912—1916)》,天津:天津人民出版社,1987年,第23页。
②张侠:《北洋陆军史料(1912—1916)》,第63页。
③张侠:《北洋陆军史料(1912—1916)》,第188页。
④中国第二历史档案馆:《陆军部呈修改察哈尔都统管辖多伦镇守使权限规则请鉴核示遵文并批令(1915-06-25)·政府公报(第1127号)》,《中华民国史档案资料汇编》第3辑卷一《军事》,南京:江苏古籍出版社,1991年。
⑤中国第二历史档案馆:《田中玉为多伦镇守使改为察东镇守使请以唐启尧署理镇缺密电(1917-03-25)》,《中华民国史档案资料汇编》第3辑卷一《军事》。

1. 张垣建设

都统驻地张家口,自古为军事要塞,地广人稀,城市建设比较落后。为改变边区落后面貌,便利居民生活,丰富地方文化,察哈尔都统多方努力,其中西北军将领张之江成就最大。为根除市内水患,他上任伊始,以都统公署名义广撒募捐信,筹建清水河铁桥,得到当地商民鼎力支持,又博得各地人士同情,甚至是军事死对头军阀张作霖也认为"他这是修桥铺路,为民造福,我也要参加一份,捐款助他成此好事",非常慷慨地捐助银元10万元。在各方资助下,铁桥于1925年3月破土动工,1926年1月竣工通车,在大桥两边立铜牌,上刻"清水桥"(系张之江隶书题写,铜牌在"文革"中被拆),从此河水不再为患。为多方造福利民,他大力兴修马路,修筑边division街到都统署前、大河套东口到上堡东河沿两条马路,结束了张家口此前无马路的历史。又开通张家口至库伦、多伦等地的公路,有力地促进了察哈尔地区汽车交通运输业的兴盛,直至"外蒙瓯脱后,商旅断绝,此业因之衰歇"[1]。另外,张都统还将都统校阅驻防各营大校场于1924年改建为上堡公园;在市区设立街道居民组织,加强对市民管理,制定统一的户口管理制度;着手建立卫生检查制度,在警察分署下设立专业清扫队;于1925年夏在张垣建立第一支消防队,等等。张之江都统为张垣民政和地方建设的完善作出了不可磨灭的贡献[2]。

作为地方大员,都统大多会有关心民生的表现。如1915年8月26日张怀芝到任察哈尔都统,反对张家口车站搭收现银就是一例[3]。1916年6月9日到任的皖系将领田中玉都统,为人精细异常,连都统署食用的面粉都亲自过秤。当时没有电灯,为体恤民情,特定耗油标准,照数发灯油[4]。1926年,都统高维岳着力建设张家口上堡公园,种植花草树木,修建亭榭,堆造假山,挖沟引水,开设球场,等等。

---

[1] 杨溥:《察哈尔口北六县调查记》,第5页。
[2] 张家口市政协文史资料委员会:《张家口文史资料》,第374—375页。
[3] 张家口市政协文史资料委员会:《张家口文史资料》第28、29辑。
[4] 杨溥:《察哈尔口北六县调查记》,第5页。

2. 土地开垦

自清末以来,人们认为"察哈尔附近、围场地方,弥望沃壤"①。清政府决定放弃禁垦政策,采取移民实边政策,鼓励开发北部蒙疆。同年,清政府委派兵部左侍郎贻谷伟督办蒙旗垦务大臣,全面负责开垦乌兰察布盟、伊克昭盟及察哈尔蒙地事宜②。北洋时期,开垦事宜由察哈尔都统兼管。

民国五年,袁世凯批准察哈尔特区地方官员置买蒙古荒地③。同年,察哈尔当局决定开垦那王府地——哈拉罕,并委派专员卢师湘前往调查。卢在给都统的呈文中对哈拉罕的情况作了汇报:"狂风时起,飞沙走石,对面不能见人。已垦之地被风刮去地皮,年复一年,肥田变作瘠土,损害甚巨,恐将来致同石田之弃……该处宜于畜牧不宜于耕种。"④民国十年(1921),北洋政府批准察哈尔特区开垦牧地,使蒙古居民逐渐北移,十一年(1922),成立康宝设治局,主辖察哈尔东翼四旗、西翼正黄半旗游牧地的开荒垦殖。⑤ 十四年至十五年(1925—1926),在冯玉祥任西北边防督办时,都统又大力支持冯筹划屯垦诸项事宜。此后,因直系、奉系、晋系、西北军连年在察地征战,垦殖之事渐趋荒置。

3. 发展教育

察哈尔地区近代教育发轫于清末,但因位处边塞,地瘠民贫,教育比较落后,仅有小学数处。特别区成立后,致力发展教育。察哈尔都统如张之江,非常注意平民文化教育,曾议定《平民教育实施办法》,积极倡导平民识字。

北洋时期,在各都统大力提倡和扶持下,察哈尔近代教育迅猛发展。一是教育行政机构渐趋完善。在区建有蒙汉教育事务所,后改为教育厅;在县设有劝学所,后改为教育局。二是除高等学校外,初步构建起各级各

---

① (清)张之洞:《张文襄公全集》卷二《奏议》,北京:中国书店,1990年。
② 中国第一历史档案馆:《光绪宣统两朝上谕档》第27册,桂林:广西师范大学出版社,1996年,第243页。
③ 张家口市政协文史资料委员会:《张家口文史资料》,第45页。
④ 察哈尔全区垦务总局:《察哈尔全区垦政辑览》第4辑,沈云龙:《近代中国史料丛刊》第三编,台北:文海出版社,1988年,第154—157页。
⑤ 张家口市政协文史资料委员会:《张家口文史资料》,第54—56页。

类学校体系。在层级上,建有初级小学校、高级小学校、中学校。如1915年8月至1916年7月,国民学校、高等小学校校数合计194所,增加65所①,学生数合计4678名,增加2474名②。1913年,张北县约有小学校30余所,1927年,增至初级小学135所,男女高级小学9所。1915年,建区立中学1所,1927年,都统公署以"养心养性,正己正人"为宗旨,批准开办私立南壕堑教会养正中学;在类别上,建有普通学校、师范学校、实业学校、职业学校等。如1916年,建区师范讲习所,后改区立师范学校。1923年,设立张家口实业学校,由国民党人张励生先生出资兴办,1925年,改为官办。1925年冯玉祥任陆军检阅使兼西北边防督办,进抵张家口,其间建立区女子师范学校,创办西北妇女讲习所(由其夫人李德全任监督),添办女子习艺所等。这些层级递进、不同类别学校的建立,不但使察哈尔教育体系初步得以构建,而且随着近代教育的发展,对察哈尔产生了积极的社会效应,它促进了人们观念的变革,培养了新型知识分子,推动了社会经济的发展、妇女的解放、陋规的摈除等各项进步运动。

三、都统之作用

北洋时期,北疆不稳,沙俄窥视。为稳定北边,控扼西北及在军阀派系征伐时直趋京津、中原腹地,北洋政府在察哈尔特别区驻军极多。如何管理军队和维稳地方成为察哈尔都统最重要的工作,也是攸关察地是否稳定的关键因素之一。

(一) 筹措军饷,安定军心

北洋政府军队庞大,军费浩繁,每年军费开支约1亿5千多万元,占财政支出的1/3以上,政府财政负担极大③。北洋时期的政府直辖军队经费按月由财政部发放。民国五年军费预算,仅察哈尔一地,第一师1921750元,察哈尔骑兵团234992元。察哈尔军队防营三营和马队一营

---

① 中国第二历史档案馆:《中华民国档案汇编·教育》第3辑,南京:江苏古籍出版社,1991年,第501页。
② 中国第二历史档案馆:《中华民国档案汇编·教育》第3辑,第506页。
③ 张侠:《北洋陆军史料(1912—1916)》,第429页。

92453元,旗营191014元,公署局所122432元①。因军阀连年混战,民不聊生,国库日艰,每月应领之数额,往往不能如期,多延欠数月始行补给。军用不足,军队不稳,军队哗变之事频现。为安定军心,1924年,发生了察哈尔都统张锡元赴京索饷请辞事件,1925年9月8日,发生了察哈尔都统张锡元与绥远都统马福祥、热河都统朱振标、口北镇守使谭震霖等共同通电索饷事件。

(二) 弹压哗变,维稳地方

北洋时期,察哈尔驻军哗变不断,或因拖欠饷银,或因地处塞外,条件艰苦,要求改善待遇,或因军纪败坏,烟赌之事多有所涉,引发军警冲突。"北方军队前往江赣各省,往往带运烟土或且明目张胆开灯吸烟,实于军纪有碍。"②如何整饬军队,避免其败坏典章法令,是察哈尔都统非常艰难的工作。民国二年,察哈尔警署在查办烟土犯时与察哈尔独立骑兵第一排发生冲突,警署长及警兵全被打伤,烟土犯逃脱。1914年6月,因警察逮捕陆军聚赌士兵2人,再度引发驻张家口的第一师第一旅3个营士兵哗变,店铺一百余家被抢劫,察哈尔都统何宗莲迅速派兵缉拿,将参与兵变者全部处决。最惨烈的一次发生在民国十三年,察哈尔都统张锡元部饷银积欠7个月,部分士兵恐将来无着,发生哗变。1924年12月15日至16日,张家口"上堡大小街巷所有商家各户,均被抢掠一空,而以武胜、边路两街为最苦。下堡境内商铺住户,亦无一不被抢掠,其最惨者银安、福寿两街……张家口全境商家住户被烧抢损失,据商会中调查,约计1600余万"③。察哈尔都统张锡元被责令处理此事。继任张之江强力弹压,处决兵变官兵300余名,并将兵变部队拆散驻扎。此前,张家口遭遇特大洪水,此次又遭人祸,人民生产生活遭到了极大的破坏。为安抚民心,都统张之江派遣驻张国民军协助商民修整铺面,清理兵变后的现场,积极动员商店开门营业,使紊乱的社会秩序得以恢复。1925年12月2日,北洋政府明令嘉奖张之江治察政绩。

---

① 张侠:《北洋陆军史料(1912—1916)》,第432—447页。
② 张侠:《北洋陆军史料(1912—1916)》,第597页。
③ 中国第二历史档案馆:《北洋军阀统治时期的兵变》,第258—259页。

(三)发达交通,繁荣商贸

察哈尔都统为察地交通建设和商贸发展亦颇为用力,或身体力行如张之江在张家口修路搭桥;或支持开发张库(库伦,今乌兰巴托)公路。如1918年,支持商人景本白(景学钤)开办大成汽车有限公司,经营张库间客货运输,使张库公路成为中国第一条营运路线。同年,支持皖系将领徐树铮(1918年,徐树铮为西北筹边使率军开入外蒙,制止蒙古哲布尊丹巴的"独立"活动)调用军工重修张库公路,以维护外蒙与内地的政治与经济联系。是时,张家口对蒙贸易颇为繁荣,"张库通车,运输愈便。商务龙威,西沟'外管'(即对蒙商号)增至1600家,年贸易额达15000万两白银,计进口8000万两白银,出口7000万两白银"。从张家口运往库伦的货物,共用骆驼和牛车达18万辆(头),每驼载重200斤,牛车载重500斤。由库伦运往张家口的货物,共用驼和牛车19.2万辆(头)。总运输量达6000万至63000万公斤;或鼓励中外商人设商号、开银行。1918—1919年间,张家口有大小商号7000余家,银行在上下堡38家,年进口贸易达3亿元。① 至1925年,张家口设有外资银行就达44家。此外,1915年张家口至大同段铁路修成,1916年与京张铁路合并为京绥铁路,1921年,京张公路建成。发达的交通,繁荣的经济,在那个动荡的年代,却使张家口呈现一派欣欣向荣的景象。1927年,都统高维岳目睹于此,并有感于张家口的风光山色,挥毫写就"大好河山"四字,镶嵌在张家口大境门门额之上。

当然,还需指出的是,在这一军阀割据征战的混乱年代,察哈尔因其战略地位成为各种势力竞相角逐的要地,直系、奉系、西北军、晋系(西北军、晋系后成为国民军)各种势力在察哈尔交替上演,都统人选随之像走马灯似的变换,加之驻军扰民,官兵哗变之事不断发生,这些都严重影响了察哈尔的稳定和发展,给察地民众带来苦难。都统作为派系代表,自然在察地充当为本派服务的工具,征兵征粮,扰乱民生,同时在政治上则分为反动的和革命的,反动的都统又成为镇压革命的刽子手,如1927年,奉系察哈尔都统奉令对国民党人严加侦查,破坏其组织,查封"大业银号"

---

① 张家口市政协文史资料委员会:《张家口文史资料》,第50—52页。

(1921年,由国民党人张砺生建,筹措国民革命经费),没收其财产,并逮捕两名国民党人。对共产党人亦残酷镇压,逮捕并杀害了蒙古族共产党员多松年(又名多寿)。这些负面作用,其实就是反动的北洋政府统治中国时期的写照。

总之,北洋政府在察哈尔设立特别区和都统,是政府加强中央集权统治的重要手段,是清末行政中政区变革的延续,是开发西北边疆的一项重要举措。北洋时期,察哈尔都统在开发边疆、维稳地方、繁荣张垣等方面作出了一定的积极贡献。特别是特别区和都统的设立,使察地的政区边界、幅员及其境内县级行政机构渐趋完善,同时又强化了对边疆与少数民族地区的管理,增进了边疆与内地的政治经济文化联系,日渐消除了其与传统大省之间的距离,从而为察哈尔设省奠定了坚实的基础。1928年,南京国民政府发布改省命令,察哈尔正式成为国家行省。

(原载《河北北方学院学报(社会科学版)》2014年第2期)

第三卷　相关城镇、地域

(一)蔚县

清代中后期暖泉镇商业概况及其变迁

——暖泉镇中小堡村关帝庙碑文研究

刘秋根　杨伟东[①]

明清时期张家口的商业贸易是中国商业史重要的一部分,而张家口的发展又与山西商人有着密切的联系。暖泉镇[②]处于山西与张家口的交通要道,其发展必然与山西商人以及张家口的发展密切相关。对其商业进行考察研究是山西商人以及张家口研究中的重要部分[③],对此学术界亦有关注,主要有范霄鹏的《河北蔚县暖泉镇生土聚落田野调查》[④]和杨

[①] 刘秋根(1963—),男,湖南邵阳人,教授,历史学博士,博士生导师,主要研究方向为中国经济史;杨伟东(1992—),男,山西临汾人,硕士研究生,主要研究方向为明清经济史。

[②] 暖泉镇是蔚县的八大商业集镇之一,位于河北省蔚县西南部,西邻山西广灵县,是大同通往北京的必由之路。秦、汉、三国、两晋时,属代郡平舒县治,唐宋时期是汉族与少数民族争夺之地。元代建镇,此后日益发展壮大。明清时期暖泉镇有"三堡、六巷、十八庄",三堡是指北官堡、西古堡和中小堡;六巷是在这些村堡中,形成的六条闻名一方的巷子;十八庄是指暖泉镇中比较出名的村庄,有太平庄、大南庄、西台庄、永寿庄等等。

[③] 暖泉镇商业繁荣,据记载,暖泉镇西古堡外有一西券门,它曾经是山西广灵进入暖泉镇,经此地再进入蔚州以及城北阳眷等地的唯一路径。西券门与北边的"西市"相连。西市两头又叉出两条街,分别称为上街和下街,两条街的东头是一片空旷的河滩地,后河滩地逐渐开辟为广场。西市、上街、下街与河滩市场,组成了暖泉镇的主要集市。同时暖泉镇作为蔚县著名的"八大集镇"之一,也是蔚县重要的交通枢纽和商贸中心。

[④] 范霄鹏、石琳:《河北蔚县暖泉镇生土聚落田野调查》,《古建园林技术》2015年第3期。

佳音的硕士论文《河北省蔚县历史文化村镇建筑文化特色研究——以暖泉镇为例》①，这两篇文章都是以西古堡为主要调查点，针对堡内的建筑民居从建筑学方面进行了分析研究，进而探索其背后的建筑文化。王奕祯的硕士论文《蔚县秧歌调查与研究》②对于蔚县秧歌的历史、艺术特点以及曲目等进行了详细的考察，其中对暖泉镇的秧歌以及秧歌演出地西古堡村进行了论述。但是这些研究主要集中于暖泉镇的文物古迹和民俗文化，③而对于暖泉镇作为明清时期商业市镇的功能缺乏相关的研究。本文主要依据暖泉镇现存的清代碑刻资料，对暖泉镇的商业发展作一考察。

一、暖泉镇工商业之观察

暖泉镇中小堡村关帝庙现已不存。所幸邓庆平先生和赵世瑜先生编著的《蔚县碑铭辑录》一书中收录有其间的碑刻9通，这些碑刻中有4通是关于中小堡村关帝庙供器重造或重修的记载，其年代主要分布在清代中后期，最早为乾隆三十一年（1766），最晚至光绪六年（1880）。碑上记载有许多商号，对此进行整理与分析，可以对清代中后期暖泉镇的工商业情况有一初步认识。

（一）乾隆三十一年

《暖泉西市关圣庙重造供器碑记》④是乾隆三十一年重造暖泉西市关圣庙供器时所立。碑文对于关帝庙的修建时间虽然没有说明，但既然是供器重造，想来之前已有供器，且距今年代已久，才需重造。此外，碑文还

---

①杨佳音：《河北省蔚县历史文化村镇建筑文化特色研究——以暖泉镇为例》，河北工业大学建筑学硕士学位论文，2012年。
②王奕祯：《蔚县秧歌调查与研究》，山西师范大学文学硕士学位论文，2009年。
③此外还有武贞的《河北蔚县暖泉镇》（《文物》2015年第9期）一文对暖泉镇的文物古迹与民俗文化做了考察。政协蔚县文史资料委员会编著的《蔚县文史资料选辑》（中国人民政治协商会议河北省蔚县委员会文史资料征集委员会，1992年）共18辑，其中在第13辑对暖泉镇进行了介绍。
④乾隆三十一年《暖泉西市关圣庙重造供器碑记》墙碑，高39厘米，宽55厘米。见邓庆平编录，赵世瑜审订，李新威主持访拓：《蔚县碑铭辑录》，桂林：广西师范大学出版社，2009年，第496—497页。

对重造供器进行了简单的说明,"尝观玉炉焚香祭祀之大典银烛□□陈献之规模今有□□□关圣庙重造大小供器三副虽赖锡匠人等善念然必众行户以助力□成善果"。重造供器由锡匠进行,所花费钱财则由"众行户"施舍,也就是说关帝庙供器是由一些商户和个人共同捐资修造的。碑文一一列出捐款人的情况,列表统计其大致情况如下:

表1　乾隆三十一年捐款来源及数量统计

	商号	个人	总计
行户数量	58家	41人	99
施钱数/文	5737	3801(另有一人施乌龙赐宝□□一对,一人施石碑一座,无法估价)	9538

如表1统计,商号有58家,约占59%,捐款总钱数5373文,约占捐款总钱数的60%。个人有41个,总捐款数为3801文,约占捐款总钱数的40%,除此之外有"里城吴志谦施乌龙赐宝□□一对","白九经施石碑一座"不在统计之列。可以看出这里捐款钱数是比较少的,最多不过200文。据此可以断定乾隆三十一年时暖泉镇的商业规模还是比较小的,而且捐款人数中个人与商号所占比例相差无几,这与以往所见会馆碑刻中全部由商号出资的情况有所不同。

再则对于碑文中的商号进行分类统计,也可以看出其行业结构。如表2,无论是在商号数量还是捐款钱数上,手工业类别的都是比较多的,达到20家,占商号总数的35%左右。在手工业中又是以缸房①的数量最多,达16家,占商号总数的28%。捐款钱数上,手工业类别共计捐款数为2009文,约占商号总捐款数的35%。其中仅缸房捐款数就有1609文,占比约28%。另外当铺有3家,捐款数为360文,分别占总数的5%和6%。服务业店铺亦是此数。除此,其余难以确定其行业的商业字号所占比例也比较大,总计32家,捐款总数3008文,分别占比55%和52%,这一类商号比较多,但其规模亦较小。

---

①缸房,据《蔚县文史资料选辑·第14辑·蔚州古城》记载,"缸坊又称烧锅,是北方酿酒作坊(小型酒厂)的代称"。"缸坊都采用质地优良的红高粱为原料,以谷糠为填充料。用大麦豌豆踩制成大曲,并使用'陈曲'(隔年的大曲)为糖化、发酵剂"。

表2 乾隆三十一年商号捐款的分类统计

类别	数量/家	捐钱数/文
手工业(缸房)	20(16)	2009(1609)
当铺	3	360
服务业店铺	3	360
其余商业字号	32	3008

至此,乾隆三十一年暖泉镇的商业状况就有了一个大概的轮廓。整体来说暖泉镇的商业规模此时是比较小的,但是商号数量还是比较可观的。从现有资料可以断定的是此时暖泉镇的行业以手工业较多,尤以缸房为最。根据现存资料和实地考察得知,这里所说的缸房为酿酒房,所以此地的酿酒业应该有一定规模,其余的手工业以油房、染坊为多,余此另有一草帽铺,都没有形成规模。另外有当铺3家,服务业店铺亦有3家,为一家药铺(王药铺)两家肉房(辛肉房、路肉房)。其余32家商业字号难以确定其行业所属。

(二)乾隆四十五年

乾隆四十五年(1780)的《暖泉西市关圣庙重造供器碑记》[1]由于年代久远且保存不善,碑文有许多损坏。所幸其主要内容可以明确,也是对暖泉西市关帝庙供器进行重修,并罗列捐款商号与个人。由于碑刻损坏,碑文中罗列的商号,只有部分可辨。同时捐钱的数额有3种,如表3,其中最高金额的部分破损,其余分别为33文和30文。据此推测最高金额应在100文以内,捐钱总额应在4000文以内。同时亦可以看出在捐钱类别上,商号有47家,占比92%;个人只有4人,占比8%,商号的数量明显多于个人,这足以说明商号的影响力比之前有了很大的提高,而且商号数量亦有所减少,可以断定的是商号的规模应有所扩大,但是不明显。至于捐钱数额的比较,应该考虑到重造供器与重修供器的花费是不尽相同的。

---

[1] 乾隆四十五年《暖泉西市关圣庙重造供器碑记》墙碑,高40厘米,宽67厘米。见《蔚县碑铭辑录》,第500—501页。

表3　乾隆四十五年捐款来源及数量统计

商号/家			个人/人		
不详	33文	30文	不详	33文	30文
31	9	7	4	0	0

此外,商号的行业分类在碑文中也有所体现,如表4,把这部分商号划分为5个类别:手工业商号、当铺、服务业商号、某某局、其余商号。其中手工业商号依然比较多,有18家,占比约38%;当铺有4家,占比约9%;服务业商号有□□肉房、郭位饼铺、乔善肉房3家,占比约6%;其它商号有13家,难以确认其行业,占比约28%;此外还有某某局称谓的商号9家,占比约19%,这种称谓出现在乾隆四十五年的碑刻中,而账局的设立也大概是在雍乾时期,"现有资料表明,帐局发源于我国北方的北京、张家口和山西汾州、太原府。其中,发生最早、至清末仍存在的一家叫'祥发永',是山西汾州府汾阳县商人王庭荣出资四万两,清乾隆元年(1736)在张家口开设的"①。所以猜测这里的某某局可能有一些会是账局一类的商号。

表4　乾隆四十五年捐款商号类别及捐款数

商号类别	手工业商号	当铺	服务业商号	某某局	其余商号	总数
数量/家	18	4	3	9	13	47

可以看出在商号类别中,手工业商号依旧很多,当铺的数量基本稳定,服务业商号有3家,与乾隆三十一年相同,并无变化。

(三)嘉庆三年

《暖泉西市关圣庙重修供器碑记》②时间为嘉庆三年(1798),碑文内容与乾隆四十五年的碑刻相同,亦是记载暖泉西市关帝庙供器重修并附有捐款商号和个人。如表5,捐款的商号和个人总数有64个,其中个人有1人,名为刘培源,商号63家。从整体上来看,这块碑刻所记载的商号

---

①黄鉴晖:《清代帐局初探》,《历史研究》1987年第4期。
②清嘉庆三年《暖泉西市关圣庙重修供器碑记》墙碑,高35厘米,宽77厘米。见《蔚县碑铭辑录》,第504—505页。

捐款数额有了些微的提高,数额最高为200文,最低为50文,其中捐款50文的最多,有38家,占比约60%;其次为100文,有15家,占比约24%。其余亦有捐款66文、120文、140文、200文者,占比较少。商号的捐款钱数在一定程度上可以说明其规模,所以据此可以肯定的是这里出现的商号规模比之乾隆四十五年应该是有所扩大的。

表5 嘉庆三年商号捐钱数统计

							总计
商号捐钱数/文	200	140	120	100	66	50	4484
商号数/家	1	1	4	15	4	38	63

除此之外,此时商号的构成有了很大的变化,如表6统计,手工业类型的商号有24家,占比约38%。手工业类型的商号中有12家缸房,占比约50%;8家油房,占比约33%;除此外有染坊、麻铺、草帽铺、纸房各1家。服务业类型的商号有了明显的增多,达到13家,其中有3家饼铺、2家肉房、2家饭铺、2家成衣铺、1家米店、1家酒房、1家烟铺、1家房铺,当铺有4家,其它难以确定所属商号22家。

表6 嘉庆三年商号类别及捐钱数

商号类别	手工业商号	服务业商号	当铺	其它商号
商号数量/家	24	13	4	22
捐钱数/文	2200	740	426	1318

可以明显看到,手工业和服务业商号,无论在种类还是数量上都有所增加,服务业商号中出现了许多之前未出现的行业,如米店、饭铺、酒房,等等。或许这些行业之前未有,亦或规模较小,但是在此出现这么多的服务行业的商号,足以说明这一地区的人口数量,尤其是外来人口显著增长,商业比之从前有很大的发展。手工业商号中,缸房的数量有所增多,此外油房的数量也有很大的增长,这表明酿酒业一直是这一地区重要的手工业,而且至此时,榨油这一行业也有了很大发展。

(四)光绪六年

《重修关帝庙供器碑》[1]立于光绪六年,碑文结构亦是前部分简单说明重修关帝庙供器的前因后果,后半部分附列捐款商号和个人,"天下事有创以有因前人创之后人因之凡事皆然况关帝庙旧设供器全副自□□元年重修迄今有年不无残缺毁伤若不重新修□何以灯烛辉煌烟云缭□以奉神明乎众锡匠原施锡□合行乐出资财同心行善不日□告竣矣"。关帝庙供器曾于□□元年重修,由于碑文缺失,难以确认具体年代。至今为止,关帝庙供器已有残缺,故而重修。参与重修的方式有三种,施钱、捐锡、施工。从碑文中可以看出,施钱的几乎全部为商号,且经理人亦是以商号名义,可以说商号在这次关帝庙供器重修的过程中起主导作用。

表7 光绪六年捐施来源统计

周边地区	商号	个人
2	64	14

从表7、表8中可以看出,此次捐施的主要力量是商号,共计有64家,而且这些商号捐钱数量比之前也有很大的提高,最高可达1000文。除商号有捐施外,西古堡和北宫堡两个堡子亦有捐施,其中西古堡捐款钱数由于碑文残缺,不详。北宫堡捐钱1500文。余下个人或捐锡,或参与施工。

总的来说,此次的商号捐款钱数是比较高的。如表8,在捐款的商号中1000文的有5家,500文至800文的有13家,其中800文的一家,700文的一家,其余为500文。200文至400文的有41家,其中400文的有9家,300文的有18家,200文的有14家。其余150文的有5家。可以看出这里的捐款数额与之前相比有了很大的提高。

表8 光绪六年商号捐资数统计

商号捐钱数/文	1000	800	700	500	400	300	200	150
商号数/家	5	1	1	11	9	18	14	5

---

[1] 清光绪六年《重修关帝庙供器碑》墙碑,高58厘米,宽86厘米。见《蔚县碑铭辑录》,第508—509页。

根据表中统计计算可得,这次捐钱的总数为 19150 文,且都是商号所捐。碑文中出现的商号数量有 64 家,与之前相比并没有多大变化,但是商号的规模肯定是有所扩大的。以缸房的捐款钱数为例,乾隆三十一年的缸房捐款最多的为 130 文,这里的缸房中捐钱最多的为德诚缸房的 500 文,比之多出约 4 倍。而在数量上,之前有 16 家缸房,这里仅有 3 家:德诚缸房、福隆缸房、文林缸房。又由于捐钱数整体增加,可以断定的是此时的商号在规模上比之前有所扩大,扩大的程度无法估算,但应该不小。

行业结构在碑文难以清楚地显现,碑文中出现 3 家缸房、2 家油房;服务业性质的商号有 3 家,分别是 2 家肉房,1 家麻铺;此外有 1 家当铺(兴泰当)。其余商号难以断定其行业所属。

至此暖泉镇的商业状况大致轮廓已经显现,镇上的商号已经不再是之前的小商号甚至路边摊性质了。街上林立的都是一些大的商号,甚至一些大商号的分号,其规模更是之前难以比拟的。至于其行业构成,可以断定的是手工业尤其是缸房(酿酒业)在当地一直很兴盛。

二、暖泉镇工商业之变迁

上述四通碑刻分属于不同时期,其所记载事件除第一块为关帝庙供器重造,其余三块均为关帝庙供器重修。通过对这四通碑刻的解读分析,我们对暖泉镇每一时期的商业概况,尤其是行业结构有了一个较为清晰的了解,但是对于其行业规模却没有一个有效的估算方法。故而在此试图通过对这四通碑刻进行比较分析,得出其行业结构的变迁以及其行业的相对规模。

(一)行业构成

暖泉镇作为一个商业集镇,商业相对来说比较繁荣。据记载,明代暖泉镇的商业便已形成一定的规模,但是由于年代久远没有太多的资料来印证。在暖泉镇中小堡村关帝庙中发现的这四通碑刻记载了清代中后期暖泉镇的各行业商号达几十家。从这些商号中我们发现,暖泉镇的行业在乾隆三十一年的时候已经很清晰地表现出来了。这四通碑刻的时间顺序分别是乾隆三十一年、乾隆四十五年、嘉庆三年、光绪六年。这四个时期的暖泉镇的行业有一个显著的特征,手工业作坊始终比较多(见表9):乾隆三十一年有20家,乾隆四十五年有20家,嘉庆三年有23家,光绪六年有5家。在手工业作坊中又以缸房的数量为多,按时间顺序分别是16家、12家、13家、3家。服务业店铺是每个地区必须有的,碑文记载的暖泉镇乾隆三十一年的服务业店铺有3家,乾隆四十五年有6家,嘉庆三年有13家,光绪六年有3家。其中嘉庆三年是最多的,同时也是种类最为繁多的。当铺的数量一直不是很多,按照时间顺序分别为3家、3家、4家、1家。其余商业字号数量难以确定其所属行业,但是数量依然可观,按时间顺序分别是30家、17家、23家、54家,这表明暖泉镇作为一个商业集镇是名副其实的。

通过对这四个时期商号的行业结构与数量进行分析,可以看出来,服务业店铺在嘉庆三年是最多的,达到了13家,其中有饭铺、成衣铺、饼铺、肉房、酒房、米店等,这就表明暖泉镇在嘉庆三年的时候外来人口增多,其中大部分应为行商,大量的外来人口带动了当地服务行业的繁荣。到光绪三年时又显著减少,但是从其捐款数量上来说其规模扩大是可以肯定的,故而可以肯定嘉庆三年之后是暖泉镇商业繁荣的时期。另外手工业也一直是暖泉镇的重要产业,尤以缸房和油房为重,缸房一直都很兴盛,油房在嘉庆三年达到了繁盛,共计8家。手工业作坊的数量在光绪六年虽然有所减少,但是如同服务业店铺一样,其规模扩大是可以肯定的。当铺与其余商业字号的发展与上同。

表9 商号的行业　　　　　　单位:家

年份	服务业店铺	当铺	手工作坊	商业字号
乾隆三十一年	3	3	20	30
乾隆四十五年	6	3	20	17
嘉庆三年	13	4	23	23
光绪六年	3	1	5	54

(二)行业规模

暖泉镇西市关帝庙碑刻中出现的许多商号,其规模并无明确记载,亦无其它资料可以佐证。但是,根据碑文中商号捐款钱数的变化可以断定其规模的变化情况,所以这里并不是对商号规模做出准确估计,而是要描绘出其演变轨迹。

在这四通碑刻中,一块是记载关帝庙供器重造的,一块碑刻名称是《暖泉西市关圣庙重造供器碑记》,但根据其内容应为供器重修碑记,其余两块所载均为关帝庙供器重修。考虑到重造供器与重修供器的花费有所不同,故而这里对于乾隆三十一年的《暖泉西市关圣庙重造供器碑记》单独作比较。如表10、表11,乾隆三十一年时关帝庙供器重修时的捐款数额中,50文以下的有9家,捐钱数总计297文,100—200文的有49家,总捐款额为5737文。在捐钱总量上,乾隆四十五年不详,嘉庆三年为4484文,光绪六年为26550文。很明显,作为供器重造工程,其捐钱数与供器重修工程相差无几,甚至少于供器重修工程,忽略物价上涨的影响,商号规模所起的作用无疑是决定性的。

表10 商号捐钱总数

	乾隆三十一年	乾隆四十五年	嘉庆三年	光绪六年
捐钱数/文	5737	528+(不详)	4484	26550

再比较其余三块碑刻中的商号捐钱数,乾隆四十五年的商号捐钱数在50文以下的有16家,有31家的捐钱数不详,应在100文以内;嘉庆三年的商号捐款钱数在50—100文之间的有43家,100—200文之间的有20家,200—500文的有1家;光绪六年捐钱的商号在100—200文的有5家,200—500文的有41家,500—1000文的有18家。通过对商号捐钱数分布的统计可以看出,乾隆四十五年的捐钱数主要集中在100文以内,嘉庆三年主要集中于50—200文,光绪六年则主要集中于200—1000文。可以很清晰地看出,商号捐钱数量是不断增长的,而且嘉庆三年至光绪六年中的增长幅度比较大。

表 11　商号捐钱数分布

	50文以下	50—100文	100—200文	200—500文	500—1000文	不详
乾隆三十一年商号/家	9	0	49	0	0	0
乾隆四十五年商号/家	16	0	0	0	0	31
嘉庆三年商号/家	0	43	20	1	0	0
光绪六年商号/家	0	0	5	41	18	0

故而可以断定,从乾隆三十一年始,暖泉镇的商号规模是在不断增长的,其中乾隆时期的增长速度较慢,嘉庆之后增长速度加快。

三、结语

总的来说,清代中后期暖泉镇的商业一直处于不断发展的过程中,商号的规模不断扩大,尤其是在嘉庆时期服务业行业的数量与种类迅速增长,可以说嘉庆是暖泉镇开始繁荣的时期,至光绪时期已经有很大的规模。就其行业构成来讲,手工业始终是暖泉镇的支柱产业,尤以缸房和油房为重,缸房不知繁荣于何时,油房的繁荣应在乾隆后期。其余服务业与当铺的发展应该是与外来行商的发展相始终的。

(原载《保定学院学报》2017年第1期)

清代蔚县工商业初探

——以蔚县古城财神庙碑刻为基础

王新磊①

蔚县,古称萝川、蔚州,位于河北省西北部,地处盆地,南由飞狐古道连接保定、清苑等地,北达张家口,直到坝上蒙古草原,西邻山西大同,是古代重要的商路枢纽。到清代蔚县成为了重要的工商业市镇,商铺林立,商人众多。蔚县是以张家口为核心区域市场中的重要市镇,对蔚县工商业的研究是研究张家口地区社会经济史的重要组成部分。但目前对蔚县工商业的研究还没有引起学术界的重视,研究成果较少。蔚县政协文史资料委员会等地方性组织对蔚县社会经济做了一定的研究,但不系统②。此外,王鹏龙、王黑特在《华北庙宇、商人和演戏——以河北蔚县古城财神庙为考察核心》一文中对财神庙碑刻中反映的商业信息作了梳理,但没有深入分析③。学术界对张家口地区商业的研究较多,但把注意力放到了

---

①王新磊(1993—),男,河北秦皇岛人,秦皇岛市第一中学教师,河北大学宋史研究中心社会经济史研究所兼职研究员,主要从事社会经济史研究。
②蔚县政协文史资料委员会编写了《蔚县文史资料选辑》,现有18辑,其中有部分涉及清代民国时期蔚县的工商业情况,为清代蔚县工商业的研究提供了重要的资料和参考。
③王鹏龙、王黑特:《华北庙宇、商人和演戏——以河北蔚县古城财神庙为考察核心》,《河北联合大学学报(社会科学版)》2013年第6期,第67—70页。

旅蒙商人和对俄贸易上,对蔚县工商业没有涉及①。本文拟在对蔚县田野调查的基础上,使用财神庙现存碑刻材料,对清代蔚县工商业等问题进行研究、探讨。

一、蔚县古城财神庙概况

财神庙位于蔚州古城西北部,现隶属于蔚县蔚州,占地面积约为901平方米。它坐北朝南,为前后两进院落,山门在庙的最南部,前有高约两米的小月台,东西两侧有台阶。山门内东西两侧有山水画廊,画廊有许多精美的壁画并题有诗词,现大部分模糊不清。画廊前面东西为钟楼、鼓楼。院内东西侧殿各三间。正对山门的是前殿也叫过殿,面阔三间,殿中供奉主神关公,殿内有精美的壁画,保存较好,左侧绘有苍龙,右侧绘有黑虎,气势不凡。东侧有两块壁碑:乾隆四十三年(1778)《永垂不朽》碑②、嘉庆十五年(1810)《财神庙捐办庆云会碑》③。西侧有一块壁碑:乾隆四十七年(1782)《立凭据》碑④。

穿过前殿就是财神庙的后院,后院中有过廊,过廊面阔一间,进深三间,直通正殿。正殿气势宏伟,面阔三间,正门上有匾书"福泽天佑"。殿内绘有精美的人物、鸟兽、风景壁画。殿中供奉三位主神:关羽、赵公明、比干。正殿两侧有耳房,东侧耳房现为五福殿。后院东西各有碑亭三间,碑亭中现存五通石碑,东侧有四通碑为道光十八年(1838)《创绪庙正殿院碑记》⑤、光绪三十二年(1906)《重修财神庙碑记》⑥、嘉庆九年(1804)

---

① 近二十年对张家口地区工商业的研究成果主要有:李志强的《张垣晋商对俄贸易》,《文史月刊》1996年第2期;许檀的《清代前期北方商城张家口的崛起》,《北方论丛》1998年第5期;刘振英主编的《张家口兴盛的古商道》,党建读物出版社,2006年;许檀的《清代后期晋商在张家口的经营活动》,《山西大学学报(哲学社会科学版)》2007年第3期;董花的《明清时期张家口商贸兴衰研究》,广西师范大学2014年硕士学位论文,等等。
② 乾隆四十三年《永垂不朽》碑,壁碑,高53厘米,宽80厘米。
③ 嘉庆十五年《财神庙捐办庆云会碑》,壁碑,高56厘米,宽105厘米。碑上时间原为"嘉庆庚午年"。
④ 乾隆四十七年《立凭据》碑,壁碑,高70厘米,宽70厘米。
⑤ 道光十八年《创绪庙正殿院碑记》,高150厘米,宽77厘米,厚22厘米。碑上时间原为"道光戊戌"。
⑥ 光绪三十二年《重修财神庙碑记》,高163厘米,宽70厘米,厚21厘米。

《重修财神庙碑记》①、道光六年(1826)《重修庙碑记》②,西侧有一通碑为道光十八年(1838)《财神庙布施碑》③。

通过碑文记载来看,在嘉庆六年(1801)、嘉庆九年、道光六年、道光十八年、光绪三十二年五次重修、扩建过财神庙。其中嘉庆九年"将庙殿而采饰之,并于围墙而彩垩之"。道光六年"先将正殿后檐立柱拆墙建直,然后重(阙)垣。彩画金装以及山门、台阶、钟鼓、戏楼无不修理。由是黯淡者有耀,朴素者生华,内外整齐"。道光十八年在财神庙后又置地一块,扩建财神庙,"以原殿作过殿,联以穿廊,护以厢廊"。光绪三十二年粉刷"正殿、过殿以及两廊厢室"。

财神庙虽然为两进小院,规模不大,但是内部砖瓦木雕实为讲究,飞檐门楹非常精美,壁画彩绘栩栩如生。又有多次重修扩建,通过碑文来看这些都离不开商人的支持,能够从侧面反映出蔚县工商业发达。

二、字号之构成及对财神庙的捐助

财神庙现存八通石碑中记录了大量的字号信息。这些字号大多出现在碑阴,主要是记录某字号在财神庙修庙时的捐款情况,也还有一部分字号作为经领铺户出现在了碑阳④。这些字号名称一般为3~4个字,又分为不同的情况。三个字字号是由两个代表吉祥意思的字,⑤然后再加当、店、铺等字组成字号,例如:增盛当、恒隆当、永茂铺。还有就是再加上行业构成字号,例如:德盛银铺、永亨烟铺。这两种情况的字号经营规模一般较大。还有就是规模较小,没有正式的字号,多用经营者的姓名再加上行业和铺、店等构成字号,例如:王永油铺、李进盐店。这些字号是研究蔚县工商业的重要信息,对蔚县工商业的分析也主要基于这些字号。

---

①嘉庆九年《重修财神庙碑记》,高150厘米,宽63厘米,厚21厘米。
②道光六年《重修庙碑记》,高143厘米,宽67厘米,厚19厘米。
③道光十八年《财神庙布施碑》,高154厘米,宽70厘米,厚20厘米。
④碑中出现可识别的有效字号884次。
⑤清代朱彭寿把字号选字概括为56个字:"顺裕兴隆瑞永昌,元亨万利复丰祥;泰和茂盛同乾德,谦吉公仁协鼎光。聚益中通全信义,久恒大美庆安康;新春正合生成广,润发洪源厚福长。"朱彭寿:《旧典备征·安乐康平室随笔》,北京:中华书局,1982年,第273页。

财神庙作为一个社会单元,其自身会有大量的消费。例如:庙中主持和其他人的费用、供奉神灵的香火钱、重修庙宇的费用。通过碑刻可以看出其中的大部分资金来源于社会捐赠,这其中商人群体则是捐赠的主力。在《永垂不朽》碑记中提到,在七月二十二日和九月十七日财神庙祭祀活动有"赀财缺乏几几有废坠之忧",于是"只得募化合郡绅衿与诸铺户"。通过这次募化共得121830文。在捐款名单中有大量的字号,捐款个体共有141个,其中字号有96个,字号占比高达68%。这些字号的出现证明了手工业者、商人对财神庙祭祀活动的大力支持。

在道光六年重修庙宇时共募化白银256.7两,字号捐钱210.3两,个人捐款33.4两,其他捐款13两,商铺捐款占比为81.9%,说明手工业者、商人为捐款的主力。在《创绪庙正殿院碑记》中记载,本次重修财神庙时共募化白银500两,其中商人捐款409两,个人捐款86两,其他捐款5两,商人捐款占比81.8%,手工业者、商人依然是捐款的主力。

在重修财神庙的过程中,商人不仅是参与者,还成为了组织者。嘉庆九年重修财神庙时"经领"中有一部分是字号:三合店、义成钱铺、福德钱铺、永隆钱铺、升萃钱铺、广源钱铺、源诚钱铺、厚成钱铺。到道光六年重修庙宇时,全部都是由字号组织,经领铺户:广源钱铺、恒成钱铺、永元钱铺、顺成烟铺、德升钱铺、厚成钱铺、源远钱铺、义成钱铺、敬义钱铺、生成钱铺。光绪三十二年重修财神庙时也是字号组织领导修庙,经领铺户:丰顺当、德成当、永盛当、惠贞裕、德本裕、瑞贞裕、文锦章、义顺兴、谦盛益。

大量字号为财神庙捐钱,反映出的是蔚县庞大的工商业者群体拥有雄厚的资金,在财神庙重修过程中起了越来越重要的作用。商人由参与修庙到成为修庙的组织者,表明了商人地位的提高及商人在本地公共事务中地位的提升。

三、字号行业分析

财神庙碑刻中的字号有大部分可看出铺户行业类型,其中能够反映出来的铺户有:当铺、钱铺、缸房、线铺、烟铺、银铺(楼)、油铺、布店(摊)、酒店、菜房、饼铺、茶店、瓷器店、海货店、姜店、金店、麻铺、木铺、皮铺、染坊、肉铺、铁铺（炉）、锡铺、席铺、盐店、缎店、纸店（局）、粮铺、炮铺、帽铺、药房、油坊、砖厂、车铺、铜铺、花店、糖房、面房、果铺、衣铺、芝稻店等。这些铺户按性质划分可以分成三类：第一，商业性质的商铺；第二，手工业性质的作坊；第三，商业、手工业相混合式的商铺。笔者将能看出经营行业的字号以及出现次数列于表1。

表1 经营行业字号及其出现次数　　　　　单位：次

	乾隆四十三年永垂不朽碑	嘉庆九年重修财神庙碑记	道光六年重修庙宇碑记	道光十八年财神庙布施碑	道光十八年创绪庙正殿院碑记	光绪三十二年重修庙宇碑记	总计
缸房	8	37	6	17	5	0	73
钱铺	32	14	13	4	2	0	65
当铺	10	11	9	22	4	3	59
饼铺	0	11	8	5	2	0	26
银铺	3	11	3	3	0	0	20
木铺	0	2	8	3	4	0	17
油铺	4	5	4	2	1	0	16
线铺	3	8	0	3	0	0	14
菜房	1	8	0	0	2	0	11
木铺	0	0	8	3	0	0	11
烟铺	5	3	1	2	0	0	11
帽铺	0	2	3	4	0	0	9
染坊	0	0	3	1	5	0	9
纸铺	0	0	3	1	2	0	6
车铺	0	0	1	5	0	0	6
皮铺	0	0	3	1	1	0	5
油坊	0	0	4	1	0	0	5
花店	0	0	0	4	0	0	4
布店	1	0	1	0	2	0	4
盐店	0	0	3	0	1	0	4

续表

	乾隆四十三年永垂不朽碑	嘉庆九年重修财神庙碑记	道光六年重修庙宇碑记	道光十八年财神庙布施碑	道光十八年创绪庙正殿院碑记	光绪三十二年重修庙宇碑记	总计
粮店	1	1	1	1	0	0	4
肉房	0	0	4	0	3	0	7
缎店	0	4	0	0	0	0	4
酒店	1	0	1	0	1	0	3
麻铺	0	0	1	0	2	0	3
砖厂	0	0	0	2	0	0	2
瓷铺	0	0	0	0	2	0	2
炮铺	0	0	1	1	0	0	2
药房	0	0	1	1	0	0	2
铜铺	0	0	1	0	0	0	1
芝稻店	0	0	0	0	1	0	1
海货店	0	0	0	0	1	0	1
锡铺	0	0	0	0	1	0	1
席房	0	0	0	0	1	0	1
糖铺	0	0	0	1	0	0	1
果铺	0	1	0	0	0	0	1
衣铺	0	1	0	0	0	0	1

注：表中有部分字号为外地字号，但尚不能明确说明为财神庙捐款的原因，所以保留。

通过表1中的数据我们可以看出为财神庙捐款次数出现较多的铺户类型依次为：缸房、钱铺、当铺、饼铺、银铺、木铺、油铺。这些行业大体可以分成两类：金融当铺类和粮食加工类。这些商铺中最引人瞩目的当属钱铺、当铺。在乾隆四十三年捐款中出现了较多的钱铺，嘉庆九年重修财神庙时经领铺户和捐款商户中有许多钱铺，道光六年重修财神庙的经领铺户也是钱铺。而到道光十八年以后钱铺就没有大量出现，光绪三十二年组织修庙的铺户就以当铺为主了。道光六年到道光十八年蔚县商业是不是发生了重大的变化,由于史料的限制目前还不清楚,有待深入地研究。

蔚县地区手工业较为发达。在碑文中出现较多的手工业字号有:缸房、油坊、铁炉(铺)、染坊、砖厂等。其中最多的是缸房,缸房又称烧锅,为酿酒作坊。蔚县最早的缸房创立于清乾隆初年,以后不断增多和完善,都沿用传统的"清蒸、清烧""缸活发酵",15天排眼,风匣灶烧火,木甑桶装料,用"锡帽"蒸馏等系列酿造流程①。蔚县酿酒业发达除了有精湛的技艺之外,自身地理条件也非常重要,水源的使用非常讲究。笔者在蔚县田野调查时曾到过蔚县牛大人庄,据村中人讲,村中以前主要是由周姓人创办缸房,村中水好,酿出来的白酒为上等,远近闻名。清朝末年是牛大人庄缸房的鼎盛时期,当时这个有150多户人家的村庄开设缸房五处,有"德本长""永聚奎""福远长""西德厚""福洪昌"等。1980年蔚县政府决定将蔚县酒厂设在牛大人庄②。

四、蔚县与其它地区的商业联系

为财神庙捐款的字号除了蔚县本地的字号,也有大量的外地字号,见表2。

表2 外地字号统计

地点	今属地区	字号	碑刻
盛京	辽宁·沈阳	渊泉溥 长隆惠 万全育 永裕店 益发店 广顺店 合祥店 东鹿店	道光十八年创绪庙正殿院碑记
周口	河南·周口	裕隆局 孔隆兴店	同上

①河北省蔚县政协文史资料委员会:《蔚县文史资料选辑》第14辑,《蔚州古城》,2015年,第170页。
②周清溪:《蔚县酒乡——牛大人庄酿酒历史的追溯》,河北省蔚县政协文史资料委员会:《蔚县文史资料选辑》第5辑,1992年,第67—68页。

续表

地点	今属地区	字号	碑刻
天津	天津	怡兴局 义隆局 恒裕茶店 恒足茶店 玉盛姜店 广兴海货铺 永顺姜店	同上
江南	江南地区	乾太磁器铺 黎□顺磁器铺	同上
保府	河北·保定	源太芝稻店 荣兴钱铺 义隆金店	同上
祁州	河北·保定市·安国县	永盛号 锦成公	同上
东昌府	山东·聊城市	义盛号 泰兴德 集义纸局 恒兴号	同上
泊镇	河北·沧州市·泊头市	兴发号 恒盛号	同上
朱□		永盛纸局	
柴沟堡	河北·张家口市·怀安县	德盛店 元德当	同上
		泰来成	道光十八年财神庙布施碑
赤城	河北·张家口市·赤城县	瑞生当	道光十八年创绪庙正殿院碑记
□□		瑞源当	同上
化城		元盛店 昌盛店 和兴店	同上
大同府	山西·大同	兴盛泰 大兴店 永兴店 广泰升 丰盛店 四义店 □义店	同上
		聚盛源	道光十八年财神庙布施碑
张家口	河北·张家口	永泰魁 恒义长 恒庆昌 隆和成 大德瑞 德和玉 兴源广 合盛德 新盛嵘	道光十八年创绪庙正殿院碑记
		双盛成	道光十八年财神庙布施碑

续表

地点	今属地区	字号	碑刻
张城	河北·张家口	大德美 蔚州店	道光十八年创绪庙正殿院碑记
宣化	河北·张家口市·宣化区	永和玉	同上
归化城	内蒙古·呼和浩特市	源成店 义成店 翼盛店 德和店 公信店 信义店 忠义成	同上
浑源州	山西·大同市·浑源县	兴成□ 天庆合 西永隆 万盛轩 三育和 元成玉 三盛和 万隆旺 三成公 乐全义 万兴义 隆盛永 三德和	道光十八年财神庙布施碑
代州	山西·忻州市·代县	聚锦□	同上
完县	河北·保定市·顺平县	元和店 悦来店	嘉庆九年重修财神庙碑记
完县	河北·保定市·顺平县	完成花店	道光十八年财神庙布施碑
广昌县	河北·保定市·涞源县	西双元	同上
广灵	山西·大同市·广灵县	同泰店 合□店	同上
忻州	山西·忻州市	万兴公	同上

说明:1)本表依据蔚县古城财神庙现存碑刻整理。2)本表仅仅是指蔚县地区以外的字号,字号的捐款情况一概省略。3)表中朱□、□□不详今属地区,化城疑似归化城,张城为张家口。4)表中的"·"是指领属省、市、县。

这些字号来自内蒙古、辽宁、山西、山东、河北、江南、天津等地,遍及大江南北。在《创绪庙正殿院碑记》也提到这些外地字号捐款由德义永、得本裕、丰□裕等商家募化而来。外商字号为财神庙捐款可能有四种情况：一是本地人到外地募化，这些款项是在外地字号那里募集的，这是外地人的店铺（根据距离、范围判断，这种可能性不大）；二是外地商人在蔚县设立的字号，或外地商人到过蔚县，或外地字号只是与本地字号有业务往来，在本地字号组织修庙时捐钱；三是蔚县本地商人在外地开设的字号，或这些字号员工中有蔚县人，所以接受本地募捐人的捐款要求，为蔚县财神庙捐款；四是蔚县人在外地经商和当地字号关系较好，故而为蔚县财神庙捐款。大量外地字号的出现反映出蔚县财神庙影响范围之广，影响力之大，同时也反映出蔚县在清朝是重要的商业市镇以及其与全国各地区有频繁的贸易往来和经济交流。

蔚县是以张家口为核心区域市场的重要组成部分。张家口作为全国重要的商业城市，是连接中国内地与蒙古地区和俄国的重要商业点，素有"陆路码头"之称。大量的长途贩运商人将张家口和全国重要的商业市镇联系起来。从而，密切了蔚县和其他地区的商业联系。

五、蔚县工商业字号经营方式、行会组织

通过对财神庙碑刻中工商业信息的整理，我们还可以对清代蔚县工商业字号的经营方式作些探讨。

通过碑文也能看出蔚县商人资本的来源。在《永垂不朽》碑中记载，在乾隆四十三年绅衿与铺户就组织了一次捐款活动，本次捐款共募化121830文。在七月二十二日财神诞辰祭祀活动中花费了36830文，剩下的85000文就成为了生息资本，每年一分行息借给商铺使用。一年就可以得到利息8500文，作为屡年两辰补助之资。一分取息是大大低于一般典当行业的三分利息。可以看出在蔚县地区借贷是商人筹措经营资本的重要途径和方法。

蔚县商铺也出现了"连锁经营"的模式。在乾隆四十三年到道光十八年，蔚县有同心钱铺、同心银铺、同心铁铺、同心染坊。四家店铺虽然属于不同的行业，但都用了"同心"作为商铺的名字，这肯定不是偶然，可以推测这四家同属于一个东家，用了一个字号。也有可能前期经营钱铺、银铺，到道光十八年转为经营铁铺、染坊。

蔚县工商业行会组织趋于成熟。在《财神庙捐办庆云会碑》中出现了油烟行商人组织"庆云会"。在其他碑文中也多次出现煤行、缸行、钱行、当行、铺行等，表明清代蔚县已经具备了相互联合、行业内部管理、市场调节的组织机构，并且有了像为财神庙献戏、捐款这样的活动，也说明各种行会组织的成熟。

蔚县是清代北方重要的工商业市镇。通过对财神庙碑刻的整理，既能反映出蔚县的主要行业类型和特色手工业，又能加深对清代蔚县工商业的认识。蔚县商人、商铺，在为财神庙捐款中占了主要地位。这些字号涉及的行业众多，其中以钱铺、当铺最为突出，说明钱铺、当铺在蔚县工商业中占有重要的地位。手工业中以缸房最为突出，酿酒业非常繁盛。蔚县与其他地区有广泛的贸易往来，主要集中在直隶、山西、蒙古地区。同时，蔚县发达的工商业也能反映出以张家口为核心的区域市场的工商业状况，对研究清代张家口工商业有重要的意义。

（原载《保定学院学报》2017年第1期）

清代商镇暖泉初探

王新磊 赵公智①

暖泉位于河北蔚县西部,是蔚县下辖的一个镇。清代民国时期蔚县形成了"八大商镇"②,暖泉就是其中之一。目前学术界对暖泉的关注多集中在古建筑和传统文化领域,杨佳音以建筑文化的视角分析了暖泉的建筑特色③,罗德胤从建筑、集市等角度介绍了暖泉④。此外,还有一些对暖泉打树花等传统文化介绍的文学性作品。总之,学界大多没有深入探究建筑和文化背后的经济问题,有少量依据蔚县地方志和本地区碑刻而作的研究⑤,主要原因还是暖泉留下的商业史料较少并且零散。

本文拟以社会经济史的研究视角,利用方志和碑刻材料对清代暖泉

---

① 王新磊(1993—),男,河北秦皇岛人,秦皇岛市第一中学教师,河北大学宋史研究中心社会经济史研究所兼职研究员,主要从事社会经济史研究;赵公智(1992—),男,河北唐山人,河北大学宋史研究中心博士研究生。
② 蔚县八大商镇指:蔚县城、暖泉镇、代王城镇、西合营镇、北水泉镇、吉家庄镇、桃花镇、白乐镇。
③ 杨佳音:《河北省蔚县历史文化村镇建筑文化特色研究——以暖泉镇为例》,河北工业大学建筑学硕士学位论文,2012年。
④ 罗德胤:《暖泉——固若金汤的城堡古镇》,《中国遗产》2016年第1期。
⑤ 刘秋根、杨伟东在《清代中后期暖泉镇商业概况及其变迁——暖泉镇中小堡村关帝庙碑文研究》(《保定学院学报》2017年第1期)一文以暖泉中小堡碑刻为材料分析了清朝中后期暖泉商业的变迁。

工商业的发展进行初步的探究。

一、暖泉概况

暖泉，得名于泉水，泉水源于村中，"其水澄清如鉴，三冬不冻，故云"①，暖泉有"三堡、六巷、十八庄"之称，其核心还是暖泉三堡，即北官堡、西古堡、中小堡。三堡修建时间不一，最晚到明朝崇祯年间已经形成了暖泉三堡的格局②。又经过清代不断地修缮、扩建，暖泉已经形成了集军事防御、商业集市、手工业生产三位一体的重镇，无论是建筑水平还是商业发展水平，在蔚县所有堡中都是首屈一指的。

暖泉三堡中尤以西古堡规模最大，该村堡建于明代嘉庆年间，重建、增建于清代顺治、康熙时期。西古堡呈方形，边长 200 米，古堡总平面呈"国"字行，"一条街，三道巷，一官井，更道环堡一圈走"是对该堡形制的概括③。古堡中的瓮城、民居、寺庙、戏台等建筑非常精美宏伟。这些建筑背后是暖泉繁荣的商业。

在西古堡西北方向有一"西券门"与西市相连，西市就是一条七八米宽的街道，店铺分列于南北两侧，这里就是清代暖泉最为繁华的商业街。西市的东头分出上街和下街。上下两街的尽头是一片空地，也称"河滩"，每逢集日商家都在这里设摊，河滩东为草市街，西为米粮市。河滩是暖泉的公共地带、庙宇的聚集区，一般公共活动，例如庙会、集市都在这里举行。西市、上街、下街和河滩共同组成了暖泉的集市④。

二、暖泉集市的发展

暖泉集形成的时间已经无从考证，《董氏家族与暖泉古建筑》一文提到了董汝翠（萃）买集："清代之前，暖泉还没有形成商业集市，西乡一带均到暖泉东南 3 华里的辛孟庄去赶集，人们称之为'千家集'，是蔚县西

---

① 光绪《蔚州志》卷四，清光绪三年刻本。
② 崇祯《蔚州志》卷四，明崇祯钞本。
③ 杨建军：《蔚县历史文化名村——西古堡》，《蔚县文史资料选辑》第 10 辑，第 67—68 页。
④ 罗德胤：《暖泉——固若金汤的城堡古镇》，第 137—138 页。

部最为繁华的商业综合贸易物资集散地。在顺治年间,辛孟庄因一场洪水冲毁了大部分的房舍,商业巨子董汝翠(萃)趁机在暖泉设立集市,一时间四方商贾纷至沓来。暖泉取代了辛孟庄的商业地位,成为蔚县西部重要的商业集镇。"[1]从崇祯《蔚州志》可以看出明崇祯时期暖泉村已经有了集市[2],到清初顺治时期暖泉集市已具较大的规模,顺治《蔚州志》记载蔚县集市如下[3]:

常宁村集(今废) 鸦儿涧集(今废)
黄梅寺集(今废) 西合营集(州属)
吉家庄集(卫属) 桃花堡集(卫属)
水泉儿集(卫属) 白乐村集(卫属)
暖泉村集(州属) 小关村集(今废)

可以看出顺治时期蔚县全县共有6处集市,暖泉村集和西合营集为州属,其他集市为卫属。暖泉集成为了蔚县西部最大的集镇,暖泉、蔚州城、西合营三镇由西、中、东连成一条线,成为蔚县商业的核心地区。

光绪《蔚州志·镇集》记载如下:

暖泉堡二、五、八日　西合营四、九日　代王城二、七日　吉家庄一、六日
白乐站、桃花堡并五、十日　北水泉、百草窑并三、八日[4]

在蔚县所有镇集中只有暖泉集为每旬三集,其他镇集为每旬两集,暖泉集期较其他集镇更多,可以看出暖泉商业贸易更为频繁,经过清朝前中期的发展,到光绪时期暖泉镇的商业地位要超过其他的镇,成为蔚县继蔚州城以外的第二大商业集镇。

---

[1]贾晓:《董氏家族与暖泉古建筑》,《蔚县文史资料选辑》第13辑,第67—68页。
[2]崇祯《蔚州志》卷四,明崇祯钞本。
[3]顺治《蔚州志》卷之上《市集名》,清顺治十六年刻本。
[4]光绪《蔚州志》卷六《镇集》,清光绪三年刻本。

集市是古代商业贸易的重要场所,是农村和城市经济交流的重要载体。根据县志记载,暖泉周围的阳眷镇、南留庄镇、下宫村乡等地区都没有集市,广灵县东部的蕉山乡、加斗乡等地区也没有集市,这些乡镇距离县城较远,大多在暖泉购买商品和出售农产品,广灵东部、蔚县西部广大农业地区通过暖泉集镇和外地建立经济联系。暖泉也成为蔚县——广灵盆地的次经济中心,成为广灵县城、蔚县县城区域经济中心与广大农村地区交流的中间集镇。

三、暖泉工商业字号及暖泉与外地商业联系

清代暖泉商业突出的发展表现是有大量的工商业字号,与暖泉商业字号相关的史料散布在一些碑刻上,碑刻主要分为两种情况,暖泉本地碑刻和外地碑刻,现将涉及暖泉的商业字号碑刻材料整理如下。

(一)暖泉碑刻:

1.暖泉西市关圣庙重造供器碑记[①]

刊刻于乾隆三十一年(1766),现保存于暖泉镇中小堡关帝庙内,为壁碑,高39厘米,宽55厘米。碑文中有永康当、广盛铺等57个字号捐款情况。个别字号漫漶不清。

2.暖泉西市关圣庙造供器碑[②]

刊刻于乾隆四十五年(1780),现保存于暖泉镇中小堡关帝庙内,为壁碑,高40厘米,宽67厘米。碑文中有永顺局、永兴当等43个字号捐款情况。有一部分漫漶不清。

3.暖泉西市关帝庙重修供器碑记[③]

刊刻于嘉庆三年(1798),现存于暖泉镇中小堡关帝庙内,为壁碑,高35厘米,宽77厘米。碑文中有聚金当、泽字铺等63个字号捐款情况。

[①] 邓庆平编录,赵世瑜审订,李新威主持访拓:《蔚县碑铭辑录》,桂林:广西师范大学出版社,2009年,第496页。下文引本书,仅录书名及页码。

[②]《蔚县碑铭辑录》,第500页。

[③]《蔚县碑铭辑录》,第504页。

4.重修关帝庙供器碑①

刊刻于光绪六年(1880),现存于暖泉镇中小堡关帝庙内,为壁碑,高58厘米,宽86厘米。碑文中有兴泰当、庆生成等61个字号捐款情况。

(二)外地碑刻

1.重修玉泉寺碑记②

刊刻于乾隆三十五年(1770),现存于下宫村乡浮图村玉泉寺内,碑高166厘米,宽71厘米,厚20厘米。碑阴中有盛字铺、泽字铺等15个暖泉字号捐款情况。部分字号漫漶不清。

2.新建禅房九间收支碑③

刊刻于嘉庆十七年(1812),现存于广灵县城北千福山庙内,碑高170厘米,宽68厘米,厚17厘米。碑阳记录了从嘉庆十三年到嘉庆十七年通过募化集资新建禅房九间,其中有协盛恒、三合铺等10个暖泉字号捐款情况。

3.玉泉寺布施碑④

刊刻于嘉庆十九年(1814),现存于下宫村乡浮图村玉泉寺内,碑高212厘米,宽72厘米,厚18厘米。碑阳、碑阴中有复成油房、源金当等54个暖泉字号捐款情况。

4.玉泉寺创建千佛道场善会碑记⑤

刊刻于道光十六年(1836),现存于下宫村乡浮图村玉泉寺内,碑额高76厘米,宽70厘米,厚26厘米。碑身高165厘米,宽70厘米,厚24厘米。有圭形碑座。碑阴中有仁裕当、裕盛钱铺等46个暖泉字号捐款情况。

5.释迦寺重修传戒碑记⑥

刊刻于道光十七年(1837),现存于蔚州镇释迦寺院内,碑高183厘

---

① 《蔚县碑铭辑录》,第508页。
② 《蔚县碑铭辑录》,第232页。
③ 刘祖福主编:《三晋石刻大全·大同市广灵县卷》,太原:三晋出版社,2013年,第160页。
④ 《蔚县碑铭辑录》,第238页。
⑤ 《蔚县碑铭辑录》,第248页。
⑥ 《蔚县碑铭辑录》,第36页。

米,宽74厘米,厚17厘米。本碑为残碑,有一部分文字漫漶不清。碑阴中还能看出有海城当、仁裕当和淳裕当等3个暖泉字号捐款情况。

6.玉泉山寺重修碑记①

刊刻于咸丰二年(1852),现存于下宫村乡浮图村玉泉寺内,高205厘米,宽69厘米,厚21厘米。碑阳、碑阴中有义成油铺、兴泰油房等69个暖泉字号捐款情况。

7.重修玉泉寺创建水青阁碑记②

刊刻于光绪二年(1876),现存于下宫村乡浮图村玉泉寺内,碑高193厘米,宽70厘米,厚19厘米。碑阴中有福源恒、元泰店等8个暖泉字号捐款情况。

8.重修蔚州北城玉皇碑记③

刊刻于光绪三十二年(1906),现存于蔚州镇玉皇阁内,碑额高93厘米,宽99厘米,厚22厘米,碑身高214厘米,宽95厘米,厚21厘米,有长方形碑座。碑阴中有德源当、庆生成等71个暖泉字号捐款情况。

9.重泰寺布施碑④

刊刻年代不详,根据捐款字号与其他碑刻对比,其大概时间为同治或光绪初年,现存于涌泉庄崇泰寺碑亭内,碑额高76厘米,宽72厘米,厚23厘米,碑身高183厘米,宽73厘米,厚24厘米。碑阳中有永成帽铺、庆生源等64个暖泉字号捐款情况。

10.千福山捐款商号⑤

清代立,具体时间不详,存于广灵县城北千福山庙内,碑高158厘米,宽68厘米,厚17厘米。此碑为捐施碑,碑文中有泽字铺、堆金铺等10个暖泉字号捐款情况。

十四通碑刻共出现商号574次,可以看出暖泉有大量的店铺,暖泉不仅仅在集期内商业繁荣,在一般时间中商业活动也较为频繁。

①《蔚县碑铭辑录》,第260页。
②《蔚县碑铭辑录》,第274页。
③《蔚县碑铭辑录》,第126页。
④《蔚县碑铭辑录》,第546页。
⑤刘祖福:《三晋石刻大全·大同市广灵县卷》,第273页。

暖泉商业字号不仅仅为本地的寺庙捐钱,也多为外地寺庙捐款,现将暖泉字号在外地捐款列于表1。

表1 暖泉字号在外地捐款列表

序号	捐款地点	寺庙	捐款商号数量/个
1	蔚县下宫村乡浮图村	玉泉寺	192
2	蔚县县城	释迦寺	3
3	蔚县县城	玉皇阁	71
4	山西省广灵县城北	千福山庙	20
5	蔚县涌泉庄乡	重泰寺	64

通过表1可以看出,暖泉商号外地捐款主要是四个地方:蔚县县城、广灵县县城、蔚县浮图村、蔚县涌泉庄。暖泉商人为蔚县县城和广灵县城的寺庙捐款,说明暖泉商业和两地区商业联系密切,暖泉是连接蔚县和广灵的商业要地。此外"广灵县城—暖泉—蔚县县城一线"也是连接山西北部和北京地区的重要商路,大量的晋商沿着这条商路到达北京等地。商人的往来促进了三地的经济交流,也推动了暖泉的商业发展。

上表材料还反映出另外一个现象,暖泉字号对蔚县浮图村玉泉寺捐款次数非常多,时间跨度长,从乾隆三十五年持续到光绪二十三年。之所以出现这一现象,还要从蔚县的另外一条商道说起,蔚县有一条连接华北平原的要道——飞狐古道。飞狐古道是"太行八陉"之一,位于太行山和燕山、恒山山脉的交接点,在(蔚)州东南与易州(今河北易县)广昌县(今河北涞源县)相连[1]。大量商人从山西、蔚县等地由飞狐古道来华北平原经商。而浮图村正位于暖泉到飞狐峪入口的商路上,这样从山西大同、广灵去往飞狐古道就可以从暖泉经浮图村到达。此外还有大量山西广灵县商号给玉泉寺的捐款[2],这也可以看到广灵、暖泉与保定等华北平原地区的商业联系。

---

[1] 光绪《蔚州志》卷五《关隘》,清光绪三年刻本。
[2] 刘祖福:《三晋石刻大全·大同市广灵县卷》,第261页。

四、暖泉商铺类型及主要手工业

暖泉字号捐款的碑文中有一部分可以看出商铺所经营的类型,主要的商户类型有:缸房、油房、油铺、肉铺、当铺、衣铺、帽铺、麻铺、药铺、米店、饼铺、面铺、纸房、糖房、铁炉、砖厂、钱铺、饭铺、菜摊、糕铺、酒铺、麻房、扛房、木铺、粉房、染房、烟铺、猪店等等,工商业种类众多。其中较为主要的是与农产品相关的加工、销售型店铺和金融当铺型店铺。有196个商铺可以看出其经营的行业类型,其中缸房54家,占比27.5%。油房、油铺42家,占比21.4%。可见缸房和油房是暖泉地区重点商业种类,也恰恰说明暖泉农业和手工业促进了商业的繁荣。

缸房业即为酿酒业,缸房即为酿酒的作坊,因在酿酒时以大缸为酿酒的容器,酿酒作坊又被形象地称为缸房,而酿酒的人家被称为缸户。缸房根据使用原料不同可以分为:黄酒酿造和白酒酿造。黄酒以黄米为原料,黄米又称黍。白酒的酿造主要使用高粱,乾隆蔚县县志记载"蜀秫,俗名高粱,干叶俱如蔗而长,亦可酿酒"。① 缸房对粮食的消耗量非常大,《宣化府志》记载"缸房一座中少者数缸,多者至三五十缸。每日尽烧自一二缸至五六缸不等,需要七八日轮转一次。而缸口又有大小,每日每缸所烧粮石自六斗至一石二斗不等"②,一个有三十口缸的普通缸房每七天就要消耗三十石左右的粮食,而暖泉周围大量的粮田为缸房业的发展提供了支撑。

缸房每年烧酒的时间是固定的,"一年内开缸停止虽无定期,而暑月易于作酸,寒月天不能发变。又每当青黄不接之季粮价既昂,烧缸减利往往自行停止,大率一岁中二三八九十月蒸烧为多"③。缸房酿酒又可以和农业生产时间错开,酿酒种田两不误,这也是缸房较多的重要原因。暖泉又有酒销售的广阔市场,本地人口聚集,商贾众多,再加上行商把大量酒带到外地销售,多种条件促进了暖泉缸房业的发展,蔚县在清末被称为"塞外酒郡"。

---

① 乾隆《蔚县志》志之十五,乾隆四年刊本。
② 乾隆《宣化府续修志》志之一,清乾隆八年修二十二年订补重刊本。
③ 乾隆《宣化府续修志》志之一,清乾隆八年修二十二年订补重刊本。

暖泉地区的油房多产麻油,胡麻油、菜籽油、麻子油统称为麻油,主要原料就是胡麻、麻子和菜籽,油液呈黄褐色。纯胡麻油为最佳,胡麻油、菜籽油混合次之,纯菜籽或麻子油最次。崇祯《蔚州志》在物产中提到有麻子①,周围大量原料种植,为暖泉油房提供了大量的原料,又因为暖泉处于商业要道上,麻油又被带到各地的市场上销售。

此外,暖泉也有许多饭铺和肉铺,为来往商旅和本地商人服务的,大量商人消费也推动了暖泉商业的繁荣。

五、结语

暖泉商镇的形成和商业迅速发展是多方面因素造成的。第一,暖泉具有独特的地理交通优势,暖泉距离蔚县县城三十里,而蔚县"西至广灵县六十里,由暖泉"②。暖泉正好位于两县中间位置,是连接两县交通的要道,也是连接山西北部与北京地区的重要商道。同时由山西北部经过暖泉,再由飞狐古道到达保定等地,由于地理位置特殊,暖泉成为了两条商路的重要节点。暖泉有大量的行商和过路的商旅,为暖泉商业的发展不断地注入活力。第二,暖泉周围农业、手工业较为发达,为商业提供基础。蔚县南北均为山地,中间是广阔的平原,形成了"蔚县—广灵"盆地,暖泉正处在平原的核中心位置,并且暖泉周围有丰富的水源,暖泉泉水"民利灌溉种杭稻麻,遇旱祈雨辄应池内"③使暖泉周围盛产稻、麻、高粱、荞麦等农作物。暖泉镇手工业也相当发达,暖泉"六巷"中就有油房巷和皮房巷,为商业的发展提供手工业产品。第三,暖泉商业的发展得到了政府支持,县志中记载"西合营、暖泉村两集,小税于顺治十六年二月内,州守李公英虑集蠹借端科敛,除马骡等税外悉罢"④。蔚州州守免去杂税,规范市场行为有利于暖泉集镇的健康发展,在一定程度减轻了商人的负担,促进商业的发展。第四,本地商人的努力也是暖泉发展的重要原因。

---

① 顺治《蔚州志》卷之上《疆域》,清顺治十六年刻本。
② 顺治《蔚州志》卷之上《疆域》,清顺治十六年刻本。
③ 崇祯《蔚州志》卷之一《山川》,明崇祯钞本。
④ 顺治《蔚州志》卷之上《市集名》,清顺治十六年刻本。

大商人董汝萃就是典型的代表。顺治时期董因"广灵长壑阻行人,乃独自行成石梁通往来"①,使广灵到暖泉的道路更为通畅。顺治十一年(1654)春发生饥荒,董又在暖泉施粥救民,从二月到三月,使百姓度过饥荒②,以董为代表的商人为暖泉商业的发展也做出了卓越的贡献。综合以上因素,暖泉商业快速发展,暖泉成为了蔚县西部最主要的商镇。

  暖泉在清代快速发展是外部条件和自身条件共同作用的结果。暖泉也成为蔚县—广灵盆地的次经济中心,暖泉的商业地位尤为突出。民国时期,随着张家口商业和晋商的日落西山,暖泉的商业也随之衰落。再加上抗日战争时期战争对商业的破坏,暖泉商业深受打击,新中国成立后连接蔚县和广灵的公路绕开了暖泉,飞狐古道不再使用,使得暖泉的商业地位再也没有提升,原来的暖泉古镇失去了往日的商业辉煌。

  近些年暖泉古镇依托本地区古建筑和传统民间技艺打树花大力发展旅游业,使古镇焕发了新的活力。而在古建筑和传统文化背后则是清代暖泉商业的繁荣,希望通过深入挖掘辉煌的商业,为暖泉旅游业的发展提供有力的支撑,也为暖泉旅游文化的提升贡献自己绵薄之力。

(原载《唐山师范学院学报》2017 年第 6 期)

---

① 光绪《蔚州志》志十五,清光绪三年刻本。
② 顺治《蔚州志》卷之下,清顺治十六年刻本。

清中期至民国蔚县地方演剧活动管窥

——以 202 条戏楼墨记为中心的考察

刘秋根　赵公智[①]

一、问题的提出

中国各地现今保留着大量的古代戏楼,对此进行研究是中国戏曲史研究的重要方面[②]。近些年来,在此方面则又出现了一个新的研究角度,即利用戏楼墨书题记,研究某个地域戏曲文化的发展历程[③],但是,这种

[①] 刘秋根(1963—),男,湖南邵阳人,河北大学宋史研究中心教授、博士研究生导师,主要研究方向为中国经济史;赵公智(1992—),男,河北唐山人,河北大学宋史研究中心博士研究生。基金项目:国家社科基金重大项目"山西民间契约文书搜集、整理与研究"(14ZDB036);河北大学研究生创新资助项目"晚清华北铁货长途贩运研究——以《办铁规程》为中心"(hbu2019bs003);河北省文化艺术科学规划一般项目"张家口地区古戏台题记研究"(HB17-YB016)。

[②] 此类学术成果颇多,例如:卫聚贤《元代演戏的舞台》、墨遗萍《记几个古代乡村戏台》、丁明夷《山西中南部的宋元舞台》、柴泽俊《平阳地区元代戏台》、黄维若《宋元明三代北方农村庙宇舞台的沿革(续一)》、廖奔《宋元戏台遗迹》和《宋元戏曲文物与民俗》及《中国古代剧场史》、山西师大戏研所编著《宋金元戏曲文物图论》、冯俊杰《戏剧与考古》、车文明《20世纪戏曲文物的发现与曲学研究》和《中国神庙剧场》。

[③] 目前,笔者所见将戏楼墨记作为重要史料进而揭示地方戏曲文化发展特色的佳作主要有:李泉所撰《聊城山陕会馆戏楼墨记及其史料价值》《从聊城山陕会馆戏楼墨记看清末民初的地方戏剧》《清末民初聊城山陕会馆戏楼墨记与区域戏剧文化交流》三文。

研究方法对清代直隶各地的戏曲研究则鲜见运用。笔者有幸在张家口市蔚县搜集到了数量可观的戏楼墨记,这些墨记除了详细记载明清以来蔚县演剧活动的历史事实之外,还显露出戏曲演出与山西商人经贸活动之间的历史联系,非常值得我们关注。

本文先对笔者通过田野调查结合查阅当地资料汇编,所得墨记做出简单概括,再从以下几个方面对此做出浅析:墨记所能反映的蔚县戏曲发展轨迹;墨记所见在蔚县诸村镇演出的戏班;墨记所见蔚县戏楼曾经演出的剧目;墨记所见蔚县民间流行的剧种。最后,初步探讨戏曲班社的区域流动与长途贸易商人的问题。

二、蔚县传统戏楼及其墨书题记

蔚县,清代称为蔚州,今属张家口市,位于河北省西北部,该县东邻涿鹿,西接山西大同的广灵,南靠保定涞源,北面阳原。域内由北向南依次为丘陵、平原、山地,县城位于境内中部偏西的平原,桑干河的支脉——壶流河自西向东流经城北。该县面积3000余平方公里、人口50余万。

蔚县历史悠久,文化底蕴深厚,是中国文化先进县,现今拥有全国重点文物保护单位20余处。蔚县北望辽阔的内蒙古高原,古为"燕云十六州"之一,地理位置险要。明清以来,蔚县先后隶属于山西和直隶,其西部、东北、东南飞狐峪分别是进出山西、北上张家口和蒙古草原、南下直隶保定的交通要道,也是山西商人途经张家口进入草原以及京师,或者通过保定进入华北平原的重要商道,现存蔚州古城(明清蔚州治所)即为这条商道的重要城关。在途经蔚州的山西商人的影响下,域内东西方向商道沿途的若干村庄逐渐发展成为手工业和商业较为兴盛的八个市镇,自西至东依次为:暖泉、蔚县城、代王城、西合营、北水泉、吉家庄、白乐、桃花,合称"蔚县八大镇"①。

历史时期,蔚县得天独厚的自然地理和交通条件以及山西商人推动的工商繁荣,使得蔚县成为晋冀蒙三省文化的交融之地。特别是山西商

---

① 此种说法参见王金贵和段兴隆所撰《蔚县八大镇的工商业》一文,收录于张家口政协文史资料委员会主编1988年版内部资料《张家口文史资料》(第13辑),第240—243页。

人在长途贸易过程中,客观上促进了包括梆子在内的各类声腔剧种的异地传播,使得作为商路要地的蔚县形成了种类繁多、独具特色、历久弥新的民间风俗,其中尤以此地各种演剧活动最为耀眼。

明清时期,蔚县的戏曲发展十分繁盛。其中,此地演剧活动的主要场所——戏楼(又称戏台)的大量遗存,即能证明这一时期戏曲历史的概貌。蔚县旧有"八百庄堡"之说,可谓"村有堡、堡有庙、庙有(戏)台"。根据相关资料①统计:蔚县1936年以前曾存戏楼802座;现存戏楼233座,其中明代8座,清代218座,民国4座,1949年以后3座。

众多戏楼为活跃在蔚县的戏班提供了必要的演出场所。在戏班中具有一定提笔识字能力的优伶或者班主在每次演出之余,将与本班相关的演出信息用毛笔和墨汁书写于戏楼的内侧墙壁,形成戏楼的墨书题记(简称"墨记")——这是蔚县戏曲发展的一个文化特色。戏楼墨记作为一种基本史料,比较详细地记载了在中国戏曲宏观发展历程中清代民国蔚县地区具体的演剧史实,具有较高的研究价值。

通过实地田野调查和查阅此地资料汇编,②笔者共计收录清代民国蔚县地区16个乡镇、56个村庄、59个戏楼、135年内的202条墨记。其中,清代164条、民国38条。已知最早的一条墨记为白草村乡钟楼村圣母庙戏楼所载清代嘉庆二十年(1815)山西省大同府广灵河仙班的演剧活动;已知最晚的一条墨记为杨庄窠乡李家庄关帝庙戏楼所载民国三十八年(1949)察哈尔省蔚县元宵班的演剧活动。在现存墨记中,书写时间为清代光绪十九年(1893)以及光绪二十年(1894)的最多,均为8条。

蔚县今存戏楼所见每条墨记平均30余字。每条书写格式大致相同,即:清代使用皇帝纪年(1912年以后使用民国纪年)与农历纪月纪日相结合的方法记录戏班演剧时间;具体记载某一戏班来自何地(本文称为戏班的"籍贯")、班内众多优伶的艺名及其所演剧目名称;最后书写"在此一乐"或者"问老少先生安好"字样;部分墨记还有戏曲诗词、提笔留戏者的姓名。例如:

---

① 《蔚县文史资料选辑》第16辑,第2—3页。
② 《蔚县文史资料选辑》第16辑,第206—242页。

(1)杨庄窠乡下平油戏楼墨记：

中华民国三十五年正月初十日，八仙旦班。
八仙旦、白牡丹、张月英、刘有福、董玺、喜元子。
起：全朝、六月雪、宁武关、采桑。
正：骂殿、吉星台、五雷阵、天水关、牧羊圈。
末：太平桥、金沙滩、法门寺、黄逼宫。
提笔人：西合营，大合禄。

(2)涌泉庄乡重泰寺戏楼墨记：

合气班，道光十六年。
为人不知好中才，只知五湖四海来；英雄天下盖无比，花好何时也能开。

(3)黄梅乡榆涧村关帝庙戏楼墨记：

蔚州小枣堡高云班玉成，在此一乐也。
起：回龙阁、赤桑镇、下河东、十王府。
正：山海关、法门寺。
末：三搜府、赐环、忠保国、临潼山。
光绪十八年九月湿润十二日立。

(4)西合营镇西大坪三圣殿戏楼墨记：

大清光绪元年二月廿八日立，金枪会，沙城人，宋文武班，问老少先生安。

三、墨记所见蔚县戏曲发展轨迹以及在蔚诸村演出的戏班

（一）蔚县戏曲发展轨迹

清代民国蔚县戏楼墨记因自然损毁与人为破坏，很多已经漫漶。虽然如此，能够保存至今并且清晰可辨的墨记仍然具有在历史环境作用下"随机抽样"的客观性质，因此具有史料的代表性。通过统计分析，可以在一定程度上反映清代民国蔚县戏曲发展的整体情况。

随着社会经济的发展、村庄人口规模的扩大、各种功能庙宇的修建，蔚县地区的戏班越来越多、演剧活动愈加频繁、戏楼墨记的数量也同时同步地急剧增加，这些现象能够反映此时此地戏曲发展的繁盛，反之亦然。总之，戏班数量、戏楼墨记数量（演剧活动频次）、戏曲发展程度，四者之间存在数量上"正相关"的联系。

依据墨记数量这一数据，经过统计，笔者搜集所得嘉庆年间（共25年）戏楼墨记总计1条、道光（共30年）17条、咸丰（共11年）11条、同治（共13年）20条、光绪（共34年）106条、宣统（共3年）9条、民国（共38年）38条。经过计算，嘉庆年间平均每年产生墨记0.04条、道光0.57条、咸丰1条、同治1.54条、光绪3.12条、宣统3条、民国1条。

以戏班数量为基础数据，同理，嘉庆年间平均每年存在戏班0.04个、道光0.63个、咸丰0.64个、同治1.15个、光绪1.88个、宣统1.33个、民国0.61个。以上多元指标可以绘制统计图表，如下：

表1　蔚县戏楼所见墨记和戏班数量一览表

	嘉庆	道光	咸丰	同治	光绪	宣统	民国
年号使用期限（年）	25	30	11	13	34	3	38
墨记总量（条）	1	17	11	20	106	9	38
戏班总量（个）	1	19	7	15	64	7	23
平均每年条数	0.04	0.57	1	1.54	3.12	3	1
平均每年个数	0.04	0.63	0.64	1.15	1.88	1.33	0.61

说明：本表在笔者考察蔚县戏楼墨记的基础上，依据《蔚县文史资料选辑》（第16辑）补充编制，以上部分墨记的具体情况可以详细参考此书。

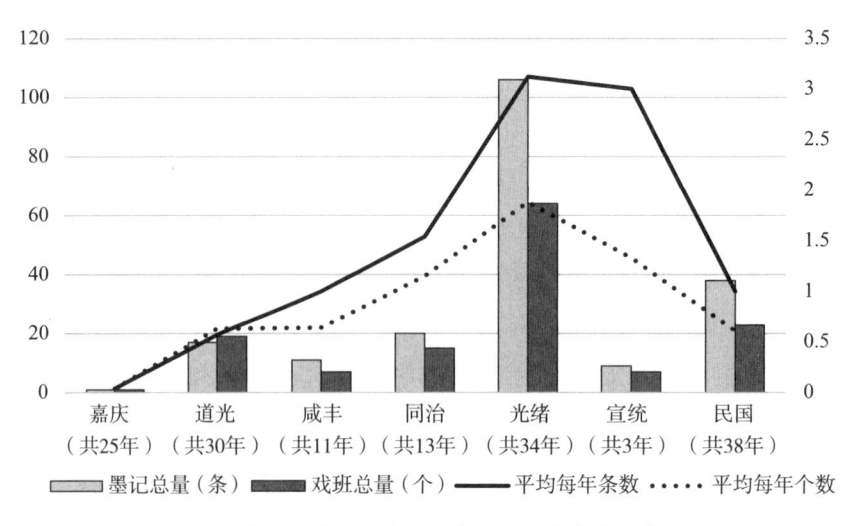

图 1 蔚县戏楼所见墨记和戏班的数量发展趋势图

说明:本图在笔者考察蔚县戏楼墨记的基础上,依据《蔚县文史资料选辑》(第16辑)补充编制,以上部分墨记的具体情况可以详细参考此书。

所以,仅以平均每年戏楼墨记产生的数量以及戏班的存在数量作为衡量指标可知,蔚县戏曲发轫于嘉庆年间、发展于道咸时期、繁盛于"同(治)光(绪)宣(统)"三朝、式微于民国时代。

(二)在蔚诸村演出的戏班

墨记可以反映戏班及其经营情况,包括戏班名称、戏班作为字号的经营年限。

根据墨记可知,清代民国在蔚县区域内曾进行过演出活动的戏班,其名称主要分为三种类型:第一种,由两个汉字的吉祥词语组成,如双胜班(见于南岭庄乡李家浅关帝庙戏楼)、顺合班(吉家庄镇大张庄关帝庙戏楼);第二种,由三个汉字的班主姓名或者优伶艺名组成,如刘志新班(南岭庄乡吴家浅龙王庙戏楼)、庞致和班(涌泉庄乡连家寨关帝庙戏楼)、二大头班(西合营镇东辛店龙王庙戏楼)、串花嘴班(涌泉庄乡独树村龙王庙戏楼);第三种,由戏班籍贯(来源地区)及其所演戏曲的种类名称组成,如北水泉社火班(白乐镇天照疃龙王庙戏楼)、李邻庄北堡秧歌头班(南岭庄乡北李邻庄龙王庙戏楼)。其中,尤以第一种类型的戏班名称最为常见。

戏楼墨记所见清晰可辨的戏班名称共计126个(存在重复出现的情况),其中可按年代分类:

1.嘉庆年间共计1个:河仙班。

2.道光年间19个:永和班、双胜班、西双塔班、顺合班、王老英班、成尚班、合气班、刘志新班、福盛班、双庆班、□庆班、孙庆班、义和班、山人贵林班、永长班、合意班、周之合班、保子班、二大头班。

3.咸丰年间7个:庞致和班、双合班、太平班、喜花班、双胜班、双嘉班、四合班。

4.同治年间15个:刘环仁班、万义班、王福荣班、张家口南堡班、四喜班、高林班、玉山班、全成四班、万合班、更字城班、吉庆班、乐春班、金瑞班、双合班、德胜班。

5.光绪年间64个:宋文武班、三盛班、晋祠班、五福班、李邻庄北堡秧歌头班、李邻庄社火班、闪二班、吉家庄班、任福班、四合班、北水泉社火班、福喜班、苗连玉班、德胜班、瑞祥班、双庆班、祥福班、武善班、长盛班、顺合班、王治官班、杨廷芳班、串花嘴班、福乐班、西双塔社火班、仁义班、西合营班、双庆班、义顺班、月宫班、春生班、双和班、福义班、高云班、和庆班、福顺班、校花班、合盛班、合义班、南吉家庄班、双盛班、许恒兴班、陈老太班、吕地秋班、祁福班、泰盛班、狼山永盛班、全盛班、吴善水班、文蔚班、东庄社火班、人清班、通顺班、元尚班、和顺班、狼山班、通乐班、康北明小各六厮班、小京都班、福全班、心合班、张宝魁班、东黎元庄班、合意班。

6.宣统年间7个:端祥班、信成班、隅一班、福林班、忠宝班、富荣班、张宝魁班。

7.民国年间23个:鸿吉班、三虎班、合春班、富荣班、张宣丑班、双顺班、长顺班、合义班、小奎子班、二铜匠班、义顺和班、和顺班、六圪塔班、双和班、大头兰戏一班、合意班、四顺班、义顺班、四合班、合顺班、协盛班、八仙旦班、元宵班。

依据以上墨记所载戏班信息可知,最晚在嘉庆二十年,蔚县即已出现戏班——来自山西大同府广灵的河仙班在此进行演剧活动。其中,依据各条墨记所载戏班的数次演剧时间,可以大致推断部分戏班的营业年限。

今将戏班营业年限详列如下：

表2 在蔚演剧戏班营业年限一览表

序号	戏班名称	最晚成立时间	最早停办时间	至少营业年数(年)	备注
1	合意班	道光二十三年(1843)	民国十四年(1925)	82	存在40年以上的戏班
2	四合班	咸丰十一年(1861)	民国十九年(1930)	69	
3	顺合班	道光十三年(1833)	光绪十二年(1886)	53	
4	双庆班	道光十九年(1839)	光绪十四年(1888)	49	
5	义顺班	光绪十五年(1889)	民国十八年(1929)	40	
6	双和班	光绪十六年(1890)	民国十三年(1924)	34	存在40年以下、20年以上的戏班
7	双胜班	道光九年(1829)	咸丰八年(1858)	29	
8	三盛班	光绪二年(1876)	光绪二十九年(1903)	27	
9	合义班	光绪二十年(1894)	民国九年(1920)	26	
10	和顺班	光绪二十六年(1900)	民国十三年(1924)	24	
11	双合班	咸丰元年(1851)	同治十二年(1873)	22	

说明：本表在笔者考察蔚县戏楼墨记的基础上，依据《蔚县文史资料选辑》（第16辑）补充编制，以上部分墨记的具体情况可以详细参考此书。

曾在蔚县活动的很多戏班至少存在了20年以上。其中"合意班"的字号，自道光二十三年至民国十四年，在墨记中多次出现，表明至少存在82年。在80余年里，该班组成人员（财东、班主、承事、掌班）可能屡有更替、因为生计困难可能数度歇业；其他具体情况，仅从墨记资料，暂时不得而知。

此外，存在20年以下、2年以上的戏班也有很多：至少存在10年的德胜班，至少存在9年的文蔚班和春生班，至少存在6年的富荣班和张宝魁班，至少存在4年的双盛班和四顺班，至少存在3年的狼山班和仁义班，至少存在2年的张宣丑班。

在戏楼墙壁上书写题记的活动主体是戏班。戏班成员书写题记的原因主要有三：其一，作为此后再次受邀演剧的依据和宣传；其二，作为戏班成员在连续数日的演剧活动中的简要提示；其三，以为纪念。

哪种原因更为重要呢？在社会经济史的学术视角下，可将戏曲看作一种文化商品,某个字号的戏班就是一个商业主体——与经营普通产品相类似的商号,戏曲演出行为就是一项经济活动。所以,以上三者的合理发展应该符合基本的经济原理、自觉尊重市场运行的客观规律:戏班演剧活动就是一种娱乐商品的生产过程,在这个生产过程中,戏班为了维持生计以及实现盈利甚至于追求利润的最大化,试图扩大商品销量——经常受邀进行演剧,就是一种主要手段。

在笔者所辑录的墨记之中,就有一些戏班不止一次受邀回到曾经演剧的戏楼再次进行演剧活动的情况。今将此类戏班具体演剧情况列表如下:

表3 蔚县墨记所见戏班曾在同一戏楼常年多次演剧情况一览表

序号	戏班名称	演剧时间	所在戏楼
1	双胜班	道光九年(1829)二月廿四	南岭庄乡李家浅关帝庙戏楼
		咸丰八年(1858)	
2	太平班	咸丰三年(1853)十月初二	西合营镇东辛店龙王庙戏楼
		咸丰三年(1853)十月二十二	
3	三盛班	光绪二年(1876)十月初六	常宁乡范家堡龙王庙戏楼
		光绪十九年(1893)九月	
		光绪十九年(1893)十月初□	
4	双和班	光绪十六年(1890)九月	南杨庄乡九宫口龙王庙戏楼
		光绪十七年(1891)三月十二	
5	双盛班	光绪十九年(1893)正月	南岭庄乡吴家浅龙王庙戏楼
		光绪二十三年(1897)十月十九	
6	文蔚班	光绪二十年(1894)九月初五	黄梅乡榆涧村关帝庙戏楼
		光绪二十九年(1903)十月初八	
7	文蔚班	光绪二十二年(1896)二月二	黄梅乡定安县戏楼
		光绪二十六年(1900)	
8	吴善水班	光绪二十二年(1896)五月	杨庄窠乡北庄头龙王庙戏楼
		光绪二十三年(1897)二月二十	
9	合意班	光绪三十二年(1906)十二月	杨庄窠乡东深涧真武庙戏楼
		民国十四年(1925)九月廿六	

续表

序号	戏班名称	演剧时间	所在戏楼
10	富荣班	宣统三年(1911)六月初八	宋家庄镇宋家庄村穿心戏楼
		宣统三年(1911)六月十九	
		民国六年(1917)闰二月	
11	张宣丑班	民国七年(1918)二月十二	宋家庄镇上苏庄观音殿戏楼
		民国九年(1920)二月十二	

说明:本表在笔者考察蔚县戏楼墨记的基础上,依据《蔚县文史资料选辑》(第16辑)补充编制,以上部分墨记的具体情况可以详细参考此书。

故而,戏班成员将本班演出信息书写于戏楼墙壁,作为此后可能再次受邀演剧的依据和宣传的心理动机,直接与其经济利益相互关联,这是戏楼墨书题记产生的重要原因。

四、墨记所见蔚县的戏楼演出剧目及其民间流行剧种

(一)蔚县戏楼的演出剧目

戏班所演剧目是戏楼墨记需要载录的主要内容。根据蔚县墨记可以得知此地部分村庄戏楼曾经上演的具体剧目。并且戏班演剧的时间安排决定了记载剧目的基本书写格式。

大量墨记表明:某个戏班在某地戏楼的一次完整演剧活动,一般持续三天,第一天称为"起日(或者起唱)"、第二天称为"正日(或者正唱)"、第三天称为"末日(或者末唱)",每天分为"午前""午后""晚"三场,每场包含剧目若干。

下举六例,说明墨记所载剧目的基本书写格式。其中,第一种书写格式最为常见。

1.光绪二年,常宁乡范家堡龙王庙戏楼墨记所载剧目:

起:打登州、三请。

正:庆顶珠、对涛。

末:双挂帅、义桃园。

2.同治十二年,西合营镇西合营关帝庙戏楼墨记所载剧目:

起,初九日:午前,加管、白罗衫一本。

正,初十日:午前,万寿堂、忠保国;后,凤仪亭一本。

末,十一日:午前,假金牌;后,宝莲灯一本。

3.咸丰三年,涌泉庄乡连家寨关帝庙戏楼墨记所载剧目:

廿四:南阳关、发王乐、海神庙。

廿五:国公图、陈宫计。

廿六:高平关、空城计。

4.民国十五年,柏树乡王家庄南堡戏楼墨记所载剧目:

起唱:午前,三击掌;午后,卖豆腐、赶三关;晚,采桑、阴魂扇。

正唱:午前,捧圣;午后,重圆;晚,下书、杀楼。

末唱:午前,吴三贵;午后,满床笏;晚,八卦、红罗衫。

5.民国十九年,宋家庄镇宋家庄村穿心戏楼墨记所载剧目:

起日:定军山、火焰山。

正日:未央宫。

末日:黑风山、金白印。

6.下宫村乡南马庄南堡戏楼墨记所载剧目:

四起:药王殿、吉星台。

五正:邓家山。

六末:下河东、忠保国。

笔者辑录蔚县戏楼墨记所载剧目(包括本戏以及折戏)共计 324 个,其中内容可考的梆子声腔剧目 165 个,按照文本内容可以分为以下四个类型。

1.以"政治与战争"为历史背景的剧目,共计 84 个,如下:二进宫、十王府、九龙杯、九龙峪、九宫山、三击掌、三世缘、三搜府、下河东、山海关、义桃园、天门阵、天水关、天台山、五台山、五雷阵、太平桥、屯土山、长坂坡、凤仪亭、双龙山、双挂印、双锁山(下南唐)、玉门关、玉阳山、打登州、古城会、龙骨床、龙蛇镇、北天门、四平山、白门楼、宁武关、吉星台、当阳桥、回龙阁、全家福、杀府、关公辞曹、阴魂阵、观阵、观星、吴三贵、听琴、别窑、汴梁图、陈宫计、玩琼花、取成都、荀家滩、虎牢关、国公图、忠保国、和氏璧、金沙滩、金枪会、采桑、定军山、空城计、战长沙、战金山、战樊城、临潼山、骂曹、剑峰山、美人图、洪羊洞、高平关、烟火棍、海神庙、调寇、黄金台、黄逼宫(怀士关)、黄鹤楼、乾坤带、盗宗卷、盗御马、锁阳关、御果园、跪塂、满床笏、群英会、翠花宫、穆柯寨。

2.包括"公案与侠义"内容的剧目36个：八蜡庙、九件衣、反徐州(五红图)、六月雪、双凤山、双罗衫、玉虎坠、打经堂、杀山、杀狗、杀楼、庆顶珠(打渔杀家)、戏叔、红桃山、走雪山、赤桑镇、串龙珠、坐楼、快活林、抱盒、英雄义、卖布、忠义堂、法门寺、拾玉镯、拾伍贯、响马传、狮子楼、洗浮山、列女传、胭粉计、假金牌、游龟山、富贵图(少华山)、溪皇庄、翠屏山。

3.反映"民间世态"的剧目25个：二龙山、三娘教子、万花船、月明楼、乌玉带、玉杯记、打瓦罐、打金枝、白水滩、白罗衫、对银杯、合凤裙、坐窑、状元谱、顶灯、卖豆腐、卖胭脂、舍饭、春秋配、送女、赶脚、铁弓缘、梁祝、劈棺、檀香坠。

4.以"神仙道化"为故事主题的剧目20个：万仙阵、万寿堂、天河配、五福堂、日月图、火焰山、玉泉山、花果山、李洪太子出家(捧圣、梅花洞)、青石山、闹天宫、泗州城、宝莲灯、药王卷、骂阎、送灯、黄河阵、阎王乐、黑风山、碧游宫。

以上便是清代民国蔚县戏楼曾经上演的具体剧目，其中以"政治与战争"为历史背景的剧目最多，在此类戏曲中，以杨家将故事为蓝本的剧目较多。这是因为，明代蔚县位于长城沿线地带，曾是蒙汉交战的前沿攻防阵地，村庄修筑城堡，这样的地理位置促进了"民风尚武"的人文环境的形成，影响了蔚县民众对于戏曲艺术的欣赏偏好。

这些剧目名称颇有鲜明的地方特征：与同在北方流行的京剧剧目相比较，曾在蔚县上演的梆子剧目，其在戏楼墨记中的名称多为三个字，例如二进宫、八蜡庙、二龙山、万仙阵。这是由于当地戏曲欣赏群体多为普通民众，简洁明快、通俗易懂的原则，影响艺人在创作剧本或者书写题记的过程中对剧目名称的确定或者修改。此外，梆子戏作为北方戏曲的典型代表，深受农商阶层的审美影响，"忠孝节义"色彩相对浓厚，这与南方地区多为"才子佳人、悲欢离合"主题的仕宦戏曲有着鲜明的差异。

(二)蔚县民间流行的剧种

作为晋冀蒙三省文化的交融之地,蔚县民间流行的剧种具有多样性①,这在笔者所辑戏楼墨记之中也能得到反映。

其一,蔚州社火和蔚州秧歌。正如上文所述,根据曾在蔚县戏楼演剧的戏班名称即可得知所演剧种,例如:

(1)光绪三年(1877)正月,李邻庄社火班的旦角张月英、杏元子、白富,曾在南岭庄乡北李邻庄龙王庙戏楼唱戏。

(2)光绪六年(1880)正月初九日,北水泉社火班,曾在白乐镇天照疃龙王庙戏楼唱戏。

(3)光绪十三年(1887)三月初十日,西双塔社火班的大二旦子、大丈夫子,曾在杨庄窠乡北庄头龙王庙戏楼唱戏。

(4)光绪廿四年(1898)正月廿六日,西合营东庄社火班的吴启生,曾在涌泉庄乡重泰寺戏楼唱戏。

(5)光绪三年(1877)正月,李邻庄北堡秧歌头班的二百黑、二花脸马恒、水生子,曾在南岭庄乡北李邻庄龙王庙戏楼唱戏。

(6)柳河口秧歌班的大三红、十二红、草包黑、官城、二大头、十七红,曾在宋家庄镇大固城关帝庙戏楼唱戏,演剧时间不详。

以上6个戏班——李邻庄社火班、北水泉社火班、西双塔社火班、西合营东庄社火班、李邻庄北堡秧歌头班、柳河口秧歌班,都是来自蔚州本地的戏班,故而表演的剧种就是极富地方特色的蔚州社火和蔚州秧歌。

其二,蔚州道情和河北梆子。除了可从戏楼墨记所载戏班名称得知所演剧种之外,一些提笔留戏之人也会直接专门题写该班当时所演剧种,例如:宋家庄镇上苏庄观音殿戏楼墨记"张宣丑班,民国七年二月十二日,唱道情",宋家庄镇宋家庄村穿心戏楼墨记"红计,金达子,河北梆子"。由此可知,颇具地方特色的蔚州道情以及河北梆子同样曾在蔚县流行。

---

①此种说法可以综合参见陈贵所著《京西第一社火——蔚县社火》一书、蔚县政协文史资料委员会主编内部资料《蔚县文史资料选辑》第9辑《蔚州秧歌简史》、张启维所撰《蔚县道情简介》一文(张家口政协文史资料委员会主编内部资料《张家口文史资料》第20辑《梨园谈往录》第356—360页)。

其三,北路梆子。根据戏楼墨记所载内容可考的 165 个梆子戏演出剧目可知,蔚县曾经广泛流行梆子戏。梆子声腔系统复杂,包括秦腔、蒲剧、晋剧、上党梆子、北路梆子、河北梆子、豫剧、山东梆子等剧种。此处可以借助墨记所载外地戏班的籍贯间接推断他们曾在蔚县演出的具体剧种。仅举以下 2 例说明。

(1)光绪八年(1882)四月廿七、廿八、廿九日,来自山西大同府的福喜班优伶侯攀桂,曾在西合营镇西合营关帝庙戏楼唱戏。大同府是北路梆子的发源和活跃地区之一,北路梆子在此有着较为坚实的群众基础;清代光绪年间的大同城内已有正式营业演出的戏班①。所以,福喜班在蔚演出剧目应该属于北路梆子。

(2)光绪十三年(1887)六月,来自大同府广灵的福乐班优伶尹二岗、十七红,曾在涌泉庄乡崔家寨关帝庙戏楼唱戏。广灵地区流行北路梆子,所以,福乐班在蔚演出剧目应该属于北路梆子。

除此之外,还有其他来自山西商人故里的戏班,例如永长班、大同府的河仙班、玉山班、晋祠班、五福班,都曾在蔚各村戏楼演出。毋庸置疑,他们所演的剧目种类也是梆子声腔剧种之一——北路梆子。因此,仅从现存戏楼墨记可以旁证,清代民国蔚县地区主要流行的戏曲剧种至少 5 种:蔚州社火、蔚州秧歌、蔚州道情、河北梆子、北路梆子。

蔚县曾经流行的河北梆子是具有地方特色的梆子声腔剧种,它与代表山西戏曲艺术的北路梆子都是梆子声腔体系的重要组成部分;河北梆子的形成,受到了山西梆子戏的艺术影响;蔚县社火、蔚县秧歌、蔚县道情同样均为受到山西曲艺重要影响的具有区域特色的民间风俗。

五、戏班区域流动与长途贩运商人

以往,学界针对影响蔚县戏曲发展的诸多因素的论述,更多的是立足单一的区域社会,侧重研究民间百姓的稳定需求的支持、社会经济的整体

---

① 此种说法参见高岩所撰《大同戏曲史初探》一文,收录于大同政协文史资料委员会主编 1989 年版内部资料《大同文史资料》(第 6—10 辑),第 345—352 页。

环境的承载、国家(州县)政治的关键力量的干预,但是鲜有在戏曲跨省传播的历史视野下,围绕从事长途贩运的山西商人与蔚州戏曲的重要联系,甚至对蔚州戏曲的早期作用,展开研究。

笔者针对墨记经过统计,这些曾在蔚县域内各个村庄进行演剧活动的126个戏班主要来自如下地区:本地的宣化府蔚州;外地的京师顺天府;隶属直隶的宣化府万全和怀来、深州饶阳、河间府、易州、保定府南定;隶属山西的大同府广灵和灵丘。

除了本地戏班之外,上述在蔚县进行演剧活动的外地戏班籍贯,距离蔚县较近,或为山西商人的故里——大同府,或为山西商人的贸易必经区域——张家口、京师、直隶中部。

究其原因在于,蔚县是明清山西商人在经营北路贸易时,所经商道上的重要城邑,同时山西商人经营着域内工商各行各业的生意,他们或为行商或为坐贾,影响着蔚县社会经济的发展①。在蔚经商的山西坐贾开办商业字号的同时,还在当地参与或者独立修建庙宇,为了使祭祀活动能够顺利进行,他们联系同乡戏班、组织演出梆子戏。因此,这种异地之间的经济联系带动了区域之间的文化联系;途经蔚县的山西行商在华北或者蒙古地区经贸的过程中,加强了这些经贸地区的商号与商道枢纽间的经济联系,这种类型的经济联系同样引导着来自华北或蒙古(山西商人经贸区域)的戏班与蔚县(商道枢纽)间的文化联系的建立。

清代民国蔚县曾有很多外地商号,曾在蔚县演剧的外地戏班很多来自这些外地商号的原籍。今以蔚县古城财神庙碑刻为例,统计比较在蔚经营的外地商号籍贯与蔚县戏楼墨记所见外地戏班的来源地区:

---

① 此种说法可以综合参见《蔚县韩家镖局兴衰》《蔚县昔日骡帮》《浅谈蔚县的经纪业》《"义福当"和蔚县的典当业》,四文均收录于张家口政协文史资料委员会主编1992年版内部资料《张家口文史资料》第22辑。

表4 蔚县所见外地商号和戏班的活动时间和来自地区一览表

序号	经营时间	外地商号	籍贯	外地戏班	演剧时间
1	道光十八年	源太芝稻店、荣兴钱铺、义隆金店	保(定)府	庞致和班	咸丰元年
				更字城班	同治十一年
				双庆班	光绪十年
				双和班	光绪十六年
				(缺)①	民国三十五年
2	道光十八年	兴盛泰、大兴店、永兴店、广泰升、丰盛店、四义店、□义店、聚盛源	大同	玉山班	同治七年
				晋祠班	光绪三年
				五福班	
				福喜班	光绪八年
				义和班	(缺)
				大顺班	(缺)
3	道光十八年	永泰魁、恒义长、恒庆昌、隆和成、大德瑞、德和玉、兴源广、合盛德、新盛嵘、双盛成	张家口	张家口南堡班	同治六年
				鸿吉班	民国二年
4	道光十八年	永和玉	宣化	高林班	同治七年
				闪二班	光绪三年
				富荣班	宣统三年
				富荣班	民国六年
5	道光十八年	同泰店、合□店	广灵	河仙班	嘉庆廿年
				福乐班	光绪十三年
				(缺)	光绪十五年
				(缺)	光绪十六年

说明：本表在笔者田野调查的基础上，依据蔚县戏楼墨记和古城财神庙碑铭、结合《清代蔚县工商业初探——以蔚县古城财神庙碑刻为基础》编制，以上墨记和碑铭详情参见《蔚县文史资料选辑》(第16辑)和《蔚县碑铭辑录》。

①墨记此处缺字，但是所载戏班籍贯可以确定。下同。

据此可知：最晚道光十八年以前，已有若干外地字号在蔚经商；在此之后，来蔚外地戏班很多都与这些外地商号来自同一地区。在此无法十分肯定以上所列具体字号就是直接联系了同籍戏班来蔚演剧的商家，但是，这里至少可以说明，在蔚演剧的外地戏班确实受到了大量同乡商号到蔚经营的影响，反映了异地经济联系的确带动了区域之间的文化联系这种发展趋势。

由此可见，上述来自山西地区的戏班曾在蔚县演剧，山西商人从中起到了重要的连接作用。

六、结论

综上所述，其一，从清代嘉庆二十年（1815）到民国三十八年（1949）的135年间，至少有蔚州本地和来自大同府、辽州、张家口、京师、直隶中部的126个戏班在蔚州各地演出，至少演出了324个剧目，其中以历代战争为故事背景的剧目最受欢迎；所演剧种，既有本地的社火、秧歌、道情，又有河北梆子和北路梆子。其二，蔚县地方各类剧种的发展是山西的梆子戏向北传播的结果，两者在艺术上是一脉相承的；山西戏曲文化的发展在整体上影响了蔚县戏曲文化的演变。其三，曾在蔚县演剧的戏班本质上是商业字号，因此，戏班围绕庙会的商演活动不仅推动了区域文化的繁荣，同时带动了本地社会经济的发展。其四，作为早期影响因子之一，从事长途贸易的山西商人之中的部分群体的经营及其商业扩展，在一定程度上推动了山西同乡戏班的在外演出活动以及梆子戏在异地的传播；最晚清代中期以来，在蔚县的山西商人是该地梆子剧种流行的不可忽视的基础要素之一。这从一个侧面证实了艺人口口相传、学界普遍认可的说法——"商路就是戏路"。

总之，从山西商人的经贸区域与梆子戏的流布地区来看，诸如蔚县一类的商埠码头在华北地区还有很多，这些地区值得我们运用新的资料——例如庙宇碑刻和戏楼墨记，进行多维视角的考察，而且此类研究既是戏曲文化史、又是社会经济史的重要课题。

(原载《河北大学学报(哲学社会科学版)》2019年第4期)

(二)相关地域

清代民族贸易的个案研究

——对杀虎口监督一封奏折的几点分析

燕红忠　丰若非[①]

清代的权关由明代的钞关演变而来,并分为户部关和工部关。经历顺、康、雍三朝的调整,户部诸关的设置到乾隆年间基本稳定下来,共有31处。[②] 其中,晋商昔日走西口的杀虎口关对维系民族团结、发展北方陆路贸易及保证清朝财政收入起了重要作用。前不久民间发现的一封奏折为我们提供了相当宝贵的数据资料,其全文如下(下文简称"奏折"):

题报伏查前任监督恒安自嘉庆十八年九月二十二日起至十九年闰二月二十九日止,计六个月八日,征收过税银二万三千二百五十两三钱八分五厘。臣恒桂自三月初一日接收起八月二十一日计五个月二十一日,征收过税银二万二千五百八十九两七钱五分二厘,前后统计一年共征收过陆路货物正耗银四万五千八百四十两一钱三分七厘。应解户部

[①]燕红忠(1976—),男,山西洪洞人,上海财经大学经济学院教授,博士生导师,主要研究方向为中国长期经济发展。丰若非(1980—),女,山西大同人,中国社会科学院经济研究所博士后、山西大学晋商学研究所副教授。

[②]何本方:《清代户部诸关初探》,《南开学报》1984年第3期。

正额银一万六千九百一十九两九钱九分六厘,内除照例支给巡皂工项钱一百三十二两,奉户部札付拨给管理杀虎口驿站主事图们泰马价银一千三十九两五钱,羊酒价银三两零四分五厘,其余银两一万五千七百四十五两四钱五分一厘解交户部查收。应解工部归化城落地木税银四百四十六两,解交工部查收。其一年共收火耗盈余银二万八千四百七十四两一钱四分一厘,内除遵照向例抵补过大青山木税额银七千二百两,仍行解交工部查收。又照例支给当差巡人等饭食银二千一百三十两,并臣等署中用度以及部科饭银解交钱粮盘费等项照例共用银一千三百四十三两三钱五分七厘。以上除解交并各项动用外,实剩盈余银两一万七千八百两零七钱八分四厘,仍照例贮库俟。臣任满时亲赍到京遵照向例,奏交内务府查收所有一年征收正额、盈余以及开销等项,造具细档呈送户部查核外,理合恭疏具题。伏祈皇上睿鉴,赍部核覆施行。谨。

嘉庆十九年,监督杀虎口税务内务府郎中臣恒桂①

笔者现根据该奏折及相关史料对杀虎口贸易做出以下几点分析。

一、杀虎口的特殊性及其人事管理制度

杀虎口关市由明代的杀胡堡马市演变而来。它设立于清顺治十八年(1661)六月,是清代山西最早设立的一个权关。根据《关税成案辑要》记载的乾隆年间全国权关税额显示,该关与张家口、古北口、潘桃口以及山海关等权关的税课占全国总税额的5%,而沿海、长江、运河等重要权关的税收则占到全国总税额的68%。② 从上述数据可以看出杀虎口在全国税课总额所占的比例不大,但由于杀虎口特殊的历史背景和地理位置,使之成为清政府十分重视的一个权关。

(一)杀虎口的形成及其重要性

位于山西省右玉县城西北35公里的杀虎口坐落在万里长城脚下两省区(山西、内蒙古)三县(右玉、和林格尔、清水河)的交界处。早在春秋

---

①该奏折现存于山西省朔州市右玉县政府。
②吴建雍:《清前期权关及其管理制度》,《中国史研究》1984年第1期。

战国时便有"参合陉""参合口"之称,唐称"白狼关",宋名"牙狼关",明代改为"杀胡堡",又名"杀胡城"。① 该地对于历代当朝者都有着重要的战略意义。秦汉伐匈奴,隋唐征突厥,宋敌契丹,明御蒙古,都在这里屯兵设卡,成为游牧民族和汉民族征战的军事要地。由于军事与贸易的需要,该地于明嘉靖二十三年(1544)开始筑堡(史称旧堡),后来随着汉蒙马市的设立,"汉夷贸迁,蚁聚城市,日不下五六百骑",巡按御史周师遂上奏,"急宜就近另筑新堡,中建商店,令夷人入市者,尽赴此中,不得仍入杀胡城,限定日期,随时稽查,以防意外"。② 明万历四十三年(1615),该地开始"另筑新堡一座,名平集堡,周二里,高下与旧堡等,中建客店内外交易"。③ 然而,两堡分建,终为不便,遂在新旧两堡中间增筑东西墙,合二为一,前后左右开门,东西南北四通,成为周长540丈的大堡,并设守备管辖。从此,杀胡堡市场完善起来。

清王朝在统一内外蒙古后,设立杀胡堡为关市,并改名为"杀虎口"。从此,张家口被称为"东口",而杀虎口就成了所谓的"西口"。当时"蒙古诸藩部落数百种,分为四十九旗,臣其酋长而抚其民人,其通贡往来必道于边关,而杀虎口乃直北之要冲也,其地在云中之西,扼三关而控五原,自古称为险塞"。④ 康熙帝"特命勋戚重臣,统禁旅数千",驻扎杀虎口等地,与直隶、宣化、陕西、宁夏互为犄角。⑤ 与此同时,作为进出口货物的一个关市,杀虎口随着货物流通量的逐渐增加,形成"道通北藩,为牛羊、马驼、皮革、木植之所出,商贾称络绎焉"⑥的繁荣景象。为此,杀虎口关以长城边墙和黄河为界,东至天镇县新平口,西至陕西神木口,延长200余里,多处设卡征税。并规定,"商人运载货物,例需直赴杀虎口输税,不许绕避别口私走"。⑦ 由此可见,无论从军事角度还是从经济利益,加强对杀虎口的管理对于清政府都具有举足轻重的战略意义。

---

① 刘建生等:《晋商研究》,太原:山西人民出版社,2002年,第138页。
②《明神宗实录》卷五百五十八,万历四十五年六月丙申条,《巡按御使周师旦奏折》。
③(清)刘士铭修,(清)王霨纂:《朔平府志》卷四《建置》,清雍正十一年刊本。
④(清)刘士铭修,(清)王霨纂:《朔平府志·申序》,清雍正十一年刊本。
⑤(清)刘士铭修,(清)王霨纂:《朔平府志·申序》,清雍正十一年刊本。
⑥(清)刘士铭修,(清)王霨纂:《朔平府志》卷七《税课》,清雍正十一年刊本。
⑦黄鉴晖:《明清山西商人研究》,太原:山西经济出版社,2002年,第283页。

(二)清政府对杀虎口税务机关的人事管理制度

关市之征历来是封建王朝的一项重要财源,而关市的人事管理则清楚地反映出清政府对各关的重视程度。根据奏折可以看出,嘉庆年间杀虎口关市的管关人员是由内务府直接选派。在此,我们首先探讨历年来清政府对于杀虎口税关的人事管理制度。

1.变化中的清朝权关"差官"制度与杀虎口"差官"制度的相对稳定性。事实上,有清一代对于权关的人事管理并非一直都很明晰。清代权关的管关人员主要是督抚、监督等,但是由于各关的具体情况不同,所以"差官"在清前期、后期和在不同的口岸都有很大的差异。《中国税制史》称:权关由"总督、巡抚、将军等,依中央政府之命而监督之;其下置道台监收、知府监收、同知监收、知州监收、知县监收,令管理之。"①《清代商业史》称:"在顺治、康熙两朝,关津差官多由'钦差专辖,或令督抚兼理'。两种办法交替使用,没有固定的要求。雍正二年(1724)规定'夫差归并巡抚监管',但以后也有变化。"②事实上这些概括都不全面,因为清朝前、后期权关的管理不仅有变化,而且很大,其主要表现在三个方面:(1)各关监督是兼差还是单差;(2)由"掣签"决定还是由皇帝简选;(3)征税权交于地方还是归于钦差监督。③ 正是由于这些分歧的存在,清朝差官制度经历了不断的反复与更迭,直到乾隆时期才确定下来。④

杀虎口关的人事管理却比较特殊。"顺治七年(1650)定独石口、杀虎口差满洲笔帖式收税;顺治十三年(1656)在定各关专差汉官时,仍然强调张家口、杀虎口各差满官一人,笔帖式一人,均照例一年更代。"⑤"康熙元年(1662)定张家口、杀虎口专差满洲蒙古官例。"⑥康熙四年(1665)规定各关交于地方官管理时,惟"两翼、张家口、杀虎口、仍差户部满官"。康熙三十年(1691)在此基础上又有一个补充规定:"在京内外共关差二

---

① 吴兆莘:《中国税制史》(下),上海:上海书店,1984年,第72页。
② 郭蕴静:《清代商业史》,沈阳:辽宁人民出版社,1994年,第56页。
③ 吴建雍:《清前期权关及其管理制度》,《中国史研究》1984年第1期。
④ 祁美琴:《关于清代权关"差官"问题的考察》,《清史研究》2003年第4期。
⑤ (清)李鸿章等撰:《钦定大清会典事例》卷二百三十六《户部·关税》,光绪二十五年石印本。
⑥《清朝通典》卷八《食货八》,典2062。

十六处,左右两翼、杀虎口、古北口、潘桃口六处,不差汉官。"①从这些记载来看,清政府为杀虎口关所差的管关人员从民族身份来讲全部是满蒙官员,并没有汉官。事实上,清政府在定鼎北京后,一直存在着满汉官僚的明争暗斗,而清代其他大部分权关频繁的差官变化正清楚地反映了这种关系。但是,杀虎口这一汉蒙交界并从一开始就由宗人府、理藩院、内务府满蒙官员所垄断的权关,根本不可能为汉官留有一席之地。满蒙官员为了保证自己的势力,不愿意、也不可能把已有的杀虎口关税控制权转交他人,而且必定会始终把持在自己手中。

2.杀虎口"差官"与内务府司员的关系。清代的权关是一级征税机构,隶属于户部。按照一般的规律,其派出官员应来源于户部。杀虎口作为户部31关之一,本该由户部差官来管理,但奏折中恒桂对自己的官职称谓是"内务府郎中",为什么不写为户部官员呢?我们认为,清政府把税收作为一种稽查、限制商业的政策并没有始终坚持对于权关税差的委派制度。据《朔平府志》记载:

> 关市之争,由来久矣。盖古者,乡遂之,民皆为农,农皆受田,田皆出赋,此为正之供也。市厘之民不专以力田为业,往往资山林川泽之产,贸迁有无,趋利逐末。夫趋利则民必竞,逐末则民必轻。设关市之争以抑之,而税课起点。朔平五属地皆边塞,无山泽之产,惟右玉杀虎一口通道北藩,为牛、羊、驼、马、皮革、木植之所出,商贾称络绎焉。其司抽分税课者由钦差监督以领其是非,有司之责也至各属市厘所贸易者,牛、羊当畜而外物不多见其税课,盖亦仅矣。②

正因为权关扮演了抑制商业的角色,所以给清代权关委派税差制度造成了难以弥补的制度真空,即为统治者对其采取不规范、或者将其纳入非正常管理轨道提供了土壤和可能。但是,"关税的收入毕竟居于清朝财政的第三位",不论是清政府还是皇帝都清楚权关对于国库以及内帑的重

---

① (清)李鸿章等撰:《钦定大清会典事例》卷二百三十六《户部·关税》,光绪二十五年石印本。
② (清)刘士铭修,(清)王霨纂:《朔平府志》卷七《税课》,清雍正十一年刊本。

要作用。当时,清朝户部诸关实行监督管理者 12 处,实行兼管管理者 20 处,在监督管理的 12 处权关中有 10 处是全部或部分由内务府司员控制,而杀虎口就属其中之一。① 事实上,清代中叶以后基本上都由内务府包衣担任重要的税差。《清高宗实录》中称清代各省盐政织造官差"皆系内府世仆",②即说明官差缺与内务府司员的密切关系。对于杀虎口来说,这种现象与当时诸多实际状况有关。

首先,就地理位置而言,山西是中原腹地与蒙古库伦(今乌兰巴托)间最短的一条通道。早在清皇室入关前,制订其经略中原的战略时,就已把山西作为必须控制的地区之一,而杀虎口作为山西境内"直北之要冲",战略位置更显重要。由于"杀虎口外迤北二十五里,东西二十五里内",均系"熟荒地亩",③急需开垦种植以满足蒙汉民族对粮食的需求,而且"需用粮石,已倍于昔"。④ 这种机遇诱导无数晋人通过"走西口",由最初的简单务农以糊口而转变为自耕农或地主。另外,由于内外蒙古广大地区,特别是西北部的唐努乌梁海、科布多、扎萨图汗部、三因诺颜部及内蒙六盟地区所需缎布、盐茶、铁器以及各项日用杂货,皆主要由内地商人经杀虎口出关供应,而关外蒙族的牲畜、皮毛及木材,也由杀虎口进口销往腹地,从而使杀虎口成为汉蒙商品交汇的要冲。到乾隆元年(1736),"自开杀虎口,迄今数十年,商贾农工,趋负贸易,内地民人难以数计"。⑤

其次,随着晋商大量"走西口"进程的加快,经杀虎口进出的货物,在数量和品种上日增。与此相应,杀虎口关税钱粮的征收也日益增多,成为毗邻京畿的一个重要权关,随之统治者对其重视程度也有所加大。众所周知,清朝重要税差专用包衣的制度是经过雍正、乾隆初年的发展才逐渐确定下来的,而该过程与关税定额的由少增多、盈余银两从无到有以及各关确定额数的过程是一致的,即随着关税钱粮的日益增多,统治者对权关

---

① 祁美琴:《关于清代权关"差官"问题的考察》,《清史研究》2003 年第 4 期。
② 《清高宗实录》卷一千一百八十九,乾隆四十八年九月乙卯。
③ 《清圣祖实录》卷一百五十七,康熙三十一年十二月壬寅。
④ 《清高宗实录》卷八十六,乾隆四年二月己丑。
⑤ 《清朝文献通考》卷三十三《市籴》,考 5161。

与税差的管理加强势在必然。以杀虎口为例,税差本应是"户部"派出的"税官",而内务府包衣正是以"户部税官"的身份参与国家部分钱粮的征收工作,既扮演了"钦差"的角色,又完成了"为内务府掌握一些财源"的重要使命。所谓"关权为钱粮重地,即不能不委用家人书吏",①充分体现了清朝皇帝对"钱粮重地"的重视。

二、杀虎口年收关税的具体分析

随着晋商"走西口"步伐的加快,汉蒙民族间的贸易逐渐增多,杀虎口的年征关税便成为其进出口货物量增长真实反映的一个侧面,因此我们有必要根据奏折对杀虎口年收关税进行详细分析。

(一) 额定正额、盈余银与实际征收值的比较

1.杀虎口额定正额银的确定。榷关关税正额的收入是清代关税收入中最有保障的一部分,但正额税银的确定是经过一系列变化才最终完成的,杀虎口也不例外。据《清朝文献通考》记载:"顺治十八年(1661)曾规定张家口、杀虎口额定税额分别为每年10000两和13000两",②而光绪朝《钦定大清会典事例》记载有关杀虎口的正额银是16919两,黄鉴晖先生在其《明清山西商人研究》一书中则认为乾隆中期杀虎口额定正额银为32300两。虽然我们找不到确切显示杀虎口在乾隆中期额定正额银的史料记载,却可以从上述三个数字断定该关的正额银征收额数确实有过重新核定。不过,奏折中"……应解户部正额银一万六千九百一十九两九钱九分六厘……"则清楚地反映了嘉庆朝杀虎口正额银征收数额的确符合光绪朝《钦定大清会典事例》所载。

---

① 祁美琴:《关于清代榷关"差官"问题的考察》,《清史研究》2003年第4期。
② 《清朝文献通考》卷二十六《征榷考一》,考5076。

表 1　户部各关正额税银一览表　　　　　　　　　　单位:两

关名	正税银	关名	正税银	关名	正税银	关名	正税银
崇文门	94483	九江关	153889	浒墅关	168709	夔关	73740
左翼	10000	赣关	41124	淮安关	186255	粤海关	56531
右翼	10000	闽海关	66549	扬州关	44884	北海关	20000
坐粮厅	6339	浙海关	32158	西新关	33684	太平关	46829
天津关	40464	北新关	107669	凤阳关	78839	梧州厂	54621
山海关	32200	武昌关	33000	芜湖关	138496	浔州厂	38606
张家口	20000	杀虎口	16919	归化城	15000	临清关	29684
东海关	50000	江海关	21480	打箭炉	20000		
合计	2006638						

说明:据光绪《大清会典》卷 20—23 的有关数据编制。参见祁美琴《关于清代权关额税的考察》。

从表 1 可见,杀虎口额定正额税银的数量在户部 31 关中位居第 27 位,占到全国正额税银总和的 0.84%。虽然这个比例非常小,但位于杀虎口之后的 4 个权关分别是左翼、右翼、坐粮厅和归化城。所以说,在地处通衢大道的几个北路权关中,杀虎口的贡献也是非常瞩目的。

2.杀虎口额定盈余银的确定。从奏折所反映的数据可以看出,若仅根据正额税银是难以确知杀虎口实际关税收入的,因为在足额的正额收入之外存在着巨大的盈余银两。所谓"盈余银",是指各关根据税则征课税银超过正额的部分。"各关征税,国初定有正额,后货盛商多,遂有盈余"。① "查盈余一项,必须商货甚旺,于征足正税外尚有来货可征,始为盈余"。② 可见,盈余银的出现不是由税种、税则、税率的变化而引起的,而是由于过关货物的增多和贸易量增加而带来的。杀虎口也经历了这样的发展过程。

首先,杀虎口马市在明代只允许汉蒙民族以缎布、盐茶等与马驼牛羊

---

①姚元之:《竹叶亭杂记》二,第 46 页。参见祁美琴《关于清代权关额税的考察》(载《清史研究》2004 年第 2 期)。
②《清朝续文献通考》卷三十一《征榷三》,考 7835。

相交易,并严禁铁器、铜器交易。但是,随着汉人移民和垦荒种地,铁锅、犁、锹、镢等生产生活用具是成为必需品,因此,乌兰木等处由于缺乏农具而于康熙六十一年(1722)奏请行文山西巡抚,"速令制造,雇觅驼只",速运救急。此后,户部颁行的关税全书内列有科则:除废铁、铁料之外,所有铁器均准出口。①

其次,食油、酒、烟、煤炭等许多商品在明代并不销于口外,即使贩运出口,也并不缴纳关税。后来由于出口越来越多,经杀虎口监督上奏,户部于乾隆二十六年(1761)批准杀虎口开始征收油、酒、烟出口税。②

再次,内地向口外出口的商品越来越多,而口外进口的商品也不再局限于马、驼、牛、羊和皮张,新增商品中最突出的一项便是木材。康熙三十八年(1699),山西巡抚倭伦上奏:山西殷实商人愿往杀虎口外大青山等处采伐木材,请工部给票,输税入口贩卖。康熙帝诛批为:"大青山木伐卖,商民均为有益,著照该抚所请行。"

正因为全国其他各关都和杀虎口过关货物一样有逐渐增多的趋势,清政府于嘉庆四年(1799)出台了盈余定额办法,并钦定了户部各榷关的额定盈余银数额(如表2所示)。

从表2可以看出,杀虎口的额定盈余银两数额位居32个榷关的第21位,占到当时全国额定盈余银总和的0.84%,而位列其后的11关分别为:武昌关、临清关、粤海关、梧州厂、右翼、坐粮厅、浔州厂、庙湾口、北海关、归化城、打箭炉,由此我们可以断定杀虎口在当时的贸易额非常可观,否则不会被钦定如此高的额定盈余银。

3. 额定正额、盈余银与实征关税的比较。杀虎口监督恒桂在奏折中明确记载,嘉庆十八年(1813)至嘉庆十九年(1814)一年间共征收六路货物正耗银45840.137两,其中除应解户部正额银16919.996两外,"还解交工部归化城落地木税银446两,其一年共收火耗盈余银28474.141两"。可见,从额定盈余银两的嘉庆四年(1799)到嘉庆十九年(1814),杀虎口盈余银两增加了大约84%,而这一年间实际征收的正额与盈余银两之和

---

①黄鉴晖:《明清山西商人研究》,第282页。
②《清朝文献通考》卷三十一《征榷考六》,考5140。

则比其在顺治十八年(1661)最初额定正额银13000两增加了约249%,同时也比嘉庆四年(1799)额定正额与盈余银之和增加了约40%(如表3所示)。这些数字充分说明了杀虎口贸易量的递增。

表2 各关盈余银两一览表　　　　　　　　　　　　　单位:两

关名	盈余银	关名	盈余银	关名	盈余银	关名	盈余银
崇文门	212789	九江关	367000	浒墅关	230000	夔关	110000
左翼	18000	赣关	38000	淮安关	110000	粤海关	10000
右翼	7321	闽海关	113000	扬州关	71000	北海关	2000
坐粮厅	6000	浙海关	44000	西新关	33000	太平关	75500
天津关	20000	北新关	65000	凤阳关	17000	梧州厂	7500
山海关	49487	武昌关	12000	芜湖关	73000	浔州厂	5200
张家口	40561	杀虎口	15414	归化城	1600	临清关	11000
东海关	20000	江海关	42000	打箭炉	1314	庙湾口	2200
合计							1830913

说明:本表据光绪《大清会典》卷20—23的有关数据编制。参见祁美琴《关于清代榷关额税的考察》。

表3 额定税银与实征税银比较表　　　　　　　　　　单位:两

税种性质	正额	盈余	合计	
额定(顺治十八年)	13000	0	13000	—
额定(嘉庆四年)	16919	15414	—	32333
实征(嘉庆十九年)	16919.996	28474.141	45394.137	45394.137
+%	0.006	84	249	40

(二)年征关税所反映的问题及其实际贸易额的估算

1.杀虎口年征关税的实际水平。从表4可见,清代榷关税额征收及其在财政收入总额中所占比例的走势分别呈现出两个波峰。即在顺治九年(1652)至道光二十一年(1841)共189年的时段内,乾隆三十一年

(1766)的关税收入达到一个顶峰,之后,清朝关税收入逐渐走向下滑;同时,嘉庆十七年(1812)的相关数据却表明该年的关税收入占全国财政收入的比例值达到最高点。由此可见,乾隆三十一年(1766)是全国关税收入状况由盛转衰的一个拐点,而嘉庆十七年(1812)虽然位于这个拐点之后的关税收入下降阶段,但在全国财政收入出现同样颓势的形势下,其对于国家财政的影响却有所加强。虽说奏折中反映的时间并非嘉庆十七年(1812),但表中的数据完全可以作为一个参考供我们分析杀虎口年征关税的实际水平。据此,我们计算出杀虎口年征关税分别占到全国年征关税和财政收入的 0.94% 和 0.11%,其中关税比例比我们前面两次提到的 0.84% 多了 0.1 个百分点,所以,这组数据反映出杀虎口在当时的关税收入状况完全符合全国关税比例递增的大趋势。

表4　清代历朝财政收入比较简表　　　单位:万两

时间	榷关税(岁入)	财政收入(总额)	比例
顺治九年	100	2428	4
康熙二十四年	120	3123	4
雍正三年	135	3585	4
乾隆十八年	430	4069	11
乾隆三十一年	540	4858	11
嘉庆十七年	481	4013	12
道光二十一年	435	4125	11

说明:本表资料来源于何本方:《清代户部诸关初探》,《南开学报》1984 年第 3 期。

2.对于清王朝政府采购的贡献。如前所述,清代的榷关有户部关和工部关之分。"工关,在明代已见其设置,专税竹木。至于清代,据《大清会典》工部卷七十五所载,凡于下关津,户部掌之,其隶于工部者,专税竹木;商旅辐辏之地,得税船、货,皆因地制宜。故实质上与户部之常关相同,所异者只其收入纳于工部而已。工部以其收入,充当建造粮船及战

船,并修缮费之需。"① 其关数在乾隆以后增加不少,具体列举见表5:

表5 工关额定税额一览表　　　　　　　　　　　单位:两

关名	定额	关名	定额	关名	定额	关名	定额
潘桃口（直隶）	7645	砖版牌（山东临清关监管）	4572	芜湖关（安徽芜湖关监管）	70146	渝关（四川夔关监管）	5 000
古北口（直隶）	1012	龙江关（江苏西新关监管）	57607	南新关（浙江北新关监管）	30274	宁古塔、辉发、穆钦（东三省）	370
杀虎口（山西户部杀虎口关兼管）	7646	宿迁关（江苏淮安关监管）	48884	荆关（湖北）	17019	伯都纳湖纳湖河（东三省）	2237
武元城（山西）	1231	瓜仪由牌（江苏扬州关监管）	7666	辰关（湖南）	12500		
总计				273782			

说明:本表资料来源于杨希闵编:《中国工商税收史资料选编》(第8辑),第30页。

我们从奏折中的两处记载也可佐证:(1)在杀虎口一年的关税收入45840.137两中,"应解工部归化城落地木税银446两,解交工部查收";(2)在一年火耗盈余28474.141两中,"遵照向例抵补过大青山木税银7200两,仍行解交工部查收"。这两项支出总计税银为7646两,与上表中杀虎口工关每年收入定额所对应的数值完全一致。由此可见,从乾隆十八年(1753)到嘉庆十九年(1814)间,杀虎口并未随着工关数目的增加而减少其相应的每年收入定额。另一方面,从表中可以计算出,杀虎口工关每年收入定额居全国15个工关的第7位,所占比例大约仅为全国工关收入定额总和的2.9%;但它又是长江以北7个工关(杀虎口、潘桃口、砖

---

① 杨希闵:《中国工商税收史资料选编》第8辑,北京:中国财政经济出版社,1994年,第29—30页。

版牌、武元城、古北口、伯都纳、宁古塔)中年收入定额最多的一个,其定额比例占到这7关定额总和的30.9%,由此足见其在北方的突出作用。当然,从工关的定义及功能可以看出,工关每年的收入实质上属于现代财政学中政府购买支出中的国家投资支出,而杀虎口用于该方面的支出约占其年征税银的16.7%,所以,它对清政府财政支出的贡献是显而易见的。

3. 杀虎口实际贸易额的估算。分析杀虎口的贸易额,必须要了解该关的实际税率高低,因为只有从税率出发观察税课,才能清晰地掌握杀虎口的实际贸易额。然而,清朝榷关征税则例的不统一造成了诸关税率的不统一。据记载:"常关通过货物之税率,系依据户部则例;雍正乾隆年间所定,以从价百分之五为标准;但此税率,未必实行,各关各采用特定之税率,甚至有属于同一常关,而分关分局各异其税率者。"①那么,杀虎口税率的大体情况到底如何呢?

何本方先生在《清代户部诸关初探》一文中已经对清代户部诸关税率有了详尽的考察。他从四个层次推求得出清代户部诸关税率大约在3%到6%之间波动,而上限则主要针对沿海的4海关而言。他认为,康熙年间设立4海关时就规定进口正税税率为4%,附加税按正税加征二成,征收手续费为正税与附加税之和的二成,总计进口税为5.76%。② 而其他榷关则没有那么高的税率。我们以征收从价税诸关的税率计算,两翼、奉天、中江等处税银每两货物征税3分,其税率为3%,其牲畜税税率约为3%,③杂税税率亦为3%,④而关税当不至于与之相差太远,可作为推算诸关税率之根据。由于杀虎口与4海关相距甚远,不可能拥有较高税率,但它与两翼等关颇为邻近,所以3%这个数字具有相当的代表性,暂且作为我们进行杀虎口贸易额估算的一个基础。

另外,《山西通志》中指出:"清代设监督公署及所属分局卡,并派监督驻杀虎口,对于牲畜、皮毛、布帛、烟、茶和木料等出入口货物课税,税率

---

① 杨希闵:《中国工商税收史资料选编》(第8辑),第28页。
② 何本方:《清代户部诸关初探》,《南开学报》1984年第3期。
③ 《(嘉庆)大清会典事例》卷一百八十七到一百八十八。
④ 《(嘉庆)大清会典事例》卷八十八。

为 2.5%。"①但货税税率的计算要根据征税细则及货物的时价来计算,因此货税税率要随着税则及物价的变化而波动。所以,2.5%不可能是一个恒定的值。但该数值的确反映了杀虎口税率有过 2.5%的事实,我们将之作为另一个估算贸易额的基础。这样,我们得到关于杀虎口关税税率的两个参考值,其对应的贸易额分别为 1528005 两和 1815760 两,取二者的平均值则为 1671882 两。笔者认为该贸易额比较真实地反映了当时杀虎口陆路大宗货物牲畜、皮毛、布帛、烟、茶和木料等的实际贸易状况,从中可窥当时晋商北路贸易发展之一斑。

(原载《中国经济史研究》2006 年第 1 期)

---

① 山西省史志研究院编:《山西通志》卷二十九《财政志》,北京:中华书局,1999 年,第 72 页。

清代的雁门关与塞北商城

——以雁门关碑刻为中心的考察

许檀 乔南[①]

雁门关位于山西代州城西北40里的雁门山,该关扼据纵贯山西南北的主要通道,是清代晋商赴蒙、俄贸易的必经之路。山西商人自晋中出发,经忻州、淳县至代州,过雁门关,经应州至大同,自此分为东西两路:向西经朔平府,出杀虎口,达归化城;向东过阳高、天镇,入直隶境至张家口,往多伦诺尔、库伦,达恰克图。因此,清代的雁门关是一条商贾往来络绎的商道。不过由于文献资料的缺乏,我们对雁门关商道的具体情况知之甚少。

现今所存之雁门关城楼为明代所建,有关门三座,即东门、西门和小北门。东门外建有靖边寺,亦称李牧祠,祀战国名将李牧;西门外建有关帝庙,祀关羽。在李牧祠前,矗立着清末重修雁门关道路的一批碑铭。计有:宣统元年(1909)《留芳百代》碑、《修雁门关道路碑记》、宣统二年(1910)季秋月的一通残碑,以及《太谷县布施碑》、《张家口布施碑》、《丰

[①]许檀(1953—),女,天津人,南开大学中国社会史研究中心教授,博士生导师;乔南(1978—),女,山西阳泉人,南开大学历史学院博士生,山西财经大学经济学院教师。

镇布施碑》,共六通。后三块碑虽无年代记载,但从其排列看,当与前者为同一时期所立。这些碑铭为我们了解清代雁门关商道的具体状况提供了珍贵资料。本文利用这批碑文资料,并参考其他文献,对雁门关商道和晋商在塞北地区的经营活动进行考察。需要说明的是,这批碑文资料是乔南在古雁门关考察时抄录的。

一

笔者所见有关雁门关最早的碑文是乾隆三十六年(1771)的《路碑》①。该碑记言:"雁门关北路□靠山崖,往来车辆不能并行,屡起争端,为商民之累。本州相度形势,于东路另开车道。凡南来车辆于东路行走,北来车辆□西路经由,不得故违干咎。"据此可知,乾隆年间雁门关商道已是南北往来商贾络绎了。

宣统元年《留芳百代》碑记载了清末山西商人集资重修雁门关古道的原委与经过,其碑文如下:

> 山右之有雁门关也,南北通衢,东西要路。迤逦数十里,沙石纷起、飞泉四出,屹屹然称天险焉。自善全禅师不避艰苦,沿途托钵,凿山开路,通水道、搭浮桥、垫沟渠、修坡路,迄今六十余年,行人颇称便焉。戊申夏,大雨连绵,洪水为灾,山形暴裂,地势大倾,以致往来行旅猝焉中止。遥遥道路,欲返驾而无从;栖栖他乡,竟绝粮之可虑。清珠师目观此情,心伤其事。因求道、州大宪转请代州绅衿,谕令本城、四乡,各给缘簿一本,募化于经商之必由是路者。而又恐缓不济急,各暂借钱贰百吊,以期速成。嗣后募缘补项,有余归公。南乡同人敬求著多伦商友,不数日而捐金四百。此事之成,商界之力也。因并志之,以垂不朽云。

戊申年,即光绪三十四年(1908),以此上推60余年,时在道光。文中

---

① 张正明、科大卫主编:《明清山西碑刻资料选》,太原:山西人民出版社,2005年,第34页。

的善全禅师估计是李牧祠或关帝庙的住持,道光年间募化并主持了雁门关商道的重修。光绪末年因暴雨冲毁道路,清珠禅师请求雁平道和代州知州出面号召本城及四乡士绅同心协力,分头募捐,集资重修。其中,"南乡同人"专门"求著多伦商友,不数日而捐金四百",这可能是由于南乡外出经商者多聚集于多伦之故。该碑碑阴开列了多伦160余家商号的捐资数额。而其他各碑所镌商人捐款当系代州士绅分别向在各地经商的同乡以及往来于雁门关的商人募捐所得。其中,《修雁门关道路碑记》所镌捐资商号分别来自毕镇、河口镇、张家口、岱岳镇、山阴城、广武镇、朔州神头村等,另有一部分商号地点不详。《太谷县布施碑》碑阳为太谷县的捐款,碑阴则为归化城和兴化镇的捐款;《张家口布施碑》所镌除张家口商号捐款外,还有万全县和西包头镇的捐款;《丰镇布施碑》除丰镇商人商号捐款之外,还有萨拉齐的捐款;宣统二年季秋月残碑的捐款分别来自西包头、萨拉齐、丰镇、张皋和兴和。统计6碑,共有2700多家商行商号参与集资,总计捐银6512两零,钱9767千;若以制钱1500文折银1两计算①,折银为13000余两。其地域分布及捐资数量详见表1。

表1 清末重修雁门关商道各地商行商号捐资一览表

地域			商行商号数	捐款额
山西	太原府	太谷县	381	银639.8两,钱188.2千
	代州	广武镇	22	银1两,钱57千
	朔平府	神头村	17	钱25.5千
	大同府	山阴城	10	钱15千
		岱岳镇	40	银4两,钱77千
	丰镇厅	丰镇	625	银2607.5两,钱577千
		张皋镇	阖行	钱100千
	兴和厅	兴和镇	4阖社	小钱280吊

①中国第一历史档案馆:《光绪朝朱批奏折》,北京:中华书局,1995年,第73辑,第89页。

续表

地域			商行商号数	捐款额
	归化城厅	归化城	51	钱 963 千
		毕镇	15	银 18.5 两,钱 250 文
	托克托城厅	河口镇	24	银 64.5 两
	萨拉齐厅	萨拉齐	132	银 445 两,钱 17 千
		西包头镇	342	银 869.9 两,钱 6.3 千
直隶	宣化府	万全县	25	银 131 两,钱 24 千
	张家口厅	张家口	582	银 40 两,钱 7692 千
		多伦	169	银 409 两
	多伦诺尔厅	兴化镇	100	银 317 两
其他			173	银 965.5 两,钱 25.4 千
合计			2713	银 6512.7 两,钱 9767.65 千*

资料来源:据雁门关各碑统计。

*小钱 280 吊未计入。

表 1 可见,此次重修雁门关商道的捐款来源除代州本地之外,主要分布于山西本省的太原、大同、朔平三府,归化城、萨拉齐、托克托、丰镇、兴和五厅,以及直隶的宣化府、张家口和多伦诺尔等地。其中,太谷县位于山西省中部,该县商人是晋商中资本最为雄厚的商帮之一,太谷、平遥、祁县商人经营的票号合称为票号三帮。广武镇位于代州境内,雁门关以西 20 里。山阴城,即大同府山阴县,位于雁门关东北方向通往大同的官道上;岱岳镇属山阴县,位于县治西北约 30 里。丰镇原属大同府,光绪十年(1884)析置丰镇直隶厅;张皋镇属丰镇厅,位于丰镇东北。兴和镇(今内蒙古兴和县)位于山西与直隶交界处,原隶大同府,光绪二十八年(1902)置兴和直隶厅。归化城(今呼和浩特市)于雍正元年(1723)设厅,乾隆六年(1741)升为直隶厅。毕镇即毕齐克齐,属归化城厅,位于归化城通往萨拉齐的官道上。萨拉齐(今内蒙古土默特右旗)乾隆二十五年置厅,在归化城以西 200 余里;西包头镇(今包头市)属萨拉齐厅,位于萨拉齐城西 90 里。河口镇属托克托城厅,黑河在此与黄河交汇,故名河口,是归化城

土默川一带所产粮食经黄河运往山西的重要码头。万全县属直隶宣化府,明代为边防重镇,清代成为长城内外汉蒙两族农区牧区往来贸易之所。张家口为直隶口北三厅之一,是清代北疆对俄贸易的重要口岸。多伦,即多伦诺尔直隶厅;兴化镇,亦称旧买卖营,是多伦诺尔城的一部分。

表1显示,此次重修雁门关商道计有2700多家商行商号参与集资。不过,其中有数十家是以××行、××社或××街铺户等名义的团体捐款。如,张家口有保长行、保正行、碱行、布行、杂货行等,丰镇有缸油碾面行、当行,又有隆盛庄阁街铺户、黑王台阁街铺户的共同捐款;萨拉齐有杂货行、面行、当行、店行等;归化城则有宝丰社、集锦社、聚锦社、醇厚社,等等。这些商行商社大者可能有商号十数家或数十家,小者也有三五家或七八家,而所谓××街阁街铺户至少应会有商铺二三十家,故实际参与集资的商人商号当超过3000家。

二

前文表1可见,在重修雁门关商道的募捐中,捐资数量最多的是张家口,计有580余家商行商号参与集资,共捐钱7692千,银40两;其次为丰镇,计有620余家商号参与集资,共捐银2607两,钱577千。此外,太谷、多伦诺尔、归化城、西包头等地的捐款也属可观。除太谷之外,其余各地都是晋商与蒙古各部进行贸易的重要据点,也就是塞北地区的商业中心。下面我们分别加以考察。

(一) 张家口

张家口是清代北方最重要的商业城市。该城地处直隶北部长城线上,明代隆庆年间被定为与蒙古互市之地。清代,政府在张家口、独石口和多伦诺尔设立三个理事厅,合称为"口北三厅",专门办理"与蒙古民人交涉之事"(乾隆《口北三厅志》卷首,黄可润序),张家口与蒙区的贸易得以进一步发展。康熙中叶张家口开始成为中俄贸易的重要口岸,乾隆年间清政府停止俄国官方商队入京贸易,将中俄贸易统归于恰克图一地。张家口—库伦商道成为中俄恰克图贸易最重要的转运枢纽。

清政府在张家口设有税关,雍正元年定关税正额为20000两,随着汉蒙贸易、中俄贸易的发展,该关税收不断增长,嘉庆四年(1799)定盈余银40561两,正额、盈余合计为60561两(雍正《大清会典》卷52;嘉庆《大清会典事例》卷190)。

经由张家口输出的商品主要有茶叶、烟草、丝绸棉布、杂货等,以茶叶为最大宗;输入商品则以皮毛、呢绒、牲畜等为大宗。乾隆年间《闻见瓣香录》记载,张家口"为南北交易之所,凡内地之牛马驼羊多取给于此。贾多山右人,率出口以茶布兑换而归。又有直往恰克图地方交易者,所货物多紫貂、猞猁、银针、海貂、海骝、银鼠、灰鼠诸皮以及哈喇明镜、阿敦绸等物"(甲卷,张家口)。咸丰年间《朔方备乘》记言,"其内地商民至恰克图贸易者,强半皆山西人,由张家口贩运烟、茶、缎、布、杂货前往,易换各色皮张、毡片等物"(卷37,恰克图互市)。清末,"张库通商日繁一日,每年进出口约合口平银一万二千万两。出口货物率为东生烟、砖茶、鞍鞴皮靴、河南绸、铜铁杂货之类,入口货物则系外八旗大中小自生口蘑、皮张、驼牛羊毛、鹿茸、黄芪之类。"(民国《万全县志》第十册,张家口概况)雁门关碑铭中张家口商人的捐款为我们了解清末张家口的商业构成提供了更为具体的资料。在雁门关各碑中,来自张家口的捐款共有三部分:其一,《修雁门关道路碑记》中所镌张家口商人的捐款,计有88家商行商号,共捐钱1315千,银40两。这部分捐资者以实力较强的商行商号为多。其中捐钱最多者为南门外保长行,捐钱330千;其次为市圈内保正行,捐钱150千;再次为碱行、布行、杂货行、铁行、当行等。此外大德玉、长裕川、三晋川、巨贞和、大涌玉等十余家著名的茶叶字号分别捐钱30、20或10千。其二,《张家口布施碑》碑阳所镌张家口的捐款,计有113家商号,共捐钱130余千。这部分捐资者以小商号为多,其中捐资最多者为20千,大部分商号只捐钱1千。其三,《张家口布施碑》碑阴所镌来自张家口的捐款,计有381家商号,共捐钱6200余千。其中属于行业捐款的有保正行(2家)、泾面行、干面行、缸房行、细皮行、青盐行、红烟行,以及裕成当、裕丰当等12家当铺。此外,较著名的商号有大德常、祥发永、大泉玉、日升昌、蔚丰厚、天成亨、日新中等(参见表2)。

表2　雁门关碑中张家口商行商号捐款及其主要行业

行业	商行商号	捐款额
烟叶	5	361 千
茶业	15	220 千
皮毛业	7	252 千
金融业	20	229 千
碱行	7	118 千
面行	2 行	33 千
杂货行	阖行	20 千
布行	阖行	20 千
铁行	阖行	20 千
缸房行	阖行	18 千
青盐行	阖行	10 千
黑磁行	阖行	3 千
其他	520	6448 千
总计	582	7752 千

说明：银40两，折钱60千。

前已述及，在参与捐款的商行商号中有相当一部分属阖行共捐，故实际参与集资的张家口商号至少可达600—700家。除表中所列各行之外，可区分出经营行业的还有木店、驻店、纸铺、花铺、米铺、肉铺等。其中捐款最多的烟、茶、皮毛、金融等行正是张家口最重要的行业，我们分别略加考察。

烟草是张家口向蒙区和俄国输出的大宗商品之一。民国《察哈尔省通志》记载：西烟业，"旧属保长行……由山西曲沃制造生烟运口，转售旅蒙商家，供给蒙人需用"（卷23，商业）。上述捐款最多的保长行应是经营烟业的；此外，长盛源、祥云集、永和成等商号均为曲沃烟号，它们在行业之外分别单独捐钱10千、8千、7千。

曲沃县是山西最著名的烟草产区。该县的烟草种植始于明季,清末全县种烟面积8万亩,年产烟丝4000—5000吨。曲沃所产旱烟分为生烟、皮烟、香料烟三大类,销往蒙俄地区的主要是生烟。较著名的烟坊有永兴和、永和成、祥云集、长盛源、东谦亨、北谦亨等。东谦亨的"东生烟"远销库伦、恰克图和俄国;北谦亨的"北生烟"销太原、大同、张家口和蒙古地区;长盛源的"原生烟""晋生定"销祁县、张家口和蒙古;祥云集的"祥生烟""祥生定"销祁阳、汾阳、忻州、张家口、蒙古;永和成的皮烟、杂拌烟销运城、新绛和包头①。

茶叶,是张家口输往库伦和恰克图的最大宗的商品,也是晋商经营的主要商品。档案记载:张家口税收"向以福建青茶及恰克图皮毛等货为大宗,至货之盈绌又以茶为定衡"②。据说,清代中叶张家口有山西茶商百余家之多③。

不过,咸同年间开始晋商经营的茶叶贸易发生了较大变化。其一,清代前期晋商所买茶叶主要产自福建武夷山区,咸丰年间由于太平天国起义的影响,晋商改赴两湖地区采买茶叶。其二,鸦片战争后,俄国商人开始直接深入中国内地购买茶叶,凭借着从不平等条约中得到的减免税优惠,其运输成本大大低于山西商人。由于俄商经张家口转运茶叶等货享有免税特权,致使该关税收缺额④。清末,张家口每年运销库伦的茶叶多达30—40余万箱,其中由"俄人开栈,自办自运者约占十分之七",而晋商仅占十分之三(《察哈尔省通志》卷23,商业),晋商在张家口茶叶贸易中的垄断地位已被俄商所取代。在雁门关碑铭中,茶商捐款数额低于烟草业,反映的正是这一变化。

皮毛和呢绒是张家口输入的大宗商品。光绪中叶俄国学者的记载称,"张家口买卖城可以说是中国对俄贸易的集中点,几乎全部俄国呢绒

---

① 段士朴:《曲沃烟史简述》,《山西文史资料全编》(第2卷),太原:山西文史资料编辑部,1999年,第1129—1132页。
② 米镇波:《清代西北边境地区中俄贸易》,天津:天津社会科学出版社,2005年,第75—76页。
③ 渠绍淼,庞义才:《山西外贸志》上册,太原:山西省地方志编纂委员会(内部资料),第41页。
④ 中国第一历史档案馆:《光绪朝朱批奏折》第74辑,北京:中华书局,1995年,第201页。

和各种绒布以及俄国出口的全部毛皮制品都是先运到张家口买卖城的货栈,然后批发给下堡,最后再运到中国本土"①。张家口的皮毛业分为生皮、细皮、粗皮、皮革皮靴等行。生皮行,经销各种粗细生皮,细皮行专制狐皮、灰鼠、貂皮等高档皮货,粗皮行专制老羊皮袄和皮褥。据《察哈尔省通志》记载"朝阳村保正行"是经营生皮业的。在雁门关碑铭中共有3家保正行参与捐资,其中市圈内保正行捐钱150千,数额最高;另有两家保正行各捐钱25千,不知是否包括"朝阳村保正行"。看来张家口的保正行是按街区划分的。既然"朝阳村保正行"经营生皮业,其他保正行很可能也是经营皮货的。此外,还有细皮行、皮店、毡坊的捐款,其中大兴皮店一家就捐钱30千,应是一家规模很大的商号。

土碱也是张家口输入的重要商品,主要产于察哈尔的正蓝、镶白旗境内。在雁门关集资中,碱行捐钱70千,远高于杂货、布、铁等行;此外,至少有6家碱店在碱行之外又分别单独捐钱,合计达48千。乾隆《口北三厅志》记载,土碱"乃蒙古自然之利,有扫土煎熬者,有于冬月冰冻之时自然结成碱块者,内地染局、面铺用之,比他处所产为佳,是以远近流通"。乾隆年间经直隶总督方观承奏准,允许蒙古牧民自采,运至张家口贸易;由商人在张家口设铺收买,照章纳税。定制蒙古各旗"凡有刨取碱块货卖者,惟准进张家口一处,其余各关口概不准进";其收税以"每碱百斤作为一担,征收库平纹银二分"(卷5,物产)。光绪中叶张家口共有德懋、合成、德恒、元隆等碱店10家,这些碱店每年购入土碱"三万八千车至三万九千车,每车近六百四十斤"②,总计达二千四五百万斤之谱。

金融业是张家口的重要行业。北疆贸易陆路长途贩运的特点,决定了它对资金需求量甚大,而且周转期长。在雁门关碑铭中,我们看到除当行合捐15千外,另有12家当铺分别单独捐款;著名的帐局祥发永、大泉玉,票号日升昌、蔚丰厚、天成亨、大盛川等也参与了集资。票号的汇兑业务多与茶叶贸易直接相关。道光年间,张家口日升昌票号曾多次向江西河口镇汇款,采办茶叶。咸丰年间茶叶采购转向两湖,日升昌票号也改向

---

① [俄]阿·马·波兹德涅耶夫著,刘汉明等译:《蒙古及蒙古人》(第一卷),呼和浩特:内蒙古人民出版社,1989年,第704页。
② [俄]阿·马·波兹德涅耶夫:《蒙古及蒙古人》(第一卷),第711页。

汉口汇款,如咸丰十一年(1861)正月"定会汉三月初五至初十日交义亨和宝足银五千两","又定会汉三月初一至初五日交三和公足宝银六千两","又定会汉三月初十至十五日交合盛德足宝银三千两",均系为"汉湘办买红茶"的汇款①。

(二)多伦

多伦,即多伦诺尔直隶厅,雍正十年(1732)置。《口北三厅志》记载:"多伦诺尔皆铺户聚集,以贸易为事,逐末者多,务本者寡。"(卷5,风俗)乾隆十五年(1750)户部在此设关抽税,二十八年(1763)定税额为16858两;乾隆三十一年(1766)又将工部潘桃口关归并多伦诺尔同知管理,木税定额为6445两;户工二关合计税额23300余两,嘉道年间增为28700余两(光绪《大清会典事例》卷245、卷941;嘉庆《大清会典事例》卷187)。

据光绪中叶的记载,多伦诺尔约有各类店铺500—600家,主要分布在马市、牛市、东盛、长盛、兴隆、福盛等几条商业街上。其中,兴隆街"是多伦诺尔最富有的店铺和货栈所在",主要是作批发生意的;在兴隆街上还集中了许多银号和钱庄。马市街有商铺50余家,但占主要地位的是供外来客商住宿的客店;牛市街和钟楼后街各有店铺30余家。东盛街是多伦的旧货市场,这条街上汇集了出售估衣和各种旧货的小商铺300余家。福盛街有毛毡、皮革、马具、木器等作坊60余家,长盛街则以铜器作坊店铺为主。在多伦的数百家商号中,实力较强,能够直接到内地采办货物的商号只有40余家,其行业划分有专营茶叶的,有经营布匹杂货的,有经营粮食业的。其他商号实际上只是转销从这些货栈中批发的货物②。

茶叶是多伦输往蒙古各部和俄国的大宗商品。其中,输出量最大的是砖茶,每年达2.5万—3万箱。这些茶主要销往库伦,特别是车臣汗部,也有一部分运到俄国边界。其次是"汉博"茶,主要供应漠南蒙古的喀喇沁、土默特、敖汉、翁牛特和苏尼特等部;乌珠穆沁、阿巴嘎、克什克腾及察哈尔地区的蒙古人则往往自己到多伦来购买。此外,白毫茶的销售量有

---

① 黄鉴晖等编:《山西票号史料》,太原:山西经济出版社,2002年,第32—33页。
② [俄]阿·马·波兹德涅耶夫著,张梦玲等译:《蒙古及蒙古人》(第二卷),呼和浩特:内蒙古人民出版社,1989年,第334—337、340—341页。

限,每年只有三四千箱①。

布匹和杂货也是输往蒙区的大宗商品。经营布匹杂货的大货栈有12家,小栈则难以计数。山西商人经营的主要有丝绸、棉布、瓷器、铁器、铜器、刀子、火镰、旱烟等蒙古人需要的商品。这些货物在多伦是按驮征税的,高档货物每驮收税3两,低档货物每驮1两2钱,陶瓷器皿则不论品种每驮1两7钱。也有从天津等港口运来的欧洲纺织品,如斜纹布、府绸、印花布和德国呢②。

牲畜是多伦从蒙区输入的最大宗商品。光绪《蒙古志》记载:"牲畜市以多伦诺尔为枢纽,岁自蒙古进口以千万计,有牛马羊猪骆驼等,而马羊驼尤夥。秋冬间市肆喧阗,街衢拥挤"。每年八九月交易旺季,"运入多伦诺尔者日逾千头,市场极盛"(卷3,贸易物产)。这些牲畜主要来自车臣汗部,其次是乌珠穆沁、阿巴嘎和苏尼特等旗。大部分都是山西商人以各种货物与蒙古牧民换购的③。

木材是多伦输入的又一大宗商品,主要产自多伦东北部的克什克腾等山场,康熙年间开始开采,"八九月间砍伐之木于开春起运,三四月间砍伐之木于秋间起运"④。从山场采伐的木材中,凡"黄松、红松等大料堪以下水者",即在距多伦30里的大河口下水,沿滦河而下直抵海口,再转运天津、北京。凡"不堪下水"之灰松,"并不敷尺寸之小料,即运贮多伦诺尔地方自行售卖"。木材由滦河水运者在多伦征收水运木税;留贮多伦的木材中,由陆路转运张家口、独石口销售者征收陆运木税;多伦本地匠铺、居民消费,则不必纳税⑤。光绪十九年(1893)多伦诺尔税关征收木税银14260余两(光绪《蒙古志》卷3,贸易),超过定额一倍以上。

雁门关碑文中来自多伦的捐款包括两部分:其一,《流芳百代》碑中计有169家商号,捐银409两;其二,《太谷县布施碑》碑阴所镌兴化镇的捐款,计有100家商号,捐银317两。二者合计,多伦共有269家商号参

---

① [俄]阿·马·波兹德涅耶夫:《蒙古及蒙古人》(第二卷),第340—341页。
② [俄]阿·马·波兹德涅耶夫:《蒙古及蒙古人》(第二卷),第342页、第338—339页。
③ [俄]阿·马·波兹德涅耶夫:《蒙古及蒙古人》(第二卷),第342页。
④ 《宫中档乾隆朝奏折》第27辑,台北"故宫博物院",1986年,第136页。
⑤ 《宫中档乾隆朝奏折》第26辑,台北"故宫博物院",1986年,第185—288页。

与此次集资,总计捐银726两。其中可区分出行业者,有亿合当、永庆当、德隆当等13家当铺,大盛川、锦生润、世义信等票号,看来金融业在多伦也有一定的规模;此外,茶叶字号有大德成、大美玉、长玉川、三玉川、兴隆茂等,曲沃烟号有永兴和,还有隆盛木局、天兴木局等等。

由于大宗商货转运所需,运输业也是多伦的重要行业。有记载称,多伦"所有最强壮的公牛都要被赶到张家口去装茶叶运到库伦,再运到恰克图去"①;从克什克腾山场采伐的木材也需要"雇觅蒙古牛车"运输,"往返一次约需二三十日"②。据1915年的调查,由多伦运往张家口、大同等地的木材每年至少达两三万车③。

(三)归化城

归化城,蒙语为"库库和屯",万历初赐名"归化"。清雍正元年置归化城厅,乾隆六年升为直隶厅,为归绥六厅之一。

乾隆年间随着蒙古各部的经济发展,蒙汉之间物资交流日益扩大,归化城"商贾云集,诸货流通,而蒙古一带土产日多,渐成行市"④。乾隆二十六年(1761)清政府在该城设关,抽收"油、酒、烟三项与皮张、杂货税银,及土默特牲畜税钱"。定例:"凡商贩货物按驮科税为多",也有按数量征税者,"油、酒铺房分上、中二则按年科税;土默特蒙古牲畜税每价银一两收制钱八文"(光绪《大清会典事例》卷236、234)。归化城税关初由杀虎口监督兼管,乾隆三十一年改为专设归化城监督管理。三十三年(1768)又定:归化城一带"出产油、酒、烟、皮张等项及关东等处发来商货,从草地行走,未经杀虎口征税者俱为口外土产,归化城按则抽收;其内地一切杂货贩运出口,经由杀虎口纳过税银,到归化城入铺零星发卖者不再重征。若货物运抵归化城以后,商贩车载驮运又贩往他处售卖者,则无论土产与外来货物,均于出栅时按则收税"。乾隆三十五年(1770)定归化城落地税银15000两,牲畜税钱9000串;嘉庆四年增盈余银1600两(光绪《大清会典事例》卷239、237、238)。

---

① [俄]阿·马·波兹德涅耶夫:《蒙古及蒙古人》(第二卷),第326页。
② 《宫中档乾隆朝奏折》第27辑,台北"故宫博物院",1986年,第136页。
③ 黄禄彭:《多伦县调查报告》,《直隶实业杂志》1915年第6期。
④ 张正明、薛慧林主编:《明清晋商资料选编》,太原:山西人民出版社,1989年,第50页。

在雁门关碑文中,归化城的捐款者只有59家,但以商社为多,故实际参与集资的商号估计可达二三百家。其中宝丰社捐钱155千,集锦、聚锦、醇厚等社各捐110千,福虎、青龙等社各捐60千,其他各社分别捐钱20余千或10余千,合计捐钱743千,占全部捐款的77%。其中宝丰社为银钱业,集锦社为外藩业,聚锦社、醇厚社经营杂货,威镇、荣丰、衡义等社则经营皮毛业①。表3是归化城各商社捐资数量及其经营行业对照表,请参见。

表3 归化城各商社捐资额与经营行业一览表

商社	捐钱	经营行业
宝丰社	155千	银楼、钱庄
集锦社	110千	外藩业
聚锦社	110千	粮布纸张业
醇厚社	110千	京货估衣业
福虎社	60千	磨面业
青龙社	60千	碾米业
集义社	26千	靴鞋业
威镇社	26千	老羊皮业
荣丰社	17千	羔皮业
毡氆社	17千	毡行
仙翁社	17千	戏园、饭馆业
聚仙社	11千	茶馆业
马店社	13千	羊马行
衡义社	11千	细毛皮业
合计	743千	

说明:"经营行业"据《内蒙古自治区志·商业志》,第199页。

据光绪中叶的记载,归化城"是一个聚集着不少巨贾富商的地方,他

---

①内蒙古自治区地方志编纂委员会:《内蒙古自治区志·商业志》,呼和浩特:内蒙古人民出版社,1998年,第199页

们在这里做着百万巨额的生意。总共卖出十万多箱茶叶，将近一百万匹布及其他物品"①。归化城最大的商号都是经营蒙区贸易的，主要往来于乌里雅苏台、科布多和古城等地。其中最大的一家是大盛魁，它在科布多、乌里雅苏台、库伦、张家口等地均设有分号。单是同蒙古的贸易额每年达 900 万—1000 万两。该商号自备有 1500 峰骆驼，往来于归化城和乌里雅苏台之间。其次是元盛德，有 900 峰骆驼，年贸易额达 800 万两。再次，天义德有骆驼 900 峰，年贸易额 700 万两；义和敦有骆驼 700 峰，年贸易额 500 万两。此外一善堂、三合永、庆中长、天裕德、大庆昌等商号，年贸易额分别为 10 万—25 万两，各有骆驼 150—200 峰。他们运往蒙古各地的货物主要有茶叶、绸缎、布匹、皮货、铁器、木器等②③。

　　茶叶是从归化城输往蒙区的最大宗的商品，主要是砖茶和白毫茶，光绪初年每年销量在 10 万箱左右。其中砖茶分为 24 块一箱和 39 块一箱的两种，前者主要供应土默特地区，每年销量 3 万—4 万箱；后者运往乌里雅苏台，每年也达 3 万箱。白毫茶则销往中国新疆以及俄国的维尔年斯克、塔什干（今属乌兹别克斯坦）等地，每年销量 3 万—3.5 万箱。不过从 1886 年俄国人开始自己向国内运销茶叶，晋商经营的白毫茶因此大受影响④。

　　纺织品也是销往蒙区的重要商品，年销量将近 100 万匹。不过，光绪年间归化城销售的布匹几乎全是外国货，其品种有花旗人头粗洋布、花旗飞龙斜纹布、杂牌斜纹布、杂牌细洋布、粗洋布、洋标布、太和羽绫、虎牌哗叽等等。国产纺织品只有丝织品，而棉布则只有大布一种⑤。

　　归化城商人从蒙古各部落换回的主要是驼马、牛羊等牲畜。购买骆驼的多是专门从事运输的商号；马匹被运往长城以南，甚至远及上海和广东；羊则主要供应北京、河南、山西等地，其中仅北京的夏盛和、夏和义、天和德、三和成等几家商号每年从归化城购买的羊就达 50 万头⑥。

---

① ［俄］阿・马・波兹德涅耶夫：《蒙古及蒙古人》（第二卷），第 103—104 页。
② ［俄］阿・马・波兹德涅耶夫：《蒙古及蒙古人》（第二卷），第 97 页。
③ ［俄］阿・马・波兹德涅耶夫：《蒙古及蒙古人》（第一卷），第 340 页。
④ ［俄］阿・马・波兹德涅耶夫：《蒙古及蒙古人》（第一卷），第 92—94 页。
⑤ ［俄］阿・马・波兹德涅耶夫：《蒙古及蒙古人》（第一卷），第 94—95 页。
⑥ ［俄］阿・马・波兹德涅耶夫：《蒙古及蒙古人》（第一卷），第 98—99 页。

运输业是归化城的重要行业。除各商号自备骆驼运输之外，专门从事运输业的大商号有12家，各有骆驼一百至数百峰。其中元德魁有骆驼500峰，天聚德400峰，这两家商号的驼队专走归化城到古城一线；双兴德、天兴恒等10家商号共有骆驼2430峰，往返于蒙古各部和新疆，或从张家口把茶叶运往库伦。归化城还有上百家有三四十峰骆驼的小商号，全城可供出租的骆驼总数有7000—7500峰，可以运输货物10万普特。其贸易范围主要在乌里雅苏台、科布多和古城等地①。

金融业也是归化城的重要行业。在雁门关的集资中，宝丰社捐钱155千，当行捐钱60千文，而大裕当则在行业之外又单独捐钱5千文，这三者合计已达220千，占全部捐款的22.8%。又如，前述的大宗牲畜交易并不在归化城内，来自蒙古各部的牲畜和其他商品多运往包头和克克伊尔根，而货款则在归化城结算，"因为这里有许多家银号，支付货款比较方便"②。

（四）西包头镇

西包头属萨拉齐厅，在归化城以西300里，滨黄河。清初它不过是个小村落，嘉庆十四年（1809）升镇，设巡检司。

乾隆中叶归化城设关征税，其中牲畜税一项，系在绥远城、西包头、萨拉齐、和林格尔、托克托城等处"设立蒙古笔帖式二员，并安设书役抽收"（光绪《清会典事例》卷236）。道光末年黄河土默川航段中心码头河口镇被淹，河运中心西迁至包头的南海子渡口。以此为契机，该镇商业得以迅速发展，很快成为宁夏、甘肃、青海等地皮毛、药材和粮食的集散中心③。咸丰四年（1854），清政府将西包头镇、萨拉齐、托克托城三处定为归化城的分税口，凡"口内贩来一切货物并从口外贩入土产等货"，可"就近在西包头等处税厅照例完纳，赴归化城入栅时即验明放行，毋庸再征"（光绪《清会典事例》卷238）。

牲畜、皮毛是西包头镇集散的大宗商品。光绪中叶该镇在牲畜贸易

---

① [俄]阿·马·波兹德涅耶夫：《蒙古及蒙古人》（第二卷），第96—97页。
② [俄]阿·马·波兹德涅耶夫：《蒙古及蒙古人》（第二卷），第98—99页。
③ 内蒙古自治区地方志编纂委员会：《内蒙古自治区志·商业志》，呼和浩特：内蒙古人民出版社，1998年，第218页。

等方面已逐渐取代归化城的地位,1893年的记载称:近十几年来,归化城的牲畜交易比过去减少了一半以上,而且在购买蒙古的各种原料方面,归化城的作用都已让位于包头和克克伊尔根。目前来自蒙古的牲畜和原料主要是运往后两个地方①。据说,光绪年间包头开办的皮毛业商号有20多家,皮毛来源扩展到宁夏、肃州、青海、库伦等地。其中,广恒西店于光绪十九年开业,资本5800两,伙计30余人,开业三年即盈利5万多两,雇工扩大到100余人,很快成为皮毛业之首户②。在雁门关碑刻中我们也见到该店的捐款。

山西祁县乔家开设的复盛公是包头的著名商号。乾隆年间乔家在包头经营粮油业起家,嘉道以降陆续开设了复盛公、复盛全、复盛西以及其他复字号店铺,经营范围逐渐扩大。仅复盛公、复盛全、复盛西三大号在包头就有19个门面,伙计达四五百人之多。民间有"先有复盛公,后有包头城"之谚③。

雁门关集资中来自西包头镇的捐款包括两部分:其一,《张家口布施碑》中西包头的捐款,计有208家商号,共捐银684两;其二,宣统二年季秋月残碑中所镌西包头镇的捐款,计有135家商号,共捐银185.9两,捐钱6.3千;二者合计,该镇共有340余家商号参与集资,共捐银869.9两,钱6.3千。其中可区分出行业者,如大德恒是祁县乔家开设的票号,复盛公、复盛全、复盛西等号则以经营粮油、杂货为主;广恒西店是皮毛字号,如月号是货店,永和成、兴隆昌是曲沃的烟号,等等。

(五) 丰镇

丰镇,又称"衙门口",乾隆十五年置丰镇厅,光绪十年升为直隶厅,是清末山西口外十二直隶厅之一。

光绪《丰镇厅志》记载:该城"大街通衢有九,小巷僻路亦数十余条,民房廛舍比栉鳞密"。光绪初年,全城"土著民人"4480余户,男妇大小约

---

① [俄]阿·马·波兹德涅耶夫:《蒙古及蒙古人》(第二卷),第99页。
② 内蒙古自治区地方志编纂委员会:《内蒙古自治区志·商业志》,呼和浩特:内蒙古人民出版社,1998年,第218页。
③ 刘静山:《山西祁县乔家在包头的"复"字号》,《晋商史料与研究》,太原:山西人民出版社,1996年。

3万口。该城之巨商大贾"率皆太原、忻、代、云郡、蔚州人","往来运贩归化、绥远、张家口各城"(卷6,风土;卷5,户口)。另有记载称,"无论从居民人数,还是从本地贸易和转口贸易量来说,丰镇都算是张家口与归化城之间最大的一座城市"①。

皮毛业是丰镇的重要行业之一。该镇"从蒙古收购羊毛、皮张和熟羊皮,转销大同府、天津及中国其他地方"②。《丰镇厅志》记言,该镇手工业以"皮革、毛袄、口袋等物匠艺最繁,较他处为十倍云"(卷6,风土)。雁门关《丰镇布施碑》中,有西盛毛店、三成皮店、义源毛店等的捐款。其中西盛毛店一次就捐银120两,位居全镇之首,甚至超过当行、缸油碾面行等行业捐款,其经营规模由此可见一斑。

茶叶转运也是丰镇的重要行业。据波兹德涅耶夫记载,"在张家口和归化城之间的整个地区,甚至直到北方的蒙古,丰镇的'老倌'之多是很出名的。'老倌'就是山西人开的一种专门用牛车给人拉货的商行里赶车的人。从这方面来说,丰镇与俄国也是有关系的。因为俄国每年至少有一万二千箱茶叶是由'老倌'从张家口运到库伦去的"。在丰镇专门从事茶叶运输的有十几家商行,其中规模最大者,如复合成、福兴永、复元店、广盛店四家,各有大车300辆;其次,崇和合、天合胜、天泰永、崇和泰、恒庆店、复合永等六家,各有150辆。仅此10家商号就有大车2100辆,而且全都是运茶的。"大车数量如此整齐划一,乍一看是很奇怪的。原来中国人按照历来的规矩,给他们的每个代理人一律是150头牛和同样数量的大车,因此一家商行有几个办茶的代理人,它就有几个150辆大车"③。

木材也是丰镇商人经营的重要货物之一。从"张家口承运茶叶到库伦的丰镇'老倌',回来时总是在库伦采买建筑用的木材或木制品到丰镇。因此他们为运茶叶而索取的运费在一定程度上取决于在蒙古和中国的木材价格。如果库伦的木材便宜,他们付的茶叶运费就低。老倌们也同意这样低的价钱,因为他们在运送茶叶方面受到的损失可以在购买木

---

① [俄]阿·马·波兹德涅耶夫:《蒙古及蒙古人》(第二卷),第47页。
② [俄]阿·马·波兹德涅耶夫:《蒙古及蒙古人》(第二卷),第50页。
③ [俄]阿·马·波兹德涅耶夫:《蒙古及蒙古人》(第二卷),第48—49页。

材时找补回来"①。在《丰镇布施碑》中我们看到有复盛木店、德瑞木店的捐款。

除大宗转运商货之外,丰镇商人与周边地区的贸易主要集中在苏尼特旗和阿巴嘎旗。"他们一般都在三月去蒙古,九月或十月回来,每家商行都要派出七至十名伙计,运去的货物主要是布匹、铁器和茶叶。"丰镇的茶叶、布匹、铁器多从张家口进货,粮食则来自山西;从蒙区购入土碱运往张家口,或到苏尼特右旗的二连诺尔湖买盐运回丰镇,"他们一般都是在每年六月从丰镇装上蒙古人所需要的粮食、茶叶和布匹,运到苏尼特人那里去换盐";"他们把盐运到丰镇之后卖给专门的盐商,在丰镇专门做盐业生意的商行共有六家",每年收进的盐约有两千大车,共计 120 万斤左右②。

由于丰镇未设税关厘卡,不少归化城商人在蒙区"换回各色牲畜及绒毛、皮张"或直接贩往丰镇,或取道丰镇运往宣化、大同销售,以避税课。故清末丰镇商业日趋繁盛。光绪二十八年岑春煊的奏报称:"丰(镇)、宁(远)两厅所产土货以四项牲畜及绒张、马尾等项为大宗,商贩往来售运,销数颇巨。该两厅地面向无厘卡,不独土货无应完之厘金,即客贩经过亦无征收。从前商情浑朴,凡归化商民前往各蒙部办运货物,换回各色牲畜及绒毛、皮张者皆仍回该城出县;近则边商客贩多趋便捷,往往将蒙部换回牲畜即由山后赶往该两厅售卖,绒毛各货贩往宣(化)、大(同)者亦胥取道于此,商路日辟,运货日增。"③在雁门关的集资中,丰镇共有 620 余家商号参与捐资,捐银 2600 余两,钱 577 千文,正显示了清末该镇商业之兴盛。

综上所述,经由雁门关北上的晋商多活跃于塞北的张家口、多伦、归化、包头、丰镇等城镇。晋商从内地运往蒙区和俄国的商品以茶叶、烟草、布匹、杂货为大宗,从蒙区和俄国输入内地的商品则以牲畜、皮毛、木材、土碱等为主。晋商的经营活动不仅推动了中原地区和蒙古各部落之间的

---

① [俄]阿·马·波兹德涅耶夫:《蒙古及蒙古人》(第二卷),第 49 页。
② [俄]阿·马·波兹德涅耶夫:《蒙古及蒙古人》(第二卷),第 49—50 页。
③ 张正明、薛慧林主编:《明清晋商资料选编》,太原:山西人民出版社,1989 年,第 54—55 页。

物资交流,也促进了塞北地区商业城镇的发展。

张家口是清代塞北地区最重要的商业中心,也是中俄恰克图贸易的转运枢纽。多伦是漠南蒙古东部的商业中心,是张家口—库伦商道上的重要转运通道。归化城的地位仅次于张家口,其贸易范围远及漠北的乌里雅苏台、科布多和古城。西包头镇兴起较晚,它在行政建制上不过是一个镇,但凭借濒临黄河的地理优势,在清代后期发展迅速,尤其在皮毛、牲畜贸易方面已开始取代归化城,其贸易范围大体包括漠南蒙古西部,以及甘肃和青海。丰镇位于张家口和归化城之间,从张家口向库伦转运茶叶是该城经济的重要内容之一。丰镇自身的腹地范围本属有限,不过由于不设税卡,清末众多商人取道于此以避税课,遂成为长城内外汉、蒙物资交流的重要通道。

(原载《华中师范大学学报(人文社会科学版)》2007年第3期)

清代多伦诺尔的商业

许檀[①]　何勇

多伦诺尔，汉语为七星潭，因其地建有汇宗寺和善因寺，民间俗称"喇嘛庙"。清代属直隶省，为口北三厅之一，现为内蒙古自治区锡林郭勒盟多伦县。清代多伦诺尔在蒙古地区的政治和宗教上具有重要地位，同时也是漠南蒙古的地方性商业中心，是汉蒙贸易和中俄贸易的重要转运通道，清政府的户、工二部均在此设关榷税。

关于清代多伦诺尔经济发展的研究，笔者所见有：乌云格日勒《清代边城多伦诺尔的地位及其兴衰》[②]、高志昌等《多伦的山西会馆》[③]、谷建华《多伦县山西会馆》[④]分别对多伦进行了考察或介绍，袁森坡《康雍乾经营与开发北疆》[⑤]对多伦的发展也有涉及。不过各文对多伦诺尔的税关均未提及，唯邓亦兵《清代前期竹木运输量》[⑥]一文在考察竹木流通时对

[①]许檀(1953—)，女，天津人，南开大学中国社会史研究中心教授，博士生导师。
[②]乌云格日勒：《清代边城多伦诺尔的地位及其兴衰》，《中国边疆史地研究》2000年第2期。
[③]高志昌、延光先：《多伦的山西会馆》，李希曾主编《晋商史料与研究》，太原：山西人民出版社，1996年。
[④]谷建华：《多伦县山西会馆》，《内蒙古文物考古》1999年第2期。
[⑤]袁森坡：《康雍乾经营与开发北疆》，北京：中国社会科学出版社，1991年。
[⑥]邓亦兵：《清代前期竹木运输量》，《清史研究》2005年5月。

工部潘桃口关有所涉及。本文拟以多伦诺尔税关为中心,考察清代该城的商业。

一

多伦诺尔位于锡林郭勒草原的南端,为外藩四通之区。向南经由张家口、独石口、古北口可径抵京津;向北跨蒙古草原达于库伦及中俄边境的恰克图买卖城;西南经张家口、宣化府至归化城,连接西北、新疆贸易商道;东经内扎萨克东三盟抵达呼伦贝尔、海拉尔及东北各地。

康熙三十年(1691),康熙皇帝在多伦诺尔地方会盟漠北喀尔喀、漠南各部,正式接受喀尔喀部的归附①,史称"多伦会盟"。康熙、雍正两朝在此兴建汇宗寺与善因寺,使多伦成为蒙古地区的宗教中心和圣地,前来朝觐者日渐增多,多伦的商业也随之兴起。

雍正十年(1732)置多伦诺尔直隶厅,设理事同知。直隶总督李卫述及其设立原因称:"多伦诺尔众蒙古云集往来,顺便贸易买卖,因而汉商客民向往各旗扎萨克、哈尔哈地方贸易者更盛于前。聚集既多,奸良不一……无由分别稽查,酌量请将独石口驿站员外郎兼管多伦诺尔同知岱通移驻多伦诺尔厅,分管坝外游牧地及本厅一切命盗等项事务,使有专员在彼弹压稽查,以安旗民。"②

乾隆十四年(1749)清政府规定:凡内地商民前往蒙古各部贸易,由"多伦诺尔、独石口、张家口等处同知验明人数,给以印票,并将年貌、姓名、车数详载于册,以便回日核对"③。嘉庆年间又重申:"嗣后商人等仍照旧例由察哈尔都统、归化城将军、多伦诺尔同知衙门支领部票,该衙门给发商人部票时将该商姓名及货物数目、所往地方、起程日期另缮清单黏贴部票,用印给发。"④

多伦诺尔税关始设于乾隆十五年(1750),初为户部关,乾隆三十一

---

①袁森坡:《喀尔喀南迁的过程与原因辨析》,《清史论丛》第3辑,北京:中华书局,1981年,第203—217页。
②《雍正朝汉文朱批奏折汇编》第27册,南京:江苏古籍出版社,1989—1991年,第443页。
③(乾隆)《大清会典则例》卷一百一十四《兵部·关禁》,台北:商务印书馆,1983年。
④《清朝续文献通考》卷五十七《市籴考》,杭州:浙江古籍出版社,1988年。

年(1766)又将工部潘桃口关归并多伦诺尔同知管理。下面分别述之。

(一)户部关

户部关征收货税和陆路木税。乾隆十五年开征驼马牛羊"四项牲畜"税,乾隆二十五年(1760)又开征皮张等货物落地税。其奏议称:"多伦诺尔货物……茶、布等项俱自张家口贩往,毋庸重复征税。惟自库伦、恰克图换回货物,及自盛京前来贸易者均由蒙古地方行走,此内四项牲畜业经于乾隆十五年设税起征,而皮张等物未有征税之例。除贩往别售者仍听各卖处照例纳税外,其在多伦诺尔售卖者应一例征收落地税。"①经军机大臣议准:"多伦诺尔商贾日多,其由张家口来者已经纳税,定议不复重征;其由古北口来者原未纳税,恐商贩故避纳税,绕行古北口。请将出古北口,及自库伦、恰克图、盛京运至多伦诺尔货物,一体均纳落地税。"②乾隆二十八年(1763)复准,以二十六、二十七两年(1761、1762)所收之数"均匀核算",定多伦诺尔每年税额为16858.8两③,嘉庆时增为21536两有奇。④

多伦诺尔地处滦河上游,其东北部有克什克腾山场等原始森林,康熙四十年(1701)准许开采。定制:"潘桃口商人系领票准其赴山砍木,不准采买;张家口商人系领票止准采运,不准砍山。向来潘商砍木运至离诺(即多伦诺尔)三十里之大河口(即大滦河口)地方,将黄松、红松等大料堪以下水者即于该处下河,水运赴潘桃口纳税;其不堪下水之白杆斜头,并不敷尺寸之小料,即运贮多伦诺尔地方,自行售卖。有卖与张家口商者进口纳税,亦有民人零星运进独石口者进口纳税;其卖与本地匠铺居民者,历来从不征收,亦无监督稽查,即地方官亦不征收落地税银。"⑤即在克什克腾等山场采伐的木材,由滦河水运津、京者赴工部潘桃口关纳税;留贮多伦诺尔的木材中,由商贩运往张家口、独石口等处销售者则征收陆

---

①(乾隆)《大清会典则例》卷一百四十《理藩院·征收》。
②《清高宗实录》第九册,北京:中华书局,1986年,第30页。
③《清高宗实录》第九册,第605页。
④(嘉庆)《大清会典事例》卷一百八十七《户部·关税》,《近代中国史料丛刊三编》第66辑,台北:文海出版社,1992年。
⑤《宫中档乾隆朝奏折》第26辑,台北"故宫博物院",1986年,第185页。

运木税。道光二年(1822)定多伦诺尔陆运木税税额为507.62两,如有盈余,尽收尽解。①

多伦诺尔税关初设监督一员,专收货税,而陆运木税则由多伦诺尔同知兼理。乾隆三十八年(1773)奉旨:"向来多伦诺尔同知专管水旱木税,另设监督一员管理该处一切落地杂税。今思该同知既管木税,则杂税亦当归其监管,何必另设专员。著自明年正月为始,将多伦诺尔监督之缺即行裁汰,其所管一切杂税俱著多伦诺尔同知管理。"②于是从三十九年(1774)起,该关一切征税事宜俱由多伦诺尔同知管理。

(二) 工部关

工部潘桃口税关始设于顺治十六年(1659),监督驻直隶永平府。清初定制,准许满汉官民人等出古北、潘家、桃林等口采伐木材,由滦河水运赴潘桃口纳税。乾隆十八年(1753)潘桃口额征木税银7645两。③乾隆三十年(1765)裁撤潘桃口监督,其税务归并张家口监督兼管,但因相距遥远,管理不便。直隶布政使观音保上奏称:"向来潘桃口收税系监督驻扎该处征收,今改归张家口监督于春秋两季赴大河口抽收。查大河口距张家口五百余里,不特往返需时,而又不能常驻河干稽查弹压;抑且木植抵口先后不齐,势难保其无家人胥役串通奸商偷漏情弊。况张家口税务为重,监督春秋远出,不无顾此失彼之虞。是与其鞭长莫及,不若就近监管之为便也。查大河口距多伦诺尔止三十里,可以朝发夕至,易于就近稽查。可否将此项税务或交多伦诺尔监督,或交多伦诺尔同知兼管抽收。"④经部议获准,于乾隆三十一年将潘桃口木税改归多伦诺尔同知管理,定税额为6445两⑤;乾隆三十三年(1768)加增枋榔等项税银241两零⑥,合计为6686两有奇。

---

① (光绪)《大清会典事例》卷二百三十四《户部·关税》,北京:中华书局,1991年。
② (嘉庆)《大清会典事例》卷一百八十九《户部·关税》,《近代中国史料丛刊三编》第66辑,台北:文海出版社,1992年。
③ (乾隆)《大清会典则例》卷一百三十六《工部·关税》。
④ 《宫中档乾隆朝奏折》第27辑,台北"故宫博物院",第136页。
⑤ 此外,原属潘桃口管理的六小口木税税额1200两改归直隶通永道征收。
⑥ (嘉庆)《大清会典事例》卷七百一十《工部·关税》,《近代中国史料丛刊三编》第66辑,台北:文海出版社,1992年。

以上户部、工部二关合计,多伦诺尔税关共征收税银 2 万余两,详请参见表 1。

表 1　多伦诺尔税关关税定额　　　　　　　　　　单位:两

年代	户部关 货税	户部关 陆运木税	工部关 水运木税	合计
乾隆二十八年	16858.8	—	—	16858.8
乾隆三十一年	16858.8	—	6445	23303.8
嘉庆年间	21536	—	6686	28222
道光二年	21536	507.62	6686	28729.62

资料来源:嘉庆《大清会典事例》卷 187、190、710;光绪《大清会典事例》卷 234、941、942。

* 乾隆三十三年增枋榔等项税银 241 两零。

二

经由多伦诺尔税关输出的商品以茶叶和纺织品为大宗,输入则以牲畜、皮毛和木材为主。

茶叶是多伦输往蒙古各部和俄国的大宗商品之一。其中,输出量最大的是砖茶,每年达 2.5 万~3 万箱。这些茶主要销往库伦,特别是车臣汗部;也有一部分运往俄国边界。其次是"汉博"茶,这种茶的原料与砖茶相同,但不压制成砖形,而是烘干后直接装进芦苇编成的桶状筐里,每三筐联成一大包,蒙古人称之为"乌克萨拉"(蒙语,串联之意),汉人称为"串子茶"。"汉博"茶主要销往漠南蒙古的喀喇沁、土默特、敖汉、翁牛特、阿巴哈纳尔和苏尼特等部;乌珠穆沁、阿巴嘎、克什克腾及察哈尔地区的蒙古人则往往自己到多伦购买。此外,白毫茶的销售量有限,每年只有 3000~4000 千箱。砖茶每箱征税银 9 分 2 厘,"汉博"茶每包征银 2 分 8 厘,白毫茶则每斤征银 3 厘。① 多伦的茶叶大多是由张家口转运的。有

---

① [俄]阿·马·波兹德涅耶夫著,张梦玲等译:《蒙古及蒙古人》(第二卷),呼和浩特:内蒙古人民出版社,1983 年,第 340—341、338 页。

记载称,"多伦诺尔货物……茶、布等项俱自张家口贩往"①;又,多伦"所有最强壮的公牛都要被赶到张家口去装茶叶运到库伦,再运到恰克图去"②。清末多伦输出的砖茶数量大幅度下降,每年只有6000~7000千箱,茶叶的输出总值为30万元,详请参见表2。

表2 清末多伦诺尔每年输出茶叶数量及其价值统计

品种	数量	单位	总价值
27砖茶	3000箱	每箱15元	45000元
36砖茶	3000箱	每箱15元	45000元
串茶	20000串	每串8元	160000元
篓茶	10000篓	每篓5元	50000元
合计			310000元

资料来源:《多伦县调查报告》,《直隶实业杂志》1915年第6期。

棉布和绸缎是销往蒙古和俄国的又一大宗商品。多伦的布匹绸缎也来自张家口。据考察,雍正年间中国输往俄国的棉布价值43000余两,丝绸价值56000余两;乾隆中叶俄国每年从中国进口的棉布价值达106万卢布,丝绸价值在21万卢布以上。③ 其中有相当部分是从张家口经多伦转运的。蒙古人则有不少亲赴多伦诺尔进行贸易。19世纪40年代法国传教士古伯察《鞑靼西藏旅行记》记言:"鞑靼人不停的把大批牛、骆驼和马群赶到那里,他们返回时又带走了茶叶、布帛和砖茶。"④又据光绪中叶俄国学者波兹德涅耶夫记述,多伦诺尔经营布匹的大货栈有12家,小栈则难以计数。做这行生意的主要是山西商人,他们运到多伦的纺织品除中国出产的棉布、丝织品、半丝织品之外,还有从天津等地进口的欧洲纺织品,如斜纹布、府绸、印花布和德国呢等,以及生熟铁器、刀子、火镰、旱烟袋等蒙古人需要的各种用品。布匹、杂货系按驮征税,高档货每驮税银

①(乾隆)《大清会典则例》卷一百四十《理藩院·征收》。
②[俄]阿·马·波兹德涅耶夫:《蒙古及蒙古人》(第二卷),第326页。
③李伯重:《明清江南与外地经济联系的加强及其对江南经济发展的影响》,《中国经济史研究》1986年2月。
④[法]古伯察著,耿昇译:《鞑靼西藏旅行记》,北京:中国藏学出版社,1991年,第50页。

3 两,低档货则为 1 两 2 钱左右。①

此外,多伦诺尔的铜器制造十分著名,尤以佛像最精,销售亦广。《蒙古志》记载,铜器制品"多伦诺尔之名产也,蒙古全土大抵仰给于此。而著名者且最多者莫如佛像,其工致精好,为世所称道,即库伦喇嘛庙之佛像亦此地所制"②。古伯察在蒙古和西藏地区考察时发现,"出自多伦诺尔大铸造厂的那些钢铁和青铜的漂亮铸像不仅仅在整个鞑靼地区,而且在西藏最偏僻的地区都具有赫赫的名望";他在多伦停留期间曾亲眼看见一支很大的队伍出发前往西藏,"他们负责护送唯一的一尊佛像,共有 88 头骆驼拆散驮载"。③又据波兹德涅耶夫的记载,位于长盛街和钟楼后街的制作铜像的作坊共有 8 家,如兴隆瑞、裕和永、翁楚克诺姆图、巴彦台、呼钦诺姆图等铜匠铺,以及开设最早"在蒙古最有名气的阿尤希铜匠铺"④。

牲畜是多伦诺尔从蒙区输入的最大宗商品。"牲畜市以多伦诺尔为枢纽,岁自蒙古进口以千万计,有牛马羊猪骆驼等,而马羊驼尤伙。秋冬间市肆喧阗,街衢拥挤。"每年八九月间以马市最盛,"运入多伦诺尔者日逾千头,市场极盛"。⑤清政府的军需所用也多在该城购买,如乾隆十二年(1747)绥远城将军補熙奏称:"兵丁滋生银,向在各扎萨克地方及多伦诺尔等处购买驼马牛羊,以便贸易。"乾隆十九年(1754)北路军营需用马匹骆驼,分别在归化城、张家口、多伦诺尔,以及喀尔喀扎萨克等蒙古部落采买。其中在多伦购买马 3000 匹,骆驼 500 只。⑥直隶丰宁县的农民也都到多伦诺尔去买马,他们一般先从古北口等处买一批当地人常喝的白毫茶,然后把茶叶运到多伦去卖,用卖得的钱给自己买两匹马。"这是当地庄户人买役畜时普遍采取的办法","一百个人当中至多会有两三个人是带着现钱去买马的,其他的人都带茶叶去"。据说,即便在较差的年份,多伦诺尔的牲畜销售量仍有马 7 万匹、牛 4 万头、骆驼 2500 峰、羊 35 万~

---

① [俄]阿·马·波兹德涅耶夫:《蒙古及蒙古人》(第二卷),第 342、338—339 页。
② (清)姚明辉:《蒙古志》卷三《物产》,光绪三十三年刊本。
③ [法]古伯察:《鞑靼西藏旅行记》,第 51 页。
④ [俄]阿·马·波兹德涅耶夫:《蒙古及蒙古人》(第二卷),第 335 页。
⑤ (清)姚明辉:《蒙古志》卷三《贸易·物产》,光绪三十三年刊本。
⑥ 《清高宗实录》第六册,北京:中华书局,1986 年,第 952 页。

40万只。① 直到清末,经由多伦输入内地的牲畜数量仍保持一定的规模,每年大约有羊10万只、牛2万头、马2万匹,总价值达230万~250万元。表3是清末每年经由多伦诺尔输入的牲畜品种和数量统计,请参见。

表3 清末每年经由多伦诺尔输入的牲畜数量及其价值统计

种类	数量	单元(元)	总价值(元)
绵阳	100000 只	5—6	500000—600000
山羊	3000 只	5—6	15000—18000
牛	20000 头	50	1000000
骟马	10000 匹	40	400000
骒马	8000 匹	35	280000
车马	1000 匹	100—200	100000—120000
骑马	400 匹	100—200	40000—80000
总计			2335000—2498000

资料来源:《多伦县调查报告》,《直隶实业杂志》1915年第6期。

皮毛也是多伦由蒙俄地区输入的大宗商品。其中"马皮或牛皮每张缴税二十文,绵羊皮二文,羊羔皮一文,山羊皮一文";"驼毛和羊毛每斤缴税一文,山羊绒每斤缴税二文"。② 据清末民初的调查,"东部蒙古羊毛多集于赤峰、多伦厅、张家口之三市场,专走天津",每年约有六七十万担之谱。输往内地的皮张主要有:羊皮100万~200万张,牛皮7万~10万张,马匹5万~7万张,以及各种野兽皮;这一数字也非来自多伦一地,而是小库伦、赤峰和多伦三处的总和。③

木材是多伦诺尔输入的又一大宗商品,主要产自多伦东北部的克什克腾等山场,康熙年间开始开采。从山场采伐的木材,"每年皆于春秋两季下河,其八九月间砍伐之木于开春起运,三四月间砍伐之木于秋间起

---

① [俄]阿·马·波兹德涅耶夫:《蒙古及蒙古人》(第二卷),第236、343页。
② [俄]阿·马·波兹德涅耶夫:《蒙古及蒙古人》(第二卷),第334页。
③ 鸡肋:《东部蒙古重要输出入品及其贸易》,《直隶实业杂志》1914年第1期。

运"①。木材由滦河水运者在多伦征收水运木税；留贮多伦的木材中，由陆路转运张家口、独石口销售者征收陆运木税；多伦本地居民、匠铺消费则不必纳税。② 据《蒙古志》记载，光绪十九年（1893）多伦诺尔税关征收木税银14260余两③，超过定额一倍以上。又据1915年多伦县的调查，多伦每年由陆路输入的木材约有松木料20000车，檩子6000车，柁1000根，椽子30000对，还有大量板材、车辕、车轴等木料，主要销往张家口、大同和丰镇。④

三

随着商业的发展，多伦诺尔的城市规模也有了较大的发展。该城系由两部分组成：即额尔腾河北岸的寺庙区和南岸新旧两个买卖营组成的商业区。康熙四十九年（1710）在汇宗寺以南建立兴化镇，即旧买卖营。该镇南北长4里，东西广2里，周围12里，编户13甲。雍正十年哲布尊丹巴呼图克图移驻汇宗寺，前来谒见"活佛"的蒙古人及前来贸易的汉族商人日渐增多，乾隆六年（1741）在旧营东北里许建新盛营，又称新营或新买卖营。新营南北长1里，东西广0.5里，周围3里，编户为5甲。⑤ 此后，新旧两营逐渐连为一体。据光绪年间的记载，买卖城是个相当大的市区，南北长度是东西宽度的三倍。不过该城并没有城墙，从草原上直接就可走上城市的街道，这些街道入口处的标志通常是两扇大门，或干脆只是两根对立的木柱，木柱上面有的带遮搭，有的不带遮搭。⑥

多伦诺尔居民以汉族商业人口为多，也有部分回民，主要以驮运货物为业。⑦ 乾隆年间的记载称："多伦诺尔皆铺户聚集，以贸易为事，逐末者

---

① 《宫中档乾隆朝奏折》第27辑，台北"故宫博物院"，第136页。
② 《宫中档乾隆朝奏折》第26辑，台北"故宫博物院"，第183、288页。
③ （清）姚明辉：《蒙古志》卷三《贸易》，光绪三十三年刊本。
④ 黄禄彭：《多伦县调查报告》，《直隶实业杂志》1915年第6期。
⑤ （清）黄可润：《口北三厅志》卷五《村窑户口志》，乾隆二十三年刊本。
⑥ ［俄］阿·马·波兹德涅耶夫：《蒙古及蒙古人》（第二卷），第330—331页。
⑦ 乌云格日勒：《清代边城多伦诺尔的地位及其兴衰》，《中国边疆史地研究》2000年第2期。

多,务本者寡。"①古伯察描述多伦居民的特点说:"山西省的商人们是多伦诺尔城人数的最多者,但很少有人在那里最终定居。数年之后,当他们的钱柜装得已足够满的时候,他们便从那里返回故乡。"②该城居民主要集中在新旧两个买卖营组成的商业区,乾隆年间编户18甲,具体人口则未见记载。清末多伦诺尔有"户千五百六十七,口约二万,内有回教徒三千人";"居住者汉人而已,蒙人绝无住市场者"。③

据波兹德涅耶夫的记载,光绪中叶多伦诺尔约有各类店铺500~600家,主要分布在马市、牛市、东盛、长盛、兴隆、福盛等几条商业街上。其中,兴隆街"是多伦诺尔最富有的店铺和货栈所在",主要是做批发生意的;在兴隆街上还集中了许多银号和钱庄。马市街有商铺50余家,但占主要地位的是供外来客商住宿的客店;牛市街和钟楼后街各有店铺30余家。东盛街是多伦的旧货市场,这条街上汇集了出售估衣和各种旧货的小商铺300余家;福盛街有毛毡、皮革、马具、木器等作坊60余家;长盛街有店铺30余家,其中几家铜器铺较为著名。在多伦的数百家商号中,实力较强,能够直接到内地采办货物的商号只有40余家,其行业划分有专营茶叶的,有经营布匹、杂货的,有经营粮食(包括酒和食油)业的。其他商号实际上只是转销从这些货栈中批发的货物。④

在多伦经商者主要是山西商人,他们在多伦建有会馆,又称关帝庙、伏魔宫。该会馆始建于乾隆十年(1745),其后曾于道光年间重修。笔者于2005年赴多伦考察时,见会馆建筑仍较为完整地保存下来。

山西会馆位于多伦县城西南,坐北朝南,现占地面积5000平方米,建筑面积1800平方米。会馆建筑共四进,有大山门、戏楼、钟鼓楼、二山门、配殿、东西长廊、东西厢房、正殿等,共计房舍百余间。大山门俗称过马殿,由五尺高的木栏围住,两侧各有泥塑彩绘战马,栩栩如生。过大山门是戏楼,坐南朝北,高约3丈,底部由长方形大石条砌筑,呈"凸"字形,突出部分是台口。台上两棵大红明柱支撑房身。戏楼北面是二山门(过

---

① (清)黄可润:《口北三厅志》卷五《风俗》,乾隆二十三年刊本。
② [法]古伯察:《鞑靼西藏旅行记》,第50页。
③ 剑虹生:《多伦诺尔记》,《东方杂志》1908年第10期。
④ [俄]阿·马·波兹德涅耶夫:《蒙古及蒙古人》(第二卷),第334—340页。

殿),门前竖立两根独木旗杆,一对石狮雄踞左右,山门两侧是钟、鼓二楼。穿过二山门,两侧是东西长廊,沿过殿出厅即正殿。正殿是奉祀关公的主殿,殿前有抱厦三间,面阔五间。殿内有三座塑像,正中端坐关羽,左边是怀抱宝剑全身披甲的关平,右边是手持青龙偃月刀的周仓。①

在会馆戏楼的西侧矗立有两块碑,即乾隆十年创建会馆和道光二年重修会馆的碑记,可惜风化都十分严重。乾隆十年碑正文已漫漶不清,唯碑阴少量捐款商号尚可辨识。计有:聚义汉、兴成、长兴和、凝远合、裕合永、聚锦店、合成店、万镜德、万和源、和武裕、顺元店等。道光二年《重修山西会馆碑记》风化也很严重,碑阴所镌捐资商号据说有1000余家②,但现在尚能辨认的只有数十家。该碑所见,重修会馆的总经理为太谷店、大成魁、会锦店、奎隆安四家商号;经理为广和永、永兴店、隆盛生、广□□、通义店、通顺号、义成秀、□盛楼、□亿□、□□合、兴盛米局、奎隆店、天源德、心合成、合春昌、兴盛号、永元亨、复隆成、万盛永、广兴号、永盛荣、广盛亿、恒盛长、天元店、广□当、恒泰号、昌荣亨、合顺成、永顺义、广裕恒、顺成源、万发常、永和传、大兴长、谦和魁、源隆长、益源长、惠吉号、丁彦等商人商号。

此外,在戏楼西侧和会馆院落东北角还保存有重修城隍庙的碑铭,计有乾隆四十二年(1777)《重修城隍庙碑记》、光绪五年(1879)《重修城隍庙碑记》、《大清光绪五年岁在己卯重修城隍庙众善施财(第三碑)》等碑。它们虽然不是会馆碑刻,但碑铭所镌商人商号捐款同样可以反映多伦商业的一些情况。

据光绪五年《重修城隍庙碑记》所载,光绪三年(1877)多伦重修城隍庙、娘娘庙、宝林寺等,至光绪五年竣工。此次工程款系本城耆长暨寺庙住持向"营中"(即买卖营)募化所得。从同治十年(1871)至光绪四年(1878),"前后计布施银约万金",主要也是晋商的捐款。不过,关于此次捐款的具体情况,我们只见到《大清光绪五年岁在己卯重修城隍庙众善施财(第三碑)》所镌150余家商人商号的捐资数额。其中:捐银5两者有

---

① 谷建华:《多伦县山西会馆》,《内蒙古文物考古》1999年第2期。
② 高志昌,延光先:《多伦的山西会馆》,李希曾编《晋商史料与研究》,太原:山西人民出版社,1996年,第483页。

庆丰斋、万庆长、庆成德、议合诚、万发聚等30家,共捐银150两;捐银4两者有益盛店、兴德明、永兴裕、永茂号等40家,共捐银160两;捐银3两者有德兴隆、合裕兴、恒丰永、复顺泉等8家,共捐银24两;捐银2两者有长义和、宏远水、同兴盛、源盛靴铺等66家,共捐银132两;捐银1两者有永积魁、晋元楼、正兴元、复兴魁等10家,共捐银10两;总计捐资商号154家,共捐银476两。若按前述"布施银约万金"计,这第三碑应是数额最小的一块碑,而第一、第二两碑的捐款数额应比它大得多(一般来说,捐资商号的顺序是按照捐款数额从多到少排列的)。三碑合计,参与此次集资的商人商号估计至少会有400~500家。这与前述波兹德涅耶夫的记载也基本吻合。

综上,清代多伦诺尔的发展是建立在清王朝维护边疆稳定的一系列政策基础上的。康熙雍正年间多伦作为蒙古地区宗教中心地位的确立,带动了该城商业的发展。乾隆年间多伦已成为漠南地区汉蒙贸易的重要商业中心,故清政府在此设关榷税。经由多伦诺尔税关输入内地的货物以牲畜、皮毛、木材为大宗,输出则以茶叶和纺织品为主。多伦诺尔的腹地范围大体包括直隶的口北地区、漠南的锡林郭勒草原以及喀尔喀蒙古库伦以东地区,同时它也是张家口—库伦商道上的一个重要转运码头。

(原载《天津师范大学学报(社会科学版)》2007年第6期)

清代山西归化城的商业

许檀[1]

归化城(今呼和浩特)与张家口是清代北疆贸易的两大重要枢纽。张家口的贸易范围主要限于蒙古草原中部以东;而归化城则以西部的广大地区为主,乾隆年间其贸易范围进一步扩大至新疆。关于清代归化城的商业,已有不少学者做过研究,但大多未能利用归化城的税关资料,笔者仅见何勇的论文对归化城税关进行了考察。[2] 此外,祁美琴《清代榷关制度研究》[3]一书对归化城税关亦有涉及。本文拟在前人研究的基础上,依据税关资料和地方文献,对清代归化城的商业做进一步考察。

---

[1] 许檀,南开大学中国社会史研究中心、历史学院教授。
[2] 袁森坡:《论清代前期的北疆贸易》(《中国经济史研究》1990 年第 2 期);何志:《从清初到抗日战争前夕的呼和浩特商业》(《内蒙古大学学报》1961 年第 1 期);杨选第:《清代呼和浩特地区工商杂税》(《内蒙古师大学报》1992 年第 2 期);杜晓黎:《归化城与蒙古草原丝路贸易》(《内蒙古文物考古》1995 年第 2 期);黄丽生:《由军事征掠到城市贸易:内蒙古归绥地区的社会经济变迁》(台湾师范大学历史研究所出版);何勇:《清代漠南地区的商业重镇归化城》(《城市史研究》第 24 辑,天津社会科学院出版社 2006 年版),等等。
[3] 祁美琴:《清代榷关制度研究》,呼和浩特:内蒙古大学出版社,2004 年版。

一

归化城,蒙语为"库库和屯",万历初赐名"归化"。清代属山西省,雍正元年(1723)置归化城厅,乾隆六年(1741)升为直隶厅。归化城位于漠南蒙古中部,是漠北、漠西通向中原地区的交通枢纽,清初即为与蒙古各部的互市之所。顺治年间俄国人巴伊科夫在他的《出使报告》中写道:"他们的市场很大,店铺是砖砌的,铺面后面建有庭院……各种零星物品用茶叶计价购买,每十四包茶叶可以买价值一两银子的东西",店铺里的货物有各色花缎、棉布、丝绸、铁器、铜器等。① 康熙年间的记载称,归化城"外番贸易蜂集蚁屯"。②

归化城设关榷税始于乾隆二十六年(1761)。清代前期随着汉族移民的大量迁入,到雍正、乾隆之际归化城、土默特一带已是村落密布,且"连岁丰收,米价甚贱",③蒙汉之间的民族贸易也随之进一步发展。乾隆二十六年杀虎口监督期成额奏言,蒙古地方种植烟叶、杂粮,制造油酒烟等项,"在归化城一带售卖,渐成行市",应予征税。④ 经部议覆准,"归化城为蒙古商民辐辏之处,所有烟、油、酒三项及皮张、杂货等物皆应归入落地税内,照例征收。其驼马牛羊除进口外,若绕道赶往他省售卖者亦应一体征税,以防偷漏"。⑤ 并规定,在"归化城适中之地设立总局收税,于东西南北四处各设栅栏一座,派役稽查"。⑥ 其所设四处栅栏,"南栅系杀虎口孔道,北栅通后山部落喀尔喀各扎萨克等处,东栅通察哈尔蒙古八旗,西栅通乌拉忒、鄂尔多斯地方"。⑦

---

① 转见袁森坡:《论清代前期的北疆贸易》,《中国经济史研究》1990年第2期。
② (清)张鹏翩:《奉使俄罗斯日记》,(清)王锡祺辑:《小方壶斋舆地丛钞》第三帙,杭州:杭州古籍书店,1985年。
③ 《清世宗实录》卷三十四,"雍正三年七月癸亥";《清高宗实录》卷二〇三,"乾隆八年十月",北京:中华书局,1985年。
④ 乾隆三十三年二月四达、彰宝奏折,见《宫中档乾隆朝奏折》第29辑,台北"故宫博物院",1985年,第703—704页。
⑤ 嘉庆《大清会典事例》卷七百四十三,《理藩院·归化等处税银》,《近代中国史料丛刊三编》第70辑,台北:文海出版社有限公司,1991年。
⑥ 嘉庆《大清会典事例》卷一百八十九《户部·关税》,《近代中国史料丛刊三编》第66辑,台北:文海出版社有限公司,1991年。
⑦ 《宫中档乾隆朝奏折》第29辑,台北"故宫博物院",第705页。

归化城税关主要征收货税和牲畜税。该关设立之初,系由杀虎口监督兼管。杀虎口与归化城相距仅200余里,故监督满斗斟酌定例:凡内地贩来各项货物经杀虎口纳过税银,"运至归化城进栅入铺零星货卖者,免其重复征收;凡有商贩从归化城打成驼驮转往各省及后山蒙古地方贩卖出栅之货,按则抽收"。其后数任监督均"循例征收,商民称便"。乾隆三十二年(1767)新任监督法福礼到任后,对进栅商货违例重征,以致商民控告。① 经督抚查议,户部于乾隆三十三年(1768)定制:归化城一带所产"油、酒、烟、皮张等项及关东等处发来商货,从草地行走,未经杀虎口征税者,俱为口外土产",由归化城按则征税;其内地杂货贩运出口,"经由杀虎口纳过税银,到归化城入铺零星发卖者,不再重征";"若货物运抵归化城以后商贩车载驮运又贩往他处售卖者,则无论土产与外来货物,均于出栅时按则收税。至民间零星日用物件,如布止一二匹,烟仅两三包者,不在收税之例。"②

归化城征收牲畜税始于康熙年间,初系"专为稽查盗卖马匹而设",派土默特人员收取税钱,登录记档,所收钱文用作土默特公费,按年造报理藩院核销。其后,"因内地茶布等项贩运出口,换回驼马牛羊,例应进口纳税;恐其到归化城记档后,辄从小径贩往他省,易致透漏",乾隆二十六年归化城设关之时,将原由土默特抽收之牲畜税钱作为正额,改归杀虎口监督征收,③并在绥远城、归化城、和林格尔、托克托城、萨拉齐、西包头、昆都仑、八十家子等处设立蒙古笔帖式,安设书役,抽收牲畜税钱。④ 因而归化城税关的牲畜税则有二:其一为《土默特蒙古征收四项牲畜税钱税则》,规定"驼马牛羊,每价银一两收大制钱八文";其二为《牲畜税则》,驼马牛羊分别计税,骆驼每头税银6钱,马每匹3钱,牛每只2钱1分,羊每只3分,骡驴猪每价银一两税银3分。⑤ 前者当即康熙年间开征之土默特牲畜税钱,是对蒙古牧民在归化城出售牲畜所征之税;后者应是对商人

①《宫中档乾隆朝奏折》第29辑,台北"故宫博物院",第704、706—708页。
②嘉庆《大清会典事例》卷一百九十一《户部·关税》。
③《宫中档乾隆朝奏折》第29辑,台北"故宫博物院",第703—704页。
④嘉庆《大清会典事例》卷一百八十九《户部·关税》。
⑤同治《户部则例》卷四十八《归化城税则》,南开大学藏本。

从归化城贩往内地的牲畜所征税银,后者的税率较前者为高。

归化城税关初由杀虎口监督兼管,乾隆三十一年(1766)副都统济福奏言:蒙古各扎萨克前来出售牲畜,由杀虎口差人记档收税;但他们不懂蒙语,只能"登记牲畜钱文数目,并不登记姓名、旗分佐领,遇有贼盗事件无从稽查",奏请由理藩院派员管理。经户部覆准,归化城税关设监督一员,由理藩院派章京前往。① 乾隆三十三年,又将归化城税务改交山西巡抚兼管。② 乾隆三十四(1769)年二月的上谕言:"归化城关务,向因商人往口外贸易,并有蒙古入口交税,是以派理藩院官员经管。但闻该处每年所收额税之外竟有多至数倍者,历来管关之员惟期正额无亏,而在关之家人、胥役等不无中饱及有心卖税之事。既于关权未能核实,且恐有暗中多索商人,漫无稽考,于公私均有未便。虽该处有都统驻扎,但不相统辖,即令兼管亦恐有名无实。因思各省关务多有巡抚兼管者,而巡抚所辖之关多委道、府大员承办。责成既专,且临以巡抚董率稽察,耳目亦易于周到,行之较为寡弊。今归化城关口自可即归巡抚经管,且归绥道即驻归化城内,或即委该道就近代管,或另派贤能道府前往承办,俱无不可。所有理藩院司员即可停其派往,于关务更为慎重。"③ 经部议,归化城税务由山西巡抚选派道府贤员管理,按年更替。初由河东道、归绥道、雁平道轮流监管,自乾隆三十七年(1772)以后定由归绥道兼理,④并仍由山西巡抚随时稽查。

归化城税关征税之初,"每岁征银七千两至八千两不等"。⑤ 乾隆三十四年改派道府官员兼管该关税务之时,下令试收一年,"再行酌定"税额。⑥ 从三十四年四月十三日起至次年四月十二日,一年期内共收过杂税银16548两7钱9分,牲畜税钱9137千610文。⑦ 乾隆三十五年

---

① 《宫中档乾隆朝奏折》第29辑,台北"故宫博物院",第703—704页。
② 嘉庆《大清会典事例》卷一百九十《户部·关税》。
③ 《清高宗实录》卷八百二十八,"乾隆三十四年二月辛酉"。
④ 咸丰《古丰识略》卷四十《物部·税课》;《中国边疆史志集成·内蒙古史志》,北京:全国图书馆文献缩微复制中心,2002年;嘉庆《大清会典》卷十六《户部·贵州清吏司》,《近代中国史料丛刊三编》第64辑,台北:文海出版社有限公司,1991年。
⑤ 《宫中档乾隆朝奏折》第29辑,台北"故宫博物院",第706页。
⑥ 《清高宗实录》卷八百二十八,"乾隆三十四年二月辛酉"。
⑦ 咸丰《古丰识略》卷四十《物部·税课》。

(1770)即以杂税银15000两,牲畜税钱9000串定为归化城税关之正额;以银1548两、钱137串有奇作为盈余。嘉庆四年(1799)更定盈余银为1600两。①

乾隆四十年(1775)山西巡抚巴延三的奏报称:绥远城与归化城仅相距数里,但不征税,以至"归化城各色行户渐次移入绥远城开设,而商货冀避归化城纳税之费,亦多赴绥远等处囤聚"。如归化城原有面铺140余家,已有80余家陆续迁入绥远城;而"附近土产烟、酒及草地所出羊毛、毛绒等类近来多不进城上税,俱径赴和林格尔囤积,转运他处售卖;至南来油、缎、布、茶、杂货一出杀虎口之后,亦由和林格尔径赴托克托城、萨拉齐、西包头等处,均不来城分拨,以致所收税课日形短绌。"该抚奏请于和林格尔、东白塔二处增设稽查税口,派役巡查,并对"移入绥远城之面铺各行"一体征税。②经部议,于乾隆四十一年(1776)定例:第一,"归化城征收税银,四栅之外商贩多有绕道偷越,责成该处营弁于巡防之便在和林格尔、东白塔儿二处查察;如有偷漏,拿送管税道员查办"。第二,绥远城所开面铺,凡"在本城发卖兵民零星食用者,不准收税;如有车载驮运他处售销者,照归化城之例一体收税"。③

经过十余年间一系列的调整和修订,归化城税关的税收征管制度逐步建立和规范,税收额也比设关之初有所增加。表1是乾隆四十年代归化城税关征收税银的统计。其中,税收额最高为四十四年(1779)27390两,最低为四十九年(1784)20998两,平均为23178两。道光年间归化城的税收大体保持在同一水平。如道光二十一年(1841)该关征收税银23565两,二十二年(1842)为24036两,道光二十五年(1845)为23418两,二十九年(1849)为22749两,④平均为23442两。

---

①嘉庆《大清会典事例》卷一百九十《户部·关税》。
②张正明、薛慧林主编:《明清晋商资料选编》,太原:山西人民出版社,1989年,第50—52页。
③嘉庆《大清会典事例》卷一百九十一《户部·关税》。
④王庆云:《石渠余纪》卷六《直省关税表》,北京:北京古籍出版社,1985年,第275页。

表 1　乾隆四十年代归化城税关征收税银统计

年份	实征税银
乾隆四十一年	25991 两
乾隆四十二年	23468 两
乾隆四十三年	21750 两
乾隆四十四年	27390 两
乾隆四十五年	21524 两
乾隆四十六年	21659 两
乾隆四十七年	21659 两
乾隆四十八年	24162 两
乾隆四十九年	20998 两
平均	23178 两

资料来源：祁美琴《清代榷关制度研究》附表5。

清中叶以降，包头镇、萨拉齐、托克托城等处以濒临黄河的地理优势，逐渐发展为漠南地区的商业中心。不过，这三处城镇原本只征牲畜税，不征货税。咸丰四年(1854)，山西巡抚恒春奏言："西包头镇、萨拉齐、托克托城三处皆濒临黄河，商民贩运杂货由河路行走，程途较近；且和林格尔亦有歧路可通各处，商贩每多不赴归化城纳税分拨，即由四外绕越偷漏。若不设法变通，不特稽查难周，且税课有亏，所关匪轻。查西包头镇等三处均设有归化城牲畜税厅，一切杂货既图捷径行走，若仍令迂道由归化城完税后再行分发各处销售，未免行旅跋涉，似非体恤商人之道。"奏请于此三处就近征收货税。① 经部议获准，将西包头镇、萨拉齐、托克托城三处增定为归化城的分税口，"从口内贩来一切货物，并从口外贩入土产等货"，可"就近在西包头等处税厅照例完纳，赴归化城入栅时即验明放行，毋庸再征"。②

咸丰六年(1856)进一步制定了较详细的征税章程，并刊刻木榜，晓

① 咸丰《古丰识略》卷四十《物部·税课》。
② 光绪《大清会典事例》卷二百三十八《户部·关税》，北京：中华书局，1990年。

谕商民。其内容主要包括：

一、"西包头镇设立税厅一所，以收该镇税务"。二、"各项南货由杀虎口、河保营并绕越歧路而来者，到西包头镇按则征税；其在本镇零星买卖及载往他处售卖者，无论多寡均免重征"。三、"南货及关东京货已在归化城纳税，有鬃印税票者，到镇验明放入，出镇时无论多寡概免输纳"。四、"口外土产及后山各部落所出一切货物，无论乡民及客商交易收买而来者，入镇免其纳税，其在本镇售卖者亦免；惟再由本镇运往他处，捆载成驮、成车、成担出镇时，均按则征税。倘至归化城售卖或由该城经过，俱验明印票放行，无须再征；如运至归化城后又贩往他处，仍照旧章办理"。五、"南货由河保营而来，有托克托城、萨拉齐两处歧路可以绕越归化城、西包头镇，应于托、萨两处向有之牲畜税厅派役稽查，以免偷漏。如情愿就近输税，准其在各该处按则交纳，以免跋涉之苦"。六、"后套河西暨萨属各村镇装载船筏土产各货，及白托城下河水运前项货物，内有并不经由包头、萨拉齐而必须经过托克托城之河口者，自应准其即在托城旧设牲畜税厅纳税。如在包头、萨拉齐上游装载货物，情愿就近在包、萨完税者，亦听从商便"。七、"查获漏税之人，禀官照例究治；其管税家丁书役不准擅自释罚，如违，准被害人呈告"。①

光绪年间归化城税关所征税银较清代中叶有较大的增长，如光绪十三年(1887)征银65279两，十四年(1888)征银60181两。② 光绪二十三年(1897)山西巡抚胡聘之"添派委员"，协助该关整顿税务，"力裁靡费，严杜偷漏"，二十五年该关税收在定额之外"增出额外盈余银五万两"。③

二

归化城是漠北、漠西与中原地区的商货转运枢纽。归化城通向漠北的商路有三条：其一，自归化城西北行，经赛尔乌苏折而东北，至库伦，再达恰克图；其二，经武川、田力木兔等地至库伦；其三，经武川、白灵庙，驼

---

① 咸丰《古丰识略》卷四十《物部·税课》。
② 光绪《蒙古志》卷三《贸易》，《中国方志丛书》，台北：成文出版社，1968年。
③ 《光绪朝朱批奏折》第74辑，北京：中华书局，1995年，第188页。

行60日至乌里雅苏台,再西行抵科布多。从归化城通往新疆的商路也有三条:北路经乌里雅苏台、科布多至古城;中路由武川、白灵庙西行,经阿拉善、额济纳草原至古城,再西行至乌鲁木齐;南路经包头、宁夏、兰州、凉州等地达古城。① 古城(今新疆之奇台)为新疆各地之交通枢纽,自古城分道,循天山而北,取道绥来以达伊犁、塔城;循天山而南,取道吐鲁番以达疏勒、和阗。"故古城商务于新疆为中枢,南北商货悉自此转输,廛市之盛为边塞第一","燕晋商人多联结驼队,从归化城沿蒙古草地以趋古城"。②

清代前期,归化城商人赴新疆贸易必须由北路绕行,赴乌里雅苏台将军衙门领取执照,路程较远。乾隆中叶清政府统一新疆后,为鼓励商人前往贸易,于乾隆二十五年(1760)准许归化城、张家口等处商民可在本地领照。其上谕曰:"北路蒙古等以牲只来巴里坤、哈密辟展贸易者,俱由乌里雅苏台该处将军给与执照;其由张家口、归化城前往之商民及内地扎萨克蒙古等,亦须折至乌里雅苏台领照,未免纡回,是以来者甚少"。"新疆驻兵屯田,商贩流通,所关最要。著传谕旨直隶、山西督抚及驻札将军、扎萨克等,旗民愿往新疆等处贸易,除在乌里雅苏台行走之人仍照前办理外,其张家口、归化城等处由鄂尔多斯、阿拉善出口,或由推河、阿济行走,著各该地方官及扎萨克等按其道里给与印照。较之转向乌里雅苏台领照,程站可省四十余日,商贩自必云集,更于新疆有益。"③归化城与新疆的贸易由此获得较大的发展。乾隆末年《乌鲁木齐杂记》记言:"大贾皆自归化城来,土人谓之北套客,……自归化城至迪化(即乌鲁木齐),仅两月程。"④清末的记载称:新疆每年从内地输入之货物"值逾二三百万",其中"自归绥输入者什之六七"。⑤

据光绪中叶俄国学者波兹德涅耶夫《蒙古及蒙古人》一书记载:归化城"是一个聚集着不少巨贾富商的地方,他们在这里做着百万巨额的生

---

① 民国《归绥县志》《经政志·交通》,《中国方志丛书》,台北:成文出版社,1968年。
② 民国《新疆志稿》卷二《新疆实业志·商务》,《中国边疆史志集成·新疆史志》,北京:全国图书馆文献缩微复制中心,2003年。
③ 《清高宗实录》卷六百一十,"乾隆二十五年四月"。
④ (清)纪昀:《乌鲁木齐杂记》,《小方壶斋舆地丛钞》第二帙。
⑤ 民国《新疆志稿》卷二《新疆实业志·商务》。

意,总共卖出十万多箱茶叶,将近一百万匹布及其他物品"。归化城最大的商号都是经营西北边疆贸易的,主要往来于乌里雅苏台、科布多、库伦、古城、伊犁等地。其中最大一家为大盛魁,资本有2000万两,在科布多、乌里雅苏台、库伦和张家口等地设有分号;该商号自备骆驼1500峰,单是同蒙古各部的贸易每年即达900万—1000万两。其次是元盛德,有骆驼900峰,年贸易额为800万两。再次,天义德有骆驼900峰,年贸易额700万两;义和敦有骆驼700峰,年贸易额五六百万两。此外,归化城较大的商号还有永德魁、一善堂、三合永、庆中长、天裕德、大庆昌、元升永等,年贸易额分别为10万—25万两,各有骆驼150—200峰。他们运往西北各地的货物主要有茶叶、布匹、绸缎、铁器、木器等。①

除各商号自备骆驼从事贩运贸易之外,归化城专门从事运输业的商号也为数众多。其中较大者有12家:如元德魁有骆驼500峰,天聚德有400峰,这两家商号的驼队专走归化城到古城一线;双兴德、天兴恒等10家商号共有骆驼2430峰,往返于蒙古各部和新疆,或从张家口把茶叶运往库伦。此外,归化城还有上百家有三四十峰骆驼的小商号,全城可供出租的骆驼总数有7000—7500峰,可以运输货物10万普特。其贸易范围主要在乌里雅苏台、科布多和古城等地。②

经由归化城输出的商品以茶叶、布匹和杂货为大宗,输入则以牲畜、皮毛、粮食为主。

茶叶是从归化城输往西北各地的最大宗的商品,主要由晋商经营。古城是新疆各地的交通枢纽,"口外茶商自归化城出来到此销售,即将米面各物贩回北路,以济乌里雅苏台等处,关系最重;茶叶运至南路回疆八城,获利尤重"。③ 道光三年(1823)乌里雅苏台将军的奏报称:"该处各项商贾及蒙古人等所食口粮,向系商民等驮载茶货前赴古城兑换;其古城商民亦常川贩运米面来营兑换砖茶,赴西路一带售卖。此项砖茶系由归化

---

① [俄]阿·马·波兹德涅耶夫著,张梦林等译:《蒙古及蒙古人》(第二卷),呼和浩特:内蒙古人民出版社,1983年,第97—98、103—104页。
② [俄]阿·马·波兹德涅耶夫:《蒙古及蒙古人》(第二卷),第96—97页。
③ (清)方士淦:《东归日记》,《小方壶斋舆地丛钞》第二帙。

城、张家口请领部票,交纳官税,贩运来营贸易,迄今六十余年。"①同治三年(1864)乌鲁木齐失守,因"道路梗塞,塔城经费支绌,均赖征收商税藉资补苴";清廷批准塔尔巴哈台大臣所请,令商民"将茶布货物由归化城草地新设台站,听该商等自雇驼马运至科布多转运来塔,以便随时销售"。②光绪初年归化城每年的茶叶输出量为10万余箱,主要是砖茶。其中24块一箱者供应土默特地区,每年销量3万—4万箱;39块一箱者运往乌里雅苏台,每年也达3万箱;运往古城的主要是72块或110块一箱的砖茶,木墩茶和白毫茶则销往新疆以及俄国的维尔年斯克、塔什干(今属乌兹别克斯坦)等地,每年销量3万—3.5万箱。③

布匹、绸缎和杂货也是归化城销往西北地区的重要商品。如乾隆年间山西右玉县商人贾有库在归化城开设有三义号绸缎杂货铺,该商铺在乌鲁木齐的新、旧二城和阿克苏均设有分号,在伊犁设有"发货寓所一处","各有伙计在彼管事";仅阿克苏的分店就有"一万多两本银的货物"。④又如乌鲁木齐"一切海鲜皆由京贩至归化城,北套客转贩而至"。⑤从归化城运至乌里雅苏台的商品除茶叶之外,还有搭连布、大布、粗布、面粉、大米、猪肉和鱼。⑥科布多的商品"以砖茶、洋布为大宗,其他绸缎、铜铁、瓷木各器及日用所需一切杂货食物无不备"。砖茶、布匹多由归化城和张家口购办,"杂货则购之京,亦有在张家口及归化城采办杂货者"。⑦光绪中叶归化城布匹的年销量将近100万匹,其中有不少系进口洋货,品种有花旗人头粗洋布、花旗飞龙斜纹布、杂牌斜纹布、杂牌细洋布、粗洋布、洋标布、太和羽绫、虎牌哔叽等,国产纺织品则有搭连布、大布、土布、曲绸、宁绸等。⑧所谓杂货,包括范围甚广。归化城税则分为衣物、食物、用物、杂货四大类,《衣物税则》所列有皮衣皮裤、毡褂绒褂、油

---

①《清宣宗实录》卷六,"道光三年十月丁巳"。
②《清穆宗实录》卷一百二十四,"同治三年十二月丙戌"。
③[俄]阿·马·波兹德涅耶夫:《蒙古及蒙古人》(第二卷),第92—94页。
④《明清晋商资料选编》,第95页。
⑤(清)纪昀:《乌鲁木齐杂记》。
⑥[俄]阿·马·波兹德涅耶夫,刘汉明等译:《蒙古及蒙古人》(第一卷),呼和浩特:内蒙古人民出版社,1989年,第276页。
⑦徐珂:《清稗类钞》第5册,北京:中华书局,1996年,第2339页。
⑧[俄]阿·马·波兹德涅耶夫:《蒙古及蒙古人》(第二卷),第94—95、103—104页。

雨衣、故衣、帽子、乌绫包头、带绦、靴鞋、袜子;《用物税则》列有棉花、丝线、铜铁器、竹木器、磁器、油漆器、皮革器、象牙器、荆条器、杂草器;《食物税则》列有烟草、糖、蜜、荤味、作料、果品、蔬菜;《杂货税则》列有药材、颜料、香料、纸札、珍玩、铜铅钢铁杂货、烧料杂货、绒毛杂货、零星杂货,等等,①共计三四十类数百种商品,均可包括在内。

从归化城输入内地的商品主要是驼、马、牛、羊等牲畜和各种皮毛。康熙三十五年(1696)玄烨皇帝驻跸之时,即看到"归化城马驼甚多,其价亦贱"。② 道光年间法国传教士古伯察《鞑靼西藏旅行记》记载称,"蒙古人把大群的牛、马、羊和骆驼赶到那里(归化城),同样也用车子把皮货、蘑菇和盐巴运往那里";他们作为交换而在回程中运去了砖茶、布帛、马鞍、莜麦面、小米、炊具,以及供佛用的香。归化城"特别以其大宗的骆驼交易而著名,城中主要街道都通向的一个辽阔场地是要出售的所有骆驼的汇集地"。牲畜交易都是通过牙人进行的,他们都伶牙俐齿,不过一涉及价格问题却不再用舌头,而是在宽大的衣袖中以手指来表示。成交之后,牙人可以按照当地的习惯得到一定数量的牙钱。③ 光绪年间俄国人的记载称,蒙古各部全年都有牲畜赶到归化城出售,"大批的牲畜主要是来自土谢图汗部的戈壁谢公旗和墨尔根王旗,其次是由四子王旗和阿拉善王旗的所谓内蒙古人赶来的。"④

除蒙古人自己将牲畜赶来出售之外,还有大量的牲畜和皮毛是归化城商人从各部落收购来的。归化城商人运往蒙古各部的货物大多以赊销方式销售,到期以牲畜、牛马皮、羊皮、马尾、驼毛、羊毛、蘑菇等来偿还。羊的收购办法通常是在阳历6月左右把商品赊给牧民,来年5月再来收羊;6月份羊只收齐后,每一千只为一群,由两人负责,赶往归化城出售。大盛魁每年从科布多向归化城输送的羊有8万—10万只,元盛德在科布多还有自己经营的畜牧业,1892年仅从自己的畜群向归化城输送的牲畜

---

① 同治《户部则例》卷四十八,《归化城税则》。
② 《清圣祖实录》卷一百七十七,"康熙三十五年十月丙申"。
③ [法]古伯察著,耿昇译:《鞑靼西藏旅行记》,北京:中国藏学出版社,1991年,第150—151页。
④ [俄]阿·马·波兹德涅耶夫:《蒙古及蒙古人》(第二卷),第102页。

就有羊45000只,骆驼500峰。归化城商人从乌梁海地区收购的主要是灰鼠皮,每年3万张左右。① 在归化城购买骆驼的多是专门从事运输的内地商号;马匹被运往长城以南,甚至远及上海和广东;羊则主要供应北京、河南、山西等地,其中仅北京的夏盛和、夏和义、天和德、三和成等几家商号每年从归化城购买的羊就达50万头。此外,还有不少牲畜和皮毛在包头和克克伊尔根交易,但货款是在归化城结算。②

粮食也是归化城输入内地的重要商品。雍正年间归化城、土默特地方"五谷丰登,米价甚贱",雍正皇帝即下令于归化城和黄河岸口建仓买米存贮,并修造船只,由黄河运往陕西潼关。③ 乾隆八年(1743)归化城、托克托城一带"连岁丰收,米价甚贱",而太原、汾州、平阳等府"米价俱自一两七八钱以至二两余不等"。山西巡抚刘于义在归化城一带购粮由黄河水运,从托克托城之河口镇至永宁州之碛口镇,再由碛口"陆运至汾州,每石较市价可减银四钱;陆运至太原,每石较市价可减银二钱"。④ 光绪年间,归化城、萨拉齐一带粮价"常贱于内地什之五",大量汇集包头镇,由黄河"浮河而下,千一百里达于碛口",⑤再转运晋中。此外,归化城一带粮食也有相当一部分运往蒙古各部。⑥

三

宣统年间归化城商人为雁门关的捐款,为我们提供了另外一些可资参考的信息。雁门关位于山西代州城西北40里,是清代山西商人赴蒙区贸易的必经之路。光绪三十四年(1908)夏暴雨冲毁道路,交通阻塞,代州士绅为重修道路,向经商于各地的同乡和往来雁门关的商人发起了较大规模的募捐,并将募捐所得一一镌诸贞珉。归化城商人也参与了此次

---

① [俄]阿·马·波兹德涅耶夫:《蒙古及蒙古人》(第一卷),第276—277、284—285、341页。
② [俄]阿·马·波兹德涅耶夫:《蒙古及蒙古人》(第二卷),第98—99页。
③ 《清世宗实录》卷三十四,"雍正三年七月癸亥"。
④ 刘于义:乾隆八年十月奏折,见《历史档案》1990年第3期,第30页。
⑤ (清)张之洞:《张文襄公奏议》卷五,《续修四库全书》,上海:上海古籍出版社,2002年,第189页。
⑥ [法]古伯察:《鞑靼西藏旅行记》,第150页;[俄]阿·马·波兹德涅耶夫:《蒙古及蒙古人》(第一卷),第276页。

集资,从而为我们了解清末归化城的商业提供了一份特殊资料。①

表2　雁门关碑铭中来自归化城的捐款统计

商社商号	雁门关道路碑捐银	归化城碑捐钱	合计
宝丰社	120 两	155 千文	320.60 千文
集锦社	60 两	110 千文	192.80 千文
聚锦社	60 两	110 千文	192.80 千文
醇厚社	60 两	110 千文	192.80 千文
当行	40 两	60 千文	115.20 千文
青龙社	50 两	61 千文	130.00 千文
福虎社	35 两	60 千文	108.30 千文
福隆京羊社	35 两	—	48.30 千文
兴隆社	20 两	—	27.60 千文
集义社	20 两	26 千文	53.60 千文
威镇社	8 两	26 千文	37.04 千文
荣丰社	—	17 千文	17.00 千文
毡毯社	8 两	17 千文	28.04 千文
仙翁社	10 两	17 千文	30.80 千文
聚仙社	6 两	11 千文	19.28 千文
马店社	6 两	13 千文	21.28 千文
衡义社	2 两	11 千文	13.76 千文
票号	51 两	—	70.38 千文
茶叶字号	33 两	—	45.54 千文
洋行	10 两	—	13.80 千文
其他	190.5 两	164 千文	426.89 千文
合计	824.5 两	968 千文	2105.81 千文

说明:"合计"以"千文"为单位,以每银一两折钱1380文计算。

在雁门关的集资中,来自归化城的捐款包括两部分:其一,《修雁门关

① 这批碑铭共6通,年代为宣统元年和二年,计有10余个城镇参与了此次集资。

道路碑记》碑阳所镌归化城捐款,计有醇厚社、宝丰社等 16 家商社和 112 家商号参与集资,共捐银 824.5 两。其二,《太谷县布施碑》碑阴之《归化城与下院慈云寺碑》的捐款,其中宝丰社、集锦社等 17 家商社和益美成、天成永、元兴玉等商号共捐钱 868 千文,归化城总税局等 8 家共捐钱 100 千,合计为 968 千文,占捐款总额 1225 千文的 79%。此外,有相当一部分捐款记作"转化"或"××店转化""××转化",当系由商号、士绅或僧侣募化所得。其中有个别商号注明来自库伦、大同和绥远,以此推论,这些"转化"的捐款可能大多来自归化城之外,故此暂不计入。表 2 是对这两部分捐款的统计,二碑合计,来自归化城的捐款有 2100 余千文。①

在雁门关集资中,归化城的捐款很多是以"社"为单位。所谓"社",是归化城商人的行业组织。咸丰年间的记载称,"归化城商贾向有十二行",系从清初沿袭而来;中叶以后新增行业为数众多,但"遇有公务则仍曰十二行,其余各以类附之"。这十二行在三贤庙建有乡耆会馆,公举乡耆 4 人,总领 12 人,经理会馆事务,凡"各行公立条规"以及"商贾词讼事件","俱由乡耆等定议"②。到清末,归化城乡耆会馆所属行业组织增至 15 个,计有宝丰社、醇厚社、聚锦社、青龙社、福虎社、集义社、威镇社、聚仙社、仙翁社、兴隆社、毡毯社、衡义社、集锦社、当行社、马店社。此外,未加入乡耆会馆的商人也有各自的组织,如福兴社、福庆社、铁行社、金炉社、染房社、药行社、山货行、煤炭行、杂营行、西营驼户,以及茶庄、票庄、布庄、口庄、府庄等八大庄口。其中,宝丰社为钱铺业的商人组织,醇厚社为杂货批发业,聚锦社经营粮食批发业,集锦社和兴隆社是从事蒙区和西北边疆贸易的行商组织,仙翁社和聚仙社分别经营餐馆和茶馆,威镇、集义、衡义等社都经营皮毛业;茶庄是专营茶叶贩运的商人组织,票庄则经营票号,布庄从事棉布批发,口庄是张家口商人经营的杂货业,府庄是山东东昌府商人经营的杂货业;马店社是骡马牙行的同业组织,福兴社和福庆社则分别为从事牛羊和骆驼买卖的牙商组织。各商社所属商号多寡不一,如醇厚社、聚锦社均有商号 50 余家,青龙社有商户 20 家,聚仙社有茶

---

① 以每银一两折钱 1380 文计算。此系光绪中叶归化城的银钱比价,据[俄]阿·马·波兹德涅耶夫《蒙古及蒙古人》(第二卷),第 123—124 页。

② 咸丰《古丰识略》卷二十,《地部·市集》。

馆10余家。① 故实际参与雁门关捐款的商号数量至少可达三四百家。从商号名称上可区分其经营范围的,则有大盛川、大德通、大德恒、大德玉、天德隆、存义公、锦生润等票号,大德诚、大德常、元盛川、三玉川、天聚和、锦丰泰、大美玉、大顺玉等茶商字号,聚恒昌、谦恒泰等布庄,天成当、大裕当等当铺,丰盛、福盛等木店以及山货铺、铁铺等。② 此外,还有5家洋行也参与了此次集资,各捐钱2千文。这些洋行在归化城主要是收购羊毛,运往天津,每年达40万斤之谱。③ 表3是对归化城捐款的分行业统计,请参见。

表3 雁门关碑铭中归化城捐款的分行业统计

行业	商社商号	经营行业	捐款数量	占总额%
金融业	宝丰社 当行 票号 恒升昌等	钱铺 当铺 票号 钱铺、当铺	320.60千文 115.20千文 70.38千文 14.66千文	24.7%
粮食业	聚锦社 福虎社 青龙社	粮食批发 碾房 面粉杂货	192.80千文 108.30千文 65.00千文	17.4%
杂货业	醇厚社 谦恒泰等 公和益等 青龙社	洋货铺估衣铺 布匹批发 杂货批发 杂货面粉	192.80千文 9.66千文 11.04千文 65.00千文	13.2%
贩运业	集锦社 茶叶字号 兴隆社	旅蒙商 茶叶贩运 行商	192.80千文 45.54千文 27.60千文	12.6%
皮毛业	集义社 威镇社 荣丰社 衡义社 毡氆社 洋行	皮靴铺 制革业 皮行 细皮行 绒毡业 羊毛收购	53.60千文 37.04千文 17.00千文 13.76千文 30.8千文 13.80千文	7.9%

① 东亚同文会编:《中国省别全志》第17卷,《山西省》,东京:东亚同文会,1920年,第737—746页。
② 《中国省别全志》第17卷,《山西省》,第740—746页。
③ 《中国省别全志》第6卷,《甘肃省》,第801—802页。

续表

行业	商社商号	经营行业	捐款数量	占总额%
餐饮旅店业	仙翁社 聚仙社 马店社	餐馆 茶馆 骡马牙行客店	30.80 千文 19.28 千文 21.28 千文	3.4%
其他	—	—	437.07 千文	24.8%
合计	—	—	2105.89 千文	100.0%

说明：(1)各社之"经营行业"，据《中国省别全志》第17卷，山西省，"归化城の商业机构"。

(2)青龙社包括面粉杂货等业，其捐款各以一半计入粮食业和杂货业。

(3)谦恒泰、聚恒昌、德隆元等3家商号属布庄，共捐银7两。

(4)公和益、永盛和、广义兴、德润泰等4家商号分属口庄和府庄，共捐银8两。

表3可见，金融业的捐款在各行业中位居第一。其中，宝丰社两次共捐钱320千文，当行捐钱115千文，大盛川等9家票号共捐银51两，此外恒升昌（钱铺）、大裕当、天成当等商号在行业之外又单独捐款，四者合计达520千文，占全部捐款的24.7%，几近四分之一。金融业是归化城最重要的行业，不仅该城的大宗贸易有赖金融业的支持，而且在包头和克克伊尔根等地进行的牲畜和原料贸易，货款也要在归化城结算，"因为这里有许多家银号，支付货款比较方便"。① 据日本人的调查，清末归化城的钱铺有瑞生庆、谦益永、大成兴、恒升昌、恒吉昌等29家，银号有兴盛号、元生成、永兴号、吉泉长等9家，票号有大盛川、大德玉、长元庆、天德隆等12家，当铺则以天盛当、谦和当、复源当、义源当、日盛当、德永当等为最。②

粮食业是归化城商业的重要组成部分，包括批发、加工和零售。乾隆年间归化城即开设有面铺140余家，估计其中既有批发亦有零售。清末该城经营粮食批发业者约有50家，多由忻州、代州、大同等地商人经营，属聚锦社。其中，专营粮食批发者称粮店，有20余家；兼营客店者称货店，也有20余家。后者的规模较前者为大，并设有客舍和货栈，其中尤以通顺店、东升店、奎隆店、长寿店四者为最著，有"四大店口"之称。经营

① ［俄］阿·马·波兹德涅耶夫：《蒙古及蒙古人》（第二卷），第99页。
② 《中国省别全志》第17卷，《山西省》，第885—887、746、741页。

碾坊者约有 40 家;从事零售业者有 20 来户,销售面粉、黄米面、莜麦面、米粉、胡麻油等并兼营杂货。① 此外,归化城油、酒铺房有专门的税则,②其榨油、制酒当也有一定的规模。

  杂货业,包括的商品种类繁多。前已述及,归化城税则分为衣物、食物、用物、杂货四大类,总计商品数百种,除粮食、皮毛等设有专行经营者之外,都可归入其中。清末归化城约有洋货铺 30 家,经营各种杂货;有估衣铺 20 余家,以销售旧衣为主;有布庄 10 余家,专营布匹;口庄、府庄所属各号均经营杂货。这些商号都是从事批发业的,其货物主要批给往来于西北各地的行商。至于大盛魁、元盛德等较大的商号则有自己的进货渠道,不在其内。在归化城从事杂货零售业者,除上述青龙社所属 20 余家商号系兼营杂货之外,专门销售各种日用百货的小商铺和露天摊贩,则属于杂营行。③

  贩运业也是归化城最重要的行业之一。咸丰年间《古丰识略》记载,"归化城行商、坐贾相辅而行。行商贩买货物至大青山后诸部落及西域一带货卖,易银及牲畜以归。"④从归化城至乌鲁木齐、乌里雅苏台等处行程约需六七十日,商队一般"于岁杪由(归化)城启行,至次年秋冬间回城,携带牲(畜)等物在城货卖。"⑤集锦社、兴隆社以及茶庄等均系从事贩运贸易的商人组织。前述大盛魁、元盛德、天义德等归化城最大的商号均隶属集锦社,这些商号在归化城"做着百万巨额的生意",贸易范围远至古城、乌鲁木齐、乌里雅苏台、科布多、库伦乃至俄国。它们在归化城很少设立店铺,一般只设帐房和库房,"院子里通常三面都是住房和客房"。⑥ 隶属于"茶庄"专门经营茶叶的商号有大德常、大德诚、巨贞义、兴隆义、锦丰泰、三玉川、元盛川、天聚和等。兴隆社所属商号规模较小,主要往来于漠南蒙古各部,因多在各地的寺庙中住宿,被称为"赶庙"的。⑦ 此外,专

---

① 《中国省别全志》第 17 卷,山西省,第 738、746、739 页。
② 同治《户部则例》卷四十八《归化城税则》。
③ 《中国省别全志》第 17 卷,山西省,第 737、739、745—746 页。
④ 咸丰《古丰识略》卷二十《地部·市集》。
⑤ 咸丰《古丰识略》卷二十《地部·市集》。
⑥ [俄]阿·马·波兹德涅耶夫:《蒙古及蒙古人》(第二卷),第 103 页。
⑦ 《中国省别全志》第 17 卷,《山西省》,第 745、740 页。

营运输业的大小商号约有上百家,前已述及,其行业组织为西营驼社。

皮毛加工是归化城最重要的手工业。归化城每年消费的羊不下 20 万只,牛近 4 万头。这些牛皮羊皮大多就地加工,"其屠宰牲畜剥取皮革,就近硝熟,分大小皮货行"。① 归化城的皮毛加工作坊至少有数十家。如制作皮靴的店铺有 10 余家,其原料以羊皮为多,马皮次之,也有从库伦输入的水獭皮、貂皮等高档皮革;其中仅永德魁一家就雇有 40—60 名鞋匠在店里工作。制作皮袍、皮裤、皮帽的店铺有恒聚永、德和永等数家,此类商品更多的是从牧民手中直接购买。② 制作毛毡的作坊有二三十家,每家雇工四五个乃至十来个。毛毡系用牛毛、驼毛和羊毛混合织成,主要用作运输各种商品的包装,被称作"马衣"。织工把织好的毛毡出售给专门销售"马衣"的店铺,这些店铺再把毛毡按照一定的尺寸缝制成"马衣"。其中最上等者主要用来包装运往西北边疆的货物,二等毛毡供归化城本地商民和家庭之用;最差的一种供应张家口,运往恰克图的茶叶都是用这种毛毡包装的。归化城专门出售"马衣"的铺子有 4 家,以义兴魁规模最大,年销量约为 9000 条;德盛长、永盛长、永长成三家合计,年销量为二三千条。③

餐饮旅店业也是归化城的重要行业。餐馆、茶馆和客店,都是商人洽谈生意的场所,"每天都有当地和外来的商人到这里来吃晚饭、谈生意"。归化城最著名的客店是同顺店、东升店和昌泰店,据说在 1870 年代,这三家客店"每天每家都至少有五百人来吃晚饭",一桌上等酒席平均每人花费一两银子,中等酒席每人 5 钱,三等酒席每人 2 钱④。表 3 中餐饮旅店业的捐款只占 3.4%,但其实际规模当不止于此,因为归化城的客店多是按照各自的经营行业分别收住客人,"有的供粮食商人下榻,其余者属于马贩子等等,依此类推"⑤。这是道光年间古伯察的记载。又据清末的调查,归化城的粮食批发业中兼营客店者有 20 余家,专供买卖粮食的商人

---

① 咸丰《古丰识略》卷二十《地部·市集》。
② [俄]阿·马·波兹德涅耶夫:《蒙古及蒙古人》(第二卷),第 98 页;《中国省别全志》第 17 卷,《山西省》,第 739 页。
③ [俄]阿·马·波兹德涅耶夫:《蒙古及蒙古人》(第二卷),第 100—101 页。
④ [俄]阿·马·波兹德涅耶夫:《蒙古及蒙古人》(第二卷),第 134 页。
⑤ [法]古伯察:《鞑靼西藏旅行记》,第 138 页。

下榻,东升店即属其中之一;专供牲畜商住宿的,有马店30余家,牛羊店30余家、驼店10余家,分别为各自的客商提供服务。①

综上所述,归化城是清代蒙古草原最重要的商业城市之一,是漠北、漠西地区与中原贸易的重要转运枢纽,其腹地范围包括漠南蒙古西部各旗,漠北的乌里雅苏台、科布多,以及新疆。乾隆二十六年清政府在归化城设关榷税,咸丰四年又将西包头、萨拉齐和托克托城三处增为归化城税关之分税口。随着汉蒙贸易、边疆贸易的发展,该关税额有较大的增长。经由归化城输出的商品以茶叶、布匹和杂货为大宗,输入则以牲畜、皮毛、粮食为主。归化城的商业构成以金融业、批发业、贩运业以及皮毛加工、餐饮旅店等业为主。

(原载《文史哲》2009年第4期)

---

① 东亚同文会编:《中国省别全志》第17卷,《山西省》,第738、741、743页。

商民、商贸与边疆:晚清库伦地区的内地商民研究

柳岳武[①]

为保护蒙古各部,康熙以前的清廷均严格限制内地商民前往蒙古。康熙朝以后,随着统治的需要,形势渐变。清廷一方面需要依赖内地商民的力量去缓解西北用兵以及对该地区有效治理的压力,另一方面需要借助内地商民耕种蒙古牧地、满足蒙古各部生计并缓解内地人口渐增的生存压力。尤其是乾隆中期外蒙古各部被纳入清朝的版图后,传统的"长城守边"政策被废弃,蒙古各部成为朝廷守边的重要依赖。在此背景下,山陕直鲁等地的民众逐渐进入以库伦为中心的外蒙古[②]地区,从事耕种、商贸等活动。其中不少人逐渐由耕种者、佣工人或小商贩变成了大商人,形成了规模庞大的西帮。咸同年间以后,京帮[③]也开始在库伦地区兴起。以西帮、京帮为主体,辅之蒙古人、俄国人,逐渐构建起以库伦为中心、纵

[①] 柳岳武,河南大学历史文化学院近代中国研究所教授。本文是国家社科基金项目"清代外蒙草原上的内地商民研究"(2016BZS104)的阶段性研究成果,并受到河南省高等学校、河南大学哲学社会科学创新团队培育计划(2019CXTD01、2019CXTD003)等项目支持。感谢匿名评审专家的宝贵修改意见。

[②] 此处的外蒙古主要包括清代漠北的外喀尔喀四部、科布多与唐努乌梁海等处。

[③] 京帮出现于晚清时期,早期指在外蒙古地区活动的京师外馆商人,后来也扩大为京师地区商人群体的代称。

穿中国南北、横跨亚欧的内外商贸网络。清廷曾对以库伦为代表的外蒙古地区的内地商民及商业活动加以管理,但手段单一,效果有限。以库伦为中心的内地商民的商贸活动经历了一个从兴到衰的过程。尤其是清末,在俄国大力渗透并最终支持外蒙古王公、活佛等宣布独立的恶劣境遇下,在库伦的内地商民惨遭蹂躏、多被逐出,从而结束了内地商民在外蒙古地区经商贸易的黄金时代。

  学术界涉及清代蒙疆研究成果颇多,与本文相关的主要有三个方面:1.对清代蒙疆贸易的研究,主要梳理了张家口、归化城、多伦诺尔、恰克图等处商贸活动。① 2.对清代蒙疆治理与蒙疆经济关系的研究,主要关注清廷同准噶尔部关系,以及晚清时期边疆秩序重建下内蒙古部分地区的商贸活动。② 3.对外蒙古区域的专门研究,主要关注恰克图贸易、科布多卡伦台站设置等内容。③ 这些成果为继续研究提供了基础,但亦有不足:首先,以往研究多侧重于清代内蒙古地区,对外蒙古地区关注不足,尤其对库伦地区少见专文研究。④ 其次,对外蒙古库伦地区在清代,尤其是在近代所处中国商贸史上的重要地位和作用关注不足,未能注意到它对清代中国内部商贸网络乃至对18—20世纪亚欧陆上商贸网络的重要影响。再次,以往研究主要梳理了某一商帮的具体商贸活动,未能构建起清代外蒙古草原上内地商民的整体动态"叙事"。为此,本文以清代外蒙古地区的宗教、政治、经济中心库伦地区⑤为研究对象,主要从内地商民在该地活动的视角出发,研究库伦地区内地商民如何到来、业务种类、商贸网络、

---

  ①代表性论著有卢明辉、刘衍坤:《旅蒙商——17世纪至20世纪中原与蒙古地区的贸易关系》,中国商业出版社,1995年;许檀:《清代前期北方商城张家口的崛起》,《北方论丛》1998年第5期;赖惠敏:《清政府对恰克图商人的管理(1755—1799)》,《内蒙古师范大学学报(哲学社会科学版)》2012年第1期等。
  ②代表性论著有香坂昌纪等:《清朝前期对准噶尔作战的经济效果》,《史学集刊》2000年第6期;田宓:《从随营贸易到条约体系——清代边疆秩序与归化城商人研究》,《内蒙古大学学报(哲学社会科学版)》2012年第5期等。
  ③代表性论著有赖惠敏:《山西常氏在恰克图的茶叶贸易》,《史学集刊》2012年第6期;周学军:《清代科布多西路的哈喇塔尔巴哈台卡伦设置考》,《历史档案》2007年第3期等。
  ④所见专论,有赖惠敏:《清代库伦的买卖城》,《内蒙古师范大学学报(哲学社会科学版)》2015年第1期。
  ⑤文中研究对象库伦乃今天的外蒙古首都乌兰巴托,是清代库伦办事大臣衙门及外喀尔喀地区的活佛——哲布尊丹巴所在地,与其他"库伦"无关。

兴衰过程等内容。同时,文章将检讨清代尤其是晚清外蒙古地区内地商民管理政策中存在的问题。限于篇幅,文章暂不对同时期活动于库伦地区的俄日欧美等商业主体进行考察。

一、清代外蒙古地区对内地商民的禁令及其废弛

在明代,直至明末才有内地商民越过长城线,前往蒙古地区做所谓的"血本生意"[1],但人数规模均有限,且主要限于长城沿边的内蒙古地区。入清后,内地商民自康熙二十九年(1690)清廷征讨准噶尔部后,首次进入外蒙古地区。[2] 其后随着西北地区军事活动的持续进行,此类商民一直存在"随营贸易",这成为清代内地商民进入外蒙古库伦等地从事商贸活动的早期形态。[3] 随着清廷对外蒙古地区治理的不断深入,外蒙古地区"随营贸易"的"行商"逐渐演变成"坐贾"。他们的存在既满足了物资匮乏的外蒙古地区王公部众的迫切需求[4],又满足了朝廷在该地区驻军、设治的需要。[5] 由此,内地商民纷纷前往外蒙古地区一些重要的军事、政治、宗教中心或次中心从事商贸活动。而库伦作为外蒙古最为重要的宗教、政治、经济中心,成为对内地商民吸引力最大的地区,吸引内地商民源源不断地来到该地寻求发展机会。

尽管清廷允许内地商民前往外蒙古地区从事商贸活动,但从蒙汉分治、保护蒙古生计的角度出发,又对前往的内地商民制定了诸多禁令。不

---

[1] 张廷玉等撰:《明史》第 7 册,北京:中华书局,1980 年,第 1953—1954 页。
[2]《清圣祖实录》卷一百六十九,"康熙三十四年十二月壬辰"条,北京:中华书局,1985 年,第 834 页。
[3] 卢明辉、刘衍坤:《旅蒙商——17 世纪至 20 世纪中原与蒙古地区的贸易关系》,北京:中国商业出版社,1995 年,第 43 页。
[4] 卢明辉、刘衍坤:《旅蒙商——17 世纪至 20 世纪中原与蒙古地区的贸易关系》,第 26 页。
[5] 徐世昌:《东三省政略》,"蒙务下·纪实业",东三省咨议厅 1909 年编印,第 75 页。

仅禁止典卖、占有蒙古牧地①,更禁止无票商民前往、长久定居②及蒙汉通婚。③ 另外,还对内地商民在外蒙古地区的停留期限、贸易线路、贸易人数、房屋数量等做出严格规定。④ 但康熙中期后,这些禁令逐渐废弛,前往库伦地区的内地商民日渐增多。俄方资料显示,康熙三十一年(1692)已有内地商民前往库伦附近的各河流域,与俄国商人进行交易。⑤ 康熙中后期,库伦的商号仅有12家⑥,在库伦附近各旗"建房、开设磨房落业"者约有40余户⑦;但至清末时,库伦地区的内地商民已约有10余万人。⑧

清代对外蒙古地区内地商民的诸多禁令之所以废弛,主要与以下因素有关。其一是清廷治理外蒙古各部的需要。康熙朝以后,清廷虽仍继续限制内地商民前往外蒙古地区,但为了应对西北用兵,尤其是应对战后对外蒙古诸处的设治管理,无论是财力方面,还是人力方面,均离不开内地商民的支持。如乾隆十七年(1752)方观承上疏称:"禁张家口设肆,商人赴恰克图、库伦者日少,内地资蒙古马羊皮革,蒙古亦需内地茶布。有无不能相通,未见其益。"⑨其二是库伦衙门的需要。史料显示,光绪二十年(1894)以前,库伦办事大臣衙门每年从清廷得到的正规经费不超过6000两,"一年所入,实不敷开支"。⑩ 为解决财政问题,在库伦的商民遂

---

① 《清会典事例》卷九百七十九,北京:中华书局,1991年,第1131页。
② 赵云田点校:《嘉庆朝〈大清会典〉中的理藩院资料》,北京:中国藏学出版社,2006年,第365页。
③ 《库伦办事大臣为严禁蒙汉通婚事》(嘉庆六年九月),台北"蒙藏委员会"藏蒙古共和国国家档案局档案,档号:025/001/0001-0004。本文所引蒙古共和国国家档案局档案均藏于台北"蒙藏委员会",下文藏处略。
④ 《清会典事例》卷六百二十八,第1135页。
⑤ [德]G.F.米勒、彼得·西蒙·帕拉斯著,李雨时译,赵礼校:《西伯利亚的征服和早期俄中交往、战争和商业史》,北京:商务印书馆,1979年,第14页。
⑥ 陈箓:《止室笔记》,沈云龙主编《近代中国史料丛刊》(17),台北:文海出版社,1966年,第255页。
⑦ 《为任性纵火惨烧客业事呈状》(道光三年十一月十七日),《军机处录副奏折》,中国第一历史档案馆藏,馆藏号:03/3719/030。本文所引《军机处录副奏折》均藏于中国第一历史档案馆,下文藏处略。
⑧ 《为库伦管带因俄逼蒙古营队交械事宜请示事》(宣统三年十月十六日),《电报档》,中国第一历史档案馆藏,馆藏号:2/02/13/003/0311。
⑨ 赵尔巽:《清史稿》卷三百二十八,北京:中华书局,1977年,第10829页。
⑩ 《库伦办事大臣延祉奏请将每年商民应交铺房各捐溢捐银两入库伦就地筹款一律报销事》(光绪三十二年十二月二十五日),《军机处录副奏折》,馆藏号:03/6522/090。

成了当地财政收入的重要依靠。① 其三是蒙古王公部众的需要。为满足自身的需要,对于内地商民进入蒙古、从事耕种或商贸,外蒙古各部王公领主等不仅不反对,还会主动容留。如在道光年间的渠士佔案中,渠氏等人之所以能够在伊瑺等处长期居留,就是嘉庆六年"札萨克伊达木"贪图内地商民向他交纳粮食及租税的结果。②

二、晚清库伦地区内地商民的主要构成和业务

(一) 内地商民的主要构成

赖惠敏在《清代库伦的买卖城》一文中曾称:"晋商在清朝到蒙古经商被称为旅蒙商。"③此说易被误解,且不论清代旅蒙商非晋商一家,即使清代库伦地区的内地商民也非晋商能够囊括。这一问题,清末民初时陈箓已指出,清代外蒙古草原上的商民,"多半晋、鲁、北、直、内蒙等处民籍"。④ 具体言之,库伦地区的内地商民主要由晋商、直隶商人、京帮等构成。其中,晋商、直隶商人等又多被纳入范围更广的西帮(又称西口帮)。"西帮者,非专指山西一省而言,盖系混合山西之太原、大同、汾州,直隶之天津、宣化、蔚州、万全及张家口、察哈尔、多伦诺尔之商人共产同业而成。"⑤可见,清代的西帮或西口帮的范围更广,不单指晋商。

清代库伦地区的西帮之所以突出,有其历史沉淀。据《云中郡志》称:蒙古地区的"商贾俱出山右人,而汾、介居多,踵世边居,婚嫁随之"。⑥

---

① 《库伦办事大臣丰升阿奏报变通办理铺房各捐事》(光绪二十八年四月初八日),《宫中朱批奏折》,中国第一历史档案馆藏,馆藏号:04/01/35/0580。本文所引《宫中朱批奏折》均藏于中国第一历史档案馆,下文藏处略。
② 《奏为遵旨查明库伦伊瑺等处居民人数审结客民渠士佔等京控案事》(道光四年三月十八日),《军机处录副奏折》,馆藏号:03/4028/030。
③ 赖惠敏:《清代库伦的买卖城》,《内蒙古师范大学学报(哲学社会科学版)》2015年第1期,第18页。
④ 陈箓:《止室笔记》,沈云龙主编《近代中国史料丛刊》(17),第111页。
⑤ 陈箓:《止室笔记》,沈云龙主编《近代中国史料丛刊》(17),第249页。卢明辉等则认为"西帮"指山西省和陕西省等地的商人。具体参阅卢明辉《旅蒙商——17世纪至20世纪中原与蒙古地区的贸易关系》,第34页。
⑥ 顺治《云中郡志》卷二《方舆志·风俗》,第21页。

库伦地区的西帮实"始于康熙年间","后渐扩充及西库伦,再及各外路"。① 在同治年间京帮到库伦前,西帮一直是以库伦为代表的外蒙古地区商业贸易的主角,其中以晋商为主,其次是直隶商人。例如,乾隆三十五年(1770)领票前往库伦、恰克图的196名商民中,除直隶10人、山东1人外,其余均为山西人。② 乾隆五十四年(1789),库伦十二甲的八甲,有铺号97家258人。其中,除直隶9人外,其余也均为山西人。③ 到同治后,来自直隶的人数逐渐增多、规模逐渐扩大。如光绪十二年(1886)统计的东西库伦219家中,属直隶者72家430人。④

除西帮外,库伦地区的另一个商业主体为京帮。京帮与外馆⑤有一定联系,但又不等同于外馆。陈箓称:库伦地区的京帮,"专指北京安定门外外馆各商在库伦所设之分号","始于咸丰年间,最初仅一二家,后渐扩充及乌科两处"。⑥ 京帮兴起,乃同治九年(1870)西北回民起义之产物,当时库伦办事大臣张廷岳迫于军需供应之急,鼓励内地商民前往,外馆铺号纷纷前往外蒙古各处开设分号。据光绪十年(1884)统计,西库伦新盖合厦,头道巷有京庄铺号同聚兴、隆顺玉、顺义隆、义成京等,均为同治十年(1871)添盖,"南扎哈上"新添京庄铺号懋生号、万泰号、万通号、同兴义、永聚公等,均为光绪八年(1882)新建。⑦ 光绪朝后,京帮范围进一步扩大,且与京庄等称谓时相交叉。凡来自京师的商号多被称为京庄,铺号数亦有增长。至光绪三十四年(1908),西库伦十二甲中,头甲75家,其中

---

① 陈箓:《止室笔记》,沈云龙主编《近代中国史料丛刊》(17),第255页。
② 《领票贸易人往库伦、恰克图花名册》(乾隆三十五年),蒙古共和国国家档案局档案,档号:001/011/0174-0225。
③ 《头甲、二甲、三甲、六甲、七甲、九甲、十甲、十一甲花名册》(乾隆五十四年五月),蒙古共和国国家档案局档案,档号:019/025/027/0129-0165、020/009/020/0105-0124、021/001/003/0001-0056。
④ 《东西库伦合厦房棚花名册》(光绪十二年十二月十二日),蒙古共和国国家档案局档案,档号:052/004/0020-0136。
⑤ 清代"外馆"原指清廷用来接待来京外蒙古各部王公的住所,位于北京安定门外,与用于接待内蒙古各部王公、位于玉河西岸的"内馆"相对应。后来此处逐渐衍生出同来京外蒙古王公乃至外蒙古各部贸易的商业群体和铺号,被称为外馆商人和外馆铺号。
⑥ 陈箓:《止室笔记》,沈云龙主编《近代中国史料丛刊》(17),第249—250、255页。
⑦ 《西库伦添盖合厦之铺名清册》(光绪十年),蒙古共和国国家档案局档案,档号:061/019/0119-0128。

执事人属京师顺天府的有11家;二甲64家,属顺天府的有6家。① 至清末,库伦地区的京帮已超过108家。②

晚清时期,库伦及周边地区的内地商民主要由山西、直隶、京师顺天府三地的商人组成。如光绪三十四年统计,库伦地区共有内地商民646家6377人,属山西的有302家2491人、直隶的有300家2241人、京师顺天府的有36家375人。③ 此外,道光朝后陕西、山东、河南等省也有少量商民进入库伦及附近地区。道光八年(1828)被车臣汗部驱逐的287名捡蘑菇的民人中,有山东176人、直隶56人、河南32人、山西22人。④ 据光绪三十四年对东西库伦商民的统计,西库伦有山东1家14人、湖北1家6人、陕西1家13人、籍贯不详者31人。⑤ 东营子栅内外有山东2家5人、籍贯不详者1家7人。⑥

(二) 内地商民的主要业务

晚清库伦地区内地商民的主要业务既体现出不同商帮在边疆地区从事各自不同业务的"偏好",又体现出边疆地区商贸业务的特色。

晚清库伦地区内地商民最重要的业务为存储、汇兑、放贷等金融活动,执业者主要是西帮,尤其以晋商为主。据1908年日方人员的调查,当时以库伦为中心的外蒙古地区有5家大银号,均为山西人开设:大盛魁,贷出额250万两;天义德,贷出额100万两;义盛德,贷出额120万两;兴隆魁,贷出额150万两;德隆豫,贷出额100万两。⑦ 至清末,内地商民在

---

① 《西库伦花名总册》(光绪三十四年六月二十四日),蒙古共和国国家档案局档案,档号:010/005/0093-0146。
② 陈箓:《止室笔记》,沈云龙主编《近代中国史料丛刊》(17),第251页。
③ 《西库伦保甲门牌清册》(光绪三十四年十二月),蒙古共和国国家档案局档案,档号:010/006/00147-0199。
④ 《车臣汗艾曼公束勒蒙达尔架旗逐离捡蘑菇民人职事人花名册》(道光八年八月),蒙古共和国国家档案局档案,档号:002/031/0194-0203。
⑤ 《西库伦保甲门牌清册》(光绪三十四年十二月),蒙古共和国国家档案局档案,档号:010/006/00147-0199。
⑥ 《东营栅内保甲名牌清册》(光绪三十四年十一月),蒙古共和国国家档案局档案,档号:010/003/0059-0074;《东营栅外保甲门牌清册》(光绪三十四年十一月),蒙古共和国国家档案局档案,档号:010/002/0038-0058。
⑦ 李少军编译:《武昌起义前后在华日本人见闻集》,武汉:武汉大学出版社,2011年,第34页。

库伦地方从事此等金融业务者,可分为三类。第一类为汇兑兼货庄,不仅吸收俄钞、购买库伦地区出产的金沙汇往上海,而且也兼营蒙古地区的货物贸易;第二类为钱庄兼货庄,不仅从事为库伦地区的各商民向京师、张家口地区汇兑存款或还他人欠款等业务,而且也从事皮货交易等活动;第三类为向各蒙旗发放贷款兼货款者,主要以货易货,利上增利。① 当然,银与货、资本与实物的相互交易,乃至货物直接代替货币进行交易,仍是它们的共同特色。

从事茶庄兼洋货庄等业务者居其次,执业者主要也是西帮,代表者有天和兴、庆和达、福源公司等商号,主要从事红茶、砖茶的贸易。它们主要从湖南、汉口采办二四、三六砖茶和红茶,通过张家口转运到库伦、恰克图等处。此种批发生意规模很大,亦多由西帮中的晋商承揽。他们每年六月在"横溪炒篓"(即篓茶),七月在"羊楼峒押箱"(即箱茶)。② 砖茶主要行销蒙古,红茶行销俄国。晚清绝大部分时间,内地商民因此获利颇丰。③ 东清铁路通车后,华俄商人互相贸易,此类业务渐渐衰落。④

从事批发百货业务者的主体也为西帮,代表者有双舜全、兴隆魁、福源长、日升光、万源长等商号。按照资本数额,从事此等批发业务的货庄分为四大类。至民初,一等货庄仍存者有9家,二等货庄15家,三等21家,四等8家。⑤

从事零售杂货等业务者主要为京帮,代表者有万盛京、通和号、人和厚、隆和玉、南北福来号、裕丰号等商号。至民初,仍留存的京广杂货庄中,一等货庄有7家,二等货庄17家,三等货庄11家,四等货庄8家。⑥

---

① 《调查员陆世菼调查库伦商业报告书》,中国银行总管理处编《中国银行业务会计通信录》1915年第11期,中国银行总管理处1915年10月22日发行,第16—18页。
② 《太谷广源川记致武振德书信》,私家收藏晋商档案史料,祁县武氏家书,3/2。该档案由河北大学宋史研究中心刘秋根教授提供,在此致谢。
③ [美]雷麦著,蒋学凯、赵康节译:《外人在华投资》,北京:商务印书馆,1959年,第423—424页。
④ 《奏为办理外蒙地方政治暂难与内地及他处边疆相同事》(光绪二十九年五月十七日),《宫中朱批奏折》,馆藏号:04/01/30/0109/009。
⑤ 《调查员陆世菼调查库伦商业报告书》,《中国银行业务会计通信录》1915年第11期,第19—21页。
⑥ 《调查员陆世菼调查库伦商业报告书》,《中国银行业务会计通信录》1915年第11期,第21—23页。

从事洋行代理等业务者主要为西帮,代表者有光记洋行、璧光洋行、高林洋行、山有玉等商号。① 晚清以降,在库伦地区开设的洋行,名义上虽属外商,但当时的股东、经理人大多为内地商民。② 这些洋行最初资本均在万两以上,多者达 12 万两,少者也有 1 万两。至民初,库伦地区仍然存在由内地商民充当经理的洋行 5 家。③

除以上主要商号外,晚清库伦地区还有很多其他杂商④,执业者不仅有山西、直隶、陕西等地人,还有山东、奉天、热河等地人。他们主要从事芋铺、药铺、酒铺、肉铺、油醋铺、包子铺、皮房、铁铺、铜铺、银楼、马鞍铺、皮靴铺、木作铺、澡堂等生意。⑤

(三) 各商帮的影响

清代整个外蒙古地区的西帮、京帮各自地位和影响不同。西帮始终处于主导地位,京帮至光绪后虽有发展,但仍不能与西帮抗衡。正如时人所称:"外蒙商务之基础,成于西帮,其实权自然操诸西帮。"⑥在晚清库伦地区,西帮、京帮在不同时段也各有特点。从资本角度看,西帮始终占据重要位置。据 1915 年的调查,至民初,除已歇业的西帮商铺外,库伦地区仍有西帮商铺 577 家,人数 6115 名。此外还有土木工匠 1500 余人,金匠工人 1600 余名。除小商铺不计外,库伦的西帮可分为三等:东营西帮大商号共 77 家,一等 15 家,合计资本银 443000 两;二等 18 家,合计资本银 81050 两;三等 43 家,合计资本银 65530 两。西库伦西帮大商号共 92 家,一等 1 家,资本银 20000 两;二等 11 家,合计资本银 42300 两;三等 80 家,合计资本银 118300 两。以上所列数目,均为原始资本。"大概从前资本

---

① 《西库伦保甲门牌清册》(光绪三十四年十二月),蒙古共和国国家档案局档案,档号:010/006/0147-0199。
② 《调查员陆世菼调查库伦商业报告书》,《中国银行业务会计通信录》1915 年第 11 期,第 23 页。
③ 《调查员陆世菼调查库伦商业报告书》,《中国银行业务会计通信录》1915 年第 11 期,第 23—25 页。
④ 《姚家栋致其岳父母信》(丙午年五月二十七日),《晋商档案史料·蒙商信札》,河北大学刘秋根教授收藏。
⑤ 《调查员陆世菼调查库伦商业报告书》,《中国银行业务会计通信录》1915 年第 11 期,第 23—25 页。
⑥ 陈箓:《止室笔记》,沈云龙主编《近代中国史料丛刊》(17),第 251 页。

在五万两以上者",到清末民初时都在"三五十万上下"。① 更有一些巨商,清末时向外蒙古各部发出的贷款动辄达一二百万两。② 另外,西帮商人还"专为大宗批发营业者,其行栈均麋集于东营买卖城,分布于西库伦及外路各旗"。③

相对而言,京帮在库伦地区的影响比西帮小得多。他们不仅资本小,而且从事的商贸、金融等业务规模也不及西帮。京帮商人大多是北京安定门外的中下级商人。他们一般是先在京城借款或借商品,组成商行,再把商品运往库伦开店。④ 因此,库伦的京帮主要从事零售业,在买卖城和库伦寺院周围开设店铺。虽然京帮商人的实力无法与从事批发业务的西帮相比,却也有自己的特点。例如,他们的店铺"陈设最好、货物最多",特别致力于店铺外表的装饰。⑤ 光绪至宣统年间,库伦地区的京帮有一定的发展,并力图摆脱西帮的控制。如,1910年《顺天时报》有报道称:西库伦京庄"约计数十余家,向附入五甲社会,然格外另举京庄经理,一应杂差,均归经理掌管。本年各经理因地方公事在本号商办甚为不便,特在西库伦租赁院落,组委京庄办事公所,有事则至所商议云"。⑥ 据统计,民初西库伦地区保存下来的京帮中,资本银5万元以上的商号有10家,资本约在万元以上的商号有29家,资本约在千元以上万元以下的商号有53家,千元以下者16家。合计当时库伦地区的京帮商号108家,资本洋1308600元,伙友1627名。⑦

三、晚清以库伦为中心的贸易网络及进出口贸易

(一) 以库伦为中心的内外贸易网络

20世纪初,俄国人克拉米息夫在总结清代蒙古地区内地商民的贸易

---

① 陈箓:《止室笔记》,沈云龙主编《近代中国史料丛刊》(17),第249—250页。
② 《外蒙古巨商之调查》,《顺天时报》1908年5月20日,第7版。
③ 陈箓:《止室笔记》,沈云龙主编《近代中国史料丛刊》(17),第252页。
④ [俄]阿·马·波兹德涅耶夫著,刘汉明等译:《蒙古及蒙古人》(第一卷),呼和浩特:内蒙古人民出版社,1989年,第114—116页。
⑤ [俄]阿·马·波兹德涅耶夫:《蒙古及蒙古人》(第一卷),第110—111页。
⑥ 《库伦通信三则》,《顺天时报》1910年2月27日,第4版。
⑦ 陈箓:《止室笔记》,沈云龙主编《近代中国史料丛刊》(17),第251页。

特点时曾称:"中国商人所有之店铺遍散于全蒙古各地","如网一般的常住店铺以及如网一般的流行小贩,故能使此等大商号稳执蒙古市场之牛耳."① 事实上,晚清时期以库伦为中心的内地商民的商贸网络确如一张大网,不仅紧密联系着中国内地的南北"丝路",而且也是亚欧国际贸易"陆上丝路"体系中的重要主体与环节。

晚清时期,就内部商贸网络而言,库伦主要和内外蒙古的五大重要商业网点、五条主要贸易路线密切相连。它们分别是:属于内蒙古"东口"的张家口、"西口"的归化城、东蒙古的多伦诺尔(简称庙);外蒙古的乌里雅苏台、恰克图等。

清代的张家口不仅是确保内地宣化、大同安全的"致命之咽喉",更为库伦与内地商品往来的重要孔道。② 清代内地商民正是以大同为中心,将张家口称为"东口"、归化城称为"西口"。这些商民的总号多设在张家口,张家口也就成为旅蒙商民进出口贸易的重要枢纽。他们一般先在张家口纳税,然后前往库伦,路程约1000公里。③ 张家口至库伦的商道,可走察哈尔、沁岱、四子部落、吉斯洪霍尔达、赛尔乌斯,至库伦的台站或官道;也可经多伦诺尔、毕鲁浩特、克什克腾旗、巴林旗、乌珠穆沁旗,到达库伦。④

与库伦紧密相连的内蒙古另一重要商业网点是归化城。归化城之商业"全藉阴山以北之外蒙古出产"。晚清归化城的旅蒙商仍被分为"大外路"与"小外路"。⑤ 他们主要去向是外蒙古库伦、乌里雅苏台等方向,尤其同库伦间有着密切的联系。无论"大外路"还是"小外路,他们不仅将内地丝茶布匹等运往库伦,而且从库伦等处换回各种牲畜、木材等,并在归化城出卖。⑥ 归化城通向库伦的商道主要有两条:第一条自归化城西

---

① [苏]克拉米息夫著,王正旺译:《中国西北部之经济状况》,商务印书馆,1934年,第181页。
② (清)秦武域:《闻见瓣香录》(乾隆朝),甲卷《张家口》,学识斋,1868年,第6页。
③ [苏]克拉米息夫:《中国西北部之经济状况》,第41页。
④ (清)姚明辉:《蒙古志》卷三,中国图书公司光绪三十三年版,第58页。
⑤《旅蒙商大盛魁》,内蒙古政协文史资料研究委员会编《内蒙古文史资料》第12辑,1984年内部发行,第9页。
⑥ [俄]阿·马·波兹德涅耶夫,张梦玲等译:《蒙古及蒙古人》(第二卷),呼和浩特:内蒙古人民出版社,1983年版,第103页。

北,经赛尔乌苏转向东北,至库伦;第二条经武川、田力木兔等地至库伦。①

联系库伦的第三个商业网点是东蒙古的多伦诺尔。康熙朝后,多伦诺尔与库伦有了较为密切的联系。雍正年间,清廷为征讨准噶尔,曾将外蒙古的二世哲布尊丹巴活佛移驻于此。其后二世、三世哲布尊丹巴活佛均经常往来于外喀尔喀草原与多伦诺尔之间。由此,进一步活跃了库伦与多伦诺尔之间的商贸联系。嘉道年间,多伦诺尔买卖城最盛时约有商铺3000家。② 道光至光绪年间,商铺增至4000家。③ 位于兴隆街的茶粮、布匹、杂货等批发货栈与库伦密切相连,它们从张家口或内地把茶叶、面粉、布匹等运往库伦。此外,多伦诺尔的小茶商也主要去库伦等地做零售生意,他们一般首先从多伦诺尔的大货栈内批发茶叶,再运销库伦方向。另外,来自广东的酒、油等类商品,也经多伦诺尔运向库伦方向。当这些商人从库伦等处归来时,又运回牲畜、毛皮等作为回头货。④ 清代多伦诺尔通往库伦的商道,主要是从多伦诺尔经苏尼特到库伦。

与库伦紧密联系的外蒙古网点之一是恰克图。恰克图在库伦以北720里处,这里是内地和蒙古草原绝大部分货物行销俄方的重要据点。恰克图的内地货物绝大部分是用骆驼、牛车等经库伦运来的。到1893年前后,恰克图买卖城里定居经营粮食的"汉商"仍有70多家。⑤ 他们的粮食主要贩买自内地或俄方,在恰克图加工成面粉后再运到库伦。⑥ 此外,他们又从库伦周边各盟旗收购各种原皮,卖给俄罗斯商人。⑦

联系库伦的外蒙古另一个重要网点是乌里雅苏台,它是统辖外蒙古

---

① 民国《归绥县志》,《中国地方志丛书》,"经政志·交通",台北:成文出版社,1968年,第28页。
② 刘钟荣:《多伦诺尔厅调查记》,《东方杂志》第10卷第11号,1914年5月1日,第39页。
③ 多伦县志编辑委员会编:《多伦县志》,呼和浩特:内蒙古文化出版社,2000年,第385页。
④ [俄]阿·马·波兹德涅耶夫:《蒙古及蒙古人》(第二卷),第326—340、343—344页。
⑤ [俄]阿·马·波兹德涅耶夫:《蒙古及蒙古人》(第一卷),第4页。
⑥ 《恰克图各铺户请领部票随带货物价值银两并买载俄罗斯货物价值银两数目清册》(道光二年三月初二日),蒙古共和国国家档案局档案,档号:026/018/0083-0124。
⑦ 《恰克图各铺户请领部票随带货物价值银两并买载哦啰嘶货物价值银两数目清册》(道光五年二月二十日),蒙古共和国国家档案局档案,档号:029/004/0041-0075。

的将军府邸所在地,与库伦之间的商贸联系密切。[1] 1892 年俄人阿·马·波兹德涅耶夫从乌里雅苏台返回库伦时,所聘赶车人就带有两捆皮子和三普特左右的油,运到库伦出售。[2] 当他们经过乌里雅苏台"扎雅格根的沙必纳尔"时发现,当地的蒙古人也"赶着自己的骆驼把商品从库伦运到乌里雅苏台"。[3]

从国际贸易角度看,内地商民在以库伦为中心的外蒙古地区的商贸活动,也构成了世界贸易中东西方之间的重要一环。G.F.米勒称,恰克图中俄贸易的皮毛和生皮"绝大部分来自西伯利亚和新发现的群岛",但它们不能满足库伦、恰克图等中方市场的需求。因此,除俄方外,欧洲其他国家的皮货也经俄国人之手输入彼得堡,再从那里运到中方边境。[4] 如1768—1785 年,俄方每年从欧洲向恰克图、库伦等处运送 800—1400 张松鼠皮。从彼得一世时期起,俄方又开始向中国输入外国的呢绒。[5] 此外,英国、法国、普鲁士等国的布匹,也经俄方运到恰克图、库伦。1728—1762年间,经由恰克图海关输入中方的货物,约 85%是来自西伯利亚等地区的毛皮、裘皮,约 15%是来自欧洲出产的工业品和加工制造的皮革等。[6]

而通过库伦等处向恰克图出口,又经俄国人之手输往俄国及欧洲的重要商品主要有茶叶、土布、瓷器、大黄等。自 1638 年俄国人从蒙古部落获得中国出产的茶叶后,俄国及欧洲地区的人们开始饮用这种陆路茶叶。据称,由于这种陆路茶叶比海路茶叶的口味好,备受欧洲人的赞赏。由此,中国茶叶开始成为俄国人争夺欧洲市场的重要物资。土布的情况与茶叶类似。自 1779 年俄国人从彼得堡向欧洲出口中国土布 300 俄尺后,至 1785 年已增至 8203 俄尺。[7] 另如瓷器,它们被画上欧洲人或希腊、罗

---

[1][俄]阿·马·波兹德涅耶夫:《蒙古及蒙古人》(第一卷),第 256 页。
[2][俄]阿·马·波兹德涅耶夫:《蒙古及蒙古人》(第一卷),第 393 页。
[3][俄]阿·马·波兹德涅耶夫:《蒙古及蒙古人》(第一卷),第 447 页。
[4][德]G.F.米勒、彼得·西蒙·帕拉斯:《西伯利亚的征服和早期俄中交往、战争和商业史》,第 29—30 页。
[5][俄]特鲁谢维奇著,徐东辉、谭萍译,陈开科审校:《十九世纪前的俄中外交及贸易关系》,长沙:岳麓书社,2010 年,第 164、169 页。
[6]参阅[俄]特鲁谢维奇:《十九世纪前的俄中外交及贸易关系》,书后附录四《出口》。
[7][俄]特鲁谢维奇:《十九世纪前的俄中外交及贸易关系》,第 9、187 页。

马诸神的画像后,经俄国人之手,也远销欧洲。① 再如大黄,中方输入欧洲的大黄主要也经由俄国和东印度两处输入。经俄方输入的中国大黄因质量更好,备受俄国本土和欧洲国家的青睐。出口欧洲的大黄,基本被俄国政府所控制。如1777年俄国仅需大黄6普特5磅,但早在1765年时,它却向欧洲出口中国大黄1350普特;1778年又从恰克图进口了680普特19磅。即从库伦、恰克图等处得到的多余的大黄,多被俄国人出口到欧洲市场。②

(二)以库伦为中心的进出口贸易

晚清以库伦为中心的内地商民的进出口贸易活动是当时国内外商贸网络形成的重要支撑之一,正是通过这些进出口贸易,才在外蒙古草原上建构起以库伦为中心,既联络内地与边疆,又联络中国与外部世界的亚欧陆上丝绸之路,并最终形成"南北""中外"巨大的商贸网络。

晚清时期,经由内地商民之手从库伦地区运往内地乃至国外的货物主要以"牲畜、皮毛、蘑菇为大宗",而从内地或国外运到库伦的商品主要以"砖茶、生烟、绸缎、布匹为大宗"③,进出口商品的种类繁多。④ 由于笔者至今尚未发现晚清时期以库伦为中心的进出口商品的完整档案资料,目前只有民初《调查员陆世焱调查库伦商业报告书》中所列内容较为具体,特加以整理,列表如下。

---

①[德]G.F.米勒、彼得·西蒙·帕拉斯:《西伯利亚的征服和早期俄中交往、战争和商业史》,第31—32页。
②[德]G.F.米勒、彼得·西蒙·帕拉斯:《西伯利亚的征服和早期俄中交往、战争和商业史》,第42—43页。
③陈箓:《止室笔记》,沈云龙主编《近代中国史料丛刊》(17),第252页。
④《各铺户请领部票数及票载货物清单》(同治九年七月二十九日),蒙古共和国国家档案局档案,档号:025/015/0059-0079。

表1 库伦地区商品出口一览表①

货物种类		货物来源	货物销往地	全年数量略计	全年价值约计（万两）	最佳时期
毛绒	羊毛	图车三札四盟	自库伦运张家口、天津及外路，运销俄国出口	1000万斤	200	夏末至秋初
	驼毛	图车三札四盟	自库伦运张家口、天津及外路，运销俄国出口	280万斤	78	春末至夏终
皮张	羊皮	图车三札四盟	自库伦运张家口及外路，出口俄国	200张	12	春初秋末
	牛马皮	图车三札四盟	自库伦及外路，出口俄国	6万张	24	春初冬季
	狐皮	西路三札二盟	自库伦及外路，出口俄国	4万张	15	春初冬季
	獭尔皮	图车三札四盟	自库伦及外路，出口俄国	140万张	28	四季
	狼皮	图车三札四盟	自库伦运张家口及外路，出口俄国	2万张	11	春初秋末
	灰鼠皮	图车三札四盟	自库伦运销张家口	10万张	3	四季

①《调查员陆世焱调查库伦商业报告书》，《中国银行业务会计通信录》1915年第11期，第13—14页。

续表

货物种类		货物来源	货物销往地	全年数量略计	全年价值约计（万两）	最佳时期
牲畜	羊	图车三札四盟	自库伦去张家口、归化城及出口俄国	4万只	12	春初冬季
	马	图车三札四盟	自库伦去张家口等处及京津各地	1万匹	16	四季
	牛	图车三札四盟	自库伦去俄国出口	3.5千只	14	春季
	驼	图车三札四盟	自库伦去张家口归化城及新疆各地	0.5万只	4	春季
药材	鹿茸	乌梁海	自库伦去张家口、归化城各地	100对	0.8	夏末秋初
	黄芪	图盟	自库伦去冀州、张家口各地	6万斤	8.4	春末夏季
食品	蘑菇	图车三札四盟	自库伦去张家口、归化城京津各地	14万斤	4	夏末秋初

表2 库伦地区的内地商民主要商品进口一览表①

货物种类		货物来源	货物销往地	全年数量略计	全年价值约计（万两）	最旺时期
茶品	砖茶	张家口、归化城	图车三札四盟及运销俄国	120万箱	156	四季
	红茶	张家口	图车三札四盟及运销俄国	3.1万箱	12.4	四季
绸品	绸缎	北京、张家口	图车三札四盟及运销俄国	6.5万匹	20	四季
	曲绸	张家口	图车三札四盟及运销俄国	30万匹	300	四季

① 《调查员陆世燧调查库伦商业报告书》，《中国银行业务会计通信录》1915年第11期，第14—15页。

续表

货物种类		货物来源	货物销往地	全年数量略计	全年价值约计（万两）	最旺时期
布匹	粗洋	北京、张家口	图车三札四盟及运销俄国	30万匹	7.5	四季
	斜纹	北京、张家口	图车三札四盟及运销俄国	30万匹	4.5	四季
烟品		张家口	图车三札四盟及运销俄国	3万笔	9	四季
食品	油酒糖味	北京、张家口	图车三札四盟及运销俄国	5万件	4	四季
	米面	北京、张家口	图车三札四盟	1万件	10	四季
杂项	京广杂货	北京、张家口	图车三札四盟及运销俄国	2.5万件	24	四季

很明显,陆氏的统计主要依据的是清末民初的数据,并非库伦贸易鼎盛时期的数据。其进出口商品也只列举了一些主要商品,"所有未足称大宗者""皆弗录"。[①] 因此,该表实则呈现的是库伦地区内地商民贸易衰落时期部分进出口商品的年度总量与总价,而库伦贸易鼎盛时期肯定高于这些数据。如晚清库伦贸易鼎盛时期,每年经张家口运往库伦等地的绸缎、茶叶、烟草、糖果等商品,累计约达银2083.1万两;由库伦等外蒙古地区输入张家口的各类商品约合银1768.5万两。[②] 即便如此,由以上两表可知,在清末民初库伦贸易衰落时期,库伦平常年份主要商品总出口额仍达433.2万两。其中尤以毛绒为大宗,达278万两,约占总出口额的64%;平常年份主要商品的进口总额为547.4万两,其中茶和丝绸为大宗,达488.4万两,约占进口总额的89%。

---

①《调查员陆世荄调查库伦商业报告书》,《中国银行业务会计通信录》1915年第11期,第15页。
②杨志洵:《蒙古经济情形》,《商务官报》第七册,宣统元年闰二月,第27—28页。

四、晚清官府对库伦地区内地商民的管理

晚清库伦地区的内地商民主要由清廷、库伦地方衙门、库伦十二甲三个层级管理。中央层级由清廷及其直辖下的理藩院（清末改为理藩部）管理，库伦地方由驻库伦办事大臣衙门下辖的管理库伦商民事务章京直接管理，商民社会内部由库伦十二甲管理。

（一）清廷对商民的管理

自明代开始，朝廷就对赴蒙边贸易的内地商民加以管理。"票引"制度是其中的重要内容，并由明代的"开中法"逐渐演变为清代的部票、路票、限票等。例如，在顺治十三年（1656）清廷就题准，出关往外藩蒙古人员，理藩院咨部取票给发；嘉庆二十二年（1817）又规定，库伦街市商民往各旗贸易者，不准用三个月小票，概于库伦商民事务章京处请领印票，由该章京量其道路远近，酌定限期，将前往何旗、贸易何货物并年貌，注明票内。[1] 此等票证政策，曾因内地人口增长和应对灾荒等，在乾隆后期有所废弛。但嘉庆八年（1803）后，因内地商民与蒙旗矛盾增多，票证政策又得到加强。至道光年间部票、路票等继续施行[2]；直到清末，票证政策才被逐渐废除。[3] 具体施行该禁令的中央机构是理藩院[4]，而具体负责各口盘查的则是各处的都统、同知等。[5] 例如，前往库伦等外蒙古地区的商民，凡由直隶或张家口出者，原则上均受察哈尔都统或多伦诺尔同知管辖。进入蒙古后，才由负责蒙古地方事务的将军、大臣、司官等监督管理。[6]

---

[1]《清会典事例》第六百二十七卷，北京：中华书局，1991年，第1118页；第九百八十三卷，第1165页。

[2]《众商民请领限票前赴各旗贸易讨账册》（道光八年十二月二十日），蒙古共和国国家档案局档案，档号：029/001/0001-0010。

[3]《清德宗实录》卷五百七十，光绪三十三年二月二十六日，北京：中华书局，1987年，第542页。

[4] 赵云田点校：《嘉庆朝〈大清会典〉中的理藩院资料》，第70页。

[5] 赵云田点校：《乾隆朝内府抄本〈理藩院则例〉》，北京：中国藏学出版社，2006年，第104页。

[6]《上谕议处未能实力稽察滞留蒙古之民人等官员致库伦大臣咨文》（道光四年三月二十七日），蒙古共和国国家档案局档案，档号：002/021/0144-00149。

(二)库伦地方衙门对商民的管理

清廷为管理库伦地区的内地商民,于雍正九年(1731)在外喀尔喀土谢图汗部库伦地方设立"司员"①,管理互市。乾隆二十六年(1761),又设派驻库伦办事大臣,最初属一种临时性派出官员,后渐变为永久性。商民事务章京附于该衙门内。具体言之,清代库伦办事大臣衙门及商民事务章京的主要职能如下:第一,通过向内地商民发放路引,进行管理。此等管理不仅在于稽查商民等在各盟旗、库伦、恰克图等处具体人数、各自身份、年貌、交易种类等,还规范他们的活动空间、停留时间、交易状况等。②第二,处理商民与蒙古人之间的交涉。如《嘉庆朝大清会典》规定:"库伦、恰克图及喀尔喀土谢图汗、车臣汗部内商民、伊瑊地方种地之民与蒙古交涉者,由库伦司官审拟,大臣复核报院。"③第三,负责向商民等征收税赋,维持库伦衙门的运转。这些赋税主要包括地基银④、铺捐⑤、茶杂规税⑥、百货统捐⑦等几大类。第四,对甲商的管理。清代库伦设有12甲,恰克图设有8甲,库伦商民事务章京正是通过各甲甲首等实现其征收税赋、协调商民之间甚至是蒙汉之间的冲突和纠纷的。⑧ 第五,对内地商民的直接管理。库伦商民事务章京秉承办事大臣之意,对库伦地区的内地商民进行直接管控,并对他们的违法违规行为加以罚处。如1910年库伦内地铺号永盛兴就因贩卖烟土,受到办事大臣衙门的处罚⑨;同年,依附

---

①《清会典事例》第六百二十七卷,第29页。
②《库伦办事买卖商民事务衙门为给莺格地方乡长李建龙卖面执照事》(乾隆五十二年二月二十八日),蒙古共和国国家档案局档案,档号:009/005/0022-0023。
③赵云田点校:《嘉庆朝〈大清会典〉中的理藩院资料》,第399页。
④《库伦办事大臣文盛奏报年收地基银并恰克图公用余银用存数目事》(同治三年十二月十七日),《宫中朱批奏折》,馆藏号:04/01/35/0607/010。
⑤《库伦办事大臣丰升阿奏报变通办理铺房各捐事》(光绪二十八年四月初八日),《宫中朱批奏折》,馆藏号:04/01/35/0580。
⑥《库伦办事大臣延祉奏报派员搭解恰克图茶杂规银起程日期事》(光绪三十二年五月十五日),《宫中朱批奏折》,馆藏号:04/01/35/0584/023。
⑦《库伦办事大臣德麟奏报试办税务征收畅旺缘由事》(光绪三十年八月初一日),《宫中朱批奏折》,馆藏号:04/01/35/0580/056。
⑧《奏为原保库伦筹办商界委员候补府经历顾保恒仍请奖励事》(宣统元年二月二十一日),《宫中朱批奏折》,馆藏号:04/01/12/0672/059。
⑨《库伦要事通信二则》,《顺天时报》1910年1月16日,第4版。

于库伦十二甲五甲的鲁班社因违背办事大臣衙门禁令在库伦唱戏,亦遭惩罚。①

(三)库伦十二甲对众商民的管理

库伦十二甲与内地保甲制度既有联系,又有重要不同。概言之,它借鉴了内地保甲、乡约制度,但又是边疆地区因时因地制宜专门管理"商民社会"自身事务的特有机构。乾隆十三年(1748),清廷在《大清会典》中明确规定:蒙古地方应设乡长、总甲、牌头等,以加强对内外蒙古地区内地商民的管理。② 库伦十二甲最早出现在康熙年间,起初由12家主要商号构成,设立的目的是管理库伦的商务,并处理各商家之间的业务往来。库伦十二甲自设立起,虽由各商号轮流值甲,但主要由晋商中的大商号充当甲首经理。库伦十二甲的首要职能是编制铺户清册,上报各铺人数、房屋数,便于清廷管理。③ 其次为"呈报失窃案件"、维护商民财产安全等。④其三为维护地方治安,防止盗窃案件发生⑤,并举办公益事业。⑥ 此外,甲首还对商民事务章京"起商务推事的作用"。比如,库伦若有商民破产,甲首需到商民事务章京处进行审议"并裁定是果真因故破产,还是出于恶意的预谋"。⑦

五、晚清库伦地区内地商民商业的衰落

在清代,库伦地区内地商民的商业经历了一个由兴到衰的演变过程:

---

①《库伦要事通信五则》,《顺天时报》1910年4月7日,第4版。
②赵云田点校:《钦定大清会典事例理藩院》,北京:中国藏学出版社,2006年,第221页。
③《东西库伦合厦房棚花名清册》(光绪六年),蒙古共和国国家档案局档案,档号:052/004/0020-0135。
④《头甲铺户张兴贵禀为遭窃呈告事》(乾隆二十六年八月初八日),蒙古共和国国家档案局档案,档号:015/005/0065。
⑤《民人王发清赌博妄控事暨录供》(咸丰元年十月),蒙古共和国国家档案局档案,档号:003/005/0044-0053。
⑥《印房札饬库伦商务专员裕芳转饬十二甲首随时掩埋北栅外哈厦浮厝尸棺》(光绪十一年十月),蒙古共和国国家档案局档案,档号:062/022/99-102。
⑦[俄]阿·马·波兹德涅耶夫:《蒙古及蒙古人》(第一卷),第346页。

康熙中期至乾隆二十二年(1696—1757)为兴起阶段,乾隆二十三年至鸦片战争爆发以前(1758—1840)为鼎盛阶段,鸦片战争爆发后至宣统三年外蒙古各部宣布独立以前(1841—1911)为渐衰阶段,宣统三年外蒙古各部宣布独立后(1911)开始彻底没落。

(一) 内地商民商业的渐衰

两次鸦片战争以后,俄国加紧对蒙古地区渗透,外蒙古库伦等处内地商民的商业开始受到重大影响。此后,俄国借助"最惠国待遇"、免税贸易、"治外法权"等不平等条款,不仅在蒙古地区大肆劫夺商贸利益,而且又通过修筑铁路、垄断交通等手段,排挤内地商民。

随着俄国对外蒙古地区渗透的增强,库伦的形势也日益恶化,俄人日渐控制了该地区的商业经济。如1860年俄商在库伦仅有1家商行;到光绪十年前后,俄商在西库伦新建的合厦就达10处[①];光绪二十九年(1903)时又增至15家。[②] 尤其是光绪三十三年(1907)日俄密约签订后,俄方更放手在外蒙古地区进行扩张,直接导致"东起库伦,西迄伊犁",所有货物"皆恃俄商转运"或"悉从俄境输入"[③],"俄货充斥"各处。[④] 不仅如此,俄国还掌控了外蒙古地区的金融。光绪二十六年(1900)后,俄国道胜银行的支行依次分设各处"中国钱币寻废不用","一切交易,全以卢布行之",直接导致各处实银多被兑空,商户架空,百货昂贵。[⑤]

在俄国不断加紧入侵的情况下,库伦地区的内地商民遭受了日渐衰落的厄运。库伦、恰克图地区,原本为内地商民云集之区,"华商所得利息甚重,但同治朝以后,随着俄国的侵略,蒙古日益贫困,"华商之利大不如

---

① 《西库伦添盖合厦之铺名清册》(光绪十年),蒙古共和国国家档案局档案,档号:061/019/0119-0128。
② [美]雷麦:《外人在华投资》,第425页。
③ 哈芙:《论移民实边之不可缓》,《东方杂志》第4卷第7号,1907年9月2日,第120—121页。
④ 《奏为遵旨复陈阿尔泰地方情形及筹拟办法事》(光绪三十三年九月二十日),《宫中朱批奏折》,馆藏号:04/01/01/1085/061。
⑤ 袁大化修,王树枏等纂:《新疆图志》,"交涉五",东方学会1923年版,第5—7页。

前"。① 光绪朝以后,该地区的内地商民衰落更甚。光绪二十九年(1903)库伦办事大臣奏称:库伦地方"近因俄商日渐增多,利已外溢,间有思歇业者,否亦萧条,多无起色"。② 乌里雅苏台地区的商务也是"华商虽多,近日货销甚滞,其原因系全被俄商货垄断"。③ 在俄国的入侵和渗透下,即使是此前一度非常兴盛的出旗贸易兼耕种之家也大为缩小。至同治十二年(1873),乌苏溪尔地方种地民人仅有4户④、布尔噶台仅有8户。⑤ 光绪三年(1877)再统计时,布尔噶台已减为7户⑥、克什业图仅剩1户。⑦

(二) 内地商民商业的彻底衰落

宣统三年(1911)库伦王公活佛宣布独立后,库伦地区内地商民的商业彻底衰落。清末外蒙古各部宣告独立,固然有清廷对外蒙古地区统治不善的原因,但更主要的却是沙俄的挤压与唆使。⑧ 在俄国唆使下,以库伦为中心的外蒙古宣布独立。宣统三年十月初十日,库伦王公活佛等正式告知清廷库伦办事大臣三多,外蒙"全土自行保护"。⑨ 同月十四日,三多等官员被全部逐出库伦。⑩

当清廷派驻库伦、乌里雅苏台等处官员、士兵等均被逐出后,外蒙古

---

① 《呈报遵查华商领照赴俄国地方贸易现在情形由》(同治七年六月一日),《总理各国事务衙门档案》,台北"中央研究院近代史所档案馆"藏,档号:01/20/024/02/003。
② 《奏为办理外蒙地方政治暂难与内地及他处边疆相同事》(光绪二十九年五月十七日),《宫中朱批奏折》,馆藏号:04/01/30/0109/009。
③ 《乌里雅苏台之商务情形》,《顺天时报》1911年9月27日,第7版。
④ 《乌苏溪尔地方种地民人花名册》(同治十二年十二月初八日),蒙古共和国国家档案局档案,档号:004/010/0109-0111。
⑤ 《布尔噶台地方种地民人花名册》(同治十二年十二月初九日),蒙古共和国国家档案局档案,档号:004/011/0112-0114。
⑥ 《布尔噶台地方种地民人花名册》(光绪三年十二月初三日),蒙古共和国国家档案局档案,档号:050/049/0171-0173。
⑦ 《克什业图地方种地民人花名册》(光绪三年十二月初三日),蒙古共和国国家档案局档案,档号:050/051/0177-0179。
⑧ 《举行新政务先开导冀得蒙心》(宣统三年七月十一日),《北洋政府外交部档案》,台北"中央研究院近代史所档案馆"藏,档号:03/32/134/01/001。本文所引《北洋政府外交部档案》均藏于台北"中央研究院近代史所档案馆",以下藏处略。
⑨ 陈箓:《止室笔记》,沈云龙主编《近代中国史料丛刊》(17),第184页。
⑩ 《为保护市面维护商众事》(宣统三年十月十六日),《电报档》,中国第一历史档案馆藏,档号:2/02/13/003/0311。

地区的内地商民及其商业遭到致命打击。时人的笔记有大量相关的记载。例如,唐在礼在《蒙古风云录》中称:"库伦独立后,在留华商,尚有一万六千余人","华官去后,保护无人。来货绝迹,抢劫时闻"。① 其后,无人保护的内地商民多遭涂炭,迅速衰落。例如,作为外蒙古地区三大号的大盛魁、天义德、元盛德"自外蒙搅乱,商务全行损失,铺伙数百人亦多死于难,损失之资产在七百余万"。② 后来,库伦地区的内地商民虽公举库伦电报局委员顾保恒为总理,借资保护,但效果有限。民国成立后,以库伦为代表的外蒙古地区的内地商民遭受打击更甚。1913 年 8 月,有逃回内地的商民称:库伦自变乱后,"驻库华商因蒙情陡变,仓促离库,致商业遽形凋落。凡在该处之华人,皆闭门歇业"。③ 尤其是 1912 年 11 月,库伦商民委员顾保恒被迫离库后,无人保护的内地商民遭受更为苛刻的待遇。1913 年 4 月间,在库商民代表常维义等致民国政府电报称:近来库伦当局"更无忌惮,将四外华商焚掠,几无余类"。"在库商家","实有求免无地,欲生无路之势"。④ 1913 年 6 月,热河都统再度电呈民国政府,告知在库商民惨状:"库伦汉商原有三四千,自去年十二月份,蒙人异常苛待,无故以奸细枪毙者约百人余。商均以重金购买俄军队护照,或私自逃窜,经由西伯利亚充搬运夫逃回者已有三分之二。尚有六七十家,无法逃回,流离狼狈,苦境难堪。库伦本汉商总汇之处,资本雄厚。受此蹂躏,财命两空。"⑤ 直到 1914 年 1 月 27 日,陈箓等被任命为外蒙事件全权专使赴外蒙古与蒙俄会谈后,在库商民的命运才有所改观,但此时,库伦地区内地商民的黄金时代早已结束。

---

① 吕一燃等编:《北洋政府时期的蒙古地区历史资料》,哈尔滨:黑龙江教育出版社,2014 年,第 35 页。
② 铁汉:《归化之蒙古商务观》,《山西实业报》1912 年第 1 卷第 20 期《调查》,第 7 页。
③《库伦商业之不振》,《顺天时报》1913 年 8 月 22 日,第 9 版。
④《据库伦华侨代表王志忠等函称库逆虐待华侨抄录原件查核》(1913 年 4 月 4 日),《北洋政府外交部档案》,档号:03/32/157/02/004。
⑤《设法保全库伦汉商事抄送往来电文希查核办理》(1913 年 6 月 24 日),《北洋政府外交部档案》,档号:03/32/158/01/037。

六、余论

晚清库伦地区内地商民的存在无论对清廷的外蒙古统治、蒙旗自身，还是对晚清中国乃至世界都曾发挥过积极作用。首先，库伦地区内地商民的存在，对清廷有效维系外蒙古地区的统治产生了重要影响。在当时，无论是应对蒙疆战争，还是活跃蒙古各部生计，中央朝廷和库伦等地的蒙古地方衙门均离不开这些内地的商民。正是由于内地商民的大量存在、有民可治，广袤的外蒙古草原上才有了库伦、恰克图、科布多、乌里雅苏台等重要城镇的兴筑；也正是由于他们为清廷的外蒙古治理提供了大量的经费和源源不断的百货，清廷才能对这些地区进行有效的统治。尤其在清末，清廷更是需要依赖内地商民来应对日益严峻的蒙疆危机，并依靠他们去推行边疆地区的各项新政，力图保全蒙疆。① 其次，晚清库伦地区内地商民的存在，也极大地便利了蒙古王公部众的生活。正是依靠这些内地商民，外蒙古地区王公部众日常所需的各类货物才能源源不断地运到该地，有力地改善了他们相对匮乏的物质生活。内地商民实已楔入外蒙古地区蒙古人的日常生活，致使他们确实离不开这些商民。民初外蒙古宣布独立后，曾发生过一件很有意思的事情：一方面蒙旗王公要驱逐内地商民，另一方面当内地商民"被非法排斥，退出外蒙市场"后，却又引发了外蒙古地区严重的"货荒"，外蒙古当局最终不得不重新招徕汉商。② 再者，晚清库伦地区内地商民的存在，一定程度上又促进了外蒙古草原上游牧、农耕两种经济的融合。据19世纪90年代俄人阿·马·波兹德涅耶夫旅行日记载，外蒙古人在最近25年的时间内，从汉人那里学会了"耕种"。③ 他们还从汉人那里学会了将方木加工成汉人木行所需要的形状和尺寸，然后又卖给库伦当地的汉人。④ 最后，内地商民的存在，既活跃

---

① 参阅柳岳武：《清末"开蒙智"探微——以代表性蒙旗为中心》，《史学月刊》2015年第3期；《清末蒙边"置省"探微》，《中州学刊》2015年第3期；《清末藩部地区试行司法改良研究》，《中国边疆史地研究》2015年第2期。
② 李毓澍：《外蒙古撤治问题》，台北：商务印书馆，1976年，第42页。
③ [俄]阿·马·波兹德涅耶夫：《蒙古及蒙古人》（第一卷），第45页。
④ [俄]阿·马·波兹德涅耶夫：《蒙古及蒙古人》（第一卷），第138页。

了中国内地与边疆间南北纵向的经贸往来,又活跃了亚欧东西横向的商贸交流,正是他们构建了清代中国的陆上丝路和17—19世纪亚欧之间的陆上丝路。即便是晚清时段,这一贸易仍极大地促进了中国内地与蒙疆间的物品交流,同时也是亚欧间陆上贸易网络中的重要环节。

尽管如此,清代活跃于以库伦为代表的外蒙古地区的内地商民最终还是被迫撤出了该地区,其商业受到了致命打击。这不仅导致了明清时期著名的十大商帮之一的晋商快速衰落,也在某种程度上加速了中国近代民间商业的衰落。如此惨痛的结局固然与外蒙古各部在俄方扶持下宣布独立密切相关,但从另一个角度看,清廷的蒙疆治理及对边疆地区内地商民的管理政策,客观上也存在严重不足。首先,体现为制度设计与具体运作间的背离。清廷固守陈法,未能解决好以内地商民为代表的农耕经济与以蒙古人为代表的游牧经济之间的矛盾冲突问题。[1] 这一冲突几乎自乾隆后就已在库伦地区出现。[2] 清廷为保护蒙古,贯彻"无票商民禁止前往"、"有票商民"亦不得长久"盘踞"的禁令,多次清查驱逐内地商民。[3] 但实际上清廷又需要依赖这些商民去管理各部事务、活跃蒙古经济,却又不太愿意给予他们在外蒙古地区长久耕种、商贸、定居的合法地位。如此背离,不仅易滋生冲突,而且也陷清廷边疆治理于被动。其次,体现为蒙疆治理上的粗犷。清代朝廷统治蒙古草原之重心一直放在边陲稳定与安全上。也正因如此,清廷对整个外蒙古地区的治理,主要放在军事与政治上,对蒙疆移民社会内部事务的管理及促进蒙汉间融合方面,呈现出严重不足。它既阻止内地商民携眷前往,又禁止蒙汉通婚,体现出的仍是"军府之治"下的粗犷特征。尤其是某些需要重点处理的问题,清廷并没有认真地加以解决。相反某些并不成为问题的问题,清廷却死守"旧

---

[1]《民人冯守义控合洛河策令多尔济札萨克所属印官捏邪欺贫拦生滞活事》(光绪元年),蒙古共和国国家档案局档案,档号:004/008/0106-0107。
[2]《车臣汗艾曼公束勒蒙达尔架旗逐离捡蘑菇民人职事人花名册》(道光八年八月),蒙古共和国国家档案局档案,档号:002/031/0194-0203。
[3]《刘得山禀称捡蘑菇假票之由来》(道光九年),蒙古共和国国家档案局档案,档号:029/006/0082-0084。

制",矫枉过正。如蒙汉债务问题,清廷对于内地商民在外蒙古地区的放贷行为既没有制定专门法规加以规范,也没有对商民高利息放贷行为加以有效的监管与约束。相反,清廷在相当长的时段内强调它那呆板的禁令,欲通过限制内地商民前往并禁其长久定居、蒙汉婚媾等方式去保护蒙旗,实际上却大大束缚了作为国家、社会的必要细胞——定居式家庭在外蒙古草原的生成,错失了本应充分利用的开发、调配边疆经济的大好时机,最终导致外蒙古各部在外来势力的扶持下宣布脱离清廷而独立。

(原载《近代史研究》2020年第4期)

清代蒙古地区的"买卖城"及其商业特点研究

祁美琴　王丹林[①]

清人林谦曰:"挞子蒙古乃诸游牧国总称,无城郭宫室,驾毡帐逐水草而居,谓之行国。"[②]林氏所言基本上概括了历史上北方蒙古高原居民的生产与生活特点,作为农业和商业社会发展标志的城市,与蒙古社会历史发展的关系并不密切。清代蒙古地区城镇的兴起,与蒙地实行军政合一的行政管理体制、倡导喇嘛教、汉族移民的增多、交通要道的发展等因素有关。随着军府衙署、佛教寺院、交通枢纽的出现,蒙古地区商肆喧闹、作坊林立的新兴城镇开始兴起。如外蒙古的乌里雅苏台、科布多、库伦,内蒙古的归化城、多伦诺尔、经棚、包头等,尤其是在移民和商业贸易催生下发展起来的市镇更具生命力。与此同时,由于清廷在蒙古地区封王封爵和盟旗制度的确立,在盟旗衙署和王公府第以及汉族移民较多地区设立的厅、县衙署所在地,也不同程度地形成了一些小规模的市镇设施,如庙宇、商铺乃至街道,定期的集市贸易等,也是蒙古地区城镇发展和贸易活

[①] 祁美琴,女,中国人民大学清史研究所教授;王丹林,中国地方志办公室编辑。
[②] (清)林谦纂:《国地异名录》,(清)王锡祺辑:《小方壶斋舆地丛钞》第一帙,兰州:兰州古籍书店,1990年,第20页。

动的组成部分。

综合以上不同的因素,清代蒙古地区城镇兴起的情况,大体可以划分为以下几种类型:一是由长城贸易边口发展起来的城镇,如张家口、杀虎口、归化城等;二是在蒙古腹地因军府建制和寺庙建设而发展起来的城镇,如乌里雅苏台、科布多、库伦、多伦诺尔等;三是因外地移民增多和商业发展而形成的城镇,如热河、经棚、包头;四是因盟旗、厅县等基层衙署的设立而形成的市镇建设等。而这几种类型的城镇,从商业贸易的角度来看,第一、二类均是先有城池或寺庙建筑,后有贸易;第三类则是先有贸易后有市镇的发展;而第四类中,"厅县"与一般"王府",相对而言,市镇规模很小,其布局与内地府县的差异并不明显。但是阿拉善地区"定远营"王府的情况又有例外,其商业区亦设在城外。其原因在于"定远营"城并不是蒙古王爷所建,而是雍正年间由边将岳钟琪奏建,后和硕特部移牧于此,清廷将"定远营"赐给其札萨克居住。因而,"定远营"王府的情况实际上与上述第一、二类一致。本文所述的"买卖城",主要存在于上述第一、二类城镇中,这些城镇不仅建城历史长、有相当的城市规模,而且商业贸易地位较为突出,代表了清代蒙古地区城镇发展的主体,可以作为解剖清代蒙古地区城镇布局和商贸发展特点的对象。①

一、"买卖城"的特征及布局

以往有关"买卖城"的研究,主要集中在恰克图"买卖城"。② 雍正五年(1727)签订的《恰克图条约》规定,祖鲁海图、恰克图、尼布楚三处为中俄两国贸易之地。恰克图由两个贸易小市镇构成,恰克图为俄国贸易圈,

---

① 目前关于清代蒙古城镇商业贸易的研究,主要有乌云格日勒:《十八至二十世纪初内蒙古城镇研究》(内蒙古大学出版社 2005 年版);卢明辉:《旅蒙商——17 世纪至 20 世纪中原与蒙古地区的贸易关系》(中国商业出版社 1995 年版);陈东升:《清代旅蒙商初探》(《内蒙古社会科学》1990 年第 3 期);陈喜波、颜廷真、韩光辉:《论清代长城沿线外侧城镇的兴起》(《北京大学学报》2001 年第 3 期);许檀:《清代前期北方商城张家口的崛起》(《北方论丛》1998 年第 5 期)等。

② 主要成果有王少平的《买卖城》(《史学集刊》1986 年第 2 期),宿丰林的《清代恰克图边关互市早期市场的历时考察》(《求是学刊》1989 年第 1 期),卢明辉的《恰克图买卖城中俄边境贸易的兴衰变化》(《中外关系史论丛》第四辑,天津古籍出版社 1994 年版),刘国俊的《19 世纪末科布多买卖城及旅蒙商》(《文史月刊》2007 年第 7 期)等。

"买卖城"则是中国市圈。恰克图贸易也叫做"'买卖城'恰克图贸易"。恰克图"买卖城"虽位居蒙古地区,其贸易活动在带动蒙古地区贸易发展方面具有不可否认的作用,但是恰克图买卖城是清代中俄贸易(对外贸易)口岸,与蒙古地区商业城镇贸易发展中形成的"买卖城"有不同的地位,所以本文为突出蒙古本地商业城镇的特点,作为外贸口岸城市的恰克图将不在本文论述之列。

(一)"买卖城"的形成及其特征

"买卖城"的概念来源于"买卖人","买卖人"是蒙古人对旅蒙商人的称呼。商人进入蒙古地区后,在其聚居地开设货栈,内地商号则并设分号,经营发展贸易,衍生为"买卖城"。关于"买卖城"形成的原因,需要具体情况具体分析。库伦"买卖城"的出现与宗教信仰有关。库伦城镇的形成以寺庙为中心,但是寺院教规又不允许在寺庙附近开设店铺,因此商人就在远离城镇的地方支设帐房进行经营,并逐渐定居下来,开设分号或货栈,形成"买卖城"。科布多、乌里雅苏台"买卖城"的出现与随军贸易有关。康熙帝平准时,曾有大批商人从行,康熙帝为维护随军贸易秩序,指出:"至于随军贸易之人,固不可少,若纵其贸易,又至紊乱,应于某营相近,即令某营之夸兰大,派出章京,于一里外驻扎,准其贸易。"并指示理藩院另设一买卖营,"中路大军十六营中,每营派官一员,专司贸易之事",以便于沿途购买蒙古的驼马牛羊等物品。① 在乾隆二十年(1755)的平准战争中,乾隆帝亦允许为军营运米的商人携带货物:"茶叶布匹,官兵蒙古日用所需,乘便带售,与蒙古有益,在商贾得利……由归化城运米往军营,无庸禁止私带茶布,酌量驮载带往。"②于是,凡大军行止之处便是商品交易之地,大军撤走时,已经腰缠万贯的商人,以其财力继续留守经营,由交易市场而筑城修道,漠北及天山北路许多城镇的"买卖城"因此而兴起。此外,蒙古地区贸易商品的特殊性,也可能是"买卖城"形成的重要因素。蒙古地区牲畜贸易是最大宗贸易,如果此项贸易移至城区,将引发严重的城市环境卫生问题,因此城内不可能开辟牲畜贸易市场。但是,与牲畜有

---

① 参见《清圣祖实录》卷一百七十一,康熙三十五年二月丁未。
② 《清高宗实录》卷四百八十一,乾隆二十年正月丙申。

关的贸易一旦在"买卖城"占领市场,就会带领"买卖城"其他行业的兴起。所以,买卖城的经营项目除牲畜贸易外,日用百货、丝绸布帛、茶酒烟糖和土产杂货行行都有涉及,产品多至上千种,更有兼营放贷金融、旅店运输、手工业制品和粮食、醋酱油、烧酒酿造等。"买卖城"也就逐渐发展成为一个"贸易城"。但是买卖交易的进行是以人口的密集和交通发达便利为依托的,所以"买卖城"必定和城镇有着千丝万缕的联系,并受其制约。在城镇内往往也存在一个市场区,这个区域内只能经营小规模的日常生活用品的零售,而大宗的商品贸易还必须在"买卖城"内交易。

蒙古地区"买卖城"的形成及其远离城镇的城镇布局特点,使其具有以下三方面的特征:

1."买卖城"是相对独立的商业区。"买卖城"不是城镇内的商业贸易区,而是在城镇之外,距城镇中心约三至十里的附城,可以看作是附属于城镇的"卫星城",或"城外城",简言之,"买卖城"是指距城镇中心约三至十里的商业贸易区域。如:归化城分为"买卖城"和旧城,旧城里有归化城和归化地区最主要的一些民政管理机构,如道台衙门、二府①衙门、固山衙门、昂邦衙门、十二个土默特嘎兰达的衙署和关税总署。"买卖城"内则有关税总署的办事处或分署,还设有孔庙、土默特官学、养济院等民政设施。库伦也由呼勒、甘丹、东营子三个部分组成:呼勒,为哲布尊丹巴呼图克图所居之地;甘丹,为参尼殿堂所在地,对佛教教义进行深造的喇嘛也住在那里;东营子即"买卖城"。多伦诺尔城区也由三个部分组成,即额尔腾河右岸的寺庙和左岸的新旧两个买卖营。乌里雅苏台分为两个部分,一为乌里雅苏台城,里面集中了许多固定的衙署机关,还驻扎一部分军队;另一部分是"买卖城",距离乌里雅苏台城约一俄里远,中间隔着一条扎嘎苏图河。

2."买卖城"是草原商业区,是典型的游牧民族和农业民族进行物资交换的商贸场所。"买卖城"虽远离行政区,但依附于城镇。在"买卖城"所依托的蒙古城镇,其内部除管理机构、寺庙、"买卖城"外,几乎没有其他的公共建筑,使得"买卖城"的纯粹商业性和城内人口的商业化表现得

---

①二府:明清时对府同知的别称。

特别突出。城市周围没有相当的农业和丰富农产品的支持,经济部门很薄弱。虽然有手工业,多局限于民族特色产品,多数商品仍靠外地供给。因此,到20世纪初,由于内地和漠北蒙古、俄罗斯商道的转移,大部分"买卖城"商业迅速收缩,最终走向衰落。

3."买卖城"是以移民为主的商业区。"买卖城"的居民结构不同于内地商贸城镇。市民是城市的人口细胞,"买卖城"的市民主要是商人、店员和各种手工业者,占数量优势的是商业人口。以多伦诺尔"买卖城"为例,城内的居民以汉族为最多,绝大多数汉族与商贸有关系。回民也有不少,以驮运货物为职业者居多。清末民初多伦诺尔城区人口情况在日本人的调查中有较详细的反映:"户千五百六十七,口约二万,内有回教徒三千人,而居住者汉人而已。蒙人绝无住市场者。"[1] 库伦"买卖城"内居住着许多内地和俄罗斯商人,其中"晋人十之六,顺、宜人十之一,俄人十之三"。[2] 旺季时,寓居这里的内地商人多达数百人。

(二)"买卖城"的规模布局

蒙古地区的"买卖城"都没有城墙,从草原上直接就可以走进街道,这些街道的入口处的标志通常是两扇大门,或者只是两根对立的木柱,木柱上面有的带遮搭,有的不带遮搭。这里选取漠南蒙古比较有名的归化城、多伦诺尔以及漠北蒙古的库伦、乌里雅苏台、科布多等五个城镇的"买卖城"为对象,考察其规模和布局。

归化城,清代名"库库和屯"。明穆宗隆庆六年至神宗万历十年(1572—1582),由顺义王阿勒坦汗所建,万历三年(1575)赐名归化城,当时已是蒙古各部的商业中心。归化"买卖城"有四条街。三条从北到南的大街——大南街、大召街、席力图街,以及一条从城中一直伸到城西端的大街——朋苏克街。由于归化城的土地所有权属于寺庙,喇嘛们愿意将土地、房屋租给市民和商人,却不愿意辟出空地作为街道和巷子。这就造成归化城的街道狭窄,两边房屋简陋。大南街的北端通向归化城旧城。

---

[1] [日]剑虹生:《多伦诺尔记》,《东方杂志》第5卷第10号,1908年。
[2] 李廷玉:《游蒙日记》,李德龙、俞冰:《历代日记丛钞》,北京:学苑出版社,2006年,第235页。

多伦诺尔是漠南蒙古第二大商业城市。康熙皇帝敕建汇宗寺,吸引了周围的部众,蒙古人往来频仍,于是商务渐盛,逐渐形成市镇。康熙四十九年(1710),多伦诺尔建成东西宽2公里、南北长4公里的买卖营。到康熙五十二年(1713),这里已是"居民鳞比,屋庐望接,俨然一大都会也"。① 乾隆六年(1741)又建新营,南北长1里,东西宽半里,有街道5条。乾隆三十三年(1768),在距多伦诺尔额尔腾河右岸喇嘛寺院区约2公里多的左岸平川地区,已形成约"东西宽为四里,南北长达七里,分十八甲,有大小八条街道的市镇"。② 所有的官府及政府机关都集中在城市北端东西向的头城街上。在头城街的南面有一片交易马匹和骆驼的空场,从空场向南有三条大街:马市街、牛市街和东盛街。东盛街上是多伦诺尔的旧货市场;马市街上主要为收购、贩卖牲口的税务署和客店;牛市街上设有收毛皮税的税务署,并集中了多伦诺尔的铜匠铺。马市街和牛市街垂直于长盛街。长盛街是一条由城西通过城中心的街道,所有的佛像作坊和相连的铺面都在这条街上。从长盛街往城南又有三条街道,一条叫二城街,主要是居民区;第二条是兴隆街,主要是做批发生意的店铺和货栈及银号和钱庄;第三条街叫福盛街,也可称作坊街,集中制作毛毡、马衣、皮革等的作坊。福盛街的南端有征收茶叶税、布匹税和粮食税的各分署。③

漠北喀尔喀蒙古附清后,尊崇哲布尊丹巴为漠北的宗教领袖,他所居住的库伦城随之发展起来。"库伦",蒙语为围圈之意。在哲布尊丹巴驻地,呼图克图大帐居于中央,喇嘛及牧民的帐篷围于四周,库伦地名即源于此。每年春季,哲布尊丹巴都要在库伦附近举行著名的"曼达尔"盛会,届时所属牧民群集于此。"曼达尔"同时又促成商品的大聚汇,"该处市廛栉比,而小贩贸易,或搭盖木房,或就地陈列,尤有麇聚蚁附之势"。④

---

① (清)金志章:《口北三厅志》,《圣祖仁皇帝御制汇宗寺碑文》,《内蒙古史志》卷六十一,全国图书馆文献缩微复制中心2002年影印本,第30页。
② (清)金志章:《口北三厅志》,《内蒙古史志》卷六十一,第568页。
③ 参见[俄]阿·马·波兹德涅耶夫著,张梦玲等译:《蒙古及蒙古人》(第二卷),呼和浩特:内蒙古人民出版社,1983年,第334—336页。
④ (清)三多:《三多库伦奏稿》,中国社会科学院中国边疆史地研究中心主编:《清末蒙古史地资料荟萃》,全国图书馆文献缩微复制中心,1990年,第345页。

至19世纪初,库伦"市分二区,汉蒙二处,货物充牣,人烟稠密,口三万余",①成为整个漠北蒙古商业批发和零售中心。库伦"买卖城",坐落在距寺院约4公里的土拉音塔拉(即图拉河谷)。"买卖城"的中心"多托罗"(里头)是汉人商店和居住区,周围城关"噶达"(外头)是蒙古人的居住区。"里头"全由店铺构成,主要为一等的大店铺,并有两家客店;"外头"则由第二、三等的店铺构成,还有流动商贩以及小酒店。负责管理"买卖城"事务的扎尔古齐衙门也在这里。"买卖城"中有三条通往呼勒寺院方向平行的街道,街口用木桩筑成大门,没有门扇,永远敞开着。将里头和外头部分分割开来的有七座大门:东边三座,西边三座,南边一座。在"买卖城"的南郊是库伦的木行,北端有一个汉人公墓。②

乌里雅苏台城于乾隆二十九年(1764)动工,乾隆三十二年(1767)建成。这是一座木城,"东西长一百四十丈,南北长一百一十丈,统计周方五百丈,连垛口高一丈六尺"。③ 城堡建成后,商业随之发展起来,在城外西去三里的地方,逐渐建立起固定的店铺和储藏货物的仓房,形成较为独立的贸易区域。乌里雅苏台"买卖城"有五条街道,其中三条是到晚清时才发展起来,商业活动主要集中在店铺商号鳞次栉比的两条老街上。两条老街呈十字交叉形,主干道为东西向。在两街交叉地,有三道大门:一道大门是由东向西的通道,另一道大门是由南向北通道,第三道大门建在南北大街上。城区面积不及库伦"买卖城"一半大,里面的官方建筑和公共建筑只有两处:一处是捕厅,另一处是一座汉式寺庙,也叫格萨尔庙。④至道光年间,这里已有各类铺面房一千余间,贸易商人三千余人。⑤

---

① (清)姚明辉:《蒙古志》卷三,台北:文海出版社,1966年,第350页。
② 参见[俄]阿·马·波兹德涅耶夫著,刘汉明等译:《蒙古及蒙古人》(第一卷),呼和浩特:内蒙古人民出版社,1989年,第129页。
③ (清)奕湘:《定边纪略》,茅海建主编:《清代兵事典籍档册汇览》第十七册,北京:学苑出版社,2005年,第235页。
④ 参见[俄]阿·马·波兹德涅耶夫:《蒙古及蒙古人》(第一卷),第274页。
⑤ 参见(清)奕湘:《定边纪略》,茅海建主编:《清代兵事典籍档册汇览》第十七册,第645页。

科布多城建于乾隆二十六年(1761),有科布多参赞大臣、帮办大臣衙署。① 后为解决驻屯清军和居民的日常生活物品的供应,清政府鼓励张家口、归化城等漠南蒙古地区城镇的旅蒙商号,赴乌、科两军城堡贸易,并在驻屯军城堡旁开辟商业区。科布多"买卖城"在科布多城南一百俄丈的地方,西距布彦图河约一俄里半。"买卖城"有三条街道,一条叫伊克则里(大街),从南向北贯穿整个"买卖城";第二条叫纳林则里,与大街平行;第三条从东端开始,穿过大街,到纳林则里街为止。由于这条街被当地人视为不祥的街,所以在这条街与大街交汇的地方,砌了一块石头,上面书写了"泰山石敢当"。伊克则里大街街面较宽,种着许多高高的杨树,显得很整洁,科布多所有的富商都聚集在这条街上。"买卖城"里有两座汉式庙宇,一座位于城西南隅,供奉的是阎罗;一座位于城东,供奉的是水神。②

二、"买卖城"的商业特点

蒙古地区的"买卖城"是区域贸易中心,它将本地产品转输他方,外地商品通过这里转销蒙古及其周边地区,兼具购销和集散商品的功能。就其商业特点而言,大体上可以从以下几个方面体现出来。

(一) 商品种类

"买卖城"主要经营的商品为畜牧产品及当地的土特产。如牲畜是市场上最大宗商品,以牛、马、羊为多,主要由旅蒙晋商在牧区或"买卖城"市场收购后贩运内地,供给京郊及直隶、山西一带。牛一般被用来拉套耕地,马则用于军需。如蒙古的羊每年运至内地数百万;仅乌兰察布盟一地销往内地的驼马牛等就有十余万头,羊皮四十余万张。③ 皮革是市场上的另一项大宗商品。猞猁狲皮、狐腿皮、珍珠毛、各种羊皮都是出于

---

① 但据蒙文史料《宝贝念珠》载:"雍正八年,庚戌,大军镇抚西边,察看科布多河土地筑城,以驻边防军。"于是同年建成科布多城,后因原建旧城被洪水淹没,又于乾隆二十七年在布音图河东岸新筑科布多城。转引自[俄]阿·马·波兹德涅耶夫《蒙古及蒙古人》(第一卷),第356页。

② 参见[俄]阿·马·波兹德涅耶夫:《蒙古及蒙古人》(第一卷),第347页。

③ 参见张正明:《晋商兴衰史》,太原:山西古籍出版社,2001年,第274页。

蒙古地区而颇受内地欢迎的皮毛,羔羊皮和老羊皮的销量也非常大。漠北的皮毛一般先集散于库伦的市场,然后运抵张家口,在张家口经过泡硝等加工,制成商用皮革,再运进关内。山羊皮则多销往天津。转口贸易的商品以纺织品为大宗,仅次于皮毛,居第二位。其种类分为羊毛绒织物、天鹅绒、亚麻布等;其粗糙者大抵产自俄国,精细者则来自英国、普鲁士诸国。①

内地商品通过"买卖城"市场,进入蒙古地区,即所谓以"烟、茶、油为大宗,酒、米、麦、糖、枣、瓷器、铁器及杂货、绸缎、洋布等次之,远销库伦、恰克图、乌里雅苏台、科布多、乌梁海等处"。② 布帛中,棉花、大布多产于直隶之完县、易州一带,棉线源于直隶香河、宝坻等州县。梭布、葛布、夏布都是南方江浙诸省产品,而夏布中又以湖南浏阳、绥宁等地织品,最受库伦、恰克图等蒙地欢迎。在绸缎类中,江南出口的贡缎、宁缎、花缎、湖绒、纺绸、官缎、线绒、纱、罗、绒线、珠线等,在蒙古王公贵族中备受青睐。杂货中的纸、瓷器、海味、糖以及藤竹制品,多来自南方诸省。铁器主要产于山西潞安府。烟叶以出自山西曲沃者为上品,受到库伦、乌里雅苏台、科布多等蒙古市场的欢迎。茶叶中,湖广产的红梅茶、茶砖,质量最好,一般多由买卖城的商人贩往恰克图及俄罗斯,味道较差的篓子茶和细末砖茶,则主要在蒙地销售。近代以后,随着国门的开放,大批外国纺织品,诸如洋布、哔叽、洋缎、羽缎等也开始出现在"买卖城"的市场中。

(二)特色市场

城市经济发展到一定阶段,就会形成特定的商业区或商品专门市场。如杭州宋代就有"东门菜西门水,南门柴北门米"。在"买卖城"内也同样具有这样的特点。

其一是牲畜市场。牲畜交易额在蒙古地区所有贸易中首屈一指。其特点是贸易长期性、地点集中、成交额大,能够比较典型地反映牧业生产中的商品经济发展状况。相关资料表明,蒙古地区牲畜贸易集中在漠南蒙古地区,漠北蒙古地区的"买卖城"多为内地商品输出地,出售的牲畜

---

① 参见姚贤镐编:《中国近代对外贸易史资料》第一册,北京:中华书局,1962年,第478页。
② 李廷玉:《游蒙日记》,李德龙、俞冰:《历代日记丛钞》,第255页。

数量很少,仅够满足当地居民日常需要。归化城地区以"买卖城"为依托,形成的牲畜交易市场约有数处。其马市在绥远城,曰马桥;驼市在副都统署前,曰驼桥;牛市在城北门外,曰牛桥;羊市在北茶坊外,曰羊桥。其屠宰牲畜,剥取皮革,就近硝熟,分大小皮货行,在城南门外十字街,俗呼为"皮十字"。① 牲畜交易市场的严格划分,充分显示出归化城牲畜市场的容量之大,以致集中一地交易已不适应市场发展需要,只有增辟不同种类的牲口市场,才能有助于大规模牲畜交易的正常进行。康熙随军从征的范昭逵经归化城时就发出"牛羊骡马,贸易中外"②的慨叹。牲畜交易是多伦诺尔最大宗也是唯一输出货物。"牲畜以多伦诺尔为枢纽,岁自蒙古进口,以千万计,有牛马羊猪骆驼等,而羊马驼尤多。秋冬间,市肆喧闹,街衢拥挤",③买卖十分兴隆。其马市盛况,"每年八九月中,运入多伦诺尔者,日逾千头,市场极盛"。④ 1892 至 1893 年间,虽受天灾影响牲畜锐减,但多伦诺尔仍输出马 7 万匹,牛 4 万头,羊 35 万—40 万只。⑤

其二是皮张、毛类等畜产品市场。清以前,由于蒙地与外界处于相对隔绝的状态,许多畜产品不能物尽其用,任其毁弃。清人高士奇曾用"六月驼毛飘满地,浑疑春尽落杨花"的诗句,形容牧区无视毛类生产和严重的浪费现象。畜产品进入市场,无疑为蒙民开辟了一项新的牧业收入来源。归化城"买卖城"城北和城西约有大小皮革作坊 35 家,加工当地所产皮毛。多伦诺尔"买卖城"的福盛街又叫做作坊街,有 63 家商店,集中了多伦诺尔制作毛毡、马衣、皮革等的作坊。其中制作毛毡的铺子一共有 20 家左右,皮革作坊有 20 余家。⑥

其三是茶叶市场。"砖茶在外贝加尔湖边区一带的居民当中饮用极广,极端必要,以致往往可以当银用。在西伯利亚的布里雅特人等土著民中,在出卖货物时,宁愿要砖茶不要银,因为他们确信,在任何地点都能以

---

① (清)钟秀、张曾:《古丰识略》卷二十《市集二》,《内蒙古史志》卷二十七,第 186 页。
② (清)范昭逵:《从西纪略》,《新疆史志》卷一,全国图书馆文献缩微复制中心 2003 年影印本,第 362 页。
③ (清)姚明辉:《蒙古志》卷三,第 500—501 页。
④ (清)姚明辉:《蒙古志》卷三,第 507 页。
⑤ 参见(清)徐宗亮:《黑龙江述略》第六卷,哈尔滨:黑龙江人民出版社,1985 年,第 154 页。
⑥ 参见[俄]阿·马·波兹德涅耶夫:《蒙古及蒙古人》(第二卷),第 99、101、344 页。

砖茶代替银用。"①在归化"买卖城"的特色市场中,茶叶也是重要的一项,而茶叶之中,又以砖茶,尤其是二十四块一箱的砖茶为主。这种砖茶在1882年,销售量达到四万箱。② 多伦诺尔"买卖城"的茶栈共有三家,运进的茶叶中数量最多的也是砖茶,达两万五千箱到三万箱之多,主要销往喀尔喀蒙古地区,特别是车臣汗部。其次是所谓的"汉博"茶。这种茶也是由制作普通砖茶的大片绿茶制作的,只是这种绿茶并不洒水,也不压制成砖形,而是烘干后直接装进芦苇编成的桶状筐里。因此苏尼特人把这种筐子叫做"博尔托果"（蒙语,木桶的意思）,而把这种茶叫做"博尔托果"茶;汉人则把这种筐叫做"木葫芦子"。每筐装茶约有九斤。每三筐装成一大包,蒙古人把这样一大包"汉博"茶叫做"乌克萨拉"。③

其四是木材市场。在库伦"买卖城"和呼勒共有上百家从事木材交易的商行,其中有28家属于张家口的商人,36家属于归化城商人,一家是毕鲁浩特人开的,而其余的是山西天镇人和西城人开的。从库伦运出木材的年总额达十万卢布,或更多些,主要输往归化城、张家口,也有一小部分运往多伦诺尔。他们除了出售方木外,还制作各种木器,如大车、碗碟、家具、用具等,大部分是供给蒙古人。库伦的木材商主要为蒙古人,另有两三家汉人炭行,他们靠租用森林地段来烧炭出售。此外如粮食市场、④棉纺织品市场、药材市场、手工业作坊、票号以及专门从事运输的专业户等,都是构成"买卖城"商业特色的重要组成部分。

（三）交易方式

一是"以货易货"。"蒙古自昔未尝通货币,商业以是而困。然其以

---

①中外关系史学会编:《中外关系史论丛》第四辑,天津:天津古籍出版社,1994年,第144页。
②参见[俄]阿·马·波兹德涅耶夫:《蒙古及蒙古人》(第二卷),第93、95页。
③乌克萨拉,蒙语,意为:联串。[俄]阿·马·波兹德涅耶夫:《蒙古及蒙古人》(第一卷),第341页。
④多伦诺尔"买卖城"的粮店共有十余家,最富的一家是大盛店,其次是维盛店、广泰店、宋益店及其他粮店。其粮食来自四面八方,西面有隆盛庄、丰镇和张家口,南面有乌兰哈达及其县城,东面有毕鲁浩特及所属各部。由于来源充足,多伦诺尔的粮食都不算太贵,如炒米（或叫熟米）每斗一千一百文,生米每斗一千文,面粉每二十八斤至三十斤为一两银子。[俄]阿·马·波兹德涅耶夫:《蒙古及蒙古人》(第一卷),第341页。

货易货,习以为常。"①顺治、康熙年间,漠南蒙古各部经常约集商队来归化城、张家口等城市,出售各种牲畜和畜牧产品者颇多。每年秋冬之交,各旗蒙古王公集合组织所属游牧民,将拟出售的各类牲畜和毛皮等集中起来,组成商队运输至交易市场。"出发时,各人将所需之帐幕、毡子、炊锅、茶罐、炒米、奶饼、盐,以及其人食料等,均须备齐,积载于牛车上",②并赶着畜群至交换城镇附近,先觅寻妥当的牧地放牧牲畜,然后推选几名贸易代表,或由畜牧主自己赴素有贸易往来的商号、货栈寄宿。此时,做蒙古生意的商贾,听到素有生意关系的顾主到来,都派人或由商号掌柜亲自到蒙古人宿营地迎接,并查看牲畜和毛皮等畜牧产品货色、数量。然后,再将蒙古人顾主领回商号热情款待,并询其所需求的商品并面议交换价格,成交后验收牲畜和畜产品,按蒙古人的需求售给绸缎、布、烟、茶和食品等货物。有时,有些老顾主蒙古人来交换,倘赶来的牲畜和驮载的畜产品多,而当时需求的商品数量少,亦可将多余畜产品作价,存入商号账上,或由商号出一张存账作价凭单带回,待下次所需货物时再来购买。有时蒙古人所需货物价值超过他所运来的牲畜和畜产品价格时,亦可由商号先将货物赊给蒙古人,赊销货物亦作价记在账上,待下次再赶来牲畜或畜产品时补偿。这种交易方式又被论者谓之"信用交易",交易双方借此建立永久性主顾贸易关系。

二是以银易物。随着钱庄、银号、票号等金融机构的发展,在漠南蒙古地区市场的商品交易中逐渐已开始使用银钱等货币为价值尺度,从而在以物易物之外又增加了以银易物的交易方式。嘉庆、道光以后,在归化城等地的买卖交易中,以银两等货币结算的贸易活动日趋发展,特别是各商号之间金融汇兑、汇拨往来,完全以银钱计算。当时,在蒙古地区市场上流通的货币主要以银两,渐次以银元为主,而辅币以制钱找零。

三是代销。十九世纪以后,在漠北乌里雅苏台、库伦、科布多、恰克图等"买卖城"内,出现一种经营客店(即车马店)兼货栈(即兼营代销商品)的商号。从内地或归化城、张家口等地来的客商,住到这种客店兼货栈的

---

① (清)姚明辉:《蒙古志》卷三,第492页。
② 廖兆骏:《绥远志略》,《内蒙古史志》卷三十三,第268页。

商号,商人所出售的货物,无论是货主自己出卖还是由店主代卖,都须在客店的账房里记账,并拿出货物售价的二成付给店主,店主则有义务为其提供有取暖、照明设备及一名仆役服务的房间,免费储存、保管甚至代销或赊销货物。不过,这种赊销出的商品,大多要到六七月间,草原上牧民们有了牛皮、马皮等土特产品的时候再予以偿还。当然,作为代销和赊销的店主是要承担风险的,一旦赊购货者到期还不了账,作为担保人和代推销的店主,就必须用现银或毛皮等货物,按谈妥的条件偿付一切货款。①这种客店兼营货栈的商号,盈利颇为可观。如乌里雅苏台的"巴特尔店"、科布多的广庶隆(当地俗称"莫格瓦"),都非常有名。

(四) 商人群体

民国张其昀在其《本国地理》一书中说:"蒙古商务,向有西帮、京帮之分。西帮为山西太原、大同、汾州,河北的天津、宣化及张家口、多伦诺尔的商人共同组织而成。其基础深,始于清康熙间,势力遍布于内外蒙古。资本雄厚,脉络贯通,实为西北商务之枢纽。就中如万利号一家,总号在天津,而分号行则在库伦、奇台、归化、宁夏、宣化、承德、锦州、张家口、包头镇、乌里雅苏台,分行则在北平、上海、恰克图及俄国之莫斯科、乌丁斯克、赤塔、伊尔库茨克等处。京帮则专指北京安定门外外馆商客,在漠北所设分号而言,始于咸丰年间。远在西帮之后,资本亦不及西帮雄厚,其经营之范围,仅限于库伦一隅五六十家而已。山西商人多安分淳朴,长于保守,数百年来,蒙局虽经变故,卒能维持商业而不敝,相处相安。惜旧法相承,艰于进步耳。"②

就蒙古地区的"买卖城"来看,山西商人的优势远在京津、直隶、山东商帮之上。库伦在康熙年间"有山西商人来此经商,共有十二家。当时商会之组织,即为十二家各举一商董,称为十二甲首,在东营子造屋办公"。③ 又据陈箓《蒙事随笔》载:"库伦西帮商号一始于康熙年间……西库东营两区统计山西商人1634人……西帮商人,专为大宗批发营业者,

---

① 参见[俄]阿·马·波兹德涅耶夫:《蒙古及蒙古人》(第一卷),第278页。
② 张其昀:《本国地理》,商务印书馆1932年版,第185页。
③ 日本参谋部编纂,王宗炎译:《蒙古地志》,南京启新书局,1903年,第135页。

其行栈多麇集于东营子与'买卖城'。"①从东营子到西库伦,山西商人垄断了与蒙古各部的贸易,也垄断了与俄国官方商队和没有证件的私商的互市,在那里建造自己的货物仓库、商店和住宅,把库伦变成整个漠北蒙古的商业批发和零售中心。②直到咸丰年间京帮成立商会,才形成了东(东营子即"买卖城")西(西库伦)两商会对峙办公的局面。

  京帮和西帮的经营有着不同的特点。京帮的店铺外表华丽,店内商品陈设丰厚,门框都悬挂用汉蒙两种文字书写的招牌。每家最多雇佣伙计80人,或四五十人不等,最小的店铺亦有伙计五六人。经营的商品主要有丝织品、棉纱织品、蒙古人日常生活用品、宗教乐器、祭祀品、饰物、珐琅器以及欧洲产的钟表、温度计等中外货物。交易方式主要为银两,也收草原产品。西帮门面装潢不及京帮商号华丽。交易时,几乎不以砖茶或银子为价值尺度,多以蒙古人的土特产品交换货物。经营方式有商号兼营、单项经营,也有与蒙古人合伙经营。经营手工作坊、服务业的也多为西帮商人。③

  当地蒙古人一般不从事商业。自从汉商进入蒙古地区后,一部分蒙古僧俗封建主趋利,开始投资和汉商合伙营商;或出资委汉人代理经营。有一些蒙古百姓也开始直接从事商业,他们将畜产品及粮食,运至归化城、张家口、多伦诺尔及北京等城市出售,回来时带回一些砖茶、布匹、日常用品及农具等以供当地人民之需,有些蒙古人则经营了运输业,以适应商业的需要。当地蒙古人经商者以卖肉为主,一般收购活羊屠宰分割后出售,价格以收回买羊的成本为准,头蹄和下水、羊皮则成为主要的盈利所在。此外也有出售牛奶、马奶酒赢利者。④

三、"买卖城"的管理

  "买卖城"市镇管理主要包括两个部分:一是城市建设及公共设施的

---

①陈箓:《蒙事随笔》,商务印书馆,1934年,第52页。此处"东营子"与"买卖城"应为一处。
②参见苏联科学院、蒙古人民共和国科学委员会编:《蒙古人民共和国通史》,北京:科学出版社,1958年,第184—185页。
③参见[俄]阿·马·波兹德涅耶夫:《蒙古及蒙古人》(第一卷),第281—285页。
④参见[俄]阿·马·波兹德涅耶夫:《蒙古及蒙古人》(第一卷),第286页。

管理,二是城市的社会、行政管理。在清朝蒙古地区的城镇建设中,市镇管理职能的发展是相当缓慢的。这里仅就"买卖城"的管理作简要的考察。

(一)行政管理

伴随着"买卖城"的出现,有关的管理机构和管理人员也必然随之而来。清政府在所有的"买卖城"均设有专门的官方机构和官员,以监管和维护市场的正常运行。如乾隆七年(1742)清朝政府驻库伦办事大臣,下设库伦"买卖城"札尔古齐衙门,库伦商民事务章京处,承担管理库伦市场、"买卖城"及流动贸易在土谢图汗、车臣汗境内的旅蒙商人经营活动、蒙汉交易诉讼案件以及监督维护贸易秩序等职责,但他们对重大案件没有独立处理的权力,必须上报库伦办事大臣。札尔古齐一职,通常由满族官吏担任,任期三年。衙门内设有"笔帖式"缺15员,分别由5名汉人和10名蒙古人组成。札尔古齐衙门还负责检验和发放旅蒙商人的经营执照(印票),征收税款。大约每年给流动贸易的旅蒙商号发放经营执照90份至120份,这些执照有的收费高达六箱半砖茶,年收入约1万至1.5万两银子。这项收入除用于支付札尔古齐衙门供职人员的生活费、薪俸和办公费用外,大部进入札尔古齐自己的腰包里,因而札尔古齐一职被视为肥缺。其时札尔古齐每年从清朝政府那里领到的薪俸是300两银子,许多满洲官员为从理藩院谋取该职位,往往要花5000两银子的代价,才能得到该职位。①

乌里雅苏台"买卖城"里的管理机构是捕厅。汉人把捕厅俗称为"厅子衙门",蒙古人则称之为"厅克依姆"(厅)。该捕厅的经费来自"买卖城"房屋的地价税。在厅子衙门里主事的通常只有两名"把总",这是武官里最低一级的官员。他们是乌里雅苏台内务署派来的,期限为三个月。其职责是维持"买卖城"的秩序,处理一些小的欺诈行为或过失,以及每日向内务署报告一切情况。

科布多"买卖城"也同样设有"厅子",维护"买卖城"的秩序和清洁。管理这个厅子的是由几个衙署派来轮流值班的把总,值班期限为一个月。

---

① 参见[俄]阿·马·波兹德涅耶夫:《蒙古及蒙古人》(第一卷),第146—147页。

厅子的职责除维护城内秩序外,还查办一些小偷小骗行为,处理、排解街上发生的纷争。①

(二)行业管理

行业管理主要体现在行会组织中,行会是一种商人集合起来自治、自束、自卫的管理机构。蒙古地区的"买卖城"很早就形成完备的行会制度,并在社会管理、行业管理中发挥着巨大的作用。

车帮行是由运输货物的专业户建立的行业组织。清代初期,塞外蒙古高原地区的匪盗猖獗。为了抵御匪盗的袭击抢劫,山西、陕西的商贾运输货物出口外至蒙古地区贸易时,多要以三五家或十来户结伙。在归化城、多伦诺尔"买卖城"中都有专门为旅蒙商驮运货物往来于蒙古各地的驼业行帮。如归化城的驼业行帮名"集锦社",由旅蒙商巨号大盛魁、天义德、元盛德等组织,拥有驼户30余家,骆驼10万峰左右,专营喀尔喀蒙古和漠西新疆厄鲁特部及科布多等地之客商货物的往返运输。从事手工业加工产品的作坊行业,亦建立有专业社团行帮组织。如在归化城此类行帮组织称之为"七大社、八小社、九外社"。所谓九外社是指一些流动性较大的商贩,他们经营种类亦无固定范围,此类商贩在归化城有200余家,多为旅蒙商的附属小业主,经营活动往往依附于七大社、八小社进行。

三百六十行,行行各有帮会组织。行会在经济社会中起着强有力的经济管理和协调作用。其一,行会维护市场公平交易。商业需要一个稳定的市场环境,同时行会也是取信政府,维护本行会员利益的手段。晋商行会对内禁条很多:按规定的价格做买卖,严禁个人的随意性;雇工工资由行会统一规定,商号不得自行决定;限制会员、雇工及学徒人数;公平交易,不得欺骗顾客等。其二,行会还可以整合货币维护金融秩序。《绥远通志稿》记载:"清代归化城商贾有十二行,相传由都统丹津从山西北京招致而来,成立市面商业……其时市面现银现钱充实流通,不穷于用,银钱两业遂占全市之重心,而操其计盈,总握齐权,为百业周转之枢纽者,厥为宝丰社。社之组设起于何时,今无可考,在有清一代始终为商业金融之总汇。其能调剂各行商而运用不穷者,在现款、凭帖之外,大宗过付,有拨

---

①参见[俄]阿·马·波兹德涅耶夫:《蒙古及蒙古人》(第一卷),第339页。

兑之一法。"① 就是说,自宝丰社成立以后,它就成了社会资金调节的总枢纽。宝丰社作为钱业行会的代表,可以组织钱商,商定市场规则,统一货币,维护经济秩序,组织货币交易市场,具有现代金融市场管理的某些特征。其三,为维护本行会利益,行会积极发展各方面关系,适应业务发展需要,及时调整自己的发展战略。譬如:"买卖城"的大商人互相联合起来,建立商会,规定收购原料的垄断价格,规定装卸货物和运送货物的工钱。凡"在社者始领牌照,有缴纳商捐义务,受商会之保护。商捐分四等,缴纳每等,又分天地玄黄四级,多者每月捐三两许,少者年捐市钱数千文"。② 其四,行会对行内、行外之间的业务纠纷,有调解与仲裁的义务和权力。归化城的"羊马店"和牙纪行还雇佣一批武艺高强的拳棒手和把式匠,组成维持"马桥"交易社会秩序的民团势力。其中以光绪年间组成新城"马桥""十大股"和旧城"马桥"回民"十大股"两大组织而颇有声望。他们协助"羊马店"和牙纪行在牲畜交易市场上维持秩序,有时也参与买卖双方帮买帮卖的交易活动,当生意成交后,作为报酬,由"羊马店"每匹马付给城钱二百。③ 这里牲畜、毛皮市场交易,大都由上述各商号自行组织行会、行帮机构来管理控制。后来随着牲畜交易的兴旺发展,又在归化城联合组成"崇厚堂"为行帮总社,下属有马市交易的"马庄社";骆驼交易的"福庆社";羊市交易的"京羊社""兴隆社",经营毛皮交易行会组织的"生皮社",由这些行帮来操纵、控制、管理牲畜交易市场。其五,行会为了保卫自己的经济利益,积极协助政府,维护社会秩序。如:为了监督"买卖城"的商民,科布多、库伦和乌里雅苏台均设有由商人自己组成的一个半官方管理机构。其组成办法是由当地的昂邦挑选数名在当地居住最久、最了解当地情况的商人,委派他们做所谓的"甲头"。④ 每个甲头须监管十至十五家店铺,其职责是防止其监管下的小商贩们互相吵架、酗酒闹事、赌博、嫖妓、接待或允许可疑的人留宿,等等。总之,每个甲头

---

① 傅增湘主编:《绥远通志稿》(稿本)卷四十八,内蒙古图书馆藏。
② 匀舆:《西盟纪略》手抄本,民国二年(1913),内蒙古图书馆藏。
③ 城钱,光绪十八年时以铜钱四十八个为一百城钱。
④ 被选中的这些人在库伦叫作"铺首",即商业首领。在库伦"买卖城"和呼勒共有十二名铺首,他们系由"买卖城"的推事挑选后经昂邦们批准。他们的职责同科布多的甲头们完全一样。

都须对他管辖的人的福利和行为负责,是最接近下层、最可靠的监督者。如果汉商中有人死亡,首先须由甲头证明这是正常死亡,否则"厅子"就有责任对死因进行认真调查。此外,甲头还协助昂邦处理商务案件。如在科布多做生意的某个汉商破产了,甲头们就须到昂邦那里去对此进行审议,并裁定是果真因故破产还是出于恶意的预谋。这些商人担任甲头职务并无分文报酬,相反,这一头衔还会给他们带来额外负担,如为昂邦和笔帖式们提供的商品都须贱卖,且依据当地习俗,甲头于每月初一和十五都要给每个来行乞的汉人两三碗面粉或黍子。①

(三)房租管理

蒙古地区所有的"买卖城"都很少有私人的房屋,商铺均为租赁。清廷赋予蒙古地区寺庙以上地的所有权,并允许把这些土地出租给商民,以此来代替之前拨给寺庙的生活费。同时,管理当地的民政人员在某种程度上也得到了这种权利。

归化城的地皮分成许多地段,分属召庙、都统和土默特管理当局的办事机构。这些地段的占有者有权出租这些土地,租金以距城中心远近、是否建盖房屋以及靠水远近等而多少不等。多伦诺尔"买卖城"的地面也一样,几乎所有的房屋都属于寺庙所有,每座庙少者有五六座,大者如呼和苏默和锡拉苏默两座喇嘛庙,所属房屋多达二百座左右。这些寺庙一般要靠这些房屋租金收入来维持寺庙的日常开支。多伦诺尔的房租通常按十二间来计算,一座十二间的房屋可以得到七八十两的租金。②

不过乌里雅苏台和科布多的"买卖城"的情况有所不同,这里由捕厅向汉人所使用的房屋征收地税,每间屋子每年法定税金为三钱。"买卖城"内半数以上的店铺都是在租来的房子里居住和营业的。最贵的房屋是主要街道上的整套宅院,共有十二间住房,还有板棚和小库房,每年租金是二百两银子。一般商人们通常租半座宅院,共五间住房和两间小库房。每年租金为六十至一百两。租约期限大都为四年、六年,乃至十年,而且往往都是预先支付一半租期的租金,也有预付整个租期租金的。租

---

① 参见[俄]阿·马·波兹德涅耶夫:《蒙古及蒙古人》(第一卷),第346页。
② 参见[俄]阿·马·波兹德涅耶夫:《蒙古及蒙古人》(第二卷),第89、339页。

约里通常都写进房屋修理的规定,这种修理照例由房东房客共同承担:房东提供修缮需用的材料,如木料、砖、泥土、沙子等等,而劳力则几乎总是由房客出钱雇佣。地价税及其他固定捐税的支付一般多由房客承担。①

四、小结

总之,蒙古地区"买卖城"的兴起与发展是与当时的政治、经济、文化发展相适应的。蒙古族自古是一个游牧民族,"不谙耕作,无论贫富,皆赖驼、马、牛、羊四项牲畜,以资度日"。② 随着蒙古地区社会经济的发展和边疆开发活动的逐步深入,城镇的兴起促进了"买卖城"商业贸易的发展,丰富了人民的物质生活,有利于增强边疆各民族的向心力。近代以来城市和交通、商业的发展,"买卖城"独立在城区之外的因素逐渐减弱,更促使"买卖城"与城镇、城堡结合,向商业化城市发展。与此同时,随着蒙古人民逐渐走向定居生活,进而改变了蒙古地区城镇的市民结构,"买卖城"内不仅是汉商聚居地,更有很多定居的蒙古人民和汉族农业移民。"买卖城"与城镇结合后,城市建设也颇具规模,近代公共设施的建设和管理逐渐完备起来。归化城发展为内蒙古自治区的首府;库伦发展成为蒙古国的首都;即使由于商品运输路线的改变,影响到多伦诺尔"买卖城"的商业重镇的地位,但多伦的城镇建设仍有加强。总的来说,蒙古地区城市的功能得到发展,政治、经济、文化各方面的作用都在加强,市镇结构和布局逐渐与内地的商业城市划一。而商品经济的发展,交换中心的扩大,以及手工业生产的进步,交通设施的改变,政治环境的影响,使蒙古地区社会经济进入一个空前的繁荣发展时期。所以,清代蒙古地区"买卖城"的变迁无疑是蒙古地区社会经济发展与商贸活动的一个缩影。

(原载《民族研究》2008 年第 2 期)

---

① 参见[俄]阿·马·波兹德涅耶夫:《蒙古及蒙古人》(第一卷),第 288、289 页。
② (清)奕湘:《定边纪略》,茅海建主编:《清代兵事典籍档册汇览》第十七册,第 193 页。

附　录

(一)档案材料

同治元年总理衙门陆路通商清档(上)

中国第一历史档案馆

同治元年二月(1862.3),清政府与俄国签订了《陆路通商章程》《陆路章程详细办法》,俄商得多运货少纳税或不纳税之利,而清政府国库则减少收入,这从同治元年总署辑录的有关陆路通商清档中即可看出。同时还可得知,从咸丰十一年(1861)至同治元年,中俄继续进行条约谈判的情况。此外,这些文件中有俄商在恰克图与天津间往来所运货物的品种、数量和出现的问题,以及清政府所采取的对策等内容。另有张家口、天津两关税收统计等。现将清档整理公布,供研究参考。

——编选者 方裕谨

库伦办事大臣色克通额为报上年俄商到库伦人数事致总署咨文
同治元年正月初六日

库伦办事大臣色克通额清文称:查十一年二月间,本大臣具奏,嗣后来至库伦贸易人等执照名数,应由恰克图部院章京报明时呈报总理衙门备查。等因。一面呈报总理衙门在案。兹于十一年二月起至十二月止,该国来至库伦贸易人等名数、物件包数开列于后,咨报总理衙门备查。

二月,俄罗斯瓦什里玉尔噶诺布等二人,带零星物件贸易。三月,俄罗斯瓦什里玉尔噶诺布、伊旺巴哩雅斯奎等六人,带皮子、倭缎等九十二包货物贸易。五月,俄罗斯呢库里丕尔诺莫布等五人,带倭缎等七十五包货物贸易。同月俄罗斯马特丕哈克车库布等六人,带倭缎、珊瑚等货物十二包贸易。同月俄罗斯车登多尔尼呢音达克等六人,带倭缎等五包货物贸易。又俄罗斯萨勒白纳克依等四人,带水獭、银等五包货物贸易。又俄罗斯罗端等三人,带氆氇、水獭等四包货物贸易。同月俄罗斯米开拉克塔哩岳布等二人,带皮子、银等六包货物贸易。又俄罗斯密喀济拉萨济郭林等五人,带氆氇、倭缎等十二包货物贸易。六月,俄罗斯什替布庆润里斯呢库布等七人,带各样银等十包货物贸易。又俄罗斯济讷庆替固赛楚布等四人,带氆氇、倭缎等九十包货物贸易。同月俄罗斯额里克三达尔莫勒扎诺布等四人,带氆氇、倭缎等九十包货物贸易。八月,俄罗斯阿里克西坡尔托坡坡布一人,带倭缎等四十六包货物贸易。同月俄罗斯景产查布喀塔銮等二十人,带水獭、银等七包货物贸易。同月俄罗斯松鲁布丹弼等十四人,带倭缎、银等十四包货物贸易。十月,俄罗斯阿雨什塔尔巴等十人,带珊瑚、银七包货物贸易。同月俄罗斯阿望毕里扬萨奇等十人,带氆氇、倭缎、镜子等二十六包货物贸易。十一月,俄罗斯济讷庆替固赛楚布等十人,各项货物食物三十包贸易。同月俄罗斯鲁库布岳尔噶诺布二人,带二十四包货物贸易。十二月,俄罗斯瓦什里岳尔噶诺布等三人,带氆氇、线布、银等货物贸易。

总署为请核议现定俄国通商章程事致户部咨文

同治元年正月初九日

行户部文称:本衙门前因俄国进出口章程业经咨送该部核议,并准核复在案。现因俄国驻京公使以原定章程尚有未尽妥协之处,须行更改,经本衙门与俄国公使续为议定,相应将现定章程再行咨送该部核议,俟议定后,即行声复本衙门。

三口通商大臣崇厚为转报俄领孟第原开货单事致总署函

同治元年正月十二日

三口通商大臣崇厚函称:前奉大咨,令将俄国与各国不符之货一并议定税则。等因。昨据俄领事孟第开单商核前来,详加复核各货市价未尽公允,现传各行照单开货包逐一估价,并调取各行市面买卖发单,再与孟第会商妥洽,以凭禀复核办。兹将孟领事原开货单录呈。

进口货物:

布匹花幔类

布(原色白色 如南哈科连廓耳等) 每丈七厘　色布(如南哈等) 每丈一分　印花布 每丈九厘　回绒 每丈一分三厘　雨过天晴布 每丈三分八厘　碎花锦布 每丈三分七厘

绸缎类

哈喇(宽不过七十因制) 每丈一钱三分二厘　哈喇(宽不过六十四因制) 每丈一钱二分　大呢(宽不过七十因制) 每丈一钱二分　哈喇大呢(宽不过五十六因制) 每丈一钱　绒棉布(柯昔聂特、六色忒赁、米立挪恩、忒耳纳) 每丈二分五厘

皮张类(按原单自此以下所开银数系指货价以凭将来议定税则)

羊皮板 每张五钱五分　色香羊皮 每张四钱五分　香羊皮 每张四钱　羊皮 每张一两五钱　骆驼绒 每张二两　狼皮 每张五钱　香鼠皮 每张一钱　沙狐皮 每张三钱　太平貂皮 每张二两　猫皮 每张一钱　野猫皮 每张一钱五分　公达什狐皮 每张四钱　白狐皮 每张四钱六分　月儿熊皮 每张五钱五分　猞猁狲皮 每张二两五钱　灰羖䍽羊皮 每张七钱五分　黑羖䍽羊皮 每张四钱　白哈刺羊皮 每张黑三钱五分　白一钱八分　扫雪腿皮 每对七分五厘　貂腿皮 每对七分五厘　白狐腿皮 每对四分　黑狐腿皮 每对五钱　红狐腿皮 每对一钱　海龙尾 每个一两五钱　生羊皮 每张一钱二分　生山羊皮 每张一钱二分　羚羊角 每斤二两　香脐子 每斤四两

出口货物:

黄油 每百斤六两　砖茶 按原单未定价

户部为所送俄国通商章程逐一复核均属妥协事致总署咨文

同治元年正月二十三日

户部文称:前准咨称,本衙门前因俄国进出口章程,业经咨送核议并核复在案。现因俄国驻京公使以原定章程内尚有未尽未妥之处,须行更

改，经本衙门与俄国公使续为议定，相应将现定章程再行咨送户部核议，俟议定后即行声复本衙门。等因前来。查总理各国事务衙门送到俄国通商章程，本部逐一复核，均属妥密周详，应如所咨，由贵衙门奏明办理，除将原议章程存案外，相应咨呈查照。

俄人柏林为未得上级回话续增条款今晚不能送去事致司员长善函
同治元年正月二十六日

俄国柏林致司员长善等函称：适间所言续增之条款，本拟今日晚间送上，无如现尚未得我大人回话，是以未克如约。兹先专字达知，俟得回话后即时送交贵衙门。

察哈尔都统庆昀为已将咨到税单等移张家口抄存事致总署咨文
同治元年二月初二日

察哈尔都统庆昀文称：前准咨开，据江苏巡抚与赫总税司将洋商入内地买土货报单商定式样，中间列入英文，并将买土货运照内，照善后条约酌添数语，其卖洋货税单仍照来样，一并饬令江海关刊刻。等因前来。查关税事宜系隶张家口税务监督办理，当将咨到粘连税单、报单、运照式样移送张家口税务监督查照抄存，以凭遵办去后。兹准该监督咨称，业经照抄附卷存查。等因。将原税单、报单、运照随文移回。除饬司存案备查外，相应呈复。（全文详英国子口税案——原件夹注）

三口通商大臣崇厚为缮呈俄国续议税则清折致总署函
同治元年二月十二日

三口通商大臣崇厚函称：俄国续议税则连日已与孟第往返议定，兹特先行缮具清折呈阅，一二日内缮就正册，并配送俄文盖印画押后，再行呈送。附续增税则清折一扣。

附：俄国续增税则

进口货物：

布匹花幔类

布（原色白色，照各国税则第二种布，如南哈、科连廓耳等）每十码二分色布(如南哈等) 每丈一分五厘　印花布 每丈九厘四毫　回绒 每丈二分三厘　雨过天晴布 每丈三分八厘　碎花锦布 每丈三分七厘　绒棉布(柯西聂特、米立挪思、六色特赁、忒耳讷) 每丈二分七厘

绸缎类

哈喇(宽不过七十因制) 每丈一钱三分二厘　哈喇(宽不过六十四因制) 每丈一钱二分　大呢(宽不过七十因制) 每丈一钱二分　哈喇大呢(宽不过五十六因制) 每丈一钱

皮张类

羊皮板 每百张二两七钱五分　色香羊皮 每百张二两二钱五分　香羊皮 每百张二两　牛皮 每十张七钱五分　狼皮 每十张三钱　骆驼绒 每十张一两二钱五分　香鼠皮(照各国税则灰鼠银鼠例) 每百张五钱　沙狐皮(科尔萨其) 每十张二钱五分　太平貂皮 每十张一两二钱五分　猫皮 每百张五钱　野猫皮 每百张七钱五分　公达什狐皮(哈喇敢喀) 每十张三钱　白狐皮(别斯比) 每十张二钱五分　月儿熊皮 每十张三钱　猞猁狲皮 每十张一两五钱　灰羖羬羊皮 每十张四钱　黑羖羬羊皮 每十张二钱　黑白哈喇羊皮 每十张一钱八分　白白哈喇羊皮 每十张一钱　貂腿皮 每百对五钱　扫雪腿皮 每百对五钱　白狐腿皮 每百对二钱五分　黑狐腿皮 每十对三钱五分　红狐腿皮 每十对七分五厘　海龙尾 每个一钱二分　生羊皮 每百张六钱　生山羊皮 每百张六钱

药材类

羚羊角 每百斤一两

油蜡类

黄油 每百斤三钱

椒茶类

砖茶(别种茶叶另有税则不得援照此例) 每百斤六钱

右所载码、因制、丈尺、斤两,均照各国税则第四条款为准。

户部为俄商从不在张家口报税事致总署咨文

同治元年二月十三日

户部文称:张家口监督呈称,准户部札开,今俄国商人携带货驼由张家口行走应否交税,张家口自应查照成案办理,其从前俄商进口所带货物是否交税自有成案可稽,应札行张家口监督查照成案办理,仍专案报部。等因。查前于本年(咸丰十一年——编选者注)三月内,俄国商人携带货驼一百五十余只进口,当经都统饬属查明并未报税,该商旋于五月初一至初三等日,携带原货,分起自口起程,声言前往天津销售,职司当将并未在口售卖及并未纳税各缘由,前经呈报在案。今准来因,兹查本口往来办运货物照例报税者均系内地商民,间有办货赴恰克图与俄商交易者,其货物即在彼行销,该俄商向不自办货物来口交易。兹奉来札职司衙门详细溯查,实无俄商报税案据,理合将尊查缘由呈复前来。除本部存案备查外,相应咨呈。

总署为速将与俄孟领所定税则盖印画押寄来以便刊刻事致三口通商大臣函

同治元年二月十三日

致三口通商大臣函称:本处与俄国议定陆路通商章程,业已于月之初四日与把公使盖印画押,现已饬工刊刻,计月望后即可刷订成书。所有阁下与孟第议定税则亦望速与盖印画押寄来,以便一手刻就与章程合订,缘章程与税则本系一事,合订一处则将来行至各处易令阅看了然也。

总署为报与俄谈判陆路通商章程经过情形事奏折

同治元年二月十四日

本衙门奏称:窃查俄国条约第四款内载,海路通商上纳税课等事,俄国商船均照各国与中华通商总例办理。又续约第五款内载,俄国商人除在恰克图贸易外,其由恰克图照旧到京经过之库伦、张家口地方,如有零星货物亦准行销。各等语。上年春间,该国以条约内有照旧到京字样,坚请京城通商,经臣等极力阻止,始行改赴天津贸易。揆其所以欲入内地贸易之故,实以华商在口与彼交易诸多勒索欺负,彼心不甘,是以自欲运货入内地贸易。唯俄国地处西北,其至中国贸易者大半均由陆路行走,其经过之恰克图、库伦、张家口、通州等处，既经行销货物，则应纳税课，不能不议定妥善章程，而该公使坚称陆运费用较重，断难照各海口总例一律办理。并据该使照会内称，派帮办大臣格凌喀酌议税则，请臣等亦派一大臣在京共议。臣等以税务均非素谙，因令其赴津与三口通商大臣崇厚会议。而该使又以崇厚系管理北洋三口，自库伦等处至津各关卡并非该大臣兼管，必欲与臣等将大概章程议定后，始派天津领事官与崇厚再将详细章程核议。该公使与臣等初议意欲纳税从轻，蒙古地方则随处可去，张家口则设立行栈，经过关隘则处处免其稽察。臣等伏查俄国商人向在恰克图等处边界贸易，必须华商转运茶叶至恰克图，与俄商彼此换货，是茶叶实为口外华商一大生计，今既准其进口贸易，若不照洋税从重征收，则华商之生计顿减，即各口之税课有亏。又查库伦一带为蒙古错居之地，其为库伦大臣所属者，向止车臣汗、图什业图汗两爱曼等处。此外蒙古各游牧处所，地方辽阔，部落繁多，均非库伦大臣所属，若照内地章程，准令俄商随地贸易，不特稽查难周，且设有抢掳案件，该大臣亦不能遥为办理。又查张家口为五方杂处之地，距京不及四百里，若准俄商在彼设立行栈，势必致俄人日聚日多，历久恐或酿成心腹之患。况陆路运货随时随地皆可往来，若不设法严防，不惟易于偷漏，且恐近畿要地滋蔓堪虞。是以臣等与俄国初议章程时原拟征税从重，蒙古地方不准任意行走，张家口不准设立行栈，陆路通商必处处皆有稽查，方能与之定议。无如臣等从上年夏间起，与俄国公使把里玉色克等往返商议不下数十次，始而该国欲由古北口、独石口任意行走，继而张家口欲多留货物行销，并欲设立行栈及领事官。至于应纳税课，该国深知华商应交之正税甚轻，必欲援照华商办理，且自口至津各关隘不愿中国官吏认真盘查。臣等与之反复争论，几至舌敝唇焦，而该使于一字一句之间，利己者益之，不利己者去之，是以稿经屡易，数月之久，而不能定妥。诚以该国之愿望太奢，臣等实有不敢过事迁就故也。迨本年正月间，该国公使复与臣等重加斟酌，见臣等力持定议，该国始允进出货物照华税从重征收，张家口不再设立行栈及领事官，其陆路行走亦任凭中国官吏盘查，均照臣等原议，唯蒙古地方贸易一节，该国则必欲随意行走，且声称俄商私与蒙古贸易已经有年，臣等与之再三辩论，该公使坚执如前，几至决裂。臣等公同商酌，值此四方多故，自不便因此一节致启衅端。因查蒙古各部落中国实有设官不设官之分,其设官之蒙古地方如伊犁、乌里雅苏台、科布多、库伦等处皆有将军、大臣驻扎,如俄商前往贸易自尚能设法稽查,固准其持照前往贸易。此外未设官之蒙古地方,如俄商前往贸易,设有事端,应与中国无涉,反复驳斥,该公使始将此大意写入章程内。与臣等酌议定出陆路通商章程二十一款内,如蒙古地方只准前往中国所属设官之蒙古贸易,张家口地方只准酌留货物十分之二,不得设立行栈。俄商运俄货至张家口,或天津进口正税只准照各国税则酌减三分之一,由南省海口运货至天津令交一复进口半税,在天津、通州买土货令交一正税,在张家口买土货令交一半税。往来运货令领取盖印执照,均限六个月缴销,是皆于无可禁止之中暗寓防闲之法,虽不能尽去弊端,然已较之该国原议稍有限制。臣等拟即照此先行试办,并于条款内声明五年后再议,仍恐税务未谙,疏于防范,将条款咨送户部详为复核。旋据户部复称,均属妥密周详。臣等因于二月初四日与把使将汉字、俄字章程各一分画押盖印,应即行知各处地方官遵照办理。至于详细章程,应由崇厚就近与俄国天津领事官孟第妥议,续入章程之后,除将原定章程封送礼部严密收存外,谨抄录一份恭呈御览。至此案所收俄国原照会五件,原递章程单二件,一并封送军机处,以备呈进。所有臣等议定俄国陆路通商章程原由,理合恭折具奏。本日奉旨:依议。片并发。钦此。

总署为有关砖茶等货物定税事宜应照续增税则办理事致俄使照会
同治元年二月十七日

给俄国把留捷克照会称:前准贵大臣照会内称,将砖茶一项及与各国不符之货,一并定税。等因。当经本衙门行文办理三口通商大臣崇与贵国领事官孟妥为定议。昨准文称,续增税则已议定盖印画押,并缮具清折前来。本大臣详加查阅,均极妥善。复经彼此盖印画押,相应将条款税则刊刷一分,送交贵大臣查照转饬各领事官、商人遵办,其余货项仍照各国总例一律办理可也。

总署为报与俄议定之续增税则画押事片
同治元年二月二十日

本衙门片奏。再,臣等前准俄国照会内称,中国出口砖茶等货,应定续则。查各国税则,每茶叶百斤抽税二两五钱,即指白毫、红茶、青茶、黄茶而言,各国商民置买出口,惟俄商兼用砖茶,其价购自上海,每百斤值银二两五钱,若按税则每百斤亦纳二两五钱,是每价百两亦抽百两,因请饬行三口通商大臣与领事官,将砖茶一项及与各国不符之货一并议定正税。等因前来。当经臣等咨行三口通商大臣崇厚妥议办理,并于前次具奏俄国陆路通商章程折内声明详细章程,应由崇厚就近与俄国领事官孟第妥议,续入章程之后。等因在案。兹据崇厚咨称,与俄国领事官孟第议定续增税则,缮具汉文、俄文各四分,公同盖印画押,除俄国备存各二分,崇厚备存各一分外,将缮具汉文、俄文各一分咨送前来。臣等当即刊刷条款并续增税则照会俄国驻京公使把里玉色克转饬各口领事官一体遵办,该公使均已允从。惟因前定俄国陆路通商章程系由臣等与该国公使公同画押盖印,此次续定税则,系由崇厚与领事官孟第画押盖印,仍请由臣等与该公使加盖印信公同画押以归画一而昭信守。臣等因该公使所请尚属可行,当于二月十六日公同画押盖印。除将续增税则封送礼部严密收存外,谨将俄国照会及臣等给俄国照会并续增税则,均抄录一份并刊刻俄国陆路通商章程及续增税则一并恭呈御览,其俄国原照会仍封送军机处备查。所有续增税则画押盖印缘由,理合附片具奏。本日奉旨:依议。钦此。

察哈尔都统庆昀为报俄商依宛阿里西运货出口事致总署咨文
同治元年四月十一日

察哈尔都统庆昀文称:四月初三日,有南来俄商一人、跟役一人,在下堡通海店停歇,向其查询,其人名依宛阿里西,其跟役系布拉特蒙古,名冈干。据称天津俄商路事尼阔福等三人,领有天津印票二张,令伊载送货物出口回国,他领票三人并未同来。等语。当经本衙门一面将该俄商印票饬司挂号登记。并饬守口章京兵丁等届时详细点验放行,一面将前项执照二张移送张家口税务监督查验,以便照章核办去后。嗣准该监督备文,将原票二张咨回在案。兹据查街章京并大境门守口章京等报称,俄商依宛阿里西等于四月初七日，雇觅喀勒喀车臣汗属下黑人德沁等六名，载运武彝茶六十七箱、砖茶七十二箱、土靛三箱、色布四箱、驮驼四十三只，数目相符，并无拆动，查验放行。其俄商依宛阿里西并其跟役冈干询据声称，在口守候该国货物由该国运送到口时，贩运南回并不出口。各等语。除照案粘抄票载该俄商路事尼阔福货数，飞咨库伦办事大臣，以便该俄商货物到库伦时核对查验，并咨行三口通商大臣查照，仍移咨张家口税务监督查照，以便俄商由该国运货到口时，查照新定俄国陆路通商章程办理外，相应咨呈总理各国事务衙门，请烦饬属查照备案。

库伦办事大臣色克通额为报俄商设书阔福携货出口事致总署咨文
同治元年四月十二日

库伦办事大臣色克通额文称：本年二月间，准直隶总督部堂咨开，俄商现欲携带货物出口，并由三口大臣发给执照，将货物驼只数目注明，粘贴印封，以便经过各关口查验，庶免偷漏，但止准由通州、东坝、张家口、库伦、恰克图行走，不准由别处绕越。等因前来。旋于本年二月初六日有俄商设书阔福等携带货物，雇觅蒙古人驼只运抵库伦，当即派印房官员等查验，与原领执照均属相符，沿途并无拆动察〔擦〕损更换等情，粘连印单，即于是日放行，并札饬恰克图部院阿克丹布遵照来文事理，合对原领执照数目，并有无拆动更换等情，俟查验明确即行放行。等因札饬在案。兹据该部院章京阿克丹布呈称，正月十四日接准三口通商大臣崇原咨汉文一件内抄本年十二月十一日准俄国领事官孟照会内称，据本国商人设书阔福禀报前来，该商于天津所购货物，今欲运回恰克图。等因。本领事查陆路通商章程未定，该商尚不能报税，相应将其货物之单画押铃印，转送贵大臣暂收，即祈委员验明该货物并发给执照即交该商领受，计货物单一纸，武彝茶、砖茶一百六十三箱，计重九千六百九十斤外，有行李箱四件。等因。准此。除给俄国商人设书阔幅前往恰克图地方护照外，拟合咨会。为此，咨会贵衙门请烦查照施行。等因前来。又于正月二十五日、二月十四日接准札文内抄天津通商原来汉文一件，并俄国商人货物过库验明放行日期满文一件，札饬前来。司员自奉到前咨来文，即委蒙古章京官人等严行查验。今于二月十六日俄国商人设书阔幅等自天津购买货物到恰，司员即委章京官人等严行查验并照单票货物数目俱已验明，并无拆换及单货不符情弊，是以赶紧放行，其该俄国商人原领执照于二十一日经玛雨尔差图尔吗齐什吗里布缴回，司员遵文将该俄官玛雨尔缴回执照一纸、蒙古、俄罗斯手字一纸，并过卡回国日期一并禀报，伏祈查照转行。等因前来。相应将该章京阿克丹布呈报咨取俄罗斯玛雨尔手字一纸本处存留备查，其由玛雨尔缴回商人设书阔幅原领执照一件，随文咨送办理三口通商大臣查照办理外，理合呈请查照。

库伦办事大臣色克通额为俄商往津过库伦要否查验事致总署咨文
同治元年四月二十二日

库伦办事大臣色克通额清文称：兹据恰克图部院章京阿克丹布禀称，本年三月十二日俄国差使前来告知，照新定约章令商人额斯那硕布等六人前往天津，于三月十四日由恰起程。等语。照依给发执照，十四日出恰时验其货物，均与原票相符，即于是日放行，恳请知照俄商经过地方及天津大臣并缴销原票等因禀报前来。查与俄国定立通商条约第五条及新颁各陆路通商章程第三条所载各等语。今往天津之俄商租得驼马于三月二十一、二十五日先后到至库伦，随派令蒙古官员告知署领事官雅阔布等，何时起程，即知照察哈尔都统，进口时不得迟延，而该使回复以章程内并无库伦大臣勘验之说，拟以免验商票，商人起程亦不必报知。随于三月二十八日由库伦往张家口起行，既与新章相符，碍难阻止，除知照察哈尔都统将前往天津通商之俄罗斯额斯那硕布放行外，并知照天津三口通商大臣验明，折回时撤票缴销。查俄罗斯若不准验票，不报日期，竟无从稽核，惟查新颁条约内并无库伦字样，似难查验，嗣后如遇俄罗斯往天津经过库伦时，是否即照恰克图禀报转行天津，抑应如何办理之处，相应咨行办理。

张家口监督景福为俄货到口并无俄商货单请查照事致总署呈文
同治元年五月初二日

张家口监督景福呈称：本月初二日有脚户驮来茶叶、布匹等，声称系俄商之货，卸载通海客店，仅有脚夫发帖呈验，并无俄商跟随等情。初三日据该店店户报称，俄商到口，经查街章京将货单呈送都统阅看，是日亥刻接准察哈尔都统咨来税单二纸，职司查验后，当时将税单咨回。惟查通商章程内载，俄商贩货回国，务须单货相随，以凭查验。兹查现来俄商各货交付脚夫，本商并无一人同行，货单亦未相随，嗣后若未遵照定章，诚恐沿途各关口查无货单，倘有阻拦，致生事端，理合备文呈明，伏乞查照办理。

张家口监督景福为俄货不留口销售及未载入章之货作何处理事致总署呈文
同治元年五月初五日

张家口监督景福呈称：四月十七日准察哈尔都统咨称，准库伦办事大臣咨，据恰克图边界官玛雨尔具报俄商阿思纳硕福等运货赴津销售。等因。当照新章发给执照四张，并在伊等原领俄文上钤盖关防，呈请查核。等情前来。查该商货物抵库伦后，即为查验，与新章相符，未便阻止，该商等于三月二十八日由库伦起程，相应咨知察哈尔都统查照。等因。除饬大镜门官兵查验准令进口外，应咨知查照届时查验。等因。随据在口候货依宛阿里西同通事白姓报称，俄商阿思纳硕福、喀力金、披拉密阔福、奇哩摄福等，货物现已到口，并将执照呈递，请查验放行。等语。职司详查执照内载，阿思纳硕福货包一百二十二件，喀力金货包九十二件，披拉阔福货包六十四件，奇哩摄福货包十九件，共计二百九十七件，执照四张，当派妥役随同该商等前往，按伊等执照数目查验。旋据该役报称，查验得俄商等货包核与执照内载数目计短六包，询据声称，系在口外驮驼惊散，因此尚未到齐。等语。当即咨行察哈尔都统饬查该商等短少货物因何迟未到，有无沿途拆动私售等事。旋准复称，据俄商阿思纳硕福、奇哩摄福俄汉文字呈称，商等由国载货行至厢黄旗博洛霍济尔地方，因骆驼惊跑，蒙古等分路寻找，别得驮子俱已寻获，内短三个驮子，连骆驼并未寻见，不知跑往何处，禀请查寻，并开失单内称，阿思纳硕福丢失香牛皮四包、奇里摄福丢失银器二包等情。除咨库伦办事大臣查办外，相应咨复。等因。复查与该商所报相符。当传该商等将现货按照章程内载第五款，饬纳留口二成税课并将现货内之银器、水獭皮、喀机呢等物虽俱系章程内并无明条，自应比照各国载有之例，或照值百抽五之条，一并以二成交纳。今据该俄商目依宛阿哩西等声称，此次货物全行运京并不留口销售，亦不在口交纳，如在口销货而章程未载者，亦不能比照各国之例交纳各等语。职司详查章程内并未议有不留口销售者作何办理明文，今值此抚事之初，该商等既称此项货物不留口销售，全行运津，而应纳税银，在口在津事同一律，未便阻止，即于货物逐件盖用验放戳记，令其速行。复据察哈尔都统咨称，据该商目等呈请于执照上钤盖印信或本衙门与以符信均无不可等情。查章程内并无钤印明文，仍咨复查照酌核。等因各在案。职司复查张家口税课以符额征，兹俄商自行贩运，华商恐折资本已形裹足，且与税课甚觉有碍，是定章准俄商在张家口交纳二成税课，核其文义，似是补顾额征之意。今俄商初次贩货进口，于俄国新定款约以及章程未载之货，或比照各国出进口之例，或值百抽五之条，一概不愿遵照，且于未定钤盖印信之章遽行请加，诸多不符。张家口并无设有俄官可咨，亦无官设通事可商，只由俄商任意办理，不但于税务有碍，更恐嗣后留口之货有费唇舌难以办理，不能不先行据实沥陈，呈请明定章程。嗣后如遇似此俄商不留口销售之货，并所运货物有未载入章程内者，均应作何办理，暨此次所运货物有章程内未载之银器、水獭皮、咯机呢等货，到天津关系照何条征收之处，即请分别明晰札示，俾职司有所遵循，并请加照天津三口通商大臣一并妥为办理，以昭公允而免两岐，为此，备文呈请查核，以凭遵照。

总署为俄货到口无俄商及货单相随希妥酌罚办之法事致三口通商大臣札文
同治元年五月初八日

行三口通商大臣文称：兹准张家口监督呈称，四月初二日据差役报有脚户驼来茶叶、布匹等物，声称系俄商之货，卸载通海客店，仅有脚夫发帖呈验，并无俄商跟随。初三日据店户报称，俄商到口，经查街章京将货单呈送都统阅看，亥刻据察哈尔都统咨来税单二纸，职查验后仍将税单咨回。查通商章程内载，俄商贩货回国，务须单货相随，以凭查验，现来各货交付脚人，本商并无一人同行，货单亦未相随，诚恐沿途各关口查无货单，倘有拦阻致生事端，请转行三口通商大臣查办。等因前来。本衙门查新定俄国陆路通商章程内载，俄商由天津、通州、张家口贩运货回国，务须单货相随，以凭查验。等语。原因单货相离易起影射偷漏私行销售之弊，是以于章程内载明此条，以便各关口易于稽查。兹据张家口监督呈称，脚人驼货到口，俄商并无一人同行，货单亦未相随，实属有违定章。且据差报，并无俄商跟随而店户又报俄商到口。经查街章京将货单呈送都统阅看，两报相歧，究竟有无俄商押货同行，殊难凭信。况张家口监督为该口管税之官，何以俄商既经到口，不亲将货税单呈送监督查验，而由查街章京呈送都统阅看，复由都统咨送监督，种种情形闪烁，难保非从中舞弄弊端，因思章京中只有务须单货相随一语，而单货如不相随，应作何办理以杜其弊则未之及，相应据呈咨明查照。或将单货相离一层仿照漏税等事酌定一如何罚办之法，以补章程之不及，与布领事官详细议定，知照各关口一同照办以示限制而资炯戒，或者该商有所顾忌亦未可知。是否可行，即希妥酌办理，并一面咨复本衙门以凭核办。

总署为俄商货物到口盖用印信放行事致张家口监督札文
同治元年五月初八日

札张家口监督文称：五月初五日准来文呈称，据俄商依宛阿里西同通事白姓报称，俄商阿思纳硕福等货物现已到口，并将执照呈递请查验放行，当传该商等将现货按照章程内载第五款，饬纳留口二成税课并将现货内之银器、水獭皮、咯叽呢等物，虽系章程内所无，自应比照各国载有之例，或照值百抽五之条，一并以二成交纳。今据该商声称，此次货物全行运津，并不留口销售，亦不在口交纳等语。详查章程内并未议有不留口销售者作何办理明文，既全行运津，未便阻止，当即盖戳放行。复据察哈尔都统咨该商请于执照内铃盖印信，查章程内并无铃印明文，因思张家口税课全赖中国商贾贩货出口进口交纳税课，以符额征。俄商自行贩运，既恐华商折本且与税课有碍，请分别明晰札示。等因前来。本衙门查新定俄国陆路通商章程第五款内，载俄商运货至津，应纳进口正税，按照各国税则三分减一在津交纳，其留张家口二成之货，亦按税则三分减一在张家口交纳。等语。是章程内所称该商二成货物必须留口销售方能在口交纳二成税课，若进口之货全数运津，并不留口销售，自不应令其在口交纳二成税课，此项进口货物该监督务将货色数目详咨三口通商大臣，俾货物到津得以逐细查照征税，以防沿途偷漏之弊，是为至要。其盖戳放行一节，查俄国新定陆路章程第三款内载，俄国运货由张家口、东坝、通州抵津，任凭沿途各关口抽查验照盖戳放行。等语。今俄货到口，既据该监督盖戳放行，即与盖用印信无异，但嗣后俄商如果坚请用印，似亦不必拘泥，应由该监督斟酌办理。至俄商运货隐夺华商之利，实与税课有碍一节，本衙门早经虑及，并拟与户部筹商，将来由天津一总收税项下酌数拨补，张家口额征税课自可酌盈剂虚，俟会商定议后再行札复。

张家口监督景福为俄商口外丢失货色系蒙古脚夫拆动事致总署呈文
同治元年五月初九日

张家口监督景福呈称：前经俄商披拉密阔福等所运货物以及丢失各缘由，业已呈明在案。兹于本年五月初六日，准察哈尔都统咨开，据俄商阿思纳硕福、奇哩摄福等禀称，前在口外丢失银器二包、香牛皮四包现经寻获，惟原封均已拆动，内短西洋钱一个、凤尔钱一个、香牛皮二张。等情前来。除所丢之货脚户应承赔补外，相应咨明。等因前来。随即饬派妥役前往查验，核与察哈尔都统来咨数目均属相符，除将货物上逐件盖用验放戳记，饬令速行。再查此项货色系蒙古脚夫拆动并非该俄商有违定章，理合声明。除咨行天津三口通商大臣查照外，为此，备文呈报查照。

总署为将天津关俄货正税项下酌拨张家口额征之处事致户部咨文
同治元年五月十一日

行户部文称：兹据张家口监督呈称，俄商运货进口，声称全行运津，并不留口销售，亦不交纳二成税课。查张家口额征税课，全赖中国商贾贩货出进口交纳税课，以符额征。自俄商由陆路自行贩运，华商恐折资本，已形裹足，若俄商再将货物全数运津，不纳二成税课，则额征必致亏短，请示遵办。等因前来。本衙门查中国既准俄商各货进内地通商，则内地商人贩运货物出入张家口者必少，俄商既在天津完纳各税，则张家口应征之税亦少，虽章程内准俄商将货酌留十分之二在口销售，其留口二成之货亦在口完税，但恐俄商将货全运天津，亦难勒令该商将货物十分之二在口销售，即不能令该商将十分之二税课在口完纳，是张家口向日应征之税多归天津关征收，而该口额征日形短拙，拟应量为变通，可否仿照闽海关将洋税拨补常税定额，并天津关子税拨补户关短征银两各案，令天津关将所收俄国货物正税项下，酌量拨补张家口额征之处，即希贵部详为酌核，奏明后饬知三口通商大臣暨张家口监督遵照办理。

察哈尔都统庆昀为俄货进口是否由税务监督验明后钤盖印戳事致总署咨文
同治元年五月十五日

察哈尔都统庆昀文称：四月十六日准库伦办事大臣清文咨称，据恰克图部员申，据俄国边界官玛雨尔具报，该国商人阿思纳硕福等六人运货赴津销售。等因。当即按照新章发给执照四张，并在伊等原领俄文执照上钤盖关防，复于该俄商货物到恰时饬差查验，与执照所载数目相符，粘贴封条放行，理合粘抄该俄商等人名及所运货数清单，并照依前准天津大臣咨到执照式样，刷印给发该俄商等收执，其执照式样一并申请查核。等因前来。查俄国陆路通商章程第三款内载俄商运俄国货物前往天津，应有俄国边界官并恰克图部员盖印执照内，用两国文字注商目及随行人姓名、货色、包件数目，此项货帮止准由张家口、东坝、通州直抵天津，任凭沿途各关口中国官员迅速点数抽查验照盖戳放行，其照限六个月在天津关缴销，如各口有抽查拆动之处，查毕后仍由各口加封，其拆动件数并于照内注明以凭查核，该关查验不过一个时辰，倘有商人遗失执照，将货物扣留中途，即行报明原给执照之官，并呈明日期号头，妥速补给执照，注明补给字样，以便查验放行。等语。核与新章相符，未便阻止。该俄商等抵伦后，已于三月二十八日由伦起程，相应粘抄该俄商人名货数清单并执照式样一张，咨行察哈尔都统查照并望转咨。等因咨行前来。当经本衙门一面饬知大境门守口官兵，届时查照准其进关，一面先行抄录咨到该俄商等人名货数清单并执照式样，移咨张家口税务监督，届时照章查验。等因在案。嗣于四月二十五日，俄商披拉密阔福一人，载运货物六十四包先行进口，次日据在口候货之俄商依宛阿里西蒙文禀称，今由恰克图往天津之俄罗斯货物进口时，小的与商目前赴税务衙门请税务监督，将现到货物六十四包，按照恰克图部员执照验放。行经税务监督将货物查验与执照相符，随即恳令税务监督在执照之上盖戳钤印，以为现到货物与执照相符凭据，乃税务监督告云，执照上不可盖戳，已在货物上盖用戳记了。等语。今细看货物上所盖戳记辨认不清，所有此项货物上盖用戳记沿途关口执不可行,且新定章程内亦无在货物上盖戳之语,系称在执照上盖戳钤印,为此,敬恳税务监督将本俄罗斯人所领恰克图部员发给执照上盖戳钤印,俾此项货物前进时中途不致阻滞,为此恳禀。等语。并将恰克图部员俄商披拉密阔福之天字三号执照一张呈验前来。本衙门详核陆路通商章程第三款文义中,沿途各关口点数抽查验照盖戳放行,乃系重在稽查夹带,以杜偷漏,该商所禀未知是否属实,当经咨查张家口税务监督,将所查货色,所点件数逐细见复,即由本衙门酌核,在其照内与以符信,或经由该监督衙门钤盖关防,均无不可。等因。并将该俄商呈验执照一并咨送查核去后,旋准该监督咨复,查俄国陆路通商章程第三款内所载文义,止准验照盖戳放行,并未准于恰克图部照上钤用印信明文,所有该商请于执照上钤印之处,有违定章,碍难办理,所有咨来执照内载数目,核与抽查货件均属相符,将原来执照一张咨回。等因咨复前来。本衙门复查该俄商以税务监督在伊货包钤盖戳记,伊等辨认不清,呈请由本衙门行令该督在执照上盖用印戳,以免沿途阻滞,是以中国查验为重,必求显与符信以期确实,自未便斥以为非,而税务监督以章程内并无明文不肯率行钤盖关防亦不得谓为非是,惟案属初创,事界游移,自应先由本衙门权宜办理,期免夷商又资藉口,随后请定贵衙门指示永远遵行亦未为晚,当经饬司在于该俄商执照上粘贴关防印花,注明该商原禀与税务监督复文,发交该俄商以便沿途呈验稽查。嗣于二十六、二十八等日,俄商阿思纳硕福、奇哩摄福、喀力金亦各载货物进口呈验天字第一号、第二号、第四号执照三张,仍请在执照上予以符信,并据另具汉俄两项文字禀称,商等由国载运货物,行至厢黄旗博洛霍济尔地方,有二十余骆驼惊跑,经揽载蒙古土什业图汗爱曼将军莫尔根王旗喇嘛鄂济尔巴勒登等分路寻找,别的驮子均已寻著,内短三个驮子连骆驼,寻觅四五日并未寻见,不知跑往何处,为此禀请转札该处查寻。等语具禀前来。复经本衙门一面据禀分札旗群等处一体查寻,并咨行库伦办事大臣查照,一面咨行张家口税务监督查核,先将查验货数相符之商起程,免致别生枝节。等因去后。旋准该税务监督复称,查俄国陆路通商章程内第七款所载,俄商所运无论何项货物如至天津查有拆动抽换及绕越他处,不按第三款之路而行,一经中国官查出某商违例,其货物全行入官。等语。应请转饬再为详细查询,倘沿途有拆动抽换销售各等情事,仍希按照定章办理。又准复称,查验俄商喀力金货色包件与票载数目相符,其阿思纳硕福丢失香牛皮四包,奇哩摄福丢失银器二包,查其所少数目符合,自应即依呈词为准,先行放行,其丢失货物一俟寻获进口时再行办理。等因。亦经本衙门饬司在于该俄商等执照上声叙,该俄商原呈并税务司来文粘贴关防印花,饬发该俄商收领去后,嗣于五月初六日,又据俄商阿思纳硕福、奇哩摄福汉俄两项文字禀称,商等丢失连驮驼货包六个,系银器二包、香牛皮四包,曾经报蒙札饬查寻在案。今商等带同蒙古脚户人等前往寻找,将货包并驮驼均已寻获,惟原包原封均已拆动,内短西洋钱一个、凤尔钱一个、香牛皮二张。所短之西洋钱一个、凤尔钱一个,与脚户言明由脚价内坐扣,香牛皮二张,按市价由脚户名下赔银六两,完结其验收驮驼。拆动原包原封偷去钱文皮张之不知姓名蒙古,据脚户鄂齐尔已就近送交大马群总管办理。此项货物寻获,已经报明税务监督衙门,商等定于本月初七日即行携货起程。再,所短西洋钱一个、凤尔钱一个、香牛皮二张,已经脚户赔补,如由偷窃之蒙古追出时,伏乞即行发交脚户图土业汗部落将军莫尔根王旗喇嘛鄂齐尔、巴勒登二人具领。等语具呈前来。经本衙门一面札饬商都总管遵照札文事理,即将验收俄商货包之蒙古是何姓名,在何处检收,如何拆动原封偷去银钱二个、香牛皮二张,照例解送承办旗分一一询明,迅速详报,并将原物如数追出,随文申送本衙,以凭核办。一面咨查张家口税务监督,曾否查验加封,有无办项,刻即见复。等因去后。旋准复称,该监督所查与本衙门咨文无异。此项包货并非本口拆验,已在货包上逐件盖用戳记,未便加封。等因前来。除业经饬司据文晓谕该俄商遵照外,查此次本衙门饬司在于俄商执照上粘贴关防印花,系因该俄商等以税务监督在货包上所盖戳记辨认不清,请由本衙门行令该监督在执照上钤盖印戳,而该税务监督以章程内并无明文,不肯率行钤盖,是以本衙门暂行权宜办理。惟此后续有俄商货物进口,究应如何办理之处,自应呈请明晰,以便遵行,相应咨呈贵衙门,请烦饬属查照文内事理,希将嗣后如有俄商货物进口,应否由税务监督验明后,在于执照钤盖关防,予以符信,或专以该税务监督在货包盖用戳记为凭,抑应如何办理之处,核定示复,以凭遵办。

总署为今后俄商必须押货同行否则将货中途扣留致张家口监督札文

同治元年五月二十二日

札张家口监督文称:前准该监督呈称,四月初二日俄商贩运茶叶、布匹等物到口,卸载通海客店,仅有脚夫发帖呈验,件无俄商跟随。次日该商到口,经查街章京将货单呈送都统阅看等情。单货相离实与条约不符,请转行查办前来。当经本衙门咨行三口通商大臣酌定办法去后,兹据复称,俄商贩货回国,章程内载明务须单货相随,以凭查验,倘有商人遗失执照,将货物扣留中途,即行报明原给执照之关,并呈明日期号头,该关妥速补给执照,注明补给字样,以便查验放行。等语。并无议定如何罚办之法。今俄商茶叶、布匹于四月初二日到口,初三日呈送税单,核计单货相离仅止一日之隔,其为脚户驼货在前,该商随行落后,以致中途参差,似有明证,且复经该监督将税单二纸查验,自必单货相符,其为纳完税饷之货,无疑于税饷并无出入,只须查明沿途并无拆动抽换销卖情弊,既准查验放行,核与别项单货相离有关税项之例有间。惟该商始则既不押货同行,继又不亲将货税单呈送监督查验,而由查街章京呈送都统阅看,究有不合,急应议明办法以杜将来。兹已与俄国布领事将该商前项情节详细酌核,议定此次该商初次违例,姑准从宽。嗣后饬知该国商人务令押货同行,到口后即将货税单经呈监督查验,如再有货物到口,并无商人跟随呈验税单者,援照十五款内所载商人遗失执照之例,将货物扣留中途,俟该商到口验明单货相符方准放行,倘有沿途销售等弊,即照例罚办,庶免影射偷漏之弊。等语。本衙门查该大臣所议办法实为妥善,相应札知该监督,除此次从宽免究外,嗣后俄商到口,如再有单货相离之事,即照此办理可也。

户部为俄商携货到口赴津售卖为何在口并不交税事致总署咨文

同治元年五月二十七日

户部文称:咸丰十一年五月二十一日,据张家口监督宗室庆廉呈称,本年三月二十七日据书巡等禀称,有俄国商人十七名携带货驼一百五十余只,于本月二十六日经都统饬属查明进口并未报税。等情。职司随饬令书巡等寻觅通晓该国言语商民,详加探询该商所带究系何项货物,是否意欲在口销售,查明禀复。随询据俄国商人声称,商等由恰克图带来均系喀喇、回绒、羽毛以及金、线、皮、镜等项货物,现经载卸通海客店暂存,其是否在张家口销售,尚在未定。等语。兹于五月初四日又据书巡等访查禀报,俄国人已于五月初一至初三等日,携带原货分起自口起程,声【称】前往天津销售。等情禀报前来。职司合将俄商携带货物进口并由口运往天津日期,以及该商并未交税各缘由,理合呈报户部查照前来,相应咨呈总理各国事务衙门,查明俄国商人携带货物进口,因何并不交税之处,迅即咨复过部,以凭核办。

总署为复俄商携货进口经赴天津销售在口应否交税应由户部核办事致户部咨文

同治元年五月二十八日

行户部文称:准张家口监督呈称,俄商携带货驼一百五十余只,经都统饬属查明,并未报税前往天津销售,呈报户部查照,相应咨呈总理各国事务衙门,查明俄商携带货物进口因何并不交税。等因前来。本衙门前于上年十二月奏定六条章程内奏明俄国新议行销货物之库伦、喀什噶尔、张家口并旧有通商之恰克图、塔尔巴哈台等处,并请饬下伊犁将军,喀什噶尔、塔哈巴尔台各大臣、张家口监督,除俄国条约内第一条所载乌苏里、绥芬河等处不纳税外,其余各贸易处所旧有税课应令悉心经理。等因。当经行知在案。本年四月间,本衙门据塔尔巴哈台大臣咨称,塔尔巴哈台现在循照旧章,两国商人互相贸易均不抽税等情。至张家口是否旧有税课,从前有无收过俄商税银之处,该口并未咨呈本衙门,无案可稽,应由贵部查明办理。其此次俄商携带货驼赴天津销售,系由张家口行走,而所带货物并未据报在口行销,此项货物经过张家口地方,应否令其在口交税之处,应由贵部核办可也。

察哈尔都统庆昀为遵俄货到口查验相符即在执照钤戳事致总署咨文

同治元年五月二十八日

察哈尔都统庆昀文称:准贵衙门咨开,查俄国新定陆路通商章程第三款内载,俄商运货由张家口、东坝、通州抵津,任凭沿途各关口点数抽查验照盖戳放行。等语。虽系重在稽查夹带偷漏等弊,并无在恰克图部员执照上钤用印信明文,但既经查验商目及货色包件数目与执照相符,自可无庸过事拘泥。嗣后俄商运货到口,如果查验相符,即于执照内钤盖戳记,以免该商有所藉口,相应咨复转咨该监督遵办咨行前来,除咨行该税务监督遵办外,相应咨呈备案。

察哈尔都统庆昀为俄商前往多尔诺尔厅贸易事宜致总署咨文
同治元年六月十七日

察哈尔都统庆昀文称:兹接多伦诺尔理事同知禀称,五月二十二日据俄国商人到厅声称,驮载货物来厅销售,并携带本国执照路引,令卑厅寻觅寓所。等语。当经查验路引,有满汉俄三项文字执照、俄国边界官恰克图马油儿伏非吾史所发执照。兹查前次接奉宪札,以俄商由张家口运货赴京销售,饬令阻止运赴他处,设法撤销。等语。现据俄国商人到厅,并未接奉来厅通商明文,是以设法劝导,暂觅空闲民房栖止。正在禀请示遵间,复据俄国商人进署嗔嫌房屋空闲,令即另寻公寓方可栖止。卑职再四开导,无如俄国商人终日哓哓不休,以通商为挟制,又复剀切劝导暂免滋事。惟查各国通商前奉明文,如遇前往通商售货地方必须指明处所,呈由管理各国事务衙门发给执照,盖用地方官印信,方准前往,即沿途经过地方,亦盖印信。等语。现今俄商并无奉准各宪明文,又无管理各国事务衙门执照及经过地方盖用印信,难保非假冒俄国私行售货扰乱市廛均未可定,既未便遽行驱逐致生事端,又未便任彼滋扰,思维至再,除饬令丁役尽夜防范,一面妥为劝导外,理合照抄俄国商人所持执照,先行据情禀请查核,依赐转咨总理各国通商事务衙门如何办理之处,并请先行批示遵行,除径禀督宪、藩宪、臬宪及本道宪外,肃此具禀,计照抄执照一纸具禀前来,当经饬司批去。查本衙前于二月间准总理各国事务衙门咨到通行俄国陆路通商章程内第二款载,俄商小本营生,准许前往中国所属设官之蒙古各处及该官所属之各盟贸易,亦不纳税;其不设官之蒙古地方,如该商欲前往贸易,中国亦断不拦阻。惟该商应有本国边界官执照,内用俄字、汉字、蒙字钤印,并注商人姓名、货色、包件、驼牛马匹数目若干。如无执照前往,查明除货入官外,将该商按照北京和约第十款被逃获送之法办理。该领事官严查不准未领执照商民前往贸易,等语。合亟由五百里飞行批饬该厅迅速遵照章程妥为办理,一面详请贵上司各衙门请领全例,以凭以后稽考,一切飞行在案,谅该厅地方该管各上司不日亦必饬其照章核办。既据禀请,相应据禀咨呈查照备案。

附粘单

大俄国边界官恰克图马油儿伏非吾史为给发执照事。

今有本国商人张查七不各托问共三人,携带货物二十捆、骆驼十三只、车二辆,前往蒙古各处贸易,所有中及蒙古地方各官员人等查照放行,任便贸易,毋得拦阻。此照该商于回国之时立即回缴。特此画押盖印执照为凭可也。须至执照者。

(原载《历史档案》1994 年 02 期)

同治五年总理衙门中俄陆路通商交涉清档

中国第一历史档案馆

同治元年(1862),沙俄强迫清政府与之签订陆路通商章程,条约中除规定不平等条款外,还规定三年后还要修改。到同治四年(1865)二月二十九日,三年期满,俄使倭良嘎哩即照会总理衙门要求删改章程,并将拟改条款开送。经过一年的往返磋商,未能定议,主要因为俄使拟删改的三点中,除天津免征运货回国俄商货物复进口税勉强可以接受外,如要求将条款内蒙古边界贸易小本营生一节删去,其蒙古地方未销之货尽运内地售卖等,实在碍难接受,尤其是要求将原定张家口酌留货物十分之二要求改为不拘成数一节,清政府认为张家口地近京畿,若如俄商所请,势必在该地俄商货困人聚,贻患无穷,更是不能接受,虽然如此,又不能坚决加以拒绝,只好提出展缓二年再议的办法与之妥协。现将馆藏外务部档案中总理衙门中俄陆路通商交涉清档,予以公布,供研究参考。

——编选者 方裕谨

总署为俄使议改张家口销货及删去小本营生事致俄使照会

同治五年正月十一日

正月十一日。行俄国公使照会称:

上年十二月二十七日,准贵大臣照复议改陆路通商章程各节,均已阅悉。本大臣查前次照会所拟通融办法面面周到，贵大臣似未深思，试再详细言之。俄商运洋货拟赴张家口销售，所以改归恰克图纳税者，缘张家口本非通商处所，即条约第五款亦只准销售零星货物，惟因贵大臣前次照会有诸多为难之情，并声明张家口不拘成数一层尤为紧要。本大臣再四思维，欲格外迁就，因援照各国总例，凡洋商运洋货进内地售销，在海口纳一正税之条设法变通，令俄商在恰克图纳税后，持有印据，即可赴张家口及天津销售，并准其在恰克图交易。所以言者，一则便于稽查；二则在恰华商尚有生计；三则以恰克图为康熙年间初定贸易之地，从未更改，若如此收税发照当无窒碍；四则俄商进恰克图纳税后，即可在彼销售，尤为便宜；五则在恰克图收税，该处系属两国接壤，将来或有加惠俄国之处，他国不得援以为例。有此五便，虽从前恰克图未经设有税关，亦不得不设法迁就，并非不知水陆情势也。至俄商赴蒙古地方贸易，必须于恰克图领照者，亦缘贵大臣前曾屡言俄商在蒙古地方未经销售货物，请准其到张家口售卖。等语。本大臣思此等商人定系大宗买卖，必非小本营生，自应指定进出道路，犹之水路通商，皆有指定口岸，并非沿海各处俱准入也。果如贵大臣所言，只挟一二百金货物，在数百里内贩运，确系小本营生，自可仍照旧章，持有三体字钤印执照就近赴蒙古贸易，但亦须仿照伊犁通商章程，议定行走卡伦，不得踏越开齐，如此则小本营生及大宗买卖自可并行不悖，无往不利。似此改章，庶免税者道途不至迂远，应纳税者丝毫并未加增，以为足符贵大臣之意矣。讵料贵大臣均不谓然，于照会内称，今拟暂设一便宜之法，如天津既免复进口税，再将小本营生一层删去，其张家口仍照二成办理，辗转一二年再行妥议。等因。查小本营生一节，旧章专指在蒙古地方贸易，并非准到张家口售销，原因体恤小本俄商，俾其就近贸易，得获利益。今既欲作大宗买卖，又欲将蒙古地方未经销售货物，赴张家口贸易，则非边界小本营生可比，其行走道路及纳税章程，均应逐层定议，未便先将此层删去，致令窒碍愈多，至天津复进口半税一层，本王大臣前已言明相让，以恤商情，虽于税课有亏，亦不肯再有他议，可照贵大臣所拟，先免此复进口税，其余仍暂照旧章办理。至彼此所商，如删去小本营生及张家口不拘成数，并恰克图纳税领照。等情。统行展缓二年，于限内会同详细妥商，庶时日从容，章程可期妥善。总之，此次商酌两边俱多时日,究其归宿,则中国商人毫无所得,而贵国商人已经中国免一天津复进口税,得失皎然,似尚易于定局,希贵大臣酌夺见复可也。

俄使倭良嘎哩为仍请删去小本营生事致总署照会
同治五年正月十六日

正月十六日。俄国照会称:

本月十一日准贵王大臣照会,拟改陆路通商章程前来,详加查阅,所言虽多实情,惟因事多创立,本大臣未识本国意旨如何,未便据以商定,业经照会在案。兹如所称,张家口不拘成数及恰克图纳税领照各情,展缓二年妥商办理,本大臣尚可应允。又,俄商在蒙古地方未经销售之货到张家口售卖一节,因关系张家口之事,亦可格外相让,一并暂置,以符贵王大臣之意。惟将删去小本营生一层,亦拟展缓二年,本大臣实属碍难从命,仍请按照办理。查此事于贵王大臣并未见有甚难之处,于该处华商生理亦无妨碍。盖蒙古地方买卖均以砖茶为第一要务,可用以充银钱,可用以偿债务,乃俄商赴此贸易者,苟欲销卖此货,即以贸易,彼必须先向华商购买,或由恰克图自贩,始能如是,决无能与华商抗行之理。且贵王大臣亦必深悉该处广漠,其人游牧无常,岂能有大宗买卖乎。本大臣历请删去小本限制字样,实因国人以此限制为与禁止无殊,并恐因此成衅,于商情反碍。近来蒙古地方所设各官,偶有争端,即行就合讲明,尚能化为无事,然不能保日后永远如此,往往官虽清介,遇有他故,不能分别事理,即由此贻患匪难。本大臣如此拟改,于贵王大臣前次照会少为变通,亦系格外迁就,想不碍难允准,以期前次耽延太久,今庶暂行速定也。为此,照会。

总署为复议改删去小本营生一节一并展缓二年事致俄使照会
同治五年正月二十七日

正月二十七日。给俄国照会称:

本月十六日准贵大臣照会拟改陆路通商章程,所议张家口不拘成数及恰克图纳税领照各情,均可展缓二年妥商办理。又,俄商在蒙古地方未经销售之货到张家口售卖一节,亦可一并暂置,惟删去小本营生一层,仍请按照办理。等因前来。本王大臣查小本营生一节,碍难删去,前次照会已经缕晰言明,且贵大臣既云该处广漠,其人游牧无常,不能有大宗买卖,自无庸先将此节删去,致形窒碍。缘删去"小本"二字,则货物既多,内外蒙古地方辽阔,必须妥议章程,非比小本营生可照旧章办理。今既欲暂行速定,莫若将此层一并统行展缓,以便将来从长计议。至耽延虽久,惟天津免复进口税已经言明相让,实于贵国商人大有裨益,如已为可,即当定期开办,谅贵大臣亦必以为然也。为此,照会。

俄使倭良嘎理为议改陆路通商章程碍难尽行展缓事致总署照会
同治五年正月三十日

正月三十日。俄国照会称:

同治五年正月二十七日准贵大臣照会。云云。查自开会议拟改章程以来,至今为时已久,其间先后接到本国咨文拟改各情,业经随时照会,缕晰言明本大臣诚愿此事速成之意,贵王大臣亦无不知之。即如所咨拟改各条,第一张家口紧要,本大臣曲以暂缓二年商办,似此相让,既于本国所咨不符,已属担任匪细。若如照会所称,仅免天津税银一事,余悉仍旧办理,尤难应允,必致负议。缘如此议论,仍系半载以前之语,本国历经辩驳,仍令按前所札定拟,虽于商情有碍,何敢率行改辙。至所称删去"小本"二字则货物既多等语,似未尽实。查两悉毕尔等处土产甚稀,一切货物均自国贩远,道途既远,耗费滋多,且该处人烟稀少,苟欲广为贩运而不能销售,必至低价亏伤,可见货物万不至有拥挤之理。以上所言,均系实在情形,谅贵王大臣亦无不谓然也。为此,照会。

总署为陈近日与俄使商办陆路通商章程情形事致军机大臣文祥密函
同治五年二月初六日

二月初六日。致文堂函称:

初四日曾泐寸缄,谅邀青照。兹密启者,会商俄国陆路通商章程年余,尚未定议。其始该使坚持张家口不拘成数一节,意在必行,年前所来照会词意颇为激烈,兄弟等以为直言拒绝必至决裂,拟一通融之法,令其尽在恰克图纳税领照。该使接此照会,以为事属创始,必候本国定议,因欲将张家口一节展缓二年再议,惟小本营生一层,必先删去。兄弟等以删去此四字则漫无限制,流弊滋多,恐非抚驭蒙古之道,是以给予照会,令其将应层一并展缓。讵正月三十日所来照会,虽仍请删去"小本营生"四字,而词气颇觉宽缓,不似从前激烈。兄弟等私心揣测,难保非该使欲俟该国定夺,藉此延宕,或因马贼滋扰吉林,与该国接壤,将来万一有所藉口,便可乘间希图要挟,均未可定。虽在彼未必果有此心,而在我似应先为之虑。用特密为布闻,未识高明以为何如也。此事照会往来多次,无议不搜,刻下谅非笔墨所能办。兄弟等拟于日内赴该馆与该使面为辩驳,并察其情词,再行酌核办理。专此密布。

总署为删去小本营生一节仍应展缓商办免天津进口税自应定期开办事致俄使照会

同治五年二月十八日

二月十八日。给俄国照会称:

前月三十日准贵大臣照会拟改章程,为时已久,其删去小本营生,仍请照办。等因前来。本王大臣查删去小本营生一节中有窒碍之故,业于前次照会言明,必须妥议章程以便办理。兹详思贵大臣所言,该处土产甚稀,不能广为贩运,既系该处绝无大本买卖,即删去小本二字与不删去无异,于贵国商人毫无关系,莫若暂照旧章办理,与张家口销货、恰克图收税各节,统于展缓期内从长计议,较为妥协。至免天津复进口税,前已言明相让,自应按照前议定期办理,贵大臣如可允准,即于贵大臣允准复到之日,定于十日内即行开办,以免再有稽延,相应照会,贵大臣查照可也。

俄使倭良嘎哩为暂缓办理小本营生碍难遵照事致总署复照

同治五年二月二十二日

二月二十二日。俄国倭良嘎哩照会称:

本月十八日,准贵王大臣照会前来,所言将小本营生仍照旧章展缓办理各节,本大臣碍难应允之故,业于前次照会层层细讲。此事延宕年余,本大臣实欲速定,凡可担当之处,无不竭力迁就,若再令相让,恐与本国屡欲所持相背太多,必致反为驳斥,实属碍难,亦曾于前次照会缕晰言明,贵王大臣岂有不知。现在会拟更改章程几十四月,仍须展缓二年通商方能定局,俄商久待如此,匪止失望,亦必议论纷然矣。至天津复进口税,如贵王大臣先行拟免,实为公允,亦于俄商有益,嗣后本大臣自当致谢。然本国原拟更改各条,仍应照会。烦按照办理。特此。照复。

总署为免天津复进口税将于三月初一日开办余皆从缓商议事致俄使照会
同治五年二月二十五日

二月二十五日。给俄国照会称:

本月二十二日准贵大臣照会前来,阅悉一切。本大臣查前次照会所言,将小本营生仍照旧章暂缓办理一节,实因其中多碍难之故。兹贵大臣谓俄商久待,恐议论纷然,亦系意存体察商情。其天津复进口税先行拟免,贵大臣既称公允,本大臣现已行文,将中国所让免天津复进口税一层,自三月初一日起即行开办,俾俄商速获实益。至从前彼此所商未定各条,均俟将来从容会议,除行知三口通商大臣,将陆路章程第十款,俄商贩货回国赴天津应纳一复进口税,自三月初一日起,即行停止征收,余仍照旧办理外,相应照复贵大臣查照可也。

总署为将于三月初一日起俄商天津复进口税停止征收事致三口通商大臣咨文
同治五年二月二十五日

二月二十五日。行三口通商大臣文称:

查俄国陆路通商章程试行三年,前届应行会议年分,迭据俄使照会,以他国贩买土货,由水路出口仅纳一正税并不重征,今俄商由陆路贩卖土货出口,应纳正子税各一,是同一出口而俄商纳税独重,未免向隅。该商如将全货回国,复有全到凭据,应将所交复进口税免其交纳。相应抄录往来照会,咨行贵大臣查照,将陆路章程第十款俄商贩货回国赴天津应纳一复进口税,自三月初一日起,即行停止征收,其余仍照旧办理可也。

总署为布知与俄使商议陆路通商章程详情事致三口通商大臣函
同治五年二月二十五日

二月二十五日。致三口大臣函称:

上年因俄国陆路通商章程已届三年,会议之期屡经面商并往来照会,尚未定局。查俄国原定章程所载系指明由天津等处运货回国，及该国运洋货至天津两大宗，此次虽开列多款，其大旨不过数端。如第四款，俄商路经张家口照运津货总数酌留十分之二一条，请改为不拘成数在口销售；第十款，在他口贩土货运津回国赴天津纳一复进口税一条，请改为不收半税，并欲在张家口通商及不拘成数任便贸易，其蒙口地方不拘大本小本商人准令前往贸易。请将第二款小本营生一节删去，勿庸限定银数多寡，并声明张家口一层尤为紧要。等因。本处思张家口近接京畿，非边界地方可比，设如该使所请，不但于华商生计有碍，将来囤积货物，聚集多人，其患不可胜言。若必直言拒绝，逆料渠必不允，因拟一通融之法，令俄商运货赴张家口销售，即尽在恰克图按照水路税则纳一正税，此后持有恰克图收税印据，不拘到张家口或天津，任便销售，勿庸再纳税项，其欲赴蒙口地方贸易并非赴张家口者，亦即于恰克图收税处所指定，亦可完税，并设法欲动，以期就我范围。该使以为事属创始，必俟本国定议，饰词诿卸。其请免天津复进口税一层，因其中尚无流弊，业已准其定期开办，以示体恤俄商之意，惟小本营生一节，旧章专指在蒙古贸易，并非准到张家口销售，若将此四字删去，则货物既多，漫其限制，其弊不可不妨〔防〕。当给与照会，谓将"小本营生"四字删去"，则是欲作大宗买卖，既欲作大宗买卖，又欲将蒙古地方未经销售之货赴张家口贸易，则非边界小本营生可比，未便先将此层删去，致令愈多碍窒。无如该使坚持己见，会商数字牢不可破。所来照会，以张家口不拘成数及恰克图纳税领照各情，均可展缓二年再行妥商，其俄商在蒙口地方来经销售之货到张家口售卖一节，亦可暂置，惟小本营生一层，仍请删去，并屡向本处渎请。现在仍以碍难照准为词，力与辩驳，并令将此层一并展缓，以便徐图挽回。除将天津免复进口半税另备公牍知照外，兹将商改陆路章程大概情形密为布闻，希将第九款俄商贩货回国赴天津应纳一复进口税，自三月初一日起即行停止征收，勿稍稽迟，致令有所藉口，是为至要。

总署为准免俄商天津复进口税别国可一律照办事致三口通商大臣函

同治五年二月二十七日

二月二十七日致三口通商大臣函称：

再者,议改俄国陆路通商章程,准免天津复进口税各节,前于二十五日业经详细布闻,其由水路者不在此例。惟此次陆路章程,恐别国由津赴恰亦欲援照办理,自应一律照准,统希酌之。至俄商天津免税,本处现已办奏,定期呈递矣。

三口通商大臣崇厚为天津免征俄商复进口税已与俄领议明分别交免以杜弊端事致总署函

同治五年二月二十八日

二月二十八日。三口通商大臣崇厚函称:

烟日两奉津字二百二十三、四号钧函,只悉种切。烟台山租地一事,现已遵照谕函,转饬东海关道潘妥勘定议,一俟复到,即行专函肃复。俄国陆路通商章程第十款所载,在他口贩土货运津回国赴天津纳一复进口半税,原议系因该货经过内地,与各国运土货由海道一经回国不同,是以在津加一半税,经过内地各关概不重征,今既请免,其中尚无流弊。惟查俄国贩运砖茶等货均系搭载英美各国船只来津,落栈后亦非即日起运回国,往往有迟至数月分起陆续运送者,如一经议免半税,恐日久中外商人易滋影射,现拟与俄领事议明,并饬新关税务司稽查,应令俄商由他口贩土货到津先行报明货包数目,实系贩运回国者,由新关到记委员查验相符,即行免征半税,仍俟起运时随时报明,以便稽核。如由他口贩运土货到津,内有如在天津售卖者,亦应先行报明,仍然各国土货复进口之例照完半税。或曾经报明回国之货,间或即在天津销售者,亦应报明补完半税,方免他国援以为例有所藉口。除札饬税务司遵照自三月初一日起,凡俄商报明由他口贩土货运津定准回国者,免征半税,以示体恤,如欲在津销售之货,仍令照完半税,以期区别而免影射。理合分晰布陈,祈赐察核是祷。

俄使倭良嘎哩为仍坚持修改陆路通商章理各节事致总署照会

同治五年二月二十八日

二月二十八日。俄国照会称:

本月二十五日准贵王大臣照会内称,现已行文免让天津复进口税,自三月初一日开办。等情前来。查免纳天津税银一事,定议在七月以先开办,自今为始,殊为深惜。惟拟改章程迄今耽悞年余,仍未定妥,尤为至惜。日前章程多时未定,本大臣为慰商人久待之心,极力相让,仅拟数款,未〔本〕属无多,不幸贵王大臣始终辩驳不允,无奈本大臣仍应行文本国,告以会议章程毫无寸进,不知何日方能结局。进溯旧章限满,本大臣即行照会,历叙本国拟改诸条内,有三则甚关紧要。一,如拟免天津复进口税,实因与无陆路通商之他国商人所获利益较亏;一,删去小本营生,实因此制与贵国毫无益处,而与通商诸多妨碍及易起争端;一,张家口不拘成数销售,此两国自昔通商以至连年衰落,可作转机并使张家口税务渐有起色,而俄国陆路通商与他国水路通商亦可略相平等。且本大臣如此拟改,是因俄国内地凡于通商不便之事早已销除,贵国商人可以任便前往贸易,毫无限制,想贵国自应一律办理,乃接据照会仅以天津一事相从,其余仍然照旧不动。至贵王大臣所拟张家口税务移于恰克图交纳一节,本大臣业经照会,详陈碍难应允。缘其中别生许多枝节之外,意将会议以来援改章程不合于理之事,欲陆续结连,以致耽延无有涯涘耳。是以本大臣将以上二条仍应照会贵王大臣复行会议,和平妥商,从公办理,以慰本国久待之意可也。

总署为议改俄国陆路通商章程详情及准免俄商天津复进口税事奏折
同治五年三月初一日

三月初一日。本衙门奏称:

查臣衙门前于同治元年与俄国公使认定陆路通商章程,声明试行三年,或俄国,或中国,有欲更改之处,应于六个月内照会。等语。此项章程计自同治元年二月开办起,至四年二月止,已届三年期满,曾于上年二月二十九日据俄使照会,议请删改,旋将拟改条款开送前来。并由臣等亦于中国税课商情核夺利弊,酌改数条会商去后。所有彼此议改各节,曾经往返照会,并屡次晤商,迄今一年有余,尚未定议。臣等查议立俄国陆路通商章程,当时殚心竭虑者,总以限制通商防范侵越为要务。自开办以来,于内地情形尚无窒碍,惟条款内既有试行三年之语,自未便拒其议改。此次俄使叙述多款,迹涉要求。大旨约有数端:一,欲于章程内张家口酌留货物十分之二请改为不拘成数;一,欲于天津所纳复进口半税请改为免其征收,并请将条款内蒙古边界贸易小本营生一节删去,其蒙古地方未销之货尽运内地售卖。总计数端,其意大要以在张家口任意通商为最重。臣等详加酌核,张家口近接京畿,非边界地方可比,设如该使所请,不但于中国商税均有妨碍,且恐俄商囤积货物,聚人渐多,其患尤宜预防。上年往返争执,相持未决,本年该使复来照会,其意宜坚。臣等见其势不可遏,拟令俄商运货在恰克图纳税领照,其欲赴蒙古地方贸易,即于恰克图收税处所预先指定,庶在边卡限制,不使滋蔓内地,较为妥协。乃会商多次,该使坚执不从。迨经多方辩驳,始据该使允将张家口不拘货数各节展缓二年从容妥议,其删去小本营生及天津免纳子税二事,仍力争照办。臣等伏思删去"小本营生"字样则俄商货色人数均无限制,殊多关碍。惟天津免纳子税一层,虽子税课稍减,而地方情形尚无流弊,且他国贩土货出口仅纳一正税,惟俄商出口于纳正税之外,复纳子税,是同一出口而俄商纳税独重,拟亦未免向隅,当经臣等备给照会,令将小本营生一节一并缓商,以便徐图挽回。其天津免复进口子税,即经给与照复定期开办,一面行文三口通商大臣自本年三月初一日起,将俄商在天津应纳复进口半税停止,其正税仍照旧征收。除将前项议改各条俟复该使有无异议再行随时酌办外,谨将上年及本年与俄国往来照会统缮清单,恭呈御览。

所有现与俄使议改陆路通商章程,准免天津半税办理缘由,理合恭折奏闻,伏乞皇太后、皇上圣鉴。谨奏。

军机大臣奉旨:依议。钦此。

总署为续接俄使照会先行陈明片

<small>同治五年三月初一日</small>

三月初一日。本衙门片奏称,再,正缮折间,复接俄国使臣照会,仍将前项展缓商办各条请为会议妥商办理,除俟办有端倪再行详细具陈外,理合先行附片陈明。谨奏。

军机大臣奉旨:知道了。钦此。

三口通商大臣崇厚为请坚持俄商回国者免征
复进口税商不回国者照征事致总署函

同治五年三月初五日

三月初五日。通商大臣函称：

初一日肃具寸函，计蒙钧鉴。俄国陆路通商章程等十款，贩土货回国在津应纳之复进口半税停止一节，业于初一日开办。其详细情形，前函曾经缕陈，委因尊处原议本系免其回国之税，并非概免天津复进口半税，恐商人藉此生影射之心，是以于转行领事官、税务司文内即反复申明此意。其并非贩运回国者，仍应纳税，照各国总例办理，并面为切嘱税务司。顷闻俄商有谓无论回国、在通商地方行销，应将复进口税概行免征之论，并闻有欲请其公使在京陈说之意。查俄商在南省贩买土货出口而复进口，又在内地假道而行，从先所交亦不过一正一半之税，今则免去复进口半税，只交正税，较之各国总例在内地买土货赴海口出口回国，所交仍系一正一半之税已属便宜，今俄商闻有欲统免进口半税之说，实属无厌之请，各国必一律援照，则天下各口复进口半税化为乌有，关系非轻。崇厚恐俄使前往尊处设辞求请，故先为密陈。如有其事，务望坚持定见，总以回国不回国为断，回国者照免，不回国者无论其在津售卖，或援各国总例在别口售卖，均照旧章办理。如此，则各国无可藉口，中国华商亦不能冒名影射矣。再，前事现已申明前意，续行照会俄国领事官并札行税务司，以免将来遇有此等事时，致费唇舌。谨将文稿抄呈。

附：照录给 俄国玛领事照会 / 天津贝税司札文

为照会 / 札知 事

前奉总理衙门议定俄、贵国陆路通商章程第十款，俄商在他口贩土货运津回国，其在津应纳之复进口半税免其交纳一节，已于二月二十八日照会贵领事、札行该税司照办在案。此事内有应详细陈明之处，不得不先知照，以免将来办理错误。查总理衙门与、俄贵国钦差所议免交之半税，系专指由他口运津、由津回国之货而言，若非回国之货，或在津售卖，或在别口售卖,均应照旧例办理,不能免税。倘该国商人有货物若干到津,原拟全数回国,已报明免税后,又留下若干在津售卖,或全数在津售卖,则应令随时将从前原免之复进口半税补交,方与总理衙门并贵、俄国钦差原议相符,以照公允。为此照会贵领事、札行该税司查照,饬知商人照办可也。

总署为议免俄商天津复进口半税实专指其回国商货事复三口通商大臣函
同治五年三月初八日

三月初八日。发三口通商大臣函称:

本月初五日接阅来函,备悉一切。所有俄商免纳天津复进口半税,现闻俄商有欲统免复进口半税之说,实属误会。惟本处原议准免天津半税,专指陆路章程第十款俄商贩土货回国在津纳税之复进口半税,从前章程内载所收者此项,现在酌议允准所免者亦即此项半税,余俱照旧,绝无含混。现经贵处照会领事、札知税司,切实分晰,实属妥协。目今该公使未向本处提及,本处亦未便向伊辩论,免致缪辑。如伊设词求请,自当照原议指驳。至该税司等嗣后如再申说,应即由贵处认真驳复,随时办理,毋任其转由驻京公使向本处晓渎。缘此概免半税之说起自外间,仍由外间指驳,似较便捷也。其此项免税应如何杜弊之处,统希酌核办理是荷。此复。

(原载《历史档案》1996年第1期)

(二)张家口明代、清代、民国碑文精选辑录

目录

宋志刚抄录：

明洪武十年(1377)·《赐儿山云泉寺碑记》
明正德十三年(1518)·《武家庄良地□建石佛寺》
明嘉靖五年(1526)·《重修云泉寺记》
明万历二十五年(1597)·胡守让《张家口通桥记》
明万历四十一年(1613)《西境门》门额
明万历四十二年(1614)·汪道亨《张家口新筑来远堡记》
清顺治元年(1644)·《大境门》门额
清顺治十四年(1657)·《□通玄静》
清早期(约康熙三十年[1691]前后)·王鹭《马市图·序》
清康熙三十四年(1695)·《重修帝君庙碑记》
清乾隆四十九年(1784)·《重修增福灵侯神祠碑记》
清乾隆四十九年(1784)·《重修增福灵侯神祠募捐碑》
清乾隆五十八年(1793)·《新建三圣殿碑记》
清嘉庆九年(1804)·《财神庙香火碑记》
清嘉庆十年(1805)·《重修市台关帝大宇碑记》
清道光三年(1823)·《增建灶殿碑记》
清道光六年(1826)·《重修清真寺碑记》
清道光三十年(1850)·《关税谕饬碑》
清咸丰三年(1853)·《重修关帝庙碑记》
清咸丰三年(1853)·《重修关帝庙募捐记》
清咸丰五年(1855)·《市台庙香火地碑记》
清同治元年(1862)·《裁牛羊局德政碑》
清光绪三年(1877)·《太谷会馆重修通桥门关帝庙碑记》
清光绪四年(1878)·《修复下堡北口记碑》
清光绪五年(1879)·《抡才书院重约碑记》
清光绪五年(1879)·《新建抡才书院碑记》
清光绪五年(1879)·《重修万寿寺碑记》
清光绪三十年(1904)·《钦命察哈尔都统》
清光绪三十一年(1905)·《万全县正堂晓谕张家口晋义社碑》

清光绪三十二年(1906)·《张家口创建晋义社碑记》
清光绪三十二年(1906)·《(晋义社)募化官绅姓名碑记》
中华民国二十二年(1933)·《重建水利碑记》
中华民国二十四年(1935)·《花园街新建忠惠护国利应侠狐神庙碑记》

李国欣抄录：
清光绪十六年(1890)·《嗨喇庙布施字号碑记》

常忠义抄录：
乾隆四十九年(1784)《万全县永丰堡水母宫碑文》
清光绪二十四年(1898)·《张家口布施碑》
清光绪朝后期·《张家口布施碑》
清宣统元年(1909)·《宣统元年流芳百世碑》

宋志刚抄录

明洪武十年(1377)《赐儿山云泉寺碑记》

该碑横卧于张家口赐儿山云泉寺大榆树前。碑顶短缺约 6 厘米,碑底斜断。残高 144 厘米,宽 67.2 厘米,厚 19.3 厘米。

【碑文】

【碑阳】:

赐儿山云泉寺碑记/

□□□之□□三里许山之北有□□□曰云泉大寺□□□□□□物历历在目寺之中有□有观有台有榭有□……/

□□□□壁成殿□□□殿之左其□□□□乞子者往叩之外灵效此山之所兹名赐儿也再上有厅堂六楹厅堂……/

□□□以周□垣外多草木因□药王故又有药王殿药王殿之□则为三皇殿计自寺至三皇殿□高十……/

□□□□□□其南山之腹□焉一览亭停之下有轩三楹而北向□寺外之瞻远绵邈览云二轩相映带皆以供……/

□□□□□侣不废登临不仅□□□夫骚久韵士□(瞻)□(崖)刻石□(贾)□(题)绝游而已岁丙辰□□□灾墙垣多圮遂致屋……/

□□丁巳年三月鸠工庀材重为修葺越九十日乃始缮事计用钱一千九百余□重□事者谨……/

□□□□知者在明洪武时感沧桑□□变□盛事之不彰用志原起

□(兼)垂不朽□而记/

　□通县施为撰/

宣化县张敬铭□(书)工程经理□玉柱 张启□(恒)□□□福□生 王玉玺 李景 大亨店 宗仁堂 何 郭子舟 陈赞鸿 李琏缊如堂侯/

　周善良 高占兴 □德堂 王大源 永史永泰尹大亨 恒瑞源 赵桂森 霍民山 林鹤鸣 冀瑁 谭应奎/

　皇甫□ 刘遇□ 李□ 曹□ 白朝□山玉□ 赵□ 赵□ 白□福□……/

……□岁次丁巳十月谷旦本庙住……/

【碑阴】：

（埋于地面,不便辨识）

明正德十三年(1518)《武家庄良地□建石佛寺》

该碑现卧于张家口桥西区马家梁村西石佛寺遗址。碑身残为四块,残高130厘米,宽60厘米,厚14厘米。有半圆形碑额,额阳竖刻"石佛寺",左右分别刻有祥云托着"日""月"二字。碑文共21行,满行32字,原刻有约470字,缺大约51字,现存419字。额阴竖刻"碑阴记",左右分别刻有祥云托着"日""月"二字。碑文共25行,缺失严重,仅可以抄录下半部一些残字,共143个。

【碑文】
【碑阳】:
武家庄良地□建石佛寺/
万石武生张□(生)□(徕)/
尝谓人之□(间)函质吉 非神无所□ 祈祷福非神无所之然人之赖□□□□□/
端之可言失不建寺以安乏可乎盖寺安神之所也有其寺则有其神□□□/
无其神□可不有其寺乎然寺固为安神之所矣使徒有其寺而寺貌不□□□/
神之诚也先因成化七年遇游禅师净德名号云峰见得宝山古刹一所□□/

开山修设石/

佛寺殿左□(供)伽蓝天王山门方丈石井以壁计者三妆饬神像绘□之功大完□□/

寺功也次有寺内焚香善交晋普道合村乡老人等谒见寺殿年多□□□/

圣□财造设补修完矣然人以诚□事神□□神不以福而扬民平木□□□□/

以勉后人尽奉神之诚乎欲书□于壁□有时而损矣欲刻事于木木□□□/

施工舍财孰若勒事于石□未其千载/

道遐□□/

无毁年愈远而事于明日弥久而事弥真者于是谨请□□永于本/乾地是石以立其事将万世之垂鉴云耳/

钦差协同万全右卫等近地方都指挥佥事胡公观/

万全都指挥使胡静/

万全右卫军指挥使胡铎/

□□(依)守备张家口指挥使李□(侠)/

万全左卫指挥佥事武堂/

正德十三年岁次戊寅四月丁巳初八日丙子建 立石丹人 闫从干 程万 郭文海□/

舍财功德主人 舍人 武杲室人门 功德主舍人 武进母□ 武钱室人□ 武鸾室人□ 武桓室 章奎室人 武钦室人 舍人武玺 室人张氏 赵氏母□□/

【碑阴】（录完整人名，残缺人名未录）：

历代祖师德云蓬第一代主持□□第二代主持□德来第三代主持□德□观音寺主持道广弥勒寺住持 德玄法□□惠德本德德敬□□回/

张家口主管地指挥张的成/

曹宣 程碓舍人 钱杰 张文远 杨宣使 阎仲林 郭敬 齐德玉 造钟僧人杰浩 贝保 刘□ 张的原 张公栋 张钰 张月 张的才 辛文祥 赵林 赵俊 宋□ 杨文清 任虎 任甫 任璋 阎中宽 阎虎 段文友 段玉段 虎智 清具鹿/

明嘉靖五年(1526)《重修云泉寺记》

　　该碑存于张家口赐儿山云泉寺内,碑腰部折断,现用水泥粘接,并用嵌铁楔修复;碑根部碱蚀残损,每行约有二三字漫漶不清。大理岩石质,高165厘米,宽65厘米,厚18厘米。方形碑额,额阳如意卷云边框,阴刻篆书"重修云泉寺记"竖式2行6字,字径6.5厘米;额阴为祥云纹,阴刻魏碑体,横书"临济宗派",下竖排四列"智慧清静,道德圆明,真如妙海,寂照普通"16字,字径2.5厘米。碑身:四周阴刻如意卷云纹边框,框宽3.3厘米,框外留边1厘米。碑文,阴刻楷书,竖式18列,满列40字,全文共568字,字径2.5厘米。高鸿宾提供碑阳拓片,宋志刚核校、抄录碑文。

【碑文】
【碑阳】:

重修云泉寺记/
赐进士第御都察院政山右□钦撰□/
云泉寺在张家口西仅三里许群山拱向一水环带乃古刹之地溯其自/
国朝洪武二十六年设万全左右卫其诸要地各建成堡堡立守备以保边陲卫生民斯有张家口斯寺□□/
禅院孝(考)其旧刻乃僧清月创也迄今百五三十年倾颓不一天顺丁丑僧净行耆士张普缘重修至正德壬申岁久风雨不蔽前镇守大同总兵官江公桓时为守备谒寺悯其久颓叹曰斯地诚幽辟之所□□/

其旧而新之值边宁谧百度乃举首出俸赀得僧圆玉化导群众/

居士善士田普亮先倡，由是远近□□/

各出木植赀帛者不啻日中归市鸠工扩地中建正殿三楹殿北建龙王堂一间右建观音殿一□□（前）/

有钟楼碑亭后有方丈厨肆寺葺今年秋圆玉恐久湮其事走京干文以垂不朽予因其□□□□□/

陕西榆林清水营人父母钟爱自幼落发投礼聚云峰为师其禅教经典如来心印已得其传□□□□/

苦力磨以岁月成此伟绩诚一难得也哉又际/

圣明不废佛教诚可为之时矣虽然礼佛之所耸人之观瞻尔佛氏之徒学佛之道疑不在此予学孔□□□□/

知佛理□之史佛本西方圣人其教欲人寡嗜欲忍性情无为可也况玉之栖迹空门盖已有年□□□/

□道必遂当教徒以学佛之事母调曰建寺便可为学佛之道也因记所由故并及之俾后之人□所□/

焉/

钦差征西前将军镇守大同等处地方总兵官后军都督府署都督佥事江桓/

钦差宣府游击将军署都指挥佥事魏祥钦依守备张家口堡都指挥礼统行事指挥佥事 章珀/

时大明嘉靖五年岁次丙戌九月吉日圆玉立上古王堂王廷佐刊/

【碑阴】：

张家口堡把总 肖伯□ 都指挥 王堂中军千百户 许永旗士王□高真修造功德主韩成王妙善独石城功德主张宣 助缘善人高雄李普玺 药官局田英 保国公舍人李云 李珏 李明 李兴舍人田福男商贾张友众缘阎宁阴阳先生王玺 本堡诸山住持圆朗宗宽太金宗崇道海法江德太圆锐园清开山第三代住持园玉万左儒□（务）韩荣王澍善友/

王□（泾）义官李克山 张俊 李的林 阎宣赵妙秀地方官□□□□□李锦 李钦 李旺 李祯 李宗 白惠张□王□齐□□定澄首僧明□湛广明镇方□□徒明钺明山法孙董伏山真禅/

张廞 杨琳 王锐 阎彪 马文义 郭甫 徐宁 刘舜□普明男□□□姜英 李通 李洪 李善 李达 李进 赵文 刘钦 李明园□园泰园胜湛宝明钦园海明铠明受明杲明悟真惠胡友才/

□□□靳普文靳的山何茂 杨伏友 韩威 张氏 贺子英高□郑堂蔚□玉□□□ 李浩 李延 李选 李迪 李雄 王英 □成孟原鲜瑞鲜鸾鲜镇□宽张见王景帅文升辛文祥 张秀 张廷玉/

□□□ 侯氏 段氏 安氏 李氏 郑氏 张氏 王氏 张海 王月杨氏 孙威 李虎 武海 武保 王京贵□氏 李□□ 刘□ 刘氏 张氏 张氏 □□□□□贾氏 霍氏 杨氏 张廷保/

□□□ 韩文见 宋的良 牛普美 吴普兴 周普玉 马普玺 朱氏 王氏 张氏 李氏 庞氏 王浩刘□□原□(韩)俊裴清 杨仲威王见侯公玉任玉明玺 王景山 郝清 杨胜 吴俊 杨玺 李永 李明玉 张廷珍/

□□□□□张妙伏胡普□(景)王普伦 王普珍 王氏 胡氏 李妙荣 李氏 韩氏□氏 赵氏女王氏 李恺常氏 郑氏 阎氏 王氏 郭氏 王氏 和氏 □氏 王氏 刘氏 冯氏 张氏 杨氏 王金杨和宋氏 温氏/

□□□□李才□武□(文)赵□文辛的保弓章 王存浩 李胜□(胡)荣 常英 赵虎 牛忠 刘镇 李具才 牛信 郭景玉 王子成 张俊 白伏全 田英 韩□ 赵真 郝景玉 武□□ 刘俊 孟锐 赵永公 王保 郭浩才/

□□□□江□ 马景中 王海 张信 王虎 任的□ 赵□□□ 李虎 王景通 乔海 韩景□ 刘宁程保文 刘保 王清蔚□全 王兴常见 李英 尹氏 陈氏 谢氏 韩氏 董杰 马安 刘子方 施忠 张斌/

□□□□□□田雄胡□(虎) 赵云□亮□见□(杨)仲洪 李保 姚廷锐 武氏 刘普永 李海 韩洪 施友文 武英 杨斌□(赵)信□□王清温镇 齐景禄 潘大海 张通付铎 赵玺 高勇 杨斌 高武/

□□□□□□朱大本 麻明 朱大金 朱大方 薛永麻 文太裁缝铁匠石伯山 常斌 胡的名 王文通 杨宣 田永 王俊 石伯江 张玉 李岩 刘俊 郝堂 邢禄 王英 徐□(真) 李世宗 徐的才 耿文升 张堂 孟景荣 安胜/

□□□□宁彪侯名侯□□(焦)□(钺)梅义住□梅海 周杲 王忠 牛英 牛宽 李永 李云 武雄 郝玉 马刚 贺广常的才 王真 王玉 张仲贤 张兴 王的虎 常文王□(聪)张仲晓 张仲林□(肖)□(荣)

□□□□王鸾 王名 马恭□(马)庆信女□氏 洪氏□氏□□能 康妙清 康妙庆□妙□ 刘妙□侯妙通 李妙□王妙通 武氏 吴妙海 王妙元 黄善玉 白妙能 王氏 康氏 刘妙聚 李妙聚 康妙贵 吴妙金 康妙善 阎妙宝□妙惠吴□/

□良钦田经 李信王文达王成□彬刘钦李文□刘□杨□宽肖俊胡□郝山□(赵)□□□□镇□□□□□陈普玉 王锐 王月 永贵 赵妙金 王玉惠 吕妙喜 赵氏 王妙玉 张氏 李氏 王景□韩斌 刘文通 王升 康俊张□刘□□□郑文魁□文贵韩□(威)□□□□□□□□□□仲良□□□(韩)永□世英 孙敬 常彪 赵□□□张山白伏海武海武宣□□□□/

□□李泰贾全贾名 贾毊 贾泉 李俊□荣□清□□□玺□子见□□□□□□□□□□妙玉康妙元刘妙□杨氏张妙安□氏□□任成 薛氏 岳妙金 张妙庭□英/

明万历二十五年(1597)胡守让《张家口通桥记》

该碑已佚,原碑应立于张家口清水河西岸。碑文载于清道光甲申年(1824)重修《万全县志·艺文志》。

【碑文】

张家口通桥记　明　胡守让

张家口为上谷市口重门峭壁据山河之胜天之所以限华夷也远而望之旌旗斥堠晻暎云表俨若图画前后封疆之臣周防曲备中外褆福不亦康乎嗣后都督西川梁公实操锁钥深惟社稷之计沉机密画业次第行之惟是东门有河水自塞外建瓴而下涉者病焉公日夜图所以博济者适苾刍明珠募义建桥公慨然捐金为倡义民刘宇掷千金助之已宇世钦郝时瑁辈复争助之乃募工甃桥紫趾于渊竖石为桩犬牙相衔鱼鳞密次长二十五丈广二丈二尺高一丈八尺翼以扶栏如其长之数始于万历丁酉越三季讫功盖二百年荒烟白露一旦而长虹偃波诚为要害之津梁焉公乃属余为记余惟防一也防水者在未风波之前防虏者在未侵轶之前中路而后驰犹时有衔橛之变而况涉乎风波贪饵以称臣犹时有虔刘之虞而况值乎侵轶是故固坊束流增庳倍薄宁独水也意之所向已在大荒绝漠之外矣阴飔蓦作微霰乍零胡笳互动牧马悲鸣飞刍挽粟餐风寝露颠沛而间关者适邅其行或春和景明亭堠不惊云锦布野断雁排空商者歌于途农者遍于野秦楚吴越佥趋塞下行李之往来而不致稽留者

盖边人太平之乐也公之赐宏也弭将来之患而不偷目前之安图万世之固而不惜一时之费兹一役也可以概边政矣

明万历四十一年(1613)《西境门》门额

该刻石存于张家口大境门景区游客服务中心。花岗岩石质,长120厘米,宽70.5厘米,厚14.5厘米。横式门额,阴刻卷草纹饰边框,框宽9厘米。正中阳刻横书楷体"西境门"3字,字径约36厘米,字高49厘米。字面有磕残,左下角有缺。无款识。判定镌刻时间与明万历四十一年(1613)筑建"来远堡"同期。

2007年4月30日,大境门东段长城抢险保护工程启动,5月20日探出"小境门"遗址,随后距遗址七八十米远处一居民小院发现"西境门"门额刻石,据收藏者回忆确为小境门处塌落下来。现"西境门"门额为复制品。

明万历四十二年(1614)
汪道亨《张家口新筑来远堡记》

　　该碑已佚,原碑应立于张家口老城区明长城以南"来远堡"内。碑文载于清道光甲申年(1824)重修《万全县志·艺文志》。

【碑文】

张家口新筑来远堡记

　　癸丑春余行边阅关塞跋履兹地环而视之仅北面危垣半壁而东畔则一水朝宗半为滹池半为坦道敌可来我亦可往其险固与敌共之也问其垣之何以虚左则曰右为陆地可垣而任其左之空隙者以河流漫漶即欲垣之不可得也问其堡何以缩之内地则曰敌来市即率我吏士商民裹粮北向而遇合之蕃汉错趾贸易有无绵亘野处市罢各散去其抚赏亦然噫市可恃乎遂拆关慢藏乃尔恐北门锁钥不如是也余偕文武将吏上下山原则有天设之险而我未之据也盖国家封略土宇守在关塞今兹左顾右盼则两山对峙真如巨灵赑屃攘臂其间上挥太清焉如剖竹崖奔壑屹为两区狰嵘豁牙东西相向长河来束为我北门截幽夏于阃阓巢天府于尺牖上谷延袤千三百里未有若此山之扼要而雄峙者也夫有险而不守非计之得也且戎心叵测市易狃争脱或衷甲如南诏故事能禁之不阑入乎鸟举兽骇蓦入障内能围之不阑出乎此时甲不及环戈不及荷烽不及举而南牧之马已骈阗山谷矣诚于此筑城堡竖楼橹屯将

校表烽燧严走集讯往来时启闭隐隐若负隅之虎豹则我处有安堵之便市无燥湿之虞不此之图而退处内地是以险资敌也山川之险险与敌共垣堑之险险为我专我恃其所专而夺其所共此诚计之不可以已也客有难余者曰今当安澜覆盂之时而为堑山堙谷之计非所习见事必不成即成矣吾恐作者劳矣居者未以为逸也余应之曰张仁愿之城受降范文正之城大顺种世衡之城青涧负畚锸于荆榛争板筑于锋镝彼岂好劳恶逸独与人殊要以险不可失时不可缓耳鞭石而城激水而池譬若亚旅疆以之理垣墉编栈虆恬不为怪若待水决而后堤防噬脐无及矣客又难余曰受降之城制突厥也大顺青涧之城遏西寇规银夏也今国家塞垣联络在在金汤区区艸罅乌足为重轻乎哉余应之曰唐都秦则西河重宋都汴则鄜延重国家都燕自开平兴和不守而肩背塞矣所赖屏蔽严肩者仅一宣镇耳张家市口去镇城六十里而近假令垣门不键必致散漫如影不可搏将如陵京何邱文庄有言封植宣镇慎固关口其策不可一日不讲客休矣未雨桑土吾计定矣于是谋之制阃谋之直指合辞以请请得俞乃复经之营之计丈数揣高卑度厚薄测深广量事期物土方议糇粮分命监臬裨校诸文武吏士划而董之戍卒取于僻隅拨补不增募也力役取于本镇虸佣不他扰也连冈崛起则削之平之河流灌注则钻坚剡劲斸而实之区划有成乃鸠偩功于秋七月伊始至九月而土工毕又于明年三月始事至十月而功竟毕计堡墙东南二面并西垣接联旧城四正曲直沿长一百四丈四尺平高三丈上加女墙五尺下掘底垒石为基加瓴甓其上跨水一隅做江南泽国之制临河筑堤凿趾镌地氂砖砌石劃两崖嵌三洞截断岸以虹桥绕溯洄以云雉内用板闸启闭因时波汹则辟以杀怒水之荡突流淀则合以杜小寇之潜窥环堡四隅为戍楼者各一内为公署者二为营房者三百为祠庙者二为八角亭者一为棹楔于衢者一外抚赏厅三檼观市厅二所司税房二十四桁其余闾闬道路井井秩秩凭墉而望匹马单兵不能匿形影屯于斯役于斯者忘其劳且徙而室家于斯者而忘其向之砂碛而莽荡也是役也计物料银仅五百八十四两粮粟三千四百九十八石盐菜银一千三百二十两其费颇省人不罢劳公有底绩私无怨谶似亦说以先民之忘其劳矣事竣余往庆落成诸文武吏士拜而以城之名请余曰拂云之受降志略也环庆之大顺志喜也宽洲之青涧志地也今兹城成而皇灵远荡声教远敷数千里款阙纳赆至此如归了不知霜露雪霰之摧残谓之来远可乎即以名城吾亦窃奉尼父之训矣诸吏士复拜而进曰今一朝擘画而贻千

百年之安后之君子求为可继能无一言以告之令无忘今日之拮据余辍然喜曰余非创也因力于人因粮于困因士于伍因材木于舟舸因险于断崖崎谷而聿有是城使扞陿者而在在削坦为险增埤为峻则藩垣式廓而神京帝寝深居堂奥千万载以之矣恶用誉娖恤之言为虽然兹当宫府隔阂之日而城塞封事则朝上而夕报可圣天子可谓安不忘危穷绝千古矣且是役也为政则有按察使杜承式张经世胡思仲董理则有总兵卢居智稽核则有同知孙可僎周天胤张光祚通判孔闻定督工则有副总兵王芮吴汝珍参将谢宏仪均效劳勋余亦曷能已于言乎是为记而锲之于石

清顺治元年(1644)《大境门》门额

刻石现仍嵌于张家口长城大境门券拱面北上方,民国高维岳题字"大好河山"下面。红沙石质。阴刻楷书"大境门"三字。清道光甲申(1824)年重修《万全县志·卷二〈城池、关隘〉》载:本朝于边墙下开二门,东曰小境门,西曰大境门,系蒙古外藩入京孔道。设八旗总管一员,防御六员,满兵三百名分班看守。

清顺治十四年(1657)《□通玄静》

该碑现存于张家口堡外北关街财神庙,仅残存三块。石质米黄色。碑面麻点遍布,影响辨识碑文。三块勒石分别以 A、B、C 介绍。

A 碑:残高 44 厘米,残宽 32 厘米,厚 16 厘米。正面为原碑的左上方,碑阳上部有方框,框缘有龙纹。碑阴为原碑的右上角,上边有框角,框边缘为云龙纹,框内为云纹。碑头左右框之间有字:"□通玄静"。

【碑文】

【碑阳】:

……粟粟贵□(即)……/赧无地敢……/尊神之面乎其庙……/多矣然有说……/□(图)者而蚤已为之……/也亦所以□(勉)夫百……/古平舒邑庠人……/大清顺治十四……/

【碑阴】:

钦差分守宣府张家口路等处地方参将孙廷……/

钦依宣府张家口路中军守备张……/

钦差前督理张家口税务户部宣……/

钦差户部督理张家口税课章京郭……/

钦差户部督理张家口税课章京刘保国……/

张家口□(援)兵把总兼理巡捕事武国……/

□□、李兰、李继密、陈尧、郝宏誉……/

本堡生员……璘、温如班、广三公、左逢原……/

B 碑：正面为原碑的右上部一块。铭文字迹端正清秀,楷书。残长约 92 厘米,残宽约 39 厘米,厚约 16 厘米。正、背均有碑文。

【碑文】

【碑阳】：

……年其初规模大略初备而已嗣后屡经□修而究不得…/

……免频催沧桑互易虽善地固不若□师德□□德师……/

……何也所赖继起者或补其缺坏或增其……/

……居乎城之北者北方属水盖□流泉之义也……/

……之规无疑矣但其中有陋小者不可扩大之乎倾颓者不…/

……同社诸友谋田左右廊房则倾颓矣抱厦上门则陋……/

……一楼工倍而费不赀是数者易而乐楼难也倘先易而后…/

……面乐楼告成由是金碧欺云日鼓吹咽江山娥娟舞袖向…/

……至于香亭等项虽未尝鸠之工已大半□其材而一座……/

【碑阴】：

……武光裕　赵可观……/……茶商　宋守武　任世英　刘兴陈国岳　张舒义……/……温廷陈　张登旗　梁万春　梁应荣　温珍　宋枚俭……/……富清当铺　高思谦　孙明友　杨于廷　胡永昌　梁玉　陈尔号　殷德贞……/……面行　宇文滚　王亮　成力　杨应当　刘念祖　郝忠林　郝天显　杜守成　周佑　侯时才……/……韩国要　惟旺　马时道　殷德真　冯邦代　郝天旺　张□连　杜怀□　张治显　张登云　韩德……/市口坛子行　宇文升　吴天禄　张三聘　甄士旁　周应元　薛贺即　宋清英　段举　李龙　宋从义　王士秀　段成　刘玉……/李茂枝　孟林　连登林　刘可忠　魏永舜　刘元　段槐云　贾守焦　王良　樊□　任白友　乔化相　白云……/曹元　王问臣　吕金　阮举　张学孔　李三德　王士升　罗玉　张重消　陈士进　荣羽……/杨献智　义尚宽　邢明　孙世彦　毛袄匠　李如兴等　诸山羽士　齐守佺　侯守信　温太轩　李太福　石太真　高清良　高清枝　沈一禄　武太科　甄太登　/焚修主持道人　史太玄徒　张清禄　翟清安　木泥石铁匠　王科　赵大奉　刘春　武英

C 碑：被压在该庙北面小门砖下。残高 90 厘米,残宽 □,厚 16 厘米。

清早期(约康熙三十年[1691]前后)王骘《马市图·序》

该碑已佚,碑文载于清道光甲申年(1824)重修《万全县志·艺文志》。

【碑文】

马市图一卷盖故明万历时笔也载宣府来远堡贡市拓中为城旁肖红崖宁静诸山俯瞰梁欄城中有台翼然朱衣危坐者二人青方袍左右侍者十许人青袍坐别幄者四三人环城睥睨甲盾立者可百人缦胡之缨短后之服弓刀森植意状闲整台下军吏数曹长跪白事规方墠地百货坌集车庐马驼羊毡毳布缯玑罂之属蹋鞠跳丸意钱蒲博之技毕具其外穹庐千帐隐隐展展射生投距之伦莫可名数盖一时之盛也呜呼当嘉靖之季北部最强比年深践宣大间大入则大利小入则小利士救死扶伤不给战守益习于是边郡蒸然稍有起色迨隆庆改元俺旦内讧王襄毅因其降息建和戎之勋方是时新郑当国中外多言不便者政府独违众听之蕃部亦厌兵就饵历穆神光熹四朝北边最号无事虽然当有明诸公但知保疆休士之功多而不知狃安玩敌之弊大但知灌烽销燧之谋远而未审坐甲忘战之患深传曰善作不必善成非虚言也方襄毅之初建市议曰朝廷若允俺旦封贡诸边有数年之安可乘时修备设敌背盟吾以数年蓄养之财力从事战守愈于终岁奔命自救不暇者是襄毅亦知款之不可狃而

姑为权益以纾近忧而就远计异时枋国之臣苟以燕闲之时申固不拔之计简军实饬戎器厉武守常以敌之不至使我有以待其至则封疆之事无弊可也乃观有明之政一切不然朝廷好以空名誉远至于斗粟尺帛懦忍而勿能予疆吏则偷为苟且训练服习之方怠废而无所事而一二不谙政体言事之臣朝夕以减抚赏核市值为得计使信轻失于远人以赍寇怒中朝殷算犹倚其富盛日勤远略援辽戡播祸拿不解轸门庭之忧忘腹心之疾亦幸而扯卜诸人再世不竞故勉就戎索耳万历四十年怀宁汪公道亨来抚宣时边事日窳已无可为者公欲振其弊稍稍缮葺城堡讲宿储备观其论阙饷上执政诸书至可哀痛而卒无如盈廷之泄泄也夫宣府天下之雄镇而神京之近蔽乃数十年间戎政液解士不饱半菽上罔恤而下日离凌夷至于崇祯末造流贼以饿羸创残之余躏阳和陟居庸重臣世将连脰就戮怨军骄帅抟颡恐后乡之捍强敌而有余者今则摧弱寇而不足何勇怯殊欤亦积渐之势然矣来远堡筑于万历四十一年图之成当在其后计尔时市局将变图犹若夸示大国之威重物之力丰溢者迨数睹其设色布指将使后之人得其意于毫素之外岂亦殷忧深戒托于讽喻者为之是未可知也夫一图之小不足置论余特感于有明疆场之事不惟系一方利病实则天下后世龟鉴也图高四尺袤五尺矾绢写今存某处年月日叙

清康熙三十四年(1695)《重修帝君庙碑记》

2007年张家口大境门景区动迁改造发现此碑。高204厘米,宽76厘米,厚18.7厘米。楷书、行书、草书兼行。全碑凡28行,仅存约184字。

【碑文】

【碑阳】:

夫乾坤正大之□在天为□□在此为庙岳一举人□曰□□□□□有不□形而□□恃□……/乎苍典充满□宇□而□□而人□□而不闻风□□历礼处□孝……/关圣帝君汉求辟河终起之侠□能□□凛……/慕左民春□而以□□之空言□□□之□孝当之□□□□远两□之□而秉将符……/汉之当沃仗义讨贼满□□笔之身之旅……/民之……/不恃气而□不往待□□□不□□□亡者矣而浩然……/食千载不亦空乎亦……/祠规模……/三官大殿永垂不朽后……/而君者□尚/钦□监……/内务府……/吏部……/汪刘……/为镇……/防御……/分□□镇……/直隶宣化府……/镶黄……/正黄旗……/正白旗□施……/正红旗……/镶白旗……/镶红旗……/正蓝旗……/镶蓝旗……/……万全县县丞……/龙飞康熙岁次乙亥……/

清乾隆四十九年(1784)《重修增福灵侯神祠碑记》

该碑现立于张家口堡外北关街24号财神庙内。2009年7月该庙大型修缮工程启动,挖出完整的碑两通,残碑8块,碑额3块,碑座2块。此碑为完整状,石质为青石。通高(碑与座,无置额)226厘米,宽72.5厘米,厚17.6厘米,碑身高183厘米。正面碑文边缘刻有山水云龙纹。

【碑文】

【碑阳】:

重修增福灵侯神祠碑记/

尝闻创始难重修易此亦即踵成规者而言之也天下有重修不易而且难于创者有再为重修而更大有不易于重修者如我张/

家口北关/

增福灵侯神祠创始于前明万历甲辰年考甫作之碑文仅茅屋之数据至我/

朝顺治十四年锄旧更新气象什伯其玄始作也径庭矣余初至张城备阅碑记深致感于重修者之不易为力也虽然即十四年重修/

之难而与今日之再为重修而较之其瓦屋为风雨之侵墙为鸟鼠之穿姑置勿论至殿宇虽有内外之分钟鼓有左右之峙戏楼/

山门配室无不备而规模浅狭犹未臻万千之观瞻焉住持道士阎本源与

会首药懋烈等夙夜忧心豫为图度先置庙后草屋一所/
　　而大为重修之意已不在踵前人步趋间也于是恳志摹化而张之绅士商贾乐施者比户皆然缘布出而五千金有余矣噫银力之/
　　助至矣而人力之助尤有不易者会首数家立规监造分班致力朝夕罔怠爰材构重兴土石并举坚理地基究工最先制作改观故/
　　物罔用殿楹增广大之规配宇有备姜之设华表顿竖前规尽易大殿抱厦新建焉南北耳殿南北配殿新建焉过厅五间两厢房二/
　　间新建焉中院道室五间社室五间以及大小山门左右钟鼓乐楼画栏无不易旧而为新且地居其界庙左街高数年前曾有行潦/
　　之患□□卫之防愈不可缓石趾砖壁增葺叠树长二十六丈高二丈有余公费虽烦而维持弥永猗欤休哉雕梁画栋粉白黛绿鸟/
　　革飞翚金碧交艳说者曰此后人踵事而增华也实未达前后所以不易于重修之故也前明虽设来远以卫市口而交易之家落落/
　　寡偶未若今日之熙熙攘攘而为商旅一大都会也奉运天开中外一统/
　　帝德无疆/
　　神灵默佑星永曜民康物阜岁富财丰礼义咸制庙貌增辉/
　　神乐降祥而后人重修之难与所以不易为力之故昭然矣是为记/
　　大清乾隆四十九年岁次甲辰孟冬月谷旦勒石/
　　上谷郡王统衡德九撰并书丹/
　　重修经理人药懋烈韩国璧等/
　　住持阎本源　敬立/

【碑阴】：

兴顺公记 义昌引记 万盛玉记

（文字模糊难辨,仅识出以上几字）

清乾隆四十九年(1784)
《重修增福灵侯神祠募捐碑》

该碑立于张家口堡外北关街24号财神庙。2009年7月该庙大型修缮工程启动,挖出两通完整的碑,残碑8块,碑额3块,碑座2块。此碑较为完整,碑阳有一片铲痕。石质为青石。通高(碑与座,无置额)226厘米,宽72.5厘米,厚17.6厘米,碑身高183厘米。

【碑文】
【碑阳】:
张家口三□总管牛羊□□□　伦　施银一封/
钦差张家口税务监督　福　施银一封/
信士　福天锡　施银五十两/
特授文林郎万全县正堂加十级记录三次　陈受书　施银一封/
直隶宣化府万全县分驻张家口左堂加四级　李廷栋　施银一封/
募化重修经理弟子 闫致中 成人美 郝荣魁 赵国琮 郎秉公 吕焕章 燕翱 张维美 张时动 刘正兴 王兆威 常进 贾忠 程法言 樊丽 韩国士 杨相时 赵绍升 梁锦运 渠天闻 薛建中 唐敬 杨世琦 蔡履 李宓 张绅 张殿楷 贾瀛 温梓 郝维正 赵士彦 史正书 李祥麟 张三仁 翟锽 胡鹏飞 鲜成功 翟文登 康洽 巩永宁 段谨 陈天梅 王伦 王振业 景士标 张拯 秦俊 李光会 石匠 武

守福 木匠 梁泰 泥匠 杨秀锦 画匠 韩威 铁笔 王佳环 余福喜 善友 樊易/

大清乾隆四十九年岁次甲辰孟冬谷旦勒石/

住持阎本源　敬立/

【碑阴】：

（字迹漫漶严重，无法记录）

清乾隆五十八年（1793）
《新建三圣殿碑记》

该碑在张家口赐儿山云泉寺地藏殿东侧竖立。左上角残缺,原用水泥补的一角也已掉落。通高170厘米,宽69厘米,厚24.5厘米。正面竖刻文字23行,满行51字,共794字。

【碑文】

【碑阳】：

新建三圣殿碑记/

张家口西赐儿山有云泉寺者古刹也面对河光万顷琉璃涵浩魄背依山色千层翠黛映斜阳诚哉紫塞雄观（关）□矣西山爽气惟是/代远年湮双松偃□住持源沉因念成材不敢妄费命彼匠作削成两柁拟于平房左侧建殿三楹但工巨费寮五米□□□志发愿/

击鱼叩募□（同）懈众昏□尝辛苦适有乡者□公讳□者慨然首倡敦请阖邑绅士商民协力劝募共捐银八百余金□□□□旧斜/房辟地移址爰建/火神老君马神殿三楹莲花洞补塑神像各殿□（涂）彩绘重新以之墙垣门户残缺者补之废坠者举之伫见桂栋云连宁水共长夫一已□□□□/

山同皎月齐辉岂非不朽盛世也哉工于乾隆壬子六月经始至癸丑五月落成是用□□（共）□（巅）□（末）援笔而为之记勒诸贞石□□□□/

有所考云/万全县儒学生员里人灼□(达)□(氏)王□(焜)撰文/里人燮臣□氏里元书丹/行走察哈尔八旗满蒙官兵节制宣大二镇世袭云骑尉加五级纪录十次都统乌捐银二十两/

钦命察哈尔副都统世袭云骑尉观捐银十两/

张家口居庸等处监督税务宗人府理事官伊捐银十两/

□□镇直隶张家口等处地方都督府世袭云骑尉加十级记录十五次恩捐银三两/

□□镇直隶张家口等处地方都督府军功加□级纪录五次德捐银二两/

□□□张家口驿传道兼管军台事务理藩院郎中福捐银一两/

□□□张家口外等处地方理事府加十级纪录十次德捐银五两/

□□直隶宣化府万全县正堂滑捐银二两/□□□(堂)印员外郎加三级记录一次富捐银五两/

□□堂印主事加三级巴捐银三两/□□(察哈)尔理刑员外富捐银五钱/

□丰司主事梁捐银十两/

□□(乾隆)五十八年岁次癸丑榴月吉日谷旦/

经理人

隆盛辉 张庆成 李廷□ 王□ 福明局 郎秉公 杨沛 张一诚 广兴店 胡店 程云凤 张理元 永泰号/

□□□□□□永兴锦 刘□ 永中复 韩永盛 生盛号 □天□/

住持□(成)源沉徒广聚/

【碑阴】：

共计41行,分为两部分。第一部分,前6行为官宦捐银记录,刻得较稀疏,分上下4段;第二部分,后35行为商号名、姓名,刻得较紧密,自上而下共分16段。

（第一部分,第1段,1至6行）：

……厢□旗……蒙古厢黄……满洲□□旗……满洲□□旗……正黄旗右……/

（第一部分,第2段,1至6行）：

张家口协中营二府姚捐银三钱直隶宣化府万全县□□张家口左堂黄捐银三两直隶宣化府万全县张家口右堂吴捐银一两□(上)驷院主事德捐银二两德丰司笔帖式逯捐银一两上驷院笔帖式德捐银一两/

(第一部分,第3段,1至6行):

张家口协左营守府乌捐银□□□尔台军站笔帖式禄捐银五钱太仆寺主事图捐银二两太仆寺笔帖式穆捐银一两印房笔政琪福捐银五钱厢蓝旗佐领 盦捐银五钱/

(第一部分,第4段,2至6行):

蒙古佐领门捐银□钱 正白旗骁骑校□捐银五钱 正蓝旗骁骑校□捐银□□ 正黄旗骁骑校何捐银三钱 镶红旗骁骑校穆捐银一两/

(第二部分,第1段,7至32行):

(多行残损)李玉……广和……(多行缺损)各……蒙古东翼……满洲正蓝……张殿……美……广……(10行残损)/

(第二部分,第2段,第7至23行残缺):

□顺永 □益堂 三□□ □□□ 广□□ □□□ □□□ 恒□□ □盛诚 □永良 □昌恒 昌盛缘 淳丰号 兴泰升 万盛德/

(第二部分,第3段):

三和当 巨兴当 景裕当 □□光 □□隆 □□涌(残缺6行)□长安 □兴□ □德悦 世和荣 永中德 永兴铭 景志昌 永和诚 世禄安 永和安 复成光 继善堂 义荣和 万荣昌 赵□ 杨作舟 杨朝□ 任□烈 兴玉中 美玉公 □元秀 万源□ 庆昌德/

(第二部分,第4段):

天顺□ 吉盛□店 □盛隆 □□号 合盛兴 木□行 存义贤 新盛世□□□ □□□ 新顺盛(缺7行)义□发 永和义 范天祥 义和铺 旺兴隆 □盛显 四合隆 合裕盛 德盛裕 张泰升 □□□□光 □德佑 □□□ 永□全 王□□ □□一两五钱/

(第二部分,第5段):

□源德 □□店 天锡号 天和祥 义盛店 永□成 复盛□ 悦来店 丰□号 永泰魁 昌泰魁 福成号 天福兴 □□号 泰□号 任药□ □□□ 天合□ □元□ □□号 同盛号 昌泰永 玉兴□ 兴成 隆兴泰 永盛□ 永

盛□ 永合号 和合德 玉成宾 永积楼 □兴盛 □□□/

（第二部分,第6段）：

长兴大铺 双和号 隆兴□ 永泰裕 天锦□ 郭开基 复兴隆 昌春永 义源永 兴顺奇 万盛隆 西盛□ 长发成 □盛永 长兴号 元成益房 永兴益房 王学斌 王四万 □四□ 铺复盛 □□ 宝源□ 义合诚 大兴隆 广隆泰 永保局 梁文正 大昌益房 大□□ 广□公 李意 三成永 李□元 天顺兴/

（第二部分,第7段）：

□□店 李□□ □王□ 天来店 天德碱店 福顺美 公兴永 □义成 杜莹德 兴公广 丰亨生 弘德施 文晒长 泰宁昌 泰恒席□行 亨裕善 永盛毡房 上堡保正 天盛和 永盛店 □县店 巨成恒 大亨义 宝□圣 阜成德 天元号 乾元泰 福兴公 福兴号 仙露居 □□生/

（第二部分,第8段）：

张起发 世美长 双合号 □云号 永茂锡 德盛玉 何□南 逢□碱店 永顺利 双合茂 德兴美 广盛恒 □美居 恒□□ 永盛□ 山□馆 复兴店 亨义和 □缸房 兴隆居 范缸房 源远泉 永泰仪 四□德 西长发 协泰玉 元成永 恒远明 顺成德 大德号 永盛益房 广源号 广裕号 □和兴/

（第二部分,第9段）：

益成永 广泰成 永兴振 赵永忠 □兴亮 益成亨 何福安 大亨昌 吴兴玉 永兴金 鼎中德 永玉□ 广昌成 万源发 保泰永 恒泰永 义金号 保春周 王林 刘门岳氏 各捐银一两 丰裕□ □源□ □盛□ 生泉涌 万盛号 恒盛成 郑肉房 永义碾坊 刘士英 各施银八钱 协升新 施银七钱 □□铺 施银六钱/

（第二部分,第10段）：

复隆居 昌盛诚 广兴衣铺 兴隆黄 昌泰诚 昌盛号 三合号 永中亨 义盛全 志诚号 昌盛德 世合德 天赐楼 永丰号 李缸房 复□□ 合盛美 □兴号 福诚隆 四兴居 合有生 魁元局 永泰和 武碾坊 义和成 义和局 隆盛魁 德兴号 永隆号 增盛号 赵国祯 药米铺 昌泰诚 福成隆/

（第二部分,第11段）：

隆盛泉 贾璋 曹锡铺 恒通□ □□□ 生□□ 广邝涌 恒隆东 隆昌庙 广义公 长兴合 刘兴旺 寇廷良 闫沿 胡耀盛 广义隆 义合店 永合表 乾元

和 周本发 元成名 楼子店 永丰店 董发财 冯禄功 池生蛟 晋泰广 敦义成 罗躬壁 广源生 广隆永 德丰义 万顺魁 万美发／

（第二部分,第12段）：

裕隆成 福兴庆 亿盛号 思敬堂 兴玉号 兴盛美 元顺成 聚源成 义顺美 张观田 倪大成 □永□ 恒隆□ 林廷和 杨天成 □顺□ 郭壬元 郭相元 李光权 武肉房 任□铺 世和福 德盛号 义合号 永兴诚 合义全 永合魁 发云刘 阴面铺 兴盛张 兴盛复 张英 各施银五钱 黄富／

（第二部分,第13段）：

刘福寿 王元 董利炼 永保号 大成永 合盛德 各施银□□ 义永德 兴茂宁 广盛宝 南恒丰 隆□火铺 □□□铺 □兴隆 尧□房 刘□铺 戚缸房 永顺烟铺 胡□聪 □生号 广兴隆 新兴正 永恒铺 天惠德 公昌盛 世□成 万盛高 仁和店 庆长号 万盛隆 张士秀 王廷拒 三清宫 双盛毡铺／

（第二部分,第14段）：

刘□□（残10行）康宁 □爵□ 永义顺 王玺明 □□店（残3行）□□铺 □□山 □泉泰 刘云龙 柴皮房 □扛铺 王成瑞 □盛永 □仁堂 天泰恒 王□□铺 张□□ □□□ □□明 杨□盛／

（第二部分,第15段）：

黄廷威 乔兴 各施银□□ 姚□□ 永隆局 兴□□ □□□ 兴□□（残11行）刘□□ 刘□□ 三皇 都玉□ 财神□ 赵廷烟 冉良保 张斌 □大宁 济孤□ 新□□ 三元宫 薛斌 池有章／

（第二部分,第16段）：

□面铺 兴盛店 □□□ 孙福 义亨号 永盛毡铺 大兴店 李林 任耀宗 城隍庙 杨秉仁 刘□□ 福元□ 昌和缸房 张豆芽铺 永□□铺 兴□□铺 杨□□铺 □□居 □□房 罗面铺 大寺 土作坊 各施银二钱 吕达 施银□□（残8行）／

清嘉庆九年(1804)《财神庙香火碑记》

该碑立于张家口堡外北关街财神庙内。长约200厘米,宽约70厘米,厚约25厘米。碑首委角辟边框以为额,额饰浮雕二龙戏珠纹,中有"碑记"二字。碑底部残缺,斜断缺。正面文字大部分损坏。背面无文。

【碑文】
【碑阳】:
财神庙香火碑记/
道士阎本源于乾隆甲辰□请□□药懋烈等募修/
财神庙三既流然□五□□□□乾隆五十二年方未本□共□银六百五十八……/
　　□□□在东关□□□□□街□□□□铺房一所,屡年所得房租存之□□修庙……/
　　□□□□□□□供独长乐税契交粮等项。共用过钱一千六百六十……/
　　□□□□□□□□□内之所以生也。于是药公懋烈议同社等人……/
　　□□□□□□□□□界之庙祝永远作庙中香火。□久为□□阎本……/

……□□□□□□□□未以养人丰不以为然若不使□足□至周也……/

……者□□□□□他逐致假经反以糊口□□使以□生知所本……/

……士……家……/

……勿……/

……永隆……/

……美裕……/

……景士……/

大清嘉庆九年岁次甲子九月十七日/

清嘉庆十年(1805)《重修市台关帝大宇碑记》

2008年4月,张家口大境门周边通泰桥地段居民动迁,以及城墙修复工程中发现此碑。碑高加底榫209厘米,碑面高193厘米,宽73.4厘米,厚19.5厘米。该碑圆形碑额,碑阳刻有"万古流芳",碑阴刻有"财源辐辏"。碑阳计19行,共481字。碑阴自上而下共分8段,每段33行,刻有258个商号名、6个人名,共计2622字。另外,上有墨书"拆砖等于破坏战备!""战备办公室"13个字,书于"文革"时期。

【碑文】

【碑阳】:

重修市台关帝大宇碑记/

载之典为之……不能不作述……张家口上下两堡……宣德四年成化十六年至万/

历四十四年立市台以为华□□□之所其上建庙台□□为镇阴之威灵又为一方之保障其形势之高早山川之险峻边城之十固商贾之纷纷/

台何以名市何以设大小禁门何以中外方何以通前巡抚道亨汪公碑记备载已杜后之人即欲添其辞赞其美此所谓弄斧班门画蛇添足/

耳然善于始者尤贵善于终使无后人之成全虽有遗征何能人著即如市台健庙供神其初祇祀汉前将军/

关帝后虽修塑/

玉皇/

三官配□公所屡经添饰今年深日久殿宇坍塌神座凋零兼房基损坏此□市圈商民王守礼等愀然心笃肃然起者矣。因禀十公捐助协力同修曰/

嘉庆辛酉年三月起至乙丑七年告竣功成之。北将见/

玉皇阁之□□/

三官□之壮丽又见伏魔土帝□腾辉耀彩煌煌乎英风义气神威倍增前□□而……文昌殿扩然……/

观也耶不有□志恐历人而或□□刻芳名以冀千秋万世不朽□/特授直隶张家口管理察哈尔官田□汉旗民事务兼……/

特授文林郎知万全事加二级记录五次……/

万全县分……/

万全县乙酉科选拔贡生候……/

山西忻州定襄县庚子□科举……/

乙酉年保正行 万盛德 四合全 协泰盛 恒通升 施银五十五两……/

庚申年票行 天元德 合盛永 丰玉成 广隆泰 施银□十七两……/

大清嘉庆十年岁在乙丑……

【碑阴】：

计布施列后

合盛兴 施银210两 美玉德 施银200两 兴盛铺 施银195两

广隆光 施银140两 公合成 施银140两 祥发成 施银200两

长发成 施银140两 兴隆光 施银135两 合盛永 施银133两

广发成 施银126两 万盛德 施银114两 义合号 施银121两 万德悦 施银120两 丰玉成 施银115两 美玉公 施银111两

万玉隆 施银110两 天元德 施银110两 四合金 施银109两

兴玉中 施银109两 永兴泉 施银105两 义和灵 施银100两 世□安 施银95两 复成光 施银93两 玉成广 施银93两

兴泰和 施银90两 协和公 施银80两 德盛玉 施银85两

泰和安 施银78两 兴隆源 施银77两 合盛公 施银75两

世和□ 施银75两 丰亨玉 施银75两 □泰成 施银74两/

天盛成 施银 65 两　□□德 施银 63 两　恒□升 施银 63 两
永□成 施银 53 两　广□兴 施银 62 两　□□□ 施银 62 两
永□亨 施银 62 两　□隆永 施银 62 两　大兴隆 施银 62 两
兴□公 施银 60 两　兴盛高 施银 60 两　大□元 施银 60 两
广□泰 施银 55 两　永顺□ 施银 53 两　□义和 施银 52 两
□合□ 施银 51 两　合裕□ 施银 50 两　德义永 施银 50 两
万源发 施银 50 两　美玉王 施银 49 两　恒隆光 施银 47 两
德盛成 施银 47 两　美玉泉 施银 47 两　三和世 施银 47 两
广兴宏 施银 47 两　聚源诚 施银 46 两　隆玉成 施银 45 两
永泰公 施银 45 两　天庆发 施银 42 两　兴盛文 施银 40 两
恒盛光 施银 40 两　天泰升 施银 40 两/
六合□ 施银 38 两　恒泰发 施银 34 两　智肉房 施银 32 两
永裕元 施银 31 两　美玉成 施银 31 两　世德光 施银 31 两
永兴元 施银 30 两　日升如 施银 30 两　永顺德 施银 30 两
义顺美 施银 30 两　永顺泉 施银 30 两　恒盛公 施银 30 两
元升成 施银 30 两　兴玉盛 施银 30 两　美玉光 施银 30 两
元顺诚 施银 26 两　信玉隆 施银 25 两　广合成 施银 25 两
恒盛明 施银 25 两　恒隆东 施银 25 两　元源玉 施银 24 两
玉顺祥 施银 24 两　广满仁 施银 23 两　保泰周 施银 22 两
全盛广 施银 21 两　合春昌 施银 21 两　宏泰裕 施银 20 两
兴盛永 施银 20 两　天成发 施银 20 两　震隆昌 施银 20 两
生旺德 施银 20 两　天兴焕 施银 20 两/
新盛世 施银 20 两　德顺玉 施银 20 两　天泰来 施银 16 两
天合楼 施银 16 两　长庆功 施银 16 两　存义忠 施银 16 两
大德常 施银 16 两　天和永 施银 16 两　德美中 施银 15 两
恒泰芳 施银 15 两　协成永 施银 15 两　美合吉 施银 15 两
美□玉 施银 15 两　昌泰恒 施银 15 两　协同兴 施银 14 两
义兴永 施银 12 两　悦来永 施银 12 两　生全世 施银 12 两
吉星诚 施银 12 两　广成世 施银 12 两　永泰兴 施银 12 两
广兴焕 施银 12 两　世和泰 施银 12 两　丰盛隆 施银 12 两

乾高泰 施银12两 永兴日 施银12两 永盛号 施银12两
三兴裕 施银12两 恒泰文 施银11两 梁篓铺 施银11两
恒通玉 施银10两 兴顺奇 施银10两 云盛光 施银10两/
永泰亨 施银10两 长泰宁 施银10两 德兴公 施银10两
东兴薪 施银10两 大宁垣 施银10两 刘昌魁 施银9两4
德盛泉 施银9两 协世公 施银8两 沅齐灵 施银8两
禄成居 施银8两 元泰公 施银8两 恒丰□ 施银8两
永泰裕 施银8两 天亨锦 施银8两 长泰永 施银8两
亨新亮 施银8两 恒盛玉 施银8两 玉兴长 施银8两
永成德 施银8两 广亨正 施银8两 广义公 施银8两
益成亨 施银8两 兴盛宏 施银7两 张　顺 施银6两
复兴成 施银6两 合有生 施银6两 义恒广 施银6两
万隆杜 施银6两 东源生 施银6两 合成源 施银6两
新盛隆 施银6两 世兴成 施银6两 世生亨 施银6两/
公昌成 施银6两 新兴正 施银6两 元隆公 施银6两
吉昌永 施银6两 兴隆涌 施银6两 泰来广 施银6两
永茂义 施银6两 永隆裕 施银6两 广和□ 施银6两
□□新 施银6两 □合长 施银6两 永中德 施银6两
□顺隆 施银6两 兴泰光 施银5两 德盛嗣 施银5两
协盛玉 施银5两 广升和 施银5两 元顺汉 施银5两
隆昌皮店 施银5两 段模 施银4两 恒盛䘱 施银4两
涌盛隆 施银4两 万和永 施银4两 天昌焕 施银4两
恒盛昭 施银4两 义和长 施银4两 新盛金 施银4两
世玉亨 施银4两 增盛源 施银4两 兴盛全 施银4两
泰来号 施银4两 丰盛泰 施银4两 合裕德 施银4两/
昌升和 施银4两 亨美居 施银4两 兴泰元 施银4两
存诚德 施银4两 日源永 施银4两 吉星源 施银4两
广顺文 施银4两 谦益成 施银4两 兴盛明 施银4两
保和清 施银4两 永恒镐 施银4两 永成公 施银4两
德生大 施银4两 涌全醴 施银4两 巨和玉 施银4两

义成瑞 施银4两 九□长 施银4两 德□成 施银4两
复盛忠 施银4两 广裕成 施银4两 永盛全 施银4两
永源复 施银4两 万亨升 施银4两 广玉成 施银4两
合裕天 施银4两 □□□ 施银4两 恒美号 施银4两
薛永爱 施银3两 万盛益 施银3两 敬和公 施银3两
德丰义 施银3两 东玉号 施银3两 广兴隆 施银3两/
义全永 施银3两 广全峻 施银3两 义昌德 施银3两
万和发 施银3两 永大泽 施银3两 兴盛玉 施银2两
和合公 施银2两 杜斗珏 施银2两 通顺□ 施银2两
贾麻□ 施银2两 永成芳 施银2两 北□面 施银2两
德兴隆 施银2两 三义诚 施银2两 天泰帽铺 施银2两
广盛德 施银2两 禄美居 施银2两 温光润 施银2两
段兴义 施银2两 马　良 施银2两 广泰隆 施银2两
永泰和 施银2两 和合兴 施银2两 韩纸铺 施银2两
永泰合 施银2两 信成鸿 施银2两 合义和 施银1两
广昌玉 施银1两 世德成 施银1两 李　明 施银1两
杨炭铺 施银6钱 永盛席铺 施银4钱 杨铁铺 施银1两4钱

清道光三年(1823)《增建灶殿碑记》

张家口大境门内明德北街175号院,原是一座山神庙旧址。2006年6月,发现该碑竖立在高台北院,被临时搭建物遮盖。石碑坐北朝南竖立,从旁边的梁柱看出,原来应有碑亭。碑身高220.6厘米,宽70.5厘米,厚20.7厘米,有碑座。碑额呈委角状,文字周边饰有折线纹。碑阳计15行,每行满字58至63不等,共计730个字。碑阴文字计2408个,除佐领保为竖刻大字外,其它名、字号均为小字,分16行竖刻。共有558个名称、字号。其中包括店、铺、行、社等商号公项375个,人名122个,寺庙11个。

【碑文】

【碑阳】:

万善同归

重修山神庙起盖乐楼增建灶君殿碑记

盖维继创为因端需修葺添无补缺功赞全成张城为襟山带河之区实中外商贾所会考稽上堡惟山神庙创建最初前人或以为山安其镇斯地以灵而人以杰也爰是立庙尊神奉神立社而满蒙官兵居民商旅咸仰庇于山神土地水草青山白虎牛王胡神之护佑此方于奠安者至深且重是以旧日各置社房续又共立公所此庙遂为市口要会之林而乐楼之建尤为上下两庙各社献戏

酬神之巨制焉奈创美之举既有历年继善之修又经岁月暮雨晨风寻相剥蚀精严结构渐及侵阑寝见殿宇抱厦各社房多有渗漏戏台栋梁及址基几至倾颓倘弗亟兴修整将何以肃庙貌而壮神威乎敝等切修葺之思会同本街铺号协相经营除各捐己铺资财外并募化各社公项以及贵官商民远近信士用勷是功所幸人心协和莫不乐捐成美不日间共募得银二千余两于是鸠工庀材殿室则一概补葺依旧庆邮普敷金碧乐楼则重新起盖较原制而式廊榱楹修废举遗翼绳完善适于正殿内见有灶君龛位且是庙又长庆社众以为既为立社宜表特尊况灶君原属五祀正神人间奉为司命即为特建殿阁实属增所宜增爰考卜于北禅院内特建清殿一厦供奉神位用著尊崇庶其灵明妥侑斯介福应百无疆尔是举也惟酌古而准今遂增饰以崇丽行见庙貌维新庄严赫奕前徽无替时务以兴惟祈神威镇域边疆永赖巩固之庥祈报铭恩中华咸矢舞歌之庆斯可以继继承承绵亘乎厥初建庙奉神之善举焉

谨将助善芳名勒于石以志诸永久云

嘉庆丙子科正白旗满洲人举人　芳桂　撰文

山西太原府徐沟县民人　张世衍　书丹

经理人

合有生　泰来号　广盛和　天合楼　义盛和　万盛翼　三和当　大新德　兴盛全　聚成泉　天德碱店　合成碱店　大昌魁　丰盛泰　永兴隆　兴盛合　义和全　兴盛发　天顺公　义恒光　德和美　永生成　新泰义　诚远信　合兴隆　复盛永　兴胜全　兴盛魁　源盛号　乾裕德　广兴美　和合兴

山西应州享县石匠曹天　刘云　镌石

住持僧：

成衲普照　普润　徒　周禅　周俊　徒　沙珠□

大清道光三年岁在癸未季秋谷旦

【碑阴】：

永垂不朽

重修山神庙乐楼碑记

今将众善士乐捐与慈恩寺各书其半特此谨白

驻防张家口　管辖左翼满洲四旗官兵　兼理右翼满洲镶红旗佐领　事务协领　加二级　记录四次　保　捐银二两

虔敬社 增福社 施银一百两

羊行社 施银七十两

平安社 施银六十两

太平社 施银五十两 牛王社 施银五十两 白虎社 施银三十两 代州社 施银二十五两 清源社 施银二十两 太原社 施银二十两 诚敬社 施银二十两 恭敬社 施银十两 利市社 施银十两 诚一社 施银十两 马王社 施银十两 永盛社 施银五两 缸房行 施银五十两 义和美 施银五十两 兴盛全 施银三十两 义和全 施银二十五两 兴胜全 施银二十五两 三义发 施银二十二两五钱 天昌焕 施银二十一两 永盛诚 天泰德 三发当 天成环 广盛和 永兴隆 合有生 天顺公 大昌魁 三和当 天德生 和合兴 新泰义 兴盛魁 乾裕德 兴盛合 世兴隆 合成碱店 泰来号 以上十九家各施银二十两 新魁永 万德魁 永合公 义合兴 以上四家各施银十七两五钱 马酒铺 德泰昭 永泰合 复新当 恒盛隆 聚成泉 复盛永 诚远信 大新德 万盛翼 天合楼 义盛和 义恒光 广兴美 丰盛泰 永生成 元顺义 万隆社 以上十八家各施银十五两 宝泉荣 永兴正 义合隆 协成泰 昌盛泰 和合稳 天德永 日升和 昌盛和 兴盛明 兴泰昌 以上十一家各施银十二两五钱 德和美 源盛号 兴盛发 合兴隆 恒泰公 万成全 元泰轩 和顺成 源泰良 昌盛全 永宏顺 丰盛美 广兴德 元盛杨 泰升和 诚远忠 大昌裕 德明居 禄美居 福源通 庆源德 兴隆永 四利号 以上二十三家各施银十两 敦伦堂 施银十两 生玉长 施银八两 福盛兴 兴茂永 兴利号 永裕局 世源隆 以上五家各施银七两五钱 裕和成 义昌永 万顺懿 玉源成 广隆魁 天顺光 以上六家各施银六两五钱 昌盛德 复兴成 悦来公 复成号 张发永 亨升旺 复德广 以上七家各施银六两 新盛窑 施银五两 荣盛窑 施银五两 合玉隆 万兴德 德盛忠 隆兴魁 天义面铺 隆发居 泰来恒 广源德 万隆德 裕和园 公义魁 广信和 天元成 天兴店 兴盛成 和合公 万隆全 兴盛永 兴盛德 裕兴昌 天源发 复新顺 宝和义 隆顺成 天福升 永兴利 亨庆发 义和瑞 以上二十八家各施银五两 广和魁 新义魁 以上二家各施银四两 德成隆 永兴广 丰合昌 三兴居 兴顺中 以上五家各施银三两五钱 长泰恒 日亨局 翼万镇 悦来店 沈应有 大兴店 三成公 以上七家各施银三两 复兴功 永享翁 双和永 大成忠 万顺靴铺 德源隆 亨隆局 复顺成 复兴木铺 万祥发 以上十家各施银二两五钱 画匠工项 三星店

庆长班 公顺店 智肉房 通义馆 德隆店 泰兴宁 德裕永 永盛馆 天昌永 以上十一家各施银二两二钱 马王社首牛继芳等 大新永 复成玉 兴盛广 兴盛昌 万恒荣 天盛店 德盛全 天泰隆 信隆泉 亨泰泉 亨升元 周席铺 中和堂 丰阜号 昌盛居 阜升隆 以上十七家各施银一两五钱 万长铁炉 施银一两三钱 关帝庙 昭化寺 弥陀寺 以上三庙各施银一两 厢黄旗祥泰 杨凤璋 朱贵 曹廷章 赵永昌 李木铺 郝文运 郭凤云 隆兴碳铺 昌盛明 隆正店 董全亮 云辉 永义成 水裕光 永盛光 永茂德 宝元号 天宝楼 昌盛银楼 新玉德 公和店 双盛和 隆泰德 以上二十四家各施银一两 合兴窑 施银九钱 隆兴盛 恒泰粉房 陈弓铺 斗行 世有成 兴盛和 德兴隆 万隆显 王草铺 以上九家各施银七钱五分 三贤庙 关帝庙 朝阳洞 金龙口 龙王庙 营城庙 三清宫 以上七庙各施银五钱 广兴焕 广成发 德丰当 胡玉堂 闫怀玺 税司厨房 赵国梓 吴玺 赵忠 鼓班公项 王德 黄德亮 杨全 郭发 郭珍 郑元 董荣 韩旺 许振有 兴源楼 武茶馆 义和弓铺 陈豆腐坊 王菜铺 德成涌 闫罗铺 三元顺 蒋茶馆 德盛银楼 全盛永 付茶馆 福远全 东昌号 公义粉房 隆盛源 天裕永 长盛刀铺 天顺簍铺 天和木铺 王铁炉 兴盛香房 丰美居 协成元 生盛铁炉 杨刀子铺 牛家店 刘鞋铺 怀仁堂 合成香房 永隆羊店 仁和堂 张鞋铺 三合成 三成发 永升店 义和号 永顺成 荣德光 永祥木铺 德盛魁 四义成 广发隆 德成炉 兴义铁炉 天德永 天兴木铺 恒盛长 来安店 张银匠铺 泰兴店 通顺锡铺 炸子店 义万木铺 三义铁炉 四合羊店 义恒号 武马店 榆次店 德成居 德泉居 以上八十家各施银五钱 世全永 明泰全 义盛义 三家各施银三钱五分 厢兰旗哈布奇仙 施银三钱 胡天保 施银三钱 中兴炭铺 施银三钱 胡车铺 刘靴铺 荣泰和 刘鞋铺 三和永 万兴号 贾车铺 顺兴园 郑木铺 以上九家各施银二钱五分 复兴木铺 疏引捐银五两 谢存礼 疏引捐银三两 公顺店 李有福 募化施银三两 远鸿 施银二两 关帝庙 响铃寺 李正禄 顺成店 武治科 郑宝成 马有 张永泰 杨世成 张世钱 赵天刚 杨库 刘元 先亨 王海龙 以上十五家各施银一两 杨景山 元合成 张旺 郭应发 以上四家各施银五钱 杜兴隆募化 合兴盛 义合兴 敬和隆 万隆发 永盛发 以上五家各施银一两 张昌募化 吉盛全 新盛世 美和升 天泰和 合盛亨 美裕当 义聚当 美裕和 恒兴裕 元顺美 兴盛张 以上十一家各施银一两 陈邦林募化 张春满 隆泰裕 二家各施银一两 刘怀德 王德春 德元店 通义店

兴隆魁 林盛元 陈邦林 七家各施银五钱 月明店募化 吴兴隆 施银一两 永兴泉 施银一两 康有明 蓝天祥 万恒永 范有祥 徐和 姚荣 增盛号 郭永仁 八家各施银五钱 张桂攀募化 闫碧和 高成德 二家各施银一两 王正纲 武忠烈 二家各施银五钱 太保募化 张吉 施银一两 朱贵 景大伦 赵士鲸 兴盛局 泰来店 隆兴店 费增庆 泰兴店 三和店 篓铺店 西印子铺 十一家各施银五钱 傅盛羊店募化 本店捐银一两 姚恒展 焦克仁 两家各施银五钱 义合羊行募化 本店捐银一两 安唤 施银五钱 李国珍 施银五钱 李法旺 施银二钱 吴玺募化 冀光祖 于治定 贾世福 梁保山 于嗣林 以上五家各施银五钱 福源通募化 三盛肉房 于肉房 智肉房 以上三家各施银五钱 王肉房 郝肉房 四合和 杨肉房 四成肉房 以上五家各施银三钱 赵荣募化 官德保 张五 刘致增 以上三家各施银五钱 赵永昌 施银二钱 张垣功募化 垣功 捐银七钱 王德荣 王贞 王有禄 雷发祯 陈元 雷发有 以上六家各施银五钱 胡旺林 王宝 马富有 雷发贵 以上四家各施银三钱 高志福 张舜 贺福亮 李有 任杰 以上五家各施银二钱 福和羊店募化 岳德顺 郭昌 德成居 福和店 以上四家各施银五钱 范恒太 范朝义 王玉锡 杨璧 李发春 郭正其 以上六家各施银三钱 韩德成 韩瑞 以上二家各施银二钱 焦天沛募化 长发永 元顺隆 乾和顺 万生永 隆顺源 元顺恒 广生德 永泰顺 林盛元 合生辉 兴盛魁 万常荣 通顺永 兴盛淇 永盛德 复顺元 中玉长 晋泰光 万盛隆 元成亨 巨隆光 万兴元 广和兴 大昌烟铺 四合永 泰昌德 集成隆 永发成 三兴正 大来永 永合诚 丰源义 福昌远 以上三十三家各施银三钱 巡役班募化 三盛木铺 南兴隆店 王铁炉 以上三家各施银五钱 永盛店 西印子铺 董光耿 昌盛银炉 阜升隆 李有 以上六家各施银三钱 杨朝璧 施银二钱 中兴炭铺募化 卢上远 任寅 吕江 段成明 孙泰 以上五家各施银三钱 索德明 邢天锡 泰桂林 孙光祚 以上四家各施银二钱 刘奇 疏引 自捐一两 王璧 疏引 自捐一两

清道光六年(1826)《重修清真寺碑记》

该碑竖立于张家口堡外西关街清真寺院里大殿台基前。碑上有碑额,上浅浮雕二龙戏珠的纹饰,中下方长方形框中有阿拉伯文。

【碑文】
【碑阳】:
张家口重修清真寺碑记/
尝思其宁之造化人世也一事一物皆有至善之理以待遵行斯理也清而不杂真而无妄第散见于万殊不统会于一本又何从遵行乎于是降天方/
表正立极为趋而会归之所天命自比锡圣训自此昭其规模范围正大光明始于西华播于率土传于万世此清真寺所自昉也凡清真教中遵天命/
顺口行皆当于寺趋向会归焉固万善之本人道之原可不有以建修之辉煌之也哉张家口固边寒地也亦商会之通区自我/
圣朝定鼎以来仰观光天乐瞻化日清真教中善士代兴始而创建继而增修承先启后信心美迹犹可考焉康熙八年始建前殿三间经理名杨公世芝勒/
碑者顺治甲辰二甲任江南副总戎费公重振及至雍正元年复继前殿增修五间添配房十三间倡先者本口粮厅马公彩籍山西长治县又有/
学田地一百二十亩系杨公伯海同众捐置嗣后教兴道著本处之乡者通

商之名公思欲改旧更新恢宏壮丽其于趋向会归之所庶相称焉敦意前/

定有时举行有日其志未遂至乾隆五十八年师长李公如梅 乡老阎公枝华 王公国宝 王公惠远倡捐增修共银一千余两彩焕殿宇增建配客厅二门等十/

余间较之从前固改观矣揆之素志尚属歉然后之人未尝不刻刻在心思继其志延至嘉庆二十二年有乙酉科选拔贡生阎公锦字云章号春如争/

先鼓舞众心踊跃书名乐助已属可观复于各处教亲捐写共成此举得于二十三年兴立二十五年告竣气象更新基址非旧前辈之志于是乎继然/

金青丹碧阙焉有待于兹越五载矣本年春季复续捐资孟夏起工仲秋完善翚飞鸟革焜耀辉光虽于天方之壮丽美备未逮万一于以遵天命顺圣/

行全人道而修万善趋向会归之心一也所谓承先志而启后进甚有赖于此举爰为记谨书颠末敬录芳名并各款项详列于次/

大清嘉庆辛酉科拔贡 庚午科挑取 道光元年补授睿皇帝实录馆□钦议叙一等加二级 授保定府容城县教谕 诰封文林郎　阎国庆　撰并书/

阖邑众教亲公理工程告竣镌立/

大清道光六年岁在丙戌桂月谷旦/

【碑阴】：

（贴于墙面,无法抄录）

清道光三十年(1850)《关税谕饬碑》

2007年,该碑发现于张家口大境门外正沟锡盟驻张供销社院内。2008年迁移至大境门景区,后又移至张家口堡内抡才书院。

【碑文】

【碑阳】:

总统察哈尔八旗都统□(衔)……/

副都统庆/

咨行事左司案呈道光二十九年十二月二十四日□(准)/

户部咨开贵州司案呈户部谨/

奏为遵/旨速议具奏事察哈尔都统双　等□恰克图贸易商民领票纳税统归市圈一律办理一□(诣)道光二十九年十一月十九日奉/

朱批,户部速议具奏,钦此,钦遵,抄出到部。据原奏内称:"准张家口税务监督中福咨称,市圈商民□(向)恰克图贸易所换货物到口,特先行报税。惟朝阳村商民置办□□□□□□□□□□□□□□□(20个残字)□(朝)/

阳村并不先报税,卖□□□ 起运进口时□行输纳税银,□于市圈商民未能一律。且大境门外,该商民转售西口 关东 多伦诺尔等处,经由口外草地起□□□□□□□□□□□□□□□□□□□(22个残

字)□(恰)□(克)/

　　图货房商民,归于市圈票行一体。及至换货回归,先行进口赴肩纳税,以归画一"等因查市圈驻扎张家口大境门内□(西、而)朝阳村驻扎大境门□(殊、外)

　　【碑阴】:

　　(贴于墙面,无法抄录)

清咸丰三年(1853)《重修关帝庙碑记》

该碑现存立于张家口堡内鼓楼北街关帝庙,庙内东跨院的碑亭中有两通石碑南北并列,其额、碑、座齐全,尺寸相同。通高348厘米,座宽80厘米,座厚57厘米,身宽69厘米,身厚24.2厘米,额宽80厘米,额厚34厘米。碑额透雕双龙戏珠纹祥云纹,非常精美;碑座为须弥座,搭巾纹,巾上刻花卉纹。《重修关帝庙碑记》位于南边,称为南碑。碑额刻有"千载永垂"。

【碑文】

【碑阳】：

重修关帝庙碑记

张家口为都城西北路繁阜之区邑中祠寺不下数十处然皆创自本朝前代所遗者惟下堡内关帝庙始于元而最著于今者也考之碑前明已属重修我朝又屡经重修至嘉庆丁巳之重修也焦公绂与其事即今董事元美君之父也先君子有文以志其事自可已至咸丰壬子凡六十年而庙又隳剥不治秃缺时形十社之人思所以重修而推焦君董其事君逊谢不获乃辑众议购新基扩旧址鸠工庀材指授方略事宜创则创之工虽费不为奢事宜因则因之力虽俭不为蹙如□前之区域旧甚湫隘今则恢廓之乐楼之规模旧甚黯昧今则轩昶之牌坊之结构旧称精巧今一经绚饰而已飞革如故也□□之营修旧称巩固今

一经涂茸而已实枚如新也至如监幡杆增屋宇砌瓦涂墉丹攫栾桷次第举行无不犁然而竟其事工兴□咸丰元年二月于三年九月□事焦君某垂诸石以示久远乃属记于熊之昆仲且言曰泐石所以纪事而纪事必先征文子之□君子之文具在其可踵其事而增焉况余幸以六旬有余之躯勉从众举赞勷胜事亦以继吾先君子之志述吾先君子之事也□子之兄若弟复能操笔札以叙其颠末准诸丁巳一役亦庶几从先之意也夫熊曰然今日之举宜因宜创固已各增美备无可□议已然必贾君岢诸人勤苦于外而募金始多必阎子行恕诸人协力于内而斯事乃成且南不扩地十余丈北不肯启数十武□以使当日区处之粗朴隘窄者一旦豁然大观也若夫阐发幽光勤思往迹铺张圣德之精深扬厉神威之赫奕举关君生平忠义之慨足以轶当时昭后世者先君子之文固已扬榷陈也小子熊惟是盥诵鸿文感念先泽而已其何敢复赘焉是为记

乙酉科拔贡实录馆议叙一等即选直隶州州判里人杨梦星谨书

庚子恩科举人吏部拣选知县里人杨梦熊谨撰

咸丰三年岁次癸丑九月谷旦立

【碑阴】：

市区保正行 施钱四百千文 永泰魁 恒义长 天泰和 合盛德 昌顺成 德和玉 广新焕 永泰厚 大德美 元隆光 裕源生 大德瑞 三发隆 人和泰 广和玉 共施钱三百八十千文 南门外保长行 施钱二百四十钱文/

下堡布行 施钱一百九十千文 朝阳村保正行 大德玉 以上各施钱一百六十千文 碱行 施钱一百千文 巨和永 施钱八十千文 市圈票行 昌泰和 以上各施钱六十千文 三和同 万纯长 生旺德 三发永 德巨生 乔元惠 大兴皮店 以上各施钱五百千文/

隆和永 大德常 户署辕门 以上各施钱四十五千文 源顺奎 天德元 以上各施钱四十千文 榆次社 祁县社 各施钱二百千文 重阳社 施钱一百五十五千文 汾阳社 施钱一百千文 诚一社 施钱七十一千文 端阳社 施钱七十千文 老皮行社 施钱三十千文/

玉泉社 永庆社 中秋社 细皮行 瑞和庆 以上各施钱三十五千文 昌泰和 玉盛亨 天保和 源隆昌 复生长 元顺兴 中和公 巨和成 德谦生 兴盛长 万盛忠 长裕常 义和当 吉祥常/

膺福堂 合裕当 全顺永 以上各施钱三十千文 永丰店 施钱二十七千

文 青盐行 施钱二十五千文 天赐和 崇和泰 以上各施钱二十三千文 富盛诚 三和永 德丰厚 生生广 乾亨永 光明堂安 恒泰元 米粟行 以上各施钱二十二千文/

京都日升昌 巨和德 德生长 元顺美 本生德 巨和隆 永泰瑞 户署羊毛厂 以上各施钱二十千文 天和永 乾裕魁 以上各施钱十八千文 逢原泰 义生厚 丰泰泉 昌泰良 兴裕和 缸房行 以上各施钱十六千文 谦泰兴/

复盛奎 永和庆 广裕丰 裕丰当 以上各施钱十五千文 合成店 永泰祯 以上各施钱十四千文 三发当 施钱十三千文 润茂桐 广阜如 赵布店 万隆长 裕庆当 天源成 中兴店 复新当 三和当 以上各施钱十二千文/

清咸丰三年(1853)《重修关帝庙募捐碑记》

该碑现存立于张家口堡内鼓楼北街关帝庙,庙内东跨院的碑亭中有两通石碑南北并列,《重修关帝庙募捐碑记》位于北边,称为北碑。碑额刻有"万古流芳""功业昭垂"。

【碑文】
【碑阳】：

张家口协镇府　　伊　　捐银一百两
张家口理事府　　常　　捐银一百两
张家口理事府　　德　　捐银一百两
万全县正堂　　　吴　　捐银一百两
张家口协中营都阃府　　徐　　捐银五十两
张家口协左营守府　　清　　捐银五十两
张家口协右营守府　　王　　捐银五十两
万全县张家口左堂　　陈　　捐银五十两

经理

声有堂 义和当 万顺昌 合裕当 大德玉 孙福隆 阎行恕 焦元美 贾峕魏绩 庞正修 巨和永 长裕当

合盛德 吉祥当 春和隆 祁县社 汾阳社 田永富 郑雨 王盛亨 顺义和

大美玉 德诚玉 兴裕和 大顺店

德巨生 王琳 李生芝 张文明 榆次社 杨用绥 张贤 端阳社 玉泉社 刘源溥 中秋社 皮行社 刘　儒

周会元 天源成 倪吉庵 高步亭 翕和堂 诚一社 永庆社 重阳社 乔钺 永盛成 天成店 三和同 生旺德

义盛德 郝怀瑾 何涌源 赵永 周会昌 仙庆云 京馃铺 复盛德 兴盛魁 恒义垣 郭希曾 元顺义 张世奎

阎贺 薛桂 万祥园 秦效唐 悦来水 三盛和 永新光 德盛安 元太隆 陈永 王树荫 陈祥 大德丰

尹桂章 公立

住持僧绪宏 暨徒本炷 本炘 本焕 本焰叩募

【碑阴】：

药道裕 郭希曾 翕和堂 天成店 天泰店 日新中 永丰段 合盛荣 会通源 巨和义 大涌玉 宝泉公 日兴蔚 汇圆庆 永泰祥 积善堂 德丰当 福隆羊社 红烟行 交城社 以上各施钱十千文　西长发 永盛源 魁隆吉 天来盛 元德泰 元顺昌　以上各施钱八千文/

纯裕和 天兴德 隆发成 昌泰泉 合盛成　以上各施钱七千文　大顺店 隆昌店 蔚丰厚 崔毯铺 冀有仁 大昌木店 荣德堂 德泰成 下五坝公中三合源 悦来德 大兴店 泰兴店 意盛园 万祥园　以上各施钱六千文　阎行恕 王泰庆 王祥 天合成 昌泰兴 智肉房/

唔啦哈哒乡约 嗨喇庙保正行 义成肉房 兴盛元 福源通 隆泰店 王沛 大德魁 东来永 世成允 天德生 天兴木店 德馨长 裕和永 世德永 双合隆 刘士纲 段毓英 文德堂 合隆店 大兴碱店　以上各施钱五千文　林大枢 长盛和 福明居 顺天店 膳房营 万全合营/

德明居 果木社 永茂全 三和堂 万盛店 楼子店 王诠 世生昌 新盛驼店 双和美 万盛元 复荣长 悦来永 裕盛明 亨裕店　以上各施钱四千文　协和生 裕成当　以上各施钱三千五百文　红旗营乡保　施钱三千三百文　四义长 福合隆 张万山 合盛居 王琳 高天伦/

大昌义 恒义垣 三盛居 大美玉 元来昌 薛桂 永生堂 马钟清 乌拉哈达合村 东沟门合营 三间房乡约 张廷琛 三义和 和合元 榆树林乡约 李尚

应 石和园 新河营 打换行 小河沟乡约 狮子沟乡约 天顺染皮坊 西店乡约 上三坝公中 和合肉房 永福社 钱龙社 永安社/

继德堂 天成亨 兴盛安 南恒泰裕 齐铁炉 德兴源 德胜瑞 以上各施钱三千文 天禄园 永和德 和兴席铺 万金楼 世德成 德兴木店 义和店 以上各施钱二千五百文 元盛公 王肉房 苑有 万隆光 王泰来 广庆永 冯继忠 永茂驼店 公茂发 张秉乾 广兴振 刘元滋/

乔钺 锦福楼 三合诚 馨华堂 元太隆 万和永 高庆恒 天德泉 三益成 源盛店 王福中 牛映魁 新营相约 永安车铺 啕喇北营乡约 霍素台 塞汉坝乡约 下坝台乡约 德元店 双德成 老鸦义乡约 长发远 靳德濂 欣福祥 永行李 天泰轩 义和园万荣魁/

和顺楼 裕和公 天赐号 三盛园 昌裕成 兴隆盛 长发隆 同盛恒 马染皮房 凝寿堂 太谷店 山西店 谦和永 兴亿居 三盛义 顺成银局 杨窑厂 乔窑厂 杨石灰铺 德隆灰铺 三和园 万德棚铺 义和棚铺 恭敬社 源盛铁铺 张文明 王应和 四芙德/

王际周 任有舟 杜玉亨 闫秀峰 薛在清 王超伦 马登云 萧吉亨 沙德润 以上各施钱二千文 场地合营乡约 高家屯合堡 部厅闪 焦肉房 段泰 李发永 桥上太谷店 荆德源 双成德 王铁炉 永和银楼 张玉 德成泉 杨用绥 全顺斋 通顺店 维新永 裕盛店/

王生太 天裕斋 昌顺局 晋隆店 冀有义 永盛魁 六合成 德源顺 仁和驼店 德胜驼店 刘昌盛 安珵 宋肇兴 同三元 永隆源 庆和永 德盛公 杨德明 以上各施钱一千五百文 乌里雅素台 京馃铺 义盛德 各施银五两 东口社 施银三两 泰和店 义成店 大盛魁/

天义德 富中魁 元盛和 三义成 恒盛鸿 万和成 双兴义 长泰德 永丰明 永源长 四合成 元兴魁 万兴义 玉盛魁 大森玉 王银 杨如梧 李应朝 四德盛 大盛公 永胜义 德盛福 京馃铺 义盛德 以上共施银三十两 永盛木铺 司厅郝怀瑾 司厅何涌源/

司厅韩玉 司厅周会昌 以上各施银二两 聚锦源 玉和成 赵成功 以上各施银一两五钱 王天保 张华 郭秉雄 三宗绍 颉经 京宝局 义和泰 和盛局 张涌 东盛木店 刘尔昌 旺兴园 恒盛园 西胜园 范菜园 委厅马元 荣盛魁 聚锦生 仙庆云 姚举 西玉成/

委厅萨林 韩文俊 委厅杜福 把总张珠 外委陈大仓 赵永 郭升　以上各施银一两　杨如贵　施银六钱　张亮鹏 杨茂荣 节铨 张宴 义盛菜园 大盛园 四合园 李振元 委厅讷苏肯 李成云 王秀 闫廷栋 三和义 三朝义 闫昌外委部俊 外委杨沛 张喜/

张俊 外委李俊 杨福贵 外委马存宽 刘殿英 唐永成 外委郭必义 韩光义 外委姚福祥 李敏 外委刘英 外委郭必智 外委潘镕 苏善庆 梁锦玉 陈玘林 外委张振基 张明　以上各施银五钱　马廷英　施银四钱　朱菜园 闫涌泉 韩喜 王发林 宗世富 戈成玉 马德贵/

于天福 王世兴 闪有 贾世珍 毛成林 许万山 贺英 王英 吕富 彭福喜 孙喜 杨万有 李宽 王振魁 白铨 张应强 刘万和 谭祥 闫世明 侯荣贵 刘永俊 辛喜 贾魁 韩云龙 史智 郑天禄 史宽 王雨春/

任富 朱德喜 史德魁 卜世昌 艾天明 盛良富 南国俊 于生□ 史文□　以上各施银三钱　闫□ □□□ □□□ 玉□□ 马□□ 李□□ 李□□ 沙成□□□ 黄□□ □□□ □□□ 通□□　各□□□□/

增生刘桐书/

清咸丰五年(1855)《市台庙香火地碑记》

该碑长方形,顶、底均有榫,缺碑额、碑座。以上下两榫处测,通高212厘米,碑面高191.5厘米,宽66.5厘米,厚23.3厘米。碑阳刻字10行,满行46字,共480字。

【碑文】

【碑阳】：

市台庙香火地碑记/

闻之有庙而未有香火地者惟我市台施檀较他庙云盛独惜于香火地一节犹缺咸丰甲寅仲冬禀命先师长购置/

白龙洞山下旱田地八十亩计六十亩一段东至大圪陇南至小道西至李姓地北至龙洞山庙善地二十亩一段南北/

畛东至刘姓南至路西至印地北至沟契其尚存庙中是举也何为刻石以著之乎厥我有三一则彰施檀之善迹一/

则明祖德之俭勤一则永后人之遵守凡庙之食息用动俱仰给于众善何一为己时有也然非由勤俭能慎之者何以/

积口余饶以遗后嗣如吾高曾以来诸凡节俭积金百两存市圈保正行历有年所以此购地不敷者行中足之价值数/

目载契中勒石俾后嗣知毫厘皆系人之功德粒粟寸丝岂敢妄费克肖者

守之兼杜不肖者希冀之心不惟不致有有/

庙而无香火地之欢且一举三益而外又可以备前人之所未逮作文记之用昭悠久云/

保正行 元顺义 裕成源 裕顺昌 兴隆光 施制钱一百千文 地坐姚家庄堡北东三甲万年里属 每年缴宣化县官粮一石零八升 代征银四钱二分五厘 历年红串存庙中/

咸丰五年岁次乙卯小阳月谷旦本庙住持道衲刘信成自记并书

清同治元年(1862)《裁牛羊局德政碑》

该碑原存于明德北街175号院门厅北侧,该院曾为清代山神庙。碑阳额有方铃印式刻文"张家口管税关防之印"。碑阴额刻"永沛慈仁"。

【碑文】

【碑阳】:

张家口管税之关防监督景大人奏请裁撤加征牛羊分局德政碑记

粤稽我国初创辟境门以来遐迩一体中外通商尔牛尔羊出途者师师济济其驹其马遵路者荡荡平平调戍遣兵讥行车之往来严在异言而异服抵关报税课商贾之羡余务期有期而有余盛余哉张城一区之地而近者说远者上裕国下便民盖所谓不愆不忘率由旧章者诚为朝廷久不变之法而无事更张钦乃至咸丰十一年春突于本口添设分局加征牛羊税务以抵南口马税是举也不察大吏奏请之义顿生宵小窥伺之心欲将商人蝇头全登丈夫龙断遂致扰攘多事遇民生疑适景大人来督张家口税务甫下车询悉舆情念切痌瘝于同治元年二月初旬沥陈时事具折恭奏侃侃谔谔切指利害至有一关二税扰累历轻之语书既上果依所请将添设分局仍饬裁撤至是而加征牛羊税务之害乃罢我商等感戴深仁寸忱拳拳特恐年远而少驰因而开行公议命工刻石将奏请裁撤加征端末谨遵原谕底稿列之于碑使后之出斯途遵路者咸知景大人力除新弊请循旧章之恩皆由我圣天子招怀远人之至意提恤商民之大

德所致而至也聊是记谓当甘棠遗爱也可谓当康衢击壤也亦无不可

　　山西太原府太原县儒学优廪生员韩博古敬撰

　　七品职衔兰翻真旗满洲文生员毓芳敬书

　　羊行太平社值年经理薰沐谨建

　　永兴年　三益垣　兴隆魁　天昌奎

　　大清同治元年三月十一日

【碑阴】：

　　钦命督理张家口居庸关等处税务户部景为晓谕事照的本监督于三月初九日接奉户部扎文内开据张家口监督景奏称两翼监督张家口添设分局加征牛羊税窒碍难行请饬部议仍归南口循照旧章办理以恤商民而免扰累一折与同治元年二月十二日具奏议政王军机大臣奉旨户部议奏钦此钦遵由军机处交出到部查远奏内称前任右翼监督庆并不详查张家口向来税则行奏加牛羊税课另设局加征以致遇民生疑一关二税是有争闹之事并有绕越等情不但于马税亏缺无补且牛羊正税及多阻碍诚恐日后别生事端关系非轻况南口原设有两翼分局征收牛羊等税立法不为不核议将右加征另设分局仍归南口循照旧章办理等语臣等伏查上年三月间右翼监督庆奏家牛羊税课以抵马税臣部原奏系指南口旧设分局而言并非准在张家口另设分局征收兹据该监督景奏称两翼自张家口设局以来愚民疑一关二税扰累商民自系实在情形且与臣部奏案不符所有两翼在张家口添设牛羊税局自应即行裁撤仍照旧章在南口收税毋得轻议更章致滋扰累以顺商情等因于二月二十六日具奏本日奉旨依议钦此相应抄录原奏扎行张家口监督照办理前来为此出示晓谕仰而商贩人等务宜照旧安分生理毋得再起别倘经本部查出再有绕越偷漏等情定将该商等加重惩办不贷各宜凛尊毋违特云（花押）

　　羊行社经理　义和美　大庆德　永和利　兴隆光　和合公　德本生　大盛玉　万兴亨　大新德　义和协　允和元　永秦安　乾顺魁　义成德　隆泰珍　永新德敬志　石匠聂士义刊刻

清光绪三年(1877)
《太谷会馆重修通桥门关帝庙碑记》

　　该碑现存立于张家口堡内抡才书院后院。半圆形碑额,浅阴刻双龙戏珠纹,中框为"福缘善庆"四字,碑底有残缺。残高 190 厘米,宽 69 厘米,厚 17 厘米。

【碑文】

【碑阳】:

太谷会馆重修通桥门/

关帝庙碑记/

尝考易系辞曰精义入神神者不测之谓即予人以诚敬之恩故古之能尽义者必典型奉之即馨……/

义生浩然之气初与昭烈帝为金石交义全乎友继乃北面事之义又尽乎为臣鞠躬尽瘁死而后已……/

惟嗜读春秋深悉天子一统之义故心存汉室必欲挽三分之局以归于一志虽未遂其大义固有……/

奉为典型自必报以馨香也兹据通桥门旧有关帝庙余太谷社所创建也命名太谷社者余乡……/

辈之义举也凡在张家口寄迹者莫不被神庥之呵获而庙貌若不崇然将

何以昭诚敬而荐……/
　　欣鼓舞仗义疏财工竣之后董事人嘱余志余本谷邑人义不容辞爰考其制坐坎向离正殿三楹……/
　　楹东西两廊各五楹大小山门庙左税厅连火房并后市房庙右至火神庙又市房庙南一带又……/
　　开棚外海心水地拾□（能）则香火有资矣创建不计帝王存国朝顺治八年为增修碑记后陆续……/圯余乡众善信复增修葺将见循规模而绘采后人扬前代之休际伏腊以联欢异域重同乡之……/
　　而隆享祀非持赖神灵之默佑将使人知所率由而不忘古圣之大义欤余未边游不得细悉……/
　　社传簿云/
　　例授文林郎侯铨知县　庚午科举人　太谷　武惟扬　撰文/
　　太谷县儒学附学生员　贺瑞朝　熏沐书丹/
　　经理　豫恒魁　大德瑞　养元德　德新昌　广馨焕　恒丰德　景源浚　天合顺　德成信/
　　兴隆光　永新德　裕庆成　太亨玉　大德丰　大美玉　协义昌　万兴亨　大德公/
　　大清光绪三年岁次丁丑桂月谷旦/
【碑阴】：
（紧贴墙壁，无法抄录）

清光绪四年(1878)《修复下堡北口记碑》

2008年4月,张家口堡外北关街财神庙内大型修缮工程中出土,现存立该庙东墙壁侧。

石质为青白色岩石。长方形,从中间断为两截。上半部分残高84厘米,宽63厘米,厚20厘米;下半部分,碑身残高81.2厘米,宽63厘米,厚20厘米,下有碑榫。碑阳阴刻楷书,竖式20行,满行53字,上半碑334字;下半碑346字。字径4厘米。

【碑文】

【碑阳】(碑身铭文抄录,残碑上下分界以"·"表示):

修复下堡北口记/

□寅仲春余奉　大府檄来权县篆县属之张家口夙称繁盛·商贾云集甲于名区乃下车后周历之见其善象迥非昔比询之父/

者佥曰下堡北面旧只一口容单人徒步屈署往来迨道·间重修堡墙改而为门始通车马焉厥后河流汜滥水患顽连商业/

之萧条有自□矣形势家者曰非属坎亥欤之水坎溢·但厂之气已洩宜修复旧制而卒鲜成议今为正告曰堪舆之说日/

古有然特为儒者不取以其□(兆)于□也第思累朝·为抠要每见名人辈出擘画经营设此门应开何待数百年后始烦/

创改也复之为是乃说者曰今之失于古者过此门也几人·则机巧矣俗尚则奢华矣器日见其伪物日见其薄矣恐变之不胜/
　　变也余曰唯唯不否昔至圣欲存饩羊曰我□其礼岂·□哉诚使由是门者知反古之为非念随流之愈下涣然启其初心/
　　将言也必忠行也必信与人接物必推诚而务实庶几而无·□我无尔虞敦古处于今日斯举不成为先道欤于是群然相喻翕/
　　然乐从适□陈鹤其太平□修□坝工□□□□除此后为周·指示与堡内同寅 诸长怂恿其成乃择绅董之公正者任其事开工/
　　于八月初三□□十月而告竣规□□□□□□□单门向·开启与上堡小门相配共费工料制钱一百五十千有奇皆绅商之/
　　踊跃输将者也其□盛□□□视乎人心以今勇于成事矣· 之则不待取证风鉴知斯镇之无灾无害日新而月异者有勃然之/
　　□矣尤愿推复古之必实事求是士农□守前业工贾遵循·规俾古道克以常昭也有厚望百两爰勒之石以质将来云/
　　赐进士出身 同知衔 冀州武邑县 □县 权·万全县事古滇尹开先撰文/
　　国史馆眷录·县丞古滇张镇南书丹/
　　钦加右理问衔壬戌贡·候选训导药冠英/
　　钦加□□□□叙右经历万·县学生员杨旭/
　　钦加布理问衔万全县学·增广生员闫国琛监修/
　　议叙布理问衔鸿胪寺□班万·县学生员王文杰/
　　议叙布理问衔万全·学生员张锡祚/
　　大清光绪四年岁次·菊月谷旦立/
　　【碑阴】：
　　（无字）

清光绪五年(1879)《抡才书院重约碑记》

该碑镶嵌于张家口堡内抡才书院正门西墙一侧。通高 270 宽 54 厘米,碑额为高浮雕二龙戏珠,中有篆书四字"文光射斗"。碑阳凡 18 行,满行 37 字,共 524 字。碑阴分上下 5 段,共 447 字。

【碑文】

【碑阳】:

抡才书院重约记/

唯太上能化齐万物其次莫如诗书讲学所特重也张家口毗连察哈尔我/

朝中外一家无分畛域凡守御者奋武卫力作者服田畴行旅于途懋迁于市不言化而化寓矣/

春岩将军倡兴书院进旗汉而统教之尤足以宣/

皇仁而振末俗行将会/

直督入/

告以垂永久不亦伟乎余风尘俗吏获始终其事爰出一言以为同人约学之时义

大矣哉而敦/

本励行责在父兄 书院课文焉耳虽其然也章句篇什悉载圣贤精义朝夕而聚诵之明侪而/

考辨之奖其所长兼免其不及由文章以悟性道复及德行发为嘉言讵非身心之助欤所愿/

同学者继晷惜阴功无旷夫峨术气求声应益可资乎鸟鸣庶几立学之意也夫至于经理之/

人尤必恪守章程胥忘劳勚和同以共济历久而愈勤则斯举信能不朽是役也旗汉一心输/

将踊跃以及督工 修饰诸君子具有力焉例勒石以志其盛且勖将来云尔旗营总理左司清/

祥 右司兆麟 左翼协领伊勒当阿 右翼协领额勒鸿额 蒙古协领塔清阿 佐领阿尔荪 色布什/

新泰 玉璞 桂林 经文布 禄彭 防御吉春 景祺 恒寿 达翰泰 钟锦 海清阿 讷莫春 怀塔 喜麟 赓吉/

图 骁骑校玉琨 阿芳阿 景文 乐尔津 德克津泰 明寿 继善 奇克塔喀 禄通 奇臣 调署 张理厅 诚/

培 监院 万全县丞 何德基 董事 候补县丞 李耕心 贡生 药冠英 冀有和 药冠瑞 杨惟醇 王文/

□ 庠生 杨旭 阎国琛 李汉文 书其成者 知万全县尹开先也是为记/

国史馆誊录议叙 候补县丞 滇南张镇南篆额 书丹

光绪五年岁在己卯仲秋月立石/

(注:满族、蒙古族人名字参照"新建抡才书院碑记"的背面碑文予以标点)

【碑阴】:

候补知府 陈庆滋 捐银一百两 张家口协 玉祥 捐银二十两 万全知县 尹开先 捐银一百两 万全县丞 何德基 捐银十两 积善堂马 乔春龄 乔生金 以上各捐银三百两 杨松寿 捐银一百六十两 荣德堂郭 乔万青 以上各捐银一百五十两 宋成连 捐银一百三十两 继德堂王 梁永

旺 以上各捐银一百二十两　陈纶 张钟彦 高树蟾 户部众经书 张福 张家口三营 杨旭 以上各捐银一百两　杜雨山 捐银八十五两　蔡英 张涌 李荣 以上各捐银六十两　温芝 范培基 李永春 王思敏 范祥 福成堂赵 吴庆元 以上各捐银五十两　郭兆科 李应杰 刘锦昌 膺福堂焦 段浩 以上各捐银四十两　司忠 李光泰 杨茂荣 梁朝英 以上各捐银三十两　王光明 德寿堂崔 马锡和 以上各捐银三十两　海绣 郭济 以上各捐银二十五两 李玢 郭永忠 左俊 张珑 周瑞西 声有堂药 恒裕堂冀 以上各捐银二十两 毕世治 郭明道 宇旭 梁熙绩 左生金 潘铸 李琤 郭联科 以上各捐银十五两　郭有皋 胡容昌 王丰采 蔡有祥 杨培泽 张照 杜昭瑞 刘恺升 马光庭 杨永茂 郭世增 以上各捐银十五两　郭文超 捐银十四两　李芳 张璠 李光裕 杨朝瑚 杨晶 刘喜德 姚士英 姚美 以上各捐银十两　杨□□ 赵□□ 李□□ 张培□ 张怀珠 王忠□ 孙□富 刘旭 黄□ 田□□ 刘德富 郭文富 米和 郭文明

清光绪五年(1879)《新建抡才书院碑记》

该碑镶嵌于张家口堡内抡才书院正门东墙一侧。通高270厘米,宽54厘米,碑额为高浮雕二龙戏珠,中有四字篆书"连登科第"。碑阳凡15行,满行62字,共537字;碑阴分上下5段,每段11行,每行4—23字,共646字:

【碑文】

【碑阳】:

粤稽我/

朝养士二百余年文兴武备无少畸得人之效若响应然猗欤何治道之懿钦余宦辙所越通都郡邑间士林总总灿然足观其/

负经纬才出而戡乱者心焉数之丁丑冬奉/

命镇察此间口北之关键也山环水带旗民错居而问俗以武重驻防则兢兢于军旅为先执经之士又以鲜所观感而□□噫斯/

何时乎文治可弗讲乎夫说礼敦诗即戎端期善教而移风易俗造士实为治原是书院之设也亦固其所下车伊始先务所/

急而文教无有司责固蓄意者久之越年戊寅春杪会监修营坝使者鹤云陈太守 谭次 白静村定将军有同意焉每叹创始/

难论者辄以畏难而未果余欣慰而语诸曰我同侪出金倡之酌令旗群等勸助之当有以善其终焉可于是陈使者约邑令/尹莘农经营联络多方乐输综成之统集白镪九千有奇计遂售焦氏宅屋一座次第举行会议房直 修金 膏火 岁修等事详/

载章例其门第闳峻东西耳门平列整齐中三进过厅上房各五楹内外两厢房各三椽左右院周围一律方整饰以藻罩球/

亚完美一新善哉天然一书院规模也颜其额曰抡才满汉生童肄业于斯亦同仁之一愿也从兹文教继兴家修廷献异日/

育才之盛非以备/

朝廷抡用之征耶余奉/

天子召将之福州任矣远道闻之乐其靡及时在光绪乙卯秋八月事也春岩氏谨记/

花翎 察哈尔都统调任福州将军 世袭云骑尉 西林巴图鲁 穆图善/
花翎 前绥远将军斐凌阿 巴图鲁 定安/

盐运使衔 补用道 直隶候补知府 陈庆□赐同进士出身 同知衔 冀州武邑县调署万全县事 尹开先 立石

【碑阴】：

钦命正都统 穆 副都统 奎 钦命黑龙江将军 定 钦命监督 文 以上各捐银一百两 左司 清祥 右司 兆麟 左翼协领 伊勒当阿 右翼协领 额勒鸿额 蒙古协领 塔清阿 以上各捐银二十两 厢黄旗佐领 阿尔荪 正黄旗佐领 色布什新泰 正白旗佐领 玉璞 以上各捐银十三两/

正红旗佐领 桂林 正蓝旗佐领 经文布 右翼蒙古佐领 禄彭 以上各捐银十三两 前防御镶蓝旗佐领 达翰泰 镶黄旗防御 景祺 正黄旗防御 吉春 镶白旗防御 赓吉图 正白旗防御 恒寿 镶红旗防御 钟锦 正蓝旗防御 海清阿 镶蓝旗防御 纳莫春 以上各捐银九两/

左翼蒙古防御 喜麟 捐银九两 左翼蒙古防御 怀塔 捐银五十九两 正蓝旗骁骑校 继善 捐银五十五两 厢黄旗骁骑校 玉昆 正黄旗骁骑校 阿芳阿 正白旗骁骑校 景文 正红旗前骁骑校补防御 乐尔津 厢白旗骁骑校 德

克津泰 厢红旗骁骑校 明善 厢蓝旗骁骑校 奇克塔客 左翼蒙古骁骑校 禄通 以上各捐银五两/

右翼蒙古骁骑校 奇臣 捐银五两 笔帖式 钟桂 笔帖式 额勒津 以上各捐银四两五钱 满蒙十旗 公捐银二百两 察哈尔厢黄旗总管等官 共捐银四百六十八两四钱二分 察哈尔正黄旗总管等官 共捐银二百五十六两四钱七分 察哈尔正红旗总管等官 共捐银二百二十六两五钱五分 察哈尔厢红旗总管等官 共捐银二百三十一两八钱八分 察哈尔厢蓝旗总管等官 共捐银二百二十八两八钱五分 达里冈崖总管等官 共捐银二百三十六两 察罕托罗盖台参领等官 共捐银一百三十八两五钱四分/

穆霍尔噶顺军台参领等官 共捐银…… 大马群主事 广恻 捐银十二两 正白旗羊群 捐…… 正白旗羊群 …… 正黄旗羊群官员 捐银六十七两 正黄旗羊群官员 捐银十五两十钱 正黄旗羊群 捐银二十两三钱 厢黄旗羊群 捐银五十两四钱八分 牛羊群 捐银四十五两四钱 冈崖羊群 捐银七十八两三钱/

清光绪五年(1879)《重修万寿寺碑记》

2014年5月,张家口桥西区书院巷小学广场施工,出土一通石碑和一件石雕马槽。刘旭东提供碑文拓片,宋志刚抄录文字。

【碑文】

【碑阳】:

重修万寿寺碑记/

寺之始末前碑可考毋庸赘述前道光观音寺继曰千佛寺今称万寿寺不可大□寺……/

佛能福我故修饰壮严以报之诋知福正非无因而降也□□今圣人在山而为元寿□……/

而或尽力田亩则为之备旱涝省力□沙安戡之而或非□□□则为之□光是□□□……/

□□道光二十年广惠省城蒙/

菩萨额应驱远外□特加封慈济大士□典方□□/

我皇朝亿万□之丕举而护佑善民者也光□□子而□为岁时令节庆祝之场/

冀修后议□□□余年□角□落墙壁敬领爱有□商恒瑞源号等建议修复而未……/

是劝谕商民尽力乐输集以成款闻之□年三十八日迄九月二十一日告竣共计□费制……/
　　面庙房十三间新建西房二间新建碑亭三间大山门三间新建大山门内东西房四间山……/
　　也然前鉴不远其所□几于倾废者因无社首统理尚导住持僧人只伺苟安目前遂□大……/
　　年六月二十八日集□□□有□缺□同议设法修□□我□寅□当□贺之期……/
　　□宇并佛法以□□□赫赫□□偕皇图而巩固□所有经理社首……/
　　赐同进士出身同衔调署宣化府万全县知县尹开先谨……/
　　侯升总□□功一等卓异张家口协镇都督府□□祥/
　　准升用万全县正堂兼管张家口仓粮厅何德基同立石/
　　例授宣德郎议叙六品三晋昭余额克勋谨书/
　　□□□□□□庸□□□院务监督忠广捐……/
　　□□□□□□□□□□□府诚培……银……/
　　光绪五年岁次……/

【碑阴】：
（无字）

光绪三十年(1904)《钦命察哈尔都统》

该碑残损,存于张家口赐儿山云泉寺奶奶庙。碑顶有卯槽。残碑通高104厘米,宽67厘米,厚18厘米。碑阴自上而下现存6段文字,字迹漫漶不清。依据清光绪朝察哈尔都统任职年段判定勒石时间大约为光绪三十年(1904)。

【碑文】

【碑阳】:

(贴于墙面,无法抄录)

【碑阴】:

钦□察哈尔八旗都统奎……,副都统魁……钦命张家口监督施银□两

□□布行 高占兴,施银15千文……

□兴洋行 礼□洋行 □□洋行 西记洋行 大张□ 德义洋行……中和洋 垦务局 皇□总

……□□庙……清水行……□皇阁……德淘澡堂……兴隆□……

宋□喜 火神庙 李明 张保 曹有旺 黑□□(行) □顺□□ 杨□俊 □□□,各钱20文,合诚银号 侯起生 李□连,各施银3500文,季员……□□铺……和顺长……关□□……

下堡南□□ 方万亨 倪□□ 吕旺 杨森 李永 陈□ 李旺 重伦堂 庆昌□ 万兴元 ……贾万福 恒瑞源

清光绪三十一年(1905)
《万全县正堂晓谕张家口晋义社碑》

1994年,该碑镶嵌于张家口桥西区元台子一住户墙中,被发现时得知其先人正是"晋义社"守看坟地人。大理石质,碑首略有弧度。碑高162厘米,宽65厘米,厚21.5厘米。碑文竖刻真书12行,满行48字,共计751字,字迹娟秀工整。藏家后捐于张家口市博物馆收藏。

【碑文】

【碑阳】:

钦加同知衔　赏戴花翎　大计卓异　调补宣化府万全县正堂　加十级记录十次 万为出示晓谕 事据张家口晋义社执事人文学山等禀称 窃张垣为四方仕商会聚之地所年深月久不免有尸骸落于此方从前并无公地既之埋葬之所尸骸暴露见者伤心闻者酸鼻伊等不忍坐视会同山西同乡募捐莫不慷慨乐从因在沙河南岸古道渠口置卖空第一块计地二十五亩经营布置修理围墙其中建神殿三楹旁盖房屋以为旅客病故停柩之所共花费银两九千两公举正直之人经理其事恐日久湮没徒劳无功□禀明立案再□地有一等防夫素以包揽抬柩埋尸为事一遇此事工钱任意需索并无定规受此害者实难枚举昨因染房乡友病故社中自行掩埋该防夫等胆敢群赴社中逞凶滋闹称非伊等经手不容他人抬埋除禀请立案外并请出示严禁嗣后遇有丧家安

葬任听原主自行掩埋即雇伊等扛抬工价务须台平不得任意多索并不准棍徒及游方僧道乞丐人等在该善所强讨滋扰亦不准看守之人私自留人住宿暨私停灵柩暗埋骨殖等情据此除批示立案外合亟出示晓谕为此示仰该防夫暨看守人等知悉自示以后务各遵照前开各节办理毋得抗违致于并究其外来游方僧道及无知匪徒并往来乞丐人等亦不准在社强索滋扰违则究惩不贷各宜凛尊毋违切切特示

右谕通知　光绪三十一年九月　日告示　实贴张家口晋义社

【碑阳】：

（有文字,因碑平卧,无法抄录）

清光绪三十二年(1906)《张家口创建晋义社碑记》

2002年6月,张家口市政协文史委杨继先收到内蒙古商都县文化馆乔正龙来信,告知在该馆发现两通有关"张家口晋义社"的石碑(主、副碑),并就石碑发现过程、目前断裂状况等情予以说明,同时附所抄录碑文。随即,张家口市博物馆宋志刚、李瑞民前去勘察、拓片,并与乔正龙所提供碑文进行校核。两通石碑共计有1529字,所镌刻的铭文尚清晰可辨。

《张家口创建晋义社碑》为主碑,已断裂,大理石料,碑首略弧,碑高194厘米、宽71厘米、厚17厘米。正面铭文891个字,竖刻真书20行,满行57字。此碑现已移至内蒙古乌兰察布市博物馆广场。

【碑文】

【碑阳】:

粤稽西伯出游得见无主之骨曰有天下者天下为之有一国者一国为之主今我即其主矣遂命吏以衣冠葬之因此四方闻西伯泽及枯而今归者莫之能御洎周官设□□之职同令颁掩骸之条天下通邑次及商贾立埠之区均兴掩骸之会诚见善则迁之美事也

张垣为北省边陲繁盛要地其口外西北接大库伦恰克图内外通商必由之路东南连京畿各省商贾匠艺咸会萃于此或落魄客死不得归省殡衢埋路

子孙不识其所冬夏风雨多历漂吹越数十年蹂躏不堪悲哉骸骨暴露之不免也人生皆有死死而正邱首幸已不幸客死死不得归卒乃血肉尽骨□露剥蚀残枯过者莫不□额吁张垣义冢之急于创立而不可久待也

光绪癸卯春商人文公学山曹公时升胡公云章王公晋源四人偶意建修因与同乡诸公约会举办而诸公亦乐意创随因而协力踌躇共襄其事于是专疏募化自恰克图大库伦及张垣前后共募化钱九千一百八十千文置到玉带桥左面地名古道渠地基一段共计地二十五亩四面筑以围墙其间经营布置以为瘗埋之区坎位建院一所上面盖地藏王菩萨正殿三楹左右配以南北斗星君神阁前面构亭一座东西配修耳房四间以为会中人拈香憩息之地又造东西廊庑十间傍东另修房院一处计三面共房十五间后于殿后修厂房数十间以备客死者寄棺停柩之处斯役也兴之自癸卯仲秋迄乙巳孟秋而功程告竣共计工料钱九千二百八十千文名曰晋义社取古人见义必为之意

事毕同事诸公请予为志予虽不善于辞窃思诸公同心协力乐善勇为何忍隐而费彰略述数语垂之永久庶不湮没诸公创建之苦衷亦可媲美前人掩骸之遗风焉若夫可久可大因是而扩充增置之则在后之同志者至社中所置地基并禀明县令立案出示条规另志小碑一块立在正殿之内以及捐舍姓名详列于大碑之次便后世有稽考云尔

例授文林郎吏部拣选知县甲午科举人 遵新海 捐

吏部选授山西大同府怀仁县儒学正堂 解 全福谨撰 命男汝涵敬书

经理人

崔天印　朱广生　王兆祥　赵颁金　胡云章　李维慎　刘振旺　安大生　陈镠　郭晋昌　常用世　赵烈　王信存　宋怀洋　郝之厚　刘可兴　文学山　范致□　李汝俨　王汝祥　马习恒　石峻屿　郝铎　凌焕　岳魁文　任德恒　丁桂仁　麻德广　曹时升　张云颜　孟宝兴　马志铎　张武魁　李润苘　周瀛　梁耀　刘通智　朱广边　韩岱瀛　王天庆　王晋源　刘安邦　张美景　张绍元　李楫　惠肇年　史可宗　杨政同募

大清光绪三十二年岁次丙午仲秋之月谷旦吉立　　石工李耀泉镌兼助理工

　　【碑阴】：

　　（无字）

清光绪三十二年(1906)
《(晋义社)募化官绅姓名碑记》

　　此碑为《张家口创建晋义社碑》副碑,青石料,碑首略弧,碑高187厘米、宽68厘米、厚29.5厘米,碑身已断为三截。正面铭文638个字,竖刻真书16行。此碑现已移至内蒙古乌兰察布市博物馆广场。

【碑文】

【碑阳】:

谨将募化官绅姓名开列于后

钦命头品顶戴　察哈尔副都统诺恩登额巴图鲁魁　施银二十两

钦命花翎三品衔　张家口监督　工部中世袭轻车尉　世管佐领　嵩　施银三十两

花翎副都统衔　张家口左翼满洲协领　额　施银十两

副都统衔军功花翎　张家口右翼满洲协领　凯　施银十两

花翎副都统衔　张家口八旗蒙古协领　富　施银十两

花翎四品衔　遇缺即选知府员外郎　麟　施银二十两

都统衔镇守库伦等处地方办事大臣　丰　施银六十两

钦差驻扎库伦管理商民事务　理藩院立政　思　施银六十两

钦加同知衔赏戴花翎　大计卓异　万全县正堂　万　施银二十两

花翎同知衔　即选知县 何　施银二十两
花翎二品顶戴　江苏候补道张绂卿　施银五十两
山西平定州　内阁中书科石玉圁　施银二十两
榆邑史家庄五福堂　施银二百二十四两
浔阳万怡堂　施银十两
大库伦十二甲首　施银六十两。
谷邑南席村德善堂 武　施银五十两
上堡南门外保长行　施银一百五十两
市圈保正行　施银一百三十两。
口外□□村保正行　施银八十两。
市圈汾孝行　施银十两

东口大德玉	施钱七十四千五百文	东口大德通	施钱七十二千
东口大德恒	施钱千七十千	京都汇业干	施钱千七十千
东口锦生润	施钱七十二千	东口合盛元	施钱千七十千
东口存义公	施钱七十六千	东口兴泰隆	施钱六十六千
东口大升玉	施钱六十千	东口大泉玉	施钱六十千
东口独慎玉	施钱六十六千	东口公合全	施钱六十千
东口恒隆光	施钱六十千	东口祥发永	施钱六十千
东口长盛源	施钱五十千	东口长裕川	施钱五十千
东口兴隆茂	施钱五十千	东口巨贞和	施钱五十千
东口大德诚	施钱五十二千	东口天聚和	施钱五十三千
东口大盛川	施钱七十千	东口三玉川	施钱五十二千
东口大德常	施钱五十千	东口天顺长	施钱五十千
东口谦益盛	施钱五十七千		

【碑阴】：

（无字）

中华民国二十二年(1933)《重建水利碑记》

该碑位于张家口桥东区花园街某院,原是一座庙旧址。碑额刻有"万载流芳"。李志刚提供碑文。

【碑文】
【碑阳】：
前清雍正十年七月间曩经建筑之水利碑文移志于左/
特升内府吏科仍管察哈尔八旗官田彝汉旗民张家口理事府务记录五次白/
特授直隶宣化府万全县正堂记录二次修案照下五堡居民部文炳等与上堡民人王泰成/
争河水叠告多年兹奉特加按察使仍留口北道任整饬宣化等处地方兼管粮饷驿传事物加三级卓异注□在任实/
王批行本府会同万全县查勘酌派轮流立石垂久遵即查勘上一堡民皆外省流寓杳来无□□/
民所种多系菜圃无关紧要下五堡倍于上一堡民皆土著而所种五谷上关/
国课下系民命非菜蔬可比今河水先由上堡而渐流下五堡如雨调和上下六堡均得优□(及)/

一旱涝水势浅小上堡就近截灌己田自获秋成下五堡渠长莫及便成枯槁此两造经年叠□□/

由来也/

今本府仰体/

皇上道宪爱民如赤一视同仁德意秉公酌派无论河水大小将地少之上一堡值水三昼夜地多之/

下五堡值水五昼夜计日轮流周而复始则民业俱安讼端永息矣富经洋奉准行爱川立石碑/

垂永久云尔/

【碑阴】：

重建水利碑记/

盖闻田甫为育民之本水利乃致富之源提倡农业之发展增进生产为宗旨遇修渠堤须得合力工作分水规定均应履行秩序□/

于组织一体确为经济之基础也唏嘘突于民国十三年河水爆发将前清雍正年间所立之碑被冲无踪今得发现□□凋蔽字痕/

不明如不建新诚恐久而规则颠堕于是敦请各应举乡长副社员首协同会商决议无妄清府原则不得逾越顺序健全产权保障以资信守续志不朽耳/

每年从四月初一日起按上下六堡派定轮流浇地期限永为定例计上一堡三坝一转分水四日四夜两转该浇八日八夜下/

五堡五坝一转分水五日五夜两转该分十日十夜除上一堡三坝各自另分期限外所有下五堡五坝因日期难均议定两转并作十日轮流计十日内下三堡分水五日五夜高庙堡分水三日三夜前后两屯分水二日二夜/

发起人 王华贵 经理人　上三坝 张得荣 张世忠 王有 下五坝 郭明 李有银 史万金 下三堡 许纹 梅兆浦 温廷祚 崔怀 乔珍 赵惜/

民国二十二年五月谷旦/

中华民国二十四年(1935)
《花园街新建忠惠护国利应侠狐神庙碑记》

该碑位于张家口桥东区花园街某院,曾为一座庙宇旧址。李志刚提供碑文。

【碑文】

【碑阳】：

花园街新建忠惠护国利应侠狐神庙碑记/

盖闻神祇歆格端应乎天人感召之机风雨和甘尤赖十禋祀昭垂之典窃考张家口下堡河桥左畔旧有神庙一座正殿供奉/

忠惠护国利应侠狐神之位尝据本邑绅耆父老相传神像庙貌及东西配享诸神部一切仪仗位置悉与山右人狐大夫神庙大致相同盖庙实仿于山右清/

源乡之规模而建置焉主其事者为种植田园之农人所创修之谨案神狐姓突名春秋时代人仕晋为大夫□(致)□(而)□爽不□(泯)护国祐民雨顺风调年丰岁稔/

不特膏泽偏沛于农圃且更感应如响是有大功于地方民众者也至神之庙号始于何时暂难详考惟既经敕授侯前昔之传志必有记兹不及服水溃/

待后之贤者所有庸俗讹为胡神庙一层其胡连之非可不得所而其□羽

明灵查张家口本属晋边接壤神之庙龛于斯殆为晋人经商求此置可中国/

　　仰蒙神佑菜蔬茂绿年谷丰登于是仿照其乡为神修建庙宇及时荐□□雷雨泽有感斯应以故永垂祀典禄障一方良有以也讵意民国十三年夏六月/

　　本口山洪暴发河流泛滥巨浸滔天桥东街衢几成泽国而附近人旅之狐神庙全部沉陷于河内瓦片无存自经水灾而后神之祀事中断者已越十载矣/

　　兹今岁咸蒙本县县长刘老父台树偏甘棠氏歌爱戴敷攻之暇询及刍荛因悉狐神庙香火久废慨然兴叹乃招绅耆而谓之曰神既遭□□□禄伐□而庙食于此地已不知几经年代似此聪明正直之神有功于祖例应恢复庙貌□具祀典尔爱老昆弟其董理而经营之毋忽伏维我县长宏仁盛德一言鼎重人人踊跃捐募乐从遂由本社社首王君邀同社董诸位议决测度基位敬卜地于花园街南端重建狐神新庙□□鸠工木材/

　　固建造自民国二十五年六月兴工迄二十四年八月报竣旋即择吉举行落成典礼邀请各界人士观光献诚值神前后计审工费洋四千七百四十/

　　元有奇兹将在事出力诸君暨捐助庙款各善士姓名依次逐一勒诸贞珉以垂不朽从兹殿宇庄严如浦山之带砺而雨赐时若庆日月之□□□哉□/

　　永荷三勋庥云尔是为记/

　　察哈尔省万全县县长陕西华阴县刘明/

　　世界红十字会华西北主会察哈尔分会文牍刘虚/

　　察哈尔蔚县高等小学校田园社书记员李善瑞/

　　中华民国二十四年国历十一月中浣/

　　发起人　王华贵

　　经理人　李应贵　郭明　靳连　王万义　杨庆福　常吉禄　张德祯　李应元　王广山　王炎林　白有旺　□成□　史万□　高瑞鸿　□□□　华可□/

　　匠勒石/

【碑阴】：

（无字）

李国欣抄录

清光绪十六年(1890)《嗡喇庙布施字号碑记》

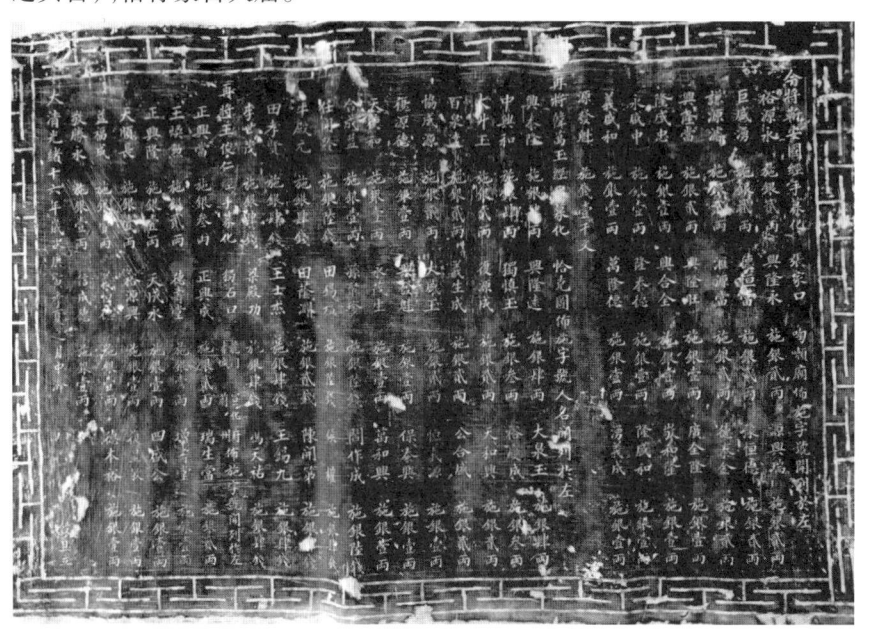

该碑存藏于张家口察哈尔历史文化陈列馆,材质青石,长75厘米,宽53厘米,厚15厘米。嗡喇庙位于张家口崇礼区察罕陀罗村外(清代军台之头台),俗称蒙古大庙。

《嗡喇庙布施字号碑记》拓片图

【碑文】

【碑阳】：

今将靳安国经手募化张家口嗬喇庙布施字号开列于左

裕源永施银贰两　兴隆永施银贰两　源兴瑞施银贰两　巨盛湧施银贰两　德恒当施银贰两　豫恒德施银贰两　谦源潽施银贰两　汇源当施银贰两　德泰金施银贰两　兴隆当施银贰两　兴隆旺施银壹两　广全隆施银壹两　隆盛忠施银壹两　兴合全施银壹两　敬和隆施银壹两　永盛中施银壹两　隆泰德施银壹两　隆盛和施银壹两　义盛和施银壹两　万隆德施银壹两　湧义成施银壹两　源隆魁施钱壹仟文

再将韩万玉经手募化恰克图布施字号人名开列于左

兴泰隆施银肆两　兴隆远施银肆两　大泉玉施银肆两　中兴和施银肆两　独慎玉施银叁两　裕庆成施银叁两　大升玉施银贰两　复源成施银贰两　天和兴施银贰两　百泉达施银贰两　义生成施银贰两　公合盛施银贰两　协成源施银贰两　大盛玉施银贰两　恒义源施银壹两　复源德施银壹两　兴发魁施银壹两　保泰兴施银壹两　天德和施银壹两　永茂生施银壹两　万和兴施银壹两　合成益施银壹两　孙聚珍施银陆钱　阎作成施银陆钱　任开龄施银陆钱　田锡福施银陆钱　侯　权施银陆钱　牛殿元施银肆钱　田荫渊施银贰钱　陈开第施银□钱　田孝贤施银肆钱　王世杰施银肆钱　王锡九施银肆钱　李世茂施银肆钱　梁殿功施银肆钱　冯天祐施银肆钱

再将王俊仁经手募化独石口、龙门赤城，宣化府蔚州布施字号开列于左

正兴当施银叁两　正兴成施银贰两　瑞生当施银贰两　王焕勋施银贰两　德寿堂施银壹两　增寿堂施银壹两　正兴隆施银壹两　天成永施银壹两　四盛公施银壹两　天顺长施银壹两　裕源兴施银壹两　复呈敬施银壹两　益福成施银壹两　义恒德施银壹两　德本裕施银壹两　敬胜永施银壹两　信成德施银壹两

大清光绪十六年岁次庚寅季夏之月中澣谷旦立

【碑阴】：

（无字）

常忠义抄录

乾隆四十九年(1784)《万全县永丰堡水母宫碑文》

摘录自民国《察哈尔省通志》卷廿一《户籍编》之十一,第二十页。

【碑文】

盖闻德者福之基也,善者庆之源也,福多者概由大德而来,庆余者各本积善而有,久矣,夫亘古迄今,昭昭不爽。兹因万全城东永丰堡西,旧有温泉,流传至今,清水涌出,厥理难名,在冬则温,既夏则寒,混混洋洋,载清载澜。遂乃凿以为池,树榆柳而密叶覆云,重阴蔽日,气泠泠以含凉,风飘飘而恒飞。于焉志在流水者,而登临接踵,藉以资生灌田者,乃支流百出,斯固为永丰堡之胜境,而居民赖以养生者,实浩荡无穷矣。即如上下堡皮行,亦重有赖焉,羔羊之皮,濯以清泉,虽非若醴泉消疾,闻乎李氏之朝,而清身灌垢,合乎沧浪之咏。吾侪向在池内浴皮,久切仰报之思,实无由而自伸。乃自乾隆四十七年,本泉北建修水母行宫,复设住持,诚盛举也。奈养育无多,因而募化,上下堡皮行,凡有素在池洗皮者,各量己力公出资财,共凑银九十余两,以作本庙香火之资,藉伸连年经营之意。公同张家口上下堡,并永丰堡乡保议明,勒石刻铭,以作永远不朽之志云尔。别载金石篇。

张世威,王全,许成功

经理人:赵国琮,赵之安,任全,公立
郎秉公,孟诚,王德龙
乾隆四十九年岁次甲辰孟夏谷旦

清光绪二十四年(1898)《张家口布施碑》

碑文摘录自许檀编《清代河南、山东等省商人会馆碑刻资料选辑·附录二〈代州雁门关碑文〉》(天津古籍出版社2013年,第539至543页)。

【碑文】

经理人等

韩肇德　合盛成　永昌裕　福成德　谦源浚　德巨生　养元德　大增玉　三合店　三义店　永长店

南门外保长行施钱叁百卅吊　市圈内保正行施钱贰百六拾吊　朝阳村保正行施钱壹佰伍拾吊　元宝山永安社施钱壹拾贰吊　下堡麟行施钱柒拾吊　下堡铁行施钱贰拾吊　下堡布行施钱贰拾吊　下堡杂货行施钱贰拾吊　下堡当行施钱拾伍吊　大德玉施钱叁拾吊　榆次东阳布政司理问秦施纹银四两　榆次东阳安晋元施钱肆拾壹吊　汾邑田琥施文银拾两　兴隆玉施纹银三两

大盛川　三玉川　长裕川　三晋川　宝源川　广源川　天聚和　歉益盛　长盛源　复泰谦　和翕庆　巨祯和　兴隆茂　德巨生　养元德　大德常　丽生泉　天顺长　大涌玉　永长店　三义店　各施钱贰拾吊

韩肇德施钱陆吊　李汝杰施纹银贰两　朱幕元施纹银贰两

慎和长　大德瑞　元巨德　大德美　天合顺　裕源生　大增玉　福

成德　谦源浚　源聚公　合盛德　永义美　长顺成　永源店　合盛成　各施钱陆吊

李永年　大成店　晋和生　三盛和　大盛木店　兴隆金　大德懋　天锦隆　各施钱伍吊

裕和荣　德星木店　德和庆　赵光宗　各施钱贰吊

焦永连　乾魁长　永泉美　乾生长　各施钱壹吊

（抄者注：另有山西岱岳镇、山荫城、朔州神头村、广武镇、水磨村等字号或个人共计159名以"张家口布施"名下施钱）

清光绪朝后期《张家口布施碑》

碑文摘录自许檀编《清代河南、山东等省商人会馆碑刻资料选辑·附录二〈代州雁门关碑文〉》(天津古籍出版社2013年,第561至566页)。原注:该碑未见年款,从碑铭位置和形制看与上碑当为同一时期。

【碑文】
【碑阳】:

经理人等 万盛高 美玉德 永兴玉 天泰公 丰盛永 巨和永 世德全 长发成 大兴玉 美玉公 大德玉   施钱五十千文

昌泰兴 天和永 广隆光 裕顺昌 兴隆源 恒顺成 元顺义 复盛成 悦昌永 大德公 义合德 丰盛元 永义德 兴盛发 义合兴 永隆魁 万顺昌 生旺德 百泉达 大德常 长裕安 三和同 巨和德 本生德 巨和义 广新焕 隆和成 德和玉 永泰厚 合盛德 天泰和 天泰隆 德隆永 南恒丰 兴玉中 广发成 顺义诚 万顺昌 美玉德 广和兴 李锡五   各施钱六拾千文

裕顺昌 裕成源 兴玉和 百泉达   各施钱五十千文

合盛全 德生世 兴隆光 祥发永 恒兴成 乾泰和   各施钱三十五千文

大兴皮店 源顺奎 巨和永   各施钱三十千文

□席保证行　广隆光　恒顺成　永兴玉　兴隆源　各施钱二十五千文

　　昌泰和　乾裕魁　泾面行　顺义和　万和成　世美成　永兴元　乾元德　来发店　双源盛　合裕德　各施钱二十千文

　　大德常　生旺德　三和同　本生德　德谦生　恒泰元　万纯长　细皮行　各施钱十五千文

　　大泉玉　永顺利　永和广　三义成　元顺义　兴玉厚　各施钱三十千文

　　美玉兴　南□□保正行　各施钱二十五千文　缸房行　施钱十八千文

　　三发永　隆和永　恒义永　恒顺昌　三合公　玉和光　瑞发承　永泰安　各施钱十五千文

　　兴盛魁　天利和　永盛诚　乾泰德　元顺兴　复生昌　永泰瑞　太和永　德生大　各施钱十二千文　乾面行　施钱十三千文

　　泰丰和　悦来德　裕成当　德馨长　万盛隆　各施钱一十千文　兴盛长　施钱十二千文

　　聚泰良　陆义和　林盛元　元陆成　美玉恒　陆泰裕　大亨玉　宝全亨　瑞和公　德巨生　世成允　裕庆当　复兴当　三和当　三发当　吉祥当　长裕当　德丰当　广兴焕　双悦和　昌顺成　大德美　元陆光　裕源生　大德瑞　人和泰　三发陆　昌泰恒　恒益长　永泰魁　合盛德　大兴长　大兴隆　新义源　合春昌　兴玉魁　义和发　祥发永　义顺德　万顺合　恒隆光　万盛高　恒义增　聚承泉　青盐行　各施钱十千文

　　复盛义　大盛玉　泰兴店　魁隆店　金成店　德恒店　德懋店　合成店　三义德　四盛兴　巨和德　大新德　全顺永　各施钱七千文

　　红烟行　庆源德　恒泰昌　福崇泰　各施钱六千文

　　丰盛元　公合金　天泰德　世和玉　天泰公　和成店　永顺亨　丰泰恒　玉和德　恒泰玉　聚盛成　大德成　恒丰德　德诚玉　南恒丰　春和隆　昌泰良　纯和公　德丰厚　生生广　富盛成　合兴隆　崇和泰　中和公　天锡和　蔚和泰　天合诚店　天兴诚店　裕源店　泰成店

源泰良　福泰长　义合隆　广和永　谦泰兴　丰泰良　巨和隆　各施钱八千文

永和成　隆盛魁　万盛异　义合魁　协成泰　恒泰裕　义和美　三义源　公兴玉　天元德　隆兴魁　聚兴德　天成涌　宝泰魁　兴盛合　万成德　宝泉兴　裕和兴　乾和德　丰盛永　巨和义　广隆源　天裕和　世和成　复和成　大成玉　天泰隆　大顺皮店　天成店　日升昌　元顺美　德生正　永兴光　聚顺和　公兴店　大德丰　德盛公　天兴德　各施钱五千文

义合德　大德公　悦昌永　复盛成　　四供施三十千文

德昌玉　施钱六千文　　泰兴店　万成明　各施钱五千文

大德魁　复荣长　魁隆吉　永盛源　天泰店　德泰成　永和光　永泰店　各施钱四千文

隆发成　复盛恒　四合永　义和成　复顺元　大盛源　蔚丰厚　福明居　新义魁　文昌魁　允合元　天益通　义成瑞　永裕局　合生长　双合通　万顺懿　天益元　恒美店　黑磁行　涌来昌　隆泰德　三合源　晋长盛　双和美　德庆昌　庆长光　德隆永　兴盛号　世和泰　文玉程　庆和公　德裕和　德和成　德新永　德丰和　广聚生　各施钱二千五百文

鹤年堂　合盛居　源泉长　永顺元　裕兴昌　瑞源长　瑞和永　永兴源　兴盛德　中兴店　西长发　万盛店　德生瑞　昌泰泉　天成亨　永泰成　万隆德　聚恒隆　丰阜号　义盛昌　兴隆永　诚远忠　日新中　各施三千文

永义德　兴盛发　义合兴　德成美　三义发　永隆魁　　六供施二十千文

永庆义　广兴元　德裕生　永盛通　天裕成　大来源　永和如　天锦成　天元德　各施二千文

【碑阴】：

德明居　施钱三千文

天赐号　永生堂　隆泰店　东来永　永和裕　广和永　德盛忠　复源成　复盛长　双和永　元成永　永兴明　双和隆　永成毡房　兴盛驼

店　长合木店　德和永　隆顺永　兴合泉　聚顺美　三盛园　元来德　德生堂　天泰轩　长盛和　南赵店　北赵店　复盛公　永茂义　三义永　长泰德　裕兴成　广裕长　亨通店　广聚陈　吴肇元　元德荣　合盛荣　王酒铺　福盛兴　天成德　恒益荣　永和亿　兴盛明　新泰嵘　悦盛和　人和堂　复泰公　泰升和　复成号　韩纸铺　永源长　天顺光源盛兴　天盛店　合兴德　永茂驼店　仁和驼店　合隆店　元亨号　魁义永　裕兴成　中兴庆　永逢原　公盛同　恒新顺　王振福　王振善　协丰泰　久成泰　天合木店　正兴原　玉盛和　三合永　德盛驻店　全顺兴　以上各施钱二千文

　　白玉瑾　广兴成　永发成　古兴玉　兴盛岐　智肉房　永兴恭　大顺兴　义顺安　兴泰成　天源泰　裕和源　永义成　新泰公　万生长　永泰公　泰昌公　以上各施钱一千文

　　大昌木店　施钱二千文

　　贵荣魁　永盛恒　德馨长　各施钱一千五百文

　　大成德　复和德　大兴成　德顺和　义诚和　福长居　谦和昌　宏盛玉　万顺花店　永顺奎　元昌永　广兴长　任米铺　广和堂　各施钱一千文

　　附：万全县布施碑

　　太师庄　裕通当　古顺店　　各施钱五千文

　　涌泉德　德茂林　和合永　德盛杨　各施钱四千文

　　柴沟堡　大源德　大德当　双和居　大德当　各施银十五两　德顺店　施银六两

　　存盛公　大原德　大有店　天源永　各施银五两

　　德盛店　新成义　义合衡　义盛泉　德隆玉　以上各施银三两

　　怀安东窑站　李成梅　　施银十五两

清宣统元年(1909)《宣统元年流芳百世碑》

碑文摘录自许檀编《清代河南、山东等省商人会馆碑刻资料选辑·附录二〈代州雁门关碑文〉》(天津古籍出版社2013年,第547页)。此碑以多伦商号为主。原注:该碑原无碑名,系以碑额为名。

【碑文】
东口:
广泉达　施银三两　长盛原　施银二两
三玉川　施银三两　兴隆茂　施银二两
大德诚　施银二两　天聚和　施银二两

| 检验合格 | 检验员 66 |